Michael Norvath

Fünfundzwanzig Jahre aus der Geschichte Ungarns von 1823-1848

Michael Norvath

Fünfundzwanzig Jahre aus der Geschichte Ungarns von 1823-1848

ISBN/EAN: 9783743333550

Hergestellt in Europa, USA, Kanada, Australien, Japan

Cover: Foto ©ninafisch / pixelio.de

Manufactured and distributed by brebook publishing software
(www.brebook.com)

Michael Norvath

Fünfundzwanzig Jahre aus der Geschichte Ungarns von 1823-1848

Fünfundzwanzig Jahre

aus der

Geschichte Ungarns

von 1823—1848

von

Michael Horváth.

Aus dem Ungarischen übersetzt

von

Joseph Novelli.

Zweiter Band.

Leipzig:
F. A. Brockhaus.
—
1867.

Inhalt.

Fünftes Buch.

Reform- und Nationalitätskämpfe zwischen 1840—43.

Erstes Kapitel.

Die neuen Factoren der Bewegung.

Zweites Kapitel.

Der Kampf der Nationalitäten.

Drittes Kapitel.

Die hauptsächlichern Reformfragen der Zeit.

Viertes Kapitel.

Der Reichstag vom Jahre 1843—44. Die Vereitelung der Hoffnungen.

Sechstes Buch.

Reformbestrebungen von seiten der Regierung. Der Kampf zwischen der Nation und der Regierung wegen der Richtung der Reformen.

Erstes Kapitel.

Neue Richtungen und die Stellung der Parteien.

Zweites Kapitel.

Der Anfang der Regierung Apponyi's. Das Administratorensystem.

Drittes Kapitel.

Die Regelung des kroatischen Landtags und andere Regierungsmassregeln.

Viertes Kapitel.

Nationale Bestrebungen in der Durchführung der bisherigen Richtung und den Principien der Reform.

Fünftes Kapitel.

Siebenbürgische Zustände und Landtage.

Siebentes Buch.

Die Ereignisse des der nationalen Umgestaltung unmittelbar
vorhergehenden Zeitraums.

Erstes Kapitel.

Parteikämpfe und Zustände vor dem Reichstag 1847.

Zweites Kapitel.

Die erste Hälfte des Reichstags 1847.

Achtes Buch.

Die revolutionsmässige Beendigung der Reform.

Erstes Kapitel.

Die auf das Gerücht vom pariser Aufstand entstandene neue Richtung der Reform.

Zweites Kapitel.

Die Beendigung der staats- und privatrechtlichen Reformen.

Drittes Kapitel.

Die Stimmung in der Provinz. Die kroatischen Verhältnisse zur Zeit der Umgestaltung. Das Ende des Reichstags.

Fünftes Buch.

Reform- und Nationalitätskämpfe zwischen 1840—43.

—————

Erstes Kapitel.

Die neuen Factoren der Bewegung.

Die zu Ende des Reichstags von 1840 zwischen der Nation und ihrer Regierung zu Stande gekommene Versöhnung hatte die Gemüther vollständig beruhigt, und diese wandten sich, in der gegenwärtigen Sicherheit, hoffnungsvoll der Zukunft zu. Wie nach dem Reichstage vom Jahre 1825, so folgten auch jetzt der Versöhnung Reformbestrebungen. Diese Fortschrittsbewegungen wurden jetzt lebhafter und vielseitiger als je zuvor: sie erstreckten sich gleichmässig beinahe auf alle politischen, moralischen und materiellen Interessen der Nation. Neue Factoren der Bewegung betraten den Kampfplatz. Seitdem die Säle des Reichstags geschlossen waren, wurde der Kampfplatz in die Generalversammlungen der Comitate, in die freier sich zu bewegen beginnende Presse und in die stets in grösserer Anzahl entstehenden und sichtlich zunehmenden Vereine übertragen, und dieses dreifache Feld bietet eine noch lebensvollere, grossartigere Bewegung dar, als der Reichstag selbst. Denn während auf diesem nur die Repräsentanten des Adels thätig waren, erscheinen auf jenem die Bestrebungen, die Wirksamkeit der gesammten Nation.

Bevor wir uns in die Schilderung dieser Bestrebungen und Kämpfe einlassen, müssen wir von den erwähnten Kampfplätzen dieser Bewegungen, insbesondere von den Comitatsversammlungen und der Presse, wie sie während des dreijährigen Zeitraums zwischen dem vergangenen und dem ihm folgenden Reichstage erschienen, einiges im allgemeinen erwähnen.

Was die Comitatsversammlungen anbelangt: so bestanden diese zwar auch jetzt noch in ihrer alten Gestalt, indessen verlieh jene grosse Lebhaftigkeit, welche hinsichtlich der Reformfragen des Reichs alle Klassen und Parteien durchdrang, auch den Comitatsversammlungen eine weit grössere Bedeutung, als sie vor der Epoche des neuern Erwachens besassen. Diese Versammlungen waren jetzt nicht

Die Bedeutung der Comitatsversammlungen.

1*

1840. mehr blos administrative Zusammenkünfte der Comitatsbeamten, sondern gewannen eine wahrhaft parlamentarische Färbung, da bei denselben die gesetzliche Nation, der Adel, man kann sagen vollzählig erschien und an den Debatten über die wichtigsten politischen und andere das ganze Reich betreffenden Fragen theilnahm. Die Berathung über diese wichtigen Fragen — ob sie nun eine vorbereitende war, wegen der den Reichstagsabgeordneten zu ertheilenden Instruction, oder den Meinungsaustausch über irgendeinen Reformschritt enthielt — lockte Angehörige aller Stände und Klassen in die Versammlungen des Comitats. Vordem waren nur die Wahlversammlungen lebhafter besucht: jetzt waren bei Gelegenheit einer jeden vierteljährigen Generalversammlung die Comitatssäle mit dem hohen, mittlern und niedern Adel bis zum Ersticken voll. Ja ausser denselben besuchte die Comitatsversammlungen auch die Klasse der „Honoratioren" mit so sehr wachsendem Interesse, dass, nachdem es ohnehin eine der Hauptreformideen der Zeit war, das nicht adeliche Volk in die Schanzen der Verfassung aufzunehmen, die Comitate diese verständige Klasse von dem Rechte der Theilnahme an der Berathung der öffentlichen Angelegenheiten nicht mehr ausschliessen zu dürfen glaubten; es verliehen deshalb einige Comitate, nach dem Beispiele des pesther Comitats, ihrem statutarischen Rechte gemäss, denselben das Stimmrecht in ihrer Mitte. Die thatsächliche Theilnahme dieser Klasse, welche die Schriftsteller, Künstler, Diplomirten, und im allgemeinen den ganzen nicht adelichen Theil der vaterländischen Intelligenz in sich enthielt, vergrösserte ohne Zweifel das Gewicht und die Bedeutung der Comitate um vieles. Da die Gemeinschaft des Comitats mit diesem neuen Elemente vermehrt wurde, so gewannen die Versammlungen einen stets mehr demokratischen Anstrich und wurden den die Majestät des Volks repräsentirenden Reichstagen der Vorzeit stets ähnlicher. Diese Comitatsversammlungen waren in der That so eigenthümlich, dass etwas ihnen Aehnliches in keinem der übrigen Staaten Europas bestand. Die englischen Volksversammlungen, in welchen die versammelten Bürger aller Stände über irgendeine Sache blos ihre Meinung auszusprechen pflegen, allein mit keiner behördlichen Macht versehen sind, kann man unsern Versammlungen gegenüber blos als politische Demonstrationen betrachten. Die ständischen Körper des ehemaligen deutschen Adels, die französischen Conseils généraux, die spanischen Ayuntamientos bewegten sich im Vergleich mit unsern Comitatsversammlungen in weit engern Kreisen. Unsere Versammlungen debattirten nicht nur und gaben ihre Meinung ab über politische Fragen, sondern sie besassen auch solche Eigenschaften, welche sie zu den wichtigsten Factoren im öffentlichen Leben machten. Diese Versammlungen bildeten eigentlich die Comitatsbehörde, welche den durch sie erwählten Beamten in allen Zweigen der Verwaltung Richtung und

Instruction anwies und denselben von ihrem Verfahren Rechenschaft 1841. abforderte; sie bestimmten und warfen die Kosten der Comitatsverwaltung, die sogenannte Haussteuer, aus, über deren Umlage und Verwendung sie mit aller Machtvollkommenheit verfügten; an sie als politischen Verwaltungskörper wurden alle Verordnungen des Königs und der Centraldicasterien, des Statthaltereiraths, und der Hofkanzlei geschickt, welche sie sodann entweder annahmen und zur Vollziehung den betreffenden Beamten hinausgaben, oder, wenn sie dieselben mit den Gesetzen und dem Geiste der Verfassung nicht für übereinstimmend hielten, „achtungsvoll zurücklegten" und, deren Vollzug suspendirend, gegen dieselben an den König und die Dicasterien behufs deren Zurücknahme oder Abänderung Repräsentationen richteten; sie ordneten die Angelegenheiten der Gemeinden, übernahmen die Bittschriften, erledigten die Klagen derselben; sie entschieden und verfügten hinsichtlich der öffentlichen Sicherheit und der Communicationsmittel; sie ordneten im Fall öffentlicher Vergehen, als Theilhaber der richterlichen Gewalt, und gleichsam als ein grosses Geschworenengericht, die öffentliche Anklage an. In alledem mussten sie sich zwar an das Gesetz halten; allein worüber kein Gesetz bestand, oder die Verfügung desselben hinsichtlich des obschwebenden Falles eine ungenügende war, konnten sie Statuten schaffen und ihr Verfahren nach denselben einrichten.

Dieser weite Machtkreis der Generalversammlungen der Comitate, und insbesondere jenes Recht derselben, welchem nach sie in allem, was mit dem Gesetze nicht in Widerpruch stand, ein Statut schaffen konnten, gegen höhere Verordnungen aber, wenn diese mit den Gesetzen nicht übereinstimmten, repräsentiren konnten, — war Ursache davon, dass einige unserer Publicisten, und unter diesen vorzüglich Wesselényi, Thomas Ragályi, später aber Ludwig Kossuth, auf das Comitatssystem eine ganze staatsrechtliche Theorie bauten. Ob nun diese Theorie den Probirstein der europäischen Staatslehren bestehe oder nicht: dies zu untersuchen gehört nicht zu unserer Aufgabe; allein wir werden darüber weiter unten dennoch nicht schweigen können, wenn die Reihe der Erzählung an die Zeitungskämpfe unserer sogenannten Centralisten kommt. Soviel ist gewiss, dass unter unsern eigenthümlichen Verhältnissen — da nämlich unser constitutionelles Reich mit einem absolut regierten Staate in Verbindung und unser constitutioneller König in den andern Theilen seiner Monarchie mit unumschränkter Macht herrschte — einzig und allein das Comitatssystem jenen Wall bildete, welchen unsere Verfassung gegen die Angriffe des Hofes, welcher auch bei uns, wie in seinen übrigen Provinzen, unbeschränkt zu herrschen strebte, zu schützen vermochte. Jenes Recht — welchem nach die Comitate, als nicht blosse Organe der vollziehenden Gewalt, sondern zugleich als Wächter der Gesetze, zur

1840. Vollziehung der mit den letztern im Widerspruch stehenden höhern
Verordnungen rechtlich nicht gezwungen werden konnten, sondern
dieselben, wie man zu sagen pflegte, „achtungsvoll beiseitelegend",
das Unterbleiben des Vollzugs sammt ihren Gründen dafür, in einer
Repräsentation unterbreiten konnten — war, bei dem Mangel an
andern Garantien der Verfassung, zur Verhinderung willkürherrschaftlicher Uebergriffe unerlasslich nothwendig. Dieses Recht war der
Regierung oft überaus unbequem und ungelegen, ja es wirkte sogar
lähmend auf sie ein, jedoch nur in Fällen eines ungesetzlichen Vorgehens, und war nur der Bewahrung der Freiheit um so nützlicher; zur Unordnung aber artete es im allgemeinen nicht aus: denn
man kann kaum einen Fall aufweisen, in welchem sich irgendein
Comitat erkühnt hätte, die höhere Verordnung, wenn sie vollkommen
gesetzmässig, mit dem Geiste der Verfassung übereinstimmend war,
unvollzogen beiseitezulegen. Wenn irgendeine hohe Verordnung auf
diese Weise beiseitegelegt wurde, war das Comitat sicher stets im
Interesse der Freiheit und Verfassung ungehorsam; denn wenn die
Verordnung bei dem Mangel an einem dem vorgekommenen Fall
anzupassenden Gesetz, den Wortlaut der Gesetze auch nicht verletzte, so verletzte es doch den Geist derselben, oder das gesetzliche
Selbstregierungs- und Statutrecht der Comitate, welche besonders oft
von der Centralgewalt, die sich in alles zu mischen liebte und stets
nach Ausdehnung und Unbeschränktheit strebte, angegriffen wurden.
Mehr Ungemach als diese ungesetzlichen Regierungserlasse, welche
man „mit Achtung" beiseitelegen konnte, verursachte den Comitaten
ein neuer taktischer Kunstgriff der Regierung, welcher darin bestand, dass man den feuriger fortschreitenden Comitaten, um dieselben zu mässigen, solche Obergespane und Administratoren gab,
die, ewig mäkelnd, die öffentliche Meinung in keiner Sache achtend,
im Comitate Uneinigkeiten hervorriefen und dieselben nährten. Allein
die Gerechtigkeit der Sache, das Interesse des Fortschritts und der
Freiheit, welches die Oppositionspartei repräsentirte, siegte endlich,
wie wir weiter unten sehen werden, an den meisten Orten über diese
Taktik der Regierung.

Die Bedeutsamkeit, welche die Generalversammlungen der Comitate zufolge dieses ihres ausgedehnten und wichtigen Wirkungskreises besassen, vermehrten in nicht geringem Masse auch jene neuen
Entwickelungen, welche in der Procedur der Comitate von Zeit zu
Zeit auftauchten und diese auf eine stets höhere Stufe der Vollkommenheit emporhoben. Durch dieselben bildeten sich die Comitatsbehörden zu immer geeignetern Werkzeugen des Fortschritts aus.
Die Art und Weise, wie sie in einzelnen Fällen selbst die Mängel
der Gesetzgebung theils durch Statuten, theils durch zur Beförderung
des allgemeinen Wohles gestellte freiwillige Anbote ersetzten, werden

wir weiter unten schildern, wenn wir über den Zustand und die Ent- 1840.
wickelungen der einzelnen Fortschrittsfragen sprechen werden; hier blos
die allgemeine Verfahrungsweise vor Augen haltend, erwähnen wir
nur zweier bedeutenderer Verbesserungen bei den Comitaten. Die
eine derselben ist, dass die Comitate, nicht lange nach dem vergangenen Reichstage, in ihrer Mitte beständige Comités wählten, welchen
sie die Vorbereitung der Reformfragen und der auf dem nächsten
Reichstage vorzunehmenden Gegenstände im allgemeinen zur Aufgabe
machten. Die zweite aber ist die, dass, nach dem Beispiele des
biharer Vicegespans, Edmund Beöthy, es zum allgemeinen Gebrauche
wurde, dass der erste Vicegespan vom Zustande sämmtlicher Interessen des Comitats und dem ganzen Verfahren des Beamtenkörpers
alljährlich genaue Rechenschaft zu geben verpflichtet wurde. Während diese Reform den Ueberblick der allgemeinen Mängel und Fehler
und der zur Abstellung derselben zu treffenden nothwendigsten Anstalten erleichterte, ebnete die andere, die Schaffung der beständigen
Comités, die rauhen Wege des gesammten Fortschritts, indem sie
Gelegenheit bot, die Art und die Mittel der Verbesserungen detaillirt und von allen Seiten zu erörtern.

Indessen ist als mächtigster Factor in der Hebung der Bedeutsamkeit der Generalversammlungen der Comitate jener lebhafte Eifer
und jenes beinahe leidenschaftliche Interesse zu betrachten, welche
in Bezug auf nationalen Fortschritt, auf nationale Entwickelung im
allgemeinen die ganze Masse der Nation ergriffen hatten. Die vielseitigen grossen Fragen der nationalen Wiedergeburt nahmen die Aufmerksamkeit und das Bestreben der gesammten Intelligenz aller Stände
und Klassen in Anspruch. Ueber die einzelnen Details derselben
wurde in den Generalversammlungen der Comitate am heftigsten de-
battirt; heftiger noch als in der gleichfalls lebhafter gewordenen
Tagespresse. Denn während hier nur einzelne, und meistentheils nur
in ihrem eigenen Namen, seltener in dem ihrer Partei, das Wort ergriffen, kämpften in den Versammlungen ganze Parteimassen, Auge
in Auge mit ihren Gegnern, ihre leidenschaftlichen Kämpfe aus. Auf
jede Generalversammlung zählte, als auf eine bedeutsame Periode,
schon im voraus das Comitatspublikum, in welcher dasselbe einen
oder den andern Vortheil zu erkämpfen, einer oder der andern Fortschrittsfrage den Sieg gegenüber der gegnerischen Partei zu verschaffen hoffte. Es ist kein Wunder, dass sodann am Tage der Versammlung die Comitatssäle sich beinahe zum Erdrücken füllten: da
der arme Proletarier-Edelmann und der überreiche Magnat, der verständige Honoratior und der adeliche Gutsbesitzer, der Dorfgeistliche
und der Prälat, alt und jung das gleiche Stimmrecht besass, so entwickelte jeder nach seiner Weise und Meinung für die Interessen

1840. seiner Parteifärbung, seiner Partei und im allgemeinen im Interesse der öffentlichen Angelegenheiten den gleichen Eifer.

Und in diesen aus so vielen Elementen bestehenden Generalversammlungen herrschte, zum Lobe der politischen Bildung der Nation, obwol die Parteien ihre Stimmen nach Hunderten, in manchen Comitaten nicht selten nach Tausenden zählten, in der Regel genug Mässigung, Anstand und Ordnung; aber, was nicht minder eine Wahrheit ist, nicht jene gemessene und höfliche, von der Etikette bestimmte Ordnung und Ruhe, welche in den Berathungen der Parlamente üblich ist. Wenn eine Frage auftauchte, welche das Interesse irgendeines Individuums, oder einer Klasse, oder irgendeinen wichtigern Reformpunkt näher betraf: verbreitete sich mehr als einmal eine solche Stimmung im Saale, dass es weit leichter war, Ruhe und Mässigung anzuempfehlen, als dieselben aufrecht zu halten. Jede kraftvolle Rede wirkte blitzartig auf die Jugend und die minder gebildete Masse, und diese liessen sich von zustimmenden und aneifernden, oder missbilligenden und tadelnden Ausrufen auch nicht abhalten. Bald angreifend, bald selbst angegriffen, Auge in Auge mit der Gegenpartei, welche stets auf die Schwächen oder Fehler ihrer Gegner lauerte und dieselben zu ihrem Vortheil auszubeuten, die eigenen aber zu verdecken trachtete, war es zweifelsohne eine schwere Aufgabe, in der Ungewissheit des Ausgangs immer jene Kaltblütigkeit und Besonnenheit aufrecht zu halten, welche der Reichstagsdeputirte, den die Instruction bindet und deckt, oder das Parlamentsmitglied, welches die Fragen stets von staatsrechtlichem Gesichtspunkte aus betrachten kann, nicht verlieren darf; und welche, wenn er sie verloren hat, von dem mit dem öffentlichen Ansehen bekleideten Präsidenten sofort hergestellt werden kann, indem er dem Betreffenden das Wort entzieht. Auf unsern Comitatsversammlungen hatte bei solchen Gelegenheiten der vorsitzende Vicegespan nicht gewöhnliche Festigkeit und Takt nöthig, damit die leidenschaftliche Flut der Reden nicht in Persönlichkeiten und Beleidigungen ausarte. Indessen geschah dergleichen nur ausnahmsweise und selten, und niemals ungestraft. Das Redefreiheitsvergehen wurde von der Generalversammlung selbst, welche sich sofort zu einem grossen Geschworenengericht umformte, durch die Anordnung des gesetzlichen Strafverfahrens, bei bedeutendern Verletzungen der Comitatsbehörde aber durch Fällung eines Urtheils sogleich geahndet. Dergleichen Ausschreitungen sind auch in den Volks- und Wahlversammlungen anderer, freie Institutionen besitzenden Nationen nicht unerhört [1], ohne dass

---

[1] Ich erwähne nicht die oft zum Schauplatz blutiger Schlägereien werdenden Wahlversammlungen Englands, Belgiens und der Schweiz. Nur jene wesentlich zur Berathung bestimmten, von den Theilnehmern in den meisten Fällen Eintrittsgeld fordernden, und alsdann respectabel ge-

diese zugleich auch die richterliche Gewalt besässen, die Ausschrei- 1840. tung, wie die Versammlungen unserer Comitate, augenblicklich zu bestrafen.

Allein diese Generalversammlungen hatten auch ihre Schatten- seiten, welche sich zuweilen so düster gestalteten, dass sie zu wirk- lichen Gefahren für die Freiheit wurden. Solche waren unter anderm, und nicht immer die unschädlichsten, jene übertriebene Heftigkeit, jener stürmische Eifer, jene eifersüchtige Unduldsamkeit, welche die entgegengesetzte Meinung nicht einmal anhören wollte; jenes Jagen nach Ruhm und Volksthümlichkeit, welches in den Reden nicht selten herrschte. Neben Männern, die durch tiefes Verständniss befähigt und voll der reinsten Absichten waren, betrat oft auch der Unbe- fähigte, der eingebildete Eitle die mit einiger Berühmtheit oder min- destens mit stolzem Selbstbewusstsein lohnende Laufbahn des Refor- mers; der zum Sandführen Geeignete beanspruchte die Rolle des Poliers oder gar die des Baumeisters. Unreife Ideen, unverdaute Plane und Anträge kamen mit pilzartiger Schnelligkeit ans Tages- licht. Viele sprachen nur deshalb, um über andere die Oberhand zu gewinnen und vom Baume der volksthümlichen Freisinnigkeit um ihre ruhmsüchtigen Schläfe ein Kränzlein schlingen zu können, unbe- kümmert, ob ihr Antrag zweckdienlich und zeitgemäss sei, oder ob er zu unsern Umständen passe. Es war eben kein seltener Fall, dass abstracte Theorien, Ideen und Principien nach französischem oder gar amerikanischem Zuschnitt gleichsam einen Paradeeinzug in unsern Generalversammlungen hielten, unter dem Beifallssturme der unerfahrenen, von Extrem zu Extrem zu springen liebenden Jugend, welche die Stimme der nüchternen Mässigung erstickte. Da Frei- sinnigkeit die herrschende Mode war, so wurde von der unreifen Masse in der Regel demjenigen der meiste Weihrauch gestreut, wel- cher den grössten Anbot machte, in seinen Vorschlägen der kühnste und überschwenglichste war. Wer nicht genug moralischen Muth besass, die wohlfeile Volksthümlichkeit zu verachten und dem Ge- schrei der leidenschaftlichen Menge entgegenzutreten, war oft ge- nöthigt mit dem Strome zu schwimmen, und seine bessere Ueber- zeugung, seine richtigern Ansichten in sich selbst zurückzudrängen. Manchmal wurden sogar die Führer selbst ihrem Willen entgegen von der leidenschaftlichen Hitze der Parteimasse mit fortgerissen.

Die Schat- tenseiten und Unzu- kömmlich- keiten der General- versamm- lungen.

nannten Meetings führe ich als Beispiel an, welche der Engländer Row nennt. Diese englischen Rows mit ihren Cheers und Counter-Cheers, mit ihren höhnischen Bravos, ihrem zügellosen Lärmen und Pfeifen, sind eine Gattung von Aufruhr, bis zur Boxerei, jedoch ohne Blutvergiessen, wo die feindlichen Parteien einander die grössten Grobheiten sagen, einander die Hüte antreiben, Fauststösse austheilen, mit bestem Humor, ohne eigent- lichen Zank und Streit.

1840. Und so geschah es, dass Parteileidenschaft oder der fieberhafte Eifer für Freisinnigkeit die Redefreiheit nicht selten ebenso, und zu nicht geringerm Schaden hinsichtlich der öffentlichen Angelegenheiten, einschränkte und tyrannisirte, wie in der vergangenen Zeit die ungesetzliche Willkürherrschaft der Regierung.

Diese Krankheitssymptome traten indessen, wie sich dies auch von selbst versteht, weder urplötzlich ein, noch wurden sie in allen Comitaten so allgemein, dass man dieselben für einen regelmässigen Zustand, und nicht vielmehr für eine wenn auch an manchen Orten vielleicht öftere Ausnahme betrachten müsste. Es war dies der Fehler der politischen Jugend, welcher zumeist davon herstammte, dass die Regierung die Oeffentlichkeit und Redefreiheit, die Reformbewegungen lange Zeit und selbst dann zu verhindern und zu ersticken bestrebt war, als schon das ungeduldige Verlangen nach einer Wiedergeburt den grössern Theil der Nation durchdrungen hatte. Die klarere Erkenntniss davon, wie sehr man zurückgeblieben war, machte die hitzigen Gemüther lärmend und ungeduldig, welche, da sie sich nun mit grösserer Freiheit bewegen konnten, an das Werk der Umgestaltung ein wenig zu hastig gingen und die Versäumnisse des langen Siechthums und der erlittenen Einschränkung mit schnellerm Vorwärtsstürzen in kurzer Zeit einzubringen wünschten. Es war dies ein solcher Fehler der Freiheit, welchen, über einen gewissen Grad hinaus, die Möglichkeit der freiern Bewegung selbst, die Oeffentlichkeit und der Fortschritt von Tag zu Tag mehr und mehr gutzumachen berufen war.

Allein eine um vieles düsterere und gefährlicherere Schattenseite unserer Comitatsversammlungen als dieser Eifer, der den schnellsten Fortschritt zu machen wünschte, als diese Reden, welche unreife oder zu unsern Umständen nicht passende Ideen, unzeitige Reformplane aufeinanderhäuften, ja selbst als jene Tyrannei, welche die Masse durch das Ueberschreien der weniger freisinnigen, gemässigtern Ansichten an der Redefreiheit ausübte, bildeten die sogenannten Cortes-Umtriebe. Die Kämpfe der Partei verschlimmerten sich in einigen Comitaten so sehr, dass man die rohe Gewalt der Massen nicht nur bei den Wahlen, sondern auch zur Entscheidung einzelner Reformfragen zu verwenden begann. Es wäre sehr leicht nachzuweisen, wenn wir es übrigens nicht schon oben erwähnt hätten, dass diese gefährlichen Auswüchse des behördlichen Lebens das böse Beispiel der Regierung grossgezogen hatte, als sie, während des Reichstags von 1832—36, die Instructionen der Deputirten durch bestochene unverständige Massen abändern zu lassen bestrebt war. Dies würde indessen die Sache weder beschönigen noch entschuldigen. Der Misbrauch, das Uebel, obgleich es seinen Ursprung von der Regierung nahm, bestand leider, und stieg in manchem Comitat zu einer solchen Stufe empor, dass es das municipale Leben mit Ver- 1840. nichtung bedrohte, und die Regierung zu militärischem Einschreiten berechtigte, ja sogar zwang. Die Parteien erschienen in manchen Fragen, z. B. in den Fragen der gemischten Ehen, der Besteuerung des Adels u. s. w. in einigen Comitaten, wie in Heves, Szathmár, Stuhlweissenburg, Bihar, Zala, mit besondern Farben und Losungsworten versehen, bewaffnet in den Generalversammlungen des Comitats. Die aufgereizten fanatisirten Massen geriethen, dem Seelenverkauf zum Opfer fallend — wie wir bei den einzelnen Fragen weiter unten eingehend erzählen werden —, thätlich aneinander. Es gab Fälle, wo im Sitze des municipalen Lebens, im Zusammenstosse der ergrimmten Leidenschaften, Menschenblut floss, ja selbst Menschenleben zum Opfer fielen. Die Wunde, welche die Bürger diesem Palladium der Verfassung, dem Comitatssystem, auf diese Weise mit eigenen Händen schlugen, war eine gefährlichere, als wie sie demselben der Absolutismus der wiener Regierung jemals geschlagen hatte. Und während diese blutigen Unordnungen die Freiheit mit Vernichtung bedrohten, vergifteten die zur Fanatisirung der Menge angewandten Mittel, Bestechungen, Trinkgelage und andere Verführungen die Moralität des niedern Adels.

Es kann nicht im geringsten unsere Absicht sein, diese rohen Auswüchse der Freiheit beschönigen oder entschuldigen zu wollen. Weiter unten, in den Details, werden wir jene Unordnungen, jene Unbändigkeiten getreu schildern, bei deren Betrachtung der Patriot zuweilen in der That zu zweifeln begann, ob das Comitatssystem, aus welchem in zahlreichen Fällen jeder Begriff von Ordnung verloren, jede persönliche Freiheit verschwunden zu sein schien, werde bestehen können. Aber all dies eingestanden, nehmen wir keinen Augenblick Anstand zu behaupten, dass diese Ruhestörungen nur die Verirrungen der wegen der Mangelhaftigkeit der Institutionen undisciplinirten, noch nicht zur Reife gelangten, an die Freiheit und Oeffentlichkeit noch nicht gewöhnten, dieselbe noch nicht zu benutzen verstehenden jungen Kräfte waren, an welchen jeder Tag, jede neue Erfahrung einiges verbesserte. Das aussergewöhnlich lebhaft gewordene Nationalleben warf während seines Gärens, dessen regelmässigen Abfluss die Ungeschicklichkeit oder die willkürherrschaftlichen Neigungen der Regierung oft störten, allen Schmuz, alles Schlackenhafte an die Oberfläche empor, und man kann darüber nicht im Zweifel sein, dass mit dem Ende dieser Gärung, wovon sich an einigen Orten schon Anzeichen zeigten, die Nation sich aus diesen ihren Verirrungen ernüchtert und gereinigt herausgewunden hätte.

Die Regierung wusste zur Einschränkung dieser Unordnungen in den Comitaten keine andere gesetzliche Massregel in Anwendung zu bringen, als dass sie an den Schauplatz der Ruhestörungen königs-

1840. liche Commissare schickte, die indessen auch nur schon deshalb zum
Ziel nicht gelangen konnten, weil sie selbst Anhänger der einen oder
der andern Partei waren und unter denselben nicht als unparteiische
Richter auftraten. Wenn sie das seitens der Opposition begangene
Vergehen auch bestraften: liessen sie doch nicht selten die Regierungspartei der verdienten Strafe entschlüpfen; die Quelle des Uebels
aber zu verstopfen, gegen einen Rückfall geeignete Dämme zu ziehen,
und im allgemeinen eine moralische Besserung hervorzubringen, waren
sie nicht im Stande.

Die gegen-   Von unvergleichlich grösserm Nutzen war, eine gründlichere
seitige Wir-
kung der Heilung brachte in dieser Hinsicht die Tagespresse hervor, welche,
Literatur
und des in ihrer Bewegung freier geworden, einerseits die Ansichten zeitigend,
öffentlichen
Lebens. das Verständniss der Massen vermehrend, andererseits das Vergehen
mit der geiselnden Stimme der öffentlichen Meinung treffend, mit
stets grösserm Erfolg die der Freiheit durch Misbrauch oder Un-
kenntniss im Gebrauche derselben geschlagenen Wunden heilte. Wir
müssen jedoch den gegenwärtigen Zustand der Presse und unserer
Literatur im allgemeinen, welche der zweite Hauptfactor der nationalen Entwickelung war, ein wenig weitläufiger schildern. Da wir
uns jedoch vor Augen halten müssen, dass die Literaturgeschichte
nicht zur unserer Aufgabe gehört, so haben wir die Absicht, unsere
Schilderung nur in den Rahmen jenes gegenseitigen Verhältnisses hin-
einzudrängen, welches zwischen dem öffentlichen Leben und der Literatur unmittelbar und augenfällig zu beobachten ist.

Die Natio-   Was vor allem unsere Sprache selbst betrifft, so hatte diese
nalsprache.
jene heftige Gärung schon grösstentheils überwunden, welche im
zweiten und dritten Zehnt des Jahrhunderts die Gemüther so lebhaft beschäftigte. Die Sprachneuerung war zwar noch nicht ganz
beendigt, der Kampf zwischen den verschiedenen Parteien hatte jedoch
schon aufgehört. Die neue Schule Kazinczy's, welcher der sogenannte
Aurorakreis ein so entscheidendes Uebergewicht verschafft hatte, war
durch die ungarische Akademie ihrem vollständigen Siege entgegengeführt worden. Die Alterthümler, die Anhänger des volksthümlichen
alten Sprachsystems, verstummten gänzlich vor dem Ansehen derselben, und .wenn auch einige im geheimen noch murrten oder gar
der Akademie trotzten, so getrauten sie sich doch nicht mehr, gegen
dieselbe den Kampfplatz zu betreten, da sie sie von der öffentlichen
Meinung der Nation entschieden unterstützt sahen. Der Sieg der
neuen Schule wurde endlich so allgemein, dass, wenn es auch noch
einige gab, die sie in der Theorie tadelten, diese selbst in der Praxis
ihren Regeln gleichsam unbemerkt und unfreiwillig immer mehr hul-
digten. Das Hauptverdienst gebührt in dieser Beziehung unzweifelhaft Michael Helmeczy, der schon in seiner der zweiten Auflage
Berzsenyi's beigegebenen „Kalauz Értekezés" (Einleitende Abhandlung)

die Nothwendigkeit der Sprachneuerung unwiderleglich bewiesen hatte, 1840.
welcher gemäss dies nicht nur alle gebildeten Nationen, sondern
von Zeit zu Zeit auch unsere Vorfahren gethan hatten, indem sie
ihre Sprache zu entwickeln, zu bereichern und zu verschönern suchten.
Und was er auf diese Weise theoretisch so siegreich dargelegt hatte,
dies übte er auch in seinem 1831 begründeten politischen Blatte
„Jelenkor" (Die Gegenwart), welches er bald darauf mit einem Nebenblatte encyklopädischer Richtung, dem „Társalkodó" (Gesellschafter)
erweiterte, praktisch mit grossem Erfolge aus. „Zur Bereicherung
unserer Sprache, zur Verbreitung einer sorgfältigern, präcisern, fehler-
freiern Schreibweise im Leben that niemand so viel wie er", sagt
in seinen „Literarischen Porträts" der competenteste Richter und
ausgezeichnetste Literarhistoriker Franz Toldy. „Was Kazinczy in
der Belletristik hinsichtlich der schönen Sprache war, das wurde
Helmeczy in Beziehung auf die Reinigung der Sprache der Literatur
und des Lebens."

Mit der Sprachneuerung beschäftigte sich die Akademie selbst
eifrig durch Erforschung und Herausgabe alter ungarischer Sprachdenkmäler und durch jene sprachwissenschaftlichen und lexikalischen
Arbeiten, durch welche sie nicht nur den Sprachschatz bedeutend vergrösserte, und insbesondere durch Herausgabe verschiedener Kunst-
wörterbücher die Sprache zum Vortrage jedweden Zweiges der
Wissenschaft tauglicher machte; sondern sie erwarb sich auch in
Beziehung auf grammatikalische fehlerlose Reinheit und richtige ungarische Sprachweise, auf Präcision, Gedrängtheit, Wohlklang und
schriftstellerischen Kunstfleiss grosse Verdienste. Ohne dass sie, die
Sprache in ihrer freien Bewegung hindernd und dieselbe in starre
Formen einzwängend, in den Irrthum der französischen Akademie
verfallen wäre, entwickelte sie die wissenschaftliche, schriftstellerische
Sprache vollständig, und es ist grossentheils ihr und der privaten
Thätigkeit ihrer Mitglieder zu verdanken, dass unsere Sprache sich
die Formen der europäischen Denkweise vollständig aneignete; und
während sie zum reinen präcisen Vortrag für alle Gegenstände der
Wissenschaft tauglich wurde, gewann sie zugleich auch an Schönheit überaus viel; sie erhob sich aus der flachen Volksmässigkeit
der alten Schreibart, ohne an ihrem eigenthümlichen Charakter Abbruch zu erleiden.

Und hier ist es am Platze, zu erwähnen, dass sich die Sprach-
verbesserung nicht mehr einzig darauf beschränkte, die Sprache reicher,
präciser und schöner zu machen. Einige unserer Gelehrten, unter
welchen hinsichtlich des erreichten Erfolgs Paul Hunfalvy der erste
Rang gebührt, begannen auch die vergleichende Sprachwissenschaft
eifrig zu betreiben, damit es klar werde, mit welchen Sprachen des
menschlichen Geschlechts die unserige hinsichtlich der Abstammung,

1840. der Formation und des Geistes in Verwandtschaft stehe. Und in dieser Beziehung müssen wir zweier Männer erwähnen, deren opfervolle Bestrebungen die Geschichte ohne Undankbarkeit nicht verschweigen könnte. Gegen das Ende des Jahres 1819 machte sich ein Szeklerjüngling, der, wie Toldy sagt, „in seiner Brust eine ganze aus der Vergangenheit und Zukunft gesponnene Feenwelt trug", mit wenig Geldkräften, aber unversieglicher Begeisterung, auf den Weg nach der Türkei, um die Wiege unserer Nation in Asien zu erforschen und jenes Volk aufzusuchen, welches mit uns dieselbe Sprache spricht. Dieser Jüngling war Alexander Csoma von Körös. Er reiste über Konstantinopel nach Alexandrien, von dort über Aleppo, Bagdad in die Hauptstadt Persiens; denn, nach Stephan Horvát, der damaligen Autorität unserer Geschichtsforschung, sollte unsere Nation aus diesem Theil der Erde stammen. „Während seines Aufenthalts in Teheran", sagt unser in Indien wohnender Landsmann, Theodor Duka, „wo er die persische Sprache und einigermassen auch die tibetanische studirte, hatte er Gelegenheit, einige tibetanische Worte zu hören, deren Laute ihn so überraschten, dass er zu glauben begann, er würde die Sprache und Nation, welche er suchte, auf den Gipfeln des Himalaja finden." Unter unendlichen Mühen und Entbehrungen reiste er daher im Frühling 1821 durch die Wüsten Khorassans hindurch nach Kabul, von dort nach Lahore, und von da durch die reizenden Thäler Kaschmirs, über die Schneegebirge des Himalaja nach Leh, der Hauptstadt der von China abhängigen, westtibetanischen Provinz Ladak. Hier studirte er unter der Leitung eines gelehrten Lama mehrere Jahre lang die tibetanische Sprache und erforschte ihre Literatur; insbesondere lernte er, und zog die in dreihundertzwanzig grossen Bänden enthaltene Geschichte, Philosophie, und das ganze Religionssystem derselben aus. Nach Jahren liess er sich, die Schneegebirge des Himalaja übersteigend, in dem in der nördlichsten Provinz der britischen Besitzungen, im Thale Spiti liegenden buddhistischen Kloster Kanum nieder, und setzte seine Studien abermals einige Jahre lang fort. Csoma hatte seinem Leben, wie es scheint, zwei Aufgaben vorgesteckt: bis zur Wiege seiner Nation zu gelangen und damit in Verbindung Europa mit der Religion Buddhas bekannt zu machen, welche er damals für die Religion unserer Altvordern hielt. Während seines Aufenthalts in Kanum machte er im Verlaufe seiner Studien eine Entdeckung, welche, nach seinem eigenen Geständniss, ihm die bittersten Augenblicke seines Lebens verursachte. Er sah nämlich ein, dass zwischen der tibetanischen und der ungarischen Sprache keine wirkliche Verwandtschaft bestehe. Allein er setzte bei alledem seine Forschungen mit unermüdlichem Eifer in der Hoffnung fort, dass die tibetanische Literatur im Stande sein werde, über die Geschichte seiner Nation, deren Reste er im Orient noch immer aufzufinden hoffte, Licht verbreiten werde. 1848. Bis dahin wanderte er mit seinen aufgehäuften literarischen Schätzen 1832 nach Kalkutta; und dort veröffentlichte er unter anderm sein Wörterbuch und seine Grammatik der tibetanisch-englischen Sprache. Und diese verbreiteten sodann den Ruhm Csoma's überall, wo die orientalischen Sprachen gelernt und hochgehalten werden. Er erlernte sodann die bengalische, Sanskrit- und Mahrattasprache, um, in das Innere von Nepal und Tibet eindringend, sein Ziel zu erreichen. Er hoffte, ihm würden, wenn er nach Lassa gelangen könnte, die dortigen Bibliotheken offen stehen, in welchen er die Urgeschichte der Hunnen erforschen würde, denn dies war für ihn — wie der Engländer Campbell sagt — das Endziel der Wissenschaft und jener Leitstern, welcher ihn auf dem Pfade seiner Gedanken und Studien während vierundzwanzig Jahren leitete. Aber von mehrfachen Umständen gehindert, konnte er seine Reise nach Lassa erst 1842 antreten, sein langersehntes Ziel konnte er indessen auch dann nicht mehr erreichen: der Tod raffte ihn unterwegs in der schönsten Kraft seines Mannesalters dahin. „Das Erscheinen Csoma's auf dem Felde der orientalischen Literatur", sagt Theodor Duka, „ist einem Meteor zu vergleichen, welches zu seiner Zeit in der gelehrten Welt soviel Interesse erweckt hatte; seine aussergewöhnliche Ausdauer, sein eiserner Wille, seine beispiellose Uneigennützigkeit und sein unermüdlicher Eifer bekämpfte jedes Hinderniss, welches jenem Wege des theuersten Schatzes des menschlichen Geschlechts, der Wissenschaft, welchen Csoma sich festgesteckt hatte, entgegenstand. . . . Und wenn du den Genius dieses glorreichen Todten fragtest, was jener bezaubernde Talisman gewesen, welcher in dieser treuen Brust so viele Leiden zu Genüssen umwandeln konnte, so würde seine Antwort lauten: «Meine Nation!»" Da seine zahlreichen Werke in englischer Sprache geschrieben sind, so blieb für unsere Literatur unter seinen Manuscripten nur das Fragment eines ungarisch-tibetanisch-sanskritischen Wörterbuchs zurück. [1]

„Sein Name", sagt Toldy, „war nicht kleiner an den Ufern der Seine als an denen des Ganges, nicht geringer an der Themse und der Spree als in den Thälern des Himalaja; und sein Ruhm trug hier und dort den Ruhm des ungarischen Namens mit sich."

Allein von weit grösserm Erfolg für unsere Sprache und Sprachwissenschaft wurden Anton Reguly's nicht minder mühe- und opfervolle Reisen im nordwestlichen Asien, in den Gegenden der Wolga und des Ural, welche er beiläufig zu derselben Zeit begann, als Csoma aus dem Leben ging. Obgleich die Geschichte diese Gegenden als

---

[1] Theodor Duka, im 12. Heft des „Uj Magyar Muzeum" für 1858, S. 688 fg. Vgl. Toldy's „Irodalmi Beszédek", S. 68.

1840. die einstmaligen Wohnsitze unserer Vorfahren bezeichnet, griff er doch eigentlich nicht aus dem Zweck zum Wanderstabe, um die Wiege unserer Vorfahren zu entdecken: denn seine Vorbereitungsarbeiten hatten ihm davon die Ueberzeugung verschafft, dass jene ungarischen Stämme, welche zur Zeit der Einwanderung unserer Vorfahren in Europa in diesen Gegenden zurückgeblieben waren, während der Zeit der mongolischen Herrschaft sich mit andern Völkern vermischten und wahrscheinlich gänzlich verschwunden sind: sondern ihn führte vielmehr die Philologie, das Studium und die Vergleichung der mit der ungarischen verwandten Sprachen in diese Gegenden. Und in dieser Beziehung konnte unser Reisender grosse Resultate aufweisen. Er erlernte die meisten der altaischen Sprachen, aus deren Vergleichung mit der unserigen er sich überzeugte, dass zwischen dieser und jenen zwar eine solche Familienverwandtschaft bestehe, wie z. B. zwischen den Sprachen der indo-germanischen Familie, eine eigentlich ungarische Sprache jedoch jemand heute in Asien vergebens suchen würde. „Russland, der Kaukasus und alle Gegenden und Fluren Asiens sind schon durchforscht", sagt er; „wir kennen innerhalb seiner Grenzen mehr als 150 Sprachen; allein vergebens, die Sprache unserer Heimat befindet sich nicht darunter: sie verschwand daraus mit den alten Zeiten, und sie lebt nur noch in Europa bei uns. Dies ist Thatsache, und zwar eine solche, welcher wir unsern Glauben nicht versagen können; es ist das Resultat der Forschungen unzähliger Reisender und Gelehrten, von Männern, die ihren Ruhm dareingesetzt hätten, dort die Sprache unserer Nation aufzufinden." [1] Nach vielen Jahren in sein Vaterland zurückkehrend, brachte er einen reichen Schatz von Kenntnissen mit sich nach Hause, welcher zum Material einer vergleichenden Beleuchtung der altaischen Sprachen dienen sollte, von welcher sich unsere Sprachwissenschaft keine geringe Bereicherung versprechen durfte. Allein der durch lange, mühselige Reisen gebrochene Körper stand leider dem mit so schönen Kenntnissen versehenen Geiste nicht mehr lange zur Verfügung: ehe er noch die Masse seines heimgebrachten Materials aufarbeiten konnte, entrückte ihn der frühe Tod nach mehrjährigem Siechthum seinem grossen Ziele.

Die vergleichende und etymologische Sprachwissenschaft indessen begannen auch hierlands mehrere mit ausgezeichneten Kenntnissen versehene Männer zu pflegen. Das Resultat der Studien und Untersuchungen derselben wurde es, dass die Frage der Sprachverwandtschaft heute schon vollkommen im Klaren ist, und dass Gregor Czuczor und Johann Fogarasi, mit theilweiser Berücksichtigung dieser Vorarbeiten, im Auftrag der Akademie nach der Arbeit vieler Jahre das grosse Wörterbuch unserer Sprache endlich anfertigen konnten.

---

[1] Uj Magyar Muzeum, 1861, Februarheft.

Und während sich die Sprache auf diese Weise immer mehr *Unsere Literatur.* vervollkommnete, erfreute sich auch unsere Literatur eines solchen Fortschritts, welcher alle Hoffnungen zu übertreffen schien. Eine wahrhaft nationale Literatur, welche zu einer solchen nur dadurch werden kann, dass sie die während zahlreicher Generationen entwickelten Welt- und Lebensansichten und die Gefühle eines Volks in sich enthält, konnten die paar Jahrzehnte, seitdem das Horn unsers nationalen Erwachens erschollen war, noch nicht zum Resultat haben. Wir wollen daher, wenn wir von den Fortschritten unserer Nationalliteratur sprechen, auch nicht vom Gesichtspunkt der Weltliteratur, sondern nur von jenem Verhältniss aus verstanden werden, welches unsern frühern Zuständen gegenüber obwaltete. Und in dieser Beziehung können wir getrost sagen, dass die Geschichte kaum ein Beispiel aufweisen könne, dass irgendeine Nation während einiger Jahrzehnte in ihrer Literatur sowol ihrer innern als äussern Ausdehnung nach einen solchen Fortschritt gemacht hätte. Das aussergewöhnlich lebhafte politische Leben hatte in allen Zweigen der geistigen Thätigkeit eine grosse Lebendigkeit hervorgebracht. Die Nation, welche hinsichtlich der Wissenschaft sich jahrhundertelang nur das Verdienst erwerben konnte, dass sie, an den Grenzen europäischer Bildung Wache stehend, jene glücklichern Völker beschützte, welche die Wissenschaften pflegen konnten, — die Nation, sagen wir, fühlte, dass endlich einmal auch sie berufen sei, dieses Feld zu betreten und mit den andern einen Wettkampf einzugehen; sie fühlte, dass auch ihre Wiedergeburt nur so ihrem Wunsche gemäss gelingen könne, wenn sie dieselbe auf der Basis einer allgemeinen geistigen Bildung begründe; wenn sie die Mittel, die Arten und Formen der Regelung ihres Fortschritts aus der Wissenschaft selbstbewusst schöpfe. Daher kam es, dass die bessern Kräfte jetzt nicht mehr der schönen Literatur allein zuströmten wie vordem, sondern, was an sich selbst schon ein deutliches Zeichen von Fortschritt ist, schon keinen Zweig der Wissenschaft unbebaut liessen. Philosophie und Geschichte, die Rechts- und politischen Wissenschaften, Staatsökonomie und die Naturwissenschaften fanden immer mehr Pfleger, die es für ihre Aufgabe betrachteten, das Kapital der nationalen Bildung und dadurch den allgemeinen Wohlstand zu vermehren.

Allein auch die Schöne Literatur betrachtete es nicht mehr so *Schöne Literatur.* sehr wie früher für ihre Hauptaufgabe, auf die Erweckung von Patriotismus und Nationalität direct einzuwirken, und begann sich schon mehr den Interessen des Schönen und Menschlichen zuzuwenden. Patriotismus und Nationalität hörten zwar auch jetzt noch nicht auf, der Lieblingsgegenstand unserer Dichter zu sein, da beide nicht nur eine der reichsten Quellen der edelsten Gefühle, sondern auch im

1840. Öffentlichen Leben eine der hauptsächlichsten Bewegungskräfte sind; allein Klang und Manier dieser Gedichte änderten sich immer mehr. Da die Sünden der Gleichgültigkeit, oder eben Untreue gegen Vaterland und Nation seltener geworden waren, wurden es auch die Gedichte so geiselnder Art, wie wir weiter oben einige von Berzsenyi und Kölcsey angeführt haben. Und wenn ausnahmsweise Vörösmarty, der grösste und nationalste unserer Dichter, auch noch manchmal zu einem solchen Ausfall Ursache fand, wie er z. B. in dem Gedichte „Az elhagyott anya" (Die verlassene Mutter) die Schuldigen bis in die Tiefen des Herzens traf: so sprach derselbe doch nur zu gewissen kleinen hochgestellten Kreisen, welche das schon so allgemein und lebhaft gewordene Gefühl der Vaterlandsliebe und Nationalität im allgemeinen noch nicht ganz durchdrungen hatte. Ja die bei dem weitaus grössten Theil der Nation in zahlreichen herzerhebenden Beispielen zu Tage tretende Aeusserung dieses Gefühls wurde vielmehr jetzt einigermassen die Quelle eines entgegengesetzten Fehlers. Einige unserer Dichter zweiten und dritten Ranges, hingerissen durch den Anblick dieses jungen lebensfreudigen Fortschritts, welcher sich in allen Zweigen des öffentlichen und gesellschaftlichen Lebens offenbarte, begannen in der überströmenden Freude ihres Herzens die auf der Bahn des Fortschritts begriffene Nation mit beinahe übertriebenen Lobpreisungen zu überhäufen; sie riefen den Sieg aus, obgleich derselbe noch erst im Stadium des Anfangs war. Und von seiten unserer erstern Schriftsteller und unserer Staatsmänner war die Klage über eine solche Ueberströmung der Gefühle auch nicht grundlos. Nicht nur der in dergleichen strenge Széchenyi, sondern selbst Wesselényi erhob sein Wort gegen diese verfrühten übertriebenen Lobpreisungen und Verhimmelungen, welche den Charakter der ohnehin zum Uebermuth und zu übermässigem Selbstvertrauen geneigten Nation verderben und sie in ihrem Streben nach Besserm und Bedeutenderm zum Stillstand bringen könnten. Wesselényi nahm keinen Anstand, diese Schmeicheleien, diese verfrühten, unzeitigen Lobpreisungen für einen der verderblichsten Krebsschäden unserer Fortbildung, für das Haupthinderniss unsers Fortschritts zu bezeichnen. [1]

Michael
Vörösmarty. Nächst diesen kann aber unsere Dichtung dieser Zeit auch zahlreiche Geisteswerke, besonders im Epos und in der Lyrik, aufweisen, welche mit den gleichartigen Meisterwerken jeder andern Literatur Europas in die Schranken treten können. Aus dem glänzenden Kranze unserer Dichter, welcher aus den Namen eines Vörösmarty, Czuczor, Bajza, Garay, Erdélyi, Székács, Alexander Vachot, Tompa, Petőfi, Arany u. s. w. gewunden ist, treten Vörösmarty und Petőfi als Sterne erster Grösse hervor. Vörösmarty ist gleich gross im Epos wie

---

[1] Balitéletek XXIX.

in der Lyrik. Seine schon oben erwähnten „Zalán futása", „Eger", 1844. „Csarhalom" sind Werke, welche nicht nur die Freunde der Kunst durch die Originalität ihrer Erfindung und den Zauber ihrer tausend und abertausend Schönheiten zur Bewunderung hinreissen, sondern auch durch die Glut und die Grossartigkeit und den Adel der Gefühle eine ganze Nation begeisterten. Die lyrische Dichtung besitzt, vom einfachen Lied bis zur Ballade, vom Volkslied bis zum Lehrgedicht, keine Gattung, in welcher er nicht unsterbliche Werke geschaffen hätte, welche die Kunst ebenso sehr als Musterstücke hinstellen kann, wie sie die Nation als den verkörperten Ausdruck ihrer edelsten Gefühle, als die Vertreter ihrer ganzen Zeit und Richtung anerkannt hat. Daher kommt es auch, dass es in unserer Literatur niemand gibt, dessen Werke auf die Gefühle und die Denkungsweise der Nation einen so grossen und allgemeinen Einfluss ausgeübt hätten als die seinigen. Er hatte sich, wie er in einem seiner schönen Gedichte sagt, zur Aufgabe seines Lebens gemacht, „die Nation bei den reinen Strahlen der Geisteskämpfe so hoch zu stellen, als es nur möglich sei". Es gab auch nie einen Dichter, der die edle Sehnsucht, die auf das Gute und Schöne gerichteten Bestrebungen einer Nation mit grösserer Lebenstreue und zugleich in einem schönern Ideale auszudrücken und widerzuspiegeln vermocht hätte wie er: er ist würdig, den Namen eines Nationaldichters zu tragen. Ist es demnach ein Wunder, wenn manche seiner Gedichte einen so grossartigen Einfluss auf die Entwickelung der Nation ausübten, dass wir dieselben mit Recht als Ereignisse, als wirkliche Theile unserer Geschichte betrachten können? Soll ich z. B. des „Szózat" erwähnen, dieser in eine so prachtvolle Gestalt gegossenen Verkörperung der Ideen der Vaterlandsliebe, nationalen Unabhängigkeit und Freiheit, der erhabenen Gegenstände nationaler Sehnsucht; dieses weihevollen, einer Prophezeiung ähnlichen Gedichts, welches, im vollsten Sinne des Worts, die Nation mit Zauberkraft durchdrang, und von reich und arm, jung und alt auswendig gekannt wurde, und wie es in glücklichern, Zeiten derselben zu einem zum Streben und Ausdauer begeisternden Psalm wurde, in den später eingetroffenen Tagen des Leidens zu einem tröstenden, erhebenden, ermuthigenden Gebet geworden war?

Unter unsern ausgezeichnetern und beliebtern Dichtern theilte sich mit Vörösmarty niemand in die Gunst des Publikums in einem solchen Grade als Alexander Petöfi, der, obgleich er erst in den letzten vier bis fünf Jahren dieses Zeitabschnitts, und besonders erst nachdem seine „Összes költeményei" (Sämmtliche Gedichte) 1847 erschienen waren, wirklich gekannt und gewürdigt zu werden begann, schnell der Liebling der Nation wurde. Und billigermassen: hatte die Nation bisher in Vörösmarty ihren grössten Nationaldichter

Alexander Petöfi.

besessen, so hatte sie nun in Petöfi ihren grössten Volksdichter. Vörösmarty ist der treueste Ausdruck des höhern National-, Petöfi der des Volkslebens. Wiewol seine Sprache nicht selten nachlässig, seine Bilder und Gedanken oft alltäglich, prosaisch und nicht immer solche sind, um den bessern Geschmack, das schöne Gefühl zufrieden-zustellen, so besitzen wir dennoch keinen lebenstreuern, wahrhaftern, einfachern und aufrichtigern Dichter als Petöfi. Er zeichnet jedes Gefühl objectiv und verkörpert dasselbe in seinen Lebensverhält-nissen und in seinen Gelegenheitsgedichten; er gestaltet jedes seiner Gefühle gleichsam zu einer Scene, zu einer Handlung vor unsern Augen; wir sehen seine Lieder aus seinen Lebensverhältnissen, seiner Umgebung, seinem Schicksal entspringen, Lieder, deren einfache, von jedem Aufputz, von jeder Gesuchtheit freie Sprache stets der wahre, getreue Ausdruck des Gefühls ist, welches seine Brust erfüllt. In dieser Objectivität, in dieser getreuen Verkörperung des Volkslebens, in welcher seine Lieder den Nationalgeist widerspiegeln und gleich-sam aus seinem Geburtslande emporkeimen, liegt der Zauber der Gedichte Petöfi's; dies machte ihn, den Frühverblichenen, so schnell zum Liebling der Nation, dies machte den Kranz seines Ruhmes zu einem ewig grünen.

Unsere Schöne Literatur brachte jedoch jetzt nicht mehr auf dem Felde der Lyrik und des Heldengedichts allein classische Werke hervor: sie bereicherte sich während dieser Zeitperiode auch auf dem der Dichtung in ungebundener Rede, im Roman und der Erzählung mit Werken von bleibendem Werth. Unsere Literatur wurde in dieser Gattung von Nikolaus Jósika, Joseph Eötvös und Sigmund Kemény in erster Reihe repräsentirt. Es ist Beruf der Kritik und der Literaturgeschichte, den innern Werth dieser Werke vom ästhe-tischen Gesichtspunkt aus zu beurtheilen: für uns haben sie nur Interesse, inwiefern sie eine Wirkung auf das öffentliche Leben aus-übten. Und in dieser Beziehung besitzen alle drei grosse Verdienste.

Nikolaus Jósika.   Wie Jósika der eigentlichen Romanliteratur bei uns Bahn ge-brochen und dieselbe bei uns eingebürgert hatte, so war auch seine Wirkung auf die Nation eine grosse; nicht nur, weil sie als Erzeug-nisse einer Phantasie von seltener Fruchtbarkeit sich in allen Klassen der Nation verbreitend, das ungarische Lesepublikum bedeutend ver-grösserten, sondern auch durch die Gegenstände und die Tendenz seiner Romane. Da er die Vorwürfe zu seinen Romanen grössten-theils aus der Vergangenheit der Nation wählte, so war die Wirkung derselben eine ähnliche wie die der Sagen Alexander und der Dramen Karl Kisfaludy's: er hörte nicht auf, in seinem stets zunehmenden Lesepublikum die Gefühle der Nationalität zu pflegen, den National-geist zu heben, zu entwickeln und zu veredeln. Seine mit gespanntem Interesse gelesenen geschichtlichen Romane „Abafi", Zólyomi", „Der letzte Báthory", „Die Böhmen in Ungarn" u. s. w. hatten ausserdem noch das unleugbare Resultat, dass sie die Nation zum Studium der Geschichte aneiferten.

Noch unmittelbarer wirkte Eötvös, dessen Namen schon sein geniales Werk „Der Karthäuser" in der Lesewelt zu einer grossen Popularität erhoben hatte, durch einige Tendenzromane, insbesondere den „Dorfnotär" und „Dózsa's Bauernkrieg" auf das öffentliche Leben ein. Der den Bauernkrieg schildernde Roman, welcher von der blutigen Empörung der von ihren Herren unterdrückten Bauern ein so furchtbar-interessantes Bild gibt, verkündigt mit der Augenfälligkeit geschichtlicher Wahrheit die in den Rechtsverhältnissen der Volksklassen nothwendigen Reformen, gemäss welchen sich im Interesse des allgemeinen Wohls und der privilegirten Klassen selbst schon der Reichstag des Jahres 1832 eifrig, aber mit nur halbem Erfolg bestrebt hatte, die Bauernklasse aus ihrem knechtischen Zustande zu erheben und dieselbe mit Besitz- und persönlichen Bürgerrechten zu versehen. Der „Dorfnotär" aber führt, um die Vortheile eines verantwortlichen Regierungssystems und einer centralisirten Verwaltung zu beweisen, die Schwächen und Mängel des Comitatssystems in einer Reihe ergreifender Ereignisse vor die Augen des Lesers. Da dergleichen Schilderungen nur durch die Gegensätze der Extreme eine immer mehr steigende Wirkung erhalten können, so erforderte der Zweck des Werks selbst, dass die Schwächen der Comitatsverwaltung um so schärfer getroffen würden, weswegen das Gemälde an mehrern Stellen auch in Uebertreibung fällt. Aber bei alledem hatte der Roman eine grosse Einwirkung auf die Aenderung der öffentlichen Meinung. Viele, obwol sie ihn übrigens tadelten, wie einstens Széchenyi für dessen „Hitel", dass er die Schwächen und Fehler des öffentlichen Lebens so schonungslos aufdecke, wurden von ihrer Vergötterung des avitischen Verwaltungssystems der Comitate geheilt, und geneigt, eine Centralisation der Verwaltung anzunehmen, welche die nothwendige Bedingung nicht nur einer starken Regierung, sondern in gewissem Masse auch die eines übrigens allgemein ersehnten verantwortlichen Ministeriums ist.

Verschieden von diesen ist der Charakter der Romane Sigmund Kemény's. Wie ihn Paul Gyulay sehr richtig charakterisirt: „kämpft er stets mit psychologischen Aufgaben. In seinen Charakteren lernen wir nur die Schwächen der Menschen kennen; er lehrt uns zweifeln; unerbittlich zerbricht er das Augenglas, welches das Leben in einem idealen Glanze schillern lässt; allein nicht deshalb, um, wie die modernen Romantiker, die Wunden der Gesellschaft blosszulegen und zu beweisen, in welchem Gegensatz das Leben mit unsern Idealen stehe; im Gegentheil, er scheint zu behaupten, dass alles so sein müsse, und auch unsere Ideale dasselbe Resultat hervorbringen würden, oder

1840.

Joseph Eötvös.

Sigmund Kemény.

ein noch schlimmeres. Der moderne Romantiker versöhnt nicht mit
dem Leben, sondern er begeistert zum Zorn gegen die gesellschaftlichen Einrichtungen, und vertröstet mit der Erfüllung seiner Lehren;
Kemény kühlt ab und ernüchtert uns." Und dieser Eigenschaft zufolge ist es unmöglich, dass seine Einwirkung nicht eine wohlthätige
gewesen wäre in einer Zeit, in welcher der Fehler, wenn sie einen
besass, sicherlich nicht mehr in der Gleichgültigkeit gegen das öffentliche Leben, noch in einem leidenschaftslosen Siechthum, sondern im
Gegensatz desselben, in der Ueberbegeisterung, in der übereifrigen,
beinahe ungeduldigen Sehnsucht nach Neuerungen, Reformen und Um-
gestaltungen, und im Hasse gegen die den übereiligen Fortschritt
hemmenden Elemente, die Regierung und die conservative Partei, zu
suchen ist.

Die Schöne Literatur gewann zu dieser Zeit einen jedes Lobes
würdigen Mittelpunkt in der Kisfaludy-Gesellschaft, welche von
einigen eifrigen Freunden des dahingeschiedenen Karl Kisfaludy aus
dem Ueberschusse der zur Aufstellung eines Denkmals für denselben
gesammelten Beträge zum geistigen Andenken an den grossen Dichter
begründet und gleichsam zu einer schönwissenschaftlichen Akademie
eingerichtet wurde. Das Institut, welches einen löblichen Eifer an
den Tag legte, fand im Publikum Unterstützung und vermochte,
trotz der ihm nur in geringem Masse zur Verfügung stehenden materiellen Mittel, schöne Resultate aufzuweisen. Dieses Institut war
für unsere Schöne Literatur auch in der That nothwendig; denn obwol
diese nicht aufhörte, in äusserer Ausdehnung zuzunehmen, so schritt
sie doch — wie es der Director des Instituts, Franz Toldy, in seinen
in der Generalversammlung desselben gesprochenen Reden [1] beklagt —
hinsichtlich des innern Werthes mit den übrigen Zweigen der Nationalliteratur nicht in gleichem Verhältniss fort; ja sie blieb, wenn man
ihren wissenschaftlichen Werth in Anbetracht nimmt, hinter der jüngstvergangenen Zeit zurück. Namentlich vernachlässigte sie die Kunst-
wissenschaft, die Aesthetik. Unsere Dichter arbeiteten mit grösserer
Gewandtheit, aber, einige ersten Ranges ausgenommen, mit geringerer
Sorgfalt. „Wo ist die Zeit", sagt er, „in welcher Kazinczy und
Kölcsey mit der Feder, Virág und Kisfaludy mit lebendem Worte
die ästhetischen Wissenschaften verkündigt, und mit ihren voll Selbstbewusstsein geschaffenen Werken die Dichtung auf jene Stufe gehoben
hatten, wo sie die Gegenwart fand, jedoch lässig ist, nachdem sie
Besitz von ihr genommen hatte, sie auch ferner zu heben?" „Wir
sahen ganze Provinzen im Reiche der Musen verlassen dastehen",
klagte er anderswo, „welche mit vielversprechendem Blühen vor-
schritten; andere zeigen deutliche Spuren vom Verfall der Selb-

---

[1] Irodalmi Beszédek, S. 207. 227. 278.

ständigkeit; den Formen wird wenig Sorgfalt zugewendet, und Wahl 1846. und Ausführung der Gegenstände passt zu diesen nachlässigen Formen." Dieser Verfall bewog Bajza zur Herausgabe seiner „Kritikai lapok" (Kritische Blätter), welche sich indessen über die Belletristik hinaus auch auf die Beurtheilung von Geistesproducten anderer Gattung ausdehnten; dieser veranlasste später im Verein mit Bajza auch Vörösmarty und Toldy ihre zu einem Magazin für Wissenschaften und Schöne Künste bestimmte Zeitschrift „Athenäum" mit einem kritischen Nebenblatt, dem „Figyelmező" (Beobachter), zu versehen, welches die Kunstkritik gleichfalls in Bezug auf die Erzeugnisse unserer gesammten Literatur mit grossem Nutzen ausübte.

Während sich in der Belletristik diese Mängel und Anzeichen Philosophie. des Verfalls zeigten, erfreute sich unsere Literatur auf dem Felde der ernsten Wissenschaften eines schönen Fortschritts. Nichts vermag dies augenscheinlicher zu beweisen als die bedeutende Zunahme der Philosophie, dieser Grundlage und Führerin aller übrigen Wissenschaften. Wenn es wahr ist, dass sich nur jene Nation einer abgeschlossenen und im strengen Sinn genommenen nationalen Literatur rühmen darf, welche eine selbständige Philosophie besitzt, so konnte sich unser Vaterland eine Nationalliteratur schon mit Recht zueignen. Diese Literatur war zwar noch nicht abgeschlossen; denn wir besassen noch keine festbegründete Philosophie, welche sich indessen schon in erfreulicher Entwickelung zeigte. Unsere Philosophie hörte auf, die Schleppträgerin der ausländischen, besonders der deutschen neuen speculativen Philosophie zu sein, und hatte sich schon vollständig emancipirt und zur Selbständigkeit erhoben. Es gab zwar unter unsern Gelehrten noch einige, die, da sie ihre Studien auf deutschen Universitäten beendigt hatten, Freunde der in Deutschland beliebten und zu dieser Zeit in voller Blüte stehenden haarspaltenden speculativen Philosophie, insbesondere des bis zur Unverständlichkeit dunkeln Hegel'schen Systems waren, dieselbe auch bei uns zu verbreiten sich bestrebten. Und schon konnte man befürchten, dass diese nebelhafte speculative Philosophie und mit ihr der in den Wolken umherirrende Idealismus oder, nach den Systemen anderer Meister, der neueste deutsche Materialismus auf den Lehrkanzeln der Schulen auch bei uns das Uebergewicht erlangen werde, zum grossen Nachtheil unserer philosophischen Wissenschaftlichkeit. Ich sage zum Nachtheil, denn die Ursache davon, dass diese Wissenschaft der Wissenschaften ausserhalb der Schule bei uns bisher so wenig gepflegt wurde, ist zum Theil wenigstens darin zu suchen, dass die Pfleger und Lehrer derselben in der neuesten Zeit zumeist an den Krücken dieser deutschen speculativen, kaum verständlichen Systeme gingen, welchen der gesunde praktische ungarische Verstand entschieden abgeneigt war. Es fanden sich indessen schon auch in unserer

Literatur ausgezeichnete Gelehrte, die der Einbürgerung jener unsern Neigungen widerstreitenden fremden Systeme, insbesondere jenen Hegel's und Schelling's, theils durch Widerlegung derselben, theils durch Begründung einer selbständigen praktischen ungarischen Philosophie noch rechtzeitig den Weg versperrten.

Joseph Vecsei.

Auf dem Felde der Polemik errang sich Joseph Vecsei, Professor zu Debrezin, die schönsten Kränze. Er begann den Kampf gegen die Hegelianer im „Athenäum" und im „Figyelmezö" und wies mit ebenso mächtiger Dialektik als gründlicher Wissenschaft die einseitigen Irrlehren seiner Gegner nach, welch erstere auch unter den Deutschen nur deshalb so zahlreiche Verehrer fanden, weil die Natur dieser Nation, welche sonst voll des gesundesten Verstandes ist, eine überaus grosse Neigung zum Idealismus hat und auch die Auschweifungen und Schwärmereien desselben duldet, wenn dieselben in ein System gefasst und in mystischem Dunkel vorgetragen werden. Auch der grosse Geschichtsforscher Schlosser gesteht diese Schwäche seiner Nation ein, indem er behauptet, dass dem deutschen Gelehrten stets dasjenige verdächtig erschien, was verständlich und deutlich ist. Köppen aber sagt mit bitterm, treffendem Spott, dass man die Herzen der Deutschen nur mittels eines Systems erobern könne, die selbst der grössten Ungereimtheit huldigen, sobald sie nur systematisch vorgetragen wird. — Nach diesem wissenschaftlichen Kampfe, in welchem die öffentliche Meinung den Sieg dem mit klarer Fassungskraft und deutlicher Rede versehenen Vecsei zusprach, konnte das Publikum mit Recht erwarten, dass derselbe anstatt der widerlegten Lehren eine neue aufstellen werde, welche der Wissenschaft zur Grundlage dienen solle. Indess erhielt unsere Literatur von ihm nur noch einige werthvolle Abhandlungen über die philosophischen Systeme, über das Leben und dessen Princip u. s. w., denn sein ausgearbeitetes System der Gesammtphilosophie konnte, zum grossen Nachtheil für unsere Literatur, das Tageslicht nicht erblicken.

Die hervorragendern Repräsentanten unserer selbständigen nationalen Literatur, welche, weil sie die Gegensätze in den höhern Begriffen ausgleichen und versöhnen will, und weil sie sich auf eine übereinstimmende Cultivirung des Verstandes und des Gemüths, als das Mittel zur Erkenntniss des Schönen, Guten und Wahren stützt, „Uebereinstimmungs-Philosophie", anders auch das „harmonistische System" genannt wurde, waren Samuel Köteles, Gustav Szontágh und Johann Hetényi.

Zwar ist die Uebereinstimmungs-Philosophie nicht ganz ungarischen Ursprungs, denn es lehrten schon Pythagoras von der „harmonischen" Einrichtung der Welt und von der Leitung derselben nach den Principien der „Harmonie" und Plato von der Tugend, als der Uebereinstimmung unserer Handlungen mit den Gesetzen der

Vernunft; in neuerer Zeit aber wurde der deutsche Philosoph Wil- 1840.
helm Krug sogar der Verkündiger und in subjectiver Beziehung
Begründer der Uebereinstimmungs-Philosophie, indem er dieselbe in
seinem systematischen Werke („System der Philosophie") specifisch auf
die Lehren der Philosophie anwandte. Und man kann dem System
Krug's auch keineswegs Richtigkeit absprechen, solange seine Philosophie sich im subjectiven Kreis bewegt; aber in allen jenen Dingen,
welche eine mehr objective Auffassung in Anspruch nehmen, wie in
der Metaphysik und Aesthetik, weist sein System mehrfache Mängel
auf. Sein hauptsächlicher Irrthum besteht darin, dass seine allgemeine
Uebereinstimmung rein subjectiver Natur ist, und sich einzig und
allein auf unsere geistige Thätigkeit beschränkt, während die Uebereinstimmung nur so eine allgemeine sein kann, wenn sie das Hauptprincip nicht nur unsers Geistes, sondern auch der objectiven Welt
ist. Nicht diese, sondern das Bewusstsein (ich bin und wirke) machte
er zum Hauptprincip seines Systems, welches man aber als oberstes
Princip, aus welchem man die Wahrheiten der gesammten Philosophie
herleiten könnte, keinesfalls gelten lassen kann.

Samuel Köteles war der erste, der Krug's Uebereinstimmungs- Samuel
Philosophie bei uns zuerst auf seiner Lehrkanzel zu Nagy-Enyed, Köteles.
später in seiner „Philosophischen Encyklopädie" einbürgerte und dieselbe zugleich von Fehlern reinigte, indem er die Ausgleichung,
welche im Hauptprincip Krug's nur erst als ein willkürlich gewählter
Zweck erscheint, als Handlung unsers Bewusstseins und den Ausdruck ihrer ursprünglichen Gestalt und der Gesetzmässigkeit unserer
geistigen Thätigkeit bestimmte und zum Hauptprincip der gesammten Philosophie erhob. Bei Köteles ist demnach die Uebereinstimmung nicht allein das oberste Gesetz der Logik, sondern auch dasjenige der gesammten Thätigkeit unsers Geistes, des Gefühls und des
Willens ebenso wie des Denkens. „Obgleich daher Krug das Princip
der Uebereinstimmung auf die verschiedenen Lehren zuerst anwandte,
und dadurch der Verkündiger der subjectiven Uebereinstimmungs-
Philosophie in neuerer Zeit wurde", sagt Gustav Szontágh [1], „so
war es doch Köteles, der das Hauptprincip derselben richtig feststellte, weshalb er der eigentliche Schöpfer der verbesserten Grundlage dieses Systems ist." Und hier beginnt die ungarische Philosophie.

Indessen bediente sich Köteles — obgleich dem Gesagten nach
seine Verdienste um unsere Philosophie gross sind, und er auch
übrigens als Professor mit klarem, lichtvollem Vortrag lange Jahre
hindurch mit grossem Nutzen seine gesunden Ansichten verkündigte

---

[1] A magyar Parthenon alapjai (Die Grundlagen des ungarischen Parthenons). Uj Magyar Museum, 1856, Heft 11.

1840. und diese Wissenschaft durch seine Vorträge zur Höhe der Welt-
philosophie erhob — noch der Sprache der alten Schule. „Zwischen
der Sprache Köteles und der unserigen“, sagt Franz Toldy, „liegt bezüglich des Reichthums, der strengen Bestimmtheit, der Kürze und
des Wohllauts mehr als eine Generation.“ Es ist mithin kein Wunder, wenn er deswegen ausserhalb der Schule, im Leben, keine solche
Wirkung auszuüben vermochte, wie er sie wol verdient hätte. Bald
jedoch wurde, dank der Sorgfalt der ungarischen Akademie, durch
die gekrönten Preisschriften Paul Balogh's und Johann Hetényi's auch
unsere philosophische Sprache reiner und präciser und ward später
·durch Szontágh's und hauptsächlich durch Joseph Purgstaller's Bestrebungen zu einem hohen Grad der Vollkommenheit ausgebildet;
infolge dessen neue, auf dem von Köteles gebahnten Pfade vor-
schreitende, mit ausgezeichneten Fähigkeiten versehene Köpfe das
System unserer nationalen Philosophie immer weiter ausbildeten. Ich
übergehe hier den Universitätsprofessor Johann Imre, obgleich seine
theils lateinisch, theils in ungarischer Sprache veröffentlichten Werke,
in den Verehrern der heimatlichen Wissenschaft die Hoffnung erweckt
hatten, dass auch wir endlich einen nationalen Philosophen haben
würden, wie die Deutschen einen in Kant, die Engländer in Bentham,
die Franzosen vor Zeiten in Cartesius, heute in Cousin besitzen, —
welche Hoffnung aber durch seinen frühzeitigen Tod vereitelt wurde.
Ich übergehe Joseph Purgstaller, da er kein Anhänger des Uebereinstimmungs-Systems ist, obgleich er übrigens, wie dies auch Szontágh selbst gesteht, weil seine Handbücher in unsern Schulen überall
gebraucht werden, man kann sagen, der nützlichste philosophische
Schriftsteller in unserm Vaterland wurde und ein gemeinnütziges
Wirken entfaltete, nicht nur durch den Inhalt seiner Werke, welche
in verständlichem Vortrage richtige philosophische Ansichten verbreiten, sondern auch durch Bereicherung unserer philosophischen
Sprache. Ich übergehe auch Cyrill Horváth, wiewol er unsere vaterländische Philosophie mit zahlreichen werthvollen Beiträgen bereicherte,
wenn auch nicht auf dem Felde des Uebereinstimmungs-Systems. Ich
übergehe endlich auch Daniel Berzsenyi, den lorberbekränzten Dichter,
bei alledem, dass er in seinem Werke von der „poetischen Harmonistik“ der Begründer der objectiven Gründlichkeit der ungarischen
Uebereinstimmungs-Philosophie wurde, wegen der veralteten Unverständlichkeit seiner Kunstausdrücke jedoch alle Wirkung verlor. Ich
erwähne nur Johann Hetényi und Gustav Szontágh als die Haupt-
pfeiler unserer nationalen Philosophie, welche dieselbe sowol in der
Theorie als in ihrer Anwendung auf das individuelle und gesellschaftliche Leben mächtig entwickelten, ich möchte sagen, volksthümlich machten.

Johann
Hetényi.

Hetényi verkündigte in früherer Zeit in einem „Sarolta és Adal-·

bert" betitelten „eposartigen geschichtlichen Gemälde", welches er 1840.
„zu einem zur Beförderung religiöser Sittlichkeit verfassten Volks-
buch" bestimmte, des nähern seine Lehren. Dieses Werk, eigentlich ein philosophisches Lehrgedicht in der Form des Epos, in welchem Philosophie und Dichtung mehr nebeneinander als sich gegenseitig durchdringend erscheinen, fesselt unsere Aufmerksamkeit nicht
so sehr in ästhetischer Beziehung als vielmehr hinsichtlich seines
Inhalts, inwiefern wir nämlich in demselben schon die Vorboten seines
philosophischen Systems antreffen.

„Ihm ist nämlich", sagt Toldy in seinen „Porträts", „die Philosophie in ihrer letzten Analyse eine praktische Wissenschaft, welche
alles, was nicht praktisch, ausschliesst, welche zum letzten Beruf hat,
die Verwirklichung zum Schönen, Guten und Wahren zu betreiben;
deren Urquell und Vorbild, auch nach seiner Ansicht, die Gottheit
ist, als der concrete Begriff des ewig Schönen, Guten und Wahren,
und es auch zum Ersten, was der Philosophie zu thun obliegt, gehört, die durch Gott in der sichtbaren und geistigen Welt zum Ausdruck gebrachte Gesetzmässigkeit derselben zu erforschen, bekannt
zu machen und ihre Verwirklichung individuell und gesellschaftlich
als den Haupt- und Endzweck unsers Daseins zu beweisen." Die
unzeitgemässe Form that indessen der Wirkung dieses Werks
grossen Abbruch.

Von da ab entwickelte er in zahlreichen grössern und kleinern,
theils philosophischen, theils culturgeschichtlichen, staatsrechtlichen
und volkswirthschaftlichen Werken, welche er während der Periode
der allmählichen Reife seines Systems grösstentheils zur Lösung der
von der Akademie und andern Instituten ausgeschriebenen Preis-
fragen verfasst hatte, die Grundsätze seiner praktischen Philosophie
in ihrer gesellschaftlichen Anwendung. Denn, wie wir erwähnten,
er steckte der Philosophie ein praktisches Ziel, die Beglückung des
menschlichen Lebens sowol in individueller als auch in gesellschaftlicher Beziehung, oder, wie er es zu nennen liebte, die „Verschönerung" desselben; und war demnach alle seine Bestrebung darauf gerichtet, „dass die Philosophie, die schulmässigen und dialektischen
Haarspaltereien der Begriffe unterlassend, ihren Hauptzweck in der
Aufklärung und Feststellung aller edlen Interessen des Menschen, der
religiösen und moralischen, der gesellschaftlichen und jener der Cultur
suchen möge, damit sie mindestens zum Glaubens- und Gesetzbuche
einer veredelten, tugendhaftern, und die Schönheit des Lebens in
einer wissenschaftlichen und künstlerischen Ausbildung findenden
Menschheit werde".

Sein Hauptwerk indessen, welches während des Verlaufs von
zwanzig Jahren heranreifte, und das er mitten unter seinen andern Arbeiten keinen Augenblick aus den Augen verlor, war das „Magyar

1840. Parthenon", welches sein gesammtes philosophisches System in sich enthalten sollte. Das grosse Werk war schon so weit vorwärts geschritten, dass er hoffen durfte, dasselbe nach einem glücklichen Jahre der Nation vollendet vorführen zu können, als ihn der Tod, zwar nicht mehr jung, denn er näherte sich schon seinem 70. Lebensjahre, aber dennoch vorzeitig dem Leben entriss. Einige Zeit vor seinem Tode wurde eins seiner Werke: „A Magyar Parthenon elöcsarnokai" (Propyläen des ungarischen Parthenons), in der Akademie vorgelesen, welches zwar nur als Einleitung zu seinem grossen Werke dient, aber von den Hauptprincipien desselben schon so vieles in sich enthält, dass wir uns daraus vom Wesen und dem System seines unterbrochenen grossen Werks wenigstens einen Begriff zu verschaffen im Stande sind; denn er stellt in diesen Propyläen die Grundidee und die Hauptrichtung desselben fest, und skizzirt darin zugleich auch, von der griechischen Benennung desselben Rechenschaft abgebend, die Geschichte der gesammten Philosophie mit ebenso scharfer Kritik als richtiger Auffassung und lichtvollem Vortrage.

Ihn führten, wie er selbst sagt, drei Leitsterne: Vernunft, Leben und Harmonie.

Die Vernunft, welche ein Pfand unsers göttlichen Ursprungs, ist ein so erhabenes Wesen, dass sie, wenn es ihr gelingt, sich von den Fesseln des sie vielfältig niederdrückenden thierischen Bedürfnisses, Vorurtheils und der Leidenschaft zu befreien, durch ihre gesunden Schlüsse eine höhere Ausbildung gewinnt, sich mit einem ästhetisch richtigen Geschmack zu verbinden vermag, und sowol das individuelle als das gesellschaftliche Leben zu einem rein menschlichen, schönen und glücklichen zu machen im Stande ist; welche Lebensschönheit oder Harmonie ohne Zweifel der Gipfelpunkt all unserer geistigen Sehnsucht, der Zweck unsers Daseins, der Hauptbeweggrund aller unserer Handlungen ist. Ausser diesem kennt er keine gründlichere, höhere und in Bezug auf das Leben wichtigere Wahrheit, kein höheres Princip, welches im Geiste und im Herzen eines jeden Menschen widerhallt und würdig wäre, zum Grundprincip aller Philosophie gemacht zu werden.

Die in alter und neuer Zeit begangenen Radicalirrthümer der Philosophie erblickt er darin, dass diese die drei erwähnten, beinahe gleich gründlichen und wesentlichen Hauptrichtungen unserer Vernunft, nämlich: die theoretische, die ästhetische, und die praktische, aus den Augen verlierend, indem sie dieselben nicht gleichförmig würdigte, und auf den Hauptzweck, die Verschönerung des Lebens (die Glückseligkeit) nicht gleichmässig anwandte; jetzt einzig und allein der ersten, dem Drange nach Wissen, jetzt der zweiten, der ästhetischen und Gefühlsrichtung, dann wieder der dritten, der handelnden, das Uebergewicht gab: so mussten dann die Proportionen

und die Gestaltung des Lebens abirren, und verzerrt und hässlicher 1840.
werden, und entweder in übertriebene Speculation und Idealismus,
oder in rohe Sinnlichkeit, Sensualismus, oder in feinere Empfindelei,
den Mysticismus, oder endlich in gedanken- und principlose Handlung, in Unschlüssigkeit versinken. Wir müssen daher unsere geistigen Fähigkeiten gleichmässig ausbilden und gebrauchen. Er ist kein
Gegner der contemplativen Philosophie, der Speculation, die sich innerhalb ihrer Grenzen hält; denn ein klarer Verstand ist das Hauptorgan der Lebenswissenschaft, und ohne richtiges Denken gibt es
auch keine richtige Handlung. Seinem Erachten gemäss muss die
philosophirende Vernunft nach drei Hauptrichtungen hinwirken, nämlich: 1) in contemplativer, theoretischer; 2) beurtheilender oder kriti-
scher im höhern Sinne; 3) in handelnder Richtung. Der Zweck
der ersten Richtung ist das Wissen, die Wahrheit; der zweiten subjectiv das Schönheitsgefühl, objectiv das Schöne und Edle; der dritten
subjectiv die moralische Kraft, objectiv die Tugend und das Recht.
Die Coexistenz dieser Dreifaltigkeit macht die Lebensschönheit, Glückseligkeit aus, und diese Dreifaltigkeit wird wieder durch das Hauptprincip der allgemeinen Uebereinstimmung, der Harmonie, verbunden.
Auf dieser Harmonie baute er sein System auf.

Die Einseitigkeit, welche aus der Vernachlässigung irgendeiner
dieser drei Hauptrichtungen stammt, ist Ursache, dass Zweifel, doctri-
näres und mystisches Dunkel und Wettstreit aller Art den schönen
Himmel der Philosophie umwölkten; dass die gesunde Denkweise ihren
ursprünglichen Typus verlor, aus der Lebenswissenschaft zur Natur-
geschichte, zu einem auf kahlem Felsen sich kümmerlich erhaltenden
Apriorismus, zur Weltpoesie wurde, sich ihrer ursprünglichen Hoheit
entkleidete und eher alles andere war als Lebenswissenschaft; dass
in der Gegenwart die Metaphysik, von der Naturphilosophie überflügelt, in diese gleichsam eingeschmolzen und beinahe vernichtet
wurde. Wenigstens verlor diese hohe Wissenschaft ihre Einwirkung
auf das Volksleben, die Veredlung der Sitten und die Hebung der
Seele und des Herzens gänzlich, und gelangte dahin, dass sie von
vielen hochberühmten Philosophen als Schwärmerei aus der philosophischen Wissenschaft ausgeschlossen wurde.

Die Nothwendigkeit einer Reform der Philosophie wurde daher
allgemein fühlbar. Diese wurde auch von mehrern unternommen,
von welchen jedoch einige wieder in irgendeinen der schon erwähnten
Radicalirrthümer verfielen. Kant begann seine Reformen auf dem
Felde des praktischen und moralischen Lebens. Er reinigte die
Quellen der Sittenlehre, indem er dieselbe nicht auf die Erwartung
eines Lohnes, oder Furcht vor Strafe, sondern auf die Achtung vor
dem Gesetz baute. Indessen wieviel Gutes er auch mit der Moral
stiftete, soviel Schaden verursachte er, wie unser Autor sagt, mit

seiner metaphysischen Subjectivitätslehre, indem er die menschliche Vernunft in eine contemplative und in eine praktische entzweischnitt und einander gegenüberstellte; während, zufolge der Harmonie der Vernunft, die verschiedenen Fähigkeiten der Seele in gesundem Zustande stets vereint wirken, und wehe jener verschobenen Vernunft, in welcher die Betrachtung von der Ausübung sich abgesondert hat!

Diese falsche Theorie Kant's rief unter den Deutschen, die ohnehin seit Leibniz an der Subjectivität, oder, was mit dieser eigentlich eins und dasselbe ist, an einem mit der Erfahrung nicht Hand in Hand gehenden Idealismus krankten, eine ganze Revolution hervor. Fichte erhob das Ich, die Grundlage der Subjectivität, über die allgemeine Objectivität, mit andern Worten, über die äussere Natur; und während er jener das alleinige Dasein gab, vernichtete er diese. Schelling sah dies als übertrieben an, aber er vermochte nicht sich vom süssen Gifte des Idealismus zu befreien, und modelte den subjectiven Idealismus Fichte's in einen objectiven Idealismus um, was ebenso viel ist als ein aus Holz geschnitzter Eisenreif. Auch fühlte er dies selbst, und suchte bei der Identitätslehre Zuflucht, indem er das Bewusstsein mit dem Dasein für eins und dasselbe erklärte. Diese beiden kann man zwar in Einklang bringen; allein behaupten, dass beide eins und dasselbe seien, heisst seinen Spott treiben mit der gesunden Denkweise. Denn wie oft geschieht es z. B., dass der Verbrecher, der sehr gut weiss, dasjenige, was er sich nicht scheut zu thun, sei verboten, dennoch diesem Bewusstsein entgegenhandelt? Indessen antwortet der Anhänger der Subjectivität und Identität auf diesen Einwurf nur: „Der Unterschied zwischen gut und böse ist nur subjectiv, diese sind objectiv betrachtet eins und dasselbe; da es keine Freiheit gibt, so besteht zwar jener Unterschied subjectiv, aber objectiv nicht." „Dies aber", ruft hier die noch nicht abgeirrte gesunde Vernunft aus, „steht unsern Begriffen vom Vollkommenen und Unvollkommenen, Guten und Bösen, Endlichen und Unendlichen, Materiellen und Geistigen entgegen!" Und hier zuckt Hegel mit den Achseln und sagt ganz kaltblütig: „Die Philosophie ist nur dadurch Philosophie, dass sie dem Verstande und der gesunden Vernunft widerspricht, in welcher Beziehung die Welt der Philosophie im allgemeinen genommen eine verkehrte Welt ist." [1] „Solch preiswürdige Resultate brachte", ruft hier unser Philosoph aus, „die Subjectivitäts-Philosophie hervor, welche das höchste Wesen, die moralische Freiheit, und die persönliche Ewigkeit, mit Einem Worte das Unendliche, in das Endliche, das Maschinenmässige, hineinschmelzend und die reine vernunftreligiöse Weltansicht der Naturphilosophie unterordnend, die Meta-

[1] Kritisches Journal der Philosophie, I, 1. 17.

physik zu Boden schlug, vernichtete." Er stellt daher, um der un- 1840.
verdienterweise herabgewürdigten Metaphysik ihre frühere Bedeutsamkeit wiederzugeben, und die Radicalirrthümer der Philosophie
der Gegenwart zu berichtigen, der allgemeinen Subjectivität den
allgemeinen Harmonismus, die Uebereinstimmung, entgegen,
welche Harmonie und Einheit er zwar in der Welt bestehend behauptet, jedoch in einer Art, wie sie in der guten Musik, oder Malerei
vorkommt, in welchen die verschiedenen Töne und Farben zu unterscheiden sind. Der Harmonismus gibt sowol dem gemässigten Idealismus als auch dem Empirismus Raum, und erlaubt nicht, dass sie
gegeneinander einen Vernichtungskampf führen. Dieser nimmt die
eine und untheilbare Vernunft zu Hülfe, und zerstückt nicht die
einzelnen Fähigkeiten derselben, gibt keiner das Uebergewicht über
die andere; denn der Mensch selbst ist, ebenso wie die Welt, eine
harmonische Einheit. Die ausgleichende Philosophie betrachtet die
die übernatürlichen Gegenstände untersuchende Vernunft als einen
geistigen Spiegel, welcher die in der geistigen Weltordnung erscheinenden — nicht idealen, wie Schelling und Hegel lehren, sondern
wirklichen — Gegenstände, den selbständigen Gott, die eine Sub-
stantialität besitzende Seele und die eben nicht fragliche Freiheit
derselben nicht · erschafft, wie Fichte behauptete, sondern nur wider-
spiegelt. Mit der Beihülfe des allgemeinen Harmonismus gewinnen
wir Einblick in den Mechanismus des Weltbaus, in die Lebensthätig-
keit unsers Geistes, überall Gesetz- und Zweckmässigkeit erblickend,
überall einen obersten Gesetzgeber anerkennend, überall Aehnlichkeit
und Analogie antreffend, überall eine Gradation und Stufenleiter
findend, welche schliesslich zur ·Wahrheit und Wirklichkeit führt.

Sodann auf die philosophischen Systeme der verschiedenen Zeiten
übergehend und ihre Irrthümer nachweisend, und zugleich den Beweis
liefernd, wie sehr das Uebereinstimmungs-System geeignet sei, diesen
Klippen und Abgründen auszuweichen, sagt er: „Diese Zeitphilosophien
können uns Ungarn, die wir an markigere Kost gewöhnt und als
Volk des Ostens praktischen Geistes sind, nicht vollständig befriedigen.
Wir brauchen eine Philosophie, welche, die Luftreisen des schwärme-
rischen Idealismus verachtend, und andererseits sich von den Sümpfen
niedriger Sinnlichkeit abwendend, in sich und in unsern menschlichen
Brüdern dasjenige zur Entwickelung bringe, was menschlich schön,
herrlich, ja göttlich ist; wir brauchen eine Philosophie, welche uns
helfe, die schönen Ideale sowol des individuellen als des gesellschaftlichen Lebens zu verwirklichen. . . . Die Harmonie des individuellen
und gesellschaftlichen Lebens ist jenes Ideal, welchem wir mit Hülfe
unserer Philosophie zustreben sollen; dies und nichts anderes ist der
Ausgangspunkt, das punctum saliens der wirklichen Philosophie, und
nicht, nach den auseinandergehenden Meinungen der Philosophen, die

1840. Minirung der Tiefen der Natur, nicht das Feenland der Ideen und Ideale; nicht die Substanz, wie Spinoza meinte, nicht das Absolute Schelling's, nicht Hegel's Sein und reine Existenz; sondern, wie wir sagten, die Lebensschönheit, ausser welcher Vernunft und Herz kein schöneres und grösseres Ideal besitzt, nach welchem wir alle uns sehnen: weil dies das Axiom der Menschheit ist, mit welchem jedermann einverstanden, welches der allgemeine Wunsch eines jeden von uns ist, der da lebt. Hier und nicht anderswo muss der Polarstern der einzig heilsamen Philosophie sein; in dem grossen Gesetze des Weltalls, der Harmonie, ruht das Lebensprincip, hier entspringt die wohlthätige Quelle derselben, und ihr ungeheueres Gebäude muss auf dieser Grundlage aufgebaut werden.

„Jede Wissenschaft daher, welche die Lebensharmonie durchblicken lässt, jede Uebung und Kunst, welche in letzter Analyse Lebensschönheit bewirkt, nimmt den höchsten Rang ein, ist heilsam, ja göttlich. Der die Harmonie des Körpers wiederherstellende Arzt, der den Frieden der Seele und des Herzens stiftende, die Principien und Gesetze des schönen Lebens aufhellende Weise, der den Nationalwohlstand bewirkende Staatsmann, der die Stürme des Gemüths besänftigende Künstler, sie verdienen alle den Dank und die Achtung der Menschheit; und obgleich sie in verschiedener Richtung zu wirken scheinen und wie die Strahlen auseinandergehen: so dienen sie doch alle der Lebensharmonie, gehen von dem gemeinsamen Mittelpunkt derselben aus, und vereinigen sich später wieder in demselben.

„Die Philosophie wird ihrem grossen Zweck nie entsprechen, wenn sie, ihrer bisherigen doctrinären Gestalt und Bande ledig, und sich aus ihren dialektischen Haarspaltereien hinausrettend, die Verschönerung des individuellen und gesellschaftlichen Lebens nicht zu ihrer alleinigen Aufgabe macht, mit Einem Worte, die Lebensharmonie, in welcher die Glückseligkeit des Lebens im allgemeinen verborgen liegt. . . . Wir sehen, dass die Philosophie, dieses drei Jahrtausende alte Kind, sich, weil es noch unentwickelt ist, noch nicht definiren kann, ihre Hauptrichtung, ihr Gebiet noch nicht fest zu bestimmen vermag: der Geist des Widerspruchs, der Zweifel herrscht in derselben. Sie gleicht einem ungeheuern Magazin voll Material und Werkzeug, welches man noch nicht zu ordnen und daraus eine gute und beständige Halle zu bauen im Stande war. Die in neuerer Zeit häufig entstehenden philosophischen Systeme sind ebenso viele grossartige Luftphänomene, welche kaum einige Stunden dauern und dann gänzlich verschwinden. Und während die Schriften der griechischen Philosophie einen ebenso ewigen Werth besitzen wie die antiken Kunstwerke, können sich diese kaum der Ewigkeit eines oder zweier Jahrzehnte erfreuen. . . . Auch wird die Philosophie keinen festen Bestand haben, solange wir sie nicht mit dem Körper der Lebensharmonie bekleiden, und ihrem Geiste den Weltgeist, 1840. die Harmonie, einhauchen, sie zur Lebenswissenschaft erhebend und veredelnd: dies wird aber nicht anders geschehen, als wenn wir sie vollständig umgestalten. Vor allem muss man einsehen, worin die bisherige Philosophie ihren Zweck verfehlte; welches jenes wahre und ihr eigenes Gebiet sei, von welchem sie abwich; endlich wodurch man ihr im Leben Brauchbarkeit, in der Wissenschaft Ansehen und Gewicht, in der Gesellschaft die Führung, ja den Thron sichern können."

Das Verfehlen des Zwecks anbelangend, sieht er mit Bedauern, dass den Philosophen seit dem grossen Sokrates jene grosse Wahrheit, dass die Philosophie nichts anderes sei als ein zur Lebensharmonie leitender Führer, und der wahre Philosoph nichts anderes als ein die Lebensschönheit verkündender Lehrer, nicht in ihrer ganzen Klarheit vorschwebe. Sie darf daher das Gebiet des fundamentalen und höhern Lebens nicht verlassen und nach Unerforschlichem greifen, als da sind z. B. die innere Natur und das Wesen der Seele, der Welt, des höchsten Wesens; denn diese gestatten niemals den Einblick in ihr Wesen; und halten es für genügend, wenn sie uns den Anblick ihrer Werke gewähren, und höchstens jene Gesetze offenbaren, in welchen und durch welche sie sich kundgeben.

Er erklärt ferner, dass das eigene Gebiet der Philosophie kein anderes sein könne als das Leben und die Lebensharmonie. Er will ihr den Himmel nicht verschliessen, er will nur ihre Luftreisen verhindern, und sie in den Kreis des Lebens zurückführen, in welchem es für sie Raum genug gibt. Das Leben ist eine so ungeheuere Idee, dass sie die ganze Welt umschliesst und die Tochter ist des unendlichen Alls; es hat Millionen Gestalten, und wenn wir nur das menschliche Leben allein untersuchen, so gibt es individuelles, es gibt gesellschaftliches, es gibt nationales, es gibt menschliches, es gibt sinnliches, es gibt geistiges oder höheres Leben; und dies ist wieder ein wissenschaftliches, moralisches und ästhetisches. Diese grossartige Idee dient der Philosophie zu einer weiten Grundlage; sie ist ein ausgebreiteter Baum, dessen Zweige von den das Leben verschönernden Wissenschaften eingenommen werden. Denn blicken wir um uns, was wollen die sogenannten principiellen Wissenschaften? Aus der Facheintheilung derselben stellt sich heraus, dass sie alle der Erhaltung, der Sicherung und Verschönerung des Lebens dienen. Was will der Theolog? Ewige Glückseligkeit. Was der Rechtsgelehrte? Ein rechtssicheres und von Ungerechtigkeit freies Leben. Was will der Arzt? Ein von Krankheit freies und sich einer vollkommenen Gesundheit erfreuendes Leben. Was die Haushaltung? Ein im Besitz gesichertes Leben. Und hier haben wir

1840. die Verbindung und eine ganze Familie der Wissenschaften, deren Mittelpunkt das Leben ist. Indem er weiterhin von der Harmonie spricht, überkommt unsern Philosophen beinahe Begeisterung, welche seinem Stil eine dichterische Färbung gibt. „Die Harmonie", sagt er, „ist Weltgesetz, die belebende Kraft der Sphären ebenso wie der winzigsten Wesen. Sie ist der Schlüssel des Weltalls, unter deren Herrschaft das Staubatom steht, wie auch das herrliche Reich der Sonnen. Sie macht das Wesen aller Wonnen des Körpers und der Seele aus; sie ist der Mittelpunkt aller schönern und grossartigern Ideen; ihr Gesetz ist das höchste, aus welchem alles Gesetz fliesst sowol nach oben als nach unten hin. Sie behauptet ihre Herrschaft neben und über aller Regel und Norm. Sie ist es, die aller Höhe und Tiefe Gesetze gibt; ihren Thron verehrt insbesondere jedes Leben, und fällt, wenn es von ihr abweicht, dem Tode als Opfer anheim. Sie ist die unbegreifliche Seele der Welt, und gibt jeder untergeordneten Kraft ihre Richtung. Sie stellt die Ordnung der Entwickelung in der geistigen und körperlichen Welt fest; unter ihrem Scepter steht jedes Wesen, jedes Leben, jedes Gesetz. Was sich ihr entzieht, das kann, als Verletzung des Gesetzes, nicht anders als hässlich, unwahr, und ungerecht sein. Sie kann als höchstes Wesen eine höhere Gewalt als ihre eigene nicht anerkennen; daher ist sie in der geistigen Welt dasselbe, was in der kosmischen die allgemeine Schwerkraft, deren Herrschaft sich selbst die allerfernsten Sonnen der Nebelflecke nicht entziehen können. Sie dient dem Weisen als Führer, wenn er zu jenem obersten Wesen emporblickt, an welches sich die Eiteln entweder selten wenden, oder, wenn sie sich ihm auch zuwenden, löscht der Hauch der Leidenschaft in ihnen oft das Licht des Gefühls aus. Sie ist ihre sichere Führerin, wenn sie in das grosse Buch der Welt blicken, welches mit seiner glänzenden Sternenschrift zu ihnen spricht. Sie dient ihnen als Magnetnadel, wenn sie das Uhrwerk ihres eigenen Körpers untersuchen, wenn sie den Verhältnissen der Vernunft, der Wissenschaften und der Kunst, oder jenen des Familien- und gesellschaftlichen Lebens nachforschen. Sollen wir uns daher wundern, dass diese Harmonie die höchste leitende Grundidee, das punctum saliens, ja der Anfangsbuchstabe der Philosophie ist? Sie ist eine herrlichere, grössere und in ihren unzähligen Aeusserungen eher begreifliche Idee, als das von der Philosophie unsers Zeitalters zur Grundlage angenommene Absolute, weil, während dieses nur im Ideal lebt, und nicht in der Wirklichkeit, jene sicht-, hör- und fühlbare Typen besitzt, als z. B. die Schönheit, welche schon das der Sprache noch kaum mächtige Kind in der Blume, der Jüngling im Ideal seines Herzens, das gereifte Alter im Schön-Wahren und Schön-Guten geniesst. Sie erfüllt Himmel und Erde gleichmässig und von ihr kann man mit grösstem Recht sagen, was Virgil vom 1840. Ruhm sang:

Graditur solo, et caput inter nubila condit.

„Nach der Ansicht unsers Philosophen besitzt die Harmonie des individuellen und gesellschaftlichen höhern Lebens zwei Hauptfactoren, nämlich: Verstandesklarheit und Principientreue. Vernunft und der von ihr regierte feste Wille sind die zwei Leitsterne der Harmonie unsers Lebens; diese müssen wir daher hauptsächlich ausbilden, um die Schönheit unsers Lebens sichern zu können. Die Vernunft ist nichts anderes als das Hauptwerkzeug der Lebensschönheit in uns und der von der Hauptharmonie (von Gott) herstammende erschaffene Gott unsers Ichs. Diese bewerkstelligt die Uebereinstimmung in unsern Gedanken, Gefühlen und Bestrebungen. Sie ist daher das lebendige Werkzeug der Harmonie, welche eine Stufenleiter besitzt und in den höhern Gebieten unter dem Namen der Schönheit, Wahrheit und Tugend bekannt ist. Die Vernunft ist zwar nur ein Ganzes, aber sie ist nach drei Richtungen hin werkthätig. In der ersten Richtung beschäftigt sie sich mit der Wahrheit; sie unterwirft die Begriffe und Ideen einer Kritik und betrachtet, ob diese kein Trugbild seien, ob die Theorie keine fehlerhafte? Dort, wo sie von der Prüfung verlassen wird, ersetzt sie die Mängel ihrer Kenntniss und füllt sie gleichsam aus durch den Glauben, aber eine Lücke duldet sie nirgends, damit nicht der Zweifel über sie hereinbreche; sie leistet indessen auch der Leichtgläubigkeit Widerstand, indem sie ihre Begriffe und Ansichten läutert und verbessert, ihre Analogien und Inductionen vervollkommnet. Verstandesklarheit ist hier das Ideal, und wir wissen, dass Glanz und Licht die Harmonie der Farben sind.

„Jedoch genügt das Licht allein noch nicht; es muss auch Wärme haben, diese bietet uns das Gefühl, welches uns von der angenehmen oder unangenehmen Gegenwart unsers Ichs Kunde gibt. Die Vernunft kann sich der Zeugenschaft des Gefühls und des Selbstbewusstseins nicht entschlagen; denn die Gefühle nehmen den ganzen Menschen in Anspruch, und während die Vorstellungen nur sozusagen die Oberfläche der Seele berühren, greifen jene das innere Wesen derselben an und wirken tief ein. Die Gefühle und die Summe derselben, die Gesinnung (das Gemüth) gehören unter die Herrschaft der Vernunft; widrigenfalls sich in uns die Harmonie der Kräfte auflöst und wir den Leidenschaften als Opfer anheimfallen.

„Die dritte Richtung der Vernunft ist die Charakterbildung; hier ist daher ihre Hauptaufgabe, den von Natur aus sklavischen Willen zu regeln, nachzuweisen, wo das niedrigere und höhere Verlangen desselben platzzugreifen habe, und die thierischen Begierden zu menschlicher höherer Sehnsucht zu erheben; z. B. den Begattungs-

3 *

1840. trieb zur Frauenliebe, den Bewegungstrieb zum Geschäftstrieb, die Ruhmsucht zum Wissensdrang. Die entwickelte Vernunft übt daher über die Betrachtung, das Gefühl und den Willen ihre Herrschaft aus und bringt auf diese Weise die Harmonie der geistigen Kräfte zu Stande, ohne welche es keine Lebensharmonie und keine Schönheit gibt. Die Hauptursache der Hässlichkeit des Lebens liegt daher im unentwickelten Zustande der Vernunft, und darin, dass in Individuen, Gesellschaften, ja in der Menschheit eben jene Hauptkraft, jener göttliche Schöpfer unausgebildet ist, eben jenes Feld brach liegt, welches, bebaut, ein Paradies darbieten könnte.

„So verhält es sich auch im gesellschaftlichen Leben. Auch hier ist die Harmonie der Vernunft jene strahlende Sonne, welche überall Glanz, Wärme und Heil zu verbreiten vermag. Bei dem Lichte der gesellschaftlichen und nationalen Verstandesklarheit entwickeln sich die Nationen zum Wohlstand, zur Grösse, zum Ruhm, dagegen macht sie der Dämon der Verstandestrübe kleinmüthig, zwerghaft und in beschämender Weise arm. Der Sophismus, der der Satan des Edens der Lebensschönheit ist, treibt indessen auch hier seine teuflischen Launen, statt wahrer Verstandesklarheit verbreitet er Trugschein, und lässt die erhabensten Dinge, wie z. B. die Freiheit, in falschem Licht erscheinen. Hier liegt die Wurzel der Krankheit der gegenwärtigen europäischen Generation, ja unsers Zeitalters verborgen. Die Verstandestrübe brachte diese hervor und eine verkehrte Philosophie, welche sich einseitigen Idealen zuwandte, zum Idealismus hinneigte, in den Kreis des Lebens nicht heruntersteigen wollte, die Macht der Verhältnisse ignorirte und mit dem Harmonismus unbekannt war. . . . Wir bauen daher unsere Philosophie auf den Harmonismus, und indem wir dieses grosse Gesetz der Natur so auffassen, dass die Natur, unsere erhabene Mutter, zwar auch der beständigen Einheit und dem Allgemeinen zustrebe, allein ebenso auch nach dem Verschiedenen, dem Mannichfaltigen zu gravitire, glauben wir, dass der wahre Philosoph hier nicht einseitig werden darf, sondern beiden seine Aufmerksamkeit schenken muss. Wir gehören nicht zu jenen fortwährend in den Wolken schwebenden Philosophen, die, zurückgezogen in das Luftschloss des Idealismus und des Absoluten, alles Wirkliche, Bestehende, zum materiellen und fundamentalen Leben und Wohlbefinden Gehörende für geschmacklos und gemein halten; sondern wir würdigen auch die Menschlichkeit und die Gesetze des allgemeinen Lebens, und würdigen andererseits auch die Eigenthümlichkeiten im Leben der Nationen, den Charakter, die Bildungsstufe, die Bedürfnisse derselben. Hier ist daher nicht das die Aufgabe, dass die Philosophie im reinen Absoluten hervortrete, sondern das, dass sie in der nationalen Form nicht verloren gehe, und auch unter den nationalen Formen den Stempel des möglich

Absoluten und Selbständigen behalte. Zwar sind die Lehrsätze der 1840.
Philosophie allgemeine und scheinen die Form zu entbehren, ja zu
verachten; aber bei alledem frage ich, ob es möglich ist, ohne Form
zu erscheinen? und ob die griechische, ja sogar die deutsche Philosophie nicht auch in einer und zwar nationalen Form erschien? —
jene in ihrem zur Kunstliebe, diese in ihrem zum Idealismus gravi-
tirenden Charakter."

Auf diesen Grundprincipien beiläufig ruht die Uebereinstimmungs-
Philosophie Hetényi's, hinsichtlich deren wissenschaftlicher Eintheilung
er übrigens gleichfalls als Neuerer auftrat. „Die Eintheilung unserer
Harmonistik", sagt er, „weicht von den Theilen der bisherigen Philosophie wesentlich ab. Sie beseitigt die bisherige bekannte Eintheilung: theoretische und praktische Philosophie. Da ihr Hauptprincip
das Leben ist, theilt sie dasselbe in eine Einzel- und in eine gesellschaftliche Lebenswissenschaft. Im theoretischen Theil
der erstern trägt sie zuerst vor die Philosophie des fundamentalen
Lebens, dessen Gegenstand das körperliche und das geschäftliche
Leben ist; zweitens die Philosophie des höhern oder geistigen Lebens,
deren Gegenstände Geist, Welt und Gott sind; im praktischen Theil
aber die Moral, welche die aus der Betrachtung der fundamentalen
und höhern Lebenslehre resultirenden Principien in sich fasst. In
ihrer gesellschaftlichen Lebenslehre trägt sie zuerst vor die Philosophie
des häuslichen Lebens; in ihrer bürgerlichen Lebenslehre die Principien der Rechtswissenschaft und der Politik. In ihrer religiösen
oder kirchlichen Lebenslehre endlich die Philosophie des Cultus, der
Kirche, welche in Uebereinstimmung sein müssen nicht nur mit den
allgemeinen Grundsätzen der Vernunftreligion und der reinen Moral,
sondern auch mit dem Staatszwecke selbst."

Hetényi's Verdienst um die ungarische Uebereinstimmungs-Philosophie ist nicht der Umstand, dass er es war, der sie erfand — sagt
Gustav Szontágh, sein Gefährte auf philosophischem Gebiete, und sein
competentester Kritiker —, denn diese bestand schon vor ihm; sondern sein Verdienst ist, dass er den proclamirten Grundsatz in seiner
ganzen Gültigkeit durchblickte und auf das Gesammtgebiet der Philosophie anwandte. Mit welcher Energie, mit welchen Hoffnungen er
die Sache erfasste, ist aus seinen Aeusserungen zu sehen. Er nennt
das Uebereinstimmungssystem das Zeitalter der Reife, das goldene
Zeitalter der Philosophie, eine grossartige Reform, wie Baco
die Anwendung der von ihm anempfohlenen Beobachtungsmethode
magna restauratio nannte, und seine dem Grossen zustrebende
Seele begeisterte der Gedanke, seine Nation zum Erben dieses Schatzes
zu machen. So entstand in ihm die grossartige Idee zu seinem
„Magyar Parthenon", welches er leider nicht beendigen konnte,
wobei mir unwillkürlich Franz Kazinczy's Worte einfallen: „Wer folgt

dir nach auf dem verlassenen Pfade?" — denn ich muss hier meine Ueberzeugung aussprechen: dass es bis zu seiner Zeit in unserm Vaterlande einen Philosophen von so ausgebreiteter Wissenschaft, von so scharfem und gesundem Verstande, wie Hetényi, noch nicht gegeben hat. Wo ihn in seinen Schriften Begeisterung überkommt, erscheint er wie irgendein höherer Geist, er besitzt eine gewisse Grandezza des Denkens, welche imponirt.

Gustav Szontágh. Dieses Zeugniss hören wir am liebsten aus dem Munde Gustav Szontágh's, denn eben er ist der zweite ausgezeichnetste Kämpe unserer Nationalphilosophie, der sich um die Entwickelung und Begründung dieser wesentlich praktischen Philosophie sowol in seinen „Propyläen" als auch in zahlreichen Abhandlungen gleichfalls grosse Verdienste erwarb. Aber nach alledem, was wir aus den Werken Hetényi's mittheilten, ist es unnöthig, die Lehren Szontágh's näher zu erörtern. Er sagt ja selbst: „Ich stimme mit Hetényi in allen Resultaten so vollkommen überein, dass ich, wenn ich seine Ansichten vortragen sollte, die meinigen wiederholen müsste." In einzelnen Dingen weicht er indessen von Hetényi dennoch ab', worunter das Wesentlichste ist, dass er in der Philosophie dem Selbstbewusstsein und der Subjectivität, eben im Interesse der Uebereinstimmung, eine grössere Rolle zutheilt als jener, und dass, da er die psychologische Methode für das einzig richtige Mittel zur Ausbildung der Philosophie hält, ihm die Psychologie die Grundlehre der Philosophie ist, welche, obgleich sie Hetényi auch nicht vernachlässigt, von demselben doch nicht so eindringend behandelt wird, wie er es wünschte. Er hält endlich die Neuerungen Hetényi's hinsichtlich der Lehren der Philosophie für unnöthig. Seiner Ansicht nach können diese Lehren, da sie durch die Ideen unserer Bestimmung festgestellt sind, auch unter jenen Namen und in derselben Reihe aufeinanderfolgen, wie sie bisher vorgetragen wurden, und er setzt die ganze Verbesserung durch das Uebereinstimmungssystem nur darein, dass diese Lehren miteinander in einen grössern Einklang gebracht werden mögen. „Die Kluft", sagt er, „welche bisher die gedachte Wahrheit von der gegenständlichen, also die Logik von der Metaphysik schied, war keine kleinere als die zwischen Körper und Seele, eine ebenso gähnende Kluft trennte das Gefühls- und das moralische Gute, das Wohlbefinden und die Tugend; und keine geringere zeigte sich zwischen dem Wissen und dem Glauben. Dadurch aber, dass die Uebereinstimmungs-Philosophie das Denken, Fühlen, Verlangen und den Willen im Menschen für Lebensfunctionen erklärt, — welche, wie sie aus der einen und derselben Lebenskraft entspringen, so auch in vollständiger Einheit und vollkommenem Einklang nicht nur miteinander, sondern auch mit dem objectiven Universum bestehen, — dadurch, sage ich, füllte er jene Kluft aus,

welche bisher zwischen den verschiedenen Richtungen unserer geistigen
Thätigkeit bestand, und nebstbei durch die Analyse unsers Selbstbewusstseins nachweisend, dass alle Einheit, Nothwendigkeit und Uni-
versalität in unsern Kenntnissen nicht aus der Erfahrung herrühre,
sondern aus dem ursprünglichen eigenthümlichen Bau unsers Geistes
und der Selbstthätigkeit unserer Vernunft; demzufolge unsere ideale
Weltanschauung eine gleiche Berechtigung besitzt wie unsere wirkliche (reale) und eigentlich nur eine nothwendige Ergänzung der
letztern ist: hierdurch verband er zugleich den Glauben mit dem
Wissen und stellte jenen über dieses, als Schlusstein hin."

Wir skizzirten vielleicht umständlicher, als dies unsere Aufgabe
an dieser Stelle erforderte, die Hauptmomente aus unserer philosophischen Literatur dieser Zeit. Allein wir thaten dies, weil wir überzeugt sind, dass diese real-ideale, gesunde und in ihrer Theorie ebenso
universelle und gründliche als in der Praxis fruchtbare Uebereinstimmungs-Philosophie, wenn ihre Kenntniss einstens genügend verbreitet sein und Leben und Wissenschaft, wie es erwünscht sein muss,
vollkommen durchdringen wird, unmöglich ohne heilsame Resultate
bleiben kann, sowol in Bezug auf unsere Literatur, als auch hinsichtlich unsers individuellen, gesellschaftlichen und öffentlichen Lebens,
jene und dieses gleichmässig hebend, veredelnd, vervollkommnend.
Ihre Lebensfähigkeit wurde auch schon von Szontágh genügend nachgewiesen, indem er das Uebereinstimmungsprincip auf die einzelnen
philosophischen Lehren, so auf die Psychologie, welche er zu seiner
Grundlehre machte, so auf die theoretischen: die Logik, Metaphysik
und Aesthetik, als auf die praktischen: Moral, Rechtslehre, Vernunftreligion, ja selbst auf die angewandten Lehren der Philosophie, nämlich auf das Staatsrecht, die Staatsökonomie und die Pädagogik mit
vielem Glück in Anwendung brachte. Aber im gegenwärtigen Zeitalter war sie noch viel zu jung und wurde diese fruchtbare Wissenschaft, da sie auf die Lehrkanzeln noch nicht gelangt war, von viel
zu wenigen gekannt und gepflegt, als dass sie schon reife Früchte
hätte bringen können; was erst in spätern Zeiten das Resultat einer
eifrigen Pflege und Anwendung derselben im weitern Kreise sein kann.

Während sich unsere Philosophie eines so mächtigen Fortschritts
erfreute, nahm die Literatur auch in ihren übrigen Zweigen lebenskräftig zu. Unter den Zeitschriften waren das „Tudományos Gyüjtemény", das „Tudománytár", das „Athenaeum", der „Figyelmező" und
der „Ellenör" die ausgezeichnetsten, und, die letztgenannte ausgenommen, welche zu Ende dieser Periode mit Umgehung der Censur
im Ausland erschien, haben alle ein dauerhaftes Leben aufzuweisen.
Einzelne Abhandlungen in diesen Zeitschriften ebenso wie selbständig
erschienene Werke sind schon auf den ersten Anblick die augenfälligen Zeugnisse dieses Fortschritts. Und schon nicht mehr allein

Die übrigen Zweige der Literatur.

der Zahl nach vermehrten sich die Geistesproducte in den verschiedenen Zweigen der Wissenschaft auf eine namhafte Weise; sondern der Fortschritt war auch hinsichtlich des Gehalts und innern Werths derselben ein erfreulicher. Wenn die erschienenen Werke, vom weltliterarischen Gesichtspunkt aus betrachtet, die Wissenschaft auch nicht vorwärts brachten, so erhoben sie sich doch immer mehr zur Höhe dieser Literatur, — was nach einer so langen Stagnation auf dem Felde der Wissenschaften, und bei der leider noch immer obwaltenden Beschränktheit unserer ausschliesslich von der Regierung abhängigen und durch dieselbe eifersüchtig bewachten Lehranstalten, und der hieraus entspringenden grossen Mangelhaftigkeit derselben, schon als ein beinahe überraschendes Resultat betrachtet werden kann. In dieser Beziehung war von grosser Einwirkung, dass nicht nur die alten Classiker, sondern auch von den ausgezeichnetern Werken der neuern Weltliteratur viele in unsere Sprache übersetzt, in unsere Literatur verpflanzt wurden, welche sodann auch unsern originalen Geistesproducten als Muster gelten.

Was zuvörderst unsere kirchliche Literatur anbelangt, welche nach den kirchlichen Wirren des 17. Jahrhunderts gänzlich unbebaut gelassen wurde, sodass sie, wenigstens im Schos der katholischen Kirche, seit den Werken des Erzbischofs Pázmány und des Palatins Nikolaus Esterházy während des Verlaufs zweier ganzer Jahrhunderte kaum irgendein bedeutenderes Geistesproduct aufzuweisen hatte: so erhielt sie im vierten Zehnt unsers Jahrhunderts nach der Initiative des classisch gebildeten, auch in der griechischen Literatur sehr bewanderten Isidor Guzmics eine immer grössere Bereicherung. Das von ihm 1832 begonnene und von Fidel Beély fortgesetzte „Egyházi Tár" (Kirchen-Magazin) diente mehrere Jahre hindurch als Feld dieser Thätigkeit. Bald darauf zündete Franz Szaniszló die mit dem Tode Guzmics' erloschene Fackel aufs neue an, indem er unter dem Titel „Religio és Nevelés" (Religion und Erziehung) eine Zeitschrift als Organ der kirchlichen Literatur herausgab, in welcher ausser ihm die beiden Szenczy, Emmerich und Franz, und Danielik, der später auch die Redaction dieses Blattes übernahm, mit mehrern andern die so lange Zeit vernachlässigten kirchlichen Wissenschaften eifrig pflegten. Unter den selbständig erschienenen Werken sind die Predigten des Domherrn Majer und in den spätern Jahren die „Egyházi Archaeologia" (Kirchen-Archäologie) des Erzbischofs Lonovics und die Predigten von Emmerich Szabó die ausgezeichnetsten Producte der katholischen religiösen Literatur.

Der einzelnen Zweige der politischen und staatswirthschaftlichen Wissenschaften werden wir weiter unten, wenn wir auf die Tagespresse zu sprechen kommen, des weitern gedenken. Hier heben wir nur Ladislaus Szalay's ausgezeichnetes Werk „Szónokok és

Státusférfiak" (Redner und Staatsmänner) und die statistischen Arbeiten Alexius Fényes' und Emmerich Palugyay's hervor. — Eine sehr bedeutende Bereicherung haben die Rechtswissenschaften und die Gesetzkunde aufzuweisen, welche in Frank, Zsoldos, Franz Császár, Johann Fogarassy, Szlemenics, Laurenz Tóth, Anton Csengery, Theodor Pauler, Gustav Wenczel und andern eifrige Pfleger fanden, welche aber näher zu würdigen Aufgabe der Literaturgeschichte ist. — Wir bemerken schon sogar auf dem Gebiete der bisher so kläglich vernachlässigten Natur- und mathematischen Wissenschaften eine erfreuliche Lebendigkeit in den Werken Anian Jedlik's, Ludwig Tarczy's, Salomon Petényi's, Nendtvich's, Michálka's, Kovács', Karl Nagy's, Györy's, Vállas' und mehrerer anderer. Zur Pflege der Naturwissenschaften entstand in dieser Zeit auch eine **Naturforscher-Gesellschaft.** Der Landes-Agricultur-Verein aber gab ausser seinen andern Publicationen zur Verbreitung der feldwirthschaftlichen Fachkenntnisse eine eigene Wochenschrift heraus.

Die historischen Wissenschaften jedoch hatten, wenn man die hinsichtlich derselben so fruchtbare Zeit der Bél, Hevenessy, Kaprinai, Pray, Wagner, Katona, Éder, Engel in Betrachtung nimmt, obgleich diese Schriftsteller sich nicht der ungarischen Sprache bedienten, nicht nur keinen nennungswerthen Fortschritt gemacht, sondern waren, sowol was die Geschichtsforschung betrifft, als auch in Bezug auf die künstlerische Verarbeitung, eher noch in Verfall gekommen. Bei der Wachsamkeit des nationalen Selbstbewusstseins und der so muntern Lebhaftigkeit des politischen Lebens vermöchten wir diese Erscheinung kaum zu erklären, wenn wir nicht wüssten, dass dies grossentheils der Einwirkung Stephan Horvát's, der übrigens eine immense Wissenschaft besass und sich um unsere gesammte Nationalliteratur so grosse Verdienste erworben hatte, zuzuschreiben ist, seitdem dieser, das eigentliche Gebiet der Geschichte verlassend, sich in die Luftkreise der Schwärmerei hinein verlor. Wenn man seine im zweiten Zehnt des Jahrhunderts veröffentlichten kleinern Werke, und vorzüglich seine 1820 erschienene Schrift „Magyarország gyökeres régi nemzetségeiről" (Von den alten Stammgeschlechtern Ungarns), welche besonders über unsere Rechtsgeschichte soviel Neues und Ueberraschendes Licht verbreitete, ferner seine enormen Vorstudien und seine unglaubliche Belesenheit in der Masse unserer Urkunden in Betrachtung zieht, so war er zur Verfassung der Sittengeschichte der ungarischen Nation berufen und hätte sich auf diesem Gebiet ohne Zweifel unverwelkliche Kränze ums Haupt schlingen, unsere Literatur aber mit einem classischen Werke beschenken können. Es ist daher ein um so grösserer Verlust, dass er in seinen mit immer grösserer Leidenschaft betriebenen Forschungen nach dem Ursprunge der ungarischen Nation und der Urgeschichte derselben sich in solche

1840. Richtungen verirrte, in welchen er, von der Vergleichung und Grup-
pirung der Völkernamen nach Klang und Bedeutung, endlich die
ganze bekannte Alte Welt mit Ungarn bevölkerte, in den Joniern,
Pelasgern, Cymbern, Philistäern, Sabinern und hundert andern Völkern nur Ungarn erblickte; Karthago, Jerusalem, Argopolis für
ungarische Städte, Hercules, Alexander den Grossen für ungarische
Helden betrachtete, die ägyptischen Pyramiden durch Ungarn erbauen,
die Schrift der Griechen und Römer durch Ungarn entdecken liess,
den Argonautenzug, die Punischen Kriege u. s. w. den Ungarn zu-
schrieb. „All dies", sagt Franz Toldy, „verkündet laut genug, dass
die eingeschlagene Richtung die riesigste geschichtliche Verirrung war,
welche die Literaturgeschichte aufzuweisen hat, und dass all die gute
patriotische Absicht und all die dreissigjährige beispiellose Mühe
nothwendigerweise ein in Rauch aufgegangenes Werk waren; als
Träumereien eines kranken Menschen würdig nicht des Spottes — dazu
waren die gebrachten Opfer zu grossartig —, sondern des Bedauerns,
dass soviel Fähigkeit, noch mehr Wissenschaft und beispiellose
moralische Kraft und Ausdauer nicht einer fruchtbarern und im allgemeinen einer möglichen Aufgabe zugewendet wurden. . . . Und
diese Richtung war leider keine auf einen Platz beschränkte Wunde
am Körper unserer geschichtlichen Wissenschaft. Sie wurde davon
auf etwa ein Menschenalter vergiftet. Andere edle Kräfte folgten
mit entschiedenem Willen, eifriger Thätigkeit, zum Theil mit Selbst-
aufopferung der unglücklichen Richtung, und die Frage des Ursprungs
und der Verwandtschaft der Ungarn ward von Seite Berufener und
Unberufener auf dem Wege der scheinbaren Aehnlichkeit einzelner
Wortlaute der Schauplatz der buntesten und zugleich unfruchtbarsten
Meinungen. Dort wurden Forschungen unternommen, wo es keine
Geschichte gibt; sie wurden gemacht mit Vergleichungen der Namen
und Worte, ohne Kenntniss der Sprachen, ohne wissenschaftliche
Grundsätze." Die verkehrte Richtung vergiftete und löschte mit
ihren Schwärmereien das historische Gefühl beinahe aus, machte die
Wissenschaft lächerlich und liess unsere geschichtliche Literatur so
sehr verwildern, dass es später nur den grössten Anstrengungen, den
eifrigsten Bemühungen einzelner gelang, dieselbe von dem vielen
Unkraut zu reinigen, im Publikum die Theilnahme für unsere hei-
mische Geschichte und ein wahrhaft historisches Gefühl zu erwecken.

Der Ruhm gehört in dieser Beziehung, obwol das von mehrern
in Zweifel gezogen wird, unzweifelhaft jenem Mann, dessen wir schon
weiter oben als eines nach Selbständigkeit ringenden vaterländischen
Philosophen gedachten: Georg Fejér. Wir wollen hier nicht jene
seiner einzelnen historischen Werke verstanden haben, welche er zumeist bei Gelegenheit der im öffentlichen Leben aufgetauchten Fragen
theils in lateinischer, theils in ungarischer Sprache verfasst hatte;

diesen kann die Kritik und die Literaturgeschichte im allgemeinen 1840. einen nur sehr mässigen Werth beimessen. Sondern wir verstehen jenes riesige, von der Kraft eines einzelnen Menschen kaum zu erwartende Werk, welches anderswo nur mit Unterstützung der Regierung oder einer Gesellschaft bewerkstelligt werden konnte, und welches Fejér allein und zwar schon in vorgeschrittenem Alter, während funfzehn Jahren, und vom Publikum nur durch achtzig Pränumeranten unterstützt, zu Stande brachte: das gesammte ungarische Urkundenarchiv, den „Codex diplomaticus", welchen er von Stephan dem Heiligen an bis zum Zeitalter der Hunyaden in zweiundvierzig Bänden verfertigte. Ein Werk solcher Art kann man von einem einzelnen Menschen, welcher nicht nur die Last der Forschung, Sammlung und Correctur, sondern auch die des Verkaufs allein zu besorgen bemüssigt war, ganz fehlerlos kaum erwarten, und so hat denn auch der Codex Fejér's zahlreiche Mängel sowol hinsichtlich der Treue und Correctheit als in Bezug auf die bei der Zusammenstellung befolgte Ordnung, weshalb man sich darauf auch nicht sicher stützen kann und manchmal selbst das Auffinden der Gegenstände schwer ist. Und dennoch verdient Georg Fejér dieses Werks wegen von der Wissenschaft und vom Vaterlande ewigen Dank. Das von vielen auf verschiedene Art getadelte, aber trotzdem benutzte Werk bezeichnet eine Epoche in unserer geschichtlichen Literatur. Da in demselben der grössere Theil des gesammten bisher entweder noch nicht herausgegebenen oder nur zerstreut veröffentlichten Urkundenschatzes aus der fünftbalbhundertjährigen Geschichte unserer Vergangenheit, obwol einigermassen mangelhaft, jedoch zusammen gegeben wird, so verbreitete diese Sammlung bei allen ihren Mängeln neues Licht über die gesammte Geschichte unsers öffentlichen, bürgerlichen und kirchlichen Lebens; eiferte zum mehr eindringenden und gründlichen Studium desselben an, und wenn sie der jüngern Generation auch nicht als Muster zur Verfassung einer erschöpfenden kritischen Geschichte jenes Zeitalters diente, so war sie doch sicherlich ein mächtiges Hülfsmittel zur Anstrebung dieses Zweckes.

Und in der That begannen seit dem Erscheinen dieser Sammlung stets zahlreichere Kräfte ihre Thätigkeit der heimischen Geschichtsforschung zuzuwenden, indem sie theils unsern Materialschatz bereicherten, theils einzelne Ereignisse und Zeitperioden, unsere Gesammtgeschichte oder die verschiedenen Zweige derselben, bearbeiteten. Unter jenen können wir mit Recht Stephan Endlicher und Anton Gévay an erster Stelle nennen, deren ersterer einige unserer älterer Chroniken und andere Quellenschriften, der andere auf die ungarisch-türkischen Verhältnisse Bezug habende Gesandtschaftsberichte und andere Urkunden aus der Zeit Ferdinand's I. mit grosser Sorgfalt veröffentlichte. Zu den letztern zählen wir unter andern, ausser

1840. den zahlreichen in deutscher Sprache verfassten kleinern historischen Werken Johann Czeh's, dessen im „Tudományos Gyüjtemény", „Tudománytár" und in den Jahrbüchern der Akademie veröffentlichten Abhandlungen von den alten ungarischen Adelsgeschlechtern, von den Adelsfamilien des raaber Comitats, von der alten Geschichte Raabs und dessen Umgegend, vom Zustande der Wissenschaften unter den Arpáden und eine im Manuscript verbliebene Geschichte der Stadt Raab. Zu diesen Paul Jászay's, der übrigens auch in der Sammlung von Urkunden eine grosse Sorgfalt an den Tag legte, Monographien des Gyarmater und Szönyer Friedens, und dessen grösseres Werk „A magyar nemzet napjai a mohácsi vész után" (Die Tage der ungarischen Nation nach der Schlacht von Mohács). Zu diesen die grössern und kleinern Werke anderer über die Geschichte Ungarns, die Geschichte der Gewerbe, des Handels, der Vaterlandsvertheidigung u. s. w. Zu diesen die, was wir nicht genug bedauern können, in lateinischer Sprache verfassten und daher ins grosse Publikum wenig eingedrungenen äusserst werthvollen staats- und rechtsgeschichtlichen Commentare Georg Bartal's. Zu diesen Lányi's „Magyar egyházi történetei" (Kirchengeschichte Ungarns), und einige Arbeiten von Gyurikovics, Jerney und Podhraczky. Zu diesen endlich das stilistisch ausgezeichnete Handbuch der Universalgeschichte und den ungarischen Plutarch Joseph Bajza's. In dieser Epoche entstand auch obwol es erst einige Jahre später erschien, das mehrbändige classische Werk Graf Joseph Teleki's, die reife Frucht zwanzigjähriger gewissenhafter Forschung und schriftstellerischen Fleisses, „A Hunyadiak kora" (Das Zeitalter der Hunyadis), welches in der historischen Literatur Ungarns den ersten Rang einnimmt, und nicht nur die gesammte bürgerliche Geschichte des 15. Jahrhunderts, sondern auch alle Kundgebungen des nationalen Lebens bezüglich der staatlichen und culturhistorischen Verhältnisse in einer ebenso getreuen als interessanten plastischen Erzählung dem Leser entschleiert.

Sprach- und Literaturgeschichte. Es würde dieser ohnehin sehr lückenhaften Skizze unserer literarischen Zustände zum grössten Mangel gereichen, wenn wir der geistigen Einwirkung zweier Männer nicht gedächten, ohne welche die Geschichte unserer Sprache und Literatur sicherlich noch fern von jenem Standpunkt stünde, welchen sie heute einnimmt. Einer derselben ist Gabriel Döbrentei, dessen schon in der Periode von 1825 beginnender literarischer Thätigkeit wir Erwähnung machten, welche aber hier zu ergänzen die Verdienste dieses Mannes erheischen. Er wurde zum ersten Secretär der Akademie gewählt und bekleidete dieses Amt vier Jahre lang; allein obgleich man seinen Eifer, seine Thätigkeit bei diesem Institut nicht in Zweifel ziehen kann, so sammelte er sich bleibende Verdienste um unsere Literatur dennoch nicht auf diesem Felde, sondern dadurch, dass er, nachdem

er aus seinem Amte trat, im Auftrage der Akademie die Sammlung 1840.
und Herausgabe der alten Denkmäler der ungarischen Sprache begann,
welche er sodann sechzehn Jahre lang ebenso eifrig als erfolgreich
besorgte. „Denn wo stand", sagt Franz Toldy in seinen „Literarischen Porträts", „die alte Geschichte unserer Sprache zur Zeit, in
welcher Döbrentei dieses Gebiet betrat? . . . Einige Denkmäler
und einige Daten waren alles. Die grossen Entdeckungen Révai's
in Bezug auf den Bau unserer Sprache standen allein da, einzig auf
den Namen Revai's gestützt. . . . Die Ausdehnung, die Gebiete, die
Lebensqualität, welche im Gebrauche der Sprachen herrschten, waren
eine terra incognita, begraben im Staube der Archive und Bibliotheken, nicht gekannt oder absichtlich verborgen; nur einzelne alte
Documente, hier und da herausgegeben, zerstreut, ohne innern Zusammenhang, einzelne Anzeichen und Proben einer unbekannten Welt.
Döbrentei machte die Aufhellung dieser Welt zur Aufgabe seines
Lebens. Er schrieb zusammen, dessen Bestehen bekannt war, pflog
eine ausgedehnte Correspondenz nach allen Richtungen der Doppel-
heimat . . . . und begann später eine Bereisung derselben, um alte
ungarische Urkunden aufzusuchen. Mehr als sechzig Archive wurden
auf diese Weise von ihm durchstöbert, die allgemeine Aufmerksamkeit
für diese Angelegenheit geweckt, die Daten des staats- und privatrechtlichen Gebrauchs der Sprache zusammengetragen, zahlreiche
Documente im Original oder in Abschrift gesammelt, welche, auf mehr
als fünfzig Päcke vermehrt, ein ansehnliches ungarisches Urkundenarchiv ausmachen, während andererseits die Abschriften beinahe dreissig
ungarischer Codexe, ja selbst einige im Original, in unserer Bibliothek
aufgestellt sind: unschätzbare Schätze unserer alten Literatur und
sprechende Zeugen der geistigen Bewegung jener Zeiten, von welcher
Europa glaubte, dass in denselben die ungarische Sprache noch nicht
Schriftsprache war und welche wir einstens selbst nur mit Ahnungen
bevölkert hatten. . . . Es wurde sodann unter seiner Aufsicht die
Herausgabe der alten ungarischen Sprachdenkmäler in Angriff genommen, welche während acht Jahren auf vier umfangreiche Bände
anwuchsen. . . . Zu alledem kommen auch seine und die auf seine
Anregung von seinen Freunden verfassten umfangreichen Forschungen,
altgrammatikalische Vorarbeiten, Glossarien, durch welche über die
nicht gekannte Literatur und die verkannte einstige Lebensbedeut-
samkeit der Sprache unsers Mittelalters Licht, unerwartetes, unge-
ahntes Licht verbreitet wurde."

Das Material stand auf diese Weise bereit, und jetzt bedurfte   Franz
es nur noch eines Künstlers, der dasselbe ordne, gestalte, in ein   Toldy.
System bringe und aus demselben die Geschichte unserer Literatur
erbaue. Diesen Künstler besitzt unsere Literatur in Franz Toldy.
Und er ist der zweite jener Männer, von welchen man nicht schweigen

1840. kann, wenn man von unserer Nationalliteratur spricht. Denn gleich
wie er während dieses Vierteljahrhunderts seine ganze Kraft und
Zeit ausschliesslich der Hebung unserer Literatur geweiht hatte, so
wurde er auch in der That zur belebenden Seele, zum erfolgreichen
Erwecker derselben, und es gibt in unserer Zeit niemand, der im
Stande wäre, grössere Verdienste um unsere Literatur aufzuweisen,
als die seinigen sind. Als Secretär der Akademie nach Döbrentei,
als vielseitiger, sorgfältiger Schriftsteller und zeitweise Redacteur
mehrerer wissenschaftlicher Zeitschriften, umfasste er mit gleich treuer,
eifriger, man kann sagen leidenschaftlicher Liebe unsere gesammte
Literatur, pflegte und hob sie durch seine eigenen ausgezeichneten
Werke, wie durch Antrieb, Ermunterung und Rath. Die Akademie,
deren belebende Seele er durch ein Vierteljahrhundert war, kann
hauptsächlich seiner Einwirkung jene bessere Richtung, jene lebhafte
Rührigkeit verdanken, welcher sie sich gegenwärtig zu einer so grossen
Zunahme unserer heimatlichen Wissenschaftlichkeit erfreut. Die Kisfaludy-Gesellschaft, deren Director er lange Jahre hindurch war, verehrte in ihm einen ihrer eifrigsten Begründer. Die Sprache, die
Schreibart, die schöne Literatur, die Geschichte, die Kunstkritik
zeigen gleichmässig die bleibenden Spuren seiner Einwirkung, können
gleichmässig ihre Zunahme seiner eifrigen Thätigkeit verdanken. Von
ihm empfing unsere Literatur und das Vaterland so viele Ausgaben
älterer und neuerer Schriftsteller, dass die Zahl derselben beinahe im
Stande ist, eine kleine Nationalbibliothek zu bilden. Sein Hauptverdienst indessen bildet dasjenige, worauf er den grössten Theil seiner
Zeit und Kraft verwandte: die Geschichte der Nationalliteratur, welche
er, man kann sagen durch seine unermüdliche Thätigkeit schuf. Seine
bisher erschienenen Werke dieser Gattung: „Irodalmi Levelek"
(Literaturbriefe), „A magyar költészet kézi könyve a mohácsi vésztől
a legujabb idöig" (Handbuch der ungarischen Poesie von der Schlacht
bei Mohács bis auf die neueste Zeit), „A magyar költészet töténcte"
(Geschichte der ungarischen Dichtung), das zu Universitätsvorträgen
verfasste „A magyar nemzeti irodalom történetének kézi könyve"
(Handbuch der Geschichte der ungarischen Nationalliteratur), seine
„Irodalmi beszélek" (Reden über Literatur), „Irodalmi arczképek és
ujabb beszédek" (Literarische Porträts und neuere Reden), „Életrajzi
Emlék, Kazinczy és kora" (Biographisches Denkmal, Kazinczy und
seine Zeit) u. s. w., machen schon zahlreiche Bände aus und
umfassen alle Perioden unserer Literatur; ihrem innern Werth
nach aber sind sie ebenso viele Perlen unserer Literatur. Allein eine
systematische und erschöpfende kritische Geschichte derselben, wie
z. B. seine Geschichte der Dichtung ist, dürfen wir von ihm erst
später erwarten, da wir im Vorwort zu seiner für den öffentlichen
Unterricht bestimmten Literaturgeschichte lesen, dass er gewünscht

hätte, „die Früchte seiner langjährigen Studien zuvor in einem das 1840. ganze Material der Literaturgeschichte kritisch behandelnden und erschöpfenden umfangreichen Werke dem Vaterlande zu übergeben, und dann erst nach den Grundsätzen desselben das für das grosse Publikum bestimmte Handbuch auszuarbeiten; .... aber äussere Verhältnisse änderten dies Nacheinander ab."

Dies waren beiläufig die Hauptmomente in unserer Literatur dieser Zeit; jedenfalls grosse und einen erfreulichen Fortschritt bezeugende Momente, wenn wir sie mit dem Zustande unserer Literatur von 1825 vergleichen; aber noch keineswegs solche, dass sie im Stande gewesen wären, der Würde unserer Nation, ihren wissenschaftlichen Interessen und den Bedürfnissen des so lebhaft vorwärts strebenden öffentlichen Lebens selbst genügend zu entsprechen. Das politische Leben, die unverhältnissmässige Lebhaftigkeit, ich möchte sagen, die Leidenschaftlichkeit der constitutionellen Reformkämpfe verschlang alles, und zog auch solche Kräfte an sich, welche sich im reifern Alter der Pflege der Wissenschaften zugewendet hätten. Die reichlichere Ernte jedoch, welche sich in unsern Tagen auf dem Felde der Literatur im allgemeinen zeigt, setzt es ausser Zweifel, dass diese beinahe übertriebene Strömung gegen das politische öffentliche Leben zu nur eine augenblickliche war, und das Gefühl der Nothwendigkeit in dieser Beziehung in der Nation schon zu voller Kraft erwachte. Und wie das Gefühl des Werths und der Nothwendigkeit der Wissenschaft wuchs, so erwachte auch das Streben nach der Bereicherung unserer gesammten Wissenschaftlichkeit.

Ein unzweifelhaftes Zeugniss dafür ist auch, dass die Organe, Der Zustand welche die Reciprocität zwischen Wissenschaft und Leben vermitteln, der perio in einer bedeutenden Zunahme erscheinen. Die Tagespresse, welche Presse. bis 1831 nur in einem einzigen, noch von Stephan Kulcsár zu Anfang dieses Jahrhunderts gegründeten, in eine „National-Zeitung" (Nemzeti Ujság) veränderten Blatte vegetirte, begann nun in immer zahlreichern Organen zum Publikum zu sprechen. So entstanden nacheinander „Jelenkor" (Die Gegenwart) mit dem Nebenblatte „Társalkodó" (Der Gesellschafter); „Hirnök" (Der Bote); „Világ" (Die Welt); „Rajzolatok" (Schilderungen). Die Censur hielt indessen die Tagespresse noch in so engen Schranken, dass es ihr lange Jahre hindurch unmöglich war, der getreue Spiegel der auf den Reichstagen und in den Comitatsversammlungen so lebhaft vorwärts schreitenden politischen Bewegungen zu sein. Da die übrigen Zeitungen, den Hirnök ausgenommen, welcher unter Joseph Orosz' übrigens geschickter Redaction im Interesse der Regierung thätig war, freisinnig waren, so war es ihnen kaum vergönnt, manchmal ihre in einige behutsame Worte verhüllte Meinung über die obschwebenden Reformfragen abzugeben. Eine freie Discussion, welche die Fragen vom staatsrechtlichen Gesichtspunkt aus erörtert und für das Leben gezeitigt hätte, erlaubte die strenge Censur durchaus nicht. Mit dem Jahre 1841 begann auch hinsichtlich dieses Factors unsers öffentlichen Lebens eine neue Epoche. Gleichwie die Regierung die Versöhnung mit der Nation nur durch die Amnestirung der der Redefreiheit wegen verurtheilten und angeklagten Patrioten erreichen konnte, so konnte sie die Ueberzeugung, dass die Zeiten der Reaction und der Willkürherrschaft vorbei, und an deren Stelle loyale, constitutionelle Principien getreten seien, nur dadurch entstehen lassen, und das Vertrauen der Nation wiedergewinnen, wenn sie die ungesetzlichen Schranken der Redefreiheit aufheben oder doch wenigstens erweitern würde. Die Regierung aber wünschte jetzt, dass diese Ueberzeugung in der Nation Wurzeln fasse und das Vertrauen wiederkehre. Die Principien, nach welchen der Kanzler Anton Majláth die Regierung bisher geleitet hatte, lassen darüber keinen Zweifel entstehen. In den Berathungen der Generalversammlungen der Comitate wurde die Redefreiheit in vollem Masse wiederhergestellt. Es konnte mithin auch die periodische Presse nicht mehr in ihre ehemaligen Schranken eingezwängt bleiben. Die höhern Beamten der Regierung, der Kanzler, der Landesrichter Georg Majláth, der Präsident der Hofkammer Aloys Mednyánszky, ja der Palatin selbst, gewannen aus dem Verlaufe des vergangenen Reichstags zur Genüge die Ueberzeugung, dass es unabweislich nothwendig sei, die politischen Fragen in der Tagespresse im vorhinein von allen Seiten aufzuklären, damit dieselben auf dem Reichstage glücklich und ohne grossen Zeitverlust gelöst werden können. Infolge der Vermittelung dieser Männer entschloss sich daher das Cabinet, trotz der Gegenbestrebungen einiger hochgestellten Personen, der Presse im Lande eine freiere Bewegung zu gestatten. Es wurden daher neue Censurvorschriften angefertigt, und die Handhabung der Censur wurde hinsichtlich der periodischen Presse der Hauptstadt der unter der Leitung Aloys Mednyánszky's stehenden neuorganisirten Studiencommission übertragen. Mednyánszky's Persönlichkeit bürgte vorläufig dafür, dass die Concession der Regierung durch die nach Gunst haschende Engherzigkeit untergeordneter Beamten nicht würde umgangen werden. Zwar wurde die Präventivcensur noch aufrecht erhalten, allein schon unter weit geringern Beschränkungen als je zuvor. Und die periodische Presse, welche bisher nur einen geringen Gehalt hatte und gänzlich wirkungslos war, erfreute sich sofort eines regen Lebens, und wurde in kurzer Zeit zu einer bedeutenden Macht im öffentlichen Leben.

Kossuth übernimmt die Redaction des „Pesti Hirlap". Das „Pesti Hirlap", welches Anfang 1841 zu erscheinen begann, schuf in dieser Beziehung eine wahrhafte Epoche. Ueberraschend war für das Publikum, dass demselben sich Ludwig Kossuth, der, wie wir wissen, erst unlängst aus seiner Haft entlassen wurde, zu 1840—43. welcher er seiner geschriebenen „Behördlichen Nachrichten" wegen ungesetzmässig verurtheilt worden war, als Redacteur vorstellte. Der Herausgeber des Blattes, der Buchdrucker Landerer, stellte, als er die Concession erhielt, bei Metternich die Anfrage, ob sein Blatt auf keine Hindernisse stossen würde, wenn er mit der Redaction desselben Kossuth betraute? Die Antwort war eine beruhigende, und Kossuth übernahm die Leitung des Blattes. Es war dies ein deutliches Zeichen davon, dass die Regierung ihre Principien, welchen nach sie alle Reformbewegungen der vorzuschreiten wünschenden Nation mit Gewalt zu unterdrücken bestrebt war, aufgebend, nun den Wunsch hegte, die beabsichtigten Reformen auch vom Gesichtspunkte der Opposition aus aufklären zu lassen. Denn davon konnte sie schon in voraus überzeugt sein, dass Kossuth der Kranz des Märtyrers in seinen früher verkündigten Principien nur noch mehr bestärkt hatte. Allein andererseits konnte man auch nicht bezweifeln, dass die Regierung Kossuth durch diese Concession in die Schranken der Censur einzuzwängen beabsichtigte. Die populäre Persönlichkeit Kossuth's, noch mehr aber sein lebendiger, rednerischer Stil, welcher ebenso gut die Gefühle zu erwärmen als selbst die trockensten Erörterungen in geschmackvollem Gewande vorzuführen wusste, verschaffte dem Blatt eine bei uns bisher nicht gewohnte Verbreitung und Beliebtheit. In kurzer Zeit wurde es in mehr als 5000 Exemplaren gedruckt (zu welcher Zahl sich unsere übrigen Blätter zusammengenommen nicht erheben konnten), und wurde nicht nur der Spiegel, sondern auch der Führer der freisinnigen Nationalbewegung. Im Programm versprach Kossuth „Mässigung und Anstand, welche das Zeichen der guten Absicht und der Wahrheit sind", in der Erörterung der grossen Zeitfragen; allein er erklärte auch zugleich, „dass ihn niemals schmuziges Interesse leiten und seine Ueberzeugung nie käuflich sein würde; dem Verstande und Gründen werde er zwar stets huldigen, aber nichts anderm, und hauptsächlich werde ihn, nach den einstmaligen Worten Paul Nagy's, weder der düstere Blick der Mächtigen noch die Hitze seiner Mitbürger jemals wankend machen".

Für Kossuth waren die paar Jahre, welche er in der Einsamkeit seiner Gefängnisszelle zugebracht hatte, nicht unfruchtbar verflossen; er trat aus derselben als vollständig fertiger ungarischer Staatsmann ins freie Leben hinaus. „Ich kann begreifen", sagt er selbst in einem zwanzig Jahre nachher geschriebenen Briefe, „dass die mit weniger Seelenkraft begabten Gefangenen in einsamer Haft dem Wahnsinn verfallen. Gegen die Ueberherrschaft der Einbildungskraft nahm ich zum Nachdenken über praktische Gegenstände meine Zuflucht. Ich legte mir Rechenschaft ab über die Mängel der Zustände und Institutionen unsers Vaterlandes, ich zog daraus die Lehren meiner Erfahrungen und Kenntnisse; ich durchdachte jede einzelne Frage und bildete mir eine Meinung von der Lösung derselben. Aus diesen Meditationen schöpfte ich auf meiner spätern Laufbahn grossen Nutzen; ... denn das Leben lehrt, die Meditation lernt." „Aber bei alledem", sagt er weiter, „beängstigte mich, während ich gefangen war, oft der Gedanke, wie sehr ich mich hinter der fortschreitenden Welt zurückgeblieben sehen würde, wenn ich wieder die Freiheit erlangte. Ich blieb nicht zurück. In der Einsamkeit meiner Haft lernte ich durch Nachdenken, was das Leben lehrte." Und in der That findet man auch zahlreiche Spuren dieser Meditationen in dem von ihm geleiteten Blatte; Kossuth eröffnete in demselben die Discussion über unsere Zustände und Reformfragen mit nicht weniger Bekanntschaft mit seinem Gegenstande als ausgebildetem, selbstbewusstem Urtheil, mit nicht geringerer Lebhaftigkeit als Kraft.

Nach der Aussöhnung, welches zu Ende des verflossenen Reichstags infolge der Amnestie zu Stande kam, war die ganze Opposition einverstanden, dass man gegenwärtig mit der Agitation gegen die Regierung aufhören müsse, welche ohnehin mehrfach davon Zeugniss abgelegt hatte, dass sie, ihren willkürherrschaftlichen Planen entsagend, gesonnen sei, in Zukunft constitutionell zu regieren. Diese Absicht sprach auch Kossuth im „Hirlap" aus, und die Verbitterung, welche die ungesetzliche Verfolgung in seinem Busen etwa zurückgelassen haben mochte, unterdrückend, legte er der Regierung gegenüber lange Zeit eine grosse Mässigung an den Tag. Um so lebhafter erhob er seine Stimme gegen jene Mängel, Fehler, Misbräuche, welche im Gebiet der innern Verwaltung in den Comitaten oder im socialen Leben auftauchten. Mit unerbittlicher Strenge schlug er mit der Geisel der Oeffentlichkeit jene kleinen Tyrannen, wie er sie nannte, die, als Comitatsbeamte oder Grundherren ihre Macht misbrauchend, unter ihren Untergebenen Leiden anstatt Segen verbreiten. Gegen die Unordnungen der Comitatsversammlungen, das Corteschwesen, den Seelenkauf, die Anwendung der rohen Gewalt der Massen auf die Entscheidung politischer Fragen, donnerte er in seiner markerschütternden, schönen, rednerischen Schreibart als gegen eine wirkliche nationale Gefahr.

Kossuth's Principien im „Pesti Hirlap". Seine Principien waren in Bezug auf die Umgestaltung des Vaterlandes dieselben, welche nach Stephan Széchenyi's, Nikolaus Wesselényi's, Franz Deák's und Ludwig Batthyáni's Beispiel die ganze Oppositionspartei für die ihrigen angenommen hatte, und deren Cardinalpunkte die Entwickelung und Kräftigung der Nationalität, der freie Boden, die Abschaffung der Aviticität, die Erbablösung, die allgemeine Besteuerung und die Erweiterung des Repräsentativsystems bildeten. Hinsichtlich des Ganges und der Factoren, der

Mittel und der Art und Weise der Umgestaltung indessen wich 1840—43. Kossuth von Széchenyi, dem Vater der ungarischen Reform, wesentlich ab, und neigte sich mehr zu Wesselényi. Mit seiner Vorliebe für das englische Leben erwartete Széchenyi die Hindurchführung der Nation durch das grosse Werk der Umgestaltung von der Aristokratie im edelsten Sinne dieses Wortes, das ist, von der Vereinigung und gemeinsamen Mitwirkung aller jener, die sich durch Geburt, Reichthum und Talente auszeichnen. Er war nie ein Freund des Instituts der Comitate, von welchen er sich ihrer lärmenden Procedur und schroffen Opposition wegen stets fern hielt. Nebstbei wollte er auch durch das Gewicht der materiellen Entwickelung die Haupttriebfeder herstellen, welche die Nation nach und nach auch politisch umgestalten sollte. Kossuth dagegen, obgleich er die materielle Entwickelung gleichfalls wünschte und als unabweisliches Ziel der nationalen Bestrebung hinstellte, betrieb zugleich mit derselben auch die Umgestaltung der politischen Institutionen, und hoffte eher mit Hülfe der letztern zu jener zu gelangen als umgekehrt. Hinsichtlich der Factoren der Reform aber kam er in eine noch grössere Opposition mit Széchenyi. Da er im Comitatsleben aufgewachsen war, erwartete er, mit Wesselényi übereinstimmend, alles von den Comitaten. Er betrachtete das Comitatsleben nicht nur als Palladium der Verfassung, sondern hielt dasselbe und in demselben den besitzenden mittlern Adel für den ersten und wirksamsten Factor der nationalen Wiedergeburt. Er betrachtete die Generalversammlungen der Comitate für Urversammlungen solcher Art, die durch Statute nach und nach selbst solche Reformen durchführen könnten, welche der Reichstag, infolge der Bewegungslosigkeit der Geburts-, Besitz- und Beamtenaristokratie des Oberhauses, nicht zum Gesetz erheben kann. Als gelungenes Beispiel schwebte ihm in dieser Beziehung die Ausdehnung des Stimmrechts auf die Honoratioren vor, welche einige Comitate gleichfalls durch ein Statut ins Werk gesetzt hatten. Der statutarischen Gewalt wollte er nur jene negative Grenze gesetzt wissen, welche lautete: „Es ist verboten, ein Statut gegen das Gesetz zu schaffen." Ebendeswegen hielt er den mittlern Adel für den Hauptfactor im Plane der Umgestaltung, weil der Wirkungskreis desselben im Comitatsleben selbst liegt. Und auf diese Weise waren das Comitatssystem und der mittlere Adel jene zwei Hauptelemente, auf deren Zusammenwirkung er das grosse Werk unserer Umgestaltung begründen wollte. Als einst im Jahre 1841 ein Blatt die Behauptung aufstellte, dass im Processe unserer Umgestaltung das liegende Besitzthum den überwiegenden Einfluss haben müsse, äusserte sich Kossuth folgendermassen in einem Leitartikel:

„Bisher wurde zwischen Volk und Nation ein staatsrechtlicher Unterschied gemacht, und dass diese beiden Benennungen nicht einerlei

4*

Sinnes sind, dass das mächtige Band der Rechts- und Interesseneinheit auch heute noch nur ein frommer Wunsch ist, deshalb sind wir so, wie wir sind, dass wir für eine Umgestaltung sorgen müssen. Allein obgleich es zwischen Volk und Nation keine Einheit gibt, so glaubten wir, bisher unserer Verfassung gemäss, dass wenigstens die Aristokratie ein einheitlicher Körper sei, innerhalb welches gesetzlich kein Unterschied im Rechte besteht, und wenn im Rechte nicht, auch nicht im politischen Berufe. Und wir, arme Irrende, dachten, dass eben diese Einheit im Rechte und Berufe den friedlichen und ruhigen Process der Umgestaltung möglich mache; denn die ungarische Aristokratie ist zahlreich genug, dass sie in sehr vielem mit den Interessen der ausserhalb der Schanzen Befindlichen zusammentreffe, welches Zusammenfinden in jedem Fall als vereinigendes Band im grossen Werke der Verschmelzung betrachtet werden kann. Bald wieder dachten wir, wir lebten in Zeiten, in welchen die Intelligenz eine Stimme hat, wenn sie auch nicht aus einem Schlosse ertöne; wir dachten, dass, wenn davon die Rede, was gut und was nicht gut sei, was man thun und was man unterlassen müsse, Grund gegen Grund kämpfen werde, nicht aber kindischer Trotz, der prahlt: «Mag es auch gut sein, ich werde es dennoch nicht thun, weil du es angerathen hast»; wir dachten, dass es niemand unter uns gebe, der wie Brennus sein Schwert (oder irgendein anderes Gewicht, sei es nun ein Besitzthum, oder irgendein anderes Gewicht) in die Wagschale würfe, und dadurch die Fragen entscheiden wollte, welche man nur durch Rechtmässigkeit und eine gesunde Politik im Kreise derselben entscheiden sollte. All diesem zufolge erinnerten wir uns, dass es in der ungarischen Aristokratie grosse und kleine Herren, eine hohe und eine niedere Aristokratie gebe. . . . Und wenn wir dann infolge dieser Erinnerung in der Tiefe unsers Gewissens uns selbst die Frage stellten, wer in unserm Vaterland zum Jünger der Umgestaltung berufen sei, durchzitterte unser Herz die Ueberzeugung: . . . dass dazu im allgemeinen die mit den heiligen Gefühlen der Vaterlandsliebe und dem Wohlwollen gegenseitiger Duldsamkeit verschwisterte Intelligenz, woher und von wem sie auch kommen möge, berufen sei; denn die Zeit der usurpirten Reputationen hat aufgehört und die Vernunft ist Macht, Vernunft und Wissenschaft, welche kein Privilegium kennen, und deren Pforten, gleichwie jene des grossen sternbesäeten Tempels der göttlichen Liebe jedem Sterblichen geöffnet sind, der auch in dem bescheidenen Kreise seiner Winzigkeit mit dem Gefühle menschlicher Würde in seinem Busen die sanfte Wärme des Gottesfunkens fühlt. Berufen ist daher im allgemeinen auch Vernunft und Verständniss; da es aber in der Natur unserer Vorhältnisse liegt, dass die friedliche Umgestaltung nur unter den bestehenden verfassungsmässigen Formen vor sich gehen kann, so ist dazu insbesondere die Vernunft und die Intelligenz in dem 1840—43. einen und untheilbaren Körper der ungarischen Aristokratie berufen, in welchem jedes Interesse seinen Repräsentanten finden kann und auch findet. Indem wir diese Ansicht aussprechen, gestehen wir jedoch offen: es sei unserer Erinnerung immerfort lebhaft gegenwärtig, dass die Jahrbücher der Geschichte den Hauptfactor der Rechtmässigkeit, Civilisation und des constitutionellen Lebens, den eigentlichen, unbezwinglichen Kern der Nationalkraft in der Mittelklasse auffinden lassen, — in jener Mittelklasse, welche weder so hoch steht, dass sie die Interessen ihrer Klasse mit jenen der Masse der Nation als im Gegensatz befindlich erblickte; noch so tief, dass sie sich zum Werkzeug des Verlangens nach Suprematie anderer erniedrigte, welche . . . . sich weder für Geld, noch für Flitter in Kauf gibt. Bei unserer aristokratischen Verfassung . . . . bis diese sich besser ausbildet, glaubten wir dies einzig und allein in den Reihen des mittlern Adels aufzufinden, in jenem Mitteladel, dessen politische Thätigkeit sich im Kreise des municipalen Lebens bewegt, welchen wir demnach für den Vertreter der öffentlichen Meinung halten, für Vertreter, von welchen das Municipalsystem mit den Interessen des Fortschritts in bürgerlichem Verbande steht; die daher mit beiden zusammen, nicht ihnen entgegen zu leben wissen, lieben und auch wollen. — Indem wir jedoch dem Adel der Mittelklasse soviel Kraft beimessen, gehen wir hierbei keineswegs vom Gesichtspunkt der Separation der Klassen, sondern vielmehr von jenem der Verschmelzung aus." Er sagt weiter, dass die historischen Namen zwar einigen moralischen Vortheil besässen, und dass, wenn diese, sich der Selbstsucht und Engherzigkeit entschlagend, geneigt seien, sich an die Spitze der Nation zu stellen, um das Banner der Rechtsgleichheit und des constitutionellen Fortschritts voranzutragen, die Nation stets bereit sein werde, ihrer führenden Stimme zu folgen. Jenen aber, die glauben, dass der von den Ahnen überkommene Name und Besitz ein unvergängliches Kapital sei, in dessen Genusse sie thatlos schwelgen dürften oder, die gar im Stande wären, das öffentliche Wohl ihren Privatinteressen unterordnend, in blindem Eigendünkel das Rad der Geschichte aufzuhalten und den gesunden Fortschritt zu verhindern, denen ruft er stolz in die Ohren: „Mit und durch euch, wenn ihr wollt; ohne, ja gegen euch, wenn es sein muss!"

Wenn schon viele, die sich durch die Blosstellung und den öffentlichen Tadel der zahlreichen im Gebiete der Verwaltung entdeckten Misbräuche getroffen fühlen mochten, grossen Lärm gegen das „Hirlap" schlugen, so konnte es natürlich auch an solchen nicht fehlen, die an dieser Verachtung der Scheinautoritäten, oder an jenem demokratischen Geiste Anstoss nahmen, welcher bei aller warmen

Befürwortung des Comitatssystems aus den Leitartikeln Kossuth's
deutlich genug hervorblickte. Selbst Széchenyi, der die Reform angebahnt hatte, der es sich zur Lebensaufgabe gestellt hatte, auf die
Wiedergeburt seines Vaterlandes und seiner Nation all seinen patriotischen Eifer aufzuwenden, und der durch unermüdliche Thätigkeit
und seine aussergewöhnlichen Talente auch schon in der That so
grosse Resultate in moralischer wie in materieller Beziehung geschaffen hatte, hielt es für seine patriotische Pflicht, seine Stimme
gegen das „Hirlap", dessen Richtung er für gefährlich hielt, zu erheben.

Schon von jener Zeit an, als die Regierung, die für undurch-
führbar erkannten willkürherrschaftlichen Plane auflassend, anstatt
des reactionären Pálffy den constitutinell gesinnten Anton Majláth zum
Kanzler gemacht und hierdurch nicht zu bezweifelnde Zeichen ihrer
politischen Umkehr gegeben hatte, änderten sich auch die Ansichten
Széchenyi's hinsichtlich jener Methode, von welcher er glaubte, dass
sie von der Nation befolgt werden solle, damit der Process ihrer
Umgestaltung erfolgreich und ungehindert vor sich gehen könne.
Er wünschte die Nation in der Opposition zu mässigen, damit nicht
dadurch entweder sie selbst auf den schlüpfrigen Weg der Demokratie fortgerissen — was er, ehe die Nationalität besser gekräftigt
ist, wegen der sehr gemischten Bevölkerung des Landes hinsichtlich
der Ungarn für gefährlich und unheilbringend ansah, — oder die
die Geduld verlierende Regierung zu einer energischen Verhinderung
der constitutionellen Reformbewegung aufgereizt werde. Schon im
Verlaufe des Reichstags von 1840 hatte er demzufolge der Nation
den Rath ertheilt, dass sie nicht alles dem bösen Willen entsprungen
betrachten möge, wenn das, was von oben herabgelangt, vielleicht
auch dem Gesetz entgegen sei; sie möge dies vielmehr für eine
manchmal unausweichliche Folge jener „gemischten Ehe" halten, mittels welcher das Schicksal unser constitutionelles Vaterland mit dem
absoluten Oesterreich verbunden hatte. Er rieth manchmal ein „ab-
solutes Augenglas" vorzunehmen, wenn wir das Verfahren der Regierung beurtheilen, weil wir sonst leicht ungerecht werden und
selbst dort böse Absicht und Hinterlist erblicken könnten, wo nur
Unwissenheit oder Zwang der Verhältnisse obwaltet. Er gestand
zwar, dass die Regierung, soweit er die Sache ansehe, ihren Ver-
schmelzungsgelüsten noch nicht ganz entsagt habe. In Bezug hierauf
ertheilte er indessen der Nation den Rath, sie möge sich bestreben,
durch Vergrösserung des Gewichts ihres innern Werths die noch bestehenden reactionären Bestrebungen zu vereiteln, indem er fest hoffte,
dass jene Politik, welche man der Nation gegenüber von oben befolgt, in jenem Verhältniss gemässigter, loyaler, und constitutioneller
sein werde, in welchem die Nation ihren geistigen und moralischen
Selbstwerth potenziren würde.

Da der eifrige Patriot über den Zustand der öffentlichen Angelegenheiten eine solche Meinung hegte, so begrüsste er die bei
Gelegenheit des vergangenen Reichstags erfolgte Aussöhnung mit aufrichtiger Begeisterung als den Ausgangspunkt einer schönern Zukunft, und gleichsam ein Pfand dessen, dass endlich nun auch die
Regierung die Reform angenommen hatte. „Jetzt", sagt er, „bricht,
seit dem letzten Reichstag für unser Vaterland eine ganz neue Epoche
an. Es ist entschieden, dass wir vorwärts schreiten sollen. Vernichtet ist der Zauber jener pomphaften, wiewol widersinnigen Redensart, dass man am Gebäude der ungarischen Verfassung kein
Sandkorn erschüttern dürfe, damit nicht das Ganze in Trümmer falle.
Es scheint beschlossen, dass man für die Zukunft die Sprünge und
Lecke des vaterländischen Schiffes nicht nach der Auffassung von
24 Stunden verstopfen werde, währenddessen unablässig stets neue
und neue entstehen; dass nun auch nicht mehr auf dem Reichstag
ein vollständiges System, nach der Methode des so oft gehörten
«systematice» unter der Eloquenz mehrerer hundert Redner würde
aufgenommen werden; sondern anstatt dessen durch wenige, nach
vorläufigen und genügenden Erörterungen irgendein befriedigendes
System geschaffen würde. . . . Mächtige und dem königlichen Throne
nahe stehende Männer betreten, von den Besten unsers Vaterlandes
begrüsst, das heilige Gebiet der Nationalität und Verfassung, und
sind wir in untergeordneter Stellung als Gemeine Soldaten auf diese
Weise nicht mehr genöthigt, für die Sache der Nationalität und Verfassung gegen Flut und Orkan bis zur Erschöpfung unserer Kräfte
Thaten möchte ich sagen nach Art des Horatius Cocles zu vollbringen; sondern wir können solchen von ganzen Körperschaften ge-
tragenen Fahnen folgen, welche weder der westliche noch der
östliche Wind aus ihrer Stellung verdrängt. Und was mehr als
alles dieses ist, so haben einige der treuesten und zugleich verstän-
digsten Söhne unsers Vaterlandes, die Aenderung der Diagnose
unsers nationalen Seins auffassend, es offen ausgesprochen, und auch
danach gehandelt, dass die Nothwendigkeit der Agitation
zur Stunde aufgehört habe."

Unter solchen Hoffnungen musste das Gemüth des am Wohle
des Vaterlandes mit solch grosser Liebe hängenden Patrioten eine
grosse Erschütterung erfahren, als er aus den ersten Nummern des
„Pesti Hirlap" sah, dass der Redacteur desselben, der mit dem Mär-
tyrerkranze geschmückte Kossuth, unter dem Beifalljubel der Menge
und von stets wachsender Popularität begleitet, nicht nur auf dem
Felde der Agitation verblieb, sondern diese durch sein Blatt auch
in grossen Dimensionen verbreite und bestrebt sei, das grosse Werk
der nationalen Reform auf das lärmende Gebiet der Comitatsjuris-
diction zu stellen; in derselben die Hauptrolle dem mittlern Adel zu

ertheilen, ja sogar demokratische Principien zu verbreiten. Seine Besorgniss wurde um so tiefer, je mehr er die Begeisterung der grossen Masse der Oppositionspartei über dieses Verfahren anwachsen sah; je mehr er diese rührigste, am leichtesten auf Abwege zu leitende, der Zahl nach stärkste, freisinnigste Partei, welcher er bisher selbst angehörte, sich mit dem immer mehr zu einer Macht sich entwickelnden „Hirlap" indentificiren sah. Er hielt es demnach zufolge seiner Stellung, welche er als der erste Reformer der Nation einnahm, für seine patriotische Pflicht, gegen jene Richtung, welche er für einen Irrweg ansah, aufzutreten. Nach jener Begeisterung, welche das „Hirlap" und dessen Redacteur für sich besonders in der Jugend erregte, wusste Széchenyi in voraus, dass sein Auftreten ihm seine Popularität kosten könne. Aber ihm war eine weit grössere geistige Kraft, viel mehr moralischer Muth eigenthümlich, als dass er auch nur einen Augenblick geschwankt hätte, die Volksthümlichkeit als eine glänzende Last von sich zu werfen, sobald sie seine Meinungsfreiheit beschränkte und in seinen Planen als Hinderniss vor ihm stand. Und kaum war das „Hirlap" ein Vierteljahr lang erschienen, „A kelet als er dasselbe in seinem umfangreichen Buche „A kelet népe" (Das népe." Volk des Ostens) mit grosser Heftigkeit, ja mit gereizter Leidenschaftlichkeit angriff.

Man muss das „Kelet népe", seit dessen Erscheinen Széchenyi bis 1848 mit Kossuth und der ihm getreuen Fraction der Oppositionspartei in fortwährendem Kampf stand, nicht als einen Federkrieg über Doctrinen, nicht als Handbuch politischer Grundsätze und Systeme betrachten. Ueber Principien wollte Széchenyi mit seinem Gegner nicht streiten, ja er gestand an mehrern Orten offen, dass er in den Principien Kossuth's seine eigenen erkenne, für welche er seit 1825 fortwährend kämpfe.

Dieser ganze, so leidenschaftliche, so bittere Federkrieg war. nichts anderes als der Aufschrei des eifersüchtigen patriotischen Herzens vor jenen Gefahren, welche es aus der übertriebenen Agitation herzustammen ahnte; als eine besorgnissvolle Mahnung, womit er, den die Nation bisher für den kühnsten Bannerträger in ihren Reformbestrebungen hielt, aufgeschreckt von der für gefährlich erachteten Wirkung des „Hirlap", der Nation zurief: „Gib Acht, hüte dich, hier droht Gefahr, eine grosse Gefahr!" Offen und entschieden beschuldigte er Kossuth, dass er die Nation mit seinem Verfahren, wenn er es in seinem bisherigen Geiste fortsetzen sollte, der Revolution entgegenführe. Diese schwere Beschuldigung unterstützte er hauptsächlich mit zwei Gründen, deren einer ist: dass er nicht vom kalt überlegenden Verstande, sondern vom überempfindsamen Herzen und der erhitzten Phantasie ausgehe; der zweite: dass seine Methode und Taktik schlecht sei.

„Der Redacteur des «Pesti Hirlap» fehlt darin", sagt er in Bezug auf die erste Beschuldigung, „dass er die Waffen der Phantasie und der Gefühle in Anwendung bringt und nicht die kalten Zahlen, oder, wie man im gewöhnlichen Leben nach einem angenommenen Sprichworte zu sagen pflegt: dass er zum Herzen spricht, anstatt zur Vernunft zu reden; er ist nichts als ein Gefühlspolitiker, der in seine Hauptideen stets etwas Eingebildetes, etwas Ideales einmischt, wodurch seine Idee zwar eine schillernde wird, aber mit der Wirklichkeit im Widerspruch steht; er trägt seine Deductionen stets auf den Saiten des überempfindsamen Herzens vor, wodurch er die Leidenschaften aufpeitscht und schliesslich zur Unruhe führt."

In der zweiten Beschuldigung tadelt er Kossuth's Methode und Taktik. „Nicht um jene stumpfe Spitze dreht sich", sagt er, „bei uns die Sache, dass wir nur vorschreiten. . . . Aber die Hauptfrage ist: welche sind unsere Wege; welche sind noch geschlossen und welche schon geöffnet, auf welchen kann man schneller, auf welchen nur behutsam vorwärts schreiten, auf welchen endlich nur so, wie das Gras wächst?" Der grössere Theil des umfangreichen Buchs dreht sich um den Beweis, dass der Redacteur des „Pesti Hirlap" ebendiese Frage nicht berücksichtige und die Interessen stets auf die Spitze, oft sich selbst gegenüberstelle; dass er, sich stets dem Extremen zuneigend, durch seine Methode die Massen aufrege, die Achtung gegen die Obrigkeit vermindere, die Armen gegen die Reichen aufreize und auf diese Art das Band der gesellschaftlichen Ordnung lockere; dass, während er einerseits die Regierung zum Fortschritt aneifere, er zugleich die Comitate zur Vornahme solcher Dinge aufreize, durch welche das Ansehen und die gesetzliche Wirksamkeit der Regierung geschwächt wird; er lobe jede Behörde, welche aus ihren gesetzlichen Schranken heraustritt; während er den Adel zu überreden sucht, dass dieser die untern Klassen zu sich emporhebe, stellt er mit übertriebener Empfindsamkeit jeden einzelnen Leidenden als das Opfer des mangelhaften gesellschaftlichen Systems dar; die Jugend tadelt er zwar wegen ihres unruhigen Wesens, huldigt ihr jedoch zugleich als gesellschaftlicher Macht und nennt das Geschrei der Massen öffentliche Meinung; für seine Ansichten nimmt er die volle Oeffentlichkeit in Anspruch, andere aber lässt er im Lärm der Massen verstummen; die Popularität vergötternd, dem Beifall der Menge nachjagend, begünstigt und nährt er die Leidenschaften derselben. Und während er durch diese verfehlte Methode einer fortwährenden Erregung und Gereiztheit Nahrung reicht, setzt er durch seine schlechte Taktik den Erfolg der brennendsten Fortschrittsfragen aufs Spiel, indem er entweder solche Anträge miteinander verbindet, deren einer den andern vereitelt, oder die Interessen der Hauptfactoren des Erfolgs verletzt und deren Sympathien verscherzt; oder, statt behutsam und langsam vorwärts zu schreiten, über Hals und Kopf vorwärts stürmt, oder endlich, das in vielen Fällen des Gedeihens so wesentliche „Nacheinander" unterbrechend, heiklige Fragen in den Vordergrund stellt und durch das Forciren derselben auch andere vereitelt. Alledem zufolge erklärt er indessen, dass, obgleich er in den meisten Principien Kossuth's seine eigenen erkenne, im beiderseitigen Verfahren nichtsdestoweniger ein so grosser Unterschied bestehe' wie zwischen der friedlichen Reform und der Revolution.

Seit dem „Hitel" war in unserer Literatur kein Buch erschienen, welches so vielen Lärm geschlagen, so vieles Interesse erweckt hätte als „A kelet népe". Eine ganze kleine Literatur entstand aus Anlass des Kampfs zwischen dem „Kelet népe" und dem „Pesti Hirlap". Kossuth selbst schrieb ein Buch gegen seinen Angreifer, da er sich auf keinem andern Feld vertheidigen wollte, als auf welchem er angegriffen wurde. Wir finden für unnöthig, uns in die Erzählung dieses Federkriegs einzulassen, und halten für genug, zu sagen, dass, wenn es auch einzelne gab, welche, die Ansichten Széchenyi's ganz auffassend, ihm recht gaben, das Buch im Publikum im allgemeinen nicht jenes Resultat hervorbrachte, welches sein Verfasser gewünscht hatte. Die Opposition — welche sah, wie wenig noch die Regierung geneigt sei, jenen Reformen beizutreten, von welchen das Aufblühen der Nation abhängt, und wusste, wie viele es nicht nur unter der hohen Aristokratie, sondern, wenn von der allgemeinen Gleichheit der Lasten die Rede, selbst inmitten des mittlern und niedern Adels gebe, die das Privilegium vergöttern — glaubte nicht, dass die Agitation, welche das „Hirlap" ausübte, sei es in privat-, sei es in staatsrechtlichen Fragen, schon überflüssig oder gar schädlich geworden wäre. Sie hielt die politische Revolution unter unsern Umständen ebenso für eine nichtige Gespensterseherei als die Gefahr, welche Széchenyi aus der Fortsetzung der Agitation in Bezug auf die Nationalität prophezeite; denn zur erstern sah sie in den Massen keine Neigung, und wo vielleicht Neigung vorhanden gewesen wäre, keine Kraft; jene aber, die Nationalität, hielt sie schon für viel zu stark, als dass derselben entweder durch die Erweiterung der Schanzen der Verfassung, oder durch die Aenderung der Besitzverhältnisse, die Begründung der Gleichheit der Rechte und Lasten u. s. w. irgendein Schaden erwachsen könnte. Und da Széchenyi selbst gestanden hatte, dass seine Principien mit wenigen Ausnahmen dieselben seien, welche Kossuth für die seinigen bekannte, so legte sie „der Methode und Taktik" keine so grosse Wichtigkeit bei, dass sie geglaubt hätte, es würden daraus für die Nation so grosse Gefahren erwachsen könnten, wie sie Széchenyi als bestimmt eintreffend prophezeite. Viel schadete der Wirkung des Buchs jener bittere Ton, jene schonungslose Leidenschaftlichkeit, womit Széchenyi, von seiner Besorgniss fortgerissen, Kossuth beschuldigte und ihm unter anderm jene traurigen 1840—43. Standen unzart vorwarf, welche er in der Haft zugebracht hatte, als ob er dem Leiden auch das noch hätte ableugnen wollen, dass es Leiden war. Und da in den Augen des Publikums ebendiese ausgestandenen Leiden um die Schläfe Kossuth's den Märtyrerkranz wanden, welcher seine Popularität so sehr vergrösserte, so klagten viele, besonders die heissblütige Jugend, Széchenyi des Neides an, als ob dieser allein die Quelle des leidenschaftlichen Angriffs gewesen wäre. Andere, die die grosse Wichtigkeit der Methode und Taktik nicht begriffen, glaubten, dass, obwol er davon am meisten spreche, sie doch nicht die eigentlichen Ursachen des Angriffs seien, sondern das, dass die Richtung Kossuth's eine demokratische; dass dieser die Umgestaltung durch die Comitate, welchen er eine demokratische Vertretung zu geben wünschte, durchführen wolle, während er, Széchenyi, die die grossen Gütercomplexe besitzende hohe Aristokratie, und jetzt noch mehr als im Anfang seiner Laufbahn, für die stärkste Stütze der Verfassung und Freiheit, für den einflussreichsten Factor des Fortschritts halte: diese erblickten in ihm einen Aristokraten, der in seiner Freisinnigkeit zurück- und nicht vorwärts-, sondern dem conservativen Lager zuschreitet. Selbst die gemässigtsten Oppositionellen waren geneigt, ihn dieses Schrittes wegen zu tadeln, welchen sie in der Gestaltung der Verhältnisse für verderblich hielten. Es ist noch kein Jahr verflossen, dass die Regierung jene politischen Criminalanklagen, welche das ganze Land in eine so grosse Aufregung brachten, infolge der Amnestie aufgehoben hatte; und siehe, jetzt — so dachte die Opposition — erhebt einer der ausgezeichnetsten Führer der Fortschrittspartei selbst die Anklage wegen einer gefährlichen politischen Richtung und denuncirt diese der Regierung. Seit wenigen Monaten erst begann die Censur, zur unsäglichen Freude des Landes, mit weniger Engherzigkeit, mit mehr Freisinn gehandhabt zu werden; und Széchenyi, selbst ein warmer Vertheidiger des freien Worts, sieht eine Gefahr für das Vaterland in Worten, in welchen ein Censor nichts Verdächtiges findet. Kaum wurde das Vertrauen zwischen der Regierung wiederhergestellt, und schon erhebt einer der besten Söhne des Vaterlandes die Anklage, dass das Land der Revolution entgegengeführt werde; er verursacht eine Spaltung in der Partei des Fortschritts, die Conservativen aber bestärkt er nun noch mehr in ihrer starren Unbeweglichkeit. Diese Beschuldigungen liessen sich gegen ihn überall hören.

Széchenyi erreichte auf diese Weise mit seiner Polemik sein Ziel nicht nur nicht, wohl aber sah er, dessen Name früher in allen Unternehmungen gleichsam der Bürge des Erfolgs war, in dessen Person sich bisher jede Aeusserung der in der Nation erweckten Vereins- und Unternehmungskraft concentrirte, von dessen Unterstützung das Resultat abhing; dessen Ansichten über die Reihenfolge des Vorzunehmenden entschieden, dessen Ansehen alle entgegengesetzten Richtungen vernichtete, sich nun plötzlich eines grossen Theils seiner alten Volksthümlichkeit verlustig. Seinen Unternehmungen folgte auch zwar später das Vertrauen, denn seinen praktischen Geist bezweifelte niemand; seine Reden wurden auch künftighin mit Aufmerksamkeit angehört und seine Werke gelesen; aber die Sympathie war seither in grossem Masse gesunken, Begeisterung aber, wenigstens eine so aufrichtige und allgemeine wie früher, gab sich seiner Person gegenüber nicht mehr kund.

Indessen brachte dieser bittere Federkrieg doch auch einigen Nutzen hervor: das „Pesti Hirlap" wurde besonnener und behutsamer in der Erweckung der Leidenschaften; anstatt dass es so oft, wie früher, die Fehler und Mängel der Institutionen getadelt hätte, erörterte es nun das Nothwendigste des Vorzunehmenden, die einzelnen Fragen der Umgestaltung eingehender und oft mit grosser Sachkenntniss und viel Glück. Niemand konnte dem „Hirlap" das Verdienst streitig machen, dass es selbst die trockenern Gegenstände so interessant vorzutragen wusste, dass, mochte dasselbe von was immer sprechen, die Verständigen den Gegenstand stets von neuen, meistens richtigen Gesichtspunkten betrachten konnten und auch die grosse Menge daraus Belehrung schöpfte.

Ein zweites Resultat dieses Federkriegs war, dass die Parteien sich schärfer abgrenzten und in mehrere Färbungen abtheilten. Früher hatten nur zwei grosse Parteien bestanden, die Regierungs- oder die sogenannte conservative Partei und die Opposition; von da an entstanden jedoch nicht nur im Schose dieser mehrere Schattirungen, sondern es trat auch eine neue zusammen, welche sich, obgleich in geringer Anzahl, um Széchenyi scharte und jener ähnlich war, welche man in parlamentarischen Regierungen die Mitte, oder in politischen Systemen juste-milieu zu nennen gewohnt ist. Das Gewicht derselben war jedoch weder auf unsern Reichstagen, noch ausser denselben ein grösseres, als ihr die in der Popularität gesunkene Persönlichkeit Széchenyi's verleihen konnte.

Das Verhalten der Regierung in diesem Streit. Von den Oppositionellen tadelten viele das Auftreten Széchenyi's meistens deshalb, weil der Angriff auf das „Hirlap" in seinem Munde, wie wir bereits sagten, einigermassen den Anstrich der Denunciation hatte, und sie befürchteten, dass die Regierung, die Gelegenheit benutzend, die erst unlängst verliehene freiere Bewegung der Presse wieder in die alten Schranken hineinzuzwängen und, vor dem Gespenst der Demokratie zurückschreckend, sich abermals von der Reform, welcher sie sich schon einigermassen günstig zeigte, abwenden werde. Dies geschah jetzt aber nicht. Einige der Regierungsmänner erblickten die von Széchenyi verkündigte Gefahr nicht, andere wieder freuten sich über die im Schose der Opposition entstandene Spaltung, 1840—41. und sie unterliessen es nicht nur, die Zügel der Censur straffer anzuziehen und hinderten das „Hirlap" und dessen freisinnige Genossen in ihrer bisherigen freiern Bewegung nicht, sondern sie begannen auch, in der Hoffnung, dass der gegen sie fortgeführte Kampf die Spaltung unter der Opposition nur noch vergrössern, die conservative Partei aber stärken werde, für ein Organ in conservativem Sinne Sorge zu tragen, welches sich mit dem „Hirlap" messen könnte. Ein solches Blatt gab es noch nicht im Lande, denn „Világ", welches unter seinem neuen, jedes Ansehen entbehrenden Redacteur die Farbe gewechselt hatte, wurde dafür nicht gehalten, da es nichts anderes war als ein Verzeichniss gewöhnlicher Schimpfereien. Die conservativen Interessen wurden bisher vom „Hirnök" vertreten, welchen Joseph Orosz, der einstens eine Zeit lang Mitredacteur der von Kossuth herausgegebenen „Országgyülési Tudositások" war, geleitet. Allein theils weil dieser übrigens fähige Mann seines Farbenwechsels wegen vor der Opposition jedes Ansehen verloren hatte, theils weil das Blatt selbst keine bestimmte Parteifärbung besass und neben Artikeln in conservativem Sinn oft auch radicale Abhandlungen von Karl Nagy, dem genialen Verfasser der Flugschrift „Daguerreotyp" brachte, theils endlich, weil ein in Presburg erscheinendes Provinzialblatt, es möge wie immer redigirt werden, keine grosse Aussicht auf Erfolg darbot, musste dem „Hirlap" gegenüber ein neuer Redacteur und ein neues Blatt erscheinen.

Dieser Redacteur wurde Graf Aurel Dessewffy selbst, der Führer Graf Aurel Dessewffy. der conservativen Partei auf dem vergangenen Reichstage. Er war auf demselben zum Mitglied der zur Verfassung des Strafgesetzbuchs ernannten Reichscommission gewählt worden und machte vor dem Zusammentreten derselben auf Befehl und Kosten der Regierung eine Reise nach Deutschland, Frankreich, Holland, Belgien und England, während welcher er nicht nur, was seine eigentliche Aufgabe bildete, Untersuchungen über Sträflinge und Gefängnisswesen anstellte, sondern auch die innere Organisation der Hauptstädte, die gesellschaftlichen Zustände und insbesondere den alten constitutionellen Boden Englands zum Gegenstand seiner Studien machte. Als er zurückkehrte, wurde eben der Meinungskampf zwischen Széchenyi und Kossuth und deren Principiengenossen am hitzigsten fortgeführt. Die Richtung des „Pesti Hirlap" hielt auch Dessewffy für eine gefährliche, und er kannte keine wichtigere Aufgabe, als gleichfalls in die Schranken zu treten und in der Tagespresse mit demselben den Kampf einzugehen. Er übernahm daher ohne Verzug Mitte 1841 die Leitung des „Világ", welches bisher dadurch die Aufmerksamkeit auf sich ziehen wollte, dass es Kossuth mit ungezähmter Heftigkeit angriff, bei alledem jedoch dem Verfall entgegenging.

Das neuen Händen anvertraute „Vilåg“ wurde unter der Leitung des mit allen dazu nothwendigen Kenntnissen vollständig ausgerüsteten, unermüdlich thätigen genialen Dessewffy zu einem mächtigen Gegner des „Pesti Hirlap“. Damit wir im Stande seien, die Richtung seiner Thätigkeit, seine Politik richtig zu beurtheilen, muss es uns von vornherein bekannt sein. Dass ihn seiner auf dem frühern Reichstage an den Tag gelegten glänzenden Eigenschaften wegen sowol die Regierungspartei als auch die öffentliche Meinung in der nahen Zukunft für die Hofkanzlerwürde bestimmte; und dass er selbst grosse Hoffnungen dazu hatte, war aus mehrern seiner Artikel zu erkennen, in welchen er, von gewissen Principien, welche für die Freiheit gefährlich werden konnten, sprechend, ahnen liess, dass er dieselben bald selbst anwenden werde. In dieser Aussicht schrieb er seine Artikel und formulirte er seine Principien, welche im allgemeinen genommen auf die Befestigung der Regierungsgewalt und die Begründung einer so starken Centralisation gerichtet waren, dass, wenn das Reich diesen Principien gemäss umgestaltet wird, die neue Regierungsform kaum etwas anderes gewesen sein würde als ein freisinniger Absolutismus. Diese Principien waren natürlich im ungarischen Publikum sehr unpopulär, und es gehörte wahrlich nicht geringer männlicher Muth zum Kampfe für dieselben, von welchem er im voraus wusste, dass er damit den Beifall der öffentlichen Meinung nicht erlangen werde. Allein obgleich er dieses letztern bei seinen Lebzeiten nicht theilhaftig wurde, so muss es die Geschichte doch bekennen, dass der höhere Gesichtspunkt, auf welchen er die erörterten Gegenstände stellte, die Klarheit und Präcision, die scharfe Logik und systematische Schärfe, womit er seine Ideen entwickelte, die Oppositionslehren in vieler Hinsicht reinigten und nicht wenige Irrlehren widerlegten. Ausserdem machten die erstaunliche Leichtigkeit seiner Feder, die bei aller Einfachheit kraftvolle Schönheit seiner Schreibart, die von allem Wortgepränge und Schwulst freie Macht seiner Sprache seine publicistische Thätigkeit zu einem der Nachahmung wahrhaft würdigen Muster.

Als er die journalistische Bahn betrat, concentrirte sich das Wesen des heftigen, zwischen Széchenyi und Kossuth ausgebrochenen Federkampfes darum, welche Richtung man den Reformfragen geben solle, unter dem Einfluss welcher Principien es nothwendig sei, dieselben zur Entscheidung zu bringen; und auch er begann mit der Erörterung dieser Richtungen und Principien seine Thätigkeit. Vor allem untersuchte er mit scharfer Kritik die zwei einander entgegenstehenden Theorien und trat zwischen den Parteien gleichsam als Richter auf. Er konnte dies um so unparteiischer thun, da er in seinen Ansichten von beiden wesentlich abwich. Interessant ist es, diese Kritiken aus der Feder dieses staatsmännischen Schriftstellers

zu lesen. „Gegen unsern Willen überkommen uns schmerzliche Gedanken", sagt Dessewffy mit Bezug auf die Rolle und das Verfahren Széchenyi's. Kann es für einen Staatsmann ein grösseres
Unglück geben, als eine durch Neigung, freie Wahl oder Umstände
gebotene Lage, in welcher er genöthigt war, seinen reformatorischen
Ideen im Wege der Agitation von unten nach oben einen Erfolg zu
verschaffen? Um auch nur einen kleinen Theil derselben durchzuführen,
um die Obrigkeit zu Concessionen zu bewegen, ist er genöthigt, zur
Agitation zu greifen, sich gegen die bestehende Ordnung aufzulehnen,
Wünsche zu erwecken, Leidenschaft, Begeisterung, gute und böse
Triebe in sein Interesse hineinzuziehen. . . . Die Agitatoren sehen
sich bald fortgerissen von den Ideen, welche sie erweckt hatten, auf-
gezehrt von ihren Jüngern, wie bei den Wilden in Amerika, wo die
Söhne die Aeltern todtschlagen. Ich habe die Agitation stets mehr
bedauert wie verdammt. Ihre Fehler sind nicht ihre persönlichen,
aber ein Fluch der Rolle, welche sie übernommen haben, un vice
de position; ihre Qualen und Leiden sind jedoch wirkliche und um
so bitterer, je reiner die Absicht war, mit welcher sie die Laufbahn
betraten. . . . Kann es für ihn einen tiefern Schmerz geben, als den
in voraus bestimmten Kreis übersprungen zu sehen; zu sehen, wie
seine eigenen Scharen nach allen Richtungen hin umhersprengen,
und sich selbst im Rücken jener Bewegung zu finden, welche er selbst
angebahnt hat?" . . . Er geht sodann auf die hauptsächlichsten,
vom „Kelet népe" gegen das „Pesti Hirlap" erhobenen Beschuldigungen
über. Er erkennt an, dass Széchenyi die Gefahr, welche nicht so
nahe, und leichter zu beheben ist, mit viel zu dunkeln Farben schilderte, dass seine Gründe und Widerlegungen oft schwach seien, der
Angriff nicht selten ein unzarter sei und auf verfehltem Terrain begonnen wurde; die schädliche Wirkung des „Hirlap" hält indessen auch
er für eine Thatsache. „Denn wiewol", sagt er, in der als Schild
herausgehängten Richtung nichts Gefährliches liegt, so ist dennoch
die Art, mit welcher er die Principien zur Anwendung bringt, das
Licht, in welchem er die Daten erscheinen lässt, oft die kleinen
Bemerkungen, mit welchen er sie begleitet, ein billigendes oder
tadelndes Wort, welches er den Daten nachsendet, mit einem Wort,
die innere Richtung eine solche, dass ausser den offen ausgesprochenen
schönen Zwecken unter dieser Richtung auch noch etwas anderes
liegt; zwischen den geschriebenen Zeilen steht noch etwas anderes
in unsichtbaren Buchstaben." Nachdem er sodann die schädliche
Einwirkung dieser Richtung nachweist, geht er auf die Kritik des
Systems der Thätigkeit der beiden Staatsmänner über.

„Hier dreht sich der Unterschied", sagt er, „nicht allein um die
Richtung und Methode, . . . aber er betrifft den Organismus der
thätigen Maschine, den innern Mechanismus der arbeitenden Kräfte

selbst. Graf Stephan Széchenyi und Ludwig Kossuth vertreten in dieser Beziehung die Lehren zweier verschiedener Schulen, . . . und es ist nicht unmöglich, dass die Theorien der beiden Schulen gleichmässig lückenhaft sind.

„Graf Széchenyi war hinsichtlich der Methode, durch welche er seine Zwecke zu verwirklichen sich bestrebte, von allem Anfang an stets der Mann der Centralisation. Ich meine hier nicht jene Centralisation in der Regierung, welche den grössten Theil der Municipalrechte verschlingt, sondern eine andere Gattung von Centralisation, welche die Handlungen des edeln Grafen auf eine eigenthümliche Weise kennzeichnet. In dieser in der Ideenwelt des Grafen schon seit langer Zeit lebensthätigen Maschinerie . . . ist der materielle Mittelpunkt: das mit der stehenden Brücke vereinigte, durch Eisenbahnen und Kanäle mit den fernsten Punkten verbundene, überreich und reizend gemachte Buda-Pesth; der geistige Mittelpunkt: der geehrte Graf selbst und seine gleichgesinnten Freunde; Mittel sind: die Schriften des edeln Grafen und die localen Vereine und Anstalten; der Wirkungskreis: ausserhalb des Reichstags die Vorbereitung der Meinungen und eine Nationalisirung des höhern gesellschaftlichen Lebens, auf dem Reichstag die constitutionelle Opposition der Magnatentafel. Was wäre leichter, als die so construirte Maschinerie stets in den Augen behalten, den Kessel bald stärker, bald schwächer heizen, nach einer strengen Taktik vorgehen, und die Schachpartie streng wissenschaftlich abspielen! Von der regelrechten Thätigkeit einer solchen Maschine hofft der hochsinnige Graf, dass sich all dasjenige, nach welchem sein Wunsch strebt, in ebendem Zeitpunkt, in welchem er es herbeiwünscht, pünktlich verwirklichen werde, bis endlich Ungarn aus seinem jetzigen ·abgenutzten, halb feudalen, halb constitutionellen Wirrsal in ein des Menschen würdiges, repräsentatives System umgezaubert würde.

„In nicht geringerm Masse ist auch Ludwig Kossuth Freund der Centralisation. Der allgemeine Grundstein seines politischen Glaubensbekenntnisses ist das Comitat. Mit den Eigenthümlichkeiten des Comitatslebens ist niemand besser vertraut, er drang in alle Verzweigungen desselben ein, vor ihm besteht kein Geheimniss der durcheinandergewobenen Fäden, er nahm den Lebenssaft der Institution in sein Herzblut auf, und nie hat jemand die Wichtigkeit des Comitatslebens geistreicher aufgefasst und meisterhafter geschildert. Ausser der Comitatsbehörde erkennt er nur noch Eine Gewalt, und diese ist: die Oeffentlichkeit auf dem Wege der Presse. In diesem System sind daher die Hauptzüge: die Presse, welche die Fragen erörtert, die Comitate, welche dieselben zu Beschlüssen umwandeln, der Reichstag, welcher in diesem Sinne Gesetze schafft. Und nebst diesem hat Ludwig Kossuth auch in Bezug auf das praktische Vorgehen seine eigene Centralisationsidee. Eine centrale Zeitung, welche 1840—42. die Ideen veröffentlicht; ein Centralcomitat, welches dieselben zu Beschlüssen erhebt, den übrigen Comitaten unter gleichzeitiger Aufforderung mittheilt und die misliebigen Schritte derselben mit Indignation aufnimmt; zwei oder drei Centralmänner, die das Centralblatt und das Centralcomitat leiten; eine centrale permanente Zuhörerschaft, welche in der Centralstadt die verschiedenartigsten Versammlungen ohne Unterschied umgibt und lärmend leitet, was dann des andern Tags in Form der öffentlichen Meinung als «vox populi vox dei» im ganzen Lande ausposaunt wird: dies ist unsern geringen Abstractionen nach Ludwig Kossuth's praktische Ansicht von der bei uns 'wünschenswerthen Regierung. In diesem System ist die bewegende Kraft: die Centralzeitung und das Centralcomitat; Ausflusskanäle: die Comitate; Vereinigungspunkte: der Reichstag; controlirende Macht: die öffentliche Meinung.

„Siehe, zwei verschiedene Arten von arbeitenden Maschinen, zwei verschiedene Regierungsplane, welche einander nur darin gleichen, dass beide auf Centralisation gegründet sind. Wenn aber aus jedem derselben das allernothwendigste Rad vergessen worden wäre? Wenn bei den einzelnen Mängeln dieser beiden Plane der eine derselben auch an einer unheilbaren Erbsünde kränkelte?

„Eins der Hauptgebrechen des Széchenyi'schen Systems ist, was auch schon Kossuth hervorhob, dass der Einfluss der Jurisdictionen in demselben nicht gehörig gewürdigt ist. Der Natur unserer Verfassung und unserer politischen Lage zufolge ruht bei uns alles dasjenige auf schwacher Grundlage, was seinen Angelpunkt nicht in den Comitaten findet oder in die Construction derselben nicht hineingepasst werden kann. Daher kommt es, dass jenes System des handelnden Vorgehens, welches Graf Széchenyi eine geraume Zeit hindurch den damaligen Umständen gemäss mit grossem Erfolg betrieb, von jener Stunde an Macht zu verlieren begann, als die Comitate zum Schauplatz der Bewegung geworden waren, der geehrte Graf aber versäumt hatte, seinen Gravitationspunkt in dieselben zu verlegen. Eine Nation kann man nicht lange „en petit comité" leiten, wo 52 Comitate ein öffentliches Leben ausüben und mithin den grössten Theil der Ideenbewegung in sich aufnehmen.

„Ein zweiter Fehler des Széchenyi'schen Systems ist demselben mit jenem Kossuth's einigermassen gemeinsam; denn gleichwie in dem praktischen System Kossuth's die nothwendigen Rechte der gesetzlichen Gewalt vergessen sind, so ist auch beim Grafen Széchenyi der Beruf derselben sehr dunkel gehalten. Der Unterschied ist, dass das System des Grafen Széchenyi sich nur auf die Leitung der öffentlichen Meinung beschränkt und die Verwaltung in ihrer verfassungsmässigen Lage belässt; die Theorie Kossuth's dagegen die Rolle der

1840—43. obersten Gewalt ohne Ausnahme in allem zur Rolle eines benevolus. spectator verurtheilt, in die Administration und Gesetzgebung eingreift, diese absorbirt und nichts anderes ist als ein wahrhafter Föderalismus. In dieser Theorie ist die Comitatsidee beinahe übertrieben entwickelt, aber ihre Schranken gegenüber der Gesetzgebung und der Krone sind im Dunkeln gelassen. . . . Er sieht, dass die oberste Gewalt selbst in den Zeiten des grössten Stillstandes der Gerichtsbarkeiten nicht mächtig werden konnte, und will in der Periode der Umgestaltung den Wirkungskreis der Comitate erweitern! . . . Der Monarch schwört „leges observare et observari facere"; ich frage, wie er bei den jetzt in Mode stehenden Theorien seinen Schwur einem die Gesetze verletzenden Comitat gegenüber erfüllen könnte? Täglich wollt ihr weiter gehen in der Ausbreitung der Rechte, aber diesen Schritten durch strengere Ordnung und Disciplin ein Gegengewicht geben wollt ihr nicht. Ihr schreitet auf euerm Pfade der Neuerung vor, ihr reisst die Scheidewände nieder, ihr löst einzelne Schlingen, entschlüpft der Umstrickung einzelner Maschen, und bemerkt nicht, dass dieses Vorgehen, wenn nicht neue Garantien der Ordnung geboten werden, wenn das gesellschaftliche Gewebe nicht mit neuen vereinigenden Bändern versehen wird, kein Fortschritt, sondern nur das traurige Werk der Desorganisation ist, der beklagenswerthe Vorläufer einer tabula rasa. In euerm System fehlt jeder reine Begriff nicht allein von der nothwendigen Einwirkung der Krone in der Monarchie, sondern im allgemeinen vom natürlichen und nothwendigen Berufe jeder mit welchem Namen auch zu benennenden obersten Gewalt. . . . Die Oeffentlichkeit, die Entwickelung des öffentlichen Geistes und das Gefühl der Pflicht sind alles wunderschöne Elemente in den freien Institutionen, allein man soll sich über ihren Beruf keinem Irrthum hingeben. Die Oeffentlichkeit ist allerdings ein Glanzkreis, eine aufklärende Quelle sowol für die Comitats- als die Centralgewalt, sie möge beide controliren, in ihr möge der öffentliche Geist seine belebende [Kraft finden, ihr möge das Gefühl der Pflicht entblühen; allein dies alles sind nur mitwirkende und nicht entscheidende Kräfte, denn die Oeffentlichkeit ist nicht immer so vielseitig, wie ihr glaubt; gegen ihre Schläge stumpft die Gewöhnung ab, und für alle Fälle, wenn der Entdeckung die Handlung nicht folgen kann, wenn es nicht erlaubt ist, das Wort zur That zu machen, wird sie in Wort und Schrift überströmen, aber sich ohne grossen Nutzen für die bürgerliche Gesellschaft auflösen."

Man muss gestehen, dass dies eine ebenso scharfe als gründliche Kritik des Széchenyi'schen und Kossuth'schen Systems ist. Indessen liessen die Principien, welche Dessewffy aus diesen Prämissen zog und auf welche er als auf die unter unsern Verhältnissen einzig heilsamen den Umgestaltungsprocess basiren wollte, in jedem Menschen zu sehr den Gedanken entstehen, dass er mit einem solchen Staatsmann spreche, welcher Hoffnung hat, vielleicht schon in nächster Zukunft das Ruder in seine Hände zu bekommen. Diesen Principien gemäss wünschte er die zwingende Kraft der obersten Regierungsgewalt auch in der Reformangelegenheit zu einer so festen und ausgedehnten zu machen, wollte er die Centralisation in den Händen der Regierung so weit führen, dass wiederum sein System die Selbstregierung der Comitate vernichtet und einen Absolutismus begründet hätte, welcher, wenn er an der Spitze stand, zwar ein freisinniger gewesen wäre, in welchem aber eine Bureaukratie, welche sich leicht hätte verknöchern können, die ganze Regierungsgewalt ausgeübt haben würde; obgleich er übrigens, als Apostel einer starken Centralregierung, keineswegs ein Freund der Beamtenherrschaft, der Bureaukratie war. Bei solchen Principien war es sehr natürlich, dass er im System Széchenyi's die Führerschaft jener unabhängigen Aristokratie tadelte, welche sich aus der Mitte des in den Genüssen Wiens abgestumpften, in geistiger Beziehung grossentheils ungebildeten, materiell verschuldeten, gegen die Nationalität noch immer sträflich kalten und gleichgültigen hohen Adels lebenskräftig zu erheben begann. Noch mehr aber musste er im System Kossuth's die Autonomie der Comitate tadeln, welche die Centralisirung der Gewalt in der Hand der Regierung und die verfassungswidrigen Uebergriffe derselben gleichmässig unmöglich machte. Man darf sich daher gar nicht wundern, dass Dessewffy sodann seine ganze journalistische Thätigkeit meistens gegen diese Schranken des Absolutismus, die Comitate und die Uebergriffe derselben richtete. Er analysirte scharf die Bestandtheile, aus welchen die Generalversammlungen der Comitate zusammengesetzt waren; er bestrebte sich nicht nur einmal, die in denselben herrschenden Elemente zu einem Gegenstand des Spottes zu machen; mit Einem Wort, er suchte die Comitatsgewalt zu schwächen, ohne diese Schutzwälle der Verfassung mit andern zu ersetzen; er entwickelte die Nothwendigkeit einer starken Centralregierung, aber die Verantwortlichkeit und die nöthigen Schranken derselben einerseits den Comitaten, andererseits der Gesetzgebung gegenüber hatte er in seinem System ebenso vergessen, wie Széchenyi und Kossuth wiederum die oberste Gewalt in dem ihrigen vergessen hatten.

Die Fortschrittspartei konnte über die Wahl unter diesen Theorien keinen Augenblick in Schwanken gerathen; denn selbst von jenem Reize abgesehen, welchen sie naturgemäss zu jenem System hinzog, in welchem sie das Princip der Selbstregierung gesichert sah, musste es auch einzig aus der Auffassung unserer Umstände folgen, dass sie dem System Kossuth's den Vorzug gab. Es gab nicht wenige im

Schose der Opposition, die einsahen, dass es vom staatswissenschaft-
lichen Gesichtspunkte unmöglich sei, die Theorie Kossuth's von der
Allmacht der Comitate für richtig zu halten; daran jedoch wegen
der zwingenden Macht der Sachlage festhielten. In den verflossenen
Zeiten hatte sich im Herzen der Nation eine tiefe Antipathie gegen
die wiener Regierung eingewurzelt, welche Antipathie selbst die am
Schlusse des frühern Reichstags zu Stande gekommene Versöhnung
nicht schnell zu verwischen vermochte. Und wiewol die wiener Regierung auch schon einige Zeichen gegeben hatte, dass sie, ihren verknöcherten Stabilismus aufgebend, der Reform nicht entgegen sei:
so setzte doch die Nation kein volles Vertrauen in ihre Aufrichtigkeit. Die Begeisterung für das System Kossuth's, welches mit Ueber-
gehung der stets verdächtigen Regierungsgewalt das Comitat als vor-
züglichste bewegende Kraft bezeichnete, und im statutarischen Rechte
desselben die Mittel zur Reform suchte, war demnach leicht begreiflich.
Aus der Natur der constitutionellen Politik folgte, jeden höhern Einfluss zu beseitigen und einzuschränken, dessen Richtung das absolut
gesinnte wiener Cabinet bestimmt hatte. Nicht die mangelhafte Beschaffenheit der Personen, sondern die der Sachlage war der Grund,
dass selbst die gemässigtern Mitglieder der Opposition darin keine
Gefahr erblickten, dass die Comitate befugt seien, behördlich zu reformiren, was sie in ihrem Kreise für gut finden. Sie sahen sich
gezwungen, auf diesem Felde thätig mitzuwirken, damit nicht die so
sehr nothwendige Reform entweder auf unsern resultatlosen Reichstagen bis ins Unendliche aufgeschoben, oder aber, gänzlich in die
Hände der Regierung gelangend, unter den Wehen unserer Umgestaltung auch noch der übriggebliebene Rest der nationalen Unabhängigkeit und Verfassungsmässigkeit durch die absoluten Richtungen
des wiener Cabinets verschlungen werden möge. Dessewffy sprach
zwar wiederholt seine Besorgniss wegen der Ausdehnung des statutarischen Rechts auf die wichtigern Reformfragen aus, und behauptete,
dass dies schliesslich die Nation, wenn sie von oben nicht beschränkt
werden könne, dahin führen werde, dass es so viele Gesetzgebungen
geben werde, als Comitate sind, was sodann der Einheit des Staats
zum Nachtheil gereichen werde. Die Opposition jedoch befürchtete
eine solche Gefahr um so weniger, als man in den vergangenen Zeiten
zahlreiche Beispiele finden konnte, welche bewiesen, dass der verschiedene Gebrauch in den Comitaten zahlreiche wesentliche Aenderungen in unserer geschichtlich entwickelten Verfassung hervorgebracht habe.   Zwei wichtige Reformen, welche man im Laufe des Jahres 1841
durch das statutarische Recht ins Leben einzuführen versuchte, boten
Dessewffy reiche Gelegenheit, seine Angriffe auf die Uebergriffe der
Comitatsgewalt unaufhörlich zu erneuern. Die eine dieser Reformen

war, dass mehrere Comitate das Wahlrecht auch auf den angesehenern Stand der nichtadelichen Klasse, auf Advocaten, Aerzte,
Lehrer und andere diplomirte Honoratioren ausdehnten. Im biharer
Comitat ging selbst die Beamtenwahl auf diese Weise vor sich.
Die zweite versuchte das pesther Comitat mit einer Verordnung,
durch welche dasselbe eben in jener Zeit, wo die mit der Ausarbeitung des Strafrechts betraute Landescommission ihre Thätigkeit begann, im Gebiete des Strafverfahrens die mündliche Vertheidigung
und volle Oeffentlichkeit eingeführt, und auf diese Weise in seinem
Schose eine Gattung von Geschworenengerichten zu gründen beschlossen hatte. Der Neuerung gemäss, welche sich übrigens nur
auf die Nichtadelichen erstreckte, und auf Vergehen, welche eine
weniger als dreijährige Gefängnisstrafe nach sich zogen, konnte sich
der Angeklagte seinen Anwalt frei wählen, und das Urtheil wurde
nach Anhörung der mündlichen Vorträge sowol des Comitatsfiscals
als auch des Vertheidigers gesprochen.

Diese Neuerung war bei uns, wo bisher nur das geschriebene
und nicht das öffentliche Verfahren im Gebrauch stand, ohne Zweifel
ein Schritt von grosser Wichtigkeit. Dessewffy säumte auch nicht,
dagegen seine gewohnte scharfe, starke Kritik hören zu lassen.
„Das Ereigniss", sagt er, „werden vielleicht zahlreiche hochsinnige Patrioten mit Freuden begrüssen, denn es ist die Verwirklichung einer
Idee, welche die bürgerlichen Institutionen mehrerer freien Länder
für ihren kostbarsten Edelstein halten, weil es zahlreichen heissen
Hoffnungen und eifrigen Wünschen entspricht. Und auch wir selbst
werden, wenn wir diese Resultate einstens im Wege der Gesetzgebung
erlangen, dieselben mit aufrichtiger Freude begrüssen. . . . Allein
bei dem gegenwärtigen Stande der Dinge ist alle Freude in unserm
Herzen durch ernste Besorgnisse erstickt; denn in dem geschehenen Schritte sehen wir eine neue und folgenschwere Beschädigung
jener Scheidungslinie, welche zwischen der Gesetzgebung und der
Comitatsbehörde bestehen muss." Dergleichen Improvisationen nannte
er ein „Statarium" in der Sache der Gesetzgebung. Er behauptete,
dass „solche gewissen populären Ideen vom Comitat dargebrachte
Opfer die nothwendige Unabhängigkeit der Gesetzgebung einschränkten;
denn wenn auch die Gesetzgebung sich von der schädlichen Eigenschaft des gemachten Schrittes überzeugt, so sieht sie sich in die moralische Unmöglichkeit versetzt, denselben zu kassiren, besonders wenn
volksthümliche Ideen in Frage stehen." — „Wenn das Comitat
dergleichen beschliessen kann", sagt er anderswo, „was gibt es, das
es nicht beschliessen könnte, und welche Aufgabe verbleibt dann der
Gesetzgebung? Man brauchte ein Gesetz für die Feldpolizei, ein
Gesetz zur Ordnung der Verhältnisse der Frachten, und ihr verändert
durch Comitatsbeschlüsse die Grundlage der Verfassung, das Stimm-

recht und das Strafverfahren. Wenn ihr dies thun könnt, warum könntet ihr nicht durch einen Comitatsbeschluss die Aviticität abschaffen? Warum könntet ihr nicht die Domesticalsteuer auf den Adel auswerfen? Wahrlich, ich sage euch, ihr tragt Sorge, die kostspieligen Reichstage entbehrlich zu machen; . . . ihr untergrabt die Nothwendigkeit der Concentrirung der nationalen Kräfte in der öffentlichen Meinung. . . . . Durch euere Handlungen ist die Idee der constitutionellen Monarchie mit der Idee des Föderalismus verwischt, und wenn euere Absicht in grösserer Ausdehnung gelänge, würde darin früher oder später die Einheit der Monarchie und des bürgerlichen Staats untergehen. . . . ." Er sprach seine Ueberzeugung aus, dass aus solchen Schritten „der bunteste Wirrwarr, die entgegengesetztesten Versuche, die Unmöglichkeit der normalen Thätigkeit der öffentlichen Verwaltung und Gesetzgebung nothwendigerweise entstehen werden".

Die Gründlichkeit dieser Deductionen konnte selbst die Opposition nicht in Abrede stellen. Einer der hervorragendsten Unterstützer des Antrags gestand im Saale des pesther Comitats, dass dieser Trieb nach Neuerungen in den Comitaten in der That ein geringerer wäre, wenn einerseits an der obern Tafel nicht eine Menge grosser Herren sässe, die selbst den nothwendigsten Reformen entgegen wären und andererseits der Reform im Wege der Gesetzgebung auch die Regierung keine so grossen Hindernisse entgegenstellte.

Die Artikel Dessewffy's hatten zur Folge, dass die wiener Regierung ihre Aufmerksamkeit diesen Uebergriffen des statutarischen Rechts der Comitate zuwandte. Die Stände des pesther Comitats wurden in einem königlichen Rescript in strengen Ausdrücken getadelt und ihr Beschluss hinsichtlich der neuen Gestalt des Strafverfahrens cassirt. Kurze Zeit darauf gelangte an alle Comitatsjurisdictionen ein königliches Rescript herab, in welchem diese streng ermahnt wurden, die gesetzlichen Schranken des Statutenrechts einzuhalten.

Indessen begnügte sich Dessewffy mit diesem Resultat nicht. Da er sah, dass das „Pesti Hirlap" nicht nur der Zeiger der öffentlichen Meinung sei, sondern diese, bezüglich vieler Fragen, selbst schaffe; dass dergleichen Reformversuche auf dem Wege der Comitatsbeschlüsse entweder geradezu nach seinen Anträgen geschehen, oder mindestens unter der Wirkung seiner Principien, seines Geistes, seiner Agitationen geschaffen werden: so richtete er seine Bestrebungen darauf, in der Oppositionspartei eine Spaltung hervorzubringen, und wenigstens bei einem Theil derselben das Ansehen Kossuth's zu untergraben. Zum Ausgangspunkte dieser Taktik ergriff er ein beklagenswerthes, im stuhlweissenburger Comitat vorgefallenes Ereigniss, welches bei der Oppositionspartei einen grossen Eindruck

hervorgebracht hatte. Im stuhlweissenburger Comitat brachten nämlich die Agitationen und die mit Bestechung gepaarten Stimmenwer-
bungen einiger grossen Grundbesitzer mit andern Fortschrittsfragen
auch die Frage der allgemeinen Besteuerung zum Falle. Dessewffy
rechnete dies der von der übertriebenen, wie er sie zu nennen pflegte,
Hirlap-Partei hervorgerufenen Rückwirkung zu, und nahm Gelegenheit,
sein Wort gegen diese Partei zu erheben, welche durch Forcirung
der Reform die Fragen des Fortschritts zum Sturze bringen könnte.
Er tadelte entschieden, dass selbst in jenen Fragen, in welchen, wie
bei der Tragung der gemeinsamen Lasten, es sich um das Bringen
eines Opfers handelt, besitzlose oder nur sehr geringes Grundeigen-
thum besitzende Mitglieder des niedern Adels, Procuratoren und
Advocaten, heissblütige Jünglinge und aufreizende politische „com-
mis-voyageurs" Richtung und Ton anzugeben sich bestreben. Er
charakterisirte dieses Verfahren als einen „Kampf derjenigen, die nichts
haben, gegen die, die ein Eigenthum besitzen"; und dies geradezu
dem Einfluss des „Pesti Hirlap" beimessend, sprach er es als erwünscht
aus, dass die Führung der Opposition in andere Hände käme; denn
wenn das „Hirlap" diese Rolle auch künftighin behalte, so sei zu befürchten, dass an den Klippen der Rückwirkung der die grossen
Gütercomplexe besitzenden Aristokratie unsere wichtigsten Fortschrittsfragen Schiffbruch erleiden würden. Er bezeichnete Széchenyi oder
Deák als solche, denen jetzt die Führerschaft gebühre. „Diese hoch-
geachteten Persönlichkeiten", sagt er, „sehe ich in den Angelegenheiten
der Opposition auf dem Felde der constitutionellen Opposition, in
den Angelegenheiten unsers Fortschritts auf dem Felde des an die
Formen der Verfassung gebundenen Fortschritts: auf Feldern, auf
welchen ich mit ihnen mitzuwirken bereit bin; während ich andererseits der Partei des «Pesti Hirlap» diese Eigenschaften abspreche."

Diese Aeusserung, in welcher Dessewffy die Partei des „Pesti
Hirlap" und die constitutionelle Opposition einander gegenüberstellte,
machte diese journalistischen Kämpfe zu nur noch gereiztern. Von
beiden Seiten mischten sich leidenschaftliche Verdächtigungen in den
Federkrieg. Kossuth klagte Dessewffy an, dass er unter den pfle-
genden Händen der Regierung vernarbte Wunden aufreissen wolle.
Der letztere gab dagegen diese Beschuldigung damit zurück, dass der
Redacteur des „Pesti Hirlap", der es sehr gut verstehe, „luctantes
ventos, tempestatesque sonoras" über das Vaterland zu erlassen,
in der Handhabung des „motos componere fluctus" sehr unglücklich sei, und bei ihm noch immer „medio de fonte leporum surgit
amari aliquid et sub ipsis floribus angit"; d. h.: „dass der Redacteur des «Pesti Hirlap», der es sehr gut versteht, über das Vaterland Stürme, Zwistigkeiten und Verwirrungen zu bringen, die Beschwichtigung der aufgepeitschten Leidenschaften unglücklich hand-

habe, und dass die von ihm aufgetischten süssen Speisen stets irgendeinen bittern Beigeschmack haben, unter seinen Blumen aber stets
der Dorn verborgen ist". Er beschuldigt ihn, dass, während er
selbst stets die freie Presse, unbeschränkte Discussionsfreiheit, immer-
während es, alles heilendes Sonnenlicht im Munde führe, er dies andern
zur Charakterisirung seiner Parteibestrebungen versage und wünsche,
dass die ganze Welt seine Plane mit einem glänzenden Firnis über-
ziehe. Er beschuldigt ihn, dass er und seine Partei den Angriff auf
das Recht des Eigenthums in Vorschlag bringe, und im allgemeinen
solche Irrlehren als Culmination der Weisheit begrüsse, welche aus
ganz Europa hinausgeworfen seien, u. s. w.

Die gegenseitigen Verdächtigungen zwischen den beiden Blättern
und ihren Parteien vermehrten sich immer mehr; der Kampf verbitterte sich so sehr, dass Ende 1841 die Journalistik in einen Zank
von unabsehbarem Ausgang ausartete. Indessen erreichte Dessewffy
sein Ziel in der Theilung der Opposition und der Schwächung der
Partei des „Hirlap" nicht. In dieser Zeit trat in Pesth die zur Ausarbeitung des Strafgesetzbuchs ernannte Landescommission zusammen.
Unter den Mitgliedern derselben befand sich auch Franz Deák. Die
Jugend empfing ihn mit einem Fackelzuge und begrüssenden Reden;
die hervorragendsten Männer der verschiedenen Parteien waren bei
ihm versammelt, und als er auf den Balkon hinaustrat, sah die un-
zählbare Menge bei dem glänzenden Lichte der Fackeln Széchenyi,
Kossuth und Dessewffy an Deák's Seite, der in seiner Antwort die
Verdächtigungen, welche in der ungarischen Politik, zum grossen
Schaden des Fortschritts, so sehr überhandnahmen, streng rügte.
Er mischte sich übrigens in die Zeitungskämpfe nicht ein; das Publikum indessen, in welchem nach den Artikeln Dessewffy's einiger
Zweifel entstanden war, überzeugte sich bald, dass zwischen Deák
und Kossuth in den Details zwar eine Meinungsverschiedenheit ob-
walte, in Bezug auf das Wesen aber Uebereinstimmung herrsche.
Die Taktik Dessewffy's, womit er die Theilung der Opposition anstrebte, gelang nicht; er vermochte höchstens einige zaghafte Individuen durch die Anklage des „bellum nihil habentium contra aliquid
habentes" aus den Reihen der Opposition unter die Fahnen des
„Világ" herüberzuziehen. Nicht nur theilte sich die Opposition nicht,
wie es Dessewffy gewünscht hatte; sondern, von der aussergewöhnlichen Redegewalt Kossuth's und der opiumartigen Wirkung der geschickten Agitationen desselben befangen, nahm sie selbst dasjenige
vom „Világ" nicht an, was dieses als unzweifelhaft gut und richtig —,
würdigte sie nicht ihrer Aufmerksamkeit, was dieses im „Hirlap" als
übertrieben und unstatthaft bewies. Und man muss gestehen, dass
das „Világ" vorzüglich deshalb, dass es die Ausdrücke des das Wesen
der Fragen manchmal in den Nebel grosser Worte einhüllenden

„Hirlap" devalvirte und die auf modischen Irrlehren gebauten Be- 1840-41.
griffe berichtigte, oft grössere Würdigung verdient hätte.

Indessen brachte Anfang 1842 ein unvorhergesehenes Ereigniss
in den leidenschaftlichen Debatten über die öffentlichen Angelegenheiten eine grosse Wendung hervor. Aurel Dessewffy, der seine Principien nicht nur mit der Feder im „Világ", sondern in den Generalversammlungen des pesther Comitats auch mit dem Worte hitzig
vertheidigte, fiel seiner ausserordentlichen Thätigkeit, der fortwährenden Aufregung des Körpers und der Seele zum Opfer. Der persönlich
äusserst liebenswürdige, reichbegabte, den Reformen trotz seiner
Regierungsprincipien nicht abholde Staatsmann fiel nach einer Versammlung des pesther Comitats, wo er neuerdings einen heftigen
Zusammenstoss mit Kossuth hatte, in ein Fieber und hörte einige
Tage später, 34 Jahre alt, auf zu leben. „Wie viel Verstand, Wille,
Thatendurst", so ruft bei der Nachricht von seinem Tode sein
grösster Gegner, Kossuth, im „Hirlap" aus, „welch loderndes Gefühl,
wie viele Hoffnungen und welch glänzende Zukunft waren mit diesem
Namen verbunden; ein wenige Tage dauerndes Fieber und alles
ist zu Ende!" — Das „Hirlap", welches in Dessewffy seinen mächtigen
Gegner verloren hatte, herrschte fernerhin mit leichterer Mühe auf
dem Gebiet der Journalistik, denn im Schose der conservativen Partei
fand sich niemand, der Dessewffy in dessen Rolle als Parteiführer
oder als Journalist hätte ersetzen können; ein dem seinigen ähnliches
staatsmännisches Genie, eine ihm ähnliche Kraft mit demselben Takt
und einem so lichten, klaren, geordneten Kopf, eine so ausdauernde,
mit gleich kräftiger Schreibart versehene Individualität, als er war,
befand sich nicht mehr in den Reihen seiner Partei. Das „Világ" nahm
der Statthaltereirath Andrássy unter seine Leitung. Der Charakter des
Blattes erfuhr eine wesentliche Aenderung, obgleich seine Färbung
die alte blieb. Da Andrássy im Comitatsleben, aus welchem er erst
unlängst auf die Bahn eines Regierungsbeamten übergegangen war,
grossgezogen war, so hegte er gegen die Comitatsgewalt keine
solchen Antipathien wie Dessewffy. Jene Centralisationsideen, mit
welchen der Verstorbene das Comitat und das „Hirlap" bestürmte, verschwanden daher nach und nach aus dem „Világ"; in seinen Artikeln,
welchen man die auf sie verwandte Anstrengung deutlich ansah,
nahm er einen immer mehr negativen Standpunkt ein und beschränkte
sich einzig und allein auf die Widerlegung mancher Ansichten Kossuth's, auf die Devalvation der Worte desselben; und obwol er mit
ihm hinsichtlich vieler Fragen übereinstimmte, so blieb er doch bis
zu Ende ein heftiger, aber wirkungsloser Gegner des „Hirlap". —

Neben dem leidenschaftlichen, auf dem Felde der Presse und der
Generalversammlungen der Comitate fortgeführten Kampf über die
Mittel zur nationalen Umgestaltung, über die Richtung, welche man

den Reformfragen geben, über die Principien, unter deren Einfluss man dieselben zur Entscheidung bringen müsse, handelte es sich zu dieser Zeit im öffentlichen Leben Ungarns noch um zwei andere ausserhalb der eigentlichen Reformgegenstände liegende Fragen, in welchen keine geringere Heftigkeit, nicht weniger Leidenschaft entwickelt wurde als in jenen Streitigkeiten, welche wir bisher schilderten. Die eine dieser Fragen bildete die Religionsangelegenheit, eigentlich die gemischten Ehen, die andere die Sache der Nationalität.

Die Frage der gemischten Ehen und die Sache der Religionsfreiheit im allgemeinen wurde während des Reichstags, wie wir oben erzählten, nicht beendigt: jene legte die Ständetafel, da sie kein gutes Resultat mehr hoffen durfte, beiseite; in Bezug auf die allgemeine Religionsfreiheit aber ertheilte die Regierung auf den von beiden Tafeln unterbreiteten Gesetzvorschlag keine Antwort. Der hohe Klerus, welcher schon gegen den Gesetzvorschlag selbst Verwahrung eingelegt hatte, berieth sich nach dem Reichstag über diesen Gegenstand, und kam in dem Beschlusse überein: dass das hinsichtlich seiner glänzenden Fähigkeiten ausgezeichnetste Mitglied seines Standes, der csanáder Bischof Joseph Lonovics, nach Rom reise, um beim Heiligen Stuhl ein solches Breve zu erwirken, wie es Papst Benedict XIV. in dieser Angelegenheit an die Bischöfe Hollands und Polens erlassen hatte; und nach dessen Normen sodann vor den nächsten Reichstag ein die Zwistigkeiten ausgleichendes Gesetz gebracht werden könnte. Um jedoch bis dahin die Angelegenheit einigermassen zu ordnen, erliessen sie einen Hirtenbrief, in welchem der niedern Geistlichkeit anbefohlen wurde, den kirchlichen Segen allen jenen gemischten Ehen zu versagen, in welchen die Erziehung der Kinder im katholischen Glauben nicht in vornhinein gesichert wird, und ihre Functionen bei solchen Ehen einzig auf eine passive Assistenz zu beschränken: um auf diese Weise dem Buchstaben des 26. Gesetzartikels 1791 zu entsprechen, welcher anordnet, dass auch dergleichen Ehen vor dem katholischen Priester einzugehen seien.

Was man also befürchten konnte, dass, wenn das Beispiel des grosswardeiner Bischofs auch beim übrigen hohen Klerus Nachahmung finden sollte, diese Frage auch in Ungarn wie in einigen andern Ländern Europas die Ruhe der Bürger aufstören würde, trat in der That ein. Der Hirtenbrief der Bischöfe, welcher einer funfzigjährigen Praxis entgegentrat, wurde in den Comitaten, kaum mit Ausnahme einiger, in welchen der Bischof Obergespan war, mit grosser Gereiztheit aufgenommen. Der Gegenstand kam zuerst im pesther Comitat zur Verhandlung. Der blinde Zufall wollte, dass die Verfügung der Bischöfe an Ludwig Kossuth zuerst vollzogen werden sollte. Bald nach seiner Freilassung trat er mit einem katholischen Fräulein, Therese Meszlényi, in den Ehestand, bei welcher Gelegenheit ihnen der Seelsorger zu Pesth im Sinn des Hirtenbriefs den kirchlichen 1840—43. Segen versagte. Seine Freunde brachten diese Angelegenheit vor die nächste Generalversammlung des pesther Comitats, und diese sprach als Beschluss aus, dass im Sinn des 14. Gesetzartikels 1647, welcher die Bestrafung derjenigen, die sich eine Verletzung der Religions- gesetze zu Schulden kommen lassen, feststellt, gegen den pesther Pfarrer und alle andern Seelsorger, die durch Verweigerung des Segens die gemischten Ehen gegen die Bestimmung des 26. Gesetzartikels 1791 verhindern, von Amts wegen auf eine Strafe von 600 Gulden anzutragen sei. Es wurden zugleich auch die Richter gewählt, die in vorkommenden Fällen nach jenem Gesetz das Urtheil zu fällen hatten.

Da der erwähnte Hirtenbrief sämmtlichen Behörden zugeschickt worden, so kam die Frage der gemischten Ehen Anfang 1841 in den Versammlungen aller Comitate zur Verhandlung, und die Gereiztheit gegen die Geistlichkeit, welche durch diese Neuerung den öffentlichen Frieden und die allgemeine Ruhe aufgestört hatte, wurde überall allgemein. Den pesther Beschluss machte, mit wenigen Ausnahmen, jedes Comitat zu dem seinigen, und richtete zugleich eine Adresse an die Regierung, in welcher der König gebeten wurde, die den Gesetzen widersprechenden kirchlichen Verordnungen kraft seiner allerhöchsten Macht zu cassiren und den hohen Klerus des Landes dahin anzu- weisen, dass er sein Rundschreiben zurücknehmen und die Gesetze in Achtung halten möge. So handelte unter andern auch das za- laer Comitat, dessen dem pesther ähnlicher Beschluss und an den König gerichtete Adresse durch das Ansehen Franz Deák's eine be- sondere Wichtigkeit erlangte. Das Banner der die entgegengesetzte Ansicht hegenden Partei trug hinwieder das heveser Comitat voran, in welchem der Erzbischof Obergespan war, die Geistlichkeit sich also einen grossen Einfluss verschafft hatte. Auf gewöhnlichem ge- setzlichen Wege konnte indessen die Partei des Klerus auch hier nicht zum Sieg gelangen. Die Gemeinschaft des heveser Comitats war schon seit einigen Jahren in zwei Parteien getheilt, welche als Unter- scheidungszeichen schwarze und weisse Federn trugen und gewohnt waren, nicht nur bei Wahlen, sondern auch bei Gelegenheit der ge- wöhnlichen Berathung in den Generalversammlungen die rohe Gewalt der bestochenen Massen in Anwendung zu bringen. Zur General- versammlung, in welcher der Hirtenbrief aufgenommen werden sollte, brachten beide Parteien theils fanatisirte, theils erkaufte Cortesch- massen mit sich. Die Partei des Klerus, die schwarzen Federn, die ihre ganze Kraft aufgeboten hatte, war jetzt in einer weit grössern Anzahl erschienen, und entschied die Frage in einer stürmischen Sitzung im Sinn des Hirtenbriefs; des andern Tags aber ging sie mit ihren Gegnern eine Schlägerei ein und machte die Stadt, ja den

Berathungssaal selbst zum Schauplatz so wilder Ausschreitungen und blutiger Thätlichkeiten, dass man zur Wiederherstellung der Ordnung militärische Gewalt in Anwendung bringen musste. Ausser dem heveser nahmen nur noch einige wenige Comitate, in welchen gleichfalls, wie in Heves, grösstentheils die herbeigezogene Menge des niedern Adels gegen die Intelligenz gesiegt hätte, die Verfügung der Bischöfe an und richteten den übrigen Comitaten entgegengesetzte Adressen an den König. Darunter war auch das graner Comitat, in welchem der Einfluss des Primas und seiner Geistlichkeit so gross war, dass die Oppositionspartei in dem ohnehin an Zahl geringer, armen, nicht unabhängigen Adel kaum einige Mitglieder zählte. Indessen gelang es in einigen Comitaten der Oppositionspartei nur nach langen hitzigen Debatten, den pesther und zalaer Beschlüssen ähnliche durchzuführen, sodass diese Debatten, und nach denselben die gegen die den kirchlichen Segen versagenden Priester eingeleiteten Processe eine lange Zeit hindurch das ganze Land in grosser Gereiztheit erhielten. Die Regierung, die sich in dieser Frage bis zum künftigen Reichstage nicht äussern wollte, beantwortete weder die einen noch die andern Adressen, und nahm, um diese Gereiztheit einigermassen zu beschwichtigen, zu einer verzögernden halben Massregel ihre Zuflucht. Sie traf die Verfügung, dass die von den Comitaten gegen jene Priester, welche den Segen versagt hatten, erhobenen Processe zur Hofkanzlei hinaufzusenden seien, und hielt dieselben unerledigt bei sich zurück. Mit dieser halben Massregel war jedoch keine der beiden Parteien zufrieden, denn die Geistlichkeit und ihre Partei wollte diese Processe cassirt, die freisinnige Partei aber beendigt sehen. Das gegen das Ende des Jahres erlassene Rundschreiben des Primas-Erzbischofs, in welchem er seiner Geistlichkeit das vom csanáder Bischof aus Rom mitgebrachte päpstliche Breve mittheilte, goss Oel ins Feuer. Im päpstlichen Briefe wird das bisherige Verfahren der Bischöfe vollkommen gutgeheissen und die Fortsetzung desselben anbefohlen, infolge dessen der Primas seinen Klerus ermahnt, dass er sich auch künftighin an die Verfügung des schon früher erlassenen Hirtenbriefs halten möge. Da das päpstliche Breve in Ungarn nur im Wege des königlichen Placetums veröffentlicht werden konnte, so interpretirten der Klerus und dessen Partei die Herausgabe des Placetums auf diese Art, als ob die Regierung auch den Inhalt desselben und mithin auch die Verordnung der Bischöfe, welche sich auf das Verbot der Einsegnung gemischter Ehen bezog, gutheissen würde, und gaben sich vollständig zufrieden. Allein aus einem ganz andern Gesichtspunkt betrachteten dies jene Comitate, welche sich gegen jene Verordnung ausgesprochen hatten. Da das Placetum nur mit der Verwahrung herausgegeben zu werden pflegt, wenn der Inhalt des Breve den Landesgesetzen nicht entgegensteht, sie in dem gegenwärtigen Falle jedoch eine offenbare Verletzung des 26. Gesetzartikels 1791 erblick- 1840—43. ten: so hielten sie dafür, dass das Breve um so weniger kundgemacht werden könne, da der König seine den Reichständen in dieser Frage zugesagte Antwort noch nicht ertheilt hatte; übrigens stand das Breve auch mit dem Sinn jener königlichen Verordnung in grellem Widerspruch, welcher zu Anfang der Streitigkeiten in der Sache der gemischten Ehen an die Bischöfe von Grosswardein und Rosenau erlassen wurde. Demnach erklärte das pesther Comitat in seiner zu Anfang 1842 abgehaltenen Generalversammlung: dass es in dieser Angelegenheit ein Gesetz von Rom weder erwarte noch annehme; erklärte das den Gesetzen widerstreitende Breve für ausser Kraft, und ordnete an, dass dies den geistlichen Personen jeder Confession zur Wissenschaft zu bringen sei; ausserdem aber beschloss dasselbe, dass der Primas-Erzbischof im Sinn des 14. Gesetzartikels 1647 zu vermahnen und das weitere Verfahren vom Erfolg dieser Vermahnung abhängig zu machen sei.

Das Beispiel des pesther Comitats fand, wie früher, auch jetzt in den meisten Comitaten Nachahmung. Die Debatten über diesen Gegenstand wurden jetzt mit noch grösserer Gereiztheit fortgesetzt, als dies früher der Fall war. Da die Frage hinsichtlich des weltlichen Standes keineswegs so sehr zwischen den zwei Religionsgenossenschaften als vielmehr zwischen den Freisinnigen und den Conservativen obschwebte: fanden viele nicht nur von den Protestanten, sondern auch von den Katholiken schon den Umstand für gesetzverletzend, dass die Geistlichkeit und ihre Partei, anstatt die Verfügungen des künftigen Reichstags abzuwarten, mit dem Ansehen Roms eine Sache entscheiden wolle, welche unsere Gesetze berührt. Die Gereiztheit wegen des päpstlichen Breve und des Rundschreibens des Primas stieg in manchen Comitaten bis zu einem solchen Grad, dass in ihren Generalversammlungen sogar die Losreissung von Rom zur Sprache kam; ja die Majorität des bereger Comitats sprach offen aus, dass sie die ungarische katholische Kirche von Rom vollständig unabhängig zu sehen wünsche, und dies den übrigen Comitaten mittels eines Rundschreibens zur Wissenschaft brachte; was jedoch, als eine von der Leidenschaft eingegebene Uebertreibung, nirgends unterstützt wurde.

Der Primas-Erzbischof beantwortete die Aufforderung des pesther Comitats nicht, infolge dessen dieses in einer spätern Generalversammlung den Beschluss fasste, dass künftighin in jedem einzelnen Fall der verweigerten Einsegnung, zugleich mit dem betreffenden Priester, im Sinn des 14. Gesetzartikels 1647, auch gegen den Fürst-Primas der Process eingeleitet werde. Diese Processe waren zwar weder für den Erzbischof noch für einen der betreffenden Priester mit irgendwelchen Folgen verbunden, denn die Regierung hatte die Zusendung derselben an die Hofkanzlei angeordnet, und hielt sie nun bis zum küuftigen Reichstag bei sich unerledigt zurück; aber um so wichtigere Folgen hatten diese Debatten in der Sache der gemischten Ehen bezüglich des Ansehens der Geistlichkeit in der öffentlichen Meinung.

Es gehörte ohnehin zu den charakteristischen Eigenthümlichkeiten dieser Zeit, deren freisinniger Geist allen durch Tradition geheiligten Irrthümern und Vorurtheilen einen Krieg auf Leben und Tod verkündigt hatte, alle nicht auf Recht und innern Werth, sondern auf äussern Glanz oder Tradition gegründete Autoritäten zu stürzen und ihrer alten Pietät zu entkleiden. Es gehörte ja zu den Schlagwörtern der freisinnigen Partei, dass „die Zeit der Autoritäten schon vorbei", und die charakteristische Redensart Széchenyi's: „Alle Achtung und Ehre, aber auch Wahrheit", wurde nicht ohne alle Bedeutung zu einer so allgemein üblichen. Und vergebens kämpfte, wie schön seine Artikel auch immerhin waren, einer unserer gemüthlichen Schriftsteller, Andreas Fáy, für die Aufrechthaltung und Bewahrung der Pietät; die Zeit hatte andere Götter auf ihre Altäre erhoben, und dieselben Recht und Wahrheit, Gleichheit und Freiheit benannt.

Dieser Zeitgeist hatte natürlich auch jene glänzende Gloriole nicht verschont, mit welcher vergangene Zeitalter den Priesterstand umgeben hatten. Indessen kann man das vollständige Verschwinden jener Achtung, jenes Ansehens, ja jene Unpopularität und Verachtung, jenen Spott und beinahe Hass, welche die Geistlichkeit gegen sich stets mehr anwachsen sah, nicht einzig aus diesem Zeitgeiste herleiten. Und es ist Aufgabe der Geschichte, die Ursachen jener moralischen Erscheinung nachzuweisen; was wir unsererseits mit um so grösserer Gewissenhaftigkeit erfüllen werden, als es befangene, oder heuchlerische, von Selbstsucht geleitete und nach Nebenzwecken strebende Schriftsteller gibt, welche die Ursachen dieses wichtigen Ereignisses unrichtig erklären. Unter andern misst Graf Johann Majláth in seinem oberflächlichen, überall von Parteiinteressen ausgehenden Geschichtswerke [1], nachdem er diese Thatsache anerkannt, die Ursache davon dem Umstande bei, dass Franz I. hinsichtlich der Geistlichkeit das folgende Princip aufgestellt hatte: „Der Geistliche ist mir der liebste, der sich am wenigsten mit Politik befasst." „Sobald", sagt er, „die katholische Geistlichkeit dies wusste, zog sie sich vom politischen Feld zurück. Sie blieb fromm und wohlthätig . . . . aber der politische Einfluss der Geistlichkeit nahm ab. Als sie nach dem Reichstag 1825 wieder den politischen Schauplatz betrat, vermochten alle Anstrengungen energischer Bischöfe und grosser Capacitäten nicht mehr der katholischen Geistlichkeit den frühern überwiegenden Einfluss zu verschaffen."

---

[1] Neuere Geschichte der Magyaren, I, 212.

Die Thatsache ist richtig; wenn jedoch Graf Johann Majláth 1840—43. dieselbe wirklich aus der Maxime des Königs Franz entstanden glaubt, so sieht er entweder nicht das grosse Drama, welches die Weltgeschichte vor uns hinstellt im Wechsel der Ideen und Ideale, und im allgemeinen in der Entwickelung der menschlichen Vernunft, oder er will es nicht sehen. In unserm Zeitalter ist der Glaube verschwunden und an seine Stelle Zweifel und Indifferentismus, das Streben nach Gleichheit und Philosophie getreten. Im Volksleben ist nicht mehr die Kraft des Glaubens, nicht mehr der religiöse Eifer jene innere Macht, welche den Gedanken der Menschen die Richtung vorschreibt, welche die öffentliche Meinung schafft, leitet und zu Handlungen bestimmt; den Glauben, die Religion hat die Forschung, die Idee der Freiheit und Gleichheit in der Herrschaft abgelöst: diese sind die Götter der Zeit. Es ist natürlich, dass infolge dieser grossen Veränderung sich auch das Ansehen jener Klasse vermindern musste, welche, zum Dienst des Glaubens und der Religion berufen, sich kraft ihres Amts in die Gewalt, welche aus demselben floss, theilte. Indessen erleidet es keinen Zweifel, dass die Geistlichkeit, wenn sie sich diesem unabänderlichen Wechsel klugerweise fügt, anstatt der äussern Macht, anstatt des äussern Einflusses, welchen sie auf diese Art verlor, sich eine andere, rein geistige Macht hätte verschaffen können, eine weit dauerndere und für die menschliche Gesellschaft wohlthätigere, als die frühere war. Die Menschen, wenn sie auch aufhören, eines eifrigen Glaubens zu sein nach den Normen der positiven Religion, können doch die Hoffnung auf Unsterblichkeit aus ihrer Seele nicht verbannen; sie können selbst beim Lichte der Philosophie nicht jene geistigen Bande zerreissen, welche die Gegenwart mit dem Jenseits verbinden; ja die von Irrlehren befreite gesunde Philosophie, wie wir sie in der vom Uebereinstimmungsprincip ausgehenden Theorie vorgeführt haben, zieht diese Bande noch enger zusammen, indem sie neben dem Wissen auch dem Glauben in ihrem System Platz gibt. Und auf diese Weise werden diejenigen, die diese Hoffnungen, diese geistige Sehnsucht in den Gemüthern zufolge ihres Amts zu pflegen verpflichtet sind, stets im Stande sein, eine grosse Gewalt über die Gemüther auszuüben; nur dass sie, damit sich begnügend, nicht mehr jenen weltlichen Einfluss beanspruchen mögen, welchen sie in der veränderten, nach Freiheit und Gleichheit strebenden menschlichen Gesellschaft nicht mehr ausüben können.

Die Hierarchie indessen verstand nicht, und will, theilweise, die mahnende Stimme des Zeitalters auch jetzt noch nicht verstehen. Sie wollte nicht sehen, dass die demokratische Freiheit das leitende Ideal der Zeit geworden war, und dass auf dem Wege, welcher hierdurch bezeichnet ist, nicht nur diejenigen, die für dieses Ideal begeistert kämpfen, sondern auch jene, welche sich als Feinde derselben offenbaren, gemeinsam vorwärts gedrängt werden; dass sie ausser, ja gegen ihren Willen vorwärts getragen werden; sie wollte nicht sehen, dass auch sie nur ein blindes Werkzeug in der Hand der Vorsehung, und jenes Ideal, die Entwickelung der Gleichheit und Freiheit, so allgemein und dauerhaft sei, dass es täglich mehr und mehr der Gewalt der Menschen entschlüpft, mithin ein Beschluss der Vorsehung selbst ist.   Und als sie ihr Ansehen sinken, ihre Macht sich vermindern sah, wollte sie in ihrer Befangenheit den Gang der Geschichte gewaltsam in eine andere Richtung zwingen; sie trat zur Befestigung ihrer schwindenden Macht mit dem Königthum, mit der obersten Staatsgewalt in ein enges Bündniss.   Sie erniedrigte sich zum Diener derselben, damit sie sich in den noch unveränderten Glanz und in die Macht derselben theile, von ihr unterstützt, vertheidigt, ihre sinkende Macht aufrecht erhalten könne.

Aber in der stufenweisen Entwickelung der Gleichheitsideen verlor auch das Königthum den Nimbus seines göttlichen Rechts. Die absolute Gewalt ward in der öffentlichen Meinung von Tag zu Tag verhasster.   Was war natürlicher, als dass sich diese Unvolksthümlichkeit, dieser Hass auch auf die Geistlichkeit ausdehnte, welche im Interesse der obersten Gewalt, als Verbündeter derselben, den Kampf mit dem Zeitgeiste einging, und sich zum Repräsentanten solcher Lehren und Principien aufdrängte, welche das Volk hinsichtlich seiner Bestrebungen für feindlich hielt?   Wir erwähnten weiter oben, dass die kirchliche Gewalt, eben unter der Regierung des Königs Franz, zum polizeilichen Werkzeug der absoluten Macht geworden war, und ihrer weltlichen Interessen wegen sich zum Diener jenes jede geistige Bewegung unterdrückenden, die allgemeine Verdummung anstrebenden Spionirsystems zu erniedrigen erlaubte.   Wir erwähnten gleichfalls, dass der Klerus auch nach dem Jahre 1825, an der Obern, wie an der Untern Tafel, stets jener Partei die Hand reichte, welche vor jeder Neuerung zurückschrak und bestrebt war, die nationalen, verfassungsmässigen Reformbestrebungen um jeden Preis zu verhindern.   Dazu kamen die beinahe auf jedem Reichstag erneuerten Streitigkeiten über die gegenseitigen Rechtsverhältnisse der verschiedenen Glaubenssekten, in welchen Debatten der hohe Klerus, dem Geiste jener in früherer Zeit abgeschlossenen Friedenspunkte und Gesetze entgegen, durch welche diese Rechtsverhältnisse geregelt wurden, stets nur auf dem Feld der sektenmässigen Lehren stritt und nie geneigt war, den Ansprüchen des Staatsrechts ein Zugeständniss zu machen.   Was wunder, dass unter solchen Umständen und in einer solchen Zeit, deren Hauptcharakter in dem Streben nach Freiheit und Gleichheit lag, das Ansehen der Geistlichkeit sich fortwährend verminderte, ihr Einfluss gänzlich verschwand, ja sie sich ihres unpopulären Betragens wegen, welchem nach sie in den Massen den

Fanatismus erweckten, aus ihren reichen Einkünften das Corteschwesen unterstützten, die Bestechungen bestritten, von Tag zu Tag
steigenden Hass und Angriffe zuzogen? Die Augen des Publikums
richteten sich auf die Kirchengüter, deren Einkünfte für Zwecke,
welche von ihrer ursprünglichen Bestimmung so sehr abwichen, verwendet wurden. Unter andern sprach das borsoder Comitat in
einer seiner Generalversammlungen mit grosser Stimmenmehrheit die
Nothwendigkeit der Säcularisation der geistlichen Güter aus. Zwar
wurde der Beschluss, anderer Rücksichten wegen, von der Mehrheit
der Comitate nicht angenommen, die Idee jedoch fand grossen Beifall
in der Meinung der Oppositionspartei.

Diese gegen die Geistlichkeit gerichteten Angriffe beschränkten
sich bis zum Jahre 1841 uur auf die Generalversammlungen der
Comitate und auf den Kreis des gesellschaftlichen Lebens. Seitdem
aber die Schranken der Censur erweitert wurden, wurde dieser Kampf
der Parteiinteressen auch auf das Gebiet der Presse übertragen. Da
das „Pesti Hirlap" ein Blatt nicht nur freisinniger, sondern auch pro-
testantischer Richtung war, so eröffnete der Redacteur desselben,
obwol er in diesem Gegenstande eine grössere Mässigung an den
Tag legte, in den Spalten seines Blattes unter den Comitatsberichten
einen weiten Raum zu Angriffen gegen die Geistlichkeit. Der hohe
Klerus sah es daher gleichfalls für nothwendig an, für sich eine
politische Zeitung zu gewinnen, da sich die zwei streng religiösen
Blätter auf einen sehr kleinen Kreis beschränkten und nur von wenigen
gelesen wurden. Da jedoch ihre Angelegenheit unpopulär war, so
übernahm die Vertheidigung derselben die gleichfalls ein nur unbe-
deutendes Publikum besitzende, schlecht redigirte „Nemzeti Ujság"
(National-Zeitung), welche sodann nur von der Subvention der Bischöfe vegetirte. Dieses Blatt bestrebte sich vergebens, durch seine
Artikel, welche sich grösstentheils um die Vertheidigung der geistlichen Rechte und Güter drehten, die Aufmerksamkeit des Publikums
auf sich zu ziehen. Sein Leserkreis erweiterte sich auch damals
nicht, als Graf Johann Majláth die Redaction desselben übernommen
und laut verkündigt hatte, dass sein Blatt sich „die Vertheidigung
des Throns und des Altars" als Ziel vorgesteckt habe. Der Graf
begann einerseits für das reichstägliche Stimmrecht der Kapitel zu
agitiren; allein sein ganzes Verfahren wurde nur zu einer unglücklichen Caricatur der Städtefrage, welche, wie wir später sehen werden, zu dieser Zeit mit so grosser Heftigkeit discutirt wurde. Andererseits bemühte auch er sich, die geistlichen Güter zu vertheidigen.
Nachdem aber der die Säcularisation betreffende Antrag Borsod's bei
den andern Comitaten keine Unterstützung fand, und mehr nur eine
wegen ihres in der Frage der gemischten Ehen an den Tag gelegten
Betragens gegen die Geistlichkeit gerichtete Drohung, als eine ernste

Absicht war, so ist der ganze Streit als blosser Windmühlenkampf zu betrachten. Er war nicht so glücklich, vom Publikum auch nur soviel Aufmerksamkeit zu gewinnen, dass seine Artikel in der Tagespresse eine ernstere Discussion erweckt hätten; während ein Theil der Geistlichkeit dieselben mit grossem Beifall und mit Billigung las, lachte das einsichtsvollere Publikum über dieselben.

Zweites Kapitel.

Der Kampf der Nationalitäten.

1840—43. Unter diesen lebhaften Parteikämpfen, welche im Schose der ungarischen Nation einerseits über die Gegenstände und die Mittel der Reformen, andererseits über die gegenseitigen Verhältnisse der Religion mit so grosser Heftigkeit und Leidenschaftlichkeit geführt wurden, drängte sich auch der Kampf der Nationalitäten immer mehr in den Vordergrund und begann stets erbitterter zu werden. Die ersten Erwecker und Pfleger dieser Kämpfe waren, wie wir oben erzählten, wenn man sowol die Bewegung der oberungarischen Slowaken als auch den kroatischen und serbischen Illyrismus in Betracht zieht, die unter der Fahne des Panslawismus von der russischen Propaganda fortgesetzten Agitationen, welche, nachdem sie sich auch mit den Elementen des nationalen Erwachens der Kroaten und Serben verstärkt hatten, eine immer grössere Ausdehnung gewannen und, infolge höherer Regierungseinflüsse sich stets mehr und mehr verbitternd, schon zu einer in der That gefährlichen Bewegung zu werden anfingen.

Vom Bestehen und der Richtung der durch die russische Propaganda erweckten panslawistischen Agitationen konnten jedermann das obenerwähnte Gedicht Kollar's „Slávy Dcera" und dessen 1837 veröffentlichte deutsche Flugschrift genügend überzeugen. Indessen bemerkten die Ungarn, mit den Fragen ihrer eigenen Umgestaltung ganz beschäftigt, lange Zeit nicht, welche mächtige Entwickelung der Panslawismus in ganz Europa, und besonders auch in jenen slawischen Stämmen gewonnen hatte, welche innerhalb der Grenzen Ungarns unter dem Schutz der ungarischen Verfassung lebten. Obgleich die „Slávy Dcera" den Ungarn hätte die Augen öffnen können, und in dieser Beziehung ihre Aufmerksamkeit so sehr verdient haben würde, so war das Gedicht doch nur wenigen bekannt. „Die Slawen", sagt ein gleichfalls slawischer Schriftsteller, Kramarcsik, „begrüssten das

Panslawismus.

6*

Gedicht ihrer Grösse, ihres Ruhms mit grosser Begeisterung; das Resultat des Werks wurde bei uns, dass es in der slawischen Jugend, welche der oft nur halbverstandene dichterische Schwung hinriss, die Bilder eingebildeten Ruhms berauschten und die stolzen Träume künftiger slawischer Grösse entzückten, eine Partei bildete, aus welcher die heftigsten Gegner der ungarischen Nationalinteressen entstanden und noch fortwährend entstehen. Dieser Geist durchweht ihre poetischen Versuche, womit sie die panslawischen Visionen Kollar's nachahmen. Die «Slávy Dcera» blieb den Ungarn unbekannt; desto mehr und lieber lasen sie die Slawen. Sie sahen sich schon gleichsam im Besitz jenes Glanzes, jener Grösse, welche sie in den Schwärmereien ihres Führers entzückte; sie standen schon in ihrer Einbildung gegen Ungarn auf."

Der Panslawismus, von seinen Anhängern ohnehin nach Möglichkeit versteckt gehalten, gewann auf diese Weise unter dem Schleier des Geheimnisses stets grössere Entwickelung und Kraft. Insbesondere war die Kirche der Protestanten Augsburgischen Bekenntnisses, welche in ihrem Schos mehr als eine halbe Million Slowaken zählte, sein Herd, und die evangelischen Geistlichen und Lehrer seine Apostel. Diese errichteten unter der an der pressburger und schemnitzer und andern Hochschulen ihrer Confession studirenden Jugend slawische Vereine, deren Mitglieder die slawische Sprache mit grosser Begeisterung pflegten, und unter dem Schein homiletischer Uebungen Arbeiten panslawistischer Richtung anfertigten und in ihren unter der Leitung der Lehrer selbst stehenden Vereinsversammlungen vorlasen. Auch einige evangelische Superintendenten, namentlich Jóseffy, leisteten diesen Bestrebungen Vorschub. Da sie in diesen Dingen von Seite der Ungarn, die keine grosse Kenntniss davon hatten, nicht gestört wurden, so wuchs ihr Muth immer mehr, und artete 1840 schon zu einer solchen Verwegenheit aus, dass sie mit wachsendem Hochmuth es gleichsam für ihren Ruhm betrachteten, gegen die in der Sache der ungarischen Sprache erlassenen neuesten Gesetze stets lauter loszuziehen, dieselben zu tadeln, zu verachten, und wo sich dazu nur Gelegenheit bot, zu verletzen. Und nebstbei erhoben sie wegen der Ueberausbreitung der ungarischen und der Unterdrückung der slawischen Sprache stets bittere Klagen und brachen über die ungarische Sprache und Nationalität in immer lautere Spöttereien aus. Durch diese ihre Verwegenheit wurde jedoch der Schleier des Geheimnisses über ihre Bewegungen immer mehr von ihnen selbst gelüftet. Die der slawischen Sprache kundigen Patrioten begannen diesen Bestrebungen ihre Aufmerksamkeit zuzuwenden, und die Zeitschriften „Hirnök" und „Jelenkor" erhoben Einsprache gegen diese gegen das Vaterland und die Nation gerichteten sträflichen Schwärmereien. Bald trat auch die Kirchenleitung dazwischen. Graf Karl Zay, 1840 zum

Generalinspector der Kirche augsburgischen Bekenntnisses gewählt, 1840—43.
erhob, von kirchlichem nicht minder wie patriotischem Pflichtgefühl
begeistert, eifrige Einsprache gegen die unter dem Schein der Pflege
der slawischen Sprache und Literatur verborgenen panslawistischen
Bestrebungen, durch welche er nicht nur die ungarische Nationalität,
sondern auch den evangelischen Glauben bedroht sah. Es hatte ja
doch Kollar selbst, der Führer des Panslawismus, in seiner deutschen
Flugschrift sich über die Verhältnisse der Religion und Nationalität
auf folgende Weise geäussert: „Gott sei Dank, die Zeiten sind vorbei,
in welchen unsere Vorfahren die Nationalität der Religion wegen
unterdrückten. Die sinnlosen Zwistigkeiten, die heuchlerischen Illusionen, die Fehler sind verstummt." Um daher dem Uebel zuvorzukommen, wurden jene panslawistischen Vereine, welche auf gegen
die Nation gerichteten, unter dem Vorwand homiletischer Uebungen
getriebenen Bestrebungen ertappt wurden, von Zay theils verboten,
theils unter strenge Aufsicht gestellt.

Er sah indessen, dass der Panslawismus unter den Priestern und Die prote-
Lehrern schon zu tiefe Wurzeln geschlagen hatte, als dass es ge- Hochschule
lingen könnte, dieselben sobald durch ein blosses Verbot auszurotten. zu Pesth.
Er bestrebte sich also, sie durch die Verwirklichung einer andern
grossen Idee zu paralysiren. Die Protestanten Helvetischer Confession
beabsichtigten, in Pesth eine neue Hochschule zu gründen, Zay stellte
daher den Antrag: dass diese Universität mit der vereinigten Kraft
der beiden protestantischen Bekenntnisse aufgestellt werde und jene
Vereinigung durch eine Verschmelzung derselben geschehen möge.
Dieser Antrag des edeln Grafen hatte, wenn man die Beweggründe
in Betracht nimmt, mehr einen politischen und nationalen als einen
kirchlichen Anstrich. Im helvetischen zwei Millionen zählenden Volk
lag das stärkste Element des Ungarthums; selbst die dem Herren-
stande angehörigen Mitglieder dieser Confession zeichneten sich unter
unsern grossentheils germanisirten Magnaten durch jene Treue, jenen
Eifer aus, womit sie der ungarischen Nationalität anhingen und die
Nationalsprache unterstützten. Dagegen zählte die Augsburger Confession unter den Slowaken und Deutschen die meisten Angehörigen.
Das reformirte Glaubensbekenntniss wurde des reinen und eifrigen
Ungarthums seiner Bekenner wegen schon in der Zeit der Lostrennung der beiden protestantischen Confessionen voneinander „ungarischer Glaube" (magyar hit) genannt, im Gegensatz zum Augsburger Glaubensbekenntniss, unter dessen Angehörigen die Slowaken
und Deutschen die Mehrzahl ausmachten. In der Verschmelzung mit
diesem starken ungarischen Element beabsichtigte daher Graf Zay
zumeist die Magyarisirung seiner eigenen Confession, oder mindestens
die Unterdrückung der panslawistischen Bestrebungen. „Diese Verschmelzung", sagt er in seinem Aufruf, „liegt nicht nur in dem

Interesse des Protestantismus, sondern auch in dem der katholischen Schwesterreligion, unserer constitutionellen Freiheit und unserer Regierung; denn durch sie werden alle noch so geringen, aber auf das Ganze stets lähmend einwirkenden Reibungen zwischen den zwei evangelischen Bekenntnissen aufgehoben, der auf unsere gemeinsame Verfassung in religiöser und politischer Hinsicht schädliche Einfluss eines jeden fremden Elements gänzlich unterdrückt; das Nahrungselement des Nationallebens, die Volkserziehung, einer heilsamern Zunahme entgegengeführt; durch sie werden der Protestantismus und der Katholicismus, da sich ihre Berührungspunkte vermehren, den ewigen Befehlen der Liebe folgend, ihre gegenseitige Selbständigkeit sich verwandtschaftlich sicherstellen, bis mit dem Segen des Allmächtigen durch beiderseitigen Fortschritt auch die Schranken zwischen uns in Trümmer fallen, und so der Katholicismus mit dem Protestantismus zwei geschwisterlichen Helden gleich die Nationalität unsers Vaterlandes, unsere constitutionelle Freiheit, die Rechte des Herrscherhauses vertheidigen werden" u.s.w.

Die Tragweite des Antrags wurde in nationaler Beziehung von den Ungarn vollständig begriffen: die Idee ward mit Begeisterung aufgenommen und wurde in kurzer Zeit so populär, dass hinsichtlich ihrer Verwirklichung kaum irgendein Zweifel obwaltete. Das Comité selbst, welches an der Errichtung der Hochschule arbeitete, drückte seine Hoffnung aus, dass bald die Zeit kommen werde, in welcher die beiden Glaubenssekten, wie dies in einigen Ländern Deutschlands schon geschehen war, sich vollständig ineinander verschmelzen würden. Bald darauf wurde, um einen Schritt vorwärts schreitend, von Sigmund Bernáth die Verschmelzung der von Seite der beiden Confessionen jährlich abzuhaltenden allgemeinen Versammlungen zu einem Convent, von Kossuth aber die Herausgabe einer gemeinschaftlichen Kirchenzeitung, welche insbesondere für die Bewerkstelligung dieser Vereinigung thätig sein sollte, in Antrag gebracht. Beides wurde verwirklicht: das erste indessen mit der Abänderung, dass sich noch nicht die beiden Convente selbst vereinigten, sondern eine gemeinschaftliche Commission von seiten der beiden Glaubensbekenntnisse zur Vorbereitung der Verschmelzung ernannt wurde. Im „Pesti Hirlap" erweckte schon dieses Resultat so sanguinische Hoffnungen, dass es ausrief: „Noch ist kein halbes Jahr vergangen, dass der grosse Gedanke der Union unter uns entstand, und heute schon schwebt dieser Wunsch auf den Lippen von Tausenden, in den Seelen von Tausenden glüht der feste jungfräuliche Wille; und wir sagen mit dem heiligen Glauben der Ueberzeugung: die Union wird zu Stande kommen!"

Allein diese Hoffnungen waren sehr verfrüht. Die ernannte Commission hatte zwar noch 1842 voll der besten Hoffnungen ihre Plane zu dieser Vereinigung, welche hinsichtlich der Zunahme der

Nationalität ohne Zweifel heilbringend gewirkt hätte, angefertigt; ja 1840—41. es gab einzelne Gemeinden, wie z. B. Temesvár, wo sich die beiden Confessionen sowol hinsichtlich der Erziehung als auch des Gottesdienstes wirklich vereinigten; aber in Bezug auf die ganze Religionsgenossenschaft konnte die Vereinigung, welche so grosse Resultate hätte hervorbringen können, dennoch nicht durchgeführt werden. Schon die aus den gegenseitigen hierarchischen Eifersüchteleien und der zwischen den beiden Confessionen principiell verschiedenen Kirchenleitung entstandenen Schwierigkeiten entwickelten sich zu beinahe unbezwinglichen Hindernissen; das Haupthinderniss stammte indessen aus der sich immer mehr verbitternden Nationalitätsfrage her, bis endlich der grosse Gedanke der Union an den Klippen des Panslawismus gänzlichen Schiffbruch erlitt.

Denn wie aufrichtig derselbe auch von den meisten Bekennern der helvetischen und von den ungarisch sprechenden Angehörigen der Augsburgischen Confession herbeigewünscht wurde; obgleich der Generalinspector Karl Zay, der, gleichwie er es war, der den Antrag stellte, auch in der Verwirklichung desselben am thätigsten wirkte, für seine nationalen Bestrebungen sewol von einzelnen wie von ganzen Körperschaften öffentliche Anerkennung und Billigung einerntete: so setzten doch die panslawistischen Seelsorger und Lehrer jeden Stein zum Sturz dieser Idee in Bewegung; insbesondere griffen sie Zay sowol mit lebendigem Wort als auch in slawischen und deutschen Zeitungen und Flugschriften auf die unwürdigste Art an. Er legte daher diese Angelegenheit dem im September 1841 abgehaltenen allgemeinen Convent vor und forderte denselben auf: über sein Verfahren ein Urtheil auszusprechen, indem er es zugleich davon abhängig machte, ob er sein Amt in der begonnenen Richtung fortsetzen oder demselben entsagen solle. Man konnte schon im voraus befürchten, dass in der Versammlung, in welcher besonders im Hinblick auf die Geistlichkeit die Slowaken die Majorität bildeten, der Panslawismus den Sieg erkämpfen werde. Indessen wollte die an die Oeffentlichkeit gebrachten sträflichen Bestrebungen niemand eingestehen. Selbst diejenigen, die, wie der Superintendent Jóseffy, von ihren panslawistischen Agitationen hinreichend bekannt waren, suchten ihre nationalfeindlichen Bestrebungen auf jede Art zu bemänteln und als unschuldige Sprachübungen darzustellen, Eifer heuchelnd für die ungarische Sprache und Nationalität. Die ungarisch Denkenden selbst wollten daher nicht durch Anhäufung von Anklagen die Gemüther verbittern; sie übergingen die Details der panslawistischen Richtungen mit schonungsvollem Schweigen und begnügten sich damit, dass der Convent, ohne dass sich dagegen auch nur Eine Stimme erhoben hätte, dem Generalinspector Zay für dessen patriotisches Verfahren seinen Dank votirte; die in den Schulen noch vielleicht bestehenden slawischen

Die Gegenbestrebungen der panslawistischen Geistlichkeit.

Vereine, weil sie mit der Zeit in gefährlicher Weise ausarten konnten, gänzlich aufhob; den betreffenden Lehrern die Nachsicht mit dergleichen falschen Richtungen, oder gar die Unterstützung derselben bei Amtsverlust untersagte; endlich aber den Wunsch zur Union der beiden evangelischen Glaubensbekenntnisse, ohne den Widerspruch einer einzigen Stimme, als Beschluss aussprach. Andererseits wurde die Richtigkeit des Verfahrens von Seite des Generalinspectors auf dem Weg der Presse sowol in Zeitungen als insbesondere in einer deutschen Flugschrift [1], welche sich die Ueberzeugung ihrer Glaubensgenossen zum Ziel gesteckt hatte, mit siegreichen Gründen nachgewiesen; dieser selbst mit verdientem Lob überhäuft.

Aber unsere panslawistischen Slowaken, obgleich sie sich vor der Oeffentlichkeit trotz ihrer Mehrzahl auf diese Weise gefügt hatten, hörten, von der czechisch-russischen Propaganda fortwährend aufgestachelt, nicht auf, ihre gegen die Nation gerichteten Bestrebungen im geheimen fortzusetzen. In anonymen deutschen Flugschriften und in Zeitungen, vorzüglich in der augsburger „Allgemeinen Zeitung" veröffentlichten Artikeln begannen sie ihren Feldzug aufs neue. Sie überhäuften die Ungarn mit den mannichfachsten Verleumdungen, verbreiteten erdichtete Vorfälle, welchen nach die Ungarn sich bestrebten, die Slawen im Gebrauch und in der Entwickelung ihrer Sprache zu hindern, die ungarische Sprache aber ihnen selbst im gesellschaftlichen und Familienkreise aufzuzwingen. Insbesondere wollten sie bezüglich des den diplomatischen Gebrauch der ungarischen Sprache bezweckenden Gesetzes vom Jahre 1840 das deutsche Publikum glauben machen, dass es ungerecht und tyrannisch sei; während nach diesem Gesetz die Nationalsprache nicht irgendeine lebende, sondern die todte lateinische Sprache aus einigen Zweigen der öffentlichen Verwaltung verdrängt hatte, das sociale und private Leben des Volks aber nicht im geringsten berührte, und von den Landesbewohnern fremder Zunge zusammen nur das verlangte, dass sie nun anstatt der abgeschafften lateinischen Sprache die zur Regierungssprache erhobene ungarische lernen mögen. Der Lärm, welchen sie in der deutschen Presse schlugen, die erdichteten Anklagen von Unterdrückung und Zwang liessen diese Verleumdungen vielen im Ausland glaubwürdig erscheinen. Viele, die nicht wussten, dass die augsburger „Allgemeine Zeitung" in russischem Sold stehe, hielten sie als fremde für unparteiisch und fingen an zu glauben, dass die Ungarn einen Kampf auf Leben und Tod jeder fremden Völkerschaft erklärt hätten, welche innerhalb der Grenzen ihres Reichs

---

[1] Protestantismus, Magyarismus, Slawismus. — Als Antwort auf die gegen Graf Karl Zay, Generalinspector der Evangelischen Kirche und Schulen Augsburger Confession in Ungarn erschienene Schrift.

lebt, und meinten im Interesse der Wahrheit, in ritterlichem Geist 1840—43. zu wirken, indem sie zur Vertheidigung der Slawen ihre Stimme gegen die übertriebene Magyarisirung erhoben. So unternahm unter andern Graf Leo Thun, einer der leidenschaftlichsten Vorkämpfer der czechischen Nationalität, sowol in Zeitungsartikeln als auch in Flugschriften die Vertheidigung des angeblich unterdrückten Slawenthums. Er wusste zwar sehr gut, wie die Sachen in Ungarn stehen, allein vom Parteiinteresse fortgerissen, konnte oder wollte er nicht der Wahrheit huldigen. Den Handschuh nahm Franz Pulszky auf, der sodann als einer der trotz ihres slawischen Ursprungs eifrigen ungarischen Protestanten, mit Thun über diesen Gegenstand eine lange Correspondenz fortsetzte, in welcher jeder unbefangene Leser ohne Zweifel Pulszky den Sieg zuerkennen wird.

Indessen bemerkten die panslawistischen Geistlichen und Lehrer zu ihrer grossen Unzufriedenheit, dass sie bei allem Lärm, welchen sie in der deutschen Presse schlugen, und bei allen Sympathien, welche sie im Ausland für sich und die slawische Nationalität erweckt hatten, im Lande selbst nicht recht gedeihen wollten und ihre Partei, anstatt sich zu vergrössern, abnahm. Denn viele, die es früher mit ihnen hielten, besonders unter der Jugend, verliessen ihre Fahnen, da sie einsahen, dass in Ungarn ausser der ungarischen keine andere politische Nationalität die herrschende sein könne, und dass nur unter dem Schutz derselben die bürgerliche Freiheit nicht minder wie der Protestantismus gesichert sei. Die panslawistischen Geistlichen, indem sie zugleich die Wahrnehmung machten, dass sich im Land selbst die öffentliche Meinung immer offener gegen sie wende, und sie in den ungarischen Blättern immer schonungsloser gegeisselt würden, suchten daher ihrer unrühmlichen Angelegenheit im Schatten des Thrones Unterstützung zu verschaffen, wo der böhmische Minister Kolowrat einen grossen Einfluss besass. Sie liessen daher im Frühling 1842 unter den slawischen Geistlichen und Lehrern im geheimen, damit ihre Absicht, wenn sie vor der Zeit entdeckt werden sollte, nicht verhindert werde, eine an den König abzusendende Bittschrift circuliren, welche auch, nachdem sie darauf etwa 200 Unterschriften gefunden hatten, der Superintendent Jóseffy mit drei andern geistlichen Gefährten im Mai dem König in der That überreichte. Die Petition, welche trotz der geringen Zahl ihrer Unterfertiger im Namen sämmtlicher evangelischen Unterthanen slawischer Zunge spricht, ist in ihren Hauptpunkten die folgende:

„Nachdem die neuesten Landesgesetze die ungarische Sprache *Die Petition* an die Stelle der lateinischen zur officiellen Sprache erhoben hatten, *der pansla-* so halten es auch die slawischen Protestanten für ihre Pflicht, die-*wistischen* selbe zu lernen. Es gibt indessen viele, die, dem Gesetze eine andere *an den* Deutung gebend, das ganze Land magyarisiren wollen, und deshalb *König.*

sich nicht entblöden, die friedlichen Slowaken zu verdächtigen und
zu verfolgen. . . . Das evangelische slowakische Volk, welches
800000 Seelen zählt, und besonders die Seelsorger desselben werden öffentlich verhöhnt; die slowakischen Lehrer und Studirenden
zeiht man staatsgefährlicher Verbrechen; durch das Aufdrängen der
ungarischen Sprache beim öffentlichen Gottesdienst wird selbst dem
religiösen Unterricht unsers Volks Gewalt angethan; gleichwie auch
der Schulunterricht der Kinder dadurch gestört wird, dass man sie
an manchen Orten plötzlich in Ungarn verwandeln will. In den
ungarischen Zeitungen werden unsere Priester und Lehrer angegriffen
und verhöhnt, weil sie ihre slowakische Muttersprache lernen oder
lehren, oder im allgemeinen für das Slawenthum Sympathien an den
Tag legen. Dies würden jedoch unsere Slowaken noch erdulden, wenn
nicht einige Ultramagyaren ihre eigenen kirchlichen Rechte verletzten und die slowakische Sprache in Kirche und Schule verböten.
Am schmerzlichsten traf es uns, dass selbst unser Generalinspector,
Graf Karl Zay, anstatt über den Parteien zu stehen, sich diesen
Ultramagyaren zuneigte und dieselben mit Wort und That unterstützte. Als Beweis diene seine 1840 gehaltene Antrittsrede, in
welcher er unter anderm sagt: «Jede Idee, jede Bestrebung, die Magyarisirung zu verhindern und ausser der ungarischen eine andere
Sprache zu verbreiten, wäre soviel als die Lebensader der Intelligenz, der constitutionellen Principien, ja des Protestantismus selbst zu
unterbinden; die ungarische Sprache ist der treueste Beschützer der
Freiheit und des Protestantismus in unserm Vaterlande; der Sieg
des Ungarthums ist zugleich der Sieg der Freiheit und Intelligenz.»
In ähnlichem auch gegen die Regierung Eurer Majestät Mistrauen
erweckendem Sinne äusserte er sich auch in seinem an die leutschauer
Lehrer gerichteten Brief und in jenem Rundschreiben, in welchem
er die unschuldigen slawischen Literaten vaterlandsverrätherischer
Richtungen anklagt. In der 1841 abgehaltenen Generalversammlung
wurden die Vereine der slawischen Studirenden von der überwiegenden Kraft der ungarischen Partei verboten, ohne dass über dieselben
zuvor eine Untersuchung abgehalten worden wäre; wodurch man
wahrscheinlich glauben machen wollte, dass es schon ein Verbrechen
sei, als Slawe geboren zu werden und die slawische Sprache zu lernen.
Die Generalversammlung überschritt damit offenbar die Schranken
ihrer Macht, da das Verbot des Lernens der slawischen Sprache
dem religiösen Unterricht des slowakischen Volks hinderlich entgegensteht. Dieser Uebereifer des Generalinspectors und anderer verbittert
die Gemüther der Bewohner und bringt Mistrauen und Entfremdung
gegen das Ungarthum hervor. . . . Eine Beschwerde ist unsererseits
auch das, dass wir dem neuesten Gesetz gemäss verpflichtet sind, die
kirchlichen Matrikeln ungarisch zu führen, während wir zahlreiche

ältere Seelsorger haben, die der ungarischen Sprache unkundig sind. . . . 1840—43.
Eine fernere Beschwerde ist, dass die in Anklage stehenden Slowaken sich weder vor ihren geistlichen noch vor den weltlichen
Gerichten in ihrer Muttersprache vertheidigen können. . . . Obgleich
sich die Presse freier bewegt, so nehmen doch die ungarischen Blätter
unsere Schutzschriften nicht auf, ja diese werden zuweilen selbst von
der Censur verboten. Allein es mangelt auch an genügenden Censoren zur Untersuchung der slawischen Literatur. . . . An der
pesther Universität, wo doch mehrere fremde Sprachen gelehrt werden, gibt es keine Lehrkanzel für die slawische Sprache, was unserer
Nationalität zu grossem Nachtheil gereicht. Was uns endlich nächst
den gegen uns ausgestreuten Verleumdungen am meisten betrübt,
ist, dass die Ultramagyaren ihre Sprache schon auch in die rein
slawischen Gemeinden einpflanzen. Wir befürchten eine traurige
Zukunft, wenn wir sehen, dass in den Schulen die Erlernung der
ungarischen Sprache mehr betrieben wird als die Ausbildung des
Verstandes und des Herzens. Im neograder Comitat und auch anderswo wurde eine sogenannte ungarische Nationalklasse zur Magyarisirung der slowakischen Kinder gegründet. Es ist jedoch nicht
nöthig zu sagen, wie dies die Aeltern und Kinder verführt, welch
verkehrte Geistesrichtung ihnen dadurch gegeben wird, wenn schon
in den ersten Schulen nicht Gott und Tugend, sondern die Magyarisirung ihnen als Hauptzweck hingestellt wird. An manchen Orten
wurde der slawische Gottesdienst in einen ungarischen umgewandelt,
so zu Csalomia im honter, zu Szarvas im békeser, zu Szudics im
neograder, zu Nyiregyháza im szabolcser Comitat. Im letztern Ort
wurde in den Elementarschulen auch schon der Religionsunterricht
in ungarischer Sprache begonnen. Und als der Superintendent Jóseffy
seinem Amte gemäss dagegen Einsprache erhob, wurde ihm dies von
den übereifrigen Magyaren übel genommen. Endlich wurden von den
Magyarisirern an einigen Slowaken sogar Grausamkeiten verübt, indem
sie durch Stockschläge und Einkerkerungen gezwungen wurden, ihre
von Gott erhaltene slowakische Muttersprache zu verleugnen und mit
der ungarischen zu vertauschen. Dies geschah z. B. 1827 im west-
primer Comitat mit vier slowakischen Einwohnern von Lajos-Ko-
márom, die unter dem Vorwand der Auflehnung gegen die Obrigkeit und des Trotzes einzig und allein ihrer Sprache wegen geprügelt
wurden." Sie bitten sodann den König, er möge sie gegen diese Gewaltthätigkeiten schützen, zu Ofen und Presburg mehrere slowakische
Censoren ernennen und erlauben, dass alle jene Werke, welche in
ungarischer oder deutscher Sprache erschienen sind, auch slowakisch
gedruckt werden dürften; er möge an den evangelischen Hochschulen
und an der pesther Universität Lehrkanzeln der slawischen Sprache
und Literatur errichten, erlauben, dass sie in ihren kirchlichen An-

gelegenheiten und in der Führung der Matrikeln die lateinische Sprache auch fernerhin im Gebrauch behalten könnten, und ihre Kirche und ihre Schulen vom Uebereifer der Magyarisirer befreie. Wir gaben absichtlich einen grössern Auszug dieser Petition, und schrieben insbesondere alle jene Klagen heraus, welche in derselben gegen die Ungarn vorgebracht wurden. Es ist unnöthig, diese Beschuldigungen des weitern zu widerlegen, einige Bemerkungen mögen genügen. Wer da bedenkt, was Kollar in seinem Gedicht „Slavy Dcera" und andere in der „Gitrenka" gegen die Ungarn drucken liessen, wird nicht begreifen, wie sich diese panslawistischen Geistlichen über die Presse beklagen, und wie sie auch noch auf jene verfassungswidrige Bitte verfallen können, dass mehrere Censoren ernannt werden mögen. Da die kirchliche Regierung der Bekenner der Augsburgischen Confession eine vollständig demokratische war, und die Sprache des Gottesdienstes jede Gemeinde selbst, die Unterrichtssprache in den Schulen aber die Superintendential-Versammlung bestimmte, so hatten die panslawistischen Seelsorger, wenn es der Mehrzahl beliebte, die ungarische Sprache anzunehmen, wie dies z. B. in Rosenau, Szarvas, Nyiregyháza und an mehrern andern Orten geschah, keineswegs das Recht, sich dagegen aufzulehnen, sowie nicht minder auch nicht dagegen, dass es den Studirenden und ihren Aeltern am Herzen lag, die ungarische Sprache eifrig zu lernen, welche, da sie Regierungs- und Amtssprache war, für jeden, der auf ein Amt Anspruch machte, unerlasslich nothwendig war. Dergleichen Beschuldigungen und Klagen, wie man sie von jenen vier lajos-komaromer Einwohnern erzählt, gehören, ausserdem, dass sie einzelne isolirte Fälle sind, für welche die Nation unmöglich verantwortlich sein kann, grösstentheils zu jenen Erdichtungen, wie eine solche z. B. 1843 in der augsburger „Allgemeinen Zeitung" über den evangelischen Seelsorger Sörész zu Kemencze mit Angabe der kleinsten Details erzählt wurde, den seine Vorgesetzten seines Amts blos deshalb entsetzen wollten, weil es ihm nicht gelungen war, seine Gemeinde zu magyarisiren; was jedoch später der betreffende Seelsorger selbst für vollständig erdichtet erklärte. Allein es ist unnöthig, dass wir uns in weitere Widerlegungen einlassen, nachdem die Grundlosigkeit der in der Bittschrift angeführten Beschuldigungen, und als nur in der Einbildung der Petitionirenden bestehend, schon dadurch genügend bewiesen wird, dass denselben selbst die Regierung keinen Glauben schenkte, und sie auch auf die öffentliche Meinung des slowakisch redenden Volks keinen Einfluss hatten. Wie sehr auch die panslawistischen Seelsorger in ihren Gemeinden unter der Hand agitirten, so gelang es ihnen doch nicht, irgendeine Gärung oder eine Opposition gegen das ungarische Element hervorzubringen. Das Volk war selbst in seiner Einfalt vernünftig genug, einzusehen, dass in Ungarn die bürgerliche Freiheit ebenso wie die Zunahme des materiellen Wohlstands nur unter dem 1840—43. Banner der ungarischen Nationalität eine Zukunft habe; es war verständig genug einzusehen, dass von den 70 Millionen Slawen nur jene einer constitutionellen Freiheit geniessen, welche unter dem Schutz der ungarischen Nationalität leben; und schloss sich, wie es dies während und nach der Revolution bis heute auf eine keinen Zweifel zulassende Art bewies, dieser Nationalität, welche die Segnungen der zunehmenden Freiheit und Civilisation auf die Einwohner jeder Sprache gleichmässig ausdehnte, aufrichtig an. Das Volk bekümmerte sich nicht um diese paar hundert fanatischen Panslawen, die, in Ungarn unter dem Schutz der ungarischen Verfassung lebend, von russischen Sympathien und slawischer Nationalität träumten. Dieses Volk fühlte sich nicht im geringsten beleidigt durch jene nicht selten scharfen Zeitungsartikel, in welchen diese Apostel der slawischen Nationalität ihrer an Vaterlandsverrath grenzenden Bestrebungen wegen gegeiselt wurden; ja es bekannte sich selbst im allgemeinen genommen mit Stolz, Ungarn zu sein und liess seine Söhne. bereitwillig die ungarische Sprache lehren, deren Kenntniss es in Bezug auf sich selbst für nützlich, ja nothwendig ansah.

Die angeführte Petition gab indessen im Generalconvent des evangelischen Augsburger Bekenntnisses Anlass zu heftigen Debatten, deren Resultat war, dass die Versammlung dieselbe, als die kirchliche Regierung und die constitutionelle Nationalität gleich sehr verletzend, in ihrem Protokoll entschieden missbilligte und gegen dieselbe, insbesondere aber dagegen, als ob diese slawischen Bewegungen mit der ungarischen Kirche Augsburger Confession identisch wären, einen feierlichen Protest einlegte. Ferner wurde zur Untersuchung der in seinem Schose vorgefallenen Bewegungen gegen jede Nationalität, zugleich aber, um den Klagen der Slawen zuvorzukommen, zur Anhörung derselben eine Commission ernannt, welche diese Klagen, wenn sie gegründet wären, behufs der Abstellung, wenn sie aber ungegründet, zur Unterdrückung derselben dem künftigen Convent unterbreiten sollte. Indessen unterliess der Convent auch nicht zu erklären, dass es durchaus nicht in seiner Absicht liege, die Slowaken ihrer Muttersprache zu berauben, und er in dieser Hinsicht bereit sei, jeder gründlich nachgewiesenen Beschwerde abzuhelfen.

Allein weder diese Massregeln des Convents noch die strengere Aufsicht mancher Comitate, zufolge welcher manche der panslawistischen Agitatoren, wie z. B. im gömörer Comitat der Superintendent Jóseffy, der Antragsteller jener Petition, aus der Ursache, dass sie sich bestrebten, im slowakischen Volk nationalfeindliche Bewegungen hervorzurufen, in Anklagestand versetzt wurden. waren im Stande, jene sträflichen Bestrebungen gänzlich zu unterdrücken. Die panslawistischen Seelsorger sahen in dem Umstand, dass die wiener Regierung diesen nationalfeindlichen Agitationen theilnahmlos zusah, ja die verwandten illyrischen Bewegungen unter der Hand sogar zu begünstigen schien, gleichsam eine Ermunterung, und brachten ihre Bestrebungen in ein neues Stadium. Zuerst beschränkten sie sich, wie wir sahen, auf die Literatur, später dehnten sie ihre Agitationen auf die Jugend und die Schule aus; als sie aber auf beiden Gebieten sich Hindernisse entgegengeworfen sahen, welche ihre Bestrebungen erfolglos machten, trugen sie ihre Agitationen direct ins Volk hinüber; da sie vor dem Gerichtshof der Vernunft und Intelligenz den Sieg nicht erringen konnten, so nahmen sie mit ihren Intriguen ihre Zuflucht zu den Vorurtheilen und Leidenschaften der unwissenden Menge. Ein unzweifelhafter Beweis hierfür ist unter anderm der von Gaspar Fehérpataki für das Jahr 1843, mit Umgehung der Censur, im geheimen gedruckte und unter der Hand verkaufte szentmiklóser slowakische Kalender, welcher direct zum Gebrauch und zur Verführung des Volks bestimmt war. Der panslawistische Herausgeber goss in demselben insbesondere gegen den Generalinspector Grafen Zay seine Wuth aus und suchte gegen ihn die Leidenschaft des Volks aufzureizen, indem er ihn vor seinem Publikum beschuldigte, dass „er seine ihm übertragene Würde misbrauche; die Slowaken und ihre Sprache schmähe; sie bei der Staatsgewalt verdächtige und beunruhige; unter ihnen Spaltung, Zwistigkeiten und Hass ausstreue; die ungarischen Schüler gegen ihre Lehrer aufhetze. Er verhindere die Candidaten der heiligen Glaubenslehre, sich in der slowakischen Sprache, in welcher sie Gotteswort zu verkünden berufen sind, zu vervollkommnen, damit die slowakischen evangelischen Gemeinden nicht einmal slowakische Seelsorger bekommen könnten, und dann reformirt werden, oder sich anderswohin zu wenden genöthigt seien. Die Vereinigung der Protestanten Augsburgischer Confession mit den Reformirten, die Magyarisirung derselben, und die Ausrottung der Slowaken aus dem ganzen ungarischen Vaterlande, dies ist sein Plan, welchem männlichen Widerstand zu leisten die heilige Pflicht eines jeden guten Evangelischen ist" u. s. w. Wenn diese Panslawen kühn genug waren, derlei Agitationen im Volk gegen die ungarische Nationalität auch schon in Druckschriften zu betreiben, so kann man sich denken, wie sie dasselbe mit lebendigem Wort aufreizten, dessen Macht ihnen, da sie Volkslehrer waren, zu Gebote stand. Und es geschah in der That mehr als einmal, dass fanatische panslawistische Geistliche auch noch die Kirche und die zur Verkündigung der Wahrheit und des Heils, der Liebe zum Vaterland und zum Nächsten bestimmte Kanzel mit ihren nationalfeindlichen sträflichen Agitationen entweihten. Es geschah auch, dass man ihre in slowakischer Sprache gegen die ungarische Nationalität herausgegebenen Flugschriften, wie z. B. die von Csaplovics, in den Kirchen öffentlich zum Kaufe aufdrang. Indessen, in dem Masse, in welchem derlei Vergehen sich zu vermehren be- 1840—43. gannen, ordneten auch die Comitate eine um so strengere Aufsicht zur Verhinderung oder Bestrafung derselben an. Das Volk aber war, wie wir schon sagten, viel zu vernünftig, als dass es sich durch diese entweder erkauften oder fanatischen Agitatoren hätte verführen lassen; wie dies die spätern Ereignisse bezeugen werden, blieben diese Agitationen im Volk ohne allen Erfolg. Und wie gross auch der Lärm sein mochte, welchen diese Panslawen ausser den Grenzen des Landes in deutschen Zeitungen und Flugschriften schlugen, die Zahl derjenigen, welche sie auf diese Weise unter den Slowaken zu Gegnern der ungarischen Sprache und Nationalität machten, betrug kaum fünfhundert.

Weit gefährlicher als der slowakische Panslawismus war für den innern Frieden sowol hinsichtlich seiner Ausdehnung als auch seiner Richtung und auch einiger anderer Umstände wegen der sogenannte Illyrismus, dessen Anfänge in Kroatien wir schon weiter oben schilderten. Denn wiewol es unzweifelhaft ist, dass auch dieser aus dem durch die russische Propaganda verbreiteten Panslawismus entstand, so schlossen sich dieser, zuerst kaum der Aufmerksamkeit gewürdigten, einer auswärtigen Agitation entsprungenen Bewegung bald darauf auch neue, der erwachenden kroatischen Nationalität entstammende Elemente an, welche der Bewegung eine stärkere Grundlage und eine grössere Ausdehnung verliehen. *Die Wirren des Illyrismus.*

Der Eifer der ungarischen Nation in der Pflege ihrer Sprache und Stärkung ihrer Nationalität erschien einem Theil der Kroaten als anreizendes Beispiel, und sie wurden zur Nachahmung desselben durch das stolzere Gefühl der Nationalität selbst angeeifert. Dieses Streben derselben verdiente, an sich selbst genommen, weil es einer reinen Quelle, der Treue und Pietät gegen ihre Nation, entsprang, nicht nur keinen Tadel, sondern vielmehr Lob, wenn dasselbe nicht später, seine erste reine Richtung verlassend, sich mit dem panslawistischen Illyrismus zuerst in Berührung gesetzt, später vereinigt hätte und in sträfliche Wirren ausgeartet wäre. Mit diesem Eifer für die kroatische Nationalität hätte sich die Achtung der constitutionellen Nationalität Ungarns sehr leicht vertragen können, welche von den Kroaten für alle ihnen von ihr aus zugute kommenden Rechte und Wohlthaten nichts anderes verlangte, als dass sie in der gemeinschaftlichen Gesetzgebung und in jenen Berührungen, welche zwischen der Provinz und dem Mutterlande bestanden, anstatt der lateinischen die ungarische Sprache in Anwendung bringen mögen. In der Leitung ihrer provinziellen innern Angelegenheiten wünschte die ungarische Nation nicht ihnen ihre Sprache aufzudrängen und liess ihnen, wie sie es verlangten, die lateinische; und wenn später auch sie in der innern Verwaltung ihre eigene Sprache zur amtlichen zu machen gewünscht hätten, so durften sie von der Loyalität der ungarischen Nation mit Recht erwarten, dass sie dies nicht verhindern würde und auch nicht verhindern könnte. Und es fehlte unter den Kroaten auch nicht an vernünftigen und billig denkenden Männern, die den siebenhundertjährigen politischen Verband, und als dessen Folge die gemeinsame Geschichte und die durch gemeinschaftliche Bestrebungen gegen alle willkürherrschaftlichen Intriguen Wiens durch Jahrhunderte hindurch bewahrte gemeinsame Verfassung für einen viel zu würdigen Gegenstand der Pietät hielten, als dass sie in jenem Verlangen der ungarischen Nation, nach welchem in den gegenseitigen Berührungen an die Stelle der lateinischen die ungarische Sprache zu treten hatte, eine Ungerechtigkeit oder ein Opfer erblickt hätten. Als im Jahre 1840 die diplomatische Anwendung der ungarischen Sprache auch bei den obersten Gerichten und Dicasterien zur Pflicht wurde, bestrebte sich die unabhängige kroatische Intelligenz, den Nutzen und die Nothwendigkeit dieser Sprache einsehend, dieselbe zu lernen, da sie sehr gut wusste, dass diese der Entwickelung ihrer eigenen Sprache und Nationalität nicht im geringsten hinderlich sein werde. Unter andern errichteten einige hochsinnige kroatische Männer, theils zur Uebung, theils zur Verbreitung dieser Sprache, in Agram ein Casino, dessen Hauptzweck war, nicht nur die bedeutendern ungarischen Blätter zu halten, sondern auch die ungarische Sprache in diesem Institut durch einen ordentlichen Lehrer vortragen zu lassen. Damit dies heilsame Institut von der Regierung bestätigt werde, wurde auch nach Wien eine Petition eingereicht. Da keine entgegengesetzte Bemerkung, wenigstens öffentlich nicht, herabgelangte, so konnte man der Wirksamkeit des Instituts in dieser Richtung und in diesem Geiste schon mit sicherer Hoffnung entgegensehen, als dieselbe in unerwarteter Weise von feindseligen Einflüssen vereitelt wurde. Das Casino wurde zwar errichtet, aber der Unterricht und die Uebung in der ungarischen Sprache unterblieb, wir wissen nicht, ob auf einen unter der Hand gegebenen Wink der wiener Regierung und insbesondere des der kroatischen Nation entstammenden Vicekanzlers Baron Bedekovich, oder infolge des Einflusses der damals grösstentheils schon unter der illyrischen Fahne versammelten königlichen Beamten und Geistlichen. Ja es bestand dieser gesellschaftliche Verein kaum ein Jahr lang, als die stets wachsende Gewaltthätigkeit der illyrischen Partei den Sieg über die sanftern und bescheidenern ungarisch gesinnten Kroaten davontrug und auch dieser gesellschaftliche Verein in einen Herd der Agitationen des Illyrismus ausartete.

Alles begünstigte die Zunahme der illyrischen Partei. Die Geistlichkeit schloss sich, wie wir schon sagten, aus Furcht vor dem ungarischen Protestantismus, die königlichen Beamten infolge der augenfälligen Unterstützung der Regierung beinahe ohne Ausnahme 1840—43. der illyrischen Partei an. Und selbst von jenen, welche für die Entwickelung der kroatischen Nationalität mit reinen Absichten eiferten, liessen sich immer zahlreichere von der anwachsenden Strömung des Illyrismus fortreissen. Das Beispiel der Ungarn selbst, wie sie ihre constitutionelle Nationalität gegen die wiener Einflüsse sicherzustellen bestrebt waren, wurde falsch aufgefasst, ohne Ueberlegung nachgeahmt, und diente sehr zur Vergrösserung der illyrischen Partei. Es begann nämlich unter den Kroaten jene Idee eine immer grössere Volksthümlichkeit zu gewinnen, dass, wie sich Ungarn bestrebte, seine nationale constitutionelle Unabhängigkeit Oesterreich gegenüber sicherzustellen, auch sie sich immer mehr unabhängig von Ungarn machen müssten. Viele erwogen nicht den zwischen der beiderseitigen Situation herrschenden wesentlichen Unterschied, und sahen nicht ein, dass jede Bestrebung, welche auf die Schwächung der ungarischen Nationalität abzielt, zugleich auch ihre constitutionelle Freiheit untergräbt, und dass, in welchem Augenblick es ihnen gelänge, sich von der ungarischen Nationalität unabhängig zu machen, sie sofort auch dem österreichischen Absolutismus zum Opfer fallen würden.

Indessen, während die grosse Menge der Kurzsichtigen diese Die Zwecke Folgen nicht einsah und ohne Ueberlegung der populären stolzen des Illyrismus. Idee der kroatischen Nationalität huldigte, würdigten die panslawistischen Führer des Illyrismus dieselben absichtlich ihrer Aufmerksamkeit nicht. Sie wussten, dass die wiener Regierung ihre Parteiagitationen nur deshalb übersehe, ja unter der Hand sogar unterstütze, damit sie durch innere Zwistigkeiten die Kräftigung der constitutionellen Freiheit des Reichs und der Unabhängigkeit desselben vom österreichischen Absolutismus erschwere und nach Möglichkeit verhindere. Darum jedoch bekümmerten sie sich nicht: vor ihren Augen schwebte nicht die constitutionelle Freiheit in der Vereinigung mit Ungarn, sondern die Umgestaltung der südslawischen Völker zu einer Nation, in einen Staat als Hauptziel, und deshalb nahmen sie freudig das Bündniss mit der wiener Regierung an, inwiefern sie mit Hülfe derselben die Zunahme der ungarischen Nationalkraft verringern und die Bande, durch welche ihre Provinz mit dem Mutterland verbunden war, lockern konnten. Sie wussten wohl, dass an den äussersten Grenzen der Richtung, welche sie einschlugen, keine geringern Dinge standen als: die Losreissung von Ungarn, Empörung gegen Wien, die Verschmelzung sämmtlicher slawischen Völker und Provinzen, ob sie nun die Ergänzungstheile Ungarns, oder der österreichischen, oder aber der türkischen Monarchie seien, zu einem slawischen Staate, welcher, wenn nöthig unter russischer Protection, sich Anerkennung in Europa erkämpfen sollte. Aber die Grösse des Ziels, die unzähligen, ungeheuern Schwierigkeiten seiner Verwirklichung verminderten nicht, ja stählten nur noch mehr ihre Energie und den Eifer ihrer Bestrebungen. Damit sich die Schwierigkeiten nicht vermehren mögen, ja damit sie dieselben auf eine Zeit durch den Beistand der wiener Regierung selbst besiegen könnten, hatten sie zwar noch nicht den Muth, das festgestellte Hauptziel offen einzugestehen, und verheimlichten dasselbe sorgfältig. Wie die Slowaken der Karpatengegenden, hängten auch sie die Entwickelung ihrer Sprache und Literatur als Schild ihrer Vereinigungsbestrebungen mit den Serben und Slawen der Bácska heraus. Sie überschwemmten die Welt mit Klagen, dass ihre Sprache und Nationalität von den Ungarn unterdrückt und mit gänzlicher Absorption bedroht werde. Sie posaunten ihre Bewegungen einzig und allein als Reaction gegen die um sich greifende gewaltsame Magyarisirung aus, und bestrebten sich, vorzüglich in Wien auf jede Weise glauben zu machen, dass ihr Ziel kein anderes sei, als ihre Sprache, ihre Nationalität und die Municipalrechte ihres Landes gegen die radicale ungarische Bewegung zu vertheidigen und ihr rein katholisches Land vor der Ausbreitung des ungarischen Protestantismus zu bewahren. Auf diese Art war es ihnen um so leichter, [ihre eigentlichen Zwecke zu verbergen, als auch die Sprache, in welcher sie ihre Zeitungsartikel, ihre Gedichte politischer Richtung und ihre Flugschriften verfassten, von wenigen verstanden wurde, ihre politische Parteifärbung aber hinsichtlich vieler an der Tagesordnung stehenden Fragen mit den Principien der ungarischen conservativen Partei übereinstimmte.

Allein die Absichten der illyrischen Bewegung konnten nicht lange Geheimniss bleiben; die Agitation selbst, welche hinsichtlich dieser Endziele sowol unter den Kroaten als unter den andern slawischen Stämmen fortgesetzt wurde, lüftete nothwendigerweise den Schleier des Geheimnisses. So wird z. B. in einem in Nr. 31 der „Danica Illyrska" vom Jahre 1842 erschienenen aufreizenden Gedicht gesagt, dass „nicht einmal die ganze Kraft der Hölle im Stande sei, die grosse Wiedergeburt der slawischen Nation zu verhindern; ein fürchterliches Gericht wird gehalten werden, die bösen Seelen werden erbleichen und alles Elend und Weinen unter den Slawen ein Ende nehmen." Die Artikel, welche in der von Ludwig Gaj redigirten, zu Agram erscheinenden „Illyrischen Zeitung" zeitweise enthalten waren, und in welchen die gesammte Kraft der slawischen Stämme in Ungarn, Oesterreich, in der Türkei und Russland mit solchem Stolz aufgezählt und denselben der endliche Sieg prophezeit wurde, lösten jeden Zweifel. Ein ähnliches Licht verbreiteten jene Flugschriften, welche von den Mitgliedern des Illyrischen Vereins in Agram zur Vereinigung der verschiedenen Stämme unter denselben ausgegeben wurden. Am deutlichsten verrieth indessen das ausgestellte Ziel eine 1842 von Gaj in illyrischer Sprache herausgegebene statistische Flugschrift, in

welcher er die Elemente des unter dem Namen Illyrien zu errich- 1840—43.
tenden südslawischen Staats entwickelte, sowie auch jene Landkarte,
welche die Grenzen des südslawischen Reichs bezeichnete.

Da zur Verwirklichung dieses Ziels als erstes und nächstes Hin- Die Mittel
derniss die Verbindung mit Ungarn erschien, so wurde die Schwächung und Wege
derselben zur ersten Aufgabe gemacht. Und deshalb schwankten sie zu dem vor-
auch nicht, selbst die Interessen der constitutionellen Freiheit aufzu- Ziel.
opfern, wenn mit denselben die Verhältnisse des Verbandes mit dem
Mutterland in Verbindung standen. So geschah es unter anderm im
warasdiner Comitat mit einer bedeutenden Frage. Graf Alexander
Erdödy stellte in der im August 1841 abgehaltenen Generalversammlung den Antrag: dass die ungarischen Jurisdictionen aufgefordert
werden mögen, auf dem nächsten Reichstag dahin zu wirken, dass auch
dem warasdiner Comitat jenes Recht verliehen werde, in dessen Besitz
die slawonischen Comitate sind, nämlich: auf den ungarischen Reichstag
zwei Deputirte zu senden. Das Princip des Antrags wurde beinahe
einstimmig angenommen und die nähere Verhandlung desselben auf
die im November abzuhaltende Generalversammlung bestimmt. Die
illyrische Partei zweifelte nicht, dass, wenn der Antrag in einen Beschluss überginge und später auch von der Gesetzgebung sanctionirt
würde, das warasdiner Comitat sich der illyrischen Bewegung nicht
mehr anschliessen werde; sie strengte daher ihre ganze Kraft an, um
den Antrag zu stürzen. Ludwig Gaj erschien daher mit mehrern
seiner illyrischen Gefährten aus Agram in dieser hochwichtigen Versammlung in serbischem Anzug und in rothen mit dem Halbmond
und einem Stern gezierten Mützen, welche Tracht sie zur Gewinnung
der Sympathie der in der Türkei lebenden slawischen Stämme angenommen hatten; und da sie kein persönliches Stimmrecht besassen, so verschafften sie sich Vollmachten von warasdiner Edelleuten;
auch trugen sie Sorge, dass, wer nur in Warasdin illyrisch gesinnt
war, von der Versammlung nicht ausbleiben durfte. Die Debatten
dauerten sechs Stunden lang und wurden mit ausserordentlicher Heftigkeit geführt. Es wurde von den ungarisch gesinnten Kroaten
vergebens geltend gemacht, dass es sich in dieser Frage nicht um
die Nationalität, sondern einzig und allein um das Repräsentations-
recht handle, womit das warasdiner Comitat zum Nachtheil seiner
constitutionellen Interessen bisher noch nicht versehen sei; vergebens
wurde erörtert, dass, da Kroatien keine eigene Verfassung habe
und eine solche nur insofern besitze, als es mit Ungarn verbunden
sei: so heisse die ungarische Nationalität, welche nicht allein in
der Sprache, sondern auch im constitutionellen Leben und in den
Fundamentalgesetzen bestehe, verleugnen soviel als die verfassungsmässige Freiheit einem Traumbild aufopfern. Der Geist des Separatismus siegte: die Frage wurde gestürzt. In der Hitze der Debatte

7*

liessen einzelne Illyrier auch Ausrufungen hören, dass „sie eher bereit seien, Sklaven als Ungarn zu werden", was die illyrische Partei gewöhnlich mit grossem Beifall aufnahm.

Dieses Ziel schwebte vor ihren Augen, als sie jede denkbare Art von Agitation in Bewegung setzten, um in den Kroaten sowie in den andern slawischen Stämmen den Hass gegen die ungarische Nationalität noch höher zu schrauben. Wie Kollar in seiner „Slávy Dcera", so überhäuften auch diese in ihren Zeitungsartikeln, Flugschriften, Gedichten und Volksliedern die Ungarn mit den unwürdigsten Spöttereien; sie erhoben ewige Klagen und Beschuldigungen über Uebergriffe der Magyaren, über Unterdrückung ihrer eigenen Sprache und Nationalität, indem sie darauf rechneten, dass auch die Verleumdung und die Lüge endlich Glauben gewinne, wenn sie nur oft und kühn wiederholt würde. Um die Leidenschaft der Massen zu erwecken, beschuldigten sie in ihren volksthümlichen Dichtungen die Ungarn, dass, wie ehemals der Türke, sich jetzt der Ungar bereite sie anzugreifen, um ihre Sprache abzuschneiden und auf diese Weise die slawischen Stämme auszurotten. Auf die einstmalige kriegerische Kraft der Kroaten und Serben sich berufend, eiferten sie das Volk an, sich auf die grossen Ereignisse vorzubereiten, seine Waffen zu schleifen und sich von den Ungarn nicht feige ausrotten zu lassen. Zur nähern Kennzeichnung dieser Lieder mögen einige derselben hier Platz finden, welche 1844 im Taschenbuch „Iskra" abgedruckt wurden: „Auch uns schlägt schon", sagt das Lied, getreu übersetzt, „die Stunde des Siegs! Nur Einigkeit und Zusammenhalten! Alles regt sich und wird lauter von der Adria bis zum Balkan; schon umarmt ein Bruder den andern; schon erblickt der Böhme seinen Bruder im Polen, Russen und Illyrier, und alle umfasst gemeinsam die Mutter Sláva u. s. w." Ganz kriegerisch aber klingt die folgende „Davoria": „Slawen, ihr geborenen Helden, lasst hoch flattern eure Fahnen, und setzt euch mit dem Säbel umgürtet zu Ross. Vorwärts, ihr Brüder, Gott ist mit uns, wider uns der Teufel! Sehet, wie das wilde Tatarengeschlecht, der Ungar, unsere Sprache zertritt und unsere Nation; aber ehe er uns unterdrückt, stossen wir ihn in den Abgrund der Hölle! Der tapfere Slawe des Nordens und der Illyrier des Südens reichen einander die Hand zum heldenhaften Tanze; es schmettern die Trompeten, es klirren die Säbel, es donnern die Kanonen. Waschen wir unsern Ruhm im Blute des Feindes; ein jeder möge einen Kopf abschlagen, und das Leiden ist zu Ende. Vorwärts, ihr Brüder, Gott ist mit uns, wider uns der Teufel! u. s. w." Diese leidenschaftliche Agitation wurde im allgemeinen unter poetischen Formen, welche theils in bittere Klagen ausbrachen, theils in mystische Bilder verhüllt waren, was am meisten im Stande ist, die Einbildungskraft zu entzünden, — und in Volks-

lieder gefasst, welche sich im gewöhnlichen Leben am weitesten verbreiten, von den Illyriern betrieben.

Da es ihnen durch solche Mittel gelungen war, einen grossen
Theil des niedern Adels unter ihre Fahnen zu locken, so strebten sie
dahin, auch den Beamtenkörper der kroatischen Comitate ausschliesslich mit Männern ihrer Partei zu besetzen; denn sie sahen ihre Herrschaft nicht für gesichert, solange in den Jurisdictionen constitutionell
gesinnte Kroaten die Aemter verwalteten. Dies war insbesondere ihr
Ziel im agramer Comitat, wo, obgleich es der Hauptherd des Illyrismus war, schon seit sieben Jahren keine Beamtenwahlen stattgefunden hatten, demnach der grössere Theil des Beamtenkörpers aus
gemässigten, constitutionell gesinnten Kroaten bestand. Im Juni 1842
wurde endlich auch hier die Restauration abgehalten. Die Anhänger
der illyrischen Partei sahen den Sieg schon im voraus als für gesichert
an, denn der Administrator des Comitats, Zdencsay, war einer der
Führer derselben. Allein sie unterliessen trotzdem ihrerseits nichts,
um den Sieg zu erkämpfen. Da sie in ihre Anzahl noch kein genügendes Vertrauen setzten, so begannen sie eine geraume Zeit vor der
Versammlung den Seelenkauf und die Jagd nach Stimmen, zu welchen
Ausgaben auch der agramer Bischof und das dortige Kapitel einen
namhaften Theil beitrugen. Von solchen Adelichen, die in der Versammlung nicht zu erscheinen beabsichtigten, verschafften sie sich
Vollmachten, welche sie unter die übrigens mit politischen Rechten
nicht versehenen Seressaner vertheilten. Da jedoch der niedere Adel
auch in der sogenannten ungarisch-kroatischen Partei sehr zahlreich
war, und insbesondere die aus dem turopolyaer Bezirk mit ihrem
Grafen, so auch die Szentiváner zu ihr gehörten, so konnte man einen
gewaltsamen Zusammenstoss befürchten, und der Administrator untersagte daher im vorhinein das bewaffnete Erscheinen. Die Angehörigen
der ungarisch-kroatischen Partei hielten diese Massregel streng ein; der
turopolyaer Graf Jozipovich gab sein Ehrenwort, dass seine Edelleute
ohne Waffen erscheinen würden. Von der illyrischen Partei jedoch,
welche sich mit rothen Mützen ausgezeichnet hatte, erschienen viele,
besonders alle Seressaner, mit Flinten, Pistolen, Handjars bewaffnet,
unter dem Vorantragen rother Fahnen, in deren Mitte der Stern und
der Halbmond prangte, und an deren Rändern die Namen Slawoniens,
Serbiens, Bosniens, Montenegros, Albaniens und anderer von Slawen
bewohnten Provinzen zu lesen waren. Indessen schien trotz aller Vorbereitungen der Sieg für die Illyrier ungewiss, wenn nur die Stimmenabgabe bei der Wahl auf eine rechtmässige Art geschah, denn die
beiden Gegenparteien waren an Zahl einander beiläufig gleich. List
und Gewalt mussten daher den Sieg sichern. Die Illyrier begannen
mit der gegnerischen Partei einen Streit, welcher bald in eine Schlägerei überging, und nachdem sie von den Unbewaffneten mehrere ver-

wundet hatten, drängten sie dieselben bald aus dem Berathungssaal sowol als auch aus dem Hofe des Comitathauses hinaus. Beim Beginn der Schlägerei hatten die Magnaten, mit Ausnahme dreier, alle, die Domherren, Jozipovich mit den turopolyaer Edelleuten, und im allgemeinen der grösste Theil des besitzenden Adels den entweihten Saal der municipalen Behörde verlassen, welchen nun die bewaffnete illyrische Partei besetzt hielt; der Administrator selbst entfernte sich gleichfalls, um das Einschreiten der bewaffneten Macht anzuordnen. Die mit so leichter Mühe siegreichen illyrischen Cortesch trugen Ludwig Gaj, der auch hier an der Spitze der Bewegung stand, gleichsam in einem Siegeszuge auf den Armen herum. Nachdem sich bald darauf in der allein zurückgebliebenen illyrischen Partei die Ruhe wiederhergestellt hatte, nahm der Administrator seinen Präsidentenstuhl wieder ein, und obgleich sich der grösste Theil der Comitatsstände entfernt hatte, so beendigte er dennoch die Restauration mit der anwesenden illyrischen Partei. Gegen dieses einseitige und parteiische Verfahren des Administrators und im allgemeinen gegen die Restauration legte die ungarisch-kroatische Partei noch an demselben Tage eine feierliche Verwahrung ein; der Adel des turopolyaer Bezirks aber richtete aus seiner zu Nagy-Goricza abgehaltenen Generalversammlung eine Adresse an den König. Der Adel des Bezirks erklärte in derselben, dass er diesen Beamtenkörper, welcher einzig durch den Einfluss der illyrischen Partei und durch Waffengewalt gewählt worden, nicht anerkenne, und mit demselben sich in keinerlei richterliche oder politische Berührung einlassen werde; er deckt zugleich die gefährlichen Zwecke des Illyrismus auf, und nachdem er gegen den Administrator, als den Beförderer all dieser Vorfälle, eine aus neun Punkten bestehende und mit Gründen belegte Anklage formulirt, bittet er, diese Verletzung seines constitutionellen Lebens durch einen königlichen Commissar untersuchen und beheben zu lassen.

Diese anstössige agramer Restauration war der erste Fall, in welchem die illyrische Partei den politischen Kampfplatz thatsächlich betrat, indem sie jenes Uebergewicht, welches sie sich im gesellschaftlichen Leben durch unausgesetzte Agitation auf den Kanzeln und Lehrstühlen und in der Presse schon früher verschafft hatte, nun auch im Bereich des municipalen Lebens zu erzwingen wünschte. Allein obgleich dies in Agram infolge der parteiischen Intriguen des Administrators Zdencsay gelungen war, so blieb doch in den übrigen kroatischen Comitaten der Sieg der illyrischen Partei noch sehr zweifelhaft; denn im Adel selbst bildete die constitutionelle kroatische Partei noch immer die Mehrzahl. Ja sehend, dass die illyrische Partei, anstatt einer gesetzlichen Opposition, mit unwürdiger Gewaltthätigkeit für ihre Zwecke zu kämpfen beginne, sagte sie sich von derselben zum grössten Theil los. Die auf sich allein beschränkte illyrische Partei suchte fortan das Gewicht ihrer Kraft in Ausschreitungen. Der Kampf 1840—43. um die Sache artete in einen persönlichen Kampf aus, welcher um so erbitterter geführt wurde, als er sich blos um Personen concentrirte. Indessen entmuthigte ihre geringere Anzahl die Illyrier nicht. Um ihre Absichten im öffentlichen Leben des Comitats trotz ihrer Minorität durchführen zu können, nahmen sie ihre Zuflucht abermals zu jener Intrigue, welche bei Gelegenheit der agramer Restauration so sehr nach ihrem Wunsche ausschlug. Sie begannen den Gebrauch einzuführen, aus Agram auch in die Generalversammlungen anderer Comitate eine Schar Seressaner und andere nichtadelige illyrisch Gesinnte hineinzuschicken, welche sie sodann, damit sie stimmfähig seien, mit Vollmachten des niedern Comitatsadels versahen. Bei der Ausstellung dieser Vollmachten wurden die grössten Misbräuche und Fälschungen begangen. Im warasdiner Comitat war es vorgekommen, dass ein dergleichen Credentionale auf den Namen eines solchen Edelmanns ausgestellt wurde, der schon lange Zeit nicht mehr am Leben war. Die Führer der illyrischen Partei trugen nämlich Sorge dafür, einige Personen im Beamtenkörper der andern Comitate auch für ihre Zwecke zu gewinnen, durch diese liessen sie sodann am Tage der Versammlung Vollmachten auf den Namen aller jener Edelleute schreiben, welche zur Versammlung nicht erschienen waren. Dieser Misbrauch wurde noch dadurch erschwert, dass diese Briefe so verfasst waren, dass man sie wie Wechsel auf wen immer übertragen konnte. Die Führer theilten sodann diese Briefe an die mit dem Halbmond und dem Stern geschmückten, unter blutrothen Fahnen im voraus herbeigelockten nichtadeligen Illyrier aus. Insbesondere wurden in der in Warasdin im September 1842 abgehaltenen Generalcongregation bezüglich dieser Vollmachten so viele Misbräuche und Fälschungen entdeckt, dass die Comitatsbehörde die Ausstellung derselben fernerhin auf die Beamtenwahlen allein beschränkte; in einer spätern Generalversammlung aber aus der Ursache, dass man das Adelsprivilegium auf einen andern nicht übertragen könne, ein für allemal verbot, und nur die persönlich Erscheinenden zur Abstimmung zuliess.

Nachdem die illyrische Partei des agramer Comitats auf diese Weise aus den Nachbarcomitaten verdrängt worden, entwickelte sie in ihrem eigenen Schos eine um so grössere Agitation, besonders im Gebiet der Presse. Unter anderm setzte sie in einer unter dem Titel „Kleiner Katechismus für grosse Leute" erschienenen Flugschrift in illyrischer und deutscher Sprache die Principien des Illyrismus auseinander; die ganze kroatische Nation wurde in Pseudo-Ungarn und Illyriern eingetheilt: die ersten überschüttete man mit einem Meer von Spott und Verleumdung und bezeichnete sie mit unwürdigen Verdächtigungen als Gegenstand der Verachtung für ihre Nation. In der illyrischen Zeitschrift Gaj's aber folgte ein Artikel dem andern,

in welchen der Nationalhass gegen die Ungarn immer heftiger geschürt wurde, die den Ungarn freundlich gesinnten Kroaten vor der
öffentlichen Meinung als abtrünnige Patrioten an den Pranger gestellt
wurden. Der gegen die Türken lautende Text eines alten Schlacht-
lieds (Davoria) wurde gegen die Ungarn gerichtet und sodann bei
jeder feierlichen Gelegenheit gesungen, die Musik desselben stets mit
Freudengeschrei begleitet; die rohern Massen der Tobenden machten
hier und da eine Strohpuppe, zogen ihr ein ungarisches Kleid an,
umtanzten sie auf öffentlichen Orten in leidenschaftlicher Trunken-
heit und schlugen sie mit Stöcken zu Boden: mit Einem Wort, in
allen Dingen wurde die leidenschaftlichste Agitation fortgesetzt. Selbst
die Ausschreitungen der akademischen Jugend wurden nicht bestraft,
wenn sie den Stempel des Ungarhasses an sich trugen.

Obgleich der Illyrismus infolge dieser Agitationen von Tag zu
Tag zunahm und sich auch über die Grenzen des eigentlichen Kroatiens
hinaus, in den Militär-Grenzbezirken und in Slawonien fortwährend
verbreitete, ja sich die Nationalitätsbewegung auch auf die Serben
immer mehr auszudehnen begann: so wäre doch all dies an sich
selbst genommen von keiner grossen Wichtigkeit für das Reich gewesen. Wenn man indessen bedenkt, dass dieser Sprach- und Natio-
nalitätenstreit sowol bei den Kroaten und Serben als bei den Slowaken mehr oder minder aus der russischen Propaganda entstanden
war, mit derselben fortwährend in geheimer Verbindung blieb und
solche politische Ziele anstrebte, welche die constitutionelle und nationale Entwickelung des Vaterlandes in der Zukunft mit Gefahr bedrohen konnte: so war es unmöglich, die Wichtigkeit desselben zu
verkennen. Auch betrachtete die ungarische Nation denselben nicht
gleichgültig. Die ungarischen Zeitschriften begleiteten wachsamen
Auges die einzelnen Kundgebungen jenes Nationalitätskampfes; sie
deckten schonungslos die geheimen Zwecke auf, welche unter dem
Schleier der Literatur und der Pflege der Sprache verborgen wären,
und richteten ihre wuchtigen Schläge gegen jede Beleidigung, welche
man gegen die constitutionelle Nationalität beging. Man kann indessen nicht leugnen, dass auch diese in den Streit viel Leidenschaftlichkeit mischten, infolge dessen der Kampf stets gereizter wurde,
die Gemüther sich immer mehr verbitterten. Eine ähnliche Leidenschaftlichkeit trat nicht selten in den öffentlichen Versammlungen
des einen oder des andern Comitats zu Tage, wenn diese slawischen
und illyrischen Wühlereien zur Sprache gebracht wurden. Es war
auch in der That für die Ungarn schwer, sich der Leidenschaftlichkeit
zu enthalten, wenn sie eben an dem mit so vieler Begeisterung begrüssten, zu so grossen Hoffnungen berechtigenden Morgen ihrer
Wiedergeburt fortwährend hören mussten, dass „Ungarns blutgetränkter
und mit Leichnamen gefüllter Boden entweder eine russische Provinz

oder eine deutsche Colonie sein werde" [1]; oder Dinge lesen mussten, 1840-43.
dass „Ungarn bei Mohács schon lange untergegangen; dieses Land
eine den Türken abgerungene deutsche Eroberung, und die ungarische Militärgrenze kein Theil, kein Eigenthum unsers Vaterlandes,
sondern ein halb gegen die Türken, halb gegen die Ungarn aus-
gestreckter bewaffneter Arm sei". [2] Indessen verbitterte die Leidenschaft, welche auf diese Weise von beiden Seiten immerfort geschürt
wurde, die heiklige und daher grosse Vorsicht erfordernde Frage
immer mehr. Die Recriminationen, begründete und grundlose, vermehrten sich von beiden Seiten fortwährend; und Recriminationen
sind nicht die besten Mittel zur Beilegung von Zwistigkeiten. Aus
der Natur dieser Frage selbst floss die Schwierigkeit der Lösung
derselben. Glücklich sind jene Länder, welche die Frage der Sprache
und Nationalität früher lösten, ehe die nationale Eifersucht in den
verschiedenen Elementen des Volks wach geworden: wie z. B. Frankreich, wo, wie es allgemein bekannt ist, beim Ausbruch der Revolution nur der kleinere Theil der Nation die Sprache der Stadt Paris
sprach. Den Ungarn wurde dieses Glück nicht zutheil; obgleich
der Eifer für die Nationalsprache schon 1790 erwacht war, so konnte
man doch unmöglich diese Sprache, der nivellirenden, und das Aufgehen im Deutschthum anstrebenden Absichten der wiener Regierung
wegen, bis zu den letzten Jahren, und vollständig selbst damals nicht,
zur amtlichen Sprache erheben. Es war aber nur natürlich, dass
die Ungarn, auf tausendjährige geschichtliche Rechte und ihre Verfassung gestützt, sich nach Möglichkeit bestrebten, ihre in alten Zeiten
von niemand in Zweifel gezogene, von den Nachbarn geachtete, aber
in den widrigen Schicksalen der Vergangenheit geschwächte politische
Nationalität zu stärken, ehe dergleichen Vernichtungs-Prophezeiungen
in Erfüllung gehen könnten; naturgemäss war mithin auch ihre Bestrebung, den Hauptträger der Nationalität, die ungarische Sprache,
zum diplomatischen Range zu erheben. Während sich jedoch die
ungarische Nation in ihrem Streben nach diesem Ziel auf ihre tausendjährigen historischen Rechte berief, forderten die übrigen innerhalb der Grenzen des Reichs wohnenden, ehemals unterworfenen oder
eingewanderten Völker kraft des natürlichen Rechts die Anerkennung
ihrer eigenen Nationalität; als ob in einem und demselben Staat,
dessen sämmtliche Theile unter einer und derselben Verfassung vereinigt sind, wenn auch eine Verschiedenheit der Sprache besteht, es
mehr als Eine politische Nationalität geben könnte! Und auf diese
Art wollte kein Theil nachgeben. Der Ungar grollte, dass man nach
seinem tausendjährigen staatlichen Leben es auch nur in Zweifel zu

---

[1] Vgl. Wolfgang Berg's Flugschrift „Ungarns politische Zukunft".
[2] Augsburger „Allgemeine Zeitung".

1840—43. ziehen wage, dass, wo und wie weit die ungarische Verfassung, das ungarische Gesetz die Vorschriften schaffe, dort auch die Nationalität nur die ungarische sein könne; der Slowake, der Illyrier, der Serbe, der Sachse wurde aber 'wüthend, klagte über tyrannische Unterdrückung, wenn ihm das Recht auf eine besondere, eigene Nationalität versagt wurde, obwol er übrigens im Privatleben im Gebrauch seiner eigenen Sprache nicht im geringsten gestört wurde. In jedem Theil war das dunkle Gefühl vorhanden, dass seine Lage, ob diese nun eine den Druck ausübende oder erleidende sein mochte, fehlerhaft, schief und anomal sei. Und die Unruhe brach bei einem jeden, ob er nun Angreifer oder Vertheidiger war, in bittere Beschuldigungen und Klagen aus. Die grosse Idee der Völkerverbrüderung, welche in Ungarn erst später bekannt zu werden begann, war noch nicht geboren!

Die Hauptquelle dieser beklagenswerthen Zwistigkeiten lag in jener Ideenverwirrung, zufolge welcher die zwar verwandten, aber dennoch besondern Ideen der Nationalität und des Patriotismus vom einen wie vom andern Theile vermischt wurden. Es stand vollkommen im Recht des Ungars und er handelte überdies vernünftig, wenn er an die Stelle der todten lateinischen Sprache, welche den Fortschritt verhinderte und unterdrückte, seine eigene erhob; die Sprache jener Nationalität, welche über die übrigen nicht nur hinsichtlich der Zahl und des Vermögens das Uebergewicht hatte, sondern auch die politisch gebildetste war, welche das Reich, die Verfassung und die tausendjährige Geschichte jenes schuf, beiden ihren Namen gab, und auch von der Welt stets für die Hauptnationalität im Reich anerkannt wurde. Seine Sprache zur diplomatischen zu erheben war aber nicht nur das Recht, sondern auch die Pflicht des Ungars gegen das Vaterland, damit dasselbe nicht auch fernerhin durch die todte lateinische in seinem Fortschritt gehindert, oder aber den unübersehbaren Unordnungen, welche aus dem Sprachenwirrwarr der übrigen politisch wie sprachlich unmündigen Nationalitäten entstehen könnten, ausgesetzt werde. Der Fehler wurde nur darin begangen, dass, da man - die Begriffe von Vaterland und Nationalität vermischte, mancher Ungar den Patriotismus für gleichbedeutend mit der Anhänglichkeit an die ungarische Nationalität hielt, und es übel nahm, wenn die Völker anderer Stämme für diese Nationalität nicht mit einer solchen Begeisterung erfüllt waren wie er selbst, oder sich bestrebten, auch ihre Sprache und Nationalität zu entwickeln. Allein andererseits begingen die Angehörigen anderer Stämme einen noch grössern Fehler, ja ein Verbrechen, die, weil sie die hier und da etwas übereifrig verbreitete ungarische Nationalität nicht liebten, zugleich auch gegen die ungarische politische Nationalität, gegen das Vaterland, welches doch auch ihr Vaterland war, erkalteten, und sich nicht einmal durch die heiligen Pflichten der Vaterlandsliebe für mitbetheiligt hielten; die, während sie der ungarischen Nationalität gegenüber für sich Rechtsgleichheit forderten, mit ihren Thaten verkündigten, dass sie nur gegen ihre eigene Nationalität Pflichten hätten, der Patriotismus aber, oder was mit demselben eins und dasselbe ist, die politische ungarische Nationalität sie zu nichts verpflichte. Und in dem aus dieser Ideenverwirrung entstandenen Irrthum liessen sie sich sodann zu jenen sträflichen Schritten hinreissen, welche die Einheit, Verfassung und Freiheit des Vaterlandes in gleichem Masse bedrohten.

So oft die illyrische Partei irgendeine auffallendere Demonstration gegen die ungarische Nationalität machte, wendete sich die Aufmerksamkeit der Comitate dem Illyrismus wieder zu, und wurde derselbe in der Generalversammlung in der Regel mit grosser Leidenschaftlichkeit angegriffen. So geschah es z. B. in dem an Kroatien angrenzenden Comitat Zala, als der Commandant des ungarischen Infanterieregiments Gollner die Melodie eines gegen die ungarische Nation angefertigten Spottliedes durch die Musikbande des Regiments in Agram bei Gelegenheit einer Festlichkeit öffentlich spielen liess. Das zalaer Comitat, obgleich es übrigens die Meinung hegte, dass eine einzelne Person eine Nation durch eine wenn noch so niedrige That factisch nicht beleidigen könne, weil es aber schon die Absicht einer Beleidigung der Nation für ein Verbrechen hielt, wünschte den in Frage stehenden Obersten, als des Commandos eines ungarischen Regiments unwürdig, bestraft zu sehen, und forderte die Entfernung desselben vom König in einer Adresse. Es gab kaum ein Comitat, welches die Adresse Zalas nicht unterstützt und wegen Bestrafung des Offiziers nicht selbst eine Adresse an den König gerichtet hätte. Einen noch reichlichern Gegenstand zu Angriffen auf den Illyrismus bot den Comitaten die agramer Restauration. Nicht nur die eigentlichen, auch hinsichtlich ihrer Sprache ungarischen, sondern auch die slawonischen Comitate erhoben ihre verdammende Stimme gegen diese Agitationen und baten den König, zur Untersuchung derselben einen königlichen Commissar herabzusenden. Die Verhandlungen über diesen Fall fanden überall mit grosser Gereiztheit statt. In der Generalversammlung des pesther Comitats sprach Ludwig Kossuth, als dieser Gegenstand an der Tagesordnung war, die Ueberzeugung aus, dass, weil es noch mehr im Interesse Kroatiens liege als in dem Ungarns, da es auch bezüglich der öffentlichen Verwaltung und Gesetzgebung ein integrirender Theil des letztern sei, und weil diese Machinationen der illyrischen Partei der fortschrittlichen und insbesondere der nationalen Entwickelung des Landes hinderlich seien, es vielleicht zweckmässiger wäre, dass Kroatien zwar nicht von der ungarischen Krone, aber hinsichtlich der öffentlichen Verwaltung und

Gesetzgebung von Ungarn abgesondert werden möge. Die Generalversammlung ordnete sodann an, dass dieses Princip von der zur
Vorbereitung der Reichstagsangelegenheiten eingesetzten Commission
näher entwickelt, in seinen Beziehungen von allen Seiten untersucht
werden solle. Es fehlte zwar nicht an manchen Gründen, welche
diese Absonderung unterstützten; die öffentliche Meinung der Nation
aber tadelte aus wichtigern Gegengründen entschieden diesen Antrag
des pesther Comitats, welcher eigentlich nur darauf berechnet war,
Kroatien durch die Aussicht, dass es im Fall einer Separation von
Ungarn unter die absolute wiener Regierung käme, vom Illyrismus
abzuschrecken, — was aber offenbar die entgegengesetzte Wirkung
hervorbrachte, indem es die Gemüther jenseit der Drau noch mehr
reizte. Allein obgleich die Idee dieser Absonderung von den übrigen
Comitaten entschieden getadelt wurde, so stimmten nichtsdestoweniger
alle, selbst die slawonischen Comitate Veröcze und Szerém, ja sogar
das kroatische warasdiner Comitat mit dem pesther überein, dass sie
zur Hintanhaltung der illyrischen Agitationen Adressen an den König
richteten.

Das Das wi-
schentreten
der Regie-
rung.   Die Regierung konnte, durch so viele Adressen bestürmt, ihre
Intervention nicht ferner aufschieben. Vor allem schickte sie Joseph
Rudics, Obergespan des bácser Comitats, als königlichen Commissar
zur Untersuchung der Umstände aus, und ernannte bald darauf, als
durch denselben der krankhafte Zustand im Detail aufgedeckt wurde
und sich auch herausstellte, dass der agramer Bischof Haulik, der
die Würde des Banus seit längerer Zeit als Stellvertreter versah,
nicht nur keine genügende Energie zur Zügelung dieser Agitationen
entwickelt, sondern dieselben, im Verein mit dem Obergespan Zdencsay,
unter der Hand auch noch unterstützt und ermuthigt hatte, — den
General Graf Franz Haller zum Banus von Kroatien, welcher sein
Amt sodann im October 1842 einnahm. Von seiten der Ungarn
knüpfte man grosse Hoffnungen an diese Ernennung. Haller's patriotischer, besonnener Charakter war im Lande bekannt; in seiner
Installationsrede aber hatte er entschieden erklärt, dass er alles anwenden werde, um jenes ehrwürdige, uralte Bündniss, welches zwischen
dem Lande und dem Mutterreich besteht, aufrecht zu erhalten. In
dieser Richtung begann er sogleich anfangs die Pflichten seiner Stellung um so eifriger zu erfüllen, als ihn die Feier seiner eigenen
Installation hinreichend von den ungesetzlichen und gefährlichen Zielen
der illyrischen Partei überzeugte. In der ihm zu Ehren veranstalteten
Illumination war unter andern herausfordernden Transparenten auch
ein solches, auf welchem eine einen blossen Säbel haltende Hand zu
sehen war mit der Umschrift: „Wer uns nicht zu Gefallen handelt,
der möge durch diesen Säbel umkommen." In Gaj's Zeitschrift aber
stand mit Beziehung auf die zur Installationsfeier hereingeführten,

mit rothen Mützen und unter mond- und sternengeschmückten Fahnen 1840—43. bewaffnet erschienenen Freisassen die folgende Bemerkung: „dass diese Männer, obgleich sie sich grösstentheils nur mit Landbau beschäftigen, dennoch in den Waffen so geübt seien, dass dies allein schon als Beweis dienen könne, dass es in Kroatien leichter sei, eine bewaffnete Macht herzustellen als in Ungarn, wo der Adel allein zur Insurrection verpflichtet ist, während dies anderswo auch andere sind".

Diese und andere Erscheinungen, welche er sogleich beim Beginn seiner Amtirung wahrzunehmen Gelegenheit hatte, überzeugten den Ban zur Genüge, dass es höchste Zeit sei, diesen illyrischen Wühlereien, welche hinsichtlich des innern Friedens eine stets drohendere Gestalt annahmen, eine Grenze zu setzen. Demnach war jene zu Anfang 1843 erlassene königliche Verordnung ohne Zweifel das Resultat seiner Intervention. Dasselbe lautete: „Se. k. k. Maj. erhielt mit Schmerz die Kunde von den gegenwärtig in Kroatien gärenden Streitigkeiten. Se. Maj. will zwar, dass der Pflege der Nationalsprache, solange dieselbe innerhalb der gesetzlichen Grenzen bleibt, keine Hindernisse gemacht werden, und wird die Municipalrechte und die unter dem Schilde derselben constituirte Nationalität Kroatiens gegen alle Angriffe allergnädigst unterstützen; aber Se. Maj. will nicht, dass unter dem Vorwande des Eifers für die Aufrechthaltung der Nationalität unter Allerhöchstihren Unterthanen der Same der Erbitterung und der Spaltungen ausgestreut werde. Und wie es in Ungarn allerhöchsten Orts vorgesorgt ist, dass in der Zukunft kein Anlass zu dergleichen Gereiztheiten geboten werde, so wollen Se. Maj. gleichfalls und befehlen, dass auch in Kroatien jede Gelegenheit zu diesen Verbitterungen erfolgreich verhindert werde, und deshalb die rücksichtlich Kroatiens und Slawoniens und der Sprache derselben in Gebrauch gekommene Benennung « illyrisch, Illyrismus, Illyricum » u. s. w. in den öffentlichen Blättern und andern gedruckten Werken, besonders aber in den öffentlichen Verhandlungen und Schulen verboten werde; die Vorgesetzten der Jugend dieselbe zur Liebe und Einigkeit gegen die eine andere Sprache Sprechenden bei jeder Gelegenheit aneifern, alle Angriffe wegen der Verschiedenheit der Nationalität nicht nur untersagen, sondern auch bestrafen, und im allgemeinen die ihrer Obsorge anvertraute Jugend von einer wie immer gearteten Theilnahme an politischen Angelegenheiten durch eine ernste Pflege der Wissenschaften abhalten mögen; die dawiderhandelnden Erzieher und Lehrer aber seien Sr. Maj. anzuzeigen. Ferner sind in der Redigirung der Zeitschriften nicht nur alle jene Ausdrücke zu verhindern, welche das Gefühl gegenseitiger Beleidigung erwecken könnten und die Unterdrückung der einen Nationalität durch die andere behaupten, sondern man möge vielmehr danach trachten, dass die verschiedenen Nationalitäten einander achten, und die naturgemässe Entwickelung der Sprache (insoweit sie in den gesetzlichen Schranken bleibt) gegenseitig nicht verhindern mögen. Die Behörden sollen gleichfalls in diesem versöhnenden Geiste thätig sein und sich nicht nur von jedem ungesetzlichen Angriff auf die ungarische Sprache und vor allen verbitternden politischen Schritten selbst hüten, sondern davon auch andere abhalten. Endlich wünscht Se. Maj. alle Mittel anzuwenden, welche geeignet sind, die gärende Gereiztheit und den Parteigeist zu ersticken, und auf diese Weise Ungarn und den damit verbundenen Theilen den Frieden und die friedliche Entwickelung des moralischen und materiellen Wohlstandes zu sichern."

Der Titel der „illyrischen" Nationalzeitung veränderte sich zwar infolge dessen und das Wort „illyrisch" verschwand im allgemeinen aus den öffentlichen Schriften; aber der Geist, das Streben, die Agitation blieb in allem die alte. Ja alles dieses kräftigte sich noch in der Folge dadurch, dass der an die Stelle des verstorbenen altgläubigen Erzbischofs von Karlowitz zu Ende 1842 erwählte Joseph Rajasich die literarische und politische Verschwisterung zwischen den Kroaten und Serben nicht nur nicht hinderte, wie es sein Vorgänger gethan, sondern aus persönlicher Sympathie auch noch beförderte. Von dieser Zeit an wirkte die kroatische und die serbische Presse in gleicher Richtung, da beide sich das Ziel gesteckt hatten, die kroatische und serbische Nationalität gegen die ungarische, als die herrschende, aufzureizen; die Sehnsucht und die Hoffnungen der grossen slawischen Volksstämme nach der Weltherrschaft zu nähren und unmittelbar Südslawien als in der Theorie berechtigt, in der Ausführung aber als möglich darzustellen. Diesen Agitationen waren zwei Umstände insbesondere günstig. Der eine war, dass, während sie unser ungarisches öffentliches Leben, die Erzeugnisse unserer Presse und unsere übrigen Mittel vollständig kannten, dagegen ihre Blätter, besonders die serbischen, wenige selbst unter jenen lesen konnten, deren Beruf es übrigens gewesen wäre, alle Verhältnisse des Vaterlandes vollständig zu kennen. Es war ihnen demnach leicht, alle Regungen der ungarischen Literatur und unsers öffentlichen Lebens ihren Interessen gemäss auszubeuten und ihre Wirksamkeit vor dem grossen Publikum des Reichs unter dem Schleier des Geheimnisses fortzusetzen. Der zweite ihnen günstige Umstand lag darin, dass die ungesetzliche Censur den serbischen Blättern in ihren Angriffen auf die ungarische Nation und in der Entwickelung ihrer gefährlichen Plane volle Freiheit gewährte, während dagegen die ungarischen Blätter die Vertheidigung der gesetzlichen Nationalität und des Reichs nur mit gebundenen Flügeln unternehmen konnten.

Die akademische Rede Szechenyi's. Eine eigenthümliche Wendung gab der Frage des Nationalitätskampfes die Rede des Grafen Stephan Széchenyi, mit welcher er

Ende 1842 die öffentliche grosse Sitzung der ungarischen Gelehrten-
gesellschaft eröffnete. Bisher hatten sich nur die illyrischen und slowakischen Panslawen, oder höchstens nur die siebenbürger Sachsen
beklagt, dass ihre Sprache und Nationalität von der ungarischen
unterdrückt werde; und als sie aufgefordert wurden, diese allgemeine
Klage zu detailliren, zu sagen, wodurch und auf welche Art ihre
Sprache und Nationalität von der ungarischen unterdrückt werde;
darzulegen, ob ausser dem, was das Gesetz zu diesem Zweck anordnete, dass nämlich in der öffentlichen Verwaltung anstatt der lateinischen die ungarische als Amtssprache zu gelten habe und daher auch
in den Lehranstalten vorgetragen werden sollte, entweder von seiten
der Behörden oder der Vereine etwas zur Verbreitung der ungarischen Sprache geschehen sei; insbesondere die Fälle aufzuzählen, in
welchen die ungarische Sprache den Angehörigen einer fremden
Sprache gewaltsam aufgedrängt und deren Muttersprache unterdrückt
wurde, — konnten sie niemals etwas antworten, und wie wir aus der
Bittschrift der evangelischen Seelsorger saben, vermochten sie ihre
in allgemeinen Ausdrücken vorgetragenen Klagen mit keiner einzigen
Thatsache zu beweisen. Jetzt aber griff auch Széchenyi selbst, dessen
Hauptbestreben es bisher gewesen, unsere Nationalität zu stärken
und zu entwickeln, in seiner Rede jene Uebereifrigen scharf an,
welche durch ihre Hitze das Vaterland und die Nation einer Gefahr
aussetzen. Und zwar darstellend, dass die einzige Art, auf welche
wir unsere Nationalität sicherstellen und verherrlichen könnten, darin
liege, dass wir dem Ungarthum durch geistige Hoheit und durch
Hebung unserer Literatur und Civilisation eine verschmelzende Kraft
verleihen, eiferte er seine Zuhörer an, sie mögen sich bestreben, der
ungarischen Sprache und Literatur eine solche innere Oberhoheit zu
sichern, und warnte sie vor allen ungesetzlichen Uebergriffen. In
dieser Mahnung Széchenyi's lag an sich selbst genommen nichts
Auffallendes, denn in ebendemselben Sinne schrieben und sprachen
unsere ausgezeichneten Männer auf dem Reichstag, in den Comitaten
und bei jeder andern Gelegenheit über die Frage der Sprache und
Nationalität; auffallend war darin nur, dass er behauptete, mit
dieser Meinung allein zu stehen; dass er ferner die slawische Bewegung, welche nicht einmal im Reich der ungarischen Krone entstanden war und deren Ursache, Ursprung und Richtung ganz Europa
als die Tendenzen des nach der Weltherrschaft strebenden russischen
Cabinets kannte, der Reaction gegen den ungarischen Uebereifer zu-
schreibt; auffallend war darin, dass er diese slawischen Bewegungen,
als einzig und allein nationale Bestrebungen, billigte, und sich in
heftigen Worten gegen jene Ungarn erging, welche in diesen Regungen
in Bezug auf das Reich gefährliche oder gar Lostrennungstendenzen
erblicken; auffallend war endlich, dass, obgleich er anerkennt, der

ungarischen Nation stehe vollkommen das Recht zu, in ihrem Reich die ungarische Sprache an die Stelle der lateinischen einzusetzen, aber zugleich klagend, dass er mit dieser Meinung isolirt dastehe, sagte er, dass der ungarische Volksstamm mit dem bisher befolgten System ermordet werde, weil wir unsere Sprache den Angehörigen fremder Zungen mit Gewalt aufdringen und sie deshalb, weil sie diesem Zwange nicht nachgeben wollen, verfolgen.

Diese Beschuldigungen erklangen um so unerwarteter aus dem Munde Széchenyi's, als kurz zuvor, da die anstössige agramer Beamtenwahl an der Tagesordnung war, jedes Comitat in seiner Adresse entschieden erklärt hatte, dass keine Behörde den Wunsch habe, die Sprache und Nationalität der Kroaten zu unterdrücken, und im allgemeinen weiter zu gehen, als das Gesetz vorschreibe; in den Zeitschriften aber, insbesondere im „Pesti Hirlap", schon früher deutlich gesagt wurde, dass die ungarische Nation nicht im geringsten dagegen sein werde, wenn Kroatien seine eigene Nationalsprache zum Organ seiner innern Verwaltung erhöbe, vorausgesetzt, dass in den Berührungen mit dem Mutterlande an der Stelle der alten lateinischen die ungarische als Amtssprache gelten würde. Dieser Aufruf Széchenyi's wäre unbegreiflich gewesen, wenn es nicht bekannt wäre, dass ihn, den im übrigen so ausgezeichneten Patrioten, zu diesem Schritt jene Erbitterung verleitet hatte, welche in ihm seitdem entstanden war, dass er, infolge seines Streits mit dem „Pesti Hirlap" seine Volksthümlichkeit trotz so vieler Verdienste immer mehr verlierend, sich in seiner Stellung immer mehr isolirt sah und sein Einfluss auf die öffentliche Meinung, deren Leitung er für sich in Anspruch nahm, welche indessen jetzt mehr dem „Pesti Hirlap" folgte, sich verminderte. Er wollte in seiner Rede nur gegen die Partei des „Hirlap" oder die Partei Kossuth's, welche jetzt an der Spitze der Bewegung stand, einen Schlag führen, diese griff er mit ausserordentlicher Erbitterung an. Er verfehlte indessen sein Ziel gänzlich: der Partei des „Hirlap" schadete er nicht im geringsten, er schadete aber in der Nationalitätsfrage den ungarischen Interessen. Die unpopulären, aber immer gewichtigen Worte des Grafen bestärkten diejenigen unter den Kroaten, Serben und Slowaken, die in der That glaubten, was sie von ihren Führern über die Unterdrückung ihrer Muttersprache so oft wiederholen hörten, nur noch mehr in ihrem unglücklichen Wahne; verschärften die Waffen derjenigen, die diesen Wahn nicht theilten, sondern ihn als Waffe gegen die Ungarn gebrauchten; und konnten endlich in jenen, die jene Verbreitungen für eine Verleumdung hielten und gegen den Ungar voll Vertrauen waren, Verdacht erwecken. Dass diese von der Leidenschaft eingegebene Rede Széchenyi's in der That, wenigstens zum Theil, diese Folgen hervorbrachte, trat bald klar zu Tage. Jene evangelischen Seelsorger, von welchen

1840—43.

im vorigen Jahre die erwähnte Bittschrift herstammte, richteten an den Grafen eine Dankadresse; die in der Nationalitätsfrage gleichfalls Partei nehmenden siebenbürger Sachsen und Gaj's illyrische Zeitschrift aber priesen den grossen Patrioten, dessen grossartige Bestrebungen für sein Vaterland sie erst jetzt zu würdigen begannen. Diese Ovationen machten natürlich auf Széchenyi einen äusserst unangenehmen Eindruck, und er versäumte nicht, in einem in die Oeffentlichkeit gelangten Briefe einem seiner neuen Bewunderer zu erklären: dass, wie er als Ungar das „mea culpa" öffentlich ausgesprochen habe, er auch hoffe, dass die Slawen ihrerseits ihre Fehler eingestehen und die Hand zur Versöhnung reichen würden.

Dies geschah indessen nicht; ja die Feinde der ungarischen Nationalität brachten von da an, sich auf die Autorität Szécheny's berufend, eine noch grössere Leidenschaftlichkeit in diese Frage hinein. Das agramer Comitat, Karlstadt und andere kroatische Behörden gingen so weit, dass sie die Rundschreiben der ungarischen Comitate, der Sprache wegen, in welcher sie geschrieben waren, ungelesen zurückschickten. Infolge dieser und anderer ähnlicher Vorfälle entstand in den ungarischen Zeitschriften eine lange Debatte über die Rede Széchenyi's. Nikolaus Wesselényi, der Jugendfreund Széchenyi's, war einer der ersten, der Verwahrung einlegte gegen jene Beschuldigung, als ob die Ungarn ihre Sprache mit Gewalt verbreiteten, und die slawische Bewegung nichts anderes wäre als eine Reaction. Kossuth entwickelte lebhaft im „Pesti Hirlap" jene schädlichen Resultate, welche diese Rede in dem der ungarischen Nationalität feindseligen Lager hervorgebracht hatte; Pulszky forderte den Grafen, die Rede des weitern zergliedernd, auf, zu beweisen: „Wann und wo wir uns über jene Grenzen hinaus, welche das Gesetz vorschreibt, dass nämlich die ungarische Sprache an die Stelle der lateinischen zu treten habe, verirrten? In welches der ältern Institute und Vereine, wo nicht die ungarische Sprache die herrschende war, weil auch ihre Begründer keine Ungarn waren, sich das Ungarthum mit Gewalt hineingedrängt habe? In welcher Versammlung, in welchen Unterhaltungen wurde zu Gunsten der ungarischen Sprache, wenn auch nur versuchsweise, jede andere Sprache ausgeschlossen? Wie viel Predigten wurden principiell und auf Befehl in ungarischer Sprache an solche Bewohner gerichtet. von welchen, wie der Graf behauptete, nicht einmal der zehnte Theil in der Lage war, dieselbe als geistige Nahrung anzunehmen? Mit einem Wort, wo drängte sich, wie er gleichfalls behauptete, die ungarische Sprache über Hals und Kopf ein?" Indessen versenkte sich Széchenyi, was man an diesem grossen Manne nicht ohne Schmerz betrachten konnte, anstatt auf diese Fragen zu antworten, immer tiefer in seine Leidenschaftlichkeit und griff die freisinnige Partei in seinen im „Jelenkor" erschienenen Artikeln mit stets grösserer Bitterkeit

Die durch diese Rede entstandenen Debatten.

an, indem er sie beschuldigte, dass sie am Verderben des Reichs arbeite. Aber Széchenyi kam seiner fraglichen Rede wegen nicht nur mit der freisinnigen, oder besser gesagt, der Partei des „Pesti Hirlap", sondern auch mit allen übrigen Parteien in Zwiespalt. Selbst das conservativ gesinnte „Világ", welches nach dem Tode Dessewffy's unter der Leitung Joseph Andrássy's stand, machte in dieser Frage das folgende Geständniss: „Wir müssen mit patriotischem Selbstgefühl bekennen, dass unsere Behörden ebenso wie unsere Journalistik ihrem Beruf am treuesten und gerechtesten entsprachen, indem sie sich vor den zwei Extremen, nämlich der Nachlässigkeit und der gewaltsamen Verbreitung unserer Sprache, ja selbst nur vor der Billigung derselben hüteten. In dieser Beziehung befinden wir uns daher auf dem Wege der Gerechtigkeit, Billigkeit und Gesetzmässigkeit. Wir haben in der Angelegenheit unserer Sprache nicht mehr gethan, als unser Recht war, aber auch nicht weniger als wir gesollt."

Das Szózat Wesselényi's. Die Rede Széchenyi's und die infolge derselben in den Zeitschriften entstandene heftige Polemik bewogen Wesselényi, der, seitdem er 1838 verurtheilt wurde, die politische Laufbahn verlassen hatte, und seiner körperlichen Leiden und insbesondere seines ihn mit Blindheit bedrohenden Augenübels wegen seine Zeit grösstentheils in der berühmten Wasserheilanstalt zu Gräfenberg zubrachte, zu einer erschöpfenden Erörterung dieser Fragen. Im Frühling 1843 erschien sein „Szózat a magyar és szláv nemzetiség ügyében" (Eine Stimme in der Sache der ungarischen und slawischen Nationalität). Der einstens so thätige Mann, obgleich er sich im Vorwort „einen politisch Todten" nennt, der, „durch geistige und leibliche Schläge aus seinem Wirkungskreis hinausgeworfen, vom Handeln ausgeschlossen, nicht mehr als lebendiges Glied in der Familie seiner Nation eingefügt ist, sondern nur noch als Bild unter seinen Mitbürgern lebt", kann nicht umhin, die Nation auf die Gefahr, mit welcher diese von der slawischen Bewegung bedroht wird, mit der ganzen Schwere seiner Stimme aufmerksam zu machen. Er stellt die Frage auf einen hohen politischen Standpunkt und bringt sie, wie es sein musste, mit den im Osten Europas sich immer mehr verwickelnden Angelegenheiten in Verbindung. Er stellt die Plane der revolutionären slawischen Propaganda dar, welche im Norden und im Süden dieselben Tendenzen verfolgen, im gleichen Charakter erscheinen. Er trägt die traditionelle Politik Russlands vor, welche dasselbe seit Peter I. befolgt, und zufolge welcher es mit seinem ausserordentlichen Wachsthum für Europa, aber insbesondere für Oesterreich stets gefährlicher wird. Und sodann hervorhebend, welch innige Verbindung zwischen diesen russischen Interessen und sowol den böhmischen als den illyrischen panslawistischen Tendenzen bestehe, weist er nach, dass, sobald der Russe die Orientalische Frage, wie es sein Interesse erfordere, in

den Vordergrund drängen würde, der Zusammenstoss zwischen Oester- 1840.
reich und Russland unvermeidlich ist. Wer von den beiden wird aus
demselben siegreich hervorgehen? Welch grosser Sympathie erfreut
sich Russland jetzt schon unter den Südslawen; und was wird es erst
thun, wenn die Sache einst zum Brotbrechen kommt! Der Fall
Oesterreichs, sagt er, ist in diesem Zusammenstoss unabwendbar,
wenn es nicht so bald als möglich zur Abwendung desselben das einzige Rettungsmittel anwendet, welches darin besteht: dass es die
Völker slawischer Sprache mit stärkern Interessen an sich selbst
knüpfe, als jene Interessen sind, welche diese Völker zu Russland
anziehen. Und worin findet Oesterreich dieses stärkere Interesse?
Sicher in nichts anderm als in der Freiheit und im Constitutionalismus. Es möge diese auf alle Völker Oesterreichs ausdehnen, und es
umgibt die Monarchie mit einem starken Walle, welchen weder die
revolutionäre slawische Propaganda noch die sich stets mehr ausdehnende Macht Russlands wird umstürzen können.

Daher ist, sagt er, eine Neugestaltung auf dem Grund der Freiheit und des Constitutionalismus eine um so brennendere Nothwendigkeit für Oesterreich, als es in der Regierung der Monarchie auch
an Einheit fehlt. Während es seine übrigen Länder und Provinzen
unumschränkt regieren darf, setzt in Ungarn die Verfassung ihrer
Machtvollkommenheit Grenzen. Diese zweierlei Regierungsform macht
jede Einheit in der Monarchie unmöglich: hier muss sie Principien
befolgen, welche sie dort nicht annehmen kann; hier muss sie verleugnen, was sie dort als Massregel aufstellt. Diese zweierlei Gewalt
ist ein wahrhafter Hohn gegeneinander. Aber das einheitliche Re-
gierungsprincip allein kann Oesterreich der Gefahr noch nicht ent-
reissen; dies kann nur die aufrichtig angenommene Verfassungsmässigkeit vollbringen. Wenn es in der Unbeschränktheit seine Einheit
suchen würde, müsste es unausbleiblich zum Schleppträger und Untergeordneten der petersburger Autokratie werden; denn der Repräsentant und Führer der unbeschränkten Macht kann nur Russland
sein. Wenn es dagegen in der ganzen Monarchie die Principien des
Constitutionalismus proclamirt, wird es seine sämmtlichen Völker
inniger mit sich verknüpfen und nicht nur in seiner innern Regierung einheitlicher und mithin stärker sein, sondern sein Gewicht auch
in seinen äussern Beziehungen auf eine bedeutende Weise vergrössern.
Insbesondere kann es in Deutschland seinen Einfluss gegen seinen
Rivalen, Preussen, zu einem entscheidenden machen; im Orient aber
kann es zum Träger der Freiheit und Civilisation werden, und kann
als solcher früher oder später den russischen Einfluss verdrängen,
welcher sich nur auf Stammverwandtschaft stützt, aber keine Freiheit
geben kann.

Von diesen Principien ausgehend, ertheilt Wesselényi den Rath,

8 *

in dem bisher weder ganz unbeschränkten noch wirklich constitutionellen, weder deutschen noch ungarischen, nicht slawischen, nicht italienischen Staate ein föderatives constitutionelles System aufzustellen, um die herannahende Gefahr abzuwenden. Seiner Ansicht nach müsste man den neuen constitutionellen Staat in fünf verschiedenen Gruppen begründen. Diese Gruppen würden die folgenden sein: 1) Die deutschen Provinzen, wo er den in Kärnten und Krain zerstreuten slawischen Nationalitäten eine solche Autonomie zu geben wünscht, wie sie die Sachsen in Siebenbürgen besitzen. 2) Böhmen und Mähren. 3) Galizien. 4) Das Lombardisch-Venetianische Königreich mit den italienischen Länderstrichen Istriens. 5) Endlich das Gebiet der ungarischen Krone; wo indessen Kroatien, Slawonien und Dalmatien vereinigt, und zwar unter der ungarischen Krone, aber eine gänzlich abgesonderte slawische Verwaltung erhalten sollten. „Wenn", sagt er, „Oesterreich diese aus auf ihren eigenen Nationalitäten begründeten Ländern bestehende und durch den Eifer für verwandte Interessen und den gemeinschaftlichen Thron materiell und geistig eng verbundene constitutionelle Macht wäre, würden alle die in seinem Schoss vorhandenen vielen fremden Elemente, welche jetzt sich selbst und ihm feindlich gegenüberstehen, und unter welchen es manche gibt, die es mit Gefahr bedrohen, zu sichern Verbündeten und zu ebenso vielen Factoren seiner Kraft werden. Der russische Einfluss auf die slawischen Völkerschaften würde aufhören; denn sie hätten von demselben nichts mehr zu hoffen, und besässen in ihrer constitutionellen Stellung einen solchen Vortheil, wie sie ihn von jener unbeschränkten Macht nicht erwarten könnten. Das Gift revolutionärer Bestrebungen könnte nicht wirken; denn die Nationen würden all dasjenige und zwar auf friedlichem Wege besitzen, und dafür den Namen ihrer guten Fürsten segnen, wofür sie im Stande gewesen wären, ihre Zuflucht zu einem revolutionären gefahrvollen Wagniss zu nehmen, nämlich das auf ihrer eigenen Nationalität begründete constitutionelle Dasein."

Und während er rieth, die Sehnsucht der einzelnen Nationalitäten auf diese Weise zu befriedigen, vergass er zugleich nicht die einzig mögliche Einheit der Monarchie, die Begründung der föderativen Einheit in sein Programm aufzunehmen. Die Staatsschuld wünschte er unter diese fünf Ländergruppen verhältnissmässig vertheilt zu sehen. Ebenso wollte er jene Bande bestimmt wissen, durch welche die fünf Länder, und zwar nicht auf Grundlage einer den Ansprüchen der verschiedenen Nationalitäten widerstreitenden Centralisation, sondern auf der eines constitutionellen Bündnisses, welches die geschichtlichen Rechte überall unversehrt aufrecht halte, die Selbstregierung aber sicherstelle, zu einem grossen Föderativstaat vereinigt würden.

Es kann nicht unsere Absicht sein, die Richtigkeit dieses Vor- 1840—43. schlags von staatsrechtlichem Gesichtspunkt aus einer Kritik zu unterziehen. Wir legten denselben soweit auch schon nur deshalb dar, damit sich herausstelle, wie in der Nationalitätsfrage eines der angesehensten Mitglieder der ungarischen freisinnigen Partei, und, solange er vom Schauplatz der Handlung nicht zurücktrat, der populäre und gefeierte Führer derselben dachte. Der Vorschlag Wesselenyi's verklang zwar in der Flut von Planen und Programmen, besonders nachdem die Nation denselben, als ausserhalb ihres Kreises befindlich, für ihre Aufgabe nicht betrachten konnte; man kann indessen seine Ansichten bezüglich der Schonung der Nationalitäten und der Ausdehnung des Constitutionalismus auf sämmtliche Völker der Monarchie als die öffentliche Meinung des Landes bezeichnen. Nur in Einem trat der Ungar, in Betracht der Nationalität, den im Lande wohnenden Bürgern anderer Sprachen gegenüber fordernd auf: dass in Ungarn die Sprache der öffentlichen Verwaltung — mit Ausnahme Kroatiens — überall die ungarische sei, und zu diesem Zweck in den öffentlichen Lehranstalten genügender Unterricht in derselben ertheilt werde. Dies ausgenommen liess er den Gebrauch und die Pflege der übrigen Sprachen in Ruhe; und unter der Bedingung, dass die ungarische politische Nationalität des Landes nicht in Zweifel gezogen werde, theilte er sich herzlich mit allen Völkerschaften anderer Sprache in die Wohlthaten seiner Verfassung. Unter ihren eigenthümlichen Umständen glaubte die Nation soviel mit Recht erwarten zu dürfen, ohne der Unterdrückung der Landesbewohner anderer Sprachen angeklagt werden zu können. Man kann zwar nicht in Abrede stellen, dass durch die Einsetzung der ungarischen Sprache anstatt der lateinischen zum Organ der öffentlichen Verwaltung der Ungar einen grossen Vortheil über die Bewohner anderer Sprachen gewonnen hatte, wie er ihn vordem nicht besass. Aber, wenn einmal den Platz der todten lateinischen Sprache eine lebende einnehmen sollte — dessen Nothwendigkeit man vernünftigerweise nicht ableugnen kann —: die Sprache welches Stammes der Landesbewohner hätte wol diesen Vortheil für sich in Anspruch nehmen können, wenn nicht die Sprache jenes Stammes, welcher, nachdem er diesem Reiche vor tausend Jahren Dasein und Namen gegeben, dasselbe unter so vielen Widerwärtigkeiten mit dem reichlichen Opfer seines edelsten Blutes aufrecht hielt, die einstmalige europäische Wichtigkeit und Geschichte desselben schuf; welcher seine auf alle übrigen Stämme gleichmässig ausgedehnte Verfassung begründete und im Verlauf von Jahrhunderten den Anforderungen der Zeit gemäss entwickelte, und endlich auf dessen Seite das Uebergewicht der Bildung, des Besitzes und des numerischen Verhältnisses war; dessen Sprache zwei Drittel der Landesbewohner für ihre Muttersprache bekannten und auch ein grosser Theil der An-

1840—43. gehörigen anderer Sprachen verstand? Allein obgleich man dies, ohne unbillig zu werden, nicht in Zweifel ziehen kann: so muss man dennoch gestehen, dass die ungarische Nation gegen die politische Klugheit verstiess, als sie, ihre eigene Sprache mit vollem Recht zur Amts-, Verwaltungs- und Unterrichtssprache erhebend, nicht zugleich auch für eine billige Befriedigung der übrigen sorgte und auf diese Weise versäumt hatte, diese Nationalitätsstreitigkeiten, insoweit es von ihr abhing, frühzeitig einzustellen. Und so geschah es, dass die Zwistigkeiten, wie wir später sehen werden, zum grossen Schaden des allgemeinen Fortschritts und Wohlstandes, sich je länger je mehr verbitterten.

Drittes Kapitel.

Die hauptsächlichern Reformfragen der Zeit.

Mit dem Herannahen der Eröffnung des Reichstags, im Früh- 1840—43. jahr 1843, beruhigten sich die Nationalitätsstreitigkeiten auf eine Zeit, als ob die einander gegenüberstehenden Parteien nur Kräfte hätten sammeln wollen, um ihre Kämpfe auf dem Reichstag bald darauf nur noch hitziger fortzusetzen. Bevor wir jedoch eine Darstellung derselben, und im allgemeinen der Ereignisse auf dem Reichstag beginnen, müssen wir auch jene lebhaften Parteikämpfe schildern, welche während dieser drei Jahre hinsichtlich der einzelnen Reformfragen im Vaterlande geführt wurden.

Die Reformbestrebungen, inwiefern sie die öffentliche Verwaltung betrafen, concentrirten sich, wie wir oben sahen, grösstentheils darin, dass die Selbstregierung der Comitate durch eine Erweiterung des statutarischen Rechts zum Nachtheil des Einflusses der Centralregierung immer weiter ausgedehnt wurde. In andern Dingen aber schritten sie in demokratischer Richtung vorwärts. Ueber die ganze mit soviel Hitze und Leidenschaft fortgesetzte Bestrebung verbreitete sich eine radicale Färbung, bei den an der Tagesordnung befindlichen Fragen war im allgemeinen genommen der Radicalismus die bewegende Kraft, wenn man auch übrigens denselben, wie er bei uns zur Aeusserung kam, nicht ganz in jenem Sinn nehmen kann, welchen man ihm anderswo in Europa beilegt. Wie es sich aus der bisherigen Geschichte unserer Reformbestrebungen genügend herausstellt, bewegten sich die radicalen Umgestaltungsprincipien meistens nur auf dem Felde des Privatrechts und waren auf zwei Hauptziele gerichtet. Das eine dieser Ziele war: das Unterthanenverhältniss durch die Erbablösung, den Grundbesitz des Adels durch Aufhebung der Aviticität und Fiscalität vollständig zu befreien; das zweite: die allgemeinen Lasten, die Steuer, auf jedermann nach Verhältniss des Besitzthums auszudehnen. Im Gebiet des Staatsrechts

schwebte den Augen der freisinnigen Partei die politische Rechtsgleichheit als nächstes Ziel vor. Auch im Interesse der Volksver-
tretung hatten sich im Vaterland nicht wenige |gewichtige Stimmen
erhoben, aber in dieser Beziehung waren die Ideen noch nicht reif
genug und auch die Regierung erschwerte den Erfolg auf jedem
Schritt; infolge dessen nahmen nur zwei specifische Fragen, als in der
nahen Zukunft zu verwirklichende Reformen, die Gemüther grösstentheils ein: die Betheiligung der gebildetern, aber nichtadelichen
Klassen, der sogenannten Honoratioren an den politischen Rechten
des Adels, und die Abstimmung der Städte auf dem Reichstag.

Die zwölf
szathmárer
Punkte. Diese Hauptreformpunkte, sowol jene, welche in administrativer,
als jene, welche in staats- und privatrechtlicher Hinsicht auf der
Oberfläche unsers öffentlichen Lebens auftauchten und in den Comitatsversammlungen ebenso wie in der Tagespresse von allen Seiten
ventilirt wurden, stellten zuerst die Stände des szathmárer Comitats
in zwölf Punkten zusammen, und bestimmten dieselben in ihrer im
Februar 1842 abgehaltenen Generalversammlung gleichsam zum Programm des nächsten Reichstags. Diese zwölf Punkte, welche von
Szathmár auch den übrigen Comitaten mitgetheilt, überall mit grossem
Eifer discutirt, und von der Mehrzahl der Comitate als Instruction
für die Reichstagsabgeordneten, angenommen wurden, sind die folgenden: 1) Aufhebung der Aviticität. 2) Ergänzung des Creditge-
setzes; Einführung von Grund- und Schuldenbüchern; Errichtung eines
Bodencreditinstituts. 3) Bindende ewige Ablösung des Unterthanen-
bodens. 4) Verbesserung unserer Handelsangelegenheiten; Aufhebung
der Zünfte, Einstellung der verschiedenen Monopole u. s. w. 5) Ausdehnung des Besitzrechts und des Rechts zur Einnahme öffentlicher
Aemter auf jeden Bewohner im allgemeinen. 6) Wiedereinführung
und Ausdehnung des auf die Besteuerung des hohen Klerus, der
Herren und Edelleute Bezug habenden 64. Gesetzartikels 1486 des
Königs Mathias. 7) Volkserziehung. 8) Pressfreiheit. 9) Befreiung
und Regelung der Städte. 10) Neugestaltung der bürgerlichen und
strafrechtlichen Gesetze, Aufstellung von Geschworenengerichten, Aufhebung der bestehenden langwierigen, ermüdenden Processform, Einführung des Anklageprocesses. 11) Absonderung der politischen Verwaltung von der Rechtspflege in den Comitaten, wie in den Städten.
12) Volksvertretung.

Die Debatten und Conferenzen, welche über diese Reformpunkte
in der Presse und in den Generalversammlungen der Comitate oder
in jenen Ausschüssen geführt wurden, welche zur Ausarbeitung der
den Abgeordneten für den nächsten Reichstag zu ertheilenden Instructionen ernannt worden waren, würden zwar ein interessantes
Bild geben von jener geistigen Bewegung, welche während dieser
Jahre die Patrioten so lebhaft beschäftigte und die moralische Ge-

schichte dieser Periode unsers Vaterlandes bildete.   Aber theils weil
es ohnehin nothwendig sein wird, von der Richtung dieser Reformpunkte in der Geschichte des Reichstags 1843 Erwähnung zu machen,
theils weil uns die erschöpfende Darstellung dieser Debatten vom
thatsächlichen Verlauf unserer Geschichte zu sehr ableiten würde,
können wir uns in den Verhandlungsgang derselben hier nicht einlassen.   Die Discussion dreier Fragen indessen ist es nöthig, umständlicher darzustellen, weil sich die Umstände, welche in Verbindung
mit diesen Fragen auftauchten, zu wahrhaften Ereignissen entwickelten
und zu Theilen unserer Geschichte wurden.   Diese drei Fragen bildeten die Fragen der Städte, der Steuer und der materiellen Interessen.

Die Städte, die hinsichtlich ihrer legislativen Abstimmung vom   Die Städte-
vorigen Reichstag nichts erlangt hatten, bestrebten sich in den nach-   frage.
folgenden Jahren dahin zu wirken, dass sie auf dem künftigen Reichstag ihr Ziel erreichen könnten; denn es verbreitete sich im Schose
der städtischen Behörden das Gefühl immer mehr, dass man diese
Frage in ihrem jetzigen Zustande nicht länger aufschieben könne,
sondern dieselbe endlich auf die eine oder die andere Art zur Lösung
bringen müsse.   Die Art, auf welche die Städte das ersehnte Ziel
zu erreichen sich bestrebten, war, wie dies auch schon auf dem
vorigen Reichstag aus den Aeusserungen und Schritten der städtischen
Deputirten zu Tage trat, eine verschiedene.   Die Stadt Oedenburg
wünschte auch fernerhin jene trotzige Stellung beizubehalten, in
welcher mehrere andere Städte mit ihr vereint, einzig auf geschichtliche Grundlage und die Anordnung alter Gesetze gestützt, forderten,
dass den Städten ihr reichstägliches Abstimmungsrecht zurückgegeben
werde.   Sie forderte in einem vom 25. März 1842 datirten Rundschreiben die übrigen Städte auf, dass, nachdem alle gelindern Mittel
zur Wiedergewinnung ihres Abstimmungsrechts erfolglos angewendet
worden, es nunmehr an der Zeit sei, zu energischern zu greifen; sie
möchten daher auf den nächsten Reichstag zwar Deputirte schicken,
allein mit einer solchen Instruction, dass, wenn ihnen nicht sogleich
in der ersten Sitzung, bevor noch irgendein anderer Gegenstand
aufgenommen werde, ein gleiches Stimmrecht wie den Comitaten
gegeben würde, sie, einen Protest einlegend, den Reichstag sogleich
zu verlassen hätten.   Die Abgeordneten seien nur zu diesem Einen
Schritt ermächtigt, und wenn sie, einer solchen Instruction entgegen,
sich auch in die Verhandlung anderer Gegenstände einlassen sollten,
habe ihr Mandat als Deputirte sofort aufzuhören.

Diese ungesetzliche und unpassende Art indessen, welche die
Stadt Oedenburg in Antrag brachte, fand bei den übrigen Städten
keine willfährige Aufnahme.   Diese wussten sehr gut, dass es im
Interesse der Adelsklasse selbst liege, die Stellung des Unterhauses
der Magnatentafel und der Regierung gegenüber zu befestigen; und

der Adelstand deswegen dem, dass den Städten das Abstimmungsrecht zurückgegeben werde, nicht nur nicht entgegen sei, sondern
dies auch selbst wünsche; jedoch einzig unter der Bedingung, dass
die Abgeordneten von der Gesammtheit der Bürger gewählt und vom
Einfluss der königlichen Kammer unabhängig gemacht würden, und
zu diesem Zweck die Städte zuvor eine neue Organisirung erhalten
mögen.   Auf dem vergangenen Reichstag wurde diese Bedingung
nicht nur entschieden ausgesprochen, sondern auch eine Commission
mit der Ausarbeitung der Städteeinrichtung betraut, welche indessen
ihr Operat damals nicht beendigen konnte.   Demzufolge sahen die
meisten Städte diese Bedingung der Stände für billig und gerecht
und zum Wohle des Vaterlandes dienend an, und betrieben nicht nur
selbst die fragliche Regelung, sondern, den Antrag Oedenburgs ver-
werfend, wünschten sie, dass man ihnen das Stimmrecht, welches infolge des Einflusses der Kammer auf die Entwickelung des Reichs
schädlich einwirken würde, ohne die erwähnte Regulirung nicht einmal ertheilen möge.   So äusserte sich unter anderm auch die Stadt
Theresiopel in einem unterm 23. Mai sowol an die Comitate als an
die Städte gerichteten Rundschreiben, indem sie entschieden erklärte,
dass es die erste und höchste Aufgabe der Städte sei, nicht ihr Abstimmungsrecht zurückzufordern, „sondern alle ihre Kräfte darauf
zu richten, dass die Organisation der Städte vollständig von dem
Geist der Nationalität durchdrungen werde; als Princip auszusprechen,
dass es an der Zeit sei, ein solches Gesetz zu schaffen, welches ihr
Wahlsystem regele; die Umgestaltung der innern Organisation der
Städte nach Möglichkeit zu fördern, damit dieselbe mit der Entwickelung der Verfassung des Reichs, den freisinnigen Institutionen
derselben und den Anforderungen unsers aufgeklärten Jahrhunderts
übereinstimme; insbesondere aber dahin zu streben, dass die in ihrem
administrativen Leben mangelnde Oeffentlichkeit begründet und ihre
Abhängigkeit von der königlichen Kammer aufgehoben werde". ·Und
nur wenn diese Bedingungen in Erfüllung kämen, könnten die
Städte billigerweise und mit vollem Recht die Wiederherstellung ihres
gesetzgeberischen Einflusses fordern.

Aehnlich war in dieser Angelegenheit der Beschluss der Stadt
Käsmark, welche, indem sie denselben den übrigen Städten und den
Comitaten in einem Rundschreiben vom 23. Aug. mittheilte, sich
auch zugleich an den König mit der Bitte wandte, dass, „nachdem
unsern Gesetzen gemäss nicht der städtische Magistrat, sondern die
Gesammtheit der Bürger mit dem Recht der Theilnahme an der
Gesetzgebung betheiligt sei, und infolge dessen nur die von der gesammten Bürgerschaft gewählten und dieselbe repräsentirenden Abgeordneten auf dem Reichstag mit dem Stimmrecht versehen sein
könnten, damit die Deputirten derselben, wenn sie abermals in der

gewohnten Weise von dem Magistrat gewählt und betraut werden 1840—43. sollten, ihres Abstimmungsrechts nicht auch auf dem künftigen Reichstag beraubt seien, Se. Maj. provisorisch anordnen möge, dass die Deputirten auch schon auf den künftigen Reichstag durch die gesammte Bürgerschaft zu wählen und mit Instructionen zu versehen seien". Sie bitten ferner den König, dass er die Regulirung des städtischen Organismus und des Abstimmungsrechts durch die königlichen Propositionen zum ersten Gegenstand der Verhandlungen bestimme. Diese constitutionell gesinnter Männer würdigen und eine politische Reife bekundenden Principien, welche in den Rundschreiben der Städte Theresiopel und Käsmark enthalten waren, hatten sich mehrere Städte zu eigen gemacht; obwol man im allgemeinen den Städten mit Recht den Vorwurf machen kann, dass sie in dieser für sie so hochgewichtigen Sache keineswegs so viel Eifer an den Tag legten, als man von ihnen mit Recht erwarten konnte. Der Tadel trifft natürlich die städtischen Magistratskörper, welchen, im Gegensatz mit dem Interesse der Bürgerschaft, die Regulirung der Städte nicht sehr erwünscht war, von welcher sie im voraus wissen konnten, dass sie ihre Willkür, welcher die bisherigen Zustände in vielen Dingen freien Raum gewährten, in enge Schranken einzwängen werde. Der Magistrat einer Stadt z. B. wollte das Rundschreiben der Städte Theresiopel und Käsmark den Bürgern nicht einmal bekannt geben und klagte dasselbe revolutionärer Principien an. In einigen andern, wie z. B. in Kaschau, betrieb zwar der aus Wahlbürgern bestehende äussere Rath die Reform; indessen erlitt die Bestrebung der Bürger an der Selbstsucht des innern Raths Schiffbruch. Mehrere der volkreichsten Städte, der Rath der Schwesterhauptstädte selbst, gaben keine Aeusserung ab auf das Rundschreiben der beiden Städte, welche mit einem so guten Beispiel vorangegangen waren. Und dieser Tadel fällt auch jenen Centraldicasterien zur Last, welche selbst jenen Verbesserungen den Weg verstellten, welche manche Städte bis zur Vollendung der reichstäglichen Regulirung in ihrem Schose zu Stande zu bringen sich bestrebten. So geschah es z. B. in Theresiopel, Szegedin und Szathmár-Németi, welche, mit dem Geiste der Verfassung übereinstimmend, in den Verhandlungen ihrer Magistrate die Oeffentlichkeit begründen wollten. Der Statthaltereirath hatte hiervon kaum Kunde erhalten, als er diesen Schritt der erwähnten Städte, obgleich er den Gesetzen nicht entgegen war, den Gemeinden aber, in welchen der geheim verfahrende Magistrat so viele Willkürlichkeiten ausübte, unberechenbaren Nutzen bringen konnte, sofort untersagte.

Während indessen sich in den Städten selbst, oder vielmehr in den in denselben herrschenden Vorstehern, gegen ihre eigene Angelegenheit eine solche Nachlässigkeit und Sorglosigkeit zeigte, machte die Reformpartei die Lösung der Städtefrage zu einem der Hauptziele ihrer Bestrebungen. Die glückliche Lösung dieser Städtefrage wurde bezüglich des Repräsentativsystems, welches im Plane der Umgestaltung des Reichs als eins der Hauptziele bezeichnet war, für den ersten, unausbleiblichen Schritt gehalten, durch welchen die Ausdehnung jenes Systems auf alle nichtadelichen Klassen vorbereitet werden sollte. Zu diesem Zweck musste man vor allem die Städte mit den übrigen constitutionellen Elementen der Nation assimiliren, was nur durch eine gründliche Umgestaltung des Verwaltungssystems der Städte zu erreichen war. Ohne diese das Abstimmungsrecht der Städte auf dem Reichstag wiederherzustellen, wäre soviel gewesen, als der wiener Regierung an der Ständetafel stets und in allem die Majorität zu sichern und die freisinnige Richtung der nationalen Umgestaltung zu unterbrechen; die Beschlüsse der Gesetzgebung aber mit dem Nationalgeist und der öffentlichen Meinung in directen Gegensatz zu stellen. Allein auch abgesehen von den Verhältnissen der Gesetzgebung wurde die Umgestaltung des Verwaltungssystems der Städte zu einer nothwendigen, damit denselben möglich gemacht werde, mit der nationalen Entwickelung gleichen Schritt zu halten. Ein mehr veraltetes, unzweckmässigeres System, als das der Städte war, kann man sich auch kaum vorstellen. Die städtische Obrigkeit ergänzte sich selbst blos durch corporative Wahlen; die Mitglieder derselben behielten ihre Aemter bis zum Lebensende bei; die Bürgerschaft hatte weder auf die Wahlen, noch auf die Steuer, noch auf die öffentlichen Ausgaben im Schose der Stadt Einfluss. Die Stadt war auf diese Weise in zwei ungleiche, miteinander nicht verbundene Theile getheilt. Die Einwohnerschaft sah in ihren Vorgesetzten, und nicht selten mit vollem Recht, nichts anderes als eigennützige Feinde, die einzig und allein von ihrer Selbstsucht und nicht vom Wohl der Gemeinde geleitet werden. Daher die unzähligen Streitigkeiten beinahe in allen Städten zwischen den Bürgern und ihren Vorgesetzten, aus welchen die erstern, wie sehr auch Recht und Gesetz auf ihrer Seite stehen mochte, nur selten als Sieger hervorgingen. Bei alledem konnte sich jedoch die allmächtig scheinende Obrigkeit ihrer Macht nicht sehr erfreuen; denn sie stand unter der strengsten Vormundschaft der königlichen Kammer, sodass sie ohne deren Erlaubniss selbst in den geringsten Dingen nichts beschliessen oder ausführen konnte. Unter solchen Umständen konnten die Städte, welche naturgemäss an der Spitze des nationalen Fortschritts hätten stehen sollen, in allem beschränkt, am Leitseile geführt oder eben gehindert, durchaus nicht dem Beruf entsprechen, welcher ihnen sonst in der nationalen Umgestaltung bestimmt gewesen wäre; ja durch die Vormundschaft der königlichen Kammer gleichsam zur Unmündigkeit verurtheilt, wirkten sie in allem hindernd auf die nationale Entwickelung ein.

Von diesen Interessen bewogen, begann die Reformpartei, da sie 1840—43. sah, dass von den auf diese Weise niedergehaltenen Städten hinsichtlich der Lösung der obschwebenden Frage nicht vieles zu erwarten sei, selbst die Agitation in dieser Angelegenheit. Die Presse, besonders die Tagespresse beschäftigte sich kaum mit einem andern Gegenstand öfter und reichlicher. Sie erörterte wiederholt nicht nur die Grundlagen, auf welche die neue Einrichtung der Städte zu basiren sei, damit sie mit den übrigen nationalen Elementen homogen werden könnten, sondern auch die Details der neuen Organisation selbst; sie wies nach, dass die alten Gesetze unter den jetzigen veränderten Verhältnissen nicht mehr als Rechtsgrund der legislatorischen Abstimmung der Städte dienen können, und liess sich in lange politische Rechnungen ein, um die Proportionen zu bestimmen, in welchen die städtische Bürgerschaft an der Gesetzgebung zu betheiligen sei; in welchen Dingen den Augen unserer Publicisten stets das zum Hauptziel aufgestellte allgemeine Repräsentativsystem als massgebend vorschwebte. Auch die Comitate, von der Ueberzeugung ausgehend, dass die Hebung des Bürgerstandes in unserm Vaterlande für die Sache der gesetzlichen Freiheit ebenso wie für die Civilisation und die moralische und die materielle Entwickelung gleichmässig nothwendig sei, stellten, damit sich die Städte aus ihrer gegenwärtigen ungerechten und unwürdigen reichstäglichen Stellung emporheben könnten, die Umgestaltung der innern Organisation der Städte in die erste Reihe der vorzunehmenden Angelegenheiten, durch welche Umgestaltung die Städte mit den übrigen constitutionellen Elementen der Nation in ein mehr übereinstimmendes Verhältniss gebracht werden sollten.

Theils durch diese Agitationen, theils durch das Beispiel von Theresiopel und Käsmark angeeifert, schlossen sich immer mehrere von den Städten der in ihrer Angelegenheit entstandenen Bewegung an. Im December 1842 fassten drei königliche Freistädte, Gran, Stuhlweissenburg und Kaschau, in dieser Frage einen Beschluss und erliessen Rundschreiben und Adressen. Diese Schritte waren ebenso viele Fortschrittsstadien in dieser wichtigen Angelegenheit. Die Beschlüsse der Stadt Gran, welche sie ihren Abgeordneten als Instruction mitzugeben beabsichtigte, waren die folgenden: die königlichen Freistädte mögen vom Einfluss der königlichen Kammer befreit und in allem dem königlichen Statthaltereirathe untergeordnet werden; das Recht der Behörde, über ihre öffentlichen Gelder zu verfügen, möge erweitert werden; die Obrigkeit möge sowol bei der Verhandlung der laufenden Angelegenheiten als auch in der Rechtspflege öffentlich berathen; das Bürgerrecht möge auf jeden Einwohner ausgedehnt werden, der seiner gewerblichen Beschäftigung nach unabhängig ist und die öffentlichen Lasten trägt; die Vorgesetzten mögen alle drei

Jahre der Wahl der gesammten Bürgerschaft unterworfen werden; auf die Wahl der Reichstagsabgeordneten habe jeder Bürger ohne Unterschied Einfluss zu nehmen. Noch um einen Schritt weiter ging die Stadt Stuhlweissenburg, welche das von Käsmark ausgesprochene Princip thatsächlich ins Leben treten liess und durch ein Statut bestimmte, dass ihre auf den künftigen Reichstag abzusendenden Deputirten schon von der ganzen Bürgerschaft gewählt und mit Instructionen versehen werden sollen. Zugleich aber richtete sie eine Adresse an den König, in welcher sie die Bestätigung dieses Statuts mit der Bemerkung betrieb, dass, wenn bis zum künftigen Reichstag vom König hierauf keine abschlägige Antwort herabgelange, sie das Schweigen für Zustimmung haltend, ihre Abgeordneten nach dem Statut wählen würde. Endlich unterstützte auch der Magistrat von Debreczin die Umgestaltung nach der Ansicht der Stadt Maria-Theresiopel, und obgleich er das Wahl- und Instructionssystem der Deputirten weder durch eine Resolution noch durch ein Statut vorläufig, sondern nur durch ein Gesetz geordnet zu sehen wünschte: so leistete er dennoch dieser Angelegenheit grossen Vorschub, indem er selbst den Plan der zu begründenden neuen Organisation ausarbeitete und zum leitenden Princip dieses Operats aufgestellt hatte: dass die innere Organisation der Städte jener der Comitate ähnlich gemacht werde, jedoch so, dass, während auf diese Weise die zwei verschiedenen Behörden in Einklang gebracht würden, jene Schwächen und Mängel, welche im Organismus der Comitate noch auf eine Verbesserung warten, umgangen werden könnten.

Die zahlreichen Adressen, welche von den Städten an die Regierung gerichtet wurden, konnte man, besonders nachdem zu erwarten war, dass mehrere Städte das Beispiel des stuhlweissenburger Statuts nachahmen würden, nicht ohne Antwort lassen. Baron Aloys Mednyánszky selbst, der aufgeklärte, patriotisch gesinnte Präsident der königlichen Kammer, erhob seine Stimme und betrieb beim wiener Cabinet die Veranstaltung solcher Einrichtungen, dass dasselbe den Forderungen der öffentlichen Meinung und dem Geist der ältern Gesetze gemäss anordne, dass die zum herannahenden Reichstag zu wählenden städtischen Deputirten unter der Mitwirkung einer grössern Anzahl von Bürgern zu wählen seien. Die sehnlich erwartete königliche Verordnung, welche endlich nach der Verkündigung des Reichstagstermins herabgelangte, stellte provisorisch eine mittelbare oder doppelte Wahlordnung fest, indem sie den Bürgern erlaubte: aus ihrer Mitte halb soviel Wähler zu wählen, als die Zahl der Mitglieder des äussern Raths ist, welche dann im Verein mit der letztern den Deputirten zu wählen hätten. Die königliche Verordnung traf eine Modificirung des bisherigen Gebrauchs auch in der Hinsicht, dass sie die vorläufige Candidatur, welche bei den städtischen Behörden bisher in Anwendung

gebracht wurde, aufhob. Dieses Zugeständniss der Regierung, mit 1840–43.
welch karger Hand es immerhin gemessen sein mochte, war ein
wahrhafter Fortschritt in der städtischen Frage; und nachdem es
jene Einwendung der Stände, dass die städtischen Deputirten, wie
sie früher waren, nicht die Abgeordneten der Bürgerschaft, sondern
nur die des städtischen Magistrats als geschlossener Körperschaft
seien, zum grössten Theil aufgehoben hatte: so würde es die Lösung
der Frage ohne Zweifel sehr erleichtert haben, wenn nicht, wie wir
weiter unten sehen werden, andere aus dem Zusammenstoss der Principien entstandene grosse Hindernisse im Reformplan aufgetaucht
wären.

Als die ordentliche directe Steuer bei Begründung des stehenden *Die Frage der Besteue-*
Heeres im Jahre 1715 eingeführt ward, wurde der Adel, welcher ver- *rung des Adels.*
pflichtet war, das Vaterland auf seine eigenen Kosten zu vertheidigen,
und da diese Insurrectionspflicht auch nach Errichtung des stehenden
Heeres aufrecht erhalten blieb, von dieser Steuer sowol hinsichtlich
seiner Person als seines Besitzthums befreit. Daher besass die
Befreiung des Adels von der Kriegssteuer, wenn sie auch nicht
ganz gerecht ist, doch einen gewissen gesetzlichen Rechtsgrund. Als
im genannten Jahre die Kriegssteuer begründet wurde, bestanden im
Lande keine andern Gattungen von directen Steuern, denn zur Bestreitung der geringen Unkosten der Comitatsverwaltung langten die
verschiedenen schriftlichen, jurisdictionellen und Verwaltungstaxen aus.
Die Kosten der königlichen Hofhaltung und der Centralregierung
aber wurden vom Einkommen der Krongüter, Bergwerke, Dreissigst-
ämter und andern Kameraleinkünften mehr als reichlich gedeckt. Da
indessen im Verlauf der Zeit die Comitatsverwaltung eine immer kostspieligere geworden war, wurde auch das Einkommen von den Taxen
unzureichend, und die Comitate begannen zur Beistreitung derselben
nach Verhältniss des Bedarfs in ihrem eigenen Schos jährlich directe
Steuern zu erheben. Da die Segnungen der Comitatsverwaltung
grösstentheils den Edelleuten zugute kamen, so waren die Comitatsbeamten, zu deren Besoldung die Unkosten nothwendig waren, eigentlich die Beamten der Gemeinschaft des Adels. Es wäre daher nichts
gerechter gewesen, als dass der Adel diese Comitats- oder sogenannte
Domestikalsteuer ganz allein trage oder dazu mindestens nach Verhältniss seines Besitzthums beisteuere, wie er dazu vordem nach dem
Zeugniss des 64. Gesetzartikels 1486 beitrug. Indessen wälzte der
Adel des auf Privilegien stolzen Zeitalters, welcher jede Besteuerung
für das herabwürdigende Attribut der Knechtschaft ansah, auch die
Herstellung dieser vorzüglich in seinem Interesse gemachten Admini-
strationskosten auf die Schultern des nichtprivilegirten Volks, welches
ohnehin schon auch die Lasten der Kriegssteuer trug.

Ausser den Unkosten der Comitatsverwaltung tauchten jedoch

1840—43. im Verlauf der Zeiten auch neuere Bedürfnisse auf, welche aus den Ansprüchen der Civilisation und der Nothwendigkeit einer Verbesserung der öffentlichen Zustände entstanden. In der langen Epoche der Türkenkriege und der innern Wirren wurde auf das Land keine Investition verwendet. Den moralischen Interessen fehlte es zwar nicht an einer gewissen Grundlage an Besitz: die gelehrten Schulen z. B. waren mit Fundationen versehen. Aber die materiellen Interessen lagen brach. Die Hebung der Gewerbe und des Handels verlangte vor allem leichte und wohlfeile Communicationsmittel, gute Wege, Kanäle u. s. w. Die Kraft, der Geldfonds aber mangelte zur Herstellung derselben. Der Hof, welcher die Kameraleinkünfte ausschliesslich als sein Eigenthum betrachtete, verwandte keinen Heller davon auf das Land. Der Adel, der jede Besteuerung für beschämend hielt, glaubte mit seiner Insurrections- und Landesvertheidigungspflicht jede Schuldigkeit dem Vaterlande gegenüber abgestattet zu haben. Dem Volke, dessen Schultern schon das geistliche Zehnt, das herrschaftliche Neuntel, die Robot und die Kriegssteuer drückte, konnte man grössere Lasten nicht mehr auflegen, und der Adel wollte dies auch nicht, damit dasselbe sodann zur Leistung der Herrendienste und Steuern nicht untanglich werde. Nirgends waren daher Geldkräfte zu Investitionen vorhanden, und die materiellen Interessen sanken stets tiefer oder siechten in ihrem alten Stillstande fort. Das Gefühl des wachsenden Bedürfnisses liess unsere Vorfahren schon Mitte des vorigen Jahrhunderts deutlich einsehen, dass ohne Investitionen das Reich ebenso wenig wie das Privatbesitzthum sich zu einem blühenden entwickeln könne. Aus diesem Grunde hatte die öffentliche Meinung unzähligemal ausgesprochen, „dass man die allgemeine Wohlfahrt des Vaterlandes mit bedeutenderm Gedeihen ohne einen öffentlichen Fonds erfolgreich nicht bewirken könne". Die Gesetzgebung hatte sich auf jedem ältern Reichstag mit diesem öffentlichen Fonds befasst; Reichscommissionen wurden ernannt, welche die Mittel und Quellen desselben erforschen sollten. Aber jeder Plan litt Schiffbruch an den vor jeder Besteuerung zurückschreckenden Privilegien des Adels. Die Gesetzgebung schuf endlich in den zu diesem Zweck erhöhten Salzpreisen eine gewisse mittelbare Steuer. Allein wenn die Regierung diese öffentlichen Einkünfte auch in der That zu öffentlichen Zwecken verwendet hätte, so wäre dies doch nur ein Tropfen in dem fortwährend anwachsenden Meer der Bedürfnisse gewesen.

Seitdem sich die Kenntniss der Mängel und das Gefühl der Nothwendigkeit der Reform und Umgestaltung in immer weitern Kreisen verbreitete; seitdem Stephan Széchenyi und nach ihm andere den moralischen Werth der Adelsprivilegien mit ihren Agitationen in der öffentlichen Meinung so sehr verringert hatten, dass die „Hundshaut" (das Pergament des Adelsbriefs) nicht selten zum Gegenstand 1840—43. des Spottes gemacht wurde, begann auch hinsichtlich der ordentlichen Besteuerung eine grosse Veränderung in der öffentlichen Meinung vor sich zu gehen. Man konnte nach dem oben Erzählten nicht mehr bezweifeln, dass die Zeit nahe sei, in welcher der Adel, dem Privilegium „der jungfräulichen Schultern" freiwillig entsagend, vor der Besteuerung nicht mehr zurückschrecken werde; und wenn er auch nicht wollen werde, an der Kriegssteuer theilzunehmen, solange einerseits seine Landesvertheidigungspflicht bestehe, andererseits auch die Regierung die Verantwortlichkeit nicht übernehme, so werde er der Domesticalsteuer und der auf die öffentlichen Arbeiten zu verwendenden Reichssteuer sich nicht entziehen. Die Führer unserer Reform, insbesondere Széchenyi, wünschten und hofften, nachdem sie durch die Mauth der pesther Kettenbrücke dem Nichtzahlungs-Privilegium des Adels im Princip ohnehin schon eine tödliche Wunde geschlagen, die allgemeine Besteuerung hinsichtlich der zu innern und zu Landeszwecken zu verwendenden Steuer schon auf dem nächsten Reichstag zu begründen. Indessen, wiewol es im Vaterlande nur noch wenige gab, die wenigstens im Innersten ihrer Seele nicht eingesehen hätten, dass die Entrichtung der Domesticalsteuer durch das arme Volk allein eine Ungerechtigkeit und für den Adel beschämend sei; oder die es nicht für eine unabweisliche Forderung des Zeitalters betrachtet hätten, zur Deckung der allgemeinen Landesbedürfnisse beizutragen: so war dennoch leicht vorauszusehen, dass die bessere Einsicht und das Gefühl für Gerechtigkeit und Billigkeit mit der Selbstsucht, der Befangenheit und dem Vorurtheil noch manchen hitzigen Kampf werde bestehen müssen.

Bezüglich der auch durch den Adel nach Verhältniss des Besitzthums zu tragenden Domesticalsteuer wurden in einigen Comitaten, z. B. Stuhlweissenburg, Gran, gleich 1841 Anträge gestellt. Die Debatte über diese Frage begann indessen eigentlich Graf Albert Der Aufruf Sztáray mit seinem im „Századunk", einem Nebenblatte des „Hirnök" des Grafen Albert Sztáray. veröffentlichten Aufruf, welcher grosse Aufmerksamkeit erregte. Der Graf erklärt darin die Steuerfreiheit des Adels bezüglich der innern Verwaltung für einen abnormen Zustand, welcher sogar der ewigen Gerechtigkeit widerspricht; und wünscht, dass die Unkosten der innern Verwaltung ganz und ausschliesslich vom Adel getragen werden mögen. Aber er fordert auch, dass in der Feststellung der Auslagen und der Umlage der Steuer jene das entscheidende Wort besitzen sollen, die am höchsten besteuert sind. Sztáray's Ansicht, dass die ewige Gerechtigkeit die Besteuerung des Adels fordere, fand allgemeine Billigung; die Art aber, zufolge welcher er die Domesticalsteuer blos auf den adelichen Grundbesitz auszuwerfen und den Höchstbesteuerten die entscheidende Stimme zu geben wünschte, wurde als den Samen des Standesunterschieds, der Absonderung in sich tragend und allen bürgerlichen Geist zerstörend, für unangemessen befunden und fand keine Nachfolger.

Kossuth — der, als ob er nur darauf gewartet hätte, dass diese die Besitzaristokratie am allernächsten betreffende Frage von einem Grossgrundbesitzer angebahnt werde, über dieselbe den grössern Theil des Jahres hindurch schwieg — begann bald nach dem Erscheinen des Sztáray'schen Aufrufs eine eingehende Erörterung dieser Frage in seinem „Hirlap". Erklärend, dass der gegenwärtigen Generation des Adels der glorreiche Beruf geworden sei, der Welt ein Beispiel zu geben, wie es die Jahrbücher der Geschichte noch nicht aufzuweisen haben, dass die Aristokratie einer Nation, nicht der glühenden Hitze dreier Tage sich fügend, sondern vom heiligen Trieb der Gerechtigkeitsliebe angeeifert, gerecht zu sein wusste, weil sie es wollte: begann er sofort eine heftige Agitation zu Gunsten dieser Frage zu entfalten. Irrthümliche Meinung, Befangenheit und Selbstsucht herrschten aber noch zu sehr im Vaterlande, als dass wer immer die Lösung für eine leichte hätte halten können. „Wenn der Reichstag eröffnet wird und das Wort Domesticalsteuer auf die Tagesordnung kommt", sagt er, „werden wir sehen, ob wir in der Freisinnigkeit Männer sind? . . . Uns kommt vor, dass dieses Wort der Probirstein sein werde." Er stellte daher vor allem den Ursprung unsers Steuersystems dar, wies die zeitweisen Veränderungen, die Natur, die geschichtliche Entwickelung des adelichen und unterthänlichen Grundbesitzes nach, und lieferte insbesondere den Beweis, dass, da die Domesticalsteuer neuern Ursprungs sei, die ältern Gesetze, welche von der Steuerfreiheit des Adels handeln, darauf nicht anzuwenden seien.

Nachdem er auf diese Weise die rechtshistorische Seite der Frage entwickelt hatte, begann er die finanzielle und politische Seite derselben zu erörtern. Die letztere gab ihm sodann Gelegenheit zur eigentlichen Agitation. Die Unstatthaftigkeit der Ansicht Sztáray's nachweisend, fand er nur in der von jedermann nach Verhältniss seines Besitzes zu entrichtenden Steuer die Principien der Gerechtigkeit und bürgerlichen Gleichheit, des allgemeinen Nutzens und einer gesunden Staatslehre. „In einem wohlgeordneten Staate", sagt er, „ist die Steuerfreiheit eine bürgerliche Herabwürdigung. Wer ist es, der in England, Frankreich, im freien Amerika keine Steuern zahlt? Der Sklave, der im Lohn stehende Diener und der Bettler: der Arme, der nichts besitzt. Wer ist es, der bei uns keine Steuer zahlt? Auch ohne es auszusprechen, weiss es jedermann. Eine beschämende Parallele! Und auf welcher Seite ist das Recht, mit erhobenem Haupt dahin aufzublicken, wo in der Wage Asträa's die Schicksale der Völker gewogen werden?! Dort verlangt der Staat

vom Diener und Bettler keine Steuer, weil er ihm nichts gab, wofür 1840—43.
er eine verlangen könnte; uns gab das theuere Vaterland das Obers
von seiner Milch, und wir zahlen ebendeswegen keine Steuern! Wenn
man sodann mit einem freien Engländer spricht und, von jenem Trieb
geleitet, die Schwächen der Nation vor einem Fremden zu entschuldigen, alles anwendet, um ihn mit der Philosophie der Steuerfreiheit
zu versöhnen, und er ungläubig den Kopf schüttelt und rings im
Vaterland umherblickend ausruft: «Gütiger Gott! Wieviel verborgene
Schätze liegen in diesem Boden unbenutzt, wie vieles fehlt hier, was
vorhanden sein sollte: und ihr sagt, dass ihr euer Vaterland liebt,
dass eine erhabene Vaterlandsliebe die Brust eines jeden Ungars
durchglühe; und dennoch wollt ihr nicht zum Wohl, Ruhm und Glück
dieses so heissgeliebten Vaterlandes jährlich ein- oder zweimalhundert-
tausend Pfund Sterling beisteuern, während euer Volk Millionen
zahlt . . . !» müssen wir mit gebeugtem Haupt dastehen u. s. w."

Hinsichtlich jener Seite der Frage aber, was wichtiger sei: die
auf sociale Verbesserungen aufzuwendende Reichs- oder die zur innern
Verwaltung nothwendige Domesticalsteuer? äusserte er sich, nachdem er die Erfahrung machte, dass, obgleich viele geneigt seien, zu
manchen das ganze Land betreffenden Verbesserungen zeitweilig und
als Subsidium beizusteuern, ihre adeliche Selbstsucht, ihr Vorurtheil
aber einer beständigen Domesticalsteuer fremd sei, auf folgende Art:
„Obgleich der materielle Gewinn der Theilnahme an der Domesticalsteuer mit dem Volk nicht so nahe liegend, so augenfällig ist als
derjenige, welcher zu einer verhältnissmässigen Theilnahme an den
Unkosten der Communicationsmittel des Reichs aneifert; obgleich sich
gegen jene von vielen Orten her eine zornige Antipathie äussert;
obgleich es keinen Gegenstand gibt, mit welchem vor einem sehr
grossen Theil des Adels soviel Unpopularität verbunden wäre, keinen
Gegenstand, welchen der böse Wille zur Aufreizung der Leidenschaften
und zum Sturz der politischen Stellung solcher Männer, welche für
die öffentliche Sache durch ein ganzes Leben hindurch mit unerschütterlicher Treue kämpften, so leicht misbrauchen könnte: wir werden
dennoch immer sagen, dass es keine Eisenbahn gibt, keinen Kanal,
kein Subsidienopfer, keinen Nutzen, keinen materiellen Gewinn, wofür
wir die beständige Betheiligung an der Domesticalsteuer in Tausch
gäben; und wenn dennoch über unserer Nation ein so unglückseliges
Gestirn waltete, dass wir nicht soviel Kraft und Willen in uns hätten,
zu unserm eigenen Besten, zum Wohl unsers Vaterlandes das doppel-
köpfige Ungeheuer des Vorurtheils und der Engherzigkeit zugleich
zu besiegen, so würden wir, wenn wir wirklich zwischen zwei nothwendigen Dingen wählen müssten, sagen: übernehmen wir die verhältnissmässige Betheiligung an der Tragung der allgemeinen Comitats-

9*

auslagen, dieser unterordnen wir (wenn es schon nicht anders sein kann) jede andere Frage, diese aber keiner andern."

Während Kossuth seine theils erörternden, theils agitirenden Artikel in dieser wichtigen Reformfrage veröffentlichte, begannen auch die übrigen Zeitschriften derselben ihre Aufmerksamkeit immer häufiger zuzuwenden. Und zur Ehre unserer Zeitungsliteratur sei es gesagt, dass, welcher Färbung immer das Blatt gewesen sein mochte, jedes die Theilnahme des Adels an der Besteuerung befürwortete; der Unterschied bestand höchstens darin, welche von den beiden Steuern, die Comitats- oder die Reichssteuer, wenn es nicht gelingen sollte, beide durchzubringen, zuerst ins Leben zu führen sei? Oder, ob es nützlicher sei, die zur Herstellung der grossen Communicationsmittel nothwendigen Summen durch eine Anleihe oder durch directe oder indirecte Steuern herbeizuschaffen? u. s. w. Unter den übrigen über diesen Gegenstand erschienenen Artikeln sind die weitaus ausgezeichnetsten die vom Grafen Emil Dessewffy, welche derselbe später unter dem Titel „Alföldi levelek" (Briefe aus dem Unterlande) auch als Buch veröffentlichte. Der agitatorische Ton und die Dialektik fehlt zwar in denselben; aber hinsichtlich ihres innern Werths und ihrer Richtigkeit wetteifern sie mit den Artikeln Kossuth's. Die Principien des Grafen concentriren sich darin, dass die Theilnahme des Adels an der Domesticalsteuer von der Gerechtigkeit, Billigkeit und gesunden Politik gleichmässig verlangt wird; dass die zu systemisirenden Unkosten der innern Verwaltung durch eine directe Besteuerung zu decken seien, die zur Herstellung der Reichscommunicationsmittel nöthige Geldkraft aber auf dem Wege der indirecten Steuern zu beschaffen sei.

Die Steuerfrage in den Comitaten. Während auf diese Weise die Presse, hinsichtlich des Wesens übereinstimmend, die Frage der zu innern und socialen Verbesserungen nothwendigen Reichssteuer von allen Seiten erörterte, stellten auch die Comitate dieselbe in ihren Generalversammlungen einzeln auf die Tagesordnung, um ihren auf den Reichstag abzusendenden Abgeordneten in dieser Beziehung eine entschiedene Instruction ertheilen zu können. In unserm öffentlichen Leben war bisher noch kaum ein solcher Gegenstand aufgetaucht, mit welchem so viele Reichs- und zugleich auch Privatinteressen verbunden waren, und welcher demzufolge zur Aufstachelung der Leidenschaften geeigneter gewesen wäre, als die Frage der gemeinsamen Besteuerung. Der Adel war in dieser Frage berufen, der Welt ein glänzendes Beispiel seiner politischen Grossjährigkeit, seiner Liebe zum Vaterlande und der öffentlichen Sache zu geben, indem er that, was aus eigenem Willen, ohne Zwang noch kein Adel irgendeines Landes gethan: die Triebe der Selbstsucht besiegen, die Fesseln hundertjähriger Irrthümer zerbrechen, seinem Privilegium der Steuerfreiheit entsagen, und im Interesse der Gerechtigkeit und des allgemeinen Wohls gemeinsam 1840—43. mit dem Volk eine nach Verhältniss des Besitzthums zu zahlende Steuer übernehmen. Die Aufgabe war in der That eine grosse und ebenso schwer wie glorreich; es ist daher kein Wunder, wenn sie in unserm öffentlichen Leben die Quelle eines aussergewöhnlich hitzigen Parteikampfs wurde; und während einerseits die Begeisterung der freisinnigen Partei dieselbe als die erste und nothwendigste unserer Arbeiten, als die Wage und den Probirstein der wahren Vaterlandsliebe verkündigte, und zur Durchführung derselben jedes in ihrer Macht stehende Mittel der Aufklärung, Ueberredung, Ueberzeugung und Agitation versuchte: zog andererseits auch die irrige Meinung, Befangenheit und Selbstsucht mit allen ihren dunkeln Waffen zu Felde, um den Sturz derselben herbeizuführen.

Die zwei grossen politischen Parteien waren in dieser Frage nicht in gleiche, einander gegenüberstehende Lager getheilt. Es gab unter den Conservativen zahlreiche, — die Mitglieder jener Fraction, welche sich die Partei der bedächtig vorwärts Schreitenden zu nennen liebte, beinahe ohne Ausnahme, die das Princip der allgemeinen Besteuerung, sei es aus einem Gefühl von Gerechtigkeit und Billigkeit, sei es aus Politik, sei es aus Haschen nach Volksthümlichkeit auf die eine oder die andere Art zu dem ihrigen machten, und wenn sie auch vielleicht im geheimen dagegen arbeiteten, öffentlich verkündigten. Dagegen fehlte es auch nicht an solchen, die früher, als man noch mit einer wohlfeilen Freisinnigkeit sich einige Popularität verschaffen konnte, unter den Fahnen der Reformpartei standen, jetzt aber zu Feinden der allgemeinen Besteuerung wurden; und wenn sie es auch nicht wagten, dieselbe direct anzugreifen — denn seitdem die Presse, besonders das „Pesti Hirlap" in mancherlei Variationen verkündigte, dass in andern civilisirten Ländern nur der Bettler oder der Diener steuerfrei sei, wurde es nicht nur für unpopulär, sondern auch für beschämend gehalten, gegen die Frage offen aufzutreten —, so bestrebten sie sich doch, dieselbe durch die Opportunität, Zeitgemässheit, das Hinstellen derselben in die Reihe der vorzunehmenden Gegenstände und andere dergleichen Gründe und Ausflüchte abzuschwächen und das Klasseninteresse in den Mantel des Heiligthums des öffentlichen Interesses zu hüllen. Ja es geschah sogar in nicht wenigen Comitaten, dass die Frage der allgemeinen Besteuerung zur Erzwingung anderer Parteiinteressen, zur Stürzung einzelner populärer Persönlichkeiten, oder zu andern solchen Nebenzwecken als blosses Mittel ausgenutzt wurde.

Ein Theil unsers niedern Adels, der auf Unterthanengründen wohnte, trug schon seit mehrern Jahren die Domesticalsteuer gemeinschaftlich mit dem Unterthan, und war daher natürlich nicht abgeneigt, die Gemeinsamkeit derselben zu votiren; aber auch der übrige Theil des niedern Adels, wenn er genügend aufgeklärt, von der Gerechtigkeit und Nothwendigkeit der Reform überzeugt, · von den Gegnern der Steuer aber nicht verführt wurde, gab an vielen Orten glänzende Zeugnisse seiner Intelligenz und Uneigennützigkeit und nahm das Princip der allgemeinen Besteuerung an. In den meisten Comitaten fiel jedoch das allgemeine Interesse dem Klasseninteresse zum Opfer. Ja in manchen Comitaten verübte die eben von den verständigern, aber selbstsüchtigen Grossgrundbesitzern aufgestachelte Menge die anstössigsten Ausschreitungen, die blutigsten Schlägereien, damit sie ihre adelichen „jungfräulichen Schultern" vor der „knechtischen" Last der Steuer bewahre und ihr Privilegium vor jeder Verletzung behüte. Die Verhandlung dieser Frage rief in unserm Comitatsleben Vorfälle hervor, bei deren Kunde mancher Patriot besorglich ausrief: ob diese Frage nicht etwa dem Comitatssystème selbst, aus welchem jeder Begriff von Ordnung, jede persönliche Sicherheit zu verschwinden schien, das Grab graben werde?

Schon im Jahre 1841 kam die Angelegenheit der Domesticalsteuer in den Generalversammlungen mancher Comitate zur Sprache. Einige derselben nahmen das Princip der allgemeinen Besteuerung ohne alle Schwierigkeit an und reihten dasselbe unter die Punkte der ihren Abgeordneten auf den künftigen Reichstag zu ertheilenden Instruction ein. Unter diesen befand sich z. B. das borsoder Comitat mit seinen 30000 Edelleuten. In der Generalversammlung, in welcher diese Frage zur Abstimmung kam, wurden zwar von seiten des niedern Adels einige Ausrufe: „Nem adózunk!" (Wir zahlen keine Steuern!) hörbar; nachdem jedoch Ladislaus Palóczy und Bartholomäus Szemere das gerechte und nothwendige Wesen der allgemeinen Besteuerung mit der Zaubermacht der Beredsamkeit entwickelt hatten, verbreitete sich ein elektrischer Strom von Begeisterung im Saale und es wurde der Beschluss ausgesprochen: „dass auf dem künftigen Reichstage durch die Deputirten die Einsetzung einer Reichscommission betrieben werde, welche mit den von Sr. Maj. abzuordnenden Räthen conferiren solle; und wenn es ihr gelänge, einen solchen Vertrag zu erwirken, welcher in jeder Hinsicht eine sichere Bürgschaft gewährleiste, der Adel in diesem Fall die verschiedenen allgemeinen Steuern nach Verhältniss des Besitzthums tragen solle; wenn indessen diese Unterhandlungen den gewünschten Erfolg auch nicht erreichen würden, so wünsche der Adel doch an der ganzen Last der Domesticalkasse stets in einer vom Comitat selbst zu bestimmenden Summe zusammen mit den übrigen Steuerzahlenden nach Verhältniss des Besitzthums theilzunehmen; wobei es zugleich der Reichscommission überlassen werde, den Zahlungsschlüssel und die ordentlichen Tabellen auszuarbeiten".

Neben diesen glänzenden Beispielen des uneigennützigen, aufgeklärten Patriotismus fehlte es indessen schon 1841 nicht an betrübenden, ja anstössigen Scenen in dieser Frage. Insbesondere zeichneten sich zwei Comitate in der Verwerfung des Princips der allgemeinen Besteuerung aus: Stuhlweissenburg und Szatmár. Im stuhlweissenburger Comitat brachten persönliche Streitigkeiten diese wichtige Frage zum Sturze. Einige Grossgrundbesitzer der conservativen Partei, und unter diesen insbesondere der erst unlängst oppositionelle Graf Edmund Zichy, nahmen es übel, dass diese Geldfrage eben von seiten solcher Anhänger der Reformpartei in Antrag gebracht wurde, deren Besitzthum nur ein geringes war, und mit denen sie schon seit einiger Zeit heftige Parteikämpfe führten, die Frage der allgemeinen Besteuerung „einen Kampf der Mittellosen gegen die Reichen" nennend; diese Grossgrundbesitzer führten in die Generalversammlung, in welcher diese Frage zur Verhandlung kommen sollte, Corteschmassen, welche man zufolge der Natur der Frage leicht verführen konnte, mit sich, und erhoben das Princip der Nichtzahlung durch die rohe Kraft der Zahl zum Beschluss. Noch viel betrübender waren die szatmárer Scenen. Dieses Comitat wurde von der Parteileidenschaft schon seit 1834, als Kölcsey der Erbablösungsfrage wegen von seiner Deputirtenlaufbahn zurückzutreten gezwungen wurde, in erbitterte Streitigkeiten verwickelt; und wenn die aus der Intelligenz des Comitats bestehende Reformpartei zuweilen auch siegte, wie z. B. bei Gelegenheit der obenerwähnten Annahme der berühmten zwölf Punkte, so erlangte doch die von Valentin Uray geführte conservative Partei, mit Hülfe der durch Verführung und Bestechung leicht auf die Abwege der Leidenschaft zu lenkenden Corteschmassen, bald wieder die Oberhand. Keiner ihrer Siege erregte jedoch grössern Anstoss als jener, durch welchen sie in der im December 1841 abgehaltenen Generalversammlung einige der freisinnigen zwölf Reformpunkte sammt der Domesticalsteuer zum Sturze brachten. Den Sieg erkämpfte der aus den Ortschaften Tyukod und Csenger herbeigeströmte niedere Adel, der, mit Bleistöcken bewaffnet, durch die Macht derselben die Redefreiheit unterdrückte.

Wir können nicht unterlassen, hier zu bemerken, dass diese Verhältnisse jener Umstand in einem eigentlichen Lichte erscheinen lässt, dass diese Feldzüge gegen die allgemeine Besteuerung unter der Protection der wiener Regierung vor sich gingen. Jener Theil der conservativen Partei, welcher sich der Steuerzahlung nicht unterwerfen wollte, wurde von der Regierung fortwährend unterstützt und beziehungsweise belohnt. So ist z. B. Valentin Uray, welcher die Steuerfrage in Szatmár stürzte, eher ein Anhänger der Hof- als der conservativen Partei zu nennen. Auch Edmund Zichy konnte sich, seitdem er die Partei vertauschend in die Reihe der Gegner

der allgemeinen Besteuerung getreten war, der besondern Protection
der Regierung rühmen und wurde später sogar zum Administrator
ernannt.   Und im allgemeinen kann man, wenn auch nicht von den
Obergespanen ohne Ausnahme, so doch von den Administratoren, die
insbesondere Anhänger der Regierungspartei waren, bestimmt sagen,
dass sie sämmtlich nach dem Willen der Regierung verfuhren, als
sie die Partei der Nichtzahlenwollenden unterstützten.   Und wenn
man dies in Betrachtung nimmt, und nebstbei seine Aufmerksamkeit
auch den Beziehungen der heftigsten Gegner der allgemeinen Besteuerung zu der Regierung zuwendet, so muss man zu der Folgerung
gelangen, dass in der Frage der Begründung einer allgemeinen Besteuerung nicht so sehr die aristokratische Partei der demokratischen
gegenüberstand, als die jede nationale Kräftigung zu verhindern sich
bestrebende Richtung der wiener Regierung der den Fortschritt, die
Entwickelung und Wiedergeburt betreibenden Nationalrichtung.

Im folgenden Jahre kam dieser heikle Gegenstand in den Generalversammlungen noch mehrerer Comitate zur Verhandlung, meistens in Verbindung mit den zwölf szatmárer Punkten.   Wo der
niedere Adel durch Verlockungen nicht auf Abwege geleitet wurde,
und über die Frage der intelligentere Theil der Stände allein entschied, wurde, kann man sagen, überall das Princip der gemeinsamen
Domesticalsteuer angenommen.   Aber leider beutete die Parteileidenschaft in der Mehrzahl der Comitate, und nicht selten aus Nebenzwecken, die irrthümlichen Meinungen der unverständigen Massen
des niedern Adels und dessen Anhänglichkeit an seine Privilegien
aus.   Es gab jedoch auch manches Beispiel dafür, dass der gehörig
informirte und nicht verführte niedere Adel das Princip, in welchem
aus mehr als einer Hinsicht das Aufblühen des Vaterlandes enthalten war, beinahe mit Begeisterung annahm.   Ja es fehlte sogar
nicht an Beispielen, dass die zur Stürzung der Steuer herbeigezogenen Corteschmassen von der Macht der Beredsamkeit bekehrt
wurden.   Dies war insbesondere in Bihar der Fall.   An einem Tage
im März 1842 wurde eine grosse Anzahl des niedern Adels zur
Generalversammlung herbeigelockt.   Die verführten Cortesch schlugen
schon zeitlich früh die Thüren des Berathungssaales ein und nahmen
denselben unter den Rufen „Nem adózunk!" ein.   Aber der während
des heftigsten Geschreis erschienene Edmund Beöthy trat, zur Rede
gelangend, den Vorurtheilen der Menge mit einer solchen Macht
entgegen, dass der gereizte Lärm sich immer mehr und mehr beruhigte; die hier und da erhobenen Bleistöcke verschwanden und die
unwissende Menge, welche die Freunde der Nichtbesteuerung herein-
geführt hatten, rief dem Kämpfer der Reform mächtige Éljen entgegen.   Dieser Scene war auch jene ähnlich, in welcher Beöthy, als
er zum Abgeordneten gewählt wurde, den niedern Adel des biharer

Comitats noch einmal zu bestimmen wusste, das Princip der Theil- 1840—43. nehmer an der Domesticalsteuer als Theil der Deputirteninstruction anzunehmen.

Als im Jahre 1843 der Reichstag verkündigt und die den Abgeordneten zu ertheilende Instruction bestimmt wurde, kam die Frage der Domesticalsteuer in jedem Comitat zur Verhandlung. Die Kämpfe der Parteien waren in den meisten Orten sehr heftig. Es geschah, dass, wo früher die Gegner der Steuer gesiegt hatten, jetzt die vernünftige Majorität vom Comitat den Schandfleck abwusch und die Domesticalsteuer den Abgeordneten als Instruction mitgab; aber leider geschah es an noch mehrern Orten, dass, wo die Intelligenz die Domesticalsteuer schon zum Beschluss erhoben hatte, dieser von den zur Rettung des Privilegiums herbeigelockten Corteschmassen wieder umgestossen wurde. Und in diesen Parteikämpfen wurden hier und da fürchterliche Skandale begangen, wahrhafte Schlachten geschlagen mit Waffen und Bleistöcken, auch Menschenleben fielen an manchen Orten der leidenschaftlichen Vertheidigung der Privilegien zum Opfer. Der verblendete Bauernadel zertrat, unter dem Vorwande einer Vertheidigung der avitischen Freiheit, in wilder Raserei selbst das schönste Recht des constitutionellen Lebens und rüttelte leidenschaftstrunken an der unter unsern Umständen stärksten Säule unsers nationalen Seins, dem Comitatssystem. Sein Recht der Theilnahme an der Gesetzgebung auf diese Weise misbrauchend, erhob er in seinem Wahn die selbstmörderische Hand gegen sich selbst; denn Kossuth machte in seinem „Hirlap" die richtige Bemerkung, dass, wenn dies so weiter fortgehe, die Stunde des ungarischen Adels geschlagen habe. Diese anstössigen Scenen wirkten aber auf die Freunde des Fortschritts, ja auf die Patrioten welcher Partei immer um so betrübender ein, als sie grösstentheils von Mitgliedern der höhern Gesellschaftskreise, hochstehenden Personen und Beamten herstammten; der unwissende, vor der Zahlung zurückschreckende, und daher gegen die Steuer leicht einzunehmende niedere Adel diente nur als Werkzeug, welches jene Herren, die Apostel der Steuerfreiheit, in Bewegung setzten. Ihr selbstmörderisches Werk gelang ihnen in den meisten Comitaten. Die Theilnahme des Adels an der Domesticalsteuer gaben unter den 52 Comitaten nur 19 ihren Abgeordneten als Instruction mit.

Wenn man daher diese Instructionen in Betracht nimmt, so wurden die Hoffnungen, welche hinsichtlich der Gemeinsamkeit der Domesticalsteuer schon so viele zu nähren begannen und der diesbezüglichen öffentlichen Meinung der Intelligenz nach auch schon in voraus mit Recht nähren konnten, schon vor der Eröffnung des Reichstags vernichtet. Allein nicht der Sturz der Steuer selbst war in dieser Angelegenheit das grösste Uebel. Man konnte es zwar bedauern, dass die folgenschwere Reform der Theilnahme des Adels an der Steuer abermals auf einige Jahre zurückgedrängt werde; wenn man jedoch bedenkt, dass drei oder vier Jahre eine kaum der Aufmerksamkeit zu würdigende Zeit seien im Leben einer Nation, so hätte sich wegen des Sturzes dieser Frage selbst der sanguinischste Reformer leicht trösten können. Bei weitem schädlichere Folgen als dies hatte die Sache in dem Umstande, dass, nachdem die ausgezeichnetsten Persönlichkeiten der Reformpartei die Annahme des Deputirtenmandats an die Steuerfrage gebunden hatten, man nun befürchten konnte, dass auf dem Reichstag mehrere unserer bedeutendsten Männer fehlen würden, was sodann auch den übrigen zur Verhandlung kommenden Fortschrittsfragen zum Schaden gereichen werde. Und in der That traf auch dies Unglück mehrere Comitate. Den infolge der Abstimmung des von Georg Forintos und andern verblendeten Bauernadels zu erwartenden Sturz der Domesticalsteuer im zalaer Comitat hatte Kossuth schon einige Zeit zuvor in seinem „Hirlap" als Trauernachricht angezeigt, was auch nach einigen Wochen in der That zur traurigen Wirklichkeit wurde.

Diese so sehr anstössigen, den Ruf, den Ruhm, die Ehre, ja das Sein und die Zukunft der Nation compromittirenden Vorfälle hatten bei den vielen schlimmen Folgen auch eine gute, sie ebneten dem Repräsentativsystem den Weg. Wer vor nur erst wenigen Monaten von Volksvertretung zu sprechen wagte, wurde als Schwärmer verhöhnt. Jetzt aber brachten die Skandalscenen in den Comitaten Szatmár, Szabolcs, Neutra, Weszprém, Zala, Eisenburg, Gömör u. s. w. dieselbe der allgemeinen Ueberzeugung der gesammten Intelligenz so nahe, wie dies die eifrigen Freunde des Repräsentativsystems durch zehnjährige Kraftanstrengung kaum hätten thun können. Kossuth selbst begann, die anstössigen Ausschreitungen hart geiselnd, für die Volksvertretung zu agitiren. Es war jedoch eine allgemein bekannte Sache, dass diese Frage noch viel zu wenig reif sei, als dass man von der künftigen Gesetzgebung auch nur die Verhandlung derselben ihrer ganzen Ausdehnung nach erwarten könnte. „Es ist nur Eine Stimme von den Karpaten bis zur Adria", sagte Kossuth, die in der Steuerfrage vorgefallenen anstössigen Thatsachen geiselnd, „dass die Sache so nicht bleiben könne, dass man dies nicht dulden könne, dicht dürfe. Was soll man aber diesem gefahrvollen Sturme entgegen vornehmen? Vor allem möge sich", sagt er, „das Gesetz erheben mit der allmächtigen Geisel seiner heiligen Gewalt, und, unterstützt von der allgemeinen Entrüstung der Nation, möge es jeden Sünder mit unerbittlicher Strenge treffen. Das andere ist, dass man zum Schutz der Freiheit der Comitatsversammlungen ein erfolgreiches Gesetz schaffen muss. Wenn jemand ein genug starkes Bürgerselbstgefühl besitzt, um sich mit Einem mal auf den hohen Gesichtspunkt der radicalen Abhülfe zu erheben, der 1340—43. wird mit uns wahrscheinlich einverstanden sein, dass diesen Uebelständen nur dadurch mit Erfolg abgeholfen sein wird, wenn, um die Worte Graf Széchenyi's zu gebrauchen, unsere halb feudale, halb aristokratische Verfassung in ein Repräsentativsystem umgestaltet wird. . . . Aber wenn wir zu einer solchen radicalen Heilung weder im Willen noch in der Kraft reif genug sein sollten, so fehlt es auch nicht an einer Möglichkeit zu einigen lindernden Schritten." Unter diese Schritte zählte er die Betheiligung der Honoratioren mit dem Stimmrecht in den Comitatsversammlungen, die Repräsentation der freien, abgelösten Gemeinden, sodass sie nach jeden 500 Seelen einen Vertreter in die Comitatsversammlungen senden könnten.

Während indessen Kossuth die unwürdigen Ausschreitungen in den Comitatsversammlungen in den Artikeln seiner Zeitschrift geiselte und zur Verhinderung derselben Mittel und Wege in Antrag brachte, erhoben Széchenyi und seine Nachfolger gegen Kossuth und die Partei des „Pesti Hirlap" die Anklage, dass die Frage der Domesticalsteuer direct von ihnen durch ihre Uebertreibungen und gewaltsamen Aufrufe gestürzt wurde, welche, eine Reaction nach sich ziehend, die conservative Partei zum Widerstand aufgestachelt hatten. Indessen, wenn auch vielleicht nicht in Abrede zu stellen ist, dass das hitzige Auftreten eines oder des andern kleinen Grundbesitzers für die Steuer oder manche kräftigere Ausdrücke des „Hirlap" hier und da auf manchen stolzern und vor der Steuerzahlung Abscheu hegenden Grossgrundbesitzer kränkend einwirkten, infolge dessen diese in ihrer Störrigkeit unter dem niedern Adel gegen die Steuer agitirten: so stammte doch diese Beschuldigung von Seite Széchenyi's mehr nur aus jenem Hass her, welchen er gegen Kossuth hegte, und von welchem angetrieben er jede Gelegenheit ergriff, wo er dessen im allgemeinen für gefährlich angesehenes Verfahren tadeln, dessen Einwirken auf die öffentliche Meinung verringern konnte. Jedermann waren die Ursachen des Widerstandes gegen die Steuer und die Quellen der Agitation zu Gunsten der Aufrechthaltung der Privilegien bekannt; jene aber, die die Zeichen der Zeit zu verstehen und sich zu erklären wussten, sahen im Hintergrund dieser leidenschaftlichen Streitigkeiten den Kampf der demokratischen und aristokratischen Grundsätze und Tendenzen auftauchen. Auch hatten die Anklage von Seite Széchenyi's und die gegen Kossuth gerichteten heftigen Angriffe keine andern Folgen, als dass das bedauernswerthe Zerwürfniss zwischen diesen beiden Männern zu einem nur noch unversöhnlichern wurde, als es schon früher war. Von grösserm Nutzen als diese unfruchtbare Polemik war, dass Széchenyi, nachdem er die Frage Die Zwei- der Domesticalsteuer schon im voraus für verloren betrachtete, mit groschen-
Steuer Szé- dem Plan einer von ihm „Zweigroschensteuer" benannten Grundsteuer chenyi's.

auftrat, welche als Mittel zur Errichtung eines Landes-Investitionsfonds dienen sollte. Das Wesen des Plans bestand in Folgendem: Jeder Adeliche und Nichtadeliche zahle jährlich von jedem Morgen Landes zwei Groschen, was etwa eine Summe von fünf Millionen Gulden betragen würde; hierauf werde sodann eine Anleihe von 100 Millionen Gulden aufgenommen, deren Interessen, nach dem anzuhoffenden Zinsenfuss von $3\frac{1}{2}$ Procent, jährlich mit $3\frac{1}{2}$ Million, und die zur Tilgung des Anlehens dienenden $1\frac{1}{2}$ Million, von jener fünf Millionen Gulden betragenden Steuer abgezahlt werden sollten. Auf diese Weise wird das Reich während fünfunddreissig Jahren, so lange diese Steuer dauern wird, über ein Investitionskapital von 100 Millionen Gulden disponiren können. Da man aber diese Summe nur nach Verlauf mehrerer Jahre zweckmässig investiren kann, so werde der Ueberschuss zur Errichtung einer Bodencreditbank verwendet und den Einwohnern unsers Landes auf eine sichere Hypothek gegen einen um ein Procent erhobenen Zins als Darlehen ausgegeben, wodurch dem Lande noch nebenbei 50—60 Millionen Gulden acquirirt werden. Und so wird die Nation in fünfunddreissig Jahren im Stande sein, etwa 160 Millionen Gulden auf Investitionen zu verwenden; wenn sodann das Anlehen getilgt ist, würde auch die Steuer aufhören. Als Széchenyi seine Agitation für diese Grundsteuer begann, äusserte er zu wiederholten malen den Wunsch: es möge sich über diesen Antrag auch jene Meinungspartei äussern, welche vom „Pesti Hirlap" repräsentirt wird, da er die Durchführung seines Plans grösstentheils von der Unterstützung derselben hoffte. Und wir müssen dem patriotischen Charakter Kossuth's Gerechtigkeit widerfahren lassen: er zeigte sich, die bittern Angriffe seines leidenschaftlichsten Gegners vergessend, herzlich bereit, diesen Plan zu unterstützen und machte seine Mitwirkung nur von der Einen Bedingung abhängig, dass diese Steuer auch eine moralische Grundlage besitzen müsse, das heisst: dass, nachdem das zur Investition des Landes nothwendige Geld im Wege einer allgemeinen Steuer aufgebracht worden, der Adel seinem herabwürdigenden Privilegium der Steuerfreiheit auf diese Weise entsage; dass er sogleich durch den ersten Schritt seiner Entsagung unter den verschiedenen Volksklassen eine Interesseneinheit herstelle, das Volk sich gegenüber versöhne und, in der Deckung der gemeinsamen Bedürfnisse des gemeinsamen Vaterlandes zum Volk herabsteigend, dasselbe durch eine immerwährende Theilnahme an den gemeinsamen Lasten geschwisterlich zu sich emporhebe. Unter dieser Interesseneinheit aber verstand Kossuth, dass, weil diese Grundsteuer die Lasten des Volks mit einer Steuer von etwa zwei Millionen vermehren würde, die Frage der gemeinsamen Zahlung der Domesticalsteuer aber fiel, nunmehr auch der Unterthan gleich dem Adelichen der unmittelbaren Wohlthaten des auf Grundlage der Fünf-

Millionen - Steuer zu contrahirenden Anlehens theilhaftig gemacht
werde. Er stellte demnach zur Bedingung, dass in der Hälfte der
von den 100 Millionen von Zeit zu Zeit auf sichere Hypotheken zu
ertheilenden Darlehnssumme die Priorität das ackerbautreibende,
steuerzahlende Volk haben müsse, unter diesem aber jene, welche sich
für immer loskaufen und das Darlehen ebendieser Erbablösung wegen
aufnehmen wollen. Uebrigens werden wir, da das Schicksal dieser
Grundsteuer vom Reichstag entschieden wurde, das Weitere später
erzählen.

Zur Vervollständigung des Bildes, welches wir von den Reformbewegungen dieser drei Jahre entwarfen, ist, wie unvollkommen es
auch immerhin sein möge, noch nothwendig, wenn auch nur in wenigen Umrissen jene Bewegungen zu schildern, welche unmittelbar im
Gebiet des socialen Lebens, besonders hinsichtlich der materiellen
Interessen auftauchten. Der Reichstag vom Jahre 1843—44 bildet
auch in dieser Beziehung einen neuen Aufzug im Drama unsers
nationalen Lebens; ehe wir daher darauf übergehen, müssen wir den
Zustand charakterisiren, in welchem der Reichstag diese Interessen
antraf.

Im Gebiet der materiellen Interessen zeigt sich, bei allen Gebrechen
derselben, im allgemeinen genommen ein schöner Fortschritt. Die
hierauf Bezug habenden nothwendigen Reformen waren beinahe ohne
Ausnahme vom Stadium der Agitation in das Stadium des Entwurfs,
der Erörterung übergegangen; ja einige finden wir sogar schon im
Stadium der Verwirklichung. Die Kenntnis der Mängel und das
Gefühl der Nothwendigkeit des Fortschritts war schon so allgemein
geworden, dass manches ausgestreute Samenkorn schnell aufging, ja
sogar zu blühen begann. Dies kann man indessen nur von einzelnen
Details sagen; denn im allgemeinen war die vollständige Befreiung
der Gewerbe und des Handels, und das infolge dessen anzuhoffende
wahre Aufblühen Ungarns noch in der fernen Zukunft verborgen.
Handel und Gewerbe siechten bei uns, im ganzen genommen, noch
immer in den Fesseln jener colonialen Verhältnisse dahin, in welchen
sie die ebenso zwischen unserm Vaterland und Oesterreich als in der
ganzen Monarchie bestehende Zolllinie niederhielt. Da diese Zolllinie der Industrie der österreichischen Erbländer auch noch als Schutz
gegen uns diente, so konnte das Fabrikwesen bei uns keineswegs
die Fortschritte machen, welche es unter andern Umständen zu
machen im Stande gewesen wäre. Weil aber unsere inländische Industrie nur sehr gering war, so fehlte es auch der Production und
auf diese Weise dem Landbau am wirksamsten Hebel. Andererseits
wurden wir durch diese Zolllinien von den übrigen Plätzen Europas
ausgeschlossen und einzig auf Oesterreich beschränkt. Da jedoch das
letztere einige unserer Producte, z. B. unsere Weine, davon es selbst

eine Menge zog, nicht kaufen konnte; andere unserer Erzeugnisse nicht stets und sicher consumirte: so konnte auch unsere Feldwirthschaft keinen genügenden Antrieb zu einer solchen Entwickelung erhalten, welche sie unter andern Umständen hätte erreichen können. Es geschah ja öfter selbst mit unserm Getreide, welches nach der Wolle unsern einträglichsten Ausfuhrartikel bildete, dass, wenn den Landwirth nacheinander der Segen zweier guter Ernten belohnte, dasselbe weder einen Preis noch Käufer hatte; infolge dessen der Landwirth, der für seine vermehrten Producte um einen bestimmten Preis auf keinen sichern, beständigen Platz rechnen konnte, auch nur sehr geringe Lust verspüren musste, seine Kräfte anzustrengen und kostspieligere Investitionen vorzunehmen.

Die Frage
des An-
schlusses an
den Deut-
schen Zoll-
verein. Weil diesen Zollverhältnissen nur der gute Wille der wiener Regierung abhelfen konnte, so hätte sich jede Discussion, jede Erörterung dieser Angelegenheit nur auf jene Frage beschränken können: auf welche Weise man die Regierung zur Abänderung dieser Zollverhältnisse geneigt machen könnte, und welchen Vorschub wir bis dahin, trotz dieser Schranken, unsern materiellen Interessen sowol im allgemeinen, als auch hinsichtlich der einzelnen Zweige derselben mit Aufwendung unserer eigenen Kräfte geben könnten, hätte nicht zufällig ein gewisser Umstand eine andere Frage auf das Feld unserer Discussion geworfen. Nachdem der deutsche Zollbund 1839 erneuert wurde, erörterte und beleuchtete die deutsche Presse diese nationalökonomische Einrichtung von allen Seiten reichlich und eingehend. Da sich aus diesen Abhandlungen und Berechnungen herausstellte, wie ungeheuer gross der Nutzen sei, welcher während der verflossenen sechs Jahre den Mitgliedern des Zollvereins zugute kam: warf der Zollverband auch auf Oesterreich seinen sehnsüchtigen Blick, und hoffte schon von der nächsten Zukunft die Verwirklichung des Wunsches, dass auch Oesterreich sich demselben anschliessen werde. „Jeder Schritt", schrieb unter andern Nebenius, „welchen die Entwickelung der Dampfschiffahrt auf der Donau macht, jedes Ereigniss, welches eine glücklichere Lösung der dunkeln, verwickelten orientalischen Verhältnisse verspricht, wird auch den Zeitpunkt des Anschlusses näher bringen." Aber die deutschen Nationalökonomen warfen ihre sehnsüchtigen Blicke nicht nur auf die deutschen Länder Oesterreichs; einen ähnlichen Wunsch, ähnliche Hoffnungen hegten sie in sich auch hinsichtlich Ungarns. Dies verursachte grösstentheils, dass unsere deutschen Nachbarn seit einiger Zeit die immer lebhafter werdenden Regungen unsers öffentlichen Lebens mit einer so grossen Aufmerksamkeit verfolgten. Ja mehrere begannen, die Reformbestrebungen der Ungarn sehend, freudetrunken zu verkündigen, dass die ungarische Gesetzgebung zum Anschluss an den Deutschen Zollverein so sehr geneigt sei, dass sie selbst zu Opfern bereit wäre, um sich nur 1840–43. demselben anschliessen zu können.

Die grosse Frage wurde daher, infolge solcher Aufforderungen, auch bei uns nicht nur in der Presse, sondern auch in einigen der aus einem so sehr gemischten Publikum bestehenden Comitatsversammlungen aufs Tapet gebracht. Und die Stände einiger Comitate, besonders jene der an Oesterreich angrenzenden, äusserten sich in einem dem Anschluss günstigen Sinn; ja Oedenburg erliess sogar im Interesse desselben ein Rundschreiben, indem es die Meinung hegte, dass Ungarn nichts Besseres thun könne, als in die wiener Regierung zu dringen, dass sie sich mit den deutschen Erbländern und Ungarn zusammen dem Zollverein je eher anschliesse, welcher nach kurzem sechsjährigen Bestehen den Wohlstand Deutschlands wenigstens verzehnfacht hatte. Bald indessen begann auch die Presse diesen Gegenstand zu erörtern, auf jeden Fall mit mehr nationalökonomischer Sachkenntniss, als man dies von unsern Comitatsversammlungen erwarten konnte. Es wurde nachgewiesen, dass, ehe der Anschluss an den Zollverein auch nur in Rede kommen könnte, zahlreiche grosse Reformen vor sich gehen müssten; vor allem die Abschaffung der Steuerfreiheit des Adels, die Aufhebung der Aviticität u. s. w. Aber wenn auch alle diese Reformen vor sich gingen, so würden doch die wichtigsten materiellen und nationalen Rücksichten den Anschluss verbieten. Unsere geringere vaterländische Industrie könnte neben dem in industrieller Beziehung sehr entwickelten Deutschland niemals zur Entwickelung gelangen; und nebstbei würden wir auch für unsere Producte keinen grössern Markt gewinnen, nachdem die Länder des Zollvereins mit ähnlichen hinreichend versehen seien. Andere zogen zwar diesen letztern Grund, und nicht ohne Berechtigung, in Zweifel; dagegen glaubten sie um so fester, dass der Anschluss unserer noch nicht genug gekräftigten Nationalität zum Nachtheil gereichen würde. Der Deutsche Zollverband hatte nicht nur zum Resultat, dass die Wohlhabenheit sich um das Zehnfache vergrösserte; sondern auch jenes, dass er das nationale Selbstgefühl mächtig vermehrte, und hinsichtlich der politischen Einheit des deutschen Volks so viel gethan hat, dass man getrost sagen kann: dass, welches Land sich dem Deutschen Zollverein angeschlossen hatte, ein Glied der deutschen Nation geworden sei, daher früher oder später deutsch werden müsse. Zwar hatten wir bisher keine Ursache, das deutsche Element für ein feindseliges zu betrachten; denn in den Nationalitätskämpfen, welche innerhalb unserer Grenzen gekämpft wurden, betrug sich das deutsche Element, mit Ausnahme der siebenbürger Sachsen, auf eine kluge und den Anforderungen der Billigkeit angemessene Weise. Da aber ein grosser Theil der Industriellen Ungarns deutsch ist, so würde, wenn dieses Reich zum Gliede des Deutschen Zollvereins, und mit demselben in finanziellen und commerziellen Interessen gleichsam zu einer Familie verschmelzen werde, das deutsche Element unsers Vaterlandes in der Schwere dieser ungeheuern moralischen Macht ein solches Uebergewicht erlangen, infolge dessen die ungarische Nation ihren sichern Untergang in dem Deutschen Zollverein fände. Nachdem die deutsche Presse selbst aufrichtig eingestand, dass die Resultate des Zollvereins hinsichtlich der Nationalität und politischen Einheit wie bezüglich der materiellen Interessen nicht geringer seien; dass der Zollverein die Nationaleinheit thatsächlich verwirklicht hatte und auch den Weg zur politischen Einheit bahne: orientirte sich die öffentliche Meinung bei uns bald in der Frage des Anschlusses an den Zollverein, und diese verschwand nach kurzer Zeit gänzlich vom Horizont unsers öffentlichen Lebens.

Als Resultat dieser Discussion ist es indessen zu betrachten, dass die öffentliche Meinung sich bezüglich der zwischen unserm Vaterland und Oesterreich bestehenden Zolllinien immer mehr und mehr zu verändern begann. Man sah ein, dass die Zolllinie, welche einstens die wiener Regierung als Hinderniss der Entwickelung der Nationalkraft begründet und ein Jahrhundert hindurch aufrecht erhalten hatte, zu einem Wall unserer Nationalität geworden war gegen die Verschmelzungsabsichten Wiens in jener Zeit, als es so leicht gewesen wäre, die durch Maria Theresia in Schlaf gelullte Nationalität, wenn ihr System fortgeführt worden wäre, zu Grabe zu tragen. Zwar sah die Nation auch jetzt mit Schmerz, welch grosse Hindernisse diese Zolllinie der Entwickelung unserer Industrie entgegenstelle; aber aus dem obigen Grunde wünschte sie nicht mehr, dieselben um jeden Preis aufgehoben zu wissen, sondern es wurde in dieser Beziehung die Ansicht allgemein, dass die Zwischenzolllinie auch fernerhin aufrecht erhalten und nur das System derselben nach dem Princip einer billigen Reciprocität abgeändert werden möge. Die österreichische Industrie wurde durch dieses Mauthsystem ein Jahrhundert lang nicht nur gegen das Ausland, sondern auch gegen Ungarn geschützt; infolge dessen diese schon zu einer solchen Entwickelung gelangt war, dass unsere Industrie mit ihr ohnehin nicht so bald concurriren konnte. Was ist daher der Billigkeit mehr angemessen, als dass künftighin auch die ungarische Industrie einigen Schutzes theilhaftig werde, wenigstens bis dahin, dass diese sich zur Höhe der österreichischen Industrie erheben würden; wo sodann zwischen Ungarn und den österreichischen Erbländern eine volle Reciprocität eintreten könnte, wie sie vormals bestand? Zwar nährte bei uns in dieser Beziehung kaum irgendjemand so sanguinische Hoffnungen, dass er geglaubt hätte, die wiener Regierung werde die hierauf bezüglichen billigen Wünsche der Nation so bald erfüllen; aber ebendeshalb, weil die Nation jede Neuerung von der Regierung nur nach langem

Kampf erlangen konnte, war seit dieser Zeit der Schutzzoll das 1840—41. Losungswort und das Ziel, auf welches sich hinsichtlich unserer Industrie die Bestrebungen richteten. Friedrich List, der Apostel des deutschen Schutzzollsystems, wurde auch bei uns sehr populär; sein Buch wurde ins Ungarische übersetzt, und seine Lehren fanden allgemeine Billigung.

Bis dahin aber, da es möglich sein werde, dieselben in Ausführung zu bringen, beschäftigte die Gemüther am lebhaftesten die Erörterung und Verwirklichung jener Mittel, welche unsern Gewerben, unserm Handel sogleich einigen Vorschub leisten könnten. Oben machten wir Erwähnung von dem Grundsteuerplan Széchenyi's, welcher die Schaffung einer auf die Entwickelung der verschiedenen materiellen Interessen zu verwendenden grossen Landeskasse zum Zweck hatte. Schon vor ihm hatten manche die Herstellung einer solchen Kasse erörtert und entworfen. Mit dem Vortrag dieser Plane werden wir indessen die Leser nicht ermüden und werden nur noch über jenen Fortschritt einiges sagen, welcher sich auf dem Felde unserer materiellen Interessen zur thatsächlichen Lebenskräftigkeit entwickelt hatte. Da die Regierung ihren traditionellen staatsökonomischen und administrativen Principien zufolge bei uns zur Verbesserung dieser Interessen nichts that, so konnte alles, was in dieser Beziehung geschah, nur dem eifrigen Bestreben einzelner und jenem von Vereinen sein Dasein verdanken.

Der Vereinsgeist war im Lande schon lebhaft thätig. Das sociale Leben hatte kaum Einen Zweig, an dessen Entwickelung und Wachsthum Vereine nicht mitgewirkt hätten. Unter diesen war unstreitig der Gewerbeverein einer der nützlichsten. Paul Balogh rief Anfang 1841 die Nation zur Bildung einer „nützliche Kenntnisse verbreitenden Gesellschaft" auf und bezeichnete als Ziel der Thätigkeit dieses Vereins vor allem die Hebung jenes Mittelstandes, dessen Beruf nicht so sehr die wissenschaftliche Selbstbildung als vielmehr die Herstellung der materiellen Bedürfnisse des Lebens ist, und wegen seiner unmittelbaren Berührung mit den untern Volksklassen auf diese einen grossen Einfluss ausübt. Der Aufruf war so glücklich, bei allen jenen, die den Volksunterricht für eins der dringendsten Bedürfnisse unsers Zeitalters betrachteten, warme Theilnahme zu erregen, und die Gesellschaft trat auch sofort nach dem Muster einer ähnlichen englischen, schon seit 1826 mit grossem Nutzen wirkenden, zusammen. Kaum bestand die Gesellschaft einige Monate lang, im Publikum eifrige Theilnahme findend, als sie sich schon zu einem Gewerbeverein herausbildete, worauf sie auch den Namen wechselte, ihr Ziel aber, ausser der Verbreitung gemeinnütziger Kenntnisse, auch durch ihre Einwirkung auf die Zunahme und Vervollkommnung der Industrie und der Handwerke erweiterte. Der Gewerbeverein hob

Der Gewerbeverein.

sich durch die eifrigen Bestrebungen des zum Präsidenten gewählten Grafen Ludwig Batthyáni fortwährend und trug bald schöne Früchte. Nachdem nicht einmal die mehrmaligen Betreibungen der Reichstage die Regierung zur Verbesserung des öffentlichen Unterrichtssystems, insbesondere zur Gründung von Real- und Gewerbeschulen vermocht hatten, stellte sich der Verein vor allem die Ersetzung dieses Mangels zur Aufgabe; er errichtete Schulen für die Lehrlinge der Handwerker; liess populäre Vorträge aus den verschiedenen Zweigen der naturgeschichtlichen, mathematischen und technischen Wissenschaften für die Gewerbtreibenden halten; eröffnete einen mit den zu den Zwecken des Vereins gehörigen Büchern, Zeichnungen und Zeitschriften versehenen Lehrsaal und verband mit demselben eine Sammlung von Werkzeugs- und Maschinenmodellen. Endlich veranstaltete derselbe schon im zweiten Jahre seines Bestehens eine Gewerbeausstellung vaterländischer Erzeugnisse. Die Gewerbeausstellung, welche die Kenntniss unserer vaterländischen Erzeugnisse verbreitete, erweckte Sympathie für dieselben und diente als Antrieb zur Bildung von Schutzvereinen, welche unabhängig voneinander entstanden. Der erste war der tolnaer Schutzverein, dessen Mitglieder sich anfangs zum ausschliesslichen Tragen vaterländischer Wollgewebe verpflichteten. Das gute Beispiel fand zahlreiche Nachahmer, und die Sympathie, die Nachfrage nach vaterländischen Erzeugnissen, auf welche man noch unlängst so verächtlich herabsah, dass man das inländische Fabrikat für ein ausländisches ausgeben musste, um dasselbe verkaufen zu können, verbreitete sich in immer grössern Kreisen. Einzelne Industriezweige brauchen Jahre, bis sie sich zur grössern Vollkommenheit entwickeln; man kann jedoch sagen, dass in dieser Zeit bei uns der aus der Begeisterung entstandene Fleiss selbst einen Theil der Zeit ersetzte: die zweite Gewerbeausstellung stellte einen überraschenden Fortschritt in mehrern Industriezweigen heraus; was zum herzerhebenden Pfand diente, dass unermüdliche Arbeit und Eifer einerseits, Sympathie und Unterstützung andererseits die Industrie, die Hauptquelle der Wohlhabenheit, welche unsere politischen Zustände, und hauptsächlich die aus dem stiefmütterlichen Regierungssystem entstandenen Zollverhältnisse seit einem Jahrhundert in unbeweglicher Stagnation niederhielten, auch bei uns in kurzer Zeit zum Aufblühen bringen werden. Jene zahlreichen, verhältnissmässig ausgezeichneten Gewerbsproducte übergehend, welche auf dieser zweiten Ausstellung unsere Industrie schon vollständiger repräsentirten, und unter welchen fünf mit goldenen, funfzehn mit silbernen, neunzehn mit Bronzemedaillen, einunddreissig endlich mit Belobungsdiplomen ausgezeichnet wurden, wollen wir nur die Soda, den Zucker und die Seidenfabrikate erwähnen. Die drei Industriezweige würdigte der Verein, theils weil sie bei uns die Resultate des neuen Fortschritts waren, theils weil sie für unser Vaterland eine unberechenbare 1840—43. Wichtigkeit hatten, seiner besondern Aufmerksamkeit, und bestrebte sich, deren Entwickelung mit Rath und That zu befördern. Die Zuckerfabriken, welche bei uns wegen der Wohlfeilheit und Fruchtbarkeit des Bodens eine grosse Zukunft verhiessen, hatten bisher insbesondere den ihre grössere Rentabilität und dem zufolge ihre weitere Verbreitung hindernden Fehler, dass jeder Zuckersieder zugleich Raffinat erzeugen wollte. Der Verein gab daher den Landwirthen den Rath, das Raffiniren nicht einzeln zu versuchen, sondern in mit vereinten Kräften zu errichtenden gemeinschaftlichen Raffinatfabriken zu concentriren, da nur infolge dieser Arbeitstheilung eine solche Verminderung der Manipulationsauslagen zu hoffen sei, dass der jedes Schutzes entbehrende inländische Rübenzucker mit dem ausländischen hinsichtlich des Preises concurriren könne. Diesen Rath bestrebte sich der Landwirthschaftsverein bald darauf zu verwirklichen, indem er die pesther Zuckerfabrik ankaufte und in eine Centralraffinerie umwandelte. Die Seidenindustrie wurde ausser diesem auch noch von andern Vereinen befördert, welche sich vorzüglich nur die Erzeugung der Seide zur Aufgabe gestellt hatten. Diese sogenannten Maulbeerenvereine entstanden nach dem Beispiel und Muster des infolge der Bemühungen Széchenyi's zu Stande gekommenen grossartigen ödenburg-eisenburger Vereins im Vaterlande in immer grösserer Anzahl.

Auch bezüglich der Entfernung der innern Hindernisse, welche der Entwickelung unserer Industrie entgegenstanden, wurden einige Schritte gemacht. Unter anderm erlaubte das pesther Comitat, um das Monopol der Zünfte einzuschränken, auch den mit dem Meisterbrief nicht versehenen Gewerbtreibenden den Geschäftsbetrieb, ihnen nur das Freisprechen der Lehrlinge untersagend, bis das Gesetz über die Zünfte verfügen werde. Das Beispiel des pesther Comitats wurde sodann von mehrern andern nachgeahmt. Da indessen die Zünfte auf Grundlage gesetzlicher Privilegien bestanden, so konnten sie von den Comitatsbehörden nicht gänzlich eingestellt werden. Da die radicale Verbesserung in Bezug auf diese aus der Vorzeit zurückgebliebenen, einstens gegen die Gewaltthätigkeiten der herrschaftlichen Willkür nützlich gewesenen, jetzt aber den Fortschritt hindernden Institute der Gesetzgebung zukam, gab beinahe jedes Comitat die gänzliche Abschaffung oder zweckmässigere Regulirung derselben seinen Abgeordneten als Instruction mit.

Die sich hebende, zunehmende Industrie, da sie die Consumtion Fortschritte vermehrte, und daneben der lebhafter aufblühende Handel, der die in der Land- wirthschaft. Ausfuhr vergrösserte, wirkte auch auf die Landwirthschaft befördernd zurück. Aber ausserdem konnte man sich auch unmittelbar im Gebiet der Agricultur selbst eines schönen Fortschritts erfreuen. Da

10*

der persönliche Zustand der Ackerbauenden mit dem Zustand der Landwirthschaft in gleichem Verhältniss steht, so bestrebte sich der demokratische Zeitgeist, ausser jener Erweiterung der Rechte, welcher die ackerbauende Klasse von seiten der vergangenen Reichstage theilhaftig gemacht wurde, auch die persönlichen Zustände derselben zu verbessern und sie vor den Misbräuchen verborgener Herrenwillkür zu beschützen. Die Oeffentlichkeit in der Presse, jene beschämenden Brandmarkungen, wodurch die Willkür, die Uebergriffe der gegen ihre Unterthanen ungerechten Grundherren ans Tageslicht gezogen und an den Pranger der Oeffentlichkeit gestellt wurden, übten auf die Verbesserung der socialen Zustände der ackerbauenden Klasse eine sehr heilsame Einwirkung aus. Nächst dieser wohlthätigen Wirkung der Oeffentlichkeit bemühten sich auch die Comitate theils durch eine gerechtere Vertheilung der unentgeltlichen öffentlichen Arbeit, theils durch eine zeitgemässe Abschaffung der verschiedenen Ueberbleibsel des aus der Vorzeit stammenden vormundschaftlichen Willkürsystems (wie z. B. die Feststellung der Preise der Ernte- und Austretungsarbeiten) u. s. w. den Zustand des Ackerbauers zu verbessern. Die radicalsten Reformen führten in dieser Beziehung jene einzelnen Grundherren ein, welche auf Grund gegenseitiger Uebereinkunft die Erbablösung ihrer Unterthanen thatsächlich durchführten, oder mindestens ihren Unterthanen erlaubten, die Arbeit zu wohlfeilem Preise abzulösen. Solche gänzlich oder theilweise abgelöste Ortschaften, deren Zahl fortwährend wuchs, zählten sodann vom Tag des mit ihren Herren abgeschlossenen Vertrags an die Epoche eines glücklichern Daseins; aber dieser Tag schuf zugleich auch eine Epoche im landwirthschaftlichen Zustand jener Gemeinden.

Im Gebiet des Vereinswesens wirkte der „Landwirthschaftliche Verein", dessen wir schon früher des nähern gedachten, mit fortwährend zunehmender Kraft, in einem sich immer weiter ausdehnenden Kreise und mit wachsendem Erfolg auf die Beförderung der landwirthschaftlichen Industrie und Viehzucht ein. Sehr nützliche Dienste leistete er insbesondere durch die Vervollkommnung der landwirthschaftlichen Geräthe, worin eine besondere technische Abtheilung thätig war. Die Filialvereine, welche in den verschiedenen Gegenden des Landes in immer grösserer Zahl entstanden, verbreiteten die heilsame Einwirkung des Mutterinstituts, wie ebenso viele Kanäle, im Vaterlande. Das Organ des Vereins aber, der „Magyar Gazda" (Der ungarische Landwirth), machte die verschiedenen Verbesserungen und Erfindungen, den Erfolg der im Gebiet der Landwirthschaft gemachten Versuche schnell allgemein bekannt, verbreitete die Kenntniss des Bessern und eiferte unsere Landwirthe zur Nachahmung desselben an.

All diese erfreuliche Zunahme verdient natürlich nur verhältnissmässig im Hinblick auf die frühere Stagnation Aufmerksamkeit; denn im allgemeinen genommen stand unsere Landwirthschaft im Vergleich mit jener der volkreichen westlichen Länder sehr weit zurück, in welchen nächst der Dichtigkeit der Bevölkerung, dem blühenden Zustand der heimischen Industrie, der Vorzüglichkeit der Communicationsmittel, dem günstigern persönlichen Zustand der Ackerbauenden und der Einwirkung mehrerer ähnlicher Ursachen auch noch die Zollverhältnisse und die Unterstützung seitens der Regierungen alles Mögliche zur Hebung der Landwirthschaft beitrugen. Bei uns blieb in Beziehung auf alle diese Dinge noch viel zu wünschen übrig. Um anderes, was wir theilweise auch schon berührt haben, zu übergehen, wirkte der die freiere, lebhaftere Bewegung des inländischen Handels hindernde Mangel an guten und wohlfeilen Communicationsmitteln natürlich auch auf unsere Landwirthschaft drückend ein. Die Donaugegenden, die mit der in immer grösserer Ausdehnung wirkenden Dampfschiffahrt in Verbindung treten konnten, hatten in dieser Beziehung weniger Anlass zu Klagen; einige mit Baumaterial reichlich versehene Comitate Oberungarns waren auch im Besitz so ziemlich guter Strassen; aber auf der weiten Ebene Niederungarns mangelte es so sehr an leichten Communicationsmitteln, dass man z. B. aus dem am Ufer der Donau gelegenen Baja eine Metze Weizen sicherlich mit geringern Kosten über das Schwarze, Mittelländische und Atlantische Meer nach Amerika versenden konnte als in manches der oberungarischen Comitate. Dies war auch unter anderm die Ursache davon, dass hinsichtlich der Fruchtpreise selbst zwischen den Welttheilen kein grösserer Unterschied bestand als zwischen den verschiedenen Comitaten des Landes, und es geschah nicht blos einmal, dass in einem Theil des Landes die Hungersnoth herrschte, während der andere im Ueberfluss schwelgte.

Da die stiefmütterliche Regierung zur Abwendung dieser Mängel die Initiative nicht ergriff, so wendeten die an der Spitze der Reform stehenden Patrioten ihre Sorgfalt hauptsächlich diesen Zuständen zu. Dies war die Ursache, dass der 25. Gesetzartikel 1836 die den inländischen Handel befördernden Privatunternehmungen von aller Steuer befreite und dieselben einer grössern Begünstigung theilhaftig machte als die Gesetzgebung irgendeines andern Landes. Allein die in diesem Gesetzartikel gesetzten Hoffnungen hatten sich bisher noch nicht erfüllt, wenigstens konnten sie nicht zur Wirklichkeit werden; denn obwol an Plänen kein Mangel war, so waren doch andere Eisenbahnunternehmungen als die eines Theils der Presburg-Tyrnauer Eisenbahn bisher noch nicht zu Stande gekommen. Jene Gesellschaft, welche Pesth mit Wien auf dem linken Donauufer mittels einer Eisenbahn verbinden wollte, hegte ohne Zweifel ernste Absichten, stiess jedoch bei der Verwirklichung derselben auf tausend

Hindernisse. Kaum war nämlich das Entstehen dieser Gesellschaft öffentlich bekannt geworden, als schon eine zweite mit dem Plan der Wien-Raaber Eisenbahn hervortrat. Indessen war das Publikum bald der Meinung, dass diese wien-raaber Gesellschaft, deren Mitglieder grösstentheils aus Actionären der buda-pesther Kettenbrücke bestanden, es mit seinem Plan nur mystificire, um das Zustandekommen der Eisenbahn auf dem linken Donauufer aus Furcht vor Abnahme der Einkünfte der Kettenbrücke zu verhindern. Und es entstand eine lange Debatte über die Frage, ob die Eisenbahn des linken oder die des rechten Ufers grössern Vortheil verspreche. Die zwei parallelen Linien wurden in jedem Fall für überflüssig gehalten, besonders nachdem die Dampfschiffahrt in derselben Richtung sich schon zur vollsten Blüte entfaltet hatte. Die wien-raaber Linie empfahl sich nicht nur durch ihre geringere Länge und infolge davon durch ihre grössere Wohlfeilheit, sondern gewann auch deshalb zahlreiche Unterstützer, weil sie das Publikum damit anlockte, dass sie dieselbe später bis Fiume ausdehnen werde. Unter diesen Umständen stiess der Plan der linksseitigen Eisenbahn, obgleich er schon im April 1840 fertig geworden war und, vorgezeigt, für sehr ausgezeichnet befunden wurde und auch die höhere Bestätigung erhalten hatte, der Concurrenz der rechtsseitigen Eisenbahn wegen auf immer mehr Hindernisse. Ja wiewol einerseits die Mystification der wien-raaber Gesellschaft dadurch ganz an das Tageslicht kam, dass die im Plan befindliche Eisenbahn von Wiener-Neustadt nicht nach Raab, sondern nach Gloggnitz zu fortgesetzt wurde, um von dort aus nach Triest verlängert zu werden; und obwol andererseits die Gesellschaft der linksseitigen Eisenbahn ihre Vorarbeiten schon längst vollständig beendigt hatte, bei den Comitaten aber, welche die Eisenbahn durchziehen sollte, bezüglich der Expropriation und alles dessen, dessen Vermittelung den Behörden zugewiesen war, unterstützt wurde, so konnte ihre Angelegenheit selbst 1842 noch keine besondern Fortschritte machen. Die sogenannte wien-raaber Gesellschaft, welche sich indessen mit ihrer Linie, wie wir schon sagten, gegen Triest zu wandte, wusste die Regierung durch ihre Intriguen zu vermögen, dass diese selbst 1842 noch die Statuten dieser linksseitigen Gesellschaft nicht bestätigte und dem Zustandekommen dieser Linie so viele Hindernisse in den Weg legte, dass man vor dem Reichstag die Bauarbeiten nicht einmal beginnen konnte.

Infolge dieser zwischen den Privatunternehmern entstandenen Rivalitäten und Intriguen und des hieraus erwachsenen Zeitverlustes fand die Idee immer zahlreichere Unterstützung, dass das Eisenbahnnetz des Landes auf allgemeine Unkosten erbaut werden möge. Dies war zum Theil der Beweggrund, weshalb unsere an der Spitze der Reformbewegungen stehenden Landsleute die vom Adelichen und Nicht-

adelichen gemeinsam zu tragende Steuer schon auf dem nächsten 1840—43.
Reichstag zu begründen wünschten. Dies war auch insbesondere der
eine Zweck der von Széchenyi in Vorschlag gebrachten „Zweigroschen-
Grundsteuer".

In Kossuth erweckte jener Umstand, dass die Gesellschaft der
Eisenbahn des rechten Donauufers ihre zuerst in der Richtung nach
Gran im Plan gehabte Linie nach Triest wandte, damit mit dieser
Linie später nicht auch Fiume durch eine Zweigbahn verbunden
werde, und unser zu so grossen Hoffnungen berechtigender Handel
auch aus diesem einzigen Hafen des Landes seine Richtung nach
Wien nehmen müsse, den Entschluss, im Interesse einer Vukovár-
Fiumer Eisenbahn eine Agitation zu beginnen. Zum Grundprincip
dieser Agitation diente: durch eine Verbindung Fiumes mit Pesth
den unabhängigen ausländischen Handel des Landes zu sichern, dessen
Möglichkeit selbst die triester Linie, auch wenn sie mit Fiume in
Verbindung gesetzt würde, vernichten müsste. Fiume konnte bisher,
nachdem sowol die Regierung als auch die wiener Handelswelt alles
angewandt, um den ungarischen Producten den Weg ins Ausland über
Triest zu bahnen, zu keiner grossen Wichtigkeit gelangen. Seine
ganze Bilanz weist von 1835—40, also während sechs Jahren, nicht
mehr auf als in der Ausfuhr 20, in der Einfuhr 6 Mill. Gulden
in Silber. Für die Zukunft jedoch erweckte es grosse Hoffnungen.
Schon war der Umsatz beinahe dreimal grösser geworden als in den
den ebenerwähnten vorangehenden sechs Jahren, in welchen die
Ausfuhr nur 9, die Einfuhr aber zusammengenommen 1 Million
nicht überstieg. Dieser Verkehr vermehrte sich von Jahr zu Jahr,
trotzdem, dass die Regierung selbst, dem als Günstling behandelten
Triest zu Liebe, sich diesem ungarischen Hafen gegenüber auf eine
möglichst stiefmütterliche Weise benahm. Während sie z. B. auf
Triest grosse Summen verwandte, ja 1841 sogar zur Ausbesserung
des Hafens zu Venedig 1 Mill. Gulden anwies, konnte Fiume keinen
Heller erhalten, obgleich es schon seit lange und mehrmals um eine
kleine Hülfe zur Ausbesserung seines Hafens angesucht hatte, welche
gleichfalls nothwendig geworden war und nach dem Kostenüberschlage
nur 216000 Gulden gekostet hätte. Man konnte kaum zweifeln,
dass, sobald Fiume mit der Donau durch eine sichere und wohlfeile
Bahnlinie verbunden sei, ungarischen Producten, deren Ausfuhrlinie
bisher künstlich gegen Triest hin geleitet wurde, in den nähern und
bei all seiner Vernachlässigung bessern Hafen von Fiume würden
versendet werden. Diese Aenderung aber müsste sicher zur Folge
haben, dass fortan Fiume Ungarn mit jenen Colonialartikeln versehen würde, welche es bisher über Triest aus dritter Hand erhielt.
Die Idee daher, wonach die Donau mit Fiume mittels einer Eisenbahn verbunden werden sollte, besass sowol in politischer als mate-

rieller Hinsicht eine grosse Wichtigkeit. Hierbei wurde jedoch der Fehler begangen, dass Kossuth sich auch an die Spitze der Realisirung dieser Idee stellte, und diese nicht lieber dem mehr praktischen, in derlei Unternehmungen mehr berechnenden, glücklichern und daher eines grössern Vertrauens würdigen Széchenyi überliess, der sodann den Plan Kossuth's auch nicht unterstützte. Wir werden Gelegenheit finden, die weitern Entwickelungen dieser wichtigen Frage in der Geschichte der nächsten Jahre zu erzählen. Wir verschieben auch jene Agitationen für später, welche in Verbindung mit der Fiumer Eisenbahn hinsichtlich der Gründung eines selbständigen ungarischen Handels und einer zu diesem Zweck zu errichtenden Handelsgesellschaft schon vor dem Reichstag begonnen wurden, welche indessen ihre Früchte erst später trugen.

Hier muss man noch der Gründung der Commerzialbank erwähnen, welche unsern geringen Handel einigermassen beförderte. Die Strenge unserer Wechselgesetze und jener Umstand, demzufolge unsre Kaufleute sich in Abhängigkeit von der wiener Handelswelt befanden, deren Fallissements auch die unserige trafen, hatten ein Institut nothwendig gemacht, welches die Lage unserer Handelsleute durch Creditvorschüsse sicherstelle. Das pesther Handelsgremium gründete demnach durch Emission von Actien eine Commerzialbank mit einem Kapitalfonds von 2 Mill. Gulden, welche, nachdem sie Ende 1841 von der Regierung Concession und Privilegium erlangt hatte, im darauf folgenden Jahre auch ihre Thätigkeit zum grossen Nutzen unserer kaufmännischen Welt begann.

Sieben-bürgische Zustände. Es ist die höchste Zeit, dass wir auch auf die siebenbürgischen Zustände, welche wir unter diesen Parteikämpfen und Reformbestrebungen lange gänzlich aus den Augen verloren haben, einen flüchtigen Blick werfen. Das königliche Rescript, welches den Ständen Siebenbürgens am 6. Febr. 1835 vorgelesen wurde und den Landtag auflöste, die Verfassung suspendirte und den Erzherzog Ferdinand Este zum königlichen Commissar mit unbeschränkter Vollmacht ernannte, hatte die Herrschaft der Willkür über Siebenbürgen gebracht. Metternich machte, wie in Ungarn durch den Kanzler Fidelis Pálffy, so auch in Siebenbürgen durch die Intervention des Erzherzogs einen Versuch zur beständigern Begründung der Willkürherrschaft; was indessen wie dort, so auch hier vereitelt wurde.

Mit dem Provisorium trat die Ruhe im Lande ein, und viele, selbst aus den Reihen der Opposition, tadelten entschieden die mauerbrechende Politik Wesselényi's, welche die Suspension der Verfassung zur Folge hatte. Der Process und die Verurtheilung dieses Parteiführers durch die königliche Tafel in Siebenbürgen schüchterte die Gemüther noch mehr ein und brachte die Opposition, welche während des Provisoriums ohnehin kein Terrain, keine Gelegenheit hatte, ihr freies Wort zu Gunsten des Rechts und der Verfassung zu erheben, 1840—42. zum Schweigen. So verflossen zwei Jahre, als der 17. April 1837, Der Landan welchem Tag der in Hermannstadt zusammentretende Landtag tag von 1837. verkündigt wurde, endlich die Hoffnung zur Wiederherstellung des öffentlichen Verfassungslebens wiederbrachte.

Da dieser Landtag unter der Regierung Ferdinand's V. der erste war, wurde zum ersten Gegenstand desselben der gebräuchliche Huldigungseid der Stände bestimmt. Die königlichen Vorlagen machten den Ständen ausserdem die im Jahre 1834 nicht gelungene Wahl der höhern Regierungsbeamten und die Revision der Reformplane von 1791 und zu diesem Zweck die Wahl einer Landescommission zur Pflicht, besonders hervorhebend, dass der Plan der Urbarialregulirung vor allem für den künftigen Landtag angefertigt werde.

Diese königlichen Vorlagen entsprachen zwar den Ansprüchen des constitutionellen Lebens und dem allgemeinen Verlangen; aber es irrte sehr, wer da glaubte, dass die Regierung aufrichtig zurückgekehrt sei auf den Pfad der Verfassungsmässigkeit. Die Zwecke und Absichten waren sowol in Wien als auch am Hof des Erzherzogs Ferdinand fortwährend im Gegensatz zum Verfassungsrecht und zu den Fundamentalverträgen, welche von den unlängst von Karl Szász herausgegebenen geschichtlichen Documenten an das Tageslicht gezogen wurden. Diese geheimen Absichten zielten auf nichts Geringeres ab, als dass der Erzherzog Ferdinand von den Ständen zum Gouverneur Siebenbürgens gewählt, das durch ihn auch ferner aufrecht zu erhaltende ungesetzliche Provisorium gleichsam mit der Zustimmung der Stände sanctionirt, und anstatt einer constitutionellen Regierung das in den österreichischen Erbländern herrschende Willkürsystem verewigt werde.

Der Erzherzog war in der Verwirklichung dieser Absicht schon seit langer Zeit im geheimen thätig gewesen, jetzt aber wandte er durch seine geheimen Agenten zu diesem Zweck alles an. Allein die Patrioten bemerkten diese Zwecke sehr bald und unterliessen gleichfalls ihrerseits nichts zur Vereitelung derselben. Unter allen zeichnete sich Graf Johann Bethlen aus, der in diesem Kampf von seiner Graf Johann staatsmännischen Klugheit glänzende Beweise ablegte. Seine Auf- Bethlen. gabe war keine leichte: einerseits musste er alle diejenigen, die während des Landtags von 1834 mit ihrer mauerbrechenden Politik eine so lärmende Opposition bildeten, zur Mässigung bewegen; andererseits musste er mit jenen Mitgliedern des Dicasteriums pactiren, welche, da sie ihre ungesetzlich, durch blosse Ernennung erlangten Aemter nicht verlassen wollten, wegen der Beibehaltung derselben geneigt waren, auch diese verfassungswidrigen Zwecke zu unterstützen. Sein kluges, eifriges Verfahren wurde vom schönsten Siege belohnt.

Der Erzherzog wurde für die Würde des Gouverneurs nicht candidirt.

Ausserdem sollten noch Candidaten für die Würde des Commandanten der Nationalarmee, des Hof- und Landeskanzlers, des
Schatzmeisters, für die Stellen des Landescommissars, von acht Guber-
nialräthen, des Präsidenten der königlichen Tafel und eines Landesrichters erwählt werden. Und wie es bei der Candidation für den
Gouverneurposten gelungen war, die dem Hofe geneigten Personen
zu vermögen, den Erzherzog zu übergehen, so wurde auch die Opposition dahin gebracht, unter die Candidaten für jene Aemter auch
jene aufzunehmen, welche diese Aemter bisher nicht auf constitutionellem Wege besassen.

Der Hof gab seine Unzufriedenheit über die Vereitelung seiner
Plane dadurch zu erkennen, dass er von den Candidirten nicht den
die meisten Stimmen besitzenden, sondern den sechsten in der Reihe,
den Grafen Johann Kornis, zum Gouverneur ernannte, und auch in
die übrigen Aemter im allgemeinen genommen nicht diejenigen ein-
setzte, welche die meisten Stimmen erhalten hatten; den Gubernial-
räthen aber den nicht einmal in Vorschlag gebrachten katholischen
Bischof hinzufügte. Die Stände unterliessen zwar nicht, wegen der
unversehrten Aufrechthaltung ihres Wahlrechts gegen all dies in einer
Adresse ihre Bemerkungen vorzutragen; allein die Mässigung siegte
dennoch. Damit sie aus den provisorischen Zuständen endlich heraus-
kommen mögen und die Gesetzmässigkeit der Verwaltung wiederhergestellt werde, säumten sie nicht, die Neuernannten zu beeidigen.
Landespräsident, an die Stelle des zum Hofkanzler erhobenen
Alexius Nopcsa, wurde Baron Franz Kemény; die Würde des Schatzmeisters nahm Graf Adam Rhédey, die Landeskanzlerstelle Graf Ladislaus Lázár, den Präsidentensitz der königlichen Tafel Alexius
Daniel ein, u. s. w. Und so wurden die im Jahre 1834 ungelöst
verbliebenen Verfassungsfragen mit dem Zusammenwirken der gegeneinander nachgiebiger gewordenen Parteien grösstentheils gelöst.

Zu dieser gegenseitigen Nachgiebigkeit wurden die Stände augenscheinlich von den Gefahren des Constitutionalismus vermocht. Und
in dieser Beziehung verdienen sie vollständig das würdigende, auch
durch den Erfolg gerechtfertigte Urtheil der Geschichte. Obgleich
es ihnen indessen jetzt so glücklich gelungen war, sich aus diesem
constitutionellen Kampfe herauszuwinden, war es ihnen doch unmöglich, ihre Schwäche der nach Willkürherrschaft strebenden Regierung
gegenüber nicht einzusehen, welche in ihrer eigenen Mitte so viele
Unterstützung fand. Diese Verhältnisse erwägend, musste jeder Unbefangene und nüchtern Denkende einsehen, dass sie kaum jemals
auf ein wahrhaftes und gesichertes Verfassungsleben rechnen könnten,
solange sie nicht jenes Princip Wesselényi's und Kölcsey's annähmen,

welches nachwies, dass das Heil für sie nur in einer engen Verbindung, oder besser gesagt, Verschmelzung mit Ungarn enthalten sei.
Hierzu waren aber die Landstände noch nicht reif genug; und man
kann jene, theils aus Selbstsucht, theils aus Befangenheit und un-
statthafter Einbildung entstandene Neigung zum Separatismus nicht
ohne Bemitleiden betrachten, wenn man bedenkt, dass diese Neigung
es war, welche sie antrieb, gegen die Vereinigungsbestrebungen des
Mutterlandes zu protestiren und gegen jenen presburger Gesetzartikel,
welcher als ersten Schritt zu dieser Vereinigung die Wiedereinverleibung der „Partes“ anordnete, eine in lebhaftem Ton gehaltene
Adresse an die Regierung zu richten.

Diese Adresse war ein neues Zeugniss dafür, dass, was übrigens
der ganze Verlauf des Landtags handgreiflich an den Tag legte,
Siebenbürgen, seitdem Wesselényi von der Bühne abgetreten war,
mit dessen Politik gänzlich gebrochen habe und in seinem öffentlichen Leben eine andere Richtung zu verfolgen begann. Und dagegen können wir — mit Ausnahme jenes bereits getadelten, klein-
lichen Separatismus — keine Einwendung erheben, weil dies ein
Beweis war, dass es, nach dem Beispiel Ungarns, die Beschwerdenpolitik auch aufgegeben hatte und gleichfalls wünschte, den Pfad
der Reformen zu betreten.

Der Landtag vom Jahre 1841, welchen der königliche Commissar Baron Johann Jósika am 15. Nov. in Klausenburg eröffnete,
trägt schon entschieden den Charakter dieser Richtung. Dies beanspruchten übrigens jetzt auch die königlichen Vorlagen, welche den
Ständen die über die Reformen angefertigten systematischen Operate,
vor allem das auf die Regulirung des Urbariums bezügliche, zum
Gegenstand der Berathungen bestimmt hatten. Die brennende Nothwendigkeit dieser Angelegenheiten hob auch der Landespräsident
Franz Kemény in seiner den Landtag eröffnenden Rede hervor.

Und sobald die Wahl der Candidaten für die Stelle des inzwischen verstorbenen Gouverneurs Grafen Johann Kornis geschehen
war — unter welchem sodann der nicht minder seiner patriotischen
Gefühle als seiner ausgebreiteten Wissenschaft wegen auch in Ungarn, wo er bisher ausser andern hohen Aemtern auch den Präsidentenstuhl der ungarischen Akademie einnahm, in allgemeiner Achtung stehende Graf Joseph Teleki zum Gouverneur ernannt wurde —
begannen die Stände sofort über die Befestigung des in einer so
langen Stagnation dahinsiechenden und seit 1791 seiner Elemente
immer mehr und mehr beraubten Verfassungslebens und über andere
gemeinnützige Reformen Berathungen zu pflegen.

In Bezug auf diese diente auch Siebenbürgen das grössere Ge-
schwisterland als Vorbild und Wegweiser. Wie dort, wurde auch
hier, um die ungarische Nationalität zu kräftigen, vor allem über

1840—43. den amtlichen Gebrauch der ungarischen Sprache discutirt. Die Ursache hierzu bot ein Rescript der Regierung, welches den Ständen zu Anfang der Sitzungen als Antwort auf eine noch vom vorigen Landtag in dieser Angelegenheit angefertigte Adresse zukam. Die Stände begnügten sich jedoch damit nicht und wünschten einen solchen Gesetzvorschlag zu unterbreiten, welchem nach im Grossfürstenthum die ungarische Sprache zur staatsrechtlichen gemacht werde, sodass sowol die Gesetze einzig und allein in dieser Sprache verfasst werden mögen, als auch der Monarch in seinen Rescripten diese Sprache gebrauche und auch die Dicasterien und Gerichtsbehörden sich derselben bedienen müssten, in ihrer eigenen Geschäftsführung wie in ihren gegenseitigen Berührungen; mit einziger Ausnahme der sächsischen Behörden, welchen sowol in ihrem eigenen Schos als in ihrer Correspondenz mit den Dicasterien und den übrigen Behörden nach ihrem Belieben der Gebrauch der ungarischen oder lateinischen Sprache überlassen wurde. Die Verfügungen dieses Gesetzes wurden ferner auch auf alle kirchlichen Behörden und auf den öffentlichen Unterricht in der Weise ausgedehnt: dass dieser, mit Ausnahme der sächsischen Schulen, in allen übrigen Unterrichtsanstalten in ungarischer Sprache organisirt werde; jene aber, insoweit sie nicht ungarischer Zunge seien, in ihren Matrikeln und Correspondenzen die ungarische Sprache erst nach zehn Jahren gebrauchen sollten; den Sachsen wurde der Gebrauch ihrer Muttersprache auch fernerhin belassen.

Auf dem vorigen Landtag, als in der Sprachenfrage eine Adresse an die Regierung gerichtet wurde, stimmten auch die sächsischen Deputirten in Uebereinstimmung mit den Ungarn dafür, dass die Gesetze künftighin in ungarischer Sprache verfasst werden mögen. Um so überraschender war daher jetzt die heftige Opposition, welche die Sachsen gegenwärtig gegen diesen Gesetzvorschlag entwickelten. Simon Schreiber, der Deputirte von Hermannstadt, legte gegen diesen Gesetzartikel Protest ein und erklärte, dass er die Absendung eines besondern Gutachtens an die Regierung wünsche, worin ihm sodann die Repräsentanten sämmtlicher sächsischer Behörden zustimmten. Eine Ausnahme bildeten einzig die ungarisch gesinnten Deputirten des Brooser Stuhls, Lészay und Lörényi, die in Uebereinstimmung mit ihren Instructionen zu Gunsten des Gesetzvorschlags abstimmten. Indessen drehte die Behörde des Brooser Stuhls, vom Verhalten der übrigen sächsischen Abgeordneten Kunde erhaltend, plötzlich den Mantel um und rief ihre erwähnten Deputirten, dieselben auf eine ebenso grundlose wie unwürdige Weise der Verletzung ihrer Instruction anklagend, sofort zurück und ersetzte sie durch andere.

Dieses Verfahren des Brooser Stuhls erregte unter den Ständen allgemeine Indignation; denn es war kein Geheimniss, dass der 1840—43. Grimm gegen die ungarische Nationalität keineswegs von der ganzen sächsischen Nation, sondern nur von der sächsischen Bureaukratie, welche auch die Abgeordnetenwahlen ausschliesslich an sich gerissen hatte, herstamme; von jener Bureaukratie, welche, den Inspirationen aus Wien folgend, nicht nur gegen die ungarische Nationalität, sondern im allgemeinen auch gegen allen Constitutionalismus von Antipathie erfüllt sei. Diesem Unwillen gab Dionys Kemény, ein Mann Dionys von strenger Tugend, der jede Ungesetzlichkeit hasste, einen lebhaften Kemény. Ausdruck in seiner am 12. Febr. gehaltenen Rede, in welcher er die sächsische Bureaukratie geiselnd unter anderm sagte: „Es gehört kein grosses Kopfzerbrechen dazu, um herauszufinden, dass dies daher kommt, woher alles Elend der sächsischen Nation stammt: von jener Bureaukratie, welche aus unserm constitutionellen Organismus hervorsticht; ... welche, wenn sie, nach dem in diesem Saale erst unlängst vernommenen Wunsche, diesen Landtag mit mehrern Mitgliedern, und besonders mit solchen, wie die im Jahre 1811 waren, zu überschwemmen vermöchte: denselben jeder Kraft entkleiden und zu einer sanften, aber durchaus nicht kühnen und noch weniger gefährlichen Versammlung umbilden würde, deren Aufgabe nicht mehr wäre, auf welche Art sie die durch die Widerwärtigkeiten der ungünstigen Zeitläufe aus ihren Angeln gehobene Verfassung wiederherstellen könnte; nicht das, wie sie den Nachkommen dasjenige zurücklassen könnte, was unsere rauh-treuen und für die Freiheit begeisterten Ahnen mit starkem Arm erkämpft haben und sorgfältig behütet uns zu überliefern wussten; sondern dasjenige, was von Nationalrechten noch übrigblieb, mit dem allermöglichsten, persönlichen Gewinn verhandelt werden könnte. Es ist keine Einbildung, keine Uebertreibung, was ich sage, geehrte Stände! Blicken wir nur in das Protokoll des Landtags 1811 und wir werden lesen, dass die Deputirten der sächsischen Nation die Regulirung vom Jahre 1804, welche die sächsische Nation aus der Reihe der constitutionellen Nationen strich, mit der wichtigen Reserve annahmen, dass nämlich «die Zahl der Beamten vermehrt und deren Besoldung verbessert werden möge». Wenn auch in den ungarischen und szekler Jurisdictionen die Beamten die Abgeordneten wählen und denselben Instructionen ertheilen würden, oder auf noch irgendeine andere Art . . . . wäre es möglich, die Majorität des Landtags aus solchen Mitgliedern zusammenzustellen, wie die sächsischen Abgeordneten vom Jahre 1811 waren: so würden unsere Nachfolger sicher weniges von unsern Nationalrechten überkommen, was verhandelt werden könnte; aber mit um so grösserm Recht könnte die jetzige Jugend ausrufen, wie der Sohn zu seinem verschwenderischen Vater sagte: «Wenn du alles verkaufst, was werde ich dann verkaufen können?» Aber auch die sächsische

Nation spielte in früherer Zeit keine solche Rolle auf dem constitutionellen Gebiet unsers Vaterlandes; dass sie den Werth des constitutionellen Lebens verstand, beweist ihr « Statut » und ihre alten
Privilegien; und dass ihr Eifer für die Erhaltung derselben kein
alltäglicher war, dafür zeugt, dass sie dieselben unter so vielen
ungünstigen Umständen beinahe unverletzt bis 1804 herüberbrachten;
noch 1804 musste man einige Beamte ihres Amts entsetzen, um die
Regulirung einführen zu können; aber dies war auch das letzte Auf-
flackern des edeln Eifers für das öffentliche Interesse, welcher sodann,
vom Horizont der Verfassung verschwindend, in den Todesarmen
einer kalten Bureaukratie erstarrte. Was ist die sächsische Nation
jetzt? Ein Kranker, dessen Leben von einem ungeschickten Arzt
fortgefristet wird; und wo kann man die sächsische Nation auffinden?
wo ist ihre Versammlung? Wo erklingt ihre Stimme? Wo kann man
von ihren Wünschen, von ihren Klagen Kunde erhalten; wo ihre
Lebenszeichen sehen? Wo findet der sächsische Jüngling, wenn auch
seinen Busen jenes edle Gefühl schwellen macht, welches nach einem
Vaterland, nach einem geliebten, angebeteten Vaterland verlangt, für
welches er handeln, in welchem er glücklich sein könnte, wo findet
er sein Vaterland? Ist es Flandern, oder sind es die Gegenden des
Siebengebirgs? Oder ist es Siebenbürgen, in welchem er nach 700 Jahren
noch kein Vaterland besitzt? Und woher stammt diese betrübende —
diese, wenn man das Interesse der Nation und nicht das der Bureaukratie in Betrachtung nimmt —, in der That sehr betrübende Lage?
Nicht etwa daraus, dass die Bureaukratie, welche alles in allem ist,
welche die Rechte der Nation ausschliesslich ausübt, dem Princip
des «divide et vinces» folgend, jede nationale Interessenvereinigung,
mag dem sächsischen Interesse nun ein ungarisches oder walachisches
gegenüberstehen, mit allen ihr zu Gebote stehenden Mitteln verhindert, um sich im seligen Besitz ihrer Macht verewigen zu können?
Und dass dieses System auf eine betrübende Weise im Wachsen begriffen sei, stellt sich aus alle dem heraus, was wir auf diesem Landtag aus dem Betragen der sächsischen Abgeordneten gegen uns erfahren, sowie auch aus ihren Instructionen bezüglich der ungarischen
Sprache, welche in der That den Charakter einer grössern Entfremdung als 1837 an sich tragen; und mir kommt vor, als ob Sprachweise und alles, was dazu gehört, die Zeichen einer grössern Separation
an sich tragen würde, was auch dieses besondere Gutachten beweist,
zu welchem es in der neuern Zeit kein Beispiel gibt; was ferner auch
dieser ehrenkränkende Schritt, die Zurückberufung, beweist. — Ja,
zwei gab es unter den sächsischen Deputirten, welche die Winke der
Bureaukratie nicht über ihre Instruction und Ueberzeugung stellten;
zwei, die in der Sache der Nationalität zwar das sächsische Interesse
vor Augen behielten, aber gegen uns nicht anstrebten; zwei, die in

einem von jenen Bänken nur selten zu vernehmenden Tone das süsse 1840—41. Vorgefühl des Aufblühens Siebenbürgens, welches auf der Vereinigung der Nationen begründet werden könnte, in unserm Busen erweckten; zwei gab es, denen es nicht unbekannt war, von welchem Eindruck auf den Ungar jede Idee sei, welche aus dem Staube der Mittelmässigkeit sich erhebt und frei ist vom Geruch der Selbstsucht; denen es kein Geheimniss war, welch dankbares Gefühl es im Ungar erwecke, wenn er, sei es von einem Höhern, sei es von einem Gleichstehenden auch nur genau soviel erlange, worauf er rechtmässig rechnen könne, wenn es nur mit Herzlichkeit geboten wird; nur zwei gab es, die einsahen, dass die nach entgegengesetzter Richtung strebende Kälte nur wieder Kälte erzeuge, und |Herzlichkeit und guter Wille nirgends so leichten Eingang, eine so entgegenkommende Empfänglichkeit und Erwiderung finde wie beim Ungar; nur zwei waren es, die einsahen, dass sie der sächsischen Nation nicht mit übertriebenen Wünschen, welche Entfremdung hervorbringen, wol aber mit gerechter Erkenntlichkeit und Vereinigung der Interessen Dienste leisten können; die erwogen, dass dem Sachsen die ungarische Herzlichkeit ebenso, vielleicht noch mehr noththue, als dem Ungar die Vorsicht des Sachsen, und die bedacht haben, dass die sächsische Nation, abgesondert, keine Zukunft und also auch kein Vaterland habe als dasjenige, welches man ungarisches Vaterland nennt und welches nun einmal weder Sachsen noch Deutschland werden kann; zwei waren es, sage ich, welche die sächsische Nation höher hielten als das Interesse der sächsischen Bureaukratie: und siehe, diese beiden wurden zurückgerufen! Und ich halte es für meine der Wahrheit und Gerechtigkeit gebührende Pflicht, zu erklären, dass ich dies nicht für die rachsüchtige That der Nation, sondern für die der Bureaukratie halte. . . . "

Diesem feindseligen Verfahren der sächsischen Abgeordneten wurde es auch grösstentheils zugeschrieben, dass die Regierung, sich ihrem frühern Rescript anschliessend, den Gesetzvorschlag verwarf.

Aber einen weit nützlichern Dienst als dieses Sprachgesetz war, welches demzufolge nicht verwirklicht werden konnte, hätten die Stände Siebenbürgens ihrem Vaterland dadurch erwiesen, wenn sie nach der Anweisung Wesselényi's die Angelegenheit der Verschmelzung mit Ungarn befördert haben würden, während sie jetzt das Gegentheil davon auch neuerdings mit ihrer Adresse gegen die Wiedereinverleibung der „Partes" an den Tag gelegt hatten.

Gegen diese Vereinigung fand jetzt die Selbstsucht nur einen Beweggrund mehr in der Regulirung des Urbariums, in Bezug auf welches sie, um die Grundprincipien der von der Landescommission auszuarbeitenden detaillirten Regulirung zu bestimmen, aus dem Operat der Centralcommission einige wichtigere Punkte auswählten

und in Berathung nahmen. Die unerlassliche Folge der Union
wäre gewesen, dass Siebenbürgen die ungarischen Reformen und darunter auch die Verbesserungen im Urbarium annehme. Soweit war
aber die Freisinnigkeit unter den Siebenbürgern noch nicht verbreitet;
sie vermochten noch nicht ihre wahren Interessen so unbefangen zu
verstehen, dass sie hätten geneigt sein können, die ungarischen Ur-
barialregulamente anzunehmen. Von den Lippen einiger, z. B. von
denen Graf Ladislaus Teleki's, Dionys Kemény's, Samuel Deáky's,
erhob sich zwar auch hier schon manch uneigennütziges, edles Wort
im Interesse des Volks; aber die grosse Mehrzahl vergötterte noch
immer das Privilegium und wollte nichts hören von solchen Reformen,
welche man in Ungarn entweder schon durchgeführt hatte, oder
deren Verwirklichung nur noch von der Regierung und deren Partei
verhindert wurde. Die siebenbürgischen Grundherren waren z. B.
noch durchaus nicht geneigt, das Volk von der herrschaftlichen
Willkür zu befreien, die drückende, jede Industrie tödtende Last des
Herrendienstes zu erleichtern, zufolge welcher die Unterthanen in
manchen Gegenden verpflichtet waren, die ganze Hälfte der Woche,
drei Tage, im Herrendienst zuzubringen; und noch weniger wollten
sie die unerlassliche Nothwendigkeit der Betheiligung der Bauern
mit bürgerlichen Rechten, der Freiheit des Bodens, der 'allgemeinen
Besteuerung u. s. w. verstehen, um sich aus ihren mittelalterlichen
Zuständen zu einem bessern Dasein herauszuarbeiten. 'Jene Beschlüsse,
welche von der Sicherstellung der Unterthanen gegen die Willkür,
von ihren Dienstleistungen, ferner von den öffentlichen Arbeiten, der
strafenden Macht der Grundherren, der Einschränkung ihrer Misbräuche u. s. w. gebracht wurden, wie wenig entsprachen sie den
Anforderungen der Zeit! Und auch unter diesen Beschlüssen gab es
kaum einen, gegen welchen die Selbstsucht, die Befangenheit und
das Vorurtheil nicht einen Protest erhoben, nicht Verwahrung eingelegt hätte. Die freisinnige Oppositionspartei, welche noch 1834
in staatsrechtlichen und administrativen Fragen eine so scharfe Methode gegen die Regierung befolgt hatte, schwand jetzt, seitdem die
Reformideen aufs Tapet gebracht worden waren, sichtlich, und schloss
sich im allgemeinen den Conservativen näher an. Und das Resultat,
welches der Landtag nach funfzehnmonatlicher Dauer aufweisen
konnte, entsprach eben nicht der allgemeinen Erwartung. Unter den
geschaffenen Gesetzen kann man ausser jenen, welche im Interesse
der ungarischen Sprache, des siebenbürger Museums, der griechisch
Nicht-Unirten und der Befähigung zu Aemtern geschaffen wurden,
kaum eins aufweisen, welches die gesunden und thatsächlichen Elemente eines zeitgemässen Fortschritts in sich enthalten hätte. Auch
der Gouverneur, Graf Joseph Teleki, selbst gestand diese geringen
Erfolge ein und konnte sein über den Landtag in seiner am

4. Februar 1843 gesprochenen Schlussrede gebrachtes Urtheil nur 1841-43. dadurch mildern, dass „während der Berathungen mehrere jetzt noch wenig bedeutende Ideen entstanden, verbreitet und gleich fruchtbaren Samenkörnern unbemerkt ausgestreut wurden, welche in der Zukunft blühende und fruchttragende Pflanzen und eine reiche Ernte . . . . versprechen".

Viertes Kapitel.

Der Reichstag vom Jahre 1843—44.

Die Vereitelung der Hoffnungen.

Die Verkündigung des Reichstags und der Zweck desselben.

Unter diesen dreijährigen geistigen und materiellen Bewegungen verkündigte der König in einem vom 15. März datirten Rundschreiben den Reichstag auf den 14. Mai nach Presburg und versprach denselben persönlich zu leiten. Als Zweck desselben bestimmt das königliche Diplom, „dass der durch die auf dem vergangenen Reichstag gebrachten Gesetze ausgestreute wohlthätige Same zum Wohl der Bewohner des Reichs reichlichere Früchte tragen möge und auch anderes, was die Zunahme des öffentlichen Wohls, das Heil des Reichs, das feste und sichere Bestehen, die weitere Vervollkommnung der vaterländischen Angelegenheiten betrifft, einer vom allgemeinen Bedürfniss gewünschten zweckmässigen Verfügung unterzogen werden könne".

Dieser im allgemeinen ausgesprochene Zweck findet in den im nationalen Leben stattgefundenen Bewegungen und entstandenen Fragen seine nähere Erklärung. Demnach konnte dieser Zweck kein anderer sein als die Bestrebung, den in immer grössere Verwirrung gerathenen Knoten der Nationalitätenfrage zu lösen, die religiösen Reibungen auszugleichen, das von der Landescommission ausgearbeitete Strafgesetzbuch zum Gesetz zu erheben, durch die Lösung der Fragen der Aviticität, der Steuer, der Städte u. s. w. die Nation auf dem Wege ihrer Entwickelung um ein Stadium weiter zu führen.

Deputirtenwahlkämpfe.

Je wichtiger die zu verhandelnden Fragen hinsichtlich der Entwickelung des nationalen Staatslebens waren, um so heftiger wurden auch die Kämpfe der Parteien, durch welche sie sich bestrebten, ihren Principien und Tendenzen in der Gesetzgebung die Majorität und den Sieg zu sichern. Die in der Bestimmung der Deputirteninstructionen stattgefundenen Kämpfe und deren Resultate in Bezug auf die Hauptfragen haben wir schon weiter oben vorgetragen. Jetzt, nach der Verkündigung des Reichstags, erneuten sich diese Parteikämpfe bei Gelegenheit der Deputirtenwahlen mit noch grösserer Heftigkeit. Den Wahlversammlungen gingen bei den Parteien grosse Vorbereitungen, ein eifriges Stimmenwerben voraus. Die Waffen der Reformpartei waren im allgemeinen genommen edler und reiner als die ihrer Gegner. An den meisten Orten bestrebte sich die Reformpartei durch Aufklärung und Ueberzeugung des Verstandes, Verständlichmachung der aus den Reformen entstehenden wohlthätigen Resultate, Berufung an die Gerechtigkeit und den Nationalstolz und Erregung anderer edler Leidenschaften ihren Candidaten die Majorität unter dem niedern Adel zu verschaffen. Indessen wurden Stimmwerbungen, Trinkgelage, Zahlung von Taggeldern schon seit einigen Jahren leider zu so unausbleiblichen Zugaben der Wahlen betrachtet, dass auch die Reformer genöthigt waren, diese eigentlich der conservativen Partei eigenthümlichen Mittel an mehrern Orten anzuwenden, damit nicht der Sieg aufs Spiel gesetzt werde. Diese unedeln Mittel zur Erkämpfung heilsamer Zwecke wurden jetzt vom Zwang der Umstände zwar nicht entschuldigt, aber nothwendiger gemacht als je zuvor in der Vergangenheit; denn die conservative Partei besass in der unwissenden selbsüchtigen Masse des Bauernadels mächtige Werkzeuge zur Vertheidigung der Steuerfreiheit des Adels und anderer, „avitische Freiheit" benannter, veralteter, ungerechter Prärogative; und zu diesem Zweck verabsäumte sie auch nicht die bösen Leidenschaften zu erregen und für ihre Zwecke auszubeuten. Auch der Seelenkauf und die Bestechung wurde von ihr nebstbei in grossem Massstabe betrieben.

Welch mächtige Waffe zur Verführung des niedern Adels in der Hand der conservativen Partei das Princip der Nichtbesteuerung war, erwies sich unter den zahlreichen Beispielen am deutlichsten in der Deputirtenwahlversammlung des zalaer Comitats. Der erhabene, feste Charakter Franz Deák's, die unvergleichliche Macht seines Genies, seiner Beurtheilungskraft und Rednerkunst, seine Mässigkeit und Billigkeit hatten ihm ein solches Ansehen in der öffentlichen Meinung verschafft, dass er ohne Parteiunterschied und Widerspruch für den ersten und grössten Staatsmann, den weisesten Gesetzgeber des Landes gehalten wurde. Die glücklichen Resultate des vorigen Reichstags, die Ausgleichung der langen Zwistigkeiten zwischen Nation und Regierung schrieb mit vollem Recht jedermann ihm zu. Unser öffentliches Leben hatte noch keinen Mann, der das Vertrauen, die Achtung und Bewunderung aller Parteien so sehr und in so ungetheiltem Masse besessen hätte wie er. Auch die Ausgleichung der gegenwärtigen Verwickelungen und leidenschaftlichen Parteizwistigkeiten erwartete und hoffte jedermann grösstentheils von seiner Weisheit.

1840. Und diesen von der ganzen Nation gefeierten Mann war ein nicht nur im Lande, sondern auch in seinem Comitat unbekannter Mann, der bisher in keiner Hinsicht aus der grossen Menge hervorstach, dennoch durch Agitation gegen das Princip der allgemeinen Besteuerung auf der zalaer Deputirtenwahl zu stürzen im Stande. Franz Deák hatte im voraus erklärt, dass er seine Wahl zum Deputirten nur unter der Bedingung annehmen werde, wenn sein Comitat seinen Deputirten die Abschaffung der Steuerfreiheit des Adels als Instruction mitgeben würde. Indessen fiel die Steuerfrage, wie wir oben sagten, infolge der Agitationen Georg Forintos' und einiger anderer und der von ihnen geleiteten, aus geheimen Quellen bestrittenen Bestechungen auch im zalaer Comitat. Als der Tag der Deputirtenwahl angekommen war, wurde Deák mit allgemeiner Begeisterung zum Deputirten ausgerufen. Sein Ansehen war ein viel grösseres, die allgemeine Achtung, welcher er im ganzen Reich theilhaftig war, eine viel zu tiefe, als dass es irgendjemand gewagt hätte, an seiner Wahl direct zu mäkeln. Er erklärte indessen, an seiner frühern Aeusserung festhaltend, dass er die Betrauung unter solchen Umständen seines Comitats, da die Deputirteninstruction von bestochenen oder verführten unwissenden und unverständigen Massen bestimmt werde, nicht annehmen könne. Ein grösserer Schlag hätte die Gesetzgebung und noch mehr die Sache der Reformpartei nicht treffen können. Obgleich diese Partei an der Deputirtentafel die Majorität mit Sicherheit zu erlangen hoffte und diese auch in der That gewann, so war doch bezüglich der Instructionen in mehrern Reformfragen der Sieg auf Seite der Conservativen; zur Uebernahme der Steuer gaben z. B. nur neunzehn und mit voller Entschiedenheit nur sechzehn Comitate Instructionen: und sowol hinsichtlich dieser als auch anderer Fragen von zweifelhaftem Ausgang vereinigten sich alle Hoffnungen der Reformpartei nur noch in der Weisheit und Standhaftigkeit Deák's, in seinem Ansehen und der Macht seiner Rednerkunst. Dies fühlten die Stände des zalaer Comitats, deren Verständigere beinahe ohne Ausnahme zur Reformpartei gehörten. Und als nach dem allgemeinen Bekanntwerden des Entschlusses Deák's der zahlreiche, verführte niedere Adel einen andern zu wählen wünschte, fand sich niemand, der geneigt gewesen wäre, den Platz Deák's einzunehmen. Inmitten des traurigen Ereignisses musste sich jeder Patriot über diese grossartige Erscheinung freuen. Der niedere Adel rief unter den ausgezeichnetern Persönlichkeiten des Comitats nach und nach etwa zwanzig aus, um dieselben mit der Deputirtenwürde zu betrauen. Allein das Mandat, nach welchem sich anderswo und unter andern Umständen so viele sehnten, nahm jetzt keiner an. Alle erklärten es für ein Verbrechen gegen das Vaterland, für eine mit der Ehre nicht zu vereinigende Handlung, in der Deputation den Posten Deák's einzunehmen.

Einige von den Aufgeforderten, die in ihrer Eigenschaft als Beamte 1843. verpflichtet gewesen wären, dem Beschlusse der Gemeinschaft des Comitats zu gehorchen, erklärten, dass, wenn das Comitat sie zufolge ihrer amtlichen Stellung zur Vertretung des Comitats zwingen wollte, sie bereit seien, ihr Amt niederzulegen. Der Obergespan forderte endlich die Stände auf, zu erklären, wer bereit sei, das Mandat anzunehmen. Und weswegen anderswo viele Tausende opferten, in Zala fand sich jetzt keine Person, die den Deputirtenposten angenommen hätte. Zala blieb infolge dessen eine Zeit lang ohne Vertreter auf dem Reichstag. Als die Vorfälle in der Wahlversammlung des zalaer Comitats allgemein bekannt wurden, wünschten mehrere Comitate, Deák zu ihrem Abgeordneten zu wählen; er war jedoch, obschon er der gewählte Beisitzer eines jeden Comitats war, nicht geneigt, den Platz anderer einzunehmen. Wenn man indessen die hohe Wichtigkeit der zu entscheidenden Fragen, die Schwierigkeiten des Umgestaltungsprocesses und den Vorschub, welchen all diesem sein Ansehen hätte geben können, endlich die Resultatlosigkeit des Reichstags, welche grösstentheils aus seiner Abwesenheit stammte, in Betrachtung nimmt: so muss man diese Delicatesse für eine unstatthafte, für einen wahren Fehler ansehen. Das zalaer Comitat, durch eine königliche Verordnung im Sinne des Gesetzes dazu verhalten, hielt nach fünf Monaten eine neue Wahlversammlung ab; und weil es im voraus bekannt war, dass Deák bei der ursprünglichen Instruction das Mandat auch jetzt nicht annehmen werde, war die Reformpartei vor allem bestrebt, die Abänderung der Instruction durchzusetzen. Dies gelang ihr auch; da aber Forintos und seine Genossen ihre Agitationen und Verführungen gegen die allgemeine Besteuerung gleichfalls wiederholten, konnte auch die Reformpartei nur durch hitziges Corteschiren, infolge dessen der Parteikampf mit Blutvergiessen endete, den Sieg erlangen. Die Uebernahme der Steuer sprach das Comitat zwar auf diese Weise als Beschluss aus; Deák war indessen jetzt ebenso wenig geneigt, seinen unbefleckten Namen durch den mit Blut entweihten Sieg seiner Partei zu besudeln, als er früher seine Ueberzeugungen und Principien der blinden Leidenschaft der verführten, unverständigen Menschen nicht aufopferte. Er wendete sich von dem blutigen Sieg mit Abscheu weg; und damit das bürgerliche Verbrechen, wenn er jetzt einwilligte, sich nicht mit seinem Beispiel entschuldigen könne, nahm er das Mandat auch jetzt nicht an. Seine That stammte aus bürgerlicher Tugend und legte von seiner Achtung gegen das Gesetz und die Verfassung Zeugniss ab; aber sie entzog dem Reichstag unter diesen harten Kämpfen die mächtige Stütze seiner weisen Führung. Zala wählte sodann, dem Gesetz gehorchend, andere zu Deputirten.

Indessen verhinderte das erhabene Beispiel Deák's, durch welches er seinen Abscheu und seine Misbilligung gegen alle Stimmwerbungen **Andere Wirren bei den Deputirtenwahlen.**

1843. und die Erzwingung der Instruction und Wahl durch verführte Massen so laut verkündigte, in andern Comitaten anstössige Ausschreitungen bei den Deputirtenwahlen nicht. In vielen Comitaten standen die zwei Parteien in den Wahlversammlungen einander gleich zwei feindlichen Lagern bewaffnet gegenüber; ja in vielen Comitaten floss Blut, hier und da fielen auch Menschenleben zum Opfer; an andern Orten verhinderte nur das requirirte Militär den blutigen Zusammenstoss der Parteien. Das Verbrechen fällt beiden Parteien gleichmässig zur Last; und auch der Reformpartei kann es nicht zur Entschuldigung dienen, dass sie mit schlechten Mitteln für eine gute Sache kämpfte, noch, dass die Aufreizung der blinden Leidenschaften ohne Ausnahme überall die conservative Partei zur Aufrechthaltung der alten Privilegien begonnen hatte. Die Geschichte kann indessen die conservative Partei billigerweise mit grösserer Strenge tadeln, nicht nur weil sie den Skandal aus unedeln Beweggründen und aus Selbstsucht beging, sondern auch deshalb, weil sie, wo sie auf diese Art siegte, die verbrecherische That ihrer Principiengenossen nirgends getadelt hatte, während von der Reformpartei viele diese selbstmörderischen Ausschreitungen selbst dort mit gerechter Strenge geiselten, wo sie ihrer Partei zum Siege verholfen hatten. Man kann es der conservativen Partei auch noch als Verbrechen anrechnen, dass sie in manchen Comitaten, wie z. B. im stuhlweissenburger, vom Obergespan unterstützt, die zur Verhinderung der Unruhen requirirte Militärassistenz zum Parteiwerkzeug veränderte, und zum gänzlichen Ausschluss der Fortschrittspartei von den Wahlen benutzte.

Deputirten-wahl in Kroatien. Solche Scenen kamen an mehrern Orten vor, wo die conservative Partei gesiegt hatte. Aber nirgends geschah mit der Ausbeutung der amtlichen Gewalt zu Parteizwecken ein die Gesetze mehr verletzender Misbrauch als in Kroatien. Nach einem alten Gebrauch wählte aus diesem Lande nicht jedes Comitat besonders, sondern alle zusammen in der Provinzialversammlung ihre an die beiden Tafeln abzusendenden Deputirten. In diesen Provinzialversammlungen konnte nach einem ähnlichen gesetzlichen Gebrauch jeder Edelmann erscheinen und mit seiner Stimme an der Abgeordnetenwahl theilnehmen. In der bisher nie in Zweifel gezogenen Ausübung dieses zwar in keinem geschriebenen Gesetz enthaltenen, aber durch alten Gebrauch sanctionirten Rechts war der niedere Adel des agramer Comitats fortwährend gewesen. Die illyrische Partei, welche im vergangenen Jahre bei Gelegenheit der Beamtenwahl durch so blutige Ruhestörungen und Ausschweifungen den Sieg erkämpft hatte, konnte keinen Augenblick zweifeln, dass, wenn die Deputirtenwahl in voller Freiheit vor sich gehen werde, die Candidaten der die grosse Majorität besitzenden ungarisch-kroatischen Partei den Sieg erringen würden. Die an der Spitze der Partei stehenden hohen Beamten wussten daher den die Umstände noch nicht hinreichend kennenden, ohnehin schwachen Banus Haller dahin zu vermögen, dass er die auf den 22. April verkündigte Wahlversammlung insolange verschiebe, bis der Adel der ungarisch-kroatischen Partei sich entfernt habe. Der Banus, welcher auf diese Weise zum Parteiwerkzeug wurde, versäumte es in der That, die Versammlung, zu welcher der ungarisch gesinnte Adel von Turopolya und St.-Iván in grosser Anzahl erschienen war, zu eröffnen, ohne die Vertagung amtlich kundzugeben oder einen neuen Termin zu bestimmen. Anstatt der Versammlung hielt er mit den ansehnlichern Personen eine Conferenz ab. Die Anhänger der illyrischen Partei, welche das Abstimmungsrecht des niedern Adels in Zweifel zogen, strebten, um denselben von den Wahlen auszuschliessen, dahin, dass die Versammlung nach Essegg verlegt oder auf unbestimmte Zeit verschoben werde; aber es gelang dennoch den das Recht durch Hinweisung auf den langen Gebrauch beweisenden Kroaten, einen solchen Beschluss zu Stande zu bringen, dass die Frage des Stimmrechts des niedern Adels zur letzten Entscheidung dem König vorgelegt werde. Die Adresse sollte des andern Tags abgesendet werden. Auf dieses hin ging der Adel, nach dreitägigem vergeblichen Warten, im Glauben, dass bis zur Ankunft der königlichen Antwort keine Wahl abgehalten würde, ruhig nach Hause. Die illyrische Partei hatte hiervon kaum Kunde erhalten, als sie sich sofort beim Banus zu einer neuen Berathung versammelte und dort als Beschluss aussprach, dass denn doch keine Adresse an den König abgesendet, sondern die Wahl am folgenden Tag unter der Theilnahme des niedern Adels abgehalten werde. Die Illyrier wussten, dass es den Anhängern der ungarisch-kroatischen Partei unmöglich sei, sich aus der Umgegend während einer Nacht zu versammeln, und bestrebten sich, die Ungesetzlichkeit der vor sich gehen sollenden Wahl mit dieser verschlagenen Clausel zu bemänteln. Ihr Plan gelang ganz: die Wahlversammlung wurde am andern Tag in der Abwesenheit des niedern Adels vom Banus abgehalten und die Candidaten der illyrischen Partei ohne jede Gegenstimme zu Deputirten ausgerufen. Der Graf des turopolyaer Adels und andere Anhänger der kroatischen Partei reichten jedoch sofort beim Banus einen Protest gegen diese ungesetzliche Wahl ein; später aber zeigten sie diese Verletzung der Adelsrechte auch dem Reichstag mit der Bitte an, dass die auf eine solche Art gewählten Deputirten als Repräsentanten des Landes nicht anerkannt würden, sondern entweder eine neue Wahl abgehalten, oder aber jedes Comitat ermächtigt werde, seine Repräsentanten besonders zu wählen.

Unter solchen und ähnlichen Misbräuchen und Unruhen bei Gelegenheit der Wahlen war endlich der Termin zur Eröffnung des Reichstags herangekommen. Unter den in Presburg versammelten

1843. Ständen fehlte ausser Franz Deák und Paul Nagy kaum jemand von
unsern bisher bekannten gesetzgebenden Celebritäten. Die Ursache
der Abwesenheit Deák's haben wir schon angegeben. Paul Nagy
wurde zwar von den Ständen des ödenburger Comitats einstimmig
gewählt; aber er, dessen politische Principien und Zwecke die neuen
Ideen von allen Seiten schon so sehr überflügelt hatten, dass er sich
in denselben auf keine Weise zurechtfinden konnte, und der deswegen
in die Reihen der Reformpartei nicht mehr passte, in das Lager der
Conservativen nicht übergehen wollte, und so gegen die eine wie
gegen die andere Partei oft bitter losbrach, nahm das Mandat nicht
an. Dagegen tauchten auch neue Namen auf, unter welchen einige
theils noch während dieses Reichstags zur allgemeinen Berühmtheit
gelangten, theils in den spätern Ereignissen eine hervorragende
Rolle spielten. Solche waren Koloman Ghiczy, Deputirter des komorner Comitats, Bartholomäus Szemere, Deputirter von Borsod,
Sabbas Vukovics, Deputirter des temeser Comitats, Meinhard
Lónyay, Deputirter von Bereg, Dionys Pázmándy jun., Deputirter
des komorner, Moritz Perczel, Deputirter des tolnaer Comitats, Ladislaus Szalay, Deputirter der Stadt Karpfen, sämmtlich junge, an
politischen Kenntnissen reiche, ausgezeichnete Redner, mit welchen
näher bekannt zu werden, sich uns weiter reichliche Gelegenheit darbieten wird.   Hier bemerken wir nur von Szemere und Perczel kurz,
dass jener durch seine mit schriftstellerischem Kunstfleisse angefertigten, präcisen und gehaltreichen Reden, dieser durch seine kühnen,
leidenschaftlichen, überströmenden Reden und ausgebreiteten encyklo-
pädischen Kenntnisse schon damals die öffentliche Aufmerksamkeit
in hohem Masse auf sich zog.

Der Stand
der Parteien.   Den Stand der Parteien betreffend, konnte man — da die Abgeordneten von ihrer Instruction gebunden waren, die Instructionen
aber nicht in jedem Comitat rein und consequent nach den Principien
und Ansichten der einen oder der andern Partei angefertigt wurden,
sondern die Resultate von Parteikämpfen waren, und als solche die
verschiedenartigsten Farbenschattirungen an sich trugen — in den
Instructionen sehr zahlreicher Comitate neben der Unterstützung der
freisinnigen Reformen hinsichtlich mancher Gegenstände auch den
Meinungen der vor Neuerungen zurückschreckenden Alterthümler begegnen. Die zahlenmässige Kraft der Parteien kann man demnach
im allgemeinen kaum feststellen. Der Verpflichtung der Instructionen
gemäss durfte sich in einigen Dingen die Reformpartei, in andern
wieder die conservative der Majorität rühmen. Wenn man indessen
die persönlichen Gesinnungen der Deputirten in Anschlag bringt, so
besass die Reformpartei die entscheidende Majorität im Unterhause.
Allein obgleich das Gewicht der Reformpartei dem Gegner gegenüber
bezüglich der Zahl gegenwärtig kein geringeres, ja ein grösseres

war als während des verflossenen Reichstags, so war doch die that- 1843.
sächliche Kraft derselben jetzt eine weit geringere wie 1840. Diese
Schwäche stammte aus der Abwesenheit Deák's. Mit ihm fehlte es
der Reformpartei auch an dem geschickten Führer, der durch strenge
Aufrechthaltung der Disciplin, durch das Ergreifen des passendsten
Augenblicks, und das Gewicht seines eigenen Ansehens zuweilen auch
mit einer numerischen Minderheit in den parlamentarischen Kämpfen
den Sieg zu erringen wusste. Die Ständetafel besass zwar viele ausgezeichnete Mitglieder und hervorragende Fähigkeiten; aber es mangelte an einer so allgemein anerkannten Autorität, welche im Stande
gewesen wäre, das allgemeine Vertrauen in allem und für beständig
in sich zu concentriren und die Rolle des Führers zu übernehmen.
Nach den verschiedenen Fragen hatte bald Gabriel Klauzál, bald
Edmund Beöthy, bald Moritz Szentkirályi die führende Stimme; aber
keiner von ihnen besass die geistige Oberhoheit und jenen richtigen
Takt, um die Disciplin, welcher besonders die ungarische Opposition
sehr bedürftig war, beständig aufrecht, und die Zwistigkeiten und
das Auseinandergehen, welche aus den vom Comitatssystem begün-
stigten Eitelkeiten entstanden, von der Partei fern zu halten. Beöthy
machten seine reizbare, zänkische Natur, die schonungslosen Ausbrüche
seiner Laune, in welcher er die Pfeile seines scharfen Spottes manchmal selbst gegen Parteigenossen schleuderte; Szentkirályi dagegen,
der unter den dreien wahrscheinlich die grösste staatsmännische Befähigung besass, dessen oft bis zur Befangenheit gehendes hartnäckiges
Festhalten an seinen eigenen Ansichten und nebstbei sein oftmaliges
Schwanken in der Abzweigung der Meinungen, seine Unschlüssigkeit,
infolge welcher er manchmal noch vor der Abstimmungsurne erwog,
welcher Meinung er das Gewicht seiner Stimme zuwenden solle, zur
Führerrolle vollkommen untauglich. Das Vertrauen der Partei ver- Gabriel
einigte sich noch am meisten in Klauzál, welcher seit 1832 einer Klauzál.
unserer gefeiertesten Reichstagsredner war und den seine unermüdete
Thätigkeit, seine vollständige, erschöpfende Kenntniss der Fragen
und das Ansehen, welches er sich schon auf den frühern Reichstagen
erworben hatte, sodass ihn die öffentliche Meinung sogleich nach
Deák rangirte, in der That unter allen Gegenwärtigen zur Führung
am tauglichsten machten. Sein untadelhafter, reiner Charakter verschaffte ihm nicht nur in seinem öffentlichen, sondern auch im Privatleben allgemeine Achtung; seine mächtig wirkende Rednerkunst aber,
welche in der Regel eine eigenthümliche patriotische Melancholie
durchzog und welche, besonders wenn er über die Nationalbeschwerden klagte, mit ihrem trüben Ernste schmerzliche Gefühle im Herzen
der Zuhörer erweckte, — verlieh seinem Namen eine solche Volksthümlichkeit, dass er selten sprach, ohne dass seiner Rede ein Bei-
fallsturm gefolgt wäre. Aber weder war seine klagende, die Herzen

1841. erweichende Rednerkunst ein so sicherer Führer als die ruhige, unerschütterliche Logik Deák's; noch stand die Gewalt seines Charakters und seine geistige Oberhoheit auf einer so hohen Stufe, dass
sich in ihm jedermann voll Vertrauen beruhigt, die der Disciplin
nicht achtende Eitelkeit, und das Jagen nach Popularität einiger
aber sich seinem Wort stets gefügt hätte. Die Resultatlosigkeit,
welche diesen Reichstag charakterisirte, stammte grossentheils aus
dem Mangel an Einheit und Disciplin unter der Reformpartei, welche
bisher nur der Takt und das Ansehen Deák's zu ersetzen wusste.

Seien wir indessen gerecht. Der Reichstag von 1843, auf welchem so hochwichtige Reformfragen zur Verhandlung kamen, war
weit schwerer zu leiten als der vom Jahre 1840, auf welchem die
Umstände der freisinnigen Partei eine wesentlich beschwerdenführende
und oppositionelle Politik als zu befolgende Richtung anwiesen. Jetzt,
während der Erörterung dieser Reformfragen, war es den verschiedenen Elementen der alten Opposition schon unmöglich geworden,
zusammenzuhalten: die verschiedenen Meinungsschattirungen, welche
früher auf dem Gebiet der Beschwerdepolitik instinktmässig ineinanderschmolzen, mussten jetzt während der Umgestaltungsdebatten
auseinandergehen. Ein Theil der alten grossen Oppositionspartei
wünschte nur die avitische Verfassung den absolutistischen wiener
Tendenzen gegenüber aufrecht zu halten; ein anderer Theil wollte sie
zwar verbessern, aber nur in einigem; während wieder ein anderer
Theil dieselbe radical umzugestalten wünschte. Diese verschiedenen
Elemente konnten daher jetzt, da die grossen Fragen der Umgestaltung einer Erörterung unterzogen wurden, nicht mehr in einer Gruppe
vereinigt bleiben. Die Richtungen begannen immer mehr und mehr
auseinanderzugehen, ohne dass sich jedoch die Parteien denselben
gemäss organisirt hätten. Sie schienen in der Benennung wie in
Sachen der Führung Eins zu sein; und nur wenn das Wesentliche,
die Abstimmung über die Fragen, an die Reihe kam, ging jeder
seinen eigenen Weg. Dies betrachteten damals viele blos als einen
Mangel an Disciplin, welcher entstanden sei, weil es an der Führung
einer allgemein anerkannten Autorität fehlte. Es ist jedoch wahr,
dass, wenn es Deák auch gelungen wäre, eine grössere Einheit zu
schaffen, wie jene war, welche unter der Führung Klauzál's bestand,
die Abzweigung der Meinungen in verschiedenen Fragen doch auch
er vielleicht nicht gänzlich zu verhindern im Stande gewesen wäre.

Die conservative Partei an der Deputirtentafel führten auch
jetzt Eduard Zsedényi und Paul Somsich. Georg Majláth jun., Deputirter des baranyer Comitats, ging zwar zu wiederholten malen
sowol in Hinsicht der Rednerkunst als auch bezüglich seiner staatsmännischen Befähigung den Wettkampf mit ihnen ein; indessen konnte
derselbe auf die Einheit und das Zusammenhalten der durch einen

höhern Willen und eine im voraus festgestellte Tendenz nicht störend
einwirken.

Im Oberhause stand die Reformpartei, obschon sie sich abermals
mit einigen jungen Magnaten vergrössert hatte, den königlichen
Beamten, Obergespanen und Bischöfen gegenüber dennoch immer
in der Minorität. Allein obwol sie durch ihre Zahl noch keine Siege
gewinnen konnte, so verschaffte sie sich doch durch ihre moralische
Macht und ihr Ansehen, welche sie aus der Unterstützung der den
Reformen geneigten öffentlichen Meinung, den glänzenden Redner-
talenten, dem Eifer und Muth einzelner ihrer Mitglieder nicht minder
wie aus der von Ludwig Batthyáni streng aufrecht erhaltenen Disciplin schöpfte, der conservativen Partei gegenüber nicht selten eine
so starke Stellung, dass diese trotz ihrer numerischen Ueberlegenheit
nicht immer die unbeschränkte Herrschaft über die Beschlüsse ausübte. Obwol sich Széchenyi vor dem Reichstag mit einigen Führern
der Reformpartei in einen so heftigen Streit verwickelt hatte, so
unterstützte er doch nichtsdestoweniger die Fragen des Fortschritts
durch seine Redekunst und sein Ansehen auch jetzt mit nicht geringerm Eifer.

In den Reihen der conservativen Partei, oder vielmehr an der
Spitze derselben fehlte der so früh verstorbene Aurel Dessewffy.
Seinen Platz nahm in der Leitung der Berathungen und Beschluss-
fassungen Graf Georg Apponyi ein. Apponyi befolgte zwar in allem
jene Principien und Tendenzen, welche Dessewffy seiner Partei vorgesteckt hatte; allein dessen geniale Oberhoheit vermochten weder er
noch jene paar jungen Magnaten, welche aus dieser Partei hervor-
zustechen begannen, die Grafen Anton Szécsen, Franz Zichy und Johann
Cziráky, wiewol alle drei schöne Fähigkeiten und ein ausgezeichnetes
Rednertalent besassen, zu ersetzen. Der grösste Redner der Partei,
ja der ganzen Tafel, war auch jetzt der geniale csanáder Bischof,
Joseph Lonovics; das die Partei mit der wiener Regierung verbindende Band aber war wieder der gemässigte, mit ausgebreiteter
Wissenschaft versehene Präsident der ungarischen Hofkammer, Aloys
Mednyánszky. Der Erzbischof-Primas Joseph Kopácsy und der Landesrichter Georg Majláth sprachen seltener, aber stets mit grosser Wirkung. Den Präsidentensitz nahm noch immer Erzherzog Joseph,
durch ein halbes Jahrhundert hindurch Reichspalatin, ein. Dies war
der letzte Reichstag, welchen er leitete. Die unvergleichliche Geschicklichkeit, den feinen Takt, womit er unsere Reichstage während
dieses halben Jahrhunderts leitete, schwächte, wie es schien, sein
hohes Alter und die immer mehr schwindende Kraft seiner Gesundheit nicht im geringsten. Er legte im Verlauf dieses Reichstags von
jener Neigung, welche er in der Unterstützung der Sache des nationalen Fortschritts seit einigen Jahren, manchmal sogar den Bestre-

1843. bungen der wiener Regierung entgegen, bekundet hatte, noch grössere
Zeugnisse an den Tag als zuvor. Es schien, als ob er schon das
Ende seines Lebens und seiner amtlichen Laufbahn herannahen fühlte
und in der letzten Phase desselben bestrebt sei, seinem Namen im
Andenken der Nation eine bleibende Volksthümlichkeit zu sichern;
zugleich aber auch seinem ältern Sohn, dem Erzherzog Stephan, die
Nachfolge in der Palatinalwürde zu erleichtern. Der Hof hegte, wie
es den Anschein hatte, nicht die Absicht, die Würde des Palatins
in der Familie des Erzherzogs Joseph, deren Popularität er mit
scheelen Blicken ansah, zu einer erblichen zu machen; und hatte deshalb den Erzherzog Stephan erst unlängst zum Statthalter in Böhmen
ernannt, indem er ihn dadurch gleichsam den Augen der Nation entziehen wollte. Um so mehr bestrebte sich daher Joseph, ihm die
Unterstützung der Nation zu sichern, welche der Hof sodann bei
Gelegenheit der Palatinswahl ohne den jungen Erzherzog zu compromittiren nicht wohl übergehen konnte.

Die Parteien standen einander gegenwärtig in einem weit schär-
fern Gegensatz gegenüber als je zuvor. Die politische Parteifärbung dehnte ihre Wirkung auch auf das gesellschaftliche Leben aus.
Die Frauen, welche stets die Galerien der beiden Häuser füllten,
folgten dem Parteikampf mit nicht geringerm Eifer und noch grösserer
Leidenschaftlichkeit wie ihre Gatten. Die politische Parteifärbung
war, besonders bezüglich der Magnaten, in den Gesellschaftssälen so
beherrschend, dass diejenigen, die einander am grünen Tisch opponirten, auch in der Gesellschaft sich in besondere Coterien absonderten. Der patriotische Eifer der Damen hätte es für einen Verrath an der Sache des Fortschritts gehalten, in ihren Salons die
Mitglieder der entgegengesetzten Partei zu empfangen. Diese Regel
hatte nur sehr wenige Ausnahmen. Selbst die mehr öffentlichen
Seiten des gesellschaftlichen Lebens bestanden abgesondert nach den
Parteien: es gab ein Casino der Reformpartei und ein solches der
Conservativen; Reformtanzunterhaltungen, welche von den Damen
dieser Partei und an der Spitze derselben von den Perlen des Frauen-
kranzes, den Gemahlinnen der Grafen Ludwig Batthyáni und Georg
Károlyi, meistens zu irgendeinem öffentlichen Zweck, zur Unterstützung eines Gewerbe- oder sonstigen Vereins veranstaltet wurden.
Dieses Bündniss der Frauen mit den politischen Parteien gereichte
der grösstentheils aus jungen Mitgliedern bestehenden, und sich der
schönsten und geistreichsten Damen rühmenden Reformpartei zu einem
weit grössern Vortheil als der Gegenpartei, welche zum grössten Theil
aus ältern Beamten und kirchlichen Personen bestand. Der Einfluss,
welchen dieses Bündniss auf den Verlauf des Reichstags ausübte, war
besonders in Bezug auf die jüngern Mitglieder desselben kein geringer; wer aus den Gesellschaftskreisen dieses ebenso holden wie

geistreichen Damenkranzes nicht ausgeschlossen sein wollte, war genöthigt, mit der Reformpartei zu stimmen.

Aber wenden wir uns nun dem Gange des Reichstags hinsichtlich
seiner wichtigern, hervorragendern Fragen zu.

Die königlichen Vorlagen, welche am 20. Mai nach der Thronrede der Nation feierlich überreicht wurden, sind bezüglich des Inhalts
die folgenden: 1) Die das Strafgesetzbuch, die Verpflegung der Soldaten, die Regulirung der Donau betreffenden Operate der Reichscommissionen mögen einer Berathung unterzogen werden. 2) Gegen
die Ausschreitungen der Comitatsversammlungen solle ein Gesetz geschaffen werden. 3) Die Theilnahme der Städte an der Gesetzgebung
möge im Sinne des Gesetzes gesichert werden. 4) Ueber die Vervollkommnung der Communicationsmittel und die Art der Verwirklichung derselben werde Sr. Maj. ein Gutachten unterbreitet. 5) Einige
Mängel der Creditgesetze sollen beseitigt werden. 6) Es soll ein Gesetzvorschlag über die Errichtung einer Hypothekenbank Sr. Maj. vorgelegt werden. 7) Der Miethzins der reichstäglichen Wohnungen soll
durch ein Gesetz festgestellt werden. 8) In Bezug auf die Wieder-
erstattung der zur Bestreitung der Reichscommissionsarbeiten vorge-
streckte, beiläufig eine halbe Million betragende Summe möge ein
Gesetz gebracht werden.

Wie die ersten sechs Punkte zeigen, eröffneten die königlichen
Vorlagen sowie auch die Thronrede eine günstige Aussicht für die
Reformen; die Stimme der Nation, die nach Reform rief, widerhallte
ermunternd von den Stufen des Throns. Die Reformpartei war mit
den königlichen Vorlagen so sehr zufrieden, dass einer der Führer
derselben, Kossuth, schon den Sieg seiner Politik feierte gegenüber
Széchenyi, welcher ihn so scharf angegriffen hatte. „Die Sache",
sagte er, „für welche so viele treue Gemüther inmitten so vieler
Misgeschicke, so vieler Angriffe mit ungebrochener Treue nach Stellung und Fähigkeit kämpften, die Sache des Fortschritts, ist an
der Schwelle ihres Sieges angelangt!" — „Während manche diejenigen in diesem aristokratischen Lande, welche das Wort «Volks-
und politische Rechte» in gegenseitige Beziehung setzen, demokratischer Tendenzen anklagen, hören wir hier auf dem Reichstag
das Bekenntniss, dass der Kreis der Freiheit noch nicht ergänzt
sei. Während man uns mit Hohn überschüttet, wenn wir der
Ansprüche des Zeitalters Erwähnung thun, werden wir von den
Stufen des Throns aus aufmerksam gemacht, dass die Zeit mahne
und man mit den Erfordernissen der Umstände unterhandeln müsse.
Während uns ein hochverdienter edler Graf vorwirft, dass wir jede
Frage compromittirten und mit unsern Principiengenossen auf die
Sandbank gerathen sind, weisen wir getröstet auf die Instructionen
der Comitate hin und auf die glänzende Reihe der Gewählten; und

1843. während er uns hierauf antwortet, dass wir in unserer mangelhaften
Rechnung die Regierung vergassen, bestimmen die allergnädigsten
königlichen Vorlagen zur reichstäglichen Verhandlung einen grossen
Theil jener Gegenstände, zu deren Gestaltung als Zeitfragen auch
wir nach unsern bescheidenen Kräften beigetragen haben." Und in
der That stimmten die königlichen Vorlagen mit den Wünschen der
Nation noch niemals auf eine solche Art zusammen. Die Hoffnungen
hinsichtlich des Sieges der Reformsache rechtfertigte das Verfahren
der Regierung in hohem Masse. Selten war noch ein königlicher
Kanzler so volksthümlich gewesen als in diesem Augenblick Anton
Majláth; denn die gute Absicht der Regierung wurde ihm zugeschrieben. — Und dennoch gab es trotz alledem kaum einen erfolg-
losern Reichstag wie diesen. Der zu Anfang des Reichstags so populäre Kanzler bekam am Schlusse desselben ein Mistrauensvotum.

Die königlichen Vorlagen schienen zu beweisen, dass die Regierung, die Bedürfnisse der Nation endlich erfassend, auch geneigt sei,
dieselben zu befriedigen, und aufrichtig und loyal wünsche, die Reformen
und die Wiedergeburt der Nation zu befördern. Aber leider war
dem nicht so; wenigstens nicht in dem Mass, wie die Nation es
wünschte und hoffte. Dass der Erfolg den sanguinischen Hoffnungen
vieler nicht sehr entsprechen werde, zeigte sich gleich anfangs aus
der Entscheidung der Angelegenheit der Reichstagszeitung. Was
bisher die Reichsstände während so vieler Reichstage, jedoch stets
ohne Erfolg, betrieben hatten, glaubten sie jetzt endlich zu erreichen,
dass der Nation vom Verlauf der Verhandlungen eine freie, der vorläufigen Censur nicht unterworfene Reichstagszeitung nähere Kunde
gebe. Zu diesem Zweck wurde der schon 1836 in Antrag gebrachte
Gesetzvorschlag über die freien Reichstagszeitungen mit einigen Abänderungen neuerdings aufgenommen und festgestellt, dass man denselben mit der allgemeinen Pressfrage, wie dies bisher die Magnaten
und die Regierung verlangt hatten, nicht verbinden könne. Die
Magnatentafel indessen, wo die Mehrheit auch jetzt auf seiten der
Regierungsbeamten war, und man infolge dessen die Entscheidung
in dieser Sache mit Recht als den Willen der Regierung betrachten
konnte, erörterte und beschloss abermals nur, dass diese Frage
mit dem allgemeinen Pressgesetz zu verhandeln sei. Und da die
Magnatentafel von diesem Beschluss selbst nach zahlreichen Nuntien
nicht abstehen wollte, die Stände aber sich jetzt mit den allgemeinen
Pressgesetzen nicht befassen konnten, so konnte der Reichstag auch
jetzt noch nicht eine freie uncensurirte Zeitung erhalten. Man muss
indessen gestehen, dass jene freiere Bewegung, welche seit drei Jahren
den Zeitungen im allgemeinen zugestanden wurde, sich auch auf die
reichstäglichen Berichte erstreckte. Das „Pesti Hirlap" und der
„Hirnök" brachten, obwol nicht uncensurirt, nicht mit voller Freiheit,

(margin note:) Freie Reichstags-zeitung.

aber dennoch genug detaillirte Berichte von den Berathungen. Auch
diese beschränkte Pressfreiheit war jedoch von grosser Einwirkung
auf die politische Erziehung des Volks. Durch die Veröffentlichung
der Reichstagsdebatten nahm die ganze Nation gleichsam theil an
den öffentlichen Angelegenheiten, begleitete mit Aufmerksamkeit die
Entwickelungen derselben, berechnete, controlirte; über die öffentlichen
Angelegenheiten verbreitete sich ein immer grösseres Licht.

Der Gegenstand der ersten reichstäglichen Berathungen der Stände Adresse.
war dem Gebrauch nach die auf die Thronrede und die königlichen
Vorlagen zu ertheilende Antwort. Die Stände waren zwar mit den
königlichen Vorlagen im allgemeinen zufrieden; da sie indessen beabsichtigten, der Regierung ihre Freude darüber auszudrücken, wollten
sie ihr zugleich auch zu wissen geben, wie sehr die Nation in ihrer
Entwickelung dadurch behindert sei, dass zahlreiche Beschwerden
noch immer nicht behoben, ja einige neuere Gesetze, z. B. dasjenige,
welches die Wiedervereinleibung der siebenbürgischen Landestheile
anbefiehlt, noch nicht in Ausführung gebracht worden seien. Die Majorität der Stände wünschte daher eine solche Adresse angefertigt zu
sehen, welche, die zu befolgende Richtung bezeichnend, sowol der
Wiederherstellung der verletzten Gesetze als auch dem künftigen
Fortschritt den Weg bahnen sollte. Zu diesem Zweck beschlossen
sie, dass sich die anzufertigende Adresse nur auf allgemeinem Terrain
bewegen und sowol die königlichen Vorlagen als auch die Beschwerden
in sich enthalten solle. Bezüglich der königlichen Vorlagen möge sie
erklären, dass alles dasjenige, was diese enthält, auch sie wollten;
jedoch auch wünschten, dass die Beschwerden behoben würden. Mit
Einem Wort, sie wünschten eine solche Adresse anzufertigen, in welcher der Zustand des Reichs, dessen Gebrechen und Mängel mit lebhaften Farben geschildert, die Absicht der Stände, alledem abzuhelfen,
ausgedrückt werden solle; und weil die königlichen Vorlagen mit
dieser ihrer Ansicht übereinstimmten, auch ihrer Freude darüber Ausdruck verliehen werden sollte, dass Se. Majestät die Beschwernisse und
Wünsche der Nation seiner Aufmerksamkeit gewürdigt habe. Die
Adresse wurde endlich, obwol einige die Erwähnung der Beschwerden
wegzulassen wünschten, in diesem Sinne angenommen.

„Während die meisten Nationen Europas" — sagt jener Theil
der Adresse, welcher die auf die hauptsächlichsten Uebelstände und
Beschwerden des Reichs Bezug habenden Gegenstände in sich enthält —
„den gesegneten Zeitraum des dauernden Friedens auf die erfolgreiche
Entwickelung ihres geistigen und materiellen Wohlstandes verwandten,
konnte die ungarische Nation bald von den Sorgen der Behütung
ihres theuersten Schatzes, der bürgerlichen Verfassung, bald von den
Sorgen der Wiederherstellung der Heiligkeit ihrer verletzten Gesetze
eingenommen, bald von unter solchen Umständen nicht abzuwenden-

den innern Hindernissen aufgehalten, sich nicht jener Entwickelung ihres geistigen und materiellen Wohlstandes erfreuen, welche sie als Lohn für so viele Opfer von der Zeit des langen Friedens mit Recht hoffen durfte.

„Und obgleich in den neuesten Zeiten, vor allem aber unter der gnädigen Regierung Ew. Majestät die vereinigte Bestrebung der constitutionellen Gewalten den Anfang einer neuen Epoche, der Epoche des Fortschritts, mit nicht geringen und auch nicht erfolglosen Institutionen bezeichnete, ist dennoch das Bild, welches die Summe der Zustände unsers Vaterlandes zeigt, kein tröstliches.

„Die Mängel der Integrität des Reichs, die aus der Nichtvollziehung des Gesetzes entspringende zweifelhafte Lage der Theile unsers Vaterlandes haben wir noch immer zu beklagen. Auch die übrigen, mehrmals unterbreiteten präferentialen Beschwerden der Nation harren noch immer ihrer Erledigung. Unsere Sprache konnte noch bis heute nicht in vollem Masse jenen Standpunkt einnehmen, welcher in den öffentlichen Angelegenheiten der ungarischen Nation keiner andern zukommen kann. Die Ruhe des Familienlebens trübten religiöse Streitigkeiten und halten die Gemüther auch jetzt noch in gespannter Besorgniss. Das Volk ist aus Mangel an entsprechender Erziehung in einem geistig vernachlässigten Zustande; die Steuerzahlenden hoffen noch immer auf die Aufhebung der Lasten der Militärverpflegung und Bequartierung, auf eine Erleichterung und gerechtere Vertheilung der allgemeinen Lasten. Die Verletzung der Selbständigkeit des Reichs und die ohne Einfluss und Einwilligung der Nation geschaffenen, trotz unserer mehrmaligen gesetzlichen Einsprache bestehenden Zollvorschriften, welche sich in ihrem ganzen System gegen unsern Handel kehren, den Lohn unserer vaterländischen Industrie und Landwirthschaft ungewiss und schwankend machen und unserm Gewerbfleiss nicht erlauben, fruchtbar zu werden, und wo er Früchte trug, die weitere Hebung desselben nicht zugeben, — alles dies und der Mangel an den Handel befördernden Mitteln, den unser steuerzahlendes Volk aus eigener Kraft nicht ersetzen konnte, der enge Kreis des lebhaften Fleisses, welchen nur die wechselseitige Wirkung der unbehinderten Industrie und der blühenden Landwirthschaft hervorbringen kann, und jene beschränkenden Institutionen, welche die freie Entwickelung der einen wie der andern verhindern, liessen auch unsern inländischen Handel nicht aufblühen. Da zu alledem auch noch die Ungewissheit und Unbeständigkeit des Grundbesitzes hinzukommt, so mangelt es dem öffentlichen Credit, bei aller weisen Vorsorge der frühern Gesetzgebung, noch an mehrern Grundbedingungen; und die mit den dringenden Anforderungen der neuern Zeit vermehrten Bedürfnisse reissen die Nation nach dem Abgrund vollständiger Verarmung hin. Endlich kamen auch noch Unordnungen dazwischen, an welchen das Unerfülltbleiben der den Samen einer 1843. weitern Entwickelung in sich bergenden Gesetze unmittelbar wie zufolge der Kraft des Beispiels grossen Antheil hat, und welche den Mangel der persönlichen Sicherheit, welche schon der vorige Reichstag seiner Aufmerksamkeit gewürdigt hatte, noch schwerer fühlen lassen, und die Befestigung des Ansehens der Gesetze dringend nothwendig machen." Sie sagen sodann, zu welch grossem Trost es ihnen inmitten all dieser allgemeinen Uebelstände diene, dass die Absichten des Königs hinsichtlich der Sicherung der Zukunft der Nation und der Beförderung des allgemeinen Wohls derselben mit den Wünschen der Nation zusammentreffen und die Wirksamkeit der Gesetzgebung eben auf jenem Felde aufrufen, welches der allgemeine Wunsch der Nation zur Aufgabe dieser Epoche bezeichnete. Nachdem sie später die einzelnen Punkte der königlichen Vorlagen berührt und sich zur Verhandlung derselben bereit erklärt haben, bitten sie den König, zur Einstellung der religiösen Streitigkeiten auf den noch am 7. Mai 1840 unterbreiteten Gesetzvorschlag sobald als möglich Antwort zu ertheilen; endlich aber, die Antworten dem Reichstag in ungarischer Sprache herausgeben zu lassen.

Während zwischen den beiden Tafeln wegen der endlichen Feststellung und Hinaufsendung der in diesem Sinn verfassten Adresse Nuntien gewechselt wurden, erweckten bei den Ständen zwei Gegenstände ausserordentlich hitzige Debatten. Der eine derselben betraf die Nationalsprache, der andere die religiösen Verhältnisse. Die Nationalsprache und Kroatien.

Die kroatischen Deputirten, die, wie wir weiter oben gesehen haben, die illyrische Partei mit Ausschluss der ungarisch gesinnten Kroaten gewählt und nach Presburg geschickt hatte, begannen, obgleich sie der ungarischen Sprache vollkommen mächtig waren und in den Circularsitzungen sich derselben auch bedienten, in den öffentlichen Sitzungen dennoch, ihren Instructionen gemäss, lateinisch zu sprechen. Dieses feindseligen Geistes wegen entstand gleich in den ersten Sitzungen ein Unwillen gegen sie in den Gemüthern der Stände, welcher immer mehr zu einer wahren Gereiztheit zu wachsen begann. Da jedoch einige angesehenere Abgeordnete aufmerksam machten, dass einem solchen Zustand nur das Gesetz, nicht aber der Unwille abhelfen könne, so beruhigten sich die Wogen ein wenig und auf einige Zeit. Dieser Umstand war die Ursache, dass der Gesetzvorschlag hinsichtlich der Nationalsprache um so eher angefertigt werde. In diesem Vorschlag wurde die ungarische Sprache im allgemeinen zur Sprache der Rechtspflege, der öffentlichen Verwaltung und des öffentlichen Unterrichts erhoben; in Bezug Kroatiens aber wurde zum Beschluss, dass die Sprache seiner öffentlichen Verwaltung, seines öffentlichen Unterrichts die alte bleiben, die ungarische aber in seinen Schulen gleichfalls vorgetragen werden solle; die kroatischen Behörden

1843. und Aemter sollen mit den ungarischen ungarisch correspondiren; die kroatischen Abgeordneten sich auf dem ungarischen Reichstag der ungarischen Sprache bedienen, und endlich sollen nach dem Verlauf von zehn Jahren zu jeder von der Ernennung des Königs abhängigen Stelle nur der ungarischen Sprache mächtige Kroaten verwendet werden. Es geschah indessen bald darauf (in der Sitzung vom 20. Juni), dass die kroatischen Deputirten, die früher schon einigemal ungarisch gesprochen hatten, jetzt gleichsam als schreienden Gegensatz zum festgestellten Gesetzvorschlag, lateinisch zu sprechen begannen. Hierauf entstand im Hause ein aussergewöhnlicher Lärm, und mehrere Abgeordnete standen zugleich auf: „Dies ist nichts anderes als Trotz", sagte einer, „der Deputirte kann ungarisch, diese Unwürdigkeit kann die Tafel nicht dulden." „Das Gesetz verbietet es nicht und der Gebrauch erlaubt es", antwortete der präsidirende königliche Personal. „Ungarisch!" ruft man von allen Seiten aus. Der kroatische Deputirte bestrebt sich trotzdem lateinisch zu sprechen. Neuer Lärm und Rufe „Ungarisch!" unterbrechen und ersticken seine Rede. Sodann entsteht eine lange, heftige Debatte darüber, ob es erlaubt sei, obgleich hierüber kein Gesetz besteht, in einer andern Sprache als der ungarischen zu sprechen? Einige wünschen dies durch ein Gesetz entschieden zu sehen. Andere wollen durch einen sofortigen Beschluss den ausschliesslichen Gebrauch der ungarischen Sprache sicherstellen. Die kroatischen Deputirten bitten um Aufschub, um von ihren Absendern die Erlaubniss zur Anwendung der ungarischen Sprache zu erlangen. Einige der slawonischen Abgeordneten erklären, dass sie eher bereit seien, ihrem Amt zu entsagen, als eine Instruction anzunehmen, welche sie zwänge, lateinisch zu sprechen. Nach dem Wunsch der grossen Majorität wurde endlich als Beschluss ausgesprochen, dass an der Ständetafel jedermann verpflichtet sei, ungarisch zu sprechen. Die kroatischen Deputirten jedoch, die sich diesem Beschluss nicht fügen wollten, reichten durch den Personal der Ständetafel einen Protest ein, in welchem sie alle jene Gesetze, welche, wie sie sagten, ohne ihren Einfluss geschaffen würden, bezüglich Kroatiens schon im voraus für ungültig erklärten.

Die Ständetafel war um so weniger geneigt, den Ansprüchen der kroatischen Abgeordneten nachzugeben, als der Graf von Turopolya, der gegen die Ungesetzlichkeit ihrer Wahl sogleich beim Beginn des Reichstags Verwahrung eingelegt hatte, auch jetzt erklärte, dass diese nicht die Deputirten Kroatiens, sondern nur die der illyrischen Partei seien; und es war unter den Ständen die Ueberzeugung allgemein, dass jene Instruction, auf welche sich die kroatischen Abgeordneten beriefen, nicht der Wille der kroatischen Nation, sondern der der illyrischen Partei sei. Die illyrische Partei, von der Unterstützung aufgemuntert, welche ihr in den höhern Regionen der

Regierung zutheil wurde, erdreistete sich jetzt schon zu solchen 1844.
Verwegenheiten, dass ihre Mitglieder gegenwärtig ihre Spottlieder
gegen die Ungarn im Sitz des Reichstags selbst öffentlich und ungestraft sangen. Die Stände wiesen daher den Protest mit Indignation
zurück und liessen nicht einmal die Verlesung desselben zu. Der
königliche Personal selbst ermahnte die kroatischen Deputirten, sie
möchten erwägen, dass der Protest gegen einen Beschluss ungültig sei,
und dass darum, weil ihre Instruction ihre Wirksamkeit eingebüsst
habe, es nicht in der Ordnung sei, sich von der Gesetzgebung für
ausgeschlossen zu betrachten. Allein die kroatischen Abgeordneten
liessen es dabei nicht bewenden und suchten und fanden auch, wie
wir weiter unten sehen werden, höhern Orts Unterstützung.

Währenddess der höhern Orts unterstützte Trotz der kroatischen Die religiö-
Deputirten die Gemüther in eine solche Gereiztheit brachte, wurden sen Debat-
auch über die religiösen Verhältnisse, insbesondere über die der gemischten Ehen, hitzige Debatten geführt. Wiewol es ausser den Deputirten der Kapitel und der kroatischen Abgeordneten kaum jemand
gab, der nicht die Principien der vollständigen Gegenseitigkeit und
der vollkommenen Religionsfreiheit vertheidigt hätte, so erhob dennoch
beinahe jeder Abgeordnete seine Stimme in diesem wichtigen Gegenstand, nicht so sehr, um die engherzigen Grundsätze der geringen
Minderheit zu widerlegen, sondern vielmehr, um auch seinerseits zu
beweisen, dass die öffentliche Meinung des Reichs, der Nation die
Religionsfreiheit verlange. Fünf Tage dauerte in den Circularsitzungen die Debatte grösstentheils über jene Beschwerden der Religionsfreiheit, über welche auf dem vergangenen Reichstag die beiden
Tafeln miteinander noch nicht übereingekommen waren, oder welche
nicht einmal Gegenstände der zwischen den beiden Tafeln gewechselten
Nuntien bildeten, da sie erst seit dem verflossenen Reichstag im nationalen Leben auftauchten. Der Beschluss wurde schon am vierten
Tage mit sehr grosser Majorität im Folgenden ausgesprochen: 1) Die
in den gemischten Ehen bisher im Gebrauch gewesenen Reverse werden auch hinsichtlich der Vergangenheit aufgehoben. 2) Der Uebertritt von einer Religion zur andern ist frei; der von der katholischen
Geistlichkeit bisher ausgeübte sechswöchentliche Unterricht, welcher
die Freiheit des Uebertritts verletzt und beschränkt, wird abgeschafft,
3) Wenn zwei in gemischter Ehe lebende Personen von Tisch und
Bett geschieden werden, so darf der protestantische Theil eine neue
Ehe eingehen. 4) Das die Protestanten aus Kroatien, Dalmatien und
Slawonien ausschliessende Municipalrecht wird für abgeschafft erklärt.
5) Die Recopulation ist verboten. 6) Die vollständige religiöse Gegenseitigkeit ist im Princip auszusprechen.

Der Gegenstand war auf diese Art schon als erledigt zu be- Das Gut-
trachten, als am folgenden Tage unerwartet eine die bisherigen an achten des
Domherrn
Wurda.

12*

1843. Heftigkeit weit übertreffende persönliche Debatte entstand. Der Deputirte des rauher Kapitels, Domherr Karl Wurda, ein durch seine ausgebreitete Wissenschaft nicht minder als durch milden christlichen Sinn und Tugenden ausgezeichneter Mann der Kirche, erklärte am vierten Tage der Debatten, kurz vor der Verkündigung des Beschlusses: er sehe es für ein Unglück an, dass die Berathung religiöser Angelegenheiten auf dem Reichstag vorgenommen werde; und er findet die Ursache dieses Unglücks nicht in der katholischen Geistlichkeit — denn sagt er „iliacos intra muros peccatur et extra" —, sondern darin, dass die kirchliche und die weltliche Macht voneinander nicht vollständig abgesondert sei, er erklärte, dass die Erörterung kirchlicher Angelegenheiten nicht in das Gebiet der weltlichen Gesetzgebung gehöre, und stimmte für volle Religionsfreiheit.

„Die Grundursache der religiösen Reibungen", sagt er, „liegt in der Einseitigkeit der Gesetze; denn jeder politische Fehler rächt sich selbst nach Jahrhunderten noch. Diese Einseitigkeit stellte unter den Religionen den politischen Unterschied auf und brachte, trotz jener Worte des Lactantius: «religio est res liberrima», die unmenschlichsten Gesetze hervor, wie z. B. jenes, welches anordnet, dass die Lutheraner verbrannt werden sollen. Die Folge davon war, dass diese genöthigt waren, die Freiheit mit dem Säbel zu erkämpfen und diese auch vom König mittels eines Eides bestätigen zu lassen. Allein der Frieden, welchen sie infolge dessen hofften, beglückte nur einzelne; dem Allgemeinen kam er nicht zugute. So kamen die königlichen Resolutionen, das Toleranzedict und das Gesetz vom Jahre 1791 zu Stande. Unsere Vorfahren glaubten, dass dies zum Ziel führen werde, und dennoch beweist der gegenwärtige Zustand, in welchem die eine Partei über die andere einen Vortheil besitzt, das Entgegengesetzte. Hüten wir uns daher vor einem ähnlichen Fehler, und lassen wir uns in den Gegenstand nicht tiefer ein, als das allgemeine Wohl erheischt. Von diesem Gesichtspunkt ausgehend, ist es am zweckmässigsten, die vollkommene Religionsfreiheit anzuerkennen; diese kann allein dem gewünschten Ziel entgegenführen. Man muss sich in Dingen der Religion vor zwingenden Gesetzen hüten; denn die Ueberzeugung ist der theuerste Schatz des Menschen, und die Gesetze nehmen nicht nur äussern Gehorsam, sondern auch innerliche Achtung in Anspruch. Der Mensch ist der Bürger zweier Welten: der geistigen und der materiellen; jede derselben basirt auf einem andern Princip. Die eine nimmt die äussere, die andere die innere Freiheit in Anspruch; wo aber die innere Freiheit von der Willkür erstickt wird, da kann auch die äussere nicht bestehen. Sprechen wir daher aus, dass sich in ihrem Kreis jede Religion frei bewegen darf, und zwar nicht nur bezüglich einzelner, sondern auch ganzer kirchlicher Gemeinden; sprechen wir aus, dass in einem constitutionellen

freien Lande auch die Religionen und Meinungen frei sein müssen.
Es ist nothwendig, diese Angelegenheit mittels eines Gesetzes zu
entscheiden; denn sie betrifft einzig und allein das Gewissen." Sodann
auf die Anwendung dieses allgemeinen Princips der Religionsfreiheit
in Bezug auf die Reverse, den Uebertritt und die Schulen übergehend,
äusserte er sich über die letztern folgendermassen: „Hinsichtlich der
Schulen wird dann Freiheit herrschen, wenn bei der Organisation
derselben nicht die einzelnen Kirchen, sondern der gesammte Staat
vor Augen schweben wird. Ueber den religiösen Unterricht möge
die Kirche wachen; über den in den weltlichen Wissenschaften der
Staat selbst. Und wenn die Nation auf jene Stufe der Vollkommenheit gelangen wird, dass jede Religion gleich ist, dann wird es weder
katholische noch protestantische, sondern einzig und allein ungarische
nationale Schulen geben."

Diese Erklärung des Domherrn Wurda nahmen die Abgeordneten
im allgemeinen mit grossem Beifall auf. Des andern Tags aber hatte
der brave Priester, der sich über den Sektengeist so kühn zu erheben
gewusst, seine liebe Noth. Seine Collegen, die Domherren, die sofort
nach der Sitzung eine Conferenz abhielten und auch bei den Bischöfen
schleunigste Anzeige erstatteten, erweckten ein ganzes Gewitter über
dem Haupt des kühnen Mannes, der es gewagt hatte, die Religionsfreiheit zu unterstützen. Diese persönliche Angelegenheit bildete den
Gegenstand der ganzen Sitzung des fünften Tags. Mehrere Deputirte
der Kapitel legten sogleich beim Beginn der Sitzung Protest ein
gegen jene Aeusserung Wurda's, womit er die vollständige Absonderung der kirchlichen und weltlichen Macht und die volle Freiheit
der Ausübung jeder Religion für das passendste Mittel zur Aufhebung
der Reibungen zwischen den verschiedenen Religionssekten erklärte.
Die Abgeordneten der Comitate jedoch stellten sich in Masse auf die
Seite Wurda's und gaben den miteinander stets abwechselnden Pro-
testen gegenüber einstimmig ihre Meinung dahin ab, dass, nachdem
diese Proteste ohnehin gesetzlich verboten seien, die Deputirten der
Kapitel mit Gründen gegen Gründe auftreten, und da auch sie auf
dem Boden des gleichen Berufs stehen, seine Behauptungen, wenn sie
dazu im Stande, widerlegen mögen; jeder möge seine Meinung in
seinem oder im Namen seiner Absender kundgeben, und nicht im
Namen der Kirche sprechen, welche er nicht repräsentire; sie mögen
nicht von einer kirchlichen Constitution sprechen, von welcher das
Haus nichts wisse, wohl aber von einer gesetzlichen Verfassung, welcher weltliche wie kirchliche Personen gleichmässig unterworfen seien.
Da sich bei alledem die Proteste von Seite der Domherren mehrten,
so bemerkten die Abgeordneten der Comitate, dass diese Proteste
nur Beweise wären, dass die Deputirten der Kapitel gegen den in
der Rede ihres Collegen zum Ausdruck gekommenen milden Geist

1843. christlicher Liebe protestirten; aus dieser Rede aber habe Verstand und Herz gesprochen.

Diese Scene wurde für um so betrübender gehalten, weil jene Körperschaft, aus welcher die Proteste geschahen, eine besondere Klasse bildete, und den einzelnen, der mit dem Geist derselben in Collision kommt, aus eigener Macht und in ihrem eigenen Kreise treffen kann. Denn die Comitatsabgeordneten konnten nicht im geringsten mehr zweifeln, dass Wurda, welcher von den Wogen des Sekten- und Priesterhasses von allen Seiten auf solche Weise überströmt wurde, das Opfer seiner christlichen Liebe und seines Muthes, der ihn seine gründliche Ueberzeugung aussprechen hiess, werden würde, — was sich sodann auch in der That verwirklichte. Der von seinen Genossen mit solcher Erbitterung angegriffene Mann der Kirche schien dies auch selbst zu fühlen; und ehe er gezwungen sein würde, gänzlich zu schweigen, wollte er noch einmal seine auf unumstösslichen Principien fussende Ueberzeugung näher entwickeln. Seinen Schmerz aussprechend, dass er ohne sein Verschulden zum Gegenstand der heutigen Berathung geworden sei, wandte er auf sich die Worte an: „Si propter me orta est haec tempestas, projicite me in mare: ero alter Jonas" (Wenn dieser Sturm meinetwegen entstand, werft mich ins Meer: ich werde ein zweiter Jonas sein). Wenn er etwas gesprochen, was mit den Principien der Kirche im Widerspruch stehe, so ziehe er es zurück: sein Gewissen aber klage ihn deshalb nicht an. Er habe vom rein staatsmännischen Gesichtspunkt aus gesprochen und einzig deshalb, um Versöhnung und Frieden zu vermitteln. Er habe nichts vorgeschlagen, nur Principien ausgesprochen, welche zu widerlegen unmöglich sei; er wollte nur den Fehler vermieden sehen, welcher sich in der Gesetzgebung selbst nach Jahrhunderten noch rächt. Er wünschte ein freies Reich, einen freien Glauben, eine freie Kirche. Er sagte nicht, dass in Sachen der Religion Gesetze unnöthig seien, sondern dass die bisherigen einseitig und ungerecht seien. Er bedauert, dass seine Collegen so engherzig seien und in seiner Rede einen Tadel gefunden hätten. Er habe nicht angerathen, wie es ihm vorgeworfen worden sei, dass die Kinder der den verschiedenen Religionen Angehörigen schon jetzt in Einer Schule unterrichtet werden sollen, sondern er habe nur gesagt, dass dies mit der Zeit eintreffen könne, was nicht eben unmöglich sei, sobald die verschiedenen Wissenschaften nicht vom religiösen Standpunkt aus vorgetragen würden. Zwar wünsche auch er, dass die Jugend im Glauben unterrichtet würde; dies könne jedoch auch in den Sonntagsschulen unter Aufsicht der Geistlichen geschehen. So dürfe man hoffen, dass die Schulen, anstatt dass sie nach Religionen eingetheilt würden, sich mit der Zeit zu ungarischen Nationalschulen umwandeln könnten. Er ermahnt

die Parteien, einander nicht gleich kampfbereiten Scharen gegenüber-
zustehen, sondern sich in Liebe zu vereinigen. Die Abgeordneten der Comitate wetteiferten miteinander, dem braven Manne, der den Vorurtheilen, der sektirischen Engherzigkeit und dem Kastenhasse so offen entgegenzutreten wagte, Gerechtigkeit widerfahren zu lassen, und erklärten, dass das allgemeine Verständniss, die allgemeine Hochachtung für ihn spreche; sie sprachen ihren sehnlichen Wunsch aus, es möge sich ihm ein weiterer Kreis eröffnen, in welchem er seine von christlicher Liebe durchdrungenen Principien verwirklichen könne. Endlich aber wurde als Beschluss ausgesprochen, es sei im Protokoll ausdrücklich zu erwähnen, dass die Stände die durch die Deputirten der Kapitel erhobenen Proteste für unstatthaft, dem reichstäglichen Gebrauch und dem Gesetz widerstreitend und jeder Gültigkeit entbehrend erklären.

Was bei dem Geiste und den Principien des hohen Klerus leicht vorauszusehen war, geschah auch in der That; der brave Priester, der die Kühnheit hatte, seine Ueberzeugung dem Kastengeiste gegenüber auszusprechen, musste fernerhin verstummen und sich bald darauf auch vom Reichstag entfernen. Das raaber Kapitel, dessen Deputirter er war, sandte infolge Auftrags seitens der Bischöfe einen andern, orthodoxern Deputirten an seiner Stelle nach Presburg.

Die religiösen Angelegenheiten wurden dem Gesagten nach im allgemeinen beendigt, und wurden sodann die Berathungen über die gemischten Ehen besonders, über die in dieser Sache von den Bischöfen nach Rom geschickte Gesandtschaft, über das von dort herabgelangte und die gemischten Ehen im allgemeinen misbilligende päpstliche Breve und das hierauf ausgegebene königliche Placetum noch durch mehrere Tage fortgeführt. Die Majorität kam schliesslich über die folgenden Beschlüsse überein: In einer besondern Adresse möge jenes Gravamen unterbreitet werden, welches aus dem Breve und dem Placetum in Bezug auf das Reich entstand; die Zurückziehung und Aufhebung derselben möge betrieben und die gegen jene Priester, die den gemischten Ehen ihren Segen verweigerten, begonnenen Processe, deren Hinaufsendung die Regierung angeordnet hatte, herabgesendet werden, damit das Gesetz gemäss derselben vollzogen werden könne; schliesslich wünschten die Stände, dass alle jene Breve, welche mittlerweile das königliche Placetum erlangen, dem nächsten Reichstag vorgelegt werden mögen.

Einige Wochen nach diesen Debatten, ehe die mitgetheilten Beschlüsse der Regierung in Gestalt eines Gesetzvorschlags hätten hinaufgeschickt werden können, gelangte am 5. Juli in der Religionsangelegenheit, oder eigentlich in der der gemischten Ehen ein königliches Rescript an die Stände herab. Es war dies eine Antwort auf jene Adresse, welche die Stände noch auf dem verflossenen Reichstag am 7. Mai 1840 an die Regierung gerichtet hatten. Damit nämlich allen aus den Reversen möglicherweise entstehenden Streitigkeiten vorgebeugt werde, wünschten sie ein solches Gesetz zu schaffen, welchem nach künftighin die aus gemischten Ehen entstehenden Kinder stets der Religion des Vaters folgen sollten. Das königliche Rescript war zwar der Schaffung eines solchen Gesetzes nicht entgegen; es wünschte jedoch dasselbe auf die Art modificirt zu sehen, dass beim Eingehen der gemischten Ehen das Brautpaar befugt sein solle, mittels eines freien Vertrags zu bestimmen, in welcher der anerkannten Religionen sie ihre Kinder zu erziehen wünschten; dergleichen Verträge sollten in jedem Fall die volle Kraft von Privatverträgen besitzen, und nur wo ein solcher Vertrag nicht gelänge, oder die betreffenden Parteien einen solchen nicht abschliessen wollen, nur allein dort seien die zu erzielenden Kinder verpflichtet, der Religion des Vaters zu folgen.

Das königliche Rescript wurde von allen Seiten mit grosser Unzufriedenheit aufgenommen. Es befriedigte nicht die Geistlichkeit, weil es mit den von der Herrschaft des Katholicismus gehegten Principien nicht übereinstimmte; nicht die Stände, denn diese befürchteten mit Recht, dass durch ein solches Gesetz die Reverse, deren Abschaffung die Nation fortwährend betrieb, obgleich unter einem andern Namen, aber dem Wesen nach dennoch sanctionirt werden könnten. Die Stände nahmen demzufolge die Principien des königlichen Rescripts nicht an, und forderten einstimmig in einer neuen Adresse die Regierung auf: sie möge in die Schaffung eines solchen Gesetzes einwilligen, nach welchem in den gemischten Ehen sowol die volle Gewissensfreiheit als auch das Princip der vollständigen Gegenseitigkeit der verschiedenen Religionssekten untereinander aufrecht erhalten werde; was nach ihrer Meinung nur dann erreicht werden könnte, wenn die in gemischten Ehen erzeugten Kinder ohne Ausnahme stets der Religion des Vaters folgen würden.

In einer andern Adresse, welche sie in der Sache der von seiten der katholischen Geistlichkeit vorgekommenen Verweigerung der kirchlichen Einsegnung der gemischten Ehen anfertigten, tadeln die Stände scharf das Verfahren des hohen Klerus, durch welches dieser die Ruhe der Reichsbewohner störe und den Fluch der religiösen Streitigkeiten und des Sektenhasses unter denselben abermals heraufbeschwöre; die Regierung aber fordern sie auf, sie möge der Schaffung eines solchen Gesetzes beitreten, gemäss welchem, um jede spätern Streitigkeiten, jede Gereiztheit zu beheben, die gemischten Ehen auch vor einem nichtkatholischen Geistlichen gültig abgeschlossen werden könnten, und die bisher aus den auf eine solche Weise eingegangenen Ehebündnissen erzielten Kinder für gesetzmässig erklärt würden. Ueber diese Adresse dauerten die endlosen Debatten an der Magnatentafel fünf volle Tage, und nährten die Gereiztheit nur noch mehr, bis endlich auch die Majorität dieser Tafel der Meinung der Stände beitrat, und von der Regierung verlangte, den noch vom frühern Reichstag hinaufgesandten Gesetzvorschlag zu bekräftigen. Allein die Regierung wollte selbst in ihrer königlichen Antwort vom 25. März 1844 nicht in die Schaffung eines so befehlenden Gesetzes einwilligen, und wollte die Bestimmung der Religion der aus gemischten Ehen zu erzielenden Kinder auch fernerhin von der freien Uebereinkunft des Brautpaares bedingt wissen. Infolge dieser königlichen Antwort erneuerten sich die Religionsdebatten neuerdings bei beiden Tafeln. Nächst der Frage der gemischten Ehen, oder eigentlich der der Reverse, wurde auch die Frage des freien Uebertritts von einer Religion zur andern an den beiden Tafeln mehrmals mit grosser Heftigkeit erörtert.

Diese mit so vieler Bitterkeit so lange fortgesetzten Debatten hatten endlich dennoch ein günstiges Resultat; die Regierung gab dem Gesetzvorschlage ihre Zustimmung, zufolge welcher die Religionsfrage durch ein Gesetz abgeschlossen wurde, welches dem Wesen nach folgenden Inhalts ist: 1) Diejenigen, die bis zu ihrem 18. Jahre im evangelischen Glauben erzogen wurden, mögen ihrer Religion wegen keiner fernern Frage unterzogen werden. 2) Die gemischten Ehen können auch vor einem evangelischen Seelsorger gültig abgeschlossen werden. 3) Welche bisher auf diese Art eingegangen wurden, werden hiermit für legitim erklärt. 4) In Betreff des Uebertritts zum protestantischen Glauben wird angeordnet: a. Der den Uebertritt Wünschende hat diese seine Absicht vor seinem Seelsorger in Gegenwart zweier Zeugen anzuzeigen. b. Nach Verlauf von vier Wochen ist derselbe verpflichtet, vor ebendemselben Seelsorger abermals in Gegenwart zweier Zeugen zu erklären, dass er bei seinem frühern Vorsatz standhaft verbleibe. c. Von diesen Anzeigen ist der betreffende Seelsorger in beiden Fällen gehalten ein Zeugniss auszustellen. d. Wenn sich der Seelsorger weigern sollte, ein solches Zeugniss zu geben, so sind die zwei Zeugen befugt, ein solches rechtsgültig auszustellen. e. Sobald der zu übertreten Wünschende diese Zeugnisse jenem Seelsorger, zu dessen Religion er übertreten will, vorzeigt, ist der Uebertritt vollständig beendigt; ohne Vorweisung dieser Zeugnisse kann aber der Uebertritt nicht stattfinden. f. Die Fälle von Uebertritten sind durch die bischöflichen Kanzleien im Wege des Statthaltereiraths Sr. Maj. in jedem halben Jahre zur Wissenschaft zu unterbreiten.

Die schwierige Frage, die man bei uns ebenso wie in andern Ländern Europas so lange Zeit und mit einer solchen Gereiztheit erörterte, wurde - daher durch dieses Gesetz auf solche Weise abgeschlossen, dass sowol die volle Gewissensfreiheit als auch das Princip

1843. der vollständigen Gegenseitigkeit unter den verschiedenen Religionen gesichert ward. Diese Principien wurden zwar schon auch bei Gelegenheit der wiener und linzer Friedensschlüsse ausgesprochen; aber infolge der dem Mangel an christlicher Liebe entstammenden fortwährenden Intriguen des katholischen hohen Klerus waren mehr als 200 Jahre und der Hauch des aufgeklärten Geistes des 19. Jahrhunderts nothwendig, dass denselben endlich durch ein klares, jede Zweideutigkeit, jede Hinterlist ausschliessendes Gesetz thatsächliche Gültigkeit verschafft werden konnte.

Die Angelegenheit der ungarischen Sprache und der kroatischen Verhältnisse. Während das Religionsgesetz auf diese Weise geschaffen wurde, erweckten die wegen der ungarischen Sprache mit den kroatischen Deputirten angefangenen Debatten stets gereiztere und bitterere Leidenschaften. Wir haben schon erwähnt, dass die Stände am 20. Juni den Beschluss fassten, es sei im Hause nicht gestattet, anders als ungarisch zu sprechen, und dass die kroatischen Deputirten ihren Protest dagegen ohne Erfolg einreichten. Hingegen war die Adresse nicht ohne Resultat, welche die kroatischen Abgeordneten an die Regierung gerichten hatten. Der Vicekanzler Bedekovich, selbst Mitglied der illyrischen Partei und einer der Hauptprotectoren derselben, brachte diese Angelegenheit im Cabinet soweit, dass den Ständen in einem königlichen Rescript vom 12. Oct. aufgetragen wurde, insolange, bis nicht darüber durch ein Gesetz anders verfügt werde, die kroatischen Deputirten nach der bisherigen Gepflogenheit im Gebrauch der lateinischen Sprache zu belassen.

Man muss gestehen, dass der Ständebeschluss vom 20. Juni, wodurch sie auch die kroatischen Deputirten zwangen, an ihrer Tafel ungarisch zu sprechen, ein von der Leidenschaft eingegebener, überstürzter, und, in politischer Beziehung genommen, unkluger, sehr fehlerhafter Schritt war, welcher die ohnedies so schädlichen Zwistigkeiten in neue Flammen auflodern machte. In Kroatien bestanden bisher eigentlich drei Parteien: die rein ungarische, welche trotz des Umstandes, dass sie mehrere Herren mit grossem Grundbesitz in ihrem Schose zählte, an Zahl und Einwirkung sehr gering war; die illyrische, welche der Zahl nach zwar gleichfalls die Minorität bildete, sich aber durch ihre Energie und ihre Einwirkung auf die Massen und die Jugend einen bedeutenden Einfluss verschafft hatte; und endlich die eigentlich kroatische Partei, welche aus der grossen Majorität der Nation bestand. Die illyrische Partei konnte sich für die Dauer zur entscheidenden Macht in der Lenkung der Landesangelegenheiten nur dann erheben, wenn sie von der kroatischen unterstützt ward. Dies geschah bisher nur in solchen Fällen, wenn die Municipalrechte oder die nationalen Interessen des Landes in Frage standen. Aber in letzterer Zeit hatte die illyrische Partei durch ihre wilden Ausschreitungen den verständigern, nüchternen Theil der kroatischen Nation sich immer mehr entfremdet; die Gereiztheit, 1843. welche die Sprachenfrage vor einigen Jahren erweckt hatte, begann immer mehr zu schwinden; die öffentliche Meinung, besonders in den drei slawonischen Comitaten Verőcze, Posega und Szerém, schloss sich infolge der Gewaltthätigkeiten der illyrischen Partei den Ungarn immer mehr an, und die Hoffnung war nicht ohne allen Grund, dass gegenseitige Mässigung das gestörte Einverständniss vollständig wiederherstellen werde, infolge dessen auch die illyrische Partei, welche ihrer Ausschreitungen wegen moralisch viel verloren hatte und immer mehr zusammenschmolz, genöthigt sein werde, von ihren Umtrieben abzustehen. So standen die Sachen bei der Eröffnung des presburger Reichstags. Und wer hätte geglaubt, dass jener Beschluss vom 20. Juni, welcher die kroatische Nationalität eigentlich nicht einmal verletzte, und in sich nichts anders enthielt, als dass auf dem Reichstag des ungarischen Reichs anstatt lateinisch jedermann, daher auch die kroatischen Deputirten, gehalten seien, ungarisch zu sprechen, die sich nach und nach beruhigenden Leidenschaften abermals entflammen würde! Und dieser Fall trat leider dennoch ein. Kaum verbreitete sich die Kunde von diesem, unklugen Beschlusse, und schon verbitterte sich wieder in Kroatien die Frage der Nationalität. Die Anhänger der illyrischen Partei traten mit neuer Energie auf, und durch das Gewicht zahlreicher sich ihnen anschliessender eifriger Kroaten sowol an Zahl als an moralischer Kraft zunehmend, wurde ihr Einfluss künftighin in allem zu einem entscheidenden in Kroatien; ja sogar in den slawonischen Comitaten wurde die dem Ungarthum sich anschmiegende Neigung erstickt; und die Sachen entwickelten sich immer mehr dahin, dass den Ungarn hinsichtlich der Nationalitätsfrage anstatt einer Partei der grössere Theil der kroatischen Nation gegenüberstand. Der Beschluss der Stände diente zu einem sehr geeigneten Beweggrunde, die Fahne der Agitation gegen das Ungarthum mit erneuerter Kraft zu entfalten; sie stellten denselben als eine Verletzung der Municipalrechte Kroatiens, als eine ungerechte, gewaltthätige Ausdehnung des Ungarthums dar, dessen Eroberungen sie, wenn sie ihm jetzt keinen Widerstand entgegensetzten, im Schose ihres Landes immer schwerer fühlen würden. Die grosse Menge sah die mit übertriebenen Farben geschilderte, wiewol nur in der erhitzten Einbildungskraft bestehende Gefahr schon vor der Thür, und die Leidenschaft, der Hass entzündeten sich immer lebhafter gegen die Ungarn, und das Rescript vom 12. Oct. war zum Theil die Folge dieser Vorgänge.

Die Mehrheit der Stände sah, sobald sich die durch die kroatischen Abgeordneten geweckte Gereiztheit, in deren Hitze der Beschluss vom 20. Juni gefasst wurde, ein wenig besänftigt hatte, selbst die politische Unklugheit dieses Schrittes ein, und bedauerte denselben.

1843.   Allein obwol viele wünschten, dass dieser Schritt nicht geschehen wäre, so wünschten sie dennoch aus falscher Scham den einmal ausgesprochenen Beschluss aufrecht zu halten; als ob die Nachgiebigkeit gegen den Schwächern den Stärkern mit Kraftlosigkeit brandmarkte, oder der begangene Fehler durch consequente Vertheidigung desselben gut gemacht werden könnte. Indessen fehlte es auch nicht an einigen andern wichtigern Gründen dafür, dass der Beschluss aufrecht erhalten werde.   Bei der schon oft schmerzlich in Erfahrung gebrachten Gewohnheit des wiener Cabinets, infolge welcher sich dasselbe stets beeilte, jede Schwäche, jeden Fehler des gesetzgebenden Körpers zu seinem Vortheil auszubeuten, und aus jeder Nachgiebigkeit in der Zukunft in ähnlichen Fällen sich ein Recht zu schaffen, sahen es die Stände für gefährlich an, anzuerkennen, dass der eine integrirende Theil der Gesetzgebung, der König, berechtigt sei, den andern Theil, die Stände, mit Hofbefehlen zu beschränken.   Ohne Zweifel verletzte das königliche Rescript jenes unleugbare und eben in ähnlichen Fällen in Betreff des häuslichen Gebrauchs der Sprache auch schon mehrfach ausgeübte Recht der Ständetafel, wonach diese in ihrem eigenen Schose den Gesetzen und den Anforderungen des öffentlichen Wohls nicht entgegenstehende Beschlüsse fassen durfte; die Stände befürchteten daher nicht ohne Grund, dass die Annahme dieses Rescripts dieses Recht auch für die Zukunft schwächen würde.   Viele wurden zur Aufrechthaltung des Beschlusses auch dadurch bewogen, weil sie glaubten, dass das Rescript nicht auf das bittliche Einschreiten der kroatischen Nation, sondern nur auf das der illyrischen Partei entstanden sei.   Endlich konnten sie auch darüber ihren Schmerz und ihre Betrübniss nicht verheimlichen, dass jetzt auf die Bitte eines oder zweier kroatischer Comitate ein solches Rescript erlassen wurde; während dagegen, als zahlreiche Comitate Ungarns um Einschränkung und Bestrafung der illyrischen Ausschreitungen baten, denselben keine Antwort ertheilt, keine beruhigende Verfügung von seiten der Regierung getroffen wurde.   Alles dies liess die wiener Regierung in dem Lichte erscheinen, als ob sie die illyrische Bewegung unterstützte und im allgemeinen den Kampf zwischen den Nationalitäten nach dem Grundsatz des „divide et impera" unter der Hand absichtlich schürte.   Infolge dieser und mehrerer ähnlicher, im Verlauf von vier Circularsitzungen angeführter Gründe wünschte die grosse Mehrheit den Beschluss vom 20. Juni aufrecht zu halten, und beschloss gegen das königliche Rescript, als ein neues Gravamen, eine Adresse an die Regierung zu richten.   Jene Conservativen und Anhänger der Hofpartei, die das königliche Rescript mit huldigendem Gehorsam aufzunehmen wünschten, begannen, um die Standhaftigkeit der Stände zu brechen, die Nachricht zu verbreiten, dass, wenn der Beschluss vom 20. Juni trotz des Rescripts aufrecht gehalten werden sollte, die Regierung wahrscheinlich den Reichstag auflösen werde. Diese Einschüchterungen hatten indessen auf den Beschluss der Stände nicht die geringste Einwirkung: sie waren eher bereit nach Hause zu gehen, als zu erlauben, dass man ihre Rechte auf eine ungesetzliche Weise beschränke oder der so oft wiederholte Trotz der kroatischen Abgeordneten die Nation beleidige.

Diese hochwichtige Frage, welche die Aufmerksamkeit des gesammten Reichstagspublikums im höchsten Grade spannte, war indessen mit dem Beschluss der Circularsitzung noch nicht beendigt. Die an die Regierung zu richtende Adresse musste noch in der Generalversammlung bestätigt werden. Diese Sitzung wurde am 1. Dec. in Gegenwart eines zahlreichen Publikums abgehalten. Der königliche Personal Szerencsy ermahnte die Stände, von dem Beschluss vom 20. Juni abzustehen, und erklärte unter anderm, dass er denselben schon damals für ungesetzlich gehalten habe und auch jetzt dafür ansehe; und wenn sie die Adresse schon durchaus Sr. Majestät unterbreiten wollten, so sollten sie wenigstens jenen Beschluss suspendiren, und den kroatischen Abgeordneten erlauben zu sprechen, denen er sodann auch das Wort gab. Der eine der kroatischen Abgeordneten, Metell Osegovich, der, zum Zeichen, dass er sprechen wolle, vom Beginn der Sitzung an stand, fing, ermuntert von der Aeusserung des Präsidenten, der den Beschluss vom 20. Juni für ungesetzlich erklärt hatte, seine Rede trotz des Beschlusses in lateinischer Sprache an. Sogleich seine ersten Worte unterdrückte ein grosser Lärm; die Stände forderten durchaus, dass er ungarisch spreche; da er jedoch nicht einmal dieser allgemeinen Aufforderung nachgeben wollte und fortwährend lateinisch sprach, so dauerte der Lärm ununterbrochen in einem solchen Masse, dass seine Rede vollkommen unverständlich wurde.. Der Präsident, welchem es einigemal gelungen war, die Ruhe wiederherzustellen, forderte die kroatischen Deputirten auf, dem allgemeinen Wunsche nachzugeben; zugleich aber erklärte er auch, dass er ihnen ihr Recht, zu sprechen, nicht entziehen, dass er ihnen gegenüber keine physische Gewalt anwenden werde und auch nicht anwenden könne, und dass er in Betreff der Adresse den Beschluss nicht aussprechen könne, solange noch jemand darüber etwas zu sagen habe; er bat daher die Stände, den kroatischen Abgeordneten Gehör zu schenken, denn da es kein Gesetz gebe, welches denselben den Gebrauch der lateinischen Sprache untersage, so könne er selbst es ihnen keineswegs verbieten. Von Seite der Stände unterbrachen den Präsidenten mehrere Stimmen, welche laut schrien, dass, „wenn es auch kein solches Gesetz gibt, so gibt es doch einen Beschluss". Aber all dies nützte nichts. Der kroatische Abgeordnete setzte, sobald sich der Lärm ein wenig beschwichtigte, seine Rede ebenso oft in lateinischer Sprache fort, worauf sich der Lärm ebenso oft erneuerte,

1843. und so lange anhielt, bis der kroatische Deputirte, an dessen Gesticu-
lationen allein man erkennen konnte, dass er spreche, sich endlich
niedersetzte. Hierauf forderten mehrere Abgeordnete, in der Absicht,
diesen Gegenstand vor die Circularsitzung zu bringen, den Präsidenten
auf, die Sitzung zu schliessen, was dieser auch, als den Willen der
Majorität, als Beschluss aussprach.

Die Stände wollten an diesem Tag zuvor noch eine geheime Berathung pflegen und die Circularsitzung wurde daher erst am 2. Dec.
abgehalten. Der zum Erdrücken gefüllte Saal und die übervollen
Galerien, deren grösster Theil von einer dreifachen Reihe der neugierigen Damenwelt eingenommen wurde, bewiesen das Interesse und
die besorgte Erwartung, welche die wichtige Frage in den Gemüthern
erweckt hatte. Als endlich die Sitzung eröffnet wurde, äusserte sich,
der vorausgegangenen Berathung gemäss, nur ein einziger Deputirter,
Klauzál, und zwar in folgendem Sinn: „Die Stände waren in der
gestrigen Sitzung Zeugen ungesetzlicher und anstössiger Vorfälle; •
denn die Abgeordneten Kroatiens, die bisher den Beschluss der Tafel
vom 20. Juni nicht zu übertreten wagten, nahmen sich, vom Rescript
vom 12. Oct. aufgemuntert, die Freiheit, denselben thatsächlich zu
verletzen. Besonders schmerzlich war es für uns, wahrzunehmen, dass
der Vorsitzende dieser Tafel die Richtung seines Vorgebens nicht
nach dem Willen der Mehrheit, sondern nach dem einer andern Macht
gestaltete, und den kroatischen Deputirten blos anrieth, ungarisch
zu sprechen, sie aber im Gebrauch der lateinischen Sprache nicht
verhinderte, ja, auf die Aufrechthaltung der Reihenfolge der Redner
hinweisend, dazu sogar ermächtigte. Solche Umstände verlangen eine
ernste Erwägung. Redner bedauert die gestrigen Vorgänge hinsichtlich ihres Resultats nicht; denn sie werden in der Nation das Gefühl der Nothwendigkeit dessen wach rufen, dass sie sich bestreben
möge, einen von ihr selbst gewählten Präsidenten zu erhalten. Redner will sich nicht in eine Zergliederung des Vorgebens von Seite des
Präsidenten einlassen; er bedauert es vielmehr als die Folge seiner
gezwungenen Stellung, weil er nicht der Gewählte dieser Tafel, sondern der Ernannte jener Macht, welche ihre Interessen als den Interessen dieser Tafel entgegenstehend betrachtet. Davon kann keine
Rede sein, dass die Tafel von ihrem Beschluss vom 20. Juni, welcher
gesetzlich ist, abgehe; nachdem indessen die kroatischen Deputirten
gestern, jene Achtung beiseitesetzend, welche sie dem Mutterlande
und dieser Tafel schuldig sind, aus purem Trotz, und bevor noch
die Frage erörtert worden wäre, jene Stellung, welche sie durch fünf-
monatliches Schweigen selbst anerkannten, thatsächlich verletzten; so
muss die Tafel dafür Sorge tragen, dass sich ein solches Aergerniss
nicht mehr wiederhole. Der Redner stellt daher den Antrag, es möge
in einem protestirenden Beschluss erklärt werden: dass diese Tafel

die gestrige Handlung ihres Präsidenten, da er nämlich den gesetz- 1843.
lichen Beschluss der Tafel für ungesetzlich erklärte und sich über
den Abgeordnetenkörper erhob, nicht billigen könne und dagegen
Verwahrung einlege; dass ferner die Tafel von ihrem gesetzlichen
Beschluss vom 20. Juni so lange, bis nicht diese drückenden Umstände aufhören, zwar nicht abgehen möge; weil es indessen gegen
die Würde der Tafel wäre, der gestern erfahrenen thatsächlichen
Gewalt gegenüber gleichfalls thatsächliche Gewalt in Anwendung zu
bringen — da sie durch dergleichen anstössige Scenen vor der Welt
beweisen würde, dass es einen gesetzgebenden Körper gebe, welcher
seinen Beschlüssen keine Achtung verschaffen könne —: so möge sie
erklären, dass, wenn die Kroaten nicht aufhören würden, Gewalt anzuwenden, die Tafel ihr gestriges Verfahren zwar nicht wiederholen,
aber die lateinischen Aeusserungen derselben nicht beachten werde,
sie für nicht authentisch erklären und in ihr Tagebuch nicht aufnehmen
werde."

Da dieser Antrag der Beschluss der vorausgegangenen geheimen
Berathung war, so wurde er mit allgemeiner Acclamation angenommen und später nach einigen Tagen in der Generalversammlung bestätigt, und die Adresse an die Magnatentafel abgesendet. Das
Publikum jedoch war, obgleich es sich während der Sitzung ruhig
verhalten hatte, mit diesem Beschluss keineswegs zufrieden, da derselbe den Trotz der kroatischen Deputirten einigermassen als siegreich
anerkannte. Selbst Kossuth schrieb darüber in sein Blatt einen
Artikel von mächtiger Wirkung, in welchem er behauptet, in seinem
Glauben, welchem gemäss er dachte, dass der Adel, der vor funfzig
Jahren den erlöschenden Funken seiner Nationalität mit dem heiligen
Hauch seiner Begeisterung in Flammen emporlodern liess, im Stande
sein werde, die Nation zu regeneriren, bitter enttäuscht worden zu
sein. „Seine Enttäuschung", sagte er, „gründet sich auf die traurige
Erfahrung, dass der einst so kräftige Ungar sich für nichts mehr
mit standhafter Ausdauer zu begeistern vermöge. — Dies ist das
Zeichen der Auflösung, des Todes. In einem solchen Körper glaubt
er keine Kraft enthalten, welche zur Wiedergeburt führen könnte.
Er findet es daher für nothwendig, ein neues nationales Element zu
schaffen, welches das Volk des Vaterlandes zu einer Nation umgestalte;
welche das, dass sie eine Nation, und das, dass sie Ungar ist, für
eine Ehre halte, was mindestens das Leben aufwiegt — und dass sie
daher im Stande sei, sich dafür zu begeistern." Das Ansehen des
Deputirtenkörpers nahm seit dieser Zeit im Publikum sehr ab. So
oft fernerhin die kroatischen Deputirten ihre Stimme erhoben, wurden
ihre lateinischen Reden ebenso oft vom Publikum für einen Beweis
der Schwäche des Deputirtenkörpers angesehen.

Der Sieg der kroatischen Abgeordneten dauerte indessen nicht

1844.   lange. In denselben Tagen, in welchen die erwähnten Debatten geführt wurden, kamen endlich beide Tafeln über den die ungarische Sprache und Literatur betreffenden allgemeinen Gesetzvorschlag überein, welcher infolge dessen der Regierung behufs der königlichen Sanction sofort übersandt wurde. Aus jener Pietät, welche die Stände gegen den sein hohes Amt seit fünfzehn Jahren einnehmenden greisen Palatin hegten, enthoben sie ihn, der unsere Sprache zwar sehr gut verstand, aber nicht mit erforderlicher Leichtigkeit sprach, der Verpflichtung jenes Punktes des Sprachgesetzes, welcher die ungarische Sprache zum alleinigen Organ der Gesetzgebung und Berathung macht, und erklärten denselben für ihn als nicht bindend. Der Erzherzog aber, ergriffen von dieser zarten Aufmerksamkeit, gab die Erklärung ab: „dass er zufolge jenes Eifers, womit er stets bestrebt war, die Wünsche der Nation zu erfüllen, und jenes starken Willens, welchen er für die Beförderung des Vaterlandswohles hegt, trotzdem dass er der Verpflichtung des Gesetzes enthoben sei, dennoch bemüht sein werde, dem allgemeinen Wunsche der Nation auch in dieser Hinsicht zu entsprechen". Diese mit stürmischem Beifall aufgenommene Erklärung wurde von jedermann für ein gutes Vorzeichen angesehen, dass der Gesetzvorschlag die Sanction des Königs in seinem ganzen Umfang erhalten werde; was bald darauf auch in der That in Erfüllung ging.

Das Sprach-   Das nun mit königlicher Sanction versehene Gesetz, für welches
gesetz.   die Nation so lange Jahre gekämpft hatte, ist seinem Wesen nach das folgende: 1) Die Sprache der Gesetzgebung, Regierung und Amtsführung wird von jetzt an ausschliesslich die ungarische sein; jedes in einer andern Sprache angefertigte amtliche Schriftstück und Document ist ungültig. 2) Die Sprache des öffentlichen Unterrichts wird gleichfalls ausschliesslich die ungarische sein; über den wie gearteten Gebrauch derselben in den Elementarschulen wird ein besonderer Gesetzartikel verfügen. 3) Die Comitate Posega, Verőcze und Szerém und das ungarische Littorale werden ·im Gebrauch der dort bisher üblich gewesenen Sprache einzig und allein in ihrem eigenen Schos und in ihren innern Angelegenheiten bis 1. Jan. 1850 belassen, und werden sich fernerhin gleichfalls nur der ungarischen Sprache bedienen dürfen. 4) Alle ungarischen Münzsorten müssen mit ungarischen Abzeichen und ungarischer Umschrift geprägt, ebenso bei allen bürgerlichen, ärarischen und militärischen Anstalten, wie auch in allen ungarischen Häfen und auf den Schiffsflaggen einzig und allein das Nationalwappen und die Nationalfarben in Gebrauch genommen werden. 5) Die Anwendung des ersten Punktes wird auf Kroatien nur insofern ausgedehnt, inwieweit die Gerichtsbehörden und Tribunale desselben mit der Gesetzgebung, Regierung und den Gerichtsbehörden Ungarns in Berührung kommen; in dieser Berührung wird die Sprache

des amtlichen Verkehrs allein die ungarische sein. Hinsichtlich aller 1844. öffentlichen und privaten Angelegenheiten jedoch, inwiefern dieselben ihren Verlauf innerhalb Kroatiens nehmen, so auch in den Berathungen der Behörden und Gerichte, wird der Gebrauch der lateinischen Sprache aufrecht erhalten. 6) Die kroatischen Beamten dürfen, wenn sie, obgleich amtlich, aber in ihrem eigenen Namen mit jenen Ungarns correspondiren, sich der lateinischen Sprache bedienen; wenn sie jedoch im Auftrag ihrer Behörden sich mit den Beamten der ungarischen Jurisdictionen in Verbindung setzen, sind sie verpflichtet, die Correspondenz in ungarischer Sprache zu führen. Auf ähnliche Weise sind auch die höhern Beamten Kroatiens, als der Banus, die Bischöfe, die obersten Leiter der Comitate, wenn sie sich mit den ungarischen Behörden in Verbindung setzen, gehalten, sich der ungarischen Sprache zu bedienen. 7) Die Anordnung des zweiten auf den öffentlichen Unterricht Bezug habenden Punktes wird auf Kroatien nicht ausgedehnt; allein die ungarische Sprache muss in allen öffentlichen Schulanstalten Kroatiens regelmässig gelehrt werden.

So gelang es daher der Nation endlich, nach funfzig Jahre dauerndem unermüdlichen Drängen die eigene Sprache auf die Stufe emporzuheben, welcher ihr gebührte und die todte lateinische, welche ihr grösstentheils ihre deutschen Könige aufgedrängt hatten, vollständig zu verbannen. Was nun die Würdigung dieses Gesetzes hinsichtlich Kroatiens betrifft, ist es überaus schwer, darüber ein Urtheil auszusprechen, welches beide Theile befriedigte, das Selbstgefühl und den Stolz des einen, die Empfindlichkeit des andern nicht verletzte. Und wenn jetzt, nach den Stürmen der Revolution, welche das öffentliche Leben der ungarischen sowie der kroatischen Nation in seinen Wurzeln erschütterte, auch die gegenseitige Billigkeit endlich im Stande ist, über diesen Gegenstand ruhig nachzudenken und einen solchen Mittelweg zu wählen, auf welchem die geschwisterlichen Gefühle, welche während der in guten und bösen Schicksalen miteinander durchlebten Jahrhunderte aufkeimten, sich zu neuer Blüte entwickeln können: dann wusste in der Hitze der Leidenschaft keine Nation der andern gegenüber gerecht zu sein; alle beide stellten ihre Forderungen auf die Spitze, nicht bedenkend, dass ihre Zwietracht, wie sie unter der Hand im Interesse der Willkürherrschaft geschürt wurde, so auch endlich nur derselben zum Nutzen gereichen könne.

Die Kroaten betrachteten mit eifersüchtigen Augen, um nicht zu sagen mit Neid, den Aufschwung und die zunehmende Kraft der ungarischen Nation, welche vom allseitigen Fortschritt, von allseitiger Entwickelung naturgemäss vorwärts getragen wurde; und anstatt dass sie, dem guten Beispiel folgend, sich bestrebt hätten, mit ihr im Fortschritt zu wetteifern, waren sie in ihrer Furcht, bei ihrer schwachen Zahl von dem auch schon moralisch auf mächtige Weise

1844. um sich greifenden Ungarthum verschlungen zu werden, vielmehr bemüht, dem Fortschritt Ungarns Hindernisse in den Weg zu werfen. Den Verhältnissen ihres eigenen Landes nach wäre es mit sehr grossen Schwierigkeiten verbunden gewesen, die todte lateinische Sprache bei sich selbst mit ihrer Nationalsprache zu vertauschen, da in den drei Comitaten Slawoniens, in Posega, Verőcze und Szerém unter den 145000 Einwohnern nur 12000 kroatisch sprachen, während die Muttersprache der übrigen die serbische war; von den 575000 Einwohnern Kroatiens waren 280000 gleichfalls serbischen Ursprungs. Aus dieser Ursache äusserte sich auch nicht ihrerseits der Wunsch, dass in ihren innern Angelegenheiten an die Stelle der lateinischen die krontische Sprache zur amtlichen gemacht werde, dem die serbische Einwohnerschaft ohnehin ausser allem Zweifel Widerstand entgegengesetzt haben würde. Sie begnügten sich jedoch nicht damit, bei sich selbst den alten Zustand aufrecht zu erhalten, sondern waren auch in Ungarn der Erhebung der Nationalsprache an die Stelle der lateinischen entgegen. Und wie wir schon erwähnten, waren sie bemüht, die ungarische Nation ausser der Sprachenfrage auch in anderm in ihrem Fortschritt aufzuhalten; sie waren der gerechtern Vertheilung der Steuer, der gesetzlichen Gleichheit der Religionen, dem Besitzrecht und der freien Religionsausübung der Protestanten in ihrem eigenen Lande, und andern freisinnigen gründlichen Reformen entgegen. Sie führten bei allen diesen Reformfragen an, dass diese mit ihren Municipalrechten in Collision kämen; ihr Land aber diesen Municipalrechten gemäss von Ungarn unabhängig zu regieren sei. Sie beanspruchten und hatten auch gesetzlichen Einfluss auf die gemeinsame Gesetzgebung; allein sie wollten nicht anerkennen, dass deren Beschlüsse auch für Kroatien verpflichtend seien.

Andererseits waren jedoch auch die Ungarn nicht frei von jeder falschen Ansicht und irrigen Verfahrungsweise. Im Gefühl ihrer Kraft verstanden sie es nicht, den Kroaten gegenüber schonend zu sein, die schon ihrer Schwäche wegen Schonung verdienten. Es gab wenig Ungarn, die schon auch nur jenen Vortheil genügend zu würdigen gewusst hätten, welchen die ungarische Nation dadurch gewann, dass die Nationalsprache, ich sage nicht in den gegenseitigen Berührungen, sondern nur streng genommen innerhalb der Landesgrenzen zur Amtssprache geworden, während in Kroatien die lateinische das Organ der Verwaltung blieb. Und noch weniger wollten sie einsehen, mit welch bezwingender Hoheit sie die ungarische Sprache versehen, wenn sie dieselbe an die Stelle der lateinischen auch bezüglich Kroatiens als Organ der gegenseitigen amtlichen Berührung bestimmten. Man konnte von den Lippen zahlreicher Abgeordneten hören, dass sie in dieser Massregel kein wirkliches Gravamen, keine Gefahr für Kroatien erblickten; denn, sagten sie, die ungarische Sprache wurde ja nicht

anstatt der kroatischen, sondern anstatt der todten lateinischen ein- 1844.
geführt. Sie bedachten nicht, oder wollten nicht eingestehen, wie
verletzend es die ungarische Nation in Bezug auf sich selbst gehalten
haben würde, wenn — nehmen wir an, sie hätte in einem solchen Rechtsverhältniss zu Oesterreich gestanden wie Kroatien zu uns — bei uns
die deutsche Sprache zum Organ der gegenseitigen Berührung gemacht worden wäre. Niemand dachte daran, dass die Nationaleifer-
sucht der Kroaten befriedigt und vor dem Umsichgreifen des Ungarthums sichergestellt werde; ja sie rechneten in jener Verfügung,
welche man dem freien Willen der Kroaten hätte überlassen sollen,
dass die ungarische Sprache auch in ihren Schulen gelehrt werden
müsse, auch geradezu auf eine Eroberung. Die Ursache jener Gewaltthätigkeit war in jenem politischen Princip verborgen, dass, indem Kroatien sich der Segnungen der Verfassung und dem Gesetze
Ungarns bediene, die Ungarn dasselbe für eine untergeordnete Provinz anzusehen liebten, welche in dem Augenblick der österreichischen
Willkürherrschaft zum Opfer fallen musste, in welchem es aufhören
würde, von dem Schilde der ungarischen Verfassung und der ungarischen
Gesetze beschützt zu werden; während sich dagegen die Kroaten für
unabhängig, ihr Land für ein gleichberechtigtes Nebenland hielten.
Unsere Landsleute würdigten nicht das Princip, dass die Nationalitäten, wie die Personen, moralische Thatsachen seien; ihr Leben
wurzelt in dem Selbstbewusstsein, welches sie von sich selbst haben,
und ihre Lebenskraft ist ebenso wie ihre Berechtigung nach dem
Grade des nationalen Gefühls abzuwägen. Allein während die Ungarn
wegen dieser sprachlichen Gewaltthätigkeit Tadel verdienen, kann
man auch die Kroaten nicht von der Beschuldigung freisprechen, dass
ihre illyrisch-panslawistische Partei nach der Beeinträchtigung des
Gebiets der ungarischen Krone und der geschichtsrechtlichen Staatsverhältnisse strebte, und zu diesem Zweck auch den Angriff auf das
Ungarthum machte, zu einer Zeit, in welcher sie von demselben noch
in keiner Weise beeinträchtigt worden war; später aber verbündeten
sich, mit wenigen Ausnahmen, alle gegen die gemeinschaftliche Verfassung und Freiheit mit der wiener Willkürherrschaft, welche diese
Zwietracht fortwährend absichtlich nährte.

Die Ueberzeugung davon, dass die Regierung diese Zwistigkeiten
nicht nur in neutralem Sinne, die illyrischen Umtriebe übersehend,
sondern durch einige hochgestellte Beamte auch thatsächlich nähre,
schlug immer stärkere Wurzeln im ungarischen Publikum. Denn
obgleich zur Untersuchung jener Unordnungen zweimal, zuerst der
bácser Obergespan Rudics, später Siskovics, Obergespan von Veröcze,
als königliche Commissare nach Kroatien gesandt wurden; obgleich
die geheime Schürung dieser Umtriebe mehrern hochgestellten Personen, unter andern dem Obergespan Zdencsay, ja sogar dem agramer

13*

1844. Bischof' und Stellvertreter des Banus, Haulik, selbst klar genug nachgewiesen wurde, so wurden die Schuldigen dennoch nicht alle, und
nicht gebührend bestraft. Zdencsay nahm seine Obergespanswürde
bis Februar ein, und als er sie endlich selbst niederlegte, wurde er
in seiner innegehabten Eigenschaft als Kameralverwalter dennoch
belassen. Kukuljevich, der Director des agramer Schuldistricts, der
in der Schürung des Illyrismus so weit ging, dass er unter anderm
die rohesten Ausschweifungen der akademischen Jugend nicht bestrafte,
wenn diese nur den Stempel des Ungarhasses an sich trugen, wurde
zwar von seinem Amt entfernt; aber die übrigen königlichen Beamten,
die den Illyrismus mit nicht geringerm Eifer unterstützten, wurden
alle in ihren Stellen belassen, und auch die Presse erging sich noch
in alter Weise in Zügellosigkeiten aller Art. Die Anhänger der
illyrischen Partei selbst gestanden offen ein, dass sie von der Regierung protegirt würden, was, nachdem so viele Thatsachen dafür
sprachen, auch nicht schwer wurde, das Publikum glauben zu machen.
Die vor dem Reichstag stattgefundene Provinzialversammlung, aus
welcher der der kroatischen Partei angehörende Adel von Turopolya
ausgeschlossen wurde, wäre allein zur Verbreitung dieses Glaubens
hinreichend gewesen.

Die Be-
schwerde der
Turopo-
lyaer; Illy-
rismus.
Und dies war Ursache, dass es die Stände hoch an der Zeit
hielten, über den Illyrismus und dessen gefährliche Folgen endlich
einmal ernstlichere Berathungen zu pflegen. Schon während der Verhandlung über die ungarische Sprache kam der Illyrismus an beiden
Tafeln aufs Tapet, da nur die illyrische Partei der Einsetzung der
ungarischen Sprache als Amtssprache entgegen war. Noch näher
kam derselbe jedoch zur Sprache bei Gelegenheit der Verhandlung
der turopolyaer Beschwerde. Wir erwähnten schon, auf welch wider-
rechtliche Weise der turopolyaer und szontiváner Adel in Kroatien
bei der Wahl der Deputirten zum Reichstag ausgeschlossen wurde;
was sodann zur Folge hatte, dass die Candidaten der illyrischen
Partei zu Deputirten gewählt wurden. Auch erwähnten wir schon,
dass Jozipovics, der Graf des turopolyaer Adels, gegen diese Wahl
bei der Regierung sogleich, später aber auch auf dem Reichstag
Protest erhob, und erklärte, dass die Gewählten vom turopolyaer
Kreise, ja von der gesammten kroatischen Partei als Deputirte Kroatiens nicht anerkannt werden könnten. Diesen Protest des turopolyaer
Grafen unterstützte das Bittgesuch von etwa fünfthalbhundert Mitgliedern des höhern und niedern Adels des agramer Comitats, mittels
welchen sie um Wiederherstellung ihres Wahlrechts baten. Die Stände
hatten demnach die Absicht, wegen Aufhebung der Beschwerde eine
Adresse an die Regierung zu richten. Schon bei der Verhandlung
dieser Adresse tadelten mehrere Redner den Bischof von Agram, den
Obergespan und mehrere königliche Beamte scharf, welche die illyri-

sche Bewegung durch ihre Unterstützung geschürt hatten; als jedoch 1844. die Magnatentafel, deren Majorität in der turopolyaer Klage keine Beschwerde erblickte, sich der Absendung der Adresse entgegenstellte: erörterten auch die Stände die illyrischen Umtriebe eingehender als solche Parteibestrebungen, welche nicht nur gesetzwidrig sind, sondern in Bezug auf das Vaterland auch gefährlich werden können. Bald darauf erweckten noch schwerere Besorgnisse in jedem Patrioten die neuern blutigen Ausschreitungen der illyrischen Partei in der im vorigen Jahre am 9. Dec. abgehaltenen Generalversammlung des agramer Comitats, wo die aufgereizten Anhänger der illyrischen Partei den sich friedlich betragenden Adel der ungarisch gesinnten kroatischen Partei abermals mit bewaffneter Hand angriffen und einen wahren Kampf begannen, welchem nur das einschreitende Militär ein Ende machen konnte. Die Stände forderten die Regierung auf, gegen diese die öffentliche Ruhe störenden Umtriebe endlich einmal energische Massregeln zu ergreifen; demzufolge Anfang 1844 an beiden Tafeln über die Gefährlichkeit der Bestrebungen des Illyrismus abermals lebhafte Debatten entstanden. Bei den Ständen wurde in diesem Gegenstande kaum eine entgegengesetzte Meinung laut. Bei den Magnaten aber wurden während des Verlaufs mehrerer Sitzungen aussergewöhnlich heftige Reden gehalten, da die Regierungspartei der Absendung einer Adresse noch immer Widerstand entgegensetzte. In der Sitzung vom 31. Jan. wurde die Debatte zu so bittern Persönlichkeiten, dass der vorsitzende Erzherzog, der sich mehrmals genöthigt fühlte, das Wort zu ergreifen, zu Ende der Sitzung wiederholt erklärte: dass, „wenn es mehrere so stürmische Sitzungen geben würde, wie die heutige war, er genöthigt sein werde, die hohen Stände zu bitten, hinsichtlich der innern Organisation der Tafel Anstalten zu treffen; da sonst die Redefreiheit gefährdet, die Verhandlung unmöglich gemacht, und er bei seinem hohen Alter nicht im Stande sein wird, seinem Amt als Vorsitzender zu entsprechen". Allein obwol der Erzherzog in der folgenden Sitzung die Mitglieder der Tafel abermals im voraus zur Mässigung mahnte, so durchzog doch auch die Verhandlungen dieser Sitzung ein gereizter Ton, infolge dessen später zwischen dem Banus Haller und dem Grafen Ladislaus Teleki sogar ein Duell entstand. Nach einem fünf Tage dauernden heftigen Wortwechsel wurde die Debatte endlich am 5. Febr. mit jenem Beschlusse der Majorität beendigt, dass an den König, mit Umgehung der Klage des turopolyaer Adels, im allgemeinen die Bitte zu richten sei: Se. Maj. wolle, den Ausschreitungen in Kroatien seine Aufmerksamkeit schenkend, durch strenge Handhabung der Gesetze sowol die verbundenen Landestheile als auch das Mutterland beruhigen.

Dies war auch der heisse Wunsch der Stände; sie wünschten

1844. aber nebstbei, damit die in treuer Gesinnung zum Mutterlande haltenden Anhänger der kroatischen Partei durch die ordnung- und gesetzverletzenden Uebergriffe der illyrischen Partei, wenn diese auch fernerhin unbestraft gelassen würden, nicht gänzlich eingeschüchtert werde — auch die Klage des turopolyaer Adels behoben zu sehen, und betrieben auch ferner die Unterbreitung derselben. Weil jedoch der agramer Bischof und gewesene Stellvertreter des Banus an der Magnatentafel unter anderm auch behauptet hatte, dass es in Kroatien gar keinen Illyrismus gebe, und wenn es auch einen solchen geben würde, sei derselbe eine so lächerliche und keine Aufmerksamkeit verdienende Sache, dass es schade sei, sich damit auch nur einen Augenblick zu befassen: so fühlten sich mehrere von den Ständen aufgefordert, die Frage des Illyrismus geschichtlich und eingehend zu erörtern. Dies geschah in den Sitzungen vom 6. Juli und den darauffolgenden Tagen. Unter allen diesen Reden war die ausgezeichnetste die eines der pesther Deputirten, Moritz Szentkirályi, welcher in einem langen geschichtlichen Vortrage mit zahlreichen Thatsachen und Documenten nicht nur bewies, dass eine panslawistisch gesinnte illyrische Partei in der That bestehe, deren Hauptzweck die Losreissung vom Mutterlande und die Schaffung eines südslawischen Reichs sei; sondern auch, dass deren Verzweigungen sich in den kroatischen und slawonischen Comitaten und den Grenzbezirken fortwährend ausbreiten; und wiewol sie der Zahl nach in der Minorität sei, doch infolge der tadelswürdigen Nachsicht, ja der geheimen Protection der Regierung an Kraft so sehr zunehme, dass es nicht nur im Interesse Ungarns, sondern auch in dem der österreichischen Monarchie hoch an der Zeit sei, der gefährlichen Idee Schranken zu setzen und die schon auch ins öffentliche Leben hineingreifenden Umtriebe einzustellen. „Die Blüte der kroatischen Nation", sagte er unter anderm, „gehört zwar jetzt noch zu jener Nationalpartei, welche den Frieden, die Einigkeit und Freundschaft mit dem Mutterlande wünscht; wenn wir aber an alle die Kunstgriffe der Intrigue denken, welche die illyrische Partei täglich in Bewegung setzt, ist es hohe Zeit, Vorsorge zu treffen, damit nicht das Wort Gaj's in Erfüllung gehe, welches dieser an die kroatische Partei richtete: «Ihr seid noch in der Majorität; aber die künftige junge Generation und das Kind, welches geboren wird, ist mein.» — Was sollen wir aber thun?" fährt er fort. „Vor allem unterscheiden wir die kroatische Nation von der illyrischen Partei, die kroatische Nationalität von der illyrischen. Der kroatischen Nation Einigkeit, Friede, Freundschaft und Hülfe gegen jene bösen Geister, welche sie in der Gestalt des Illyrismus überfielen. Der illyrischen Partei Hass, Kampf und Rache in demselben Mass, in welchem sie dieselben uns zuwendet. Der kroatischen Nationalität Anerkennung in dem Kreise, in welchem

sie zu Hause ist, im Kreise ihrer eigenen Jurisdictionen. Erklären 1844.
wir, dass wir die ungarische Sprache von ihnen nur in jener Berührung fordern, in welcher sie mit der gemeinsamen ungarischen
Regierung, den gemeinschaftlichen Behörden und der gemeinsamen
ungarischen Gesetzgebung stehen, und nicht weiter. Die illyrische
Nationalität verträgt sich weder mit der ungarischen Verfassung
noch mit jener Einheit, welche die ungarische Krone repräsentirt;
ja als Ausfluss der Idee des Panslawismus greift sie die Verhältnisse
der gesammten europäischen Staatenfamilie an. . . . Und wenn jene
Verhältnisse ins Reine gebracht sein werden, welche die Grundidee
der kroatisch-ungarischen Frage in sich enthalten: werden die Kroaten, hinsichtlich ihrer Nationalität beruhigt, jenen wahren Feind
kennen lernen, welcher sich bestrebt, sie in einem allgemeinen slawischen Vaterlande aufgehen zu lassen, und hierdurch zur Vertilgung
ihrer constitutionellen Freiheit führt."

Ein anderer Abgeordneter unterwarf das Verfahren der Regierung in den illyrischen Unruhen einer Kritik und gelangte zu der
Ueberzeugung, dass, „möge nun die illyrische Bewegung das Resultat
äussern oder höhern Einflusses, oder das Erzeugniss innerer Verhältnisse und des nationalen Erwachens sein: die Staatsgewalt in keinem
dieser Fälle ihrer Aufgabe entsprochen habe; dass mithin die Gesetzgebung sie mit vollem Recht auf die traurigen Folgen ihres Versäumnisses aufmerksam machen dürfe".

Diese Ueberzeugung theilte mit dem Redner, man kann sagen,
die ganze Nation, und, ausser einigen Anhängern der Regierungspartei, die ganze Tafel; weshalb es denn auch ohne Gegenmeinung
mit Acclamation zum Beschlusse wurde: dass von der Regierung
hinsichtlich jenes beunruhigenden Zustandes Aufklärung verlangt
werde, welcher besonders in Kroatien durch die sogenannte illyrische
Bewegung hervorgerufen wurde; desgleichen eine beruhigende Antwort darüber, welche Schritte gethan wurden, um diesen fieberhaften
Zustand aufzuheben. Zugleich sei an den König die Bitte zu richten:
er möge die Gesetze streng aufrecht halten lassen, seine Gnade allen
jenen entziehen, welche unsere Nationalität nicht achten, und strafen,
die sich erkühnen mit derselben Spott zu treiben. Andererseits möge
Se. Maj. den auswärtigen Verhältnissen mit wachsamer Aufmerksamkeit folgen; auf die Donaufürstenthümer blicken, auf das Schwarze
Meer und nach dem fernen Norden. Vieles, sehr vieles wurde versäumt bezüglich der unglücklichen Nation, welche in unserer Nachbarschaft wohnt, der Polen, sowie auch hinsichtlich der Donaufürstenthümer. Die Regierung möge daher mit Nachdruck auftreten; sie
könne sicher sein, von der Nation in diesen ihren Handlungen mit
allen Opfern unterstützt zu werden.

Allein selbst dieser Beschluss, welcher mit gleichsam propheti-

1844. schem Geist in die Geheimnisse der Zukunft hineingriff, hatte keinen
andern Erfolg, als dass während dieser Verhandlungen, damit der
allgemein gewordene Verdacht der Nation, dass die illyrische Bewegung durch höhere Einflüsse geschürt werde, sich nicht noch mehr
verstärke, jene zwei Individuen, welche an diesen Umtrieben den
grössten Antheil nahmen, Zdencsay, Obergespan des agramer Comitats, und Schuldistricts-Director Kukuljevich, ihres Amts entsetzt
wurden. Und daraus bestand auch insgesammt, was die Regierung
auf so begründete Klagen und so schwere Beschuldigungen von seiten
der Nation in der Angelegenheit der illyrischen Wirren that. Ist
es ein Wunder, dass diese fortwährend wuchsen, und die an Zahl
grössere, aber minder energische ungarisch-kroatische Partei unter
dem Einfluss der Ueberzeugung, dass die illyrische Partei von der
Regierung unterstützt werde, dem moralischen Terrorismus der wild-
energischen illyrischen Partei gegenüber immer mehr eingeschüchtert
wurde?

Mit diesen illyrischen Wirren, inwiefern diese die Ordnung und
die öffentliche Ruhe störten, die gesunde nationale Entwickelung und
den Fortschritt hinderten, bestanden gewissermassen in gleicher Linie
und bildeten das Seitenstück derselben in unserm öffentlichen Leben
jene Ausschreitungen in den Comitatsversammlungen, welche wir schon
geschildert haben, und die das Publikum mit dem Namen „Corteschiren" (Korteskodés) bezeichnete. Während der letzten Jahre war
dasselbe, wie wir gesehen haben, im municipalen Leben der Comitate
immer häufiger, immer allgemeiner geworden. Die einander gegenüberstehenden Parteien begannen die bestochenen, durch moralische
und materielle Mittel vereinigten und verführten, unwissenden Massen
jetzt schon nicht nur zu Restaurationen und Deputirtenwahlen, sondern auch zur Entscheidung einzelner Reformfragen in einem oder
dem andern Sinne in die Generalversammlungen hineinzuführen. Die
Ausschreitungen dieser lärmenden, oft betrunkenen Massen bezeichneten, wie wir schon erzählten, nicht selten blutige Schlägereien, ja
Todtschläge. In den Ausbrüchen der zügellosen Parteileidenschaft
wurde die persönliche Sicherheit gefährdet; im Lärm der Massen
war die ruhige, besonnene Berathung unmöglich geworden; die wichtigsten Reformen, die Beschlüsse über die brennendsten Lebensfragen
wurden von dem eingelernten Geschrei oder der Abstimmung der
unwissenden Menge abhängig gemacht. Der verdammende Ausspruch
der vaterländischen Intelligenz, die schonungslose Brandmarkung
seitens der Presse, der öftere scharfe Tadel, welchen unsere gefeiertesten Autoritäten darüber aussprachen, genügten alle nicht, um
diesen schädlichen Auswüchsen der Parteikämpfe schnell einen Damm
entgegenzustellen. Es musste daher die Gesetzgebung dazwischen-

treten, und die schon zu einer nationalen Gefahr emporgewachsenen 1844.
Ausschreitungen beseitigen.

Obwol sich jedoch unter den Ständen niemand fand, der jene
rohen Ausschweifungen nicht misbilligt hätte, so gab der Gegenstand
dennoch zu einer langen Debatte Anlass. Viele befürchteten, dass
im Interesse der Ordnung auch die Freiheit des Comitatslebens
ohne Noth eingeschränkt werden könnte; besonders da es so schwer
ist, die etwas verfeinerte Bestechung, wie dies auch das Beispiel
Englands beweist, zu entdecken, und unbeschadet der Freiheit zu
bestrafen. Andere waren der Meinung, dass man die unter hundert
verschiedene geheime Masken sich bergende Bestechung, welche die
Urquelle alles Corteschirens und jeder Ausschreitung ist, nicht bestrafen könne; es daher unnöthig sei, ein solches Gesetz zu schaffen.
Diese hielten zur Vereitelung des Erfolgs der Bestechung für genügend, dass die Anzahl derjenigen, welche in den Versammlungen
der Comitate stimmfähig waren, vermehrt werde; was sie von der
Uebertragung der Adelsrechte auf die Honoratioren, von der Verleihung der Fähigkeit zu öffentlichen Aemtern an Nichtadeliche, mit
einem Wort, durch jene Gesetze, welche man über die Ausdehnung
der constitutionellen Rechte auch auf die andern Klassen der Bürger
dieses Vaterlandes zu bringen beabsichtigte, erreichen zu können
wünschten und auch hofften. Indess wünschte die Majorität nächst
diesen Gesetzen auch noch besondere Massregeln zur Verhinderung
des Corteschirens zu schaffen; obgleich sie anerkannte, dass sie gegen
die Bestechung kein erfolgreiches Mittel aufzufinden wisse. Die
öffentliche Meinung suchte die Aufhebung dieser Ausschreitungen
ausser jener Ausdehnung der constitutionellen Rechte und den für
die erwiesenen Bestechungen bestimmten Strafen in den folgenden
Reformen: die Beamtenwahlen mögen in den Comitaten nicht alle
drei, sondern alle sechs Jahre abgehalten werden; die Formen der
Wahl, hinsichtlich welcher unsere Gesetze einen sehr weiten Sinn
haben und unbestimmt sind, mögen strenger bezeichnet und besonders jede Wahl einzig und allein durch geheime Abstimmung vollzogen werden; in Bezug auf die Deputirtenwahl möge die Beglau-
bigung nicht, wie bisher, von den Behörden selbst, sondern von den
Ständen des Reichstags gehandhabt werden; endlich weil zu Ausschreitungen oft der Umstand Anlass gab, dass die Obergespane die
öffentliche Meinung nicht beachten und oft solche Individuen in Vorschlag bringen, in welchen sich das Vertrauen nicht vereinigt, die
populären aber aus der Candidation gänzlich weglassen, in der Ab-
haltung und Leitung der Versammlungen ihre Macht auf verschiedene
Art misbrauchen: möge auch gegen die Ueberschreitungen der Obergespane ein besonderes Gesetz geschaffen werden. Gegen jene Misbräuche aber, welche aus der Einführung der unwissenden Massen

1844. in die Berathungssäle entstanden, suchten sie in jener Massregel Hülfe, dass das Berathungsrecht fortan nur den Gerichtstafelbeisitzern, angesehenern und anständigern Personen, mit einem Wort, der Intelligenz zukommen solle; und der niedere Adel nur durch eine bestimmte Anzahl aus seiner Mitte zu wählender Vertreter an den Verhandlungen theilnehmen dürfe.

Es ist eine gewisse Sache, dass diese von den Ständen in Vorschlag gebrachten Massregeln allen Ausschreitungen und Misbräuchen in den Comitatsversammlungen keineswegs hätten vorbeugen können. Dies konnte man nur von einer vollständigen Reorganisation des Comitatssystems erwarten, welche man unter den gegenwärtigen Umständen selbst beim besten Willen nicht aufs Tapet bringen konnte, und welche durchzuführen vielleicht nicht einmal räthlich gewesen wäre. Indessen erleidet es keinen Zweifel, dass auch schon diese in Antrag gebrachten Massregeln allein, zum Gesetz erhoben, im Stande gewesen wären, vielen Uebelständen in den Comitatsversammlungen abzuhelfen. Ausserdem hätte jene Gattung von Vertretung, welche die Stände hinsichtlich der Theilnahme des niedern Adels an den Berathungen in Antrag brachten, mit der Zeit gleichsam als Brücke dienen können, dass in den Comitatsversammlungen auch das ganze übrige nicht adeliche Volk repräsentirt worden wäre; was sodann ohne Zweifel in kurzer Zeit die Begründung des Repräsentativsystems in seiner ganzen Ausdehnung nach sich gezogen haben würde. Die Magnaten jedoch widersetzten sich auch dieser Reform. Den von den Obergespanen, der Beschränkung ihrer Macht und Bestrafung ihrer Ausschreitungen handelnden Theil des Gesetzvorschlags aber wollten sie unter dem Vorwand, dass derselbe die Präsidialrechte nicht regele, sondern vernichte, nicht einmal in Verhandlung nehmen. Man muss indessen gestehen, dass auch die Stände in dieser Hinsicht nicht von jedem Tadel befreit werden können; und wenn man die Strenge der gegen die Obergespane geschaffenen Massregeln in Betracht nimmt, so wird man jenem Mitgliede der Magnatentafel kaum unrecht geben können, welches sich äusserte, „dass seiner Ueberzeugung nach die Regelung dieses Gegenstandes weder von der obern noch der untern Tafel, oder mit andern Worten, weder von den Obergespanen noch von den Comitaten aufrichtig angestrebt werde; denn beide Theile sind noch in der Meinung, vom Corteschwesen Nutzen schöpfen zu können". Und auf diese Weise unterblieb die Schlichtung dieses wichtigen Gegenstandes gänzlich; die anstosserregenden Ausschreitungen in den Comitaten fanden auch fernerhin keine andern Schranken, keine andere Strafe als die laute Verdammung von Seite der öffentlichen Meinung.

Die übrigen Verhandlungen des Reichstags. Ausser der Lösung der Nationalitätsfrage und der Ausgleichung der religiösen Reibungen betrachteten die Stände des Reichstags noch für ihre Hauptaufgabe, die Nation auf dem Wege ihrer moralischen und materiellen Entwickelung um ein Stadium weiter vorwärts zu führen. Diese Fragen des Fortschritts wurden theils von den Debatten der frühern Reichstage, theils von den Discussionen der letzten drei Jahre, welche, wie wir gesehen haben, in der Presse wie in den Generalversammlungen der Comitate mit grossem Eifer geführt wurden, schon entschieden bestimmt und in allen Details erörtert, vor den gegenwärtigen Reichstag gebracht.

Diese Fragen sind ihrer Natur und Tendenz nach in drei verschiedene Arten abzutheilen: 1) In solche, welche manche wichtigere Einzelheiten der Staatsverwaltung betrafen; zu diesen gehörte: die Einführung eines neuen Strafgesetzbuchs und Gefängnissystems, die Regelung der Städte und die Errichtung eines Creditinstituts. 2) In jene Reformbestrebungen demokratischer und radicaler Richtung, welche auf eine vollständige Umgestaltung des Privatrechts abzielten; und zu diesen können wir zählen: die Gleichstellung der bürgerlichen Rechte und Lasten, insbesondere die Angelegenheit der öffentlichen Arbeiten, der gemeinsamen Steuer, des freien Bodens, des Besitzrechts, der Amtsfähigkeit. 3) Endlich in solche, in welcher die auf die Selbstständigkeit und Unabhängigkeit des Reichs Bezug habende Richtung zur Aeusserung kam; und diese enthielten in sich die Fragen der „Partes" und der Union mit Siebenbürgen, der Zölle und des Dreissigsts, der Fiumer und Central-Eisenbahnen und im allgemeinen die Fragen der materiellen Interessen. Von all diesem müssen wir, wenn auch nur in kurzen Umrissen, aber doch abgesondert sprechen, um die Geschichte dieses Reichstags ergänzen zu können.

Zur Ausarbeitung des Strafgesetzbuchs und eines neuen Gefängnissystems wurde, wie wir wissen, vom frühern Reichstag eine Commission ernannt, und das Elaborat dieses Comité diente gegenwärtig den Verhandlungen zur Grundlage. Da dieses Operat aus den lange Zeit in Anspruch nehmenden Berathungen der gefeiertsten Capacitäten und der ausgezeichnetsten Rechtsgelehrten des Reichs hervorging, so schmeichelte sich die Nation bei der Eröffnung des Reichstags mit der Hoffnung, dass das neue Strafgesetzbuch durch königliche Sanction zur Kraft eines Gesetzes würde erhoben werden. Diese Hoffnungen indessen, welche der in der Beurtheilung des Operats entwickelte Eifer der Stände noch eine Zeit lang nährte, wurden bald darauf von der Majorität der Magnatentafel vereitelt. In dem Elaborat, wie es von den Ständen begründet worden war, kamen zwei hochwichtige Punkte vor, welche die Majorität der Magnatentafel auf keine Weise annehmen wollte: die Aufhebung der Todesstrafe und die Begründung von Geschworenengerichten. Da im Elaborat der Stände das ganze Strafverfahren auf die Schwurgerichte gegründet war, so hing von der Annahme derselben auch das Zu-

1844. standekommen des Gesetzes ab. Die Majorität der hohen Stände stellte indessen unter dem Vorwand, dass der richtige Grund des Strafverfahrens in unserer Verfassung niedergelegt sei, die Einführung der Geschworenengerichte als unnöthig dar und wünschte nur, dass die in unserm bestehenden Strafverfahren vorkommenden Fehler und Mängel verbessert und ersetzt werden mögen; und insbesondere, dass der Untersuchung der Verbrechen mehr Aufmerksamkeit zugewendet werde; ferner, dass der Gang der Processe durch Aufstellung von beständigen Gerichten, welche anstatt der nur zeitweise thätigen Comitatsgerichte errichtet werden sollten, beschleunigt werden möge, und endlich, dass der auch von ihnen eingestandene traurige Zustand unsers Gefängnisswesens je eher verbessert werde. Die Opposition an der Magnatentafel, welche die Unfügsamkeit der Majorität sah, wünschte, um wenigstens die Hoffnung der Einführung von Schwurgerichten für die Zukunft zu retten, in der Sitzung vom 10. Sept., als der Termin zum Schluss des Reichstags bereits verkündigt war, dass der Gesetzvorschlag den Ständen mit der Aufforderung zurückgeschickt werden möge, diesen Gegenstand, dessen Erfolg man nicht mehr hoffen könne, auf glücklichere Zeiten zu verschieben. Allein die Majorität fühlte, dass auf diese Weise die Anklage der Vereitelung der Hoffnungen auf ihr lasten bliebe; die Verhandlung der Schwurgerichte aber auf dem künftigen Reichstag abermals würde aufs Tapet gebracht werden: sie nahm daher den Antrag nicht an und verwarf einfach die Geschworenengerichte; die Stände aber forderte sie auf, jenes Gutachten der Reichscommission in Verhandlung zu nehmen und der Magnatentafel vorzulegen, welches auf dem Princip der beständigen Gerichte begründet ist. Als dieser Beschluss ausgesprochen wurde, verliess die ganze Opposition den Saal, auf augenfällige Art beweisen wollend, dass sie an der Vereitelung der Hoffnungen hinsichtlich des Strafgesetzbuchs keinen Theil habe. Denn in der That wurde nach diesem Beschluss der Magnatentafel selbst die Möglichkeit der Einführung des Strafgesetzbuchs vernichtet: nicht nur darum, weil die Mehrheit der Stände den Geschworenengerichten nicht entsagen wollte, sondern auch deshalb, weil sie, da der Termin zum Schluss des Reichstags auf den 10. Oct. bestimmt war, einen neuen Gesetzvorschlag, welcher auf dem Princip der beständigen Gerichte basirt sein sollte, wegen der Kürze der Zeit und der Menge anderer gleichfalls wichtiger Gegenstände, nicht mehr im Stande gewesen wären, anzufertigen, wenn sie es auch gewollt hätten.

Nachher hatte man eine Zeit lang nur noch zur Einführung jenes Theils des strafrechtlichen Gesetzvorschlags einige Hoffnung, welcher vom neuen Gefängnissystem handelt. Nach langen Debatten und mehrern Nuntien über das schweigende und das Einzelsystem kamen die beiden Tafeln schon früher darin überein, dass nach den Prin-

cipien des Einzelsystems, jedoch mit solchen Abänderungen, welchen [margin: 1844.]
gemäss der Uebergang vom alten zum neuen System stufenweise geschehen sollte, versuchsweise vier grosse Districtsgefängnisse in den
vier Theilen des Landes erbaut werden sollten; und es auch den einzelnen Comitaten, in welchen die Erbauung eines neuen Strafhauses
nothwendig erschien, gestattet sei, dasselbe nach den Principien dieses
Systems zu erbauen. Schon diese Reform allein wäre ein grosser
Gewinn für das Reich gewesen, in welchem der grösste Theil der
Gefängnisse nicht Stätten der Besserung, sondern Schulen gänzlicher
Entartung und sittlicher Verkommenheit waren. Nachdem jedoch
später die Frage der gemeinsamen Steuer fiel, blieb auch die Angelegenheit der vier Districts-Gefängnisshäuser wegen Mangel am
nöthigen Fonds auf sich selbst beruhen.

Seitdem in unserm öffentlichen Leben die Wechselgerichte ein- [margin: Der Gesetz-
geführt wurden, fühlten zahlreiche begüterte, aber verschuldete Fa- vorschlag über die
milien die Strenge dieser Gesetze; die früher durch ihre Adelsprivi- Credit-anstalt.]
legien und das Aviticitätsrecht vor der Beschlagnahme zu Gunsten
ihrer Gläubiger bewahrt wurden, machten jetzt die erschreckende
Erfahrung, dass gegen die dem Wechselgesetz nach zu vollziehende
Beschlagnahme weder das avitische Recht noch das Adelsprivilegium
mehr Schutz biete. Die Selbstsüchtigen und Unwissenden zogen infolge dessen über das Wechselgesetz selbst los und verfluchten dasselbe aus Leichtsinn oder schlechter Berechnung als die Ursache ihres
Verderbens. Die Furcht und Antipathie, welche unter den unwissendern Mitgliedern des Adels gegen das Wechselgesetz allgemein wurde,
hatte zur Folge, dass viele selbst bei übrigens nothwendigen Anleihen
sich den Verpflichtungen des Wechselgesetzes nicht unterwerfen wollten; was wieder ein aussergewöhnliches Steigen des Zinsfusses nach
sich zog. Damit nicht daher in so lange, bis diese begüterte Klasse
der Landesbewohner mit den Wohlthaten des Wechselgesetzes nach
und nach bekannt würde, entweder die aus Unwissenheit entstandenen
Bankrotte sich sehr vermehren mögen, oder das übermässige Steigen
des Zinsfusses den Wucher verbreite, gehörte die Errichtung eines
Creditinstituts, in welchem, selbst abgesehen von den erwähnten Umständen, einzig der Beförderung der landwirthschaftlichen Industrie
wegen, jedermann ein vortheilhaftes Anlehen contrahiren könnte, zu
den brennendsten Bedürfnissen. Dem Gesetzvorschlag, welchen die
Stände über diese Anstalt anfertigten, traten nach mehrern Nuntien
auch die Magnaten bei; die königliche Antwort aber vereitelte jede
Hoffnung hinsichtlich der Verwirklichung dieser so nützlichen Anstalt.
Dem Gesetzvorschlag gemäss wäre der Director des Instituts, welcher
unter den vom Reichstag candidirten Individuen von der Regierung
hätte gewählt werden sollen, hinsichtlich seines Verfahrens dem Reichstag verantwortlich gewesen; aber die königliche Antwort wünschte,

1844. dass aus dem Gesetzvorschlag alles dasjenige weggelassen würde, wodurch die Verantwortlichkeit des Directors gesichert worden wäre. Dieses Rescript vernichtete in der Anstalt jedes constitutionelle Princip und erweckte bei den willkürherrschaftlichen Neigungen der Regierung in den Reichsständen mit vollem Recht den Verdacht, dass das Creditinstitut, wie es die königliche Antwort wollte, ohne Verantwortlichkeit des Directors, nach kurzer Zeit in den Händen der Regierung zu einem Werkzeug der Belohnung und Bestechung werden würde; nach Jahren aber, wenn die Anstalt mit einer grössern, weiter reichenden Kraft thätig wäre, sie das gesammte Vermögen der Nation despotischer Willkür, die Verfassung selbst aber der Gefahr willkürherrschaftlicher Absichten aussetzen würde, und auf diese Weise diente eben das, was die nationale Wohlfahrt anstrebt, zum Umsturz der Verfassung selbst. Zu einem solchen Preis wollten und durften die Stände natürlicherweise das Institut nicht erkaufen, welches übrigens hinsichtlich des materiellen Wohls der Nation so überaus nützlich hätte werden können.

Die Frage der Regulirung der Städte und des Einflusses derselben auf dem Reichstag.   Noch bedauernswerther war dieser Conflict zwischen den Grundsätzen der Constitutionalität und dem Bestreben nach Ausbreitung des Absolutismus in der Frage der Regulirung der Städte; denn infolge dessen fiel auf diesem Reichstag ein noch wichtigerer, ein noch weit nothwendigerer Gegenstand. Nach alledem, was in Bezug auf die Städtefrage bis zur Eröffnung des Reichstags geschah, hielt die öffentliche Meinung die endliche Lösung dieser Frage für um so gewisser, als die Städte, wie wir gesehen haben, ihre Geduld schon zu verlieren anfingen, und man ihren oftmaligen Adressen an die Regierung nach befürchten konnte, dass, wenn hierüber das gewünschte Gesetz auch jetzt noch nicht geschaffen würde, die Staatsgewalt selbst diesen wichtigen Gegenstand ausserhalb des Reichstags regeln werde. Einem Theil der Städte, welche ihre Privilegien in alter Zeit erlangt hatten, sicherten die alten Gesetze und hundertjährige Ausübung das unzweifelhafte Recht, mit ihrer Stimme an der Gesetzgebung theilzunehmen. Und ihre gegenwärtige Stellung erkannte die öffentliche Meinung selbst für eine ungerechte, ja hohnvolle an. Wenn die Gesetzgebung also diese Frage auch jetzt noch nicht entschied, so war mit Recht zu befürchten, dass die Regierung das Abstimmungsrecht der Städte nach diesen ältern Gesetzen in ihrem eigenen Interesse bestimmen würde. Jedermann hielt daher die Lösung dieser Frage theils dieses Umstandes wegen, theils gemäss der Forderungen der Gerechtigkeit für unaufschiebbar. Dazu kam, dass die Ueberzeugung, schon allgemein geworden war, es sei unumgänglich nothwendig, die Verfassung zu erweitern und die bisherigen Factoren der Gesetzgebung mit neuen Elementen zu stärken, damit der Gegenstand so vieler sehnsüchtiger Wünsche, die nationale Umgestaltung, schnell und glücklich vor sich gehen könne. Ja, die Städtefrage selbst bildete 1844. einen nicht weniger wichtigen Theil ljener Umgestaltung, weil eben die Theilnahme der Städte an der Gesetzgebung als vermittelnde Brücke zum vollständigen Repräsentativsystem dienen sollte, welches eins der Hauptziele der Reformpartei bildete. Während indessen aus diesen und andern, schon anderswo erwähnten Gründen die Stände des Reichstags mit aufrichtigem Vorhaben und entschiedenem guten Willen an die Lösung dieser Frage gingen, war die Ueberzeugung der Majorität der Reformpartei, ja, die vieler städtischen Abgeordneten auch in Bezug darauf ungetheilt, dass man den Städten das Abstimmungsrecht auf dem Reichstag nur unter der Bedingung ihrer neuen Organisation sichern könne und dürfe. Denn, wie wir schon weiter oben bewiesen, wäre es den Städten in ihrer gegenwärtigen Lage, in welcher sie von der Willkür der Regierung abhingen, einen grössern legislatorischen Einfluss gewähren, soviel gewesen, als der Regierung auch an der Ständetafel in allen Fragen die Majorität zu sichern, der willkürherrschaftlichen Richtung stets und in allem das Uebergewicht zu überlassen.

Niemand fasste diese wichtige Frage von einem so hohen staatspolitischen Gesichtspunkt aus auf wie der gelehrte Deputirte der Stadt Karpfen, der auch seinen zahlreichen politischen und rechtswissenschaftlichen Werken nach eine der Zierden unserer Literatur ist, Ladislaus Szalay. Als er die den Städten zu verleihende Theilnahme an der Gesetzgebung von der neuen Organisation derselben abhängig machte, wollte er der letztern auch eine solche Richtung geben, welche in unserer gesammten Umgestaltung vom zerstückelten municipalen Comitatssystem zur parlamentarischen Regierung als Brücke der Centralisation dienen könnte. „Jetzt", sagt er unter anderm, „ist nicht mehr von der Rehabilitation einiger städtischen Stimmen die Rede, sondern es handelt sich um die Aufnahme eines neuen Elements in die Gesetzgebung. Und dieses Element, weil es neu, weil es unter den übrigen, in deren Reich es Platz nehmen will, das jüngste und demnach ein solches ist, welches jeder Lebenskraft besitzenden Idee Ausdruck geben wird; ... dieses Element, sage ich, weil es neu, weil es das jüngste und der Dolmetsch der Bedürfnisse der Gegenwart, der Forderungen der Zeit ist, wird in dem grossen chemischen Process der Zeit die übrigen nach und nach verschmelzen. Ich spreche vom vierten Stand, aber von jenem Stand, welcher erst im Entstehen ist, dessen eines Organ nur wir jetzt vorläufig schaffen werden." Er beruft sich auf das Beispiel Frankreichs, wo der „tiers-état" die Aristokratie gleichfalls verschlungen hatte. Er will nicht die Aristokratie der Handelswelt an die Stelle der Adelsklasse treten lassen; nicht den überwiegenden Einfluss der Elle und der Wage versteht er, sondern er versteht die gesammte

1844. Nation, er versteht Ungarn in seinen künftigen Formen; und deshalb wünscht er: „es möge sich eine Klasse bilden, welche die Eckigkeit der übrigen abschleifen und in ihnen alles verschmelzen möge, was nicht in unser Zeitalter passt". . . . „Ich sehe das in aller Grösse strahlende Vaterland nicht in der Gestalt eines municipalen Reichs; ich glaube nicht, dass der municipale Föderalismus das Endziel sein könne. Wir müssen hundert auseinandergehende Interessen vereinigen; . . . zu alledem ist die municipale Zerstückelung ein schwaches oder vielleicht eben verkehrtes Mittel." Er erkennt dankbaren Herzens an, dass, bis nicht die verschiedenen Interessen erwachten, wir unser Bestehen der municipalen Verfassung verdanken konnten, es aber gegenwärtig schon unausweichlich nothwendig sei, dass in dem die Städte betreffenden Operat einige hervorragende Punkte bezeichnet würden, welche seiner Zeit zu Verbindungspunkten der Centralisation dienen könnten. Und an dem Tag, an welchem der Reichstag die gesammte Nation repräsentiren werde, werden wir auf demselben keine Stände mehr, keine Comitate und Städte, sondern Vertreter, die Vertreter der gesammten Nation sehen.

Aber diese Ansichten von der Centralisation waren den Mitgliedern dieses Reichstags gegenüber noch ein wenig verfrüht, und bei der Erörterung des neuen Organismus, welchen die Stände den Städten zu geben beabsichtigten, wurde zum leitenden Hauptprincip gemacht, dass derselbe auf solche Grundlagen gestellt werde, dass er auch der künftigen Regulirung der Comitate zum Muster dienen könne; und dass daher das neue Element, welches die Gesetzgebung in den mit dem Abstimmungsrecht zu versehenden städtischen Deputirten gewinnen werde, von dem unmittelbaren Einfluss der Regierung befreit und im Stande sei, zur Beförderung des grossen Werks der nationalen Umgestaltung hülfreiche Hand zu bieten. Demzufolge war der Gesetzvorschlag, welcher aus den Berathungen der Stände hervorging, im allgemeinen freisinnig und solcher Art, dass in demselben die constitutionelle und die radicale Richtung volle Anwendung fand. Die Städte wären diesem Organisationsplan nach zu so freien Municipien umgestaltet worden, dass in denselben die ganze Masse der städtischen Einwohnerschaft ohne jede Qualificationsabstufung ihren zeitweise zu erneuernden Beamtenkörper und ihre Abgeordneten zur Gesetzgebung unmittelbar gewählt haben würde. Die Regierung würde im Schos derselben kein unmittelbares Organ besessen haben, und hätte ihren einzig auf die Oberaufsicht beschränkten Einfluss nur den Gesetzen nach durch die Centraldicasterien ausüben können. Den Städten wurden bei diesem Organismus sechzehn Stimmen in der Gesetzgebung verliehen, welche nach dem Verhältniss ihrer Bevölkerungsanzahl vertheilt werden sollten; während die die übrige Einwohnerschaft des Landes repräsentirenden Comitate zweiundfunfzig 1844. Stimmen besitzen sollten.

In diesem Gesetzvorschlag war dem Mistrauen, welches die Reformpartei gegen die zur Willkür geneigte Regierung hegte, ein etwas zu offener Ausdruck verliehen, und es musste von sehr sanguinischen Hoffnungen erfüllt sein, wer da glauben konnte, derselbe würde von der Magnatentafel und der Regierung angenommen werden. Und in der That klagte die Regierungspartei, besonders aber die Majorität der obern Tafel gleich anfangs den Gesetzvorschlag an, dass derselbe aus den Städten mit unbeschränkter vollziehender Gewalt versehene Republiken machen wolle. Während jedoch die Stände den Einfluss der Regierung in den Städten auf eine blosse Beaufsichtigung beschränken wollten, fiel die Majorität der Magnatentafel in das andere Extrem und wollte den Städten eine solche Organisation geben, infolge welcher die Bürgerschaft als Körper kaum irgendeine Selbständigkeit und Selbstregierung gehabt hätte. Unter anderm wollten sie die unmittelbare und directe Wahl des Beamtenkörpers und der Reichstagsdeputirten mit mittelbaren Wahlen vertauscht sehen; hinsichtlich der Wähler setzte sie eine so strenge Qualification fest, dass die Zahl derselben zu einer äusserst geringen zusammengeschmolzen wäre; und was die Freiheit der Städte vor allem am meisten beschränkt haben würde: sie wünschte an die Spitze des Beamtenkörpers einen von der Regierung zu ernennenden, mit sehr ausgedehnter Macht versehenen Oberinspector zu stellen. Die Majorität der Magnatentafel wünschte im allgemeinen an dem Gesetzvorschlag solche Abänderungen vorzunehmen, dass die Städte denselben gemäss der Willkür der Regierung beiläufig nur in ebendemselben Masse ausgesetzt sein würden wie bisher, und die sechzehn Stimmen, welche sie auf dem Reichstag erhalten sollten, vollständig von der Disposition der Regierung abhängig gewesen wären.

Die beiden Tafeln gingen daher in diesem wichtigen Gegenstand voneinander grell entgegenstehenden Principien aus, weshalb gleich von allem Anfang an keine grosse Hoffnung zur Vereinigung derselben war. Da die Comitate über den Gesetzvorschlag ihre detaillirten Meinungen ausgesprochen hatten, konnten die Stände, an ihre Instructionen gebunden, von den aufgestellten Principien nicht abweichen. Die Majorität der Magnatentafel dagegen, welche sah, die Comitate und die Reformpartei im allgemeinen seien aus den oben angegebenen Gründen beinahe moralisch gezwungen, alles aufzubieten, dass die Städtefrage noch auf diesem Reichstag endlich zur Lösung gelange, und darauf rechnete, dass demzufolge die Instructionen der Comitate abgeändert würden, wollte sich den Ständen keinen Schritt nähern und wiederholte in jedem neuen Nuntium ihre zuerst ausgesprochenen Ansichten. Währenddessen setzte die Regierungspartei

1844. durch die Obergespane in den Generalversammlungen der Comitate alles in Bewegung, damit die ursprünglichen Instructionen mit neuen vertauscht würden, in welchen die Grundprincipien des Gesetzvorschlags den Ansichten der Majorität der Magnatentafel angepasst werden sollten. Was die Magnatenmajorität wünschte und hoffte, ging theilweise auch in Erfüllung; jemehr die Berathungen verlängert wurden, um so zahlreichere Comitate änderten ihre ursprünglichen Instructionen ab. So geschah es, dass zuerst die Beschränkung des im Gesetzvorschlag auf breiter Grundlage ruhenden Wahlsystems, und die Aufstellung verschiedener Qualificationen auch an der Ständetafel zur Majorität gelangte. Die Anhänger der Reformpartei, erschreckt von dieser Unbeständigkeit der Comitate, bestrebten sich, um dem Gesinnungswechsel irgendwelche moralische Hindernisse entgegenzustellen, in allen ihren Aeusserungen die feste, standhafte Ausdauer mit der Tugend des Patriotismus zu verbinden. Einige Mitglieder dieser Partei, besonders aber die Jugend, gingen so weit, dass sie keinen Anstand nahmen, jedes fernere Nachgeben und Zurücktreten, besonders in der Frage der Inspectoren, mit dem Verbrechen des Vaterlandsverraths zu brandmarken.

Einen solchen stationären Standpunkt nahm diese Frage eine Zeit lang ein; denn obgleich sich die Stände hinsichtlich des Wahlmodus dem Wunsch der Magnatenmajorität genähert hatten, so wollte doch die letztere von ihrem ersten Beschluss in Betreff der Inspectoren nicht abgehen. Der Annahme der Inspectoren waren auch die städtischen Abgeordneten entschieden entgegen; die Majorität der Stände aber erklärte dieselben geradezu für gefährlich in Bezug auf die Zukunft der Nation. „Da wir", sagt unter anderm Gabriel Klauzál in der Sitzung vom 18. Juni, „keine solche Regierung haben, welche anerkennen wollte, dass sie der Nation und dem Reichstag gegenüber verantwortlich sei; da sie vielmehr eine solche ist, welche die von der Verantwortlichkeit der Regierung handelnden Gesetze für veraltet anzusehen liebt: so wäre es in einer solchen Lage nicht räthlich, in den Städten ein neues, von der Regierung abhängiges Amt aufzustellen, ehe nicht alle jene Garantien gegeben sind, welche die Nation wünscht, und solange wir keine Regierung besitzen werden, welche von der Gesetzgebung zur Verantwortung gezogen werden kann." Von seiten der Regierungspartei gab wieder Eduard Zsedényi die scharfe Erklärung ab: „dass derjenige, der nicht wolle, dass die Regierung bei den Städten in den Inspectoren ein gesetzliches Organ besitze, auch nicht wolle, dass aus der Regulirung der Städte etwas werden solle; wer aber dies nicht wolle, der wolle nicht, dass das Land eine Zukunft habe".

Diese Aeusserung des führenden Redners der Regierungspartei liess an der Ständetafel jedermann ahnen, dass die Majorität der

Magnaten noch immer nicht geneigt sei, sich den Ständen zu nähern. 1844. Diese machten daher die Magnatentafel, bei Gelegenheit des fünften Nuntiums über diesen Gegenstand, auf das herannahende Ende des Reichstags ernstlich aufmerksam, sowie auch auf jene Wünsche, welche die Berathungen über diesen Gesetzvorschlag in den Bewohnern der Städte erweckt hatten und die nicht mehr so leicht gestillt werden könnten; und forderten dieselben auf, dass, wenn sie auch jetzt noch die Ansichten des Gesetzvorschlags nicht annehmen wollte, sie doch wenigstens erlauben möge, denselben der Regierung zu unterbreiten, damit auch deren Meinung bekannt werde, und sich den jetzt still-stehenden Berathungen ein neues Feld eröffne.

Als dieses Nuntium auf den Tisch der hohen Stände gelangte, und diese sich weder der Meinung der Ständetafel nähern, noch dem Wunsch derselben nachgeben wollten, entstand zwischen den beiden Parteien im Hause der Magnaten eine äusserst heftige Debatte. Graf Joseph Pálffy ging so weit, zu erklären, er sehe, „dass die hohen Stände mit der Constitutionalität nur ein Spiel treiben wollten, in-dem sie der vollziehenden Gewalt die Stimmen der Städte zu geben beabsichtigen, während die Regierung durch die von ihrer Ernen-nung abhängenden Beamten schon einen überwiegenden Einfluss in der Gesetzgebung ausübe. Dies ist nichts anderes als eine Unter-drückung der Nationalinteressen. . . . Die hohen Stände wollen durch ihre fortwährende Negation die Ständetafel vernichten, indem sie nicht erlauben, dass die Wünsche der Nation vor die Regierung ge-langen. . . . Ich", sagte er, „betrachte die Magnatentafel für ein wahres Hinderniss des nationalen Fortschritts und nehme keinen Anstand zu erklären, dass ich mit Freuden für die Abschaffung dieser Tafel stimmen werde, welche in der That nichts anderes ist als das Werk-zeug für die Zwecke der Regierung." Selbst der gemässigte Graf Stephan Széchenyi äusserte sich, dass, „wenn die Ansichten der Ma-jorität der Magnatentafel zum Gesetz erhoben werden sollten, hier-aus für die Nation Gefahr entstehen würde; . . . . denn die Stände-tafel würde mit abhängigen Elementen saturirt werden, deren blos drei- oder sechsjährige Servilität schon genügend wäre, dass nicht nur jene Tafel vernichtet, sondern auch, dass unsere Verfassung, unsere Freiheit umgestürzt würde."

Während sodann zwischen den beiden Tafeln neuere Nuntien gewechselt wurden, in welchen die Magnatenmajorität sich den Ständen nie einen Schritt nähern wollte, war die Regierung und die conser-vative Partei durch die Obergespane in den Comitaten fortwährend thätig, um die Instructionen in Bezug auf die Oberinspectoren ab-ändern zu lassen. Nachdem sie aber des Erfolgs ihrer Intriguen sicher waren, machten sie in ihrem sechsten Nuntium zu Ende Sep-tember, also nur einige Wochen vor dem verkündigten Schlusse des

1844. Reichstags, endlich auch ihrerseits einen Annäherungsschritt: sie
nahmen das System der unmittelbaren Wahl an, bestimmten jedoch
eine so hohe Qualification für die Wähler, dass diese unmittelbaren
Wahlen, bei einer solchen Wahlfähigkeit, dem mittelbaren Wahlmodus beiläufig gleichkamen. Die Annäherung, welche die Majorität
der Magnatentafel gegen die Meinung der Stände zu that, war daher
vielmehr eine nur scheinbare, und auch zu dieser stellte sie noch die
Bedingung, dass die Oberinspectoren von den Ständen angenommen
würden.

Als dieses Nuntium der Magnatentafel auf den Tisch der Stände
gelangte, war es allgemein bekannt, dass infolge der neuangekom-
menen Nachtragsinstructionen die Majorität schon auf seiten der
Oberinspectoren sei. Die Stände stimmten daher in der Sitzung vom
25. Sept. über die Frage ohne jede Debatte nur einfach ab; das
Resultat war, dass das Oberinspectoratsamt in den Städten, jedoch
nur principiell und abstract vom Gutachten der Magnaten, mit der
Mehrheit einer Stimme angenommen wurde. Die Reformpartei, die
auf diese Weise in der Minorität blieb, begann vom Gebiet der Qualification für das Oberinspectoratsamt aus den Kampf für die Sicherstellung der constitutionellen Principien. Schon während der ersten
Abstimmung wurde mehrfach nach den Bedingungen gefragt, und
kaum wurde der Beschluss für die Annahme der Oberinspectoren
ausgesprochen, als es schon von allen Seiten her erschallte: wie wird
die Amtsgewalt derselben umschrieben sein? Welche werden ihre
Pflichten, welche die Schranken sein, die sie nicht überschreiten
dürfen? Die grosse Majorität (38 Stimmen gegen 8) kam endlich
darin überein, dass nicht jede Stadt besonders, sondern, nach Districten, mehrere zusammen einen Oberinspector haben sollten, welchen
die Regierung unter den von den Städten in Vorschlag gebrachten
Individuen zu ernennen hätte. Der Oberinspector werde bei Gelegenheit der Beamten- und Deputirtenwahl das Candidationsrecht im
Verein mit den Conferenzmitgliedern als Präsident dem Willen der
Mehrheit gemäss ausüben; städtischer Deputirter dürfe er selbst
nicht werden; er habe nicht zu administriren, sondern nur zu beaufsichtigen; für die Kassen sei er nicht verantwortlich und dürfe nicht
mehr als Ein Amt einnehmen.

Die Majorität der Magnatentafel war indessen mit den auf diese
Art beschränkten Oberinspectoren durchaus nicht zufrieden gestellt,
und beharrte hinsichtlich des Wirkungskreises dieses Amts auch
fernerhin bei ihrem ersten Gutachten. Abermals entstand zwischen
den beiden Parteien eine ausserordentlich lebhafte und hitzige Debatte. Während die Majorität die Oberinspectoren mit einem ausgedehnten Wirkungskreis versehen wollte, opponirte die Minorität
fortwährend der Aufstellung des Amts selbst und machte erbitterte

Angriffe auf die Nachtragsinstructionen der Comitate, die „Bekeh- 184.
rungen Pauli", und jene Mitglieder der Ständetafel, die, ein Regierungsamt suchend, Ursache der Annahme der Oberinspectoren und
damit des Sturzes des constitutionellen Princips waren. Andere Mitglieder der Opposition tadelten die Regierungspartei, dass sie für
fremdes Interesse gegen die Interessen des Vaterlandes mit einer
solchen Hartnäckigkeit kämpfte.   Joseph Pálffy aber brachte die
sich immer vergrössernde Nothwendigkeit der Abschaffung der Magnatentafel abermals zur Sprache.   Jüngst wurde Pálffy deshalb vom
Erzherzog-Palatin zur Ordnung gewiesen; jetzt aber griff ihn Graf
Stephan Széchenyi selbst in heftigster Weise an.   Auch Graf Karl
Zay mischte sich in diese leidenschaftliche Debatte, welche sodann
damit ein Ende nahm, dass Széchenyi ohnmächtig vom Stuhl nieder-
sank.   Die Majorität wollte von ihrem ursprünglichen Gutachten
keinen Schritt breit abweichen, und erklärte, dass obwol sie auch
nicht wünsche, an demselben bis zum Ende festzuhalten, sie dennoch
zum Nachgeben erst dann geneigt sein werde, wenn sich ihr die
Stände noch mehr annähern würden.

Allein die Stände glaubten dies ohne Aufopferung der constitutionellen Principien nicht thun zu können.   Sie waren überzeugt,
wie dies auch nicht den geringsten Zweifel zuliess, dass, wenn sie
sich den von der Magnatenmajorität gehegten Ansichten noch mehr
annähern und diese zu Gesetzen würden, die zur Willkür fortwährend geneigte wiener Regierung einen übermässigen Einfluss im
Schose der Städte durch diese Oberinspectoren und die auf so enger
Grundlage ruhende Wahlfähigkeit gewinnen und mit den denselben
an der Ständetafel zu ertheilenden 16 Stimmen in kurzer Zeit die
Verfassung und die nationale Freiheit in eine grosse Gefahr stürzen
werde.   Weil daher die Stände nicht weiter nachgeben, die Majorität
der Magnatentafel aber sich ihnen nicht annähern wollte: konnte
der städtische Gesetzvorschlag dem König nicht unterbreitet werden.
In der Sitzung vom 8. Nov., als dieser Gegenstand an der Ständetafel zum letzten mal in Verhandlung genommen wurde, drängten
die städtischen Deputirten auf den Antrag Stephan Bezerédy's dazu,
dass die Frage des reichstäglichen Abstimmungsrechts der Städte
von der systematischen innern Organisation derselben getrennt werden
möge; und wenn auch diese, wie sie sähen, fiele, so möge doch wenigstens in Bezug auf jene ein Gesetz geschaffen werden.   „Auf diesem
Reichstag", sagte der Deputirte von Stuhlweissenburg, „waren die
Stände so überaus thätig, dass es welchem staatsrechtlichen Profes-
sorencollegium immer zur Ehre gereicht haben würde; das Resultat
aber ist ein nur geringes, oder vielleicht gar keins, weil die löblichen Stände schwach sind.   Der dritte Stand, welcher hier vertreten ist, macht kaum den zwanzigsten Theil der Bewohner dieses

1844. Reichs aus, und auch seine Interessen sind von jenen der grossen
Mehrzahl abgesondert. Es fehlt das in einanderverschmolzene, gemeinsame Interesse. Die ungarische Nationalität ist fremd in Europa,
ihre Constitutionalität ist der Macht ihrer Nachbarn verhasst. Wir
sind umgeben von unter absoluten Regierungen stehenden Völkern.
Deshalb geht ohne heilsame und zweckmässige Reformen auch jene
Freiheit, welche noch im Reich vegetirt, nach und nach ihrem Untergang entgegen. Die Reform gelang auch jetzt nicht, und könnte
man deswegen viele ausserhalb dieser Schranken beschuldigen. Aber
die Anklage ist wegen der Schwäche der Nation ohne Erfolg, weil
es im Reich noch keine entwickelte öffentliche Meinung gibt, und
jene, die sich in den Strahlen der Gnade sonnen, die Klagen derjenigen leicht aufnehmen, die um nichts anderes flehen, als was zu
ihrer Entwickelung erforderlich ist. . . . Das Verfahren der hohen
Stände erschütterte den Glauben, welchen die Patrioten auf die
Heiligkeit des königlichen Worts hegten. Darum wurde das Vertrauen den Magnaten gegenüber so sehr erschüttert, dass die Ansicht sich immermehr verbreitet, die Berathung mit ihrer Tafel, so
wie sie constituirt ist, sei unmöglich. Er fordere die Staatsgewalt
nicht auf, in der städtischen Frage selbst Verfügungen zu treffen,
weil dies verfassungswidrig wäre. Damit jedoch die Ständetafel an
Kraft gewinne, wünsche er mit den übrigen städtischen Abgeordneten, dass die Stände noch einen Versuch machen und die Frage
des reichstäglichen Abstimmungsrechts von der Frage der Organisation absondern mögen."

Da der Reichstag schon in zwei Tagen geschlossen werden sollte,
so hielten dies die Stände mit Recht für unausführbar. Moritz
Szentkirályi, der den ausgezeichneten Gesetzvorschlag angefertigt
hatte, bewies, dass eben in der Frage des legislatorischen Einflusses
der Städte die beiden Tafeln einander am fernsten ständen und deswegen jeder erneuerte Versuch erfolglos sei. Und da in vielen der
Gedanke entstand, dass die Regierung die auf diese Weise gestürzte
städtische Angelegenheit ausserhalb des Reichstags willkürlich ordnen
wolle und dies auch die Städte wünschten, so schloss er die Behand-
lung über diesen Gegenstand mit der Mahnung, dass, weil die
städtische Angelegenheit der Majorität der Ständetafel aufrichtig am
Herzen liege, sie sich hüten mögen, bei der Staatsgewalt die Schlichtung ihrer Sache ausserhalb des Reichstags zu betreiben. „Die Städte",
sagte er, „haben bei den Ständen die Ueberzeugung durchgesetzt,
dass die Schlichtung ihrer Angelegenheit für die Ergänzung der
Ständetafel, die Verschmelzung der Interessen des Reichs, die Stärkung der Vertretung unumgänglich nothwendig sei, und keinen Aufschub erdulde. Sie mögen sich daher nicht auf die Gnade verlassen
und nicht das Geschenk suchen, sondern sich auf jene Idee stützen,

welche sie sich selbst erkämpft haben und welche in Erfüllung gehen
muss. Ihnen gehört das Leben, das Leben aber wächst fortwährend. . . . Sie mögen ein wenig Geduld haben; grosse Fragen fallen
niemals auf Einen Streich. Wenn sie jedoch durch Annahme eines
Gnadengeschenks von dem Feld abtreten, auf welches sie von Recht
und Leben gleichmässig berufen sind; wenn sie nicht vom Gesetz
dasjenige fordern würden, was ihnen vom Recht und Leben aus zukommt: dann haben sie die Zukunft verloren, dann haben sie sich
als privilegirte Körperschaften vom Reich losgelöst und werden in
den Nationalkörper nie mehr einschmelzen."

Und so endete dieser hochwichtige Gegenstand, an dessen glückliche Lösung vor dem Reichstag sich so viele Hoffnungen anknüpften.
Da er Principienfragen in sich enthielt, so wurde er zum Gegenstand
des Parteikampfs; und als er zu einem solchen wurde, so musste
sein Sturz unter den bestehenden Umständen unausweichlich erfolgen.

Jene radicale Richtung, welche den Grundbesitz von allen seinen
Fesseln frei und zum vollständigen Eigenthum zu machen und deshalb auch den adelichen und unterthanlichen Boden gleichmässig zu
befreien, als eins der Hauptziele der Reform festgestellt hatte, machte
auf diesem Reichstag nur geringe Fortschritte. Das Princip der Aufhebung der Aviticität und der Erbablösung der Unterthanen war
schon auf dem vorigen Reichstag ausgesprochen worden. Die Stände,
die nun dieses Princip in beiden Fragen in Anwendung zu bringen
wünschten, fertigten daher in einem Comité ein Elaborat an, welches
den Berathungen zur Grundlage dienen sollte, und sandten dasselbe,
um auch die Meinung ihrer Absender zu vernehmen, der Instruction
wegen auch den Comitaten zu. An der Ständetafel war zwar hinsichtlich der beiden so wichtigen Gegenstände eine grosse Majorität
vorhanden, aber die Verhandlung derselben wurde, theils weil die
Instructionen nicht von überall anlangten, theils aus Zeitmangel der
Zukunft vorbehalten.

Da die Reform in diesen beiden Gegenständen nicht gelungen
war, so wurde, damit in der Angelegenheit des freien Grundbesitzes
doch etwas geschehe, was den Anforderungen der öffentlichen Meinung entspräche, gegen Ende des Reichstags, am 29. Aug., in Antrag gebracht, dass das Besitzrecht von Adelsgütern auch auf Nichtadeliche ausgedehnt werde. Der kurze, aber hochwichtige Gesetzvorschlag wurde noch in derselben Sitzung zum Beschluss. In
dem durch die allgemeine Freude über den errungenen Erfolg
entstandenen Lärm rief Palóczy: „Eben heute ist das 318. Jahr
des Schreckenstags von Mohács, an welchem unser Vaterland
beinahe unterging; und heute thaten die löblichen Stände einen
wesentlichen Schritt zur Rettung desselben!" In der Magnatentafel kämpfte Graf Stephan Széchenyi in mehrern Reden mit grosser

Aviticität
und Erb-
ablösung.

Fähigkeit
zum Grund-
besitz.

1844. Begeisterung für den Gesetzvorschlag. „Ich", sagte er, „traute kaum
meinen Augen, als ich dieses kurze Nuntium zuerst las, und ich
kann sagen, dass dasselbe mich zur Begeisterung fortriss und mir
das Wort eines berühmten deutschen Schriftstellers in Erinnerung
brachte: «Ein Vogel trug ein Samenkorn in ein wüstes Land und
daraus entstand eine neue Creation.» In diesen wenigen Zeilen," sagt
er, „sehe ich die ganze Zukunft Ungarns gesichert. . . . In diesen
paar Zeilen liegt die Regeneration unserer Nation." Der Antrag ward
auch von den Magnaten einstimmig angenommen und wurde, nachdem
er später auch die Sanction des Königs erhielt, zum Gesetz.

Amtsfähig-   Wie das Gesetz über die Fähigkeit zum Grundbesitz als einiger
keit.   Ersatz für die den freien Grundbesitz betreffende, nun aber noch
weggebliebene Reform gebracht wurde, so wünschten die Reichsstände
auch in ihren auf die Rechtsgleichheit gerichteten Bestrebungen
einigen Fortschritt zu machen, besonders nachdem sie in der Verhandlung über die Frage der Städte und der allgemeinen Besteuerung
schon auf keinen grossen Erfolg rechnen konnten. Die Fähigkeit
der Nichtadelichen zu Aemtern bestand hinsichtlich einzelner Fälle
schon früher; jetzt wurde daher die Amtsfähigkeit der Nichtadelichen
in ihrer ganzen Allgemeinheit in Antrag gebracht. Und in diesem
Gegenstand kam der unerhörte Fall vor, dass die Ständetafel von
den Magnaten an Freisinnigkeit übertroffen wurde. Da diese nämlich
durch ihre Nachtragsinstructionen gebunden waren, so nahmen sie
den Antrag mit einer Mehrheit von zwei Stimmen, nur mit der
Beschränkung an, dass die richterlichen Aemter auch fernerhin ausschliesslich in den Händen des Adels verbleiben sollten. Dieser Beschluss führte zu jener Verkehrtheit, dass demselben gemäss der
nichtadeliche Bürger des Vaterlandes Palatin oder Kanzler werden
konnte, aber Stuhlrichter oder Geschworener nicht. Bei den Magnaten,
deren Majorität zuerst auch darin einen Sprung erblickte und einen
stufenweisen Fortschritt wünschte, kämpften die Anhänger der Reformpartei mit grosser Energie gegen die Engherzigkeit ihrer Standes-
genossen und gegen die Ungereimtheit des Ständebeschlusses. „Acht-
hundert Jahre lang trug der Nichtadeliche alle Lasten", rief Graf
Ladislaus Teleki jenen Magnaten zu, welche vom Sprung sprachen,
„ist es nun ein Sprung, eine Improvisation, sie endlich einmal an der
Fähigkeit, ein Amt zu bekleiden, theilnehmen zu lassen?" — „Verstand, Tugend, Redlichkeit", sagte Ludwig Batthyáni, als er über
den erwähnten Beschluss der Stände sprach, „sind an keine Klasse
gebunden; ja, diese Eigenschaften stehen oft in einem umgekehrten
Verhältniss zu den Adelsvorrechten." Auch Stephan Széchenyi machte
sein Ansehen geltend, bis endlich die ganze Tafel die allgemeine
Amtsfähigkeit annahm. Die Stände nahmen nachher, sich gleichsam
schämend, dass sie dieses Eine mal in der Erfüllung der Zeitanfor-

derungen von den „bedächtig vorschreitenden" Magnaten überflügelt 1844.
wurden, die allgemeine Amtsfähigkeit trotz ihrer entgegengesetzten
Instructionen an, was sodann auch als Gesetz sanctionirt wurde.

Das Streben der Reformpartei, an den allgemeinen Rechten und Oeffentliche
Lasten jeden Bürger dieses Vaterlandes, sei er von Adel oder nicht, Arbeiten.
in gleichem Masse theilnehmen zu lassen, äusserte sich noch in zwei
wichtigen Gegenständen auf diesem Reichstag: in der Angelegenheit
der öffentlichen Arbeiten und der der gemeinsamen Besteuerung.

Was die erste betrifft, so wurde durch das geschaffene Gesetz
das ewig wahre Princip der gemeinschaftlichen Tragung der Lasten
zwar noch nicht ins Leben eingeführt. Es reifte noch nicht zur
Thatsache heran, dass die öffentlichen Arbeiten die Ablösung des
allgemeinen Bedürfnisses sein müssten, zu welcher jedermann ohne
Unterschied des Standes beizutragen verpflichtet ist; noch war es
nicht erreicht, dass man, die öffentlichen Arbeiten für einen der wichtigsten Zweige der Nationalökonomie betrachtend, die Verwaltung
derselben im Gesammtinteresse der Nation, nicht aber nach der
eigenen Provinzialansicht eines jeden Comitats, oder gar, was sehr
oft geschah, nach den Ansichten irgendeines Mächtigen, die sich öfter
bis zum Privatnutzen erniedrigten, vornehmen müsse. Aber es wurde
wenigstens jener schreiendere Theil der Ungerechtigkeit aufgehoben,
wonach bisher auch das derselben Klasse angehörige Urbarialvolk,
welches diese Last allein trug, in verschiedener Weise belastet wurde;
es wurde die Möglichkeit aufgehoben, dass die Macht der Willkür
jedes Mass überschreiten konnte.

Die, wie wir aus dem bisherigen Verlauf unserer Geschichte Allgemeine
sahen, in so vielen Comitatsversammlungen und Reichstagen so oft Besteue-
und mit so grosser Heftigkeit und Leidenschaft erörterte Frage der rung.
gemeinsamen Tragung der Lasten, der allgemeinen Besteuerung
wünschte die Reformpartei nicht nur aus Gerechtigkeitsgefühl gegen
das steuerzahlende Volk, sondern in noch grösserm Masse deshalb
gelöst zu sehen, weil dies das mächtigste Mittel gewesen sein würde
zur Verschmelzung der Interessen der verschiedenen Klassen der
Nation, zur Gleichstellung der Rechte und Lasten, mit Einem Wort,
zur Verwirklichung des Princips der Demokratie. Da die Verantwortlichkeit der Regierung vorerst nur noch zu den frommen
Wünschen gehörte, so erwähnten wir schon, dass auch die Reformpartei vorläufig nur in der unter der Manipulation der Comitatsbehörde stehenden Domesticalkasse das Princip der allgemeinen Tragung
der Lasten zu verwirklichen wünschte. Wir sahen aber auch, wie
dieses Princip, welches die Wiedergeburt des Reichs bewirken sollte,
zur Parteifrage ausartete und unter den vom irregeleiteten niedern
Adel begangenen Ausschweifungen in der Mehrzahl der Comitate zum
Sturz gebracht wurde. Auf dem Reichstag wünschten daher die

1844. Stände, die durch ihre Instructionen gebunden waren und einsahen, dass die Frage der allgemeinen Besteuerung die Majorität nicht erlangen könne, dieselbe nicht einmal zur Abstimmung kommen zu lassen; sondern versuchten, weil sie das Princip trotz ihrer Instructionen beinahe einmüthig unterstützten, die Verwirklichung desselben in einer andern Gestalt durchzusetzen. Damit sie, sich von den Fesseln ihrer die Parteiverhältnisse des Comitats repräsentirenden Instructionen befreiend, von diesem wichtigen, das Lebensinteresse der Nation in sich enthaltenden Gegenstand aus unabhängiger Ueberzeugung sprechen könnten, übergingen sie einfach die Frage der Domesticalsteuer und ernannten eine Reichsdeputation, welche ein Gutachten abgeben sollte, wie die allgemeinen Bedürfnisse des Reichs am zweckmässigsten zu decken seien. Der Beschickung des Comité, welches bald darauf den Namen Finanzcommission erhielt, gaben auch die Magnaten freudig ihre Zustimmung. In beiden Sälen wurde die Wahrheit der Entsagung von der Steuerfreiheit unter allgemeiner Begeisterung ausgesprochen und an die Spitze des Commissionsoperats gestellt. Dieser Beschluss entmuthigte die Kämpfer der Nichtbesteuerung im ganzen Lande; und in jedem guten Patrioten entstand die Hoffnung, dass, da die Principien der gemeinsamen Tragung der Lasten allgemein, auch auf die Kriegssteuer ausgedehnt, noch nicht in Anwendung gebracht werden konnten, die Besteuerung sämmtlicher Klassen der Nation nach dem erwähnten Grundsteuerplan Stephan Széchenyi's würde bewerkstelligt werden können. Diese Hoffnung ward beinahe zur Gewissheit, als das Princip der gemeinsamen Tragung der Lasten von den Ständen mit 29 Stimmen gegen 19, und später auch von der Magnatentafel angenommen wurde. Széchenyi erschien an diesem Tage, als an dem Fest der bessern Wendung der Nationalsache, im Hause der Magnaten in glänzendem Galaanzug. Infolge dessen machten die Stände einen Versuch bezüglich der gemeinsamen Leistung der Domesticalsteuer. Nachdem diese jedoch mit 15 Stimmen in der Minorität geblieben, wurde als Beschluss ausgesprochen, dass insolange, bis die allgemeine Tragung der Lasten in ihrer ganzen Ausdehnung angewendet werden könne, alles das, was die Nation zur Deckung der allgemeinen Erfordernisse anbieten werde, als Zeichen der Annahme des Princips der gemeinsamen Tragung der Lasten von jedem Bürger des Vaterlandes getragen werden solle. Das Volk jedoch, weil es ausserdem noch die Kriegssteuer und andere Lasten trage, solle zu der zur Deckung der öffentlichen Bedürfnisse in Vorschlag zu bringenden gemeinsamen Steuer nur den vierten Theil beitragen. Die Meinung der Ständetafel war dieser auf allgemeine Bedürfnisse zu verwendenden gemeinsamen Steuer so günstig, dass zusammen nur zwei Comitate, Bács und Turócz, dagegen stimmten.

Während die Finanzcommission in ihrem Operat arbeitete, setzte 1844. Graf Stephan Széchenyi alles in Bewegung, um die Besteuerung des Adels zu verwirklichen. Unter anderm ging er Ende August nach Pesth hinunter zur Comitatsversammlung und wünschte dort die Aussendung einer Commission, welche den Punkt bezeichnen sollte, bei welchem man unter den gegenwärtigen Verhältnissen, da das Ende des Reichstags schon herannahe, als beim geringsten stehen bleiben könnte. Das Comité und infolge des Gutachtens desselben die Stände des pesther Comitats kamen in einer jährlichen Summe von 3 Mill. Gulden als der geringsten überein; und dieses Gutachten theilten sie behufs der allgemeinen Annahme und Unterstützung durch ihre Deputirten, auch den übrigen Behörden mittels Rundschreibens mit. Diese Taktik hatte einen grossen Erfolg. Auf diese Aufforderung konnten auch die übrigen Comitate ihren Abgeordneten hinsichtlich dieser Angelegenheit nachträgliche Instructionen zugehen lassen, während es sonst leicht hätte geschehen können, dass der Reichstag unter den Berathungen über das ausgedehnte Finanzoperat sein Ende erreicht haben würde.]

Nach diesen Vorausgängen boten die Stände den ausgesprochenen Principien gemäss zur Deckung der öffentlichen Erfordernisse (Strassen, Interessengarantien für Eisenbahnen, verschiedene Anstalten u. s. w.) bis zum künftigen Reichstag 10,340000 Gulden, oder jährlich 2,585000 Gulden an. Nachdem die Magnatentafel das Princip der gemeinsamen Besteuerung schon angenommen hatte, so konnte kaum jemand bezweifeln, dass sie auch dieses Anerbieten der Stände annehmen würden. „Schon fehlte wenig, was noch entschieden werden sollte", so verständigten die Deputirten von Békés ihre Absender, „schon berechnete jeder den auf ihn entfallenden Theil; in uns zitterte vor Freuden die Seele; zerstört sahen wir das Wirrsal der Vorurtheile, gelöst die Verwirrung der Ideen, welche soviel blutige Opfer (in den Corteschversammlungen der Comitate) zu fordern, ja selbst unsern gänzlichen Verfall in sich zu bergen schien; wir glaubten, dass der Schritt in unabänderlicher Weise gethan sei, und die Moräste Ungarns in kurzem ausgetrocknet, unsere grundlosen Strassen von Eisenbahnen durchzogen, unsere Gewässer von belasteten Handelsschiffen durchschnitten sein würden; und endlich sahen wir auf den Flügeln der Hoffnung und des Gedankens die Grundlage gelegt zu einer Vereinigung des zerklüfteten Lebens Ungarns."

Indessen erlitten alle diese schönen Hoffnungen an einer nicht einmal geahnten Klippe Schiffbruch. Die Magnatentafel decretirte aus der Ursache, dass man den Adel zur Steuerzahlung nach und nach gewöhnen müsse, anstatt der 10 Millionen bis zum künftigen Reichstag nur 3, wovon jährlich 1 Million eingehoben werden sollte. Bei den Ständen wurde infolge dessen das Princip aufs Tapet

1844. gebracht, dass nur sie allein, kraft ihres Rechts der Initiative, die
Steuersumme zu bestimmen hätten; der Magnatentafel stehe es zwar
zu, bei der Bezeichnung der Rubriken, unter welche die Steuer zu
vertheilen sei, dreinzusprechen; sie sei jedoch verpflichtet, die von
den Ständen beantragte Summe anzunehmen. Und diesem Princip
schlossen sich die Stände um so standhafter an, da das Beispiel dieses
ersten Falles von den Magnaten auch in der Zukunft ebenso oft vorgebracht werden konnte, was das Recht des Unterhauses einer Gefahr
aussetzen würde. Nur fünf Comitate wünschten die von der Magnatentafel in Antrag gebrachte eine Million anzunehmen; die übrigen Deputirten wollten aber ihren frühern Beschluss schon um deshalb
aufrecht halten, weil es, um die Neigung zur Zahlung zu stärken,
eines Resultats bedarf; dieses aber mit einer Million, welche, unter
so viele Bedürfnisse vertheilt, verschwinden würde, nicht erreicht werden könne. Sie überhäuften mit bittern Vorwürfen die Majorität der
Magnaten, welche früher in den Comitaten gegen die Annahme der
Domesticalsteuer mit so vieler Parteileidenschaft gekämpft hatte;
jetzt aber das Princip der Tragung der allgemeinen Lasten zwar
anerkennt und auch anzuwenden wünscht, jedoch in der Art, dass
sie einerseits das Recht der Ständetafel verletzt und sich andererseits schon von vornherein bestrebt, durch die aus der Unbedeutend-
heit der Steuersumme entstehende Resultatlosigkeit nach Verlauf der
drei Jahre das grosse Princip zu stürzen. „Es gibt unter den constitutionellen Nationen kein Beispiel dafür", sagte Klauzál, „dass der
Antrag des Unterhauses hinsichtlich der Summe von der obern Kammer auf eine solche Weise vereitelt werden könnte; und dies ist
naturgemäss, denn im Oberhause besitzen die Regierungsmänner das
Uebergewicht, und die Regulirung der Geldanträge ihnen überlassen,
wäre soviel wie dieselbe der Regierung selbst in die Hand geben. . . .
Welch eine gute Waffe wäre es in der Hand jener Herren, wenn die
Eine Million kein in die Augen fallendes Resultat begleitete, dem
getäuschten niedern Adel zu sagen: Seht, lieben Brüder, unsere Behauptung ist wirklich wahr, auch diese Eine Million verschwand nur
so aus der Hand des mittlern Adels. . . . Wir tragen daher kein
Resultat fort nach Hause; das Resultat aber wird sein, dass die
Ueberzeugung von der grossen Ungerechtigkeit der Ueberbürdung
des steuerzahlenden Volks sich immer mehr verbreiten und die Nation
sich von allen ihren Illusionen befreien wird." Da die hohen Stände
nicht nachgeben wollten, so gerieth die Angelegenheit der Steuer auf
eine Sandbank, von welcher sie während dieses Reichstags nicht mehr
flott gemacht werden konnte, weil der Principienstreit zwischen den
zwei Tafeln sich oben in den letzten Tagen entwickelt hatte. Stephan
Széchenyi hegte wegen der von den Magnaten anerkannten zwei
Principien, der gemeinsamen Tragung der Lasten und der Verant-

wortlichkeit des Directors der Reichskasse noch in der Sitzung vom 1844. 10. Nov. den Wunsch, dass die Stände ihrerseits nachgeben möchten, jedoch ohne Erfolg. Und so erwartete die Anwendung des mit so vielen Schwierigkeiten erkämpften Princips der gemeinsamen Tragung der Lasten abermals nur von der Zukunft ihre Lösung.

Es bleibt uns jetzt nur noch die Schilderung jener Bestrebungen übrig, welche auf diesem Reichstag auf die Befestigung der gesetzlichen Unabhängigkeit der Reichsverwaltung gerichtet waren. Diese Richtung äusserte sich, wie wir schon sagten, insbesondere in zwei Gegenständen: in der Frage der „Partium" und Union Siebenbürgens, und in der Frage der materiellen Interessen.

Die Angelegenheit der „Partium" stand gegenwärtig im fol- Die Sache genden Stadium: nachdem das Gesetz von 1836 die Wiedereinver- der „Par-leibung der losgerissenen Theile Siebenbürgens angeordnet hatte, tium". dieses Gesetz aber des Widerstandes des siebenbürgischen Dicasteriums wegen nicht durchgeführt wurde und demzufolge jene Theile (die Comitate Mittelszolnok, Kővár, Zaránd und Kraszna), von ihren Obergespanen gehindert, keine Deputirten zum Reichstag sandten: so richteten die Stände, um die Durchführung des Gesetzes durchzusetzen, eine Adresse an den König, und machten zugleich im Sinne des Gesetzes gegen die auf dem Reichstag nicht erschienenen Comitate einen Process anhängig. Das Gericht sprach sein Urtheil und convincirte die einberufenen, aber nicht erschienenen Comitate zu der gesetzlichen Geldbusse. Die Vollziehung dieses Urtheils sollte nach dem Beschluss der Stände so oft erneuert werden, als die Comitate die Absendung der Deputirten unterlassen würden. Die Angelegenheit war daher in die anomale Lage hineingezwängt, dass, weil die Regierung, welche früher zur Schaffung des Gesetzes ihre Zustimmung gab, jetzt aber dem Vollzuge desselben entgegen war, die Comitate der „Partium", welche zur gesetzlichen Geldstrafe verurtheilt waren, obgleich sie ihre Deputirten zum Reichstag gern geschickt hätten, da aber die Regierungsbeamten, die Obergespane, keine Wahlversammlungen abhielten, der Verpflichtung des Gesetzes nicht nachkommen konnten, — die Regierung die Durchführung des Gesetzes verhinderte, und weil dasselbe nicht vollzogen wurde, dennoch die unschuldigen Comitate büssen mussten. Damit diese Lage aufhöre, reichte Baron Nikolaus Wesselényi bei den Reichstagsständen eine von zahlreichen Bewohnern des mittelszolnoker Comitats unterzeichnete Bittschrift ein. Bei den Ständen entstand daher infolge dessen am 10. Oct., als dieses Bittgesuch auf die Tagesordnung kam, eine sehr heftige Debatte über diesen Gegenstand; das zweideutige Benehmen der Regierung wurde scharf getadelt. „Als die Regierung in die Schaffung jenes Gesetzes einwilligte", sagte unter anderm Moritz Szentkirályi, „nahm sie sich, wie es scheint, schon von vornherein vor,

1844. dass sie dasselbe nicht durchführen werde." Er erwartet nichts
von oben her für die Zukunft des Reichs, und fordert die Stände
auf, es möge, wer da entgegengesetzter Meinung sei, aufstehen und
ihn in dieser Angelegenheit Lügen strafen. Er sieht weder Fähigkeit noch guten Willen und hält es für die höchste Zeit, dass die
Stände selbst in die Handlung eingriffen. Er stellt zu diesem Zweck
den Antrag, dass die betreffenden Obergespane im Sinne der Gesetze
Wladislaus' II. zur Verantwortung gezogen werden mögen. Beöthy
erklärt es in einer Rede voll heftiger Angriffe für eine nationale
Gefahr, wenn von oben her das Beispiel zum Gesetzbruche gegeben
werde. Da der Schluss des Reichstags herannahte, so übermannte
die Stände das Gefühl der Erfolglosigkeit so vieler Arbeit, und sie
liessen in diesem Gegenstand, welcher wie kein anderer den Mangel
an gutem Willen bei der Regierung bewies, ihren bittern Gefühlen
freien Lauf. „Untersuchen wir", sagte abermals Szentkirályi, „welchen Erfolg seit 1790 die Anstrengungen der Nation in allen jenen
organischen Fragen hatten, welche bisher aufs Tapet gebracht wurden.
Wir müssen unablässig auf eine solche Art thätig sein, dass wir
hinter unserm Rücken immer eine Anzahl von Gegenständen zurück-
behalten; wir sind ewig genöthigt, nur Versuche anzustellen, in welcher Gestalt wol die eine oder die andere Reform der Regierung gefallen werde? Die Ursache davon liegt darin, dass das Regierungssystem mit den constitutionellen Principien der Gesetzgebung im
Widerspruch steht." Die Stände beriefen sich daher in der Adresse,
in welcher sie die endliche Wiedereinverleibung der Partes mit grosser
Entschiedenheit forderten, unter anderm auch auf das von der Verantwortlichkeit handelnde Gesetz Wladislaus'. Nachdem aber die
Adresse an der Magnatentafel wegen Mangel an Zeit nicht mehr in
Verhandlung genommen werden konnte, so blieb die Angelegenheit
der Partes wieder beim alten.

Union mit
Sieben-
bürgen. Während die Frage der Wiedereinverleibung der Partes verhandelt wurde, kam auch die engere Verbindung ganz Siebenbürgens
mit Ungarn neuerdings zur Sprache. Schon viermal hatten die
Reichsstände eine Adresse an den König gerichtet, dass zur Durchführung dieser Vereinigung eine Reichscommission ernannt werde,
welche mit den Ständen Siebenbürgens über die Art und Weise der
Vereinigung verhandeln sollte. Auf diese Adressen war bisher trotz
aller Betreibungen noch immer keine Antwort erfolgt. Jetzt wurde
daher diese Bitte zum fünften mal erneuert. Allein obgleich auch
die Stände Siebenbürgens hinsichtlich der Union auf ihren frühern
Landtagen dem gleichen Wunsch Ausdruck gegeben hatten, so hatte
diese Bitte doch auch jetzt noch keinen Erfolg. Die Regierung, die
die von wo immer herstammende Kräftigung des Reichs mit eifersüchtigen Augen ansah, liess die Adresse auch jetzt ohne Antwort.

Jene Discussionen, welche während der dem Reichstag voraus- gehenden drei Jahre auf dem Gebiet der Presse und in den General-versammlungen der Comitate über unsere Reformfragen mit so vielem Eifer, ja mit so grosser Leidenschaftlichkeit geführt wurden, drehten sich nicht zum geringsten Theil um unsere materiellen Interessen. Die Hindernisse der Zunahme und Entwickelung dieser Interessen fand die öffentliche Meinung, wie wir oben gesehen haben, haupt-sächlich in unsern Zollverhältnissen und in der Mangelhaftigkeit unserer Communicationsmittel. Und es gab kaum ein Comitat, wel-ches demzufolge in der Frage der Eisenbahnen und Zollverhältnisse seine Deputirten nicht mit Instructionen versehen hätte. Die Frage der Entwickelung der materiellen Interessen wurde im allgemeinen zu den Fragen von dringender Nothwendigkeit gezählt, und nicht ohne Grund. Es war eine alte und begründete Klage des Reichs, dass seine materiellen Interessen durch das parteiisch gehandhabte Zollsystem den Interessen der österreichischen Erbländer aufgeopfert würden und, während auf solche Weise einerseits die Nation gegen den Wirbel der allgemeinen Verarmung getrieben werde, andererseits auch die gesetzliche Unabhängigkeit der Verwaltung des Reichs be-deutend verletzt werde. Jene unzählige Klagen und Adressen, durch welche die Nation die Abschaffung dieser Beschwerden und Uebel-stände betrieb, hatten bisher kein anderes Resultat gehabt als Ver-tröstungen; im besten Fall wurde der Zoll einiger geringern Han-delsartikel herabgesetzt; das die Entwickelung des Wohlstandes hindernde ungerechte Colonialzollsystem aber bestand fortwährend. Hinsichtlich der meisten und wichtigsten Artikel fehlte es fortwährend an Reciprocität; zahlreiche Industriezweige und Fabrikate zahlten drei- und viermal, mehrere sogar zehnmal mehr Zoll, wenn sie von uns nach Oesterreich eingeführt wurden, als umgekehrt; unsere hei-mische Fabrikation wurde wegen des übergrossen Zolls der aus dem Auslande eingeführten Erfordernisse sehr erschwert; unsern Rohpro-ducten wurden die Ausfuhrwege nach dem Auslande durch über-mässige Zölle und andere Hindernisse noch immer so sehr verschlossen gehalten, dass wir gezwungen waren, dieselben an Oesterreich allein zu verkaufen, welches sodann den Preis derselben ohne Concurrenz feststellte; dagegen wurde von unsern Plätzen das ausländische Fa-brikat durch die an das Verbot grenzenden Zölle möglichst verdrängt und dieselben einzig und allein mit österreichischen Fabrikaten über-schwemmt, z. B. 1841 der Viersiebenteltheil der ganzen 61 Mill. Gulden des Werths betragenden Ausfuhr österreichischer Fabrikate nach Ungarn eingeführt. Mit Einem Worte, unsere inländische Fa-brikation wurde erschwert, damit sie mit der österreichischen nicht in Concurrenz treten könne; die Einfuhr ausländischer guter und billiger Fabrikate wurde beinahe unmöglich gemacht; die Ausfuhr

1844. unserer Producte wurde dagegen auf Oesterreich allein beschränkt. So geschah es, dass unsere Handelsbilanz jährlich einen Verlust von mehrern Millionen Gulden aufwies. Nach der Statistik Becher's, der als Ausländer unserm Interesse gegenüber völlig unparteiisch ist, und aus amtlichen Quellen schöpfte, repräsentirte unsere Einfuhr einen Werth von 65 Mill. Gulden, während unsere Ausfuhr sich nur auf etwa 60 Millionen erhob. Die Hauptursache dieser ungünstigen Bilanz ist ohne Zweifel darin zu suchen, dass unsere materiellen Interessen zur Beförderung des Wohlstandes anderer nach Willkür zu besteuernder Länder ausgebeutet wurden; und dass die österreichischen Erbländer, deren Gesetzgebung man eine zweckmässigere Verwaltung derselben willkürlich entzogen hatte, nicht nur dem Auslande, sondern sogar auch noch Ungarn gegenüber durch ein Schutzzollsystem begünstigt wurden.

Als die Stände im Laufe dieses Reichstags über unsere materiellen Interessen zu verhandeln begannen, dehnten sie ihre Aufmerksamkeit auf beide Quellen dieser Uebelstände mit gleichem Eifer aus, und hatten die Ueberzeugung gewonnen, dass man den materiellen Wohlstand in unserm Vaterlande nur so hervorrufen könne, wenn einerseits sichere und wohlfeile Communicationsmittel mit dem Auslande geschaffen, andererseits die Zollverhältnisse mit Oesterreich auf eine billigere Weise geregelt würden, und zu diesem Zweck die Gesetzgebung das Recht zur Regelung der Zölle und des Dreissigsts sich zurückverschaffte. Diese zwei Hauptpunkte gaben den Berathungen über diesen Gegenstand die Hauptrichtung.

Fiumer Eisenbahn. Was das erste, die Mittel zur directen Verbindung mit dem Auslande betrifft, so besass die Idee der von Kossuth in Antrag gebrachten, in so vielen Zeitungsartikeln entwickelten, unterstützten und empfohlenen Pesth-Fiumer, oder wenigstens Vukovár-Fiumer Eisenbahn eine so ungeheuere Volksthümlichkeit im Reiche, dass die Stände dieselbe nicht übergehen konnten. Siebenundvierzig Comitate gaben ihren Deputirten in dieser Sache zustimmende Instructionen. Eine Eisenbahn, welche die Donau mit dem ungarischen Littorale in Verbindung bringen sollte, wurde schon an sich selbst für ein genügendes und auf alle Fälle nothwendiges Mittel gehalten, um unsern Handel von jenen colonialen und sklavischen Fesseln zu befreien, in welchen ihn Oesterreich seit einem Jahrhundert gefangen hielt. So geschah es, dass die in Handelsangelegenheiten ausgesandte Commission der Ständetafel über diesen Gegenstand ein solches Gutachten abgab, „dass man den Bau der Fiumer Eisenbahn sobald als möglich in Angriff nehmen müsse; denn jedes Jahr, welches wir in dieser Beziehung versäumen, vermehrt jenen passiven Zustand, in welchem unser Handel mit dem Auslande dahinsiecht, mit neuen und bedeutenden Verlusten; und schon aus diesem Grunde kann man den Bau dieser Eisenbahn nicht zum Gegenstande privater Unternehmung machen; aber man kann dies hauptsächlich auch noch deshalb nicht thun, weil diese Eisenbahn den Schlüssel, den Hauptweg unsers ausländischen Handels, von welchem das Wohl des Vaterlandes abhängt, bilden wird."

Die Protection der Reichsstände und die Volksthümlichkeit, welcher die Angelegenheit dieser Eisenbahn im ganzen Lande theilhaftig wurde, erhob das Inslebentreten derselben auf einen so hohen Grad der Wahrscheinlichkeit, dass schon auch das mit allen Gnaden der Regierung überschüttete Triest vor dem Rivalen zu zittern begann, welchen es sich in Fiume, wenn dasselbe mit der Donau durch eine Eisenbahn verbunden sein würde, ersteben glaubte. Der Handel Fiumes nahm auch so, wie er war, in seiner Landstrassenverbindung mit der Donau auf beunruhigende Weise zu; demzufolge man kaum zweifeln durfte, dass, sobald Fiume eine Eisenbahn bekäme, jener ganze Handel, welcher mit ungarischen Producten bisher über Triest betrieben wurde, seine Richtung sogleich gegen diesen wohlfeilern Weg nehmen werde. Triest beabsichtigte demnach, jedes Mittel in Bewegung zu setzen, um das Zustandekommen der Fiumer Eisenbahn zu verhindern. Karl Bruck, der Director des Triester Lloyd, nahm zu diesem Zweck zu einer Intrigue seine Zuflucht, und stellte das Anerbieten, die Bahn mit einer Garantie von 4 Procent erbauen zu wollen. Es war nicht schwer, dieser List auf den Grund zu schauen, und dieses Bestreben der Triestiner vermehrte bei uns womöglich noch die Begeisterung für die Donau-Fiumer Eisenbahn. Nachdem der Plan zu dieser Eisenbahn von einer fiumer Gesellschaft angefertigt worden war, und die letztere dem Reichstag zur Erbauung der Bahn auch grössere Sicherheit bot, so schloss die Ständetafel infolge dessen in ihrer Sitzung vom 12. Oct. ihre Berathungen über diesen Gegenstand mit folgendem Beschluss: die auszusendende Reichscommission möge mit der fiumer und keineswegs mit der triester Gesellschaft Bruck's Uebereinkunft treffen; wenn es ihr nicht möglich wäre, mit der fiumer Gesellschaft übereinzukommen, möge sie denjenigen den Vorzug geben, welche den Bau der bezeichneten Donau-Fiumer Eisenbahnlinie zu unternehmen wünschen und ihnen von seiten der Nation einen 5procentigen Gewinn garantiren. Wenn sich während anderthalb Jahren keine Unternehmer fänden, solle die Commission selbst die vorläufigen Arbeiten und Plane anfertigen lassen, über die Art der Herbeischaffung der nothwendigen Ausgaben aber dem künftigen Reichstag ihr Gutachten vorlegen. Als dieser Beschluss in der Magnatentafel auf die Tagesordnung kam, äusserte sich der Erzherzog-Palatin: er sei der Meinung, dass bei solchen Bedingungen auch die Regierung selbst geneigt sein werde, die Eisenbahn zu erbauen. Dieser Aeusserung zufolge wünschten die Mag-

.4481 naten die Regierung zu diesem Unternehmen direct aufzufordern.
Allein die Stände hatten kein Vertrauen zu einer Regierung, welche
bisher Triest mit ihrer Gunst beinahe überschwemmte, Fiume gegenüber aber nichts anderes hatte als Tadel und Hindernisse; sie wollten
demnach für keinen Fall mit der Regierung einen Privatvertrag abschliessen.

Hinsichtlich der Centraleisenbahn, welche Pesth einerseits mit
Presburg und Wien, andererseits mit Debreczin verbinden sollte, hatte
der Statthaltereirath schon zu Anfang des Frühlings die betreffenden
Verträge abgeschlossen und wurde deren Bau auch thatsächlich in
Angriff genommen.

Die Rege-   Bezüglich der Zollverhältnisse mit Oesterreich hatten sich bei
lung der
Zollverhält- uns die Ansichten, wie ich bereits weiter oben erwähnte, sehr ver-
nisse.   ändert.   Einige Jahre zuvor hatte die Nation kaum irgendetwas
mit grösserm Eifer gewünscht als eine solche Abänderung jenes die
Industrie tödtenden Zollsystems, dass die Zwischenzölle zwischen
unserm Vaterlande und den österreichischen Erbländern gänzlich aufgehoben werden mögen. Die Nation wäre damals bereit gewesen,
dies selbst mit Opfern zu erkaufen. Jetzt indessen, obgleich die
Ueberzeugung von der schädlichen Wirkung des Zollsystems dieselbe
blieb, war die öffentliche Meinung nicht nur der Ablösung, sondern
auch der einfachen Abschaffung entgegen. Die aus der Geschichte
des Deutschen Zollvereins geschöpfte Lehre machte die Ueberzeugung
zu einer allgemeinen, dass unsere Nationalität gegen den überwiegenden Einfluss der deutschen, die Reste unserer Selbständigkeit
und Unabhängigkeit in der Verwaltung gegen die Uebergriffe und
Nivellirungsversuche des österreichischen Absolutismus bisher nichts
mit solchem Erfolg beschützt hatte als eben diese Zwischenzolllinie,
durch welche Ungarn Oesterreich gegenüber gleichsam zum Ausland
wurde. Es wurde für ein Werk der Vorsehung betrachtet, dass
jene verkehrte Massregel, durch welche die wiener Regierung unser
Vaterland zu unterdrücken beabsichtigte, sich auf die Weise rächte,
dass sie ebendasjenige vertheidigen half, wogegen Wien seit drei
Jahrhunderten einen fortwährenden Angriffskrieg führte, unsere Nationalität und Unabhängigkeit in der Verwaltung.

Die Stände wünschten daher diese Zolllinie, welche ausser dem
von der wiener Regierung derselben bestimmten Zweck uns so wichtige Dienste leistete, auch für die Zukunft aufrecht zu halten, und
nur das System, die Regelung in einer Weise abzuändern, dass in
demselben eine vollständige Reciprocität Platz finde; und nachdem
bisher durch diese Zollmassregeln die österreichische Industrie gegen
die ungarische in Schutz genommen worden, so möge fernerhin die
ungarische Industrie der ohnehin schon weit stärkern österreichischen
gegenüber geschützt werden. Entschlossen, alles zu versuchen, um

die Regelung der Zölle und des Dreissigsts, nach den in den alten 1844. Gesetzen begründeten constitutionellen Rechten, wiederum in den Kreis der Gesetzgebung hineinzuziehen, drangen sie in der Adresse, welche sie über diesen Gegenstand anfertigten, nicht mehr darauf, was sie bisher in ähnlichen Adressen betrieben hatten, dass der König die aus den Zollverhältnissen entstandenen Uebelstände und Beschwerden abschaffen möge; sondern, nachdem sie den traurigen Zustand unsers vaterländischen Handels geschildert und nachgewiesen hatten, dass die Ursache und Quelle desselben jenes ungerechte Zollsystem sei, welches seit einem Jahrhundert über uns, ohne uns, ja geradezu gegen unsere Interessen verfügt wurde, erklärten sie, dass die Nation diesen Zustand noch auf dem gegenwärtigen Reichstag den Grundsätzen der Reciprocität gemäss abzuändern wünsche. Und zu diesem Zweck büten sie den König, dass er ihnen die zur Redaction des Gesetzvorschlags nöthigen Daten zukommen lassen möge. — Die Magnatentafel willigte jedoch in die Absendung dieser Adresse nur unter der Bedingung ein, dass aus derselben alles, was sich auf das Schutzzollsystem beziehe, einfach weggelassen werde; was auch sodann, damit der Absendung kein neues Hinderniss in den Weg trete, geschah, worauf die Adresse am 13. Sept. hinaufgeschickt wurde.

Es gehörte zu den alten Gewohnheiten der Regierung, in jenen Die Antwort Gegenständen, in welchen sie die Gerechtigkeit und Richtigkeit des der Regierung. Wunsches der Nation nicht in Abrede stellen konnte, aber ihren willkürherrschaftlichen Neigungen gemäss nicht die Absicht hatte, diesen Wünschen nachzugeben, um sich vor Vorwürfen oder fernern Betreibungen zu schützen, den Reichsständen entweder gar nicht oder erst in den letzten Augenblicken zu antworten. Dies geschah auch mit dieser Adresse; obschon der Termin zum Schluss des Reichstags bereits verkündigt war, zögerte man doch noch immer mit der Antwort. Aber dieses Verfahren der Regierung erfüllte jetzt die Gemüther der Patrioten nicht nur mit Erbitterung, sondern trieb sie auch zum Handeln an. Wie wir oben schon erwähnt haben, waren in den vergangenen Jahren an vielen Orten Schutzvereine entstanden, deren Mitglieder sich verpflichteten, gewisse Bedürfnisse nur mit vaterländischen Fabrikaten zu befriedigen. Diese Idee wurde jetzt immer allgemeiner, und in mehrern entstand der Wunsch, den Schutzverein zu einem nationalen, sich über das ganze Reich ausdehnenden umzugestalten. Insbesondere trat als eifriger Apostel dieser Idee Ludwig Kossuth auf, der, nachdem er vor kurzem aus der Redaction des „Pesti Hirlap" geschieden war, seine Thätigkeit jetzt vorzüglich auf dem Gebiet des Vereinswesens entfaltete. Er machte Anfang October einen Ausflug nach Presburg und agitirte in der Sache des Schutzvereins mit einem solchen Eifer, dass derselbe in kurzer Zeit sowol im gesetzgebenden Körper als auch ausserhalb

1844. derselben unzählige Unterstützer fand. Selbst in der Frauenwelt ergriffen viele mit Begeisterung die volksthümlich gewordene Idee. Und so geschah es, dass sich der Reichs-Gewerbeschutzverein am 6. Oct. für constituirt erklären konnte und zu seinem Präsidenten den Grafen Kasimir Batthyányi, zum Vicepräsidenten Graf Ladislaus Teleki, zum Director Ludwig Kossuth, und an die Seite desselben ein aus den hervorragendsten Männern des Reichs bestehendes beständiges Comité wählte. — Das Entstehen des Schutzvereins war eine mächtige Demonstration von seiten der Nation gegen die den Mängeln unserer materiellen Interessen abzuhelfen zögernde Regierung. Nach dieser Demonstration konnte die Regierung den Ständen die Antwort auf ihre Adresse in der Zollfrage nicht gänzlich verweigern; sie zögerte jedoch damit solange sie konnte, und die Antwort wurde erst am 7. Nov. herausgegeben, während der Schluss des Reichstags schon auf den 10. desselben Monats verkündigt war. Der Inhalt dieser Antwort ist dem Wesen nach der folgende: „Dass die Regierung zur Beförderung der nationalen Industrie bisher nicht mehr gethan hat, ist den schwierigen Umständen zuzuschreiben. Allein ihr liegt diese Angelegenheit am Herzen, und wie sie sich bestreben werde, das Aufblühen der materiellen Interessen des Reichs zu bewirken, so würden, hoffe sie, in der Zukunft auch die Stände auf billige Weise zur Hinwegräumung der Hindernisse beitragen. Die gewünschten Daten werde sie dem künftigen Reichstag mittheilen."

Diese Antwort der Regierung wurde im Hause der Stände mit unaussprechlicher Aufregung aufgenommen, deren sich überhaupt beim Hinblick auf die Resultatlosigkeit ihrer neunzehnmonatlichen beschwerlichen Thätigkeit mit dem Herannahen des Reichstagsschlusses eine immer mehr gereizte Stimmung bemächtigte. Eben in · diesen Tagen wurde die Hoffnung vereitelt, dass die Nation in den Gegenständen, welche ihre heissesten Wünsche, ihre brennendsten Bedürfnisse betrafen, noch während dieses Reichstags ein Gesetz werde schaffen können. In diesen Tagen kam die Angelegenheit der Regelung der Städte und Districte, des Creditinstituts, der „Partium", die Frage der zur Hebung der materiellen Interessen zu verwendenden gemeinsamen Steuer u. s, w. zum Sturz. Unlängst erst hatte der Abgeordnete des pesther Comitats darüber Klage geführt, dass die Regierung die Entwickelung unserer Industrie und unsers Handels selbst auf dem Gebiet des Vereinswesens verhindere, indem sie bestrebt sei, jene Vereine, insbesondere den Gewerbeschutzverein und die Handelsgesellschaft, zu beschränken. Diese Antwort der Regierung musste demnach das wegen all dieser Umstände unzufriedene und gereizte Gemüth der Stände bis zum Ueberströmen mit Schmerz und Bitterkeit erfüllen. Die zur Herrschaft gelangte Gereiztheit überfluthete jetzt, alle Schranken durchbrechend, welche bisher die Mässigung und die traditionelle Achtung der Obrigkeit errichtet hatte, in leiden- 1844. schaftlichen Reden. „Wir müssen endlich einmal aus unserer hundertjährigen Lethargie erwachen", so rief Stephan Bezerédy aus, „und was man uns an unsern Grenzen aufzustellen nicht erlaubt, das müssen wir an den Schwellen unserer Häuser aufrichten. . . . Wenn wir nicht ewig unter dem Joch einer fremden Industrie seufzen wollen, müssen wir uns im Schutzverein vereinigen!" — Szentkirályi drückte seine Freude über das Geschehene aus, und dankte der Regierung für dieses Rescript: „denn", sagte er, „wenn die königliche Antwort irgendeine kleine Concession darreichte, würde sie jene Begeisterung nicht entstehen lassen, welche jetzt bei der Kunde von dieser Antwort sich im ganzen Vaterlande auf dem Gebiet der Handlung verbreiten wird".

Eingehender liess sich in eine Kritik des Rescripts der führende Redner der Reformpartei an der Ständetafel, Gabriel Klauzál, ein, die gereizten Ausbrüche mit der folgenden Rede beschliessend: „Man müsste glauben, dass durch diese Antwort, wenn in derselben nicht eine Beziehung auf den die Unabhängigkeit des Reichs garantirenden 10. Gesetzartikel 1790 enthalten wäre, unsere ganze Verfassung suspendirt sei, nachdem die Regierung, anstatt der Gesetzgebung Daten zu bieten, verspricht, sie werde für uns nächstens Sorge tragen. Nach einer solchen Thatsache mache auf ihn den Ausdruck des Rescripts «percara natio» einen sonderbaren Eindruck. . . . Die Regierung beruft sich auf Verfügungen, welche sie in unserm Interesse vorgenommen habe; wie sie dies jedoch thun könne, vermöge er nicht zu begreifen. Denn es mögen vortreten, die in diesem Saale die Staatsgewalt zu vertheidigen pflegen, und solche Verfügungen ·aufweisen. Und dennoch werden dieselben im Rescript nicht nur erwähnt, sondern es wird auch noch gesagt, dass die Regierung in diesen für uns so wohlthätigen Verfügungen deshalb nicht weiter vorwärts ging, weil sie von gewichtigen Umständen gehindert wurde. Er wüsste nicht, welches diese gewichtigen Umstände sein könnten. Wenn damit jene Verhältnisse verstanden werden, welche zwischen Ungarn und den Erbländern hinsichtlich der Steuer bestehen: warum wurde dies nicht offen ausgesprochen? Wenigstens hätten jene Beamten, welche gegen dies gemeinsame Tragen der Lasten agitirten, fernerhin ihre Intriguen unterlassen. Die Steuerverhältnisse können jedoch dieses Verfahren nicht rechtfertigen. Nach einer solchen Vergangenheit wird uns zwar hinsichtlich der Regelung unserer Zollverhältnisse einige Hoffnung geboten; er sehe aber, dass nicht einmal das Versprechen auf der Basis unserer Unabhängigkeit gemacht werde, und dass unsere eigenen Zollschranken unsere Industrie auch fernerhin nicht schützen werden, sondern es wahrscheinlich im Plan sei, diese Schranken zu Gunsten der Erbländer mit Geld abzulösen." Nachdem

1841. er schliesslich den Antrag stellt, die dargestellten Ansichten in einen Beschluss zu fassen, erklärt er jenes System, „welches uns gegenüber besteht, für ungesetzlich; und nachweisend, dass sich die Nation einzig und allein auf ihre eigene moralische Kraft stützen dürfe, hofft er mit Zuversicht, dass dieser Schritt des vertretenden Körpers seine Früchte tragen werde“.

Der Be-
schluss der
Stände;
Mistrauens-
votum. Der Beschluss, welcher sodann im Sinn dieser Rede Klauzál's redigirt wurde, erklärte: „dass die Stände diese Antwort der Regierung mit dem grössten Unwillen aufnahmen. Sie legten den Gegenstand zurück, und in bittere Klagen auszubrechen für feige Weinerlichkeit haltend, würden sie an die Regierung keine Adressen mehr richten; sie erklärten indessen, dass das zwischen Ungarn und den Erbländern bestehende Zollsystem ungesetzlich und ein solches sei, dessen Zweck wäre, die Entwickelung der vaterländischen Industrie zu verhindern. In einer solchen Lage suchen die Stände Schutz nur in der unerschütterlichen und standhaften Ausdauer ihrer Mitbürger. Sie erklären, dass sie nicht erlauben, die Unabhängigkeit des Reichs den Interessen fremder Länder unterzuordnen, und den Schutzverein, welcher sich zum Schutz dieser Interessen in diesen Tagen constituirte, unter den Schirm des Gesetzes stellend, finden sie in diesem Verein das Schutzzollsystem, welches an den Schwellen der Bürger über die Interessen der ungarischen Industrie und des heimischen Handels wachen wird. Der Regierung gegenüber erklären sie indessen unter diesen Umständen ihr Vertrauen für erloschen. Und da sie im voraus wüssten, dass dieser Beschluss bei der Majorität der Magnatentafel Widerstand finden würde, so wünschten sie auch gar nicht, denselben dem Oberhause mitzutheilen, sondern fügten ihn einfach den Reichstagsdocumenten bei.“ An diesem Ausdruck des Mistrauens gegen die Regierung hatte auch die Angelegenheit der Wiedereinverleibung der siebenbürgischen Landestheile einen grossen Antheil, welche in einem gleichfalls in diesen Tagen herabgelangten königlichen Rescript auch auf den künftigen Reichstag verschoben. wurde. In dem betreffenden Beschluss massen die Stände die nicht vollzogene Wiedereinverleibung geradezu der Nachlässigkeit der vollziehenden Gewalt bei, und erklärten, dass es der executiven Gewalt entweder an Thatkraft fehle, oder, wenn sie solche besitze, so habe sie versäumt, dieselbe in Anwendung zu bringen.

In der Würdigung dieses Mistrauensvotums war die Meinung im Reiche nach den Parteifärbungen verschieden. Die Reformpartei nahm dasselbe im allgemeinen mit grosser Befriedigung auf und betrachtete es als den energischen Ausdruck des constitutionellen Princips durch die Repräsentanten ihrer Partei; als eine Vermehrung der moralischen Kraft und des Muthes derselben, welche nicht säumen werde, der nationalen Umgestaltung einen mächtigen Anstoss

zu geben. Allein ebendeshalb, weil dieses Ereigniss in der That 1844.
in der Politik der Regierung nothwendigerweise eine Aenderung nach
sich zog, ebenso auch darum, weil dieses Mistrauensvotum auch die
conservative Partei der Magnaten, den Theilhaber an der getadelten
Regierungspolitik traf, konnte dasselbe dieser Partei natürlich nicht
gefallen und wurde von derselben auf verschiedene Weise ge-
misbilligt. Wenn man indessen in Betrachtung nimmt, dass die
Nation seit einem halben Jahrhundert auf allen ihren Reichstagen,
aber stets vergebens, die Regelung der die nationalen Interessen des
Landes so ungerechterweise bedrückenden Zollverhältnisse betrieben
hatte, und die Regierung jetzt sogar die Mittheilung der zur Lösung
dieser wichtigen Frage nöthigen Daten verweigerte; ferner berücksichtigt, dass die Stände während dieses Reichstags etwa hundert
theilweise ausgedehnte Operate anfertigten, und man aus denselben
wegen der Opposition der Regierung und ihrer Partei zusammen nur
dreizehn Gesetzartikel schaffen konnte; endlich auch in Betracht
zieht, dass hinsichtlich mehrerer hochwichtiger Gegenstände — wie
z. B. der Regulirung der Städte und Districte, der Creditanstalt, der
Fiumer Eisenbahn, der auf die Hebung der materiellen Interessen zu
verwendenden gemeinsamen Grundsteuer — das Uebereinkommen
zwischen den beiden Tafeln schon bis zu dem Punkt gediehen war,
dass dieselben durch eine Verlängerung des Reichstags auf einige
Wochen wahrscheinlich zu einem erwünschten Resultat geführt worden
wären, und die Regierung dies, nachdem die Kriegssteuer votirt war,
dennoch ohne jeden wichtigern Grund verweigerte: so kann man
mit voller Ueberzeugung behaupten, dass die Regierung dieses Mistrauensvotum in vollem Mass verdient hatte.

Im Unterhause schienen diesfalls auch die Mitglieder der conservativen Partei überzeugt zu sein; hierauf weist wenigstens der
Umstand, dass sich unter derselben niemand fand, der zur Verhinderung des Mistrauensvotums seine Stimme erhoben hätte. Uebrigens
wurden die Gründe der Stände, welche zur Schaffung dieses Beschlusses
Veranlassung boten, auch von den innern Verhältnissen der conservativen Partei selbst gerechtfertigt. Die dem Magnatenstand angehörige Fraction dieser Partei, welche früher untereinander so sehr
übereinstimmte und dem Willen der Regierung so bedingungslos
huldigte, theilte sich jetzt zum Schluss der Versammlung hinsichtlich
des Geistes und des Verfahrens der Regierung gleichfalls in ihrer
Meinung. Ein Theil, die jüngern Mitglieder der conservativen Partei,
welche wünschten, dass die Regierung, aus ihrer bisherigen Unthätigkeit heraustretend, die Initiative der für alle Fälle nothwendigen
und schon des öffentlichen Geistes wegen nicht abzuweisenden Reformen selbst ergreife, hielt den Hofkanzler, Graf Anton Majláth,
unter den gegenwärtigen Umständen nicht für genug energisch und

unternehmend. Diese Fraction wünschte an dessen Stelle den Grafen Aurel Dessewffy, als er noch am Leben war, nach dessen Tode aber den Grafen Georg Apponyi zum Hofkanzler ernannt zu sehen. Diese Spaltung in der conservativen Partei und jenes Mistrauensvotum hatten zur Folge, dass Anton Majláth bald darauf sein Amt niederlegte.

Und auf diese Weise fand der Tag, an welchem der Reichstag geschlossen werden sollte, die Stände des Reichs hier in unwilliger Gereiztheit, dort in Uneinigkeit, von allen Seiten in grosser Unzufriedenheit; weshalb der grössere Theil ohne Unterschied der Partei den Tag mit wahrer Beruhigung begrüsste, welcher dieser unangenehmen Situation ein Ende machen sollte. Die Ceremonien des Reichstagsschlusses wurden nicht vom König persönlich, sondern vom Erzherzog Karl, als dessen Commissar, am 13. Nov. vollzogen.

Auf die neunzehnmonatliche Thätigkeit dieses Reichstags zurückblickend, kann zwar nicht abgeleugnet werden, dass von allen jenen zahlreichen Gegenständen, welche die öffentliche Meinung und der allgemeine Wunsch diesem Reichstag zur Beendigung zuwies, oder in welchen die Stände Operate angefertigt hatten, nur ein sehr kleiner Theil beendigt und ein noch geringerer zur Gesetzeskraft erhoben wurde. Wohl ist es wahr, dass man bedauern konnte, dass von diesen vielen Gegenständen insbesondere das Strafgesetzbuch, obgleich dessen Nothwendigkeit allgemein anerkannt und gefühlt wurde, nicht ins Leben trat; die Ausschreitungen in den Comitaten, diese monströsen Auswüchse unsers municipalen Lebens, durch ein neues Gesetz nicht beschränkt wurden; die Frage der Regulirung der Städte und der Theilnahme derselben an der Gesetzgebung abermals nur der Zukunft aufbehalten blieb; dass vom Creditinstitut nur der Plan angefertigt, dass in der gemeinsamen Tragung der Lasten das ausgesprochene Princip thatsächlich jetzt nicht mehr in Anwendung gebracht wurde; dass unsere hauptsächlichsten Communicationsmittel dem guten Willen einzelner überlassen blieben und unser Littorale aus seiner alten Verlassenheit nicht erhoben wurde u. s. w. Allein obgleich dieser Reichstag die allgemeinen Wünsche auch nicht in vollem Mass verwirklichte, so kann man doch denselben keineswegs, wie dies damals von vielen Heissblütigen und Ungeduldigen behauptet wurde, für ganz resultatlos erklären; er hatte die grosse Sache unserer nationalen Umgestaltung mit einem mächtigen Schritt vorwärts ihrem Ziel entgegengeführt.

Insbesondere ist die Wohlthat von fünf geschaffenen Gesetzen eine so deutliche, sozusagen mit Händen greifbare, dass es überflüssig ist, dies näher nachzuweisen; und wenn wir dennoch davon einiges erwähnen, so thun wir dies nur deshalb, um zu zeigen, was denselben noch zur gänzlichen Vollendung fehlte.

Die Resultate des Reichstags.

Zuvörderst führte das die ungarische Sprache und Nationalität 1844. betreffende Gesetz die Angelegenheit unserer politischen Nationalität zum vollständigen Siege. Einerseits gab es der Nationalsprache alle ihr gebührenden Rechte zurück, und legte der Ausbreitung der Nationalität eine sichere Grundlage; andererseits spricht es auch hinsichtlich der im Vaterlande wohnenden Angehörigen anderer Sprachen aus, dass es die Sprache keines Volksstamms unterdrücken wolle, und den Gebrauch der ungarischen Sprache nur im Gebiet des höhern Unterrichts, der Gesetzgebung und Verwaltung fordere; es ordnet nur an, dass anstatt der lateinischen Sprache die ungarische jenes Band sei, welches die politische Nationalität des Vaterlandes zusammenhält. Man kann jedoch nicht genug bedauern, dass in den Verhältnissen der Berührung mit Kroatien keine billigere, auch die Kroaten beruhigende Verfügung als diejenige, welche getroffen wurde, zu Stande kam; innerhalb der Landesgrenzen aber die Wünsche der Angehörigen anderer Sprachen nicht mindestens im Schose der Gemeinden und im Gebiet des allgemeinen Unterrichts erfüllt worden sind.

Das Religionsgesetz befriedigte zwar nicht alle billigen Ansprüche. Man konnte bedauern, dass es in der Angelegenheit der gemischten Ehen nicht erschöpfend verfügte und so den Gegenstand, welcher so viele Gereiztheit hervorgerufen hatte, nicht endgültig abschloss. Aber das den Uebertritt regelnde Gesetz hatte den schwierigsten Theil der Frage dennoch gelöst, hatte die Gleichheit der Religionen aus einem blossen Princip zur Wirklichkeit umgewandelt, und das Zeitalter der Herrschaft wahrhaft christlicher Liebe, in welchem jede Bitterkeit, welche bisher zwischen den christlichen Confessionen bestand, gänzlich aufhören sollte, näher gebracht.

Jenes Gesetz, welches dem Angehörigen der nichtprivilegirten Klasse den Weg zu allen Aemtern eröffnete und die volle Befähigung dazu verlieh, liess einen wesentlichen Theil des grossen Princips der demokratischen Rechtsgleichheit ins Leben treten, und zerstörte die Scheidewand zwischen den verschiedenen Klassen wenigstens zum Theil. Zu bedauern war hierbei nur das Eine, dass dies nur zum Theil geschah und das Princip nicht in seiner ganzen Ausdehnung verwirklicht wurde. Es war zu bedauern, dass das Gesetz demnach an einer grossen Inconsequenz litt; es gab den Nicht-Adelichen die Fähigkeit zu allen Aemtern; trug jedoch für das Wahlrecht derselben, diese erste Stufe der Aemter, keine Sorge. Das Resultat dieser Inconsequenz war, dass das Gesetz den nichtprivilegirten Klassen, hauptsächlich in Bezug auf jene Aemter, deren Wahl vom Adel abhing, mehr nur eine Hoffnung für die Zukunft als thatsächliche Wirklichkeit in der Gegenwart bot.

Das Gesetz über die Fähigkeit zum Grundbesitz, welches auch

1844. den Nicht-Adelichen das Recht zum Besitz von Adelsgütern verlieh, bereitete im Verein mit dem früher erwähnten Gesetz über die Amtsfähigkeit den Sieg desselben demokratischen Princips, der vollständigen Rechtsgleichheit, vor, und gereichte einer blos aus privilegirten Adelichen und Abgeordneten des Adels bestehenden Gesetzgebung zu unvergänglichem Ruhme. Ludwig Batthyányi, der Führer der Magnatenopposition, nahm, nachdem er dasselbe mit Hülfe Stephan Széchenyi's und des Centrums in der Magnatentafel durchgesetzt hatte, keinen Anstand, in einem Privatschreiben sich zu äussern: dass dieser Beschluss der wichtigste sei unter allen, welche seit hundert Jahren in Ungarn geschaffen wurden. Aber wie das Gesetz über die Amtsfähigkeit, so hatte auch das über die Fähigkeit zum Grundbesitz einen Mangel, welchem zufolge das dem nichtadelichen Bürger ertheilte Besitzrecht nicht alle jene Früchte tragen konnte, welche man von demselben sonst hätte erwarten können. Dieser Mangel lag darin, dass die Adelsgüter, der adeliche Boden nicht zugleich von den Fesseln der Aviticität befreit wurden. Indessen wie die Amtsfähigkeit die Verleihung des Wahlrechts, so musste die Fähigkeit zum Grundbesitz die Abschaffung der Aviticität auf einem der nächsten Reichstage nothwendigerweise nach sich ziehen.

Endlich blieb das die öffentliche Arbeiten regelnde Gesetz zwar weit von jenem Ziel zurück, welches es sowol hinsichtlich der Gerechtigkeit des gemeinsamen Tragens der Lasten als auch in Bezug auf die Ansprüche der höhern Volkswirthschaft hätte erreichen sollen. Aber es that wenigstens einen Schritt diesem Ziel entgegen und bereitete die baldige Verwirklichung desselben vor, als es hinsichtlich der in den verschiedenen Municipalitäten des Landes und in deren Schos wohnenden Unterthanenklasse die Tragung der Last der öffentlichen Arbeiten gleichmachte.

Diese zum Gesetz gewordenen hauptsächlichern Resultate des Reichstags sind unstreitig sehr wohlthätig und enthalten einen bedeutenden Fortschritt in sich. Allein auch davon abgesehen, kann man diesen Reichstag nicht einen resultatlosen nennen. Im Leben der Völker muss man, hinsichtlich der einzelnen Stufen der Entwickelung, nicht nur das thatsächliche Resultat, die Anzahl der geschaffenen nützlichen Gesetze, für einen Fortschritt betrachten. Der Fortschritt kommt wie bei einzelnen Menschen so auch bei Völkern nicht allein in äussern Handlungen, sondern gleichmässig auch in der Reinigung und Entwickelung der Ideen zum Ausdruck. Wie die Handlungen, so sind auch die gereinigten und gereiften Ideen einestheils Resultate der Vergangenheit, anderntheils Keime der Zukunft. Und ebendieser Gesichtspunkt ist es, welcher diesen Reichstag so bedeutend macht.

Wer die Resultate der ungarischen Reichstage richtig beurtheilen will, muss nicht darauf sehen, welche und was für Gesetze derselbe thatsächlich geschaffen habe. Die Folge unserer abnormen Lage, 1844. welche aus der gemischten Ehe unsers constitutionellen Vaterlandes mit dem absolut regierten österreichischen Kaiserthum stammte, war auch die, dass die Gesetzgebung genöthigt war, der öffentlichen Meinung mehr eine Richtung zu geben, als diese von ihr zu erhalten. In andern constitutionellen Ländern, wo sich die Presse frei bewegen konnte, war es der Beruf der letztern, die Ideen zu entwickeln, das zu Vollführende in Antrag zu bringen; bei uns wurde dies, da die Presse beschränkt war, meistens auf das Gebiet der Berathungen beschränkt, und aus dieser Ursache war auch der Ideenaustausch in unsern gesetzgebenden Berathungen lebhafter als im Parlament irgendwelcher andern Nation; deshalb waren auch die Verhandlungen so langwierig und dennoch oft so erfolglos, wie man dies nirgends anderswo wahrnehmen konnte. Wenn es aber, infolge der Beschränkung der Presse, Beruf der gesetzgebenden Berathung wurde, das zu Vollführende zu beantragen, die Ideen zu entwickeln und zu reinigen und der öffentlichen Meinung eine bestimmte, entschiedene Richtung zu geben, so ist es unzweifelhaft, dass man auch diese Vorbereitung als ein nützliches Resultat betrachten muss, wenn sie übrigens von der Gesetzgebung gehörig durchgeführt worden ist.

Und von diesem Gesichtspunkt betrachtet, kann man kühn behaupten, dass das Resultat dieses Reichstags ein grösseres war als jedes der bisher stattgefundenen. Infolge der Thätigkeit und der Verhandlungen dieser Gesetzgebung machten zahlreiche, weittragende Ideen einen bedeutenden Fortschritt in der Nation. Unter jenen zusammen hundertundvier Gegenständen — denn diese machen mit allen ihren Abzweigungen und besonders verhandelten Details die genannte Zahl aus —, über welche die Stände theils Verhandlungen pflogen, theils auch ausgedehntere Operate anfertigten, brauchen wir nur einige zu erwähnen, damit unser Leser einen Begriff habe von jener Ideenmasse, hinsichtlich welcher diese Berathungen der öffentlichen Meinung als Magnetnadel dienten. Es kamen nämlich ausser den erwähnten auch noch folgende hauptsächlichere Gegenstände auf dem Tische des Ständehauses zur Verhandlung: das in Pesth zu erbauende Landhaus; das Nationaltheater; die Verpflegung der Soldaten, hinsichtlich welcher es als wahres Resultat zu betrachten ist, dass zur Ablösung dieser Last eine gewisse Summe bestimmt wurde, infolge dessen sich diese unsere Steuerträger früher so ungleich bedrückende Last zu einer gleichmässig auszuwerfenden Steuer umwandelte; die freie Reichstagszeitung; der jährlich in Pesth abzuhaltende Reichstag; der freie Verkauf des Salzes; die religiösen Verhältnisse der Anhänger des nichtunirten griechischen Glaubensbekenntnisses; die freie Ausübung des unitarischen Glaubens; die Einführung der Grundbücher; die Aufstellung von Normalschulen und

1841. einer Kunstakademie; die Regelung des Volksunterrichts; die Unterstützung der Blindeninstitute und der Anstalten für Taubstumme
und Irrsinnige; die Abschaffung der der Schiffahrt entgegenstehenden
Hindernisse; die Aufhebung der Beschwerden der Redefreiheit; die
Sicherung des literarischen und künstlerischen Eigenthumsrechts; die
Ausgleichung der Geldverhältnisse zwischen Privaten; die Abschaffung
des geistlichen Zehnts; der Zustand der Gemeindenotare; die Einheit des Gewichts; die Sicherstellung der das allgemeine Wohl des
Reichs befördernden Privatunternehmungen; die bürgerlichen Rechte
der Juden; die Verification der Reichstagsdeputirten u. s. w.

Noch niemals hatte die ungarische Gesetzgebung ihre Aufmerksamkeit auf mehr Gegenstände ausgedehnt. Und obwol die Menge
der Gegenstände die Lösung der einzelnen Fragen auch einigermassen
hinderte, so hatte dies doch wenigstens zum Erfolg, dass beinahe
alle jene Fragen der zukünftigen Gesetzgebung schon vorbereitet
überlassen wurden, deren Entscheidung die Ansprüche des Zeitalters
nothwendig machten.

Von dem weiter oben eingehend Vorgetragenen wollen wir nur
noch eines und zwar jenen Beschluss der beiden Tafeln wiederholt
erwähnen, welchem nach das Princip der gemeinsamen Tragung der
Lasten angenommen wurde. Dieses heilige Princip wurde beinahe
bei allen Völkern Europas, wo es schon thatsächlich besteht, nur
nach langen, grösstentheils blutigen Kämpfen durchgesetzt. Es gereicht unserer privilegirten Klasse zum wirklichen Ruhm, dass sie
uneigennützig genug zu sein wusste, um diese Forderung der ewigen
Gerechtigkeit von selbst anzuerkennen und das Princip anzunehmen.
Die Hoffnung hinsichtlich der Erhebung desselben zur wirklichen
Lebenskraft hatte sich zwar noch nicht erfüllt, das Wort war noch
nicht Fleisch geworden; aber schon das allein, dass das grosse Princip
ausgesprochen wurde, und hinsichtlich der Manipulation der Reichskasse beide Tafeln wahrhaft constitutionelle Massregeln, eine strenge
Verantwortlichkeit feststellten, ist sicher als ein solcher Fortschritt
zu betrachten, wie ihn bisher die ungarische Gesetzgebung grösser
noch nicht gethan hat. Zwar ist zu bedauern, dass Misverständ-
nisse, Mangel an Vertrauen, und die Intriguen der vor aller Lasten-
tragung Zurückschreckenden die wirkliche Einführung des grossen
Princips ins Leben bei dieser Gelegenheit verhindert hatten; aber
die Sache selbst war keineswegs verloren. Das Zugeständniss, welches man der Gerechtigkeit gemacht, konnte nicht mehr zurück-
genommen werden, das gegebene Wort der Gesetzgeber vergass die
Gesammtheit der Nation nicht mehr, und es zweifelte kaum jemand,
dass die künftige Gesetzgebung dasselbe unausbleiblich einlösen werde.
Denn die Wahrheit kann man Jahrhunderte hindurch verheimlichen;
wenn sie aber einmal ausgesprochen ist, so ist alle Gewalt der Welt

nicht mehr im Stande, die Stimme derselben zu unterdrücken. Und 1844.
ohne Zweifel war dies das grösste, fruchtbarste und wirkungsreichste
Resultat des verflossenen Reichstags.

„Wenn übrigens diese Gesetzgebung", sagt Joseph Eötvös, „der
Erwartung nicht ganz entsprach, wenn Gegenstände, deren Beendigung beinahe gewiss schien, unentschieden blieben, so ist die Ursache
davon nicht im Zufall, welcher auf das Leben der Nationen eine nur
sehr geringe Einwirkung besitzt, noch in den einzelnen Menschen zu
suchen. Die Ursache dessen ruht tiefer, — sie liegt in jenem Mistrauen, welches so lange bestehen wird, bis nicht die Wurzeln dieses
Uebels durch das Aussprechen der Verantwortlichkeit abgeschnitten
werden; sie liegt darin, dass wir infolge der Deputirten-Instruction
anstatt Einer Gesetzgebung deren zweiundfunfzig besitzen, deren jede
eine von den übrigen losgetrennte Richtung befolgt, und dass es an
einem Ort fehlt, wo sich das vereinigte Gefühl der Nation frei äussern
könnte, wo ihre Interessen wahrhaft vertreten sein würden . . . .
Eine verantwortliche Regierung und eine legislatorische Centralisation,
dies sind die grössten Bedürfnisse der Nation, nur ihre Befriedigung
vermag den constitutionellen Fortschritt Ungarns sicherzustellen."

Sechstes Buch.

Reformbestrebungen von seiten der Regierung.

Der Kampf zwischen der Nation und der Regierung wegen der Richtung der Reformen.

Erstes Kapitel.

Neue Richtungen und die Stellung der Parteien.

Die letzte Periode des Reichstags hatte sowol in der Nation als auch in der Regierung Unzufriedenheit erweckt. In der Nation, weil sie ihren Fortschritt in der Entwickelung, welche sie für eine so brennende erkannte, nach welcher sie mit solchem Eifer strebte, durch die Regierung und deren Partei gehindert sah. Mit so grosser Freude sie zu Anfang des Reichstags aus den königlichen Vorlagen wahrnahm, dass auch die Regierung endlich geneigt sei, ihrem bisherigen verknöcherten Stabilismus zu entsagen und das Feld der von Zeit und Nothwendigkeit geforderten Reformen zu betreten: mit einer ebenso grossen Besorgniss und Unzufriedenheit machte sie jetzt nach dem achtzehnmonatlichen und verhältnissmässig dennoch nur geringe Resultate aufweisenden Reichstag die Erfahrung, dass sich ihre Lage mit dieser Veränderung der Regierungspolitik nicht gebessert habe; ja noch precärer und vielleicht auch gefährlicher geworden sei, als sie früher war, als sie nur gegen die Inertie, gegen die Unbeweglichkeit kämpfen musste. Denn wiewol sie die Regierung schon auch manchen Reformen geneigt sah, so erfuhr sie doch auch, jene wünsche diese auf eine solche Art durchzuführen, dass die Umgestaltung, so durchgeführt, an sich selbst genommen vielleicht noch schädlicher sei als der alte Stillstand; weil man die Interessen der Freiheit und die mit so vieler Mühe bewahrten Ueberreste der nationalen Unabhängigkeit für die Reformen in Tausch geben müsste. Um einen solchen Preis wollte und konnte die Nation nicht fortschreiten, und war eher bereit, in ihrem veralteten, mangelhaften Zustand zu verbleiben, als der Umgestaltung ein so unverhältnissmässiges Opfer zu bringen, welche nur dann erwünscht sein konnte, wenn sie auf Grundlage der nationalen verfassungsmässigen Freiheit und der gesetzlichen administrativen Unabhängigkeit vollführt würde; ja zum Theil auch

Die entgegengesetzte Richtung der Regierung und der Parteien.

16

1844. nur deshalb gewünscht wurde, um diese Grundlage zu stärken, diesen Schatz an nationaler Kraft zu vermehren.

Andererseits überkam das Gefühl der Unzufriedenheit, wie wir sagten, auch die Regierung. Als sie sich durch die Macht der öffentlichen Meinung, des Zeitalters und der Umstände zu dem Zugeständniss gezwungen sah, aus ihrer traditionellen Unbeweglichkeit das Feld der Reformen zu betreten, glaubte sie, die Nation werde dies mit einer solchen Dankbarkeit und Freude begrüssen, dass sie hinsichtlich der Methode und des Geistes der Reform nachgiebiger sein, sich leiten lassen werde. Jetzt aber machte sie die Erfahrung, dass die Nation nicht nur nach einem grössern materiellen Wohlstand Verlangen trage, sondern mit dem Wunsch nach Reformen auch ihre Anhänglichkeit an das constitutionelle unabhängige Nationalleben gleichmässig wachse; dass sie durch die Umgestaltung nicht nur ihren Zustand zu verbessern wünsche, sondern nach dem Beispiel der mehr vorgeschrittenen westlichen Völker auch ihre Constitutionalität zu entwickeln und zu stärken, ihre auf vielfache Weise verstümmelte Selbständigkeit wiederherzustellen sich bestrebe. So indessen wollte die wiener Regierung, welche ihren traditionellen willkürherrschaftlichen Neigungen und besonders jenem Streben oder mindestens dem Wunsch, dass Ungarn einstens mit den deutschen Erbländern durch ein und dasselbe Regierungssystem verwaltet werde, nie gänzlich entsagt hatte, die Reform keineswegs durchführen. Sie konnte aber in die alte Unbeweglichkeit nicht mehr zurücktreten: dieselbe Nothwendigkeit, von welcher sie auf das Gebiet der Reformen gedrängt wurde, wirkte fortwährend und mit stets wachsender Macht auf sie ein. Sie konnte auch auf halbem Wege nicht ungestraft stehen bleiben, nachdem sie einmal dem Wunsch der Nation nachgegeben hatte. Die in der Logik der Thatsachen verborgene Macht nöthigte sie, die begonnene Laufbahn bis zum Ende durchzulaufen, wie die physischen Gesetze der Schwere den auf der Höhe des Berges in Bewegung gesetzten Stein bis auf den Grund des Thals hinabzurollen zwingen. Die nothwendige Folge jenes Schrittes der Regierung, wodurch sie zu Anfang des Reichstags mit den königlichen Vorlagen auf das Feld der Reform überging, war, die begonnenen Reformen im Geist der Majorität des gesetzgebenden Körpers zu schaffen. Die Regierung jedoch wollte das Entgegengesetzte: sie wollte die Reform durch die Minorität und in deren Geiste durchführen. Dies konnte natürlich nicht gelingen, und als sie sodann die Schaffung der Gesetze in der Magnatentafel verhinderte, musste sie mit dem Mistrauensvotum im Hause der Stände zusammentreffen.

Die nationale Richtung.   Aus dieser in Bezug auf die Regierung wie auf die Nation gleich unangenehmen Lage wünschten sich natürlicherweise beide Theile zu befreien; und um sich aus derselben herausreissen zu können, machten beide Theile Anstrengungen in ihrer eigenen Richtung. Aus diesen 1841. entgegengesetzten Bestrebungen mussten sich sodann unausbleiblich neue Verhältnisse, neue, die vergangenen an Heftigkeit überbietende Kämpfe entwickeln.

Da die Opposition oder vielmehr die Nation — denn diesen Namen verdient die erstere ihrer unvergleichlich grossen Mehrheit wegen — sah, welche Fesseln ihr die Regierung in dem Fortschritt, zu welchem diese selbst die Initiative ergriffen hatte, durch die im Oberhause in der Majorität befindlichen conservativen Magnaten, Beamten und den hohen Klerus anlegen lasse: so begann sie, um ihr Gewicht dieser Magnatenfraction und der Regierung gegenüber zu vermehren, das Inslebentreten der Volksvertretung zu betreiben. Als die Resultatlosigkeit des Reichstags immer klarer zu Tage trat, begann nicht nur das freisinnige „Pesti Hirlap", sondern auch mehrere Comitate in dieser Frage zu agitiren. Die Stände des pesther Comitats richteten auf den Antrag Ludwig Kossuth's schon aus ihrer im August abgehaltenen Generalversammlung eine Adresse an die Regierung des Inhalts, „dass es nicht nur das Interesse Ungarns, sondern das der ganzen Monarchie erheische, dass in diesem Lande sowol in geistiger als materieller Hinsicht wirkliche Reformen durchgeführt werden mögen, nachdem sie die schmerzliche Erfahrung gemacht, dass den bei der Eröffnung des Reichstags gehegten Hoffnungen entgegen, und bei alledem, dass die Deputirtentafel so viele Arbeiten lieferte, jede Reform durch den Widerstand der Regierungspartei vereitelt werde. Diese systematische Verhinderung des Fortschritts gereicht der ohnehin soweit zurückgebliebenen Nation zu unaussprechlichem Schaden. Sie seien dem Herrscherhaus mit huldigender Treue ergeben; jedoch hegten sie im Sinn der Gesetze den rechtmässigen Wunsch, dass die constitutionellen Principien in der Regierung endlich zur Herrschaft gelangen mögen, zu welchem Zweck sie die Volksvertretung ins Leben treten zu lassen wünschten." Diese Adresse wurde auch bei den übrigen Comitaten in Umlauf gesetzt und fand zahlreiche Unterstützung; die Volksvertretung, welche die Führer der Reform zwar für eins der Hauptziele der Reformbestrebungen betrachteten, aber noch nicht zum Gegenstand der Verhandlung gemacht hatten, fand ein immer stärkeres Echo in der öffentlichen Meinung.

Es war indessen vorauszusehen, dass die nationale Opposition in diesem ihrem Streben nicht sobald einen Erfolg erringen werde. Die schon während drei Reichstagen geführte erfolglose Verhandlung der Städtefrage hatte jedermann überzeugen können, dass man noch durch eine lange Reihe von Jahren gegen die Regierung und die conservative Partei werde agitiren und kämpfen müssen, bis die Volksvertretung auf eine solche Art werde ins Leben treten können,

1844. dass daraus dem constitutionellen Fortschritt ein neues Element und Werkzeug erstehe. Man konnte kaum bezweifeln, dass noch im Adel selbst sich hinsichtlich dieser Frage grosse Schwierigkeiten und Hindernisse entwickeln würden, wenn die Sache einmal zur Entscheidung kommen sollte. Nun hatte aber in jedem denkenden Patrioten, besonders nach den neuesten Erfahrungen, die Ueberzeugung an Stärke gewonnen, dass die Nation mit den bisherigen Elementen der Gesetzgebung nicht einmal in den Reformen von brennendster Nothwendigkeit sobald in ihrer radicalen Richtung einen dem allgemeinen Wunsch entsprechenden Fortschritt machen könne.

Bei dieser Lage der Umstände konnte das Feld der Gesetzgebung keine sichere Hoffnung auf eine schnellere Bewerkstelligung der Reform darbieten; die Führer der Opposition wünschten daher auf gesellschaftlichem Gebiet einige Versuche anzustellen. Da sie sich nämlich überzeugten, dass die Reformpartei bei all ihrer unvergleichlich grössern Majorität auf dem Reichstag nur deshalb kein genügendes Gewicht besitze, weil hier einzig der Adel, die privilegirte Klasse, repräsentirt sei, deren eine Fraction die andere in ihren Reformbestrebungen paralysire: so bestrebten sie sich, auf gesellschaftlichem Gebiet eine solche Idee, ein solches Gefühl aufzufinden, um welches sich alle Klassen und Confessionen scharen sollten, und das durch so vielartige Interessen, Stamm-, Klassen-, Rechts- und Glaubensunterschiede zerklüftete Vaterland wie ein Leib und eine Seele bestrebt sein solle, die Umgestaltung durchzuführen. Eine solche Idee erblickten sie in einer über das ganze Reich ausgedehnten Gesellschaft, deren Zweck die Hebung der materiellen Interessen des Vaterlandes wäre, und in welcher sich zu diesem Zweck Magnat und Bauer, Ungar und Illyrier, Katholik und Protestant vereinigen sollten.

Die Bildung des Schutzvereins.

So entstand der Gewerbe-Schutzverein, in dessen noch während des Reichstags am 6. Oct. abgehaltener constituirender Generalversammlung Graf Kasimir Batthyányi zum Präsidenten, Graf Ladislaus Teleki zum Vicepräsidenten, Ludwig Kossuth zum Director, zu Comitémitgliedern aber ausser den hervorragendern Persönlichkeiten des Reichstags die ausgezeichnetsten Individualitäten unsers politischen und literarischen Lebens, unter andern Franz Deák, Michael Vörösmarty, Nikolaus Wesselényi, Andreas Fáy u. s. w. gewählt wurden. Mitglied des Vereins konnte jedermann werden, der sich auf sechs Jahre mit seinem Ehrenwort verpflichtete, alle seine Bedürfnisse, soweit dies die vaterländische Industrie vermag, mit inländischen Erzeugnissen zu befriedigen, und zur Beförderung der Vereinszwecke einen jährlichen Beitrag von zwanzig Kreuzern beizusteuern.

Der Präsident des Vereins, Kasimir Batthyányi, bezeichnete schon in der ersten Generalversammlung in seiner Eröffnungsrede jenen höhern politischen Zweck, welcher den Augen der Begründer vor-

schwebte, dass, „während andere Vereine nur die Interessen einzelner 1844.
Klassen der Bewohner unsers Vaterlandes befördern, der Gewerbe-
Schutzverein die Unterschiede und Reibungen unter den Klassen,
Nationalitäten und Religionen ausgleiche; in dem Streben nach einem
und demselben Interesse den Grundherrn und den Unterthan, den
Magnaten und den Edelmann, den Bürger und den Bauer, den Ungar und den Slawen, den Deutschen und den Walachen verbinde;
so alle zu Bürgern eines und desselben Vaterlandes vereinige, und
eine wahre Gleichheit begründe, welche in der gleichen Befähigung
zum Streben nach einem gemeinschaftlichen grossen Ziel und einem
grossartigen Interesse besteht".

Die Idee war der Nation nicht neu. Schon nach der Kunst-
und Gewerbeausstellung im Jahre 1842 hatten sich mehrere Gesellschaften gebildet, deren Mitglieder sich verpflichteten, nur vaterländische Fabrikate tragen und gebrauchen zu wollen. Solche waren
z. B. die Schutzvereine in den Comitaten Tolna, Weszprém, Zala
und Komorn, in der Stadt Maria-Theresiopol u. s. w. Aber zu
einer über das ganze Reich ausgedehnten, allgemeinen wurde diese
Idee erst seit der Zeit, als Moritz Szentkirályi, der Abgeordnete des
pesther Comitats, auf dem Reichstag ausgesprochen hatte, dass wir
bei dem Mangel an Schutzzöllen die Schranken an unsern Schwellen
selbst errichten müssten; und seitdem infolge der Agitationen Kossuth's
und anderer der Landes-Schutzverein gebildet wurde und die Stände
des Unterhauses denselben, ihn durch ihren Beschluss billigend, in
ihre Protection nahmen. Als sodann der Reichstag aufgelöst wurde
und die Nation die nach so angestrengten Arbeiten, nach so langen
Debatten geschaffenen wenigen Gesetze mit den königlichen Vorlagen vergleichend, sich von der Resultatlosigkeit der reichstäglichen
Verhandlungen überzeugte und einsah, dass sie auf diesem Wege
kaum Hoffnung haben könne, die Verwirklichung ihres heissen Verlangens in der nahen Zukunft zu erblicken: so schlugen sich alle
diejenigen, die fortzuschreiten wünschten, auf das Gebiet des Vereinswesens und wurden Mitglieder des Schutzvereins. Der Schutzverein
wurde zu dem Feld, auf welchem sich die Unzufriedenheit eines
grossen Theils der Nation mit dem Gang der vaterländischen Re-
formangelegenheiten offenbarte; er wurde das Band, welches die verschiedenen Klassen vereinigte; er wurde zum Hauptwerkzeug und
zur Triebfeder der Reformbestrebungen. Die zu Gunsten dieses
Vereins im ganzen Lande entwickelten Bewegungen waren so lebhaft und allgemein, dass man sie ebenso wenig für eine resultatlose
Demonstration betrachten konnte, wie einstens der gleiche Entschluss
der Bewohner Nordamerikas nicht ohne Erfolg blieb, welcher jetzt
der ungarischen Reformpartei als Vorbild diente.

Den Schutzverein sahen selbst die gemässigtern Gemüther für

1844. heilsam an und verbreiteten denselben; selbst Franz Deák, der von
jeder Partei gleich hochgeachtete, aber nicht übertreibende, nicht
hitzige, weise Patriot, schloss sich demselben eifrig an, und bildete
unter anderm zu Szent-Grót einen Filialverein. Die Rede, welche
er bei Gelegenheit der constituirenden Versammlung hielt, und welche
später durch die gegen ihn gerichteten Angriffe zu grosser Bedeutung gelangte, ist würdig, um aus derselben einige Bruchstücke mitzutheilen. „Die Ursache unsers Zurückbleibens in der Industrie und
dem Gewerbfleisse", sagte er, „suchen viele in verschiedenen Dingen.
Der eine sagt: die Ungunst der vergangenen Zeiten; ein anderer:
nein, aber die Regierung; ein dritter: auch diese nicht, sondern wir
selbst sind die Ursachen unsers Zurückbleibens. Ein jeder hat recht;
am meisten aber derjenige, der im Zusammenflusse alles dieses die
ganze Ursache findet. Jede Zeit hat ihre eigenen Pflichten: unsere
Väter zahlten ihre Schuld gegen das Vaterland im Panzer ab; aber
während sie in schweren, nicht allein für ihren eigenen Herd, sondern für ganz Europa geschlagenen Schlachten, eine lange Reihe von
Jahren hindurch ihr Herzblut verspritzten, schritten andere Völker,
unter dem Oelzweige des Friedens, auf der Bahn der Industrie und
des Gewerbfleisses vorwärts. Unsere Väter vollbrachten daher, was
sie vollbringen mussten, denn sie erhielten das Vaterland und liessen
es uns als Vermächtniss zurück. Indessen würde sehr irriger Meinung sein, wer da glaubte, dass nur der Sturm der Schlachten eine
Nation vertilgen könne; es gibt auch noch einen andern, langsamern,
aber unrühmlichen und niedrigen nationalen Tod: die allgemeine
Verarmung, oder das nationale Siechthum. Unser Vaterland davor
zu bewahren, ist das bedingungslose Gebot der Gegenwart, unsere
heiligste Pflicht, unser höchstes Amt als Patrioten. Wie sehr unsere
Nation verarmt sei, dafür kann als Beweis gelten, dass es in unserm
Vaterlande kaum eine bedeutendere Familie gibt, die nicht mit
Schulden belastet wäre; während sich vor funfzig Jahren die ungarischen
Familien noch einer grossen Wohlhabenheit erfreuten; und weil der
Reichthum einzelner Bürger zusammengenommen die nationale Wohlfahrt ausmacht, so war damals die ganze Nation wohlhabend. In
Oesterreich wurden 1802 Fabriken errichtet; der Ungar jedoch überliess sich leichtsinnig einem verschwenderischen Luxus, und das Geld
ging in grossen Summen über die Grenzen hinüber, in einem weit
grössern Verhältniss, als es wieder zurückkam. Nur für Baumwoll-
gewebe allein wurden jährlich 17 Millionen hinausgezahlt, und auf
diese Weise mehr, als für alle unsere hauptsächlichsten Handels-
artikel zurückkommen konnte. Was ist daher natürlicher, als dass
wir immer mehr verarmen und endlich zu jenem Stadium des nationalen Siechthums gelangen mussten, in welchem wir uns gegenwärtig
befinden? . . . Unsere Nation kam endlich zum Selbstbewusstsein,

und jetzt gilt die Frage: wie kann und muss man dem Uebel ab- 1844. helfen? Es gibt zwei Methoden, eine vernachlässigte Wirthschaft zu restauriren: man muss nämlich entweder die Einnahme vergrössern, oder aber die Ausgaben vermindern. Was die Vermehrung der Einnahmen betrifft, so hat Ungarn in der Landwirthschaft, auf dem einzigen ihr Nutzen bringenden Gebiet, seit funfzig Jahren grosse Fortschritte gemacht. Seither haben sich in die Güter eines Vaters drei Söhne getheilt, und jeder erzeugt jetzt auf seinem Erbtheile so viel, wie früher der Vater auf dem Ganzen zu erzeugen im Stande war. Bei alledem haben wir keinen Balsam für unser Uebel; ja man darf nicht einmal hoffen, dass uns unter solchen Umständen welcher kommen kann. Es bleibt uns daher nichts anderes übrig, als die Ausgaben nach Möglichkeit zu vermindern. . . . Streichen wir für die Zukunft mit edler Selbstverleugnung vieles von der Liste unserer Ausgaben; an die Stelle anderer aber schreiben wir vaterländische Artikel hin. Der Luxus bringt einem jeden andern Lande Segen, nur für Ungarn ist er ein Fluch, — ein Fluch deshalb, weil er von hier aus das Geld nur in ausländische Hände gelangen lässt, während in andern Ländern die Reichen den Ueberfluss ihres Einkommens den Händen ihrer gewerbfleissigen Mitbürger überlassen, wodurch sie Industrie und gewerblichen Fleiss unterstützen, der Vervollkommnung der Handwerke eine Triebfeder, der Vergrösserung des inländischen Verbrauchs ein mächtiges Mittel geben, · und zur Verbreitung des Geldes unter allen Klassen des Volks Gelegenheit bieten. Zur Abwendung dieses nationalen Fluchs bildete sich der Schutzverein, dessen Zweck kein geringerer ist, als das Vaterland vom Rande des Grabes zurückzureissen. . . .

„Wir beklagen uns über unsere ungeschickten Handwerker, und geben dies als Grund an, dass wir im Auslande arbeiten lassen; wir bemerken aber nicht, auf welche komische Art unsere Gründe einander begegnen. Oder stehen Frage und Antwort nicht auf die natürlichste Weise so: Warum lassen wir im Auslande arbeiten? Weil wir zu Hause keine geschickten Handwerker haben. Und warum haben wir sie nicht? Weil wir im Auslande arbeiten lassen. . . . Wenn wir daher, unsere Vorliebe für ausländische Erzeugnisse niederkämpfend, stark und standhaft genug sein werden, uns anfangs auch mit den unvollkommenern Erzeugnissen unserer Landsleute zu begnügen, so ist es über allen Zweifel erhaben, dass zahlreiche, eine Heimat suchende, verständige Handwerker ihren Wanderstab von sich werfen werden; unsere eigenen Mitbürger aber, die des Lernens und der Erfahrung wegen ins Ausland reisten, nicht wegbleiben, sondern in unsere Mitte zurückeilen werden, und so wird unser Vaterland die Heimat guter Handwerker werden. Vergessen wir jedoch nicht, dass nicht die einzelne . . . . . sondern nur die ver-

1844. einigte Kraft etwas zu thun im Stande ist, und deshalb schwindet in diesem Verein jede Scheidewand: Graf, Kaufmann, Handwerker, Unterthan, Conservative, Liberale stehen hier in Einer Reihe. . . . .

„Nicht einen Schutzverein — schreien manche —, sondern Fabriken und gute Gesetze: so werden auch Industrie, Geld und Wohlstand zu uns kommen! — Ja, aber ohne Schutzverein können in Ungarn gegenwärtig die Fabriken nicht bestehen . . . . die Concurrenz des Auslandes nicht aushalten . . . . Gesetze aber schaffen kein Geld . . . . Gesetze räumen nur die Hindernisse der Industrie und dem Gewerbfleisse aus dem Wege, diese selbst bleiben jedoch stets auf socialem Gebiet; darum musste die Sache selbst bei den besten Gesetzen, wenn auch vielleicht in anderer Gestalt, aber dennoch dahin gelangen, wo sie sich jetzt befindet.

„Es gibt Menschen, die unter dem Schutzverein schlimme Zwecke vermuthen, dies sind jetzt keine gute Menschen . . . . Es gibt Menschen, die, weil sie selbst auf erkünstelten, krummen Pfaden wandeln, nicht glauben wollen, dass einfache Dinge so rein sein können, wie sie sich nach ihrer Aussenseite zeigen. : . . Es gibt Menschen, die wegen eines oder zwei ihrer Ansicht nach mangelhaften Statuten das ganze Unternehmen angreifen. Ich gestehe, dass ich selbst im Schutzverein manches anders wünschte, deshalb aber verwerfe ich das Ganze nicht nur nicht, sondern erfasse dasselbe als etwas, was viel Heilsames in sich enthält, mit allem Eifer. Dies ist die Stimme der gesunden Vernunft. Der Schutzverein ist sehr einfach und unschädlich, denn in demselben liegt nichts anderes verborgen, als dass wir Artikel, die wir auch in unserm Vaterlande bekommen können, vom Auslande nicht kaufen; nun aber lade ich deshalb, weil ich mein Geld nur meinen Landsleuten geben will, doch keine Schuld auf mich" u. s. w.

Die neue Richtung der Regierung.

Während die Nation auf diese Weise auf gesellschaftlichem Gebiet um eine grosse Idee geschart, ihrer Uebelstände zu entledigen und auf dem Felde der zur brennenden Nothwendigkeit gewordenen Reformen fortzuschreiten sich bestrebte, wollte sich auch die Regierung auf jede Art aus ihrer obenberührten unangenehmen Lage befreien. Das Ziel, nach welchem sie streben musste, stand deutlich vor ihren Augen; nur die Mittel musste sie geschickt wählen, damit das Ziel so erreicht werde, dass dadurch sowol sie selbst gestärkt werde, als auch die Nation ihre Interessen gedeckt und befördert sehe. Die unangenehme Stellung der Regierung rührte, wie wir sagten, davon her, dass sie weder in den Comitaten noch im Unterhause eine Majorität besass. Diese musste sie sich daher vor allem verschaffen. Dazu konnten zwei Wege führen: man musste entweder die Principien der bisher in der Majorität gewesenen Partei sich zu eigen machen, und die Umgestaltung im Geiste derselben, durch deren Persönlichkeiten durchführen; oder in der öffentlichen Meinung 1844. jenen Principien die Majorität verschaffen, nach welchen man in Wien die Reformen durchsetzen wollte. Denn von der Nothwendig- keit der Umgestaltung war man auch dort schon überzeugt, da man einsah, dass es durchaus unmöglich sei, dieselbe ohne willkürherr- schaftliche Massregeln und Gewalt zu verhindern; Willkür und Ge- walt aber jetzt, da in der Nation der Geist der Freiheit und das Verlangen nach Reformen schon so sehr erstarkt war, nicht nur noch weniger Erfolg versprachen, aber auch ein weit gefährlicherer Ver- such wären, wie in der Zeit von 1836—39 unter dem Hofkanzler Fidel Pálffy.

Schon im letzten Stadium des verflossenen Reichstags war es zu sehen, dass das Cabinet die zweite Methode ergreifen werde. Sie nahm nämlich der Majorität des Unterhauses gegenüber eine solche Stellung ein, wonach man kaum zweifeln konnte, dass sie in der Verwaltung des Reichs eine grossartigere Veränderung zu machen beabsichtige. Sie verhinderte die Durchführung der Reformen, deren Initiative sie bei Eröffnung des Reichstags selbst ergriffen hatte, durch die conservative Magnatenpartei gänzlich, um dieselben in der Zukunft, unter veränderten Umständen, durch einen aus andern Ele- menten bestehenden gesetzgebenden Körper, nach ihrer eigenen Rich- tung, nach ihren eigenen Principien ins Leben treten zu lassen.

Inwiefern die wiener Regierung bei Gelegenheit der Verände- rung ihrer innern Politik das constitutionelle Gebiet nicht zu ver- lassen beabsichtigte, verdient sie volle Würdigung; zu tadeln ist sie indessen, dass sie nicht solche Mittel wählte, welche, mit der Sym- pathie des grössern Theils der Nation übereinstimmend, die Wohl- fahrt derselben befördert haben würden. Das Verfahren der wiener Regierung bei dieser neuern Wendung brachte der Staatskanzler Fürst Metternich im folgenden Schreiben dem Erzherzog-Palatin Joseph zur Wissenschaft. Diese Urkunde ist zu wichtig und wirft auf unsere innere Geschichte zu viel Licht, als dass wir dieselbe hier nicht nach seiner ganzen Ausdehnung mittheilen sollten.

„Ich erlaube mir Ew. k. k. Hoheit die Resultate unsers letzten Gesprächs in den folgenden Aphorismen zu unterbreiten:

1) Ungarn hat das Bedürfniss, dass seine Verhältnisse aufge- frischt und belebt werden. Ich gebrauchte schon in meinen frühern Zuschriften den Ausdruck « stillstehendes Land », und finde auch jetzt keinen bessern, um meine Gefühle über die Ursachen der gegen- wärtigen Zustände des Landes auszudrücken.

Jene Länder, welche stillstehen, bleiben zurück; jene Länder, welche in falscher Richtung fortschreiten, gehen ihrem Untergange entgegen; sie müssen daher, um glücklich zu werden, in einer Rich- tung, welche Principien und die Zeit vorzeichnen, fortschreiten.

Diese Sätze lassen keinen Einwurf zu.

2) Ungarn ist stehen geblieben, weil es sich eine lange Zeit
hindurch unter türkischem Joche befand, infolge dessen es unter den
Einflüssen auswärtiger Politik in innere Kämpfe verwickelt wurde,
und länger als ein Jahrhundert lang nicht kräftig regiert werden
konnte. [1]

Das Land war erschöpft; und während der langen Regierung
der Kaiserin Maria Theresia, deren Beginn die zur Erhaltung des
Thrones geführten Kriege ausfüllten, hatte Ungarn kaum ein anderes
Bedürfniss als den innern Frieden. Aus diesem Schlummer erweckte
Kaiser Joseph II. das Land. Dieses Erwachen bezeichnet der Reichstag von 1790—91, und dieser Reichstag war mehr oder minder ein
constituirender. Ich gehe in meinen Erwägungen für alle Fälle von
dieser Ansicht aus.

Die lange Regierungszeit des verewigten Kaisers Franz hatte
hinsichtlich Ungarns nichts hervorgebracht. [2] Von 1792—1815 war
die Monarchie im Kriege verwickelt, die ihr Bestehen bedrohten,
und der Regierung, Ungarn gegenüber, die unvortheilhafte Stellung
eines bittenden Theils aufnöthigten. Mit dem allgemeinen Frieden
trat eine Periode ein, welche man zur Entwickelung Ungarns hätte
benutzen sollen; welche jedoch trotz meiner unwirksamen, aber wohlwollenden Vorstellungen nicht benutzt wurde. Hier lag der Fehler
nicht in den Ansichten des Monarchen, sondern in dem Mangel an
solchen Männern, die im Stande gewesen wären, dem Bedürfniss zu
entsprechen. [3] Die Ursache des schlimmen Zustandes entstand nicht
daraus, weil es den Organen (Dicasterien) an Willen fehlte, sondern
sie entstand aus dem Mangel an Erkenntniss dessen, was nothwendig
war, und zwar deshalb, weil zwei Elemente miteinander im
Kampfe standen: das ungarische constitutionelle und das

---

[1] Der Fürst ist im Irrthum; er hätte sagen sollen: „Es wurde nicht
gesetzlich, nicht constitutionell regiert“; denn die Art, in welcher das Land
damals regiert wurde, ist mehr als kräftig, — sie war tyrannisch, gewaltthätig, blutig.

[2] Diese beispiellose Aufrichtigkeit gereicht dem allmächtigen Minister
zur Ehre.

[3] Lag etwa nicht darin der Fehler, dass von 1812—25 kein Reichstag
abgehalten wurde, die Verfassung und die Gesetze durch Hofdecrete willkürlich verletzt, dem Reiche Rekruten und dreifache Steuern willkürlich aufgebürdet und mit Militärassistenz eingetrieben wurden? Und dies alles sogleich, als nach dem 1815 wiederhergestellten Frieden die Regierung sich
„aus der Stellung des bittenden Theils“ hinauswand, und damals, als man
die schweren Opfer der Nation hätte belohnen sollen? — Dass das Reich
auch während dieser Periode keinen Mangel an ausgezeichneten, in jeder
Beziehung fähigen Männern litt, bewies der Reichstag vom Jahre 1825.
War es der Fehler der Nation, dass nur dem Despotismus huldigende Höf-
linge zur Regierung berufen worden?

deutsche willkürherrschaftliche. Keins dieser Elemente ging 1844.
auf dem rechten Wege vor: das erste wusste mit sich selbst nicht
abzurechnen über das, was in der veralteten constitutionellen Haus-
wirthschaft schon unbrauchbar geworden war [1]; das andere war theils
von Josephinischen, constitutionswidrigen Ideen oder von der gänzlichen Unwissenheit dieser Ideen befangen. Indessen schritten die
Reichstage auf ihrem Wege fort, und jeder derselben entzog der Regierung eins der Mittel, welche zu deren Regierungsfähigkeit erforderlich waren.

3) Der Reichstag von 1825—27 schuf eine Epoche in der Geschichte Ungarns, nicht nur weil derselbe mit der Aeusserung des
Königs begann, dass er das Gebiet der Constitutionalität unabänderlich betreten habe; sondern auch deshalb, weil damals die demokratischen Elemente des westlichen Europa auf die ungarischen Verwickelungen einzuwirken begonnen.

Von diesem Reichstag an bis heute erlitten die Verhältnisse im
Reiche eine wesentliche Veränderung, und es wurde ein Zustand hervorgebracht, welcher zu der Erklärung berechtigt, dass Ungarn in
seinem öffentlichen Leben paralysirt sei.

Dies ist die unverhüllte Wahrheit, dies die einzig richtige
Diagnose des Uebels, welche leicht zu lösen wäre, was indessen nicht
hierher gehört. Es sei genügend, zur Kennzeichnung der Thatsachen
das Folgende anzuführen:

Das öffentliche Leben in Ungarn ist gelähmt, weil die Regierung ihre moralische Kraft verloren hat [2];

weil der König in der täglichen Erfüllung seiner Pflichten durch
Formalitäten behindert wird, welche, sobald sie der Anarchie ent-
gegentreten, in Bezug auf die schützende Macht lähmend sind, während sie den destructiven Elementen zum Schirm dienen;

weil die obere Tafel durch die untere, und diese wieder durch
die Jurisdictionen gelähmt ist;

weil die Regierung, streng genommen, in den Händen der zweiundfunfzig Comitate sich befindet; eine Lage, welche allein hinreicht, um
das allgemeine Wohl des Landes zu einem «pium desiderium» um-
zuwandeln;

weil das demokratische Element mit der Summe der ungarischen Verhältnisse — von den Besitzverhältnissen angefangen — in
directem Gegensatz steht;

---

[1] Hat die Nation nicht von 1790 und später von 1825 an zur Umgestal-
tung der veralteten Verfassung gedrängt? Und verhinderte nicht die wiener
Regierung jede Reform, anstatt dass sie dieselbe beantragt und gleich von
Anfang an geleitet hätte?

[2] Eine lobenswerthe Aufrichtigkeit; härter könnte man die wiener Re-

1811. weil endlich, um mehrere andere Hindernisse zu übergehen, es keine Möglichkeit gibt, dass sich die Regierung an der Deputirtentafel auf dem Reichstag eine Majorität sichere; und ein eine Repräsentativverfassung besitzender Staat kann nicht bestehen, sondern muss nothwendigerweise untergehen, wenn seine Regierung keine Majorität für sich hat.

Nach dieser offenherzigen Bezeichnung der Uebelstände, die Ungarn in einen Zustand versetzen, aus welchem es nur durch kräftige Mittel befreit werden kann, bin ich so frei, die Richtung ins Augenmerk zu nehmen, in welcher Hülfe möglich ist.

Ungarn ist kein neuer, erst jetzt zu bildender Staat, sondern ein unter uralten, längst veralteten Gesetzen bestehendes, von der Natur mit ausgezeichneten Begünstigungen gesegnetes Reich, in welchem der Boden der Regierung brach und unbebaut liegt, während auf den andern Feldern der gute Samen vom Unkraut erstickt wird. Hier ist Hülfe nöthig! Und woher soll diese kommen? Wenn sie nicht von oben kommt, so bleibt dem Reich nur Ein Weg offen, um sich seiner Uebelstände zu entledigen: der Weg der socialen Revolution. In einem Staat, in welchem die wesentlichsten Elemente miteinander im Gegensatz stehen; wo die nationalen Gefühle einander feindselig berühren; die Privilegien den Bestrebungen der Privilegirten selbst einen Damm entgegenstellen; wo der dritte Stand erst im Keim besteht; wo auf den Reichstagen zwischen unpraktischen Ideen und Lebensinteressen ein lebhafter Kampf stattfindet, ohne jede andere Führung, als zu welcher jene halbgebildeten oder gar ungebildeten Kämpfer fähig sind: in einem solchen Reich kann die Hülfe nur von oben kommen; um diese aber ins Leben treten lassen zu können, sind vor allem einige Ausgangspunkte nothwendig.

Als einen solchen bezeichne ich vor allem andern die Bildung einer bestimmten Majorität an der untern Tafel.

Ferner die Verschaffung der Möglichkeit, dass diese Majorität durch die Regierung geleitet werde.

Um den ersten dieser Zwecke zu erreichen, ist es nöthig, dass die Comitate unter eine andere Leitung kommen, als unter der sie sich bisher befanden.

Der Begriff, welchen wir mit den Worten «coordinatio diaetae» ausdrücken, passt nicht in den gegenwärtigen Stand der Dinge, denn diese Coordination selbst kann nur das Resultat einer solchen vorausgehenden Ordnung sein, zu deren Erreichung die reichstägliche Regierungsmajorität als Mittel dienen kann.

Hinsichtlich dieser auf constitutionellem Wege zu erreichenden,

gierung kaum verdammen, die, während sie nichts in Antrag brachte, alles zu verhindern suchte, was die Nation wollte und begann.

allem Guten zur Grundlage dienenden Benutzung der Majorität ist. 1844.
eine Bedingung erforderlich, ohne welche das Wohl niemals erreicht
werden kann. Als diese Bedingung bezeichne ich die Umgestaltung
jener Methode, nach welcher in Ungarn die Gesetze geschaffen werden; eine solche Umgestaltung, wie sie der Gebrauch aller eine repräsentative Regierung besitzenden Länder, mögen sie nun Monarchien
oder Republiken sein, anempfiehlt.

Anstatt dass, wie es bisher in den königlichen Propositionen
geschah, der König den Wunsch ausdrückte, dass ihm die Stände
Gesetze vorlegen sollen, welche er sodann bekräftigte oder zurückwies: möge der König der Ständeversammlung ausgearbeitete Gesetzanträge vorlegen lassen, welche die Tafeln in Verhandlung nehmen,
gutheissen oder verwerfen könnten, und welche später der König
nach den von den Ständen vorgenommenen Modificationen sanctionirt
oder verwirft.

Zur Einführung dieser Methode ist es nöthig, dass a) die
vom König in Antrag gebrachten Gesetzvorschläge einem aus der
Mitte beider Tafeln gewählten Comité vorgelegt und von demselben
in beiden Tafeln eingeführt werden; b) der Gesetzvorschlag soll von
eigens zu diesem Zweck vom König ernannten Commissaren vertheidigt und von denselben über die Anträge sowol in den Comitésitzungen
als auch in der Plenarsitzung des gesetzgebenden Körpers Aufklärungen ertheilt werden.

Zur Würdigung des Werthes dieser Methode, Gesetze zu schaffen,
genügt schon auch die Lösung der Frage: in welchem Zustand sich
England und Frankreich, Holland und Belgien und mehrere deutsche
Staaten befinden würden, wenn anstatt der dort gebräuchlichen Methode die ungarische eingeführt wäre, das ist: wenn anstatt der
Vorlage fertiger Gesetzanträge sich die Regierungen auf den Vortrag
von Propositionen oder den durch die Kammern nach dem Belieben
derselben auszuarbeitenden Gesetztitel beschränken würden. Gesetze
kann nie eine Körperschaft formuliren; Körperschaften können Gesetze
aufklären, verbessern oder verderben, aber sie können sie nicht formuliren, da die Grundbedingung derselben Folgerichtigkeit und Unparteilichkeit in der Auffassung und Anwendung ist.

Ich glaube, ich brauche in diesem meinen aufrichtigen und ver-
trauensvollen Schreiben nicht weiter zu gehen. In den zwei bezeichneten Bedingungen liegt, meiner Ueberzeugung nach, das erste Mittel
zum Heile Ungarns; nur dieses allein ist im Stande, auch die übrigen
Bedürfnisse ins Leben treten zu lassen. Zu jeder Sache ist ein
Ausgangspunkt nöthig. Wenn dieser fehlerhaft gewählt wird, erreichen die Folgen desselben nie das Ziel. In Ungarn befasst man sich
mit Dingen, die nicht die Sache selbst sind; man will dasjenige, was
nur Folge sein kann; man wünscht zu bauen und beginnt nicht mit

1844. der Untersuchung des Fundaments; man will Geld haben und denkt nicht daran, wie man die geldeinbringenden Producte verwerthen könnte; wenn von einem Ziel die Rede ist, sehen sie von den Mitteln ab, oder sprechen von Mitteln ohne deutliche Bezeichnung des Ziels. Mit Einem Wort: man jagt Phantomen nach und ist nicht bange vor dem gähnenden Abgrund. [1] Dies, Ew. k. k. Hoheit, ist das Bild der Wahrheit, und ich gebe durch die Offenherzigkeit meiner Sprache Ew. k. k. Hoheit den Beweis, dass ich nicht zweifle, es beständen grosse Gefahren. Ich stehe am Ende einer langen Laufbahn, welche voll war von Kämpfen gegen grosse Gefahren; nach der in der Natur herrschenden Ordnung kann ich nur wenig mehr vollbringen; allein um so deutlicher steht vor meinen Augen die Pflicht [2], dass ich dasjenige, was mein unbefangener Geist im Interesse des Throns und des Reichs als Wahrheit bezeichnet, vor denjenigen nicht verberge, die im Besitz der Mittel sind, die mir fehlen. Wien, am 9. Mai 1844. (Unterzeichnet) Metternich."

Wir glauben kaum, dass es eine Regierung im civilisirten Europa gäbe, die, wenn auch nur in einem vertraulichen Schreiben, von ihrem Verfahren jemals solche Geständnisse abgelegt hätte, wie wir sie in diesem Briefe des berühmten wiener Ministers finden. Welche Masse von Versäumnissen und sträflichen Handlungen, von positiven und negativen Vergehen musste dort aufgehäuft sein, wo der Minister, der seit dreissig Jahren an der Spitze der Regierung stand, am Ende seiner Laufbahn durch sein Gewissen zu solchen Bekenntnissen gezwungen wird! Es ist überflüssig, zu untersuchen, ob jener bedauernswerthe Zustand des öffentlichen Lebens des Reichs, welcher in dieser Urkunde zum grössten Theil so getreu geschildert wird, vom Monarchen, vom Minister, vom Regierungssystem oder von allen zusammengenommen herstammte: vor dem Richterstuhl der Geschichte genügt das Bestehen dieses Zustandes, um über diese Regierung ihr Urtheil auszusprechen; hinsichtlich der Nation aber genügt dieses Selbstbekenntniss, um sich berechtigt zu fühlen, vor der Welt offene Anklage zu erheben gegen jene Ursachen, welche einen solchen Zustand

---

[1] Wie wahr und aufrichtig der Fürst in der Schilderung des Verfahrens von seiten der Regierung war, so übertrieben und ungerecht ist er hier der Nation gegenüber. Er beschuldigt sie dessen, was grösstentheils der Fehler der Regierung war. Man kann zwar nicht in Abrede stellen, dass im öffentlichen Leben Ungarns viele Verkehrtheiten auftauchten, was indessen in den meisten Fällen daher stammte, dass die Regierung mit ihrer ewigen Negation, ihrer versteinerten Unbeweglichkeit und ihrem Abscheu vor jeder Reform die Nation in jeder Initiative hinderte und störte, was zur Folge hatte, dass auch das Gute oft zum Verkehrten zusammenschrumpfte.

[2] Wäre das Gefühl dieser Pflicht in dem berühmten Minister zwanzig Jahre zuvor erwacht, der, wenn er auch etwa zuweilen vom Kaiser Franz behindert wurde, seit 1835 allmächtig war!

hervorriefen, dass, wenn nicht endlich schleunige Hülfe gereicht wird, 1846.
„dem Reich nur Ein Weg offen bleibt, um sich aus seinen mislichen
Zuständen zu retten: der Weg der socialen Revolution".

Wir glauben, dass es eines weitern Commentars zu diesem Brief
nicht bedarf. Indessen ist es interessant, hinsichtlich der in Rede
stehenden Reformen und mancher Behauptungen des Ministers, die
Antwort des Erzherzog-Palatins Joseph zu lesen, den von der Anklage
der Theilnahme wenigstens theilweise der Umstand befreit, dass man
ihm, wiewol er ein Mitglied des Herrscherhauses und der erste Beamte des Reichs war, in Wien wenig Gehör schenkte. Ihm, den man
seiner freisinnigen Ansichten wegen oft tadelte und mit dem Namen
„Rákóczy" verhöhnte, waren in den meisten Fällen die Hände gebunden; seine Macht erstreckte sich höchstens soweit, dass er als Wächter
der Gesetze und als Vermittler der Nation vor dem Thron zuweilen
manches verhindern oder abändern konnte; allein einen Tausch des
die Nation bedrückenden Regierungssystems mit einem heilsamern zu
bewirken, lag ausser seinem Machtkreis. — Seine Antwort auf das
Schreiben Metternich's ist die folgende:

„Lieber Fürst Metternich! Auf Ihro Denkschrift, mit welcher ich
übrigens einverstanden bin, mache ich die nachfolgenden praktischen
Bemerkungen.

Sie sagen in Ihrem Schreiben, es gebe keine Möglichkeit, dass
sich die Regierung auf dem Reichstag eine Majorität sichere. Diese
Meinung kann ich nicht unbedingt theilen; ja ich glaube sogar, dass
es der Regierung nicht an Mitteln fehlt, mittels welcher sie sich
dieselbe verschaffen kann. Dass indessen auf den letzten Reichstagen
der Erfolg der Regierungsvorlagen schwankte und es an einer com-
pacten Majorität fehlte, davon suche und finde ich die Ursache theils
darin, dass die Comitate bisher zu sehr sich selbst überlassen wurden, und die Regierung auf die glückliche Wahl der Deputirten und
die Anfertigung der Instructionen einen nur sehr geringen Einfluss
ausübte; theils aber darin, dass die Mittel, welche zu diesem Zweck
in Anwendung gebracht wurden, hinsichtlich der Verhältnisse der
Behörden und Personen nicht stets gehörig in Rechnung gezogen
wurden.

In Betreff des Satzes: dass in Ungarn die wesentlichsten Elemente miteinander im Gegensatz stehen, und die nationalen Gefühle
gegeneinander feindlich ankämpften, könnte man, glaube ich, das
letztere hinsichtlich des eigentlichen Ungarn (also abgesehen von den
Nebenländern und den Nationalitäts- und Sprachkämpfen derselben
dem Mutterland gegenüber) nicht recht beweisen; denn nachdem
gegenwärtig der Gebrauch der lateinischen Sprache in Ungarn ebenso
wie im übrigen Europa in Verfall gerathen, erblicken die Einwohner
des Landes im amtlichen Gebrauch der ungarischen Sprache keine

1844. Schwierigkeit, vorausgesetzt, dass sie im Gebrauch ihrer eigenen Sprache unter sich selbst nicht beschränkt werden. Diese Ansicht theilen im allgemeinen alle im Lande wohnenden Stämme und Nationalitäten; in neuer Zeit legt besonders der jüngere Theil der Landesbewohner das lebhafte Bestreben an den Tag, die ungarische Sprache selbst dort, wo sie nicht allgemein gesprochen wird, sich eigen zu machen.

Wie richtig ferner das von Ihnen ausgesprochene Axiom, dass Körperschaften Gesetze nicht formuliren können, auch ist, so sicher ist dagegen auch, dass, wenn die Anfertigung von Gesetzvorschlägen einem oder mehrern Individuen anvertraut wird, diese (Ungarn gegenüber nämlich) solche Persönlichkeiten sein müssen, welche in constitutionellen· Begriffen bewandert sind, und von den Verhältnissen und dem nationalen Geist dieses Landes, ja selbst von den Vorurtheilen und Fehlern der Nation die nöthige Kenntniss besitzen und auch selbst von Vorurtheilen frei sind. Wenn nach Beendigung des Reichstags jene Massregeln in Ausführung gebracht werden, welche zur Verbesserung der Verwaltung und Leitung der·Comitate erforderlich sind, so halte ich das, dass von seiten der Regierung fertige Gesetzvorschläge vorgelegt werden sollen, hinsichtlich der bessern Ordnung und des grössern Erfolgs der Reichstage für den ersten richtigen Schritt in Ungarn. Schon jetzt unterstützt ein grosser Theil der Landesbewohner diese Massregel, und diese Ansicht äusserte sich auch in den Berathungen des gegenwärtigen Reichstags. Weil jedoch, wie Sie, lieber Fürst Metternich, so richtig bemerken, die erwähnte Neuerung ihrem Zweck nur so vollständig zu entsprechen vermag, wenn auf dem Reichstag königliche Commissare erscheinen, welche die Gesetzvorschläge der Regierung in den Comités und vor den Ständen erläutern und vertheidigen: so müsste die Regierung vor allem dahin wirken, dass sich die Comitate in ihren Instructionen für diese Massregeln und dafür äussern mögen, dass diese als allgemeines Postulat von Sr. Majestät ausgebeten würden, was in der jetzigen Stimmung der Gemüther zu erreichen nicht eben schwer wäre.

Nicht weniger wichtig ist, dass die Regierung eine besondere Sorgfalt darauf verwende, dass der den Ständen auf diese Weise vorzulegende Gesetzvorschlag ein derartiger sei, welcher das Vertrauen des Landes in die väterlichen Absichten der Regierung zu vermehren im Stande sei; denn meiner Ueberzeugung nach kann jede Verbesserung nur dann von Erfolg sein, wenn sie mit der öffentlichen Meinung zusammentrifft und deren Zustimmung gewinnt, weshalb es auch äusserst wichtig ist, dass der erste Schritt der Regierung in dieser so wichtigen Sache kein erfolgloser sei. Presburg, am 14. Mai 1844. (Unterzeichnet) Joseph."

Die Ansichten der wiener Regierung hinsichtlich der Behebung der in Ungarn grösstentheils durch sie hervorgebrachten oder infolge 1844. ihrer Verkehrtheit entstandenen hundertjährigen Uebelstände, waren im allgemeinen genommen richtig, vorausgesetzt, dass die Rathschläge des Erzherzog-Palatins, dass nämlich die neuen Massregeln auf constitutionelle Art bewirkt werden, und die ersten von der Regierung zu unternehmenden Schritte das Wohlgefallen der öffentlichen Meinung gewinnen sollten, eingehalten worden wären. Das Reich war jenes unthätigen, negativen Verfahrens, welches die Regierung bisher befolgte, schon überdrüssig. Die Schutzvereinsbewegungen selbst trugen nur den Stempel der Reaction gegen die Regierung an sich, die, während sie in nichts die Initiative ergriff, den von der Nation begonnenen Verbesserungen auf dem Reichstag in der Regel entgegen zu sein schien. Wenn daher die Regierung das Feld der Handlung betreten hätte, so konnte man für gewiss halten, dass viele selbst unter denjenigen, die früher ihrer Unthätigkeit wegen zu ihren Gegnern wurden, sich jetzt sogleich unter ihren Fahnen versammeln würden, sobald sie sähen, sie wolle fortschreiten, und zwar in constitutioneller Weise fortschreiten; dass die Majorität ihr sofort zur Verfügung stehen würde, sobald die Ursachen des bisherigen Mistrauens aufhören.

Alles hing davon ab, wer jene Persönlichkeit sein werde, durch welche das Cabinet das neue Regierungssystem in Ausführung bringen lassen werde, und zu welchen Mitteln diese Persönlichkeit greifen werde, um der Regierung in den Comitaten eine Majorität zu verschaffen. Das Cabinet würde seinen Zweck am sichersten erreicht haben, wenn es jene Persönlichkeit aus der gemässigtern Färbung der freisinnigen Partei gewählt hätte. Ein solcher Muth, eine solche Offenheit in der Wahl würde mit Einem mal das Vertrauen der grossen Majorität der Nation gewonnen haben, ohne befürchten zu müssen, dass das radicale und demokratische Element zur Herrschaft gelangen werde.. Wenn die Opposition zur Regierung gelangt, so unterlässt sie in der Regel überall die Uebertreibungen und Extreme ihrer Richtung, welche sie, als Opposition, behufs der Demonstration als Schild auszuhängen pflegt. Bei uns, wo das Cabinet bisher noch niemals jene constitutionelle Methode befolgt hatte, die Majorität zur Regierung zu erheben, hätte das Verlangen, am Ruder zu bleiben, auf die Mässigung der Reformpartei noch unvergleichlich stärker eingewirkt, wenn der Kanzler aus ihrer Mitte gewählt worden wäre. Ein Stephan Széchenyi oder ein Franz Deák z. B., an die Spitze der Regierung gestellt, zum Kanzler ernannt, hätte ohne Zweifel der Regierung eine sichere Majorität verschafft; und wäre andererseits im Stande gewesen, auch den Geist und die Principien dieser Majorität so sehr zu mässigen, dass das Cabinet nicht die geringste Ursache gehabt haben würde, sich vor Ausschreitungen der Demokratie und des Radicalismus zu fürchten. Eine solche freisinnige Persönlichkeit am Ruder hätte gewissermassen nach den Grundsätzen der Homöopathie auf die Mässigung der freisinnigen Partei und das Aufhören der Uebertreibungen derselben eingewirkt; indem es kaum einem Zweifel unterliegt, dass ein grosser Theil dieser Uebertreibungen nur daher stammte, dass die Opposition, trotz ihrer Majorität, bisher noch nicht zur Regierung gelangen konnte. In diesem Jahrhundert näherte sich das Cabinet in der Wahl des Hofkanzlers nur Ein mal diesem constitutionellen Grundsatz, als es Adam Reviczky zu diesem hohen Regierungsposten ernannte. Und welch wohlthätige Wirkung hatte diese Annäherung gehabt! Das Vertrauen der Mehrheit der Nation erschloss sich der Regierung mit Einem mal, das Zeugniss davon gibt die Geschichte des Reichstags vom Jahre 1830. Die Führer der Opposition selbst, Paul Nagy und andere, wurden die eifrigsten Wächter des Vertrauens gegen die Regierung, die Unterstützer der Wünsche des Throns und Mässiger der Opposition: damit nicht das Wirken des national gesinnten Hofkanzlers erschwert werde und das Cabinet ein anderes Individuum an die Spitze der Regierung stelle. Und Reviczky verlor dieses Vertrauen auch so lange nicht, bis nicht klar wurde, dass das Regierungssystem stärker sei als er, und seine Hände in der Erfüllung der nationalen Wünsche durch dasselbe gebunden seien.

Jetzt, da die Nation viele Jahre hindurch mit Bedauern erfahren hatte, dass der Reichstag ohne das Dazuthun der Regierung nicht einmal die allernothwendigsten Reformen durchzuführen im Stande sei; da ferner mancher Freund der übrigens freisinnigen Reformen mit Besorgniss auf jene Uebertreibungen blickte, welche manchmal im Schose der Opposition auftauchten, und die Nothwendigkeit der Mässigung verkündigte, damit die Reformen nicht wegen übertriebener Forderungen unmöglich gemacht würden: hätte die Ernennung eines freisinnigen Hofkanzlers die Reformpartei aller Wahrscheinlichkeit nach gemässigter und nachgiebiger gemacht. Der Umstand, dass im Oberhause bisher die conservative Partei die Majorität für sich hatte, konnte kein Hinderniss sein, weil die conservative Majorität dort ebendeshalb bestand, weil die Regierung dies wollte und sie auch geschaffen hatte. Ein freisinniger Hofkanzler hätte durch die von ihm abhängenden zahlreichen Bischöfe und Obergespane der Regierung auch im Oberhause sofort eine Majorität schaffen können.

Aber das Cabinet, obgleich es sich selbst schon von der Nothwendigkeit der Reformen überzeugt hatte, und einen Theil derselben in seinem Geist auch durchzuführen wünschte, hatte kein Vertrauen zu den Persönlichkeiten der freisinnigen Reformpartei; oder es wollte den constitutionellen Principien nicht die Concession machen, dass es den Hofkanzler aus der Mitte der bestehenden zweifellosen Majorität gewählt hätte. Es hegte den Wunsch, auf dem Reichstag die Majorität zu erlangen; es suchte jedoch diese nicht in jener Partei, welche den grössern Theil der Nation in sich enthielt und eine fertige Majorität bot, sondern wollte eine solche auf künstliche Art schaffen. Und so war das Cabinet genöthigt, im engen Kreise jener Fraction der conservativen Partei Umschau zu halten, welche sich die überlegend fortschreitende nannte, und durch welche es eigentlich auf das Feld der Reform gezogen wurde.

Diese Fraction hatte, wie wir wissen, auf dem Reichstag vom Jahre 1839—40 Graf Aurel Dessewffy geschaffen und die Lehren, Zwecke und Mittel derselben in seiner Zeitschrift „Világ" entwickelt. Wäre der geniale Graf am Leben gewesen, würde jetzt ohne Zweifel er an die Spitze der Regierung gestellt worden sein; ja wir haben Gründe zu glauben, dass er schon vor dem jüngst verflossenen Reichstag zum Hofkanzler bezeichnet war. Nach seinem frühzeitigen Tode wurden Graf Georg Apponyi und Baron Samuel Jósika die Führer der conservativen Fraction. Das Cabinet legte daher jetzt die Macht in ihre Hände und betraute sie mit der Durchführung jener Plane, welche in dem erwähnten Schreiben Metternich's enthalten sind. Einige Wochen nach dem Schluss des Reichstags wurde Georg Apponyi zum ungarischen, Samuel Jósika aber zum siebenbürgischen Vicekanzler ernannt. Indessen behielt Graf Anton Majláth den Titel seiner Würde als Hofkanzler auch nachher noch längere Zeit hindurch — ob deshalb, weil das Cabinet in die Kraft Georg Apponyi's kein volles Vertrauen setzte und ihn zuvor einer Probe unterwerfen wollte, oder deshalb, damit es nicht den Schein habe, als ob das Cabinet der Opposition ein Zugeständniss machen wollte, und das Mistrauensvotum der Ständetafel dasselbe zur Aenderung seines Systems und seiner Männer veranlasst hätte? — und wurde nur unter dem Vorwande der Herstellung seiner Gesundheit beurlaubt. Und obgleich die Regierungsgewalt ganz in die Hände Apponyi's gelangte, so bemerkte das Reich eine Zeit lang kaum die eingetretene Veränderung und wurde erst durch die im öffentlichen Leben aufgetauchten Thatsachen darauf aufmerksam gemacht.

Die Ernennung Georg Apponyi's und Samuel Jósika's zu Vicekanzlern.

Dieses Heimlichthun war von seiten des Cabinets ein grosser Fehler. Von einer Regierung, welche seit Jahrhunderten in Opposition mit der Nation stand, werden oft und von vielen selbst ihre offen eingestandenen Concessionen mit Argwohn aufgenommen; ihre Neuerungen aber treffen selbst dann, wenn diese der Nation günstig sind, vorläufig auf Mistrauen; besonders wenn sie ihre Absichten nicht im voraus deutlich verkündigt, die wesentlichern Principien der Neuerung, und jene Grenze, bis zu welcher sie vorzugehen wünscht, nicht bestimmt bezeichnet. Die über die Natur der Neuerung nicht

1844. aufgeklärte Nation betrachtet diese natürlich nur als ein neues Mittel
der Willkür und des Absolutismus.   Auf diese Art wurden auch
viele übrigens heilsame Reformen Joseph's II. schon von vornherein
unpopulär.

Auch jetzt würde Offenheit am ehesten zum Ziel geführt haben.
Wenn der neue Hofkanzler sich aus dem angeführten Schreiben Metternich's mit einigen Abänderungen ein neues Regierungsprogramm
gebildet hätte und damit offen und vertrauensvoll vor die Nation
getreten wäre, so kann nicht bezweifelt werden, dass man dasselbe
günstig aufgenommen haben würde; die Offenheit selbst und das der
öffentlichen Meinung der Nation gemachte Zugeständniss hätte ihm
alle Gemüther zugewandt; während so, wie alles geschah, sich schon
im voraus Mistrauen äussern musste gegen das neue System, welches
mit der Person des neuen Vicekanzlers gleichsam eingeschmuggelt
wurde, besonders da nicht einmal die ersten Schritte der neucein-
geschlagenen Richtung streng gesetzlich waren.

Offenheit wäre jetzt um so zweckmässiger und nothwendiger
gewesen, da einerseits gegen die Person Georg Apponyi's, der, obschon er zur conservativen Partei gehörte, übrigens aber für einen
gemässigte Reformen aufrichtig wünschenden, in seinen Principien
und Ueberzeugungen von allen Nebenrücksichten freien, unabhängigen, national gesinnten, braven Patrioten gehalten wurde, vorläufig
keine Einwendung gemacht wurde; andererseits aber, wie dies auch
der Erzherzog-Palatin in seinem Schreiben bezeugte, jene Absichten
der Regierung, dass nämlich dem gesetzgebenden Körper fertige
Gesetzvorschläge vorgelegt und in den Kammern auch die Regierung
durch eigens zu diesem Zwecke ernannte Commissare repräsentirt
werden möge, auch mit den Wünschen der Opposition zusammentrafen.   Dies hätte einigermassen den Anstrich einer parlamentarischen Regierung gehabt, und würde sich damit als dem ersten Schritt
die nach der Einführung einer wahren parlamentarischen, verantwortlichen Regierung strebende Opposition ohne Zweifel begnügt haben.

Der Stand   Uebrigens waren bezüglich der Regierungsplane, wenn diese der
der Parteien. Nation zwar mit der gehörigen Behutsamkeit, aber offen und vertrauensvoll vorgelegt worden wären, die Umstände jetzt überaus
günstig.   Die Oppositionspartei hatte sich seit einiger Zeit in zwei
Theile gespalten, deren keiner sich zwar der conservativen Partei im
Princip näherte; da jedoch beide voneinander in mehrfacher Hinsicht abweichende, ja einander entgegengesetzte Lehren verkündigten,
so verminderte sich ihre Energie und ihre Wirkung gegenüber der
Regierung schon infolge dieser Spaltung.   Anlass zur Spaltung bot
der Umstand, dass Ludwig Kossuth von der Redaction des „Pesti
Hirlap" wegen einiger vom Herausgeber hervorgerufenen materiellen
Schwierigkeiten noch am Schlusse des ersten Halbjahrs zurücktrat

und die Reduction des Blattes von Ladislaus Szalay übernommen 1844. wurde, welcher dasselbe mit Hülfe des Barons Joseph Eötvös, Anton Csengery's, August Trefort's und anderer Mitarbeiter nach von den bisherigen gänzlich verschiedenen Principien leitete.

Das „Pesti Hirlap" war viertehalb Jahre lang unter der Redaction Ludwig Kossuth's, und nicht einmal seine Feinde konnten in Abrede stellen, dass die Zeitungsliteratur eigentlich er geschaffen hatte, er sie zu dem gemacht habe, was sie sein soll: „zu einem Uhrzeiger im Leben der Nation; zum Morgenstern, welcher den Tag des Lichts verkündigt; zum Arbeiter der Gegenwart, der im Schweisse seines Angesichts die Zukunft vorbereitet; zum belebenden Hauche des in der Verborgenheit schimmernden Geistesfunkens; zum Wächter der Rechtmässigkeit; zum Hoffnungsanker für die Leidenden; zur Fahne, um welche diejenigen ihre Heerlager aufschlagen mögen, die das gleiche Princip leitet, in deren Herzen das gleiche Gefühl brennt". Vor ihm waren die Tagesblätter grösstentheils nur die Magazine geringfügiger Tagesereignisse: er machte sie zu Lehrkanzeln unserer nationalen Umgestaltung, wo jede Reform, alles zu Vollführende erörtert; wo jeder Herzschlag des nationalen Lebens, jedes Bedürfniss, jeder Mangel desselben, und die Art und Mittel, durch welche man ihm beihülflich sein könnte, aufgeklärt und vorgetragen wurden. Er machte die vaterländische periodische Presse zum Lebensbedürfniss für jeden Gebildetern. Vor ihm vegetirten nur die damals noch grösstentheils unbedeutenden Blätter; wer ein besseres Blatt zu lesen wünschte, las ein französisches oder deutsches; selbst das beste konnte die Zahl seiner Abonnenten kaum auf zweitausend erheben. Das „Pesti Hirlap" las jedermann mit grosser Neugierde, da jede Nummer irgendetwas Interessantes von dem abwechselungsreichen Felde des nationalen Lebens brachte. Die Zahl seiner Pränumeranten überstieg die sechstausend, während sich jetzt auch einige seiner Rivalen eines grössern Leserkreises rühmen konnten wie früher.

Wie gross die Wirkung dieses Blattes auf die Nation war, haben wir schon weiter oben, bei der Erzählung jenes Kampfes gesehen, welchen gegen dasselbe zuerst Stephan Széchenyi und später Aurel Dessewffy begonnen hatte. Hier führen wir nur die eigenen Worte Kossuth's an, mit welchen er bei seinem Zurücktreten von seinen Lesern Abschied nahm. „Wie die Palme unter der Last wächst", sagte er unter anderm, „so nahm auch meine Stellung an Kraft zu, und die Partei, deren Organ das « Pesti Hirlap » bis zum heutigen Tag war. Dieser Partei gegenüber kann man nicht mehr mit stolzen Augenbrauen Geringschätzung affectiren; man kann nicht mehr so auf sie blicken wie auf nachdrucks- und wirkungslose Declamatoren des Fortschritts; denn ob wir unsere Aufmerksamkeit den Instructionen und andern Functionen der Behörden, oder den Erscheinungen

Das „Pesti Hirlap".

1844. des socialen Lebens zuwenden, überall finden wir die Richtung anerkannt, in welcher diese Partei ihrem festgesteckten Ziel wirkungs-
voll entgegenstrebte. Und dieses Ziel ist: Freiheit und constitutionelles Recht jedem Ungarn; nationale Wohlfahrt, welche aus der
Wurzel der Freiheit hervorkeime; gemeinsame Theilnahme an den
Lasten ohne Unterschied, und der gemeinschaftliche Genuss der constitutionellen Freiheit durch die Entwickelung jener organischen Formen, und die Anpassung derselben an die Erfordernisse der Volksvertretung, welchen wir es verdanken können, dass «noch der Ungar
lebt und Ofen steht». Oder mit Einem Wort: eine ungarischen Formen
angepasste wirkliche Volksvertretung; dieses Wort enthält alles in
sich." Wie dies auch seine angeführten Worte beweisen, wurde
Kossuth durch das „Hirlap" der Führer der Opposition, und da diese
Partei den unvergleichlich grössern Theil der Nation in sich fasste,
wurde er auch gewissermassen der Führer der Nation auf der Bahn
der Reformen und der Umgestaltung. Die Rolle, welche seit 1835
besonders auf dem Reichstag des Jahres 1839 Franz Deák, der weise
und gemässigte Mann, so glorreich und mit einem so grossen Erfolg
spielte, gelangte in die Hände Kossuth's. Dies zuzulassen war auf
jeden Fall ein Fehler von seiten Deák's. Denn obgleich die Verdienste Kossuth's unleugbar sind, obgleich er hinsichtlich des Ziels
und der meisten Mittel mit Deák übereinstimmte, so verachtete er
doch, wie es ihm auch Széchenyi so bitter vorgeworfen hatte, in der
Methode die Klugheit und den Anstand, und war derjenige, welcher
zuerst jene Methode in Ausübung zu bringen begann, welche, wo
ihr Recht ein unzweifelhaftes ist, die Mässigung im Ergreifen desselben nicht mehr kennt, und stürmisch fordernd, hochmüthig, leidenschaftlich und aufreizend wird; wodurch man sodann oft nicht nur
das sonst leicht erreichbare Ziel verfehlt, sondern in dem dem Führer
folgenden grossen Publikum auch leicht einen unbändigen Geist und
eine gefährliche Richtung hervorrufen kann. Und es ist nicht abzuleugnen, dass diese gefährliche Methode und Richtung sich in der
jüngern Generation sehr zu verbreiten anfing, was hauptsächlich Kossuth zugerechnet werden muss.

Den Radicalismus, welcher die ungarische Reformrichtung kennzeichnete, hatte er kühner entwickelt und weiter verbreitet, als dies
in den von Stephan Széchenyi vorgeschlagenen und entworfenen Reformen verborgen war. Zwar schrieb er die Demokratie nicht direct
auf seine Fahnen, und debattirte auch im allgemeinen über dieselbe
als von einem System nicht; aber seine Richtung bei allen Reformen
war eine wesentlich demokratisch gesinnte. Diese Richtung verhinderte ihn nicht, bei alledem der eifrigste Apostel des jurisdictionellen
Systems der Comitate zu sein. Jene Lehre, welche das Comitatssystem zu einer politischen Staatstheorie zu erheben trachtete, fand

nach der Initiative Nikolaus Wesselényi's, Thomas Ragályi's und anderer in ihm ihren wärmsten Vertheidiger und Verbreiter. Das Comitatssystem, welches in den Stürmen der vergangenen Zeiten so
nützliche Dienste geleistet; welches unser constitutionelles Leben dem
wiener Absolutismus gegenüber durch seinen passiven Widerstand
gerettet hatte, wollte er nicht einmal den im Plan befindlichen Reformen aufopfern: er hielt dasselbe in seinem Wesen für eine
so werthvolle Einrichtung, dass er sie für keine andere constitutionelle Institution Europas in Tausch geben wollte; ja dieselbe, auf
Grundlage der Volksvertretung basirt und in ihren Mängeln eben
durch die Volksvertretung verbessert und gehörig modificirt, auch
fernerhin aufrecht zu halten und zu verewigen anrieth, als einen so
eigenthümlichen Nationalschatz, welcher unter unsern aus unserer
Verbindung mit dem österreichischen Kaiserthum stammenden Umständen die mächtigste Schutzmauer, die sicherste Garantie unsers
öffentlichen Verfassungslebens sei; als eine Einrichtung, welche die
Freiheit und die Ausübung politischer Rechte mit dem alltäglichen
Leben des Volks verbinde und eine Selbstregierung auf breiter
Grundlage garantire. Mit Einem Wort, Kossuth, und mit ihm der
grössere Theil der freisinnigen Reformpartei, wollte das Comitatssystem, durch die Volksvertretung verbessert und erweitert, zur Grundlage unserer ganzen Umgestaltung machen, und darauf, als auf einem
Eckstein, jede politische Reform aufbauen.

Von wesentlich verschiedenen, ohne Zweifel gründlichern, weil
auf die feste Grundlage der Wissenschaft basirten Principien gingen
die neuen Redacteure des „Hirlap" aus. Diese insgesammt mit ebenso
ausgezeichneten Fähigkeiten als reichen Kenntnissen versehenen jungen
Publicisten brachten höhere, durch das Studium der westeuropäischen
mehr entwickelten politischen Wissenschaften und Zustände gezeitigte
staatsmännische Ansichten und Principien in der Redaction dieses
Blattes zur Geltung. Der Hauptredacteur, Ladislaus Szalay, trat
schon 1837 als Schriftsteller im Gebiet der Rechtslehre in der Zeitschrift „Themis" auf, welche er unter der Mitwirkung Eötvös',
Pulszky's, Trefort's und anderer Mitarbeiter begonnen hatte. Die
Zeitschrift besprach im Ton der höhern europäischen Politik und nach
deren Grundsätzen manche Fragen des Tages. Aber zur Auffassung
dieser Lehren fehlte es unserm Publikum noch viel zu sehr an Reife,
als dass sie den Weg in unser öffentliches Leben hätten finden können, und das Blatt hörte aus Mangel an Theilnahme schon mit dem
dritten Heft auf. Bald darauf, im Jahre 1839, zog er durch eine
in der Generalversammlung der Akademie vorgelesene ebenso schöne
wie gründliche Charakteristik der publicistischen Laufbahn Franz
Kollar's, im folgenden Jahre aber mit der Herausgabe des „Buda-

1844. pesti Szemle" (Pesth-Ofener Revue) neuerdings die öffentliche Aufmerksamkeit auf sich. Diese Zeitschrift begann unsere politischen und
gesellschaftlichen Fragen eingehender zu erörtern und eine Uebercin-
stimmung zwischen Wissenschaft und Leben zu vermitteln. Aber aus
denselben Ursachen wie die „Themis" konnte sich auch diese keiner
Unterstützung erfreuen, und der Redacteur war genöthigt, sein so
verdienstliches Unternehmen schon mit dem zweiten Band aufzugeben.
Mehr Würdigung fand Szalay mit seinem 1840 herausgegebenen
Werke „A büntető eljárásról, különös tekintettel az esküttszékekre"
(Vom Strafverfahren, mit besonderer Rücksicht auf die Geschworenengerichte), welches Fachmänner für eine so werthvolle Arbeit erkannten,
dass ihn die zur Ausarbeitung des Strafcodex gewählte Reichscommission zu einem ihrer Schriftführer ernannte. Diese Stellung eröffnete Szalay ein weites Feld, hinsichtlich der öffentlichen Sache die
Schätze seiner gründlichen politischen und rechtswissenschaftlichen
Kenntnisse nützlich zu machen. Das Strafgesetzbuch, an dessen Anfertigung er mit Franz Deák vielleicht den grössten Antheil hatte,
wurde zu einem so ausgezeichneten, dass selbst die hervorragendsten
Rechtsgelehrten Deutschlands gestanden, „es gebe kein Gesetzbuch,
welches so viele Originalität besässe und die neuesten strafrechtlichen
Ansichten mit den Anforderungen der Gerechtigkeit in einem solchen
Masse vereinigte wie der ungarische Gesetzvorschlag". Allein ein
noch bei weitem weiteres Feld als seine Mitwirkung an diesem Gesetzbuch, welche ihm die Freundschaft Franz Deák's und anderer
unserer Staatsmänner ersten Ranges verschafft hatte, eröffnete ihm
zur Geltendmachung seiner wissenschaftlichen Fähigkeiten und seiner
richtigen staatsmännischen Ansichten der verflossene Reichstag vom
Jahre 1843, auf welchem er als Deputirter der Stadt Karpfen erschienen war, und wo er, wie wir auch oben berührt haben, vorzüglich durch seine in der Religionsfrage und in der Angelegenheit der
Regulirung der Städte an den Tag gelegten höhern politischen Ansichten die allgemeine Aufmerksamkeit auf sich zog. Dass er mit
denselben dennoch keinen allgemeinen Beifall fand, war nicht sein
Fehler, sondern der des Publikums, welches von der damals an der
Tagesordnung befindlichen, aber sich in einem sehr engen Gesichtskreis
bewegenden Politik befangen, noch keine Fähigkeit besass, um sich
auf diesem höhern Gebiet orientiren zu können. Aus diesen Eigenschaften kann man hinreichend entnehmen, dass Szalay, als er die
Redaction des „Hirlap" Mitte 1844 übernahm, wol die Reputation
eines gründlich gebildeten wissenschaftlichen Mannes, aber keine Popularität, besonders als Redactionsnachfolger Kossuth's, besass und
auch nicht besitzen konnte in einem Publikum, bei welchem ihn
Kossuth selbst in seinen Abschiedsworten als redlichen Gelehrten,

aber fremden Menschen einführte. [1] Er übergab die Redaction 1844. zwar schon nach einem Jahre an Anton Csengery, blieb jedoch lange Jahre hindurch Mitarbeiter des Blattes, dessen Spalten er mit seinen gründlichen Artikeln fortwährend bereicherte. Der Wechsel des Redacteurs verminderte den innern Werth des Blattes nicht nur nicht, sondern hob denselben vielmehr in mancher Beziehung; denn Csengery brachte mit einer ähnlichen gründlichen Wissenschaftlichkeit und politischen Befähigung eine grössere Uebung, mit seinen vielseitigen Kenntnissen eine fliessendere, kürzere, klarere Schreibart in die Redaction mit, was bei einer Zeitung, die zu einem gemischten, leichtes Verständniss beanspruchenden Publikum spricht, eine wesentliche Eigenschaft ist. — Nicht seltener als mit dem Namen der Redacteure traf das Publikum im Blatte mit dem Namen Joseph Eötvös zusammen, der, wie er in der Romanliteratur der Liebling der Lesewelt war, auch in seine politischen Artikel durch seine tiefe Auffassung und seinen lebhaften, sich oft bis zur Beredsamkeit erhebenden, ja manchmal beinahe poetisch schönen Vortrag stets ein grosses Interesse zu legen wusste. Seine Artikel erschienen später unter dem Titel „Reform" auch als Buch, welches eins der werthvollsten Geistesproducte unserer politischen Literatur aus dieser Zeit ist, und zufolge seiner richtigen Ansichten über die politischen Systeme einen bleibenden Werth besitzt.

Das „Pesti Hirlap" behielt zwar unter den Händen dieser Männer hinsichtlich der meisten materiellen, gesellschaftlichen und privatrechtlichen Reformen seine bisherige Richtung auch fernerhin bei; aber in Bezug auf die Reformen im öffentlichen Recht war es der Verkünder neuer Lehren, eines neuen Systems. Die Redacteure des Blattes erhoben anstatt des von Kossuth mit einer so grossen Vorliebe umfassten Comitatssystems das System der politischen Centralisation zum Hauptprincip desselben. Sie hielten das Comitatssystem zur Sicherung des constitutionellen Lebens für unzulänglich, zur Entwickelung der Nationalkraft untauglich. Als Bürger einer constitutionellen Monarchie konnten sie ein System nicht billigen, welches in seiner letzten Analyse zu einer cantonmässigen Zerstückelung und so vielen Republiken führt, als es Comitate gibt. Sie wünschten daher das Comitatssystem mit den Formen des westeuropäischen Constitutionalismus, mit einem parlamentarischen, verantwortlichen Regierungssystem zu vertauschen, welches, den Willen der Nation concentrirend und die Regierung des Reichs zum verantwortlichen Ausfluss dieses vereinigten Nationalwillens machend, der Verfassung

---

[1] Siehe das schriftstellerische und politische Porträt dieses ausgezeichneten Mannes in dem schon mehrmals lobend erwähnten Werke „Szónokok és Státusférfiak" seines Freundes Anton Csengery.

144. eine mit den Ansprüchen der Zeit mehr übereinstimmende Garantie
gibt, die Nationalkraft aber schneller und zweckdienlicher zur Entwickelung bringt.

„Die ganze civilisirte Welt“, sagten sie, „bricht den Stab über
das Comitatssystem, wie dieses bei uns besteht. Es macht nicht nur
das constitutionelle Leben, sondern auch eine jede Verwaltung unmöglich. Das eine wie die andere verlangen, dass anstatt der Zerstückelung das ganze Reich nach dem Princip der Einheit geordnet
sei. Und man kann nur nicht wissen, ob es lächerlicher oder beklagenswerther ist, dass viele im Comitatssystem den Stein der Weisen erfunden glauben und, als ob die Comitate die Herculessäulen
wären, über welche hinaus man schon nicht mehr dringen könnte,
das Comitatssystem mit unbändigem Eifer und überströmendem Rede-
schwall anpreisen; dieses aber hat blos als eine etwas Besseres er-
setzende Institution seinen Werth und besitzt darüber hinaus keinen
andern Vorzug. Die Hauptgarantie des constitutionellen Lebens liegt
sowol der Gestalt als, in ihrem letzten Resultat, auch dem Wesen
nach in der parlamentarischen Regierung; mit dem parlamentarischen
System aber verträgt sich das Comitatssystem nicht und kann mit
demselben nicht bestehen.“

Sie lösten das Comitatssystem in seine Elemente auf, trugen die
Eigenschaften desselben vor, um es vor ihren Landsleuten in jeder
Hinsicht als schlechte Organisation erscheinen lassen zu können. „Das
Comitat“, sagten sie, „ist ein selbständiger politischer Körper, eine
selbständige Behörde. Es schickt Abgeordnete zum Reichstag, ertheilt
denselben bindende Instructionen, kann sie zurückrufen. Innerhalb
seiner Grenzen ist die Regierung in seinen Händen. Es regiert zum
einen Theil selbst, und anderntheils wacht es über die Regierung und
über die Executive, das heisst: an dasselbe werden die höhern Befehle
und Verfügungen gerichtet, deren Vollzug es, wenn es dieselben für
ungesetzlich hält, das Recht besitzt, zu suspendiren und die Zurücknahme derselben zu betreiben, das heisst den Vollzug derselben zu
verweigern. Als ein solches Institut der öffentlichen Verwaltung setzt
es Beamte ein, die theils die Rechtspflege handhaben, Richter sind,
theils allein und eigentliche Verwaltungsorgane. Und es übt nicht
nur auf diese Weise auf die Vollziehung der Gesetze Einfluss aus,
sondern schafft auch selbst Massregeln, die innerhalb seiner Grenzen
gesetzliche Kraft besitzen; es bestimmt selbst den Schlüssel zur Steuerumlage, ordnet selbst die Communicationsmittel und die öffentlichen
Arbeiten.“

Und über alle diese Eigenschaften brachen sie unerbittlich den
Stab und suchten zu beweisen, dass dieselben mit den Ansprüchen
eines richtigen Staatsorganismus unvereinbar seien. Sie behaupteten,
es sei unstatthaft, dass die Behörde und nicht eine bestimmte Anzahl

der Bevölkerung Deputirte zum Reichstag schickt; und nannten jenes 1844.
Recht des Comitats, welchem gemäss es seinen Abgeordneten eine
bindende Instruction mitgab und dieselben zurückrufen konnte, eine
Ungereimtheit und ein Hinderniss des schnellen Fortschritts. Was
jene Eigenschaft des Comitats betrifft, gemäss welcher dasselbe theils
selbst regiert, theils über die Executive wacht und dieselbe suspendiren kann, nannten sie dieses Vorfahren eine Verewigung der Anarchie und einen auf dem Papier geführten innern Krieg. „Nicht das
möge unsere grösste Sorge sein, dass wir der Regierung zu opponiren
vermögen, sondern das, dass die Regierung so organisirt sei, damit
wir weniger Ursache zur Opposition haben sollen." Eine Ungereimtheit nannten sie ferner, dass in den Comitaten die Richter von denjenigen ernannt und ohne Grund und Urtheil, aus Willkür und
eigenem Interesse abgesetzt werden können, über deren Angelegenheiten sie urtheilen, während die Richter nach unten wie nach oben
unabhängig sein müssen; eine Ungereimtheit das Recht der Bestimmung des Steuerschlüssels, was zur Folge habe, dass in der Steuerumlage weder Unparteilichkeit noch Gleichheit bestehe; und eine
grösste Ungereimtheit die Regelung der Communicationsmittel und der
öffentlichen Arbeiten, was zur unausbleiblichen Folge habe, dass wir
keine Strassen besitzen, oder diese schlecht, unsere Flüsse nicht regulirt sind u. s. w. Der ganze Organismus sei schlecht: man müsse
diesem Uebelstand daher gründlich abhelfen. Gründlich könne jedoch
nur eine solche Centralisation in der Verwaltung abhelfen, wie sie in
westlichen constitutionellen Ländern bestehe, in welchen es ein Gemeindesystem gebe, die Gemeinden aber keinen politischen Wirkungskreis haben, sondern sich nur mit ihren eigenen Angelegenheiten
befassen; es gebe Kreise oder Comitate, aber auch diese besitzen
keinen Wirkungskreis als Mitregierung, sondern leiten nur die gemeinsamen Angelegenheiten der im Kreise liegenden Gemeinden; es
gebe, über alle diese gestellt, ein aus mehrern Mitgliedern bestehendes Ministerium, welches stets der Ausfluss der Majorität des Ab-
geordnetenhauses sei und dessen jedes Mitglied in einem bestimmten
Gebiet das ganze Reich regiere und für jede seiner Handlungen dem
Reichstag verantwortlich sei. Dies sei jene Centralisation, welche
in der verantwortlichen parlamentarischen Regierung ihr Gegengewicht habe.

Die Centralisation indessen, welche die parlamentarische Regierung, wenigstens bis zu einem gewissen Grad, unerlasslich fordert,
hatte bei uns seit lange her einen schlimmen Leumund. Auch die
österreichische Regierung strebte, obwol unter andern Formen, schon
seit Jahrhunderten nach diesem Ziel. Es fürchteten sich vor ihr
daher auch jene, die wussten, dass sie an sich genommen nichts anderes sei als der Organismus des Reichs nach dem Princip der

1844. Staatseinheit; nichts anderes als ein Mechanismus der öffentlichen Verwaltung, neben welchem der freieste Constitutionalismus ebenso gut bestehen kann wie die unbegrenzte Willkürherrschaft. Man fürchtete sich vor ihr, weil man die Meinung hegte, dass unter unsern Umständen, in unserer Verbindung mit der unter absoluter Regierung stehenden österreichischen Monarchie, die Willkürherrschaft durch das Netzwerk der Centralisation auf das Land leichter ausgedehnt werden könnte, als dies bei der „vis inertiae" des Comitatssystems möglich war.

Die Verkünder der neuen Lehren richteten demnach ihre Aufmerksamkeit und Kraft darauf, ihre Landsleute von der unabweislichen Nothwendigkeit der Centralisation hinsichtlich der bessern Verwaltung ebenso wie in Bezug auf die Umgestaltung zu überzeugen. — „Gefällt euch die Centralisation nicht", folgerten sie, „so gefällt euch auch die verantwortliche Regierung nicht; und ihr wollt sie nicht, da sie ohne Centralisation nicht bestehen kann. Das Centralisationssystem enthält alles in sich. Nicht von den Comitaten allein, auch nicht allein, obgleich um vieles mehr, von der Regierung oder von der constitutionellen Organisation derselben, — sondern von unserer ganzen Umgestaltung ist hier die Rede. Dieses System dehnt sich auf alles aus, nimmt alles in sich auf, lässt nichts im Unklaren, organisirt alles. Aus demselben bleibt nichts aus. Nicht die Regierung, nicht die Comitate, nicht der Reichstag, nicht die öffentliche Verwaltung, nicht die Nationalität, nicht das constitutionelle Leben; denn sie würde alles dieses ordnen und anders gestalten. Diese nimmt auch die Frage der ungarischen Nationalität in ihrem ganzen Umfang wirklich auf, weil die Sprache zwar die Wurzel der Nationalität sein kann; die ganze Sache erstreckt sich aber nicht bis hierher. Das selbständige constitutionelle Dasein, und was ein Theil desselben ist, die eigene Regierung macht meistens die Freiheit, so auch die Nationalität aus. . . . Die Hauptsache ist indessen die constitutionelle Regierung; und wir wünschen keine Centralisation ohne parlamentarische Regierung; aber wir wiederholen es, eine parlamentarische Regierung kann ohne Centralisation nicht bestehen" u. s. w.

Und nicht nur auf dem Felde der Tagespresse, auch in den übrigen Zweigen der Literatur bemühten sich die Centralisten ihre Centralisationslehren zu verbreiten. Und nebstbei versäumten sie, in der Meinung, dass alle jene Sympathie, welche es ihnen vom Comitatssystem abzuziehen gelingen sollte, sich ihrem eigenen Centralisationssystem zuwenden werde, keine Gelegenheit, liessen sie kein Mittel unbenutzt, um die Fehler und Mängel des Comitatssystems in ihrer ganzen Nacktheit aufzudecken und dasselbe möglichst unpopulär zu machen. Einer der ausgezeichnetsten Führer der neuen Schule, Joseph Eötvös, schrieb sogar einen Tendenzroman gegen dasselbe,

welcher eine grosse Wirkung hatte. „A falu jegyzője" (Der Dorf- 1844.
notär), wie er seinen Roman betitelte, schadete der Popularität des
Comitatssystems sicherlich mehr als viele der langen theoretischen
Artikel, welche zur Anempfehlung der Centralisation in den Spalten
des „Pesti Hirlap" erschienen. In diesem Roman wird jede Schwäche,
jede Schattenseite des Comitatssystems in den Rahmen einer Reihe
höchst interessanter Ereignisse zusammengedrängt, in nicht minder
lebenswahren als ergreifenden und die Seele in ihren Tiefen auf-
wühlenden Scenen abgespiegelt geschildert. Was Gegenstand der
ernsten Betrachtung und gründlichen Erörterung war, wird in das
Reich der Einbildungskraft hinübergespielt, und in herzergreifenden
Scenen oder mit beissendem Spott als ein würdiger Gegenstand des
Hasses und der Verachtung geschildert, ebendarum, weil er jeden
Fehler in ein Bild zusammendrängt und nicht selten auch übertreibt.

Weil es ihnen indessen unmöglich war, nicht einzusehen, dass
man die Centralisation und das parlamentarische Regierungssystem,
wenn dieselben auch von der ganzen Nation gefordert würden, nur
nach den Kämpfen langer Jahre oder wiener Regierung gegenüber
werde durchsetzen können; und weil auch die Männer der neuen
Schule vor der Centralisation unter absoluter Regierung denselben
Abscheu hatten wie die Freunde des Comitatssystems, so wollten
auch sie dasselbe so lange nicht gänzlich wegwerfen, bis nicht das
parlamentarische Regierungssystem vollständig begründet sein würde.
Sie riethen daher vorläufig nur theilweise Reformen im Comitatssystem an, von welchem, wie es bisher bestand, sie die Meinung
hatten, dass es ohne grosses Zurückbleiben des Reichs durchaus nicht
mehr aufrecht gehalten werden könne. Die Comitatsorganisation,
sagten sie, ist von zwei Gesichtspunkten aus zu betrachten: 1) als
Institut der öffentlichen Verwaltung und Rechtspflege, welches seine
Wirkung auf die einzelnen Behörden ausübt; 2) inwiefern sie eine
politische Institution ist, welche das Vaterland als Staat interessirt
und auf die ganze Stellung desselben ihren Einfluss in Ausübung
bringt. Und sie nahmen dieselbe vorzüglich vom letztern Standpunkt aus unters Secirmesser. Sie machten einen Unterschied zwischen jenen Fällen, in welchen das Comitat der höhern Macht gegenüber nur verneinend auftritt und das Gesetz ihrer sogenannten „vis
inertiae" gemäss vor möglichen Verletzungen bewahrt, indem es die
ungesetzlichen Befehle nicht vollzieht, — und zwischen jenen Fällen, wo
das Comitat handelnd eingreift. Kurz, sie wünschten den negativen
und positiven Theil des Wirkungskreises der Comitate zu unterscheiden. Dem ersten, welcher die Hauptgarantie der Verfassung
bildet, wollten auch sie nicht entsagen, solange sie denselben nicht
mit solchen Garantien, wie sie andere constitutionelle Nationen besitzen, d. h. mit einer parlamentarischen, verantwortlichen Regierung

1844. würden ersetzen können. Aber den zweiten, positiven Wirkungskreis des Comitatssystems, welcher insbesondere das statutarische Recht, die Feststellung des Schlüssels zur Steuerumlage, die Regulirung der öffentlichen Arbeiten und Communicationsmittel in sich enthält, wollten sie schon jetzt und zwar in der Gesetzgebung concentriren, so, dass bezüglich derselben nicht, wie bisher, jedes Comitat besonders, nach seinem eigenen Belieben, sondern die Gesetzgebung hinsichtlich des ganzen Reichs gleichmässig verfüge.

In diesen Lehren konnte man kaum etwas wirklich Tadelnswerthes finden; und dennoch, mochte nun der Fehler in den Verkündern liegen, dass sie vielleicht dieselben nicht deutlich genug erklärten; oder in den Lesern, dass diese, mit den europäischen constitutionellen Regierungstheorien nicht genug befreundet, im Comitatssystem befangen, sie nicht richtig auffassten; mochte es die aus dem Vorgefühle des zukünftigen Sturmes und Unglücks entstandene Antipathie gewesen sein: der Centralisation erstanden sehr zahlreiche Feinde. Es gab welche, die in derselben den Umsturz alles Bestehenden, eine Zerstörung jenes eigenthümlichen Schmelzes, welcher dem Nationalleben eigen ist, erblickten; andere, die daraus auf ein bequemeres Platzgreifen des Absolutismus folgerten. Es gab welche, die die Richtigkeit der Ansichten, im allgemeinen genommen, zwar nicht ableugneten; aber dieselben unter unsern eigenthümlichen Umständen, in unserer Verbindung mit der nach absoluten Formen regierten Monarchie, nicht in Anwendung zu bringen wünschten, da sie befürchteten, dass, wenn die politische Centralisation einmal durchgeführt sein würde, die der Willkürherrschaft zugeneigte wiener Regierung, das verantwortliche parlamentarische Regierungssystem durch einen Staatsstreich beseitigend, unserer Constitutionalität mit Einem Schlag und viel leichter ein Ende machen könnte als bei dem Comitatssystem, welches ähnliche Versuche schon mehrmals vereitelt hatte. Andere, die die Centralisation, an sich selbst genommen, bis zu einem gewissen Grade gleichfalls nicht tadelten, ja die parlamentarische Regierung des grössern Fortschritts in der Entwickelung wegen auch wünschten, hielten die Zeit zur Verkündigung dieser Lehren, welche in der Opposition eine Spaltung und Schwächung hervorriefen, nicht für richtig gewählt, besonders jetzt, da auch die Regierung sich auf jede Weise bestrebte, um die Opposition zu schwächen, und ihrer Macht, ihrem Einfluss auch im Schose der Comitate neue Stützen zu verschaffen. Das Vertrauen zur Regierung war nach dem Reichstag im grossen Theil der Nation stärker erschüttert als je zuvor; um so nothwendiger wurde demnach jetzt das Zusammenhalten der Opposition erachtet, weil man nicht bezweifeln konnte, dass die Regierung die Reformen, zu welchen sie sich schon beinahe geneigt zeigte, nicht im Interesse der nationalen Frei-

heit, sondern in ihrem eigenen, zur Befestigung ihres Einflusses, zu 1844.
einer beständigen Begründung ihrer Macht anwenden werde. Unsere
Verhältnisse aber waren so unglücklich, dass man eine kraftvolle,
mächtige Regierung, welche bei jeder andern constitutionellen Organisation der Nation nur zum Wohle gereichen würde, der fremden
und absoluten wiener Einflüsse wegen für nicht wünschenswerth
halten musste.

Auch jene Spöttereien und Witze, womit die Centralisten das
Comitatssystem in seinen Schwächen und Schattenseiten angriffen
und lächerlich zu machen suchten, ärgerten viele. Es beleidigte sie,
dass diese traditionelle Institution, welche unter den Widerwärtigkeiten der Vergangenheit ein so mächtiger Schutzwall des nationalen
Lebens war, welche auch heute noch die Hauptgarantie der Verfassung ist, mit so vieler Missachtung behandelt, und unpopulär und
zum Gegenstand der Verachtung gemacht werde, bevor man auf eine
Begründung neuer constitutioneller Garantien auch nur hoffen könnte.

Es ist demnach kein Wunder, dass auch die Centralisationslehre
mit grosser Heftigkeit, nicht selten ungerecht, noch öfter auf unstatthafte Weise angegriffen wurde, ihre Verkünder in verschiedener Art
verdächtigt wurden, und man ihnen gegenüber selbst der russischen
Centralisation Erwähnung machte. Die Heftigkeit des Streits, die
Parteileidenschaft riss beide Theile dahin, deren jeder seine Stellung
um so hartnäckiger vertheidigte, als in gewisser Hinsicht jeder recht
hatte. Die Centralisten stützten sich darauf, dass niemand im Stande
war, die Unstatthaftigkeit ihrer in ganz Europa angenommenen Lehren
zu beweisen, und behaupteten stolz, dass gegen sie kaum irgendein
Artikel geschrieben worden sei, welcher einer Widerlegung bedürfte.
Die Anhänger des Comitatssystems dagegen hielten sich zum Tadel
jener auch schon um deshalb berechtigt, weil diese eine solche Na-
tionalinstitution schonungslos angegriffen hatten, welche die Haupt-
und gegenwärtig einzige Garantie der Verfassung ist, und welcher
man, wie die Centralisten selbst nicht in Abrede stellen konnten, den
bisherigen Bestand des constitutionellen Lebens zu verdanken hatte.

Beide Parteien waren gleich freisinnig, beide sehnten sich gleichmässig nach der Sicherung einer unabhängigen, nationalen Regierung; und dass sie sich hinsichtlich dieser Lehren, welche wenige Jahre
nachher im Freudenrausche beider ins Leben traten, miteinander
dennoch entzweiten, kann kaum anders erklärt werden, als dass eine
kleine Ideenverwirrung in die Sache kam. Und diese Ideenverwirrung entstand vielleicht nur daraus, dass die Regierung in der Presse
die ganz freie Debatte noch nicht gestattete. Es wurde nicht ganz
deutlich dargelegt, dass in jedem gut geordneten Staat zweierlei
Freiheiten bestehen müssen. Die einen sind solche, welche aus sich
selbst bestehen, und die eigentlichen Grundlagen und Organe aller

1844. Freiheit sind, wie die persönlichen, municipalen und gesellschaftlichen Freiheiten, — die Freiheit der Person, des Besitzthums, der Arbeit, der Familie u. s. w. Die andern, zur Garantie jener dienenden, sind die sogenannten politischen Freiheiten, unter welchen die verantwortliche parlamentarische Regierung den ersten Platz einnimmt. Zwar sind alle insgesammt nothwendig, aber die politischen Freiheiten besitzen, in sich selbst genommen, keinen grossen Werth, und das Volk wird ihrer bald überdrüssig, wenn hinter ihnen nicht jene individuellen, gesellschaftlichen und municipalen Freiheiten bestehen. Ueber all diesem steht die freie Presse, welche die Hauptgarantie der politischen Freiheiten ist, wie diese wieder die Garantie jener gesellschaftlichen und individuellen Freiheiten sind. Unser Publikum hatte noch keinen klaren Begriff von diesen zweierlei Freiheiten, welche es in den Comitatsbehörden beisammen zu sehen gewohnt war, wiewol die Verkünder der neuen Lehren sie in ihren Zeitungsartikeln mehrmals voneinander unterschieden hatten. Nur aus dieser Ideenverwirrung konnte es entstehen, dass unsere Centralisten auch solcher Dinge beschuldigt werden konnten, als ob die russische Centralisation ihr Ideal wäre. Sie wollten jedoch im allgemeinen die Centralisation nicht ihrer selbst wegen, da sie gut wussten, dass eine übertriebene Centralisation, welche auch jene gesellschaftlichen, individuellen und municipalen Freiheiten verschlingt, eine blosse Negation der Freiheit ist. Sondern sie wünschten die Centralisation als eine Vereinigung der durch die Comitate zerstückten Nationalkraft, um den nationalen Freiheiten gegen die bureaukratische Centralisation der wiener Regierung eine vollständigere Garantie zu verschaffen. Sprechen wir deutlich aus, was damals der beschränkte Zustand der Presse nicht erlaubte: sie wollten die nationale Kraft und Gewalt in der verantwortlichen parlamentarischen Regierung concentriren, um die Souveränetät eigentlich in die Nationalversammlung zu verlegen, in einer Weise, wie dies in England, Belgien, Holland und gegenwärtig auch schon in Italien besteht, und auf diese Art die Nation vollständig zum Herrn ihrer selbst machen.

Wenn diese Centralisationslehren früher aufs Tapet gebracht worden wären, als noch Kossuth die Redaction des „Pesti Hirlap" leitete, hätten sie kaum soviel Lärm und Antipathie verursacht wie gegenwärtig, da ihr Auftreten die neue Richtung der Regierung und der Umstand, dass das „Pesti Hirlap, dieses Hauptorgan der Opposition, sich eben in ihren Händen befand, besonders schädlich zu machen schien. Viele nahmen keinen Anstand, das Verfahren der Centralisten für ein Verbrechen gegen die Freiheit der Nation zu erklären, durch welches sie in der Opposition nicht nur eine Spaltung hervorrufen, wo das Zusammenhalten derselben eine grössere Nothwendigkeit war als je zuvor; sondern auch noch das Hauptblatt der

Opposition zum Organ ihrer Lehren machen, und das auch von der 1844.
Regierung angegriffene Comitat, diese hauptsächlichste und gegenwärtig einzige wirksame Garantie der Verfassung ohne gehörigen
Schutz lassen.

Soviel ist wahr, dass, nachdem das „Pesti Hirlap" für die Centralisation zu wirken begann, es dem Comitatssystem unter den freisinnigen Blättern der Hauptstadt an einem genug wirksamen Organ
fehlte. Kossuth hatte die Redaction des „Pesti Hirlap" mit der
Hoffnung niedergelegt, dass er bald die Concession zur Herausgabe
eines neuen Blattes erhalten werde. Und darin muss man den Centralisten Recht widerfahren lassen, dass auch sie in dieser Hoffnung
das „Pesti Hirlap" zum Organ ihrer Lehren gemacht hatten; denn
Kossuth erhielt in der That in Wien von so vielen Seiten Zusicherungen, dass er keinen Anstand nahm zu sagen: „Ich habe der Blätter genug." Fürst Metternich selbst, den er in dieser Sache aufsuchte und der bei diesem Anlass mehrere Stunden lang mit ihm
über die Angelegenheiten des Reichs sprach, entliess ihn in bester
Hoffnung, nachdem er von ihm das Versprechen erhalten hatte, dass
Kossuth manche Fragen, welche auf die Regierung unangenehm einwirken, mit Schweigen übergehen werde. Soviel ist sicher, dass
Kossuth nach dieser Conferenz im Fürsten eine so günstige Meinung
gegen sich erweckt hatte, dass dieser in vertraulichen Kreisen keinen
Anstand nahm zu erklären: er habe ihn als einen in jeder Hinsicht
sehr wichtigen Mann befunden, als einen Mann, den zu gewinnen
oder wenigstens so sehr zu verpflichten, dass er der Regierung gegenüber keine feindliche Stellung einnehme, im Interesse der Regierung
selbst liege. Allein Apponyi war zur Ertheilung dieser Begünstigung
durchaus nicht geneigt. Er hegte die Meinung, dass er Kossuth
und seine bisherige Wirksamkeit besser kenne und daher auch richtiger zu würdigen wisse als Metternich; er wollte ihm daher gegen
seine ins Augenmerk genommenen Plane keine Waffe in die Hand
geben; ihm, von dem er wusste, dass, da Volksthümlichkeit sein Ideal
sei, er aber ebenso zufolge dieser als seiner Freiheitsliebe und Vergangenheit gemäss sich der Politik des wiener Cabinets niemals annähern werde, und es auf die Weise schon im voraus für sicher
betrachtete, dass er seinen beabsichtigten Planen mit der ganzen
Macht seines agitatorischen Genies opponiren werde.

Und auf diese Art, nachdem Kossuth keine Erlaubniss zur
Herausgabe eines neuen Blattes erhalten konnte, das „Pesti Hirlap"
aber, obgleich es im übrigen ein radical gesinntes Blatt war, zum
Organ der Centralisationslehre wurde: besass die Partei des Comitatssystems, welche hinsichtlich der Zahl die grösste, in der öffentlichen
Meinung die stärkste war, kein Organ. Die übrigen Blätter der
Hauptstadt wirkten entweder als Organe anderer Parteischattirungen

1844. oder ganz im Sinn der Regierung und der conservativen Partei. Insbesondere schwang das von Helmeczy redigirte „Jelenkor" die Fahne Széchenyi's, der sich schon in vielen Details von der Opposition separirt hatte. „Világ", welches früher vom Genie Aurel Dessewffy's durchdrungen wurde, hatte jetzt seinen Titel in den eines „Budapesti Hiradó" (Pest-Ofner Anzeiger) umgewandelt und wirkte unter der Leitung Emil Dessewffy's, eines Bruders des verstorbenen Aurel, ganz im Interesse und in der Richtung der Regierung für die neuen Plane derselben. Die alten „Hazai s külföldi Tudósitások" (Vaterländische und ausländische Nachrichten) standen jetzt unter dem anspruchsvollen Titel einer „Nemzeti Ujság" (Nationalzeitung), mit welchem indessen ihr Inhalt und Geist in nicht geringem Gegensatz stand, unter der Redaction des Grafen Johann Majláth im Sold des Klerus und der conservativen Partei. Da die verbreitetern Tagesblätter durch die verschiedenen Parteischattirungen eingenommen waren, so war Kossuth, der Hauptvertheidiger des Comitatssystems, als die Centralisten dasselbe immer heftiger anzugreifen begannen, auf das nur geringen Raum bietende, andere Tendenzen verfolgende Gewerbe- und Kunstblatt „Hetilap" (Wochenblatt) beschränkt, um seine wirkungsvolle Stimme für das so schonungslos angegriffene Comitatssystem zu erheben.

Diese Spaltung im Lager der freisinnigen Opposition schien, wie wir bereits sagten, um so schädlicher zu sein, weil auch die Regierung im Interesse ihrer neuen Richtung und Plane die Comitate mit grosser Kraft angriff. Zwar griff die Regierung dieselben nicht direct, wie die Centralisten, an; sie wollte vielmehr im Schos der Comitate selbst dem Wachsthum ihrer Macht und ihres Einflusses neue Quellen eröffnen und Werkzeuge suchen zur Verwirklichung ihrer Plane. Sie bestrebte sich, in den alten Comitatsformen, in der Leitung des Verfahrens der Comitate eine solche Veränderung hervorzubringen, welche geradezu die Schwächung der Opposition zum Ziel hatte, was ihr auch in der That in mehrern Comitaten zu erreichen gelang.

Dieser Erfolg der Regierung machte die centralistische Partei der Opposition so sehr bestürzt, dass sie, um ferner keinen Anlass zur Spaltung zu geben, die Verkündigung ihrer Centralisationslehren ganz unterliess oder dieselben wenigstens auf gelegenere Zeiten verschob.

Schon aus dieser kurzen Skizze des Standes der Parteien ist deutlich zu erkennen, dass die Umstände für die Regierung besonders günstig waren, als dieselbe Anfang 1845 ihre Wirksamkeit in der neuen Richtung begann.

Zweites Kapitel.

Der Anfang der Regierung Apponyi's.

Das Administratorensystem.

Fürst Metternich behauptete in seinem obenerwähnten Briefe, 1843. dass mit dem allgemeinen Frieden eine Periode eingetreten sei, welche man zur Entwickelung Ungarns hätte benutzen sollen, was indessen nicht geschehen sei. . . . „Zwei Elemente standen", sagt er, „miteinander im Kampf: das ungarische constitutionelle und das deutsche willkür-herrschaftliche. . . . Während des Kampfs schritten die Reichstage auf ihrem Wege fort, und jeder derselben entzog der Regierung eins der Mittel, welche zu deren Regierungsfähigkeit erforderlich waren." Diese Worte des Ministers können nichts anderes bedeuten, als dass die zum Gefühl ihrer Rechte erwachte Nation sich nicht mehr nach der Willkür der Krone ungesetzlich regieren lassen wollte; ja bestrebt war, ihre während der Misgunst der Zeiten verstümmelten Selbständigkeitsrechte wieder zu gewinnen. Diese Bestrebungen der Nation, seither dieselben im Anfang des dritten Jahrzehnts dieses Jahrhunderts die mit doppelter Schwere darauf lastende Willkürherr-schaft erweckt hatte, verfolgten eine zweifache Richtung. Die erste war: jene Rechte wieder zu gewinnen, welche die absolute wiener Regierung im Laufe dieses und des vorigen Jahrhunderts im Gebiet der nationalen gesetzlichen Selbständigkeit und des constitutionellen Lebens theils mit Gewalt, theils unbemerkt und nach und nach in Beschlag genommen hatte. Die zweite war: das in jeder Hinsicht zurückgebliebene nationale Leben zu reformiren und neu zu gestalten. Diesen Nationalbestrebungen doppelter Tendenz setzte die Re-gierung, welche der energische nationale Rückschlag zur Mässigung mahnte, einen verknöcherten Stabilismus und fortwährende Negation entgegen. Sie nahm hinter den Wällen der Bureaukratie eine so starke vertheidigende Stellung ein, dass sie daraus auf unsern Reichs-

1845. tagen selbst von der Majorität und Energie der Opposition nicht gänzlich vertrieben werden konnte. In den Reformen machte zwar die Nation einige Fortschritte, aber es gelang ihr nicht, die verstümmelten Rechte ihres selbständigen Nationallebens wiederherzustellen; die absolute wiener Regierung vertheidigte ihre ungesetzlichen Errungenschaften hartnäckig. Wenn wir die Factoren des selbständigen nationalen Lebens einzeln herzählen wollten, wäre es nicht schwer zu beweisen, dass die wiener Regierung beinahe in jedem derselben ihre ungesetzliche Mitwirkung fortwährend ausübte: sie liess die ungarischen Staatseinkünfte noch stets unter dem Einfluss der österreichischen kaiserlichen Kammer verwalten; anstatt guten Geldes überschwemmte sie das Reich mit wiener Banknoten; sie verwandte die ungarische Heeresmacht durch österreichischen Kriegsrath willkürlich zu eigenen Zwecken; sie hielt durch das von Joseph II. geschaffene coloniale Zollsystem die materiellen Interessen Ungarns noch immer nieder und verhinderte die Entwickelung derselben; sie richtete den öffentlichen Unterricht nach eigener Willkür ein; beschränkte die Gedankenfreiheit durch die ungesetzliche präventive Censur; mit Einem Wort: sie übte auf die ungarische Hofkanzlei und dadurch auf die Regierung des ganzen Reichs einen ungesetzlichen Einfluss aus.

Jene Worte des Fürsten Metternich können also nur die Bedeutung haben, dass, seitdem die Nation zum Gefühl ihrer Rechte erwachte, seit 1825, die wiener Regierung selbst bei allen ihren willkürherrschaftlichen Neigungen den Despotismus nicht mehr vermehren konnte; in allen ihren ähnlichen Versuchen lebhaften und energischen Widerstand fand und ihren Einfluss nicht so offen und unbeschränkt ausüben konnte, wie z. B., als sie im Jahre 1822 durch einen Hofbefehl Rekruten ausheben liess und eine ungesetzliche Steuer auschrieb; sie können nur bedeuten, dass auch gegen die alte Form und Methode der Willkürherrschaft die nationale Rückwirkung immer mehr wuchs. Die auf jedem Reichstag sich immer lebhafter und energischer entwickelnde Rückwirkung, diese stets lauter sich äussernde Zurückforderung der der nationalen Selbständigkeit entzogenen Rechte reizte den Minister, der mit dem Zeitgeist und den gesetzlichen Ansprüchen der Nation nicht zu pactiren wusste.

Um daher diesen Widerstand aufhören zu machen oder wenigstens zu schwächen und die Verwaltungscentralisation der Monarchie zu stärken, tritt er aus der Vertheidigungsposition der Regierung heraus, gibt das Princip des Stabilismus auf und beabsichtigt, sich an die Spitze der nationalen Umgestaltung zu stellen; und damit er diese nach seinen eigenen Zwecken leiten könne, sucht er vor allem durch scheinbar constitutionelle Formen und Mittel der Regierung im Unterhause, diesem Kampfplatz der Opposition, eine Majorität zu sichern. Aber, wie wir schon erwähnten, appellirt er nicht an die

die grosse Mehrheit bildende Opposition, sondern sucht sich die Ma- 1843.
jorität der letztern entgegen künstlich zu bilden.

Der Mittelpunkt jener Bestrebungen, durch welche die Nation
den fremden wiener Einfluss zu schwächen und die verstümmelten
Rechte ihrer gesetzlichen selbständigen Regierung wiederherzustellen
sich bemühte, war das Comitat. Dieses hatte die unmittelbare Verwaltung in der Hand; dieses gab dem Unterhause durch seine Abgeordneten und Instructionen die Richtung; dieses war gleichsam die
Werkstätte der Selbständigkeitsbestrebungen, dieses der Zügel der
willkürlichen Verfügungen, da es den Vollzug derselben suspendiren
konnte. Man musste daher vor allem das Streben der Comitate nach
Unabhängigkeit schwächen, im Schos derselben der Regierung eine
Majorität verschaffen und auf diese Weise alle einzelnen Fäden der
Regierung des Reichs in der Hand des in Wien residirenden, vom
wiener Ministerium abhängigen Hofkanzlers vereinigen. Wenn dies
gelänge, wäre der Regierung auch die Majorität im Unterhause gesichert, durch welche sie sodann, da die Majorität des Oberhauses
ohnehin zu ihrer Verfügung stand, den für jeden Fall nothwendigen
Reformen eine solche Richtung zu geben sich anschickte, dass sie
die Centralisation der Monarchie, den Einfluss des wiener Ministeriums
befestigen mussten.

Der Plan war, man muss es gestehen, geschickt entworfen.
Wenn auch noch die Mittel mit kluger Behutsamkeit gewählt worden wären, so hätte es kaum zu den Unmöglichkeiten gehört, dass
die wiener Regierung den Constitutionalismus ohne Verletzung der
verfassungsmässigen Formen so sehr geschwächt und die centralisirte
Verwaltung der Monarchie auch auf unser Reich ausgedehnt haben
würde, dass selbst die noch übriggebliebenen Ruinen der Regierungs-
selbständigkeit des Reichs gänzlich vernichtet worden wären.

Dass dies das Ziel Metternich's gewesen, setzt das obenerwähnte   Die
Schreiben ausser allen Zweifel. Anderer Meinung sind wir jedoch Apponyi's
über den neuernannten Hofkanzler, Grafen Georg Apponyi, durch
welchen das Cabinet dieses Ziel zu erreichen wünschte. Ihn halten
wir im allgemeinen für einen viel zu guten Patrioten und constitutionell gesinnten Mann, als dass wir glauben könnten, er habe, wiewol
er das Amt annahm, auch die Absichten des Cabinets zu den seinigen
gemacht. Man kann zwar nicht voraussetzen, dass Apponyi, obschon
er bei übrigens schönen Fähigkeiten den durchdringenden Scharfblick
des Genies nicht besass, die Absichten des Cabinets nicht vollständig
durchschaut hätte; und dass er das Amt mit der Verpflichtung, den
entworfenen Plan durchzuführen, dennoch annahm: er dies wahrscheinlich nur deswegen that, weil er glauben mochte, dass der Plan bei
dem lebhaften constitutionellen Gefühl der Nation bis zu seinen
äussersten Grenzen niemals werde durchgeführt werden können, und

1845. höchstens mehr Ordnung, eine stärkere Regierung hervorbringen
werde, von deren Nothwendigkeit mit ihm auch viele andere überzeugt waren. Er, der übrigens die Entwickelung, das Aufblühen der
Nation aus patriotischem Gefühl wünschte, mochte die Meinung hegen,
dass, solange die Verhältnisse zwischen der Nation und der Regierung
in ihrem alten Zustand verbleiben, solange sich die entgegengesetzten
Tendenzen einander nicht nähern, man auch die Durchführung der
Reformen nicht einmal hoffen könne. Da er ein Mitglied jener conservativen Schule war, welche früher Aurel Dessewffy repräsentirte
und im „Világ" entwickelt hatte, und deren manche Lehren von der
Reformpartei für gefährlich gehalten wurden, deren Hauptprincipien
jedoch eine constitutionelle Färbung besassen: so wünschte er vor
allem bei Beibehaltung constitutioneller Formen eine strengere Ordnung, Einheit in der Verwaltung und im allgemeinen eine stärkere
Regierung, indem er von diesen die Möglichkeit der Entwickelung
voraussetzte. Er glaubte nicht, dass eine starke Regierung, zufolge
unserer Verbindung mit der unter absoluter Macht befindlichen Monarchie, nothwendigerweise zur Schwächung des Constitutionalismus
und der nationalen Selbständigkeit führe.

Inwieweit man übrigens aus dem „Budapesti Hiradó", welcher
für seine Principien stritt und, im allgemeinen genommen, für sein
Organ gehalten werden darf, folgern kann, drücken sein Programm
beiläufig die folgenden massgebenden Principien aus: eine starke Regierung und zu diesem Zweck ein stärkerer Einfluss auf die Comitatsverwaltung; Aufrechthaltung des Comitatssystems in seinen alten
Schranken mit Beseitigung der Auswüchse desselben; Verantwortlichkeit der Beamten der Regierung gegenüber; schnelle Rechtspflege,
besonnener Fortschritt in den Reformen; Entwickelung der materiellen
Interessen vor den geistigen und moralischen; Regelung der öffentlichen Arbeiten; Beförderung der Religiosität; Pflege des Ansehens
und der Pietät.

Die Regie-   Nach der Auflösung des Reichstags, nachdem Apponyi das Steuer
rung dem
Schutzverein mit diesen weitgreifenden Plänen und nicht geringerm Eifer angegriffen
gegenüber. hatte, verbreiteten sich schutzvereinliche Bewegungen überall im Reich.
Er wusste sehr gut, welche höhern politischen Ziele bei der Begründung dieses Vereins den Augen der Gründer vorschwebten, und welche
Wirkung derselbe auf alle Klassen und Parteien des Vaterlandes ausüben könnte, wenn er sich, wie es im Plan lag, allgemein verbreiten
und ausser der Beförderung materieller Interessen auch auf das ganze
nationale Leben ausdehnen würde. Und da diese grosse Tragweite
des Vereins die Gründer desselben selbst nicht verheimlichten, richtete sich seine Aufmerksamkeit vor allem auf denselben. Durch den
Statthaltereirath wurde den Comitaten ein Intimat zugeschickt, in
welchem diese aufgefordert werden, die Zwecke und Statuten aller

in ihrem Schos befindlichen Vereine, insbesondere die des Schutzver- eins, zu unterbreiten und für dieselben die königliche Bestätigung zu erbitten.

Diese Verordnung der Regierung erweckte mit Recht in den Comitaten den Verdacht, dass die Regierung das Vereinsrecht zu beschränken beabsichtige und besonders gegen den Schutzverein irgendwelche Schritte zu machen wünsche. Den Gesetzen nach mussten nur die Erwerbs- und Actiengesellschaften höhern Orts angezeigt werden. Daher enthielt jener Ausdruck des von der Regierung erlassenen Rundschreibens, welchem nach die Wirksamkeit jedweden Vereins von höherer Bestätigung abhängig gemacht wird, eine ganz ungebräuchliche und ungesetzliche Beschränkung des Vereinsrechts in sich. Die Mehrheit der Comitate legte demnach ihre Bemerkungen in diesem Sinn vor, und jedermann sah der Antwort der Regierung, welche leicht zu einem Zusammenstoss hätte Anlass geben können, mit Besorgniss entgegen. Und in der That war auch schon das Gerücht verbreitet, dass in Wien der Befehl zum Verbot des Schutzvereins ertheilt worden sei.

Allein dies geschah jetzt nicht. Der Erzherzog-Palatin Joseph setzte jeder Massregel, welche das Vereinsrecht beschränken sollte, entschiedenen Widerstand entgegen. Seine Vorträge, in welchen er bewies, dass ein solches Verbot im gegenwärtigen Fall nur Gereiztheit hervorrufen, aber seine Wirkung gänzlich verfehlen, ja die Gemüther verbitternd, die zu verbietende Richtung kräftigen würde, hatten zum Resultat, dass das Verbot nicht erlassen wurde. Den Beamten wurde indessen von ihren Vorständen mitgetheilt, dass die Regierung es nicht gern sähe, wenn sie am Verein theilnähmen.

Allein obgleich die Regierung auf diese Weise gegen den Schutzverein auch mit einem directen Verbot nicht auftrat, so glaubte sie doch nichtsdestoweniger, dass sich in demselben das Streben der Nation nach gesetzlicher Unabhängigkeit viel zu stark äussere, als dass sie geneigt gewesen wäre, der Verbreitung desselben gleichgültig zuzuschauen. Was sie daher gegen denselben im ausseramtlichen Wege thun konnte, versäumte sie nicht zu unternehmen. Die Männer der Regierung und ihr Organ, der „Budapesti Hiradó", liessen keine Waffe unversucht, wodurch sie der Volksthümlichkeit des Schutzvereins zu schaden vermeinten. Von den vaterländischen Zeitschriften wurde noch die „Nemzeti Ujság" der schwache Nachhall desselben. Von den ausländischen begannen die augsburger „Allgemeine Zeitung", der „Lloyd" und andere wiener Blätter aus dem Gesichtspunkt des Interesses der österreichischen Erbländer einen heftigen Feldzug gegen diesen Verein. Und dies war sehr natürlich und leicht vorauszusehen; man hätte sich verwundern müssen, wenn es anders geschehen wäre.

Die mit der Regierung im Bunde stehende conservative Partei — obgleich sie die Nothwendigkeit des Fortschritts noch mehr als jemals bei jeder Gelegenheit im Munde führte, während der Schutzverein nichts anderes war als der, wie man gestehen muss, etwas starke Ausdruck dieses Verlangens nach Fortschritt; und obgleich diese Partei selbst nicht in Abrede stellen konnte, dass die Ursache des Zurückbleibens unserer materiellen Interessen wenigstens zum Theil in dem ungerechten österreichischen Zollsystem zu suchen sei — hütete sich dennoch, jener nationalen Bewegung beizutreten, welche eine directe Misbilligung der Handelspolitik der wiener Regierung in sich enthielt. Der Schutzverein wurde auf diese Weise von Anfang an zu einer Parteifrage entstellt. Während die grosse Oppositionspartei die Idee, besonders anfangs, mit grosser Begeisterung begrüsste und den Verein verbreitete: blickten die conservative und die Regierungspartei auf denselben nur mit Verachtung und verspotteten ihn „als ein hin- und herflackerndes Irrlicht, einen süssen Kinderbrei, eine Caricatur, einen überstürzten Plan, ein vorzeitig geborenes und nicht lebensfähiges Wunderkind, und als solch etwas, was dort schützen will, wo es nichts zu schützen gibt". Viele von diesen begannen, aus purem Parteiinteresse die verkehrte Behauptung zu verbreiten, dass alle Bestrebungen der Opposition unnütz seien; Ungarn könne nie ein industrielles Land werden, es sei seiner Natur und Lage gemäss ausschliesslich auf die Landwirthschaft angewiesen.

Andere, die überzeugt waren, dass diese Behauptung ebenso aus Befangenheit wie der Schutzverein aus Uebertreibung entstanden sei, hegten die Meinung, dass es zwar nothwendig sei, den Gewerbfleiss zu entwickeln; die einzigen Mittel zur Entwickelung desselben seien jedoch nicht die Schutzzölle, welche sie in unserer Lage für unmöglich hielten, auch nicht der sie zu ersetzen strebende Schutzverein, welchen sie zu einer feindlichen Demonstration gegen die Regierung stempelten; sondern solche Gesellschaften, welche sich die positive Unterstützung der Gewerbe, die Gründung von Fabriken und Manufacturen zur Aufgabe machten. Und diese wurden, wie wir weiter unten erzählen werden, zu Protectoren der unlängst gebildeten Gesellschaft zur Gründung von Fabriken.

Einige, und zu diesen gehörte auch der ausgezeichnetste Streiter für unsern materiellen Fortschritt, Graf Stephan Széchenyi selbst, waren dem Schutzverein von allem Anfang an nur deshalb entgegen, weil sie meinten, dass, wenn derselbe mit einem bedeutendern Erfolg wirken werde, er die Interessen der österreichischen Erbländer so tief verletzen würde, dass hieraus unausweichlich gefährliche Repressalien hervorgerufen werden müssten; wenn er sich aber keines grössern Erfolgs erfreuen sollte, so werde er nur unsere nationale Kraftlosigkeit in ihrer ganzen Nacktheit entschleiern.

Demnach entstanden in der Angelegenheit des Schutzvereins von 1845. Anfang an mehrere Parteien: die Partei jener, welche, die Idee mit Begeisterung aufnehmend, sich dem Verein mit ihrer Unterschrift und Verpfändung des Ehrenworts anschlossen; jener, die sich zwar nicht unterschrieben, aber diese Angelegenheit mit Wort und That beförderten; jener, die dem Schutzverein zwar gern beigetreten wären, es aber aus Nebenrücksichten nicht wagten; jener, die offene Feinde desselben waren; und endlich die Partei jener, die in ihrer gleichgültigen Theilnahmslosigkeit der ganze Schutzverein und sein Schicksal nicht interessirte. — Uebrigens was und wieviel der Erfolg des Schutzvereins in materieller Hinsicht war, werden wir weiter unten erzählen.

Da Apponyi das Gelingen seiner Plane, den Anschluss der Majorität an die Regierung, nur von der Veränderung des in den Comitaten herrschenden Geistes, von einem Umschlage der öffentlichen Meinung hoffen durfte: so wandte er vor allem andern seine Aufmerksamkeit den Comitaten zu. Der Einfluss der Centralregierung auf den Geist und das Verfahren der Comitate war bisher ein sehr geringer gewesen. Da die Comitate in ihren Generalversammlungen von der Gesammtheit der Stände, sonst aber durch ihre selbstgewählten Beamten verwaltet wurden: so standen sie mit der Regierung einzig und allein durch die von der Ernennung des Königs abhängige Obergespanswürde in Verbindung; der Obergespan war das einzige Organ derselben. Weil aber die Obergespane, die meistens auch noch andere Reichsämter innehatten, in ihren Comitaten nur sehr selten, höchstens zu den alle drei Jahre stattfindenden Restaurationen erschienen: so hatten sie, wie sie nach einem hundertjährigen Gebrauch die Verwaltung gänzlich den Vicegespanen überliessen, auch keinen Einfluss auf den im Comitat herrschenden Geist.

Der neue Kanzler begann, um in diesem Verhältniss eine Aenderung hervorzubringen, vor allem die Obergespansämter zu organisiren. Er erliess daher eine Verordnung, dass die Obergespane fortan die Schlichtung aller öffentlichen und privaten Angelegenheiten persönlich leiten, alle Schriften, welche an die Comitate gerichtet oder von denselben herausgegeben werden, durch ihre eigenen Hände gehen lassen sollen. Aus diesem Zweck machte er jedem Obergespan zur Pflicht, dass er fortan in seinem Comitat für beständig wohne, dort öftere Rundreisen vornehme, und alle Zweige der Verwaltung selbst leite. Derjenige, welcher, durch ein anderes Amt verhindert, in seinem Comitat nicht wohnen konnte, oder dort zu wohnen sich sonst weigerte, wurde gezwungen, seine Obergespanswürde niederzulegen; und an seine Stelle wurde ein Obergespans-Stellvertreter oder, wie man ihn im gewöhnlichen Leben in der Regel nannte, ein Administrator gesetzt. Die Obergespane und Administratoren bezogen bisher, wiewol sie

Das Administratorensystem.

vom König ernannt wurden, ihren geringen Gehalt nichtsdestoweniger aus den Domesticalkassen der Comitate; jetzt wies die Regierung diesen neuartigen Administratoren aus dem Staatsschatz einen den bisherigen um das dreifache übersteigenden Gehalt (6000 Gulden) an. Welche geheime Instructionen diese Administratoren erhielten, kam bisher nicht aus Tageslicht; ohne Zweifel zielten alle dahin ab, dass sie in der Comitatsverwaltung eine strengere Ordnung schaffen, in den Generalversammlungen der Comitate, und auf den künftigen Reichstagen und in den Instructionen der auf dieselben zu sendenden Deputirten die Principien der Regierung zur Majorität verhelfen mögen.

Wenn Apponyi diesen Zweck in der Stille mit Mässigung und Schonung gewisser Vorurtheile zu verwirklichen getrachtet, insbesondere, wenn er die Gesetzmässigkeit streng eingehalten, die alten Obergespane, die in ihren Comitaten wohnen konnten, in ihren Aemtern nicht gestört, und zu neuen in den Comitaten beliebte Persönlichkeiten ernannt hätte, würde er keine so grosse Antipathie gefunden haben; besonders nachdem ein Gesetz vom Jahre 1723 die Obergespane in ihren Comitaten zu wohnen verpflichtete. Da er aber der Regierung die Majorität schon auf dem künftigen Reichstag zu sichern wünschte, ging er in dieser Angelegenheit etwas voreilig vor. Auch in seinen Ernennungen hatte er nicht so viel Voraussicht oder Glück, dass er entweder die Kränkungen einzelner oder ganzer Familien hätte vermeiden oder den Wünschen und Sympathien der betreffenden Comitate entsprechen können. Die neuen Administratoren wurden in Menge, und nicht blos in Einem Fall, aus solchen Persönlichkeiten ernannt, gegen welche sich die Antipathie in den Comitaten schon in voraus geäussert hatte. Mehrere Comitate wurden ihrer sehr populären Obergespane beraubt, was jedoch die Regierung nicht einmal mit der Nothwendigkeit des Wohnens im Comitat in jedem Fall entschuldigen konnte, nachdem selbst viele der neuernannten nicht für beständig in ihrem Comitat wohnten.

Insbesondere zog der Regierung den Verdacht der Gehalt zu, welcher mit dem neuen Amt der Administratoren verbunden wurde. Dadurch, dass die Obergespane ihren Gehalt aus der Domesticalkasse des Comitats erhielten, schienen sie gleichsam die Rolle eines Vermittlers zwischen der Regierung und dem Comitat einzunehmen. Jetzt machte die seitens der Regierung bestimmte Besoldung des Obergespans oder Administrators denselben geradezu zu einem Regierungsbeamten. Noch auffälliger wurde dieser Gehalt durch seine Höhe. Die Statthallereiräthe, die Beisitzer der königlichen und der Septemviraltafel und andere hohe Beamte waren noch immer auf jene gegenwärtig geringen Gehalte beschränkt, welche noch unter Maria Theresia, als zwischen dem Gelde und den Nahrungsmitteln

und jeglicher Waare ein ganz anderes Verhältniss bestand, bestimmt 1846.
worden waren; der Statthaltereirath musste sich noch immer mit
2000, der Beisitzer der königlichen Tafel mit 1500 Gulden in
der weit theuerern Hauptstadt begnügen. Es konnte daher jedermann mit Recht fragen, welche Absichten wol die Regierung mit
den Administratoren haben könne, dass, während sie die Beamten
anderer Stellen sich bei ihrem geringen Gehalt kümmerlich durch-
bringen lasse, sie den Gehalt der in wohlfeilen Gegenden oder auf ihren
Landgütern wohnenden Administratoren zu einer solchen Höhe erhob,
und den ohnehin stets in Geldnoth befindlichen Staatsschatz mit etwa
300000 Gulden belastete?

Nicht weniger missfiel es, dass, während das Gesetz einzig über
Obergespane verfügte, und die Administratoren vom Gebrauch nur
ausnahmsweise, auf manche Fälle, beschränkt wurden, jetzt in der
Mehrzahl der Comitate Administratoren die Sitze der Obergespane
einnahmen. Und dies war der Fall insbesondere und beinahe ohne
Ausnahme hinsichtlich jener Comitate, in welchen die Opposition entweder durch ihre Zahl oder deren ausgezeichnete Persönlichkeiten
die stärkste war. Es war nicht schwer, darauf zu kommen, dass die
Regierung hierbei den Zweck habe: durch die Administratoren, die
auf dem Reichstag keinen Sitz hatten, wie die Obergespane zufolge
ihrer Würde, auch während des Verlaufs desselben auf die Anfertigung und beziehungsweise Abänderung der Instructionen fortwährend
Einfluss nehmen zu können.

Endlich wurde jene Absicht der Regierung, an der Seite der
Administratoren ein ganzes bisher nicht bestandenes Amtspersonal
zu gründen, beschuldigt, dass sie die Bureaukratie auch schon im
Schose der Comitate einwurzeln lassen wolle.

Die Neuerungen, welche im öffentlichen Leben mit dem Namen
„Administratorensystem" bezeichnet wurden, hatten in der Mehrzahl der Comitate von Anfang an grosse Besorgniss und Antipathie
erweckt. Die Opposition betrachtete sie im allgemeinen als einen
listigen Versuch der Regierung gegen jene höchste Garantie der constitutionellen Freiheit, welche die Nation im Comitatssystem und in
der Selbsthandhabung der Verwaltung besitzt. Nicht nur infolge des
Umstandes, dass die Plane der Regierung nach und nach ins Publikum
drangen, sondern auch aus dem Auftreten der 'Administratoren, aus
ihrem Verlangen, sich in alles einzumischen, alles leiten zu wollen,
wurde es bald darauf allgemein bekannt, dass der Zweck der Regierung im neuen System kein geringerer sei, als die Comitatsverwaltung in ihrer eigenen Hand zu vereinigen; auf dem Reichstag aber
sich selbst eine Majorität zu verschaffen, um durch diese sodann die
nationale Entwickelung ihren eigenen Zwecken gemäss leiten und

1845. die constitutionelle Freiheit im Interesse der Macht beschränken zu können.

Da auf diese Weise die Möglichkeit der nationalen constitutionellen Entwickelung, die selbständige Nationalität und Freiheit in Frage stand: so ist es kein Wunder, dass gegen das Administratorensystem, ehe dasselbe noch recht Wurzel fassen konnte, in den Generalversammlungen der Comitate heftige Angriffe unternommen wurden. Im pesther Comitat, wo das neue System schon in der im März abgehaltenen Generalcongregation Gegenstand der Debatte war, sahen die Stände in demselben eine Erneuerung jener Versuche im Plan, welche am Schluss des vorigen Jahrhunderts Joseph II. machte. Die ersten Redner des Comitats und des Landes, Kossuth, Joseph Eötvös und andere, erklärten offen, dass der Nation eine grosse Gefahr drohe; und wenn sie in der Bewahrung ihrer Rechte jetzt nicht genug Muth, Energie, Klugheit und Ausdauer entwickeln werde: so würden diese Administratoren, wie sie die hohe Aristokratie des Reichs, welcher die Obergespanswürde gebührt, aus dieser schon verdrängten, auch dem Adel und dem Comitatssystem, welches bisher die einzige Garantie der Verfassung war, gar bald das Grab graben. „Wenn“, sagten sie, „dieser von oben ernannte, auch abzusetzende Oberbeamte, der beim Gericht über das Leben und Vermögen einzelner urtheilt, das Candidationsrecht der Comitatsbeamten in der Hand hat und durch das Corteschwesen in den meisten Orten über unsern demoralisirten niedern Adel verfügt, der in der Abänderung der Instructionen fortwährend thätig sein kann, während die ausgezeichnetsten Männer des Comitats auf dem Reichstag fern sein werden; — wenn diese einflussreiche Person keinen Widerstand finden wird, werden die Comitate bald zu Registratoren seines Willens herabsinken.“ Während dieser Debatten tauchte auch die Benennung „Kreishauptmann“ auf, welche, vom Amtstitel der Oberbeamten der österreichischen Kreise entlehnt, später zur Bezeichnung der Administratoren allgemein wurde.

Da die Mehrzahl der Comitate das Administratorensystem von dieser Seite betrachtete, so wandte sie ihre Sorge darauf, dass dasselbe dem Comitatssystem nicht gefährlich werden könne. Es wurde die Erklärung abgegeben, dass, wenn die so rasch aufeinander folgenden Ernennungen von Administratoren Vorzeichen eines einzuführenden neuen Systems wären, welches die Selbständigkeit der Comitate bedrohe, sie dagegen schon jetzt Protest erheben. Den Vicegespanen wurde aufgetragen, das Comitatssiegel, welches als Symbol der öffentlichen Verwaltung das Gesetz direct in die Hand des Vicegespans legt, dem Administrator nie zu übergeben, und es für ihre unerlassliche Pflicht zu halten, die innere Verwaltung des Comitats vor jeder gebrauchs- und gesetzwidrigen Einmischung zu

bewahren.   Den ernannten Administratoren, wenn sie in ihren betreffenden Comitaten anlangten, wurden jene Ehrenbezeigungen, womit man sonst die Obergespane zu empfangen pflegte, in der Regel
versagt, und die Stände legten durch ihr ganzes Betragen an den
Tag, dass sie das gesetzwidrige System zwar dulden, zu dessen Abschaffung bis zum künftigen Reichstag ohnehin keine Hoffnung sein
könne; aber ihre Rechte und die Organisation und Verwaltung des
Comitats durch dasselbe zu verkürzen nicht erlauben würden.

Die durch die Ernennung der Administratoren erweckten Besorgnisse wurden bald darauf vom Verfahren dieser Beamten in den
meisten Comitaten gerechtfertigt.   Gleichwie die Regierung in der
Einführung des Administrationssystems wenig Behutsamkeit und Gesetzmässigkeit an den Tag gelegt hatte: ebenso wenig Klugheit und
soviel Uebereilung und Herrschsucht verriethen in manchen Comitaten
diese neuen Oberbeamten in ihrem Vorgehen.   Nachdem sie einen
Theil des niedern Adels durch allerlei Kunstgriffe und das Werben
ihrer Anhänger auf ihre Seite gezogen hatten, bestrebten sie sich, ihre
Präsidialrechte auf jede Weise auszudehnen und sich der ganzen behördlichen Gewalt zu bemächtigen.   Ihre Herrschsucht bebte an
manchen Orten vor keinem rechts- und gesetzwidrigen Mittel zurück.
Sie rissen nicht nur das Recht des Vorsitzes. beim Gerichtsstuhle,
sondern auch das Recht, die Comitatscorrespondenzen zu unterschreiben
und zu siegeln, welches das Gesetz dem Vicegespan und beziehungsweise dem Notar sichert, an sich.   Ihr Verfahren kennzeichnete an
den meisten Orten die auffallendste Parteilichkeit.   Und wenn sie
auch vielleicht in manche Zweige der Verwaltung grössere Ordnung
und Schnelligkeit einführten, so geschah dies in den meisten Fällen
auf Kosten der Freiheit.   Es gab auch dafür Fälle, z. B. im csongráder Comitat, dass sie, in der Absicht, die Popularität des zur
Oppositionspartei gehörigen Beamtenkörpers zu vernichten, auch das
übrigens heilsame Verfahren desselben tadelten und daraus eine Parteifrage machten.   Ihre Parteilichkeit ging in manchem Comitat soweit,
dass es beinahe zu ihren regelmässigen Kunstgriffen gehörte, die Generalversammlungen, wenn auf denselben wichtigere Fragen vorkamen,
und es ihnen noch nicht gelungen war, sich eine Majorität zu verschaffen, aufzulösen oder zu vertagen.   Die Regierung hatte in einer
eigenen Verordnung auch dafür Sorge getragen, dass die Anwendung
militärischer Assistenz, welche bisher nur von der Behörde allein entschieden wurde, fortan vom Obergespan und Administrator, ja, in
der Hoffnung, dass es demselben gelingen werde, auch den Beamtenkörper aus seiner eigenen Partei wählen zu lassen, auch vom Vicegespan angeordnet werden könne, ohne hierfür dem Comitat gegenüber zur Verantwortlichkeit verpflichtet zu sein.

Dieses theils dem Gesetz, theils dem eingeführten Gebrauch ent-

1845. gegenstehende parteiische Verfahren der neuen Obergespane und Administratoren wurde zur Quelle zahlreicher Conflicte, Reibungen und Zänkereien zwischen ihnen und der freisinnigen Oppositionspartei. Die Regierung hatte das neue System, wie sie zu sagen liebten, nur wegen der Ordnung und der grössern Schnelligkeit in der Verwaltung begründet; und die Zwietracht hielt nie reichlichere Ernten wie gegenwärtig. Es gab kaum Ein Comitat, in welchem nicht ähnliche Zwistigkeiten aufgetaucht wären. Wir müssen jedoch vorzüglich zwei Comitate erwähnen, Hont und Bihar, wo die Folgen des Administratorensystems am bedauerlichsten zu Tage traten, und deren Zustände und Verhältnisse dadurch einigermassen ein Interesse für das ganze Land erhielten, dass die in ihrem Schose geschehenen Vorfälle nationale Rechte betrafen und die Schlichtung derselben die Mehrzahl der Comitate forderte.

Das honter Ereigniss.

Der Vorfall in Hont ist der folgende. Alexander Luka, der einstmalige freisinnige Reichstagsdeputirte und jetzt Administrator dieses Comitats, hatte, um sich vom freisinnigen Beamtenkörper sobald als möglich zu befreien, die Restauration noch vor dem Ablauf der gesetzlichen drei Jahre auf den 24. April bestimmt; und um seine Anhänger ohne jede Schwierigkeit wählen zu lassen, liess er das Namensverzeichniss der Abstimmenden, in welches zahlreiche Adeliche aus dem benachbarten Bars, welche im honter Comitat kein Stimmrecht besassen, eingeschmuggelt wurden, durch seine Partei ohne jede Untersuchung und Verification gewaltsam annehmen. Der Sieg war auf diese Weise nicht schwer; und obgleich die Opposition eine unzweifelhafte Majorität besass, so wurde der Beamtenkörper dennoch ganz nach dem Wunsch des Administrators und aus seiner Partei gewählt.

Aber die auf eine solche Art hinters Licht geführte Opposition verlor das Vertrauen zu sich selbst nicht, und erschien zur Generalversammlung im August, auf welcher öffentliche Angelegenheiten, welche seit der Ernennung des Administrators nicht regelmässig verhandelt worden waren, geordnet werden sollten, mit sehr zahlreichen Corteschmassen. Auch die Regierungspartei versäumte zwar nicht, ihre Cortesch zu versammeln; ihre Anzahl war jedoch augenscheinlich geringer als die jener. Der Administrator, hiervon verständigt, sandte an dem zur Versammlung bestimmten Tag den auf ihn wartenden Ständen durch einen Oberstuhlrichter eine „Verordnung" zu, welcher gemäss er, obgleich die Ordnung keinen Augenblick gestört wurde, die Versammlung so lange für vertagt erklärte, bis nicht für die persönliche Sicherheit und die Aufrechthaltung der Würde in den Berathungen gehörige Sorge getragen wäre. Wann die Sitzung abgehalten würde, dies werde den Ständen eine am Comitathause ausgehängte Tafel anzeigen.

Als sich hierauf der grösste Theil der Regierungspartei entfernte, 1845. unternahm die beisammen gebliebene Opposition einen heftigen Angriff auf die ungesetzlichen Uebergriffe des Administrators; und für den gegenwärtigen Fall einen Präsidenten und die nothwendigen Beamten substituirend, hielt sie die ausgeschriebene und ohne alle Ursache vertagte Versammlung ab. Die Versammlung brachte nur drei Beschlüsse: eine Adresse an den König, in welcher derselbe von dem traurigen Zustand des Comitats verständigt und gebeten wird, denselben im Sinne der Gesetze untersuchen lassen, den Administrator seines Amts entsetzen und dem Landesrichter und gesetzlichen Obergespan, Georg Majláth, seine Würde wiederverleihen zu wollen; ferner wurde an den Palatin und an den Landesrichter eine Deputation abgesendet, durch welche jener um seine gesetzliche Vermittelung, dieser aber gebeten wurde, die Leitung des Comitats wieder zu übernehmen. Endlich wurde an die übrigen Comitate ein Rundschreiben gerichtet, in welchem diese zur Unterstützung der Sache Honts aufgefordert wurden.

Da der Vorstand keineswegs das Recht besitzt, eine regelmässig und auf gesetzliche Art einberufene und zusammengesetzte Generalversammlung durch Verordnungen zu vertagen und aufzulösen, besonders wenn hierzu keinerlei Unordnung Anlass gab: so beging der honter Administrator ohne Zweifel eine Ungesetzlichkeit. Aus dieser Rücksicht fand das Schreiben der honter Stände in der Mehrzahl der Comitate eine um so grössere Unterstützung, je mehr Anlass zu ähnlichen Klagen die neuen Obergespane und Administratoren auch in andern Comitaten gaben. Wir führen hier unter allen nur das peather Comitat an, nicht nur weil dessen Beschluss die grösste Tragweite hatte, sondern weil demselben später auch zahlreiche andere Comitate beitraten.

Unter andern erhob dort seine Stimme ein Mann, dessen Wort, weil das Comitatssystem eben von ihm am heftigsten angegriffen wurde, hinsichtlich dieses Gegenstands von doppelter Wichtigkeit ist, und jedenfalls frei war von Parteigeist. „Als vor einigen Monaten", sagte Baron Joseph Eötvös, „die Aenderungen in der Einrichtung des Obergespanamts den Ständen Gelegenheit boten, ihre Besorgnisse über diesen Schritt der Regierung anzusprechen, gab es Menschen, die dies damals beinahe für lächerlich hielten. . . . Wenn auch nur die Hälfte von all den schönen Dingen in Erfüllung gegangen wäre, welche einzelne Mitglieder der Regierungspartei aus dieser Veränderung folgerten, so wäre unser Vaterland schon ein Eldorado. Wer die mit dem neuen Obergespanssystem verbundene Instruction nicht kennt, der kann keinen Begriff davon haben, wieviel ein Mensch zu thun vermag, welcher jährlich 5—6000 Gulden Bezahlung hat. Er muss die öffentlichen Angelegenheiten des ganzen Comitats leiten,

1845. und ausserdem die eines jeden Bezirks, ja die einer jeden Gemeinde. Er muss bei allen Berathungen, bei jeder Gerichtssitzung präsidiren. Er muss sein Comitat bereisen, die Ausführung der Beschlüsse beaufsichtigen, die Kasse eines jeden Dorfrichters oder Notars untersuchen. . . . Die Comitatsversammlungen sind zu Heerlagern geworden; die Berathungen werden auf Commando abgehalten. . . . Dies alles führt zur Vernichtung der Comitatsgewalt. Er hält das Comitatssystem nicht für die hauptsächlichste Garantie der Verfassung; gegenwärtig aber besitzen wir nur diese, wir müssen daher auf sie Acht haben. Jene, die das Comitat von seiten der Regierung mit Lobpreisungen vertheidigen, greifen dasselbe dem äussern Schein nach nicht an, ja sie machen sogar aufmerksam, dass wir unser Comitatssystem nicht lassen sollen. Diese wollen das Comitat, aber welches Comitat! . . . . Alle drei Jahre werden Restaurationen abgehalten werden, nur dass der Obergespan sich des Candidationsrechts nach eigener Willkür bedienen wird und dieses nichts anderes sein wird als eine andere Art der Ernennung. Versammlungen werden abgehalten werden, nur dass im Saale ausser den Ständen auch Soldaten sein werden. Man wird Beschlüsse fassen, nur dass der Obergespan, wenn er keine Majorität für seine eigene Ansicht erblickt, die Versammlung ebenso oft auflösen wird. Es wird 52 Comitate geben, jedes mit einem Proconsul. . . . Das Uebel kann in uns selbst liegen. Haben wir Acht, dass wir vom Pfade der Gesetzlichkeit nie abweichen, und berechnen wir im voraus, was wir in der Zukunft thun werden. Richten wir eine Adresse an Se. Majestät; er erwartet jedoch wenig auf diesem Wege: man müsse hier etwas anderes vornehmen. Die bisherigen Schritte der Regierung scheinen Vorbereitungen für den künftigen Reichstag zu sein. Die Regierung ist schon im Reinen über das, was sie will. Sind wir es auch? Wenn z. B. die Regelung des Reichstags aufs Tapet kommt, was werden wir thun? Die untere Tafel hat mit ihrem auf die vom 4. Nov. 1844 datirte königliche Antwort, in der Angelegenheit der Durchführung des 21. Gesetzartikels 1836, gebrachten Beschluss dem Lande den Weg gezeigt, auf welchem man fortschreiten soll. Das Comitat war bisher unsere Hauptgarantie; was sollen wir aber thun, wenn diese Garantie selbst angegriffen wird? Dies führt von selbst darauf, dass wir für eine andere Garantie Sorge tragen sollen, und wenn die Regierung auftrat und sagte: mit den ungarischen Comitaten kann man nicht regieren: so treten auch wir auf, und sagen wir, dass wir für eine innere Organisation der Regierung sorgen müssen. Er stelle demnach den Antrag, dass an die übrigen Comitate ein Rundschreiben zu richten sei; im Comitat selbst aber sei eine Commission zu wählen, welche für die Art, wie die Volksver-

tretung und Verantwortlichkeit der Regierung einzuführen sei, Sorge 1843.
tragen solle."

Und es wurde zum einstimmigen Beschluss des Comitats, dass, nachdem die Regierung, die Neutralität verlassend, selbst das Feld der Handlungen betreten wolle, Adressen und Gravamina nicht mehr helfen können; es bedürfe nunmehr einer Uebereinstimmung zwischen den Gewalten eines solchen Systems, welches eine constitutionelle Grundlage habe. Der positiven Thätigkeit müsse man positive Thätigkeit entgegenstellen; es bedürfe der Reform, einer verantwortlichen Regierung. Hinsichtlich des honter Rundschreibens aber wurde der Beschluss gefasst, dass dasselbe unterstützt werde; es sei daher wegen der Absetzung des Administrators eine Adresse an den König und über das neue Obergespansystem ein Rundschreiben an die übrigen Comitate zu richten.

Dieses Rundschreiben fand in zahlreichen Comitaten Unterstützung, und damit wir andere übergehen, bot es in Zala dem Weisen des Vaterlandes, der anerkannterweise ersten Autorität in politischen Dingen, Franz Deák, Gelegenheit, in diesem wichtigen Gegenstand sein gewichtiges Wort abermals vernehmen zu lassen. Es wäre ein Fehler, diese Rede in der Schilderung dieser Zeit zu übergehen; nicht nur weil sie auf die öffentliche Meinung von entscheidendem Gewicht war; sondern weil über den Stand der Parteien, über die Verhältnisse zwischen der Nation und deren Regierung das Urtheil eines mit einem so klaren Kopf und einem so reinen Charakter versehenen Mannes, den Parteileidenschaft nie fortriss, den wegen der Macht seines Geistes, seiner Mässigung und seines unbefleckten Charakters alle Parteien, Regierung und Nation hochachteten, den klarsten und unparteiischsten Begriff geben kann.

„Die Stände des pesther Comitats", sagte er, „machen uns Deák's Rede in der Frage der Administratoren. auf den gegenwärtigen Zustand des Vaterlandes, auf die möglichen Folgen des neuen Systems aufmerksam. Sie sprechen ihre Besorgniss über die Zukunft des Vaterlandes aus und theilen uns mit, was sie unter den gegenwärtigen Umständen beschlossen haben. . . . Auch er theile diese Besorgniss über die Zukunft des Vaterlandes und werde die Gründe seiner Besorgniss mittheilen.

„Als einer der Stände des Comitats, als Bürger des Vaterlandes spreche er offen und ohne Rückhalt. Er liebe es nicht, irgendeine Partei zu beschuldigen, dass sie schlimme, geheime Zwecke habe; er liebe es nicht, die Reinheit der Absicht zu verdächtigen; er liebe es, nur über Thatsachen zu urtheilen, nur nach Thatsachen könne er das Verfahren anderer beurtheilen; denn die Geheimnisse der menschlichen Brust kann Gott allein erforschen.

„Den Zweck, den sich die Regierung bei diesem sogenannten neuen System offenbar vorgesteckt hat, den die Anhänger der Re-

1845. gierung verkündigen, und der selbst in jenen Briefen, durch welche
die auch andere Aemter innehabenden Obergespane aufgefordert wurden, das eine oder das andere Amt niederzulegen, deutlich ausgedrückt wurde, ist: die innere Verwaltung des Comitats in einen
bessern Zustand zu bringen. Dieser Zweck ist ein guter und gesetzlicher, ja, wenn man den gegenwärtigen Zustand der innern Verwaltung der Comitate betrachtet, in vieler Hinsicht unabweislich nothwendig. Sind nur auch die Mittel, durch welche die Regierung diesen
Zweck anstrebt, gut und gesetzlich, so werden wir ihr zur Erreichung
desselben gern die Hand bieten. Was jedoch bisjetzt geschah, verspricht
keinen grossen Erfolg. Er wisse sehr gut, dass man alle jene Mängel,
welche während einer langen Reihe von Jahren entstanden, nicht in kurzer
Zeit gut machen und die innere Verwaltung nicht schnell verbessern
könne: während der bisher verflossenen wenigen Monate habe auch er auf
kein günstiges Resultat gehofft. Aber er spreche es mit Besorgniss
aus, dass dasjenige, was bisher geschehen, nicht einmal die Hoffnung
biete, dass sich auf diesem Wege in unserm Vaterland die innere
Verwaltung der Comitate verbessern werde. Er sehe nicht einmal
den ersten Keim der künftigen Verbesserung hergestellt; ja er sei
überzeugt, dass dasjenige, was manche Anhänger der Regierung in
mehrern Comitaten gethan haben, eher neue Verwickelungen, neue
Gereiztheit und Parteilichkeiten hervorgerufen habe. Die getroffenen
Einrichtungen waren solcher Art, als wenn sie nicht auf die Verbesserung der Mängel der innern Verwaltung gerichtet gewesen wären;
ja, man kann leider sagen, dass sie das Erreichen des von der Regierung gesteckten heiligen Ziels mit neuen Hindernissen erschwert
haben. Aber vielleicht werden diese Hindernisse bald auf gesetz-
mässigem Wege weggeräumt werden. Warten wir die Thatsachen
von Schritt zu Schritt ab, und urtheilen wir dann nach denselben
über das Ganze.

„Die Ursache seiner Besorgniss sei nicht der Umstand, dass die
Regierung sich eine Partei zu verschaffen sucht, eine Partei, stark,
standhaft und von mächtigem Einfluss, denn dieses Streben sei ja an
sich noch nicht ungesetzlich; dies thun auch die Regierungen anderer
constitutionellen Nationen. Ja dadurch mache die Regierung der
öffentlichen Meinung gewissermassen ein Zugeständniss, dass sie
es nicht für gut oder gesetzlich finde, mit der Kraft der Gewalt
aufzutreten, sondern die constitutionelle Kraft der Nation zur Durchführung ihres beabsichtigten Zweckes in Anwendung zu bringen
wünsche. Nur dass, wenn dieser Zweck gut und gesetzlich, auch die
Mittel gute, gesetzliche und ehrliche seien.

„Er wolle daran nicht zweifeln, dass die hohen Beamten der
ungarischen Regierung Männer seien, die das Gute wollen; Männer,
die das Glück des Vaterlandes, das Aufblühen der Nation bewirken.

wollen. Welches Interesse hätten sie auch, jenes Vaterland zu ver- 1843.
derben, dessen Mitglieder auch sie sind? Er wolle glauben, was sie
selbst sagen oder was man wenigstens von ihnen sagt: dass sie nur
deshalb trachten, sich eine starke, mächtige und standhafte Regierungspartei zu verschaffen, um durch dieselbe dem Vaterlande und im
Vaterlande Gutes hervorbringen zu können. Wenn er dies aber auch,
ohne daran zu zweifeln, glaube, so gebe es dennoch etwas, was in
ihm Furcht und Besorgniss erweckt. Das Eine ist: dass es manche
geben wird, die im Interesse der Regierung und zur Kräftigung der
Regierungspartei in den Mitteln nicht wählerisch sein werden. Wird
es jemand ableugnen, dass sich dazu auch schon bisher in mehrern
Gegenden des Vaterlandes die Neigung dazu gezeigt hat?

„Er verdamme nicht, ja er verehre einen solchen ehrlichen Mann,
der, seine Ueberzeugung aufrecht haltend und derselben folgend, ein
öffentliches Amt annimmt, damit er seine Kraft und Fähigkeit dem
Dienst des öffentlichen Lebens widme. Denn wo wäre ein redlicher
Mensch nothwendiger als eben in öffentlichen Aemtern? Verachtung verdient nur jener, der seine Ueberzeugung, sein Gewissen, mit
Einem Wort sich selbst verleugnet, um in ein Amt treten zu können.
Er behaupte es jedoch nicht, dass eine solche Veränderung aus Nebenzwecken geschehen sei. Es ist möglich, dass sich die Ueberzeugung
eines solchen Mannes in der That geändert hat, und zwar ohne alle
Nebenrücksichten, aus reinen und gründlichen Ursachen. Es geschah
zwar, dass ein solcher Mann bald nach der Aenderung seiner Ansichten ein öffentliches Amt erhielt; dass aber das öffentliche Amt
der Lohn seines Meinungswechsels gewesen sei, wage er nicht zu behaupten. Er könne daher von den Bestechungen durch Aemter,
welche von einigen als vor sich gegangen behauptet werden, nichts
Positives sagen. Die Sache möge sich aber wie immer verhalten, die
Bestechung ist stets nur ein niedriges Mittel, und unter den verschiedenen Arten von Bestechungen ist die niedrigste und gefährlichste
die Bestechung mit Geld oder mit andern materiellen Mitteln. Unsere
öffentlichen Aemter waren bisher nicht sehr einträglich, und der ihnen
mit Verleugnung seiner Principien, seiner Ueberzeugung nachjagte,
der wurde mehr von Eitelkeit als von materiellen Interessen angetrieben. Zwar ist auch eine solche Eitelkeit charakterverletzend, aber
selbst im eiteln Menschen ist sehr oft dennoch etwas Ritterliches. . . .
Jetzt, nachdem auch bei uns ein Theil der Aemter mit reicher Bezahlung versehen ist und auf diese Weise auch materielle Interessen
darbietet, fürchtet Redner, dass die Zahl der nach Aemtern Jagenden
sich vermehren werde. Er behaupte nicht, dass die Regierung die
Bezahlung mancher Aemter deshalb ausgeführt habe, um durch dieselben
noch grössere Bestechungen ausüben zu können; aber er wiederhole:
er fürchte den noch, dass es mehrere geben werde, die sich zum Kauf

1845. anbieten, und auch ausser dem Willen der Häupter der Regierung
Käufer oder mindestens Vertröster finden werden.

„Seine zweite Besorgniss ist, dass die Häupter der ungarischen
Regierung selbst bei den heiligsten Zwecken und der reinsten Absicht
in ihrer Berechnung fehlen können; und zwar können sie auf die Art
fehlen, dass, nachdem sie der Regierung eine grosse und sichere Majorität verschafften und, nachdem sie durch die mit Hülfe dieser
Majorität bewirkten Gesetze die Macht und den Einfluss der Regierung zu einer unbezwinglichen Kraft erhoben haben: sie diese Macht,
diesen Einfluss nicht würden gebrauchen können. Das, was die
Häupter der ungarischen Regierung jetzt thun und zu thun versprechen, hat zwei Aufzüge. Der erste, an welchem sie gegenwärtig
arbeiten, ist, die Regierungspartei zu kräftigen und mächtig zu machen
und die Opposition zu schwächen, damit die auf diese Weise gekräftigte
ungarische Regierung ohne Hinderniss und Widerstand um so mehr
Gutes bewirken könne. Der zweite Aufzug wäre sodann die Bewirkung all dieses Guten. Redner betrachte in der Politik nicht die
Person, sondern die Sache; und es möge wer immer Gutes thun, so
nähme er es mit Dank auf. Er begrüsse die Regierung und ihre
Männer herzlich auf dem Pfad, auf welchem sie das Wohl des Vaterlandes befördern, und ihm sei die Eitelkeit fern, dass das Gute nur
durch uns und unsere Principiengenossen geschehe, wenn es nur geschehe; und es werde ihn freuen, wenn er jene Zeit werde erleben
können, in welcher es der Opposition nicht mehr nothwendig sein
wird, energisch aufzutreten, da die Regierung das Gute auf gesetzlichen Wegen zu bewirken wisse und wolle. Hat wol aber bisher
die Opposition die Regierung in der Bewirkung des Guten gehindert?
Hatten die Häupter der ungarischen Regierung blos mit der Opposition zu kämpfen? Haben sie nicht auch andere Hindernisse und
Schwierigkeiten erfahren? . . . Es konnte geschehen, dass der Verlauf der Sache zwischen dem ersten und dem zweiten Aufzug unterbrochen wird, und die Häupter der jetzigen ungarischen Regierung
jene Hindernisse, welche die erwähnten Elemente und Interessen dem
in Ungarn zu bewirkenden Guten entgegenstellen, selbst bei der
reinsten Absicht nicht zu überwinden vermögen. Es könnte geschehen,
dass andere Debutanten an ihrer Stelle auftreten vor dem zweiten
Aufzug. . . .“

Und nachdem er die Rolle und Pflichten der Opposition und die
Schwierigkeiten der Erfüllung derselben entwickelt hatte, schliesst er
seine Rede auf folgende Art: „Die Opposition zu besiegen und die
Regierungspartei zu kräftigen ist keine schwere Aufgabe für die Regierung, -wenn sie bereit ist, zu diesem Zweck alle Mittel in Anwendung zu bringen. Denn ein Theil der im Vaterland lebenden redlichen Leute unterstützt aus Ueberzeugung die Interessen der Regie-

rung; der andere Theil gehört, auch aus Ueberzeugung, zur Opposition; 1845. die Majorität wird dem gehören, der die Massen der schwankenden, nicht standhaften Menschen, jene Leute, welche nicht von Gründen, sondern von Interessen geleitet werden, gewinnt. Die Zahl solcher Menschen ist in jedem Land leider sehr gross, und diese vermag, wer da mehr geben, mehr versprechen kann, leicht zu gewinnen. . . . Wenn die Regierung die Opposition schwächen oder wenigstens deren Bestrebungen wirkungslos machen will, so gibt es, anstatt dass sie mit der ganzen Macht ihres Einflusses sich eine Partei zu verschaffen suche, und sich beeile, jede Spaltung, alle einander widerstreitenden Privatinteressen in den Comitaten zur Schwächung der Opposition und zur Kräftigung ihrer eigenen Partei zu benutzen — noch eine andere, vielleicht sicherere, jedoch gewiss edlere Art, welche auch dem Vaterland nicht Gefahr, sondern vielmehr Segen bringen würde. Die Regierung möge über allen Parteien stehen, halte die Gesetze strenge ein, erfülle die Anordnungen derselben, thue so viel Gutes wie möglich zur Entwickelung der geistigen und materiellen Kraft der Nation, sei unparteiisch und mache dadurch der Opposition unmöglich, gegen ihre Schritte begründete Einsprache zu erheben. . . .

„Wenn in irgendeinem Land zwei Parteien einander gegenüberstehen, kann man auf zwei Arten die getrübte Eintracht herstellen und die Unruhe der aufgereizten Gemüther beschwichtigen. Die eine ist das sanfte Mittel des friedlichen Ausgleichs; die andere ist nach der Lehre Macchiavelli's die Vernichtung der einen Partei. Er wünsche und hoffe, dass niemand in unserm Vaterland diese zweite Art befolgen werde.

„Wenn nun jemand fragen würde, was gegen alles dieses dasjenige sein könnte, was die Nation vor ·dem Versinken rettet? Er wüsste hierauf keine andere Antwort zu geben als jene, auf welche die Weltgeschichte weist, nämlich der standhafte und redliche Charakter der Nation. Ohne diesen sind wir verloren. Aber es geschehe was da wolle, wir, die wir zur Opposition zählen, haben, wenn jemals, jetzt die meiste Pflicht, auf alle unsere Schritte strenge Acht zu haben. Möge jedermann mit seiner innern Ueberzeugung abrechnen, und was er nach reiflicher Ueberlegung für gut befindet, was ihm der Gott seines Innern einflüstert, dabei möge er ohne Wanken, mit einer kein Verzagen kennenden Standhaftigkeit stehen bleiben. Betrachten wir die Opposition nicht als Ruhm und Zierde; betrachten wir sie nicht als eine Partei, deren Aufgabe es ist, auch dasjenige anzugreifen, was nicht strafbar, auch demjenigen Widerstand entgegenzustellen; was gut ist, blos deshalb, weil es von jemand anderm herstammt. Legen wir das tausendfarbige Augenglas der Misgunst und grundlosen Verdächtigung beiseite, damit wir uns in unsern Berechnungen und in der Beurtheilung der vorzunehmenden Dinge

1848. nicht irren. Glauben wir nicht, dass unsere Stellung eine leichte sei.
Wir sind vor Gott und Welt für jede unserer Handlungen zur Verantwortlichkeit verpflichtet; denn einige fehlerhafte Schritte können
schlimme Folgen nach sich ziehen; ein Misverständniss kann dem
Vaterland grossen Schaden bringen. Seien wir wachsam und thun
wir alles Gute, was wir thun können. Suchen wir unsern redlichen
Bestrebungen auf redlichem Weg Erfolg zu verschaffen, aber erfüllen
wir unsere Pflicht auch ohne Hoffnung auf einen sofortigen Erfolg. . . ."

Diese von grosser Mässigung durchdrungene Rede, welche indessen bei alledem das System, welches in der Zukunft leicht gefährliche Folgen nach sich ziehen könnte, entschieden misbilligte, machte
einen grossen Eindruck auf die Nation. Nicht nur die Opposition,
sondern auch viele Gemässigte und aus Ueberzeugung Conservative
hegten, in Uebereinstimmung mit dem Weisen des Vaterlandes, die
Meinung, dass unter unsern Umständen, bei unserer Verbindung mit
dem absolut regierten Oesterreich — in wessen Folge nach dem
eigenen Geständniss des Fürsten Metternich „zwei Elemente miteinander im Kampf stehen: das ungarische constitutionelle und das deutsche
willkürherrschaftliche, welch letzteres von anticonstitutionellen Ideen
befangen ist" — dass es unter diesen Umständen für das constitutionelle nationale Leben des Reichs überaus gefährlich werden könne,
wenn die Regierung auf Rechnung der Opposition zu sehr gestärkt
würde; weil es leicht geschehen könnte, dass diese überwiegende
Macht der Regierung der absolute österreichische Einfluss mit der
Zeit zur Vernichtung der Verfassung und der nationalen Selbständigkeit anwenden könnte.

Aber diese weisen Worte des grossen Mannes des Vaterlandes
vermochten weder die Führer der Regierung zur Aenderung ihrer
Ansichten zu bringen, noch waren sie im Stande, das immer übertriebener werdende Ungestüm der Anhänger ihrer Partei zu mässigen.
Der grössere Theil der neuen Obergespane und Administratoren kannte
keine Schranken in seinen Uebergriffen; kein Mittel schien ihnen zu
schlecht, welches die Opposition schwächen und die Kraft ihrer Partei
vermehren konnte; sie bebten vor keiner Parteilichkeit und Ungerechtigkeit zurück, wenn diese zum Ziel führen konnte. Sie improvisirten
Versammlungen, in welchen sie durch ihre Partei den Interessen der
Opposition schädliche, zuweilen ungesetzliche Beschlüsse schaffen oder
die Beschlüsse der frühern Versammlung abändern liessen. Wo ihre
Partei in der Minorität war, liessen sie selbst zur Entscheidung von
Rechtsfragen Corteschmassen herbeiführen, oder, was auch nicht ohne Beispiel war, sie machten aus ihrer numerischen Minderheit durch Waffen-
gewalt eine Majorität. Wenn ihre von Corteschmassen unterstützte
Partei auf einen sichern Sieg rechnen konnte, so wurden, von der

Verhandlung der öffentlichen Angelegenheiten abgehend, durch ihre 1843.
Anhänger persönliche Fragen aufs Tapet gebracht; sie erweckten absichtlich die Zwietracht, um infolge derselben die Mitglieder der Opposition mit Strafen wegen Verletzung des Gerichtsstuhls belegen, oder irgendeinen andern die Interessen der Opposition verletzenden Beschluss durchsetzen zu können. Wenn die Mitglieder der Opposition gegen die Parteilichkeiten, Ungerechtigkeiten und Rechtsverletzungen des Administrators Klage erhoben, liessen sie gegen dieselben einen Process wegen Verletzung des Gerichtsstuhls beschliessen; in mehrern Fällen ordneten sie den Process aus eigener Macht an, während nur die Versammlung das Recht besass, denselben anzuordnen.

Insbesondere waren die Restaurationen das Gebiet, auf welchem die neuen Vorstände der Comitate ihre rechts- und gesetzverletzenden Uebergriffe ausübten, da es ihr festgestecktes Ziel war, den Beamtenkörper, es koste was es wolle, aus den Männern ihrer eigenen Partei zusammenzustellen. Aus der anstössigen Chronik der Restaurationen erwähne ich hier nur eine, die biharer, welche genügen wird, um den Leser mit dem Charakter des Verfahrens der neuen Administratoren bekannt zu machen.

In Bihar war schon seit mehrern Jahren Ludwig Tisza Ober- Die biharer Restauration. gespan-Stellvertreter, den, obwol er in den verflossenen Jahren durch sein parteiisches Verfahren unzählige Zwistigkeiten erregt hatte und Ursache war, dass in das Comitat ein königlicher Commissar gesandt wurde, die Regierung auch bei der Begründung des neuen Systems in seinem Amt bestätigte. Der Administrator schrieb, nachdem die Restauration durch ihn auf den 24. Juni bestimmt worden war, derselben um einige Tage zuvorkommend, eine ausserordentliche Generalversammlung aus, in welcher er den Ständen vortrug, dass er durch einen höhern Befehl angewiesen sei, den einige Jahre zuvor gebrachten Beschluss des Comitats, infolge dessen das Abstimmungsrecht auch jedem nichtadelichen Honoratior verliehen wurde, zurückziehen und für null und nichtig erklären zu lassen; es stehe sonst nicht in seiner Macht, die Restauration abzuhalten. Damit die Restauration, deren gesetzmässige Zeit ohnehin schon längst verstrichen war, nicht noch ferner verschoben werde, gaben die Stände dem moralischen Zwange nach, und die Begründung des Abstimmungsrechts der Honoratioren der Gesetzgebung überlassend, zogen sie den betreffenden Beschluss zurück.

Die Regierung zielte mit dieser Verordnung geradezu auf die Verminderung der Oppositionspartei ab, denn es konnte nicht der geringste Zweifel obwalten, dass die grosse Zahl der Honoratioren ohne Ausnahme in den Reihen der Opposition stehe. Wiewol jedoch infolge dessen die Zahl der Opposition sich verminderte, erreichte der Administrator sein Ziel dennoch nicht. Als sich der Adel des

1843. Comitats am bestimmten Tag versammelt hatte, um seinen Beamtenkörper zu wählen, sah der Administrator mit Besorgniss, dass die Oppositionspartei trotzdem augenscheinlich weit stärker sei als seine eigene. Aber selbst dieser sonst entscheidende Umstand brachte ihn nicht in Verwirrung. Da er entschlossen war, den Beamtenkörper, trotz der Majorität der Opposition, um jeden Preis aus den Individuen seiner Partei zusammenzustellen, suchte er in seinem Präsidialrecht der Candidation ein Mittel, um sein Ziel zu erreichen. Zwar normirte dieses Candidationsrecht ein Gesetz vom Jahre 1723 und hundertjähriger Gebrauch auf die Art, dass der frühere Vicegespan stets unausbleiblich und mit ihm jene Persönlichkeiten candidirt werden mussten, für welche sich das Vertrauen am lautesten äusserte. Tisza jedoch nahm, nachdem er die Sitzung eröffnet hatte, in die Candidation, diesem Gesetz und Gebrauch entgegen, weder den frühern Vicegespan noch die von der Mehrheit verlangten Individuen auf, sondern stellte die Candidationsliste ausschliesslich aus Individuen seiner Partei zusammen. Damit er jedoch von der Majorität nicht zu einer gerechtern Candidation gedrängt werden könne, liess er das Comitathaus und dessen Hof, obwol man übrigens einen Zusammenstoss gar nicht zu befürchten hatte, noch vor Eröffnung der Versammlung mit Militär besetzen. Ja, damit gegen diese alles Gesetz und Recht verletzende Candidation nicht einmal eine Bemerkung gemacht werden könne, entfernte er sich, sobald er das Namensverzeichniss verlesen hatte, sofort aus dem Saale, die ausgesandte Commission zum Beginn der Abstimmung anweisend. Die Opposition konnte demnach, da ihre Candidaten vom Administrator gar nicht berücksichtigt worden waren, bei der Wahl des Vicegespans nicht einmal abstimmen. Die übrigen Beamten, obgleich die Stände in manchen Fällen so sehr getheilt waren, dass die Mehrheit nur eine Abstimmung hätte zeigen können, ernannte er, diese einfach übergehend, hinsichtlich manches Amts der deutlichen Majorität entgegen nach eigener Willkür.

Zur Gültigkeit der Wahl ist auch die Authentication unerlasslich nothwendig. Aber auch diese eludirte er. Die ihrer Majorität sich bewusste Oppositionspartei war entschlossen, am andern Tag die Authentication dieser regelwidrigen Wahlen zu verhindern und gegen die ganze Restauration als eine ungesetzliche zu protestiren. Dem Administrator war diese Absicht der Opposition bekannt, und damit er sie vereitele, so entfernte er sich, als das Namensverzeichniss des neuen Beamtenkörpers vorgelesen worden war und ehe noch jemand anders das Wort ergreifen konnte, mit mehrern der neuen höhern Beamten plötzlich aus dem Saale.

Die Opposition war demnach genöthigt, sie mochte wollen oder nicht, es bei dem neuen Beamtenkörper bewenden zu lassen. Der

Administrator, den die Opposition zur Fortsetzung der Sitzung bitten 1845. wollte, liess seine Thüren absperren und wollte sich nicht einmal in eine Rede einlassen. Wie hätte man bei der Regierung auf Abhülfe hoffen können, da doch die stattgefundenen Vorfälle ohne Zweifel mit ihrer vorher eingeholten Einwilligung geschahen? Wie wenig man in ähnlichen Fällen, wenn die Comitatsstände der Regierung ihre Klagen gegen die Administratoren vorlegten, von dieser eine billige Untersuchung und gehörige Abhülfe hoffen durfte, zeigte deutlich der honter Fall, welcher trotz der Klage der Stände für den Administrator gar keine Folgen nach sich zog. Ja anstatt Genugthuung und Abhülfe der Rechtsverletzung, ernteten die einschreitenden Stände mehrmals nur Tadel und allerhöchste Misbilligung ein. Dies geschah unter andern mit den Ständen des szabolcser Comitats. Diese richteten aus einer ihrer Generalversammlungen an den König eine Adresse des Inhalts, dass, nachdem es zu ihrer Kenntniss gelangt sei, auf welche Weise im honter Comitat der Obergespan-Stellvertreter die gesetzlich ausgeschriebene Comitatsversammlung ohne jeden gesetzlichen Grund aufgelöst habe; eine solche Auflösung der Versammlung aber die Autonomie des Comitats verletze und zu sehr vielen Misbräuchen Anlass geben könnte: sie Ihre Majestät bäten, diese Umstände streng untersuchen, und wenn sich die Richtigkeit des Vorgetragenen erweisen sollte, den erwähnten Obergespan-Stellvertreter im Interesse des Staats bestrafen zu wollen. Und wer sollte es glauben? Auf diese Adresse, durch welche das szabolcser Comitat nur seine constitutionellen Pflichten erfüllte, indem es über die Unversehrtheit des Verfassungslebens wachte, gelangte eine Antwort herab, in welcher es den Ständen des Comitats strenge übel genommen wird, „dass sie keinen Anstand nahmen, die verdammenswerthen Handlungen einer Fraction der Stände des honter Comitats durch ihre vor dem allerhöchsten Thron intervenirende Bitte zu unterstützen".

Die Regierung beging mit der Begründung des Administratoren-systems nicht nur selbst eine Ungesetzlichkeit; sondern sie gelangte, wie es gewöhnlich zu geschehen pflegt, dass ein Fehler mehrere andere nach sich zieht, infolge jenes Schrittes öfter auch in eine solche Lage, in welcher sie, um consequent zu bleiben, die Lehre der Rechtsverletzung zu verkündigen bemüssiget war. Etwas Aehnliches geschah z. B. im warasdiner Comitat. In diesem Comitat war das Erbrecht der Obergespanswürde, dem Gesetz nach, im Besitz der Familie Erdödy. Nachdem Graf Johann Erdödy seines Amts, dem Gesetz entgegen, entsetzt, und an seine Stelle Emerich Lentulai zum Administrator ernannt wurde, legte die constitutionelle kroatische Partei gegen diese Rechtsverletzung offenen Protest ein. Die illyrische Partei jedoch, die sich des illyrisch gesinnten Lentulai freute, ver-

1845. warf diesen Protest und benachrichtigte hiervon die Regierung. Diese gab den Comitaten sehr oft in den wichtigsten Fällen keine Antwort, wenn deren Adresse ihren bestimmten Absichten entgegen war. Jetzt indessen beeilte sie sich, der illyrischen Partei des Comitats, welche den Protest gegen die Gesetzverletzung verworfen hatte, ein Belobungsrescript zuzusenden; sie beeilte sich, ihre That gutzuheissen und die derjenigen, welche den Protest unterzeichnet hatten, zu misbilligen.

Nach solchen Vorfällen konnte auch die Majorität der biharer Opposition keine ermunternde Aussicht zur Abhülfe der Rechtsverletzung haben. Da sie dieselbe jedoch nicht mit Schweigen übergehen konnte, so unterbreitete sie dem König gegen die Restauration und zur Untersuchung des Verfahrens von seiten des Administrators eine Adresse. Der Statthaltereirath liess die Adresse auf den Befehl des Königs an das biharer Comitat mit der Weisung zurückgehen, dass in dieser Angelegenheit, nach gehöriger Verhandlung, ein erschöpfender Bericht vorgelegt werden solle.

Schon vor der zu diesem Zweck ausgeschriebenen Generalversammlung begann sich das Gerücht zu verbreiten, dass jede Kraft in Bewegung gesetzt werden solle, welche als Factor des Sieges dienen könnte, und dass man auch solche Mittel in Anwendung bringen werde, welche, wenn sie auch den Probirstein der Moralität nicht bestehen, doch zweckdienlich sind. Die Versammlung wurde am 15. Dec. und den folgenden Tagen in Gegenwart einer sehr grossen Anzahl von Mitgliedern beider Parteien abgehalten. Allein der Administrator vermehrte seine frühere Ungesetzlichkeit nur noch mit neuern. Anstatt dass er, wie dies auch der Statthaltereierlass anordnete, die Adresse der Verhandlung überlassen hätte, hielt er die Verlesung derselben für genügend, und liess sodann, entgegen der das Wort fordernden Opposition, entgegen jenem Comitatsbeschluss, welcher die Anwendung der Abstimmung, ausser den Wahlen, auf die Entscheidung der Fragen verbietet, die Nichtannahme der Adresse durch die herbeigeführten Corteschmassen mittels Stimmenabgabe, an welcher die Opposition sich natürlich nicht betheiligte, entscheiden. Die Opposition forderte in den drei darauffolgenden Tagen fortwährend die Verhandlung und die Aufrechthaltung ihrer Redefreiheit, und da ihnen der Administrator das Recht, das Wort zu ergreifen, verweigerte, so füllte während der drei Tage die Sitzung nur Lärm und Getöse aus. Am vierten Tag aber, als die Opposition das Recht der Rede forderte, liess der Administrator gegen diejenigen, welche zu sprechen wünschten, die Klage wegen Verletzung des Gerichtsstuhls anhängen. Jetzt ging aber auch die Geduld der Opposition zu Ende, und sie liess durch den Unterfiscal gegen den Administrator eine ähnliche Klage aufsetzen, worauf dieser die Versammlung ohne

jeden Beschluss auflöste.   Aber nachher erst geschah die furchtbarste
Ungesetzlichkeit.   Als die Stände nach der Entfernung des Admini-
strators sich gleichfalls anschickten auseinanderzugehen, stürzten unter
Anführung eines Stuhlrichters und eines Geschworenen bewaffnete
Haiducken in den Saal und griffen die ihnen bezeichneten Oppositionsmitglieder theils mit Säbeln, theils mit dem Bajonnet wüthend an.
Die ausgezeichnetsten Männer des Comitats, Bernát, gewesener Vicegespan, Toperczer, gewesener Obernotar, Ladislaus Beöthy und etwa
zehn andere wurden mehr oder minder gefährlich verwundet.   Edmund
Beöthy konnte in der grössten Gefahr nur von den Soldaten, die
beim Beginn der Sitzung im Hof des Comitathauses aufgestellt worden waren und jetzt auf den fürchterlichen Lärm in den Saal eilten,
gerettet werden.

So wurde in Bihar mehrere Jahre hindurch das ungesetzliche,
parteiische Vorgehen des zur Aufrechthaltung der Ordnung und zur
Leitung der Verwaltung ernannten Administrators die Quelle der
Unordnung, Zwietracht und blutiger Ausschreitungen.   Zur Untersuchung des Vorgefallenen wurde sodann ein königlicher Commissar
ausgesandt, dessen Verfahren wir weiter unten erzählen werden.

Unter diesen Uebergriffen und Ungesetzlichkeiten, welche manche
der neuen Obergespane und Administratoren begingen, war ohne
Zweifel die beklagenswertheste, dass sie, um ihren Despotismus fortsetzen zu können, das die Moralität so sehr verderbende, die Freiheit in eine wirkliche Gefahr stürzende Corteschiren durch ihre
Partei auf eine noch verdammungswürdigere Art ausübten, als dies
bisher geschah.   Bisher wurden die Cortesch, einige seltenere Fälle
und die die Vorrechte des Adels betreffenden Fragen ausgenommen,
nur bei Restaurationen zusammenberufen; jetzt, da die Majorität der
Intelligenz in den meisten Comitaten zur Oppositionspartei gehörte,
zog die Partei der Administratoren zu jeder nur einigermassen wichtigen Generalversammlung die unwissenden Massen herbei, um durch
die einstudirte Abstimmung derselben die intelligente Majorität der
Opposition zu besiegen.   Da dieses Beispiel sodann an vielen Orten
auch die Opposition nachahmte, so entwickelte sich daraus der betrübende Umstand, dass in vielen Comitaten fortan nicht die Macht
der Vernunft, nicht die für oder gegen die Fragen geltend gemachten
Gründe und Ursachen, sondern das Votum der unwissenden, rohen
Massen, die von den obschwebenden Gegenständen nicht einmal einen
Begriff hatten, zum Factor der Beschlüsse wurde.

Und dieses unmoralische Mittel, welches man sich mehr oder minder
stets durch Bestechung und Seelenkauf verschaffte, waren der Administrator und der zu seiner Partei zählende Beamtenkörper durch
ihre amtliche Stellung, ihren Einfluss und ihr Verwaltungsverfahren
weit leichter im Stande sich zu verschaffen, als die alle diese Vor-

theile nicht besitzende Oppositionspartei; weshalb, wenn es der Opposition auch vielleicht manchmal gelang, sich eine Majorität zu verschaffen, in die andern Generalversammlungen stets die Administratorenpartei eine grössere Anzahl von Abstimmenden hereinführte. Und auf diese Weise konnte dann der Administrator die Majorität der Intelligenz des Comitats ungestraft tyrannisiren. Wenn diese im Gefühl der Gerechtigkeit ihrer Sache höhern Orts bittlich einschritt, konnte der Administrator sofort eine ausserordentliche Generalversammlung ausschreiben und mit Hülfe der herbeigezogenen unverständigen Menge, welche zu verführen keine grosse Aufgabe war, eine Gegenpetition votiren lassen, in welcher die intelligente Majorität als unruhige und strafwürdige Partei bezeichnet wurde; oder konnte gegen dieselbe, wie es z. B. eben im honter Comitat geschah, eine amtliche Untersuchung einleiten, welche, wenn sie auch keine andern Folgen nach sich zog, doch die Sache des Fortschritts auf Jahre zurückwarf, die Stimme der Vernunft auf Jahre erstickte.

Die Regierung gab in Fällen ähnlicher Conflicte natürlich beinahe ohne Ausnahme dem Bericht des Administrators und der Adresse seiner Partei mehr Glauben, und tadelte die Opposition als Streit erregende Stände stets in ihrem eigenen Interesse in der Regel mit harten Worten. Damit unsere Leser von diesem Verfahren der Regierung einen Begriff haben mögen, bringen wir hier die wesentlichern Theile des auf die obenerwähnte Petition der honter Oppositionspartei erflossenen königlichen Rescripts.

„Aus dem amtlichen Bericht des Obergespan-Stellvertreters des honter Comitats . . . . haben Wir mit gerechtem Unwillen vernommen, dass ein Theil der Stände dieses Comitats . . . . obgleich der Obergespan-Stellvertreter die Sitzung auflöste, ... dennoch im Sitzungssaale verblieben ist und einen Präsidenten u. s. w. substituirte; aus der auf diese Weise gebildeten Versammlung, der Entfernung des Obergespan-Stellvertreters wegen, an Uns eine Adresse zu richten, diese den übrigen Comitaten mitzutheilen . . . . beschloss; . . . . weil daher die erwähnte Fraction, durch deren anstössige Ausschreitungen der Zweck der mehrere Tage dauernden Versammlung vereitelt wurde, sich zuvor auch noch zu der Verwegenheit erdreistete, und es wagte, aus der erwähnten ungesetzlichen Versammlung, den Namen der Stände dieses Comitats usurpirend, Uns in Form einer Adresse anzugeben: demnach ermahnen Wir die erwähnte Fraction, bei strengster Misbilligung ihrer strafbaren Wagnisse, ernst, dass sie es unter schwerster Verantwortung für ihre strengste Pflicht halten möge, den Gesetzen gegenüber Folgsamkeit, gegen den obersten Leiter und den Ort der Versammlung aber die schuldige Achtung zu bezeugen." Nachdem das Rescript sodann den Administrator und seine Partei aufmerksam macht, zur Hintanhaltung von dergleichen Ereignissen gegen die unruhige Partei das von 1845. der Fiscalaction handelnde Gesetz strenge in Anwendung zu bringen, schliesst es die Rüge der Opposition damit, dass, wenn jene Gesetze zur Bestrafung solcher Attentate ungenügend sein sollten, die Regierung selbst die Ausschreitenden die ganze Schwere des Gesetzes werde fühlen lassen.

Dergleichen Rescripte, durch welche sich die Regierung selbst zur Partei erniedrigte und ihre Macht der Gegenpartei gegenüber auf unwürdige Weise misbrauchte, trugen auch ihre Früchte. Die Partei der Administratoren tyrannisirte fortan unbeschränkt die Opposition, hinderte die Mitglieder derselben in der Redefreiheit, oder belastete sie mit Verletzung derselben für jedes misfallende Wort mit der „Action". So wurde z. B. ein Redner der Opposition, noch während des Verlaufs jener Sitzung, für die Worte: „die alleinige Ursache all dieser Unordnungen sind Sie, Herr Administrator" — „das biharer Comitat kämpft gegenwärtig mit seinem despotischen Administrator" — zweimal nacheinander der Fiscalaction unterworfen und im Sinne des über die Verletzung des Gerichtsstuhls verfügenden Gesetzes zu einer Strafe von 24 Silbermarken verurtheilt.

Aehnliche Vorfälle tauchten auch in mehrern andern Comitaten im öffentlichen Leben auf und machten die Nation mit dem neuen Administratorensystem genügend bekannt, welches, wie gesagt wurde, die Regierung nur einer strengern Ordnung und schnellern Verwaltung wegen und wegen der Beschränkung der Ausschreitungen in den Comitaten begründet haben sollte, welches indessen, wie jede ungesetzliche und zwingende Massregel, nur Verwirrung, Zwietracht und zahllose Hindernisse und Rückschritte in der Verwaltung der öffentlichen Angelegenheiten im Schose vieler Comitate einführte, und das Princip der Selbstregierung des Comitatssystems selbst untergrub.

Drittes Kapitel.

Die Regelung des kroatischen Landtags und andere Regierungs-massregeln.

1845. Nicht allein das Amt der Obergespane war jenes Gebiet, auf welchem das neue Regierungssystem in Anwendung gebracht wurde: auch in andern Zweigen des nationalen Lebens wurden Versuche gemacht, um dasselbe ins Leben treten zu lassen. Unter diesen Versuchen war sowol hinsichtlich des Gegenstandes selbst, als auch der Folgen der Regierungsmassregeln der wichtigste jener, dessen Schauplatz Kroatien und dessen Landtag ward.

Die Conscription des Adels im agramer Comitat. Schon vor der Eröffnung des Landtags hatte die constitutionelle kroatische Partei in Kroatien und insbesondere im agramer Comitat Ursache zu Klagen. In diesem Comitat wurde, da die Zeit der Restauration herannahte, die Conscription des stimmfähigen Adels von der Regierung selbst normirt. Die Normen, nach welchen diese Conscription vorgenommen werden sollte, enthielten zwar keine Rechtsverletzung in sich; denn, da sie die im Jahre 1835 festgestellten Conscriptions-Grundsätze bestätigten, hielten sie das Abstimmungsrecht des turopolyaer Adels, welches die illyrische Partei so oft angriff, unversehrt aufrecht. Aber die Regierung beging insofern dennoch eine Rechtsverletzung, dass der Kanzler die Adelsconscription, deren Feststellung in das Selbstverwaltungsgebiet des Comitats gehörte, durch eine Präsidialverordnung normirend, die municipalen Rechte beeinträchtigte und auch sonst noch gegen jenes Gesetz verstiess, welches die Leitung durch Präsidialverfügungen deutlich untersagt.

Aber eine in jeder Beziehung viel schwerere Rechtsverletzung als diese erweckte ein wenig später die Besorgniss nicht nur der constitutionellen Kroaten, sondern auch die der Oppositionspartei in Ungarn.

Die auf dem gemeinsamen ungarischen Reichstag geschaffenen Gesetze pflegten in Kroatien vor allem auf dem Landtag verkündigt

zu werden. Auch jetzt schrieb daher die Regierung in Kroatien 1848.
einen solchen auf den 23. Sept. aus.

Was die Form dieses Landtags betrifft, so war eine solche stän- Der Charak-
dische Vertretung, wie sie auf dem ungarischen Reichstag bestand, Landtags.
in demselben bisher nicht im Gebrauch; sondern, wie es aus den
Operaten der Landtags-Commissionen deutlich hervorgeht, jeder Angehörige des ohnehin nicht sehr zahlreichen kroatischen Adels, der
in sich die Befähigung dazu verspürte, konnte auf demselben erscheinen und die öffentlichen Angelegenheiten besprechen. Dieser Landtag
besass demnach den Charakter der Ur-Versammlungen und war den
Generalversammlungen der Comitate ähnlich.

Indessen hatte, wie wir dies schon oben erwähnten, die illyrisch-
kroatische Partei im Jahre 1844, als die Deputirten zum gemeinschaftlichen ungarischen Reichstag gewählt werden sollten, diesen
Charakter des Landtags thatsächlich abgeändert, indem sie dem
turopolyaer Adel, der, wie wir wissen, constitutionell gesinnt war
und zur Oppositionspartei gehörte, in seinem Recht zu erscheinen
und sein Deputirtenwahlrecht auszuüben hinderte. Wir erwähnten,
dass der Graf des turopolyaer Adels, Anton Josipovich, der seinem
Amt nach Mitglied des Unterhauses war, diese Rechtsverletzung dem
Reichstag eingeklagt und zur Behebung derselben eine Regelung des
kroatischen Landtags auf verfassungsmässigem Wege vor der Gesetzgebung betrieben hatte. Die untere Tafel beschäftigte sich auch in
der That mit der Regelung dieses Landtags; aber der betreffende Vorschlag konnte, wie viele andere wichtige Reformen, der bestehenden
Umstände wegen nicht zum Gesetz werden.

Auch dieser Gesetzvorschlag gehörte in die Reihe jener, welche
die Regierung deshalb vereitelt hatte, weil sie mit dem schon damals
im Plan befindlichen neuen Regierungssystem unvereinbar waren.
Jetzt schrieb daher die Regierung diesen Landtag mit dem Entschluss
aus, dass sie auf demselben nicht nur die geschaffenen gemeinschaftlichen Gesetze verkünden lassen, sondern zugleich auch den Landtag
selbst nach ihren eigenen Grundsätzen und Interessen aus eigener
Machtvollkommenheit ordnen werde.

Der Banus erhielt als Präsident dieses Landtags vom Hofkanzler
die Weisung, den Sitzungssaal so einrichten zu lassen, dass diejenigen,
die durch Banalschreiben berufen werden sollten, von den übrigen
freiwillig erscheinenden Edelleuten durch eine Schranke abgesondert
werden mögen. Man pflegte aber durch Banalschreiben den hohen
Klerus und den höhern Adel, die königlichen Kämmerer und Räthe,
die Beisitzer und Richter der Banal- und der königlichen Tafel und
der Wechselgerichte zu berufen. Diese Einrichtung des Saals enthielt zum Theil auch schon die Regulirung der Versammlung selbst
in sich: den durch Banalschreiben Einberufenen, die ihre Plätze

innerhalb der Schranken am Grünen Tisch einnahmen, war die berathende und abstimmende, — den übrigen aber, ausserhalb der Schranken, die Rolle der Zuhörer zugewiesen.

Als die Versammlung eröffnet wurde, wurden vor allem die auf dem vergangenen Reichstag geschaffenen Gesetze vorgelesen, dem Gebrauch nach in lateinischer Uebersetzung. Hierauf präsentirte der Banus ein königliches Rescript, durch welches die Stände vor allem zur Regelung des Landtags aufgefordert wurden; zu welchem Zweck der Banus sodann eine Commission ernannte. Aus diesem königlichen Rescript schien hervorzugehen, dass die Regelung des Landtags dem Beschluss der Majorität würde anvertraut werden. Aber die Stände blieben nicht lange in dieser Täuschung. Die constitutionelle kroatische Partei und aus derselben insbesondere die Deputirten des agramer Comitats erhoben gegen die willkürliche und hinsichtlich des Adels verletzende Einrichtung des Saals sofort Einsprache, und wollten, eine Intrigue ahnend, wissen, wie die Sache stehe; sie richteten daher an den Banus die Frage: ob das persönliche Abstimmungsrecht des in der Versammlung erschienenen Adels anerkannt werde? Der Banus erklärte diesen Besorgnissen gegenüber mehrmals, dass es sich hier um keine Rechtsfrage handle; die Stände möchten sich beruhigen, er achte die Rechte eines jeden einzelnen und wünsche den Gebrauch nicht abzuändern.

Allein die constitutionelle kroatische Partei war mit dieser einfachen Erklärung nicht zufrieden und drang darauf, dass es der Aeusserung des Präsidiums nach ins Protokoll aufgenommen werden solle: dass der bisherige Gebrauch, welchem gemäss dem Adel das persönliche Votum gebührt, unverletzt aufrecht gehalten werden würde.

Der auf diese Weise bestürmte Banus überreichte endlich dem Protonotar ein versiegeltes allerhöchstes Rescript zur Verlesung, dessen Inhalt darin bestand: dass „das Abstimmungsrecht auf dem Landtag, vor der Regulirung desselben, nur den durch Banalschreiben einberufenen und persönlich erschienenen Individuen verliehen werde".

Diese Verfügung des Rescripts liess niemand in Zweifel über den Geist der vorzunehmenden Regelung; jedermann sah dies im ersten Augenblick deutlich ein: die illyrische Partei brach in laute „Zivios" aus, in der constitutionellen kroatischen Partei zeigte sich eine aussergewöhnliche Niedergeschlagenheit auf den stummen Antlitzen. Da die vom Banus Einberufenen grösstentheils zur Partei der Regierung und der Illyrier gehörten, welche in diesem Gegenstand zu Einer verschmolzen: so wurde die Oppositionspartei, welche besonders in den Reihen des agramer Comitatsadels eine grosse Majorität besass, ihres Rechts und ihres Einflusses mit Einem Schlag beraubt. Vergebens erhoben die Deputirten des agramer Comitats Einsprache gegen dieses Rescript, indem sie bewiesen, dass dasselbe die Rechte 1845. des Adels verletze; vergebens stützten sie sich auf den diesbezüglichen hundertjährigen Rechtsgebrauch des Adels, welcher in Kroatien ebenso wie in Ungarn Rechtskraft besitzt, wo darüber kein eigenes Gesetz verfügt. Die andere Partei, welche jetzt durch die Verordnung des königlichen Rescripts mit der entscheidenden Stimme versehen worden war, machte der Debatte durch die Aufstellung des Grundsatzes ein Ende, dass, wo es kein Gesetz gebe, dort der Regierung das Recht gebühre, den Gordischen Knoten zu durchhauen.

Die Verletzung, welche durch diese willkürliche Verordnung der Regierung am hundertjährigen Rechtsgebrauch des kroatischen Adels begangen wurde, war eine um so schreiendere, als das Gesetz zwischen dem hochadelichen Herrn, der zum Landtag durch ein Banal-schreiben berufen wurde, und dem gewöhnlichen Edelmann in dieser Beziehung gar keinen Unterschied kennt, und unter ihnen auch schon infolge des Umstandes kein Unterschied bestand, dass der Landtag Kroatiens nur Eine Tafel hatte. Das Rescript wurde seiner Folgen wegen für um so rechtsverletzender angesehen, weil durch dasselbe die Zahl der Factoren des Landtags vom Willen und von den Begünstigungen der Regierung abhängig gemacht wurde; weil es ferner die constitutionelle kroatische Partei, deren Hauptkraft der Adel des agramer Comitats war, mit Einem Schlag vernichtete und den entscheidenden Einfluss in den öffentlichen Angelegenheiten des Landes der illyrisch-kroatischen Partei in die Hände spielte, deren Mitglieder grösstentheils die durch Banalschreiben berufenen Beamten und Geistlichen waren.

Der in seinen Rechten verletzte constitutionell gesinnte Adel betrieb daher gegen diese Verordnung eine Adresse an den König, und wünschte auch die Intervention des Banus; weil er aber weder im einen noch im andern seinen Zweck erreichte, so verliess er, gegen alle fernern Berathungen protestirend, unter Anführung des turopolyaer Grafen die Sitzung. Allein obgleich infolge dessen die grösste der kroatischen Behörden, das agramer Comitat, dessen Deputirte sich gleichfalls entfernt hatten, in der Versammlung nicht repräsentirt war, setzte der Banus dieselbe dennoch fort, welche auch sodann nach mehrtägigen Berathungen die Regulirung des Landtags beendigte.

Die Hauptzüge dieser Regulirung wurden in Folgendem begründet:

1) Präsident des Landtags ist der Banus und in dessen Abwesenheit sein Stellvertreter, welchen beiden auch das Recht zur Einberufung des Landtags zukommt.

2) Mit Sitz und Stimme versehen sind aus dem geistlichen Stand: die katholischen Bischöfe, der altgläubige Erzbischof und die Bischöfe dieser Glaubenssekte, der Prior von Vran und die Kapitel;

1845. aus dem weltlichen Stand: der Vice-Banus und der Unterkapitän des
Landes, die Obergespane und Administratoren, der Grundeigen-
thum besitzende hohe Adel; ferner die Comitate, der Graf von Turopolya, die königlichen Freistädte; der Landesrichter und die Beisitzer
der Banaltafel, die Präsidenten des Provinzial-Obergerichts und des
Wechselgerichts und die agramer Akademie. Damit jedoch zwischen
der Stimmenzahl der vom Banus Einberufenen und jener der Comitate
Gleichgewicht herrsche, wurde beschlossen, dass, wie viele Stimmen
die durch den Banus Einberufenen zusammengenommen besässen,
auch den Comitaten stets eine gleiche Anzahl gebühre. Die Comitate
mögen sich übrigens in die Hälfte dieser ihnen gebührenden Stimmen
ohne jede Rücksicht auf die Zahl des innerhalb ihrer Grenzen lebenden Adels in gleicher Weise theilen.

Demnach wurde die constitutionell gesinnte ungarisch-kroatische
Partei vom Landtag beinahe gänzlich ausgeschlossen; wenigstens wurde
die Majorität beständig dem Banus, beziehungsweise der Regierung
gesichert. Die Regierung war indessen selbst damit noch nicht zufrieden: sie wollte die Opposition auch im agramer Comitat verderben,
weil diese durch den Adel von Turopolya eine beständige Majorität
im Comitat besass. Ein königliches Rescript wünschte von dem neuorganisirten Landtag ein Gutachten: auf welche Weise die Theilnahme des Adels von Turopolya auf den Generalversammlungen des
agramer Comitats zu regeln wäre? Dieser Adel wurde durch eine
Regierungsverordnung vom Jahre 1835, in neuester Zeit aber durch
ein vor der letzten agramer Restauration herabgelangtes königliches
Rescript in der Ausübung seiner von der illyrisch-kroatischen Partei
in Zweifel gezogenen hundertjährigen Rechte bestätigt; es konnte
daher kein Zweifel darüber obwalten, welche Absicht die Regierung
hinsichtlich des Abstimmungsrechts dieses Adels habe, indem sie dasselbe, ihren frühern Beschlüssen entgegen, neuerdings in Frage stellte
und von der Entscheidung einer solchen Corporation abhängig machte,
deren Meinung jenem Adel gegenüber schon im voraus als feindlich
bekannt war. Der Landtag verstand die Absicht der Regierung und
schuf, derselben entgegenkommend, einen Beschluss, welchem gemäss
der aus vierundzwanzig Gemeinden bestehende Adel von Turopolya
ferner auch auf den Generalversammlungen des agramer Comitats auf
ein einziges durch seinen Grafen auszuübendes Votum beschränkt wurde.

Die illyrisch-kroatische Partei, nachdem sie von der Regierung
auf diese Weise unterstützt, die constitutionell gesinnte ungarisch-
kroatische Partei sowol auf dem Landtag als auch im Schos des
agramer Comitats allen Einflusses beraubt hatte, wünschte nun
auch noch in ihrem eigenen Interesse einen entscheidenden Schritt
zu machen und griff die Verbindung Kroatiens mit dem Mutterland
an. Sie brachten einen Beschluss, welchem gemäss Se. Majestät mit-

tels einer Adresse gebeten werden sollte, Kroatien der Jurisdiction 1845. des ungarischen königlichen Statthaltereiraths zu entziehen und mit einem besondern Dicasterium zu versehen.

Und ein solches Ende nahm der kroatisch-slawonische Landtag, welcher sowol hinsichtlich der innern Verhältnisse dieser Länder als bezüglich des Verbandes derselben mit Ungarn eine neue Epoche gründete: die freisinnigen constitutionellen Elemente in demselben durch den überwiegenden Einfluss der Regierung vernichtete, die Herrschaft der illyrisch-kroatischen Partei dauerhaft begründete und damit auch reichlich den Samen jener Ereignisse streute, welche, unter den drei Jahre später zur Entwickelung gekommenen Umständen aufkeimend, bis zum Bruch heranreiften. Die Beschlüsse wurden mit Ausnahme des einzigen, welcher sich auf die Aufstellung eines besondern Statthaltereiraths bezog, von der Regierung als deren eigene Einflüsterungen ohne jeden Einwurf bestätigt. Indessen legte der General und Banus Franz Haller, der als Werkzeug dieses Staatsstreichs der Regierung gedient hatte, bald nach dem Landtag sein Amt nieder; infolge dessen der der Regierung ebenso ergebene, den Zwecken der illyrisch-kroatischen Partei aber noch mehr Vorschub leistende agramer Bischof Haulik zum Stellvertreter des Banus ernannt wurde.

Seit diesem Landtag, welchen die illyrisch-kroatische Partei nicht unrichtig als einen ersten Schritt zur Begründung der nationalen Selbständigkeit Kroatiens Ungarn gegenüber betrachtete, sehen wir alle Bestrebungen dieser Partei auf dieses Ziel gerichtet. Sie sorgte indessen dafür, dass nicht entweder im Schose der Regierung oder der ungarischen Nation vor der Zeit eine lebhaftere Rückwirkung gegen diese ihre Bestrebungen entstehe; und trachtete daher auf jede Weise danach, um, die grosse Frage der nationalen Unabhängigkeit mit der Frage des Gewichtsverhältnisses und Einflusses der politischen Parteien bemäntelnd, die Lage der Angelegenheit verdrehen, das Andenken an das Geschehene in Vergessenheit versenken zu können. Dieses Bestreben war die alleinige Ursache, dass die siegreiche illyrisch-kroatische Partei, um sich mit einer der Parteien Ungarns zu identificiren, die Benennung einer conservativen zu gebrauchen liebte, und hinsichtlich der bei uns an der Tagesordnung befindlichen Fragen es auch wirklich mit der conservativen Partei hielt; während sie in Anbetracht ihrer geheimen Zwecke in der That revolutionäre Gefühle in ihrem Busen nährte. Die Regierung schenkte dieser Verstellung, wie es scheint, wirklich Glauben, und liess sich in ihrer Freude über die durch den neuen Bundesgenossen gewonnene Zunahme an Kraft, durch diesen Kniff leicht anführen und protegirte sie fortan gleich ihren eigenen Parteigenossen. Die freisinnigen ungarischen Blätter und einige unserer Oppositionsredner in den Comitatsversammlungen erhoben auch mehrmals energische Einsprache gegen diese Ideenverwirrung, und deckten aus den Schriften der illyrisch-kroatischen Partei und den Aeusserungen ihrer Redner die wahren Bestrebungen dieser Pseudo-Conservativen auf. Die Regierung jedoch beachtete dies alles nicht, und sich damit begnügend, dass die Kroaten ihre Zwecke für den Augenblick unterstützten, hörte sie nicht auf, dieselben Ungarn gegenüber zu protegiren. Und unter dieser Protection entwickelten sich sodann die Ereignisse von 1848.

Die Kunde des auf dem kroatischen Landtag Geschehenen erweckte in der freisinnigen Partei Ungarns grosse Besorgnisse. Die Comitate sahen darin eine neue Aeusserung jenes constitutionswidrigen Regierungssystems, gegen welches sie schon in der Administratorenfrage eine so energische, obwol bisher noch erfolglose Einsprache erhoben hatten. Es erregte einen tiefen Schmerz in ihnen, dass die ungarische Regierung ihrer augenblicklichen Interessen wegen keinen Anstand nahm, die constitutionell gesinnte ungarisch-kroatische Partei der die Losreissung bezweckenden illyrisch-kroatischen aufzuopfern. Aber nicht minder wichtig war die constitutionelle Seite der Frage.

Der Adel Kroatiens war bisher in der unbezweifelten Ausübung des Abstimmungsrechts sowol auf seinem Landtag als auch in den Comitatsversammlungen gewesen. Dies hatten auch die Arbeiten jener Commission, welche 1836 mit der Ausarbeitung der Organisation des Landtags betraut war, über allen Zweifel erhoben. Von unserm Gesichtspunkt aus gehört es nicht zur Frage: ob die Theilnahme des niedern Adels am Landtag richtig und demnach, ob eine Regelung des Landtags nöthig war? Das Wesen der Frage dreht sich hier nur darum: ob die Neuerung auf constitutionelle Art durchgeführt wurde? Denn was immer auch die Umstände und die Interessen der Ordnung verlangt haben mochten, soviel ist gewiss, dass bei einer constitutionellen Nation die executive Macht nicht befugt ist, den bestehenden gesetzlichen Gebrauch durch eine einfache Verordnung thatsächlich abzuändern. Und darin liegt das hauptsächliche Gewicht der Beschwerde hinsichtlich der Organisirung des Landtags: die Regierung hatte, die Unverletzlichkeit der constitutionellen Rechte nicht beachtend, die Ausübung eines constitutionellen Rechts durch ein einfaches Decret aufgehoben; sie begann mit der thatsächlichen Ausführung dessen, was früher durch ein Gesetz hätte bestimmt werden sollen.

Die Beeinträchtigung der Rechte des kroatischen Adels betrachteten zahlreiche Municipien des Landes für eine so schwere Verletzung der Constitution, dass einige derselben in einer Adresse an den König um sofortige Abhülfe baten. Das pesther Comitat aber fertigte in seiner im November abgehaltenen Generalversammlung nicht nur eine Adresse an, sondern ernannte auch eine glänzende Abordnung an den König, welche beim Monarchen die Richtigstellung des abnormen Zustandes Kroatiens und im allgemeinen die Abänderung 1845. des neuen Regierungssystems auch mit lebendigem Wort betreiben sollte. Allein die Regierung war nicht geneigt, die Deputation vor den König gelangen zu lassen. Diese liess daher, um ihren Zweck zu erreichen, den Erzherzogen Franz Karl und Ludwig eine Denkschrift unterbreiten, in welcher sie, die obschwebende Frage lebhaft vortragend, um die Erwirkung einer Audienz beim König dringend bat. Alles war jedoch vergebens; die Thüren des Monarchen blieben verschlossen. Die Abordnung erhielt bald darauf durch einen Beamten eine mündliche Botschaft, mittels welcher ihr zu wissen gethan wurde, dass sie als Deputation des pesther Comitats nicht nur Se. Majestät nicht empfangen würde, sondern ihr Empfang auch allen Organen der Regierung untersagt sei. Die Deputation kehrte daher ohne Erfolg ins Vaterland zurück. Die bei den Erzherzogen eingereichte Denkschrift wurde dem pesther Comitat später in Begleitung einer Regierungsverordnung zurückgeschickt. Ein zweites Rescript missbilligte das Verhalten der nach Wien gesandten Abordnung; es missbilligte und tadelte mit harten Worten die Adresse des Comitats, in welcher dasselbe von einer ungesetzlichen, constitutionswidrigen Richtung spricht, als ob in Kroatien Absichten, sich vom Mutterland loszureissen, beständen, und eine Beeinträchtigung der persönlichen Rechte beabsichtigt würde; das Comitat wurde ernstlich gerügt, dass es eine so schwere Anklage auf einen einseitigen Vortrag gründe und sich bestrebe, auch in andern Besorgnisse zu erwecken und im Gang der öffentlichen Angelegenheiten Schwierigkeiten hervorzubringen. Zu derselben Zeit drückte auch ein Statthaltereidecret dem Comitat seinen Unwillen aus, dass es in der kroatischen Sache die Absicht der Regierung zu entstellen getrachtet habe.

Allein dieses Verfahren der Regierung gegen das pesther Comitat schreckte die übrigen Comitate nicht ab. Später fassten auch die Stände des presburger und trencséner Comitats den Beschluss, in dieser Sache eine Deputation an den Monarchen abzusenden. An das presburger Comitat wurde noch im Lauf derselben Versammlung ein tadelndes königliches Rescript herabgesandt, welches jene Handlung des Comitats, dass es ohne vorläufige Erlaubniss, der Erklärung des Administrators entgegen, eine Abordnung zu ernennen gewagt, mit scharfen Worten missbilligte. Dasselbe geschah auch mit dem trencséner Comitat.

Da die Absendung von Deputationen auf diese Art untersagt wurde, so betrieben die Comitate durch Adressen die Aufhebung der durch die verfassungswidrige Regelung des kroatischen Landtags begangenen Rechtsverletzung. Die Regierung bot im Weg der Obergespane und Administratoren in den Comitaten alles auf, um sich von diesen unbequemen Adressen zu befreien, ja sogar um von den

1846 . Comitaten ihr Verfahren billigende und unterstützende Dankadressen
und Rundschreiben zu erwirken. Aber sie konnte trotz aller ihrer
Bestrebungen nicht mehr als sechzehn Comitate zur Billigung ihrer Ansichten und ihres Systems vermögen. Die übrigen Comitate traten
beinahe ohne Ausnahme den die Regierung verdammenden Rundschreiben von Pesth und Zala entschieden bei. Auch jene paar Comitate, welche in dieser Angelegenheit keine Aeusserung abgaben,
schwiegen nur deshalb, weil sie sich unter ihren Umständen nicht,
wie sie es wol gewünscht hätten, gegen die Regierung aussprechen
konnten. Dessenungeachtet tadelten vierundzwanzig Comitate offen das
verfassungswidrige Vorgehen der Regierung.

Dies that insbesondere das agramer Comitat, welches nicht nur
als Augenzeuge, sondern zugleich auch als Opfer der Ereignisse in
Kroatien, eine im lebhaften Ton des Schmerzes gehaltene Adresse an
den König richtete, und als eine durch die aus der Regelung des
Landtags entstandene Rechtsverletzung direct interessirte Behörde
billiges Gehör am meisten in Anspruch nehmen durfte. Und was
gewann das agramer Comitat auf diese Adresse? Ein königliches
Rescript vom 13. Febr. 1846, in welchem den Ständen des Comitats
zu wissen gegeben wird: „dass Se. Majestät ihre Adresse, in welcher
sie so verwegen sind, die allerhöchsten an den Landtag gerichteten
Verordnungen zu tadeln und das Geschehene zu verunglimpfen, mit
dem grössten Unwillen (gravissima cum indignatione) aufgenommen
habe; weil sie in derselben nicht nur gegen jene Achtung verstossen,
welche sie der Würde des Königs schulden, sondern auch gegen das
Andenken ihrer Vorfahren undankbare Gesinnungen an den Tag
legen. Diese hatten, wie es sich gebührte, alle Verpflichtungen der
gehörigen Huldigung gegen das Herrscherhaus erfüllt; und die Stände
konnten nur infolge ihrer Zügellosigkeit das Lob der Treue derselben auf ihre Neigung übertragen, mit der sie sich bestreben, das
gesetzliche Ansehen zu verringern. Dies misbillige Se. Majestät um
so mehr; weil ihre aus dieser Gesinnung entstandene Adresse zum
deutlichsten Zeugniss dafür diene, dass sie unter anderm auch darauf
keine gehörige Rücksicht nahmen, dass in den infolge der Beschlüsse
früherer Versammlungen an die Regierung gerichteten Adressen sowol die gesammten Stände der vereinigten Länder, als auch sie selbst
die dringende Nothwendigkeit erkannt und allerhöchsten Orts auch
betrieben hatten, damit die Ordnung in den Comitatsversammlungen
wie auf dem Landtag wiederhergestellt werde. Se. Majestät, als
Wächter und Erhalter der Gesetze und der gesetzlichen Ordnung,
wünsche daher dieses seines Amts auch fernerhin zu walten, und
trage den Ständen auf, die schuldige Treue und Achtung vor Augen
haltend, in ihren Berathungen fortan, nach den Gesetzen, auf eine
solche Weise vorzugehen, dass sich nicht die unangenehme Noth-

wendigkeit ergebe, zufolge welcher hinsichtlich jener, die die Ver- 1846. messenheit auch fernerhin der Mässigung voraussetzen sollten, strengere Massregeln in Anwendung zu bringen wären."

Das Gleichgewicht zwischen dem monarchischen und dem con- stitutionellen Nationalelement wurde bisher zum Theil durch das Adressenrecht im Reich aufrecht gehalten. Das Adressenrecht war nämlich, im Fall des Zusammentreffens der Interessen, auf die Noth- wendigkeit eines durch gegenseitige Aufklärung zu bewirkenden Aus- gleichs berechnet. Die Nation ging vom ·Standpunkt jenes Ver- trauens aus, dass, wenn sie hinsichtlich irgendwelches Vorgehens der Regierung ihre entgegengesetzte Ansicht und ihre Beweise und Beweggründe entwickeln würde, sie in jenen, die die Macht hand- haben, eine Ueberzeugung von der Richtigkeit und Gesetzmässigkeit ihrer Ansichten erwecken könnte, oder mindestens denselben Gelegen- heit gebe, die Gründe ihrer Ansichten und die Verfassungsmässigkeit ihres Vorgehens des weitern auseinanderzusetzen. Jetzt indessen wurden die Adressen der Comitate, anstatt dass man die Gründe mit Gründen beantwortet hätte, einfach getadelt; vor den Deputa- tionen aber wurden die Thüren des Monarchen geschlossen gehalten.

Unter diesen Umständen überzeugte sich die Mehrheit der Co- mitate von der Erfolglosigkeit jeder fernern Adresse, und fasste, auf Antrag der Comitate Pesth und Zalá, den Beschluss: dass die aus dem neuen Regierungssystem entstehenden Beschwerden dem künftigen Reichstag vorgelegt, die abzusendenden Deputirten aber angewiesen werden sollten, alle ihre Bestrebungen darauf zu richten, damit diese Beschwerden noch vor der Aufnahme irgendanderer Gegenstände abgestellt werden mögen.

Uebrigens vertheidigten sich die Stände der Comitate innerhalb ihrer eigenen Grenzen, soweit es nur möglich war, fortwährend gegen die Uebergriffe der Administratoren, und suchten die Einmischung derselben in die Verwaltung, welche hundertjähriger Gebrauch den durch die Stände gewählten Vicegespanen sicherte, auf jede Weise zu verhindern. Mehrere Comitate erhoben Proteste dagegen, dass die Administratoren auch den Commitatsgerichten zu präsidiren anfingen, nicht nur dem hundertjährigen Gebrauch, sondern auch jenem Gesetz entgegen, welchem gemäss im Gebiet des Comitats nur von der Ge- meinschaft desselben gewählte Richter zur Fällung von Urtheilen befugt sind. Das heveser Comitat begnügte sich indessen nicht mit dem Protest, sondern fasste, auf Antrag des Grafen Nikolaus Keg- levich, geradezu den Beschluss: dass die Beisitzer der Gerichtstafel sich unter dem Vorsitz des Administrators zu einem Gericht nicht vereinigen sollen. Der Statthaltereirath jedoch cassirte später diesen Beschluss. Und so wurde der Kampf zwischen den Comitatsständen und den Administratoren, beziehungsweise zwischen der Nation und der Regierung auch in andern Dingen fortgeführt. Obgleich die Administratoren von der Regierung in allem bedingungslos unterstützt wurden, so siegte die energische Ausdauer der Stände dennoch in mehrern Comitaten. In solchen Fällen wurde dann meistens ein königlicher Commissar in das betreffende Comitat geschickt. Von dem Ausgang dieses Kampfes werden wir indessen später Gelegenheit haben zu sprechen.

Indem die Geschichte diese Irrthümer und die wenn auch nicht stets dem Buchstaben, so doch sicherlich dem Geiste der Gesetze widerstreitenden Massregeln der Regierung strenge tadelt, darf sie indessen gegen den Staatsmann, der zu dieser Zeit an der Spitze unserer Regierung stand, nicht ungerecht sein. Die patriotische Gesinnung des Hofkanzlers Apponyi kann man trotz dieser Irrthümer nicht in Zweifel ziehen; dies thaten nicht einmal jene, die sein Regierungssystem mit der grössten Heftigkeit angriffen. Die Gemässigtern erkannten von selbst an, dass sein Ziel, der Regierung eine Majorität zu verschaffen, an sich selbst genommen, kein schlimmes sei, obgleich es mit der Zeit in Bezug auf die Verfassung gefährlich werden könnte; es wurde anerkannt, dass dasjenige, wonach er strebte — eine starke Regierung und mehr Ordnung in der Verwaltung, als bisher bei uns bestand — die nothwendige Bedingung eines jeden gutorganisirten Staats sei. In seinem System waren nur die Mittel und die Methode im Gegensatz zur Verfassung und verdienen als solche strengen Tadel.

Wer könnte an der patriotischen Gesinnung des Grafen Aurel Dessewffy, an der Vortrefflichkeit seiner Absichten zweifeln? Wer wagte es, ihn in jenen heftigen publicistischen Kämpfen, welche er mit der Opposition und insbesondere mit deren Bannerträger, Ludwig Kossuth, führte, jemals des Unpatriotismus anzuklagen und seine auf die Beglückung des Vaterlandes abzielenden Absichten zu verdächtigen? Gegen seine Mittel konnten gerechte Einwürfe, begründete Einwendungen erhoben werden, und wurden es auch; seine Absichten aber konnte niemand tadeln. Nun aber versuchte Apponyi nur dasjenige durchzuführen, was Dessewffy entworfen, jene Zwecke zu verwirklichen, welche dieser bestimmt hatte. Worin der Unterschied bestand zwischen der Methode und den Mitteln Apponyi's und jenen, welche Dessewffy in Anwendung gebracht haben würde, wenn ihn sein frühzeitiger Tod in der Uebernahme der Regierung nicht gehindert hätte, wissen wir nicht; soviel ist sicher, dass jene Mittel, welche Apponyi ergriff, und die Methode, womit er dieselben in Anwendung brachte, die Probe der Verfassungsmässigkeit nicht bestehen. Es war dies derselbe Fehler in der Methode zur Erzielung der Ordnung und einer starken Regierung, welche von Stephan Széchenyi Kossuth im Verfahren der Opposition und hinsichtlich der Verwirklichung der nationalen Reformen so scharf und mit so unermüdlicher 1846. Ausdauer vorgeworfen wurden. Wie Kossuth in den Reformbestrebungen, so übertrieb auch Apponyi in den Regierungszwecken alles durch seine unkluge, übermüthige Methode.

Es ist indessen unzweifelhaft, dass unter den bestehenden Verhältnissen hinsichtlich der grossen Aufgabe, deren Lösung Apponyi übernommen hatte, der Fehler nicht so sehr in der Person, als vielmehr im Princip lag. In einem constitutionellen Lande kann man ohne Verletzung der Verfassungsmässigkeit eine starke Regierung und Ordnung in der Verwaltung nur unter der Mitwirkung der Majorität schaffen. Jede Anstrengung der Minorität, ihren Geist in die Verwaltung einfliessen zu lassen, ihre Principien zur Regierungsnorm zu erheben, dieselben in Anwendung zu bringen, und nach denselben die Ordnung zu schaffen, führt mit unausbleiblicher Nothwendigkeit zum Despotismus, zur Willkür, zu Verfassungsverletzungen. Und dies war eben bei uns der Fall. Der Hof und das Haupt der österreichischen Regierung, Fürst Metternich, hatte kein Vertrauen zur Majorität, welche bisher als Opposition nicht nur in der Methode manchmal vielleicht ein wenig übertrieben war, sondern, als streng constitutionell und freisinnig, sich auch in ihren Zwecken von den Endzielen der ihre willkürherrschaftlichen Principien und Neigungen nie ganz auflassenden kaiserlichen Regierung unterschied; welche auch jetzt, wie immer, die Regierung der Minorität überantwortet hatte, durch die Minorität ihre Principien anzuwenden, Ordnung und eine starke Regierung zu schaffen beabsichtigte, was zu bewerkstelligen ihr bisher aus ebendieser Ursache nie gelingen konnte. Schon diese Situation selbst ist verfassungswidrig, infolge dessen die Regierung, wenn sie aus ihrer unwürdigen und jedenfalls verkehrten Stellung der Neutralität und Unthätigkeit auch nur einigermassen heraustritt und energisch zu sein wünscht, die Constitution unausweichlich verletzen muss. Unter solchen Verhältnissen hätte daher, welche Persönlichkeit auch aus der in der Minderheit befindlichen conservativen Partei zur Regierung berufen worden wäre, diese mit wenigen Ausnahmen und geringem Unterschied dieselben Fehler begehen müssen, deren die Geschichte Apponyi beschuldigt.

Und diese Principien sind hinsichtlich des Systems und des Geistes der Regierung so unzweifelhaft, dass selbst jene Ausnahmen, welche in den einzelnen Details der Verwaltung auftauchen können, nur die Richtigkeit der Regel, des Grundsatzes beweisen. Die Verwaltung war bei uns eine noch so ungeordnete; der gesammte Zustand des Reichs war der bisherigen Nachlässigkeit und nichtsthuenden Neutralität der Regierung wegen ein so mangelhafter, dass auch eine der Minorität entnommene Regierung, wenn sie wollte, innerhalb der Grenzen der Verfassungsmässigkeit viel Gutes und Nütz-

Einige nützliche Verfügungen der Regierung.

liches thun konnte. Und darin muss man der handelnd auftretenden
Regierung Apponyi's Gerechtigkeit widerfahren lassen. Um seine
Regierung bei der Nation beliebt zu machen, traf er auch einige
solche Verfügungen, deren Zweck war, die lange gehegten gerechten
Wünsche der Nation zu verwirklichen.

*Die Auf-
stellung des
Communica-
tions-Co-
mités.* Eins der schreiendsten Bedürfnisse der Nation war die Hebung
ihrer seit einem Jahrhundert absichtlich unterdrückten materiellen
Interessen. Apponyi bestimmte dieselbe zu einem der Hauptzwecke
seiner Regierung, und verdient darin gerechte Anerkennung, dass
er sich mit dem in dieser Beziehung ausgezeichnetsten, praktischesten
und in der Ausführung den richtigsten Takt besitzenden Mann, mit
Stephan Széchenyi, in Verbindung setzte. Damit er der Regierung
die Mitwirkung dieses grossen Patrioten sichere, schuf er im Schose
des Statthaltereiraths unter dem Namen einer Communications-Com-
mission eine neue Abtheilung, oder richtete, richtiger gesagt, die
schon bestehende neuerdings ein, und liess zum Präsidenten derselben
Széchenyi ernennen.

Es kann zwar nicht geleugnet werden, dass, streng genommen,
selbst diese Verfügung der Regierung eine inconstitutionelle war; denn
nachdem den Statthaltereirath das Gesetz regelte, so hätte man denselben nur im Wege der Gesetzgebung abändern und neu organisiren
sollen. Die Eigenschaft des Constitutionalismus liegt ja ebendarin,
dass die executive Gewalt, selbst in ihren wohlwollendsten Absichten,
an gewisse Formen gebunden ist. Allein obwol dieser Fehler in der
constitutionellen Form von seiten der Comitate auch nicht ohne alle
Bemerkung blieb, so anerkannte doch jedermann die gute Absicht
und freute sich dieser Ernennung, aus welcher man deutlich ersah,
dass die Regierung fortzuschreiten und das nationale Wohl in der
That zu befördern wünsche; denn Széchenyi's Name und Charakter
bürgten dafür, dass die Regierung wirklich die Absicht habe, bezüglich unserer materiellen Interessen etwas zu thun.

Széchenyi stellte sich infolge seiner neuen amtlichen Eigenschaft
an die Spitze einiger solche materielle Interessen verfolgenden Na-
tionalunternehmungen, welche ausserhalb des Einflusses der Regierung
auf socialem Gebiet entstanden waren, von welchen wir jedoch in
mehr erschöpfender Weise erst weiter unten sprechen können.

*Die Begrün-
dung einer
Gewerbe-
schule.* Eine ähnliche gute Absicht charakterisirte jene gleichfalls mit
Anerkennung und allgemeiner Zufriedenheit aufgenommene Verfügung
von seiten der Regierung, gemäss welcher sie in Uebereinstimmung
mit den lange betriebenen Wünschen der Nation in Pesth eine Central-
Gewerbeschule errichtete. Diese Unterrichtsanstalt wurde zu Ehren
der funfzigjährigen Amtsführung des Erzherzog-Palatins „Joseph-
Gewerbeschule" genannt. In dieser Beziehung machte die Regierung
nur den Fehler, dass sie nicht auch in einigen andern volkreichern

Städten des Reichs ähnliche Schulen errichtete. Bei uns, wo man 1846.
den Kindern der grundbesitzenden und reichern Klassen ohne Ausnahme eine classische, sogenannte lateinische Schulbildung gab, und
die ärmern Klassen ihre Kinder für die Industrie bestimmten, hätte
man auf diese ärmern Klassen besondere Aufmerksamkeit verwenden
und denselben die zum industriellen Beruf nothwendige Erziehung
erleichtern sollen.

Zu derselben Zeit, als diese Central-Gewerbeschule errichtet Die Rege-
wurde, wandte die Regierung ihre Aufmerksamkeit auch den übrigen lung der
Zweigen der Volkserziehung zu, und erliess besonders hinsichtlich der Volksschulen.
Volksschulen ein ganz neues System. Wenn man bedenkt, dass die
wichtige Angelegenheit der Volksschulen seit einem ganzen Jahrhundert im vernachlässigten Zustand dahinsiechte, ist es unmöglich, das
heilsame Wesen dieser Regierungsverfügung nicht zu preisen. Das
verkündigte neue System half den bisherigen Mängeln in mehrfacher
Beziehung ab, und enthielt einen wahrhaften Fortschritt in der Sache
des Volksunterrichts in sich. Und wenn die Regierung das neue
System nur um ein Jahrzehnt früher verkündigt haben würde, so
ist nicht zu bezweifeln, dass sich die Nation damit zufrieden gegeben,
dasselbe mit Dank empfangen hätte. Jetzt indessen befriedigte diese
Institution der Regierung die allgemeinen Wünsche nicht nur nicht,
sondern zog auch von seiten der Comitate directen Widerspruch und
Tadel nach sich.

Nachdem die Regierung einmal in den Verdacht willkürlicher
Verfügungen verfallen war, begleiteten die Comitate, damit sich diese
Willkür nicht auf das ganze Nationalleben ausdehne, mit eifersüch-
tigem Auge jeden Schritt derselben. Die Klage war auch in diesem
Gegenstand vorzüglich gegen die Willkür gerichtet. Die Reichsstände
wünschten, ihrem unzweifelhaften Recht gemäss, schon auf mehrern
Reichstagen hinsichtlich des Volksunterrichts Verfügungen zu treffen;
insbesondere hatten sie auf den frühern zwei Reichstagen diesbe-
züglich ausgedehnte Operate angefertigt, welche jedoch zu Gesetzen
gestalten zu lassen die Regierung stets verhindert hatte; denn sie
wollte in der Sache des Unterrichts, obgleich ihr in demselben dem
Sinne der Gesetze nach nur das Recht der Oberaufsicht gebührte,
gänzlich nach eigener Willkür verfügen. Die Comitate wollten daher
jetzt diesen Rechtsübergriff unter den obschwebenden Umständen
durchaus nicht dulden, und wünschten die Organisation dieser wichtigen Angelegenheit um so mehr der Gesetzgebung, wohin sie rechtmässig gehörte, zuzuweisen, als auch die Principien des von der
Regierung verkündigten Systems dem Wunsche der Mehrheit nicht
entsprachen. Unter anderm legte das neue System die Oberleitung
der Volksschulen in die Hand der Bischöfe, was zur Folge gehabt
hätte, dass entweder auch die Schulen der Protestanten und der An-

hänger des alten Ritus durch katholische Bischöfe geleitet werden sollen: was dem Gesetz widerspräche; oder dass das System nur die Anhänger des katholischen Glaubens betreffe: was demselben wieder den Stempel der Einseitigkeit aufgedrückt haben würde. Die Reformpartei wünschte, damit jede Ortschaft eine gutorganisirte Schule besitzen möge, aus Rücksicht auf die Herstellung der nothwendigen Kosten, was der Angelpunkt der Sache war, für jede Religionssekte eine gemeinsame Schule, in welcher die Religionslehre, von den übrigen Gegenständen des Unterrichts abgesondert, von Priestern einer jeden Religionssekte besonders vorgetragen werden sollte; hinsichtlich der Leitung aber, deren Regelung Aufgabe der Gesetzgebung ist, wollte sie theils den Gemeinden selbst Einfluss einräumen, deren natürliches Recht der Erziehung ihrer Meinung nach nicht zu übergehen war; theils aber den Comitaten, welchen, als Theilhabern der executiven Gewalt, die Aufsicht über den öffentlichen Unterricht rechtmässig nicht entzogen werden konnte. Das verkündigte neue System, welches die Leitung der Volksschulen ausschliesslich in die Hände der katholischen Geistlichkeit legte, machte die Verwirklichung aller dieser wesentlichen Gesichtspunkte unmöglich. Deshalb versäumten auch nicht die Comitate, in welchen der Despotismus der Administratoren die Beschlussfreiheit noch nicht beschränkt hatte, gegen dieses neue System der Volkserziehung Einsprache zu erheben. Insbesondere forderten Zala und Somogy in energischen Adressen, dass die in der Angelegenheit des öffentlichen Unterrichts erlassenen höhern Verordnungen, als dem Gesetz zuwiderlaufend, suspendirt und die Verfügung über die Sache des öffentlichen Unterrichts der Gesetzgebung anvertraut werden möge. Somogy erklärte ausserdem, dass es zur Ausführung dieser Einrichtung seitens der Regierung, welche auf eine Verdrängung der Nation vom constitutionellen Gebiet abziele, keine hülfreiche Hand bieten werde. Dieser auch höhern Orts unterbreitete Beschluss zog dem Comitat, wie vorauszusehen war, strengen Tadel und Misbilligung zu; zufolge welches sowol diesem als andern ähnlich gesinnten Comitaten keine andere Art der Sache abzuhelfen übrigblieb, als auch diesen Gegenstand als Beschwerde für den nächsten Reichstag aufzubehalten.

Die Regierungsverordnung hinsichtlich der Altgläubigen.   Ganz ähnlich war das Vorgehen der Regierung, und infolge dessen auch der Beschluss einiger Comitate, hinsichtlich der Freiheit des Religionswechsels der Altgläubigen. Das Gesetz verfügte bisher nur über die Katholiken und Protestanten, aber die Regierung dehnte die Wohlthaten desselben, infolge einer von den Altgläubigen eingereichten Petition, auch auf diese aus. Die Rechtsverletzung wurde von mehrern Comitaten auch hinsichtlich dieses Gegenstandes nur in dem Einen Umstande bestehend bezeichnet, dass die Regierung, trotzdem die gesetzgebende Gewalt zwischen der Nation und dem König getheilt sei, über eine bedeutende Klasse der Reichsbewohner durch eine einfache königliche Verordnung verfügt habe. Diese Regierungs-massregel wurde durch den Umstand erschwert, dass, als der Reichs-tag vom Jahre 1844 das die gemischten Ehen und den freien Ueber-tritt betreffende Religionsgesetz verhandelte, die Regierung der Gleich-stellung der Griechisch-nicht-Unirten mit den Protestanten direct und einzig deshalb entgegen war, um über die Angelegenheiten der Alt-gläubigen, wie es seit 1690 geschehen, auch fernerhin willkürlich ver-fügen zu können. Demzufolge wurde diese Verfügung, obgleich sie ihrem Inhalt nach mit dem Willen der Mehrheit der Nation überein-stimmte, hinsichtlich der Methode aber dem 12. Gesetzartikel von 1790 entgegen war, als Beschwerde erklärt und dem künftigen Reichstag aufbehalten, damit die Religionsfreiheit auch auf die griechische Kirche durch ein Gesetz ausgedehnt werden könne.

Wie aus alledem zu sehen ist, konnte man die Regierung nicht mehr wie bisher der Nachlässigkeit oder neutraler Unthätigkeit an-klagen; um so mehr Klagen und Tadel wurden gegen ihre Willkür und Parteilichkeit erhoben, zufolge welcher sie, die Gesetze nicht be-achtend, ja mehrfach übergehend und verletzend, sich bestrebte, ihre Principien in Anwendung zu bringen, ihre Zwecke zu verwirklichen.

Dieses neue, vom alten so sehr verschiedene Vorgehen der Re-gierung, etwa anderthalb Jahre nach dem Schluss des Reichstags, fand dem Anschein nach immer unter dem Namen des Grafen Anton Majláth statt. Denn obwol jedermann wusste, dass das neue System das Werk des Grafen Apponyi oder vielmehr, dass er das vollziehende Werkzeug desselben sei: so wurde das Amt des Hofkanzlers dem Namen nach doch noch immer von jenem Staatsmann eingenommen, und dieser führte nur den Titel eines zweiten Vicekanzlers. Dieser Umstand erweckte in manchen den Zweifel, ob die Regierung das neue System ausdauernd und consequent durchführen werde? Ob es nicht ein blosser Versuch sei von seiten des zweiten Vicekanzlers? Und ob da nicht der Hof diesen Versuch infolge der Opposition der Comitate aufgeben und die Werkzeuge desselben beseitigen werde? Diese Zweifel und die daraus entstandenen verschiedenen Meinungen schien auch der untergeordnete Rang zu nähren, dessen Titel Apponyi bisher und solange trug, obschon kein wichtigerer Grund vorlag, weshalb er nicht auch dem Namen nach an die Spitze der Regierung gestellt würde.

Gegen Mitte April schwanden auch diese Zweifel. Es wurde ein königliches Rescript vom 5. d. M. veröffentlicht, welchem nach Majláth, angeblich auf eigenes Ersuchen und zur Wiederherstellung seines geschwächten Gesundheitszustandes, auf unbestimmte Zeit Ur-laub erhielt und die Leitung der ungarischen Hofkanzlei Georg

1846. Apponyi übertragen wurde, welcher zugleich zum zweiten Hofkanzler ernannt ward.

Dieser Personenwechsel, obwol er auf beinahe ungewöhnliche Art geschah, verscheuchte jeden Zweifel und bezeichnete das neue System als den Endbeschluss der Regierung. Es verschwanden demnach alle jene Hoffnungen, welche von manchen hinsichtlich der Aufhebung dieses Systems, wiewol ohne hinreichenden Grund, gehegt wurden. Die Ernennung Apponyi's zum Hofkanzler erweckte, als die Sanction des neuen Regierungssystems, in allen diesen tiefe Besorgniss; denn sie sahen in demselben eine Gefährdung unsers constitutionellen Bestehens. Allein wie übertrieben diese Meinung war, so ungegründet zeigte sich auch die Behauptung jener, die in entgegengesetzter Weise jene Unordnung, in welcher das Reich dahinsiechte, durch diese Ernennung behoben und das grosse Werk der Reform in kurzer Zeit vollendet erblicken zu können hofften. Wenn man bedenkt, dass jene Partei, auf welche sich die Regierung stützte, von ihrer Neigung zu Reformen bisher noch keine untrüglichen Beweise gegeben hatte und eine unbezweifelte Minorität bildete: so waren diese Reformhoffnungen überaus sanguinisch, da man kaum erwarten durfte, dass die in der Minderheit befindliche Partei, welcher sich die Regierung anschloss, im Stande sein würde, ihre Tendenzen und Principien gegen die Majorität ins Leben treten zu lassen. „Aber wenn wir uns in alledem getäuscht hätten", sagt das «Pesti Hirlap», „und auf dem künftigen Reichstag durch grossartige Anträge überrascht würden? In diesem Fall würden wir uns, wir gestehen es, gern täuschen; ... wir überlassen den Conservativen gern den Ruhm, welcher denjenigen zukommen wird, die das Werk der Reform durchführen. Damit jedoch etwas Aehnliches verwirklicht werden könne, müssten die Betreffenden den gewohnten Weg verlassen und anstatt einer factiösen eine nationale Politik befolgen, wie dies Sir Robert Peel thut. ... Welche Schritte sodann die Opposition vornehmen würde, wissen wir nicht; aber wir wissen, welche sie thun muss, — das, was im englischen Unterhaus Lord Russell thut: die Parteiinteressen vergessen und sich an die eigenen Formen nicht anklammern."

Viertes Kapitel.

Nationale Bestrebungen in der Durchführung der bisherigen Richtung und den Principien der Reform.

Die engere
Vereinigung
und die Be-
strebungen
der Oppo-
sition.

Das bisherige energische und wenn auch nicht stets und in allem verfassungsmässige, aber consequente Vorgehen der Regierung, in neuester Zeit aber die Erhebung Apponyi's zum Hofkanzler, konnte jedermann hinreichend überzeugen, dass das neue Regierungssystem nunmehr kein blosser flüchtiger Versuch, sondern ein solches Ziel sei, dessen Verwirklichung höhern Orts endgültig beschlossen sei. Diese Ueberzeugung konnte auf die Oppositionspartei nicht ohne Wirkung bleiben. Vor allem kräftigte sich das Gefühl dessen und wurde allgemein, dass es unter den bestehenden Umständen nothwendiger als je zuvor sei, die verschiedenen Meinungsschattirungen der Opposition, welche in der nächstverflossenen Zeit einander gegenüber hinsichtlich mancher Fragen einen beinahe feindseligen Ton angenommen hatten, miteinander enger zu verbinden. Andererseits schien es unabweislich nothwendig, jene Richtung, welche die Opposition am Schluss des vergangenen Reichstags an den Tag gelegt hatte, möglichst zu stärken und die Popularität der von der freisinnigen Opposition ausgehenden Reformplane im Reich auch im allgemeinen zu heben und zu verbreiten; da man sonst befürchten konnte, dass die Regierung durch angestrengte Bestrebungen und ihre künstlichen oft gewaltsamen Mittel sich in der That eine Majorität verschaffen und auf dem nächsten Reichstag die nationale Reform nach ihren eigenen Principien durchführen werde. Die Opposition war nämlich der Meinung, dass es besser sei, jede sich für noch so nothwendig erweisende Verbesserung zu verschieben, als sie zur Schwächung der Rechte und der Selbständigkeit der Nation, des constitutionellen und demokratischen Princips zu vollziehen und sich ein für allemal oder doch wenigstens auf lange Zeit den Weg abzuschneiden,

1846. welcher die Nation sowol zur freisinnigen, demokratischen Umgestaltung ihrer innern Institutionen, als auch zur vollen Wiedergewinnung ihrer gesetzlichen Unabhängigkeit in der Regierung führen könnte. Dieser Ansicht gemäss war demnach gegenwärtig der Hauptzweck der Opposition: die oppositionellen Tendenzen zu verbreiten, die Popularität der freisinnigen Reform zu stärken.

Dieses Ziel musste jene Spaltung aufhören lassen, welche im Schos der Opposition seit anderthalb Jahren bestand. Diese Spaltung riefen, wie wir sagten, die Verkünder der Centralisationslehren hervor. Ein Theil der Opposition hielt nach den Principien des ältern „Pesti Hirlap" das Comitatssystem, obgleich sie dessen Mängel nicht in Abrede stellte, in seinem Wesen dennoch für ein so werthvolles Institut, dass sie nicht geneigt gewesen wäre, dasselbe für irgendwelche constitutionelle Einrichtung Europas in Tausch zu geben; ja vielmehr anrieth, dasselbe, auf der Grundlage der Volksvertretung basirt und in seinen Mängeln ebendurch die Volksvertretung verbessert, einem theuern Schatz gleich zu verewigen, welcher die Freiheit und die Ausübung politischer Rechte mit dem alltäglichen Leben des Volks in Verbindung bringt. Der andere Theil der Opposition dagegen — obwol er den die Verfassung sichernden Werth des Comitatssystems nicht ableugnete, ja sogar eingestand, dass dasselbe, insolange wir nicht im Stande wären, mit den Formen des westeuropäischen Verfassungslebens mehr übereinstimmende Institutionen uns zu verschaffen, auch aufrecht zu erhalten sei — hielt das System selbst zur Sicherung des constitutionellen Lebens in unserm Zeitalter schon für ungenügend, zur Entwickelung der Nationalkraft aber für ungeeignet; weshalb er eine solche Centralisation wünschte, welche den Willen der Nation auf dem Reichstag durch die Volksvertretung concentriren und die Regierung des Reichs zum verantworlichen Ausfluss dieses vereinigten Nationalwillens machen sollte.

Diese principielle Zwietracht war für die Oppositionspartei, wie wir sagten, um so bedauerlicher, als deren Hauptorgan, das „Pesti Hirlap", in die Hände der kleinern, centralistischen Fraction gelangte; und obwol es in andern Dingen der treue Dolmetsch der Opposition blieb, entfremdete es sich dennoch einigermassen die grössere Partei der Anhänger des Comitatssystems; demzufolge die letztere kein eigentliches Organ besass.

Jetzt wünschte daher die Fraction der Centralisten, die Bestrebungen der Regierung in Betracht ziehend, die Ursache des Zerwürfnisses zu beseitigen und unterliess ihre Agitationen zu Gunsten der Centralisationslehre. „Wir", sagt die Redaction des „Hirlap" in der Nummer vom 1. Jan. 1846, „hielten dafür, dass es schon an der Zeit sei, die reichstägliche Centralisation und die verantwortliche Regierung zu betreiben, da wir die einzelnen Zweige der öffentlichen Verwaltung auf dem Weg des stufenweisen Fort-schritts unsern dargelegten Ansichten gemäss zu ordnen wünschten; das Schicksal jedoch vereitelte unsere Berechnungen. Wir erlebten Institutionen, welche zu Besorgnissen Anlass gaben; Ereignisse, welche anbefahlen, uns den übrigen Theilen der Opposition enger und ent-schiedener anzuschliessen; und wie es in andern constitutionellen Ländern Epochen gab, in welchen die verwandten Parteielemente aus höhern Rücksichten ineinanderschmolzen, so halten auch wir die Gegenwart für eine solche Epoche und erblicken unser Vaterland in einem solchen Zustand. Es genüge einzig und allein auf die Kämpfe unter dem Királyhágó (in Bihar) und die Ereignisse diesseit der ungarischen Gestade zu verweisen. Aber auch die sonstigen un-gewöhnlichen Bewegungen, welche sich im gegentheiligen Lager zeigen, mahnen die Opposition zum Zusammenhalten.

„Unter solchen Verhältnissen müssen wir uns hüten, dass unsere Entwickelung nicht zu einem Methodenkampf ausarten möge und damit der Streit über die Reihenfolge des Vorzunehmenden im Schos der Opposition nicht selbst dann noch fortgeführt werde, da wir alle, die wir unter den Fahnen des Fortschritts kämpfen, darüber im Reinen sein müssen, wenn wir auch fernerhin in der Majorität blei-ben wollen. Und dies müssen wir wollen, nicht darum, weil die vollziehende Gewalt der Ausfluss der Majorität ist — dem ist ja bei uns nicht so —; sondern deshalb, weil man nur dann, wenn wir in der Majorität sein werden, keine solchen Gesetze in Antrag bringen und durchsetzen wird, von welchen man wird sagen können, dass nicht das Ufer vorwärts schreite, sondern wir im Kahn zurückgehen. Unter solchen Verhältnissen, da wir die Erfahrung machen müs-sen, dass die Opposition ausser diesem Blatt noch immer kein an-deres Organ besitzt, wurde es im Interesse des öffentlichen Wohls nothwendig, dass wir bis dahin, dass sich die ebenerwähnten Verhält-nisse nicht ändern, die allgemeine Erörterung der Centralisationsfrage in diesem Organ der Opposition verschieben. Unsern Principien ent-sagen wir nicht; wir sehen die Entwickelung unsers Vaterlandes auch jetzt nur nach denselben für möglich an. . . . . Rücksichtlich der Integrität des Reichs und der Vertheidigung unserer gegenwärtigen constitutionellen Garantien wurde es jedoch nothwendig, alle Fractio-nen der Opposition zusammenzuhalten; nothwendig auch im Interesse der Reformangelegenheit . . . vor allem eine Vereinigung der Kräfte.“

Die Nothwendigkeit einer engern Vereinignng der verschiedenen Fractionen der Opposition war nie grösser als gegenwärtig, da auch die Regierung die Worte „Verfassung, Nationalität und Reform“ auf ihre Fahnen schrieb, und da man demnach derselben gegenüber bei jeder Frage sorgfältig untersuchen musste: was falsche und wahre Reform, was falsche und wahre constitutionelle Idee sei. Und dies

1846. war jetzt um so nothwendiger, als sich von seiten der Regierung, was nicht geleugnet werden kann, auch eine solche Richtung zeigte, welche, wenn sie auch nicht hinreichte, um ihr das Vertrauen ganz zuzuwenden, dennoch genügend war, dass die von Parteileidenschaft nicht befangenen Gemässigtern ihr Urtheil über einzelne Zweige der Regierungspolitik einigermassen suspendirten.

Indessen war es ein grosser Fehler und Mangel von seiten der Opposition, dass, wie es Szemere in einer seiner Reden beklagte, die Häupter der Opposition, sogleich als der Reichstag geschlossen war, den Boden unter ihren Füssen entgleiten liessen, und den Commandostab gleichsam aus der Hand warfen, und ihre die allgemeine Politik erklärende Führerstimme weder in den Comitatsversammlungen hören liessen, noch in der Tagespresse eine genügende Kraft entwickelten. Ein anderer Fehler und Mangel war, dass, während die Regierung und die conservative Partei, wie wir weiter unten erzählen werden, sich zu organisiren, in ihre Handlungen Einheit, Plan und Ordnung zu bringen bestrebt war, in der Opposition bisher kein Zusammenhang, und einzelne in den Comitatsversammlungen vorgekommene Fragen und hinsichtlich derselben zwischen den Comitaten gewechselte Rundschreiben ausgenommen, kein Einverständniss vorhanden war. Der aus Geselligkeitsrücksichten entstandene und eine immer grössere Ausbreitung gewinnende Club „Kör" war zwar oppositionell gesinnt, besass jedoch besonders zu dieser Zeit noch weder eine so grosse Ausdehnung, noch beschäftigte er sich mit der Politik in so eingehender Weise, wie er dies später that, dass er der Oppositionspartei hätte zum Mittelpunkt dienen und diese auch nur einigermassen repräsentiren können.

Diese Gründe vermochten die Fraction der sogenannten Centralisten dazu, die Entwickelung ihrer die Spaltung vergrössernden Lehren unterlassend, sich mit den übrigen Theilen der Opposition enger zu verbinden. Uebrigens war die bisherige Agitation dieser Parteifraction für Volksvertretung und eine centralisirte verantwortliche Regierung den Interessen der Opposition nicht nur nicht schädlich, sondern diente derselben in mehrfacher Beziehung auch zum Vortheil. Sie klärte über die schwachen Seiten, Fehler und Mängel des Comitatsystems auf, selbst über solche, welche die Opposition bisher ebendarum, weil dieses System die Hauptgarantie unsers constitutionellen Lebens bildete, gern zu verdecken liebte; verscheuchte die Befangenheit und die jede nähere Untersuchung unterlassende Vorliebe, welche viele für dieses System aus blosser Gewohnheit und aus Mangel an gehöriger Kenntniss anderer constitutioneller Formen hatten. Dagegen verbreitete sie nicht minder in den einem eingehenden Studium fremden Massen, die ihre politischen Kenntnisse nur aus der periodischen Presse schöpfen, die Kenntniss der entwickelten

Formen des westeuropäischen constitutionellen Lebens und des parlamentarischen Regierungssystems; was, wenn man die nicht einmal
geahnte Umgestaltung in der nahen Zukunft in Betracht nimmt, für
einen hochwichtigen Gewinn gehalten werden muss.

Wenn die Centralisationsschule in dieser Beziehung einigen Tadel
verdient, so besteht dieser darin, dass deren Führer ihre Lehren nur
nach den allgemeinen Principien entwickelten und sich nicht bestrebten, dieselben auf unsere eigenthümlichen Verhältnisse, welche
aus unserer Verbindung mit der absolut regierten österreichischen
Monarchie entstanden, in einer praktisch durchführbaren Weise anzuwenden. Die schwierigsten Probleme, welche im Fall der Einführung der centralisirten verantwortlichen Regierung hinsichtlich der
Finanzen, des Krieges, des Handels und der auswärtigen Angelegenheiten — welche bisher mit den gleichen Ressorts des österreichischen
Kaiserthums, freilich gegen Gesetz und Verfassung, und trotz unzähliger Proteste der Nation, aber thatsächlich hinsichtlich mehrerer
Theile derselben dennoch gemeinsam gehandhabt wurden — unausbleiblich auftauchen mussten, versuchten sie nicht einmal zu lösen.
Ebenso unterliessen sie auch zu entwickeln, auf welche Weise man
die wesentlichern Theile des Municipalsystems der Comitate, welches
einfach zu verwerfen die Nation weder geneigt war, noch auch unter
unsern eigenthümlichen Verhältnissen räthlich gewesen wäre, mit der
verantwortlichen, parlamentarischen Regierung hätte verschmelzen
können. Dergleichen angewandte praktische Erörterungen aber, wie
nützlich wären sie gewesen, wenn man die grossartigen Entwickelungen der nahen Zukunft in Betrachtung nimmt!

Allein bei all diesen Mängeln und Versäumnissen sind die Verdienste der Schule der Centralisationslehre unbestreitbar. Ihre Erörterungen drehten sich um zwei Hauptpunkte: Volksvertretung und
verantwortliche ministerielle Regierung. Jene war zwar auch das
Hauptziel jener Fraction der Reformpartei, welche die Umgestaltung
auf die Grundlage des verbesserten Comitatssystems zu basiren
wünschte; ja eben die Volksvertretung wurde auch von dieser für
jenes Mittel angesehen, durch welches sie das Comitatssystem von
seinen Auswüchsen zu reinigen und auf sämmtliche Klassen des Volks
auszudehnen wünschte; aber die Ausbreitung der nähern Kenntniss
von den Ideen des parlamentarischen Regierungssystems, das in der
Nation an Kraft stets zunehmende Verlangen nach der Verwirklichung
desselben ist grösstentheils als das Werk dieser Schule zu betrachten.

Unter dem Einfluss der Angriffe, welche die Regierung gegen Die Verbreitung des
Principo der
verantwort-
lichen Re-
gierung.
die Autonomie der Comitatsmunicipien richtete, besassen besonders
jene Erörterungen eine grosse mit der brennenden Macht der Actua-
lität versehene Gewalt, durch welche die Centralisten das Publikum
zu überzeugen bestrebt waren, dass das Comitatssystem mit seinem

1846. passiven Widerstand der Verfassung keineswegs eine hinreichende
Garantie gewährte, und man diese nur in einer dem Ausfluss des
vereinigten Nationalwillens entstammenden verantwortlichen Regierung auffinden kann. Jene Resultatlosigkeit aber, welche der vergangene Reichstag zeigte, vermehrte stets in mehrern die Ueberzeugung, dass auch die nationale Umgestaltung nur mit Hülfe einer
verantwortlichen Regierung im Interesse der Freiheit vor sich gehen
könne. So geschah es, dass das pesther Comitat, auf Antrag des
Barons Joseph Eötvös, schon in seiner im vorigen Sommer abgehaltenen Generalversammlung, als über die im honter Comitat durch
die Parteilichkeiten des Administrators entstandenen Verwirrungen
verhandelt wurde, es offen aussprach: es sei unumgänglich nothwendig,
die Verantwortlichkeit der Regierung, welche in unserm Gesetzbuch
zwar ausgedrückt sei, aber durch die Regierung thatsächlich vereitelt
werde, wiederherzustellen; denn die Wirklichkeit des constitutionellen
Lebens bestehe in der Wahrheit der Verantwortlichkeit. Der Beschluss, welchen das Comitat hinsichtlich dieses Gegenstandes schuf,
endigt mit den folgenden Worten: „Da die versammelten Stände
überzeugt sind, dass zur Aufrechthaltung des Constitutionalismus
grössere und stärkere Garantien nothwendig seien; und weil, wenn
sie auch über die Wahrheit des in jenem Beschluss Enthaltenen,
welchen die untere Tafel des jüngstverflossenen Reichstags unter der
Nummer 155 schuf, je im Zweifel gewesen wären, sie sich jetzt überzeugten, dass theilweise Verfügungen insolange nicht zur Entwickelung des Landes führen können, bis nicht die Wurzel des öffentlichen Lebens des Landes geheilt ist; und da die versammelten Stände
diese Abhülfe bei einer constitutionellen Nation nur in einer constitutionell verantwortlichen Regierung enthalten glauben, so haben sie
die sich mit den Reichstagsgegenständen beschäftigende Commission
zu betrauen befunden, seinerzeit über das auf dem künftigen Reichstag in dieser Richtung Vorzunehmende einen gutachtlichen Bericht
zu erstatten."

In dieser Ueberzeugung folgten später Pesth auch mehrere andere
Comitate, und obgleich in den Generalversammlungen derselben mei-
stens nur einzelne aus den Massregeln der Regierung aufgetauchte
Fragen aufs Tapet kamen, so verbreitete sich doch die Idee einer
verantwortlichen parlamentarischen Regierung immer mehr, bis endlich das Princip, in der dem Reichstag unmittelbar vorausgehenden
Zeit, wie wir weiter unten erzählen werden, auf die Fahnen der
Opposition als Losungswort geschrieben, in deren Programme als
Hauptwerkzeug der Umgestaltung bezeichnet und von mehrern Comitaten ihren auf den Reichstag abzusendenden Deputirten als Instruction gegeben wurde.

Während das Princip der verantwortlichen Regierung im Schos

der Oppositionspartei solche Fortschritte machte, und schon so weit 1846. herangereift war, dass es zu einem der Ziele des nächsten Kampfes gemacht werden konnte: war die Opposition bestrebt, auch in den andern schon seit längerer Zeit in Angriff genommenen Reformfragen vorwärts zu gehen und dieselben, soweit es die Umstände erlaubten, und soweit es ausserhalb der Gesetzgebung auf privatem oder gesellschaftlichem Weg geschehen konnte, zu verwirklichen. Hinsichtlich der Steuer, der Erbablösung und des Schutzvereins tauchten an dem Horizont unsers öffentlichen Lebens so namhafte Erscheinungen auf, dass wir sie, wenn auch nur in kurzem, zu erwähnen nicht versäumen könnten, ohne diesen Umriss der Nationalbestrebungen dieser Zeit mangelhaft zu lassen.

Der Sturz der Frage der allgemeinen Besteuerung auf dem vergangenen Reichstag bewog die zahlreichen Mitglieder der Opposition, sich bis dahin, dass die allgemeine gleichmässige Besteuerung auf alle Bürger des Vaterlandes durch ein Gesetz ausgedehnt würde, zur Steuerzahlung freiwillig zu verpflichten. In dieser Beziehung gab bald nach der Auflösung des Reichstags Stephan Bezerédy das erste schöne Beispiel. Da seine Besitzungen im tolnaer Comitat lagen, so nahm er die ganze 165000 Gulden betragende Kriegs- und Domesticalsteuer dieses Comitats, schon auch die Ablösung der öffentlichen Arbeiten miteinbegriffen, zur Grundlage der Proportion, und verpflichtete sich zur Entrichtung einer jährlichen Steuer von 300 Gulden. Die Thatsachen hinsichtlich der allgemeinen Besteuerung.

Das aus patriotischer Opferwilligkeit entstandene edle Beispiel fand bald darauf zahlreiche Nachahmung. Zu Anfang 1845 erklärte im pesther Comitat Albert Rosti, dass das in unserm Vaterlande bestehende Adelsprivilegium, welchem gemäss die ganze Last der Steuer nur die nichtadelichen Bewohner des Landes drücke, sich mit seinem Gewissen nicht vereinbare; damit er nicht also, sich dieses Vorrechts bedienend, dasselbe durch sein Schweigen zu billigen scheine, so bat er sich seinen ausgedehnten Besitzungen nach in die Reihe der Steuerzahlenden dieses Comitats einstellen zu lassen, sein sämmtliches bewegliches und unbewegliches Gut der Kriegs- und Domesticalsteuer unterwerfend. Dem Beispiel folgten auch mehrere andere, unter denen, die ähnliche Entsagung anderer kleinerer Grundbesitzer übergehend, mehr als 200 Edelleute in Zala, darunter mehrere Mitglieder der hohen Aristokratie und zahlreiche Grossgrundbesitzer, ferner im csongráder Comitat etwa 60 adeliche Patrioten eine besondere Erwähnung verdienen.

Die Anhänger der conservativen Partei, die es auf dem vergangenen Reichstag verhindert hatten, dass die allgemeine Besteuerung zum Gesetz werden konnte, zogen auch gegen diese patriotischen Manifestationen los; und um dieselben unpopulär, ja wenn möglich lächerlich zu machen, richteten sie ihre Bestrebungen darauf, dass

1846. das Anerbieten dieser Patrioten von seiten des betreffenden Comitats unter dem Titel einer Steuer gar nicht angenommen, sondern nur ein zum Aufhelfen der Steuerträger bestimmtes Geschenk genannt werden möge. Obwol es indessen den Administratoren in einigen Comitaten auch gelang, dies durchzuführen, so fand das schöne patriotische Beispiel auch fernerhin in mehrern Comitaten, insbesondere in Sáros, Hont, Szatmár und andern Nachfolger. Und obgleich auch Graf Stephan Széchenyi selbst jene freiwillige Steuerzahlung tadelte, welche er „ein Losfeuern der Pistole vor der Zeit" nannte; und in seiner Besorgniss, dass diese That in dem die grossen Gütercomplexe besitzenden Theile des Adels eine Reaction hervorbringen werde, seine Mitbürger zur Unterlassung aller thatsächlichen Schritte in der Angelegenheit der Steuer aufforderte: so erleidet es doch keinen Zweifel, dass die freiwillige Entsagung dieser einzelnen Edelleute vom Privilegium der Steuerfreiheit gleichfalls einigermassen darauf hinwirkte, dass die alte Feste der Adelsprivilegien auf das Erschallen der mächtigen Stimme der öffentlichen Meinung schon in der nächsten Zukunft in Trümmern zusammenstürzte.

Erb-
ablösungs-
fälle.

Wie in der Entsagung von der Steuerfreiheit, so auch in der Erbablösung der unterthanlichen Lasten gab Stephan Bezerédy das erste Beispiel zur Nachfolge, indem er mit seinen Unterthanen im Weg der freien Vereinbarung ein Uebereinkommen traf, dass diese von ihm alle Urbarialsteuer und Herrendienste erblich ablösen dürften. Der Vertrag gereichte beiden Theilen zu bedeutendem Nutzen und versäumte nicht, mehrere andere ähnliche Verträge hervorzurufen. Auf den Rath Emmerich Klauzál's lösten mehrere Ortschaften im eisenburger Comitat auf den Gütern der Grafen Kasimir und Gustav Batthyányi ihre unterthanlichen Lasten gleichfalls ab; und die Einwohnerschaft machte binnen wenigen Jahren aussergewöhnliche Fortschritte in ihrem Wohlstand. Dasselbe geschah zu Bodony im baranyer Comitat auf dem Gut Kasimir Batthyányi's; ferner in Tiszaföldvár, in den volkreichen Marktflecken des csongráder Comitats, Vásárhely, Csongrád und Szentes, welche, obwol sie ihren Grundherren, der Familie der Grafen Károlyi grosse Summen als Ablösung zahlten, dennoch aus derselben einen ausserordentlichen Nutzen schöpften. Um den Beweis zu liefern, wie sehr die Erbablösung das Aufblühen der materiellen Interessen beförderte, wollen wir, um anderes zu übergehen, als Beispiel nur den Einen Umstand erwähnen, dass Szentes einzig aus dem Pachtschilling der von der gemeinschaftlichen Weide auf seinen Theil entfallenden und der Einwohnerschaft verpachteten Gründe die Interessen der Ablösungssumme zu decken im Stande war.

Die Emancipation der Unterthanen, die Befreiung des Bodens zu betreiben, wurde noch vor wenigen Jahren beinahe zum politischen Verbrechen gestempelt. Und eben in diesem Gegenstand hatte unser

Vaterland schon einen solchen Fortschritt gemacht, dass der bessere 1846. und vernünftigere Theil der Aristokratie im allgemeinen genommen das ebenso ungerechte als schädliche Wesen der alten Verhältnisse einsah; und wenn im ganzen auch nur noch wenige Fälle vorkamen, so wurde es doch beinahe ohne Unterschied der Parteien zum allgemeinen Losungswort: die Arbeit und den Boden vor allem zu befreien; weshalb man die Durchführung dieser Reform vom künftigen Reichstag mit Bestimmtheit erwarten konnte.

Aber die grösste Lebhaftigkeit zeigte sich auf dem Gebiet des Schutzvereins, nicht nur weil ihn ein grosser Theil der Opposition als eine zum Aufblühen unserer materiellen Interessen führende neue Wendung betrachtete, sondern weil er auch hinsichtlich seiner politischen Seite die schärfste Waffe der Opposition war, und mit Recht als ein Protest der Nation gegen den die Selbständigkeit des Reichs verletzenden fremden wiener Einfluss angesehen werden konnte. Diese politische Seite des Schutzvereins verursachte, dass gegen denselben die Anhänger der Regierungs- und conservativen Partei in in- und ausländischen Blättern so giftig loszogen. Unter anderm beschuldigten in der augsburger „Allgemeinen Zeitung", welches Blatt in unserm Vaterland, weil es sich mit dessen Angelegenheiten viel befasste, sich mehrerer tausend Leser rühmen konnte, „einige wahre Conservative" die Opposition, dass diese durch den Schutzverein geradezu ihre Losreissungsbestrebungen an den Tag legte.

Die Bewegung zu Gunsten des Schutzvereins.

Die Principien des Schutzvereins nahm ein grosser Theil der Opposition offen an, und in den verschiedenen Gegenden des Landes bestrebten sich zusammen 146 Abtheilungen oder Filialvereine, welche mit der pesther Centralabtheilung in Verbindung standen, die Tendenzen und Zwecke desselben zu verwirklichen. Die Beschuldigung wurde daher schon selbst wegen der Ausdehnung des Vereins zu einer schweren. Die Bestrebungen des in so vielen Abtheilungen in allen Gegenden des Landes thätigen Vereins hätten, wenn ihnen ein solches Ziel gesteckt worden wäre, wie dessen der Verein beschuldigt wurde, leicht gefährlich werden, zu Umsturz und Empörung führen können. Die Anklage wurde bezüglich der Opposition insbesondere dadurch zu einer schweren gemacht, dass man nicht bezweifeln konnte, dass, wenn diese Beschuldigung bewiesen werden könnte, die Oppositionspartei ein tödlicher Schlag treffen müsse und alle diejenigen sich von ihr für immer lossagen würden, die, obwol sie den inconstitutionellen Schritten und Massregeln der Regierung opponirten, obwol sie die nationale Umgestaltung auf Grundlage der Principien der Freiheit zu basiren wünschten, nebstbei aber überzeugt waren, dass alle Bestrebungen und Versuche, welche sich die Losreissung von der Monarchie zum Ziel stecken würden, die Unabhängigkeit des Vaterlandes, das Staatsleben der Nation in Gefahr bringen müssten.

Diese Beschuldigung war indessen vollkommen unbegründet: revolutionäre Tendenzen, Losreissungsgelüste gab es im Schutzverein durchaus nicht. Und diejenigen, die es wagten, gegen einen so bedeutenden Theil der Nation, der sich dem Schutzverein anschloss, eine so schwere Anklage zu erheben, thaten dies entweder aus blossem Parteigeist, indem sie in der Opposition eine Spaltung hervorzurufen und die Furchtsamern und jene, die keine tiefere Einsicht besassen, welche die möglichen Folgen der schweren Anklage leicht abschrecken konnte, zur Losreissung zu veranlassen sich bestrebten; oder sie verriethen nur selbst ihre Unwissenheit und Oberflächlichkeit, welche den Dingen auf den Grund zu sehen nicht vermochte.

Aber was immer der Zweck und Beweggrund dieser von seiten der conservativen Partei erhobenen Beschuldigung gewesen sein mochte: ob es der das Verderben der Opposition anstrebende, böswillige Parteigeist oder Unwissenheit und Oberflächlichkeit war, — so sah sich doch das Organ der Opposition genöthigt, die Anklage, damit diese ihre schlimmen Zwecke nicht erreiche, aufzuheben und gebührend zu zergliedern. Das „Pesti Hirlap" forderte demnach die conservativen Blätter zu einer directen Erklärung auf: inwieweit sie die in dem erwähnten deutschen Blatte in ihrem Namen angegebene Ansicht für ihre eigene anerkennen? Diese Frage richtete das „Pesti Hirlap" mit um so grösserer Berechtigung an die conservative Partei, als in dem betreffenden Artikel des deutschen Blattes mehrere wirklich inconstitutionelle Ansichten enthalten waren. Eins der Blätter der Conservativen, die „Nemzeti Ujság", antwortete hierauf offen: dass sie einige in dem besagten Artikel gegen die Opposition erhobene Anklagen zwar für wahr halte, jedes unconstitutionelle Princip aber zurückweise und demnach jenen Artikel auch nicht ganz acceptire. Der „Budapesti Hiradó" dagegen, dessen Leiter, Graf Emil Dessewffy, mit der Regierung in engerer Verbindung stand, nahm keinen Anstand, zu antworten: dass es ihn gar nicht kümmere, was und von wem immer in der augsburger „Allgemeinen Zeitung" von der conservativen Partei, von der Opposition oder von sonst irgendetwas geschrieben werde; und er werde, die Opposition möge sein Schweigen nehmen wie sie wolle, auf die Frage des „Pesti Hirlap" keine Antwort geben. Bei diesem Stand der Sache konnte man den erwähnten Artikel nicht mehr als das Lärmen einiger unsere Verhältnisse nicht kennenden Ausländer betrachten; sondern die Opposition war genöthigt, denselben für solche Behauptungen anzusehen, welche der mit der Regierung in Verbindung stehende „Budapesti Hiradó" als seine eigenen Ansichten angenommen hatte; infolge dessen das oppositionelle „Hirlap" eine ganze

Reihenfolge von die Beschuldigungen und Ansichten der Conservativen 1846. bekämpfenden Artikeln begann. — Obgleich diese Artikel auf jenen Principienkampf, welcher in unserm Vaterland während dieser Jahre zwischen den zwei grossen Parteien gekämpft wurde, ein grosses Licht werfen, so wäre es trotzdem, ohne unser Ziel zu verfehlen, unmöglich, demselben zu folgen. Um jedoch die Thatsachen und die später aufgetauchten Schritte der Regierung ins rechte Licht zu stellen, ist es nothwendig, die ganze politische Tragweite des Schutzvereins zu entwickeln.

Der Schutzverein war vom politischen Gesichtspunkt aus weit wichtiger als in materieller Beziehung. Obwol in demselben keinerlei revolutionäre oder Losreissungstendenzen bestanden, so muss man denselben dennoch als den thatsächlichen Ausdruck jenes Standpunkts betrachten, welchen die Oppositionspartei hinsichtlich des nationalen constitutionellen Lebens, der Selbständigkeit und Unabhängigkeit in der Verwaltung einnahm. Es gehörte zu den unzweifelhaften constitutionellen Rechten der Nation, über ihre materiellen Angelegenheiten nach ihren eigenen Interessen im Weg der Gesetzgebung Verfügungen zu treffen. Die Regierung hatte der Ausübung dieser Rechte schon seit lange und auch auf dem jüngstvergangenen Reichstag Hindernisse in den Weg geworfen. Die Opposition bestrebte sich daher, da sie in der Ausübung dieses nationalen Rechts im Gebiet der Gesetzgebung auf Hindernisse stiess, die materiellen Angelegenheiten des Landes nach den Interessen desselben auf gesellschaftlichem Gebiet zu befördern. Die Nation besass kraft mehrfacher Verträge, älterer und neuerer Gesetze, auch bei jener Verbindung, wodurch das Reich hinsichtlich der Thronfolge mit der Monarchie in Verbindung war, ein nationales, selbständiges Staatsleben und Unabhängigkeit in der Verwaltung. Das Gesetz vom Jahre 1790, in welchem der Grossvater des gegenwärtig regierenden Königs Ferdinand anerkannt hatte, „dass Ungarn nach seinen eigenen Gesetzen und nicht nach Art der übrigen Erblande zu regieren sei", wurde von der Regierung gegenwärtig für ebenso gültig und bindend angesehen wie von der Nation selbst. Mit Verletzung dieser Selbständigkeit, dieser Unabhängigkeit in der Verfassung wurden die materiellen Interessen des Reichs den Interessen der österreichischen Erblande untergeordnet, und als die Nation die Aufhebung dieser Beschwerde im Weg der Gesetzgebung nicht erreichen konnte, so erhob die Opposition nicht nur auf dem Reichstag Protest gegen diese Verletzung der Selbständigkeit; sondern suchte, um denselben im nationalen Leben gleichsam zu verkörpern und die schädlichen Folgen dieser Rechtsverletzung einigermassen zu paralysiren, im gesellschaftlichen Leben ein Schutzmittel dagegen. Die Regierung erlaubte nicht, dass die Nation hinsichtlich der ihren Handel regelnden Zölle, wozu diese ein Recht hatte, im Weg der Gesetzgebung verfüge; die Opposition wollte daher das der

Nation gebührende Recht der Zollregulirung an der Schwelle einer jeden einzelnen Familie zur Geltung bringen.

Indem daher die Opposition infolge dieser Beweggründe einen Schutzverein errichtete, verblieb sie streng auf dem Feld des Constitutionalismus und der gesetzlichen nationalen Unabhängigkeit; und indem sie diese vor jeder Verletzung und Beschränkung zu bewahren sich bestrebte, enthielt dieses ihr Bestreben keine revolutionäre oder Losreissungstendenz in sich.

Wir können uns indessen nicht verwundern, dass der Schutzverein in der conservativen Partei eine so gereizte Opposition fand. Diese Partei hatte sich jetzt mit der Regierung weit enger verbunden als je zuvor. Mit den Tendenzen der Regierung stand aber nichts in einem so scharfen Gegensatz als der Schutzverein. Wir sagten schon weiter oben, dass sich die Stellung der Parteien hinsichtlich der Zollverhältnisse gänzlich verändert hatte. Die Opposition wünschte die Zollschranken, welche zwischen dem Lande und den österreichischen Erbländern bestanden, nicht nur nicht mehr niedergerissen zu sehen, sondern sie bestrebte sich vielmehr, dieselben als Mittel der nationalen Selbständigkeit auch fernerhin aufrecht zu erhalten und nur die bestehenden Zollvorschriften dem Interesse des Landes gemäss abzuändern; zu welchem Zweck die Idee eines zwischen den österreichischen Erbländern und dem Reich abzuschliessenden Zollvertrags im allgemeinen bei der Opposition Unterstützung fand. Die Regierung dagegen begann einzusehen, dass sie mit den internationalen Zollschranken eigentlich die ungarische Selbständigkeit gestärkt und ein Hinderniss mehr in der Annäherung der Interessen der Monarchie und Ungarns zueinander geschaffen hatte. Das deutsche Reichsministerium begann demnach nunmehr daran zu denken, auf welche Art man diese internationale Zolllinie aufheben könnte. Was indessen politische Interessen anriethen, stiess in materieller Beziehung auf grosse Schwierigkeiten. Da die Zolllinie eine reiche finanzielle Quelle war, so erlaubte es der ohnehin stets bedrängte Zustand der Finanzen nicht, dieselbe einfach und ohne jede Entschädigung aufzuheben. Das in den österreichischen Erbländern bestehende Tabacksmonopol, welches etwa 10—12 Mill. Gulden eintrug, war, da unsere Heimat ein Taback bauendes Land ist, geradezu auf diese Zolllinie begründet.

Das Tabacks-monopol. Das wiener Ministerium wollte diesen Kampf der politischen und finanziellen Interessen der Monarchie auf die Art ausgleichen, dass es, sobald es die Einkünfte der internationalen Zolllinie aus irgendeiner andern Quelle zu ersetzen im Stande wäre, die Zollschranken sofort niederreissen würde. Zu einer solchen Entschädigung konnten nur zwei Wege führen; der eine war: wenn das Land die Einkünfte der Zolllinie mit einer directen Steuer ablösen; der zweite: wenn das Tabacksmonopol auch auf unser Vaterland ausgedehnt würde. Das

erstere bot, seitdem die Opposition die Zollschranken für ein passen- 1846.
des Mittel zur Wahrung der Selbständigkeit des Landes betrachtete,
keine Hoffnung. Das wiener Ministerium wandte daher seine Bestrebungen dem zweiten zu.

Da die Regierung hinsichtlich des künftigen Reichstags die
Hoffnung hegte, dass sie sich eine starke, gesicherte Majorität verschaffen werde, so wusste das wiener Ministerium den Hofkanzler
Apponyi durch das Versprechen einiger Concessionen dahin zu vermögen, dass er die Ausdehnung des Tabacksmonopols auch auf Ungarn
bei der künftigen Gesetzgebung unterstützen und durch seine au-
gehoffte Majorität dem Gesetz einverleiben lassen möge. Das Reichsministerium wollte jedoch inzwischen vor dem Reichstag, dessen
Ausgang für alle Fälle noch zweifelhaft war, durch eine Fabrikations-
und Handelsconcurrenz mit dem Tabacksmonopol in Ungarn einen Versuch machen. In der Mitte des Sommers begann sich das Gerücht
zu verbreiten, dass die Hofkammer an mehreren Orten Ungarns, vor
allem in Temesvár, grosse Cigarrenfabriken zu errichten beabsichtige,
und in der Haupt- und den andern volkreichern Städten des Landes
Handelslocale eröffnen werde, um dort ihre im Ausland verfertigten
Cigarren und Schnupftabacke verkaufen zu lassen. Das Ministerium
hegte nämlich die Hoffnung, dass, wenn es, im Lande einige grossartige Tabacksfabriken und Niederlagen aufstellend, seine Millionen
mit den Pfennigen der Privatfabrikanten und Händler concurriren
liesse, es dieselben alle nach den später reichlich einzubringenden
Opfern einiger Jahre stürzen werde und, nach einer gewissen Zeit
auf diese Weise den Platz allein behauptend, es ihm gelingen würde,
das Tabacksmonopol auch ausserhalb der Gesetzgebung zu begründen.

Das Gelingen dieses Plans konnte der Kammer auch schon jener
Umstand sehr erleichtern, dass sie den Einfuhrzoll des zum bessern
Geschmack der Cigarren nöthigen ausländischen Tabacks in ihrem In-
teresse nach eigenem Belieben so erheben konnte, dass es in ihrer
Macht stand, die Concurrenz der Privatfabrikanten einzig durch diese
Massregel zu verhindern.

Die Hofkammer eröffnete, diese Hoffnungen nährend, in Pesth
und andern grössern Städten in der That noch im Laufe des Jahres
mehrere Tabacksgewölbe, sogenannte Trafiken. Die conservativen Blätter, deren Leiter in die Plane der Regierung eingeweiht waren,
wollten das Publikum anfangs glauben machen, dass die Regierung
ihre Tabacksgewölbe einzig in seinem Interesse, der grössern Wohlfeilheit des Tabacks wegen, eröffnen liess.

Aber vergeblich. Alle diese Plane und Verlockungen litten
Schiffbruch am Schutzverein. Die Aufrufe der Oppositionsblätter,
die über diesen Gegenstand in den Generalversammlungen des Schutzvereins und mehrerer Comitate geführten Debatten klärten das Publikum

1846. bald genügend auf; und dieses hütete sich infolge seiner acceptirten Schutzvereinsprincipien, welche schon im ersten Jahre die Einfuhr ausländischer Cigarren um etwa drei Mill. Gulden vermindert hatten, die Cigarren der Regierung trotz deren grösserer Wohlfeilheit zu consumiren.

Da der Plan vereitelt war, welchem gemäss man sich bestrebt hatte, das Tabacksmonopol einzig durch Unterdrückung der Privatconcurrenz einzuschmuggeln, stellten auch die conservativen Blätter ihre erfolglosen Mystificationen ein, und Graf Emil Dessewffy begann im „Budapesti Hiradó" offen seinen Feldzug in der Sache der Schlichtung der Zollangelegenheiten. Er gestand geradezu ein, dass das Tabacksmonopol das angestrebte Ziel sei, und versprach keinen wohlfeilen Taback mehr, sondern er suchte im Monopol eine solche Einnahmequelle, welche, mit gehöriger Elasticität versehen, zugleich auch das Werkzeug zur Schlichtung der internationalen Zollangelegenheiten sein könnte. Seine Hoffnungslosigkeit über den Erfolg des auf socialem Wege gemachten Versuchs aussprechend, und anerkennend, dass der Gegenstand der Gesetzgebung angehöre, empfahl er dem künftigen Reichstag einen ganzen Plan, nach welchem, wie er behauptete, das Tabacksmonopol in Ungarn eingeführt werden könnte. Um seinem Plan Unterstützung zu verschaffen, verlockte er das Publikum unter andern, leicht widerlegten Behauptungen damit, dass, nachdem der Taback einer gemeinsamen Manipulation unterliegen werde, die Zollschranken an der österreichischen Grenze als nicht mehr nothwendig aufgehoben würden; aus den aus dem Monopol zu gewinnenden Einkünften aber könne die Nation nicht nur für das Einkommen des königlichen Dreissigst Entschädigung geben, sondern es würde noch eine bedeutende Summe für öffentliche Zwecke übrigbleiben. Alle seine Entwürfe blieben jedoch nutzlos: die Opposition wurde durch dieselben nicht nur nicht gewonnen, sondern das Bestreben der Regierung, mit ihren Tabacktrafiken die freie Concurrenz der Privaten zu unterdrücken, wurde von mehrern Comitaten als Beschwerde für den künftigen Reichstag vorbehalten. Bezüglich der Zolllinie aber wurde in der Opposition die Meinung allgemein, welche der Schutzverein in seiner im August 1846 abgehaltenen Generalversammlung zum Beschluss erhoben hatte: dass nämlich unsere Industrie und die Zukunft unsers Wohlstandes nicht das Niederreissen der Zollschranken, sondern ein auf gegenseitige Billigkeit gegründetes Schutzsystem, ein Ausgleichszoll sichern könne.

Die mit dem Schutzverein verwandten Ideen. Der Schutzverein übte ausser dem sehr nützlichen Resultat, dass er den Plan der Regierung, welchem nach das Tabacksmonopol auf socialem Wege eingeschmuggelt werden sollte, gänzlich vereitelte, auch noch infolge jener Ideen eine bedeutende politische und moralische Einwirkung aus, welche ihm, dem Schutzverein, verwandt waren und welche er, man kann sagen, zur Kraft des Urtheils der öffent- 1846. lichen Meinung erhoben hatte.

Das im Schutzverein zum Ausdruck gelangte Princip des Patrio- tismus hatte nämlich ausser der Beförderung der vaterländischen In- dustrie auch noch andere erfreuliche Folgen. Das Resultat der auf- keimenden Lebensfähigkeit dieser Idee wurde es, dass jener Theil unserer Grossen und Reichen, die im Ausland und in dem hinsichtlich unsers Vaterlandes gleichfalls als Ausland anzusehenden Wien in verschwenderischer Pracht gelebt hatten, und deren Busen der Ein- wirkung der warmen Strahlen der Vaterlandsliebe noch nicht ver- schlossen war, an seine Pflicht erinnert wurde, dass sie im Vaterland, welches sie mit tausend Segnungen überhäuft, leben, ihre dem Schos der heimischen Erde entnommenen Einkünfte innerhalb ihrer Grenzen verbrauchen und jener Nation, deren mit Rechten und materiellen Fähigkeiten am reichsten versehene Söhne sie wären, mit der mit dem empfangenen Gut im Verhältniss stehenden Treue dienen mögen. Die Hauptstädte des Vaterlandes, Pesth und Presburg, zählten seit dem Auftauchen der Schutzvereinsidee immer zahlreichere hocharisto- kratische Patrioten unter ihre Einwohner, die früher im Ausland einen kostspieligen Hof hielten und sich höchstens auf einige Tage zu einer Jagd oder irgendeiner Festlichkeit dahin verirrten, wo sie ihren natürlichen Platz haben und ausser welchem, wie der Dichter sagt, „es für sie keinen Raum gibt noch geben kann auf der weiten Erde". Die öffentliche Meinung begann den Absentismus, diese Eine unpatriotische Sünde unserer Aristocratie, immer strenger zu behan- deln, und es wurde zu einer immer entschiednern Sache, dass die nächste Gesetzgebung in dieser Beziehung strenge Gesetze schaffen werde.

Allein die Schutzvereinsideen waren nicht nur auf den Aufent- halt unserer Grossen im Inland, sondern auch auf alle andern Kund- gebungen des Patriotismus von sehr grosser Einwirkung. Da sie selbst aus dem begeisterten Gefühl des Patriotismus entstanden waren, so erweckten und kräftigten sie in allen übrigen Verhältnissen des Lebens dieses Gefühl. Und was immer auch böswillige Spötter über dieselben sich zumeist aus Parteiinteresse sagen und schreiben moch- ten, ihre Resultate konnten sie nicht mehr in Abrede stellen. Eins dieser wohlthätigen moralischen Resultate war unter andern auch das, dass die schon beinahe an Narrheit grenzende Mode der Nach- äffung des Auslandes in unserm Vaterland aufhörte; und nachdem eine Ludwig Batthyányi, eine Georg Károlyi und so viele andere mit feinem Geschmack versehene Damen der reichsten Familien sich in vaterländische Stoffe kleideten, war der Umstand, inländische Fabri- kate zu tragen, wenn sie vielleicht auch geringerer Qualität waren als die Producte der schon lange bestehenden ausländischen Industrie, welche zudem die Möglichkeit hatte, sich zu vervollkommnen, keine Schande mehr, wie erst einige Jahre zuvor, sondern eine ruhmreiche und lobend erwähnte patriotische That. Den Rang, welchen früher ausländische Mode und auswärtige Producte usurpirten, nahm in der öffentlichen Meinung, in allen Verhältnissen des socialen Lebens das inländische Erzeugniss ein. Das Wort und die Benennung „honi" (vaterländisch) öffnete allem die Thüren, machte alles modisch, was früher nicht einmal der Aufmerksamkeit gewürdigt oder eben vielleicht verachtet worden war. Selbst die vaterländische Literatur, die vaterländische Kunst, Musik, Tanz u. s. w. fühlten die Einwirkung des Schutzvereins. Mit Einem Worte, die Idee des Schutzvereins durchwehte und befruchtete unter der Zaubermacht des begeisterten Gefühls des Patriotismus das National- und Volksleben in allen seinen Verhältnissen.

Dies war die Ursache, dass, wenn sie sich auch vielleicht in jener bestimmten Vereinsform nicht verbreitete wie anfangs, und die Zahl der im ersten Jahre 138 betragenden Filialabtheilungen in den Provinzen im zweiten Jahre sich nur mit 8 vermehrte, die Idee in der Nation nicht weniger lebte als bei ihrem Erwachen. Die Feinde des Schutzvereins deuteten jene Lauheit, welche das erste Aufwallen abzulösen schien, mit grosser Freude dahin, dass der Schutzverein seinem Verlöschen entgegengehe; und sie versäumten auch nicht in grossem Tone auszuposaunen, „der Schutzverein sei nicht mehr! Er sei in den ewigen Schlaf verfallen! Der Schutzverein sei gestorben!" Und doch hatte sich nur den ein wenig starren Formen des Vereins gegenüber die öffentliche Meinung geändert, die Begeisterung vermindert; nur die abgesonderte Thätigkeit und Amtswirksamkeit des Vereins schien nicht mehr so nothwendig wie früher, als er zum Organ und Verbreiter der Idee wurde, und sich daher der anfangs so thätige Verein anscheinend immer mehr auf ein passives Terrain zu beschränken begann. Aber die Idee selbst nahm an Kraft nicht nur nicht ab, sondern verbreitete sich geräuschlos immer weiter und durchdrang immer tiefer alle Elemente des nationalen Lebens.

Jene politischen und moralischen Resultate, welche wir aufgezählt haben, jene Parteikämpfe und gereizten Angriffe, welcher wir Erwähnung thaten, können schon an sich selbst genügende Beweise sein, dass der Schutzverein auch hinsichtlich der materiellen Interessen, auf welche es dabei direct abgesehen war, eine grosse Einwirkung ausübte. Auf den Gewerbfleiss, auf den Handel wirkte derselbe in gleicher Weise ein wie die Hefe, die den todten Teig anschwellen macht und demselben Elasticität verleiht; wie der Sonnenstrahl, der die feuchte, kalte Erde befruchtet. Wenn auch während der kurzen Zeit Hunderte von feststehenden und mächtigen Fabriken nicht entstanden — was sehr natürlich ist, da man eine durch Jahrhunderte vernachlässigte und unterdrückte Industrie nicht mit Einem 1844. mal aus der Erde stampfen kann —, wenn auch unter den aufgetauchten industriellen Unternehmungen viele wegen schlechter Berechnung, Unerfahrenheit, schwankender Grundlage oder Mangel an genügenden Fonds, oder wegen der in ganz Europa herrschenden Geldkrise und aus mehrern andern möglichen Ursachen wieder verschwanden und untergingen: so ist es dennoch unmöglich abzuleugnen, dass der Schutzverein auf industriellem Gebiete eine mit frischer Kraft pulsirende lebensvolle Thätigkeit erweckt hatte, unter deren Schöpfungen neben vielem Vergänglichen sich auch viel Bleibendes befand.

Da der Schutzverein den inländiscen Erzeugnissen Absatz, ja Nachfrage verschafft hatte, so rief er im allgemeinen in all den Zweigen und Gattungen der Industrie eine grosse Bewegung von Kraft und Entwickelung hervor, mit deren Producten ähnliche ausländische Fabrikate bisher beinahe überall siegreich concurrirt hatten. Nachdem „Honi-Artikel“, „Honi-Stoffe“ zur Mode, ja infolge der Verpflichtung des beim Eintritt in den Schutzverein verpfändeten Ehrenwortes zum Bedürfniss geworden: so vermehrten sich theils die Bestellungen der schon bestehenden Fabriken und Manufacturen rasch in grossem Maßstabe, infolge dessen diese ihr Geschäft und ihr Betriebskapital nach Möglichkeit zu vergrössern suchten; theils entstanden auch neue Fabriken und Unternehmungen in allen Zweigen der Industrie. Der Standpunkt, welchen bisher das in- und ausländische Fabrikat im Handel einnahm, veränderte sich gänzlich. Bisher wurde auch manches inländische Fabrikat, um demselben, die eingefleischten Vorurtheile und die Launen der Mode besiegend, Absatz zu verschaffen, mit dem Zeichen irgendeiner ausländischen Fabrik versehen und für ausländisches Product ausgegeben. Jetzt, da ein grosser Theil des Publikums nur inländische Producte verlangte, wurde nicht nur vom inländischen Erzeugniss die lügenhafte Maske herabgenommen, sondern weil man das Bedürfniss nicht in allem mit inländischen Artikeln befriedigen konnte, das ausländische Fabrikat aber die Nachfrage gänzlich verloren hatte, wurde auch dieses oft als heimisches Product verkauft. Obwol der Schutzverein mehrere Massregeln gegen diesen Betrug ergriff, so war es doch unmöglich, denselben gänzlich zu beseitigen; er konnte indessen keinen solchen Umfang gewinnen, dass er die Entstehung neuer Fabriken hätte verhindern können. Und in der That, es gab kaum irgendeinen Fabrikzweig, in welchem nicht mehrere neue Unternehmungen entstanden und im allgemeinen der Betrieb im grossen Maßstabe gewachsen wäre.

Der erstgeborene Sprössling des Schutzvereins wurde die Gesellschaft zur Gründung von Fabriken. Als der Schutzverein gegründet wurde, traten viele von jenen, die denselben sogleich zur Parteifrage machten und seiner politischen, wesentlich oppositionellen Idee ab-

Die Gesellschaft zur Gründung von Fabriken.

1846. hold waren, mit der Einwendung auf, dass wir, die wir kaum etwas zu schützen hätten, keines Schutzvereins bedürften; dass wir dem Siechthum unserer Industrie nicht durch negative Opposition, sondern auf dem Gebiete der Positivität, durch Gründung von Fabriken, abhelfen müssten. Und sie begannen auch sofort über den Zusammentritt einer solchen die Gründung von Fabriken beabsichtigenden Gesellschaft Verhandlungen zu pflegen. Die Opposition, in deren Schos der Schutzverein entstanden war, fand bald, dass die neue Idee sich mit demselben nicht nur vereinbaren lasse, sondern vielmehr zu dessen Ergänzung dienlich sein könne. Sie gewann die Ueberzeugung, dass das negative Terrain, auf welchem sich der Schutzverein seiner Natur gemäss bewegte, zur Begründung der ungarischen Fabrikindustrie nicht genügen könne, und es hierzu auch eines handelnden Schrittes, einer activen Thätigkeit bedürfe. Sie acceptirte daher die Idee vollständig. Und so kam es, dass die conservative und die oppositionelle Partei in Bezug hierauf vereinigt, bald nach Auflösung des Reichstags, noch zu Ende 1844, eine Gesellschaft schuf, deren Zweck sein sollte, Geldkräfte herbeizuschaffen, Geldkräfte, aus welchen der Fabrikant zur Vergrösserung seines Betriebs oder zur Begründung eines neuen ein solches Darlehn erhalten könne, von welchem er keine übermässigen Procente zu zahlen, dessen plötzliche Aufkündigung er nicht zu befürchten brauchte, zu welchem er vermöge seiner bekannten oder gründlicher Untersuchung unterzogenen persönlichen Verhältnisse und Redlichkeit auch ohne anderweitige Hypothek Hoffnung haben könne; Geldkräfte, aus welchen der sich hier niederzulassen wünschende ausländische Fabrikant, der an intellectueller Kraft, an Fachwissenschaft und Geschicklichkeit genug, aber weniger pecuniäre Mittel mit sich brachte, als zur Einrichtung eines vielleicht grossartigern Fabrikunternehmens nothwendig ist, einen Gesellschafter oder Theilhaber finden möge, · der mit ihm vereint die fehlenden Geldsummen decke. Diese Gesellschaft wünschte daher die Entwickelung der Industrie nicht auf dem gebräuchlichen, schon gar zu oft in Anspruch genommenen und erschöpften Wege des patriotischen Opfers, sondern auf Grundlage einer lucrativen öffentlichen Unternehmung ins Werk zu setzen.

Die Gesellschaft constituirte sich auf diese Art aus den gemischten Elementen der Parteien. Zum Präsidenten wurde der Tavernicus (Graf Gabriel Keglevich, zum Vicepräsidenten Graf Stephan Széchenyi, zu Ausschussmitgliedern aber die Grafen Ludwig und Kasimir Batthyányi, Emil Dessewffy, Ladislaus Teleky, Moritz Szentkirályi, Kossuth, Luka, der spätere Administrator von Hont, die Grosshändler Fröhlich und Ullmann gewählt. Aber diese erzwungene Fusion der einander ihrer Natur nach sich abstossenden Elemente konnte der Gesellschaft kein Gedeihen bringen. Man wollte jede politische Meinung

vereinigen, aber unter dem Zusammenstosse des Parteigeistes konnte 1846.
die Gesellschaft nicht nur keinen festen Stand gewinnen, sondern war
schon im Februar 1845 im Verscheiden. Die Oppositionsmitglieder
wünschten Kossuth zum Director zu wählen; da er jedoch auch Director des Schutzvereins war, so wollten die Conservativen mit Verletzung der Statuten lieber keinen Director wählen, als für Kossuth stimmen. Im Schose der Gesellschaft, aus deren Ausschuss Kossuth aus-
trat, entstanden anstatt einer eifrigen Bewegung Parteiwerbungen
und lähmendes Zurückziehen; und da denselben von seiten des Publikums Mistrauen und Theilnahmlosigkeit folgten, so ging die Gesellschaft bald ihrer Auflösung entgegen. Die am 13. April abgehaltene
Generalversammlung, welche über Leben oder Tod der Gesellschaft
entscheiden sollte, stimmte zwar unter dem Einflusse des weisen, versöhnenden Geistes der gleichfalls erschienenen Koryphäen Franz Deák
und Gabriel Klauzál einhellig für den Bestand derselben und stellte
den durch den Austritt mehrerer Mitglieder unvollständig gewordenen Ausschuss neuerdings zusammen; aber die Gesellschaft konnte
sich, obgleich ihr Kapital beinahe 300000 Gulden ausmachte, nie zu
einer lebendigern, kräftigen Wirksamkeit emporraffen und vegetirte
nur auch fernerhin.

Reicher an Früchten war die Wirksamkeit des Schutzvereins auf Gewerbe-
eine andere, schon seit einigen Jahren bestehende Gesellschaft: auf verein.
den bescheiden, aber mit grossem Nutzen wirkenden Gewerbeverein.
Den Marktplatz, welchen der Schutzverein den vaterländischen Fabrikaten sicherte, war der Gewerbeverein mit verdoppeltem Eifer bestrebt zu versehen. Wir erzählten schon weiter oben, auf welche
Weise sich dieser nützliche Verein bestrebte, die im Gebiete der Industrie nothwendigen wissenschaftlichen Kenntnisse zu verbreiten, in
seiner ausgezeichneten Wochenschrift das Publikum von allen auf dem
Gebiete der Industrie entstandenen neuen Unternehmungen, Entdeckungen und Fortschritten zu benachrichtigen; auf welche Weise er dem
bisherigen Versäumniss der Regierung hinsichtlich der Gründung von
Gewerbeschulen durch seine Sonntagsschulen für Lehrlinge und andere im Gebiete der Realwissenschaften aufgestellte Lehrstühle abzuhelfen suchte; auf welche Weise er sich endlich bestrebte, im Gebiete
der Industrie den Fleiss und die Geschicklichkeit durch Belohnungen,
Preise, Besprechungen und Belobungen im Wege der Tagespresse,
besonders aber durch die in mehrern Städten zeitweise veranstalteten
Industrieausstellungen zu beleben. Hier wollen wir der Kürze wegen Industrie-
nur erwähnen, was im Gebiete des Gewerbevereins direct das Er- gen.
zeugniss des Schutzvereins ward, das Gewerbeproducten-Magazin. Der
Zweck dieses heilsamen Instituts war, der vaterländischen Handelswelt einen schnellern und lebhaftern Umsatz ihrer inländischen
Fabrikate möglich zu machen; den jungen vaterländischen Fabriken,

denen es noch unmöglich war, auf Credit zu verkaufen, durch baare Abnahme ihrer Erzeugnisse einen sichern Absatz zu verschaffen; und endlich das vaterländische Fabrikate suchende Publikum selbst im kleinen auf sichere und bequeme Art mit den Erzeugnissen der vaterländischen Industrie zu versehen. Die Actiengesellschaft, welche zu diesem Zweck entstand, errichtete das Gewerbeproducten-Magazin wirklich Anfang 1846 in der Hauptstadt, welches, da die Idee desselben im Schutzverein entstand und populär war, seinen Geschäftsbetrieb in kurzer Zeit über das ganze Land erfolgreich ausdehnte.

Die Industrieaustellung, welche der Verein im Sommer 1846 in der Hauptstadt veranstaltete, legte im Vergleich mit der Ausstellung vom Jahre 1843, zum erhebenden Lohne dieser patriotischen Bestrebungen, einen überraschenden, man kann sagen ausserordentlichen Fortschritt im Gebiete der heimatlichen Industrie an den Tag, und gab ein neueres Zeugniss dafür ab, wie mächtig der Anstoss war, welchen die Idee des Schutzvereins den materiellen Interessen gegeben hatte.

Landwirth-schaft.   Der grosse auf die Hebung und Entwickelung der vaterländischen Industrie gerichtete Eifer wirkte natürlicherweise auch auf die übrigen Zweige der materiellen Interessen, die Landwirthschaft, den in- und ausländischen Handel und dessen Hauptbedingungen, die Arten und Mittel der Communication wohlthätig zurück.

Im Gebiete der Landwirthschaft wollen wir hier, jene erfreulichen Fortschritte, welche die fortwährenden Bestrebungen einzelner hervorriefen, übergehend, nur zwei Gegenstände in Kürze erwähnen: den Landwirthschaftlichen Verein und die Regulirung der Theiss.

Der Landwirthschaftliche Verein, der an Zahl seiner Mitglieder und Filialvereine fortwährend zunahm, wendete seine Einwirkung, im Verhältniss seiner wachsenden Geldkräfte in immer grossartigerm Maasstabe der Entwickelung der Landwirthschaft und der mit derselben verwandten Industriezweige zu. In neuerer Zeit war die Gründung einer Landesbildungsanstalt für Landwirthe eins der Hauptziele, auf welches er seine Thätigkeit und seine pecuniären Kräfte verwendete. Damit das zu errichtende Institut mit den gleichartigen ausländischen landwirthschaftlichen Anstalten, vorzüglich mit den zu Hohenheim, Tharand, Möglin, Eldena u. s. w. concurriren und auf jene Stufe des Wissens und der Erfahrung in der Landwirthschaft und Thierzucht erhoben werden könne, welche die Bestrebungen der westlichen und nordwestlichen Länder Europas bisher errungen haben, schickte der Verein die zu Lehrern bestimmten Männer zu deren vollständiger Ausbildung mehrere Jahre auf Reisen. Zur thatsächlichen Errichtung des Instituts wurde vorläufig das Jahr 1848 bestimmt, und der Verein vervollständigte bis dahin, unter anderm sehr nützlichen Wirken in seinem Kreise, das Landwirthschaftliche Museum, das Maschinen- und Modellmagazin.

Die Regulirung der Theiss stand mit so wichtigen Landes-, Nationalitäts- und landwirthschaftlichen Interessen in Verbindung, dass das auch sonst grossartige Unternehmen unter den innern Ereignissen in unserm Vaterlande mit Recht als eins der wichtigsten betrachtet werden kann. Dieser ein beinahe 150 Meilen langes Gebiet durcheilende Strom, dessen untere Hälfte mit Dampfern zu befahren ist, machte seines vielfach gekrümmten Laufes, geringen Falles, seiner niedern Ufer und seines verschlammten Bettes wegen ein Gebiet von etwa 200 Quadratmeilen unbrauchbar, ja änderte den Boden durch seine Ausdünstungen in schädliche Sümpfe und Moorgründe um; in noch weiterer Ausdehnung aber verheerte er beinahe alljährlich durch Ueberschwemmungen die fruchtbare Gegend. Da das Theissthal der Sitz des reinsten Stammes des ungarischen Volks ist, war dieser so unberechenbare materielle und moralische Schäden verursachende Umstand jedem Patrioten doppelt schmerzlich. Da die gründliche Abhülfe des Uebels nur in einer durch zahlreiche Durchstiche zu bewerkstelligenden Vergrösserung des Falls dieses Stromes zu erreichen war, blieben alle jene Opfer an Geld und Kräften, welche von einzelnen im Laufe des Stroms ansässigen Grundbesitzern und Ortschaften gebracht wurden, um sich gegen die Flut durch Dämme zu schützen, mehr oder minder ohne Erfolg.

Nachdem Stephan Széchenyi 1845 zum Präsidenten des Communicationscomité ernannt worden war, hielt er es für eine seiner Hauptaufgaben in seiner neuen amtlichen Laufbahn, das Theissthal und in demselben die materiellen und moralischen Interessen des ungarischen Volksstammes gegen die verheerende Flut sicherzustellen. Der Plan war riesenhaft, und seine Verwirklichung schienen unbezwingbare Schwierigkeiten zu verhindern. Die erste und grösste Schwierigkeit war die Herbeischaffung der ungeheuern Geldkraft, welche das grossartige Unternehmen in Anspruch nahm. Das österreichische Ministerium war diesem Unternehmen gegenüber gleichgültig und in seiner ewigen Finanzklemme auch nicht geneigt, dafür bedeutendere Summen zu opfern. Vom Lande selbst, auf welchem der Steuerfreiheit der reichsten Klasse seiner Einwohner wegen der Fluch des Unvermögens lastete, konnte man sobald Hülfe nicht erwarten. Für diesen Zweck konnte man selbst im Fall der Annahme der allgemeinen Besteuerung keine ergiebigere Hülfe von seiten des ganzen Landes erhoffen, da es viele für ungerecht hielten, dass die übrigen Einwohner des Landes den Grundbesitzern des Theissthals ganze Herrschaften kaufen, deren Vermögen sicherstellen sollten. Es blieb daher keine andere Art zur Herbeischaffung der Unkosten als das sociale Gebiet. Aber auch hier waren die Schwierigkeiten nicht geringer. Gegenden und einzelne Personen standen hier einander gegenüber, deren Interessen verschieden, und die deshalb gegeneinander mit Verdacht erfüllt waren. Hierzu kamen noch die besondern Provinzialinteressen der Comitate, deren Befangenheit und Eifersucht, die sich einander nicht unterordnen wollten.

Széchenyi, diesem Patrioten von so seltener Energie, gelang es trotzdem, die ungeheuern Hindernisse grossentheils niederzukämpfen. Er bereiste das Theissthal zu wiederholten malen; schuf in den verschiedenen Gegenden, deren Interessen übereinstimmten, besondere Gesellschaften; um in diese bisher auseinandergehenden Bestrebungen in der Provinz Einheit zu bringen, wusste er diese Associationen zu vermögen, aus ihrer Mitte Repräsentanten nach Pesth zu senden, welche dort über die ganze Angelegenheit übereinstimmend verfügen sollten. Ehe diese Generalversammlung zusammentrat, gab er eine Flugschrift heraus, in welcher er die Details und die Umstände des Unternehmens entwickelte. . Bald wieder klopfte er in Wien bei den Machthabern an, um Geld zu verschaffen und eine grössere Anleihe durchzusetzen.

Der energische und geschickte Kampf erreichte endlich seinen Zweck. Der grosse Patriot setzte es in Wien durch, dass vom königlichen Aerarium zu diesem Unternehmen zwei Jahre lang 50000, aus dem Landesfonds des erhöhten Salzpreises aber, solange die Arbeiten dauern, jährlich 100000 Gulden ausgezahlt und ausserdem die nothwendigen Geldsummen im Wege der Anleihe gesichert werden sollen. Nach diesen Vorgängen gelang es endlich Anfang 1847, zur Ausführung dieses grossartigen Unternehmens die Theissthal-Gesellschaft zu schaffen. Diese Gesellschaft constituirte sich aus der Gesammtheit der einzelnen Provinzialabtheilungen unter dem Vorsitze Stephan Széchenyi's. Die wirkenden Organe wurden zwar in den Abtheilungen in der Provinz aufgestellt; damit jedoch in das Vorgehen derselben eine planmässige Einheit gebracht werde, welche die vielerlei Provinz- und Ortsinteressen ins Gleichgewicht bringe, wurde ein Centralcomité ernannt und solche Anordnungsstatuten angefertigt, durch welche das Centralcomité den Provinzialabtheilungen gegenüber mit erforderlicher Machtvollkommenheit versehen wurde, so jedoch, dass sich auch diese in ihrem Wirkungskreise, soweit es nothwendig, frei bewegen konnten. Da alle sowol die innere Verwaltung als auch das Finanzielle und Technische betreffenden Zweige des Unternehmens geregelt wurden, ward das grosse Werk endlich in der That begonnen und schritt unter weiser und geschickter Führung schon im Laufe dieses Jahres so schnell und mit so vielem Erfolge fort, dass hinsichtlich der in einigen Jahren zu bewirkenden Beendigung desselben volles Vertrauen in der Nation entstand.

Die Regierungspartei, welche nach langer Unthätigkeit sich endlich zu regen begann, blickte so stolz auf den Anfang dieses unter ihrem Einflusse begonnenen wahrhaft grossartigen Unternehmens, dessen Erfolg die Energie und Geschicklichkeit Széchenyi's gesichert hatte, dass sie denselben im „Budapesti Hiradó" als Vorläufer der conservativen Methode der Reform benannte. Die Regierung reihte in jenem halbofficiellen Programm, welches diese Zeitschrift veröffentlichte, die Hebung der materiellen Interessen in der That in die Reihenfolge der vorzunehmenden Angelegenheiten ein, und zwar stellte sie dieselben noch vor die geistigen. Bei jener Thätigkeit, welche sich hinsichtlich der materiellen Interessen auf gesellschaftlichem Gebiete immer lebhafter entwickelte, fühlte sich die Regierung auch moralisch verpflichtet, diese Interessen bestmöglichst zu pflegen und zu fördern. Ohne ein solches Bestreben sah sie es für unmöglich an, die Zuneigung der öffentlichen Meinung auch nur einigermassen zu gewinnen und sich, was sie sich als Ziel vorgesteckt hatte, in der künftigen Gesetzgebung eine gesicherte Majorität zu verschaffen.

Dass Apponyi zur Beförderung der materiellen Interessen in der That alles Mögliche zu thun wünschte, konnte man, wenn übrigens dafür auch sein Patriotismus nicht gebürgt haben würde, schon aus dieser Ursache nicht bezweifeln. Seine Hände waren jedoch in vieler Beziehung gebunden. Unsere Landesinteressen waren bisher denen der österreichischen Erbländer so sehr untergeordnet, und diese ungünstigen Verhältnisse hatten im Verlaufe eines Jahrhunderts so tiefe Wurzeln gefasst, sich mit dem ganzen staatswirthschaftlichen System der Gesammtmonarchie so stark verflochten, dass man denselben gegenwärtig selbst mit bestem Willen nicht rasch und in allem hätte abhelfen können. Aber ausser diesen Schwierigkeiten, welche aus den gegen unser Vaterland begangenen frühern Jahrhunderte alten Regierungssünden herstammten, bestanden auch noch andere, welche zu beseitigen Apponyi nur deshalb nicht im Stande war, weil er im Reichsministerium keine genügende energische Unterstützung fand. In diesem Ministerium und in den von demselben abhängigen Dicasterien bestand noch immer eine absolute Richtung, welche mit den constitutionellen Principien sich nicht zu befreunden wusste, und demnach eine gewisse feindselige Gesinnung Ungarn gegenüber, welche, vereint mit der trägen Maschinenmässigkeit des vor aller Reform zurückschreckenden, verknöcherten Bureaukratismus, oft auch solche Reformen verhinderte, die man mit leichter Mühe hätte durchführen können.

Dies war unter anderm der Fall bei dem Gegenstande, in welchem die ungarische Nation schon seit langem am heftigsten eine billige Reform verlangt hatte, hinsichtlich der Normen der internationalen Zolllinie. Die Industrie Oesterreichs war der Ungarns gegenüber schon so stark und entwickelt, dass die letztere mit jener selbst unter gleichen Verhältnissen nicht sobald eine Concurrenz hätte eingehen können. Die theilende Gerechtigkeit forderte daher, dass die bisherigen ungerechten Normen der zwischen den beiden Staaten be-

1846.

Zollverhältnisse.

stehenden Zolllinie auf solche Weise abgeändert werden mögen, dass, wenn auch durch dieselben die ungarische Industrie gegen die österreichische nicht geschützt würde, wie dies die ungarische Opposition verlangte, doch mindestens eine gerechte Reciprocität zwischen den beiden Reichen desselben Monarchen begründet werden solle. Die österreichische Regierung aber war, sicher zufolge jener feindseligen Gesinnung, welche die dem Absolutismus zugeneigte wiener Kammer gegen das constitutionelle Ungarn hegte, nicht einmal zu einer gerechten Ausgleichung der die schwache ungarische Industrie und unsern Handel so sehr drückenden, beinahe colonialen Zollverhältnisse geneigt, ohne dass Ungarn neue und sehr schwere Opfer bringen sollte.

Die schutzvereinlichen Bewegungen brachten die Zollregelungsfrage nothwendigerweise aufs Tapet. Die wiener Regierung beabsichtigte zuerst, erbost über die Gründung des Schutzvereins, gegen denselben mit prohibitiven Massregeln aufzutreten. Die weisen Vorstellungen des Erzherzog-Palatins Joseph befestigten auch in Apponyi die Ueberzeugung, dass es unmöglich sei, gegen eine solche Association wie der Schutzverein, welche einzig und allein auf der moralischen Grundlage der uneinschränkbaren persönlichen Freiheit errichtet wurde, durch Regierungsverbote zu wirken; und dass sich ein den Absichten der Regierung direct entgegengesetztes Resultat herausstellen würde, wenn man gegen die äussern Kundgebungen des Vereins mit einem Verbot aufträte. Da nun der Schutzverein aus dem Gefühl von der ungerechten und schädlichen Beschaffenheit der internationalen Zollvorschriften entstanden war, so verwandte Apponyi, um den oppositionell gefärbten Schutzverein zu schwächen, seinen Einfluss beim Reichsministerium dahin, dass die internationalen Zollverhältnisse, durch welche das Land materiell so sehr belastet, in politischer Beziehung aber eine gefährliche Bewegung hervorgerufen wird, endlich in gerechter Weise geregelt werden mögen.

Seine Stimme konnte vor dem Reichsministerium nicht erfolglos verhallen. Dieses Ministerium wollte sich nach dem Plane Metternich's nun selbst an die Spitze der ungarischen Reform stellen; ohne dass aber der gerechte Wunsch der Nation befriedigt und auf diese Weise die Opposition geschwächt würde, konnte es dafür nicht einmal eine Hoffnung geben, dass die Regierung auf dem künftigen Reichstag eine Majorität gewänne, durch welche sie sich die Führung der Reform sicherstellen könnte. Es erwies sich daher die unvermeidliche Nothwendigkeit, dass das Ministerium in den Zollverhältnissen eine Modificirung vornehme. Allein obschon es infolge des vorgesteckten Ziels in seinem Interesse stand, das Land auf jede mögliche Art zu versöhnen und so die oppositionellen Bestrebungen nach Möglichkeit zu vermindern, so wusste es aus den erwähnten Ursachen trotzdem nicht mit der Nothwendigkeit aufrichtig zu pactiren und die 1846. schon nicht mehr gänzlich zu umgehende Billigkeit in den Zollver- hältnissen in vollem Masse zu begründen.

So geschah es, dass jene Verfügungen, welche in der Zollan- gelegenheit 1845 und im darauffolgenden Jahre zu wiederholten malen getroffen wurden, blos halbe Massregeln blieben, welche die wiener Regierung ihrem Ziel nicht um das geringste näher brachten. Anstatt dass das ganze Zollsystem nach neuen Principien verbessert und, wie es sich gebührt hätte, auf die Grundlage einer gerechten Reciprocität gestellt worden wäre, wurden bei Aufrechthaltung des Systems der ungarischen Industrie nur hinsichtlich einiger einzelnen Artikel einige Begünstigungen ertheilt. Indessen wurden selbst diese mit so stiefmütterlicher Hand zugemessen, dass, obgleich die neuen Vorschriften im Verhältniss zu den alten eine thatsächliche Erleich- terung bewirkten, die Regierung ihr Ziel gänzlich verfehlte; ja in- dem die Reciprocität nicht einmal bei diesen einzelnen Abänderungen begründet wurde und die österreichische Industrie auch noch durch die neuen Vorschriften gegen die ungarische geschützt verblieb, ver- grösserte sie, anstatt der Versöhnung, die aus dem Gefühl der Un- gerechtigkeit entstandene Verbitterung nur noch mehr.

Damit wir von der Natur dieser neuen Zollvorschriften einen klaren Begriff bekommen mögen, setzen wir einige derselben her. Der Zoll wurde insbesondere auf Leder, Flachs, Hanf und Seidenwaaren herabgesetzt. Von ausgearbeitetem Leder wurde für 500000 Gulden mehr aus Oesterreich nach Ungarn eingeführt als umgekehrt; und der Zoll desselben begünstigte dennoch nach den neuen Vorschriften die österreichische Industrie. Hinsichtlich der Lederarbeiten aber blieb die österreichische Industrie gegen die Concurrenz der unga- rischen noch immer durch einen doppelt so grossen Zoll geschützt, obgleich sie diese Concurrenz kaum zu befürchten hatte. Die Schuster- arbeiten z. B. zahlten früher, wenn sie von uns nach Oesterreich ein- geführt wurden, von jedem Centner 15 Gulden; wenn sie aber aus Oesterreich zu uns hereingebracht wurden, waren sie nur mit einem Zoll von 7 Gulden 30 Kreuzer belastet. Jetzt wurden diese Sätze zwar herabgesetzt, das Verhältniss aber blieb dasselbe: die 15 Gulden wurden jetzt auf 4 Gulden 10 Kreuzer, die 7 Gulden 30 Kreuzer auf 2 Gulden 5 Kreuzer herabgesetzt.

Hinsichtlich der Flachs-, Hanf-, Werg- und Spitzengespinste stehen die Sätze nach den alten Zollvorschriften bei der Einfuhr so:

	Aus Oesterreich.		Nach Oesterreich.	
	Ungar. Dreissigst.	Oesterr. Zoll.	Ungar. Dreissigst.	Oesterr. Zoll.
Garn, roh	— Fl. 25 Kr.	— Fl. 10 Kr.	— Fl. 25 Kr.	— Fl. 10 Kr.
„ gebleicht .	1 „ 15 „	— „ 12¾ „	1 „ 40 „	— „ 12¾ „
„ gefärbt . .	1 „ 40 „	— „ 12¾ „	4 „ 10 „	— „ 12¾ „

344   Sechstes Buch. Reformbestrebungen von seiten der Regierung.

1846.

	Aus Oesterreich.		Nach Oesterreich.	
	Ungar. Dreissigst. Oesterr. Zoll.		Ungar. Dreissigst. Oesterr. Zoll.	
Zwirn, ungefärbt	2 Fl. 30 Kr. — Fl. 25 Kr.		2 Fl. 30 Kr. — Fl. 25 Kr.	
„ gefärbt . .	2 „ 30 „ — „ 25 „		3 „ 20 „ — „ 25 „	

Nach den neuen Zollvorschriften bei der Einfuhr:

	Aus Oesterreich.		Nach Oesterreich.	
	Ungar. Dreissigst. Oesterr. Zoll.		Ungar. Dreissigst. Oesterr. Zoll.	
Garn, roh	— Fl. 10 Kr. — Fl. 5 Kr.		— Fl. 10 Kr. — Fl. 5 Kr.	
„ gebleicht .	— „ 50 „ — „ 10 „		1 „ 40 „ — „ 10 „	
„ gefärbt . .	— „ 40 „ — „ 10 „		3 „ 20 „ — „ 10 „	
Zwirn, ungefärbt	1 „ 30 „ — „ 10 „		2 „ 30 „ — „ 10 „	
„ gefärbt . .	1 „ 40 „ — „ 10 „		3 „ 20 „ — „ 10 „	

Aus dieser Tabelle ist ersichtlich, welchen Schutzes die österreichische Industrie der ungarischen gegenüber selbst nach den neuen Vorschriften theilhaftig wurde. Noch schreiender wurde dieses Misverhältniss bezüglich einiger andern Industrieartikel. Betrachten wir z. B. die Seide [1], hinsichtlich welcher die Zollsätze bei der Einfuhr so gestellt sind:

	Aus Oesterreich.	Nach Oesterreich.
Seide, roh, gesponnen oder gedreht	50 Fl. 50 Kr.	22 Fl. 30 Kr. vom Ctr.
„ gereinigt oder gefärbt	100 „ — „	4 „ 10 „ „ „

Dies war direct darauf berechnet, dass die österreichische Industrie das zu verarbeitende Material wohlfeiler bekommen möge als die ungarische, und der Arbeitslohn Oesterreich zugute komme.

Auch das österreichische Ministerium selbst fühlte, dass dergleichen Massregeln die ungarische Nation niemals befriedigen werden; es fühlte, dass es zur Aufhebung der alten Klagen und Reibungen früher oder später dennoch genöthigt sein werde, die Grundsätze einer gerechten Reciprocität anzunehmen. Von seiten der Opposition wirkte der Schutzverein als drohende Mahnung auf dasselbe ein; die conservative Partei aber, und an deren Spitze der Hofkanzler selbst, brachte jetzt, gegenüber der für die ungarische Industrie Schutzzölle fordernden Opposition, schon die Nothwendigkeit der gänzlichen Abschaffung der internationalen Zolllinie zur Sprache. Ausserdem war

---

[1] Unsere Seidenproduction war zwar in fortwährender Zunahme begriffen, hatte sich jedoch bisher noch nicht zu jener Stufe erhoben, welche der zunehmende Fabrikbetrieb erforderte. Der Fortschritt war nichtsdestoweniger erfreulich. Im Jahre 1826 betrug das ganze Erzeugniss Ungarns an Seide, auch die Militärgrenze dazu genommen, nur noch 136000 Pfund Cocons. 1844 wurden schon 522086 Pfund Cocons von den Producenten eingelöst (das Pfund zu 36 Kreuzer). Von dieser Quantität fielen 290186 Pfund auf die Militärgrenze; das übrige vertheilte sich auf die verschiedenen Comitate. Die Production vergrösserte sich in den folgenden Jahren fortwährend und stieg 1845 auf 554721, im darauffolgenden Jahre aber auf 641335 Pfund ($12\frac{4}{100}$ Pfund rohe Cocons gaben ein Pfund abgehaspelte Seide).

es der wiener Regierung unmöglich, nicht einzusehen, dass die Abschaffung dieser Zolllinie, während sie einerseits auch den österreichischen Erbländern zu grossem Nutzen gereichte, andererseits auch im Stande sein würde, Ungarn, dessen jetzige Schwäche die Kraft der ganzen Monarchie verminderte, mächtig zu entwickeln und auf diese Weise auch die Machtquellen der Monarchie zu verdoppeln; nicht einmal zu erwähnen, dass die Umstürzung der Zollschranken das Land auch in politischer Beziehung den Interessen der Monarchie näher führen würde. Und es hat den Anschein, als ob Metternich dem Drängen des Hofkanzlers und der conservativen Partei nachzugeben bereit gewesen wäre, welche letztere von der Lösung dieser Frage nicht nur das Wachsthum ihrer Partei, sondern auch eine grosse Zunahme der Landwirthschaft hoffte; was insbesondere im Interesse dieser Partei, die meistens aus grossen Grundbesitzern bestand, lag.

Mit der internationalen Zolllinie war indessen ein bedeutendes Finanzinteresse verbunden. In den österreichischen Erbländern bestand, wie wir oben erwähnten, das Tabacksmonopol, welches dem Staatsschatz jährlich 10—12 Mill. Gulden Einkünfte abwarf; da jedoch den Taback dem k. k. Aerar grösstentheils Ungarn lieferte, so wurde die Aufrechthaltung des Monopols nur durch diese Zolllinie möglich gemacht. Demzufolge war die wiener Regierung nur unter der Bedingung geneigt, die Zolllinie aufzuheben, wenn das Tabackmonopol auch auf Ungarn ausgedehnt würde. Apponyi und seine Partei gingen in diese Forderung ein, und das Aerar machte, wie wir erwähnten, sofort den Versuch, das Tabacksmonopol bis dahin, dass diese Frage von der Gesetzgebung gelöst würde, auf socialem Wege einzuschmuggeln.

Diesen Versuch beraubten jedoch, wie wir gesehen haben, die schon mächtig verbreiteten Schutzvereinsideen vollständig jedes Erfolgs. Zugleich unterwarfen die oppositionellen Blätter die Zollfrage einer eingehenden Untersuchung. Das „Hetilap", welches insbesondere die Interessen der heimischen Industrie vertrat und welches jetzt, da Kossuth kein eigenes Blatt erhalten konnte, dessen Organ geworden war, wünschte nicht nur die Zolllinie aufrecht zu halten, sondern diese vielmehr so geregelt zu sehen, dass, wie bisher, die österreichische Industrie gegen die ungarische geschützt wurde, fernerhin umgekehrt die schwache ungarische Industrie gegen die schon starke österreichische geschützt werden solle. Man muss gestehen, dass diese Ansicht, als aus der Idee des Schutzvereins fliessend und den Ansprüchen nationaler Selbständigkeit entsprechend, in einem grossen Theil der Opposition zwar Beifall und Popularität gewann, allein in Anbetracht unserer Verhältnisse zur Monarchie durchaus unausführbar war. Schutzzölle zu Gunsten der ungarischen Industrie hätten eine Beeinträchtigung der österreichischen Interessen nach sich gezogen; wie hätte man aber jemals vom König von Ungarn, der zugleich auch Kaiser von Oesterreich war, die Sanction solcher Gesetze erwarten können, welche mit den österreichischen Interessen in Conflict gerathen?

Ausführbarer und praktischer als der obige war der Plan des „Pesti Hirlap". Die Meinung dieses Blattes concentrirte sich darin, dass, da die zwischen Ungarn und den Erbländern bestehenden Zollverhältnisse für unser Vaterland überaus drückend seien, diese Verhältnisse aufhören, die Schranken niedergerissen werden müssten. An ihre Stelle könne jedoch nur ein Zollvertrag treten. Jene Stellung, welche der Monarchie im europäischen Staatensystem und Ungarn Oesterreich gegenüber zutheil werde, schliesse die Möglichkeit des Schutzzollsystems aus. Jene Verbindung, welche zwischen dem Kaiserthum und uns bestehe, könne nicht geschwächt werden; und weil dagegen auch eine grössere Befestigung derselben auf Kosten der ungarischen Nationalität und Verfassungsmässigkeit nicht geschehen könne, so bleibe dazu nur ein einziges Mittel übrig, nämlich die Verschmelzung der materiellen Interessen. Und diese ist ein Zollvertrag, ein solcher Zollverein, wie er zwischen den voneinander unabhängigen deutschen Staaten besteht, deren jeder auf die Feststellung des Zolltarifs Einfluss nimmt. Auf die Regelung der Zollverhältnisse müsse auch die ungarische Gesetzgebung Einfluss haben. Ferner, wenn die ungarischen Finanzen durch den Zollvertrag der Einkünfte des Dreissigst beraubt würden, müsse der Ausfall, inwiefern die so entstandene Verminderung der Einnahmen vor der Gesetzgebung nachgewiesen würde, unsererseits im Wege eines ordentlichen Budgets gedeckt werden. Allein von einer Entschädigung, von einem Abkauf des Zollvertrags könne auf der andern Seite keine Rede sein. All diesem reihte das erwähnte Blatt nur noch die Bedingung bei, dass das Tabacksmonopol bei uns nicht eingeführt werde. Denn obschon die gegenwärtigen Zollverhältnisse in Bezug auf uns drückend seien, so wäre doch das Vorhaben, die Zollschranken um jeden Preis und insbesondere mit Aufopferung eines so namhaften Industriezweigs wie der Tabacksbau, welchen das Monopol wie überall, auch bei uns in kürzer Zeit vernichten würde, abkaufen zu wollen, eine Thorheit.

Kossuth griff anfangs im „Hetilap" diesen Plan des „Pesti Hirlap" an, und weil das letztere das Schutzzollsystem unter unsern Verhältnissen eine unausführbare Utopie genannt hatte, beschuldigte er dieses Blatt, dass es an der Zukunft der Interessenselbständigkeit unsers Vaterlandes verzweifle, und die Festung, wiewol unter Bedingungen, jedoch ohne Gegenwehr aufgebe, ehe es noch zur Uebergabe aufgefordert worden wäre; er beschuldigte es, dass, obgleich sich das „Hirlap" als Organ der Opposition bezeichne, es dennoch das

Schutzzollsystem, welches die Opposition in ihr Programm aufgenommen habe, misbillige und an dessen Stelle den Zollvertrag anrathe.

Diese Beschuldigung war indessen ebenso unstatthaft wie das starre Anklammern an das Schutzzollsystem. Der Schutzverein war, wie das „Hirlap" richtig entgegnete, das Nonplusultra der schutzzöllnerischen Agitation, und die Resultate derselben, die Bewegung im Gebiet der Industrie, würden den Schutzverein sicher überleben und nicht mehr verschwinden. Der Schutzverein, welcher als Surrogat des Schutzzollsystems diente, brachte in gewerblicher Beziehung einen bessern Zustand wie früher hervor und erleichterte ebendeshalb die gänzliche Entscheidung der Zollfrage. Ehe der Zollvertrag zu Stande kommt, mögen wir uns dem Schutzverein anschliessen als einem den Zollvertrag beschleunigenden Mittel; denn den Zollvertrag unterstützen und sich einstweilen dem Schutzverein anschliessen: diese beiden Dinge könnten nicht nur miteinander bestehen, sondern beförderten sich auch gegenseitig. Auch Kossuth sah später die Richtigkeit dieser Ansicht ein, und von den Principien des strengen Schutzsystems abstehend, äusserte er sich im „Hetilap" folgendermassen: „Es gibt unter uns niemand, der sich damit mystificiren würde, dass, indem unser König auch Kaiser von Oesterreich ist, wir mit Zustimmung des Königs von Ungarn gegen den Kaiser von Oesterreich aus eigener Macht eine Schutzzolllinie aufstellen werden; aber wir dachten und denken, dass die internationale Zolllinie im Wege des Vertrags und der Uebereinkunft unter der Mitwirkung Oesterreichs würde geregelt und bei dieser Regelung mit gegenseitiger Billigkeit auch das Interesse unsers Vaterlandes berücksichtigt werden."

Die Organe der Opposition stimmten daher in Betreff der Zollfrage hinsichtlich des Wesens der Sache in ihren Ansichten überein, was insofern von nicht geringer Wichtigkeit war, als später grösstentheils nach diesen Meinungen die den Deputirten der Comitate und Städte auf den Reichstag mitgegebenen Instructionen angefertigt wurden. Der Zollvertrag unter constitutionellen Bedingungen wurde zur öffentlichen Meinung im Schose der Oppositionspartei. Die conservative Partei dagegen schrieb die volle Freiheit des internationalen Handels auf ihre Fahne, ohne jedoch, wenn die internationalen Zollschranken fallen sollten, für unser Vaterland in der Regulirung der Zollverhältnisse mit dem Ausland Einfluss zu fordern, die letztere gänzlich der Willkür der wiener Regierung überlassend. Die conservative Partei war in der Zollfrage geneigt, dem Constitutionalismus gänzlich zu entsagen; und sie wäre nebstbei auch bereit gewesen, die Abschaffung der Zollschranken auch noch mit dem Tabacksmonopol abzukaufen, was in kurzer Zeit unsern ausgedehnten Tabacksbau vernichtet haben würde.

Jenes Princip, welchem gemäss die conservative Partei die Regu-

1846. lirung der Zölle ausschliesslich zu den Rechten der Krone zählte, stand nicht nur mit unsern Gesetzen und unserer Verfassung im Widerspruch, sondern beeinträchtigte auch unsere materiellen Interessen, und war hinsichtlich der Zukunft gefährlich. Das Zurückbleiben Oesterreichs hinter den gebildetern europäischen Staaten in Bezug auf seine Industrie und seinen Handel wurde grossentheils von der engherzigen, unverständigen, für scheinbare geringe Zolleinkünfte hohe staatswirthschaftliche Interessen aufopfernden unpassenden Regulirung seiner Zölle verursacht, und man konnte mit Recht befürchten, dass es noch lange Zeit dauern werde, bis die der Oberfläche der Interessen anhängende wiener Regierung die Interessen der Monarchie aus höhern staatsökonomischen Gesichtspunkten auffassen und regeln werde. Dieses unpassende Zollsystem, welches mit Verletzung unserer Verfassung willkürlich auch auf uns ausgedehnt wurde, übte auch bisher eine ausserordentlich schädliche Wirkung auf uns aus. Nicht genug, dass die internationalen Zölle den mit einer mehr entwickelten Industrie versehenen benachbarten Erbländern Schutz gegen uns gewährten, während diese Provinzen ihre Producte auf unsere Märkte zur Concurrenz schickten; nicht genug, dass man uns auf verschiedene Art hinderte, dasjenige hervorzubringen, zu dessen Herstellung es bei uns Hände, Fleiss, Material, Fähigkeit und auch einiges Kapital gab: es lasteten auch noch ausserdem die auswärtigen Zölle der Monarchie mit doppelter Wucht auf uns. Wir konnten nicht nur dem System des industriellen Schutzes nicht folgen, sondern waren auch noch darin gehindert, unsere Bedürfnisse daher decken zu können, von woher dieselben am besten und wohlfeilsten gedeckt werden konnten. Theils gänzliche Verbote, theils beinahe an Verbote grenzende Zölle machten die Einfuhr ausländischer Artikel ganz unmöglich. Auf diese Weise wurde zwar den österreichischen Fabrikaten der ungarische Markt gesichert; allein für uns entstand daraus der Schaden, dass wir genöthigt waren, ein verhältnissmässig schlechteres Fabrikat theuerer zu kaufen. Dieses Zollsystem war aber auch für die Monarchie schädlich. Die zur Verhinderung des durch die übermässig hohen Zölle hervorgerufenen verbotenen Schmuggelhandels getroffenen kostspieligen Vorkehrungen verschlangen einen bedeutenden Theil der Zolleinkünfte. , Andererseits aber fühlte sich der hinsichtlich des Marktes gesicherte österreichische Fabrikant nicht angetrieben, seine Kraft und Geschicklichkeit besser zu entwickeln; und da dies bei einem mässigen Schutzzoll hätte geschehen müssen, so hätten sich auch die einzelnen Industriezweige der Monarchie besser entwickeln können.

Zwar ist es wahr, dass in Oesterreich ebenso wie in Ungarn das feldwirthschaftliche Interesse einer überwiegenden und besondern Aufmerksamkeit würdig war; aber es erleidet keinen Zweifel, dass die Monarchie, wenn sie ihre natürlichen Vortheile besser benutzt 1846. haben würde, mehr als irgendein Staat im Centrum Europas berufen war, seine industrielle Kraft zu entwickeln. Welche Fülle an Rohproducten, welcher Reichthum an andern natürlichen Schätzen, die der Industrie zum Material und nothwendigem Erforderniss dienen; und dennoch wie verhältnissmässig gering waren die gesammten Industrieerzeugnisse der Monarchie! Wenn wir unsere Blicke auf die Tabellen des Handelsverkehrs werfen, werden wir sehen, dass trotz aller hohen oder eben prohibitiven Zölle die Einfuhr die Ausfuhr hinsichtlich der industriellen Artikel um ein Bedeutendes übertrifft. Im Jahre 1844 betrug die Ausfuhr nicht mehr als einen Werth von 73 Mill. Gulden, und auch davon war nur die Hälfte das eigentliche Erzeugniss der Industrie des Kaiserthums, sodass die Industrie der Monarchie kaum den vierten Theil jener Industrieartikel herstellte, welche der Handel derselben in verschiedenen Richtungen vermittelte. Der Gesammtverkehr betrug in diesem Jahre nach amtlichen Daten 370 Mill. Gulden, in welcher Summe die Producte des eigentlichen Gewerbfleisses der Monarchie nur mit 37 Mill. Gulden repräsentirt sind. Und dieses ungünstige Verhältniss stammte grösstentheils aus der Verkehrtheit in der Leitung der Staatswirthschaft Oesterreichs, insbesondere aus der unrichtigen Organisation der Zollverhältnisse.

Unter solchen Umständen, besonders wenn wir dazu auch noch jene beinahe feindselige Gesinnung hinzuzählen, welche die absolutistisch gesinnten Dicasterien Oesterreichs den Interessen Ungarns gegenüber hegten, ist es leicht einzusehen, warum die Opposition in die Regierung der Monarchie kein Vertrauen setzte, und warum sie die Theilnahme der Gesetzgebung an der Regelung der Zollverhältnisse so sehr betrieb, was die Interessen ihrer Selbständigkeit, ihre constitutionellen Rechte ohnehin beanspruchten. Daraus ist ferner auch zu erklären, weshalb sich die ungarische Opposition so sehr bestrebte, diesen drückenden Zuständen auf socialem Wege abzuhelfen und dem Lande den Weg zur Theilnahme am Welthandel, von welchem es beinahe gänzlich ausgeschlossen war, zu eröffnen.

In dieser Beziehung tauchten unter den Bestrebungen der Nation in dieser Zeit besonders zwei Ideen, zwei Unternehmungen auf, welche, wiewol sie sich direct auf dem Gebiete der materiellen Interessen bewegten, einen hervorstechend oppositionellen Anstrich hatten; diese sind: die Handelsgesellschaft und die Fiumer Eisenbahn.

Zum Entstehen der Idee der Handelsgesellschaft gab jene englische Agentie Gelegenheit, welche ein Engländer Namens Gifford in Pesth errichtet hatte, und deren Zweck war, ungarische Producte zum Verkauf direct auf den londoner Markt zu spediren. Diese Gesellschaft brachte Paul Szabó der Jüngere, früher Kaufmann in Triest, noch im Laufe des Jahres 1842 in Antrag; bald trat auch Kossuth in seinem Blatte zur Unterstützung derselben auf. Die Idee fand Beifall, und es begannen bei Gelegenheit des Reichstags von 1843 mehrere ausgezeichnete Patrioten darüber Berathungen zu halten. Das Ziel, welches der Antragsteller der Gesellschaft vorsteckte, wirkte unter unsern Umständen auf das Publikum mit verlockendem Reize ein; denn es war kein geringeres, als unsern ausländischen Handel, welchen bisher beinahe ausschliesslich Triest und Wien, also fremde Plätze, vermittelten, zu emancipiren, demselben einen selbständigen Ausfuhrweg zu eröffnen, den der Einfuhr direct über Fiume zu leiten, Fiume und die ungarische Seeschiffahrt auf jede mögliche Weise zu heben und diese auch auf dem Schwarzen Meere zu beleben; Fabriken und Landwirthe mit Vorschüssen zu unterstützen; dem Lande und einzelnen zur Verschaffung ausländischer Handelsnachrichten als Vermittler zu dienen, und zur Herstellung neuer Communicationsmittel, zum Bau von Eisenbahnen und Kanälen die ersten Schritte zu thun. Als Beispiel und zum Vorbilde wies der Antragsteller auf die holländische Handels-Maatschappij, auf die Westindische, Rheinische, Venetianische Gesellschaft und die durch dieselben erreichten ungeheuern Resultate hin. Die Gesellschaft kam endlich im Mai 1844 zu Stande, wählte zum Präsidenten den Grafen Ludwig Batthyányi, zum Director den Antragsteller Paul Szabó, zu Comitémitgliedern aber ausser drei pesther Grosshändlern Szentkirályi und Kossuth, und begann ihre Thätigkeit mit 1132 Actien zu 500 Gulden noch im Laufe desselben Jahres.

Ueber den Erfolg dieser Thätigkeit sagt nach einem Jahre der Director in seinem Berichte unter anderm Folgendes:

„Der Credit der Gesellschaft ist in ihrer Verbindung mit den Handelshäusern ersten Ranges nicht nur in Europa, sondern auch in den fernen Welttheilen gegründet, und zwar ist er selbständig, in unserer Eigenschaft als Nation begründet und nicht durch die vermittelnde Gnade anderer.

„Dieser Credit hatte zur Folge, dass, obwol noch 2626 Actien im Sinne des §. 2 unserer Statuten nicht ausgegeben sind, wir es dennoch für gut erachteten, die Ausgabe von Actien zeitweise zu suspendiren; denn bei dem günstigen Stande unserer Geschäftsführung konnten wir infolge unsers Credits über wohlfeilere Kräfte verfügen, als solche die durch fernere Emittirung von Actien gewonnene Vergrösserung des Stammkapitals bieten konnte. Und so hielten wir es nicht für billig, ohne Noth mehrere und zwar solche am Gewinn unsers Geschäfts theilnehmen zu lassen, die, als unsere Anstalt unter so vielen Feindseligkeiten noch erst im Entstehen war, sich vom Anschluss an uns zurückzogen und die Gefahren der ungewissen Zukunft der Gründung nicht mittragen halfen.

„Wo es die taugliche Beschaffenheit unserer vaterländischen Producto erlaubte, eröffneten wir eine directe und unmittelbare Handels- 1846. verbindung; und wenn Gott und das Glück den fernern Fortschritten der Gesellschaft auf diesem Wege günstig sein werden, so wird der Ungar nicht mehr auf fremde Vermittler angewiesen sein, um seine Producte dahin verkaufen zu können, wo er es mit dem grössten Nutzen thun kann, und um seine Bedürfnisse von daher zu decken, von woher sie am billigsten zu beziehen sind. Und dieses Thor directer Verbindung haben wir nicht blos als monopolisirtes Eigenthum unserer Gesellschaft, sondern für den gesammten nationalen Handel eröffnet; der durch uns gebahnte Weg steht einem jeden offen.

„Diese directe und unmittelbare Handelsverbindung hat sich nicht auf Europa und die mittelländischen Meeresufer Afrikas beschränkt. Auch in das ferne Brasilien sandten wir versuchsweise ein mit inländischen Rohproducten befrachtetes Schiff; und es gereicht uns zur Freude, bemerken zu können, dass, wenn es Gott so will, wir besonders hinsichtlich unserer in Verfall gerathenen Weine einen Kanal zu ganz neuen Plätzen in den fernen Theilen Südamerikas eröffnet haben.

„Der inländischen Production halfen wir durch grossartige Aufkäufe, Vorschüsse und Commissionsverkäufe auf; der entstehenden vaterländischen Industrie leisteten wir Hülfe durch Geld, Credit und erfolgreiche Vermittelung: in Italien besteht schon durch unsere Veranlassung eine ungarische Möbelniederlage, welche auf dem dortigen wählerischen, dem französischen Geschmack huldigenden Platze selbst mit den Franzosen siegreich concurrirt.

„Auf den grossen Flüssen unsers Vaterlandes gaben wir mehr als dreissig grossen Schiffen Verdienst, und auf dem Meere schwammen und schwimmen achtzehn Schiffe nach England, Frankreich, Belgien, Holland, Amerika und Afrika, welche wir aus dem Adriatischen Meere auf den Weg sandten."

Die Artikel, in welchen die Gesellschaft die meisten Geschäfte machte und welche auch für die Zukunft den grössten Nutzen versprechen, bestanden in Raps, Taback, Mehl, Wein, Schweinefett und geräuchertem Fleisch, Unschlitt, Wachs u. s. w. Die Bilanz des ersten Jahres wies ausser den 5 Procent Zinsen, nach Abzug der Manipulationsunkosten, noch eine Dividende von 7 Procent nach.

Allein dieses schöne Resultat des Anfangs und die noch reichern Hoffnungen der Zukunft, zu welchen grossentheils die Thätigkeit und verständige Geschäftsleitung des Directors Paul Szabó zu berechtigen schien, wurden durch einen grossen Fehler der Actionäre, besonders des Comité, welches dem Director in der Geschäftsgebarung, ohne jede Controle, volle Gewalt verlieh, beinahe gänzlich vereitelt. Denn Paul Szabó war dieses Vertrauens durchaus nicht würdig. Er war nicht nur „unwissend, unpraktisch, leichtsinnig und unreell", wie sich

1846. über ihn das mit der Untersuchung seines Verfahrens betraute Comité äusserte, sondern er erwies sich auch als untreu und gewissenlos. Er täuschte das Vertrauen, welches er sich durch seine anscheinend eifrige Thätigkeit nicht minder als durch seine Redegewalt, durch seine freisinnigen Ueberzeugungen bei den grösstentheils aus Oppositionsmännern bestehenden Mitgliedern der Gesellschaft und besonders des Comité, vor allem bei Kossuth im ersten Jahre errang, auf eine schändliche Weise. Zu Ende des zweiten Jahres wies er, zur Rechnungsablegung gezwungen, obgleich er sich derselben auf jede Weise zu entziehen suchte, in der Bilanz einen Verlust von 84000 Gulden auf; als bald darauf sein Vorgehen einer strengern Untersuchung unterzogen wurde, entfernte er sich heimlich von Pesth und ging ins Ausland. Die Untersuchungscommission wies später noch einen Verlust von etwa 35000 Gulden und einen Kassendefect von 30000 Gulden nach, welch letzterer Posten indess vom Vater des flüchtigen Directors der Gesellschaft ersetzt wurde.

Unter unsern Umständen, bei welchen jedes Unternehmen mit so vielen und grossen Schwierigkeiten kämpfen musste, und wo in Bezug auf alles nur erst die ersten Versuche gemacht wurden, war diese Katastrophe der Handelsgesellschaft mit Recht als ein das ganze Land treffender Schlag zu betrachten. Und dennoch war die conservative Partei schon so weit von der vernünftigen Mässigung abgeirrt, dass sie keinen Anstand nahm, selbst dieses traurige Ereigniss zur Schädigung des Ansehens der Opposition und zur Verminderung der Popularität Kossuth's auszubeuten. Der „Budapesti Hiradó" und die „Nemzeti Ujság" beschuldigten die Handelsgesellschaft, „dass sie in der Leitung ihrer Angelegenheiten die Hauptrolle der politischen Sympathie überliessen und demzufolge sachunkundige, schwärmerische Menschen überwiegenden Einfluss ausübten". Diese Beschuldigung, durch welche sie hauptsächlich Kossuth zu treffen suchten, ist nicht ganz ohne Grund: Szabó, dessen politische Freisinnigkeit und geschicktes Maulheldenthum Kossuth täuschte, wurde am meisten von diesem protegirt, und war auch hauptsächlich er die Ursache, dass das Vertrauen Szabó gegenüber ein so unbegrenztes ward, dass es nicht einmal für nothwendig erachtet wurde, sein Vorgehen mit fortwährender Controle zu begleiten; Kossuth aber traf der Tadel, dass es ihm an Menschenkenntniss fehle, und auch dort oft von Schwärmerei und Phantasie geleitet werde, wo es der strengen Wirklichkeit, der nackten Thatsächlichkeit und der kalten, ruhigen Erwägung des Verstandes bedarf. Aber andererseits ist es unmöglich, auch jene Uebertreibung der Conservativen in der zum Parteihass gewordenen Leidenschaftlichkeit nicht zu tadeln, als sie mit freudestrahlendem Antlitz, zufriedenem Lächeln und mit Siegesstolz den in der That das ganze Land treffenden Schlag verkündigten, als wäre er irgendein erfreuliches Ereigniss, vergessend, dass es im ^{1846.} Leben der Nationen Augenblicke gibt, in welchen es die Pflicht eines jeden ehrlichen Patrioten ist, in sich die Parteileidenschaft zu unterdrücken und mit vereinter Kraft an der Beseitigung der aufgetauchten Gefahr mitzuarbeiten.

Der Schlag traf die Handelsgesellschaft nicht tödlich; sie setzte ihre Thätigkeit, wiewol mit geschädigtem Credit und verminderter materieller Kraft, aber mit grösserer Vorsicht und sorgfältigerer Beaufsichtigung auch fernerhin fort, da sie Hoffnung hatte, dass es ihr in kurzem gelingen werde, ihre moralischen und materiellen Verluste zu ersetzen.

Jene stiefmütterliche Gesinnung, welche das wiener Ministerium den Interessen Ungarns gegenüber hegte, hatte zur natürlichen Folge, dass die Fahne der Reform und des Fortschritts in allem von der allen willkürherrschaftlichen Neigungen Widerstand leistenden freisinnigen nationalen Partei geschwungen wurde. Die Oppositionspartei betrieb, wie wir sahen, auf den Reichstagen die nationale constitutionelle Reform; die Oppositionspartei machte auf gesellschaftlichem Gebiete verschiedene Versuche zur Entwickelung der materiellen Verhältnisse des Landes. Deswegen begleitete die wiener Regierung mit eifersüchtigen Augen jede Bewegung, und da sie selbst in verknöcherte Thatlosigkeit versunken war, wandte sie ihre ganze Kraft und Thätigkeit darauf, alles als freisinnige oppositionelle Kundgebung zu stören, zu verhindern, zu verderben und zu vereiteln, was im Schose der Nation und insbesondere der thätigen, aufstrebenden Fraction derselben, der Opposition, auftauchte.

Dies war bisher grossentheils auch hinsichtlich der Communica- ^{Eisenbah-} tionsmittel, der Eisenbahnen, insbesondere bezüglich der Vukovár- ^{nen.} Fiumer Linie der Fall. Die wiener Regierung ertheilte im Jahre 1836 das Privilegium zur Erbauung der galizischen Bochniabahn. Die Stände des Reichstags sahen die Gefahr ein, welche in diesem Schritte für Ungarn verborgen war, wenn sie nicht durch ähnliche Eisenbahnen beseitigt würde. Sie sahen ein, dass, wenn die fruchtbare, an Viehproduction reiche galizische Ebene durch eine Eisenbahn Wien näher gerückt würde, der auswärtige Handel Ungarns dann mit diesem mächtigen Concurrenten nur mit Hülfe ähnlicher Communicationsmittel einen erfolgreichen Kampf eingehen könne. Die Reichsstände beeilten sich daher, ein Expropriationsgesetz zu schaffen, um dadurch die Aufmerksamkeit der Kapitalisten unserm Vaterlande zuzuwenden und den Bau von Eisenbahnen möglich zu machen. Allein der gewünschte Erfolg blieb aus, ja die ganze Massregel gab zu jenem gehässigen Streite Anlass, welcher daraus entstand, dass die von der Regierung protegirte Eisenbahngesellschaft des rechten Donauufers, dieselbe, welche auch die österreichische Südbahn erbaut hatte, und welche die im Plane entworfene Eisenbahn am rechten Donauufer zu erbauen niemals die ernste Absicht gehabt hat, die Gesellschaft, welche eine Eisenbahn am linken Donauufer erbauen wollte, in der Ausführung ihres Plans auf verschiedene Art hinderte. Dieser langwierige, leidenschaftliche Streit endigte nach der Geldkrisis von 1840 damit, dass gar nichts geschah: es wurde eine lange Zeit weder auf dem rechten noch auf dem linken Ufer eine Eisenbahn gebaut.

Hierauf erfolgte jener grossartige Entschluss der Regierung, in den Erbländern bis Triest, Prag, an die sächsische und bairische Grenze Eisenbahnen auf Staatskosten bauen zu lassen; ja sie nahm sogar die italienische Bahn in ihren Schutz, und nur Ungarn erhielt keinen Antheil an den Wohlthaten dieses Entschlusses. Die auf dem Reichstage versammelten Stände brachten 1844, um dieses Versäumniss der Regierung ihrerseits, soweit es in ihrer Macht liegt, zu ersetzen, für die nothwendigsten inländischen Eisenbahnen, insbesondere auch für die Fiumer, eine Zinsengarantie in Antrag. Dies war jedoch nicht nach dem Geschmack der stiefmütterlich gesinnten wiener Regierung: weil die übrigen Erbländer die Zinsen nicht garantirten, so befürchtete sie, dass der ungarischen Zinsengarantie zufolge das Kapital seinen Weg nach Ungarn nehmen werde, und da sie dies nicht zugeben wollte, beantwortete sie die Adresse nicht einmal, und so unterblieb auch das Gesetz. Indessen begann die Eisenbahngesellschaft des linken Donauufers, alle Hindernisse besiegend, bei Pesth den Bau, und die Arbeit einerseits gegen Szolnok, andererseits gegen Waitzen zu betreibend, brachte sie ihren Plan während dieser Jahre endlich zu Stande; und als der Reichstag eröffnet wurde, konnte sich jedermann aus den Resultaten der dem Verkehr bereits übergebenen kurzen Linien Pesth-Waitzen und Pesth-Szolnok nach eigener Erfahrung überzeugen, mit welcher Zauberkraft die Eisenbahn auf die Belebung der Communication einwirkt.

Die Angelegenheit der Fiumer Eisenbahn erschwerte indessen nicht der Umstand allein, dass die Regierung die Schaffung des Gesetzes von der Zinsengarantie nicht erlaubte. Nachdem die Stände die Zinsengarantie bezüglich dieser Linie in einen besondern Beschluss fassten, so konnte man an der Schaffung des Gesetzes auf dem künftigen Reichstage nicht im geringsten zweifeln und die diese Eisenbahn erbauende Gesellschaft auf die Wohlthat desselben schon im voraus sicher rechnen. Ein weit grösseres Hinderniss entstand daraus, dass sich für diese Eisenbahn drei Gesellschaften bildeten, eine in Pesth, die zweite in Syrmien, die dritte in Fiume, welche auf keine Weise miteinander übereinzukommen noch sich zu verschmelzen wussten.

Kossuth gab jedoch die Idee, deren Verwirklichung ihm schon bisher so viele Mühe kostete, trotz aller Schwierigkeiten nicht auf.

Die Nothwendigkeit der Fiumer Eisenbahn wurde, seitdem man die erwähnten Versuche eines selbständigen Handels mit dem Auslande gemacht hatte, noch mehr gefühlt wie früher. Es wurde zur allgemeinen Ueberzeugung, dass das Land so lange keinen selbständigen auswärtigen Handel haben könne, bis nicht diese Eisenbahn erbaut sei; ohne selbständigen Handel aber könne die politische Selbständigkeit des Landes keine gesicherte sein. Dazu kam noch, dass die Erbauung dieser Eisenbahn auch für das mächtigste Werkzeug zur Aufhebung der kroatisch-illyrischen nationalen Streitigkeiten gehalten wurde; weil dadurch der Weg eröffnet sein würde, dass der Kroat mit dem Ungarn öfter zusammentreffe und in der materiellen Interesseneinheit auch die nationale Eifersucht und Abneigung sich versöhne. Kossuth reiste daher, nachdem sich die pesther und die fiumer Gesellschaft vereinigt hatten, im Herbst 1845 als Bevollmächtigter der pesther Gesellschaft nach Fiume, und that alles Mögliche, um die zwischen den beiden Gesellschaften herrschende Zwietracht beizulegen. Von grosser Wirkung auf das günstige Resultat war auch Széchenyi, der, wiewol er diese Eisenbahn nicht unterstützte, die Vereinigung als königlicher Commissär und Präsident der Communicationscommission wünschte. Der Zweck gelang: die zwei Gesellschaften vereinigten sich in der Weise, dass in den Auslagen der Vorarbeiten sich die pesther im Verhältniss von 15, die fiumer von 10 Mill. Gulden betheiligen würde. Es wurde zum Beschluss erhoben, dass der Bau der Eisenbahn in Erwartung des Erlangens der auf dem vorigen Reichstage beschlossenen Zinsengarantie, sobald es die Vorarbeiten erlauben, unverzüglich begonnen werde.

Aber selbst nach dieser Vereinigung tauchten manche Intriguen auf, deren Zweck war, das in Bezug auf das Land in jeder Hinsicht so grosse Vortheile versprechende Unternehmen zu vereiteln. Nicht lange nach der Vereinigung der zwei Gesellschaften wurden für den Hafen von Zeng allerhöchsten Orts 260000 Gulden angewiesen; zugleich aber wurde der petitionirenden Gesellschaft, an deren Spitze die illyrische Sympathien hegende Familie Vraniczány stand, die Concession ertheilt, durch die Militärgrenze von Sissek nach Zeng eine Eisenbahn zu erbauen. Dieser neue Plan war zwar direct darauf berechnet, die Linie Vukovár-Fiume unmöglich zu machen; diese Absicht wurde jedoch nicht erreicht. Die Vukovár-Fiumer Eisenbahngesellschaft erschrak nicht und verlor nicht den Muth. Ja, nachdem im Plane die wichtige Verbesserung vorgenommen war, dass die Bahn von Vukovár gegen Essegg, von dort im Drauthal in der Nähe der Comitate Baranya, Somogy und Zala, dann wieder die das Drau- und Savethal scheidende Bergkette an einer günstigen Stelle durchschneidend, auf dem überall nach den ungarischen Comitaten zu liegenden linken Ufer der Save bis Agram, darüber hinaus aber mit-

23*

tels eines Durchstichs in das Kulpathal übergehend, bis Karlstadt
gezogen werde, wurden die Vorarbeiten insoweit angefertigt, dass
man sie zur Abschliessung des Vertrags selbst dem Reichstage vorlegen konnte.

Während Kossuth mit einem grossen Theil der Oppositionspartei wegen der Begründung eines selbständigen ungarischen Handels für die Verwirklichung der Vukovár - Fiumer Eisenbahn als
den hauptsächlichen zu jenem Ziele führenden Mittel kämpfte, war
auch Stephan Széchenyi, jetzt schon auch zufolge seines Amts, gleichfalls eifrig, jedoch in einer von Kossuth abweichenden Richtung bestrebt, die materiellen Interessen zu heben. Ausser der ungeheuer
wichtigen und schon mit grossem Erfolg begonnenen Arbeit der Theissregulirung beschäftigte er sich vor dem Reichstage, von welchem er
in der Angelegenheit der Communication entscheidende Entschliessungen erwartete, hauptsächlich mit dem Organisationsplane dieser Angelegenheit. Und dieser Plan, welchen er auch in einem besondern
als amtlicher Bericht benannten Werke herausgab, war des Namens
dieses grossen Patrioten und Staatsmannes würdig. Es ist die Schö-
pfung eines vollständig eingeweihten Fachmannes, auf dessen Grundlage während einiger Jahrzehnte das in vieler Hinsicht zurückgebliebene Land zu vollem Erblühen umgezaubert worden wäre.

Auch in diesem Plane des „grossen Ungarn" — wie ihn einst
Kossuth nannte — war die Nationalität der Angelpunkt, von welchem er ausging, auf welchen er alles zurückführte. Jene Idee, welche
er in seinen bisherigen schriftstellerischen und praktischen Functionen mit grosser Mannichfaltigkeit als höchste Ausgangspunkte, als
Grundlage unserer ganzen Umgestaltung bezeichnet hatte — nämlich
die in Pesth concentrirte und von dort aus sich in alle Theile des
Landes ausdehnende Industrie, Communication und den Verkehr zur
Befestigung und zum Aufblühen der Nationalität nutzbar zu machen —,
durchweht auch diese Arbeit. Diese Idee bringt er in seinem Plane mit
grosser Consequenz in Anwendung, ohne irgendwo die Interessen und
die Eifersucht der Völker verschiedener Sprachen im geringsten zu
verletzen. Allein obgleich er dieselben überall vorsichtig geschont,
so hätte dennoch die Summe des ganzen Systems eine so sichere
Wirkung gehabt, dass durch dasselbe aller Wahrscheinlichkeit nach
die Frage der nationalen Umgestaltung Ungarns glücklich gelöst
worden wäre.

Das Wesen des Werkes macht ausser einigen Wasserregulirungs-
arbeiten und auf die geistigen Interessen Bezug habenden Anstalten
ein systematisches, concentrisches Eisenbahnnetz aus, dessen vier Hauptlinien die Grundlage der Landescommunication bilden würden. Diese
Hauptlinien sind die folgenden: 1) Die Pesth - Wiener, welche schon
in Arbeit und zu einem gewissen Theil auch fertig war, und welche

das Land durch Deutschland mit der Nordsee und dem westlichen 1846.
Ozean in Verbindung bringen sollte. 2) Die Pesth-Fiumer, welche
die Aufgabe hatte, den Weg zum Mittelländischen Meere zu eröffnen.
3) Die Pesth-Klausenburger, wovon die Strecke bis Szolnok schon eröff-
war, und über Siebenbürgen weiter fortgeführt, uns mit dem Orient
in Berührung gebracht und jene Schwierigkeiten gehoben hätte, welche
aus der absichtlichen Verschlammung der in russischen Händen befindlichen Donaumündungen stammten. 4) Die Pesth-Kaschauer, welche
aus dem Hernádthal in das Popradthal geführt werden sollte und
uns mit dem Norden in Verbindung gebracht haben würde. — Aber
wir werden noch später Gelegenheit haben, auf dieses Werk, welches
seiner materiellen wie politischen Richtung wegen gleich sehr bedeutend ist, zurückzukehren.

Fünftes Kapitel.

Siebenbürgische Zustände und Landtage.

1846. Der Landtag in Siebenbürgen wurde 1843, wie wir weiter oben gesehen haben, mit geringen Resultaten geschlossen, und selbst jene magern Gesetzvorschläge konnten nicht die königliche Sanction erhalten, welche von der Regierung vorläufig gutgeheissen worden waren. Dagegen erweckte das vom 9. Juli 1846 datirte königliche Rescript, welches den Ständen Siebenbürgens den Landtag nach Klausenburg auf den 9. Sept. verkündigte, doppelte gespannte Erwartung in Ungarn sowol als auch in dieser Provinz selbst.

Die Haupt-
ursachen
des Zurück-
bleibens
Sieben-
bürgens. Dass Siebenbürgen in jeder Hinsicht in einem noch grössern Zurückbleiben dahinsiechte, können wir uns nicht wundern, wenn wir bedenken, dass dort die die Entwickelung hindernden oder erschwerenden Hindernisse noch zahlreicher und grösser, die Elemente und Triebfedern des Gedeihens, des Fortschritts noch geringer waren als in Ungarn; infolge dessen Siebenbürgen hinsichtlich seiner meisten Verhältnisse man kann sagen noch beinahe in mittelalterlichen Zuständen fortvegitirte.

Auch dort war, wie in Ungarn, die eine Verfassung besitzende Nation zu einem fortwährenden Kampf gegen die willkürherrschaftlichen Neigungen und Bestrebungen der wiener Regierung verdammt; und dort nahm dieser Kampf in Bezug auf die Nation seinen Fortgang unter noch schwierigern und ungünstigern Umständen wie in Ungarn. Die aus verschiedenen Elementen bestehende, auch ohnehin kleine und machtlose und ihres Mangels an Compactheit wegen kein Ansehen besitzende Nation oder vielmehr Nationen — denn wie wir wissen, bestanden in Siebenbürgen drei gesetzliche Nationalitäten — waren noch weit weniger Energie und Kraft gegen die absoluten wiener Tendenzen zu entwickeln im Stande als die ungarische; dem-

zufolge die wiener Regierung ihren Willen und ihre Richtung dieser 1846.
Provinz, oft der Verfassung und den bestehenden Gesetzen entgegen,
aufzwang. Seit Anfang dieses Jahrhunderts gab es kaum einen
Landtag, auf welchem nicht ein oder das andere verfassungsmässige
Recht Siebenbürgens verletzt, geschwächt oder gänzlich aufgehoben
worden wäre. Die Landtage schienen dazu bestimmt, das constitutionelle Leben in immer engere Schranken einzuzwängen, ihre selbständige, unabhängige Regierung der wiener Willkürherrschaft in
immer grösserm Masse unterzuordnen und, auf diese Weise einen
geringen Schatten von Verfassungsmässigkeit aufrechthaltend, den Absolutismus durch die Gesetze selbst immer mehr zu begründen. Dieses
Ziel konnte dort die wiener Regierung um so leichter erreichen, da
ihr die Organisation und die Elemente des Landtags einen grossen
Einfluss gewährten und diese selbst unter der Einwirkung desselben
nach und nach eine solche Aenderung erlitten, dass die Regierung,
infolge der grossen Zahl der am Landtag theilnehmenden königlichen
Beamten und der Sympathien der sächsischen Nation, mit der Majorität grösstentheils nach Belieben verfügen konnte. Wenn es aber
manchmal geschah, dass die Gefahr der Verfassung die Nation zu
einem energischern Widerstand aufrüttelte, als es der Regierung gefiel: dann löste diese den Landtag, 'ohne mit den Umständen zu
pactiren und die constitutionellen Rechte zu schonen, sofort auf, und
in manchen Fällen, wie wir 1835 sahen, ehe derselbe irgendein Gesetz geschaffen hatte. Und nachher suspendirte sie, um die Stände
ein anderes mal zur Annahme ihres Willens geneigter zu machen,
die Verfassung willkürlich, oder hielt viele Jahre lang keinen Landtag ab: als ob sie ihnen zu wissen geben wollte, dass sie ihnen auch
jene Trümmer der Verfassung, in deren Besitz sie noch waren, nur aus
purer Gnade lasse. Die Regierung aber, welche auf diese Weise
einen überwiegenden Einfluss auf die Beschlüsse des Landtags besass,
hütete sich wohl, bei ihrer während der vergangenen Zeitperiode befolgten Politik des Stabilismus für Reformen und Verbesserungen
Sorge zu tragen. Und so kam es, dass es in Europa — die Donaufürstenthümer ausgenommen — keine mit einigem Constitutionalismus und Einfluss auf die Gesetzgebung versehene Nation gab, in
deren Schose die mittelalterlichen Zustände so erhalten blieben wie
in den drei Nationen Siebenbürgens.

Aber die Ursache dieses Zurückbleibens war nicht die Regierung
allein; eine grosse Schuld lastet in dieser Beziehung auch auf der
sächsischen Nation und der ungarischen Aristokratie. Die Sachsen,
obgleich sie in ihrer Nationalität nie im geringsten gestört wurden,
betrachteten infolge ihrer sehnsuchtsvollen Sympathie für das grosse
Deutschland den Ungar beinahe als Feind, und versunken in die
Schwärmereien der deutschen Nationalität, hemmten sie die Ent-

wickelung der siebenbürgischen Nationalität und demzufolge die Einigung der Interessen, die Gemeinsamkeit der Bestrebungen, ohne welche aber ein Fortschritt nirgends stattfinden kann. Und ausserdem, nachdem sich die Sachsen in den vergangenen Zeiten zahlreiche Privilegien, den Walachen gegenüber aber, welche sie nach und nach unterdrückten und zu ihren Untergebenen und Unterthanen machten, verschiedenartige Vorrechte erworben hatten: wurden sie instinctiv zu Feinden jeden Fortschritts, dessen erste Bedingung war, ihren Privilegien und Vorrechten zu entsagen und sich mit jenen, über die sie Herrenrechte ausübten, oder richtiger gesagt, usurpirten, hinsichtlich der Interessen, Rechte und Bestrebungen zu verschmelzen. Und in dieser Beziehung leitete sie dasselbe Princip, dieselbe Tendenz wie die Aristokratie. Sie waren als Nation die Aristokraten der unterdrückten, von ihrem freien Boden entweder verdrängten oder auf demselben unterjochten Walachen.

Die Aristokratie, von ähnlichem Antrieb geleitet, blieb auf gleiche Weise taub für die mahnende Stimme der Zeit. Es fehlte zwar auch in Siebenbürgen nicht an hochsinnigen, patriotischen Männern, die einsahen, dass das Interesse einzelner vom wahren Interesse, vom zeitgemässen Fortschritt des Vaterlandes unzertrennlich sei; und die bereit waren, Privilegien und Vorrechte aufzuopfern, um auch ihren individuellen Wohlstand in der Wohlfahrt des auf diese Weise zu entwickelnden Vaterlandes zu erhöhen. Dieser gab es aber eine viel zu geringe Anzahl, als dass sie im Stande gewesen wären, die selbstsüchtige oder befangene träge grosse Menge mit sich fortzureissen. Zwar bekehrte der in den letzten Jahren in Ungarn eingetretene, obwol gleichfalls nur langsame, weil vielfach gehemmte Fortschritt infolge der nationalen Verwandtschaft immer mehrere; die Anzahl derselben kann jedoch im Verhältniss zu jenen, die sich weder vorwärts bewegen, noch von ihren Privilegien trennen wollten, eine nur noch sehr geringe genannt werden. Einen grossen Unterschied zwischen den zwei Ländern bildete der Umstand, dass in Ungarn die hohe Aristokratie, wiewol ihre Majorität sich auch hier noch nicht der freisinnigen Fahne anschloss, doch schon wenigstens eine Partei schuf, welche es nicht wagte, die unausweichliche Nothwendigkeit des Fortschritts und der Reform abzuleugnen; ja in neuester Zeit selbst die Reform, eine von der der Freisinnigen in der Methode und Richtung zwar verschiedene, aber dennoch thatsächliche, mit der Aufopferung von Privilegien und Vorrechten verbundene Reform an die Spitze ihres Programms gestellt hatte: in Siebenbürgen jedoch war eigentlich nicht einmal eine solche conservative oder, wie sie sich gern zu nennen liebte, gemässigte, besonnen fortschreitende Partei vorhanden. Dort vergötterte die Majorität nur ihre Vorrechte und Privilegien; von Principien wusste sie nichts und kümmerte sich auch nicht darum. Der zweite grosse Unterschied zwischen den zwei Län- 1846. dern bestand darin, dass, während in Ungarn der grössere Theil des aufgeklärten mittlern Besitzadels unter der Fahne des Fortschritts der Reform mit uneigennütziger Selbstverleugnung focht: in Siebenbürgen auch die Majorität dieses mittlern Adels mit der Mehrheit der hohen Aristokratie in Einem Schiffe schwamm.

Die Furcht vor der die Privilegien als Opfer fordernden Reform versenkte im allgemeinen mit wenigen Ausnahmen selbst die Comitate in thatlose Indolenz. Diese Unthätigkeit war so gross, dass manches Comitat oft jahrelang kaum irgendein Zeichen seines Lebens gab. Während in Ungarn die Comitate in ihren Generalversammlungen die höchsten Interessen des Landes mit hohem Eifer erörterten, gab es in Siebenbürgen mehrere Comitate, welche das ganze Jahr hindurch keine Generalversammlung abhielten; und dergleichen Fälle waren selbst noch nach dem Landtag von 1843 nicht selten; obgleich die Ereignisse auf demselben hätten genug im Stande sein sollen, den constitutionellen Nationalgeist zu erwecken. Nur wenn den Adelsvorrechten Gefahr drohte, erwachte die Masse des Adels aus ihrem Schlummer, um mit dem Lärm ihres aufbrausenden Zornes den zeitgemässen Aufruf verstummen zu machen, welchen die Freisinnigen im Interesse der Reform erhoben. Dies geschah z. B. in der Angelegenheit der Domesticalsteuer, welche, nachdem darüber auch in Ungarn so heftige Debatten geführt worden, auch in Siebenbürgen hier und da aufs Tapet gebracht wurde. Die selbstsüchtige Aristokratie begann auch hier Cortesch in die Comitatsversammlungen zu führen, in welchen die Lärmglocke des Privilegiums der Nichtzahlung erscholl und diese eine hauptsächlichste Bedingung des Fortschritts durch rohe Massen stürzen liess. So geschah es z. B. im klausenburger, oberalbenser, tordaer und einigen andern Comitaten. Ja die selbstsüchtigen Helden des Privilegiums waren damit noch nicht einmal zufrieden, die Domesticalsteuer auf lange Zeit hinaus begraben zu haben; sondern, um in den Freisinnigen, die für die Uebernahme der Domesticalsteuer kämpften, auch noch die Hoffnung zu einer einstigen Durchführung dieser Reform zu ertödten, schraken sie nicht einmal vor jenem strafbaren Rückschritt zurück, beschlussweise auszusprechen: dass sie die Domesticalsteuer nicht nur niemals übernehmen würden, sondern von der Last derselben auch noch jene eine einzelne Hausstelle besitzenden Edelleute befreien wollten, welche durch ältere Gesetze zur Zahlung der Domesticalsteuer verpflichtet waren. So aufgeklärte, das Privatinteresse mit der allgemeinen Wohlfahrt verbindende Beschlüsse, deren Beispiel die wackern Stände des unteralbenser Comitats unter der Führung Dionys Kemény's durch die Annahme der Domesticalsteuer gaben, waren selten in Siebenbürgen.

Der Zustand der Unterthanenklasse, welche diesem nach jede öffentliche Last ganz allein trug, war noch viel drückender als in Ungarn. Hier erleichterte das Gesetz seit der Urbarialregulirung von 1836 die Lasten des Unterthans in verschiedener Weise: regelte seine Pflichten und Servituten, schützte seine Person und sein Vermögen gegen herrschaftliche Willkür; und wenn es ihm auch noch kein volles Bürgerrecht verlieh, so gab ihm doch mindestens die öffentliche Meinung, welche die Reform mit unwiderstehlicher Macht betrieb und immer näher und näher brachte, eine sichere Aussicht, eine begründete Hoffnung zur Erlangung desselben.

In Siebenbürgen bestanden ausser den sehr mangelhaften Normen Maria Theresia's noch keine Urbarialgesetze; der Unterthan war dort sowol hinsichtlich seiner Person als des Vermögens beinahe unbeschränkt der Willkür des Grundherrn ausgesetzt. Und diese Willkür war um so häufiger, erfinderischer und schonungsloser in der Unterdrückung des Unterthans, weil dort auch der Adel im allgemeinen genommen ärmer und ungebildeter war als in Ungarn; eine öffentliche Meinung aber, die mit ihrer moralischen Kraft den Mangel der Gesetze einigermassen ersetzt hätte, zu Gunsten des Unterthans es in Siebenbürgen nicht gab. Dazu kam, dass, die Szeklerstühle ausgenommen — wo das Volk beinahe ganz aus freien Grundbesitzern bestand und sich deshalb sowol hinsichtlich seines rechtlichen als geistigen und materiellen Zustandes eines unvergleichlich grössern Wohlstandes erfreute wie anderswo —, der öffentliche Unterricht unaussprechlich verwahrlost war, und infolge dessen die Unterthanenklasse geistig und moralisch auf einer niedrigern Stufe stand wie im Nachbar-Vaterlande. Endlich war schon das allein im Stande, das Los des Unterthans in Siebenbürgen zu einem schlimmern zu gestalten, als dasjenige war, welches selbst noch vor den Urbarialgesetzen von 1836 in Ungarn bestand, dass bei ähnlichen Servituten und Lasten dort im allgemeinen der ihm zur Benutzung überlassene Boden weit geringer war wie hier; infolge dessen die allgemeine Steuer und die Herrendienste und Schuldigkeiten seine Schultern unverhältnissmässig belasteten.

Da das Los der Unterthanenklasse in Siebenbürgen so drückend war, hätte man die Urbarialregulirung schon zufolge dieses grossen Unterschiedes, welcher zwischen den Unterthanen der beiden Länder bestand, nicht weiter aufschieben können. Das Volk Siebenbürgens seufzte voll Sehnsucht nach einem ähnlichen Wohlstand, in welchem es seine Schicksalsgenossen diesseit des Királyhágó erblickte. Die Verbesserung dieses Loses des Landvolks noch ferner aufzuschieben, wäre soviel gewesen, als unklugerweise die Gefahr der fürchterlichen Ereignisse des im vorigen Jahrhundert aus ähnlichen Ursachen entstandenen Aufstandes des Hora und Kloska hervorzurufen, oder das

Landvolk zum verdammenswerthen Beispiel der von den galizischen 1846. Bauern erst unlängst begangenen fürchterlichen Ausschweifungen zu reizen.

Die verständigere denkende Klasse des siebenbürgischen Adels hatte kaum ein Mitglied, ¦welches nicht von der Furcht vor einer ähnlichen Gefahr erfüllt gewesen wäre; und unter dem Einfluss dieser Besorgniss wurde das den Landtag verkündigende königliche Rescript, welches die Besetzung der erledigten königlichen Oberämter und das von der Regulirung des Urbariums angefertigte Operat der vom vorigen Landtag ausgesandten Commission zum Hauptgegenstand der Berathungen bestimmte, man kann sagen, mit allgemeiner Beruhigung und Billigung aufgenommen.

Die Hauptgegenstände des Landtags.

Aber wie sehr die Siebenbürger auch fühlen mochten, dass ihnen die Nothwendigkeit der Regelung der Urbarialverhältnisse über den Kopf gewachsen war: hinsichtlich der Art, der Richtung und der anzuhoffenden Resultate der Regulirung waren die Meinungen, die geheimen oder eingestandenen Wünsche sehr verschieden. Die selbstsüchtige Schar der Helden der Privilegien und Vorrechte wünschte die Regulirung, während sie die unausweichliche Nothwendigkeit derselben im Munde trug, auf eine solche Art durchgeführt zu sehen, dass diese bei einigem scheinbaren Nutzen und moralischen Gewinn zu Gunsten des Unterthans, materiell eigentlich ihren Interessen diene. Dagegen bestimmte der freisinnige, patriotisch gesinnte Theil des Adels, der durch Hebung des Landvolks die Wohlfahrt des Vaterlandes zu vermehren wünschte, es zu seinem Hauptprincip, das Urbarium auf eine solche Art zu regeln, dass die Unterthanenklasse, durch dasselbe sowol moralisch als materiell in einen günstigern, des Menschen würdigern Zustand erhoben, die Verbesserung ihres Loses thatsächlich fühle und in ihren Wünschen befriedigt werde. Allein es gab ausser diesen auch noch eine obgleich an Zahl geringe, aber hinsichtlich des Verständnisses, Seelenadels und Wohlwollens ausgezeichnete Fraction, die, geleitet von der Ueberzeugung, dass die Urbarialverhältnisse und auch noch sonst jene Theile der veralteten feudalen Institutionen, welche sich schon überlebt hatten und in staatlicher wie individueller Beziehung schädlich sind, die Urbarialregulirung selbst schon für verspätet hielt, und anstatt derselben die Erbablösung, den freien Boden wünschte und verkündigte.

Aus dieser Abzweigung der Meinungen, Wünsche und Ziele mussten natürlich heftige Streitigkeiten und viel Zeitverlust entstehen. Und hieraus ist es grossentheils zu erklären, dass, wiewol der Landtag vierzehn Monate währte, derselbe ausser der Wahl der Beamten und der Urbarialregulirung kaum einige, wenig interessante Gesetzartikel aufweisen konnte, obgleich mehrere Operate der systematischen Commission zur Verhandlung bereit lagen. Aber dieser Langwierigkeit,

1846. dieses Zeitverlustes wegen ist auch die Regierung nicht minder zu tadeln, dass sie in ihrer Sorglosigkeit versäumt hatte, das Urbarialoperat der systematischen Commission noch vor dem Landtage drucken zu lassen und den Behörden zuzuschicken, damit diese darüber im voraus hätten beschliessen und ihre Beschlüsse den Abgeordneten als Instructionen mitgeben können.

Nach den Eröffnungsfeierlichkeiten, zu deren Vollziehung Feldmarschalllieutenant Baron Puchner, Commandirender in Siebenbürgen, zum königlichen Commissar ernannt war, wurden die königlichen Propositionen vorgelesen, deren Inhalt mit dem den Landtag verkündigenden königlichen Rescript vollständig übereinstimmte. Der Verhandlung wurden nämlich zugewiesen: die Wahl des Hofkanzlers und anderer fehlender Oberbeamten; die Urbarialregulirung und nach dieser die übrigen Commissionsoperate; endlich die Unterbreitung der auf dem vorigen Landtage geschaffenen Gesetzartikel zur Sanction. Landtagspräsident war Baron Franz Kemény, der indessen, so oft in der Versammlung auch das Gubernium erschien, den Präsidentensitz dem in allgemeiner Liebe und Hochachtung stehenden Gouverneur Grafen Joseph Teleki überliess. Die Regierungsbeamten und andere zur Regierungspartei gehörige Regalisten waren im Besitz einer so überwiegenden Majorität, dass, obwol manche Behörden mangelhaft, andere gar nicht repräsentirt waren, die an Zahl geringe Opposition nicht im Stande war, das Verificationsrecht für den Landtag durchzusetzen: die Majorität überliess dasselbe der Einsicht und Willkür des Vorsitzenden.

Mit den Wahlen, unter welchen wir nur die des Vicekanzlers Baron Samuel Jósika erwähnen, der von 238 Abstimmenden mit 213 Stimmen zum Hofkanzler gewählt wurde; mit der Feststellung der Principien der die Wahlen begleitenden Adresse und der Bestimmung des Wortlauts derselben vergingen siebzehn lange Sitzungen, und erst in der achtzehnten reichte der Gouverneur die Operate der landtäglich ernannten systematischen Commission und seinen Bericht über dieselben ein. In vierzehn Gegenständen wurden Operate angefertigt, unter welchen nur sechs von grösserer Bedeutung waren: die Operate über das Urbarium, die Steuerangelegenheit, Rekrutirung, Militärverpflegung, eine zweckmässigere politische Eintheilung Siebenbürgens und die Einführung des mündlichen Processverfahrens. Das Gefühl der Nothwendigkeit der eine Umgestaltung des dem Siechthume verfallenen nationalen Lebens bedingenden, die geistigen und materiellen Interessen emporzuheben fähigen, zeitgemässen radicalen Reformen war in Siebenbürgen nur erst in der Brust einiger weniger Auserwählten erwacht; die grosse Mehrzahl erwartete theils aus Unwissenheit, theils aus selbstsüchtiger Engherzigkeit nur von unfruchtbaren oder wenig wirksamen Reformen in der Verwaltung dasjenige, was diese nicht bewerkstelligen konnten, die Ausgleichung des grossen Zurückbleibens und das Aufblühen des allgemeinen Wohlstandes.

Nach dem einen Monat dauernden Mechanismus der Wahlabstimmung hätte sich endlich das Feld der Berathungen eröffnet; jetzt aber war abermals die sorglose Nachlässigkeit der Regierung das Hinderniss. Das Urbarialoperat wurde erst jetzt der Presse übergeben. Während also dasselbe gedruckt und später wegen der Instruction der Abgeordneten durch die Behörden in Verhandlung genommen werden sollte, wurden die Stände des Landes auf drei Monate nach Hause geschickt. Die periodische Presse beschäftigte sich in dieser Zwischenzeit, um den Ständen die Arbeit zu erleichtern, viel mit dieser wichtigen Frage.

Während dieser Ferien kämpften indessen viel böser Wille, viele Intriguen gegen die Klärung der Urbarialverhältnisse an, und der Interessen- und Meinungskampf nahm im allgemeinen einen sehr heftigen Fortgang. Bei Behörden wie bei Individuen, und leider selbst die sonst Freisinnigen nicht ausgenommen, trat hinsichtlich dieses Gegenstandes keine geringe Selbstsucht zu Tage. So bestimmte z. B. das mittel-szolnoker Comitat nur sechs Morgen Landes zu einer ganzen Unterthanensession: das sonst freisinnige ober-albenser Comitat stellte sie auf noch weniger, nur auf fünf Morgen fest, während in den meisten Gegenden Ungarns 24, an vielen Orten aber ganze 50 Morgen Landes einen ganzen Unterthanengrund betrugen. Kein geringerer Fehler oder vielmehr Selbstsucht war von seiten vieler Comitate auch das, dass sie zur Grundlage der Quantität der Unterthanengründe die Conscription vom Jahre 1819 nahmen, nach welcher wenigstens die Hälfte derselben den Händen der Unterthanen entrissen wurde.

Uebrigens war auch schon die Grundlage schlecht, auf welcher die Behörden die Verhandlung vornahmen. Das systematische Operat der Commission, in dessen Anfertigung die in der Majorität befindliche stationäre Partei einen überwiegenden Einfluss besass, war ein unausführbarer, den gegenwärtigen Umständen, besonders der unabweislichen Nothwendigkeit der je frühern Einführung des Urbariums so wenig angepasster Plan, nach welchem man das Urbarium im besten Falle erst nach 26 Jahren hätte ins Leben treten lassen können. Das Urbarium wurde in diesem Elaborat von der Regelung aller agrarischen Verhältnisse abhängig gemacht. Dem Plane nach hätte man daher das ganze Territorium des Landes abmessen lassen müssen, wo grundherrschaftliche Verhältnisse und Unterthanengründe bestehen; man hätte die Herren- und die Unterthanengründe reguliren und voneinander scheiden, die sogenannten königlichen Nutzniessungen proportioniren müssen u. s. w., und nur dort wäre sodann das Urbarium einzuführen gewesen, wo alles dies geschehen war.

(Randnotizen: 1846. — Die Verhandlung des Urbariums.)

1844. Dies aber hätte, wenn die Arbeit auch auf die regelmässigste und möglichst schnellste Weise vorgenommen und durch gar kein Hinderniss gestört worden wäre, dem Plane nach erst nach 26 Jahren geschehen können.

Die Urbarialregulirung auf eine so lange Zeit hinauszuschieben, wäre soviel gewesen, als das in seiner Geduld erschöpfte Volk zur Nachahmung der galizischen Bauern zu zwingen. Unter dem Landvolk fing sich schon in der That an eine unruhige und unzufriedene Stimmung immer mehr zu verbreiten und zu äussern. Die Opposition wurde daher der möglichen Ereignisse in der nahen Zukunft wegen von tiefer Besorgniss ergriffen, und erhob in den Comitatsversammlungen und in den Zeitschriften heftig ihre Stimme gegen den Plan der Commission, welcher, zum Gesetz sanctionirt, das Vaterland der Gefahr eines Bauernaufstandes aussetzen würde. Sie hörte demnach nicht auf, alle Arten der Agitation in Anwendung zu bringen, um dem Lager der Reaction oder vielmehr der Stationären zu wissen zu thun, dass man das Urbarium jetzt schon nicht mehr so betrachten solle, wie es noch vor einem Jahrzehnt möglich war, nur als privatrechtliche oder feldwirthschaftliche Institute; sondern als eine solche Landesangelegenheit, von deren schneller Lösung das Schicksal des Vaterlandes, die Aufrechthaltung der bestehenden Ordnung, die Möglichkeit des friedlichen Fortschritts abhängt.

Und dieser Bruchtheil der Opposition hatte vollständig recht; im Volke zeigte sich eine solche Stimmung, dass dieser Landtag ohne die Regulirung des Urbariums zum Gesetz zu machen, nicht hätte auseinandergehen können, ohne das Land der Gefahr eines Aufruhrs auszusetzen. Es ist indessen auch nicht minder wahr, dass das Urbarium, vorausgesetzt, dass es schnell eingeführt und die materiellen Lasten des Volks einigermassen erleichtern würde, gegenwärtig und für eine Zeit dem dringenden Bedürfniss entsprochen hätte. Die bezüglichen höhern Grade der Reform, wie die Erbablösung, der freie Boden, wie sehr sie auch erwünscht erscheinen mochten, wären wegen der gänzlichen Ungeregeltheit der agrarischen Verhältnisse, wegen des Mangels an einer Commassation und Parcellirung u. s. w. in Siebenbürgen noch eine Unmöglichkeit gewesen.

Und deshalb ist die sonst edelsinnige und von gutem Willen erfüllte, aber heissblütige und unpraktische Fraction der Oppositionspartei, welche das Urbarium für verspätet und darum unnöthig hielt, und mit Beseitigung des ganzen Apparats mit Einem mal zur Erbablösung schreiten wollte und diese für die Forderung des vorgeschrittenen Zeitalters verkündigte, mit Recht zu tadeln. Diese von ihrem edeln Eifer fortgerissene Fraction bedachte nicht, dass als Uebergangszustand, bis die zur Erbablösung erforderlichen Vorbereitungen mit gemeinsamer Kraft gemacht werden können, die Regu-

lirung des Urbariums unausweichlich nothwendig sei; sie bedachte
nicht, dass dort die Erbablösung betreiben, wo noch nicht einmal
bestimmt ist, was Urbarialboden sei und was für Dienste der Unterthan zu leisten habe, was man daher eigentlich ablösen solle — so
viel war als das Wasser auf die Mühle der Stationären treiben, als
die nothwendigen Bedingungen der Erbablösung unmöglich machen.
Und in der That versäumten es auch einige listigere Individuen der
Reaction nicht, die Agitation in der Sache der Erbablösung auszubeuten, und um das Zustandekommen des Urbariums zu verzögern
und desto mehr Verwirrung hervorrufen zu können, begannen sie
den in dieser Gestalt unausführbaren Plan der Erbablösung zu unterstützen.

Zum Glück durchblickten jene, die das provisorische Urbarium
als Uebergangszustand aufrichtig wünschten, um auf demselben später die Erbablösung aufbauen zu können, noch zeitig genug die Absicht der reactionären Bestrebungen. Sie wandten daher alle ihre
Kräfte auf, um diesen Zwiespalt der Opposition auszugleichen, dessen
Resultat kein anderes sein konnte als das von der Partei der Stationären decretirte schlechte Urbarium; sie bestrebten sich, mit den
Freunden der Erbablösung übereinzukommen, und diese bis dahin,
bis ihre Meinung den vollen Sieg erkämpfen könnte, zur Unterstützung des provisorischen Urbariums zu vermögen. Für diesen Mei-
nungsausgleich war der grosse Sohn des Geschwister-Vaterlandes, der
frühere Führer der ungarischen Opposition, Nikolaus Wesselényi, am
meisten thätig. Seinem Ansehen gelang es endlich, eine Vereinigung
der zwei Fractionen der Opposition zu Stande zu bringen. Und so
wurde sodann mit Beihülfe Wolfgang Wér's, einer der angesehensten
Autoritäten der die sofortige Erbablösung betreibenden Fraction, ein
solches Urbarialgutachten entworfen, welches zwar sehr leicht an Güte zu
übertreffen war, das aber den Vortheil besass, dass es das Urbarium
sofort ins Leben einführen konnte und zugleich ein freies Feld eröffnete, die Vorbereitungen zur Erbablösung noch während des im
Zuge befindlichen Landtags beginnen zu können.

Nach einer dreimonatlichen Pause wurde endlich der Landtag Der Antrag
Dionys Ke-
am 4. Jan. wieder fortgesetzt, und nachdem die die Wahlen bekräf- mény's hin-
tigenden und einige andere auf die Adressen des vorigen Landtags sichtlich der
Bezug habende königliche Rescripte vorgelesen worden, legte der Vor- sung.
sitzende das Urbarialoperat zur Verhandlung vor. Damit dieselbe
gleich anfangs eine solche Richtung einschlage, dass die Annahme
des von der Opposition ausgehenden Urbarialgesetzvorschlags möglich
werde, wünschten die Freunde der Erbablösung vor allem die Annahme des Princips des freien Bodens vom Landtage. Den Antrag
stellte Baron Dionys Kemény, Abgeordneter des unter-albenser Comitats und einer der feurigsten Führer der Opposition.

„Das Urbarium führt die Nation dem Ruhepunkte niemals zu", sagte er unter anderm; „das Urbarium kann nie das letzte Stadium sein, sondern nur ein einstweiliges. Die Erbablösung ist das Endziel, welches die einzige passende Art ist, um sich aus den feudalen Verhältnissen herauszuwinden. Die Erbablösung verleiht dem Urbarialpflichtigen einen freien Grundbesitz, ohne das Eigenthumsrecht des Grundherrn im geringsten zu verletzen. Die Erbablösung führt das Volk nach und nach aus seinem feudalen Zustande zum freien Bürgerthum und hebt die Besorgnisse jener auf, die befürchten, dass mit Einem mal eine solche Klasse frei würde, welche zum Genusse der Freiheit noch nicht reif sei. Was diesen Uebergang plötzlich bewerkstelligt, ist etwas ganz anderes, wovor uns Gott bewahren möge. . . ."

Später die aus dem freien Besitz sowol den einzelnen als dem Staate zufliessenden Vortheile und Segnungen entwickelnd, empfiehlt er einen Antrag der Aufmerksamkeit der Stände, der, wie er sagt, nichts improvisirt und auch die Methode darbietet, dass der Uebergang während einer längern Zeit vor sich gehe. Dieser Vorschlag ist: „Da die löblichen Stände einerseits die Ausgleichung der feudalen Verhältnisse heiss herbeiwünschen, andererseits anerkennen, dieses Ziel ohne die Erbablösung nicht erreichen zu können, so reihen sie es unter die Arbeiten der systematischen Commission ein, hierüber einen Plan auszuarbeiten. Da indessen die Stände den Anforderungen der gegenwärtigen Bedürfnisse zu entsprechen wünschen, säumen sie nicht, die Verhandlung der Urbarialverfügungen sofort in Angriff zu nehmen."

Berathungen über das Urbarium. Der Antrag wurde nach ein paar gegentheiligen Aeusserungen beinahe einhellig angenommen und die Berathungen über das Urbarium begonnen. Als erste Frage tauchte natürlich auf, ob das Operat der Commission, welches das Urbarium mit der Regelung der agrarischen Verhältnisse verband, seinem Wesen nach angenommen werden solle? Und nachdem sich die Majorität überzeugt hatte, dass es ohne Gefahr unmöglich sei, das Urbarium von der Vermessung des Landes abhängig zu machen und so auf viele Jahre zu verzögern: so wurde die sofortige Einführung des Urbariums nach einigen Einwendungen der stationären Partei zum Beschlusse erhoben; jedoch in der Weise, dass hierdurch die Regelung der übrigen agrarischen Verhältnisse, die Ausscheidung und Parcellirung, die im Interesse des Grundherrn wie des Unterthanen lägen, nicht gehindert würde.

Allein die Urbarialgesetze, welche sodann Resultate der beinahe zehnmonatlichen Berathungen der Stände wurden und die ganze Zeit des Landtags in Anspruch nahmen, entsprachen keineswegs der Erwartung der Bessern und den Anforderungen der Zeit. Die Opposition kämpfte lange unermüdet gegen das selbstsüchtige Lager der

Stationären, dass, wenn sie sich schon mit der Regelung verspäteten, 1846. sie über diese wenigstens jetzt so verfügen mögen, dass dem Volke Gerechtigkeit werde; in demselben sich die Grundlage der Nationalität befestige und der Staat eine allen seinen Anforderungen entsprechende Volksklasse gewinne. Sie erschöpften alle Gattungen von Beweggründen; sie sprachen zur Vernunft, sie sprachen zum Herzen und zum Gewissen; sie sprachen zum Ehrgeiz, zur Nationaleitelkeit, zur Ehre und zum nationalen Selbstbewusstsein. Sie hoben hervor, dass nicht einmal die Regierung, welche dadurch, dass sie das Urbarium vor allem andern geregelt zu sehen wünschte, das nicht zu bezweifelnde Zeugniss ihrer Sympathie und Unterstützung dem Volke gegenüber gegeben hatte, — dass sich nicht einmal die Regierung mit einem engherzigen, ungerechten Urbarium begnügen, sondern vielmehr selbst aus eigener Macht regeln werde, wofern die Stände nicht gerecht zu sein wissen.

„Bewahren wir unser Selbstgefühl", sagte unter anderm Dionys Kemény. „Ein Vertretungskörper bewahrt aber sein Selbstgefühl nicht, wenn er für verschimmelte, schädliche Vorrechte hartnäckig kämpft und sich dasjenige, dessen freiwillige Ueberlassung die Billigkeit forderte, nur mit Gewalt abpressen lässt. Es war schön und gut, gegen die Regierung ein nachdrückliches Wort zu erheben, wenn man constitutionelle Rechte vertheidigen musste. Ob es aber schön und gut sein wird, gegen die Regierung zu sprechen, wenn es sich um das Glück der Masse des Volks handelt? Ein kühnes und aufrichtiges Wort passt nur in den Mund desjenigen, der billig und gerecht zu sein versteht.

„Redner glaube mit diesen Worten dem Gefühle der Stände dieses Landes Ausdruck zu geben; denn er glaube nicht, dass es in diesem Saale jemand gebe, der, wo die Ehre des Landtags obschwebe, dieselbe um welchen Preis immer aufs Spiel setzen würde. . . .

„Redner verweile gern bei diesem Gegenstande, denn er halte ihn für den edelsten der Gesetzgebung. Ebendeshalb, wenn es etwa manche gäbe, die die vorgetragene geistige, oder wenn es beliebt, poetische Seite dieser Sache nicht interessirt, die nur Daten nachzugeben wünschen, möge für diese hier ein kleiner Beweis folgen. Geben müssen wir; dies ist ein Axiom. Die Frage ist nur die: ob wir geben sollen, oder ob dies andere thun sollen aus dem Unserigen? Wenn wir erwarten, dass man unsere Taschen umwende, so ist es ausserdem dass wir uns lächerlich machen, auch möglich, dass man von dort nehmen wird, von woher wir es nicht wollten. Dagegen, wenn wir billig sein werden, erkämpfen wir uns einerseits anstatt der Lächerlichkeit Hochachtung; andererseits geben wir aus jener Tasche, aus welcher wir dies mit geringster Verletzung unsers eigenen Interesses thun können.

„Redner will geben, freut sich aber dessen nicht, dass ein anderer von ihm nehme. Er will Opfer bringen, jedoch so, dass denselben Anerkennung folge, damit er der gegenwärtigen wie der zukünftigen Generation einen werthvollen Dienst erweise; was er dadurch bewerkstelligen zu können glaubt, wenn wir uns mit der grossen Klasse, mit welcher wir leben und auch unsere Nachkommen leben müssen, versöhnen.

„Aber es gibt noch ein Ziel; es ist dies ein solches Ziel, welches er, über seine beschränkte Kraft erhaben, mit Stentorstimme auszurufen wünschte, für welches er, wie einst Jakob um die geliebte Braut, sieben Jahre lang zu dienen bereit sein würde; und dieses Ziel ist die Vereinigung beider Länder. Darin suche er den grössten Genuss, wenn dieses Land würdig sein werde, die Achtung des sich einer bessern Lage erfreuenden Bruders zu verdienen. Möge Ungarn in uns das starke Selbstgefühl sehen und kennen lernen, welches uns einst zu einem auch für dasselbe günstigen Zustande erheben wird."

Aber alles vergebens. Das grosse Lager der Selbstsüchtigen, oder die durch ihre Instructionen gebundenen; ihrer Ueberzeugung nicht folgen könnenden Deputirten, entschieden die wesentlichsten Fragen in einer Weise, dass der geschaffene Gesetzvorschlag den gerechten Ansprüchen der Unterthanenklasse nicht entsprach. Viele ausgezeichnete Oppositionsmitglieder, darunter auch Baron Dionys Kemény, einsehend, dass sie umsonst kämpften und auch ohnehin die in den Hauptfragen gefassten schlechten Beschlüsse in den nebensächlichen nicht verbessern könnten, legten misgestimmt ihre Mandate als Deputirte nieder und verliessen den Landtag. Andere waren ausdauernder und setzten selbst in den Fragen von geringerer Tragweite den Kampf bis zu Ende fort; nachdem aber die Urbarialgesetzvorschläge angefertigt waren, reichten sie dagegen der Gesetzgebung einen Protest ein. Zu diesem Schritte führte sie nicht die Hoffnung, dass die stationäre Partei, die Fehler des Elaborats einsehend und die Last der Verantwortung fürchtend, die gewünschten Abänderungen vielleicht dennoch vornehmen werde; eine solche Hoffnung konnte nach dem langen erfolglosen Kampfe und zu einer Zeit, da die Absendung des Gesetzvorschlags an den König schon beschlossen, übrigens aber auch schon der Schluss des Landtags verkündigt war und der Antrag somit einer neuen Berathung nicht hätte unterzogen werden können, nicht mehr stattfinden. Sie legten daher Protest ein, theils um sich durch ihren Widerspruch ihren Absendern und der öffentlichen Meinung gegenüber zu rechtfertigen, theils um die Ungerechtigkeit der Grundlage des Gesetzvorschlags und dessen andere wesentlichere Fehler nachweisend, die Regierung auf dieselben aufmerksam zu machen und sie zu vermögen, dass sie als Theilhaberin an der Gesetzgebung in dem abzusendenden Gesetzvorschlage 1846. nach diesen Fingerzeigen Aenderungen zu Gunsten der Unterthanenklasse vornehme.

Solcher Proteste seitens der Comitatsabgeordneten wurden zwei eingereicht, der eine durch die Deputirten des unter-albenser, der andere durch die des klausenburger Comitats. Einen dritten Protest reichten mehrere unabhängige Mitglieder des Landtags, namentlich die Grafen Dominik Teleky, Alexander Bethlen der Aeltere, Johann Bethlen der Aeltere, Johann Rhédey, Ladislaus Gyulay, Johann Mikes, Paul Bethlen der Jüngere und Baron Dominik Kemény ein.

Der Urbarialgesetzvorschlag war, schon nur flüchtig betrachtet, für die Urbarialklasse wirklich ungerecht und schädlich, und hätte demnach auch für das Vaterland leicht gefährlich werden können. Das ganze Urbarium drehte sich um die drei Cardinalfragen: Was sind die Urbarialitäten? Wie werden dieselben unter die Urbarialisten getheilt? Was sind diese verpflichtet, dem Grundherrn als Dienste und Steuern zu entrichten? Der Gesetzvorschlag, kann man sagen, begünstigte hinsichtlich aller drei Fragen mehr den Grundherrn als den Unterthan.

Hinsichtlich der Feststellung der Urbarialleistungen nahm die Majorität, trotz der siegreichen Gründe der Opposition, nach welchen diese den jetzigen zu verbessernden Statusquo zur Grundlage zu nehmen wünschte, die Conscription vom Jahre 1819 zur Grundlage des Masses an. Jedermann wusste, dass die Grundherren damals, als sie der willkürlichen, ausserhalb des Landtags beabsichtigten Regelung durchgängig entgegen waren, bei der seitens der Regierung und an manchen Orten mit Anwendung des Brachiums vollzogenen Conscription sehr wenige Urbarialitäten einschreiben liessen. Auch war es bekannt, dass seither viele selbstsüchtige Grundherren, auf diese fehlerhafte Conscription gestützt, ihre Unterthanen eines grossen Theils ihrer Felder beraubt hatten. Auch wagte es jetzt niemand, die Conscription zu vertheidigen; ja diese wurde im ganzen Lande als fehler- und mangelhaft bezeichnet, und beschlossen, dass sie zu verbessern sei. Die Majorität vereitelte indessen vollständig die Verbesserung. Die Opposition wünschte, dass alles als Urbarialität betrachtet werde, was der Unterthan gegenwärtig besitzt oder von dem er nachweisen könne, dass es sich bei Gelegenheit der Conscription in seinen Händen befand. Die Majorität jedoch beschloss, dass, wenn der Urbarialist jenen Bestand, welchen die ohnehin fehlerhafte Conscription nachweist, nicht in Händen habe, der Unterthan verpflichtet sei zu beweisen, dass ihm derselbe ungesetzlicherweise abgenommen wurde; widrigenfalls der fehlende Theil nicht als Urbarialität betrachtet werden könne und im Besitze des Grundherrn ver-

1846. bleibe. Nun war dies aber unter den obschwebenden Umständen für den Unterthan zu beweisen völlig unmöglich. Die wesentlichste Frage des Urbariums bestand darin, dass a) der Staat dem Urbarialisten hinreichende Einkünfte für die öffentlichen Lasten, den Herrendienst, seine Ernährung, seine laufenden Ausgaben und zur Sicherstellung seiner Zukunft gebe; b) dass der Werth des Urbarialgrundes im Verhältniss stehe zu den Lasten und Diensten. Allein die neuen Gesetzartikel waren auf gänzlich entgegengesetzte Principien begründet. Die in denselben festgestellte Quantität einer Unterthansession war an manchen Orten nicht nur weit geringer als jene, welche gemäss der Conscription vom Jahre 1819 festgesetzt wurde, sondern reichte nicht einmal an jene heran, welche im Steuerverzeichniss stand. Der Unterthan war auch bisher kaum im Stande, seine Lasten zu tragen; das neue Gesetz indessen hätte ihn an manchen Orten gänzlich zu Grunde gerichtet. Dies fühlte auch die Mehrheit des gesetzgebenden Körpers und zitterte vor den möglichen Folgen desselben; sie wollte dem Uebelstande dadurch abhelfen, dass sie anordnete, die die festgestellte Quantität der Urbarialität überschreitenden überzähligen Gründe seien dem Urbarialisten nicht sofort, sondern erst nach sieben Jahren abzunehmen. Als ob die Ungerechtigkeit dadurch aufgehoben worden wäre, dass die Vollziehung derselben auf einige Jahre später verschoben wurde!

Die freisinnige Opposition hoffte in diesem Einen Falle von der Regierung, als der zweiten Hälfte der Gesetzgebung, noch Hülfe. Sie konnte nicht glauben, dass ein so ungerechtes, für das Land und den öffentlichen Frieden gefährliches Gesetz die Sanction erhalten könnte, und erwartete bestimmt, dass das Gesetz, in seinen wesentlichsten Punkten verbessert, dem Landtag zurückgesendet werden würde. Aber auch diese Hoffnung wurde vereitelt. Die Regierung wollte die Partei, auf welche sie sich in andern Dingen als auf ihre Bundesgenossen stützte, nicht im Stich lassen. Die Verbesserungen, mit welchen versehen das Gesetz von Wien herabgesendet ward, waren sehr gering und unwesentlich. Vielleicht kann noch jene Aenderung für die bedeutendste erklärt werden, welcher gemäss die Unterthanen die in ihren Händen befindlichen überzähligen Gründe nicht nach sieben, sondern erst nach zwölf Jahren zu übergeben verpflichtet sein sollten. Eine traurige Ausübung der Gerechtigkeit, welche die Beraubung des Unterthans nicht verhindert, sondern nur noch um ein paar Jahre verzögert!

Und auf diese Weise erhielt das Urbarium, das einzige thatsächliche Resultat dieses Landtags, zum gerechten Schmerz der Oppositionspartei die Sanction. Wir nehmen keinen Anstand, dieses Gesetz — im ganzen genommen und den Umstand berücksichtigend, dass dasselbe bei den wenigen geringen geistigen und noch geringern materiellern Concessionen, welche es dem Unterthan hinsichtlich mancher Theile seiner Dienste und Schuldigkeiten bot, ihn im allgemeinen in keinen bessern Zustand versetzte; ja, da es seine ihm ohnehin in kargem Mass zugewiesenen Gründe auf eine im Verhältniss zur vorigen Quantität noch geringere reducirte und auf diese Weise seine Kraft zur Tragung der Lasten, sein Vermögen an vielen Orten bedeutend verringerte — für ein durchgängig schlechtes und auch hinsichtlich des Staats gefährliches zu bezeichnen. Wol ist es wahr, dass in Siebenbürgen auch vor der Regulirung des Urbariums der Zustand der Unterthanenklasse ein trauriger und unterdrückter war und, was man für das Beklagenswertheste halten muss, sein Schicksal von der erfinderischen Willkür des Grundherrn abhing; aber theils weil sie dieses alte Elend zu dulden schon gewohnt war, theils weil sie die Linderung desselben vom Urbarium, welches schon nicht mehr lange ausbleiben konnte, erwartete: trug sie das Joch ruhig und friedlich. Die Neuerung indessen, welche diese ihre Hoffnungen zerstörte, ja sie bei den gewonnenen geringen Zugeständnissen eines Theils ihrer Gründe beraubte, hätte leicht zum Beweggrund eines Aufstandes werden können. Dass dies nicht sogleich nach der Verkündigung des Gesetzes geschah, ist nur dem Umstand zuzuschreiben, dass ihnen ihre Gründe nicht sogleich abgenommen wurden, nach wenigen Monaten aber die Zeit der Erlösung unerwartet ankam. Aber wenn die Ereignisse der folgenden Jahre nicht eingetreten wären, auch das Gesetz während der zwölf Jahre nicht verbessert worden wäre, sondern man nach Verlauf derselben die überzähligen Gründe, wie es das Gesetz anordnete, den Unterthanen weggenommen haben würde: so wäre Siebenbürgen unzweifelhaft einer gefährlichen Krisis entgegengegangen. Zum Glück brachte die Vereinigung mit Ungarn im folgenden Jahre auch dem Landvolk Siebenbürgens die Segnungen des freien Besitzthums.

Der Landtag ging am 10. Nov. auseinander.

Siebentes Buch.

Die Ereignisse des der nationalen Umgestaltung unmittelbar vorhergehenden Zeitraums.

———

Erstes Kapitel.

Parteikämpfe und Zustände vor dem Reichstag 1847.

1847.

Unter jenen hitzigen Parteikämpfen, welche infolge der Aenderung der Regierungspolitik und der zwischen dieser neuen Richtung und den Nationalbestrebungen entstandenen Conflicte im Vaterlande geführt wurden, tauchte ein sehr bedeutendes Ereigniss auf, welches auf die Gestaltung der vaterländischen Angelegenheiten in der nahen Zukunft nicht näher zu bestimmende, aber jedenfalls äusserst wichtige Folgen hatte. Dieses Ereigniss war kein anderes als das Abtreten des Erzherzog-Palatins Joseph vom Schauplatz.

Der Tod des Erzherzog-Palatins Joseph.

In den Ereignissen der letzten Jahre kommt der Name des Erzherzogs Joseph seltener vor. Die Ursache davon ist nicht darin zu suchen, dass der Greis von seiner funfzigjährigen Amtsthätigkeit so sehr ermüdet oder von der Last des Alters geschwächt worden wäre, dass er schon untauglich wurde, auf die Ereignisse im Reich einen bedeutendern Einfluss auszuüben. Vielmehr nahm er bis zu seiner letzten Krankheit, welche im October 1846 ihren Anfang nahm, fortwährenden und lebhaften Antheil an der Leitung der vaterländischen Angelegenheiten. Als die an der Spitze der ungarischen Regierung stehenden Männer mit einer Fraction der conservativen Partei in ihrer Richtung und Bestrebung eng vereint, gleichfalls zur Partei wurden, nahm der Erzherzog-Palatin keinen initiativen Antheil mehr an den Verfügungen der Regierung; sondern, über den Parteien stehend, wandte er seine Weisheit, seinen Takt in der Regierung, die er im hohem Grad besass, zur Mässigung der Heftigkeit des Kampfs, zur Dämpfung der Parteileidenschaft an. Die Rolle, welche er in diesen letzten Jahren spielte, war die der Vermittelung, Mässigung, Intervention, Ausgleichung und Versöhnung, in welcher er, wie z. B. im Conflict wegen des Schutzvereins, dem Vaterland überaus wichtige Dienste leistete.

Im November 1846 wurde das funfzigste Jahr der Amtsthätigkeit des Erzherzogs als Palatin voll, und die Nation, welche in ihm
nicht nur ihren ersten Beamten, sondern auch einen ihrer treuesten
Freunde verehrte, hatte die Absicht, dem volksthümlichen Greise
ihren Dank, ihre Liebe in grossartigen Festlichkeiten kundzugeben.
Allein das Schicksal wollte es anders. Der greise Palatin, der schon
seit einiger Zeit öfter kränkelte, fiel Anfang October in schwere
Krankheit. Zwar verbesserte sich im Verlauf des Herbstes wieder
für geraume Zeit sein Zustand einigermassen; aber die Krankheit
kehrte zu Ende des Jahres mit einer solchen Heftigkeit zurück, dass
für sein Leben keine Hoffnung mehr blieb. „Das Schicksal“, sagte
das « Hirlap », „warf ein Bahrtuch über den Altar, auf welchem die
Nation die Flamme des Dankes anzuzünden im Begriff war.“ Am
13. Jan. hörte er auf zu leben.

Der Erzherzog-Palatin Joseph konnte, wenn er auf seinem Sterbe-
bett auf seine lange politische Laufbahn zurückblickte, sein Haupt
ruhig und mit seiner Thätigkeit zufrieden ins Grab legen. Die Nation
trauerte mit aufrichtigem Schmerz um ihn, der das Vertrauen, die
Achtung und Liebe einer jeden Partei gleichmässig verdiente. Die
Nation stand erst am Anfang ihrer Entwickelung, aber der Fortschritt, welchen sie in den letzten fünfundzwanzig Jahren gemacht
hatte, war grösser als in jeder andern Epoche unserer gesammten
Geschichte. Und der verstorbene Palatin war einer der treuesten
und eifrigsten Beförderer dieses Fortschritts. Unsere Nationalität
und Verfassungsmässigkeit hatten sich nach schweren Kämpfen endlich ihre Anerkennung errungen, und darin war, wie dies auch alle
Parteien dankbar anerkannten, sein Verdienst gross. Obgleich seine
Erziehung in der Jugend eine fremde gewesen, erlernte und liebte
er doch unsere Nationalsprache, und dass diese endlich einmal zu
jener Stufe erhoben wurde, welche ihr gebührt, ist grossentheils ihm
zu verdanken: er unterstützte und führte die langen Bestrebungen
der Nation in dieser Sache ihrem endlichen Sieg entgegen. In jenen
Zeiträumen, als das österreichische Reichsministerium, seinen willkürherrschaftlichen Neigungen folgend, kräftigere Angriffe auf unsere
Verfassung unternahm und die Principien und Formen der unbeschränkten Reichsregierung dem constitutionellen Leben einzuimpfen
und dieses selbst nach und nach zu ersticken sich zum Ziel gesteckt
hatte, war er, der Palatin der Nation und seinem Amt nach der
Wächter der Verfassung und Gesetze, durch seine wirksame Intervention bei Hofe, wo er deswegen lange Zeit in keiner besondern
Gunst stand, mit seinem Rath, seiner Führung auf seiten der Nation
stehend, treulich bestrebt, die Gefahr abzuwenden, die constitutionellen
Rechte zu retten. Als die Nation von religiösen Streitigkeiten in
Parteien zerrissen wurde, deren Leidenschaftlichkeit das Vaterland

mit unabsehbaren Wirren bedrohte, brachte zumeist sein versöhnlicher 1847. Geist, sein weises und energisches Dazwischentreten den friedlichen Ausgleich der Streitigkeiten zu Stande. Er fühlte warm für dieses Vaterland, dem er die Tage seines langen thätigen Lebens weihte, dessen Freuden und Schmerzen er von seiner Jugend an ein halbes Jahrhundert hindurch theilte, an dessen Entwickelung er treu und unermüdet thätig war. Die nationale Industrie, Wissenschaft, materielle, geistige und moralische Entwickelung fand in ihm gleichmässig ihren Pfleger und Beförderer. Die ungarische Nationalakademie verehrte in ihm ihren ersten Protector und einen ihrer Gründer. Das Ludovicäum und in noch höherm Grade das pesther Nationalmuseum hatte seinen Bestand vorzüglich seinem Eifer zu verdanken. Es gab kaum irgendein nationales Institut, in welchem er nicht die Spur, das Andenken seiner Unterstützung hinterlassen hätte. Die Vergrösserung und Verschönerung Pesths, dessen Erhebung zu einer blühenden europäischen Stadt, war einer der Lieblingsgegenstände seiner Thätigkeit. Mit Einem Wort, in dieser denkwürdigen Epoche, in welcher der Same des nationalen Erblühens gestreut, die [ersten Keime und Knospen desselben zur Entwickelung gebracht wurden, in welcher die Grundlage des sehnlich herbeigewünschten nationalen Wohlstandes, der nationalen Grösse gelegt wurde, war er, an der Spitze der Nation stehend, als deren treuer Freund, stets bereitwillig, eifrig und unermüdlich bemüht, mit Rath und That zu helfen, den Fortschritt zu befördern.

Aber nicht nur als erster Beamter und Regierungsmann, sondern auch als Mensch verdiente er die Achtung aller. Seinen scharfen Verstand, seine schnelle Auffassung, seinen klaren Vortrag der verwickeltsten Fragen, die präcise Sammlung und pünktliche Wiederholung der in mancher Frage nach unzähligen Richtungen auseinandergehenden Meinungen bewunderte das Reichstagspublikum, unzähligemal an ihm. In reinerm und classischerm Latein als er sprach niemand. Er wurde für einen der ausgezeichnetsten oder vielleicht ersten Kenner der Gesetze und Rechtsgelehrten im Lande gehalten. Das bleibende Zeugniss seiner Natur- und Landwirthschaftskenntniss ist Alcsúth, sein Lieblingsaufenthalt im Sommer, welches er aus einer öden Sandwüste in einen blühenden Garten und eine Musterwirthschaft umzauberte. Seine Lebensweise, seine Gewohnheiten waren die einfachsten, jedem Glanz, aller Prachtliebe fremd, mehr bürgerlich als fürstlich, für das Familienleben eingenommen. Zerstreuung suchte er in seinen thätigen Tagen am liebsten im Kreise seiner Familie, in den Wissenschaften, vorzüglich in naturgeschichtlicher und Reiselektüre, in der Botanik und Gärtnerei und in andern Zweigen der Landwirthschaft.

Die hervorstechendsten Züge seines Charakters waren Gerechtig-

1847. keitsgefühl und Menschenliebe, Ausdauer und Geduld, Zartsinn und Duldsamkeit. Niemals erweckte er in denen, mit welchen er zu thun hatte, unerfüllbare Hoffnungen, und man kann im allgemeinen sagen, dass er mehr that, als er versprochen hatte. Er äusserte eine ausserordentliche Freude, wenn es ihm gelang, Hindernisse hinwegzuräumen und den schon halb Hoffnungslosen mit der Durchführung seiner Wünsche zu überraschen. Den Bauer, den Ungebildeten, wenn dessen Bitte unerfüllbar war, bestrebte er sich mit grosser Geduld aufzuklären und von der Unmöglichkeit zu überzeugen; und diese Verständigung blieb selten ohne Erfolg, sodass nicht wenige Bittsteller nach der Audienz sagten: dass ihrer Bitte zwar keine Gewährung geworden sei, aber sie es nun wenigstens wüssten, warum dies nicht geschah, und sie sich damit beruhigen. Wenn dagegen ein in höherer Bildung und Stellung Stehender eine Bitte vortrug, welche nicht erfüllt werden konnte, schwieg er gewöhnlich in solchen Fällen, und jene rechtswissenschaftliche Regel: „wer schweigt, scheint einverstanden zu sein", hatte bei ihm keine Geltung; ja im Gegentheil, man musste sein Schweigen für ein Zeichen der Versagung ansehen. Dieses Schweigen stammte aus zarter Gesinnung: er wollte nicht den Bittsteller durch directe, offene Versagung betrüben. Dabei wandte er indessen das Gespräch mit sehr geschicktem Takt in der Regel auf einen solchen Gegenstand, wo er dem schweigend abgefertigten Bittsteller irgendeine erfüllbare Bitte auf die Lippen legen oder demselben irgendetwas Angenehmes sagen oder thun konnte. Ausserdem galt noch das Schweigen bei ihm als sicheres Zeichen des Schmerzes und der Trauer. Es kam nicht vor, dass er jemand schnell liebgewann; sympathische Neigungen legte er beim ersten Zusammentreffen nie an den Tag; wen er aber einmal liebgewonnen hatte, der konnte seine Gnade nicht so leicht mehr verlieren.

In den letzten Jahren seines Lebens, als sein hohes Alter und seine schwächlicher werdende Gesundheit die Sorge um seinen Nachfolger immer nothwendiger machte, schien die Regierung eine solche Absicht zu nähren, dass bei der künftigen Palatinswahl die Mitglieder der königlichen Familie übergangen werden sollten. Ein Erzherzog-Palatin setzte kraft seiner hohen Stellung der wiener Regierung viel grössere Schranken, wenn er ihre Meinung nicht theilte, als irgendeine andere Persönlichkeit. Ausserdem schien auch der Umstand von grosser Wichtigkeit zu sein, dass, wennschon der Hof einen Erzherzog zu wählen erlaubt, das Vertrauen der Nation keinen andern als den Sohn Joseph's, den Erzherzog Stephan, den Liebling der Nation, besonders seit der pesther Ueberschwemmung, wo er sich durch seine Energie und hülfbereite Menschlichkeit so sehr ausgezeichnet hatte, zu dieser hohen Würde erheben werde. Nun aber brachte Stephan, welcher seinem Charakter nach auf Popularität viel hielt,

bei mehrern Gelegenheiten eine solche Freisinnigkeit zur Aeusserung, 1847.
dass es keineswegs nach dem Geschmack des wiener Ministeriums
sein konnte, ihn die erste Würde des Landes einnehmen zu sehen.
Endlich wurde auch noch in Betracht genommen, dass, wenn das
Palatinat in der Familie Joseph's mehrere Generationen vom Vater
auf den Sohn kommen würde, dieser Zweig, fortwährend im Schose
der Nation wohnend, sich mit derselben im Gefühl, in der Richtung
und Bestrebung immer inniger vereinigen würde; woraus zufolge
seiner erzherzoglichen Stellung sich für das Reichsministerium, ja,
unter gewissen Umständen auch für den Hof selbst, zahlreiche Unannehmlichkeiten entwickeln könnten. Es war demnach das Gerücht
verbreitet, dass der Hof nach dem Tode des Palatins Joseph nicht
geneigt sei, die Wahl seines Sohnes Stephan zuzugeben. Hierauf
schien auch zu deuten, dass man den Erzherzog schon vor einigen
Jahren aus dem Lande, wo er mit einigen jüngern ungarischen Magnaten eine vertrautere Freundschaft einzugehen begann, entfernt und
zum Gouverneur von Böhmen ernannt hatte. Wieviel indessen auch
von diesen Gerüchten wahr sein mochte, einer der letzten Wünsche
Joseph's war, seinem Sohn die Palatinwürde zu sichern. Er conferirte
deshalb mit seinem Bruder, dem Erzherzog Karl, als dieser ihn an
seinem Todtenbett besuchte. Und man sagt, dass dessen Versprechen
und spätere Vermittelung ihn zur Erfüllung seines Wunsches geführt hätte.

Aber wie immer es auch sein mag, soviel ist sicher, dass schon Die Ernen-
unterm 15. Jan. ein königliches Rescript an den Statthaltereirath nung des
und das oberste Gericht herabgelangte, womit König Ferdinand, „um Stephan
den schweren Verlust auf die passendste und seinen königlichen und zum königlichen Statt-
väterlichen Absichten am schnellsten entsprechende Art zu ersetzen ... halter.
bis dahin, da die Palatinswahl auf dem nächsten Reichstag erfolgen
werde, Se. k. k. Hoheit den Erzherzog Stephan, der nicht nur der
Sohn des unvergesslichen Verblichenen, sondern, nach dem schon an
den Tag gelegten herrlichen Charakter seines Geistes und Herzens
urtheilend, auch der würdige Erbe der Tugenden seines ewig denkwürdigen Vaters ist, zum königlichen Statthalter in Ungarn und Präsidenten der Septemviraltafel ernennt".

Diese Ernennung stellte, wie die im ganzen 'Lande offenbarte
Freude und Befriedigung bezeugte, die Wünsche der Nation vollkommen zufrieden. Erzherzog Stephan war, seiner vollständig ungarischen Erziehung, seines gefälligen Betragens, seiner für Vaterland
und Nation vielmal an den Tag gelegten Sympathie und Anhänglichkeit wegen, von seiner ersten Jugend an der Liebling der Nation.
Und jetzt erweckten die Sympathie und das allgemeine Vertrauen
gegen seine zur That fähige junge Kraft jene Hoffnung in der Nation,
dass nach dem langen schweren Kampfe durch seine Mitwirkung und

Führung die grosse Arbeit der Reform, der Umgestaltung endlich
einmal glücklich vor sich gehen werde.

Erzherzog Stephan besass mehrere solche Eigenschaften, welche
diese Hoffnung vollständig zu rechtfertigen schienen. Er, der die
Luft dieses Landes zuerst einathmete, der die Sprache dieses Landes
von der ersten Jugendzeit an, in welcher zu Alcsúth die Söhne armer
Landleute und Wirthschaftsbeamten seine Gespielen waren, vollkommen sprach; den an dieses Land die Gräber seines Vaters und seiner
Mutter und liebe Andenken seiner Jugend banden: er liebte dieses
Vaterland und liebte es auch, sich, dem Zug seines Herzens folgend,
mehr als Sohn und Bürger dieses Landes wie als Mitglied des Herrscherhauses, welches er in seiner Jugend wenig gesehen hatte, zu betrachten und auch von andern betrachten zu lassen. Die gute Absicht
und der Wille, seinem Vaterland in seiner hohen Stellung nützlich
zu dienen, dasselbe glücklich zu machen, fehlte daher in ihm nicht.
In einem Schreiben, womit er nach der Bestattung der Asche seines
Vaters auf die Beileidsadresse der königlichen Tafel antwortete,
äussert er sich selbst folgendermassen: „Uns verblieb es zur herrlichen Aufgabe, jenes Werk weiter auszubauen, an welchem er thätig
war; und ich hege den Glauben, dass, wenn mich die Vorsehung mit
soviel Kraft segnen wird, als eifriger Wille in mir lebt . . . der
Geist des Verewigten voll Befriedigung über uns schweben wird.“
Seine Liebe der Popularität — nach welcher er sich in seinem Vaterland sehnte, welche er, seitdem er das Jünglingsalter erreicht hatte
und öffentlich und in Gesellschaftskreisen, bei Festlichkeiten, Unterhaltungen zu erscheinen pflegte, durch ein ungezwungenes, von allem
Hochmuth und Stolz freies, freundliches und freundschaftliches Betragen zu suchen (wo es aber der That bedurfte, durch Energie
und Eifer, wie z. B. bei Gelegenheit der Ueberschwemmung zu
Pesth) zu verdienen sich bestrebte — legte schon frühzeitig ein thaten-
durstiges Gemüth und das Gefühl des eigenen Werths in seinem
Charakter an den Tag. Seine Erziehung im Vaterland, welche ihm
Gelegenheit bot, sich mit den Gebräuchen, Sitten und Bestrebungen
der Nation vollkommen bekannt zu machen, mit denselben die Entwickelung und Richtung seines eigenen Geistes zu identificiren, erleichterte ihm die grosse Rolle, welche seiner in der Würde des
Palatins an der Spitze der Nation harrte. Da sein Geist mit einer
lebhaften leichten Auffassung begabt war, so hatte er an der Seite
des weisen Vaters, der die Erziehung seiner Kinder selbst leitete,
mit dem erwachsenen Jüngling aber viel conversirte, soviel Gelegenheit und Anlass in Kenntnissen, in der Weltansicht, in der praktischen Auffassung des Lebens, insbesondere in der Orientirung hinsichtlich der seiner harrenden grossartigen Laufbahn, mit Einem
Wort in alledem, dessen er infolge seiner hohen Stellung bedurfte,

was ihm in Bezug auf sein Verhalten, seine Richtung, seine Principien, 1847.
sein Verfahren in dieser Stellung zum Wegweiser, zur Richtschnur
dienen konnte, sich zu bereichern, zuzunehmen und zu befestigen,
dass das in ihn gesetzte Vertrauen, die sich ihm zuwendende allgemeine Liebe und die auf beide gegründete Hoffnung als vollständig
berechtigt zu betrachten war. Welche Richtung der im Privatleben
liebenswürdige Charakter des jungen Mannes im öffentlichen Leben
genommen, wozu er sich entwickelt hatte, wie die durch ihn erweckte
allgemeine Erwartung in Erfüllung ging, zeigte die nächste Zukunft.
Die Stürme dieser nahen Zukunft unterwarfen den Charakter des
hoffnungsvollen jungen Erzherzogs und dessen ganze Individualität
einer harten Probe. Die Probe war eine unverhältnissmässig schwere;
und wenn sich in dieser sturmvollen Zukunft die Nation nach der
Einsicht, Weisheit, dem durch lange Erfahrung erworbenen Takt,
der Energie und dem Ansehen des Dahingeschiedenen seufzend zurück-
sehnte: so ist dies nicht so sehr dem jungen Manne, der vom besten
Willen erfüllt war, aber noch keine, durch staatsmännische Erfahrung
und Gewohnheit des Regierens in kleinern und leichtern Kämpfen
gekräftigte Festigkeit erlangt haben konnte, als vielmehr der schweren
Wucht der Zeit und den aussergewöhnlichen Verwickelungen der Lage
beizumessen.

Der Erzherzog, der noch theils von den prager Regierungs- Die Rund-
geschäften, theils in Wien von den Conferenzen über seine neue Stel- reise des
lung in Anspruch genommen war, kehrte erst Ende August in das Erzherzogs.
Land zurück und nahm seinen Sitz als königlicher Statthalter und
Präsident des Dicasteriums ein. Bei seiner Ankunft und während
seines kurzen Verweilens in der Hauptstadt äusserte sich unbegrenzte
Freude und Begeisterung gegen seine Person. Nach einigen Tagen
begab er sich auf eine Rundreise, welche er mit der Eröffnung der
Pesth-Szolnoker Eisenbahn begann. Den Umkreis dieser Rundreise
bezeichneten Kaschau, Nagy-Lónya, Nagy-Károly, Debreczin, Arad,
Temesvár, Maria-Theresiopel, Fünfkirchen, Essegg, Pankraz, Karlstadt, Fiume, Agram, Warasdin, Keszthely, Steinamanger, Eisenstadt,
Raab, Neutra, Trencsin, Rosenberg, Neusohl, Schemnitz und Balassa-
Gyarmat. Seine Reise war ein fortwährender Trimphzug; die Begeisterung des Volks kannte überall gleichmässig keine Grenzen,
kein Mass. Von den Karpaten bis zur Adria, von Siebenbürgen bis
an die Leitha wurde der Lärm der Freude laut. Diese Ausbrüche
der Liebe und Begeisterung erhöhten noch, wenn möglich, die vom
Erzherzog beinahe auf jeder Station, bei Gelegenheit eines jeden Gast-
mahls und Empfangs gesprochenen Worte, welche mehr oder minder
aus den Variationen jenes Vörösmarty entlehnten und in Arad gesprochenen Verses: „Addig éljek, mig honomnak élek!" (Ich möge
so lange leben, als ich der Heimat leb'!) bestanden. Dagegen cha-

rakterisirt seine Bescheidenheit seine den ihn in Presburg empfangenden Deputationen gemachte Aeusserung. „Ich freute mich im voraus", sagte er, „dass ich in dieses Comitat, an den Ort kommen kann, wo mein verewigter Vater während funfzig Jahren elf Reichstage erlebte und ich selbst in jeder Hinsicht glückliche Tage zubrachte. Auf der Laufbahn, welche ich betrat, bin ich nur erst Anfänger, und ich bitte Sie, meine Herren, dass sie in mir den Anfänger vergessen und in mir nur den Sohn des verdienstvollen Vaters erblicken mögen." In Komorn traf, als er über die Brücke einzog, die Menge der Zuschauenden ein grosses Unglück. Die von der Insel in die Stadt führende, auf Pfählen ruhende zweite Brücke für Fussgänger brach unter der ungeheuern Menge des Volks in einer Länge von etwa acht Klaftern ein, und fanden trotz der sofortigen Hülfe neunundsiebzig Zuschauer in den Wellen ihr Grab.

Es ist vielleicht der Jugend des Erzherzogs und der vom Volk auch auf ihn übergegangenen Begeisterung zu verzeihen, dass er an manchen Orten ein wenig zu offen und nicht immer auf die geeignete Art die Popularität zu suchen schien; in seiner Haltung fehlte es mehr als einmal an jener freundlichen, gemüthlichen, aber dabei ernsten Würde, welche ihm am besten geziemt haben würde. Uebrigens diente die im Flug gemachte Rundreise mehr dazu, um sich der Nation persönlich vorzustellen, als um sich mit dem Vaterland und dessen Bedürfnissen ausführlich bekannt zu machen.

Nach Ofen zurückgekehrt, hielt er im pesther Comitat am 16. Oct. seine Installation als Obergespan ab. Denkwürdig ist bei dieser Feierlichkeit, dass dabei Erzherzog Franz Joseph, der Neffe Stephan's und später Kaiser von Oesterreich, das installirende Amt eines königlichen Commissars versah. Da der junge Erzherzog die ungarische Sprache sehr rein sprach, riss seine Inaugurationsrede das Publikum zu grosser Begeisterung hin. —

Die Fortsetzung des Kampfes zwischen den zwei grossen Parteien. Die Ernennung des durch seine nationalen Gefühle und freisinnigen Neigungen bekannten Erzherzogs Stephan zum königlichen Statthalter, infolge dessen auch seine Wahl zum Palatin sicher geworden war, erweckte die Opposition hinsichtlich des endlichen Siegs zu neuer Hoffnung, zu neuem Vertrauen. Denn was immer auch Gegenstand und Resultat jener Conferenzen gewesen sein mochte, welche Stephan nach seiner Ernennung zum Statthalter von Ungarn in Wien mit den Männern der Regierung lange Zeit abhielt: lieb in der öffentlichen Meinung der Glaube daran, dass Stephan schon zufolge seiner Liebe zur Volksthümlichkeit den freisinnigen Reformen geneigt sei und dieselbe seiner Stellung gemäss durch wirkungsvolle Vermittelung befördern werde, der oppositionellen Richtung, den nationalen Bestrebungen neue Stütze und Kraft.

Die Oppositionspartei hatte aber auch schon in der That diese

Stütze, diese Kraftquelle nöthig. Sowol die Regierung selbst als auch jene grosse Fraction der conservativen Partei, welche sich mit der Regierung enger verband, entwickelte um so mehr Energie und Thätigkeit, je mehr der Reichstag herannahte. Sie setzten alles Mögliche in Bewegung, um sich den Sieg zu sichern, und hinsichtlich der Opposition begann sich in manchen Comitaten der Stand der Angelegenheiten in drohendem Lichte zu zeigen.

Der Hofkanzler Apponyi, der das vorgesteckte Ziel, welches kein geringeres war, als der Regierung in den Comitaten einen überwiegenden Einfluss und infolge dessen auf dem Reichstag eine sichere Majorität zu verschaffen, durch eine glückliche Durchführung der Administratorenfrage zu erreichen hoffte, liess sich in seiner begonnenen Richtung durch den energischen Widerstand mancher Comitate nicht nur nicht abschrecken, sondern er bestrebte sich vielmehr, vom scheinbar wachsenden Erfolg ermuthigt, den Widerstand ebendieser Comitate mit der ihm zur Verfügung stehenden Regierungsgewalt zu brechen. Er schien gleichsam die Gelegenheit zu suchen, um mit diesen Comitaten anzubinden. Diese Gelegenheit wählte er indessen nicht immer richtig, was sodann anstatt des Sieges manchmal Selbstschwächung zum Erfolg hatte.

So geschah es z. B. im pesther Comitat, wo ein Wechselbetrugsfall zur Verhandlung kam, dass das Comitat den auch schon vorweg mit einem schweren Verdacht beladenen Angeklagten festnehmen liess. Der Angeklagte erwirkte in Wien durch seine Freunde eine Präsidialverordnung, welcher gemäss das Comitat angewiesen wurde, denselben auf freien Fuss zu stellen. Dieser Schritt der Hofkanzlei war ein Fehler. Der Angeklagte war, wie es auch das Resultat des richterlichen Verfahrens bezeugte, dieser Protection keineswegs würdig. Das Comitat war daher, sich auf seine richterliche Unabhängigkeit berufend, um so weniger geneigt, die Verordnung auszuführen, als das Festhalten des Geklagten während des Processes auch die Umstände nothwendig zu machen schienen; übrigens aber die stets häufiger werdenden Wechselfälschungen, besonders im Centralpunkt, ein strenges Vorgehen erforderten. Der Conflict wurde dadurch erschwert, dass später der Obergespans-Stellvertreter besonders betraut wurde, eine Untersuchung anzustellen: ob gegen den Angeklagten auch mehrere andere Processe angestrengt seien als der, wegen welchem seine Gefangennahme stattgefunden habe, und wenn nicht, dass er die Verordnung vollziehen möge.

Die Stände des Comitats muthmassten aus dieser ungewöhnlichen Betrauung, dass die Regierung nach dem Princip des Administratorensystems den Obergespans-Stellvertreter auch in diesem Fall über das Comitat zu stellen oder gar ein beständiges System königlicher Commissare einzuführen beabsichtige; es erklärte daher, dass das

Comitat zur Superrevision seines gerichtlichen und sonstigen Vorgehens, zufolge seiner gesetzlichen Rechte und behördlichen Würde, keinen einzelnen Menschen zulassen könne. Die Hofkanzlei zog sich endlich aus der unangenehmen Verlegenheit dadurch heraus, dass sie den Vicegespanen, weil diese, selbst aufgefordert, in der Angelegenheit der Festnehmung des Angeklagten keine gehörige Aufklärung gaben, einen Verweis ertheilte; übrigens aber ordnete sie an, dass der Process den Obergerichten vorgelegt werde.

Das Präsidium der Administratoren in den Gerichtsstühlen.
Sowol hinsichtlich der Wichtigkeit des Gegenstandes als auch in Bezug darauf, dass es zu einer sämmtliche Behörden betreffenden Norm gemacht wurde, entstand ein weitaus schwererer Conflict zwischen zahlreichen Comitaten und der Regierung aus dem gerichtlichen Vorsitz der Obergespans-Stellvertreter. Eins der wesentlichsten Rechte, eine besondere Eigenschaft der Comitatsgerichte war, dass wie die Richter, so auch der Präsident von der Gemeinschaft des Comitats jährlich frei gewählt wurden. Da die Regierung jetzt ihren Einfluss auch auf diese Gerichte ausdehnen wollte, ertheilte sie den Administratoren die Weisung, das Präsidium auch auf denselben, wie in den politischen und administrativen Versammlungen zu übernehmen. Die Stände indessen wünschten die Unabhängigkeit des Gerichtshofs zu bewahren und wiesen in zahlreichen Comitaten, da die gegen diese Bestrebungen der Regierung unterbreiteten Adressen nicht zum Ziel führten, als sie die zur jährlichen Function bestimmten Richter und das Präsidium wählten, dieselben an, dass sie, wenn der Administrator, der höhern Instruction gemäss, dem Gericht trotzdem zu präsidiren wünschen sollte, sich sofort entfernend den Gerichtshof auflösen möchten.

Nach einem solchen Beschluss wünschten die Administratoren in mehrern Comitaten nicht dem Gerichtshof zu präsidiren und vermieden die unangenehme Reibung mit den Ständen, aus welcher sie nur ein Sinken des Ansehens der Regierung folgen sahen; andere jedoch wollten die Sache ihrer Instruction gemäss forciren und nahmen den Präsidentensitz trotzdem ein, infolge dessen sodann dem Comitatsbeschluss nach auch die Gerichtsbeisitzer an mehrern Orten auseinandergingen. In den meisten Fällen hob der Statthaltereirath, ehe die Sache zu einem Conflict kam, den Comitatsbeschluss auf. Allein diese Regierungsmassregel verhinderte den Conflict keineswegs überall; denn es gab zahlreiche Comitate, die gegen diese Verfügung des Statthaltereiraths eine Adresse an den König richteten und die Gültigkeit ihres Beschlusses auch fernerhin aufrecht hielten.

Ein solcher Fall ereignete sich unter anderm im szabolcser Comitat, an welches sodann von der Hofkanzlei ein sehr hart lautendes königliches Rescript herabgelangte. Der König „verdammte dieses Wagniss strenge und befahl kraft seines allerhöchsten königlichen

Ansehens, dass sie seiner im Wege der Hofkanzlei ertheilten frühern 1847. Verordnung sofort gehorchen mögen, damit er nicht genöthigt werde, andere Maassregeln zu ergreifen". Szabolcs und auch mehrere andere Comitate antworteten sodann auf solche königliche Rescripte in der Regel in dem Sinn, dass, indem das Präsidium der Administratoren ihrer Ueberzeugung nach gegen die von der richterlichen Unabhängigkeit handelnden Gesetze verstosse, die Erklärung der Gesetze aber der Gesetzgebung zukomme: sie den König bäten, auch diesen Gegenstand dem künftigen Reichstag vorzulegen, bis dahin aber den bisherigen gesetzlichen Gebrauch zu belassen. Uebereinstimmend mit dem szabolcser war auch das Vorgehen Zalas und anderer Comitate.

Im pesther Comitat vermied der Administrator die Reibung und nahm auch das Präsidium beim Gerichtsstuhl nicht in Anspruch; dieses Comitat nahm indessen infolge der Solidarität des Princips auch Antheil an diesem Conflict dadurch, dass es sich den Beschluss des szabolcser Comitats zu eigen machte und sein Vorgehen unterstützte. Der Statthaltereirath hob auch diesen pesther Beschluss auf; und bald misbilligte denselben ein königliches Rescript an die Comitatsstände. Diese indessen behaupteten um so mehr, dass Recht und Gesetz auf ihrer Seite sei, als auch der verewigte Palatin im Jahre 1837 einen ähnlichen Beschluss des Comitats bestätigt hatte; demzufolge sie ihren Gerichtsbeisitzern gleichfalls untersagten, unter dem Präsidium des Administrators eine Gerichtssitzung abzuhalten, wenn derselbe dies etwa versuchen sollte, und wünschten, die Frage in ähnlicher Weise der Erklärung und Entscheidung des Reichstags aufzubewahren. Dieser Streit zwischen der Regierung und den Comitaten zog sich sodann bis zum Reichstag hinaus, und der Gegenstand desselben ging dort in der allgemeinen Frage des Administratorensystems selbst auf.

Während die Regierung selbst in dieser Weise bestrebt war, ihr System, ihre Principien durchzuführen, entwickelte auch die mit ihr enger verbundene Fraction der conservativen Partei eine bisher ungewohnte Thätigkeit zur Erkämpfung des Siegs. Sie vereinigte ihre Hauptbestrebung darin, um einerseits in ihrem eigenen Schose Einheit, enges Zusammenhalten, gehörige Organisirung und Disciplin zu schaffen, und andererseits vor dem Publikum mit einem solchen Programm aufzutreten, welches im Stande sein sollte, Popularität zu erlangen und auch den gemässigtern, kältern Theil der Opposition zu gewinnen. Zu diesem Zweck hielten sie schon im verflossenen Jahre mehrere Berathungen ab, welche sie, damit an denselben möglichst viele Mitglieder aus den verschiedenen Theilen des Landes theilnehmen könnten, auf die Zeit der pesther Jahrmärkte bestimmten. Die Wortführer in diesen Berathungen waren hauptsächlich Graf Anton Széchen, Baron Nikolaus Vay, Graf Emil Dessewffy, Georg

Die Bestrebungen und Versammlungen der conservativen Partei.

25 *

1847. **Majláth der Jüngere und Paul Somsich.** Die Zusammenkünfte wurden grösstentheils in den Salons des Tavernicus Grafen Gabriel Keglevich abgehalten, der auch in der Regel den Präsidentensitz einnahm. Das Resultat einer solchen sich noch auf einen kleinern Kreis ausdehnenden Zusammenkunft und Conferenz wurde es, dass einige Mitglieder der Versammlung beauftragt wurden, zur engern Vereinigung der Partei und wegen anderer schon berührter Zwecke, insbesondere für diejenigen, die nicht an allen kleinern Versammlungen theilnehmen und demnach von den Entwickelungen der Parteiangelegenheiten nicht unterrichtet sein können, in einem ausgedehntern und motivirten Programm die massgebenden Principien der neuen conservativen Partei zu entwickeln, welche sodann in einer am 12. Nov. 1846 abzuhaltenden grössern Versammlung vorgetragen und festgestellt werden sollten.

In dieser Versammlung entwickelte vor etwa hundertundzwanzig Mitgliedern dieser Partei der damit betraute Graf Anton Széchen das Programm der neuen conservativen Partei in folgender Rede:

Graf Anton Széchen's Programmrede. „Zu Ende des zuletzt verflossenen Reichstags waren jene unserer Principiengenossen, die an demselben entweder persönlich theilnahmen oder dessen Functionen in den Comitatssälen und auf dem Felde des öffentlichen Lebens beförderten, oder endlich den Kämpfen der conservativen Partei voll Sympathie folgten, überzeugt, dass der Schluss des Reichstags die constitutionelle Thätigkeit nicht aufheben, nicht suspendiren könne, wenn wir die geistigen Resultate des reichstäglichen Ideenaustausches nicht gefährden wollten. Diese Ueberzeugung diente bald kleinern, bald grössern Versammlungen als Beweggrund, deren eine es uns zur Aufgabe gemacht hat, hinsichtlich der von der conservativen Partei zu befolgenden Principien und Art des Vorgehens dieser gegenwärtigen Versammlung ein Gutachten vorzulegen. Dieses Gutachten wird der Versammlung sogleich unterbreitet werden. Da jedoch ein solches Gutachten der Natur der Sache nach die Principien nur in ihren Hauptzügen in sich enthalten kann, da es mehr die Resultate als unsere Beweggründe zum Vortrage zu bringen vermag, wurde ich, um jedem Missverständniss auszuweichen, damit betraut, dieselben vor der Versammlung zu entwickeln. . . .

„Die erwähnten Principiengenossen gingen von dem Grundprincip aus, dass ein solches Land, welches die Entwickelung des constitutionellen Lebens wünscht und dessen Wohlthaten geniesst, die Bedingungen des Constitutionalismus nicht entbehren, dessen naturgemässe Folgen nicht ablengnen kann; und deshalb, indem er zufolge der Verschiedenheit der Meinungen die Verbindung derjenigen, die Einer Ansicht sind, für ebenso natürlich wie nothwendig ansehe, glaube er vor allem anrathen zu sollen, dass die zu einer und derselben Meinungsschattirung gehörenden Individuen zu einer Partei zu-

sammentreten mögen; zu einer Partei, welche, festgestellten Tenden- 1847.
zen und Principien folgend, dieselben nicht verleugne, nicht verheim-
liche, sondern auf dem Felde der Oeffentlichkeit richtig bekenne,
offen verkünde und männlich vertheidige und aufrecht erhalte.

„Es ist nicht meine Absicht, die ganze Geschichte unserer legislativen Institutionen, unserer reichstäglichen Wirksamkeit vorzutragen; auch nur ein flüchtiger Ueberblick dieses hochwichtigen Gegenstandes würde eine ungebührlich grosse Zeit in Anspruch nehmen.
Nur soviel erachte ich bemerken zu müssen, dass der Charakter der
ältern Reichstage von der Richtung der neuern gänzlich verschieden
war. Noch in den ersten Reichstagen dieses Jahrhunderts drehte sich
der grösste Theil der Debatten um die Erklärung der bestehenden
Gesetze; und obgleich auch in diesen Debatten der Einfluss der verschiedenen politischen Richtungen nothwendigerweise zu bemerken
war, so konnte doch auf jenem zwischen bestimmte Grenzen einge-
schränkten, bestimmt bezeichneten Terrain die Abzweigung der Meinungen keine so bedeutende, so fortwährende, so consequente sein
wie gegenwärtig. Den Sinn der bestehenden Gesetze können oft
auch die einer politischen Richtung Angehörigen auf verschiedene Art
deuten; aber in dem Augenblick, wo diese Deutung nicht mehr aus
dem Sinne des einzelnen Gesetzes, nicht aus den Sätzen des vaterländischen Staatsrechts allein geschöpft wird, sondern am Leitfaden
allgemeiner politischer Principien geschieht; wenn nicht so sehr von
der Richtung der bestehenden Gesetze, sondern und zwar hauptsächlich schon von der Begründung neuer gesetzlicher Institutionen die
Rede ist: muss die allgemeine politische Richtung nothwendigerweise
Einfluss und zwar verschiedenen Einfluss ausüben.

„Die Verschiedenheit der Tendenzen bringt das Auseinandergehen
der Meinungsschattirungen hervor, die consequent aufrecht erhaltene
und ausgebildete Abzweigung derselben den Gegensatz der Parteien.
Und obschon auch gegenwärtig oft die Gefährdung der constitutionellen Rechte erwähnt wird, wird es wol jemand selbst in den Reihen
der Opposition geben, der es in Abrede stellen würde, dass zahlreiche
constitutionelle Rechte, welche mindestens den Gegenstand von Debatten bildeten, jetzt von der Regierung und dem Lande gleichmässig
anerkannt werden und als angenommen zu betrachten sind? Bezüglich dieser gilt daher nicht mehr die Frage: wie sie zu erkämpfen
seien; sondern die: wie man sie gebrauchen müsse, damit sie zum
Besten des Vaterlandes dienen und wir in den Resultaten ihrer heilsamen Ausübung stets neue Garantien finden mögen.

„Und da von Schaffung neuer Gesetze, nicht allein von negati-
ver Vertheidigung, sondern von thatsächlichen Einrichtungen die Rede
ist: so hielt es das Comité für nothwendig, alle die Frage des Regierens mit der Majorität betreffenden theoretischen Ansichten, all-

1847. gemeine Principien oder deren auf die Verhältnisse unsers Vaterlandes nicht anzuwendenden complicirten Details beiseite lassend, die Sache praktisch aufzufassen und einfach auszusprechen, dass, wenn wir sicher, erfolgreich und ohne Zeitverlust hinsichtlich unserer Einrichtungen vorwärts schreiten wollen, es nothwendig sei, dass dieselben auf dem Felde des öffentlichen Lebens von der Majorität unterstützt werden und wir, nachdem die Majorität unser, auf diese Weise zur Durchführung dessen, was wir für heilsam erachten, das einfachste und wirksamste Mittel gebrauchen mögen.

„Infolge dessen erwähnt das Comité die Stellung unserer Partei der Opposition gegenüber und verkündigt derselben, offen gesagt, gleichsam den Krieg. Ich erkläre jedoch hier vor allem zur Verhinderung von Missverständnissen ausdrücklich, dass dieser Krieg nicht den Individuen der Opposition, nicht den Personen, sondern einzig und allein jenem Vorgehen, jenen Principien verkündigt wird, welche wir für schädlich und gefährlich ansehen.

„Constatiren wir einigermassen die Lage. Ich werde meinerseits die Opposition nicht verdächtigen; und zwar nicht deshalb, weil eine solche Verdächtigung sich weder mit dem Charakter der geehrten Versammlung, zu welcher ich spreche, noch mit dem jenes Comité verträgt, in dessen Namen ich spreche; sondern auch deshalb nicht, weil ich, dessen Gewohnheit es selbst dort nicht ist, die Opposition zu verdächtigen, wo ich den Individuen derselben gegenüberstehe, mich um so weniger dort zu Verdächtigungen aufgefordert fühle, wo ich, im Kreise verehrter Principiengenossen sprechend, einzig und allein den wohlfeilen Ruhm des wohlfeilen Muthes, Abwesende anzugreifen, geniessen könnte.

„Eine politische Behauptung, die wir unzähligemal wiederholen hören, hält dafür, dass ein constitutionelles Land ohne Opposition nicht bestehen könne. Dies kann ohne Zweifel nicht die Bedeutung haben, dass das constitutionelle Land jenes traurige Privilegium besitzen müsse, dass darin dem Guten und Schlimmen, dem Heilsamen und Schädlichen gleichmässig opponirt werde; sondern es ist einzig die Erkenntniss jener Thatsache, dass in einem solchen Lande, wo die gesetzlichen Institutionen nicht ausschliesslich von einer herrschenden Macht oder Einem Willen abhängen, wo Zahlreiche zur freien Aeusserung ihrer Meinungen berechtigt sind, — der Conflict der Ansichten die Ueberlegung und Abwägung der Fragen von allen Seiten mit sich bringt und die Begründung der Resultate nur nach der vollständigen Entwickelung des Ideenaustausches heilsam und möglich ist. Wenn dies aber wahr ist, dann muss es auch die Opposition anerkennen, dass die Opposition sich selbst gegenüber eine andere Opposition nothwendig hat, welche, sich ihrem Ansehen oder Willen nicht blind unterwerfend, auch für ihren Theil jene Rechte billigerweise in Anspruch nimmt, welche die Anhänger der Gegenmeinung 1847. für sich fordern.

„Bei einem solchen Gegensatze der Meinungsschattirungen ist es nothwendig, jene Punkte zu untersuchen, hinsichtlich welcher diese übereinstimmen. Allein diese suche ich zwischen der Opposition und uns nach der bisherigen Erfahrung umsonst. Sie betrachten als gesetzwidrig, was wir für gesetzlich halten; für schädlich, was wir für heilsam ansehen; sie finden im bisherigen Vorgehen der Regierung eine Verletzung der Constitution und verkündigen ihre Richtung als verfassungswidrig: wir heissen die bisherigen Schritte der Regierung gut, ziehen ihre Constitutionalität nicht in Zweifel und vertrauen ihrem Charakter; sie verdammen unsere gesammten Principien: wir halten fest an denselben; endlich wird in vielen öffentlichen Berathungen selbst die Freiheit unserer Meinung nicht geachtet.

„In einer solchen Lage der Dinge bleibt nichts anderes übrig, als jenen Gegensatz, welcher thatsächlich besteht, auch principiell anzuerkennen und mit männlichem Freimuthe zu offenbaren. Dies schliesst eine künftige mögliche Vereinigung der Individuen, ja selbst der Parteien nicht aus; sondern bedeutet nur, dass bis dahin, wo die Opposition an ihren jetzigen Principien und Tendenzen ausschliesslich festhält, diese und unsere Ueberzeugungen in directem Gegensatze stehen werden. Man kann nur dann mit heilsamem Erfolge unterhandeln, wenn die Parteien einander gegenseitig capacitiren. Solange dies nicht geschieht, sind Unterhandlungen ohne Verständigung eine Schwäche. Bei einem solchen Stande der Sachen kann kein anderes Vorgehen empfohlen werden, als dass jedermann, zur Erkämpfung seiner Ueberzeugungen alle constitutionellen, gesetzlichen und loyalen Wege gebrauchend, die Rechtfertigung seines Vorgehens auch vor den Anhängern der Gegenmeinung im Erfolge seiner Wirksamkeit finden möge.

„Es bleibt mir noch übrig, hinsichtlich der auch fernerhin beibehaltenen conservativen Benennung der Partei, deren Organisation und Principien einiges zu bemerken.

„Auch wir fühlten, dass der Name «conservativ» alles dasjenige, was die Partei zu vollbringen hat, alle ihre Tendenzen nicht genügend ausdrückt. Allein von der Ansicht ausgehend, dass nicht die Benennung den Charakter oder die Gegenstände der Parteien bestimmt; sondern dass im Gegentheil der Charakter und die Thaten der Parteien den Namen derselben erläutern, halten wir auch ferner an einer Benennung fest, welche einen europäischen Sinn hat, welche unserer Hauptrichtung entspricht, welche zu verändern oder welchen zu entsagen soviel heissen würde, als der Vergangenheit der Partei zu vergessen oder dieselbe zu verleugnen. In dieser Vergangenheit gibt es jedoch nichts, dem wir entsagen sollten, dem wir zu entsagen

1847. **wünschten.** Wir halten daher, sage ich, an einer Benennung auch fernerhin fest, welche in unserm Vaterlande bekannt ist, unter welcher viele unserer Principiengenossen auch bisher oft mit grossem Ruhme thätig waren, und in Bezug auf welche es nur von uns abhängt, sie in diesem Lande zu immer grösserm Glanze, zu stets höherer Achtung zu erheben.

„Das Comité spricht es direct aus, dass die conservative Partei die Regierung unterstützen wird. Allein wir glauben, dass sie, indem sie dies unter der sich von selbst verstehenden und ebendeshalb nie zu beseitigenden Bedingung der Gesetzlichkeit von seiten der Regierung, und unter dem ausdrücklichen Vorbehalt und der Bedingung der Identität unserer Ansichten mit dem Wirken derselben thut, die constitutionelle Unabhängigkeit der Partei nicht gefährdet.

„Ich will hier nicht die oft so sehr misverstandene Idee der Unabhängigkeit des weitern entwickeln; soviel scheint jedoch gewiss zu sein, dass es mit der weitern Entwickelung unsers constitutionellen Lebens immer mehr nothwendig werden dürfte, anstatt des so erwähnten Princips der Unabhängigkeit einfach das Princip politischer Ehrlichkeit aufzustellen; ein solches Princip, welches anstatt der sogenannten Unabhängigkeit oftmals eine ehrliche Abhängigkeit im Interesse des Vaterlandes fordern wird, nicht von äussern Rücksichten oder individuellen Privatverhältnissen, sondern von der unausweichlichen Nothwendigkeit des Einklanges der Ueberzeugungen und der Einheit der Tendenzen. Dann wird zur Wirklichkeit werden, was in jedem Verfassungsstaate so sehr nothwendig ist: entschieden begründete Stellungen und starke Ueberzeugungen.

„Und ebendeshalb, indem es unsere Ueberzeugung war, dass unser Vaterland unter den gegenwärtigen Umständen ein entschiedeneres Auftreten, eine bestimmtere Bezeichnung der Richtung von seiten der Regierung nicht entbehren kann, dass in zahlreichen Fragen der Beruf der Initiative ihr gebührt; indem wir die bisherige Richtung der Regierung für eine solche betrachten, welche direct auf das Wohl des Vaterlandes abzielt: hielten wir es für unsere Pflicht, jenes Verhältniss — welches sich zwischen der Partei und der Regierung bis zu diesem Augenblick entwickelt hat, welches, wenn, woran wir nicht zweifeln, Regierung und Partei ihrer bisherigen Richtung treu bleiben, auch fernerhin bestehen und erstarken muss — offen einzugestehen und jene Factoren, deren übereinstimmendes Wirken die unvermeidliche Bedingung des heilsamen Erfolgs bildet, einander nicht als Gegensatz gegenüberzustellen, voneinander nicht zu isoliren.

„Was die Organisation der Partei betrifft, war das Ziel ein doppeltes: nämlich einerseits die Continuität unsers Wirkens zu sichern, jedoch andererseits alles beiseitezulassen, was unserer Gestaltung einen gesellschaftlichen Charakter geben könnte. Möge unser Wirken 1847. das freie Resultat unserer sich bei jeder Gelegenheit erneuernden Berathungen und Wahlen, nicht aber auf eine solche Organisation begründet sein, welche eine ausserhalb des Einflusses der einzelnen Mitglieder stehende Parteicorporation bilden würde. Die pesther Jahrmärkte, welche ohnehin zahlreiche Principiengenossen in ihren eigenen Privatangelegenheiten nach dem Mittelpunkte des Landes zu führen pflegen, bieten genug Gelegenheit zu unsern Zusammenkünften. Alles dasjenige aber, was zwischen der einen und der andern Zusammenkunft im Interesse der öffentlichen Angelegenheiten nothwendig ist, wäre einer geringern Anzahl von Mitgliedern anzuvertrauen, die das Vertrauen der Principiengenossen bei jeder einzelnen Zusammenkunft für am tauglichsten finden würde.

„Hinsichtlich der Principien, deren das Comité Erwähnung thut, glaube ich, dass es nicht nothwendig sein werde, die Heiligkeit des Eigenthums und die Bewahrung der constitutionellen Kraft und Wirksamkeit der Regierung mit längern Deductionen zu unterstützen. Es sind dies Principien, die wir, wie ich glaube, alle unterstützen und welche, rationell aufgefasst, den vernünftigen Fortschritt nur sicherstellen können. Soll ich den mässigenden Einfluss des Besitzes erwähnen, der eine der hauptsächlichsten Garantien der Stabilität ist? Das Interesse unserer Nationalität, obwol sich unsere Sympathie für diese Angelegenheit von selbst versteht, glauben wir deshalb erwähnen zu müssen, damit es nicht den Anschein habe, als ob wir dieselbe als Privilegium der andern Partei betrachteten oder ihr als Monopol überliessen; denn diese Angelegenheit ist uns allen gleich heilig und werden wir uns in der Theilnahme für dieselbe von niemand übertreffen lassen. Unsere politische Existenz dreht sich um zwei Pole: der eine ist unsere Nationalität, unsere constitutionelle und administrative Selbständigkeit; der andere ist jene Verbindung mit der gemeinsamen Monarchie, welche Jahrhunderte vorbereitet, Jahrhunderte bekräftigt haben. Unsere Ueberzeugung ist, dass jede Einrichtung auf einer sorgfältigen Berücksichtigung dieser beiden Grundlagen basirt und nicht nur negativ geachtet, sondern auch thatsächlich gewürdigt werden müsse; dass, gleichwie die Regierung in diesem Lande auf kein Vertrauen zählen könnte, wenn sie die erste dieser Grundlagen nur als „malum necessarium" betrachten würde, auch das Land keine aufrichtige Mitwirkung von seiten der Regierung zu erwarten hätte, wenn es die zweite derselben ausser Acht setzen würde. — Die einzelnen Fragen endlich, welche aufgezählt werden, sind grösstentheils solche, welche schon Gegenstand reichstäglicher Berathungen waren; und indem sie erwähnt werden, um auch schon vorläufig einige Gegenstände der Parteiwirksamkeit zu

1845. bezeichnen, schliessen sie die Anregung anderer zeitgemässer Gegenstände nicht aus.

„. . . . Wenn diese Principien unter der Mitwirkung einzelner in immer grösserm und grösserm Kreise verbreitet werden, wenn das Resultat derselben durch den Beitritt der Regierung, welche unser Auftreten nicht ignoriren kann, gesichert sein wird: wird dieses Resultat selbst Zeugniss davon ablegen, dass unser Ziel kein anderes war als das Wohl des Vaterlandes; und selbst noch im Conflict der Meinungen der Wunsch nach der Beförderung jenes einstmaligen Einverständnisses, jener Vereinigung, welche dann am gewissesten sind, wenn sie auf Grundlage des Meinungsaustausches und infolge eines naturgemässen Verlaufs geschehen."

Das conservative Programm selbst wurde sodann dem Gutachten gemäss nach einiger Berathung in übereinstimmendem Sinne in folgender Weise begründet:

„1) Die gegenwärtigen Conservativen sprechen die Ueberzeugung aus, es sei nothwendig, dass die ganze Organisation dieser Partei auf der verfassungsmässigen Grundlage der Oeffentlichkeit basirt werden müsse. Die conservative Partei wünscht mit vollständig eingestandenem Titel, ohne jede Zurückhaltung, entschieden und offen sowol in ihrer Organisation als in ihren Planen das Feld zu betreten. Ebenso müssen auch die einzelnen Mitglieder der Partei hervortreten. Demzufolge

„2) gestehen die gegenwärtigen Conservativen ein, dass sie einen consistenten organisirten Körper zu bilden wünschen, um die Umgestaltung des Vaterlandes mit Hülfe der von der Regierung dem vorigen Reichstage vorgelegten und anderer auf die Hebung der Kraft, des Aufblühens des Vaterlandes abzielenden, entweder von der Regierung oder dem Reichstage schon angebahnten oder fernerhin anzubahnenden Verbesserungen, mit kluger Berücksichtigung des constitutionellen Grundprincips, der Nationalität und der Einheit der gemeinsamen Monarchie durchzuführen.

„3) Sprechen die gegenwärtigen Conservativen entschieden aus, dass es unter dem Vorwande, dass « wenn die Conservativen zu einer offenen Organisation ihrer Partei schreiten werden, dies die Opposition in noch grösserm Masse thun werde », weder möglich, noch erlaubt sei, den in der gegenwärtigen Principienentwickelung ausgesprochenen Schritt zu sistiren oder auch nur aufzuschieben. Heute gilt nicht mehr die Frage: ob die Opposition mehr thun werde, wenn die Conservativen etwas thun; sondern die Aufgabe ist, dass beide Theile dasjenige thun, was sie auf loyalem, verfassungsmässigem Wege vermögen; und die Aufgabe ist, dass bei dieser Durchführung das Resultat, die Majorität auf seiten der Conservativen sei.

„4) Wie im gewöhnlichen Leben jeder Augenblick unsers Daseins

nichts anderes ist als eine in vernünftigem Sinne genommene Agitation, ein Drängen und Treiben zu dem Zwecke, damit wir, diejenigen, mit welchen wir in Berührung kommen, von der Rechtmässigkeit und Billigkeit unserer Sache und Interessen überzeugend und
begeisternd, in ihnen Nachfolger, Unterstützer, mit Einem Wort
eine Majorität finden mögen; ebenso ist auch in der Politik bei der
Schaffung des zur reinen, wohlwollenden und nützlichen Handhabung
der vaterländischen Angelegenheiten dienenden Gewichts, d. h. bei
der Herstellung der nöthigen constitutionellen Majorität dieselbe Thätigkeit erforderlich. Demnach wird hier ausgesprochen, dass man
die Organisation der conservativen Partei auf die Grundlage der Thätigkeit und geistigen Agitation stellen muss. Die Partei glaubt daher
von ihren einzelnen Mitgliedern mit Recht erwarten zu dürfen, dass
diese für ihre Angelegenheit, für ihren Geist in allen Klassen der
Söhne dieses Vaterlandes durch das Wachrufen der Interessen Sympathien erregen; wie sie auch erwartet, dass sie auf jedem ehrlichen
und loyalen Wege trachten werden, immer mehr neue Parteigenossen
zu verschaffen.

„5) Die anwesenden Conservativen sind den bisherigen Erfahrungen nach davon tief überzeugt, dass, wenn auch diese Partei oder
die Regierung ihre Loyalität, ihren guten Willen durch die heilsame
und nützliche Beschaffenheit ihrer angebahnten Einrichtungen klarer
wie die Sonne bewiese, sie dadurch die Opposition noch keineswegs
entwaffnen und zur Aenderung ihres bisherigen Verfahrens, zur aufrichtigen Annäherung bewegen könnte, solange diese sähe, dass die
Regierung und die Conservativen die auf dem Tapet befindlichen und
in ihrer Allgemeinheit grösstentheils schon von beiden einander gegenüberstehenden Parteien angenommenen Anträge nach ihren eigenen, nicht aber nach den politischen Principien der Opposition durchzuführen beabsichtigen. Die gegenwärtigen Conservativen sind ferner
überzeugt, dass man auf jene freund- und verwandtschaftliche Hand-
reichung zur Beglückung des Vaterlandes, über welche die Opposition
schon oft so glänzende Worte gesprochen, von derselben schlechterdings nur unter der Bedingung hoffen kann, wenn die Conservativen
einwilligten, dass die obenerwähnten Anträge ausschliesslich nach
dem Princip und Geist der Opposition durchgeführt werden würden;
was jedoch sodann von seiten der Conservativen vollkommen soviel
wäre, als vom Schauplatze des constitutionellen Lebens abzutreten
und das ganze Terrain der Opposition zu überlassen. Demzufolge
werden daher auch die anwesenden Conservativen, gleichwie es die
Opposition noch nie eingestanden hat, dass die Leitung der Angelegenheiten nach conservativen Principien und der Sieg der conservativen Principien auf dem Felde der Gesetzgebung erwünscht sein
könne: bei alledem, dass sie die Folgen der Abzweigungen der Ten-

1847. denz auf das gesellschaftliche Leben durchaus nicht zu übertragen
wünschen, mit der Opposition hinsichtlich der politischen Fragen insolange nicht unterhandeln, bis diese, die ihre zu den conservativen
Grundsätzen in schroffem Gegensatze stehenden Principien uns fortwährend gegenüberstellt, ihre Forderungen nicht herabstimmt und die
Dinge auf dem Felde des Lebens und der Thatsachen nicht auf einen
solchen Platz hinstellt, dass man den gegenwärtigen schroffen Zuständen durch gegenseitige Annäherung abhelfen könne; die anwesenden
Conservativen werden sich vielmehr direct verpflichtet fühlen, die Opposition, solange deren Politik die jetzige bleibt, zu überstimmen,
die von ihr in Antrag gebrachten Fragen aber, inwieweit dieselben
ausführbar wären, neuerdings umgearbeitet und beantragt nach ihrer
eigenen Principienansicht durchzuführen.

„6) Da sich die conservative Partei in ihren eigenen Wünschen
und Principien mit der gegenwärtigen auf constitutionellem und gesetzlichem Wege fortschreitenden Regierung schon auch im Leben
thatsächlich und wirklich identificirt hat: so erklären dies die Anwesenden hier direct und stellen das Princip auf, dass, solange die
Regierung auf diesem Pfade verbleiben wird, auf welchem sie jetzt
ist, und in solchen Händen sein wird, welche dafür, dass sie auf
dem gegenwärtigen Pfade verbleibt, bürgen: sie insolange auf jedem
constitutionellen und gesetzlichem Wege bereit seien, sie wie auch
ihre gesetzlichen Organe und ihr gesetzliches Ansehen mit ihrer Majorität zu unterstützen. Dagegen hoffen sie auch von der Regierung,
dass sie bei jeder Gelegenheit kundgeben werde, sie betrachte diese
Partei als ihren natürlichen Bundesgenossen, mit dem sie zu gehen
wünscht; und dass sie auch fernerhin nicht beabsichtige, sich von
diesem ihrem Princip zu entfernen, sondern mit der im Einklange
mit ihr vorgehen wollenden Partei in den politischen Angelegenheiten des Vaterlandes Hand in Hand fortzuschreiten wünsche; und diese
Partei nicht nur nicht verleugnen und ignoriren werde, sondern die
nothwendigen Verbesserungen direct mit Hülfe der conservativen Partei
durchführen wolle.

„7) Gleichwie es daher das Losungswort der Opposition zu sein
scheint: «Alles gegen die Regierung, nichts für die Regierung», so
anerkennen andererseits die anwesenden Conservativen das nachfolgende kurze, klare und nicht misszuverstehende Motto für das ihrige:
«Alles, was Gesetz und Verfassung erlauben, für die gegenwärtige,
mit unsern Principien und Meinungen identificirte Regierung; nichts
gegen die jetzige Regierung, solange wir diese auf den mit unsern
Ansichten und Principien übereinstimmenden Wegen gehen sehen.»

„8) Dass die conservative Partei alljährlich den Umständen nach
einmal oder mehrmals der Beförderung des Ideenaustausches, der
Orientirung und übereinstimmenden Parteiwirksamkeit wegen eine

Zusammenkunft abhalte, wird für nothwendig erachtet. Sie erklären hier, dass es das Wohl der öffentlichen Sache unausweichlich erheische, dass sich zu einer solchen Zeit Mitglieder der vaterländischen Conservativen so zahlreich wie möglich zusammenfinden mögen.

„9) Die Gegenwärtigen halten es für zweckdienlich, dass eine jede solche Zusammenkunft den Termin und die Gegenstände der nächsten bestimme, und diejenigen, welche sie besonders mit gewissen Aufgaben betrauen will, bei dieser Gelegenheit designire.

„10) Es ist feste Ueberzeugung der Anwesenden, dass, gleichwie die gesammte conservative Partei nur infolge dauernder und vollständiger Uebereinstimmung, andererseits aber auch durch eine keine Mühe kennende Begeisterung und im voraus berechnetes übereinstimmendes Zusammenwirken sich zur erwünschten Kraft und Bedeutung emporschwingen kann: auch die in den Comitaten zerstreut bestehenden conservativen Elemente nur so concentrirt werden, diese nur so werden mit Erfolg thätig sein können, wenn auf dem Felde des politischen öffentlichen Lebens, auch in jedem Comitat besonders, die Principiengenossen übereinstimmend wirken und, mit der ganzen Partei in fortwährender geistiger Verbindung bleibend, jene Gefahren, welche das Uebergewicht der Bekenner der oben vorgetragenen conservativen Politik etwa bedrohen, stets mit gemeinsamer Kraft zu beseitigen; wo sie sich aber noch nicht so weit emporschwingen konnten, zu einem solchen Uebergewicht in den verschiedenen Zweigen des sich in den Comitatsbeschlüssen, Deputirten- und Beamtenwahlen äussernden constitutionellen Lebens mit vereinter Kraft und Uebereinstimmung zu verhelfen sich bestreben; mit Einem Worte, wenn sie stets mit Parteibewusstsein und mit stets in voraus berechnetem übereinstimmenden Zusammenwirken offen auftreten und für Verfassung, Gesetz, Regierung, deren gesetzliche Organe und das Ansehen aller dieser als für die Hauptbedingungen der friedlichen Umgestaltung des Vaterlandes wirken. Weil aber ein übereinstimmendes Zusammenwirken auf dem Felde der politischen Parteilichkeit nicht denkbar ist, wenn dieser nicht ein Austausch der Ideen und eine infolge dessen zu Stande gekommene Uebereinkunft hinsichtlich der Personen und Dinge vorausgeht, und sie fortwährend lebendig hält: so glauben die anwesenden Conservativen demnach alle ihre im Gesammtvaterlande sich befindenden Principiengenossen zu einem diesem hauptsächlichsten Bedürfniss entsprechenden Verfahren aufrufen zu sollen, erklärend, dass sie es auch als ihre vorläufige Aufgabe betrachten werden, in ihrem eigenen Kreise jedermann von diesem Bedürfniss zu überzeugen und demgemäss auch ihrerseits zu handeln.

„11) Da die hier anwesenden Conservativen von jenem Einflusse der Regierung, welchem nach diese die legislative Initiative der zahlreichen wesentlichen Verbesserungen durch Vorlage fertiger Gesetz-

1847. vorschläge in ihre eigene Hand nehmen wird, vollständig überzeugt sind, und fühlen, dass es die unvermeidlichste Aufgabe der conservativen Partei sei, diesen vorausgehenden constitutionellen Schritt in seinen Resultaten erfolgreich zu machen: so sprechen sie hier ihre Ueberzeugung aus, dass die Angelegenheiten des Reichs auf jenem Punkte stehen, auf welchem es zur unausweichlichen Pflicht geworden ist, dass jeder Conservative in seinem Kreise dahin wirke, dass die nothwendigen legislatorischen Einrichtungen auf dem nächsten Reichstage unfehlbar zu Stande kommen mögen. Dies kann am sichersten erreicht werden, wenn einerseits in den hauptsächlichsten derselben die Regierung die Initiative ergreift, und eine solche Disposition der Meinungen zu Stande gebracht wird, welche zur Annahme des Heilsamen und Nothwendigen geneigt ist; dagegen in der vom Lande kommenden Initiative dem Kitzel der blinden Nachahmung fremder Beispiele und Vornahme gefährlicher Versuche, mit Einem Worte, den Uebertreibungen der oppositionellen Majorität des vergangenen Reichstags fern steht; und wenn andererseits jenes Princip zum Ausgangspunkt gewählt wird, welchem gemäss keinerlei legislatorische Einrichtung den Namen des Fortschritts und der Verbesserung verdient, wenn nicht durch sie die constitutionelle Kraft und Wirksamkeit der Regierung, die constitutionelle Stellung des Reichs, der mässigende Einfluss des Besitzes, die Heiligkeit des Eigenthumsrechts, die Festigkeit des Verbandes mit der Gesammtmonarchie, die Interessen unserer Nationalität und die Möglichkeit einer friedlichen Reform gefestigt, conservirt und beziehungsweise mit neuern Garantien versehen werden. Demnach halten die hier anwesenden Conservativen dafür, die Aufmerksamkeit, den Eifer eines jeden Principiengenossen auf die mit allen Arten der zum Ziele führenden geistigen Waffen vorzunehmende Verbreitung der oben entwickelten Principien und Ueberzeugungen aufrufen zu sollen, indem sie unerschütterlich überzeugt sind: dass unter den nächsten und gleich wichtigen Gegenständen, welche in unserm Vaterland vorgenommen werden müssen, in der Angelegenheit der Sicherstellung der Meinungsfreiheit in den verschiedenen Arten der öffentlichen Berathungen in jeder Richtung, der Erleichterung des Ausgleichs der Urbarialverhältnisse, der Militärverhältnisse, der Militärverpflegung, dem Strafgesetzbuch und der Gefängnissreform, der Regelung der bürgerlichen Processordnung, der Bedeckung der materiellen öffentlichen Bedürfnisse des Reichs, der Verbesserung der Comitatsverwaltung, der Regulirung des reichstäglichen Stimmrechts der königlichen Freistädte und der Verbesserung der Mängel ihrer innern Organisation, der zweckmässigern Regelung der adelichen Besitzverhältnisse, des dem Grundbesitz zu verschaffenden wohlfeilen und leichten Credits, der Zoll- und Handelsverhältnisse des Vaterlandes, des Berggesetzbuchs, der Einrichtungen hinsichtlich der Vereine und

Gesellschaften — durch deren in einer solchen Ordnung geschehen 1847.
Aufzählung indessen die anwesenden Conservativen hier weder bezüglich der Reihenfolge des Vorzunehmenden eine bestimmte Meinung auszusprechen, noch aber ihre Partei von der Betreibung anderer, in die Regelung der reichstäglichen Elemente einschlagenden oder andere nothwendige Verbesserungen betreffenden Einrichtungen auszuschliessen wünschen —: dass hinsichtlich all dieser Angelegenheiten, welche hier erwähnt waren, keinerlei vorausgehende gesetzlichen Schritte zu Stande kommen können, wenn nicht bei der Majorität derjenigen, die auf die Gesetzgebung entweder mittelbar oder unmittelbar Einfluss haben, die oben als Ausgangspunkte erwähnten Principien zum Uebergewicht gelangen; sie können aber nicht zu Stande kommen, und muss auf diese Weise unfehlbar eine Stagnation eintreten, weil die Regierung viel zu stark, gerecht und conservativ ist, als dass sie genöthigt wäre, von unten kommenden und den hier erwähnten Hauptprincipien entgegenstehenden Vorschlägen nachzugeben; viel zu weise und besonnen, als dass sie selbst solche Vorschläge zu machen im Stande wäre; aber auch zugleich viel zu gesetzlich und loyal, als dass sie ihre eigenen Vorschläge anders als auf constitutionellem Wege, mit Hülfe einer mit ihren massgebenden Principien übereinstimmenden Majorität, durchführen wollte.

„12) Indem die anwesenden Conservativen ihre obigen allgemeinen Ueberzeugungen aussprechen, können sie zum Schluss nicht umhin, auch ihrer bestimmten Hoffnung Ausdruck zu geben: dass die conservative Partei von den betreffenden Regierungsmännern, wenn der Augenblick des Handelns schon da sein wird, damit sie für die heilsamen Absichten der Regierung um so erfolgreicher thätig sein könne, von den Einzelheiten der für den Reichstag bestimmten Aufgaben durch eingehendere Verständigungen werde unterrichtet werden; zu welchem Zweck sie ihre nachdrückliche Mitwirkung zur Verwirklichung der heilsamen Absicht auf Grundlage der obigen Principien mit patriotischer Bereitwilligkeit hiermit neuerdings anbieten."

Da die Hauptprincipien auf diese Art begründet waren, wurden hinsichtlich der Details der Parteiorganisation auch noch einige andere Punkte bestimmt. Insbesondere wurde die Zeit der Zusammenkünfte auf die Monate März, Juni, August und November, auf den ersten Tag der zweiten Woche des pesther Jahrmarkts festgesetzt. Ferner wurde beschlossen, dass eine jede Parteiversammlung aus ihrer eigenen Mitte acht oder zehn in Pesth-Ofen und deren Umgegend wohnende Principiengenossen, d. h. ein Centralcomité erwähle, welches, dem Stand und der Entwickelung der öffentlichen Angelegenheit bis zur nächsten Zusammenkunft mit besonderer Aufmerksamkeit folgend und mit den in den Comitaten im Land zerstreut wohnenden übrigen Conservativen nöthigenfalls sich auch in eine Correspondenz einlassend,

1847. auf die Zunahme und Kräftigung der conservativen Angelegenheit
Acht haben solle. Dieses Comité wurde auch damit betraut, dass es
sich dem letzten Punkte des Programms gemäss mit der Regierung
in Berührung setze und, sich hinsichtlich der erwähnten Verhältnisse
unmittelbare Kenntniss verschaffend, davon die nächste Versammlung
gleichfalls verständige. Endlich wurden zu Mitgliedern dieses Comité
die folgenden ernannt: Graf Emil Dessewffy, Graf Gabriel Keglevich,
Titularbischof Michael Fogarassy, Alexander Lipthay, Alexander Luka,
Georg Majláth der Jüngere, Paul Somsich, Graf Anton Széchen und
Baron Nikolaus Vay.

Ausser diesen offen eingestandenen Dingen wurde jedoch sowol
in dieser als in den andern diesen ähnlichen Versammlungen auch
über andere Berathungen gepflogen, welche, obgleich sie in den amtlichen Correspondenzen der Partei nicht erwähnt sind, dennoch durch
einzelne Mitglieder derselben schnell zur öffentlichen Kenntniss gelangten. Diese Gegenstände drehten sich um jene Arten und Mittel,
durch welche die Partei sich und der Regierung auf dem künftigen
Reichstag eine Majorität zu sichern hoffte und strebte. Bezüglich
dieses Gegenstandes ist jener Beschluss der Versammlung der bedeutendste, gemäss welchem die Obergespane und Administratoren dem
Centralcomité der Partei von Zeit zu Zeit Bericht über den Zustand
der Comitate erstatten werden; in diesem Club wird sodann bestimmt
werden, in welchem Comitat wer zum Reichstagsabgeordneten, wer
zum Vicegespan gewählt werden solle; und auf die auf diese Weise
zu bestimmenden Wahlen würde sodann die ganze Partei ihren Einfluss mit gesammter Kraft ausüben. Während der Berathung über
diese wichtige Frage war es der Obergespan von Trencsén, Marczi-
bányi, einst Mitglied der Opposition, allein, der dem Antrag wider-
sprach und denselben hinsichtlich der freien Bewegung der Comitate
in ihrem eigenen Kreis für gefährlich erklärte. Allein der Beschluss
wurde dennoch gefasst und deutlich ausgesprochen, dass die Partei
künftighin auf die Comitatsbeschlüsse, auf die Deputirten- und Beamtenwahlen mit gemeinsamer Kraft, mit in voraus berechneter, übereinstimmender Mitwirkung Einfluss nehmen werde. Die Partei nahm
durch diese Bestrebung gleichsam eine Clubfärbung an, und begann
den Seelenkauf, die Bestechung und das so sehr verdammte Stimmenwerben im grossen zu betreiben.

Unzweifelhaft wurde in diesen Versammlungen auch jener eigentliche Club entworfen und gegründet, welcher in Pesth unter dem Namen
„Gyülde“ entstand und die Bestimmung hatte, dem schon längere Zeit
bestehenden oppositionellen „Kör“ gleichsam als Gegengewicht zu dienen.
Allein der neue Rival war nicht im Stande, dem letztern weder hinsichtlich der Zahl seiner Mitglieder noch seiner Thätigkeit und Popularität nahe zu kommen.

Aus dem Programm tauchen unter anderm zwei Gegenstände 1847. auf, welche vor allem die Aufmerksamkeit auf sich ziehen. Sie gelangten nicht durch das Programm zuerst zur allgemeinen Kenntniss, denn seitdem Apponyi Hofkanzler geworden war, wurden sie von den regierungsfreundlichen Blättern oft erwähnt; aber so offen und entschieden, in solcher beinahe amtlicher Gestalt wurden sie bisher noch nicht eingestanden. Der eine derselben ist: dass die Regierung die Absicht habe, fortzuschreiten und an die Spitze der Reformen, der Umgestaltung zu treten; der zweite aber, dass die conservative Partei sich mit der gegenwärtigen Regierung vollständig identificirt, alle Plane und Absichten derselben zu fördern verspricht, zu einer eigentlichen Regierungspartei wird und der Regierung auf dem Reichstag eine Majorität zu verschaffen sich bestrebt.

Die Regierung wollte, diesem Programm gemäss, auf Grundlage der Nationalität und Verfassungsmässigkeit fortschreiten und die Reform leiten. Wenn diese Regierung jedoch in der That so constitutionell gesinnt war, warum traf sie auf soviel Antipathie, auf so heftige Opposition?

Wenn wir die Conservativen anhören, kann man sich kaum 'eine gesetzlichere, constitutionellere und loyalere Regierung vorstellen als diejenige, der diese Partei ihre Mitwirkung ohne jede Beschränkung anbietet. Und dies ist sehr natürlich. War doch Apponyi ein Mitglied, der Führer ihrer Partei, bevor er Hofkanzler wurde; er nahm die Principien und Lehren dieser Partei mit sich zur Regierung hinüber; die Regierung befand sich daher eigentlich in den Händen dieser Partei, diese Partei sass am Ruder. 'Dann, wenn sie dasjenige, was sie im allgemeinen von der Regierung sagen, einzig auf Apponyi beziehen, auf Apponyi, inwiefern dieser seine eigenen Principien befolgen konnte und von denselben durch fremden Einfluss nicht abgezogen wurde: haben sie zum Theil recht; jene, die ihn näher kannten, werden durchaus nicht in Abrede stellen können, dass er nebst der Treue gegen seine Nation viel guten Willen hatte.

Die Opposition indessen betrachtete die Verhältnisse nicht aus dem Gesichtspunkt der Principien und des Willens des Hofkanzlers allein, obwol sie andererseits auch mit der persönlichen Politik Apponyi's nicht zufrieden sein konnte. Apponyi erschien vor allem als ein unter dem Einfluss der wiener Regierung ernannter und fortwährend unter diesem Einfluss stehender Oberbeamter der ungarischen Regierung, dem es zwar vielleicht freisteht, die einzelnen Verwaltungsmittel, die nach dem vorgesteckten Ziel führenden Wege nach eigenem Belieben, nach eigener Einsicht zu wählen; dem es jedoch weder erlaubt noch möglich ist, von diesem vorgesteckten Ziel abzuweichen oder dasselbe zu verändern. Die Opposition wandte

Marginalia: Wollte die Regierung auf constitutionellem Wege fortschreiten?

daher vor allem andern der wiener Regierung, deren Commissionar Apponyi eigentlich war, ihre Aufmerksamkeit zu.

Und in welchem Lichte sah die Opposition gegenwärtig diese Regierung als die Quelle der Ungarn betreffenden Politik?

Zwar schien dieselbe die ungarische Nationalität und Verfassung, welche sie dreihundert Jahre hindurch auf verschiedene Arten, mit verschiedenen Mitteln fortwährend angriff, gegenwärtig schon anzuerkennen. Die conservative Partei verkündigte laut, dass jene Regierung diese Angriffe für immer aufgegeben habe, und führte als Zeugniss dafür die vollbrachte Wiedereinsetzung der ungarischen Sprache in ihre volle diplomatische Würde und Rechte an; sie citirte als Zeugniss alle jene neuern Gesetze, welche zur Befestigung der ungarischen Nationalität und Constitution dienten und nur mit Einwilligung der wiener Regierung geschaffen werden konnten. Indessen konnten jene paar Gesetze, welche die Standhaftigkeit der Opposition der wiener Regierung unter günstigen Umständen eher abgerungen hatte, als diese sie freiwillig gab, die Opposition noch keineswegs von der günstigern Aenderung des Geistes jener Regierung überzeugen. Und insbesondere, was die Angelegenheit der ungarischen Sprache betrifft: hat nicht die wiener Regierung die Erhebung dieser Sprache zu diplomatischem Range ein halbes Jahrhundert hindurch verzögert? Hat sie der sich stets erneuernden nationalen Forderung nicht in so geringem Masse nachgegeben, dass, als die Nation in den Besitz dieses ihres natürlichen Rechts wiedereingesetzt wurde, die während der Verzögerung entwickelten und von der Regierung selbst sorgfältig genährten Umstände, die Nationalitätsstreitigkeiten, den Erfolg der Concession schon von vornherein verminderten und die Nation in die Lage brachten, dass sie bemüssigt war, entweder die natürliche Herrschaft ihrer Nationalität in ihrem eigenen Lande feige aufzugeben oder den übrigen Völkern anderer Sprache gegenüber als Tyrann zu erscheinen? So weit kamen wir mit den Concessionen, welche man der ungarischen Sprache machte! Und was sehen wir hinsichtlich anderer Dinge, sagte die Opposition, wenn wir nur die jüngste Periode, die Zeit nach 1825 untersuchen? „Wir sehen", war die Antwort, „das im Interesse des Volks erhobene, obgleich sehr gemässigte freie Wort mit Kerker bestraft; die Deputirtenwahlen, den reichstäglichen salvus conductus angegriffen; dem erwachenden Nationalgeist gegenüber Terrorismus ausgeübt, die Militärgrenze ganz auf deutschen Fuss gestellt und vom Lande thatsächlich losgerissen, die Verfügung hinsichtlich der indirecten Steuern den Händen der Nation entwunden, die Religionsfreiheit von fortwährenden Plackereien seitens der Regierung beunruhigt, die königlichen Freistädte aller ihrer behördlichen Selbständigkeit entkleidet, den königlichen Statthaltereirath selbst zum Postamt der Befehle des deutschen wiener Cabinets erniedrigt; wir sehen in Kroatien die Gärung gegen die ungarische Nation von 1847. der Regierung unterhalten und die aufrührerischen illyrischen Helden mit Gnadenbezeigungen überhäuft, die constitutionell gesinnten Freunde der Ungarn aber verfolgt; wir sehen das dort bestandene System des Provinzial-Landtags durch eine Machthandlung abgeändert; wir sehen unser Comitatssystem, die Hauptgarantie unserer Constitutionalität, durch die Systemisirung der Administratoren in seiner Selbständigkeit angegriffen, die Macht über den Volksunterricht der Nation entzogen, die seelentödtende Censur nicht nur in ein System gebracht, sondern, was schlimmer ist als alles, nach geheim gegebenen, geheim gehaltenen Normen tyrannisirend; wir sehen diejenigen, die, um die Fortschrittsfragen zu stürzen, die Sitten verdarben und Menschenblut vergiessen liessen, mit Gnaden von seiten der Regierung überhäuft; wir sehen die auf die Hebung der vaterländischen Industrie gerichtete nationale Bestrebung gelähmt, dagegen Schritte zur Einführung des deutschen ärarischen Tabacksmonopols gethan; die Interessen Ungarns den eingebildeten Interessen Oesterreichs in allem untergeordnet; mit Einem Wort, wir sehen die territoriale Unversehrtheit des Reichs, die Verfassung, die Nationalität, die Selbständigkeit des Reichs, die gesetzgebende Gewalt, das gesetzmässig constituirte Dicasterium, die Comitate, die Städte, die ganze rechtmässige Stellung des Reichs verletzt, angegriffen, unser materielles Wohl aber nicht nur nicht befördert, sondern vielmehr in seiner Entwickelung künstlich aufgehalten, und damit der nahen Zukunft selbst die Hoffnung benommen sei, zur Regierungsgewalt eben jene Fraction erhoben, die auf dem letzten Reichstag die mit der öffentlichen Meinung zusammentreffenden königlichen Propositionen stürzte und die wesentlichsten Fragen der Umgestaltung zur Verhandlung mit dem Monarchen nicht einmal zuliess, und zum Lohn für dieses Trotzen mit der Nation und der königlichen Absicht das Ruder in die Hände bekam. Und durch die Geschichte dieser fortwährenden Rechtsverletzungen zieht sich gleich einem schwarzgelben Faden überall jene deutlich ausgeprägte Tendenz hindurch: Ungarn sowol geistig als materiell durch Oesterreich und die österreichische Regierung zu absorbiren, unsere Interessen den Interessen Oesterreichs unterzuordnen und, die selbständige Individualität unsers Vaterlandes lähmend, die Regierungsgewalt einerseits im österreichischen Cabinet immer mehr zu concentriren, andererseits zu einer immer unumschränktern zu erweitern und unsere diese garantirenden Institutionen stets unwirksamer zu machen; denn diese sind der an Absolutismus gewöhnten österreichisch-böhmischen Regierung natürlich unangenehm."

So fühlte, so äusserte sich die Opposition, so oft sie dies frei thun konnte, über den Geist und die Bestrebungen der Regierung. Und wenn auch das Bild vielleicht mit etwas starken Farben geschildert

ist: wer wird die Wirklichkeit der angeführten Thatsachen in Abrede
stellen können? Hat nicht auch Fürst Metternich selbst in seinem
oben angeführten, im Jahre 1844 an den verstorbenen Palatin gerichteten Briefe den Bestand des fortwährenden Kampfes der böhmisch-
österreichisch despotisch gesinnten Regierungsmänner gegen den ungarischen Constitutionalismus anerkannt, welcher Kampf, sich durch
Jahrhunderte zu einem verknöcherten System ausbildend, die ganze
Kraft der ungarischen Regierungsmänner, wenn dieselben auch, wie
z. B. Reviczky, den heiligsten Willen mit sich ins Amt hinüberbrach-
ten, lähmte?

Oder änderte sich etwa seit dem zur Durchführung angenommenen Plane Metternich's dieses die ungarische Constitutionalität im
österreichischen Absolutismus aufgehen zu lassen sich bestrebende
System? Zwar behaupteten dies die Conservativen, ein Theil derselben
glaubte es auch vielleicht; aber leider überzeugten das Administratorensystem, die Machthandlung in Kroatien, die zur Einführung des
Tabacksmonopols gemachten Schritte, die das freie Vereinigungsrecht
beschränkenden und andere ähnliche Regierungsmassregeln, und die
Gestaltung der Regierung als Partei selbst und ihre Bestrebung, zu
unbekannten Zwecken um jeden Preis eine Majorität zu schaffen, die
Opposition vom Gegentheil. Und sie überzeugte sich auch davon,
dass, solange diesem traditionellen System durch eine vollständige
Entwickelung des ungarischen Constitutionalismus nicht gründlich
abgeholfen werde, in der Weise, dass der Einfluss der österreichischen
Regierung auf die ungarischen Angelegenheiten vollkommen aufhöre,
selbst durch die Ernennung des ausgezeichnetsten Patrioten zum Hofkanzler nicht geholfen wäre; denn er würde entweder in kurzer Zeit
gestürzt oder seine Thatkraft durch das System gelähmt werden.

Oder gab etwa der Umstand dem Constitutionalismus Garantie
gegen dieses absolute wiener System, dass die ganze conservative
Partei die Regierung Apponyi's zu unterstützen versprach und sich
mit derselben im Leben thatsächlich und wirklich identificirte? Nein;
vielmehr gab dies der Opposition Grund zu der tiefsten Besorgniss;
dies vernichtete das Vertrauen, welches sonst der Patriotismus Apponyi's vielleicht erweckt haben würde. Die conservative Partei verkündigte trotz jener angeführten neuesten Gesetz- und Verfassungsverletzungen diese Regierung, mit welcher sie sich für identificirt
erklärte, als eine „auf constitutionellem und gesetzlichem Wege vor-
gehende Regierung“; während dagegen die Opposition der Meinung
war, dass es vielleicht noch nie eine ungarische Regierung gegeben
habe, die jenem traditionellen verknöcherten wiener System — mit
oder wider Willen — so sehr in die Hände gearbeitet hätte als eben
die Regierung Apponyi's.

„Sonst“, so meinte die Opposition, „bestrebten sich die Regie-

rungen nicht, bei ihren verfassungswidrigen Tendenzen einen constitutionellen Schein zu heucheln, sondern sie griffen die Rechte der
Nation auf offenem, geradem Wege an; auf diese Weise riefen sie
wenigstens die Nation zum Widerstand auf, und die Gefahr wurde
infolge der Opposition mit dem Dazwischentreten irgendeines unver-
mutheten Ereignisses beseitigt oder mindestens die Folgen gemildert.
Jetzt aber sammelte die Regierung den vermorschten Theil des Adels,
die Eiteln, die Selbstsüchtigen, jene, die nach Gnaden, Titeln, Aus-
zeichnungen und Aemtern jagten, die Käuflichen, die Feigherzigen,
endlich jene, die Armuth nicht zu erdulden wussten, in ein Lager
um sich, gestaltete sie zu einer Partei, und durch diese liess sie dann
verkündigen, dass sie in allem auf constitutionellem, gesetzlichem
Wege vorgehe; mit diesem Hebel hob sie aus ihrer verfassungsmässigen Stellung alle unsere Einrichtungen heraus, welche jenes gefährliche wiener System unter tausend Widerwärtigkeiten wenigstens
so weit paralysirten, dass „der Ungar noch lebt", und wenn er sich
treu bliebe, das Vaterland retten könnte. Jetzt wurden unmoralische Triebfedern in Bewegung gesetzt; das Volk war noch nichts —
caput mortuum —, die Aristokratie aber, mit wenigen Ausnahmen,
harrte, wie Jugurtha von Rom sagte, nur des Käufers. Die Sache
ging so weit, dass zu den Conservativen zu gehören soviel war,
als ein Privilegium zu jedem Misbrauche zu besitzen. Es gab Fälle,
da Comitats-Steuereinnehmer die ihrer Treue anvertraute Steuerkasse
um mehrere Tausende verkürzten — z. B. in Bács, Temes u. s. w. —,
und man konnte sie nicht bestrafen, weil sie Conservative waren,
auch die Majorität des Comitats dieser Partei angehörte und aus der
Vertheidigung derselben eine Parteifrage machte. Im allgemeinen
bieten jene Comitate, in welchen die Regierungspartei allmächtig war,
im Gebiete des Steuerwesens, der öffentlichen Arbeiten, der Rechtspflege, der Wahlen und des ganzen Verwaltungsverfahrens ein Bild
der anstössigsten Nachlässigkeit, der grössten Misbräuche, ja der offen-
barsten Gesetzverletzungen; denn alles, selbst die Rechtspflege, wird
nach dem Interesse der Partei und ihrer Mitglieder geleitet; und dies
geschah so sehr ohne jede Zurückhaltung, dass, als die conservative
Partei am 15. März in Ofen in ihrer zweiten Conferenz darüber berieth, auf welche Art sie ihrer Partei auf dem Reichstage die Majorität sichern solle, ein Obergespan offen aussprach, dass die Obergespane in die Tasche greifen, Stimmen kaufen und die Wahlen mit
Geld leiten müssten, wozu er sich auch erbot, indem er prahlend
sich rühmte, «dass die Deputirtenschaft dreier Comitate in seiner
Tasche sei»."

Dem Vorhergehenden nach erwartete daher die Opposition Reformen, welche zur Befestigung und Entwickelung der Nationalität
und des Constitutionalismus hätten dienen können, durchaus nicht

1847. von der um jeden Preis nach der Majorität strebenden conservativen Partei, welche die Wahlsprüche der Opposition nur deshalb sich anzueignen und auf ihre Fahnen zu schreiben schien, damit sie den unwissendern, oberflächlichern Theil der Opposition zu sich hinüberlocke. Die Tendenzprincipien, von welchen die conservative Partei ausging, waren von jenen der unabhängigen Patrioten so sehr verschieden, dass diese eben infolge derselben in diesen neuen Regierungsbestrebungen Gefahr erblickten, eine grössere Gefahr als irgendjemals in der vergangenen Zeit.

Der Unterschied zwischen den Tendenzprincipien der beiden Parteien.

Der Unterschied zwischen den Tendenzprincipien der beiden Parteien bestand hauptsächlich darin, dass die Conservativen nicht die Consolidirung der Verfassung, sondern die der Regierungsgewalt beabsichtigten, während die Opposition, diese auch schon für unmässig haltend, einzig und allein die Verfassungsmässigkeit zu stärken wünschte; ferner darin, dass die Fortschrittsabsichten der conservativen Partei sich nur auf einzelne Details ausdehnten und nicht das ganze Nationalleben umfassten, wie dies bei der Opposition stattfand. Die Conservativen glaubten nicht, dass die materielle Entwickelung sich mit der Freiheit vertrage; während sie daher jene auch schon ihren eigenen Interessen gemäss für nützlich betrachteten, wünschten sie diese nach Möglichkeit zu beschränken, und betrieben nebst einigem bessern materiellen Wohlstande eine starke Regierung. Die Opposition dagegen verkündigte laut, dass die möglichst grösste Entwickelung der materiellen und andern einzelnen Verhältnisse sich mit der möglichst grössten Freiheit gut vertrage und es nur nothwendig sei, dass die Formen der Freiheit der Entwickelung der materiellen Interessen gemäss modificirt werden mögen; und deshalb betrieb sie den Fortschritt, die Reform sowol in Bezug auf die einzelnen Verhältnisse als auch auf das constitutionelle System.

„Ungarn ist in allem zurück", so sprachen die Organe der Regierungspartei; „bringen wir es daher in jeder Beziehung zur Entwickelung. Unsere öffentliche Verwaltung ist ungeordnet: bringen wir mehr Ordnung in dieselbe. Unsere Rechtspflege ist mangelhaft: verbessern wir diese Mängel. Unsere Industrie ist unentwickelt: bilden wir sie aus. Wir haben keinen Handel: verhelfen wir ihm zum Erwachen. Unsere Communicationsmittel sind beinahe zu Communicationshindernissen geworden; denn wo es keinen Weg gibt und der Wagen auf dem Rasen fahren kann, kommt er leichter vorwärts: schaffen wir daher neue Wege. Entwickeln wir unsere materiellen Interessen soweit es nur angeht, und zwar vor den geistigen: die materielle Entwickelung wird bald auch die geistige befördern. Aendern wir, setzen wir alles in Bewegung, wenn es so beliebt: nur unsere Verfassung lassen wir in Ruhe; der Ungar kann keine bessere Verfassung haben, als es die jetzige ist. Grössere Garantien unserer

Freiheit als das Comitatssystem, welches wir besitzen, wenn wir- in 1847. dasselbe nur eine ein klein wenig grössere Ordnung bringen, sind nicht einmal denkbar; wer von Verantwortlichkeit spricht, wer das Beispiel anderer constitutionellen Nationen befolgen wollte, der wird vom Kitzel gefährlicher politischer Versuche zu Ueberschwenglichkeiten angetrieben, der hat unsere Lage nicht gehörig aufgefasst. Von einem bessern Verhältniss mit der Monarchie, als es gegenwärtig besteht, könnten wir nicht einmal träumen, und jedes Streben zur Aenderung desselben wäre überaus gefährlich."

So und auf ähnliche Weise sprachen die Conservativen. Sie wünschten, dass alle Zweige des Baumes wachsen mögen, nur der Stamm allein, von welchem diese ausgehen, solle unbeweglich bleiben; sie wünschten, dass sich alle Verhältnisse der Nation entwickeln mögen, nur die Verfassung solle die alte bleiben. Als ob ein Fortschritt auf irgendeinem Felde bei der Stagnation der constitutionellen Stellung denkbar wäre? „Gut", antwortete hierauf die Opposition, „geben wir zu, dass die Entwickelung unsers Vaterlandes selbst dann möglich ist, wenn unsere Verfassung in ihrer gegenwärtigen Lage verbleibt, wenn sich unsere Verhältnisse mit der Monarchie nicht ändern. Geben wir zu, dass wir in unsere öffentliche Verwaltung mehr Ordnung bringen können, ohne das System derselben zu verändern; dass die Mängel unserer Rechtspflege aufhören, obgleich unsere Gerichte die alten bleiben; dass sich unsere Industrie, unser Handel entwickeln kann, ohne dass dem Industriellen, dem Kaufmanns Einfluss auf die Gesetzgebung gegeben würde, und ohne dass auch die Gesetzgebung selbst auf die Regelung der Zölle Einfluss nähme, sondern diese auch künftighin der Willkür der wiener Regierung überlasse. Geben wir zu, dass gute Communicationsmittel und die Steuerfreiheit des Adels nebeneinander bestehen können. Geben wir dies alles zu, was unzweifelhaft mehr ist, als die Conservativen selbst glauben: wird sich wol die auf diese Art entwickelte Nation mit der gegenwärtigen Verfassung begnügen, stets vorausgesetzt, dass in derselben keine verhältnissmässigen Aenderungen vorgenommen werden? Wenn unzählige neue Interessen entstanden, welche sich durch unsere gegenwärtigen constitutionellen Formen beengt fühlen; wenn wir Verhältnisse hervorgerufen haben, hinsichtlich welcher unsere jetzigen constitutionellen Garantien keine Sicherheit bieten; wenn wir durch die Entwickelung der Industrie und des Handels dahin gekommen sind, dass die eigentliche Kraft der Nation ausserhalb der Schanzen der Verfassung steht: was können wir dann erwarten? Würden da neuere Tendenzprincipien die Nation nicht geradezu der Revolution oder dem Absolutismus entgegenführen? Gingen nicht deshalb beinahe alle constitutionellen Institutionen des Mittelalters verloren, weil man die Formen der Freiheit den sich

1847. ändernden Entwickelungen der materiellem Interessen und Verhältnisse gemäss nicht modificirt hat?"

Die Regierungspartei sprach in ihrem Programm und auch anderswo in ihren Organen stets nur von der Nothwendigkeit einer
starken Regierung, von der Befestigung des Verbandes mit der Monarchie, welche indessen zu lösen niemand beabsichtigte; aber davon
machte sie niemals eine Erwähnung, dass es schon einmal nöthig
wäre, diese unbestimmten Verbindungsverhältnisse pünktlicher zu um-
schreiben. Und dennoch hatte es schon Stephan Széchenyi längst
richtig ausgesprochen, es sei die Quelle aller unserer Uebelstände,
dass die zwischen unserm Vaterlande und den Erbländern bestehenden Verhältnisse nicht klar bestimmt und angeordnet seien. Auch
Metternich selbst gibt den daraus entstandenen Kampf, welcher zwischen den mit Absolutismus saturirten böhmisch-deutschen Elementen
und den constitutionellen ungarischen geführt wurde, als hauptsächlichste Ursache unsers Zurückbleibens an.

Ohne die strengere Bestimmung unserer Verhältnisse mit der
Monarchie hätten alle dergleichen einzelnen Reformen in der Gesetzgebung und Comitatsverwaltung, wie sie von den Conservativen erwähnt wurden, nur Wasser auf die Vergrösserung des ohnehin schon
überwiegenden schädlichen Einflusses des Reichsministeriums getrieben.
Und dies ist die Ursache, weshalb die Opposition, wenn sie auch
sonst vielleicht den guten Willen des Hofkanzlers Apponyi nicht bezweifelte, seine Principien, seine Politik hinsichtlich der Zukunft des
vaterländischen Constitutionalismus für weit gefährlicher hielt, als
dass sie nicht um jeden Preis bestrebt gewesen wäre, die von ihm
zu erreichen beabsichtigte Reichstagsmajorität zu verhindern. Sie
war überzeugt, dass die Regelung, diesen Principien gemäss durchgeführt, der freien Entwickelung der Constitution auf immer oder wenigstens auf sehr lange Zeit den Weg versperre; sie war überzeugt,
dass, wenn die Regierung gegenwärtig zur Majorität gelangen könne,
man solche Gesetze schaffen werde, welche vielleicht einzelne Mängel
und Fehler decken, verbessern werden; aber zugleich auch die Freiheit in engere Schranken drängen und die gesetzliche Selbständigkeit
des Vaterlandes und dessen Unabhängigkeit in der Verwaltung der
anticonstitutionellen Beeinflussung der wiener Reichsregierung nur
noch mehr unterworfen werden. Wir geben zu, sagten sie, dass Apponyi mit seiner Partei nur eine Regelung vorzunehmen, eine stärkere Regierung zu schaffen beabsichtigt; allein wer kann dafür gutstehen, dass die wiener Regierung die von ihm durchgeführten Gesetze nicht für sich ausbeuten wird? Dass sie eben infolge der Grundlage
und Tragweite dieser Gesetze die geordneten Comitatsbehörden, diese
einzig thatsächliche, wirksame Garantie unserer Verfassung, nicht nach
und nach gänzlich entkräften wird? Wer kann dafür gutstehen, dass

sie nicht die Gesetzgebung, wenn sie jetzt die Majorität erlangt, auf 1847.
eine solche Art ordnet, dass diese nur zu einem Schatten, nur zu
einem die Anträge, den ausdrücklichen Willen der Regierung dem Gesetze einverleibenden, lebens- und willenlosen Körper werde? Die
dreihundertjährigen Blätter der Geschichte rechtfertigen auf jeden Fall
diesen Verdacht gegen die wiener Regierung, welche in proteusarti-
gem Wechsel, bald durch Schmeichelei und langsames Einschläfern,
bald durch unter der Maske der Beförderung des nationalen Wohlstandes gestellte Anträge und geheuchelte gute Absicht die nationale
Selbständigkeit, das constitutionelle Leben zu ersticken und zu begraben schon so oftmals versucht hatte. Und ist gegenwärtig das
Ziel, nach dem, und der Plan, gemäss welchem Apponyi mit seiner Partei
thätig ist, nicht eben das Werk dieses wiener Reichsministeriums?
Und was bürgt dafür, ob nicht auch dieser Plan blos eine List, eine
Schlinge ist zur Fesselung des Geistes und der Institutionen des Constitutionalismus?

Und endlich, hatte denn die Regierungspartei wirklich die wahre
Absicht fortzuschreiten? Zwar standen im Programm einige Fortschrittsfragen verzeichnet; hat aber nicht die Regierungspartei selbst
diese Versprechungen des Programms durch Thaten widerlegt, als
sie in den Comitaten manche Frage, welche die Grundlage alles
Fortschritts ist, aus blossen Parteizwecken stürzte? Aber auch jene
Fragen selbst, welche wir ins Programm aufgenommen sehen, setzten
diese Partei dem Verdachte aus, als ob sie solche Reformen zu Stande
bringen wollte, welche nicht auf die Entwickelung des constitutionellen Lebens der Nation, sondern auf die Erweiterung der Regierungsgewalt, nicht auf die Beförderung der Freiheit und allgemeinen Wohlfahrt, sondern auf die Stärkung des Privilegiums und die Vermehrung der einzig die Freiheit beschränkenden Ordnung abzielen. So
nahmen sie z. B. die Sicherstellung der Meinungsfreiheit in den öffentlichen Berathungen auf; denn unter den Arten dieser Sicherstellung ist auch die Möglichkeit enthalten, dass die Oeffentlichkeit beschränkt, die Zuhörerschaft hinausgejagt werde. Sie nahmen die Er-
leichterungen des Ausgleichs der Urbarialverhältnisse vor, aber die Abschaffung der Patrimonialbehörde erwähnten sie nicht, denn diese
würde das Adelsprivilegium schädigen. Sie bestimmten zur Verhandlung das Strafgesetzbuch, weil dieses auch die Schaffung eines solchen Gesetzes möglich machte, welches die Freiheit beschränkt, das
gegen die Regierung und die Aristokratie erhobene Wort mit Strafen
belegt. Sie nahmen ins Programm die Verbesserung der Comitatsverwaltung auf; denn das zu diesem Zweck zu schaffende Gesetz konnte
die Macht der Regierung in den Municipien vermehren, die freie Bewegung des Comitatslebens in Fesseln schlagen. Sie nahmen die
reichstägliche Abstimmung der königlichen Freistädte und die Ver-

^{1847.} besserung der Mängel in der innern Organisation derselben auf; denn man konnte diese schon so oft erörterte Frage auch in einer solchen Richtung entscheiden, dass die neue Regelung das baufällige Gebäude des Absolutismus und der Privilegien stärke. Sie nahmen die Zoll- und Handelsangelegenheit, das Berggesetzbuch - vor; denn in diesen Gegenständen war auch die Schaffung solcher Gesetze möglich, welche den von der wiener Regierung auf dieselbe bisher gegen Gesetz und Verfassung ausgeübten Einfluss zu einem gesetzlichen machen konnten. Sie bestimmten endlich zur Verhandlung auch die Verfügungen hinsichtlich der Vereine und Gesellschaften; denn diese Verfügung konnte auch so vor sich gehen, dass das Vereinsrecht beschränkt und von der Willkür der Gewalt abhängig gemacht werde. Mit Einem Worte, sie bestimmten jene Fragen, deren Schlichtung man auf die Vermehrung der Macht, auf die Kräftigung des Privilegiums dirigiren konnte. Dagegen ist von der Rechtsgleichheit mit der grossen Masse des Volks, von einer vollständigen Volksvertretung, von Gleichheit vor dem Gesetz im Programm kein Wort enthalten. Das Auffallendste jedoch war, dass, obgleich die Deckung der materiellen Interessen des Landes-erwähnt wurde, dennoch die Entsagung des Adels von der Steuerfreiheit, das Princip des Tragens gemeinsamer Lasten, welche man mit Recht als Grundlage alles materiellen und geistigen Fortschritts betrachten musste, welche unter unsern Umständen eine der brennendsten Fragen war, nie und nirgends durch sie deutlich ausgesprochen wurde. Ja es gab unter den Conservativen mehrere, welche die Ausdehnung der gemeinsamen Steuer auf den Adel als eine offene Frage verkündigten, was die Opposition nicht anders erklären konnte, als dass die Regierungspartei über die Frage der gemeinsamen Besteuerung nur deshalb nicht entschieden habe, damit sie mit dem Bettlerprivilegium der Steuerfreiheit bei Gelegenheit der Beamten- und Deputirtenwahlen in den Comitaten unter der unwissenden Masse des niedern Adels Werbungen veranstalten, sich eine Majorität verschaffen und das Schlagwort „Nem adózunk!“ (Wir zahlen keine Steuer!) als Waffe zum Sturze der Opposition gebrauchen könne

Die Tendenz-
principien
der Oppo-
sition.

Und wie stand es bei diesen conservativen Tendenzen, eingestandenen und geheimen Zwecken, all diesem Jagen nach Majorität mit den Tendenzprincipien der Opposition? Worauf zielten dieselben ab? Die Opposition wollte, wie es aus deren täglichen Aeusserungen in ihren Organen erhellt, sowol hinsichtlich der einzelnen Verhältnisse als des ganzen constitutionellen Systems auf dem künftigen Reichstage das Feld des Fortschritts offen, entschieden und ohne Wanken betreten.

Dieser Fortschritt musste sich ihrer Absicht gemäss auf das ganze Nationalleben ausdehnen, es musste ausser den materiellen Interessen das ganze Staats- und Privatrecht der Nation, die Stellung des Reichs der Regierung gegenüber und die Verhältnisse der Bürger untereinander umfassen. Ihren Anschauungen gemäss standen diese zwei parallelen Richtungen der Reform in einer untrennbaren Verbindung miteinander. Sie waren überzeugt, dass, bei welcher Nation die gegenseitigen Verhältnisse der Bürger nicht auf der Grundlage der Gerechtigkeit geordnet sind, diese weder ihrer eigenen Regierung noch andern Völkern gegenüber eine würdige Stellung werde einnehmen können; wie man andererseits auch die gegenseitigen Verhältnisse der Bürger nur dort zweckmässig ordnen kann, wo die Verhältnisse zwischen Regierung und Nation bis zur Möglichkeit ins Reine gebracht wurden.

Da in constitutioneller Beziehung alle unsere Uebelstände daher stammten, dass die zwischen unserm Vaterlande und den mit absoluter Gewalt regierten Erbländern bestehenden Verhältnisse nicht gehörig festgestellt waren, so wünschte die Opposition vor allem diese Verhältnisse festzustellen und unser öffentliches Leben dann dieser Einrichtung anzupassen. Nicht Losreissung, nicht die Aufhebung oder auch nur Schwächung jener Verbindung, in welcher unser Vaterland kraft der Pragmatischen Sanction mit der Monarchie stand — wovon einige übereifrige oder macchiavellistische Anhänger der Regierungspartei die Opposition zu verdächtigen liebten —, sondern die detaillirte, pünktliche, klare Bestimmung dieses Verbandes und der daraus entstandenen Verhältnisse war der Zweck der Opposition. Und in dieser Hinsicht schwebte ihren Augen in aller Klarheit dasjenige vor, was sie in der nächsten Zukunft zu thun habe. „Wir werden eine constitutionelle Nation genannt", so sprach die Opposition, „lebendige und mit unzähligen königlichen Eiden bekräftigte Gesetze sichern dieser Nation volle Unabhängigkeit und Selbständigkeit; und gleichwie das Band, welches, solange das Herrscherhaus lebt, dieses unser Vaterland mit den Erbländern verbindet, unlösbar ist, so steht auch die volle Unabhängigkeit der Nation in ihren innern Angelegenheiten von der Regierung der Erbländer unter dem Schutze derselben Gesetze. Wir müssen daher die Consequenzen unserer Verfassungsmässigkeit durchsetzen, damit die Gesetze, deren Buchstaben unsere Vorfahren und auch wir so eifersüchtig vertheidigt haben, ins Leben treten. Dies kann nur so geschehen, wenn hinsichtlich unserer Regierung das Princip der Verantwortlichkeit in Anwendung gebracht wird. Unsere gegenwärtige Regierung sprach ihre Ueberzeugung aus, dass man ohne Majorität nicht zweckmässig regieren könne; befolgen wir diesen Wink und ordnen wir unsere Angelegenheiten so, dass das Vaterland stets nur im Geiste der Majorität regiert werden könne. Wir werden in die Reihen der constitutionellen Nationen eigentlich erst dann eintreten, wenn, wie wir eine unabhängige Gesetz-

1847. gebung besitzen, auch unsere Regierung eine von jedem äussern Einflusse unabhängige, parlamentarische Regierung sein wird."

Hinsichtlich der gegenseitigen Verhältnisse der Bürger drückten die Organe der Opposition die Hauptprincipien des Fortschritts folgendermassen aus: „Das Material, aus welchem freie Reiche entstehen, kann nicht eine privilegirte Klasse, sondern nur eine Nation sein. Unfruchtbar verwelken die politischen Institutionen der Neuzeit, wenn die gesellschaftliche Construction mit diesen Einrichtungen im Widerspruche steht. Ohne die Begründung der gegenseitigen Verhältnisse der Bürger auf gerechter Grundlage kann die Nation nicht einmal die parlamentarische Regierung bewerkstelligen und in Wirklichkeit besitzen, ihr constitutionelles Dasein nicht für längere Zeit aufrecht halten: das Ziel der Reformen kann daher in dieser Hinsicht nur eine vollständige Rechts- und Lastengleichheit sein, verhältnissmässig ausgedehnt auf jeden Bürger als Grundstein und nothwendige Bedingung jedes constitutionellen Lebens."

Bei einem so grossen, so wesentlichen Unterschiede der Tendenzprincipien, und in einer Zeit, wo die Regierungspartei jedes Mittel in Bewegung setzte, um sich zur Durchführung ihrer Plane auf dem herannahenden Reichstage die nöthige Majorität zu verschaffen, ist es kein Wunder, wenn auch die Opposition einen grössern Eifer entwickelte, an der Vereitelung der Regierungsplane eifriger thätig war als je in den vergangenen Zeiten. Indessen äusserte sich gegenwärtig nicht allein aus den bisher aufgezählten Ursachen eine so heftige Opposition gegen den an der Spitze der Regierung stehenden Hofkanzler; es gab auch noch eine andere Ursache, welche der Natur der Parteien gemäss der Opposition einen weit grössern Antrieb zur ausdauernden, energischen Action gab als alles andere.

Zu Hofkanzlern pflegte man bisher auf der Rangleiter des Amts ergraute, an bureaukratischen Verdiensten reiche Regierungsmänner zu ernennen. Apponyi dagegen wurde noch als junger Mann, ohne lange Dienstzeit, ohne besondere Amtsverdienste aus einer untergeordneten Stellung als Statthaltereirath auf einmal zum Hofkanzler ernannt; bei seiner Ernennung wurden die alten Autoritäten, so viele ältere, verdienstvolle Beamte übergangen, der erste Vicehofkanzler selbst übersprungen; er wurde einzig wegen seiner Reden auf dem Reichstage und seiner Führerschaft der jungen conservativen Partei ernannt, wie der frühere Führer dieser Partei, Graf Aurel Dessewffy, ernannt worden wäre, wenn er noch am Leben gewesen sein würde.

Dies war eine grosse Abweichung von der alten Regel, eine ungewohnte, dem parlamentarischen Einflusse dargebrachte Huldigung, welche bezeugte, dass schon auch ein solcher Einfluss allein im Stande ist, seinen Mann, ohne jedes amtliche Verdienst, an die Spitze der Regierung zu stellen. Es war ein ernster Sieg des Parlamentarismus

über gas bureaukratische System. Die Parteien besitzen einen scharfen Instinct, dergleichen Aenderungen zur Beförderung ihrer Interessen auszubeuten. Dies thut nun auch die Oppositionspartei, welcher diese Ernennung die Aussicht erschloss, durch parlamentarischen
Einfluss, durch überwiegende Majorität einst gleichfalls zur Regierung gelangen zu können. Nicht nur der Hofkanzler Apponyi und
seine Partei erklärten es offen, sondern auch Metternich selbst anerkannte es, dass es unmöglich sei, ohne Majorität zweckmässig zu regieren; daher kommt jenes Streben der Regierungspartei, um jeden
Preis zur Majorität zu gelangen; und wenn nicht einmal die angestrengte Bestrebung der gegenwärtigen Regierungspartei zu einer solchen Majorität gelangen kann, sondern diese fortwährend der Oppositionspartei verbleibt: folgte daraus nicht, dass mithin auch die Regierung endlich in die Hände dieser Partei kommen müsse? Wen wird
es wundernehmen, wenn infolge dessen die Opposition es geradezu
zu ihrem Losungsworte machte, Apponyi zu stürzen und dem Cabinet
neuerdings und wiederholt zu beweisen, dass in Ungarn die conservative Richtung, wie sehr sie sich auch die Schlagworte der Opposition aneigne, wie sehr sie derselben in ihren Planen nachahme, beständig zur Minorität verurtheilt sei, und sich einer sichern Majorität, wie sie die Regierung nöthig habe, nur die freisinnige Richtung
rühmen dürfe, nach den Forderungen des Constitutionalismus daher
nur diese das Ruder der Regierung ergreifen könne?

Und infolge dessen geschah es, dass die Opposition, sehend, wie
die Regierung zu ihrer Unterstützung eine Partei gestaltet, welche
regelmässige Sitzungen abhält, sich zu einem Club bildet, wegen Verschaffung der Majorität jeden Stein in Bewegung setzt, jedes Mittel
anwendet, Seelenkauf treibt, Stimmwerbungen im grossen gestaltet
und selbst die Fortschrittsfrage von brennendster Nothwendigkeit, die
Frage des gemeinsamen Tragens der Lasten, der allgemeinen Besteuerung als Mittel zur Verschaffung der Majorität benutzt, — es gleichfalls für nothwendig hielt, unter den Mitteln, welche die geistige Einheit ihrer Partei befestigen sollten, Umschau zu halten.

Das Tauglichste schien zu diesem Zwecke dasjenige zu sein, was
die Conservativen in Anwendung gebracht hatten: in Pesth, bei Gelegenheit der Jahrmärkte, da die Patrioten ihrer Privatbeschäftigung
wegen aus allen Gegenden des Landes ohnehin sich versammeln, in
freundschaftlichen Zusammenkünften zu conferiren, die Richtung der
Partei, die Reihenfolge der vorzunehmenden Gegenstände, die Thätigkeit der Partei genauer zu bestimmen. Seit Juni 1846 hielt die
Opposition derlei Zusammenkünfte bei Gelegenheit eines jeden pesther
Jahrmarkts ab. Und diese Conferenzen hatten die oben mitgetheilten Tendenzprincipien zum Resultat, hinsichtlich welcher das Einverständniss unter den Mitgliedern der Opposition ein gemeinsames war.

1347. Diesem nach offenbarte sich insbesondere sogleich in der ersten Zusammenkunft einstimmig die Ueberzeugung, dass die Zukunft unsers Vaterlandes nur so gesichert, seine Freiheit, Constitutionalität, sein materielles Aufblühen nur so entwickelt und das politische Leben des Adels selbst nur so gerettet werden könne, wenn das Interesse der verschiedenen Klassen des Vaterlandes vereinigt werde.

Das grösste Hinderniss dieser Interessenvereinigung war bisher die Steuerfreiheit des Adels und jene grosse Ungerechtigkeit, dass der Adel die Lasten des Volks nicht theilte. Die Beseitigung derselben wurde als das Alpha des Vorzunehmenden anerkannt; sie konnte, schon an sich selbst Ziel, zugleich als Mittel zu allem andern dienen, was für die Nation gut und heilsam war. Man kam daher allgemein darin überein, dass es zwar nothwendig sei, bei allen constitutionellen Bedingungen und Garantien für die Bedeckung der nicht vorgesorgten Bedürfnisse des Staats Sorge zu tragen und dass die Mitglieder der Opposition diese Vorsorge als ihre Aufgabe betrachteten; dass es jedoch beiweitem nothwendiger sei, an den öffentlichen Lasten des Volks theilzunehmen. Jenes ist die Frage der Wohlfahrt, dieses eine Frage des Daseins für das Vaterland und insbesondere für den Adel, welchen man, da er die eine Hälfte der Gesetzgebung eigentlich nur erst allein bildet, aus der Rechnung nicht auslassen darf.

Die Opposition erkannte daher das Streben nach einer Betheiligung an den öffentlichen Lasten des Volks als die erste und nothwendigste der vorzunehmenden Angelegenheiten an. Sie war, wenn es die Umstände verlangen sollten, bereit, derselben andere Fragen unterzuordnen, sie selbst aber keiner andern. Indem man jedoch kaum hoffen konnte, dass sie dieses Ziel schon auf dem nächsten Reichstage vollständig erreichen werde, war sie bereit, jeden Schritt, welcher diesem Ziele näher führe, ohne die künftige Entwickelung zu hemmen, anzunehmen; ja sie wollte sich selbst in der nach Comitaten vorzunehmenden Bestimmung der Grenzen in der Verwirklichung dieser Frage den Umständen anbequemen; aber die gemeinsame Tragung der öffentlichen Lasten wurde zum leitenden Princip festgestellt, nach welchem die Opposition vorgehen und wirken werde.

Als zweites Haupthinderniss wurden die Urbarialverhältnisse angesehen. Man sah, dass, solange diese bestehen, zwischen der zahlreichsten Klasse des Volks und dem besitzenden Adel der Same ewiger Feindseligkeit keimen werde, ohne dass derselbe aus den Verhältnissen wenigstens einen verhältnissmässigen materiellen Nutzen ziehen könnte; denn die Wirthschaft mit Robot und Zehnten ist ein so abnormer Zustand, dass es schwerer wäre zu sagen, ob er dem Grundherrn oder dem Unterthan mehr Schaden, Bitterkeit und Aerger verursache.

Die Meinung war daher allgemein, dass dieser Zustand sowol 1847. vom volkswirthschaftlichen Gesichtspunkte aus schlecht, als auch in politischer Beziehung für das Vaterland gefährlich sei. Man war allgemein überzeugt, dass, indem man sich aus diesem Zustande ohne das Dazwischentreten von Einrichtungen von seiten des Staats einzig auf socialem Wege nur sehr langsam und nach langer Zeit herauswickeln könnte, währenddessen sich sowol hinsichtlich der Ruhe des Landes als auch der Entschädigung des Adels gefährliche Umstände gestalten könnten, das Aufhören der Urbarialverhältnisse mittels der vollständigen Entschädigung des Grundherrn durch eine vom Reichstage ausgehende Verfügung je eher je lieber durchgeführt werden möge.

Als drittes Hinderniss der Interessenvereinigung wurde ferner erkannt, dass an der Wohlthat der Verfassung nur Eine Klasse, der Adel, theilnehme, nur dieser in der Gesetzgebung vertreten sei und dessen ganze bürgerliche Stellung durch Privilegien und Vorrechte sichergestellt werde; während die zahlreichsten Klassen der Nation von allen diesen Wohlthaten und Rechten vollständig ausgeschlossen seien und ausserhalb der Schanzen der Verfassung stehen. Deshalb sei diese so schwach und auch bisher so vielen von oben kommenden Angriffen ausgesetzt gewesen, und würde auch in der Zukunft noch grössern Gefahren, welche in gleicher Weise von oben wie von unten entstehen könnten, ausgesetzt sein.

Die Meinung war daher allgemein, dass die Opposition dahin streben müsse, dass für alle Klassen der Nation eine vollständige Rechtsgleichheit und Gleichheit vor dem Gesetz begründet und auch den nichtadeligen Bürgern des Reichs an den municipalen und legislativen Rechten auf Grundlage der Volksvertretung wirklicher Antheil gegeben werde.

Bei diesen die gegenseitigen Verhältnisse der verschiedenen Klassen der Nation auf diese Art regelnden, ihre Interessen so vereinigenden Hauptgrundsätzen aber wurde die Durchsetzung sämmtlicher Consequenzen des Constitutionalismus zum massgebenden Princip bestimmt; insbesondere die endliche Verwirklichung des die Selbständigkeit und unabhängige Regierung des Reichs garantirenden 10. Gesetzartikels von 1791.

Dass die Opposition in diesen ihren zeitweisen Zusammenkünften ausser der Feststellung dieser massgebenden Grundsätze auch über die Normirung ihres eigenen Vorgehens und die Wahl der zum Ziele führenden Mittel Erörterungen pflog, ist überflüssig zu erwähnen. Die Taktik, welche die conservative Partei, um ihre Ziele zu erreichen, gebrauchte, machte dies von seiten der Opposition unerlasslich nothwendig. Indessen wollte die Opposition ein Programm noch nicht erlassen. Infolge der Taktik und des Verfahrens der Conservativen

1847. hielten dies zahlreiche angesehene Mitglieder der Opposition aus mehrfachen Gründen für nicht räthlich.

Es schien denselben nämlich, dass von seiten der Conservativen in dieser ihrer Gestaltung zu einer Partei und der Veröffentlichung ihres Programms ausser den Parteizwecken auch noch eine gewisse List, eine Schlinge verborgen sei, mittels welcher sie die Opposition zu stürzen beabsichtigten; wodurch die letztere, wenn dies gelänge, nicht nur sich selbst, sondern, was noch mehr ist, auch dem Vaterlande und der Verfassung grossen Schaden zufügen könnte.

„Die Regierung", so sagten diese Oppositionsmitglieder, „wollte mit dem Administratorensystem die Institution der Comitate aus ihren Angeln heben, weil sie sah, dass, solange diese Einrichtung in ihrer constitutionellen Unversehrtheit bestehe, die traditionelle Politik des nach Verschmelzung strebenden Absolutismus nicht zum Ziele führe. Die Comitatsinstitution hat bei allen ihren Gebrechen die unschätzbare Eigenschaft, dass sie den absolutistischen Wünschen der Regierung gegenüber eine unbezwingliche Elasticität besitzt. Das Comitatssystem würde mit seinem passiven Widerstande, seiner eigenthümlichen Inertie selbst den Staatsstreich, wenn ein solcher irgendeinmal wieder versucht werden sollte, ebenso vereiteln, wie es die Reformbestrebungen Joseph's II. und die willkürherrschaftlichen Versuche im Jahre 1823 vereitelt hatte. Die Regierung wollte daher jetzt diese Comitatsinstitution durch das Administratorensystem zum Selbstmord treiben. Die Absicht gelang jedoch auch auf diese Art nicht. Denn obgleich dieses Administratorensystem sehr viel Ungemach verursachte, obgleich es in die Adern der Nation einen ganzen Strom moralischen Giftes leitete, so gelang dennoch der Plan so, wie er entworfen war, nicht: die Comitatsinstitution bekundete wieder ihre Elasticität. Die energische Aeusserung, das entschiedene Verhalten einiger Comitate verhinderte es, dass das Administratorensystem zu dem werde, wozu es die Regierung machen wollte. Die bureaukratische Regelung unterblieb gleich anfangs, und mancher andere Stachel des Versuchs brach oder stumpfte ab."

„Dies sehend", so sagte ferner die Opposition, „gestalteten und organisirten sich die der Regierung anhängenden Conservativen zu einer Partei, zu dem offen und deutlich ausgesprochenen Zwecke, dass sie hinsichtlich der Personen und Dinge mit vereinter Kraft, Parteiselbstbewusstsein und schon im voraus berechneter, übereinstimmender Mitwirkung auf die Comitatsbeschlüsse, Beamten- und Deputirtenwahlen Einfluss nehmen würden; zu welchem Zwecke sie auch beschlossen, dass die Administratoren und Obergespane das Centralcomité der Partei zeitweise vom Zustande des Comitats unterrichten sollten. Bei diesem Uebereinkommen rechneten sie indessen darauf, dass, von den Umständen dazu genöthigt, auch die Opposition das

Gleiche thun werde, infolge dessen sie sodann, da durch ein solches 1847.
Vorgehen der zwei Parteien die freie Bewegung der Comitate in ihrem
eigenen Kreise gelähmt würde, dasjenige bewirken könnten, was der
Regierung durch das Administratorensystem zu erreichen nicht ganz
gelang, das Comitatssystem, diese Hauptgarantie der Verfassungsmässigkeit, zu schwächen und aus seiner constitutionellen Stellung heraus-
zuheben."

Dies war die Ursache, dass sich die Oppositionspartei hütete,
dem Beispiel der Conservativen zu folgen, und dass sie bei Gelegenheit ihrer zweiten im März abgehaltenen Versammlung offen erklärte, dass sie „den Einfluss der sich zu einer Partei gestaltenden
Regierung in die sich in municipalen Beschlüssen, Deputirten- und
Beamtenwahlen offenbarenden Zweige des constitutionellen Lebens für
eine auf den Umsturz des Comitatssystems gerichtete gefährliche Bestrebung halte".

Allein die Parteiorganisation und Programmveröffentlichung schien
auch noch aus einem andern Grunde nicht räthlich zu sein. Die Verhältnisse der Comitate waren so verschieden, dass, welche Reform
man in einem Comitat schon leicht durchführen konnte, dieselbe in
einem andern, in ähnlicher Ausdehnung, nicht einmal zu versuchen
räthlich gewesen wäre. Wenn nun die Opposition ein Programm erlassen hätte, so würde dies zwar Eintracht in die Partei gebracht
haben; aber es hätte leicht geschehen können, dass der eine oder der
andere Punkt des Programms in einem oder dem andern Comitat
einen Kampf hervorgerufen und das Comitat auf ein solches Gebiet
gebracht haben würde, wie einige Jahre früher die zwölf szathmárer
Punkte: wegen der Frage, welche den Kampf hervorrief, könnte das
ganze Programm fallen, könnten die nothwendigsten Männer unmöglich werden, wie dies z. B. 1843 mit Franz Deák in Zala geschah;
und so würde die Opposition selbst ihre Zahl und Kraft vermindern

Hinsichtlich der Erlangung der parlamentarischen Majorität konnten die Conservativen, welche die Privilegien aufrecht erhalten wollten und sich hüteten, die Besteuerung des Adels deutlich auszusprechen, da die bedingenden Factoren einzig aus privilegirten Elementen
bestanden, von den ein grosser Theil den Adelsprivilegien noch stark
anhing, so konnten, sagen wir, die Conservativen leicht ein Programm erlassen, welches das Privilegium nicht verletzte. Die Oppositionspartei konnte indessen mit Recht befürchten, dass, wenn sie
ein Programm erliess, welches ihre Principien und Tendenzen deutlich ausdrückte, sie damit, da sie in demselben das Princip der Abschaffung der Steuerfreiheit und anderer adelichen Privilegien klar
aussprechen müsste, den Conservativen Gelegenheit bieten würde, die
Fahne der Nichtzahlung auszustecken und damit die selbstsüchtige,
unwissende Masse des niedern Adels zu ihrer Partei zu verführen.

1847. Ja viele unter den Mitgliedern der Opposition vermutheten, dass eben diese List einer der Hauptzwecke war, weswegen das conservative Programm erlassen wurde.

Allein wie es auch geschehen war und wie viel Wahres in diesem Verdachte der Opposition gewesen sein mochte, soviel ist sicher, dass die Opposition im Laufe des Jahres 1846 und auch noch in der Hälfte des folgenden Jahres kein Programm herausgab. Anstatt dessen veröffentlichte sie ihre massgebenden Principien und vorzunehmenden Schritte durch in ihren gewohnten Organen mitgetheilte Artikel. Insbesondere erhob über die hauptsächlichste, hinsichtlich des niedern Adels heikeligste Frage, die des gemeinsamen Tragens der Lasten, nicht nur das „Pesti Hirlap" öfter seine Stimme, sondern auch Kossuth begann im „Hetilap" seine Agitation aufs neue. Die Regierung trug jedoch dafür Sorge, die Waffe der Presse in den Händen der Opposition abzustumpfen. Von Kossuth konnten im ganzen nur zwei Artikel erscheinen, deren einer nach langem Kampfe von der Censur arg zugestutzt, der andere aber, wie man behauptete, nur aus Irrthum, eigentlich ohne Wissen der Censur eingeschmuggelt, das Tageslicht erblicken konnte, weswegen der Redacteur beinahe mit dem Verluste seiner Stellung gebüsst hätte.

Da die Opposition im Gebiete der Presse auf diese Weise beschränkt war, sorgte sie deshalb, um ihre Principien und Meinungen zu entwickeln, und noch mehr, um die Plane, Absichten und Listen der Regierungspartei zu beleuchten, zu diesem Zweck für andere Mittel. Unter anderm stellte es sich der pesther „Kör", der nach einer eine geraume Zeit dauernden Spaltung, durch die Umstände getrieben, sich abermals vereinigt und unter dem Präsidium Ladislaus Teleky's den Titel „Ellenzéki kör" (Oppositionscirkel) angenommen hatte, die Aufgabe, die aus der Beschränkung der Tagespresse entstehenden Mängel in der Hauptstadt einigermassen zu ersetzen und dem freien Gedankenaustausche ein Feld zu eröffnen. Die seither häufig besuchten Säle des „Kör" gestalteten sich zu einem wahren politischen Club, der sowol hinsichtlich der Anzahl als auch der Thätigkeit seiner Mitglieder den conservativen Club „Gyülde" weitaus übertraf. Der „Ellenzéki kör" begnügte sich nicht mit dem in seinem Schose mit lebendigem Wort geführten Ideenaustausche, er wollte auch seine in der Provinz wohnenden Mitglieder daran theilnehmen lassen. Und so geschah es, dass Joseph Bajza vom Vereine betraut wurde, ein von den Fesseln der Censur befreites, im Auslande zu druckendes politisches Taschenbuch zu redigiren, welches auch sodann unter dem Titel „Ellenőr" im Sommer des Jahres erschien und seinen Lesern zahlreiche werthvolle politische und geschichtliche Abhandlungen bot.

Indessen drohte trotz aller dieser und ähnlicher Thätigkeit der

Opposition der parlamentarischen Majorität dieser Partei dennoch Ge- 1847.
fahr, und die Hoffnung der Conservativen, die über ihren Sieg kaum
mehr zu zweifeln schienen, war nicht gänzlich ohne Grund. Gegen
das Ende des vergangenen Jahres und zu Anfang des jetzigen entwickelten sich in mehrern Comitaten Uneinigkeiten und Spaltungen
in den Reihen der Oppositionspartei. Hier verführten die ·Stimmwer-
bungen, der Seelenkauf, die von verschiedenartigen Versprechungen
begleiteten „Capacitirungen" der Administratoren mehrere zur Untreue, zum Abfall; dort leitete das Programm der ·Conservativen,
welche sich auf listige Art die Losungsworte der Opposition angeeig-
net hatten, mehrere auf Abwege. Viele, die sich entweder nicht zur
Höhe der Principien, zur Beurtheilung der verschiedenen Richtungen
erheben konnten, oder, misgestimmt wegen des geringen thatsächlichen
Erfolgs der bisherigen Reformbestrebungen der Opposition, jetzt die
Agitationen der Regierungspartei sehend, am Siege der Oppositionspartei noch mehr verzweifelten; oder endlich die sich von den zahlreichen Unordnungen, welche im öffentlichen Leben Wurzel gefasst
hatten, mit Abscheu wegwandten, — schlossen sich ganz oder halb-
wegs der conservativen Partei an. Jene begnügten sich damit, dass
auch die Conservativen die Durchführung jener einzelnen Reformfragen, mit Ausnahme einiger, als Ziel bestimmt hatten, für welche
bisher die Opposition allein gekämpft hatte; diese wurden, von der
Hoffnung angetrieben, dass die conservative Partei, von der Regierung unterstützt, nun die Reformen, wenn auch vielleicht etwas modificirt, leichter zu Stande bringen werde als die Opposition, deren
Bestrebungen die Regierung wahrscheinlich abermals vereiteln werde,
und auch, von der Sehnsucht nach Ordnung gezogen, der conservativen Partei in die Arme getrieben, welche im Namen der Regierung
Ordnung und Reformen versprach.

Aus diesen Ursachen stammte es, dass in manchem Comitat
ganze Fractionen der Oppositionspartei ins conservative Lager übergingen. Dieser Fall kam z. B. im honter Comitat vor, wo ein an-
geschenores Mitglied der Oppositionspartei versuchsweise eine ver-
söhnliche Politik in Antrag brachte, deren Losungswort sein sollte:
in der Versammlung Aufgeben des Corteschwesens, Schonung der Personen, jedoch ohne Aufopferung der Principien; ausserhalb der Versammlungen gegenseitige Mittheilung, Verschmelzung im gesellschaftlichen Leben; endlich bei der künftigen Beamten- und Deputirtenwahl die Möglichkeit des Dienens mit den Angehörigen der conservativen Partei. Die grössere Hälfte der Comitatsopposition nahm den
Antrag, wie sie sagte, versuchsweise an. Vergebens bekämpfte diesen Versuch der Führer der Comitatsopposition, Zsembery, mit einigen seiner Genossen; da er in seiner eigenen Partei in der Minorität
blieb, sah er sich genöthigt, um das Princip zu retten, sich einst-

weilen vom öffentlichen Leben zurückzuziehen. Aehnliche Zerwürfnisse und Spaltungen geschahen in Heves, Csongrád, Szathmár und noch in einigen andern Comitaten.

Széchenyi's
Wirken in
dieser Zeit.

Diese Spaltungen in der Opposition beförderte nicht wenig auch das Verhalten und Wirken Stephan Széchenyi's in dieser Zeit. Obgleich er von seiner Popularität viel verloren zu haben schien und auch im Mittelpunkte, Pesth-Ofen, so sehr verloren hatte, dass er, wie er selbst zu sagen pflegte, „zwischen zwei Stühlen auf der Erde sass", besass er nichtsdestoweniger in der Provinz, besonders seit dem erfolgreichen Beginn der Theissregulirungsarbeiten, noch fortwährend bei vielen grosses Ansehen und seine Stimme ein grosses Gewicht. Ihn, den „grossen Patrioten", wie er einst von Kossuth selbst betitelt wurde, hielt und konnte kaum irgendjemand mit Recht für fähig halten, dass er zur Schwächung der Unabhängigkeit und Constitutionalität des Landes der wiener Regierung hülfreiche Hand bieten werde. Nun aber wirkte auch er seit einiger Zeit dafür, dass die Regierung Apponyi's die Majorität gewinne. Er hatte unter dieser Regierung ein Amt angenommen; während niemand zweifeln konnte und auch nicht zweifelte, dass er dies nur zum Wohle seines Vaterlandes gethan habe. Er nahm theil an den Versammlungen der conservativen Partei, während das Amt die Freiheit seiner Meinung nicht beschränkte. Ja, um der Regierung zur Majorität auf dem Reichstage zu verhelfen und zu diesem Zweck die Orientirung der öffentlichen Meinung zu erleichtern, auf die Instructionen aber nach Möglichkeit Einfluss zu nehmen, trat er vor der Nation abermals mit einem ganzen Werke auf, welchem er den Titel „Politikai Programmtöredékek" (Politische Programmfragmente) gab.

Dieses Buch, welches das leidenschaftlichste Werk Széchenyi's ist, ist in seiner rhapsodischen Systemlosigkeit insbesondere auf zwei Ziele gerichtet, deren eins: der Opposition bezüglich ihrer Haltung in der nahen Zukunft Rathschläge zu ertheilen; das zweite: Kossuth möglichst zu depopularisiren, von ihm, der, obgleich Ludwig Batthyáni noch immer als Führer, Franz Deák als der Weise der Opposition angesehen wurde, deren Agitator, Seele und Bannerträger war, wenigstens einen Theil der Opposition loszureissen.

Die „Politikai Programmtöredékek".

In dieser zweiten Beziehung zergliedert er schonungslos nicht nur die Politik, sondern auch den politischen Geist und die persönlichen Eigenschaften Kossuth's; und wenn er ihn schon im „Kelet Népe" bitter angegriffen hatte, so tadelte er ihn in diesen Programmfragmenten mit wahrhaft in Galle getauchter Feder und beinahe fieberhafter Heftigkeit der Leidenschaft besonders jener Richtung wegen, welche er in der Frage des gemeinsamen Tragens der Lasten durch seine im „Hetilap" veröffentlichten Artikel offenbart hatte.

Jene Flut von Persönlichkeiten übergehend, führen wir nur Eine

Stelle des Buches an, welche wegen ihres prophetenartigen Inhalts 1847. hinsichtlich der Ereignisse der nahen Zukunft eine besondere Aufmerksamkeit verdient.

„Der Bestand des Vaterlandes", so prophezeit der Graf, „wird erschüttert werden, und die am eingreifendsten wirkenden Patrioten werden, wenn ihr Herz schmerzlich bluten wird bei dem Gedanken, wie weit Weisheit die Entwickelung dieses Vaterlandes hätte bringen können und wie tief es schwärmerische Incompetenz sinken liess, genöthigt sein, Staatswissenschaft einzig und allein in eifrigem Gebet, als ultimum remedium, zu suchen und den Gott der Ungarn abermals zu bitten, dass er unserer Unmündigkeit gnädig sei und helfe.

„Die Nationalität, für welche wir so lange, so männlich, so treu und schon mit einigem Erfolge kämpften, wird wahrscheinlich in ihren letzten Zügen liegen.

„Und Sie, Herr Kossuth, den ich nicht nur für einen das Vaterland liebenden und ehrlichen, sondern auch gutherzigen Menschen zu halten liebe, dem die Tugend kein leerer Klang, kein luxuriöses Aushängeschild ist, was werden Sie fühlen, wenn sich das Gemälde meines Pinsels als wahr herausstellen wird, und Sie, der schon so oft enttäuscht wurde — wozu Sie auch mehr als genug Ursache hatten —, sich zuletzt auch noch jener süssen Illusionen, welche Sie jetzt noch immer im Dunkeln halten, entschlagen müssten, dass:

„als Sie sich voll Staatsweisheit dünkten, Sie nur voll Phantasien und Eigendünkel waren;

„als Sie sich für einen Propheten hielten, Sie nicht nur nichts voraussahen, sondern selbst die obschwebenden allereinfachsten Ereignisse rein aufzufassen nicht im Stande waren; und während Sie sich in schöpferischen Illusionen wiegten, Sie nichts anderes waren als ein Antragsteller und Projectenmacher, der alles beginnt, die Leichtgläubigen zu allem verleitet, eins oder das andere kurze Zeit hindurch vielleicht aufrecht zuhalten vermag, allein nicht zu Ende zu führen versteht;

„als Sie andere führen wollten, Sie nicht einmal sich selbst praktisch zu regieren vermochten;

„als Sie sich für einen politischen Messias, einen tiefeindringenden Staatsweisen hielten, Sie nie im Stande waren, sich höher zu erheben als zum Gesichtspunkte eines gutherzigen Misericordianers, der in jede kleinste Wunde heilenden Balsam zu träufeln wünscht, nach mangelhaften Berechnungen Brot für die Armen backen lässt, und, dem Müssiggange in fürchterlicher Weise Vorschub leistend, vielleicht mit genug Talent zur Begründung eines grossen National-Krankenhauses versehen ist, aber eine Nation, eine im Sinken begriffene Nation niemals regeneriren wird;

„als Sie Völker zu beglücken wähnten, Sie, nach Art der Winkel-
advocaten, zu unserm Unglück nur ihr Aufreizer waren; und dass
auf diese Weise:

„als Sie die Einrichtungen unsers Vaterlandes zu ordnen, zu
befestigen wähnten, Sie dieselben in unendliche Verwirrung brachten;
anstatt die Freiheit, die Ihr Idol war, zu verbreiten, das Vaterland
in einen knechtischen Zustand versenkten; unserer Nationalität aber,
die, möge man sagen, was man will, die einzige Garantie unserer
freiern Institutionen und jener einzige Regenerationsfunke ist, welcher in uns lebt, vielleicht unfreiwillig, wir geben es zu, den Grund
unter den Füssen wegzogen; und demgemäss haben Sie sich auch
noch in jener Illusion,

„als Sie glaubten, dass Sie wenigstens Ihre Pflicht erfüllen würden, getäuscht, denn Ihr Wirken hat mehr Schaden verursacht, als
es Nutzen gebracht hätte, und die Begehung unzeitiger Schritte ist
noch lange nicht Pflichterfüllung!

„Denn, sage ich, wenn Sie einmal vollständig enttäuscht sein
werden — was geschehen wird, zweifeln Sie nicht daran, denn Ihre
selbstgeschaffene Welt ist nicht realer als die Fata-Morgana, und Sie
werden es nicht in Abrede stellen können, dass ich Sie besser kenne,
als Sie sich selbst kennen —, dann, frage ich Sie, werden Sie wol auch
nur Ein tröstendes Gefühl in Ihrem Busen finden?

„Werden Sie vielleicht die Reinheit Ihrer Absicht vorbringen?
Ist es aber, frage ich, nicht ein trauriger Trost, wenn aus demselben die Trümmer einer gänzlich zerstörten Nation auftauchen und uns
eine niemals aufhörende Mahnung in die Ohren rufen: «L'enfer est
peuple des meilleurs intentions?»

„Oder werden Sie sich etwa damit trösten, dass Sie sich nur
Ihres Rechts bedienten? Wenn Ihnen indessen hierauf wieder die
unanfechtbare Behauptung des Weisen einfallen wird, «dass es keinen grössern Frevel gibt, als andere führen zu wollen, wenn man
hierzu die nothwendigen Eigenschaften nicht besitzt»: werden Sie sich
wol nicht all der Illusionen, aus welchen sich mit eigener Kraft zu
erheben Sie weder genug Besonnenheit hatten, noch genug Energie,
um zu dulden, dass andere Sie davon befreien, werden Sie dieser Illusionen nicht mit bitterm Gefühle gedenken?

„Und deshalb bitte ich Sie im heiligen Namen des Vaterlandes,
verlassen Sie das gefahrvolle Feld der Agitation, auf welches Sie sich
gestellt haben; ja, mich an Ihr edles Gefühl wendend, flehe ich Sie
demüthig an, entsagen Sie Ihrer politischen Führerschaft im allgemeinen.

„Wenn sie indessen den einmal begonnenen nebelhaften Geister-
tanz des «ohne Euch, ja gegen Euch» bis zum Ende führen wollen,
so mögen Sie es thun.

„Reizen sie jede Nationalität gegen die ungarische bis zur Wuth
auf; werfen Sie die Brandfackel auf das Dach des Ackerbauers,
peitschen Sie die Interessen der gemeinschaftlichen Monarchie zu den
grössten Gegensätzen auf, und füllen Sie den Becher der Wieder-
vergeltung mit Ihrem Gift: Sie mögen es verantworten.

„Wenn Sie indessen einstens, wenn es schon zu spät sein wird,
fühlen und einsehen werden, dass es Fluch und nicht Segen war,
was Sie über unser Haupt gebracht haben: dann entschuldigen Sie
sich nicht damit, dass sich in der Nation nicht ein Getreuer fand,
der nicht genug Entschlossenheit besessen hätte und nicht nach Möglichkeit bestrebt gewesen wäre, Ihre trügerischen Träume noch bei
zeiten zu vernichten."

Diese prophetischen Worte, welche der unbefangene Patriot nach
den über die Nation dahingebrausten Ereignissen nur mit der grössten
Erschütterung lesen kann, hatten indessen damals keine Wirkung;
wie auch jene Rathschläge, welche Széchenyi der Opposition ertheilte,
obgleich sie in der Provinz nicht wirkungslos blieben, am Stand der
Dinge wenig änderten. Hieran war theilweise jener Ton schuld, in
welchem das Werk geschrieben war: die Sprache desselben war im
ganzen genommen weit schärfer, als dass sie hätte gefallen können,
und es schoss seine Pfeile auch auf die Opposition in zu leidenschaftlicher Weise ab, als dass nicht seine mahnenden Worte vom grössten Theil für Ausbrüche eines beleidigten Gemüths gehalten worden
wären.

Auch waren die Grundlagen, auf welchen Széchenyi seine Deductionen begründet hatte, nicht so fest, dass dieselben hätten eine entscheidende, überzeugende Kraft haben können. Die Behauptungen, aus
welchen er seine Folgerungen zog, wurden grösstentheils nicht nur
für schwach, sondern auch für unwahr und unstatthaft befunden.
Er bewegte sich nicht auf jenem Feld, auf welchem seine gewichtigen
Worte einstens im Bewusstsein des grössern Theils der Nation Wider-
hall fanden.

Nämlich dasjenige ausgenommen, was Personen betrifft, dreht
sich der Inhalt dieses Buchs um die folgende Behauptung: solange
die Regierung eine antinationale, verfassungswidrige Richtung befolgte, hatte die Opposition ihre Berechtigung, war es erwünscht,
dass die Opposition in der Majorität sei: jetzt indessen, nachdem die
Regierung diese feindselige Richtung verliess, „ihren Plan, uns unserer
Constitution und Nationalität zu entkleiden, aufgab oder wenigstens
denselben nicht mehr mit einer so consequenten Systemmässigkeit
verfolgt, wie sie es früher that"; ja, nachdem es „schon seit Jahrhunderten keine Zeit gab, in welcher die Regierung hinsichtlich der
Befreundung mit Nationalität und Verfassungsmässigkeit grössere
Fortschritte gemacht hätte als ebenjetzt: deshalb stiftet die Oppo-

1847. sition jetzt nicht nur keinen Nutzen mehr, sondern sie kann sowol die Verfassung als auch die Nationalität in ein solches Misgeschick, in so zweifelhafte Zustände stürzen, aus welchen dann unser Volk kein Gott mehr retten kann; in unserm Vaterland würde alles aus den Fugen gehen, wenn sich die Opposition zur Majorität emporarbeiten könnte, was man unter unsern gegenwärtigen Umständen geradezu als Vaterlandsmord betrachten müsste; es ist daher die strenge Pflicht eines jeden Ungars, der das Vaterland nicht mit Phrasen und Gaukeleien allein, sondern durch die That mehr liebt als sein eigenes Ich, alles aufzubieten, dass die ungarische Opposition jetzt nicht zum Uebergewicht gelange". Zwar hält er die Opposition auch jetzt für nothwendig, „denn", sagt er, „alles, was in einem constitutionellen Lande ohne oppositionelle Controle geschieht, trägt beinahe immer den Geruch der Unreife an sich, und selbst das beste Endziel trägt leicht den Schein der Willkür an sich"; und deswegen spricht er deutlich aus, dass „es nothwendig sei, dass ein Theil der Nation sich zu einer Ansehen verdienenden Oppositionspartei gestalte": es sei mithin nicht sein Wunsch, dass die Opposition ihr ganzes Gewicht verliere, sondern nur, dass sie nicht das Uebergewicht erlange. Dies ist in kurzem die Gesammtsumme seiner Politik, zur Befolgung derselben ruft er jeden Ungar auf. Und demzufolge tadelt er die Opposition, von der „ein Theil auf dem Gipfel offener Empörung steht, welche durch ihre fortwährenden und bittern Agitationen nichts unbenutzt lässt, um über dieses Vaterland Tage der Trauer zu bringen". Er tadelt die Opposition, „dass sie führen wolle, dass sie nicht nur die controlirende Rolle zu spielen wünsche, sondern auch die Bewegung leiten wolle; und welche Unreife", so fährt er fort, „wenn derselbe Körper zugleich führen und controliren will, oder mit andern Worten: wenn derselbe Körper zugleich die Rolle der Regierung und die der Opposition zu spielen sich bestrebt. Es ist dies nichts anderes als das Ideal der Tyrannei in einer, mehrern oder vielen Händen". „Der Schlachtplan der jetzigen Opposition", sagt er wieder an einem andern Ort, „wurde noch unlängst Gravaminalpolitik genannt, und nicht unrichtig, denn es ist die einzige, die in die Sphäre der Opposition gehört. In dem Augenblick, in welchem sie aus dieser auf das Feld der Handlung, oder mit andern Worten, der Regierung heraustritt, wird sofort das Staatssystem über den Haufen geworfen." Aus diesen und ähnlichen Deductionen gelangte er dann stets zu der Folgerung: dass es daher die strengste Pflicht eines jeden Ungars, der sein Vaterland mehr liebt als sein eigenes Ich, sei, „alles, was dem Gewissen und der Ehre nicht widerstreitet, anzuwenden, dass die ungarische Opposition nicht zum Uebergewicht gelange". Die Gefährlichkeit der oppositionellen Majorität hinsichtlich der Nation und Verfassung aber motivirt er damit, weil

zwischen den Verhältnissen unsers Vaterlandes und der übrigen constitutionellen Länder Europas der Unterschied so gross ist, dass man
sie nicht einmal vergleichen kann.   „Unsere Opposition", sagt er,
„wird auf keinen Fall den Sitz der Regierung einnehmen; dagegen
kann man sich auch unsere Regierung selbst mit der grössten Macht
der Phantasie nicht auf unserer Oppositionsbank denken."

Dieses Buch zog sich mit einem solchen Inhalt natürlich zahlreiche Entgegnungen von seiten der Opposition zu.   Man warf ihm
vor, dass er mit dem Namen der Opposition nur ein Wortspiel treibe,
indem er denselben zum Beweis dessen benutzen wolle, dass die
Opposition mit sich selbst und der Theorie im Widerspruch sei, wenn
sie zugleich controliren und auch führen wolle.   Er kann hinsichtlich
anderer Länder, in welchen stets die Majorität regiert, recht haben,
sagten sie; aber bei uns, wo die hauptsächlichste Klage ebendarin
besteht, dass bisher noch niemals die Majorität, sondern stets die
Minderheit am Ruder sass, weiss es jedermann, dass man den Namen
Opposition nicht im wörtlichen Sinne nehmen kann, und dass dies
auch noch nie irgendjemand gethan hat.   Demnach hat unter unsern
Verhältnissen dasjenige keinen Sinn, was der edle Graf gesagt, dass
sich die Opposition auf das Feld der Negation und Positivität zugleich nicht stellen, nicht zugleich opponiren und führen könne.   Ebendeswegen, weil die ungarischen constitutionellen Verhältnisse so sehr
verschieden sind von den Verhältnissen anderer constitutionellen
Nationen, kann man bei uns die Opposition nicht auf die controlirende, negative Rolle allein beschränken.   Bei uns ist die Opposition
richtiger eine nationale und constitutionelle Partei zu nennen, denn
sie und allein nur sie repräsentire die nationale und constitutionelle
positive Richtung; und darum repräsentirt sie bei all ihrer der Zeit
und den Umständen angemessenen Negation jeder antinationalen und
constitutionswidrigen Richtung zugleich auch all dasjenige Positive,
was die Idee der Nationalität und des Constitutionalismus und der
Fortschritt im Wohlstand des Landes in sich enthält.   Die wahren
Ziele, sagten sie, um welche sich die ungarische Opposition, richtiger
Nationalpartei, seit Jahrhunderten scharte, sind nichts anderes als:
Nationalität, Verfassung, Freiheit, gesetzliche Unabhängigkeit.   Wenn
diese von der wiener Regierung angegriffen wurden, ward die Nationalpartei zur eigentlichen Opposition; sonst aber wirkte sie in der
Entwickelung dieser Ziele positiv.   In der Gravamninalphase der
Nationalität und Verfassungsmässigkeit erhielt diese Nationalpartei
auf dem Felde der Beschwerdenpolitik ausschliesslich die Rolle der
Opposition; jetzt, während sie einerseits der mit dem Gesetz und
der Verfassung im Conflict befindlichen Richtung der Regierung
gleichfalls opponiren muss, muss sie andererseits auch die Fahne der
nationalen und constitutionellen Entwickelung schwingen.   Und darum

ist es jetzt wie ehemals Pflicht der Opposition: zwar alles anzunehmen, was die Regierung in nationaler und constitutioneller Richtung
Gutes thut, oder erlaubt, oder proponirt; allein auch allem zu opponiren, was dieser Richtung widerstreitet, und zugleich dahin zu streben, dass in allem ihre nationale und constitutionelle Richtung im
Uebergewicht sei; mit andern Worten: dass die oppositionelle Majorität zur Regierung gelange. Denn die Möglichkeit dessen leugnen,
ist soviel als unsern Constitutionalismus leugnen und in Abrede
zu stellen, dass der Ungar jemals in seiner nationalen und constitutionellen Richtung regiert werden könne.

Nicht mindere Widerlegung erfuhr jene Behauptung Széchenyi's,
dass die Regierung ihre antinationale und verfassungswidrige Richtung schon aufgegeben habe, dass die oppositionelle Majorität also
unnöthig, ja schädlich sei. In was für einem Zustand ist das Vaterland? fragten sie; und auf diese Frage antworteten sie mit den folgenden Worten der Programmfragmente selbst: „Unser Vaterland
ist ein dahinsiechender Fieberkranker und befindet sich auf diese
Weise, im Ganzen betrachtet, in seiner Ehe mit der Monarchie in
einem eben nicht befriedigenden Zustand. Das Herz des ehrlichen,
nach der Entwickelung der Nation aufrichtig dürstenden Menschen
blutet bei einem solchen Anblick; und wo die Möglichkeit der Entwickelung so ungeheuer, die Schatzquelle so unermesslich ist und es
der unentwickelten, sich selbst verzehrenden Schätze dennoch so viele
gibt, dort ist es unmöglich, nicht in die Frage auszubrechen: ob
denn dies alles so sein müsse, ob es nicht anders werden könnte?"

„Und sollte es denn nur der Opposition nicht erlaubt sein, in
diese Frage auszubrechen?" so ruft das «Pesti Hirlap» aus:
„Wäre es nur ihr verboten, nach ihrer Ueberzeugung alles aufzubieten,
damit sich dieser so traurige Zustand endlich einmal ändere?" Und
weshalb sollte denn die Opposition der jetzigen Regierung gegenüber
ein so grosses Vertrauen bezeugen, wie es Széchenyi verlangt? Hat
der verfassungswidrige Einfluss des nach absoluten Principien gesinnten und vorgehenden wiener Ministeriums auf unsere Regierung schon
aufgehört? Was hat diese Regierung gethan, das Vertrauen verdiente?
Wo ist die Beschwerde, welche sie aufgehoben; wo die Garantie,
welche sie hinsichtlich der Unverletzlichkeit der Gesetze für die Zukunft gab? Oder hat sich nicht etwa die grosse Masse der Beschwerden durch das Administratorensystem, den Staatsstreich in Kroatien u. s. w. noch vermehrt? Hinsichtlich der Zukunft aber hatte
Széchenyi selbst gesagt, „dass man nicht im entferntesten wissen
könne, was die Regierung auf dem nächsten Reichstag vorlegen
werde". In einer solchen Ungewissheit und nur deshalb, weil die
conservative Partei die neue Richtung der Regierung, ohne dass diese
sie bestimmt festgesetzt hätte, mit Lobeserhebungen überhäufte, wäre

es wol eine kluge That gewesen, der Controle zu entsagen und die 1847. Leitung des Fortschritts gänzlich der Regierung zu überlassen?"...

Einerseits waren daher die Behauptungen der Programmfragmente viel zu unmotivirt, ja unwahr; andererseits ihre Rathschläge viel zu scharf, ihr ganzer Ton viel zu leidenschaftlich, als dass sie am Stand der Dinge hätten viel ändern können. Indessen war die Person Széchenyi's noch immer eine zu grosse Autorität, seine Stimme im öffentlichen Leben von zu grossem Gewicht, besonders in der Provinz und jetzt seit dem Beginn der Theissregulirung, an deren Spitze er stand, als dass es die Opposition nicht für nöthig gehalten haben sollte, sich gegen eine etwaige grössere Wirkung dieses Werks einigermassen sicherzustellen.

Und sie begnügte sich in dieser Beziehung nicht damit, dass gegen die Programmfragmente im „Pesti Hirlap", im „Ellenör" und in andern Oppositionsblättern Widerlegungen geschrieben wurden. Infolge jener Spaltungen, welche sich in den Reihen der Opposition in einigen Comitaten gezeigt hatten, sah sich die Oppositionspartei, um eine Wiederholung ähnlicher Fälle zu verhindern und im allgemeinen die Parteieinheit zu befestigen, endlich dennoch genöthigt, jenen Schritt vorzunehmen, vor welchem sie bisher aus den schon bekannten Gründen auf der Hut war: ein Programm herauszugeben.

Die Erlassung eines Programms beschloss die Opposition in ihrer bei Gelegenheit des pesther Märzmarkts abgehaltenen Versammlung, und damit in Bezug hierauf all die Behutsamkeit beobachtet werden möge, welche die Verhältnisse und die vermutheten listigen Absichten der Conservativen nothwendig machten, wurde der Weise und die erste Autorität der Partei, Franz Deák selbst, zur Verfassung desselben aufgefordert. Das Programm wurde sodann in der Versammlung vom 5. Juni mit allgemeiner Billigung angenommen und unter dem Titel „Ellenzéki Nyilatkozat" auch wirklich veröffentlicht. Der Text des hochwichtigen Documents ist der nachfolgende.

„Der eine natürliche Beruf der Opposition der Regierung gegenüber ist in allen constitutionellen Ländern, hinsichtlich aller Interessen des Landes, sowol in Bezug auf Recht- und Gesetzmässigkeit, als Richtigkeit und Zweckmässigkeit Controle auszuüben. Wir also, die wir uns als Mitglieder der ungarischen constitutionellen Opposition bekennen, erklären: dass wir es auch für die Zukunft als die Aufgabe der Opposition halten, der Regierung gegenüber sowol hinsichtlich ihrer einzelnen Thaten und Unterlassungen, als ihrer ganzen Politik fortwährend Controle auszuüben, und wir erklären, dass wir entschlossen sind, zum Erfolg dieser Controle alle durch die Verfassung gebotenen Mittel mit Gesetzmässigkeit und Loyalität in Anwendung zu bringen.

Das „Ellenzéki Nyilatkozat".

1847.   „Wir binden jedoch Opposition oder Unterstützung nicht an
Personen, sondern an Gegenstände und Thatsachen und werden nur
solche Schritte der Regierung misbilligen, ja uns denselben nach
Möglichkeit widersetzen, welche ihrer Form oder ihrem Wesen nach
gesetzwidrig oder in ihren Folgen für die allgemeinen Interessen des
Vaterlandes und die Aufrechthaltung und Entwickelung des constitutionellen Lebens schädlich sind. — Unter den gegenwärtigen Verhältnissen unsers Vaterlandes ist die ungarische Regierung factisch
keine reine parlamentarische, welche hinsichtlich ihres Ursprungs der
Ausfluss des sich in der Majorität äussernden Nationalwillens wäre
und ihren Bestand als einen von der Unterstützung der Majorität
bedingten anerkennen würde. Die ungarische Regierung steht, unsern constitutionellen Gesetzen entgegen, unter fremdem, nicht natio-
nalem Einfluss, unter einem Einfluss, welcher, die übrigen Länder
der Monarchie mit absoluter Gewalt regierend, unsere constitutionellen
Formen auch hinsichtlich seines gesammten Verwaltungssystems als
unbequem zu betrachten liebt und eben kein Freund des constitutionellen Lebens ist. Unter solchen Verhältnissen aber kann man Unterstützung oder Opposition nicht an Personen knüpfen.

„Wir erkennen diese Controle unter allen Umständen für unsere
fortwährende Pflicht an; in unserer gegenwärtigen Lage aber würden
wir es geradezu für eine politische Sünde halten, die pünktliche Erfüllung dieser Aufgabe in welchem Theile immer zu versäumen. Wir
sehen weder im allgemeinen System der Regierung, noch in den
Einzelheiten ihres Vorgehens irgendeine neuere, oder die alte an Gesetzmässigkeit und Billigkeit überbietende, unsern allgemeinen Interessen günstigere Wendung, durch welche sie der Nation eine Garantie
böte, dass sie die Kraft und auch die unerschütterliche und entschiedene Absicht habe, unsere bestehenden Gesetze zu jeder Zeit und in
allen Theilen genau einzuhalten, die Verfügung des Gesetzes strenge
durchzuführen, zu jeder Zeit und in allem jene Schranken zu achten,
welche die Verfassung ihrer Macht vorschrieb, und über dem Interesse
des Vaterlandes, von welchem das wahre Interesse des Monarchen
niemals abgesondert werden kann, kein anderes Interesse zu kennen.
Unsere gewichtigsten Beschwerden, welche wir schon so oft unterbreitet haben, durch eine lange Reihe von Jahren die Abschaffung
derselben bittend, betreibend und erwartend, sind auch jetzt noch
nicht behoben; ja sie sind bitterer und schwerer geworden dadurch,
dass unsere rechtmässige Bitte so oft verklungen ist, und deshalb
Vertrauen und Hoffnung schon zu schwinden beginnen. In der Masse
dieser Beschwerden gibt es Punkte, über welche die Meinung der
ganzen Nation ungetheilt war, selbst jene Männer nicht ausgenommen,
die jetzt Mitglieder der ungarischen Regierung sind; und dennoch
bewirkt unsere Regierung die Behebung dieser Beschwerden nicht;

ja wir sehen bei ihr nicht einmal das erste, sich in Handlungen ^{1847.}
äussernde Streben zur Ausgleichung der aus diesen Beschwerden
stammenden Uebelstände. Jene Regierung aber, welche, der rechtmässigen Aufforderung der Nation keine Beachtung schenkend, sich
nicht einmal bestrebt, die Abschaffung der frühern Beschwerden zu
bewirken und auf diese Weise den gesetzwidrigen Zustand in dieser
Hinsicht absichtlich aufrecht hält, verletzt das Gesetz ebenso wie
jene frühere Regierung, welche die Beschwerde zuerst begieng, und
kann auf das unerschütterliche Vertrauen der Nation ebenso wenig
zählen wie jene.

„Aber ausser dem schädlichen Versäumniss der Abschaffung unserer ältern Beschwerden sehen wir in den neuern Handlungen und
Unterlassungen der Regierung auch noch neuere Beschwerden. Wir
brauchen diese nicht des weitern zu entwickeln; die öffentlichen Berathungen, die Adressen und Rundschreiben vieler Comitate haben
dieselben entwickelt und hergezählt; wir werden hier nur einige davon als Beispiel erwähnen.

„Eine der hauptsächlichsten Interessen des Landes ist dessen
territoriale Unversehrtheit. Und dennoch ist die Durchführung des
die Wiedereinverleibung der Partes anordnenden 21. Gesetzartikels
1836 im Verlauf von mehr als zehn Jahren thatsächlich nicht einmal
in Angriff genommen worden; ja dieses Gravamen wurde noch durch
das Versäumniss der Durchführung jenes richterlichen Urtheils erschwert, welches auf dem vergangenen Reichstag gegen die nicht
erschienenen Behörden gebracht wurde. — Die Verwaltung der Mili-
tär-Grenzbezirke nach nicht ungarischen Gesetzen ist eine alte Beschwerde unsers Landes. — Durch die Unterlassung, das Wechsel-
gesetzbuch und die in der Religionsangelegenheit erlassenen neuesten
Gesetze auch in der Militärgrenze einzuführen, vergrösserte die Regierung auch diese Beschwerde.

„Das zweite der höchsten Interessen des Landes ist die Nationalität.
Und dennoch wurde jene Verordnung des 6. Gesetzartikels 1840,
dass die Kenntniss der ungarischen Sprache auch in den Militär-
Grenzorten befördert werde, nicht durchgeführt; ja in dieser Hinsicht
war dergestalt nichts geschehen, dass selbst Reisende und kaufmän-
nische Waarenlieferungen Unannehmlichkeiten ausgesetzt sind ihrer
in ungarischer Sprache verfassten Pässe und Frachtbriefe wegen. —
Jene Verordnung des 2. Gesetzartikels 1844, dass in den innerhalb
der Landesgrenzen befindlichen Schulen als Unterrichtssprache die
ungarische Sprache angewendet werden solle, ist noch bis heute nicht
vollständig durchgeführt; ja die in den öffentlichen Schulen bestandenen Vereine wurden, obgleich sie unter der unmittelbaren Aufsicht
der Schulobrigkeit gegen jede Entartung sichergestellt waren, durch
eine Regierungsverordnung gänzlich verboten.

1847.   „An der dritten Stelle der Beispiele erwähnen wir, dass, obwol
die bestehenden constitutionellen Institutionen, welche unsere staatsrechtlichen Garantien bilden, nur im Wege der Gesetzgebung sollten
modificirt werden können, die Regierung dennoch in Kroatien die
nach gesetzlichem Gebrauch eingerichtete Organisation des Landtags
durch eine Regierungsverordnung abänderte; die verfassungsmässige
Consistenz der Comitate aber neuerdings verletzte, theils dadurch,
dass sie anstatt der gesetzlichen Obergespane in zahlreichen Comitaten Stellvertreter ernannte, während schon auch der Reichstag vom
Jahre 1825 bestimmt erklärte, dass die Verwendung von Stellver-
tretern ausser den im Gesetz bezeichneten Fällen unstatthaft und
ungesetzlich sei; theils aber dadurch, dass sie in vielen Comitaten
den Obergespan als eine vom Comitat separirte und demselben entgegenstehende, ja über die Comitatsbehörde erhobene besondere Behörde zu betrachten wünschte, — auf dessen einseitigen Vertrag hin
entschied, tadelte und drohte, die gegen denselben erhobenen Anklagen
aber auch nur in Untersuchung erst nach langwierigen Verzögerungen
nahm.

„Wir könnten, um unsere Behauptung zu rechtfertigen, noch
viele einzelne Fälle anführen; aber auch schon aus diesen ist es klar,
dass in der Erfüllung unserer Controlpflicht eben unter den gegenwärtigen Umständen wache Aufmerksamkeit, sorgfältige Behutsamkeit und unverzagte Ausdauer zumeist nothwendig sind. Allein in
der schon lange Besorgniss erweckenden Lage unsers Vaterlandes
müssen wir uns auch bestreben, die gesetzmässigen Garantien unserer
constitutionellen Stellung zu vermehren und zu stärken. Als eine
solche Garantie betrachten wir die Verantwortlichkeit der Regierung,
welche in der Natur des constitutionellen Lebens liegt und welche
die Grundlage der auch in Ungarn so sehr nothwendigen parlamentarischen Regierung sein, und die ungarische Regierung am besten
vor dem schädlichen Einfluss fremdartiger Elemente bewahren wird. —
Diese Verantwortlichkeit, welche auch in unsern Gesetzen nicht unbekannt ist und mit dem Geist derselben so sehr übereinstimmt, so
früh wie möglich einzuführen, wird eine unserer hauptsächlichsten
Bestrebungen sein. — Zu den constitutionellen Garantien zählen wir,
und werden wir sie nach Möglichkeit unterstützen, auch die Oeffentlichkeit und die Anwendung derselben in allen Zweigen des öffentlichen
Lebens, wie auch das Recht der freien Zusammenkunft und die Aufrechthaltung des Vereinsrechts in seiner ursprünglichen constitutionellen Reinheit. Als constitutionelle Garantie betrachten wir, und
halten für die fernere Entwickelung der Nation nothwendig auch die
mit zweckmässigen Pressgesetzen umschriebene Pressfreiheit, in
dessen Folge wir die Abschaffung der ausser dem Gesetz eingeführten,
in jeder Beziehung so sehr schädlichen Bücherrevision und die durch

zwekmässige Gesetze zu unterstützende Begründung der Pressfreiheit
betreiben werden. Wir halten es für gesetzlich, billig und zur Vermehrung der nationalen Gesammtkraft und dadurch zur Sicherstellung unserer Selbständigkeit wichtig, ja nothwendig, dass Siebenbürgen und Ungarn vollständig und gesetzmässig vereinigt werden, und auf diese Weise die beiden Nationen einander wiedergegeben, sowol dem Blutsverbande als dem alten allgemeinen Wunsche des Landes Genüge geleistet werden möge. Wir finden es für nothwendig, dass die Interessen aller Klassen der Bürger dieses Vaterlandes, mit sorgfältiger Schonung der Völker anderer Sprache, auf Grundlage der Nationalität und Verfassungsmässigkeit vereinigt werden. Wir sehen es für nothwendig an, dass die Fragen der Religionsfreiheit auf der vom verflossenen Reichstage geschaffenen Grundlage beendigt werden mögen.

„Allein wir betrachten unsere Aufgabe hierdurch noch nicht für beendigt, wenn wir unsere obenerwähnte Controlpflicht erfüllen und uns bestreben, die Garantien unserer constitutionellen Stellung nach dem Gesagten zu vermehren und zu kräftigen; sondern wir erkennen es als unsern Beruf an, auch das Zustandekommen aller zweckmässigen Reformen fortwährend befördern zu helfen. Demnach erklären wir entschieden, dass wir auf diesem Felde, auf welchem in unserm Vaterlande die Geschichte der nächstverflossenen Jahre den Namen der Opposition mit dem der Reformpartei identificirt hat, auch fernerhin standhaft verbleiben. Wir nehmen das Recht der Antragstellung nicht ausschliesslich für die Opposition in Anspruch; allein wir sind auch nicht der Meinung, dass die Fragen des Fortschritts nur die Regierung oder deren Partei zweckmässig in Antrag stellen könne; sondern wir halten die Initiative in dieser Richtung für den gemeinsamen Beruf aller Bürger des Vaterlandes. Ja nachdem es in der Natur einer jeden Macht liegt, dass sie mehr danach strebt, ihre eigene Sphäre zu erweitern als den sie beschränkenden Constitutionalismus zu verbreiten, geschähe es auch in der reinen Absicht, um mit der grössern Macht mehr Gutes zu bewirken und ihre auf die Beglückung der Nation gerichteten Plane leichter durchführen zu können: so können wir doch solche Anträge, welche auf die Entwickelung der constitutionellen Garantien und die Zunahme der Controle von seiten der Nation abzielen, von der Regierung um so weniger erwarten, weil in unserm Vaterlande, wie wir schon erwähnten, die Regierung thatsächlich keine parlamentarische ist; die Mitglieder derselben nicht der Wille oder der Wunsch der Mehrheit des Volks bezeichnet, ihr Bestehen nicht vom Vertrauen der Nation abhängt, sie vom Einflusse fremder, nicht nationaler und unconstitutioneller Elemente nicht frei ist. Wir erkennen es daher dem Vorausgehenden nach als unsere Aufgabe an, uns unsers Rechts der Antragstellung

1847. zu bedienen, und halten es für unsere Pflicht, die hauptsächlichsten jener Gegenstände, deren baldmöglichste Durchführung, den Umständen der Zeit und unserer Lage gemäss, wir zum Besten des Vaterlandes für unerlasslich nothwendig erachten, öffentlich und deutlich zu bezeichnen.

„Diese sind die folgenden:

„a) Die Theilnahme an den öffentlichen Lasten. Hinsichtlich welcher wir die Erleichterung der Lasten des bisher allein steuerzahlenden Volks für unsere höchste Pflicht erkennen; uns bestreben werden, die constitutionellen Garantien auch hinsichtlich desselben für uns alle zu vermehren; allein bei der bisher noch nicht vorgesehenen Deckung der allgemeinen Landesbedürfnisse stellen wir die reichstägliche Feststellung der Ziele, Rechnungslegung und Verantwortlichkeit, als Bedingung.

„b) Die wirkliche Theilnahme der nichtadelichen Klassen der Bürger unsers Vaterlandes, vor allem der königlichen Freistädte und freien Districte, an allen legislatorischen und municipalen Rechten auf Grundlage der Volksvertretung.

„c) Die Gleicheit vor dem Gesetz.

„d) Die Aufhebung der Urbarialverhältnisse, bei zu leistender Entschädigung, durch ein bindendes Gesetz; in welcher Beziehung wir es für das Wünschenswertheste halten, dass im voraus Schritte gethan werden, um die Erbablösung mit Vermittelung des Staats im ganzen Reiche durchführen lassen zu können.

„e) Die Sicherstellung des Credits und der Besitzerwerbung durch Abschaffung der Aviticität.

„Wir nehmen jeden vorhergehenden Schritt an, welcher diesem Ziele näher führt, ohne die künftige Entwickelung zu verzögern. In dieser Richtung werden wir auf dem künftigen Reichstage wirken, und werden auch alles andere, was zur geistigen und materiellen Entwickelung des Landes führt, zu verwirklichen uns bestreben; den wirksamsten Hebel unserer nationalen Entwickelung, den öffentlichen Unterricht, werden wir uns bestreben einer solchen Richtung zuführen zu lassen, dass unsere Landsleute zu thätigen Bürgern gebildet werden und dadurch auch für ihre persönliche Unabhängigkeit eine Stütze gewinnen mögen.

„Wir werden in diesem unsern Wirken jener Verhältnisse niemals vergessen, welche zwischen uns und den österreichischen Erbländern im Sinne der Pragmatischen Sanction bestehen; allein wir halten uns auch streng an den Gesetzartikel 10 von 1790, in dessen deutlicher Verfügung das mit einem Eide geheiligte Wort des Monarchen unsere Nation sicherstellt: «dass Ungarn ein freies Land, in seinem ganzen legislativen System unabhängig, daher keinem andern Lande oder Volke untergeordnet ist». Wir wollen die Interessen unsers Vaterlandes mit den Interessen der Einheit und des sichern Bestandes der Gesammtmonarchie nicht in Gegensatz bringen; allein andererseits halten wir es auch mit dem Gesetz, der Gerechtigkeit und Billigkeit für unvereinbar, wenn die Interessen Ungarns den Interessen welcher einzelnen Länder immer unrechtmässig untergeordnet werden, wie dies hinsichtlich der Verhältnisse unserer Industrie, unsers Handels schon seit langer Zeit fortwährend geschieht. Wir sind bereit, zur möglichen Ausgleichung der den Interessen der Erbländer etwa entgegenstehenden ungarischen Interessen auf Grundlage der Gerechtigkeit und Billigkeit die Hand zu bieten; aber darein werden wir niemals willigen, dass der Einheit des gesammten Regierungssystems, welche manche als die Einheit der Monarchie zu erwähnen und als oberstes Princip zu betrachten lieben, alle unsere Interessen, ja selbst unsere Verfassungsmässigkeit aufgeopfert werde. Vom Standpunkte dieser Einheit des Regierungssystems ging damals die Regierung aus, als sie, im letzten Viertel des vorigen Jahrhunderts uns für unsere constitutionelle Stellung materiellen Nutzen versprechend, unsere Nationalität und bürgerliche Stellung so schwer angriff; dieser Einheit des Regierungssystems wurden einstens die constitutionellen Institutionen der österreichischen Erbländer aufgeopfert, und das System der Regierungseinheit entwickelte sich auf der Grundlage des Absolutismus. Der Constitutionalismus aber ist uns ein Schatz, welchen wir keinem fremden Interesse, keinem wie immer verlockenden materiellen Nutzen aufopfern dürfen, und welchen aufrecht zu halten, ja auf breitere und sicherere Grundlage gestellt, immer mehr zu befestigen unsere erste und heiligste Pflicht ist; und wir sind überzeugt, dass, wenn die alte constitutionelle Freiheit der österreichischen Erbländer auch jetzt bestände, oder wenn, nach der Forderung der Zeit und Gerechtigkeit, auch sie in die Reihe der constitutionellen Völker einträten, und die Regierung der ganzen Monarchie, sowol in ihrem ganzen System als in den einzelnen Details vom Geiste des Constitutionalismus durchdrungen würde, unsere Interessen und die ihrigen, welche sich jetzt manchmal voneinander absonderten, manchmal vielleicht einander entgegengesetzt sind, leichter auszugleichen wären, die einzelnen Theile der Gesammtmonarchie eine Interesseneinheit, grösseres gegenseitiges Vertrauen verbinden würde, und dadurch die Monarchie, an geistiger und materieller Kraft zunehmend, den einst möglicherweise eintretenden Stürmen der Zeit und feindseliger Umstände mit grösserer Sicherheit trotzen könnte.

„Wir haben dem Vorausgehenden nach unser Ziel, unsere Ansichten ausgesprochen. Um die Mittel zum Erreichen unsers Ziels den Umständen gemäss wählen zu können, werden wir auch in der Zukunft dergleichen Zusammenkünfte abhalten. Allein indem wir auf diese Weise nach der geistigen Einheit unserer Richtung streben, hal-

1847. ten wir es zugleich für unsere strengste Pflicht, die freie Bewegung und gesetzliche Selbständigkeit der Behörden in ihrer eigenen Sphäre eifersüchtig zu bewahren. Wir halten es für schädlich, ja gefährlich, wenn die Regierung, sich selbst auch zur Partei gestaltend, die geistige und materielle Kraft ihrer Gewalt dazu benutzt, um, anstatt der freien und unabhängigen Aeusserung der Meinungen, sich eine alles im voraus billigende und ihr beinahe bedingungslos huldigende Majorität zu verschaffen; und wir erklären auch jene Bestrebung für constitutionswidrig, dass die Majorität nur in dem Falle der Regierung zur Richtschnur diene, wenn diese den Ansichten und Interessen einer gewissen Partei günstig ist."

In Bezug auf den Fortschritt, die nationale Entwickelung, war es für jeden Fall nur als Gewinn zu betrachten, dass die Parteien auf diese Weise nur die Richtung bezeichneten, nach welcher sie auf dem herannahenden Reichstage zu wirken beabsichtigten. Das Programm der conservativen Partei ist zwar viel weniger bestimmt als die Aeusserung der Opposition; hinsichtlich mancher Lebensfragen, wie z. B. der Besteuerung des Adels, des gemeinsamen Tragens der Lasten, der Erbablösung, konnte man aus dem Programm nicht einmal das herauslesen, was und nach welchen Principien die conservative Partei und die Regierung, welcher die erstere zur Majorität zu verhelfen versprach, es eigentlich durchführen wolle; aber es war auch schon ein grosser Gewinn, dass die conservative Partei und durch sie die Regierung unwiderruflich das Feld des Fortschritts, der Reformen beschritten hatte, wodurch wenigstens die Durchführung mancher Reformen vorläufig gelungen war.

Günstig war in dieser Beziehung auch jene Erklärung der Opposition, dass sie hinsichtlich der einzelnen Reformen jeden Fortschrittsantrag der Regierung und der conservativen Partei anzunehmen bereit sei, welcher die künftige Entwickelung nicht verzögert. Die glückliche Lösung mancher Reformfrage wurde jetzt auch dadurch erleichtert, dass sich hinsichtlich derselben die Ansichten der Opposition bedeutend geändert hatten. So begann z. B. bezüglich der Kriegssteuer die Meinung immer allgemeiner zu werden, dass der Adel an derselben noch vor der Verhandlung der Landesvertheidigungsfrage theilnehmen könne, da es mit Gewissheit bekannt sei, dass die bisherige Kriegssteuer durch die Bedürfnisse der Armee wirklich verbraucht werde; hinsichtlich dieser Steuer aber, welche von drei zu drei Jahren auf dem Reichstage votirt werde, genügende Garantien schon bestehen.

Aehnlich war die Aenderung der oppositionellen Meinungen in der Städtefrage. Die Lösung dieser Frage verhinderte früher zumeist der Umstand, dass die Opposition im allgemeinen die Bestimmung des legislativen Einflusses der Städte an die Regulirung derselben knüpfen wollte. Zwar betrachtete die Opposition die Regelung auch 1847. gegenwärtig für unausweichlich nothwendig, aber sie hing derselben nicht mehr als „conditio sine qua non" an. Sie gab sich damit zufrieden, dass ein Wahlgesetz geschaffen werde, nach welchem zahlreiche Wähler einen Deputirten unmittelbar wählen sollten, in der Art, wie es in den Comitaten und andern freien Ländern zu geschehen pflegt, und der auf diese Weise gewählte Deputirte solle die Bürger der Stadt ohne Instruction vertreten. Unter der Bedingung der Schaffung und Durchführung eines solchen Wahlgesetzes war jetzt die Opposition bereit, die Frage der Regulirung auf einen andern Reichstag zu verschieben, auf welchem diese sodann mit dem Einflusse der so gewählten städtischen Deputirten gelöst werden solle.

Mit Einem Worte, alle Zeichen der Zeit deuteten darauf hin, dass, obgleich sich jede der beiden grossen Parteien um vieles lebhafter rührte und auf den Reichstag vorbereitete als je zuvor, und obgleich demnach hinsichtlich der allgemeinen Richtung der Politik der Zusammenstoss zwischen beiden heftig, der Kampf hartnäckig und erbittert sein werde, sodass man den Ausgang desselben nicht bestimmen konnte, manche einzelne Reformfragen dennoch leichter gelöst würden werden als bisher, im Fortschritt im allgemeinen manche bisherige Hindernisse verschwinden und in der nationalen Entwickelung auf jeden Fall ein grösserer Schritt nach vorwärts gemacht werden würde, als dies bisher jemals geschah.

Zweites Kapitel.

Die erste Hälfte des Reichstags 1847.

Inmitten dieses Kampfes der Parteimeinungen und Bestrebungen wurde endlich am 17. Sept. die königliche Verordnung erlassen, welche den Reichstag für den 7. Nov. nach Presburg verkündigte. Das Einberufungsschreiben — nach Jahrhunderten das erste in ungarischer Sprache — erwähnt ausser der Palatinswahl nur im allgemeinen unter der Bezeichnung mehrfacher zur Vermehrung des Landeswohls und Beförderung des allgemeinen Besten erforderlicher hochwichtiger gesetzlicher Einrichtungen das Ziel, wegen dessen der gesetzgebende Körper einberufen wird. Auffallend war bei diesem Einberufungsschreiben nur das, dass dasselbe, wiewol Anton Majláth seiner Würde als erster Hofkanzler der Form nach noch nicht enthoben war, dennoch mit der Genehmigung Georg Apponyi's veröffentlicht wurde, wodurch deutlich zu erkennen gegeben ward, dass dieser den Reichstag von seiten der Regierung leiten werde.

Die Wahlbewegung verbreitete im öffentlichen und gesellschaftlichen Leben der Comitate überall eine aussergewöhnliche Regsamkeit; jede Partei war mit angestrengten Kräften bestrebt, ihren Candidaten in den Wahlversammlungen die Majorität zu verschaffen. Das Resultat dieser Wahlen zeigte deutlich, welchen Erfolg jene Agitationen hatten, welche die conservative Partei und die Regierung durch die Administratoren drei Jahre hindurch ausübten, um sich die Majorität zu sichern. In mehrern Comitaten, wo früher ohne Ausnahme stets die Candidaten der Oppositionspartei zu Deputirten gewählt wurden, gelang es jetzt der Regierungspartei, den Sieg zu erringen; dagegen vereinigte sich anderswo, wo früher die Conservativen geherrscht hatten, jetzt die Majorität unter den Fahnen der

Opposition. An manchen Orten nahm die Opposition, die Werbungs-
vorbereitungen der Regierung sehend, an den Wahlen nicht einmal
Antheil, und wollte für sich selbst keine Stimmwerbungen vornehmen, entweder wegen des zweifelhaften Wesens des Erfolgs oder weil
sie dieselben für ein freiheittödtendes, gefährliches Mittel hielt. Dies
geschah unter andern in Csongrád, Tolna und Temes; demnach die
frühern Vertreter dieser Comitate und ausgezeichneten Mitglieder der
Opposition: Gabriel Klauzál, Stephan Bezerédy und Sabbas Vukovics
an der Gesetzgebung bei dieser Gelegenheit nicht theilnehmen konnten.
An andern Orten dagegen, wie z. B. in Borsod, Heves, Abauj, Gömör,
Szabolcs u. s. w. nahm die conservative Partei keinen Antheil an den
Wahlen, da sie schon von vornherein keine Hoffnung zum Siege haben
konnte. An manchen Orten, wie in den Comitaten Sáros, Neograd,
Bars, gingen die Wahlen durch eine Uebereinkunft der beiden Parteien vor sich; infolge welcher zu einem der Deputirten der Candidat
der Oppositionspartei, zum andern aber der Candidat der Conservativen gewählt wurde. Auf einen bedeutenden moralischen Fortschritt
der Comitate deutete der Umstand, dass Corteschmassen gegenwärtig
in wenig Comitaten zu den Wahlen geführt wurden; und wo dies
auch geschah, wie z. B. in den Comitaten Neutra, Bihar, Raab, Somogy, Marmaros, Torontal, arteten die Parteien in so beklagenswerthe Ausschreitungen nicht aus wie manchmal in den frühern Zeiten. Zwar versuchte die conservative Partei an manchen Orten den
niedern Adel mit dem Losungswort: „Nem adózunk!" (Wir wollen
keine Steuer zahlen!) anzufeuern; die Intelligenz hatte indessen auch
schon in dessen Schose solche Fortschritte gemacht, dass dieses mit
solchem Recht getadelte Mittel an vielen Orten, z. B. in Arad, seine
Wirksamkeit gänzlich einbüsste, und trotz der strafbaren Aufreizung
die Deputirten aus der Mitte der die Besteuerung des Adels vor
allem betreibenden Opposition gewählt wurden. Dass in Zala Franz
Deák, obgleich sein Name einstimmig ausgerufen wurde, den Ehren-
posten als Deputirter seiner geschwächten Gesundheit wegen nicht
annahm, wurde mit allgemeinem Bedauern aufgenommen, und man
konnte kaum bezweifeln, dass sein Fernbleiben wie 1843 so auch
jetzt schmerzlich gefühlt werden würde.

Eine besonders grosse Aufmerksamkeit zog im ganzen Vater- Kossuth's
lande die Wahl zweier Männer, Kossuth's und Széchenyi's, auf sich. Wahl zum
Im pesther Comitat konnte hinsichtlich des einen Deputirten nicht Deputirten.
der geringste Zweifel obwalten: als solcher wurde Moritz Szentkirályi
von allem Anfang an einhellig bestimmt. Aber bezüglich des zweiten Abgeordneten war die öffentliche Meinung getheilt. Ludwig Batthyányi, Joseph Eötvös und Ladislaus Teleky, die im Mittelpunkte
wohnenden und vom ganzen Lande anerkannten Führer der Opposition, wünschten, Apponyi durchaus zu stürzen beabsichtigend, dass

der agitirende Geist und grösste Redner der Opposition, von dessen Rednergewalt man in Bezug auf das Reichstagspublikum schon im voraus eine grosse Wirkung erwarten konnte, zum Deputirten im pesther Comitat für jeden Fall gewählt werde, und stellten ihn auch in der That als ihren Candidaten auf. Indessen liebten viele, selbst solche, die sonst der Opposition angehörten, die Person Kossuth's nicht; diese wollten daher, ihn übergehend, Joseph Patay, eins der hervorragendsten Mitglieder der pesther Opposition, an die Seite Szentkirályi's stellen. So entwickelten sich daher hinsichtlich des zweiten Abgeordneten zwei Parteien im Comitat. Da zu jenen, die der Wahl Kossuth's entgegen waren, beinahe der ganze Beamtenkörper gehörte, dessen Einwirkung auf den stimmfähigen Adel sehr gross war, so konnte man eine Zeit lang die Wahl Kossuth's für um so zweifelhafter halten, als zu deren Vereitelung auch die conservative Partei ihre ganze Kraft anstrengte; und weil sie aus ihren eigenen Reihen mit der Hoffnung auf einen Erfolg niemand als Candidaten aufstellen konnte, wählte sie ihrer Ansicht nach das kleinere Uebel, und sammelte ihre Stimmen gleichfalls für Patay. Nachdem jedoch Patay entschieden erklärte, er wolle eher aus dem Comitat übersiedeln, als dass er gegen Kossuth auftrete, so bezeichnete diese gemischte Partei den Obernotar Andreas Balla, der übrigens gleichfalls der Opposition angehörte, als ihren Candidaten. Es schien anfangs, dass diese Partei durch den Beitritt des Beamtenkörpers die Majorität erlangen werde. Die unermüdliche Thätigkeit Ludwig Batthyányi's indessen und jene Rücksicht, dass durch die Verdrängung Kossuth's eigentlich die Conservativen siegen würden, deren Partei übrigens im Comitat, welches unter den übrigen gleichsam für den Bannerträger der Opposition gehalten wurde, sehr gering und bedeutungslos war; diese Rücksicht, vereint mit der Thätigkeit der Oppositionsführer, brachte die Sache dahin, dass sich den Fahnen, welche den Namen Kossuth trugen, von Tag zu Tag Zahlreichere anschlossen. Dazu kam noch das Verhalten Balla's, der wiederholt erklärte, dass er als Mitglied der Opposition es für eine Verletzung seiner bürgerlichen Pflicht halten würde, den Deputirtenposten unter solchen Umständen anzunehmen. Die Partei, welche Kossuth verdrängen wollte, betrieb bei alledem die Abstimmung, was übrigens die Gegner, jetzt schon ihrer Majoriät gewiss, auch nicht verhinderten. Als Resultat stellte sich heraus, dass Kossuth mit 2950 Stimmen zum Abgeordneten gewählt wurde, gegen Balla, für den nur 1315 stimmten.

Als sich das Gerücht verbreitete, dass die Führer der reichstäglichen Oppositionspartei im pesther Comitat, dessen Mitglieder sie gleichfalls waren, Kossuth zu einem ihrer Deputirten bestimmt hatten, fasste Stephan Széchenyi sofort den Beschluss, seinen Sitz an der Magnatentafel aufzugeben, und sich bei dieser Gelegenheit in seinem

Comitat, dem ödenburger, auch zum Mitglied des Unterhauses, zum 1847.
Abgeordneten wählen zu lassen; und er trat auch wirklich als Candidat auf. Nachdem Széchenyi gegenwärtig, wie er selbst gestand
und seine „Programmfragmente" genügend bewiesen, nicht mehr zur
Opposition gehörte, ja eben wegen der Paralysirung der Opposition
im Unterhause Mitglied desselben zu werden wünschte, so konnte
man vorläufig nicht einmal in Zweifel ziehen, dass er, der hohe
Beamte, im ödenburger Comitat, welches eine conservative Majorität
besass, gewählt würde. Demnach erweckte das Gerücht, dass er zwei
kaum bekannten conservativen Candidaten gegenüber durchgefallen
sei, grosse Verwunderung und wurde von vielen mit Recht scharf
getadelt. Obwol es allgemein bekannt war, dass er nur der Paralysirung Kossuth's wegen Mitglied der Untern Tafel werden wollte,
betrachteten dennoch die Organe der Opposition seinen Sturz als einen
Verlust für die constitutionelle Sache, und als solchen musste man
ihn auch betrachten, nicht blos deshalb, weil der Vater der ungarischen Reform gestürzt wurde, sondern und noch mehr deshalb, da ihn
die conservative Partei meistens aus der Ursache gestürzt hatte, weil
diese Partei, die der Idee der Verantwortlichkeit fremd war, es für
eine Verminderung des Regierungsansehens hielt, wenn sich ein so
hoher Beamter auf eine Bank mit den Deputirten setzte, die, grösstentheils aus Comitatsbeamten bestehend, mit den Dicasterialsecretären
auf gleicher Rangstufe standen. Ein so beklagenswerthes Vorurtheil
von seiten der Regierung und der conservativen Partei bewies, dass
in den Mitgliedern dieser Partei die Ideen des Constitutionalismus
noch keine tiefern Wurzeln geschlagen hatten, dass die Mitglieder
dieser Partei davon noch nicht überzeugt waren, dass die unmittelbare
Theilnahme der hohen Regierungsbeamten an der Gesetzgebung das
Ansehen der Regierung nicht nur keineswegs vermindere, sondern,
dass im Gegentheil die Gesetzgebung nur dann schönere Resultate
hervorbringen könne, wenn die Organe der Nation und der Regierung, einander auf dem Kampfplatz derselben gegenüberstehend, die
allgemeinen Angelegenheiten des Landes erörtern.

Aber sein Sturz in Ödenburg misstimmte den in seinen Pflichten *Seine Wahl*
und Vorsätzen zähen und ausdauernden Széchenyi nicht. Nach einigen *im wieselburger Comitat.*
Tagen trat er im benachbarten wieselburger Comitat mit grösserm
Glück auf und wurde auch zum Deputirten gewählt. Wie früher
sein Sturz mit Bedauern, so wurde jetzt seine Wahl von der Opposition mit Befriedigung aufgenommen, nicht nur, weil es für einen
wahren Gewinn betrachtet ward, auf diesem Reichstag, der die Durchführung mehrerlei Reformfragen zur Aufgabe hatte, ihn, der die nationale Reform zuerst angebahnt, anstatt irgendeines conservativen Mitgliedes im Unterhause sitzen zu sehen, sondern noch mehr deshalb,
weil man durch seine Wahl jenen alten Wunsch einigermassen erfüllt

1847. sah, dass die Regierung, um die nothwendigen Aufklärungen geben zu können, Comissare zur Untern Tafel senden möge. Denn wiewol Széchenyi's Stellung als Abgeordneter es noch nicht mit sich brachte, dass er auch von seiten der Regierung betraut würde; nachdem er sich aber für die Zeit seiner Abordnung an der Deputirtentafel von seinem Regierungsamt nicht entheben liess, so folgerte die Opposition hieraus mit Recht, dass er einigermassen genöthigt sein werde, die an ihn zu richtenden Interpellationen über die Politik und Absichten der Regierung, an welcher er als einer der höchsten Beamten theilnehmen musste, zu beantworten. Daraus folgte wieder, dass es die Regierung entweder bei den von ihm zu ertheilenden Antworten werde bewenden lassen — und dann wäre der Wunsch erreicht, dass ein bevollmächtigter Commisar der Regierung an der Untern Tafel gegenwärtig sei, — oder, wenn die Regierung mit den Aufklärungen und Eröffnungen Széchenyi's nicht zufrieden sein würde, dann würde sie, um die Wirkung seiner Antworten zunichte zu machen, genöthigt sein, zur Deputirtentafel sobald als möglich einen wirklichen Regierungscommissar zu ernennen. Beide Fälle aber wurden für eine mächtige Annäherung an die thatsächliche Verantwortlichkeit der Regierung den Vertretern der Nation gegenüber angesehen.

Die Wahlen und die offenbarte Parteifärbung der gewählten Deputirten allein konnte jetzt schon nicht mehr, wie in frühern Zeiten, als pünktliche Richtschnur zur Bestimmung dessen dienen, welche Partei auf dem Reichstag die Majorität erlangen werde. Zu diesem Zweck musste man jetzt ausser der Person der Abgeordneten auch die Instructionen in Betracht ziehen, denn an manchen Orten kam der Fall vor, dass der Geist der Instructionen verschieden war von den Principien der Partei, zu welcher der gewählte Deputirte gehörte. Es waren z. B. Fälle, dass infolge angestrengter Stimmwerbungen von seiten der conservativen Partei die Deputirten aus der Mitte dieser Partei gewählt wurden, die Instruction dagegen ganz im Geist der Principien und der Richtung der Opposition beschlossen wurde. Dies geschah z. B. in Bihar, wo die conservative Partei, um Beöthy zu verdrängen, durch Corteschmassen Angehörige ihrer Partei zu Deputirten des Comitats wählen liess; weil jedoch die Mehrzahl der verständigern Klasse des Comitats zur Opposition gehörte und die Macht der Rednerkunst Beöthy's die Berathungen geleitet hatte, wurden die Instructionen dennoch ganz im Geist des Oppositionsprogramms festgestellt, und unter anderm der jährlich in Pesth abzuhaltende Reichstag, die zwangsweise Erbablösung, die Aufhebung der Aviticität, das gemeinsame Tragen der Lasten, die Aufstellung von Geschworenengerichten, die Abschaffung des geistlichen Zehnts, die Ertheilung des Bürgerrechts an die Juden und die Betreibung mehrerer ähnlicher Reformen den Deputirten zu Pflicht gemacht.

Bezüglich der Form der Instructionen ging gegenwärtig in vielen Comitaten eine Veränderung vor sich. Da man aus dem Verlauf der frühern Reichstage die Erfahrung machte, wie sehr die nach dem engen Kreis der provinziellen Interessen und Umstände angefertigten sehr detaillirten Instructionen die Vereinigung der Meinungen verhindern, die Durchführung der Reformen verzögern; da man ferner wahrnahm, wie sehr der bisherige Gebrauch, nach welchem den Abgeordneten in den einzelnen Fragen hinsichtlich der während der Verhandlungen aufgetauchten Details auch noch Nachtraginstructionen zugeschickt wurden, das Ansehen des Reichstags vermindere, dessen Vorgehen verzögere und dessen Erfolg in Frage stelle: so sprachen zahlreiche Comitate nach dem Beispiel Pesths es als Princip aus, dass sie künftighin ihren Deputirten nur allgemeine Instructionen geben würden, welche nur die in ihrem Vorgehen von ihnen zu befolgende Richtung, den Geist, nicht aber ihre Abstimmung hinsichtlich einer jeden Einzelheit, jeden ihrer Schritte schon im voraus bestimmen sollte. Zwar war die öffentliche Meinung zur gänzlichen Abschaffung des Systems der Instructionen noch nicht herangereift, — und dies wäre unter den gegenwärtigen Umständen auch noch nicht räthlich gewesen, da einerseits die Wahl der Deputirten nicht immer von der Stimme der Verständigern, sondern in vielen Fällen von der Zahl der herbeigelockten Menge des niedern Adels abhing, andererseits aber die Regierung die Comitate, diese Hauptgarantie unserer Verfassung, zu schwächen und sich in denselben zur Durchführung ihrer Zwecke um jeden Preis, auf jede Art eine Majorität zu verschaffen strebte. Die öffentliche Meinung kam jedoch darin überein, dass das bisherige, theils nutzlose, theils schädliche Instructionssystem insolange, bis die Verhältnisse die Abschaffung desselben erlauben würden, zwischen engere Schranken gedrängt und den Deputirten ein freierer Raum gewährt werden möge, um mit dem ganzen Gewicht ihrer Intelligenz und Energie auf die Berathungen und Beschlüsse Einfluss zu nehmen. Dies war jedenfalls ein bedeutender Fortschritt zur Vermehrung des Ansehens des Reichstags und zur Beschleunigung der Reformen.

Dieses Princip der Opposition nahm auch die conservative Regierungspartei an; wenigstens kam nirgends der Fall vor, dass sie gegen dieses Princip irgendwo Einsprache erhoben hätte. Und in Anbetracht dessen, dass die Regierung zahlreiche Mittel besass, um die Mitglieder des Deputirtenkörpers auch gegen ihre Ueberzeugung zu ihrer Partei hinüberzulocken, hatte diese Partei auch keine Ursache, diesem Princip entgegen zu sein; ja sie sah es vielmehr als in ihrem Interesse gelegen an, die Verbreitung desselben möglichst zu befördern. Auch entgingen der Aufmerksamkeit der oppositionellen Comitate die möglichen Folgen dieses Princips für den Fall nicht, wenn die Regierung unter den durch Instructionen weniger gebundenen Deputirten, wie sie es bisher trotz der detaillirten Instructionen zu thun pflegte, ihre Verführungskünste vielleicht noch im höhern Maasstab ausüben würde; und um die Standhaftigkeit des politischen Charakters ihrer Deputirten zu sichern und die Verlockungen der Regierung zu paralysiren, verpflichteten sie ihre gewählten Abgeordneten mit einem Eid, dass sie während des Verlaufs von sechs Jahren keinerlei Regierungsamt oder andere Auszeichnung annehmen dürften. Und auf diese Weise schrieben die meisten Comitate infolge der stillschweigenden, obschon aus verschiedenen Beweggründen stammenden Uebereinkunft der beiden Parteien ihren Deputirten anstatt der ins einzelne gehenden Instructionen gegenwärtig blos leitende Ideen und Principien vor.

Wenn wir die lange Reihe dieser Instructionen überblicken, stechen besonders zwei, die der Comitate Pesth und Borsod, hervor durch Reinheit der Principien, die Bestimmtheit ihrer Richtung und das klare, logische System ihrer Fassung. Diese Operate wurden durch die Tagespresse zeitig veröffentlicht und dienten den übrigen oppositionellen Comitaten gleichsam als Muster in der Anfertigung ihrer Instructionen; weshalb es nothwendig ist, uns mit denselben als dem Ausdruck der öffentlichen Meinung des grössern Theils der Nation einigermassen bekannt zu machen.

Die Instruction des pesther Comitats. In der Instruction des pesther Comitats, welche noch vor der Verkündigung des Reichstags veröffentlicht wurde, nimmt den ersten Platz ein, dass das erledigte Amt des Palatins durch die Wahl des Erzherzogs Stephan besetzt werde.

Es folgen sodann einige auf die Befestigung der Constitutionalität Bezug habende Vorschläge, in welcher Hinsicht Pesth nach dem Princip des „nichts über uns, ohne uns" den Reichstag zu jenem vollständigen Standpunkt des Constitutionalismus zu erheben wünschte, von welchem aus die Nation bezüglich aller Angelegenheiten, welche ihre Gegenwart und Zukunft interessiren können, das Gewicht ihres Willens in die Wagschale werfen könnte.

Von diesem Standpunkt aus wünschte das Comitat das Vorgehen der Regierung nicht nur auf die Zukunft zu richten, sondern auch hinsichtlich der Vergangenheit einer Zergliederung zu unterwerfen, da die vollständige Regelung des gegenwärtigen Zustandes nur auf diese Weise zu bewerkstelligen war. In dieser Beziehung muss der Reichstag, sagt die Instruction, drei Standpunkte ins Auge fassen, nämlich: die Stellung unsers Vaterlandes den auswärtigen Mächten, dann der mit uns unter Einem Fürsten stehenden österreichischen Monarchie gegenüber, endlich hinsichtlich unserer innern Angelegenheiten. In allen drei Beziehungen ist zur Beurtheilung des Vorgehens von seiten der Regierung der Maasstab zu gebrauchen: ob die reichstägliche Selbständigkeit, Nationalität und Verfassungsmässigkeit unsers Vaterlandes genügend repräsentirt, geschützt, gesichert und geleitet sei.

Hinsichtlich der auswärtigen Angelegenheiten besitzt unsere Regierung, wie die Instruction sagt, keinen genügenden, keinen solchen Einfluss, wie ihn unsere Gesetze und unsere Selbständigkeit fordern, obgleich diese Angelegenheiten auch uns, wiewol mit der österreichischen Monarchie gemeinschaftlich, so sehr interessiren, dass die den auswärtigen Mächten gegenüber befolgte Politik in ihrem letzten Resultat über den zukünftigen Bestand des Landes bestimmt. In dieser Beziehung macht die Instruction besonders auf die Länder an der untern Donau, auf die Donaumündungen, das stets wachsende Uebergewicht des russischen Reichs und jene Gefahren aufmerksam, welche sich aus diesem Uebergewicht bei der Lösung der früher oder später aufs Tapet kommenden Orientalischen Frage entwickeln können, sowol hinsichtlich der ganzen österreichischen Monarchie, als auch insbesondere in Bezug auf unser Vaterland.

Hinsichtlich unserer Verhältnisse mit Oesterreich erwähnt dieselbe, die Nothwendigkeit der Aufrechthaltung der durch den 2. Gesetzartikel 1723 bekräftigten Pragmatischen Sanction vorauschickend, dass der 10. Gesetzartikel 1790 — in welchem erklärt wird, unser Vaterland sei hinsichtlich seiner Verfassung und seines ganzen Regierungssystems unabhängig, daher ein keinem andern Land, keiner andern Nation untergeordneter Staat — vor allem vor Augen zu halten sei. Allein dieser gesetzliche Zustand unsers Vaterlandes wurde nicht bewahrt; die Interessen unsers Landes wurden beinahe in allen Verhältnissen, in welchen sie mit Oesterreich zusammentrafen, den vermeintlichen Interessen der Erbländer untergeordnet. Daher die gegenseitige Eifersucht, der fortwährende Kampf über die Grenzen der staatsrechtlichen Macht der Nation und der Regierung.

Was endlich unsere innern Angelegenheiten betrifft: so beweist die Geschichte der nahen Vergangenheit deutlich, dass die vollziehende Gewalt nicht verfassungsmässig wirkt; dass auch ihre dem Wesen nach guten Verfügungen meistens mit Beseitigung des constitutionellen Einflusses der Nation verbunden sind; dass oft die Ansprüche der mit der Freiheit gepaarten Ordnung politischen Sympathien und Antipathien aufgeopfert werden, dagegen hinsichtlich der erfolgreichen Durchführung solcher Gesetze, welche zur friedlichen Ausgleichung der Interessen gebracht wurden, die erforderliche Thätigkeit nicht wahrzunehmen ist; dass von den alten Beschwerden keine einzige behoben wurde, dagegen neue Rechtsverletzungen begangen worden sind; dass insbesondere durch die gegen die constitutionelle Stellung des Comitatssystems gerichteten Schritte das beruhigende Gefühl der Garantien unserer Verfassung vermindert wurde.

1847.   Demzufolge wurde den Deputirten zur Pflicht gemacht, diese
Regierungspolitik nicht nur nicht zu unterstützen, sondern dieselbe
vielmehr auf einen solchen Weg zu leiten, welcher der moralischen
Individualität der Nation, den selbständigen nationalen und constitutionellen Interessen des Landes entspricht. In dieser Hinsicht
wünscht das Comitat den sich in der reichstäglichen Majorität äussernden Nationalwillen als Richtung für die künftige Regierungspolitik
auf die Weise zu bezeichnen, dass die Wirksamkeit der Regierung
stets der Ausfluss des Nationalwillens ohne jeden fremdartigen Einfluss sein möge; zu diesem Zweck aber sei die Stellung der
Nation dahin emporzuheben, dass sie genügende Garantien besitze,
um die Verantwortlichkeit der Regierung endlich einmal zu verwirk-
· lichen.

Kurz, das pesther Comitat wünscht hinsichtlich der Vergangenheit vollständige Wiederherstellung, hinsichtlich der Zukunft Garantien. Und da beides nur von der moralischen Kraft der Nation dem
Erfolg entgegengeführt werden, diese moralische Kraft aber einzig
in der Interesseneinheit aller Bürger des Vaterlandes enthalten sein
kann; endlich diese Interesseneinheit nicht zu Stande zu kommen
vermag, solange zwischen den Adelichen und Nichtadelichen die
Strafrechtspflege verschieden ist; solange das Volk Steuern zahlt, der
Adel aber die Last derselben nicht theilt; solange das von der Verfassung ausgeschlossene Volk keine politischen Rechte besitzt, und
endlich solange der grösste Theil des Volks der robotleistende Knecht
des Adels bleibt — demnach wies das Comitat seine Abgeordneten an:

1) Dass sie bei den Verhandlungen über das Strafgesetzbuch für die
Aufstellung eines mit gleichförmigem Strafverfahren und Oeffentlichkeit
verbundenen Anklagesystems sammt Geschworenengerichten und über die
Formalitäten richtenden Cassationshöfen, sowie für die Abschaffung
aller Ausnahmsgerichte wirken mögen. 2) Dass sie die verhältnissmässige Ausdehnung sämmtlicher, ob auf persönlicher Dienstleistung
oder Steuerzahlung begründeten öffentlichen Lasten auf alle Bürger
des Vaterlandes betreiben mögen; hinsichtlich der Kriegssteuer mögen
sie zwar constitutionelle Garantien verlangen, wenn es ihnen jedoch
auch nicht gelingen sollte, dieselben durchzusetzen, so mögen sie es
trotzdem als Hauptgrundsatz betrachten, dass, unter welchen Bedingungen dem Volk irgendwelche Last aufgebürdet wird, sich in
diese Lasten auch der Adel unter ähnlichen Bedingungen theile. Bei
dieser verhältnissmässigen und gemeinschaftlichen Leistung der Do-
mestical- und Kriegssteuer wünschte das pesther Comitat, dass die
zur Verwirklichung der geistigen und materiellen Verbesserungen
nothwendige Landeskasse grösstentheils auf dem Wege der mittelbaren Besteuerung aufgestellt werde. Als Quellen dieser Einkünfte

aber wünschte das pesther Comitat bezeichnet zu wissen: die erhöhten
Salzpreise, eine mässige Einregistrirungstaxe bei Gelegenheit von Be-
sitzänderungen, die bei der Intabulation belasteter Verträge und
Schuldbriefe zu zahlenden Taxen, einen Theil der zu erhöhenden
Grationaltaxen, die einjährigen Einkünfte jener Güter des hohen Klerus, welche im Fall einer Erledigung die königliche Kammer verwaltet, solange die betreffenden Stellen nicht besetzt sind, die zum
Dreissigst zuzuschlagenden mässigen Grenzzölle, die den Absentisten
wenn sie Landeskinder sind, dreifach, wenn sie das Bürgerrecht
nicht besitzen, sechsfach aufzuerlegende Domesticalsteuerquote u. s. w.
3) Als drittes positives Mittel der Interesseneinigung betrachtete das
pesther Comitat in seiner Instruction die Betheiligung des Volks mit
politischen Rechten; zu welchem Zweck es indessen jetzt noch einige
Rücksicht auf jene Abstufung zu nehmen wünschte, welche in dieser
Beziehung die geschichtliche Rechtsentwickelung bezeichnete. Es verlangte infolge dessen, dass a) die königlichen Freistädte und freien
Districte auf dem Reichstag mit gebührendem Einfluss, in ihrem
eigenen Schos aber mit gehöriger Unabhängigkeit versehen werden
mögen; b) nach erfolgter Regelung der freien und aller andern
Markt- und Dorfgemeinden, in den Generalversammlungen der Comitate alle das durch ihre Abgeordneten auszuübende Stimmrecht besitzen mögen. 4) Endlich wurde als vierter Factor der Interesseneinigung die vollständige Aufhebung der Urbarialverhältnisse, die
Erbablösung bestimmt, welche sie durch vollständige Entschädigung
durch Vermittelung des Staats reichstäglich durchgeführt zu sehen
wünschten, und als Gegenstand der Ablösung nicht den Werth der
Session, sondern die auf derselben lastenden Urbarialleistungen bezeichneten.

Ausser diesen Lebensfragen bestimmte das pesther Comitat in
ihrer Instruction noch die folgenden Reformen und deren maassgebende
Principien: die Abschaffung der Aviticität nach dem Grundsatz des
„Uti possidetis". Aus dem Gesichtspunkt der geistigen Interessen:
den Einfluss der Nation auf die Regelung des Unterrichts und die
Feststellung der Kosten desselben; die Befreiung der Presse aus den
Banden der Censur und die Regelung derselben durch Gesetze. Aus
dem Gesichtspunkt der materiellen Interessen: den Einfluss der Gesetzgebung auf die Regulirung der Zölle, als deren Grundprincip die
vollständige Gegenseitigkeit der Interessen bezeichnet wurde; die
Versetzung der Communicationsmittel in einen guten Stand; die Begründung von Creditinstituten. — Damit jedoch durch die Verwirklichung dieser und anderer schon erwähnten Reformen die Umgestaltung
der Nation ohne jede Erschütterung baldigst durchgeführt werden
könne, wies das Comitat seine Deputirten an, einen jährlich in Pesth

abzuhaltenden Reichstag in Antrag zu bringen mit einer sich auf drei Jahre ausdehnenden Deputirtenwahl.

Hinsichtlich ihrer Hauptprincipien ist die Instruction des borsoder Comitats mit der pesther völlig übereinstimmend, und führen wir dieselbe hier nur deswegen an, weil sie durch ihre klare, kurze Fassung über das ganze System der oppositionellen Instructionen gleichsam einen Ueberblick gewährt.

I. Vorläufiges: 1) Palatinswahl im Wege gesetzlicher Candidirung. 2) Die Frage der Ergänzung des Reichstags, mithin die Frage der Partes. 3) Die Behebung der Beschwerden, welche durch das Verfahren der Regierung während der Ereignisse in Hont, Bihar, Kroatien hervorgerufen wurden u. s. w.

II. Geistige Interessen: 1) Die Regelung des Volksunterrichts durch den Reichstag. 2) Pressfreiheit bei Aufhebung der präventiven Censur und Schaffung von Pressgesetzen.

III. Materielle Interessen: 1) Ein neues Zollsystem auf der Grundlage vollständiger Gegenseitigkeit zwischen dem Land und den Erbländern. 2) Schutzzölle für unsere entstehende Industrie. 3) Verbesserung der Communicationsmittel, die Erbauung von Eisenbahnen, Kanälen, gemauerten Strassen auf Staatskosten oder im Wege von Actiengesellschaften, mit Interessengarantie hinsichtlich der beiden erstern. 4) Einführung von Creditinstituten und Grundbüchern. 5) Abschaffung der Aviticität. 6) Bindende Erbablösung mit Hülfe des Staats. 7) Abschaffung des geistlichen Zehnts u. s. w.

IV. Politische Interessen: 1) Das Tragen gemeinsamer Lasten sowol hinsichtlich der Kriegs- als der Domesticalsteuer; bei einem bezüglich der erstern zwischen dem König und der Nation abzuschliessenden, bezüglich der letztern der Nation für das gebrachte Opfer einigen Ersatz gewährenden, die Auswerfung und Eintreibung derselben sichernden Vertrag. 2) Schaffung einer Landeskasse. 3) Regulirung der Städte und freien Districte, jedoch so, dass dieselben auf dem Reichstag an einer verhältnissmässigen Abstimmung auch ohne innere Regelung theilhaftig gemacht werden, wenn ihre Unabhängigkeit hinsichtlich der Wahlen und der Gesetzgebung sichergestellt ist. 4) Aufstellung von Geschworenengerichten. 5) Jährlicher Reichstag in Pesth mit auf drei Jahre gewählten Abgeordneten; den Vorsitzenden möge sich die Deputirtentafel selbst wählen; ein bevollmächtigter Commissar der Regierung soll zugegen sein, die königliche Tafel ausbleiben. 6) Regelung der Comitatswahlen; nach der Weisheit der Deputirten entweder durch vorgreifende und hindernde Massregeln oder durch Einführung eines auf Grundlage der Vertretung zu schaffenden neuen Systems. 7) Allgemeine Volksvertretung sowol in der Gesetzgebung als im Gebiet des municipalen Lebens auf Grundlage der Befähigung, welche Intelligenz und Besitz verleihen. 8) Union mit Siebenbürgen. 9) Emancipation der Juden 1847. mit einem zweckmässigen Gesetz gegen das Eindrängen derselben aus den benachbarten Ländern. — Hinsichtlich solcher Fragen, welche im Verlauf des Reichstags auftauchen würden, ertheilte das borsoder Comitat seinen Abgeordneten volle Ermächtigung, nach eigener Einsicht abzustimmen.

Der grössere Theil der Comitate, welche eine oppositionelle Majorität besassen, fertigte seine Instructionen mit kleinern oder grössern Abänderungen nach den Grundsätzen der pesther und borsoder Instruction an. Nebst den Fortschrittsfragen wünschten alle die Aufhebung der ältern und neuern Beschwerden durch ihre Abgeordneten betreiben zu lassen. Als eine der grössten dieser Beschwerden erwähnte beinahe jedes Comitat die von der Regierung durchgeführte willkürliche, gesetz- und verfassungswidrige Regulirung des kroatischen Landtags. Und wie sehr diese Aeusserung der Comitate gerechtfertigt war, bewies zur Genüge der neue kroatische Landtag selbst, welchen der agramer Bischof, als Stellvertreter des Banus, wegen der Wahl der Deputirten zum Reichstag auf den 18. Oct. verkündigt hatte. *Der kroatische Landtag.*

Der constitutionelle ungarisch-kroatisch gesinnte Beamtenkörper und die Majorität der Stände des agramer Comitats, welche die Gesetzlichkeit der willkürlich infolge eines Hofbefehls durchgeführten Regelung des Landtags durch ihren Beitritt nicht anerkennen wollten, hatten es in einer ihrer Generalversammlungen beschlussweise ausgesprochen, dass, insolange nicht die frühere, gesetzliche, auf alten Gebräuchen begründete Form des Landtags wiederhergestellt und insbesondere der seines individuellen Abstimmungsrechts beraubte Adel in seine Rechte wiedereingesetzt sein würde, das Comitat seinerseits keine Abgeordneten auf den Landtag schicken werde, sondern die besondere und directe Vertretung der kroatischen Comitate in der Gesetzgebung auf dem Reichstage durch die ungarischen Abgeordneten betreiben werde. Auch forderte dasselbe zur Vermittelung dieses Beschlusses die ungarischen Comitate, insbesondere das benachbarte Zala, mittels Rundschreibens auf.

Wie vorauszusehen war, misbilligte die Regierung diesen Beschluss des agramer Comitats durch ein Hofdecret und wies die Stände an, dass sie nicht versäumen möchten, den Landtag zu beschicken. Die Majorität der Comitatsstände indessen wünschte in der am 14. Oct. abgehaltenen Generalversammlung den frühern Beschluss auch fernerhin aufrecht zu halten und richtete eine Adresse an die Regierung des Sinnes: dass, weil die Organisation des Landtags durch den Ausschluss des Adels ungesetzlicherweise abgeändert sei, sie Deputirte dahin bis zur Aufhebung der Beschwerde nicht schicken und ebenso wenig die auf dem Landtage zur Gesetzgebung zu wählenden Vertreter für ge-

1847. setzlich anerkennen könnten. Der Landtag wurde demnach nach vier Tagen ohne Theilnahme des agramer Comitats eröffnet.

Dieser Landtag bestand, der willkürlich durchgeführten neuen Organisation gemäss, aus solchen Elementen, dass unabhängige, freisinnige Patrioten sich in der That keineswegs veranlasst sehen konnten, auf demselben zu erscheinen. Den ganzen Landtag bildeten nämlich die folgenden Mitglieder: die Obergespane oder Administratoren der drei kroatischen und ebenso vieler slawonischen Comitate, die Bischöfe von Kreutz und besonders Belgrad, sechs besonders einberufene Magnaten, vier Deputirte der Kapitel, die Vertreter des kreutzer, warasdiner, pozsegaer, veröczer und sirmier Comitats, des Districts Buccari, der Städte Agram, Warasdin, Kreutz, Kopreinitz, Karlstadt und Pozsega, die ganze Banal- und Districtualtafel, die Beisitzer des Wechselgerichts und endlich die königlichen Räthe und Kämmerer, zusammen sechzig und einige Personen. In welchem Geiste diese Versammlung wirken würde, an welcher neben den Repräsentanten von zwölf Municipien viermal so viel Regierungsbeamte, Regalisten und Angehörige der Kirche theilnahmen, der unabhängige Adel aber dem hundertjährigen Gebrauche entgegen ausgeschlossen wurde, konnte schon von vornherein niemand den geringsten Zweifel hegen.

Die Opposition bestand alles zusammengenommen aus zwei nicht stimmfähigen Vertretern abwesender Magnaten. Einer derselben jedoch erhob, trotz des geringen Gewichts seiner Stellung, sogleich zu Anfang der Sitzung seine Stimme zu Gunsten des persönlichen Abstimmungsrechts des Adels. Die kurze Debatte, welche hierauf folgte, schloss der Bischof und Banus-Stellvertreter Haulik mit der Erklärung, dass die Deputirtenwahl nicht durch Abstimmung, sondern durch Ausruf vor sich gehen werde; wenn indessen in zweifelhaften Fällen eine Zählung der Stimmen nothwendig werden sollte, gehöre es zu seinem Amte als Vorsitzender, das Gewicht derselben zu bestimmen und über deren Gültigkeit zu urtheilen.

Die Wahlen wurden sodann von der gleichgesinnten Versammlung ohne jede Schwierigkeit durchgeführt. Zur Magnatentafel wurde Hofrath Hermann Busán, zur Deputirtentafel Statthaltereirath Metell Osegovich und der Obernotar von Pozsega, Bunyik, gewählt.

Während sodann die mit Anfertigung der Instructionen beauftragte Commission bei verschlossenen Thüren Berathungen abhielt, beschäftigte sich der Landtag mit einigen andern Gegenständen, welche mit dem Reichstage in keinem Zusammenhange standen. Der frühere Landtag hatte, nach dem Ausschluss des Adels aus seinem Schose, mehrere Fragen aufs Tapet gebracht, welche auf die Begründung einer unabhängigen kroatischen Nationalität abzielten. Solche waren unter andern die Gründung eines besondern kroatischen königlichen Statthaltereiraths, die Erhebung des agramer Bischofs zum Erzbischof, die Aufstellung einer besondern Abtheilung bei der Hofkanzlei, die Erhebung der kroatischen Sprache zur Amtssprache innerhalb der Landesgrenzen u. s. w. Auf die Adressen jedoch, welche hinsichtlich dieser Gegenstände an die Regierung gerichtet wurden, langten theils abschlägige, theils gar keine Antworten herab. Das warasdiner Comitat und die Deputirten von Karlstadt wünschten daher, als Mitglieder der illyrischen Partei und Vorkämpfer der kroatischen Unabhängigkeit, die Erfüllung dieser Forderungen bei der Regierung neuerdings und stärker zu betreiben. Allein, die Angelegenheit der kroatischen Sprache ausgenommen, hinsichtlich welcher einhellig eine neue Bitte an die Regierung gerichtet wurde, war diese zum grössten Theil aus Beamten bestehende Versammlung jenen nationalen Bestrebungen nach der frühern abschlägigen Antwort der Regierung nicht günstig gestimmt, und es wurde der Beschluss gefasst, dass die Adressen bezüglich derselben nicht wiederholt werden sollten.

Bald darauf kamen die den gewählten Reichstagsdeputirten zu ertheilenden Instructionen auf die Tagesordnung. Man konnte glauben, dass, nachdem im Mutterland die Fragen der Reform, die Ideen der politischen Freiheit und Gleichheit jedermann schon seit Jahren so sehr beschäftigten: diese Ideen, das Gefühl dieser Reformen endlich schon auch in dieses in allem zurückgebliebene Land gedrungen seien, und die Instructionen jetzt von diesen Reformen in einem oder dem andern Sinn auf jeden Fall günstig sprechen würden. Allein wir suchen in diesen Instructionen vergebens mehrere in Ungarn als unvermeidlich erkannte Reformen; und auch jene, die wir darin finden, bezeugen deutlich, dass die Mitglieder dieses Landtags höhere Interessen als Nationalstreitigkeiten und gehässiges Parteiwesen nicht sehr kannten, nicht würdigten.

Unter den geringfügigen Verhandlungen, welche meistens nur von localem Interesse waren, tauchten kaum ein oder zwei Fragen auf, welche der Aufmerksamkeit würdig wären. Graf Anton Széchen, Obergespan von Pozsega, derselbe, der auch einer der Führer der conservativen Partei in Ungarn war, stellte den Antrag hinsichtlich der Aufnahme der Protestanten in das Land und die Betheiligung derselben mit bürgerlichen Rechten; allein er traf auf eine heftige Opposition. Das gemeinsame Tragen der Lasten, die Besteuerung des Adels wurde nicht einmal erwähnt; und wurden die Deputirten angewiesen, dass sie die zur Deckung der allgemeinen Bedürfnisse des Landes erforderlichen Kosten aus der elenden Quelle der segenslosen Subsidien oder freien Anerbietungen votirten. In den Pressgesetzen, deren Schaffung sie zwar für unabweislich hielten, wünschten sie die präventive Censur auch fernerhin aufrecht erhalten zu sehen. Gegen das Administratorensystem hatten sie keinerlei Klage vorzubringen und wünschten das Präsidium der Obergespane in den

1847. Gerichtsstühlen als gesetzlich angesehen zu wissen. Im ganzen Instructionsoperat zeigt einzig die Unterstützung der Abänderung der Aviticität, der Erleichterung der Erbablösung und der Aufstellung einer Creditbank auf einige Spuren des Fortschrittsgeistes. Nur Ein Reformgegenstand, das Abstimmungsrecht der Nichtadelichen in den Comitatsversammlungen, rief eine heftige Debatte hervor; aber auch diese führte zu keinem Resultat. Das Operat der Commission war dieser Frage nicht günstig und wünschte dieselbe nur mit der Regelung der Comitatsorganisation zugleich in Verhandlung genommen zu sehen, infolge dessen, obgleich die Vertreter der Municipien beinahe ohne Ausnahme die Abstimmung der sogenannten Honorationen unterstützten: der Vorsitzende dennoch, treu jenem Princip, dass es seines Amts sei, über die Gültigkeit der abgegebenen Stimmen zu entscheiden, den Beschluss im Sinn des Commissionsentwurfs aussprach. Die Deputirten wurden angewiesen, ihre Erklärungen auf dem Reichstag in ungarischer Sprache abzugeben. — Und so erreichte dieser Landtag sein Ende, in dessen Verlauf der vorsitzende die Würde des Banus stellvertretende Bischof seine Zuhörer öfter mit erbaulichen Reden ermahnte: sie möchten sich hüten vor den seiner Ansicht nach schädlichen Folgen der Oppositionslehren und des Umsichgreifens des oppositionellen Geistes!

Wie sehr verschieden waren von diesen kroatischen Instructionen selbst die jener ungarischen Comitate, in welchen die conservative Partei die Majorität bildete! Selbst diese noch durchweht grösstentheils ein freierer Geist, welcher in Kroatien die Gefühle der Mehrzahl noch nicht durchdrungen hatte. Betrachten wir z. B. die Instruction des csongrader Comitats, in welchem gegenwärtig einer der führenden Redner der conservativen Partei, der Statthaltereirath Anton Babarczy, die Richtung angab, und welches jetzt, nachdem sich in seinem Schos die Opposition gänzlich zurückgezogen hatte, eins der am meisten conservativ gesinnten Comitate war. Und auch in der Instruction dieses Comitats finden wir folgende Punkte: Pressgesetze mit Aufhebung der präventiven Censur; Reichstagszeitung; gemeinsames Tragen der Lasten; Robot- und Zehntablösung durch bindende Gesetze; Abschaffung der Aviticität; Reichstag in Pesth; fiumer Eisenbahn; Regelung der königlichen Freistädte u. s. w. Die Instructionen mehrerer conservativen Comitate sind so freisinnig, dass, wenn wir dieselben mit jenen Instructionen vergleichen, welche die oppositionellen Comitate vor etwa zehn oder zwölf Jahren ihren Deputirten ertheilten, wir uns über den ungeheuern Fortschritt wundern müssen, welchen die öffentliche Meinung während dieser wenigen Jahre gemacht hatte. In den Instructionen der meisten conservativen Comitate finden wir jetzt freiere Principien als in den frühern Instructionen vieler oppositionellen Comitate. Die Opposition befürch-

tete, dass die conservative Partei, um sich eine Majorität zu verschaffen, in der Masse des weniger gebildeten niedern Adels mit der
Aufrechthaltung des Privilegiums agitiren werde. Allein dies geschah,
vielleicht mit einziger Ausnahme des arader Comitats, nirgends; ja
selbst die Conservativen, die sich durch das Bekennen eines freiern
Geistes, freisinnigerer Principien eine Majorität verschaffen zu können
hofften, eigneten sich in ihren Instructionen zahlreiche Punkte von
der Opposition an und schienen derselben die Reformfragen gleichsam
streitig machen zu wollen.

Die lange Reihe dieser oppositionellen und conservativen Instructionen überblickend, sehen wir an denselben trotz aller Form-
und Principienunterschiede, welche zwischen den Parteien so heftige
Debatten hervorgerufen hatten, den Hauptcharakter des Jahrhunderts:
das Streben nach Freiheit und Gleichheit, deutlich ausgedrückt. Die
Zeit und der Geist der herannahenden grossen Ereignisse, welche
nach wenigen Monaten ganz Europa und dessen sämmtliche Staaten
in ihren Grundfesten erschütterten, durchwehen diese Instructionen
schon einigermassen. Der Macht dieses Geistes, der Gewalt der durch
denselben langsam und stufenweise vorbereiteten Verhältnisse, der
vernunftgemässen Nothwendigkeit der Dinge und Lagen konnte sich
nicht einmal die conservative Partei mehr entziehen; sie wurde selbst
wider ihren Willen nach jener Bahn hin gezogen, welche die Völker
bald darauf betreten sollten; sie wurde gegen ihren Willen zum
Fortschreiten mitgerissen gegen die grossen Ziele der Volksfreiheit
und Gleichheit hin, so sehr, dass, wie Szóchenyi sagte, jene „antedi-
luvianischen Exemplare" der Conservativen, die in ihrer starren Unbeweglichkeit versteinerten, schon so überaus selten und verachtet
geworden waren, dass sie selbst von den besonnenern Conservativen
verleugnet wurden. Und wenn wir diesen Fortschritt gegen Freiheit
und Gleichheit in den conservativen Instructionen auch nicht so rein,
so deutlich ausgedrückt sehen als in den oppositionellen: so ist es
gleichwol unmöglich, nicht auch den erstern volle Gerechtigkeit widerfahren zu lassen, da wir in ihnen mit den Principien der Pressfreiheit, des gemeinsamen Tragens der Lasten, des freien Bodens und
der Abschaffung des Urbariums zusammentreffen. Und es ist unmöglich, uns über diesen herrlichen Sieg des Geistes dieses Jahrhunderts nicht zu freuen, wenn wir sehen, wie sich die Adelsklasse in
ihrem uneigennützigen Eifer bestrebt, die Scheidewand der Privilegien
niederzureissen, die Ungerechtigkeit auszugleichen, welche die zahlreichste
Klasse der Nation unter der Last dieser Vorrechte Jahrhunderte hindurch erlitt; wie sie bestrebt ist, die bisher von wenigen als Privilegium genossenen menschlichen und bürgerlichen Rechte mit derselben brüderlich zu theilen; den von den Fesseln des Feudalismus
belasteten Boden zu befreien; zu befreien die mit dem Stempel des

1847. Knechtthums gebrandmarkte Arbeit und den in Fesseln geschlagenen Gedanken. Und in Anbetracht dieses mächtigen Fortschritts gegen den vollständigen Sieg der Freiheit und demokratischen Gleichheit, welchen mit oder wider Willen jede Partei, von der logischen Vernunftgemässheit der Verhältnisse fortgerissen, gleichmässig beförderte: ist es unmöglich, nicht anzuerkennen, dass, wie Napoleon auf dem Felsen von St.-Helena sagte, schon die Luft genügte, um das Feudalwesen zu ersticken. So wehte in diesen Bestrebungen der Hauch der herannahenden grossen Ereignisse.

Es waren dies solche Zeichen der Zeit, bei deren Anblick sich der Patriot hinsichtlich der Resultate des Reichstags bei alledem, dass ein heftiger Zusammenstoss der Parteien für sicher gehalten wurde, zu den schönsten Hoffnungen berechtigt fühlen konnte.

Aenderungen in den höchsten Aemtern der Regierung.
Unter diesen lebhaften Vorbereitungen der Nation auf die' künftigen parlamentarischen Kämpfe kam von seiten der Regierung nichts anderes ans Tageslicht ausser jenen wenigen Veränderungen, welche sich auf die Person einiger hohen Regierungsbeamten bezogen. Vor allem wurde der königliche Personal Stephan Szerencsy, der an der Untern Tafel schon auf zwei Reichstagen den Vorsitz geführt hatte, seines Amts enthoben und an seine Stelle zum Personal und künftigen Präsidenten der Deputirtentafel der referirende Rath an der königlich ungarischen Hofkanzlei Johann Zarka ernannt. Szerencsy war

Johann Zarka, königl. Personal.
zwar einer jener Beamten, die das Amt nicht unpopulär gemacht hatte, ja er besass auf den frühern Reichstagen trotz seiner schweren heiklen Stellung in genügendem Mass das Vertrauen und die Liebe des Deputirtenkörpers. Er gehörte jedoch zur Parteifraction des gewesenen Hofkanzlers Anton Majláth, und spürte als solcher weder Lust in sich, auf diesem Reichstag die von ihm nicht ganz gebilligte Regierungspolitik zu vertheidigen, noch hatte Apponyi soviel Vertrauen zu ihm, dass er hätte wünschen sollen, ihm, die Vertheidigung seiner Principien auf diesem Reichstag, welcher über dieselben entscheiden sollte, anzuvertrauen. Mehr Vertrauen hatte er in dieser Beziehung zu Zarka, mit dem er, während der verflossenen drei Jahre in engerer amtlicher Beziehung stehend, genügende Gelegenheit hatte, dessen ausgezeichnete Eigenschaften kennen und würdigen zu lernen, und den ausser seiner bedeutenden rednerischen Fähigkeit und scharf logischen Dialektik auch noch der Umstand für das Amt des Präsidenten anempfahl, dass er als einstmaliger Deputirter der Opposition trotz seines Regierungsamts noch leidlich im Gerücht der Freisinnigkeit stand, dessen patriotische Ueberzeugungen von den höhern Instructionen wol gemässigt, jedoch nicht geändert wurden. Und in der That war er, obgleich er auf diesem Reichstag das Organ der Regierung und der amtliche Vertheidiger ihrer Politik wurde, vor dem Deputirtenkörper dennoch nicht unpopulär.

Einige Wochen nach erfolgter Veröffentlichung der den Reichstag verkündigenden königlichen Verordnung, was, wie wir sagten, mit der Contrasignirung Apponyi's geschah, wurde endlich auch Graf Anton Majláth seines Amts als Hofkanzler, dessen Titel er auch ohnehin schon während der verflossenen drei Jahre nur getragen hatte, vollständig enthoben, und wurde, wie auch Szerencsy, zum Staatsminister ohne Portefeuille ernannt. Die Hofkanzlei und mit derselben auch die Leitung der ungarischen Regierung wurde demnach auch der Form nach auf den Grafen Georg Apponyi übertragen. Nach dieser Ernennung konnte nicht der geringste Zweifel mehr obwalten, dass das Cabinet vollkommen entschlossen sei, die Durchführung jener Politik zu versuchen, deren Repräsentant während der verflossenen drei Jahre Apponyi war.

Wieweit dies gelingen werde, konnte man in voraus selbst dann nicht bestimmen, als sich die Deputirten, mit ihren Instructionen versehen, schon versammelten. Auf dem letzten Reichstag variirte die Majorität der Opposition zwischen 10 und 25 Stimmen, jetzt indessen war die Majorität vorläufig noch so zweifelhaft, dass sich jede Partei dieselbe zueignete. Diese Ungewissheit konnte jedoch nicht lange dauern; die Majorität musste sogleich bei der ersten Gelegenheit, wo sich die gegenseitigen Kräfte messen konnten, klar hervortreten. Dies geschah noch vor der feierlichen Eröffnung des Reichstags bei jenem Anlass, als die Notare der Circular-, richtiger benannt, Vorbereitungssitzungen der Untern Tafel gewählt wurden. Sämmtliche Candidaten der Opposition gewannen die Majorität. Indessen hielten die Conservativen oder vielmehr die Regierungspartei die Frage durch das Resultat dieser Abstimmung noch nicht für entschieden. Da diese Wahlen ohne Einfluss der Instructionen vor sich gingen, so behaupteten sie: dass das Resultat nur die persönliche Parteifärbung der Deputirten ans Tageslicht gefördert habe und dasselbe ein ganz anderes sein werde, wenn die Abgeordneten über die vorkommenden Fragen nach ihren Instructionen abstimmen würden. Und die Anhänger der Regierungspartei hatten auch in der That recht: diese Abstimmung diente schon deshalb nicht als sicherer Massstab der Majorität, weil mehrere oppositionell gesinnte Deputirte geneigt waren, die unter dem Einfluss der Regierungspartei angefertigte Instruction im Interesse des Landes zu deuten; und sich andererseits mehrere übrigens mit oppositionellen Instructionen versehene Deputirte bestrebten, ihre Stimmen, wo sie dies ohne offene Verletzung ihrer Instruction thun konnten, in die Wagschale der Regierungspartei zu werfen. Unter solchen Umständen wurde es die erste und wichtigste Pflicht des Führers der Opposition, die Majorität zu einer festen zu gestalten.

Die Rolle des Führers nahm mit stillschweigender Uebereinstimmung der Oppositionspartei Ludwig Kossuth ein. Er hatte sich in den vergangenen Jahren durch seine Thätigkeit in der Tagespresse, seine mit Széchenyi und Aurel Dessewffy geführten Kämpfe, und nachdem er von der journalistischen Laufbahn abgetreten, durch sein auf dem Vereinsgebiet entwickeltes eifriges Wirken ein solches Ansehen verschafft, dass ihm die Rolle des Führers jetzt niemand streitig machte. Auch andere glänzten, ohne ihn zu beneiden und ohne mit ihm in Concurrenz treten zu wollen. Es gab auch schon damals unter seinen Parteigenossen solche, die keine Sympathie für ihn fühlten; aber auch diese hielten ihre Gefühle verborgen: die Opposition fühlte, dass sie der Regierungspartei gegenüber, welche jetzt stärker war als je früher, vor allem des Zusammenhaltens, der Einheit und Disciplin bedürfe. Auf dem Feld des Handelns wollte demnach niemand die Uebereinstimmung der Partei stören. Die Regierungspartei fürchtete ihn mehr als sie ihn hasste, und war geblendet von der Macht seiner Beredsamkeit. Ja sie fand sich sogar zu Anfang des Reichstags überrascht durch das Gemässigte seiner Anträge und seine in manchen Gegenständen bekundete Nachgiebigkeit: diese Partei zählte im Verhalten Kossuth's auf eine grössere Heftigkeit, auf energischere Angriffe, als sie erfuhr.

Die Oppositionsführer in den vergangenen Reichstagen besassen nur in gewissen Dingen die Oberhoheit unter ihren Geführten. Zu Anfang dieses Jahrhunderts übte Joseph Vay auf die Richtung der Berathungen und Beschlüsse seine Wirkung nur durch Ertheilung von Rathschlägen aus; aber in den Debatten gehörte die Rolle des Redners nicht ihm. Paul Nagy war der Held der Tribüne mit seiner improvisirenden und hinreissenden Beredsamkeit; an den Mühen der Arbeit nahm er indessen keinen grossen Antheil. Franz Deák, obgleich auch er ein ausgezeichneter Redner war, konnte dennoch sein in beiden Lagern gleiches Ansehen und die Zaubermacht seines Worts mehr seiner aussergewöhnlich starken Beurtheilungskraft, welche selbst die verwickeltsten Fragen klar und sicher löste, die vorzunehmenden Schritte mit Entschiedenheit bezeichnete, und seiner leidenschaftlichen Besonnenheit, welche die Stürme des Kampfs besänftigte und jedermann beruhigte, verdanken; allein die Stellung der Anträge, die Aufgabe der Agitation übernahmen andere. Kossuth jedoch, wenn er auch alle diese Eigenschaften in sich nicht vereinigte, bemächtigte sich doch aller dieser Rollen. Er war die bewegende Kraft, welche den Parteien den Gegenstand auf den Kampfplatz hinwarf. Er brachte die Wünsche der Opposition in Antrag, er trug die Beschwerden derselben vor. Wenn in den Verhandlungen auch nicht immer seine Weisheit die vorzunehmenden Schritte bezeichnete, so war es doch immer er, der in den öffentlichen Sitzungen die Beschlüsse

in jeder wichtigern Frage vortrug und entwickelte. Er war der 1847.
heftigste Angreifer der hindernden Elemente; er arbeitete auch ausserhalb des Sitzungssaals das meiste in jeder schwierigen Frage.
Nur eine aussergewöhnliche rednerische Fähigkeit, wie die Kossuth's war, konnte sich unter den Mitgliedern der Opposition zu
einer solchen Höhe erheben, dass ihr Vorrang nicht in Zweifel gezogen wurde; denn in den Reihen der Opposition fanden sich, obwol
einige ausgezeichnete Männer jetzt fehlten, so viele hervorragende
Persönlichkeiten, dass es einer alltäglichen Fähigkeit schwer geworden wäre, den ersten Platz zu erkämpfen. Unter ihnen zeichneten
sich Moritz Szentkirályi, Bartholomäus Szemere und Dionys Pázmándy
der Jüngere am meisten aus, und hätten sich, wenn Kossuth gefehlt
hätte, die erste Stelle streitig gemacht. Szentkirályi, eine an
Gründen erfinderische, tief zergliedernde und philosophirende Capacität, war als Schriftführer ein gefeierter Mann. Szemere, als Publicist von ausgebreiteter Wissenschaft und meisterhafter Redner, Pázmándy, als in den Gesetzen, der Geschichte des Vaterlandes und den
politischen Angelegenheiten Europas sehr bewanderter Mann, waren
nicht nur Berühmtheiten unter ihren Genossen, sondern hätten auch
in jedem andern Parlament Europas eine Rolle ersten Ranges gespielt. Unter diesen drei verlor der Ruhm Szentkirályi's das wenigste neben Kossuth auf diesem Reichstag. Seine tiefen Deductionen,
die Kraft seiner zergliedernden Logik, womit er die Behauptungen
des Gegners einzeln zermalmte, behielten auch neben den hinreissenden Reden Kossuth's ihr Interesse, sodass, obschon beide die Deputirten desselben Comitats waren, und man es sonst übelnahm, wenn
beide Abgeordnete über einen und denselben Gegenstand sprachen:
die Deputirten des pesther Comitats in den meisten Gegenständen
beide ihre Stimme erhoben, und die Rede Szentkyrályi's auch nach
der seines Gefährten stets mit der grössten Aufmerksamkeit angehört
wurde. Pázmándy wusste sich mit seinem Ernst Nachdruck zu verschaffen. Kossuth würdigte unter den Deputirten die Ansicht keines
einer solchen Aufmerksamkeit wie die seinige; und er conferirte mit
ihm regelmässig vor der Aufnahme irgendeines Gegenstandes. Szemere
war verschlossener als alle übrigen; seine Meinung war nur schwer
und am spätesten zu erfahren, allein sein künstlerischer Vortrag bot
stets Belehrung und Genuss. Selten versteht jemand seine Gedanken
so präcis auszusprechen wie er, der selbst in der Hitze der Improvisation nie mehr sagte als er sagen wollte, nie einen andern Ausdruck gebrauchte, als er eben zur Aeusserung seines Gedankens erforderlich war. — Neben den ausgezeichnetern Deputirten, welche
schon auch an den frühern Reichstagen theilgenommen hatten, zogen
meistens der kühne, seine Meinung unumwunden aussprechende Samuel
Bónis, und der trotz seiner grossen Jugend mit reichen, gereiften

Kenntnissen versehene Graf Julius Andrássy die Aufmerksamkeit auf sich.

Die Führer der Regierungspartei, Paul Somsich und Anton Babarczy, beide ausgezeichnete Capacitäten, waren hinsichtlich ihrer Methode und Vergangenheit voneinander sehr verschieden. Somsich hatte, ehe er auf dem vergangenen Reichstag auftrat, seine Laufbahn beim Comitat in den Reihen der Opposition durchlaufen; Babarczy gehörte stets zur Regierungspartei. Jener, als Redner geschickter und glätter, erwies seiner Partei nützlichere Dienste, und gewann durch seine der Opposition gegenüber schonende, ja manchmal nach Gunst jagende Methode unter den Schwankenden und jenen, die weniger entschieden gesinnt waren, manche Stimme; dieser besass eine stärkere Dialektik, war jedoch manchmal schonungslos, ja heftig und gallig der Opposition gegenüber, und wurde sehr unpopulär.

Und zwischen diesen zwei Parteien oder vielleicht über denselben stand Graf Stephan Széchenyi, der Deputirte des wieselburger Comitats, dessen Wahl selbst ein Ereigniss genannt werden kann. Jene Gründe, welche ihn antrieben, gegen das journalistische Wirken Kossuth's Einsprache zu erheben, führten ihn jetzt auf die Deputirtenbank. Er folgte Kossuth auch hierher, um das Wirken desselben auch auf diesem Gebiet mit einem Gegengewicht zu versehen und seine Einwirkung zu mässigen. Es gab Parteien, die in diesem Schritt Széchenyi's nur Kleinlichkeit und leidenschaftlichen Hass sahen, während er doch nur aus Vaterlandsliebe und Principienfestigkeit stammte. Indessen war er auf seiner Deputirtenlaufbahn in seinen Kämpfen mit Kossuth auch schon gemässigter geworden als in seinen gegen denselben gerichteten Schriften, in welchen er oft den scharfen Stachel seines Spottes gegen ihn so schonungslos ausgelassen hatte; was wahrscheinlich Ursache war, dass auch er jetzt Kossuth gemässigter fand, als er anfangs geglaubt hatte. Durch diese versöhnlichere Stimmung und seine patriotischen, originellen Reden erweckte Széchenyi als Deputirter abermals die alte Gunst des Publikums für sich.

Die Opposition an der Magnatentafel. Die Opposition an der Magnatentafel, welche einen mit der Opposition des Unterhauses zusammenhängenden Factor der Gesetzgebung bildete, trat auf diesem Reichstag in einer so entwickelten Gestalt auf, dass, wenn wir dieselbe mit jener des Reichstags von 1836 vergleichen, wir uns sowol hinsichtlich ihrer Zahl als ihrer Unabhängigkeit und geistigen Fähigkeit über den grossen Fortschritt verwundern müssten, welchen die Opposition trotz ihrer demokratischen Richtung in der Aristokratie machte, wenn diese Erscheinung nicht dadurch genügend erklärt würde, dass die Hauptbestrebungen der Opposition auf nationale Ziele gerichtet waren. Damals erhob sich nur wie ein weisser Rabe ein einzelner hochgeborener Patriot aus

der Menge der grösstentheils jedem nationalen Wunsch sich ent- 1847.
gegenstemmenden Reichsbarone und des hohen Klerus; jetzt mussten
die Regierung und der Hof schon besorgt sein, um sich an der
Magnatentafel eine beständige Majorität zu sichern. Jetzt kämpfte
die Magnatenopposition nicht nur denselben Kampf gegen die Regierungspartei wie die Opposition des Unterhauses, sondern stritt
einigemal mit noch grösserer Hitze und Begeisterung als diese selbst.

An der Spitze der Magnatenopposition stand noch fortwährend
Graf Ludwig Batthyányi. Seinem Wort folgte, nachdem er von der
gesammten Opposition des Landes in ihren pesther Zusammenkünften
zum Oberhaupt gewählt worden war, freiwillig die junge Generation
der Magnatentafel. Man musste ihn nur einmal hören, wenn er in
irgendeinem wichtigern Gegenstand das Wort ergriff, und die Betroffen-
heit sehen, welche seine ernste, starke Schlussfolgerung, seine unum-
wundene Wahrheitsliebe in der Majorität der Tafel verursachte, um
überzeugt zu sein, dass die Seele und das Herz dieses Mannes geschaffen sei, der Nation auch in stürmischen Zeiten Führer zu sein.

Neben ihm nahmen Sigmund Perényi, Kasimir Batthyányi, Béla
Wenkheim, Georg Károlyi und andere einen hervorragenden Platz
ein; aber hinsichtlich der Principienfestigkeit, rednerischen Wirkung
und an Einfluss war der erste unter ihnen der schon von den frühern
Reichstagen her bekannte Ladislaus Teleky. Eine neue Erscheinung
war in der Magnatentafel, dass schon auch mehrere hohe Würdenträger
und Beamten, wie Emerich Batthyányi, Abraham Vay und andere, es mit
der Opposition hielten. Dagegen fehlte zu Anfang des Reichstags einer
der genialsten Redner der Magnatentafel, Joseph Eötvös, der, weil
er seines Centralisationssystems wegen mit der Opposition einigermassen in Zwiespalt gerathen war, erst später, vor den Märzereig-
nissen, zum Erscheinen bewogen wurde.

Diese bedeutende Zunahme der Oppositionspartei in den Reihen
der Magnaten erhöhte das Ansehen und den Credit der Magnaten-
tafel vor der Nation. Das unzweifelhafte Zeugniss davon ist jener
eigenthümliche Umstand, dass, während zur Zeit des Reichstags vom
Jahre 1832—36, als sich auf dem Feld des öffentlichen Lebens in
Ungarn kaum erst der Keim demokratischer Principien zeigte, die
Aufhebung der Magnatentafel, welche jede Reform hinderte, eins der
Losungsworte der vorgeschrittenen Patrioten war: jetzt, nachdem die
Grundsätze des Volksinteresses und der Gleichheit so starke Wurzeln in
ihr geschlagen hatten, von diesem Wunsch nichts mehr zu hören war.

Die alle Aufmerksamkeit in Anspruch nehmende Stellung, welche
die Opposition im Oberhaus einnahm, und der grosse Einfluss, welchen auf deren Beschlüsse Ludwig Batthyányi mit seiner Partei ausübte, sowie auch die leichtere Durchführung der oppositionellen
Zwecke machte es nothwendig, dass alle Elemente der Opposition,

1847. wie sie sich bei Gelegenheit der pesther Zusammenkünfte vereinigt hatten, auch jetzt enger verbunden bleiben möchten, und deren Einheit durch die Theilung unter die beiden Tafeln nicht geschwächt werde. Und dies war der Grund, dass die Opposition des Unterhauses der der Magnatentafel auch in der Vorbereitung der Gegenstände Antheil geben wollte. Deshalb wurden jener Berathungscommission des Unterhauses, welche sämmtliche Angelegenheiten vorbereitete, die Richtung und die obersten Principien der Fragen bestimmte, und welche aus Kossuth, Szentkirályi, Szemere, Pázmándy, Graf Julius Andrássy, Gabriel Lónyay und Bónis bestand, auch Ludwig Batthyányi und Ladislaus Teleky als beständige Mitglieder beigegeben.

Die Stellung der Opposition war im allgemeinen genommen auf dem Reichstag von allem Anfang an eine weit festere, als wie sie diese selbst vorläufig erwartet hatte. Die grosse Frage, um welche sich alles drehte, welche die Parteien trennte und zu heftigem Kampf gegeneinander antrieb, bestand schon nicht mehr in dem Wunsch nach Reform und im Widerstreben gegen dieselbe, wie auf den frühern Reichstagen. Die Conservativen unterliessen es schon, wie wir gesehen haben, in den meisten Reformfragen, sich dem Princip entgegenzustellen; und in dieser Beziehung wurde der Kampf nur über die Zeitgemässheit, die Form und die Grenzen der Reformen geführt. Die grosse Frage, welche an Wichtigkeit alles übrige weit übertraf, bildete die selbständige Entwickelung Ungarns, welcher Kossuth den folgenden Ausdruck gab: „Wir wünschen alle den Fortschritt; während aber die conservative Partei die Richtung nach Wien einschlägt, wollen wir gegen Buda-Pesth fortschreiten."

Die Eröffnung des Reichstags. Obgleich die Parteien, in den die Selbständigkeit und administrative Unabhängigkeit des Vaterlandes betreffenden ernsten Fragen auseinandergehend, sich zu einem lebhaften Kampf rüsteten, waren nichtsdestoweniger die ersten Tage des Reichstags in vollem Einverständniss gefeierte Freudentage. Die Gegenstände dieser Freude bildeten die ungarische Eröffnungsrede des Königs und Erzherzog Stephan's Wahl zum Palatin.

Seitdem Ungarn österreichische Fürsten zu Königen hat, geschah es jetzt zum ersten mal, dass sein König der Forderung des Gesetzes von 1844 gemäss in ungarischer Sprache vom Thron herab zu den Vertretern der Nation sprach. Der um dieses gesetzliche Recht der Nationalsprache gekämpfte halbhundertjährige parlamentarische Kampf hatte endlich zum vollständigen Sieg geführt; es gab nun schon weder auf der Stufenleiter der Regierung noch der Gesetzgebung eine so hohe Stelle, in welche die Nationalsprache nicht eingesetzt worden wäre Und Ferdinand V. erfüllte, als er am 12. Nov. die königlichen Propositionen dem Landesrichter Georg Majláth überreichend ungarisch sprach, einen der ältesten und eifrigsten Wünsche der

Nation. „Die ungarische Nationalität hat fernerhin nichts mehr zu befürchten!" dieses Wort der Beruhigung erklang überall, nachdem sich der Jubel gelegt hatte.

Der zweite Gegenstand, die Palatinswahl, verschaffte dem natio- nalen Selbstgefühl Befriedigung. Im Land herrschte die Meinung, das österreichische Ministerium habe den Willen gehabt, um jeden Preis zu verhindern, dass der Erzherzog Stephan zur Würde des Reichspalatins gelange; theils weil es bei seinem Vater die Erfahrung gemacht hatte, dass es schwerer sei, über einen Erzherzog-Palatin zu verfügen, als über einen Palatin, der aus der Reihe einfacher Unterthanen zu dieser Würde erhoben wurde; theils weil es befürchtete, dass dieser Nebenzweig des Herrscherhauses, in fortwährendem Besitz des Palatinats, sich mit der Zeit vom Hof unabhängig machen könnte. Man erzählte, was auch im Land allgemein Glauben fand, dass Ferdinand V. bei jener Gelegenheit, als Erzherzog Stephan zum königlichen Statthalter ernannt wurde, zum ersten mal einen festen, durch keinerlei Einwendung zu beugenden Willen an den Tag gelegt und erklärt habe, dass es sein unabänderlicher Wille sei, das dem verewigten Palatin gegebene Versprechen zu erfüllen. Aus diesem Grund erschien die Einsetzung Stephan's in die Palatinalwürde, als eine gegen die Absicht des österreichischen Ministeriums geschehene Sache, als Sieg des Nationalwunsches, und erweckte die Hoffnung, dass der junge Palatin, der ohnehin ein Kind des Vaterlandes war, jede ungesetzliche Einmischung der wiener Regierung in die Angelegenheiten des Landes energisch beseitigen werde. Niemand zweifelte daran, dass er sich als Ungar fühle und auch für einen solchen halte, dass er aufrichtig stolz sei auf sein Vaterland und dessen Wohl wünsche, mit dem Schicksal desselben sein eigenes identificiren wolle; dass jene Worte, welche seine Popularität so sehr vermehrt hatten und welche er bei Gelegenheit seiner erst unlängst beendigten Rundreise an mehrern Orten gesprochen: „Addig éljek, mig honomnak élek!" (Ich mög' solange leben, als ich dem Vaterland leb'!), dem wahren, aufrichtigen Gefühl seines Herzens entstammten. Hinsichtlich der Form der Palatinswahl ist zu bemerken, dass sie ganz nach dem Beispiel der von 1790 vor sich ging: das die königliche Candidirung enthaltende Schreiben wurde zwar übernommen, allein Stephan wurde ohne Erbrechung desselben einstimmig zum Palatin gewählt.

In die königlichen Vorlagen, welche die Gegenstände der Verhandlungen bestimmten, war jede wichtige Frage aufgenommen, welche bisher im nationalen Leben aufgetaucht war. Es war in denselben erwähnt die Frage der Städte, der Militärverpflegung, der Aviticität und Erbablösung, der Zölle und Communicationsmittel und der zur Herstellung derselben nöthigen Landeskasse, der siebenbürgischen Landestheile, des Strafgesetzbuchs und der Gefängnisse. In diesen Vorlagen wurden auch fertige Gesetzvorschläge beigeschlossen, um den Berathungen der Stände als Grundlage zu dienen, was, obwol es von zahlreichen Mitgliedern der Opposition in seinen Folgen hinsichtlich der Zukunft für gefährlich gehalten wurde, jedenfalls als Fortschritt in unserm legislativen Verfahren betrachtet werden kann. Diese von seiten der Regierung eingebrachten Gesetzvorschläge wurden von der Opposition schon in vornhinein mit Misvergnügen oder wenigstens mit Argwohn aufgenommen; was übrigens, wenn man die von der der Regierung so sehr verschiedene Richtung der Nation in Betracht nimmt, niemand überraschen konnte. Die Nationalpartei nahm jede Reformfrage vom Gesichtspunkt der gesetzlichen Selbständigkeit des Landes auf und wünschte sie auch von demselben aus zu lösen, so, dass zugleich auch die Volksrechte, die Demokratie darin ihre Forderungen auffinden könnten. Die Regierung dagegen wollte nicht nur der demokratischen Richtung den Weg verstellen, sondern nebstbei auch noch die Umgestaltung so bewerkstelligen, dass das Land, im Interesse der Monarchie, aber den Unabhängigkeitsrechten Ungarns entgegen, durch neue Bande mit dem dem gemeinschaftlichen Herrscher huldigenden Körper der Monarchie verbunden werde und jene Fäden, durch welche unser Vaterland in Abhängigkeit von der wiener Regierung gehalten wird, zu noch stärkern gemacht werden möchten.

Die Adress-
debatten.

Dieser Conflict der 'Richtungen musste nothwendigerweise einen heftigen Kampf zwischen der National- und der Regierungspartei hervorrufen. Das Vorzeichen dieses Kampfs war jene Aeusserung der Unzufriedenheit, welche schon während des Vorlesens der königlichen Vorlagen zu bemerken war; der Kampf selbst wurde sogleich in den ersten Sitzungen begonnen, als die auf die königlichen Vorlagen hinaufzusendende Antwortsadresse auf die Tagesordnung kam. Nach dem Beispiel der westeuropäischen Deputirtenkammern begannen die Reichsstände schon auf den letzten Reichstagen den Gebrauch einzuführen, in der auf die Thronrede und die königlichen Vorlagen hinaufzusendenden Antwort eine Schilderung der allgemeinen Lage des Reichs zu geben und ihre Meinung über das Vorgehen, die Politik der Regierung auszusprechen. Noch vollständiger wünschten die Reichsstände diese Kritik über die Regierungspolitik auszuüben, jetzt, da sich beide Parteien mit dem Sieg schmeichelten und es in ihrem Interesse gelegen sahen, dass die Richtung, nach welcher die Reformfragen gelöst werden sollten, gleich anfangs bestimmt und die grosse Frage entschieden sei: ob die Principien der Opposition oder die der Regierungspartei im gesetzgebenden Körper das Uebergewicht besitzen und ob das zu Ende des Reichstags von 1844 vom Fürsten Metternich entworfene und vom Hofkanzler Apponyi adoptirte neue System, dessen Endziel die Verschmelzung unsers Vaterlandes mit dem ab-

soluten österreichischen Kaiserthum ist, siegen, oder die nationale 1847.
Richtung mit ihrem gesetzlichen, selbständigen und constitutionellen
Regierungssystem siegreich hervorgehen werde.

Ueber diese wichtigste aller Fragen begann die Regierungspartei
am 22. Nov. die sechs Tage hindurch mit grosser Lebhaftigkeit geführte Debatte, als Paul Somsich, der führende Redner der Regierungspartei im Unterhause, seinen Antrag in Bezug auf den Inhalt
der Antwortsadresse stellte.

„Es gab in der Periode unserer constitutionellen Entwickelung", Der Antrag
sagte er, „noch keinen grössern Moment wie den gegenwärtigen. Die Somsich's.
inmitten der vor einem halben Jahrhundert begonnenen und während
der letzten zwanzig Jahre mit so vielem patriotischen Feuer geführten politischen Kämpfe so sehr auseinandergehender Meinungen werden in den allergnädigsten königlichen Propositionen gereinigt, durch
die Debatten und die Zeit gezeitigt, in ebendem Augenblick vereinigt,
als sich die Parteien, voneinander abgesondert, zu einem grossen
Kampf vorbereiteten. . . . Da die Wohlfahrt des Vaterlandes das
Ziel ist, nach welchem wir alle streben, so müssen wir nach den
starken Reibungen und hitzigen Debatten uns bei diesem grossen
Ziel zusammenfinden. . . . Dass dieser grosse Moment hinsichtlich
vieler Fragen schon gegenwürtig ist, hinsichtlich vieler herannaht,
hierbei hat jede Partei und hat auch die Regierung ihr eigenes Verdienst: die Opposition, jene Thätigkeit, womit sie die Aufmerksamkeit der Nation für die Reformen erweckte; die Conservativen, dass
sie Improvisirungen verhinderten und, zur Erörterung der Reformen
Zeit gewinnend, die friedliche Umgestaltung möglich machten; die
Regierung, dass sie die heftigen Debatten innerhalb der constitutionellen Schranken zu erhalten wusste, jetzt aber, nachdem die Fragen
genügend gezeitigt sind, die nothwendigen Reformen selbst in Antrag
bringt!" — Sodann auf die Geschichte der Vergangenheit und an
der Hand derselben auf die einzelnen Punkte der königlichen Vorlagen übergehend, in welchen, wie er sagt, „der Wille des Königs
mit den heissesten Wünschen der Nation so glücklich zusammentrifft",
schliesst er seine Rede mit dem Antrag, dass die Stände als Erwiderung auf den guten Willen der Regierung in der Antwortsadresse
dem König ihren Dank aussprechen mögen, dass er endlich in der
Nationalsprache gesprochen, den von der Nation gewählten Palatin
bestätigt und die von der Nation gewünschten Reformen selbst in
Antrag gestellt habe; dass sie erklären mögen, sie würden die so
heilsamen königlichen Vorlagen sofort in Verhandlung nehmen; endlich mögen sie Se. Majestät bitten, die vom vorigen Reichstag unterbreiteten Beschwerden aufheben zu wollen.

Der Sinn des Somsich'schen Antrags war daher darauf gerichtet,
dass die Stände in ihrer Antwortsadresse gegen die Regierung des

^{1847.} Hofkanzlers Apponyi keine Anklage erheben, in seinem Vorgehen nichts misbilligen und nur die ältern, noch unbehobenen Beschwerden einfach erwähnen möchten.

Dass die Opposition eine solche Adresse nicht annehmen konnte, war nach jenen Principienkämpfen klar abzusehen, welche zwischen ihr und der conservativen Partei seit dem vorigen Reichstag bis zur Eröffnung des gegenwärtigen in den Comitatsversammlungen, den Parteiberathungen und auf dem Feld der Presse ohne Unterbrechung und so heftig geführt wurden. Zwar hielt es auch die Opposition für ihre Pflicht, dem König ihren Dank für den der Nation am 12. Nov. gegebenen doppelten Anlass zur Freude auszusprechen; allein sie glaubte es ohne ein Aufgeben ihrer eigenen Sache, ohne Verrath an den heissesten Wünschen der Nation nicht thun zu dürfen, dass sie dem conservativen Antrag gemäss anerkenne, es bestehe zwischen der Nation und der Regierung eine Uebereinstimmung des Princips und der Richtung, und dass sie auf diese Weise die mit der Selbständigkeit der Nation im Widerspruch stehende Richtung, von welcher die Regierung so viele Beweise gegeben hatte, wenn auch nur durch ihr Stillschweigen billige. Sie war überzeugt, dass sie dieser von der wiener Regierung so sorgsam verborgen gehaltenen Richtung, wenn jemals, gewiss jetzt, da auch die Regierung das Gebiet der Reform beschritt, endlich die Maske herunterreissen und jenen Bestrebungen ein Ende machen müsse, nach welchen die Ausdehnung der absoluten Gewalt und die Einführung solcher Einrichtungen, welche zur Verschmelzung unserer Verfassung mit dem Absolutismus führen, eben unter der Fahne, unter dem Mantel des Fortschritts, der Reform fortgesetzt wurden. Sie hielt es für unerlässlich, auszusprechen, dass die Nation der Fortschrittsrichtung einen andern Sinn beilege, wie solcher aus den Bestrebungen der Regierung hervorleuchtet. Dies alles konnte sie aber nicht thun, ohne die neuesten gesetzverletzenden Verfügungen der Regierung zu erwähnen.

Diese abweichenden Ansichten der Opposition entwickelte dem führenden Redner der Regierungspartei gegenüber Kossuth selbst, der Führer der Opposition, in einer jener glänzenden und hinreissenden Reden, durch welche er über das Gemüth, die Gefühle und Ueberzeugungen des Publikums eine so grosse Herrschaft gewann.

Der Antrag
Kossuth's. „Meine Ansichten", sagte er, „sind von den Ansichten des Deputirten von Baranya sowol hinsichtlich des Gebiets, als hinsichtlich der ganzen Philosophie der Aufgabe der Antwortsadresse wesentlich verschieden. Wenn er eine Uebereinstimmung zwischen der Regierung und der Nation bezüglich der vorzunehmenden Schritte erblickt, so sehe ich diese Uebereinstimmung nur in der Bezeichnung einiger wenigen Gegenstände; hinsichtlich der Richtung aber, in welcher diese Gegenstände erledigt werden sollen, sehe ich einen so unendlichen

Unterschied, wie er zwischen der constitutionellen und absolutistischen Richtung besteht. . . . . In diesen wichtigen Augenblicken des Schicksals unsers Vaterlandes zur legislatorischen Pflicht berufen, glaube ich, dass die ernste Erkenntniss der Umstände und die Selbstorientirung unter den·obschwebenden Verhältnissen, auf Grundlage welcher hinsichtlich der Richtung unsers Wirkens der Wille der geehrten Stände constatirt und dieser constatirte Nationalwille dem Monarchen gegenüber feierlichst zur Aeusserung gebracht werden müsse, zu den ersten Erfordernissen der glücklichen Lösung unserer schweren Aufgabe gehört.

„Ich betrachte die königlichen Vorlagen als eine solche Manifestation von seiten der Regierung, durch welche beabsichtigt wird, den Arbeiten des Reichstags eine Richtung zu geben, und darum denke ich, dass in der Antwortsadresse der hohen Stände hinwieder jener Richtung Ausdruck gegeben werden muss, welche die hohen Stände zu befolgen beabsichtigen. Da dies jedoch grossentheils durch eine sorgfältige Erkenntniss der Umstände bedingt wird, so finde ich es zugleich für nothwendig, dass bei Gelegenheit der Antwortsadresse die hohen Stände sowol den Zustand des Reichs im allgemeinen, als auch insbesondere hierauf bezüglich die in ihrer allgemeinen Richtung wie in ihren Thaten und Unterlassungen zur Aeusserung gekommenen Hauptmomente der seit dem verflossenen Reichstag befolgten Regierungspolitik einer Untersuchung unterziehen mögen, damit die Meinung des der Regierung gegenüber zur Controle berufenen Reichstags uns selbst bekannt sei, wie unserm erhabenen König zur Wissenschaft gebracht werden könne. . . .

„. . . Die königlichen Vorlagen untersuchend, bekenne ich mit offener Aufrichtigkeit, dass, indem Se. Majestät die Reichsstände zur Verhandlung mehrerer solcher Angelegenheiten aufrufe, deren Schlichtung die öffentliche Meinung der Nation unter die allgemeinen Nationalwünsche erhob und als die hervorragendsten Aufgaben unsers Zeitalters bezeichnete: die königlichen Vorlagen hierin nicht nur mit den Absichten und dem Willen der Nation zusammentreffen, sondern zugleich auch von seiten Sr. Majestät für das auf Reformen gerichtete Bestreben der Nation Sympathie und Zuneigung an den Tag legen. Und ich anerkenne dies mit würdigender Dankbarkeit. . . .

„. . . Allein mit je aufrichtigerer Anerkennung wir diese Kundgebung der königlichen Absicht empfangen, um so grösser ist auch unsere Pflicht, Sr. Majestät zu sagen, welches jene Hindernisse sind, welche beseitigt werden müssen, damit sich seine königliche Absicht erfülle. Das Land hat ja in einem ähnlichen Sinn gehaltene Vorlagen auch schon zu andern Zeiten gesehen, und dennoch konnten nur sehr geringe Resultate den Schmerz der vereitelten Hoffnungen lindern. Diese Bezeichnung der Bedingungen des Erfolgs schulden

1847. wir den gerechten Erwartungen des Landes; . . . und wir schulden sie auch unserer Anhänglichkeit an das allerhöchste Herrscherhaus. Es ist unmöglich, dass ein sorgfältiger Blick auf die Verhältnisse Europas und der Monarchie, ein Blick auf die am politischen Horizont so deutlich lesbar erscheinenden Zeichen nicht sofort jeden Menschen, der einen gesunden Verstand besitzt, überzeuge, dass die Zukunft des allerhöchsten österreichischen Herrscherhauses mit der constitutionellen Entwickelung Ungarns in Verbindung steht. Ich fand für nothwendig, dies auszusprechen, weil ich glaube, es liege sowol im Interesse unsers Reichs als des königlichen Hauses, dass es zur ernsten Ueberzeugung werde, dass derjenige, der die öffentlichen Angelegenheiten Ungarns entweder in ihrer Verfassungsmässigkeit zu schädigen suchen würde oder keine Reformen wollte, oder dieselben in nicht constitutioneller und nationaler Richtung durchzuführen beabsichtigte; dass derjenige möglicherweise an der Unterstützung des Mechanismus irgendeines fremdartigen Regierungssystems thätig wäre, aber nimmer für die Sicherstellung der Interessen des regierenden Hauses wirken würde. . . .

„Ich fühle mich daher verpflichtet, mich in eine Schilderung des Zustandes unsers Reichs einzulassen. — Und hier bin ich vor allem leider bemüssigt, die unleugbare Thatsache zu erwähnen, dass ich in jener Regierungspolitik, welche die unserm Vaterland und der mit uns Einem Fürsten huldigenden österreichischen Monarchie gemeinschaftlichen Staatsverhältnisse leitet, die ungarische Regierung nicht mit jenem wirksamen Einfluss versehen erblicke, welcher unserer durch Gesetze und Verträge garantirten freien Reichsselbständigkeit entspricht. Hieraus stammt sodann, dass wir oft jene Politik mit den Interessen unsers Reichs für nicht übereinstimmend finden können; denn unsere constitutionellen Interessen, welche durch unsere Regierung repräsentirt werden sollten, besitzen keinen genügend nachdrücklichen Einfluss in der Leitung der gemeinsamen Staatsverhältnisse der Monarchie; die dieselbe leitende Politik vermag die Opferwilligkeit der ungarischen Nation dem Herrscherhaus gegenüber nicht genügend zu würdigen.

„Den Zustand unsers Vaterlandes berührt jedoch am allernächsten und wesentlichsten jenes Verhältniss, in welchem wir zu den Ländern der österreichischen Monarchie stehen. Niemand kann dieses Verhältniss mehr achten als ich, und zwar nicht allein deshalb, weil dasselbe mit der durch den 2. Gesetzartikel 1823 erfolgten Bestätigung der Einheit unsers Monarchen sanctionirt ist; sondern auch deshalb, weil ich im Bund mit diesem Verhältniss die Garantie der Zukunft sowol unsers Vaterlandes als auch des allerhöchsten Herrscherhauses erblicke; ja, ich sehe in der constitutionellen Entwickelung derselben einen der mächtigsten Schilde der europäischen Civilisation; —

aber dieser Achtung und Anhänglichkeit wegen darf ich auch jene 1847. staatliche Selbständigkeit und jene Rechte nicht aus den Augen verlieren, welche unbeschadet dieses Verhältnisses zu Gunsten unsers Vaterlandes im 10. Gesetzartikel 1790 mit dem sanctionirenden Worte des Königs sichergestellt wurden. Dieses Verhältniss ist das Verhältniss der Einheit der Monarchie und nicht das der Aufopferung der staatlichen Selbständigkeit. Und dennoch sind wir leider dahin gelangt, dass viele in ebendiesem Verhältnisse die Hindernisse der rechtmässigen Ansprüche unsers Vaterlandes suchen, weil sie die Erfahrung machen, dass in Fällen des Zusammentreffens der Interessen das Interesse unsers Vaterlandes den vermeintlichen Interessen der österreichischen Erbländer untergeordnet, und die Beseitigung unserer gerechten Wünsche mit dem Vorwande entschuldigt wird, dass die Erfüllung derselben die Rücksicht auf die österreichischen Erbländer nicht erlaube.

„Allein ich leugne die Gründlichkeit dieses Ansinnens rundweg ab, ja ich behaupte, dass derjenige dem Herrscherhause einen schlechten Dienst erweist, der die Meinung zu verbreiten sich bestrebt, als ob die rechtmässigen Interessen unsers Vaterlandes den Interessen Oesterreichs nothwendigerweise entgegen wären. Ich leugne dies rundweg ab, und wiederhole mit der ganzen Ueberzeugung meiner Seele, was die hohe Ständetafel 1844 aussprach, dass « die vollkommene Entwickelung des ungarischen constitutionellen Lebens neben den Erbländern möglich sei »; und behaupte, dass, wenn in dieser Hinsicht Schwierigkeiten obwalten, wenn unsere Interessen hier und da miteinander im Widerspruche zu sein scheinen, diese Schwierigkeiten und dieser Conflict nicht aus der Natur des Verhältnisses zu den verbündeten Ländern, sondern aus der divergirenden Richtung jenes Regierungssystems stammen, welches, die historische Gestalt unsers Zusammenfindens mit den Nachbarländern abändernd, mit dem ungarischen Constitutionalismus in principiellen Gegensatz gerieth und durch diese Divergenz auch das Zusammentreffen unserer Interessen in Conflict brachte. Es ist schmerzlich, jedoch natürlich, dass aus jener absolutistischen Aenderung zuerst Divergenzen, später aber Interessenconflicte entstehen mussten, welche indessen nicht daher stammten, dass unsere Interessen von den Interessen der Erbländer sich naturgemäss unterschieden, sondern daher stammten, dass sie durch jenes Regierungssystem zu verschiedenen gemacht wurden. Ich wenigstens bin überzeugt, dass, wenn jene Aenderung nicht dazwischenkommt, und in dessen Folge die Entwickelung des Zustandes des einen verbündeten Theils nicht in eine gekünstelte Richtung geführt, der des andern aber in seiner naturgemässen Entwickelung nicht aufgehalten wird, weder unsere In-

teressen in Conflict gekommen wären, noch zwischen den einem
Monarchen mit unbezwingbarer Treue huldigenden Völkern irgendeine Art von Spannung bestehen würde; ja vielmehr es würde die
einzelnen Theile der Gesammtmonarchie grössere Interesseneinheit,
ein stärkeres gegenseitiges Vertrauen verbinden, und bei Wahrung
unserer verschiedenen Nationalitäten, mit ihnen auf der die Gefühle
verbindenden Grundlage des Constitutionalismus, in der herzlichsten
Freundschaft der Civilisation und allgemeinen Wohlfahrt zusammen-
treffend, könnten wir uns alle der gemeinschaftlichen Beruhigung
erfreuen, dass die Verwandtschaft, ja Identität unserer Interessen
die unerschütterlichste Grundlage zur wachsenden Macht und Glorie
des königlichen Thrones böte. Zu diesem Glauben bin ich aber um
so mehr berechtigt, weil meine Nation zu allen Zeiten jene Neigung
begeisterte, gemäss welcher unsererseits alle Bereitwilligkeit vorhanden war und ist, zum Ausgleich der sich abzusondern scheinenden
Interessen freudig die Hand zu bieten, wenn wir nur darin sicher
sind, dass dafür unsere staatliche Selbständigkeit oder gar unsere
Constitutionalität nicht als Preis gefordert wird. Die Forderung
eines solchen Preises aber könnte nicht von den braven Nationen der
Erbländer, nicht aus der Natur des Verbandsverhältnisses, sondern
nur aus der divergirenden Richtung jenes Regierungssystems stammen.

„Vor dem constitutionswidrigen Einflusse dieses Regierungssystems auch auf unsere innern Angelegenheiten wollten unsere Vorfahren dieses Vaterland sicherstellen, als sie im 10. Gesetzartikel
1790, auch durch den Willen des Königs sanctionirt, aussprachen,
dass unser Vaterland ein freies Reich, in seinem gesammten legislatorischen und administrativen Systeme unabhängig, daher keinem
andern Reiche oder Nation untergeordnet sei. Ich muss es indessen
leider aussprechen, dass das Leben, die Wirklichkeit diesem Cardinal-
gesetze nicht entspricht. Ich glaube kaum, dass es unter uns
jemand gäbe, der dies nicht bedauern würde, oder gar den Willen
haben könnte, die Wahrheit meiner Behauptung in Zweifel zu ziehen; wenn aber jemand dazu dennoch in sich Lust verspüren sollte,
so möge es sein; ich glaube, dass es unserer viele geben wird,
die wir den Handschuh aufnehmen und mit ins Einzelne gehenden
Daten dienen werden. Ich hege den Glauben, dass wir leider keinen Mangel an Beweisen haben. Die Thatsache daher, dass der
10. Gesetzartikel 1790 keine Wirklichkeit sei, musste ich aussprechen. Dieser Thatsache entquillt, hohe Stände, ein ganzer Strom
verschiedener Misstände; und daher der fortwährende Kampf über
die Schranken der staatsrechtlichen Macht der Nation und der Regierung, welcher in einem solchen Masstabe nirgends auf der Welt
vorkommt, und auch bei uns nur darum besteht, weil der 10. Gesetzartikel 1790 keine Wirklichkeit, und weil das System der ober-

sten Regierungsgewalt der Monarchie mit dem Constitutionalismus 1847. nicht im Einklang ist.

„Ich glaube, hohe Stände, dass es schon an der Zeit war, dies klar auszusprechen, besonders am Anfange dieses zu Reformen berufenen Reichstags; denn wie es wahr ist, dass die Zukunft unsers Vaterlandes von der Gerechtigkeit gegen das Volk, und von der organischen Entwickelung des constitutionellen Lebens abhängt, so ist es auch nicht minder sicher, dass das Haupthinderniss unserer Fortschrittsabsichten in dieser Richtung eben in jenem absolutistischen Einflusse liegt. Die constitutionelle Nation wünscht jede Reform, jede neue Institution natürlich in der Weise vorgenommen zu sehen, dass sie die Stütze der nationalen Freiheit sei und mit den Ansprüchen der constitutionellen Entwickelung übereinstimme; dagegen richtet jenes nichtconstitutionelle Regierungssystem seinen Einfluss darauf, dass es mit jeder neuen Institution seine eigene Macht vermehre.

„Es könnte aber jemand sagen: wenn es wahr ist, dass dieses Regierungssystem — denn ich spreche nur von einem System — einen solchen Einfluss auf die Angelegenheiten unsers Vaterlandes ausübt, so erheben wir unsere Stimme vergebens gegen dasselbe; denn es entscheidet ja in letzter Instanz auch über diese Klage. Allein dies geschieht nicht vergebens, hohe Stände, nicht vergebens, denn unser Vertrauen hat eine Stütze, welche auch, über diesem System steht. Und diese ist: der königliche Thron, das Interesse der herrschenden Dynastie. Ich kann nicht glauben, hohe Stände, dass das allerhöchste Herrscherhaus, durch den loyalen Aufruf seiner treuen Völker aufmerksam gemacht, die Aufrechthaltung jenes Systems als in seinem höchsteigenen Interesse gelegen finden könnte. Denn welches Interesse könnte dies anrathen? Was bietet jenes System dem Königshause als Preis für sich selbst? Bietet es vielleicht eine unumschränkte Regierungsgewalt? Nein; denn die Schranken des bureaukratischen Mechanismus eines solchen Regierungssystems bieten keinen andern Ersatz als eben die Bureaukratie. Oder gewährt dieses System dem Königshause etwa Gewicht und Suprematie im Auslande? Nein, hohe Stände. Ich sehe daher die Aufrechthaltung dieses Systems mit den Interessen des allerhöchsten Herrscherhauses so wenig identificirt, dass ich vielmehr der Meinung bin, dass derjenige der zweite Begründer des Hauses Habsburg wird, der die Reform dieses Systems in constitutioneller Richtung durchführt.

„..... Eins der Haupthindernisse des Erfolgs unserer mit der königlichen Absicht zusammentreffenden Reformplane ist daher, dass der 10. Gesetzartikel 1790 keine Wirklichkeit ist.

„Aber es gibt auch noch ein anderes Hinderniss: und hier ha-

ben wir schon nur mit unserer eigenen Regierung, und nicht mit
dem Einflusse des erörterten fremdartigen Regierungssystems zu thun;
denn dieser Einfluss verhindert die organische, constitutionelle Entwickelung unsers Vaterlandes; dass aber positive Rechtsverletzungen
begangen werden sollen, das kann er nicht anbefohlen. Dieses zweite
Hinderniss aber besteht darin, was die Stände des Reichs schon auf
dem Reichstage von 1825 gesprochen und seither fünf Reichstage
wiederholt haben, dass nämlich, obgleich wir zur Beförderung der
die allgemeine Wohlfahrt und das Wohl des Reichs abzielenden königlichen Absichten im höchsten Grade geneigt sind: wir dennoch voraussehen können, dass auch unsere Gesetze erfolglos sein werden,
wenn der bald von einer, bald von anderer Seite erschütterte Grundstein unsers constitutionellen Bestehens nicht durch Aufhebung unserer gerechten Beschwerden befestigt wird.

„Dies ist, hohe Stände, eine tiefe Wahrheit; denn wo die Gesetze nicht heilig und deren Durchführung nicht gewiss ist, dort
werden die Gesetze vergebens geschaffen; und weil daher die Heiligkeit der Gesetze eine Grundlage ist, auf welcher unser constitutionelles Leben ruht: so erhielten wir die Forderung der Unversehrtheit dieser Grundlage als Erbtheil von unsern Vorfahren. Diese
dürfen wir nicht vergessen und vernachlässigen; denn wir können
das constitutionelle Sein für gar keine Hoffnungen der ungewissen
Zukunft aufgeben. Niemand würde sich mehr freuen als ich, wenn
hier, den Vertretern der Nation gegenüber, eine verantwortliche parlamentarische Regierung stünde, und dieser Zustand an sich allein
garantiren würde, dass wir die Vergangenheit getrost vergessen können, weil sie unsere Zukunft nicht zu einer ungewissen macht und
wir die Reformen unbehindert durchführen könnten. Ich hege die
Meinung, dass sich eine solche Regierung mit unsern Comitats-
institutionen vollkommen vereinbaren lasse, und stelle zur Verwirklichung dieses Postulats des constitutionellen Bestehens alle meine
Kräfte zur Verfügung; aber wenn dies auch schon verwirklicht wäre,
so würde es jederzeit zu unsern ernsten Pflichten gehören, von der
Regierung hinsichtlich der Heiligkeit der Gesetze Rechenschaft zu verlangen. Um wie viel mehr dürfen wir nicht jene Grundlage übergehen, da wir die schmerzliche Erfahrung machen müssen, dass unsere Cardinalbeschwerden so viele Reichstage hindurch unbehoben
geblieben sind.“

Von den ältern Beschwerden geht er sodann auf die neuesten,
auf die seit dem verflossenen Reichstage befolgte Politik der Regierung über, hinsichtlich welcher er sagt: „es sei Thatsache, dass in
unsern staats- und privatrechtlichen Verhältnissen auch jetzt die anti-
constitutionelle Richtung des Uebergehens der gesetzgebenden Gewalt,
der garantielosen Ausdehnung der Regierungsgewalt und der Ent-

kräftung constitutioneller Garantien bildender Einrichtungen wahrzunehmen ist". Zum Beweise dessen, sagt er, erwähne er von den
vielen nur drei Hauptmomente, und sodann die aus dem Administratorensystem, aus dem hinsichtlich des kroatischen Landtags begangenen Staatsstreiche, und aus dem Versäumniss der Verkündigung und
Durchführung der die Religion und die Wechselangelegenheiten betreffenden neuern Gesetze in den Militärgrenzbezirken des Reichs
entstandenen neuern Beschwerden entwickelnd, stellte er einen solchen Antrag, nach welchem, jenem Somsich's entgegen, er in der
Antwortsadresse alles dies als Hindernisse der auch von der Regierung beabsichtigten Reformen erwähnt zu sehen wünschte.

Ueber die zwei Anträge entspann sich eine lange interessante
Debatte. Die Motive der Opposition bewegten sich im allgemeinen
genommen um das Selbständigkeitsrecht und um dessen vom österreichischen absoluten Regierungssystem unabhängige Regierung.
Pázmándy erörterte überdies auch die auswärtige Politik, welche
durch die österreichische Regierung infolge des absolutistischen Systems derselben gänzlich gegen unsere Interessen geführt wird. Deshalb, sagte er, haben wir keinen ausländischen Handel; deshalb
wurden die Donaumündungen aufgeopfert, und wir durch die russische Regierung von jedem Einfluss verdrängt, welchen wir auf die
Donaufürstenthümer vermöge unserer Lage ausüben könnten, und
so lange ausübten, als nicht dieses absolutistische System der Constitutionalität unserer Regierung die Flügel unterband. Und aus
dem zog er die Folgerung, dass Ungarn nur die Ernennung eigener
verantwortlicher Minister werde beruhigen können. Hinsichtlich der
Reformfragen erörterten die Oppositionsredner wetteifernd die Bereitwilligkeit des ungarischen Adels, ihre bisherigen als Privilegien be-
sessenen Rechte mit dem Volke zu theilen.

Die conservativen oder vielmehr der Regierungspartei angehörigen Redner widerstritten zwar hinsichtlich der Reformen, welche nur
erst im allgemeinen erwähnt wurden, jenen nicht im geringsten;
allein sie kämpften um so stärker gegen den Angriff auf die Ge-
sammtpolitik der Regierung und insbesondere gegen die Erwähnung
jener Beschwerden in der Adresse, wegen welcher die Anklage den
Hofkanzler Apponyi belastete. In der Hitze der Debatten verletzte
nichts so sehr die Gefühle der Nationalpartei, als einzelne, wenn
auch schwächere Beziehungen auf jenes Princip der Regierungspartei,
„dass sie die Absicht habe, alle Verbesserungen bei einer klugen
Inachtnahme der Einheit der Monarchie durchzuführen", und jene
gleichfalls hinreichend verrathene Bestrebung, welche im conservativen Programm so ausgedrückt ist, dass sie „mit der Opposition
nicht unterhandeln, sondern sich bestreben würden, dieselbe zu jeder
Zeit zu überstimmen".

1847. „Die Einheit der Gesammtmonarchie", so rief der Deputirte von Zemplén, Gabriel Lonyay, aus, „also die Lombardei, Galizien, die zum deutschen Staatenbunde gehörigen österreichischen Ländertheile und Provinzen, dann Ungarn, das alles soll Eins sein! Was wird aber dann aus der Einheit der ungarischen Monarchie werden? .... Die Einheit der ungarischen Monarchie, die heiligsten Interessen der ungarischen Nation, unsere Selbständigkeit, Unabhängigkeit sollen wir daher der Einheit der Gesammtmonarchie unterordnen! Wir wünschen, uns auf den 10. Gesetzartikel 1790 berufend, das Entgegengesetzte auszusprechen; wir fordern alle Consequenzen der Selbständigkeit und Unabhängigkeit unsers Vaterlandes, und werden nicht zugeben, dass die Interessen desselben den Interessen der österreichischen Monarchie untergeordnet werden! Sie, geehrte Herren von der conservativen Partei, «wollen mit uns nicht unterhandeln und werden uns stets überstimmen»! uns, die wir in die Fusstapfen derjenigen getreten sind, die für unsere Rechte kämpften und unsere Nationalität, die Freiheit unsers Vaterlandes erhalten haben, die wir die Vorkämpfer des Aufblühens, der Wiedergeburt unsers Vaterlandes waren und sind! Dies wird nicht gelingen! Denn wenn es gelänge, so könnte es vielleicht ein einheitliches und untheilbares Oesterreich, aber keine ungarische Nation, kein Ungarn geben! Der Ungar lebt und Buda steht noch!"

Der Antrag Széchenyi's. Vier Tage schon dauerte der mit grossem Interesse angehörte Parteikampf, ohne dass irgendwelche Partei ihre Meinung, beziehungsweise ihren Antrag aufzugeben und sich dem Gegner zu nähern beabsichtigt hätte. Am fünften Tage trat Széchenyi, um das Resultat zu beschleunigen, mit einem dritten Antrage auf, welcher hinsichtlich seines Sinnes zwischen den beiden frühern gleichsam die Mitte einnahm; er stand indessen dem pesther Antrage näher, von welchem er sich mehr nur hinsichtlich der Methode als dem Wesen nach unterschied. Auch er wollte in der Adresse zwar die auf Grundlage des 10. Gesetzartikels 1790 basirte Deduction von der Unabhängigkeit des Reichs und der Selbständigkeit seiner Regierung beibehalten wissen; aber die Besorgnisse der Nation, welche von den neuen Massregeln verursacht wurden, wünschte er nur in ihrer Allgemeinheit, nicht aber einzeln aufgezählt, aufgenommen zu sehen; mit grösstem Nadruck jedoch rieth er an, den Gedanken eines jährlichen in Pesth abzuhaltenden Reichstags hervorzuheben, wodurch seiner Ansicht nach nicht nur die Beschwerden vergangener Zeiten behoben, sondern den Ungesetzlichkeiten auch in der Zukunft vorgebeugt würde. Der langen Discussion wurde am 27. November durch Abstimmung ein Ende gemacht, deren Resultat war, dass, nachdem Somsich seinen Antrag zurückgezogen hatte, der Antrag Kossuth's dem Széchenyi's gegenüber mit einer Majorität von vier

Stimmen angenommen wurde. Mit der hochwichtigen Antwortsadresse, 1847. welche im Sinne Kossuth's verfasst wurde, trat endlich auch der Stand der Parteien vollständig zu Tage, dass nämlich die Regierungspartei trotz aller ihrer Anstrengungen in der Minorität sei. Dieser Umstand gab Blackwell, dem amtlichen Correspondenten der englischen Regierung, zu der Bemerkung Anlass, dass man von diesem Reichstage nur geringe Resultate erwarten könne und die Regierung genöthigt sein werde, entweder bedeutende Concessionen zu machen, oder den Reichstag aufzulösen.

Die aus der bekannten streng logischen Feder Szentkirályi's stammende gelungene Adresse, in welcher der Geist der Ereignisse der nahen Zukunft weht, ist die folgende:

„Die zu diesem Reichstage von Ew. Majestät einberufenen Stände *Der Adressvorschlag* gehen mit Freude und der aneifernden Hoffnung des Erfolgs an die *des Unterhauses.* schweren Arbeiten der Gesetzgebung.

„Mit Freude; denn seit Jahrhunderten war dies die erste Gelegenheit, dass die ungarische Nation so glücklich war, die geliebten Klänge ihrer Sprache von den Lippen ihres gekrönten Königs zu hören.

„Mit der aneifernden Hoffnung des Erfolgs; denn als Ew. Majestät der Nation den Erzherzog Stephan schenkte, wurde jenes Band, durch welches uns Gesetz, Interesse und Herzensneigung mit dem allerhöchsten Herrscherhause und durch dasselbe mit der verbündeten Monarchie unauflöslich verbinden, durch das gegenseitige Pfand gemeinsamer Liebe anerkannt.

„Geruhen Ew. Majestät hierfür den tiefsten Dank der Nation zu empfangen.

„Wir können nicht unerwähnt lassen, dass auch die unterm 11. November d. J. an uns gerichteten übrigen allergnädigsten Vorträge Ew. Majestät uns solche Fragen zur Aufgabe stellen, deren Lösung grösstentheils zu unsern langgehegten Wünschen gehört. Sie dienen als Zeugniss dafür, dass die Interessen der Fürsten und der Nationen einander nicht widerstreiten.

„Und ebendarum, wie es uns gelang, den ersten Punkt der allergnädigsten Vorträge mit vollständiger Uebereinstimmung der Interessen des Herrscherhauses und der Nation zu lösen, würden wir nichts so sehr wünschen, als diese erfreuliche Uebereinstimmung bei den übrigen Punkten der königlichen Vorträge auch bei den übrigen von den Bedürfnissen des Reichs in Anspruch genommenen Einrichtungen gesichert zu sehen.

„Indem wir daher freudig die Gelegenheit ergreifen, Ew. Majestät unsern Dank, unsere Treue auszusprechen, halten wir es zugleich für unsere Pflicht, mit voller Aufrichtigkeit jene Hindernisse zu erwähnen, ohne deren Beseitigung wir nicht sicher sein können,

1847.   dass die königliche Absicht und der Wunsch der Nation im Resultate stets zusammentreffen.

„Das Haupthinderniss unserer Fortschrittsabsichten erblicken wir darin, dass der 10. Gesetzartikel 1790 nicht vollständig ins Leben getreten ist; denn die Regierung unsers Vaterlandes besitzt nicht jene Selbständigkeit, welche sie dem Gesetze nach besitzen sollte.

„Dieses Hinderniss wird dadurch erschwert, dass auch in der Grundlage unserer Gesetzgebung und in der unsers Regierungssystems ein wesentlicher Unterschied besteht; denn dieser ist es, der verursacht, dass wir auf unsern Reichstagen in der Lösung der aus den Bedürfnissen der Zeit auftauchenden Fragen auf eine Ausgleichung der Absichten der Regierung und der Nation nicht mit Bestimmtheit rechnen können.

„Unsere präferentialen und andere Cardinalbeschwerden, welche wir von Reichstag zu Reichstag oftmals aufgezählt haben, sind noch immer unbehoben; und dadurch entstehen hinsichtlich des Erfolgs unserer wie immer heilsamen Gesetze um so grössere Zweifel, weil die Verkündigung und Durchführung unserer Gesetze nicht vollständig gesichert ist. So ist der 21. Gesetzartikel 1836 auch jetzt noch nicht durchgeführt; die Religions- und Wechselgesetze aber wurden in den Militärgrenzbezirken des Reichs nicht einmal verkündigt.

„Hierzu kommt, dass auch eine Richtung zu bemerken ist, welche auf die Beseitigung des constitutionellen Einflusses der Gesetzgebung und eine einseitige Ausdehnung der Regierungsgewalt abzielt. Und in dieser Beziehung dienen auch schon nur jene Einrichtungen als Beweis, welche in dem im 36. Gesetzartikel 1536 und 56. Gesetzartikel 1723 begründeten System mit der Systemisirung des bisher ausnahmsweisen Administratorenamts, ebenso hinsichtlich des Landtags der verbundenen Landestheile, einseitig dazwischenkamen.

„Die hier aufgezählten einzelnen Thatsachen werden Ew. Majestät zu einer allgemeinen Aufklärung unserer Lage dienen. Wir behalten uns vor, in Bezug auf dieselben unsere Ansichten auch detaillirt unterbreiten zu dürfen, und bemerken, dass wir die Beseitigung der obenbezeichneten Hindernisse für eine unentbehrliche Bedingung des Enderfolgs unserer organischen Umgestaltung betrachten.

„Wir sind überzeugt, dass die Beseitigung dieser Hindernisse und die Ausgleichung der aus denselben entstehenden Gegensätze infolge der gemeinschaftlichen Interessen des Herrscherhauses, der Gesammtmonarchie und unsers Vaterlandes der einzig auf die Beglückung Allerhöchstihrer Völker gerichteten väterlichen Fürsorge Ew. Majestät nicht entgehen werde. Und deshalb nehmen wir, obgleich unter dem Drucke dieser Hindernisse, dennoch die Lösung sowol der in den königlichen Vorlagen bezeichneten als auch der andern von den Bedürfnissen des Reichs beanspruchten Fragen und die Aufhebung unserer Beschwerden mit aller Bereitwilligkeit in 1847. Angriff.

„Wir erklären, dass wir durch unsere Institutionen zur gerechten Ausgleichung solcher Angelegenheiten, in welchen unsere Interessen mit denen der benachbarten Erbländer zusammentreffen, bei Wahrung der staatlichen Selbständigkeit und der gesetzlichen Rechte unsers Vaterlandes, mit um so grösserer Bereitwilligkeit hülfreiche Hand bieten werden, je fester wir überzeugt sind, dass die Schwierigkeiten dieses Ausgleichs nicht aus der Natur des zwischen uns bestehenden Verbindungsverhältnisses entspringen.

„Gross und schwer ist die Aufgabe der kommenden Zeiten. Die unsere: unser constitutionelles Leben und unsere materiellen Kräfte in vollem Masse zu entwickeln. Die Ew. Majestät: beide mit der geistigen Entwickelung und den materiellen Interessen der Gesammtmonarchie in Einklang zu bringen, den Anforderungen der nach allen Seiten hin unversehrt zu erhaltenden Rechte und Zeitbedürfnisse gemäss.

„Unsere Aufmerksamkeit der Menge und Wichtigkeit der einer Erledigung harrenden Gegenstände und deren sich auf die verschiedenartigen Verhältnisse des Gesammtstaats ausdehnende Verbindung lenkend, betrachten wir es als unentbehrliches Mittel, dass der Reichstag alljährlich in Pesth abgehalten werde.

„Wir bitten Ew. Majestät, die Nation hinsichtlich dieses Wunsches auch schon im voraus allergnädigst beruhigen zu wollen.

„Wir hegen die Hoffnung, dass auf diese Weise, mit Beihülfe des unendlich gütigen Gottes, erfolgreiche Schritte nach dem grossen Ziele geschehen werden."

Die grossartige Debatte, welche sodann über diesen Adressentwurf im Oberhause gleichfalls sechs Tage lang dauerte, bewies hinlänglich, dass in diesem Document die Lebensfragen der Nation berührt sind. An der Magnatentafel war noch nie ein Gegenstand mit so vielem Eifer, mit so vielem rednerischen Glanze erörtert worden als diese Antwortsadresse. Die meiste Kraft wurde hinsichtlich jener Punkte derselben entwickelt, in welchen die traditionelle, absolutistische Richtungen verfolgende Regierungspolitik und deren neueste Auswüchse, das Administratorensystem und der kroatische Staatsstreich getadelt werden. Denn es war deutlich abzusehen, dass, wenn diese Punkte durchgehen, und die' Adresse so, wie sie verfasst ist, hinauf gesendet wird, entweder Apponyi mit seinem Systeme von der Regierung zurücktreten müsse, oder wenn ihn das Cabinet nach diesem ersten energischen Angriffe nicht aufopfern wollte, der Reichstag aufgelöst werden würde. Die Regierungspartei wandte demnach alle ihre Kraft an, um einigermassen zu beweisen, dass in dem sogenannten Administratorensystem nichts enthalten sei, was

Die Adressdebatten bei den Magnaten.

entweder mit dem Constitutionalismus oder den bestehenden Gesetzen im Widerspruch stehe. Sie suchten aus dem „Corpus juris“ alle neuern und ältern Gesetze auf, mit welchen sie diese Einrichtung der Regierung einigermassen unterstützen konnten. Mit grosser Meisterschaft der Beredsamkeit entwickelten sie alle aus der Staatswissenschaft geschöpften Gründe, das Interesse der Ordnung, die Nothwendigkeit einer starken Regierung und alle jene Beweggründe, welche zu Gunsten dieser Regierungseinrichtungen dienen konnten.

Indessen war es überaus schwierig, dasjenige zu rechtfertigen, unmöglich, es vor der öffentlichen Meinung zum Siege zu führen, hinsichtlich dessen die Ueberzeugung vieler, wenn sie vielleicht auch nicht gänzlich entgegengesetzt war, doch mindestens und gewiss schwankte, und wofür sie nur aus Parteiinteresse kämpften, was selbst unbefangene Fremde für ebenso gefährlich in Bezug auf die Verfassung ansahen als die ungarische Nationalpartei. „Es ist klar“, sagt in einem seiner Briefe Blackwell, der amtliche Mandatar der englischen Regierung, der dem londoner Ministerium über den Verlauf des Reichstags regelmässig Bericht erstattete, „es ist klar, dass, wenn geduldet wird, dass dieses System Wurzeln fasse, in den ungarischen Institutionen nach und nach eine Gattung der österreichischen Bureaukratie eingeimpft wird“. . . . . „Das Endresultat dieses Systems wäre wahrscheinlich, dass Ungarn eine österreichische Provinz und der Reichsrath zu einem blos registrirenden Rathe, ähnlich den Versammlungen der Landstände in den Erbländern, würde.“

Da wir den sechstägigen Debatten nicht bis ins Einzelne folgen können, wollen wir aus denselben nur eine Rede anführen, und zwar die gründliche, die Regierungspolitik, die Verbindung des Reichs mit Oesterreich und die Sache der Freiheit zwar ohne oratorischen Glanz, aber mit tiefer Auffassung erörternde Rede Ludwig Batthyányi's, welche uns zugleich den festen politischen Charakter dieses Staatsmannes, der bald darauf eine so grosse Rolle spielen sollte, kundgibt.

Die Rede Ludwig Batthyányi's   „. . . . . Möge auch bei uns“, sagte er unter anderm, „die Berathung über die Adresse das Kriterium dessen sein, wie die Vertretung der Nation ihre Regierung und ihre Leiter beurtheilt, damit auf diese Weise auch bei uns sogleich zu Anfang des Reichstags aus diesem Votum das gute System Kraft schöpfen, oder das schlimme seinen Credit verlieren möge; denn auch ich wünsche Klage zu erheben sowol gegen die Methode als auch gegen die Männer der Regierung.

„Gegen die Methode oder das System insofern, als der 10. Gesetzartikel 1790 seit seinem Entstehen nie zur Wirklichkeit wurde, und nicht nur nicht vollständig, sondern auf gar keine Art ins Leben trat.

„Dieses Gesetz trat nicht ins Leben und wurde nicht geachtet, 1847.
weder in der innern noch in der äussern Politik Oesterreichs.

„In der äussern Politik nicht: denn wie hätte Oesterreich vor
Europa als der verkörperte Repräsentant des Absolutismus hintreten
können? Sich als solchen bekennen, und nicht nur in seinen eigenen Angelegenheiten, sondern auch in den andern sich der Welt
so vorstellen, wenn es jene Worte des 10. Gesetzartikels 1790 vor
Augen gehalten haben würden: «dass Ungarns Interessen den Interessen der übrigen Länder nicht untergeordnet sein sollen»; auf diesem Wege aber ist das ungarische Interesse, die constitutionelle Richtung Ungarns, nicht nur untergeordnet, sondern es findet sich verleugnet, vollständig desavouirt und diplomatisch ignorirt.

„Oder würde vielleicht jemand zu behaupten wagen, dass es
für das Interesse Ungarns gleichgültig sei, ob die Diplomatie Oesterreichs ihr Votum in die constitutionelle oder in die absolutistische
Wagschale wirft?

„Man kann es auch ohne Prophezeiungsvermögen herausfinden,
dass der nächste Krieg ein Principienkrieg sein werde, und dass
jene zwei Worte, welche seit einer gewissen Zeit die Männer der
Staatswissenschaft und die des Worts in zwei feindliche Lager theilten, heute oder morgen auf Fahnen zu lesen sein dürften, welchen
beinahe alle Armeen Europas folgen werden; obwol auch dann die
äussere Politik Oesterreichs für den Ungar eine gleichgültige Sache
sein wird, wenn dann auf seinen Fahnen nicht das uns alle begeisternde Losungswort «constitutionelle Freiheit», sondern das von
unsern Gesetzen verbannte «unbeschränkte Macht» geschrieben stehen wird?

„Ich frage, wenn wir schon so unzähligemal daran erinnert
wurden, wie sollten wir nicht die letzten Consequenzen unserer rechtmässigen constitutionellen Ansprüche verlangen, nicht unserer gemischten Ehe (mit Oesterreich) volle Aufmerksamkeit schenken?

„Ich frage, ob die stärkere Hälfte der Monarchie nicht mit
gleichem Rechte verlangen könnte, dass auch die Regierung, sowol
in ihrer innern als äussern Politik die letzten Consequenzen des Absolutismus in Bezug auf die Gesammtmonarchie gleichmässig beseitigend, ihr Verfahren und ihr Dogma nach der Grösse jenes Factors
modificire, welcher weder in seinen Sympathien noch in seinen Interessen mit dem absoluten System übereinstimmt?

„Dies that sie aber bisher nicht.

„Wenn wir die innere Politik Oesterreichs betrachten, inwieweit
diese die nichtungarischen Länder betrifft, was erblicken wir dort,
das erfreuen, sicherstellen oder Hoffnungen erwecken könnte? Nichts!

„Nichts Erfreuliches; denn es fällt vor allem jedermann in die
Augen, dass sich die innere Politik Oesterreichs, ausser den Anti-

pathien der verschiedenen Nationalitäten gegeneinander, nie eine andere Unterstützung, eine andere Garantie suchte und fand als die Bureaukratie.

„Nichts, was Sicherheit böte; denn wenn wir sehen, mit welch eiserner Consequenz jene absolute Richtung verfolgt wird, welche die Freiheiten Niederösterreichs seit Maximilian I. bis Joseph II. vernichtete und trotz Leopold II. seither nicht wieder aufleben liess; wenn wir beachten, mit welchen Principien die österreichische Regierung im Norden ein Bündniss einging, und welches sie im Süden zurückweist: dann müssen wir uns überzeugen, dass in jenem Berathungssaale, in welchem die Würfel über das Schicksal der Natio-. nen fallen, jeder den Constitutionalismus sicherstellende Geist fehle.

„Wir finden auch nichts, was Hoffnungen erwecken könnte; denn entweder besteht, was in meinen Augen ein Axiom ist, dass sich nämlich das unumschränkte Regierungssystem mit dem beschränkten unter einem und demselben Scepter schlechterdings nicht vertrage, ohne das diese zwei Incompatibilitäten aufeinander nicht zersetzend einwirkten; oder es besteht, was andere behaupten, dass diese gemischte Ehe nur gegenseitige Nachgiebigkeit und Assimilation erträglich machen könne: in beiden Fällen ist gewiss, dass es nichts zu hoffen gibt in jener christlichen Ehe, in welcher, da in ihr eben der Unterschied in der Religion die Reibungen verursacht, jener Theil, welcher ohnehin nur seit der geschlossenen Ehe zu einer andern Confession überging, und dadurch eben das Uebel hervorrief, wenn, sage ich, jener Theil jetzt anstatt der Annäherung auf seinen Talmud und seine Propheten zu schwören beginnt.

„Nach meiner Ansicht ist es nicht gleichviel, ob die auftauchenden constitutionellen Bewegungen die Sache in den Erbländern dahin führen, dass heute oder morgen die Verfassung des einen der Länder der andern zur Garantie diene? Oder dass, nachdem fortan auch diese unterdrückt sind, einerseits der Neid, andererseits die Missachtung über unserm constitutionellen Leben auch fernerhin das Schwert des Damokles in der Schwebe zu erhalten erlaube. . . . . .“

Die Opposition an der Magnatentafel gewann auch aus den Reihen derjenigen mehrere Verbündete, die bisher theils ihren Aemtern, theils ihrer Gesinnung zufolge Anhänger der conservativen Grundsätze waren. Ja der Patriotismus feierte auch noch den Sieg, dass, obgleich dieser Gegenstand scharf gegen die Regierung gekehrt wurde und eigentlich ein Verdammungsurtheil in sich enthielt, sich dennoch unter den Reichswürdenträgern mehrere fanden, die sich dem Adressentwurfe des Unterhauses anschlossen und zugleich auch über die von der Regierung in der Comitatsverwaltung getroffenen willkürlichen Verfügungen ihre entschiedene Missbilligung aussprachen. Ein solcher war z. B. der Oberststallmeister Emerich Batthyányi, solche 1847. die Obergespane Abraham Vay, Paul Gyürky und Georg Károlyi.

Die Majorität an der Magnatentafel indess, welche auf seiten der Regierung war, vereitelte, wie man voraussehen konnte, den im Interesse der Verfassung, der Freiheit und des Volksrechts solange geführten edeln Kampf. Der Adressentwurf des Unterhauses wurde verworfen und anstatt dessen der Antrag des Oberstmundschenks Stephan Szerencsy angenommen, welcher seinem Wesen nach das Echo des regierungsfreundlichen Antrags Somsich's war.

Die der Regierungspartei angehörenden Magnaten schmeichelten sich, als sie den Adressentwurf des Unterhauses verwarfen, mit der nicht ganz grundlosen Hoffnung, dass, während die beiden Häuser über denselben einige Nuntien wechseln würden, auch im Unterhause das Stimmenverhältniss eine Abänderung erleiden werde. Da eben zu dieser Zeit in den Comitaten die vierteljährlichen Generalversammlungen gehalten wurden, so versuchte die Regierung alles Mögliche durch ihre Partei und besonders durch die Administratoren, um Nachtragsinstructionen für die Deputirten auszuwirken, welche denselben die Unterstützung des Somsich'schen Antrags zur Pflicht machen sollten. Zwar blieb auch die Nationalpartei nicht unthätig, als sie die Anstrengungen der Regierungspartei bemerkte; ja auf dem Reichstag tröstete sich die Opposition damit, dass, wenn es der Regierung vielleicht auch gelingen sollte, die Instructionen in einigen Comitaten zu ihren Gunsten abändern zu lassen, sich mehrere Comitate finden dürften, die nach den Reichstagsdebatten, ihren frühern Instructionen entgegen, jetzt den Antrag Kossuth's, beziehungsweise den Adressentwurf des Unterhauses durch ihre Abgeordneten unterstützen lassen würden. Kossuth hielt indessen nicht für räthlich, eine neue Probe der Kraft der Parteien zu versuchen, und rieth dem Unterhause zur grossen Verwunderung der Regierungspartei einen bisher ungewohnten Schritt an.

In solchen Gegenständen der Debatte, wie jetzt die Antwortsadresse einen bildete, bestrebte sich das Unterhaus, wenn sein Antrag von der Magnatentafel nicht angenommen wurde, die Majorität derselben mittels mehrmaliger Nuntien zur Nachgiebigkeit zu bewegen. Jetzt überraschte Kossuth das Haus mit dem Antrage, dass, nachdem die Vertreter bei den Magnaten auf eine entgegengesetzte Meinung trafen und mit denselben darüber, welche Ansichten der Vertretungskörper vom Zustand des Reichs und von der Regierungspolitik habe, nicht debattiren könnten, ja dieselben die aufrichtige Kundgebung der Nation vor den König zu gelangen verhinderten: dem Unterhause nichts anderes übrigbleibe als, sich seinen ausgesprochenen Ansichten anschliessend, den Adressentwurf zurückzulegen und die in demselben berührten Beschwerden in besondern Adressen dem König zu unterbreiten.

Die Zurücklegung der Antwortsadresse

Die Zurücklegung rief beinahe eine so leidenschaftliche Debatte hervor wie früher der Adressentwurf selbst. Die der Regierungspartei angehörenden Vertreter waren auf jede Weise bemüht, dass dieser Antrag verworfen werde. Einer derselben ging so weit, zu sagen, dass die Magnaten die Adresse misverstanden hätten, und er überzeugt sei, dass sie dieselbe nach reiflicherer Erwägung mit einigen geringen Abänderungen annehmen würden. Alle ihre Bemühung war jedoch umsonst; vergebens machte auch der Personal und Präsident der Tafel selbst Anstrengungen, die Stände mit dem Hinweis auf jene Hoffnung zu einer andern Meinung zu vermögen, dass sich die beiden Häuser über die Adresse, wenn diese abermals zurückgesendet würde, bald miteinander einigen dürften. Der Zurücklegungsantrag Kossuth's gewann die Majorität, und das bedeutende Document machte, obgleich es vor den König nicht einmal gelangte, ja eben infolge des Umstandes, dass die Vertreter eher bereit waren, von dessen fernerer Betreibung abzustehen, als die Verstümmelung der in demselben ausgesprochenen Principien zu dulden, einen sehr grossen Eindruck auf die Regierung.

Gemeinsames Tragen der Lasten; Erbablösung. Wenn der einfach zurückgelegte Antrag der Antwortsadresse das Credo der politischen Richtung der Nation war, so war in der Frage des gemeinsamen Tragens der Lasten und in der Erbablösung das hauptsächlichste Mittel verborgen, welches die nationale Umgestaltung hervorzuzaubern vermag, und ohne welches das Vaterland, wie heilsam auch sonst seine geschriebenen Gesetze sein mögen, thatsächlich niemals weder constitutionell selbständig noch stark und blühend werden kann.

In diesen zwei Fragen war unmittelbar das Interesse des Volks enthalten, und konnte man vom Volke in der Vertheidigung der Verfassung nur so den Anschluss an den Adel fordern, wenn die Interessen aus dem Destillirkolben der Umgestaltung in einem gerechten Verhältniss vereinigt hervorgehen würden. Allein auch sonst, da das Aufblühen des Reichs von der Verbesserung des Zustandes der grossen Masse des Volks und der Entwickelung der materiellen Interessen bedingt war: so gab es schon kaum eine solche Meinungsschattirung, welche auf diesem Reichstag, wo nicht allein der Sieg der Principien, sondern thatsächliche Reformen gefordert wurden, die auf das Leben der Nation hinausreichende Wichtigkeit dieser Fragen nicht eingestanden hätte. Es galt nicht mehr die Frage: ob es eine Reform geben soll; sondern auf welche Art, innerhalb welcher Schranken sie durchgeführt werden müsse.

In der Angelegenheit des gemeinsamen Tragens der Lasten stellte Bartholomäus Szemere am 29. Nov. den Antrag: einfach; denn es sei, wie er sagt, eine eingehendere Entwickelung dieses Gegenstandes überflüssig, der, Dank sei es Gott und dem Sieg der Aufklärung und uneigennützigen Vaterlandsliebe, aus einer Parteifrage

zur Nationalangelegenheit wurde, und der in dem Masse der Anfangsbuchstabe aller Reformen ward, dass „an welchem Tage das Princip
des gemeinsamen Tragens der Lasten ausgesprochen und angewendet
sein wird, an diesem Tage Ungarn zum zweiten mal begründet sein
würde". Sein Antrag bestand in kurzem aus Folgendem: „Die hohen
Stände mögen das Princip des gemeinsamen Tragens der Lasten auf
die Domestical- und Kriegssteuer und hinsichtlich der Reichskasse
aussprechen und aufstellen. Sie mögen die Magnatentafel zur Annahme dieses Princips auffordern, sowie auch dazu, dass sie im Fall
der Annahme über die Aussendung einer Reichscommission überein-
kommen mögen, welche das angenommene Princip mit Hülfe praktischer und entsprechender constitutioneller Garantien in Anwendung
bringen solle."

Wir finden in der Geschichte der Entwickelung der Nationen
kaum eine schönere Erscheinung, als die, welche wir in dem uneigennützigen grossherzigen Eifer des aufgeklärten grössern Theils des
ungarischen Adels sehen, womit er des Gemeinwohls wegen seinen
Privilegien zu entsagen, seine Rechte auch auf die untern Klassen
auszudehnen sich bestrebte. Den ungarischen Adel charakterisirte im
allgemeinen zu allen Zeiten glühende Vaterlandsliebe und Treue in
der Vertheidigung der Freiheit. Er war für den Ruhm dieser geschichtlichen Vergangenheit auch jetzt nicht unempfindlich; und der
Wunsch diese ruhmreiche Vergangenheit unbefleckt zu bewahren, war,
unter den übrigen volkswirthschaftlichen und politischen Beweggründen,
welche die Annahme des Princips des gemeinsamen Tragens der Lasten
schon so dringend forderten, in den Augen des Adels auch jetzt
nicht von geringem Gewicht in der Leistung dieses Opfers. Und in
dieser Beziehung wird jener Theil der Rede Kossuth's, in welchem er,
der ausgezeichnetste Redner des Volks, sein Urtheil über die tausendjährige Rolle des Adels aussprach in einem Zeitpunkt, in welchem
dieser sich anschickte, vom Gebiet des Privilegiums abzutreten, sich
mit der Masse des Volks zu verschmelzen und in die Rechte und
Lasten verhältnissmässig zu theilen, sicher geschichtlich merkwürdig
bleiben. Diesen Stolz des Adels, diese seine Pietät für seine ruhm-
volle Vergangenheit nützte der Redner als Beweggrund zur Annahme
der gemeinsamen Lasten geschickt aus.

„Den ungarischen Adel", sagte er, „hat die Geschichte eines Jahrtausends zur Grundlage des Bestehens dieser Nation bestimmt. Sie
schrieb den ungarischen Namen, den Namen dieser Fremdlings-
nationalität, in das goldene Buch der Nationen Europas, aus welchem
die Schicksale eines Jahrtausends viele Namen weglöschten, nur den
nicht, welchen der Mannesarm des ungarischen Adels hineingeschrieben
hatte. Er kämpfte in erster Reihe die Schlachten um den Bestand
des Reichs; er war Jahrhunderte hindurch der Vorposten Europas;

und mitten unter allen Stürmen tauchte keine grosse, epochemachende Idee in Europa auf, welche nicht, unter der Mitwirkung des Adels, früher oder später in den Boden hinübergepflanzt worden wäre. Dass ein Ungarn wurde, dass es ein Ungarn gibt, ist sein Werk. Und während dieser ganzen Zeit ist es der ungarische Adel, der es nie gelernt hatte, ein Joch zu dulden, der den goldenen Faden der Freiheit seiner Hand nie ganz entschlüpfen liess, mit dessen Namen sich ein geschichtliches Andenken verbindet, wie sich eines solchen keine Nation des europäischen Festlandes rühmen kann, — jenes geschichtliche Andenken, dass, seitdem dieses Reich Ungarn heisst, der Absolutismus hier nie gesetzliche Kraft besass. Alles dies ist das Werk des ungarischen Adels.

„Nun frage ich, wer so blöd sein könnte, die politische Stellung dieses Adels vernichten zu wollen? Wir sicherlich nicht; denn alle Pulse unsers Herzens schlagen dafür, dass die Freiheit zu einem allgemeinen Schatz, dass sie auf eine grösstmögliche Anzahl ausgedehnt werde. Wir können daher nicht die verkehrte Absicht hegen, dass wir, indem wir die Vertheidiger der Freiheit vermehren wollen, unsere Arbeit mit einer Lichtung derselben beginnen würden, und mit der Entwaffnung jener Armee den Anfang machten, welche stark genug war, die Freiheit eines Jahrtausends hindurch ganz allein zu vertheidigen. . . . Nein, wir wollen, dass der Adel im öffentlichen Leben dieser Nation jenes politische Gewicht behalte, zu welchem er durch seine Geschichte, seinen Besitz, seine constitutionelle Geübtheit und seine während vieler Jahrhunderte verschlungenen tausendfältigen Verhältnisse berufen ist. Nun frage ich aber, auf welche Weise er es behalten könne? Dadurch vielleicht, wenn er, am Privilegium der Steuerfreiheit festhaltend, sich mit dem Volk und der Wahrheit in fortwährenden Gegensatz stellte? Nein, hohe Stände, es ist ein Axiom, dass, nachdem die Zeiten der Tyrannei vergangen sind, man die politische Macht nur auf jenem Weg aufrechthalten könne, auf welchem man dazu gelangte. Denken wir aber etwa, dass der ungarische Adel seine Macht und sein politisches Gewicht durch sein Befreitsein von den öffentlichen Lasten erlangte? Auf diesem Weg hätte er es sich nicht nur niemals verschaffen können, ja die Geschichte hätte, wenn er diesen Weg betreten haben würde, sein Bestehen nie gekannt, denn der bürgerliche Staat ist so geartet, dass er politische Drohnen nie mächtig machen kann. . . . In der Vergangenheit war die tägliche Nothwendigkeit der Vertheidigung des Vaterlandes die grösste, die einzige öffentliche Last. Und der Adel hatte sich dieser Last nicht nur nicht entzogen, sondern er trug sie vielmehr ganz allein, und erlaubte nur bei aussergewöhnlichen Gelegenheiten auch andern Klassen des Volks an dem Ruhm derselben Antheil zu nehmen. Und er that dies im Bewusstsein dessen, dass

Drohnen nicht mächtig sein können. Das Tragen der allgemeinen 1847. Lasten ist jene Grundlage, auf welcher sich das politische Gewicht des Adels erhob; es ist die Urquelle seines Bestehens, seiner Rechte. ... Wenn wir also wünschen, dass das politische Gewicht des Adels, und die so zahlreichen werthvollen historischen Vortheile desselben erhalten werden mögen, so gibt es dazu nur Einen Weg, den nämlich, dass er der mit dem Leben im Widerspruch stehenden Steuerfreiheit entsage; denn diese ist auf keinen Fall lange aufrecht zu erhalten: an ihr festhalten wäre daher nichts anderes als auch die aufrecht zu haltenden Vortheile compromittiren. — Ich aber wünsche es nicht, dass der Adel vernichtet werde; sondern ich wünsche, dass er unter den andern Bürgern sei wie unter Brüdern der treue Erstgeborene, der starke Eckpfeiler des Vaterlandes, dessen Führerstellung den jüngern Geschwistern Selbstvertrauen einflösst. Er kann nicht der Herr, wol aber der Führer der Nation sein; dies ist ein wunderschöner Beruf, diesen behalte er, diesen kann er behalten, aber nur um den Preis, wenn er zu jener Grundlage zurückkehrt, auf welcher sich seine Macht erhob; und um den Preis der Entsagung vom Vorrechte der Steuerfreiheit wird er die neun Bücher Sibyllens unversehrt kaufen, in deren drei ersten geschrieben steht, wie der Adel in der Theilung der Zukunft sich die Erstgeburtsrechte der Nation erhalten könne. Die letzte Möglichkeit hierzu steht vor der Nation, wenn sie ihre Entsagung von der Steuerfreiheit jetzt votirt; dies kann jetzt noch ihr freiwilliges Werk sein, ein neuer Edelstein in ihrem historischen Kranze. Allein neue Factoren stehen an der Schwelle; ihr Einlass kann nicht mehr aufgehalten werden, und das Verdienst der Entsagung und auf diese Weise auch deren Lohn würde nicht mehr das alleinige Eigenthum des Adels sein."

Indessen war die Ueberzeugung der Vertreter hinsichtlich dieser Frage in ihrer freien Aeusserung durch die Instructionen behindert, welche kein Comitat seinen Deputirten über diesen Gegenstand zu geben versäumt hatte. Zufolge der Majorität der Instructionen konnte man nicht die ganze Steuerfrage durch eine Abstimmung entscheiden. Diese Frage wurde schon in den vergangenen Jahren in drei Zweigen abgesondert verhandelt, und in dieser Gestalt wurden auch die betreffenden Instructionen erlassen. Domesticalsteuer, Kriegssteuer und Reichskasse zur Emporhebung des Vaterlandes, dies waren die besondern Titel, welche man den Theilen der gemeinsamen Lasten gegeben hatte. Als einen Zug der damaligen Stimmung berühren wir, dass die grossen Grundbesitzer hauptsächlich für die Domesticalsteuer von keiner grossen Sympathie erfüllt waren, da sie befürchteten, dass die Comitatsversammlungen, die in der Umlage dieser Steuer frei verfügten, den in der Minorität befindlichen grossen Grundbesitzern gegenüber leicht Ungerechtigkeiten begehen könnten. Der einfachen

1847. Uebernahme der Kriegssteuer waren am meisten jene entgegen, die den Adel der nichtverantwortlichen Steuergebarung der Regierung nicht unterwerfen wollten. Man glaubte nämlich, dass die Verpflichtung der Regierung, von ihrem Gebaren Rechenschaft abzulegen, dadurch erschwert sein werde, wenn auch schon der Adel seine Theilnahme an der Kriegssteuer ohne diese Bedingung annehmen würde. Sie erklärten sich daher zur Steuerzahlung bereit, sobald die Regierung über die Anwendung der votirten Steuer detaillirte Rechnung ablegen wolle. Gegen die dritte, die Reichskasse, hatte schon kaum jemand etwas vorzubringen; am eifrigsten aber wünschte sie das patriotische Herz Széchenyi's herbei, der die Sache so betrachtete, dass der Ersatz der Communications- und anderer materieller Bedürfnisse des Reichs sich noch gar lange verzögern würde, wenn man warten müsste, bis die Nation ihren Streit über die Verwendung der Einkünfte des Reichs gegen die Regierung mit günstigem Erfolg beendigen würde.

Während der Berathung war es den eifrigen Freunden der Sache nicht schwer zu beweisen, dass, obwol jene Garantie, welcher gemäss die Nation den erforderlichen Einfluss hinsichtlich der Umlage, Eintreibung und Verwendung der Steuer der Regierung gegenüber unversehrt aufrecht halten könne, mit Recht sehr wichtig und in sich besonders betrachtet eifrig zu fordern sei; dass man indessen das gemeinsame Tragen der Lasten an dieselbe als conditio sine qua non ohne grossen Nachtheil für das Allgemeine nicht mehr binden könne.

Die Frage wurde dadurch sehr erleichtert, als sie am 30. Nov., ohne damit irgendeine Bedingung zu verbinden, aber dennoch unter den besondern drei Titeln, der Abstimmung überlassen wurde. Die Vertreter äusserten sich ihren Instructionen nach verschieden. Es gab Oppositionsmitglieder, die hinsichtlich der einen oder andern Steuergattung verneinend abstimmten; und es gab Anhänger der Regierungspartei, die den Beitritt des Adels bezüglich aller drei Steuern annahmen. Dem Endresultat nach erhielt die Domesticalsteuer die Majorität, die Kriegssteuer blieb in der Minderheit, die Reichskasse endlich wurde mit Ausnahme eines oder zweier Comitate einstimmig angenommen. Die Art und Weise, nach welcher diese Principien ins Leben treten sollten, musste mit den Magnaten gemeinschaftlich eine gemischte Commission ausarbeiten.

Der conservativ gesinnte Theil der Magnaten indessen konnte seine Abneigung vor der Domesticalsteuer nicht verbergen; und an dieser Klippe wäre der Antrag des Unterhauses schon beinahe gescheitert, wenn nicht der Erzherzog-Palatin Stephan selbst dazwischengetreten wäre. Sobald er diese Stimmung gewahr wurde, trat er mit einem Antrag auf, dass nämlich, nachdem auch die Magnaten der durch die Reichscommission zu bewerkstelligenden Ausarbeitung der

von den Vertretern eingebrachten Anträge beitraten, die Erörterung 1847.
und Annahme der einzelnen Steuerarten auf die Zeit nach der Berichterstattung verschoben werde. Nach der Annahme dieses Antrags blieb
die grosse Frage bis zu den später eingetretenen Ereignissen bei den
Magnaten zwar in der Schwebe; die allgemeine Steuerfreiheit hatte
indess auch bei ihnen keine Vertheidiger mehr, und in der ganzen
Tafel blieb von den verknöcherten Conservativen — wie Széchenyi
zu sagen pflegte — nur ein einziges „antediluvianisches Exemplar"
in der Person des Barons Nikolaus Vécsey übrig, der gegen jeden
Zweig der gemeinsamen Lasten im Geiste der alten Adelsprivilegien
sprach.

Die erbliche Ablösung der Urbarialitäten stellte einer der Gross- Erb-
ablösung.
grundbesitzer, Gabriel Lónyay, im Ständehause in Antrag. Dieser
Gegenstand ist es, hinsichtlich dessen sich die öffentliche Meinung
am schnellsten reinigte und feststellte. Die Erbablösung wurde von
denjenigen, die in derselben das Gespenst der Demokratie auftauchen
sahen, vor funfzehn Jahren noch für eine so gefährliche, staats-
umstürzende Reform gehalten, dass wegen deren eifrigen Vertheidigung
Nikolaus Wesselényi als des Hochverraths schuldig in Process genommen,
Kölcsey aber, der gefeierte Redner, gezwungen wurde, seiner Stellung
als Deputirter, welcher er so glorreich entsprochen hatte, zu entsagen.
Und wer von der ältern Generation erinnert sich nicht der Sitzungen
vom 10. Nov. und 10. Dec. 1834, in welchen die Erbablösung einen
der denkwürdigsten Reichstagskämpfe, die leidenschaftlichste und er-
habenste Debatte hervorrief? Jetzt gab dieselbe keinen Anlass zur
Debatte mehr: die Berathung wurde mehr in Form von Erörterungen
als in der von Meinungskämpfen geführt, und hatte zum Resultat,
dass der Antrag Lónyay's angenommen und eine Reichscommission
ernannt wurde, welche über die mit der vollständigsten Entschädigung
der Grundherren verbundene, hinsichtlich des letztern bindende, durch
Vermittelung des Staats zu bewerkstelligende Ablösung der Urbariallasten einen detaillirten Vorschlag ausarbeiten sollte.

Einen noch glänzendern Sieg feierte der freisinnige Radicalismus, Die Auf-
hebung der
Aviticität.
auf dessen Fahnen als eins der Losungsworte „der freie Boden" ge-
schrieben stand, in der Frage der Aviticität. Das Aviticitätsbesitz-
recht hatte erst unlängst eine grosse Menge in ihrer Befangenheit
für eine Hauptstütze der Nationalität, die Grundlage der Verfassung
ausgegeben. Jetzt stellte Paul Somsich, der Führer der conservativen
Regierungspartei, selbst den Antrag zur Aufhebung desselben, was
natürlich von der Opposition, trotzdem, dass sich die Gegenpartei die
gegenwärtige Initiative dieser Reform von ihr zugeeignet hatte, mit
nicht geringerer Freude aufgenommen ward.

Der Kampf, welchen die Opposition bei Gelegenheit der Verhandlung über die auf die königlichen Vorlagen zu ertheilende Antworts-

1847. adresse angefangen hatte, erreichte durch die Zurücklegung der letztern noch keineswegs sein Ende. Er wurde jeden Augenblick neuerdings und stets heftiger durch Aufnahme einer oder der andern Beschwerde begonnen, welche man in der Antwortsadresse nur im allgemeinen zu berühren gewünscht haben würde; denn als die Antwortsadresse zurückgelegt wurde, war zugleich der Beschluss gefasst worden, dass die Reichsstände die Aufhebung dieser Beschwerden sobald als möglich und in besondern Adressen betreiben möchten. Diese Beschwerden enthielten in sich: den in der Regulirung des kroatischen Landtags begangenen Staatsstreich; die hinsichtlich der griechischen nicht-unirten Religion getroffenen eigenmächtigen Regierungsverfügungen; die Angelegenheit der siebenbürgischen Landestheile und das Administratorensystem. Vom Ausgang der über diese Fragen entstandenen, mit so vieler Hitze, so leidenschaftlich geführten Debatten hing es ab, ob die Richtung der Nation oder die der Regierung zum Sieg gelangen werde; ob Apponyi mit seinem System in der Regierung verbleiben oder von derselben zurücktreten werde; ob die Umgestaltung der nationalen Zustände in constitutionellem oder in einem dem Absolutismus den Weg bahnenden Geist durchgeführt werden würde.

Die kroatische Beschwerde. Die kroatische Beschwerde bestand, wie wir wissen, aus diesen zwei Punkten: 1) dass der kroatische Landtag durch den einseitigen Befehl der Regierung regulirt und dadurch der Adel seines persönlichen Stimmrechts beraubt wurde, da dasselbe nur den vom Banus Einberufenen ertheilt ward; 2) dass der Adel von Turopolya in seinem im agramer Comitat bisher ausgeübten Wahl- und Stimmrechte gleichfalls durch einen Regierungsbefehl beschränkt wurde. Principiell war es zwar schon von vornherein unmöglich, darin nicht eine Verletzung des Gesetzes zu finden, dass die Regierung die constitutionellen Fragen durch einen einfachen Befehl entschied, während die Frage nur die sein konnte: ob die Regelung derselben vom Reichstag oder vom kroatischen Landtag vorgenommen werden müsse. Für alle Fälle war daher in diesen Fragen nur von constitutionellen Principien, nicht aber von den Verhältnissen Kroatiens zum Mutterland die Rede. Damit jedoch den der illyrischen Partei angehörenden Kroaten selbst nicht die entfernteste Gelegenheit geboten werde, um sich über Unterdrückung beklagen zu können, wünschte der Reichstag, bevor er sich in die Entscheidung dieser Fragen einliess, dieselben durch ein Comité näher untersuchen zu lassen. Zu dieser Mässigung fühlte sich der Deputirtenkörper um so mehr aufgefordert, da die auf dem Reichstag gegenwärtigen Mitglieder der zwei kroatischen Parteien miteinander von allem Anfang an in einem hitzigen Kampf standen: der Graf von Turopolya, Anton Jozipovich, das Haupt der ungarisch-kroatischen Partei, erklärte die mit Ausschluss der Abstimmung des

Adels gewählten kroatischen Abgeordneten nicht nur unzähligemal 1847. für ungesetzlich gewählt, sondern forderte auch von den Ständen, dass sie als Repräsentanten Kroatiens nicht anerkannt werden möchten, und unterstützte diesen seinen Wunsch mit aus Kroatien eingeschickten Petitionen. Wenn der Reichstag diesen Wünschen und Bitten ohne weitere Untersuchung nachgegeben hätte, würde er sich dadurch leicht die Beschuldigung der Parteilichkeit zugezogen haben, da die Klage eben ein Oppositionsmitglied und in einem Gegenstand erhob, in welchem sich die Majorität unzweifelhaft auf seiner Seite befand. Das Repräsentantenhaus beliess daher vorläufig die Stellung der kroatischen Abgeordneten unverletzt und verschob aus billiger Schonung gegen die Parteien bis zur Berichterstattung von seiten der eingesetzten Commission zugleich auch die Erörterung der gegen die Regierung erhobenen Anklage.

Man hätte hoffen können, dass nach dieser Schonung gegenüber der kroatisch-illyrischen Partei das Einverständniss oder mindestens das friedliche Verhältniss mit den kroatischen Deputirten nicht gestört werden würde. Aber der Friede dauerte leider nicht lange. Als Anlass zum Zusammenstoss diente das in der Angelegenheit der ungarischen Sprache zu schaffende Gesetz. Nachdem es während der dem Reichstag vorausgegangenen Jahre öfter geschehen war, dass die kroatischen Behörden die Zuschriften der ungarischen Comitate, weil sie ungarisch verfasst waren, nicht annahmen, wurde es unerlasslich nothwendig, die Sprachverhältnisse in Kroatien durch ein positives Gesetz zu regeln. Zu diesem Zweck wurde jener Gesetzvorschlag abermals aufs Tapet gebracht, welcher auf dem vorigen Reichstag die königliche Sanction nicht gewann. Die Debatte, welche hierüber die kroatischen Abgeordneten mit grosser Heftigkeit begannen, erweckte in den Gemüthern eine nicht geringe Erbitterung, obgleich die Stände die ungarische Sprache auf die innere Verwaltung Kroatiens auszudehnen nicht beabsichtigten, sondern nur in den Berührungen der kroatischen Behörden mit den ungarischen anstatt der lateinischen Sprache zur amtlichen machen wollten. Diese Erbitterung verbreitete über die Debatten übrigens weniger die Entscheidung dessen, welche Sprache in dieser Berührung gebraucht werden solle, als vielmehr jene Nebenfrage, welche, in Verbindung mit der Sprache, darüber entstand: ob die drei slawonischen Comitate, Verőcze, Posega und Sirmien mit Ungarn oder mit Kroatien in directer Verbindung stehen? Von seiten Kossuth's war es Mangel an Takt, dazu noch einen neuen Streitgegenstand auf den Kampfplatz zu werfen, den über die Benennung Kroatiens. Es fiel ihm ein, dass das ehemals Kroatien genannte Land gegenwärtig grösstentheils zum türkischen Reiche gehöre, was aber hiervon noch übrig sei, meistens die Militärgrenze bilde; er wünschte daher die aus den Comitaten Agram, Warasdin und Kreuz bestehende

1847. Provinz im Gesetz eher unter der Benennung „verbundene Landestheile" erwähnt zu sehen. Er nahm zwar nachher Abstand von dieser Meinung, da er bemerkte, dass diese unbestimmte Benennung späterhin leicht auch auf die drei slawonischen Comitate, deren Zugehörigkeit zu Ungarn man forderte, ausgedehnt werden könnte; er war jedoch durch die Zurücknahme seines Antrags schon nicht mehr im Stand, aus den Gemüthern zugleich auch die Bitterkeit zu verwischen, welche die der Aussöhnung sich einigermassen zuneigende Stimmung abermals vergiftete.

Uebrigens war auch der die amtliche Sprache betreffende Gesetzvorschlag, welcher in der innern Verwaltung Kroatiens die im Gebrauch stehende lateinische als amtliche Sprache beliess, nicht im Stand, die Kroaten zu beruhigen, die innerhalb ihres Landes schon ihre eigene Sprache zum Organ der Verwaltung zu machen wünschten. Es ist unmöglich, die Engherzigkeit, welche die Mehrzahl der Stände in dieser Beziehung verrieth, nicht zu tadeln; denn es leidet keinen Zweifel, dass, wie gerecht und billig ihre Forderung war, dass das von der Krone Ungarns abhängige Kroatien in seinen Verhältnissen und Berührungen mit dem Mutterland sich dessen amtlicher Sprache bediene, ebenso berechtigt auch die Forderung der Kroaten war, in ihrer innern Verwaltung anstatt der lateinischen Sprache ihre eigene zu gebrauchen. Viele bemühten sich, den Gesetzvorschlag mit Gründen, welche sie aus der in Kroatien herrschenden Parteizersplitterung, und insbesondere aus dem wegen der neumodischen sogenannten illyrischen und der alten kroatischen Sprache entstandenen Kampf und der innern Zwietracht herbeiholten, zu rechtfertigen; wie schwach jedoch dieser Beweggrund und wie unbillig die ihm zu Liebe getroffene Verfügung hinsichtlich der innern Verwaltungssprache Kroatiens war, wies im Hause der Magnaten Ludwig Batthyányi selbst nach.

„Es verträgt sich weder mit der Gerechtigkeit noch mit einer gesunden Politik", sagte er, „dass wir, die wir die Hoffnung aufgegeben haben, den verbundenen Landestheilen die ungarische Sprache aufnöthigen zu können, sie nun zum Gebrauch einer todten Sprache zwingen wollen. Dies ist eine Tyrannei, von welcher es in der Geschichte kein Beispiel gibt; ein so verkehrtes und feiges Mittel würde den Tadel, das Gelächter der ganzen Welt hervorrufen. Hier walten zwei Rücksichten ob: die Forderung der Gerechtigkeit und die Politik. Die erstere habe ich schon erwähnt, und manche wollen bei dieser Frage nur auf die Politik Gewicht legen von dem Gesichtspunkt des «salus reipublicae suprema lex esto» ausgehend. Wenn wir nicht im Besitz der bestehenden Gesetze wären; wenn die ungarische Sprache noch nicht zur Würde einer diplomatischen erhoben wäre, würde ich dieser Ansicht huldigen, und anerkennen, dass es eine Politik gibt, welche auf Kosten der Gerechtigkeit räthlich erscheint; allein bei

einem solchen Stand der Sache vermag ich hier keine Politik aufzufinden. Hinsichtlich unserer Nationalität ist der Same schon ausge-
säet, über das Aufblühen derselben dürfen wir nicht mehr besorgt
sein. Was wir uns nun zur Aufgabe stellen müssen ist: unsern
Constitutionalismus zur Wahrheit zu machen. Wir müssen für die
Sicherstellung und Entwickelung desselben eifrig wirken; hierdurch
legen wir den Grundstein zu unserer nationalen Grösse. Unsere nationale Grösse indessen wird nicht befördert, wenn wir, in einer gewissen Zukunft, die Grenzen Ungarns nur bis dahin ausdehnen wollten, bis wohin unsere Sprache eingebürgert werden kann. Es kann
noch die Zeit kommen, dass Ungarn seine alten Grenzen wieder-
gewinnt; und dieser Hoffnung müssten wir entsagen, wenn wir die
Grösse der Nation an die ungarische Sprache binden wollten. Nicht
die Verwandtschaft der Sprache bestimmt die geographischen Grenzen.
In England und Frankreich ist es in die Augen fallend, dass ein
Theil der Nation, der dieselbe Sprache besass, sich losriss, und ein
anderer sich anschloss, der einem ganz andern Stamm entsprang, was
den Beweis liefert, dass politische Verwandtschaften auf die Grösse der
Nation mehr einwirken als die Affinität der Sprache. Wir müssen
daher darauf bedacht sein, eine solche Grundlage zu suchen, welche
die Nachbarnationen gleich einem Magnet an uns anzieht; wir müssen
uns solche Institutionen erkämpfen, welche ihre Bewunderung, ihren
Neid hervorrufen. Wir müssen daher, um die in den verbundenen
Landestheilen bestehende Entfremdung aufzuheben, beweisen, dass wir
den Starken gegenüber nicht feig, den Schwachen gegenüber aber
nicht tyrannisch sind; dass wir zwar unsere Verfassung zu vertheidigen, aber auch die andern Nationalitäten zu achten wissen. In dieser
Beziehung gibt es für uns keine Gefahr, denn man verlangt nichts
anderes als dass, indem die ungarische Sprache als diplomatische beibehalten wird, hinsichtlich der innern Angelegenheiten Kroatiens anstatt
der lateinischen Sprache die Anwendung der kroatischen ausgesprochen werde. Dies hebt alle gegen uns erhobenen Anklagen auf,
und Redner gibt gern seine Volksthümlichkeit zum Opfer hin, wenn
er dies erreichen kann."

Bezüglich wessen Ludwig Batthyányi der von Nationalitätseifersucht geleiteten öffentlichen Meinung entgegen seine Ansichten mit so
männlicher Meinungsunabhängigkeit offenbarte, und was die Majorität
der Stände jetzt, unter den gewöhnlichen Umständen, nicht annehmen
wollte, dies gab die Nation nach einem Monat, als sie ihre eigene
Nationalität und Verfassungsmässigkeit vollständig gesichert und die
Nation als Herrn ihrer selbst erblickte, den Kroaten ohne alle
Schwierigkeit, jedoch schon zu spät.

Die Opposition befolgte, um ihr Ziel, den Sturz des Hofkanzlers
Apponyi und seines Regierungssystems, leichter und sicherer erreichen

1847. zu können, nachdem die Antwortsadresse zurückgelegt war, eine solche parlamentarische Taktik, dass sie während der Verhandlung über die Reformfragen nacheinander auch jene Beschwerden aufs Tapet brachte, welche in der zurückgelegten Antwortsadresse erwähnt waren. Die Erörterungen dieser Beschwerden waren ebenso viele Sturmangriffe gegen die Regierung und deren verfassungswidriges System. Sobald eine aufs Tapet gebrachte Beschwerde erschöpft oder die eingehendere Verhandlung derselben bis zur Berichterstattung der betreffenden Commission verschoben wurde, ward sofort eine andere aufgenommen, damit auf solche Weise stets ein solcher Gegenstand auf der Tagesordnung sei, von welchem aus man die Regierung angreifen, in ihr System eine Bresche schiessen könne. Die Opposition befolgte die Kampfweise jener Anführer, die, weil sie nicht im Stand sind, ihren Gegner mit einem grossen Schlag zu vernichten, ihn durch fortwährende Beunruhigung und unablässig wiederholte Angriffe zu besiegen bestrebt sind. Nachdem die kroatische Beschwerde bis zur Berichterstattung der Commission verschoben worden war, und der mit den kroatischen Abgeordneten über die Sprache und die Benennung Kroatiens geführte Streit beendigt wurde, wärmte Kossuth sofort die Frage der ungarischen Landestheile, der sogenannten „Partium", auf.

Die Frage der Partium. Bekanntlich bestand diese Beschwerde daraus, dass die Regierung es bisher absichtlich unterlassen hatte, die Comitate Kövár, Mittel-Szolnok, Kraszna und Zaránd im Sinn des 21. Gesetzartikels von 1836 Ungarn wieder einzuverleiben und infolge dessen die Vertreter dieser Landestheile zur Gesetzgebung einzuberufen; als aber das Oberste Gericht gegen die Behörden dieser Landestheile wegen der unterlassenen Deputirtenabsendung der Anordnung des gesetzgebenden Körpers gemäss das Urtheil fällte, die Vollziehung desselben verhinderte. Die Frage war eine derartige, dass in derselben ein geschickter Redner sehr grosse Kraft entwickeln und die Regierung sehr schwer treffen konnte. Einestheils konnte die Erörterung jener Beweggründe, dass die Nation der Regierung gegenüber um so stärker sein werde, in je weniger Theile sie gespalten ist, und je mehr alle ihre Elemente im Mittelpunkte des Vaterlandes zusammenfliessen, mit Einem Worte, die Idee der nationalen Einheit, da sie schon an sich populär war, mit Bestimmtheit auf den Beifall des Publikums zählen. Andererseits konnte man die gegen die Interessen der Nation wirkende Richtung des wiener Regierungssystems nirgends auf eine handgreiflichere Art aufdecken wie in diesem Gegenstand; denn man konnte nicht in Abrede stellen, dass die Regierung durch das Versäumniss der Durchführung des erwähnten 21. Gesetzartikels von 1836 ein strafbares, frevelhaftes Spiel mit dem klaren Gesetz trieb; nicht nur dass sie die Durchführung durch allerlei leere Vorwände verzögerte, sondern

auch die öffentliche Meinung sowol in Siebenbürgen als insbesondere 1847.
in den wiedereinzuverleibenden Landestheilen durch wahrhaft anstössige Kabalen gegen die Wiedereinverleibung derselben aufzureizen
sich bestrebte; und sodann die auf diese Weise von ihr selbst hervorgerufenen Kundgebungen als Unterstützungsgründe dafür aufwies,
dass dieses Gesetz nicht durchzuführen sei. Kossuth kam in seiner
zweistündigen Rede, welche er über diese Beschwerde hielt, der allgemeinen Erwartung nicht nur vollkommen nach, sondern schien sich
selbst zu übertreffen. Unter den Reden des grossen Redners gibt es
mehrere, welche, besonders in der spätern Periode der Revolution,
die Leidenschaften in heftiger Weise aufpeitschten, die Gemüther bis
zum Wahnsinn steigerten; aber es gibt keine einzige, welche durch
vollständige Erschöpfung des Gegenstandes, die gründliche, überzeugende Nachweisung der Beschwerde, die Begeisterung der heiligen
Gefühle des Patriotismus, und die Kraft und Schönheit des Vortrags
so tief eingewirkt und den Beifall aller so ungetheilt gewonnen hätte
wie diese meisterhafte Rede. Am Schluss derselben stellte er den
Antrag, dass zur unverzüglichen Aufhebung dieser jahrhundertealten,
anstössigen Beschwerde die Intervention des Erzherzog-Palatins er-
beten werden solle: „Ich wünschte", sagte er, „den Sturm zu be-
schwören, ich wünschte über die Freude der Erfüllung des Gesetzes
den Schmerz der Vergangenheit zu vergessen; ich werfe daher den
letzten Hoffnungsanker der Heilung an dem Tau der Mässigung aus,
jedoch mit der Entschiedenheit, dass, wenn auch diese Hoffnung
trügen sollte, ich, es möge kommen, was da kommen wolle, zur Vornahme der strengsten gesetzlichen Mittel bereit bin, ehe wir es mit
feiger Klage dulden, dass das ungarische Gesetz, die Würde der
Gesetzgebung, die gesetzliche Wirksamkeit der richterlichen Gewalt zertreten bleibe.

Die Rede machte einen so allgemeinen, so tiefen Eindruck, dass
den Händen der Regierungspartei, wenn diese auch vielleicht Lust
zum Kampf gehabt hätte, alle Waffen der Vertheidigung entfielen.
Babarczy, einer der führenden Redner der Regierungspartei, nahm
den Antrag ohne jeden Einwurf an. Der Vorsitzende sprach den
Beschluss mit folgenden Worten aus: „Es gibt Freudenfeste im Leben
einzelner Familien wie in dem der Nationen; ein solches Fest ist für
die Tafel der heutige Tag, an welchem sie bewies, dass, wenn grosse
Nationalziele obschweben, die Parteien zu verstummen wissen oder
selbstthätig mitwirken an der Verwirklichung derselben." Und indem die Redner der Regierungspartei es nicht einmal zu versuchen
wagten, die Regierung gegen die ihr gegenüber mit so vieler Energie,
so unverhüllt ausgesprochenen schweren Anklagen zu vertheidigen,
rechtfertigten sie von selbst jene von Kossuth am Anfang seiner Rede
gemachte Behauptung, „dass man den Schlüssel zu diesen und ähn-

lichen abnormen Zuständen unmöglich in etwas anderm finden könne, als leider darin, dass, in letzter Analyse, weder über die ungarischen Angelegenheiten die ungarische, noch über die siebenbürgischen die siebenbürgische Regierung verfüge; sondern es verfügt über beide·die fremde deutsche Bureaukratie. Und dies ist der anstössigste Schlüssel dieser anstössigen Sache." Die Strahlen der im herannahenden März endlich aufgegangenen Sonne der nationalen Freiheit liessen auch diese Beschwerde, mit so vielen andern, vom Himmel der Nation verschwinden, die Beschwerde der Partes hörte in der Vereinigung Siebenbürgens mit dem Mutterland auf.

Die Beschwerde wegen des Administratorensystems.

Unter diesen Parteikämpfen war jedoch die Administratorenfrage die wichtigste, der eigentliche Gegenstand des Kampfes, das Hauptziel der Parteibestrebungen; denn von der Entscheidung derselben hing es ab, ob Apponyi mit seinem System am Ruder verbleiben oder mit demselben fallen werde. Vom Anfang des Reichstags bis zu den Märztagen war dieser Gegenstand die Haupttriebfeder der reichstäglichen Ereignisse. Unter der Einwirkung der aus dem Administratorensystem entstandenen Beschwerde bestimmte die Opposition in ihrem Adressvorschlag die vollständige gesetzliche Unabhängigkeit der Reichsverwaltung als das einzige Präservativ gegen die Gesetzverletzungen der Regierung. Die Stellung, welche die Deputirten dieser Angelegenheit gegenüber einnahmen, bestimmte die Parteifärbung derselben; sie war es, die zwischen den Parteien die Scheidewand zog, und von der Opposition als Probirstein der Standhaftigkeit ihrer Mitglieder betrachtet wurde. „In hoc signo vinces", sagte Szemere während der in gereizter Stimmung geführten Debatten. Die Regierungspartei hinwieder zeigte sich sehr nachgiebig gegen ihre schwankendern Mitglieder, in welch immer anderer Angelegenheit sie sich der Opposition auch anschliessen mochten, vorausgesetzt und bedingt, dass sie in der Administratorenfrage ihr hülfreiche Hand bieten würden zur Rettung der Regierungspolitik.

Bei Eröffnung des Reichstags hatten unter den achtundvierzig Comitaten etwa dreissig ihren Deputirten die directe Instruction gegeben, das Administratorensystem als Beschwerde zu betrachten und die Aufhebung zu betreiben. Und obgleich die Regierung während der Adressdebatten in den Comitatsversammlungen durch die Administratoren jedes Mittel in Bewegung setzte, um den Deputirten in diesem Gegenstand günstigere Nachtragsinstructionen zu schicken, so bewies das Resultat dennoch, dass die Adressdebatten, welche die schwere Bedeutung und die gefährlichen Folgen dieses Regierungssystems so scharf nachwiesen, eine sehr grosse Wirkung im Lande gemacht hatten, und dass die Nachtragsinstructionen, welche unter dem Einfluss dieser Debatten angefertigt wurden, der Opposition günstiger waren als der Regierung.

Dazu kam noch, dass das Unterhaus, nachdem die Antworts- 1848. adresse zurückgelegt worden war, eine Commission ernannte, welche die im Administratorensystem verborgenen Beschwerden ausführlich vorlegen sollte. Präsident dieser Commission war der Deputirte Sigmund Bernáth, ihre Seele aber Kossuth, und die Arbeit derselben, welche grösstentheils aus des letztern Feder floss, war ein Muster des ungarischen Staatsrechts. In derselben fand man alle Principien der constitutionellen innern Verwaltung des Reichs entwickelt, und denselben alle das Municipalleben und mit demselben auch die constitutionelle Selbstregierung des Reichs mit dem Tod bedrohenden Ungesetzlichkeiten des Administratorensystems scharf gegenübergestellt; mit Einem Wort, die Arbeit war sehr ausgezeichnet und grossartig, und konnte mit Recht in der Regierungspartei Besorgnisse erregen.

Die Regierungspartei, obgleich sie sich vor der Welt hinsichtlich ihres Sieges in dieser Angelegenheit voller Hoffnung zeigte, konnte sich keinen Illusionen mehr hingeben. Die Instructionen der Mehrzahl der Abgeordneten verdammten das Administratorensystem; die geheimen Verlockungen der Regierung unter den Deputirten boten nicht den Erfolg, dass in den über die Frage entstehenden offenen Debatten sich die Majorität ihr zuneigen werde; vielmehr war mit Bestimmtheit vorauszusehen, dass die Wirkung des Commissionsberichts eine entscheidende sei, und dass, sobald derselbe veröffentlicht würde, die Schlacht für die Regierung verloren gehen werde.

Jedoch verlor die Regierungspartei selbst unter diesen Umständen nicht ihren Muth und entsagte nicht jeder Hoffnung. Da der Sache keine directen, offenen Mittel, ja, der Instructionen wegen, nicht einmal geheimer Seelenkauf mehr helfen konnte, nahm sie ihre Zuflucht zur Intrigue. Sie sah sehr wohl ein, dass, wenn der Commissionsbericht zur Oeffentlichkeit gelangt und die Debatte begonnen werde, ihre Angelegenheit unrettbar verloren sei; dies wollte, dies musste sie daher um jeden Preis verhindern. Die Führer der Regierungspartei machten im Laufe des Monats Januar im geheimen vor einigen hervorragendern Mitgliedern der Opposition vertrauliche Eröffnungen, in welchen sie von seiten der Regierung bedeutende Zugeständnisse versprachen, wenn es durch ihre mitwirkende Hülfe gelingen würde, die Administratorenfrage in einer solchen Weise zu schlichten, dass die Regierung vom directen Eingeständniss ihres Fehlers, und der Nothwendigkeit der Absetzung der Administratoren, sowie auch von jedem solchen Skandal befreit bleibe, wie ihn die Führer der Opposition und insbesondere Kossuth ihr zu bereiten beabsichtigen, und infolge dessen Apponyi seine Stellung als Hofkanzler nicht mehr behaupten könnte.

Die Unterhandlung, welche von seiten der Regierung der Abgeordnete Anton Babarczy und der Geheimrath Johann Lónyay führten, war sehr heikler Natur; denn sie war eigentlich gegen

1846. Kossuth und seine Partei gerichtet, von dem und von welcher es bekannt war, dass sie in dieser Frage keine Unterhandlung eingehen würden. Von seiten der Opposition waren es Szentkirályi, der Mitdeputirte Kossuth's, Pázmándy, Gabriel und Melchior Lónyay, die an dieser geheimen Unterhandlung theilnahmen. Die Führer der Regierungspartei verlangten von diesen Oppositionsmitgliedern, dass sie einem in der Administratorenangelegenheit auszuwirkenden königlichen Rescript, in welchem das Comitatssystem gegen jede fernere gesetzwidrige Regierungsmassregel sichergestellt und das Versprechen gegeben würde, dass die Regierung keine Administratoren mehr ernennen werde, die Majorität verschaffen möchten; und damit sollte sodann über diese Frage jede fernere Debatte aufhören. Als Erwiderung aber versprachen sie ihnen, dass um den besagten Preis auch die Regierung bereit sei, der Opposition in den Reformfragen Zugeständnisse zu machen; und dass sie namentlich geneigt sei, in der eben auf dem Tapet befindlichen Frage der Regelung der Städte die directen Wahlen, die Verminderung des Wahlcensus und die Erweiterung des Wirkungskreises der städtischen Generalversammlungen anzunehmen.

Dass indessen die geheimen Unterhandlungen die Führer der Regierungspartei eine Zeit lang mit der Hoffnung auf einen Erfolg vertrösteten, ist nicht diesen Zugeständnissen allein zuzuschreiben. Ohne Zweifel hatte daran auch jene Neigung ihren Antheil, welche die genannten Oppositionsmitglieder hinsichtlich der Plane der Regierung offenbarten. Die Regelung der Städte war eine der wichtigsten Reformfragen; insbesondere war Szentkirályi, der bei der Anfertigung des Städteregelungs-Codex während des verflossenen Reichstags mit so vielem Eifer, mit so grosser Vorliebe thätig war, bestrebt, dieselbe als seinen bekannten Lieblingsgegenstand zu befördern; und ihn bewog wahrscheinlich grösstentheils der Wunsch, diese Reform durchgeführt zu sehen, dazu, das Anerbieten der Regierung anzunehmen.

Ausserdem aber mischten sich auch noch andere aus persönlichen Verhältnissen entstandene wirksame Thatsachen ins Spiel. Kossuth besass den Angehörigen seiner Partei gegenüber keineswegs jenen feinen Takt, jene jedermann verbindende, schonende Nachgiebigkeit und Bescheidenheit, welche auf den vergangenen Reichstagen die Führerschaft Franz Deák's so beliebt und erwünscht gemacht hatte. Wiewol in den vorbereitenden Berathungen die Meinung Deák's stets überwiegend war, begnügte sich derselbe mit dieser Art von Führung, er war mit der Einheit zufrieden, welche er in seiner Partei durch seine weisen Rathschläge zu Stande brachte; obgleich selbst ein mächtiger Redner, war er dennoch auf die oratorischen Kränze anderer nicht eifersüchtig; ja er gab es gern und oft zu, dass dasjenige, was

er in den Commissionsberathungen beantragt, entwickelt und festgestellt hatte, der eine oder der andere seiner nach rednerischem Ruhm
geizenden Gefährten in der öffentlichen Sitzung vorlege. Da er selbst
weder eitel noch herrschsüchtig war, verletzte er niemals Eitelkeit
oder zartere Empfindlichkeit; er begnügte sich damit, dass die Sache
im Sinn und nach der Absicht der Opposition siege, wer immer sodann unmittelbar die Kränze der Tribüne einernten möge. Sein Ruhm
war deshalb nicht um das geringste ;kleiner, dagegen wuchs seine
Beliebtheit, sein Ansehen vor seinen Genossen fortwährend, die vor
dem genialen und dennoch bescheidenen, nicht übermüthigen, nicht
schonungslosen und herrschsüchtigen Führer von selbst das Haupt
beugten.

Kossuth war in dieser Beziehung gerade das Gegentheil Deák's.
Wiewol er auf dem Reichstag, in der Eigenschaft als Gesetzgeber,
nur erst das erste mal unter so vielen ältern Genossen erschien, die
schon auf mehrern Reichstagen mit grossem Ruhm thätig gewesen
waren, so bemächtigte er sich doch von allem Anfang an mit jener
übermüthigen Superiorität, welche er sich früher bei der Leitung
seines Blattes angewöhnt hatte, der Führerschaft seiner Partei. Es
gab zwar kaum jemand unter seinen Genossen, der ihm die Rolle des
Führers hätte streitig machen wollen; allein obwol sie ihn auch mit
stillschweigender Uebereinstimmung als Führer anerkannten, so nahmen
sie doch mit Recht bei ihm eine der Deák's ähnliche Bescheidenheit
und Schonung in Anspruch. Er besass jedoch eine viel grössere
Neigung zum Herrschen, eine unersättlichere Ruhmsucht, einen un-
löschbarern Durst nach Volksthümlichkeit, eine brennendere, bei so
vielen Vorzügen grundlose Eifersucht, und deshalb viel weniger
Schonung andern gegenüber, als dass er nicht mehrere jener, die, obgleich sie selbst zu den Ausgezeichnetsten gehörten, der Begeisterung
seines Genies sonst von selbst gefolgt wären und seiner aussergewöhnlichen Beredsamkeit gern Beifall gezollt haben würden, erbittert und
gegen sich aufgebracht hätte. Seine Unbescheidenheit und seine Ober-
hoheitsansprüche, welche er selbst seinen intimsten Freunden mehr als
einmal fühlen liess, und in deren Folge er allein, stets und vor allen
zu glänzen wünschte, die Stärkern zu verdunkeln suchte, den
Schwächern oft die Gelegenheit zur Auszeichnung entriss, machte seine
Herrschsucht stets verhasster und unerträglicher. Das Selbstbewusstsein der Stärkern, die Eitelkeit der Schwächern fühlten sich gleichmässig verletzt oder in den Hintergrund gedrängt durch die die
Popularität der Freisinnigkeit, den Ruhm des Patriotismus, den Kranz
der Rednerbühne, alle Verdienste der Oppositionspartei zu monopoli-
siren wünschende stolze Persönlichkeit, deren Bedeutung und ausgezeichnete Eigenschaften übrigens niemand, selbst sein heftigster Feind
nicht, in Abrede stellen konnte.

1848. Unter diesen Verhältnissen erstanden Kossuth im Schos seiner
eigenen Partei zahlreiche Neider und geheime Feinde, unter welchen
mehrere bereit waren, ihm selbst zum Nachtheil der Parteisache zu
schaden, ihn in der öffentlichen Meinung zu stürzen, und sein immer
unerträglicher gewordenes Dictatorenthum von sich abzuschütteln. Nun
aber galt es, die Beschwerde wegen der Administratoren — welche
Kossuth, wie dies aus dem Commissionsoperat hervorging, vor allem
andern zumeist mit seiner eigenen Person verbunden hatte, und
welche er zumeist auf eine solche Art durchzuführen wünschte, dass
Apponyi mit seinem System das Opfer derselben werde — nach dem
neuen Plan der Regierung friedlich auszugleichen soviel als Kossuth
in seiner Stellung als Führer zu stürzen.

Nachdem die Führer der Regierungspartei mit den obenerwähnten Mitgliedern der Opposition und durch diese auch mit mehrern
andern über die gegenseitigen Zugeständnisse und Bedingungen schon
übereingekommen waren, wurde in das Geheimniss auch der Palatin
eingeweiht. Ihm wurde der Plan in dem Licht dargestellt, als ob
derselbe der Uebereinkunft der Unterhandelnden gemäss geeignet
wäre, nicht nur in der Regierungspartei, sondern auch im grössern
Theil der Opposition Befriedigung hervorzurufen und dem herannahenden Gewitter seine Blitze zu benehmen; auf welche Art es nicht
schwer wurde, dessen gewichtige Mitwirkung zu gewinnen.

Die Unterhandlung und der aus derselben entstandene Plan
wurde nicht nur vor Kossuth, sondern auch vor Batthyányi sehr geheim gehalten; denn obwol das Einverständniss zwischen den zwei
Staatsmännern nicht mehr ein so vollständiges war wie vor dem
Reichstag, so stimmten sie doch in diesem Gegenstand noch vollkommen überein, und Batthyányi wünschte den Sturz Apponyi's und
seines Systems nicht weniger wie Kossuth selbst. Auch Szemere
war in die geheime Unterhandlung nicht eingeweiht, oder wenn er
auch vielleicht Kunde davon hatte, trat er dem Bündniss nicht bei;
was später, als der Schleier des Geheimnisses aufgehoben wurde, sein
Ansehen vor der Opposition und dem Publikum in nicht geringem
Mass hob, und ohne Zweifel eine der Ursachen war, dass er während
der Märzereignisse bei der Besetzung der Ministerposten den Vorzug
vor Szentkirályi und Pázmándy erhielt.

Die geheime Uebereinkunft gelangte in den letzten Tagen des
Januar zur Kenntniss Batthyányi's und Kossuth's durch Karl Szentiványi, den die Führer der Regierungspartei auch, jedoch vergebens,
in ihre Netze zu ziehen suchten. Den Palatin konnte man von dieser
Intrigue nicht unterrichten, weil er — der den erhaltenen Mittheilungen
nach in der Meinung war, dass das der Uebereinkunft gemäss zu er-
lassende königliche Rescript der wegen der Administratorenbeschwerde

zwischen der Nation und der Regierung entstandenen Spannung vollständig ein Ziel setzen und jedem Anstoss vorbeugen werde — ebendieses Rescripts wegen in Wien weilte. Wie gross war demnach seine Bestürzung, als er, mit dem Rescript zurückkehrend, sah, dass dasselbe von beiden Parteien, insbesondere aber von der Opposition mit lebhafter Abneigung empfangen ward.

Das Rescript, welches sodann einen bisher beispiellosen Sturm im Unterhaus hervorrief, lautete folgendermassen: „Ew. k. k. Hoheit u. s. w. Liebe Getreue! Das aufrichtig gewünschte und liebend gehegte Wohl und Aufblühen unsers geliebten Ungarn bildet einen viel zu wesentlichen Theil unserer fortwährenden königlichen Sorge, als dass unter alledem, was hierauf in welcher Richtung immer Einfluss üben kann, jene Besorgnisse und verschiedenen Ideen unserer Aufmerksamkeit hätten entgehen können, welche unsere im Gebiete der Comitatsverwaltung seit dem vorigen Reichstag getroffenen Einrichtungen, namentlich die von den obschwebenden ausnahmsweisen Umständen geforderten Ernennungen zahlreicherer Obergespans-Stellvertreter, in mehrern Municipien mit einer nicht genug zu bedauernden Aufregung der Gemüther, ja an manchen Orten selbst zum nicht geringen Nachtheil der öffentlichen Verwaltung und mit vollkommener Verkennung unserer väterlichen Absichten entstanden sind.

„Und diese haben unser väterliches Herz um so schmerzlicher berührt, je zahlreichere Beispiele wir vom ersten Augenblick unserer Regierung an gaben, dass wir die unbefleckte Bewahrung der avitischen Verfassung und der die festen Stützen derselben bildenden Comitatseinrichtung, sowie auch die unverletzte Aufrechthaltung der vaterländischen Gesetze, und unter diesen den 10. Cardinalgesetzartikel von 1790 für unser unverletzliches königliches Amt halten, und je stärker und tiefer unsere Ueberzeugung ist, dass, nachdem durch die erwähnten Verfügungen wir allein die hinsichtlich der öffentlichen Verwaltung und gesunden Entwickelung nothwendig gewordene heilsame Verwirklichung einer wirksamen Comitats- und Reichsregierung im Ziel hatten, die gesetzliche Sphäre der vollziehenden Gewalt nicht im geringsten überschritten wurde.

„Unsern gerechten Schmerz vermehrt noch die Erfahrung, dass die auf die erwähnte Weise erwachte Eifersucht und jene irrthümliche Meinung, als ob eine mit dem 56. Gesetzartikel von 1723 im Widerspruch stehende Abänderung des durch die vaterländischen Gesetze sanctionirten Comitats- und Regierungssystems beabsichtigt würde, verbunden mit dem Abnehmen der Ruhe der Gemüther und des Vertrauens in mehrern Municipien nicht nur noch fortwährend besteht, sondern auch schon auf den Verlauf des gegenwärtigen Reichstags eine so schädliche Einwirkung auszuüben scheint, in deren Folge die von uns am lebhaftesten gewünschte erfolgreiche Lösung

1848. der in das Gebiet derselben gehörenden ernsten Aufgaben bedeutend erschwert werden könnte.

„Nachdem es daher infolge unserer väterlichen Gesinnungen unser höchster Wunsch ist, dass zwischen unserm königlichen Thron und unserm treuen Ungarn niemals irgendwelche Art von Besorgniss Wurzel fassen könne, vielmehr in ihrem ersten Keime erstickt werde, aus diesem Grund wollten wir Ew. Liebden und euch, liebe Getreue, im Gefühl der Gesetzmässigkeit aller unserer Schritte und der Geradheit unserer allein auf das Wohl des Vaterlandes gerichteten Bestrebungen, einzig um die wiewol ohne Grund entstandenen, jedoch thatsächlich bestehenden Besorgnisse unserer treuen Unterthanen vollständig zu verscheuchen und die Gemüther schnellstens zu beruhigen, aus eigenem Antrieb versichern, dass durch die zwar einer jahrhundertealten Gepflogenheit nach, jedoch den Anforderungen der Umstände gemäss in grösserer Anzahl erfolgte Ernennung des Obergespans-Stellvertreter weder die gesetzliche Stellung der Comitate, noch der Wirkungskreis des Obergespansamtes beeinträchtigt, noch irgendein neues mit dem Geist des 56. Gesetzartikels von 1723 und des 10. Gesetzartikels von 1790 im Widerspruch stehendes System aufgestellt oder die hinsichtlich dieser Verhältnisse in dem Rescript vom 28. Mai 1827 Zahl 6888 entwickelten Normen beseitigt werden sollten; sondern es wurde hauptsächlich beabsichtigt, dass unter den wechselnden Erscheinungen des vom vorgeschrittenen Zeitalter hervorgerufenen rührigern öffentlichen Lebens, vorzüglich wegen der gesetzlichen Wirksamkeit der den eigenthümlichen Municipalverhältnissen gegenüber von selbst schwieriger gewordenen Reichsregierung, die das Haupterforderniss derselben bildende Verwaltung und Rechtspflege der Comitate, unter der vom 26. Gesetzartikel von 1723 angeordneten fortwährenden Aufsicht der Regierungsleiter, zu einer schnellern, präcisern und wirkungsreichern gemacht werde; — zugleich aber, damit, bei dem Aufhören der aus den persönlichen und amtlichen Verhältnissen mehrerer Obergespane entstandenen Hindernisse, die Leiter der Comitate, um ihre mit ihrer Würde verbundenen Pflichten vollkommen erfüllen zu können, in jenen Zustand versetzt würden, welcher der heilsamen Anordnung des bezogenen Gesetzartikels in vollem Sinn entspricht.

„Nachdem sich also Ew. Liebden und ihr, liebe Getreue, hieraus überzeugten, dass wir in der Regierung unsers geliebten Ungarn und in der stufenweisen Entwickelung des öffentlichen Lebens nichts so sehr wünschen als Verfassungsmässigkeit; und indem wir infolge unserer dem Uebergehen der Gesetzgebung ohnehin fern stehenden väterlichen Absicht, am Inhalt des königlichen Rescripts vom 28. Mai 1827 Zahl 6888 auch fernerhin festhalten, es unser entschiedener Wille ist, die Ernennung von Obergespans-Stellvertretern nur in Ausnahme-

fällen anzuwenden; die Comitatsorganisation aber und die Würde des 1848.
Obergespansamtes auch fernerhin in voller Unversehrtheit zu bewahren, und die letztere, sobald die erwähnten Hindernisse verschwinden, überall in ihren gesetzlichen Wirkungskreis einzusetzen:
so erwarten wir zuversichtlich, dass ihr nach dieser unserer königlichen Erklärung unsere einzig das wirkliche Wohl unsers geliebten
Ungarn bewirkenden und vom gesetzlichen Pfade niemals abweichenden Verfügungen mit kindlichem Vertrauen begleiten und, von der
in mehrern entstandenen Eifersucht befreit, eure patriotischen Bestrebungen, die Verordnung des 13. Gesetzartikels von 1790 vor
Augen haltend, ohne Befangenheit jenen ernsten gesetzgeberischen
Aufgaben zuwenden werdet, in deren glücklicher Lösung das Reich
die Grundlage seines künftigen Wohls, unser väterliches Herz aber
die Erfüllung seines lebhaften Wunsches finden würde. Denen wir
übrigens u. s. w.

Ferdinand m. pr. Graf Georg Apponyi m. pr. Eduard Zsedényi m. pr."

Mit dem königlichen Rescript war weder die conservative noch
die Oppositionspartei zufrieden: die conservative nicht, weil sie in
demselben ein übermässig grosses Zugeständniss an die öffentliche
Meinung erblickte; die Oppositionspartei nicht, weil sie in demselben nur leere Versprechungen sah, welche man nie zu erfüllen beabsichtige.

Da die Opposition nach den beschriebenen Vorgängen ihre Reihen
in dieser Frage gelichtet erblickte, berieth sie sich vor der öffentlichen Sitzung drei Tage hindurch über die vorzunehmenden Schritte.
Mehrere jener, die an der geheimen Unterhandlung theilgenommen
hatten — namentlich Szentkirályi, Pazmándy und Gabriel Lónyay, die
ihre Erwartungen, welche sie hinsichtlich der durch das Rescript zu
bewirkenden Befriedigung hegten, vereitelt sahen, ja vielmehr die
Wahrnehmung machten, dass die übrigen Mitglieder der Opposition,
durch die Intrigue der Regierungspartei gereizt, gegen die Administratoren einen noch heftigern Kampf wünschten wie früher —, überzeugten sich, dass, wenn sie der geheimen Uebereinkunft treu blieben,
sie in dieser Hauptfrage ihre eigene Partei verrathen und, ohne dem
Ansehen Kossuth's zu schaden, aus den Reihen der Opposition austreten müssten; sie traten daher von jener Uebereinkunft zurück.
Melchior Lónyay allein blieb sodann auf dem Platz zurück, welchen
sie früher gemeinsam eingenommen hatten.

Wiewol jedoch die Opposition auf diese Weise ihre compactere
Stellung einigermassen wiedergewann, fand sie dennoch in ihrem Vorgehen eine grosse Mässigung nothwendig. Die Bekehrung jener drei
hervorragenden Mitglieder sicherte ihr noch nicht die Majorität, denn
sie hatte schon in einigen Fällen die Erfahrung gemacht, dass die
Deputirten mancher Comitate einander durch entgegengesetzte Ab-

.... stimmung paralysirten, was man auch jetzt mit Recht befürchten mussje. Ausserdem rieth sowol die Rücksicht auf die Möglichkeit einer glücklichen Lösung der obschwebenden Reformfragen als auch das königliche Rescript selbst, welches freiwillig erlassen wurde und unleugbar eine Annäherung an die öffentliche Meinung der Nation in sich enthielt, zur Mässigung. Ein heftigerer Angriff auf das Rescript konnte demnach mit sehr unangenehmen Folgen verbunden sein. Wenn die Regierung vielleicht auch nicht so weit gehen werde, dass sie den Reichstag auflöst: so hätte sie doch mindestens mit einigem Anschein von Wahrheit die Opposition vor der Welt und dem Reich anklagen können, dass sie mit den Umständen durchaus nicht pactiren wolle und mit störrigem Widerstreben die besten Absichten der Regierung selbst dann zurückweise, wenn diese eine Beschwerde aufzuheben, den Wünschen der Nation zu entsprechen geneigt sei; und dies alles nur darum, weil ihr Wunsch nicht vollständig erfüllt werde.

Diese Ansichten konnten insbesondere in der obschwebenden Frage ein grosses Gewicht erlangen. Denn obschon es unzweifelhaft ist, dass das sogenannte Administratorensystem, consequent durchgeführt, nach einer gewissen Zeit den österreichischen bureaukratischen Absolutismus auf den Ruinen unserer Verfassung zum vollständigen Sieg erheben konnte: so konnte man doch alle aus diesem System stammenden Beschwerden nicht so deutlich und unzweifelhaft mit dem Buchstaben des Gesetzes beweisen, dass, wie z. B. in der Frage der Partium, jeder Widerspruch schweigen müsste. Diese Beschwerde, obgleich sie unter allen die schwerste war, kam eher mit dem Geist als mit dem Buchstaben der Verfassung und der Gesetze in Conflict, so sehr, dass es Mitglieder der Regierungspartei gab, deren patriotische Gefühle man nicht in Abrede stellen konnte, und die, von ihrem Gesichtspunkt ausgehend, in dieser Frage keine Beschwerde erblickten, wiewol sie sonst begriffen, dass sie in der Opposition Besorgnisse errege.

Diese Umstände und Rücksichten bewogen die Opposition, der Regierung, welche den ersten Schritt zur Annäherung gethan hatte, auch einige Zugeständnisse zu machen. Die Regierung war, wie es schien, obgleich nur aus Bemüssigung, aber dennoch schon bereit, das Administratorensystem aufzugeben, nur um dies ohne Aufsehen und das directe Eingestehen ihres Fehlers thun zu können. Demnach fürchtete sie sich vor nichts so sehr als vor dem dieses System betreffenden Operat der Unterhauscommission und der Verhandlung desselben; denn diese Verhandlung, unter der Führung Kossuth's, musste ohne Zweifel zahlreiche anstössige Fehler der Regierung ans Tageslicht bringen. Eben zur Verhinderung dieser Verhandlung war auch jene Intrigue gesponnen worden, deren Resultat das auf der

Tagesordnung stehende königliche Rescript war. Diese dreitägige 1848.
Berathung der Opposition wurde daher mit dem Beschluss beendigt:
dass sie zwar von der Aufnahme des Commissionsoperats und der
Detailverhandlung der Beschwerde Abstand nehme, sich jedoch mit
dem im Rescript gegebenen allgemeinen und einfachen Versprechen
nicht begnügen könne, und die thatsächliche Aufhebung der Beschwerde noch im Verlauf des Reichstags wünsche: dass nämlich in
allen zweiunddreissig Comitaten, in welchen jetzt Administratoren
thätig sind, mit dem alten gesetzlichen Wirkungskreis versehene Obergespane ernannt werden mögen; der Hofkanzler aber dürfe nicht
mehr in directer Verbindung mit den Obergespanen stehen, sondern
müsse fortan, im Sinn der Gesetze, seine Verordnungen durch den
königlichen Statthaltereirath an die Gemeinschaft des Comitats richten.

Der Gegenstand wurde am 5. Febr. in der öffentlichen Circularsitzung aufgenommen. Der zum Erdrücken volle Saal, die in vielen
Anzeichen hervortretende Gereiztheit der Gemüther, die Meinungs-
äusserungen der Zuhörer, die die eintretenden Deputirten, deren politischer Parteifärbung nach, mit lauten Éljenrufen oder Zischen empfin-
gen: waren ebenso viele Zeugnisse der lebhaften Theilnahme, welche
das Publikum für die obschwebende Frage fühlte, und liessen im
voraus die gereizten Debatten ahnen, welche stattfinden sollten.

Nach der Vorlesung des Rescripts stellte Karl Szentiványi von
seiten der Opposition, dem erwähnten Beschluss gemäss, den Antrag
in Bezug auf den Inhalt der Sr. Majestät zu unterbreitenden Antwort,
indem er zugleich erklärte, dass seine Partei das Terrain der speciellen Verhandlung der Beschwerde noch nicht betrete, und dies nur
gezwungen thun werde, wenn ihre Mässigung nicht gewürdigt werden
sollte. In der Adresse wünschte er im Namen seiner Partei der Person des Monarchen gegenüber Dank auszusprechen, dass Se. Majestät
versprochen habe, die Verfassung unverletzt aufrecht zu halten, und die
im Comitatssystem ausserhalb der Gesetzgebung getroffenen Einrichtungen aufzuheben. Allein er wünschte auch ausgesprochen zu wissen,
dass die Besorgnisse der Nation begründet seien und man dieselben
nur durch die noch während dieses Reichstags zu beginnende thatsächliche Aufhebung des neuen Systems verscheuchen könne; dass es
nothwendig sei, Anstalten zu treffen, dass die öffentliche Verwaltung
im Wege des Statthaltereiraths geführt, das Obergespansamt in seine
frühere gesetzliche Stellung zurückversetzt werde, und die Obergespane
die Weisung erhalten mögen, dass sie nicht administriren, sondern
dem Sinn des 56. Gesetzartikels 1723 gemäss über die Administration blos wachen sollen.

Indessen stellte der Deputirte von Bereg, Melchior Lónyay,
welcher auf dem von der geheimen Uebereinkunft bestimmten Terrain
allein von seinen Gefährten verblieben war, sogleich nach Szentiványi

1849. seinen Gegenantrag, in welchem er seine Danksagung dem Monarchen
gegenüber mit dem Beifügen ausgedrückt zu wissen wünschte, dass
dessen zuvorkommendes Rescript die Besorgnisse der Nation behoben habe.

Nachdem die Führer der Regierungspartei den Antrag Lónyay's
angenommen hatten, ergriff noch Kossuth das Wort, indem er die
Tragweite des von der Opposition gestellten Antrags des nähern entwickelte. „Wenn unsere Verfassung dem 10. Gesetzartikel von 1790
gemäss in Wirksamkeit und unversehrt wäre", sagte er, „und der
persönliche Wille des Monarchen sofort auch ins Leben treten könnte:
dann könnten wir auch abwarten', dass das gegebene Wort auch auf
der Stelle verwirklicht würde. . . . Da wir aber sind, wie wir sind;
da selbst im Rescript vom Jahr 1827 nichts anderes enthalten ist,
als dass man nur in ausnahmsweisen und ausserordentlichen Fällen
Administratoren ernennen werde, und wir dennoch sehen, dass es,
dieser königlichen Versicherung entgegen, zweiunddreissig Administratoren gibt: so sehen wir daraus, . . . dass das Vorgehen der Regierung mit dem Willen des Monarchen nicht immer übereinstimmt.
. . . Wir stehen auf dem Boden der Loyalität und des Ausgleichs,
und die Regierung muss jene Mässigung würdigen, dass die Reichsstände, die hinsichtlich des Administratorensystems einzelne bittere
Beschwerden haben, jetzt zum Aufreissen der einzelnen Wunden nicht
greifen, sondern sich mit der Bezeichnung der Nothwendigkeit allge-
meinerer Verfügungen begnügen, welche, wenn sie durchgeführt werden,
wie ich glaube und hoffe, die Besorgniss der Nation vollständig beheben würden . . . Und nur so können wir uns von jener unangenehmen, aber gesetzlichen Pflicht befreit fühlen, die detaillirte Erörterung der diesfälligen Beschwerden, auf Grundlage des Operats der
zu diesem Zweck betrauten Commission, zu betreiben, und einen Antrag zur unverzüglichen Aufnahme derselben zu stellen."

Die Abstimmung wurde sodann unter leidenschaftlicher Aufregung
und bebender Erwartung angefangen. Von den Comitaten hatten mit
dem Abgeordneten von Gömör dreiundzwanzig, für den Antrag Bereg's
vorläufig nur zweiundzwanzig gestimmt. Die Abgeordneten von Weszprém und Bihar hatten einander paralysirt. Als Bihar zur Abgabe
seiner Stimme aufgerufen wurde, stimmte Reviczky, der zweite Deputirte dieses Comitats, für den bereger Antrag; worauf dessen Mit-
deputirter, Papszász, sich erhebend, mit thränenden Augen und im
Ton der Begeisterung ausrief: „dass der hundertjährige Geist Bihar's
Liebe zur Verfassung war, und dass es die Demoralisation gewesen
sei, welche den Tod der Nationen herbeigeführt habe; er möge keinen
Ruf, keinen Rang, keinen Ruhm, kein Amt, er wolle nur Freiheit und
Vaterland haben!" Seiner Abstimmung folgte ein nicht enden wollen-
der Éljensturm; zahlreiche Mitglieder der Opposition stürzten ihm

entgegen, um dem begeisterten Vertheidiger der Freiheit die Hand zu drücken. Des betäubenden Lärms, der grossen Gereiztheit wegen musste man mit der Abstimmung einigemal einhalten. Die Gespanntheit und bald darauf der Sturm erreichten indessen ihren Höhepunkt, als Simon, der Abgeordnete von Oedenburg, sich zur Abstimmung erhob. Auf den gömörer Antrag fielen, nach den einander aufhebenden Stimmen Weszprém's und Bihar's bis zum Aufstehen des ödenburger Abgeordneten 23, auf den bereger 22 Stimmen. Der Sieg schien für die Opposition schon gewiss: denn es war bekannt, dass das ödenburger Comitat seinen Deputirten erst unlängst eine Nachtragsinstruction gegen das Administratorensystem ertheilt habe. Aber wer vermöchte das Staunen, die Gereiztheit der Opposition zu schildern, als sie Simon seine Stimme in solchem Sinn abgeben hörte, dass sein Comitat das Administratorensystem für eine Beschwerde halte, er aber, im Sinn seiner Absender, für den Antrag Bereg's stimme. Dies bedeutete soviel als gegen seine Instruction zu stimmen. Auf diese Weise fielen 23 Stimmen auf jeden Antrag. Jetzt waren nur noch die Deputirten Kroatiens übrig; von ihnen hing die Entscheidung dieser wichtigen Frage ab. Dass sie indessen ihre Stimmen zu Gunsten der Regierungspartei abgeben würden, wusste jedermann im voraus; was zu beweisen ihre Abstimmung sodann auch nicht versäumte.

Der bereger Antrag gelangte daher durch die Stimme Kroatiens zur Majorität und wurde angenommen. Und jetzt trat eine unbeschreibliche Scene des Sturms und der Verwirrung ein. Einige der Deputirten liessen sich miteinander in einen heftigen Wortwechsel ein — infolge dessen am Morgen des andern Tages zwei Duelle stattfanden — und der Präsident bestrebte sich lange Zeit vergebens die Ruhe wiederherzustellen.

Als sich der Lärm ein wenig gelegt hatte, erhob sich Kossuth von seinem Sitz, und bat um Ruhe, weil, wie er sagte, es sich um die Zukunft des Vaterlandes und der Freiheit handle. Und sodann rief er mit verbittertem Ton aus: „Diejenigen, denen es gefallen hat, die Sache so auf die Spitze zu stellen, mögen mit sich rechten; nach dieser Abstimmung kann es auf dem Reichstag keinen Frieden mehr geben"; es sei daher Kampf, nachdem man das Anerbieten der Versöhnung zurückwies — „und es wird auch einen Kampf geben bis zum letzten Augenblick. Jenen Herren, deren Instruction das Administratorensystem als Beschwerde bezeichnet, hat es gefallen, für den Antrag Beregs zu stimmen: sie mögen zusehen; Redner kann sie nicht zur Verantwortung ziehen"; allein er bemerkt, dass es durch diese Abstimmung noch nicht entschieden ist, ob die Stände auch die im Administratorensystem liegenden einzelnen Beschwerden verwerfen wollen oder nicht. Und er beantrage jetzt schon die Aufnahme des Commissionsoperats. „Es ist Thatsache", sagt er unter anderm,

1848. dass dreissig Comitate das Administratorensystem für eine Beschwerde halten; was kann also dieser gegenüber diese Abstimmung bedeuten? Der Abgeordnete von Gömör stellte einen Antrag, welchen er selbst nicht für gut hielt; aber er stellte ihn mit patriotischer Resignation, um des guten Friedens willen, um den Pfad der Annäherung zu versuchen. Dieser Weg gefiel nicht, ja es beliebte vielmehr, Gereiztheit und Besorgnisse hervorzurufen. Die Thatsache selbst spricht, dass der Zweck kein anderer sei, als Se. königliche Hoheit den Palatin, der an diesem neuen System keinen Antheil nahm, gleichfalls hineinzuziehen, um sich auf seine hohe Person stützen zu können; aber Redner wird aus allen Kräften dahin streben, dass die Würde und Popularität des Palatins aufrecht erhalten bleibe . . . Ich erkläre, dass ich die Saiten zwar nicht bis zum Springen anspannen, doch auch nicht nachlassen werde."

Simon, der Abgeordnete von Oedenburg, gestand offen ein, dass er gegen seine Instruction gestimmt habe, weil in jener Generalversammlung, in welcher dieselbe bestimmt wurde, die Oppositon eine künstliche Majorität zusammenbrachte und er überzeugt sei, dass die nächste Generalversammlung seine Abstimmung gutheissen werde. Worauf Szemere, in langer Rede nachweisend; dass das königliche Rescript keine der obschwebenden Besorgnisse aufhebe und die Beschwerde nicht einmal anerkenne — Gelegenheit nahm, aus der Abstimmung Simon's die Unzweckmässigkeit des Instructionssystems hervorzuheben. „Instructionen", sagte er, „kann man geben; aber Ehre und Patriotismus kann mit einem Stück Papier ins Herz nicht gegossen werden."

Die Versammlung ging trotz der Abstimmung ohne Resultat und in der grössten Aufregung auseinander; der Vorsitzende sprach keinen Beschluss aus.

Noch mehrere Tage lang, jedoch gleich resultatlos dauerten die heftigen Debatten, durch welche die Opposition wenigstens in der Fassung der Adresse aus dem Schiffbruch zu retten sich bestrebte, was noch zu retten war. Am 10. Febr. endlich wurde in einer Privatberathung, welche Kossuth mit den Abgeordneten von Gömör, Bereg und Békés bei Szemere abhielt, von letzterm ein Adressentwurf vorgelegt, welcher angenommen wurde, und von der ganzen Opposition unterstützt werden sollte.

Der neue Adressentwurf unterschied sich nur sehr wenig von dem Antrag Szentiványi's, dessen Wesen demselben geschickt eingefügt wurde. Jetzt indessen erhob, obgleich der von seinen Gefährten streng getadelte Abgeordnete von Bereg dem neuen Entwurf zustimmte, die Regierungspartei Einwendungen gegen denselben. Somsich und Barbarczy widersprachen in heftiger Weise der neuen Fassung. In der Gereiztheit der Gemüther tauchte stets neuer Stoff zur Debatte, zum Wortwechsel auf, welche, je länger sie dauerten, den Kampf 1848. um so mehr zu verbittern schienen. Nachdem sehr viele gesprochen hatten, wies Kossuth abermals die constitutionswidrige Richtung des neuen Systems in seiner wirkungsvollen Manier nach. „Und wenn", sagte er, „die Regierungspartei durch ihre hartnäckige Vertheidigung desselben die Opposition zwänge, auch diesen den Reformen vorbehaltenen Reichstag zu einem beschwerdeführenden zu machen: so fallen die Folgen davon auf sie zurück; denn was immer diese Folgen sein mögen — und im gegenwärtigen gärenden Zustand Europas wünsche er nicht zu prophezeien, was diese Folgen sein können, — die Opposition ist, unterstützt von der öffentlichen Meinung der Nation, vollständig entschlossen, nicht zu dulden, dass dies verhasste und gefährliche System Wurzeln fasse." Und in der That erklärten mehrere, dass, wenn diese Beschwerde nicht thatsächlich aufgehoben würde, sie bereit seien, die Kriegssteuer zu verweigern. Die mit grosser Besorgniss begleitete Abstimmung sicherte endlich jetzt mit einer Mehrheit von 13 Stimmen der Opposition den Sieg.

Als dieser Gegenstand am 29. Febr. in der Magnatentafel auf die Tagesordnung kam, hatte in Paris die Revolution schon ihren Sieg gefeiert. Zwar waren in Presburg noch keine bestimmten Nachrichten von dem grossartigen Ereigniss eingetroffen; aber schon das vage Gerücht allein machte grossen Eindruck. Ludwig Batthyányi und Ladislaus Teleky erklärten, wie auch schon mehrere von den der Oppositionspartei angehörenden Abgeordneten, dass sie die Adresse der Stände in Anbetracht der Wichtigkeit der Sache zwar für viel zu nachgiebig hielten, und derselben, wiewol sie von ihr nicht zufrieden gestellt seien, nur deshalb nicht entgegen seien, weil die Stände durch sie den Weg der Aussöhnung zu versuchen wünschten. Die Regierungspartei willigte zwar auch darein; aber die Adresse wie auch alle übrigen wie immer wichtigen Verhandlungen, welche während dieser heftigen Debatten auf dem Reichstag hinsichtlich der Regelung der Städte, der Naturalisation, des Pressgesetzes u. s. w. geführt wurden, überströmten nach wenigen Tagen die hochgehenden Wogen der noch weit wichtigern unerwarteten Ereignisse.

Achtes Buch.

Die revolutionsmässige Beendigung der Reform.

Erstes Kapitel.

Die auf das Gerücht vom pariser Aufstand entstandene neue Richtung der Reform.

Die freisinnige Reformpartei hatte mit immer mehr schwindender Hoffnung auf einen endlichen Sieg schon vier Monate hindurch heftige parlamentarische Kämpfe gegen die Regierung und die mit derselben verbündete conservative Majorität der Magnatentafel geführt. Der Reichstag hatte kaum ein Mitglied mehr, das sich selbst nur mit einem geringen Theil jener Hoffnungen vertröstet hätte, mit deren beinahe sicherer Erwartung jedermann seine gesetzgeberische Laufbahn begonnen hatte. In der Administratorenfrage war das Princip der freien Verfassungsmässigkeit und Selbstregierung verborgen, und von der Art, wie dieselbe gelöst wurde, hing die zukünftige Richtung der Reform ab; es hing davon ab, ob es der Reformpartei gelingen werde, die Umgestaltung in ihrem demokratischen und radicalen Geiste durchzusetzen, oder ob sie bemüssigt sein werde, deren Leitung der Regierung zu überlassen, welche dieselbe sodann zur Vermehrung ihrer eigenen Interessen lenken würde. Die Regierung strengte, von der conservativen Majorität der Magnatentafel unterstützt, alle ihre Kräfte an, wandte jede in ihrer Macht stehende Art, jedes Mittel an, damit diese wichtige Frage auf solche Weise gelöst werde, dass sie die Leitung der nationalen Reformbestrebungen ein für allemal in ihre Hand bekomme. Und nach dem, was sich im Publikum über die Meinungen und Absichten des Hofkanzlers Apponyi verbreitete, konnte man kaum zweifeln, dass die Regierung, sobald sie sich überzeugt, sie könne ihr Ziel im Guten nicht erreichen, nicht säumen werde, den Reichstag aufzulösen. Und in der That begann auch schon das Gerücht laut zu werden, dass in Wien diese Absicht immer mehr heranreife. Die freisinnige Majorität des Unterhauses vereinigte ihre Bestrebungen mit denen der Opposition der Magnatentafel, und war unabänderlich entschlossen, das Princip des freien Constitutionalismus

Der März 1848.

1848. und die bisherige Richtung der Reform zu vertheidigen, und sie war
eher geneigt, den Reichstag ohne Resultat aufgelöst zu sehen, als
das Urtheil ihres Sturzes mit eigener Hand zu unterschreiben. Die
Stimmung der Gemüther wurde von Tag zu Tag eine gespanntere;
und nachdem die Aufhebung des Administratorensystems, welches
nach einem Beschlusse des Gesammtministeriums der Monarchie eingeführt wurde, kaum so vollständig, wie dies die Stände in der betreffenden Adresse forderten, erwartet werden konnte, so schwand
auch immer mehr die Hoffnung, dass die Verhältnisse sich günstiger
gestalten würden.

So standen die Sachen, als die Nachricht von der pariser
Februarrevolution in den ersten Tagen des März nach Presburg und
ins Land gelangte.

Diese Nachricht machte sowol auf die Landesbewohner als insbesondere auf den gesetzgebenden Körper grosse Wirkung. Das erste
Resultat dieser Einwirkung war, dass das allgemeine Vertrauen gegen den Werth der Noten der wiener Bank sich gleichsam mit einem
Zauberschlage verminderte. Die wiener Bank war, trotzdem sie ein
Privatinstitut ist, nicht im Stande, ihre Unabhängigkeit der absoluten wiener Regierung gegenüber zu bewahren. Die Regierung übte
nicht nur einen überwiegenden Einfluss auf die Einrichtungen derselben aus, sondern deckte auch das jährliche Deficit ihres Budgets
in der Regel mit den von der Bank genommenen Anleihen, und verband auf diese Weise das Schicksal derselben mit ihren eigenen
finanziellen Verwickelungen. Dass der Zustand dieser Bank, die
eigentlich ein österreichisches Institut war, auch Ungarn tief interessirte, ist sehr begreiflich, da auch bei uns der grösste Theil des
im Umlaufe befindlichen Geldes aus den Noten dieser Bank bestand.
Als daher der Sturm der Februarrevolution auf dem wiener politischen Horizont dunkle Wolken zusammentrieb, war auch der Zustand der Bank Gegenstand gespannter Besorgnisse im Publikum;
denn jedermann wusste, dass die Bank, um die Bedürfnisse der Regierung decken zu können, eine das Stammkapital weitaus über-
schreitende Menge ihrer Werthzeichen ausgegeben hatte. Jedermann
eilte demnach in die öffentlichen Kassen, um seine Banknoten in
Gold und Silber umzuwechseln und sein Vermögen vor dem vermutheten Bankrott zu sichern. Die Bank besass nur einen Metall-
werth von etwa 20 Millionen Gulden, während der Nominalwerth
der im Umlaufe befindlichen Banknoten 200 Millionen überstieg. Einige
Jahre früher war kaum die Hälfte dieses Metallwerths in den Kel-
lern der Bank deponirt; da das Vertrauen jedoch damals unerschüt-
tert war, kam es niemand in den Sinn, um sein Vermögen besorgt
zu sein. Jetzt aber wurde das wiener Finanzsystem in seinen Grundlagen erschüttert. Das Schwinden des allgemeinen Vertrauens be-

drohte die Bank mit unabwendbarem Bankrott, die Regierung mit 1849. unabsehbaren Verlegenheiten, wenn nicht letztere der Sache noch bei Zeiten auf irgendwelche Art abzuhelfen im Stande war. Man hegte die Meinung, dass, wenn man dem Verlangen des die öffentlichen Kassen bestürmenden Volks nachkommen werde, die panische Furcht nach wenigen Tagen von selbst aufhören werde. Als man daher sah, dass das Volk die Kassen von früh bis abends in solchen Massen belagerte, dass man in den bisherigen Wechselplätzen schon der Ueberhäufung der mechanischen Arbeit des Umwechselns wegen nicht jedermann befriedigen konnte, wurden mehrere Filialwechselplätze eröffnet. Allein dies konnte der Sache nicht mehr abhelfen; jedermann war die Unzulänglichkeit des Metallwerths bekannt. Das Vertrauen sank, trotz des ununterbrochenen Wechselns, fortwährend; der Bankrott schien unvermeidlich, und jedermann sah voll Besorgniss dem Tage entgegen, an welchem das Umwechseln eingestellt oder eingeschränkt werden sollte, wodurch sodann der Werth der Banknoten heruntergehen oder, wie einige Furchtsame glaubten, gänzlich aufhören würde.

In Presburg wurde das Gerücht von den pariser Ereignissen Cornel Balogh's Antrag in der Finanzangelegenheit. je nach der Parteifärbung zur Quelle hier der ausbrechenden Freude, dort schwerer Besorgnisse, und rief in allen Parteien eine beinahe fieberhafte Aufregung hervor. Die gemässigten Mitglieder hatte schon das Sinken der Banknoten in tiefe Besorgniss der Zukunft wegen gestürzt, in deren zweifelhafter Dämmerung Schreckbilder vor ihren Seelen aufstiegen. Der conservative Deputirte des raaber Comitats, Cornel Balogh, hatte, gemäss seiner Instruction, schon am 1. März angemeldet, dass er hinsichtlich der obschwebenden Finanzverhältnisse in der Circularsitzung des Unterhauses einen Antrag zu stellen beabsichtige. Der Antrag, welcher sodann am 3. März auch wirklich gestellt wurde, bestand kurz aus Folgendem:

„Zurückblickend auf jene Geldverwickelungen, welche die Französische Revolution hervorrief und deren Folgen auf die Privatverhältnisse noch in lebhaftem Andenken sind, und auch die neuern Ereignisse verfolgend, welche ihren Einfluss auf das Geldwesen schon ausüben, entstehe in seiner Seele Besorgniss hinsichtlich der im Verkehre befindlichen Geldzeichen. Er wolle über den Gegenstand keine lange Debatte hervorrufen; denn sein Ziel sei nicht die Erschütterung des Credits, sondern die Beschwichtigung der Besorgnisse. Er beantrage daher einfach: Se. Majestät möge gebeten werden, Allerhöchstderselbe möge geruhen, die Nation hinsichtlich der Art, auf welche die im Verkehre befindlichen Banknoten gedeckt seien, aufzuklären und zu beruhigen."

Mit diesem Antrage waren jedoch die meisten Mitglieder der Die Stimmung der öffentlichen Reformpartei nicht mehr zufrieden, obgleich die Bankdirection infolge desselben sofort eine Deputation nach Presburg schickte, und zur Beruhigung der Gemüther den Ausweis der Bank zahlreichen Abgeordneten mittheilen liess. Unter den wechselvollen Schicksalen des Jahrhunderts boten die schweren Verwickelungen des wiener Hofes der Nation mehrmals Gelegenheit, ihre stiefmütterlich gehandhabten Interessen mit zahlreichen von ihr gebrachten Opfern zu erkaufen. Die Nation, theils von ihrer Grossherzigkeit, die selbst vom eigenen Schaden nicht gewitzigt werden wollte, bewogen, theils durch Kabalen getäuscht, hatte es bisher ebenso oft versäumt, diese Gelegenheiten auszunutzen. Und späterhin hatte sie reichlich Ursache, dieses Versäumniss zu bedauern. Jetzt indessen, da die durch das Administratorensystem geschaffene Beschwerde und die darüber erfolgten Debatten eine grosse Unzufriedenheit der Regierung gegenüber erweckt und die Gemüther mit heftiger Gereiztheit erfüllt hatten, brachten die täglich anlangenden Nachrichten, welche die pariser Ereignisse in immer grössern Dimensionen erscheinen liessen, in mehrern sofort den Entschluss zur Reife, aus der sich darbietenden Gelegenheit zu Gunsten der Entwickelung und Befestigung der verfassungsmässigen Umgestaltung und des nationalen Staatslebens im allgemeinen den möglichst grössten Nutzen resultiren zu lassen. Einer derjenigen, die so dachten, war Ludwig Kossuth. Es waren jedoch nicht diese Ansichten und vaterländischen Zwecke allein, sondern auch andere persönliche Gründe thätig, dass Kossuth diese Gelegenheit zur Schaffung einer neuen Richtung benutzte.

Bei Graf Stephan Széchenyi hielten seit einiger Zeit einige ausgezeichnete Persönlichkeiten des Deputirtenkörpers und der Opposition an der Magnatentafel hochwichtige Privatberathungen ab. Der unermüdlich eifrige Patriot hatte vor der Eröffnung des Reichstags ein bedeutendes Werk über die Regelung der Communicationsangelegenheit verfasst, welches er jetzt auch dem Reichstage vorzulegen beabsichtigte. Der eigentliche Gegenstand dieses Operats war ein systematisches und centralisirtes Eisenbahnnetz, welches er von Pesth, als dem Herzen des Vaterlandes aus, in vier Hauptrichtungen nach den Grenzen des Reichs hin führen zu lassen anrieth. Diesem Werke verleiht jedoch nicht allein das dauernden Werth, dass er in demselben die Hebung der materiellen Interessen des Reichs mit vollständiger Sachkenntniss behandelt; sondern es wird die Vorzüglichkeit desselben auch noch insbesondere dadurch erhöht, dass er dieser materiellen Entwickelung zugleich die Richtung auf eine Sicherstellung der theuersten Nationalinteressen gibt. Wie wir schon mehrmals Gelegenheit hatten darzustellen, bildete in allen Planen, in den gesammten Reformbestrebungen Széchenyi's die Nationalität den Angelpunkt: „aus den Herstellungskräften politische Kräfte zu machen, und sowol die politischen als die Herstellungs-

kräfte zur Hebung der Nationalität in Beschlag zu nehmen, unsern 1846.
Volkstamm auf eine höhere Stufe der Bildung zu heben und dadurch
in moralischer wie in politischer Beziehung sicherzustellen", dies
war seine leitende Idee, dies sein höchstes Ziel in allen seinen Bestrebungen. Diese Grundidee bemühte er sich auch in diesem seinen
neuesten Werke zu entwickeln. Er wollte, dass der centralisirte
und von seinem Mittelpunkte aus sich in die Theile ausdehnende
Verkehr, die Industrie und Communication in letzter Instanz zu
Gunsten der Nationalität reichliche Zinsen tragen sollten. Diese
grosse, diese erhabene Idee hatte Széchenyi noch nirgends mit so
vieler Folgerichtigkeit angewendet als in diesem Entwurfe, welcher
zwar die Interessen der verschiedenen Völkerschaften anderer Sprache
behutsam schont, aber durch die Gesammtheit seines Systems, wenn
dieses hätte ins Leben treten können, die nationale Umgestaltung
Ungarns ohne Zweifel durchgeführt haben würde. Dieses Operat
Széchenyi's stand in directem Widerspruch mit dem Plane der Vukovár-Fiumer Eisenbahn, zu Gunsten welcher Kossuth, wie wir
erwähnten, seine Agitation mit solchem Erfolg fortgesetzt hatte,
dass auch ein grosser Theil der Abgeordneten die Unterstützung dieses Plans in den Instructionen mit sich brachte. Széchenyi wollte
daher, ehe er sein Operat dem Reichstage vorlegte, dasselbe zuvor
im Privatkreise bekannt und beliebt machen und von den einflussreichern Mitgliedern des Deputirtenkörpers unterstützen lassen. In
diesen Berathungen fand sodann ausser der Richtung und den Principien in der Leitung der öffentlichen Arbeiten auch über die zur
Durchführung der materiellen Verbesserungen nöthige Landeskasse
und andere schon in den Versammlungen angeregte verwandte Gegenstände ein lebhafter Ideenaustausch statt.

Dieses Communicationsoperat Széchenyi's war in jeder Hinsicht
ausgezeichneter als der Plan der Vukovár-Fiumer Eisenbahn. Auch
war es Széchenyi noch niemals gelungen, seine staatsmännische Oberhoheit deutlicher ins Licht zu stellen als durch diesen seinen Plan.
Als er ihn in diesen Berathungen entwickelte, gewann er demselben
täglich mehr Freunde, und verdrängte seinen Nebenbuhler Schritt
für Schritt aus der Position, welche er infolge langjähriger Agitation
in der öffentlichen Meinung bisher siegreich eingenommen hatte.
Kossuth konnte gegen Ende Februar schon kaum mehr bezweifeln,
dass das Communicationssystem Széchenyi's, wenn es auf dem Reichstage auf die Tagesordnung käme, dem Plane der Vukovár-Fiumer
Eisenbahn gegenüber eine grosse Majorität erlangen würde; ja
dass auch das pesther Comitat selbst dasselbe seinen Deputirten als
Instruction geben würde, wo er sodann genöthigt sein werde, gegen
seinen eigenen Plan zu stimmen.

Dies wäre zweifelsohne ein grosser Schlag für das Ansehen

Kossuth's gewesen, welches sich seit einiger Zeit ohnehin im Kreise seiner Mitdeputirten immer mehr verminderte. Seine Ruhmsucht, von welcher fortgerissen er seine Rolle als Führer auf eine Weise handhabte, dass jeder volksthümliche Gegenstand, der günstige Stand einer jeden wichtigern Angelegenheit, der Ruhm eines jeden Erfolgs dem Vaterlande in Verbindung mit seinem Namen erscheine, hatte die Ambition zahlreicher unter seinen Mitdeputirten verletzt. Er besass nicht jene Geschicklichkeit und Klugheit als Führer, welche Deák vor seinen Gefährten nicht nur zu einem so grossen Ansehen erhob, sondern auch beliebt gemacht hatte. Deák gab unzähligemal auch den kleinern Talenten Raum und Gelegenheit, sich auszuzeichnen. Nachdem er seine Meinung in den Vorberathungen zum Beschlusse erheben liess, nachdem er die Taktik des Kampfes bestimmt, die anzuführenden Gründe entwickelt hatte, überliess er den Ruhm des öffentlichen Vortrags bald diesem, bald jenem seiner Mitdeputirten. Kossuth dagegen wollte, anstatt sich mit dem Ruhme des unter seiner Führung erkämpften Erfolgs zu begnügen, auch den Ruhm des Kampfes ausschliesslich sich selbst aufbehalten; er wollte stets und in allem allein mit seiner leuchtenden Beredsamkeit glänzen; den öffentlichen Vortrag wollte er grossentheils sich oft selbst dann aufbehalten sehen, wenn in den Vorberathungen die Meinung eines andern angenommen worden war. Sein Ehrgeiz strebte, alle andern Berühmtheiten seiner Partei zu verschlingen und zu absorbiren. In den kleinern Talenten, welche er auf diese Art der Gelegenheit sich auszuzeichnen beraubte, entstand daher geheimer Neid, Unwille und Hass gegen ihn. Die unmässige Sehnsucht, seine Volksthümlichkeit, den Glanz seines Namens fortwährend zu heben, mit seiner bewunderten Beredsamkeit immerfort zu glänzen, vor dem Publikum an der Spitze aller, selbst geringfügigerer Fragen zu erscheinen, mit Einem Worte, mit dem Glanze seiner Volksthümlichkeit alles andere zu verdunkeln, machte selbst seine aufrichtigen Freunde kälter ihm gegenüber, wie dies die in der Administratorenfrage aufgetauchten Ereignisse zur Genüge bewiesen haben. Die Führerrolle, zu welcher ihn seine Partei freiwillig erhoben hatte, begann in seiner Hand zum Despotismus zu werden; und ein grosser Theil seiner Genossen wünschte schon sichtbar, von dem bei jedem Schritte fühlbaren Druck befreit zu werden. Man kann wörtlich von ihm sagen, was Hume von Walpole sagte: „Gemässigt in der Ausübung der Macht, keine Schranken kennend in dem Anspruche auf dieselbe. Die Macht und das Mittel zu derselben, die Volksthümlichkeit, liebte er so sehr, dass er keinen Nebenbuhler duldete. Wiewol sein Herz gut, sein Gemüth sanft und versöhnlich war, konnte doch niemand lange mit ihm zusammengehen, der gleichfalls grosse Ansprüche erhob. Sein ungezähmtes Verlangen nach Oberhoheit entfremdete ihm jedermann.“

Diese wachsende Entfremdung seiner Mitdeputirten konnte Kossuth kein Geheimniss bleiben. Er musste sie bei mehrern Gelegenheiten erfahren, und insbesondere in den während der Verhandlung über die Administratorenfrage zu Tage getretenen Parteiungen. Im Verlaufe der bei Széchenyi abgehaltenen Berathungen jedoch sah er in der Angelegenheit des von demselben entworfenen Systems der Communicationsmittel sein Ansehen so sehr schwinden, dass er nicht ferner zweifeln konnte, der Führerstab im gesetzgebenden Körper werde, wie gross der Zauber seiner Beredsamkeit vor dem Publikum immerhin sein möge, in kurzer Zeit in andere Hände gelangen, wenn nicht irgendein unverhofftes Ereigniss die erbleichenden Strahlen seines Nimbus auffrischte. In einem Briefe, welchen er gegen Ende Februar an irgendeinen seiner Verwandten nach Pesth richtete, spricht er sich hinsichtlich der Entwickelungen der nahen Zukunft im Tone der Hoffnungslosigkeit, ja beinahe Verzagtheit aus.

Zu dieser Zeit langte die Nachricht von der pariser Revolution an. Die Nachricht regte nicht weniger seine patriotischen Gefühle als seinen Ehrgeiz auf. Wie ein befruchtender elektrischer Schlag durchzuckte sie seine Seele zur Schaffung einer neuen Richtung auf dem Reichstage, durch welche sowol der Sache der Umgestaltung ein neuer kraftvoller Anstoss gegeben und der Constitutionalismus vollständig gesichert, als auch sein schwindendes Ansehen wiederhergestellt werden sollte. Welches dieser zwei Ziele, deren eins aus reinem patriotischen Gefühl, das andere aus Ruhmsucht entstanden war, ihn mit grösserer Macht zur That antrieb, kann nur der wissen, der die Geheimnisse der Herzen und Nieren prüft. Wer ihn kannte, hielt soviel für gewiss, dass beide Ziele an jenen Handlungen ihren Antheil hatten, auf welche er fortan alle Kräfte seiner Seele concentrirte.

Das parlamentarische Regierungssystem war seit drei Jahren das zu höchst gesteckte Ziel der Reformpartei. In diesem hoffte sie die hauptsächlichsten Garantien des nationalen unabhängigen Staatslebens zu verwirklichen; von diesem erwartete sie die vollständige Beendigung der nationalen Umgestaltung. Die freisinnige Partei konnte sich aus jenen Erfahrungen, welche sie seit 1832 gesammelt, zur Genüge überzeugen, dass sie die Reform ohne ein unabhängiges verantwortliches Ministerium nach ihren Principien nicht durchsetzen könne; dass es ohne die Annahme dieses Systems unmöglich sei, die zwischen der Regierung und der Nation, zwischen Ungarn und der österreichischen Monarchie sich unablässig erneuernden Reibungen, die die Entwickelung verhindern, die Kraft des Reichs lähmen, aufzuheben; sie konnte sich überzeugen, dass, obwol das Comitatssystem bisher Lebenskraft genug besessen hatte, um den Constitutionalismus vor dem Untergange zu bewahren, dieser doch nur von einer ver-

1848. antwortlichen Regierung zur Entwickelung gebracht werden könne, ohne welche das Schicksal der Nation nur ein ewiges Schwanken zwischen der constitutionellen und willkürherrschaftlichen Richtung sein werde.

Die parla-
mentarische
Regierung
wird aufs
Tapet ge-
bracht.

Diese Rücksichten bewogen Kossuth, schon zu Anfang des Reichstags, als man über die Antwortsadresse verhandelte, das parlamentarische Regierungssystem zur Sprache zu bringen, und den Wunsch auszusprechen, dass derselbe, der vollständigen Sicherstellung unserer Verfassung wegen, auch auf alle übrigen Länder der Monarchie ausgedehnt werde. Er äusserte sich schon damals, dass seiner Ueberzeugung nach derjenige der zweite Begründer des Herrscherhauses sein werde, der das Regierungssystem der Monarchie in constitutioneller Richtung umgestalten und den Thron des Monarchen auf die feste Grundlage der Freiheit der Völker stellen würde. Die meisten hielten damals in der grossen Masse der leichter zu erreichenden Ziele dafür, dass diese Agitation mehr aus einem Jagen nach Volksthümlichkeit, als aus reinem patriotischen Streben entstanden sei. Denn wiewol die parlamentarische Regierungsform von jedermann als die nothwendige Bedingung zur Sicherstellung unserer verfassungsmässigen Umgestaltung gewünscht wurde, so schien doch die Möglichkeit ihrer Verwirklichung so wenig wahrscheinlich, hing sie so wenig von der Einwirkung der ungarischen Gesetzgebung ab, dass sie eher in das Gebiet der schönen Träume als in das der wirklichen Ziele zu gehören schien. Selbst die von den sanguinischsten Hoffnungen erfüllten Männer, die geneigt sind, ihre geliebten Schwärmereien im Lichte der Wirklichkeit zu betrachten, sahen sie im Nebel einer so ungewissen und fernen Zukunft schweben, dass sie von ihr nur im allgemeinen wie von einer sehr erwünschten Sache zu sprechen pflegten. Selbst die sogenannten Centralisten, die sie als den Grundstein ihrer Lehre ansahen, und ihre Vorzüge dem municipalen Regierungssystem der Comitate gegenüber in den Spalten des „Pesti Hirlap" so oft und so lang erörtert hatten, liessen sich in die Details ihrer Anwendung sehr wenig ein. Insbesondere davon, was doch als wesentlichster Punkt zu betrachten ist, dass, wenn dieses parlamentarische Regierungssystem entweder nur in unserm Vaterlande, oder auch in der ganzen österreichischen Monarchie wirklich ins Leben treten sollte, auf welche Art die Verhältnisse zwischen Ungarn und der Monarchie zu ordnen wären, sprach nie jemand; was nur zum Beweis dienen kann, dass dieses System zwar erwünscht erschien, seine Verwirklichung in der nahen Zukunft jedoch selbst seine eifrigsten Freunde nicht hofften. Dass es dennoch die Deputirtentafel zu Anfang des Reichstags in die auf die königlichen Vorlagen angefertigte Antwortsadresse aufzunehmen betrieb, war nichts anderes als parlamentarische Taktik, welcher nach es seit lange her die Gewohnheit des Reichstags war, so oft wie möglich auch jene nationalen Ziele zur 1848. Sprache zu bringen, deren Verwirklichung er nur von der fernen Zukunft hoffte. Er wünschte derlei Fragen durch oftmalige Erwähnung nur reif werden zu lassen, nur auf eine höhere Stufe moralischer Kraft zu heben und gleichsam volksthümlich zu machen, um sie, wenn die Zeit zu ihrer Verwirklichung herangekommen, als längstgewünschtes, längstbetriebenes Ziel von der Regierung fordern zu können. Jetzt besonders, da das Administratorensystem den Constitutionalismus der Comitatsverwaltung bedrohte, wurde diese Taktik meistens deshalb in Bewegung gesetzt, damit die Regierung leichter bewogen werden könne, jenes verhasste neue System abzuschaffen.'

Das hohe Ziel indessen, welches bisher nur Gegenstand hoffnungsloser Wünsche war und dessen Verwirklichung vom freiwilligen guten Willen des wiener Hofs niemand erwarten konnte, wurde jetzt von den ausserordentlichen Ereignissen, welche Throne, die von berühmter Weisheit unterstützt waren, umstürzten und den Völkern ihre Freiheit wiedergaben, auch bei uns schnell in den Gesichtskreis der Möglichkeit, ja Wahrscheinlichkeit gestellt. Denn dass die pariser Revolution die wiener Regierung in schwere Verwickelungen stürzen werde, in welchen sie bereit sein würde, das ruhige Verhalten ihrer Völker selbst mit grossen Zugeständnissen zu erkaufen, dafür bürgte schon das Schwanken des Credits der Bank, und was mit demselben nicht ausbleiben konnte, die Erschütterung des ganzen Finanzsystems in genügender Weise.

Kossuth, der in grossem Masse jene Energie, jenen moralischen Muth, jenen alles wagenden und sich bemächtigenden Ehrgeiz besass, welcher Männer in bewegten Zeiten gross zu machen vermag, entschloss sich daher sogleich auf die erste Nachricht von den pariser Ereignissen, die Frage der unabhängigen, verantwortlichen parlamentarischen Regierung abermals aufs Tapet zu bringen. Der Versuch eröffnete seinen grossen agitatorischen Fähigkeiten und seinem aussergewöhnlichen Rednertalent einen so weiten Raum, dass er zuversichtlich hoffen durfte, dass er damit nicht nur der nationalen Reformsache einen grossen Dienst erweisen, sondern auch sein eigenes sinkendes Ansehen auf die höchstmögliche Stufe erheben könne; denn er konnte sich beim Ziel, wenn es gelingen würde, in seiner Phantasie im voraus auf dem Ministerstuhl sitzend erblicken.

Von diesen Beweggründen geleitet, versäumte es Kossuth nicht, in den bei Széchenyi abgehaltenen Privatberathungen die Frage des unabhängigen Ministeriums zur Sprache zu bringen. Das von Besorgnissen erfüllte patriotische Gemüth Széchenyi's verdüsterten schlimme Abnungen. Er sah den Versuch mit dieser Frage, von welcher es als in vorhinein unzweifelhaft schien, dass sie vom Publikum mit grosser Begeisterung aufgenommen werden würde, und in

33*

solchen Händen, von welchen er gleichfalls überzeugt war, dass sie in der Hitze der Begeisterung nur selten die Schranken der Mässigung einhalten können, als gefährlich für das Vaterland an. Er hielt es für ausser allen Zweifel gesetzt, dass, wenn die Regierung Widerstand leiste, diese Idee leicht zu einer Revolution führen könne; und er schreckte davor zurück, sein angebetetes Vaterland den mit denselben Arm in Arm gehenden Zufälligkeiten preiszugeben. Er rieth daher an: der Reichstag möge in der begonnenen Richtung verbleiben, die ausserdem, dass sie sicher sei, unter den gegenwärtigen ausserordentlichen Umständen gleichfalls zu hochwichtigen Errungenschaften führen könne. Aber die Verlockung, welche in der Günstigkeit der Umstände verborgen war, und der Begeisterung, welche der Zauber des Kossuth'schen Vortrags hervorrief, bemächtigte sich der Mitglieder der Conferenz mit unwiderstehlicher Macht, und die Stellung des Antrags in öffentlicher Sitzung wurde ohne jede weitere Gegenbemerkung zum Beschluss erhoben.

Der Antrag Kossuth's bezüglich der verantwortlichen Ministerialregierung. Kossuth also, den das Vorgefühl der grossen Ereignisse der Zukunft mit hoher Begeisterung erfüllte, welche sodann, von seinen Worten getragen, im Publikum gleichsam ansteckend wurde, trat am 3. März, den erwähnten Antrag Kornel Balogh's als Anlass benutzend, bezüglich der Art, auf welche die günstigen Umstände benutzt werden sollten, mit einer langen Rede auf. Erwähnend, dass es nicht seine Absicht sei, sich in eine detaillirte Erörterung der Verhältnisse der wiener Bank einzulassen, forderte er die Stände auf: dass sie im Gefühl der ungeheuern Verantwortlichkeit des Augenblicks die Politik des Reichstags zu jener Höhe erheben mögen, welche die Zeit verlangt. „Indem wir sehen", sagte er unter anderm, „welch grossen Einfluss die österreichischen Finanzverhältnisse auf unsere Geld- und Werthverhältnisse auszuüben vermögen, können wir bei dem Wunsch um die Vorlage des Bankausweises nicht stehen bleiben; denn dieser ist nur ein Detail, welches eine Folge des Ganzen ist, sondern wir müssen die Veranschlagung der ungarischen Staatseinkünfte und Staatsbedürfnisse, die Stellung der Reichsfinanzen unter constitutionelle Handhabung, mit Einem Wort, ein selbständiges ungarisches Finanzministerium verlangen. Sonst kann die über uns ohne uns verfügende fremde Macht unsere Geldverhältnisse in endlose Verwirrung stürzen. Wenn wir dagegen ein verantwortliches Finanzministerium haben werden, können wir für den Glanz des königlichen Thrones, die Bedürfnisse unsers Vaterlandes und die Erfüllung aller unserer rechtmässigen Pflichten mit rationeller Sparsamkeit sorgen und die Geldverhältnisse unserer Mitbürger gegen alle gefährlichen Fluctuationen sicherstellen." Die Stände sodann erinnernd, dass er schon bei der Verhandlung der auf die königlichen Vorlagen angefertigten Antwortsadresse die Nothwendigkeit einer parlamentarischen

Regierung für die Monarchie in Anregung gebracht habe, setzte er 1848. seine immer grössere und grössere Begeisterung erweckende Rede fort: „Seither gewannen Völker ihre Freiheit wieder, deren nahe Zukunft man vor drei Monaten kaum träumen konnte. Wir aber wälzen drei Monate lang unermüdet den Stein des Sisyphus. Und meine Seele verdüstert mit verzehrender Besorgniss der Schmerz der Unbeweglichkeit. Mit blutendem Herzen sehe ich, wie schwer sich soviel edle Kraft, soviel treue Fähigkeit in undankbarer Arbeit abmüht, die den Qualen der Tretmühle gleicht. Ja, hohe Stände, auf uns lastet der schwere Fluch eines erstickenden Nebels; ein verzehrender Wind bläst uns entgegen, der unsere Nerven erstarren macht und auf den Flug unserer Seele lähmend einwirkt. Wenn ich aber bisher darüber Besorgnisse hegte, weil es schmerzlich ist, unsere Entwickelung zum unersetzlichen Nachtheil für unser Vaterland, unter dem Einfluss jenes Systems über alles Mass hinaus aufgehalten zu sehen; weil ich sehe, dass die constitutionelle Richtung unsers Fortschritts nicht sichergestellt ist, und weil ich sehe, dass jene Divergenz, welche zwischen der absolutistischen Natur des Regierungssystems der Monarchie und der constitutionellen Richtung der ungarischen Nation seit drei Jahrhunderten besteht, bis heute nicht ausgeglichen ist, und auch ohne Aufgeben der einen oder der andern Richtung nicht ausgeglichen werden kann: so bin ich, hohe Stände, jetzt nicht nur alles dieses wegen besorgt, sondern auch darüber, dass die Politik der bureaukratischen Unbeweglichkeit die Monarchie in Auflösung stürzen, unser Vaterland aber, welches in und mit sich selbst soviel zu vollbringen, welches seiner eigenen Wohlfahrt wegen jede seiner Kräfte, jeden seiner Pfennige unentbehrlich nöthig hat, in verzehrende Opfer, in endlose Uebel verwickeln kann.

„Ich sehe die Sachen auf diese Weise an, und weil ich sie so ansehe, halte ich es für meine keinen Aufschub leidende Pflicht, die hohen Stände achtungsvoll zu bitten: sie mögen die Gnade haben, ihre Aufmerksamkeit diesem Zustand und dem Zuvorkommen der unser Vaterland deswegen bedrohenden Uebelstände zuzuwenden. Wir, hohe Stände, die wir von der Nation damit betraut wurden, dass wir über ihre Gegenwart wachen und ihre Zukunft sicherstellen sollen, wir dürfen nicht mit geschlossenen Augen warten, bis unser Vaterland die Flut alles Uebels überströmt. Demselben zuvorzukommen, ist unser Beruf. Und ich hege die Ueberzeugung, dass, wenn wir dies versäumen sollten, wir vor Gott, der Welt und unserm Gewissen verantwortlich sein würden für alles Unglück, welches aus dieser Unterlassung entspringen wird. Wenn einmal der Verkehrheit der Politik wegen die Zeit des friedlichen Ausgleichs, der Versöhnung des Schicksals verflossen ist und die Würfel unwiederbringlich geworfen sind; wenn wir es, um alledem zuvorzukommen, versäumt haben, das frei erhobene loyale Wort der Vertreter der Nation in die Wagschale zu werfen; wenn wir die Verwickelungen soweit zu führen erlaubten, dass wir nur zwischen Opfern wählen könnten, deren Ende Gott allein abzusehen vermag: dann wird die Reue zu spät sein; den unthätig verschwendeten Augenblick kann nicht einmal der Allmächtige mehr zurückgeben. Ich wenigstens, wenn ich als Patriot auch bereit sein werde, die Folgen dieser späten Reue zu theilen, so will ich doch als Abgeordneter die Verantwortlichkeit derselben nicht übernehmen.

„Wollen die hohen Stände sich der Zeiten der französischen Kriege erinnern. Was hatten wir Ungarn mit den innern Angelegenheiten der französischen Nation zu schaffen? Unser Reichstag war 1790 beisammen, aber er dehnte seine Aufmerksamkeit auf die internationale Politik nicht aus. Und was waren die Folgen davon? Dies, dass der Fluch des ohne uns, aber auf unsere Rechnung begangenen Fehlers mit den unermesslichen Opfern fünfundzwanzig schwerer Jahre auf unserm armen Vaterland lastete. Das Blut der Nation floss in Strömen; ihr Gut, ihr Vermögen wurde in den Abgrund geworfen; und unter diesen Opfern sahen unsere Väter die siegreichen Waffen des fernen Westens auf dem Boden unsers Vaterlandes; diese Stadt selbst, den gewöhnlichen Sitz unserer Gesetzgebung, in der Macht des Siegers; die Monarchie der Auflösung entgegengehend, der Gnade des stolzen Triumphators preisgegeben. Und sie sahen beklagenswerthe finanzielle Verlegenheiten, welche infolge unserer engen Verbindung mit der Monarchie mit den furchtbaren Schlägen zweier Staatsbankrotte auf unserm armen, unschuldigen Vaterland lasteten. Und in diesem ungeheuern Unglück war uns selbst jener Trost versagt, sagen zu können, dass wir zur Abwendung der drohenden Gefahr alles thaten, was wir thun konnten, da es noch Zeit war.

„Gott möge nicht geben, dass die Geschichte einstens auch über diesen Reichstag ein solches Urtheil ausspreche! Gott möge nicht geben, dass unsere Seele der reuevolle Gedanke belaste, dass wir die Gefahr gegen den Thron unsers Königs, gegen unser Vaterland herannahen gesehen haben, und nicht mit männlicher Entschiedenheit aufgetreten sind, um dieselbe abzuwenden, unser Andenken aber für alle Fälle von der Anklage versäumter Pflicht zu retten!

„Ich fordere daher die hohen Stände auf, erheben wir unsere Politik zur Höhe der Umstände; schöpfen wir Kraft aus dem Gefühl der Treue gegen die Dynastie; schöpfen wir Kraft aus dem Gefühl der auf uns lastenden Verantwortlichkeit und unserer Bürgerpflicht, zu einem den grossen Umständen entsprechenden grossartigen Entschluss. Diese Umstände, wie sie innerhalb der Monarchie und im

Ausland bestehen, will ich nicht schildern, denn sie sind allgemein 1848. bekannt; allein ich spreche meine starke Ueberzeugung aus, dass der eigentliche Ursprung der Auflösung der in der Monarchie herrschenden Ruhe und aller daraus möglicherweise entstehenden schlimmen Folgen im Regierungssystem liegt. Auch naturwidrige politische Systeme können sich lange aufrechthalten; denn es liegt ein weiter Weg zwischen der Geduld der Völker und der Verzweiflung. Aber es gibt politische Systeme, die dadurch, dass sie lange dauerten, an Kraft nicht gewonnen, sondern verloren haben, und endlich der Augenblick kommt, da es gefährlich sein würde, dieselben fernerhin unterstützen zu wollen; denn ihr langes Leben ward reif dazu, dass sie sterben können. In den Tod aber kann man sich theilen, jedoch ihm ausweichen nicht. Ich weiss sehr gut, dass es einem abgelebten System wie einem abgelebten Menschen schwer wird, sich von der Idee eines langen Lebens zu trennen; ich weiss, dass es schmerzlich ist, Stück für Stück zusammenstürzen zu sehen, was ein langes Leben aufgebaut; wenn aber die Grundlage eine fehlerhafte, ist das Schicksal des Zusammenstürzens unausweichlich. Und auf uns, denen die Vorsehung das Schicksal einer Nation anvertraute, dürfen die Schwächen des sterblichen Menschen keinen Einfluss ausüben. Das Volk ist ewig, und ewig wünschen wir auch das Vaterland des Volks, ewig den Glanz jener Dynastie, welche wir für unsern Herrscher anerkennen. Die Männer der vergangenen Zeit steigen nach ein, zwei Tagen ins Grab; aber auf den grosse Hoffnungen erregenden Sprössling des Hauses Habsburg, den Erzherzog Franz Joseph, der sich bei seinem ersten Auftreten die Liebe der Nation erwarb, wartet die Erbschaft eines glänzenden Throns, welcher seine Kraft aus der Freiheit schöpft. Ihn in seinem alten Glanze zu erhalten, ist mit dem jetzigen Mechanismus kaum möglich, und ich fürchte, dass, wenn die loyalen Kundgebungen der Nation nicht dazwischentreten, jene Politik noch in einer neuern Ausgabe der in Gott ruhenden Heiligen Allianz ihr kümmerliches Leben suchen werde. Und auch bei der ersten Ausgabe der Heiligen Allianz war es nicht jene Politik, die die Throne rettete, sondern die Begeisterung der Völker, eine Begeisterung, deren Grundlage das Versprechen der Freiheit war. Einer Dynastie gegenüber, die sich auf die Freiheit ihrer Völker stützt, wird immer Begeisterung entstehen; denn von Herzen treu kann nur ein freier Mensch sein; für Bureaukratie aber kann keine Begeisterung entstehen. Die Völker können Blut und Leben geben für ihre geliebte Dynastie; für die Politik eines drückenden Regierungssystems aber wird niemals nicht einmal ein junger Sperling Lust haben zu sterben. Ja, hohe Stände, es ist meine feste Ueberzeugung, dass die Zukunft unserer Dynastie an die herzliche, einmüthige Vereinigung der verschiedenen Völker der Monarchie gebunden ist. Diese Ver-

1848. einigung kann bei Respectirung ihrer Nationalitäten nur das die Ge-
fühlsverwandtschaft vermittelnde Band des ¸Constitutionalismus hervorbringen.   Das Bureau und das Bajonnet sind ein elendes Band.
Ich gehe daher in meinem Antrag, den ich stellen will, vom dynastischen Gesichtspunkt aus, und Dank sei Gott dafür, dass dieser
Gesichtspunkt mit dem Interesse unsers Vaterlandes in Verbindung
steht.

„Wer könnte ohne Schauder daran denken, dass diesem Volk
Opfer auferlegt werden ohne geistige und materielle Entschädigung;
wenn wir von diesem Reichstag nach Hause gehen würden, ohne
dem Volk mitzubringen, was es von dieser Gesetzgebung mit so
vielem Recht und so billigerweise erwartet! Wer würde es wagen,
die Verantwortlichkeit auf sich zu nehmen? Wer würde es wagen,
die Bürgschaft zu übernehmen, dass die Begeisterung und Opferwilligkeit, womit wir die Mauern dieses Hauses erschüttern können,
auch im Leben ihr Echo finden wird? Die hohen Stände werden
das Gewicht der Umstände fühlen. Ich werde daher diese Verhältnisse nicht weiter entwickeln, sondern ich gehe einfach auf meinen
Antrag über, welchen die treue Anhänglichkeit gegen die Dynastie,
die Pflicht gegen unser Vaterland und das Volk, und das Gefühl
meiner Verantwortlichkeit mir auf die Lippen legt.

„Allein ehe ich denselben vorlege, bemerke ich nur noch das
Eine, dass ich, in meinem Antrag manches vom Reichstag Vorzunehmende herzählend, Beschwerden, wie solche die Frage der Partes,
die Religionsverhältnisse und besonders die so sehr wichtige kroatische Angelegenheit sind, deshalb nicht erwähne, weil ich solche
Fundamentalwünsche vorlegen werde, welche, wenn sie, wie ich mit
Recht glaube, erfüllt werden, zugleich auch die Garantie zur Aufhebung dieser Beschwerden in sich enthalten. Mit meinem Antrag
will ich daher auch diese hochwichtigen Fragen, und insbesondere
die kroatische, die man auf diesem Reichstag nicht ungelöst lassen
darf, auf die Stufe der sichern Lösung erheben, da ich unabänderlich
entschlossen bin, wenn die Lösung auf diesem Wege, auf welchem
zugleich das bittere Aufreissen der Wunden der Vergangenheit vermieden werden kann, nicht gelingen sollte: die kroatische Frage,
und müsste es auch mit dem Aufreissen alter Wunden verbunden
sein, mit der ganzen Sympathie meiner Seele in allen ihren Einzelheiten aufzunehmen, zu unsern dringendsten Pflichten zähle und glaube,
dass auch die hohen Stände für sie in ähnlicher Weise begeistert
sind. Und jetzt beantrage ich ohne alle fernere Begründung eine
Adresse an Se. Majestät, deren Inhalt der folgende ist:

«Allergnädigster u. s, w. Die in der neuesten Zeit entwickelten
Ereignisse machen es uns zur unerlasslichen Pflicht, unsere Aufmerksamkeit darauf zu wenden, was unsere Treue gegen das allerhöchste

Herrscherhaus Ew. Majestät, unsere gesetzlichen Verhältnisse der 1848.
Gesammtmonarchie gegenüber und unsere Pflicht gegen unser Vaterland verlangen.

«Auf unsere Geschichte zurückblickend, ist uns das Andenken
daran gegenwärtig, dass wir seit drei Jahrhunderten unser constitutionelles Leben den Anforderungen der Zeit gemäss zu entwickeln
nicht nur nicht vermochten, sondern vielmehr genöthigt waren, alle
unsere Sorgen der Aufrechthaltung desselben zuzuwenden.

«Die Ursache davon ist, dass, indem die Reichsregierung
Ew. Majestät keine constitutionelle Richtung einschlug, sie weder mit
der Selbständigkeit unserer Regierung noch mit unserm constitutionellen Leben in Uebereinstimmung sein konnte.

«Bisher hatte diese Richtung nur die Entwickelung unserer Constitutionalität verhindert; jetzt aber sehen wir, dass sie, wenn sie
auch ferner eingehalten und die Reichsregierung mit dem Constitutionalismus nicht in Einklang gebracht wird, den Thron Ew. Majestät
und die infolge der Pragmatischen Sanction mit geliebtem Band mit
uns verbundene Monarchie in unabsehbare Folgen verwickeln, über
unser Vaterland aber unaussprechlichen Schaden bringen kann.

«Ew. Majestät haben uns zu Reformen einberufen: wir sahen
dadurch unsern alten Wunsch erfüllt und gingen mit eifriger Bereitwilligkeit an die Arbeit.

«Wir haben beschlossen, dass wir auf Grundlage der gemeinsamen Betheiligung an den Lasten uns an den öffentlichen Lasten
des Volks, womit dieses die Comitatsverwaltung bisher allein gedeckt
hat, betheiligen und für die Deckung der neuen Bedürfnisse des Landes auf gleicher Grundlage Sorge tragen werden.

«Wir haben beschlossen, dass wir die Herausmittelung aus unsern Urbarialverhältnissen, mit einer Entschädigung verbunden, durchführen und, hierdurch die Interessen zwischen Volk und Adel aus-
gleichend, den Thron Ew. Majestät mit der Beförderung der Wohlfahrt unsers Vaterlandes befestigen werden.

«Die Erleichterung der Lasten der Militärverpflegung und
Bequartierung gehört zu den höchsten unserer Sorgen.

«Die administrative und politische Regelung der königlichen
Freistädte und freien Districte betrachten wir als einen nicht ferner
aufzuschiebenden Gegenstand, und glauben, dass die Zeit zur gehörigen
Betheiligung des Volks an den politischen Rechten herangekommen sei.

«Dass erfolgreiche Schritte zur Hebung unsers Ackerbaus, unserer Industrie und unsers Handels gemacht werden mögen, erwartet
das Vaterland mit vollem Recht.

«Allein auch unser constitutionelles Leben nimmt eine Entwickelung in wahrhaft repräsentativer Richtung in Anspruch; unsere gei-

stigen Interessen fordern Pflege auf Grundlage der Freiheit. Unser Landesvertheidigungssystem erheischt auf Grundlage unsers Nationalcharakters und der Interesseneinheit der verschiedenen Klassen der Landesbewohner eine radicale Umgestaltung; dies macht aber ebenso aus Rücksicht auf den königlichen Thron Ew. Majestät als auf die Sicherheit unsers Vaterlandes unverzügliche Anordnungen nothwendig.

«Die Veranschlagung und verantwortliche Manipulirung der Einkünfte und Bedürfnisse des ungarischen Staats können wir nicht ferner verschieben; denn nur auf diese Art können wir diese unsere constitutionelle Pflicht erfüllen, sowol für den Glanz des Königsthrons Ew. Majestät, als auch für die Deckung der Bedürfnisse und aller rechtmässigen Verpflichtungen erfolgreich zu sorgen.

«In vielen dieser Fragen schwebt die Nothwendigkeit ob, das Zusammentreffen unserer Interessen mit jenen der Erbländer auszugleichen, wozu wir unter Wahrung unserer selbständigen Interessen gern hülfreiche Hand bieten.

«Wir sind jedoch auch davon überzeugt, dass unsere zur Entwickelung unsers constitutionellen Lebens und zum geistigen und materiellen Wohl unserer Nation zu schaffenden Gesetze nur dadurch Leben und Wirklichkeit erlangen können, wenn mit der Durchführung derselben eine von allem andern Einfluss unabhängige Nationalregierung betraut sein wird, welche der verantwortliche Ausfluss des constitutionellen Principe der Majorität sein muss; und darum betrachten wir die Umgestaltung unsers collegialen Regierungssystems in ein ungarisches verantwortliches Ministerium als die Grundbedingung und wesentlichste Garantie aller unserer Reformen.

«So fassten wir unsern Beruf auf.

«Dies im Einverständniss mit Ew. Majestät auf diesem Reichstag glücklich zu lösen, ist unsere entschiedene, ernste Absicht.

«Dies erwartet von uns das Vaterland, dies erwarten die Millionen des Volks, dies räth uns der Trieb der Treue und Anhänglichkeit an, welche wir für das Herrscherhaus Ew. Majestät unerschütterlich hegen; denn wir sind überzeugt, dass wir nur dadurch in unserm Vaterland den Frieden, die Ruhe und vertrauensvolle Eintracht auf eine so feste Grundlage stellen können, dass kein Sturm unerwarteter Ereignisse es zum Wanken zu bringen vermöge; und nur mit einer solchen Sicherung des Friedens und der Zufriedenheit können wir jene begeisterte Uebereinstimmung, jenen Aufschwung der Kräfte gewähren, auf welche sich das Herrscherhaus Ew. Majestät unter allen Verhältnissen ruhig stützen könnte.

«Allein Ew. Majestät werden mit uns zugleich fühlen, dass man zur Durchführung alles dessen Frieden und ungestörte, ruhige Verhältnisse nöthig hat.

«Und in dieser Beziehung können wir jene Zeichen der Störung der Ruhe nicht ohne Besorgniss bemerken, welche sich in manchen 1848. Theilen der kraft der Pragmatischen Sanction mit uns vereinigten Monarchie zeigen, und deren Gewicht die unvorhergesehenen Entwickelungen der neuesten ausländischen Ereignisse auf vielfache Art vermehren können.

«Wir wollen nicht das väterliche Herz Ew. Majestät mit der detaillirten Erzählung jener Zeichen der Auflösung betrüben, nicht die hinsichtlich der Geldverhältnisse schon fühlbare Einwirkung erörtern; allein der Trieb der Treue und die auf uns lastende Verantwortlichkeit zwingt uns auszusprechen: dass, gleichwie wir die eigentliche Quelle der zu Tage tretenden Uebelstände und eine der Hauptursachen unsers eigenen Zurückbleibens in der Natur des Regierungssystems der Monarchie finden, wir auch fest überzeugt sind, dass Ew. Majestät das sicherste Vorbeugungsmittel der möglicherweise eintretenden mislichen Ereignisse, die freundschaftlichste Eintracht Ihrer treuen Völker, das stärkste Verbindungsband der verschiedenen Länder der Monarchie und durch alles dies die unerschütterlichste Stütze Allerhöchstihres Throns und Herrscherhauses finden werden, wenn Ew. Majestät Allerhöchstihren Thron in allen zur Herrschaft in Beziehung stehenden Verhältnissen mit solchen constitutionellen Einrichtungen umgeben, wie sie durch die Bedürfnisse der Zeit unerlasslich gefordert werden.

«Indessen sind die Ereignisse in Gottes Hand. Wir setzen unser Vertrauen auf den Schutz der Vorsehung, fühlen uns jedoch verpflichtet, dafür zu sorgen, dass das treue Ungarn Ew. Majestät von der ungewissen Zukunft nicht unvorbereitet überrascht werde. Zu den unaufschiebbaren Erfordernissen dieser Vorsorge zählen wir die noch auf diesem Reichstag in constitutioneller Richtung durchzuführende Lösung der obenerwähnten Reformfragen; und wir sind besorgt, dass die vom Collegialsystem hervorgebrachte Langwierigkeit der gebräuchlichen reichstäglichen Unterhandlungen und Dicasterialverhandlungen den der väterlichen Absicht Ew. Majestät und der gerechten Erwartung unsers Vaterlandes entsprechenden Erfolg in gefährlicher Weise verzögern kann.

«Und darum flehen wir mit dem festen Vertrauen unserer unerschütterlichen Treue gegen den königlichen Thron Ew. Majestät an: Allerhöchstdieselben wollen mit Berücksichtigung der obschwebenden aussergewöhnlichen Umstände die Gnade haben, als bevollmächtigte Organe Allerhöchstihres königlichen Willens, und zugleich den bestehenden Gesetzen gemäss, als Mitglieder der höchsten Regierungsbehörde in unserm Vaterland, des Statthaltereiraths, in einer den verschiedenen Zweigen der öffentlichen Verwaltung entsprechenden Anzahl solche Mitglieder zum Reichstag zu delegiren, die als zur Ausübung der vollziehenden Gewalt in der Form der zu schaffenden m allergnädigsten Vertrauen Ew. Majestät vorläufig be-

1848. zeichnete Organe, und denen als solchen unter persönlicher Verantwortlichkeit auch die Durchführung der zu schaffenden Gesetze anheim zu stellen sein wird, an unsern reichstäglichen Verhandlungen
unmittelbar theilnehmen und die Reichsstände über die königlichen
Absichten Ew. Majestät unterrichtend und von seiten der Regierung
die nöthigen Aufklärungen und Ausweise, besonders hinsichtlich der
Geldverhältnisse gebend, die Lösung der obschwebenden wichtigen
Fragen mit einem solchen Erfolg befördern mögen, damit die zu
schaffenden heilsamen Gesetze ehebaldigst der allergnädigsten Bestätigung
Ew. Majestät unterbreitet werden können; und durch dieselben auch
für den Fall einer wie immer gearteten Wendung der gegenwärtigen
Umstände der Friede in unserm Vaterland gesichert, die vertrauensvolle Ruhe und die, auf deren Grundlage zu entwickeln ermöglichte
geistige Kraft und materielle Fähigkeit befestigt sein möge, in welcher Ew. Majestät nebst unserer unwandelbaren Treue unter allen
Ereignissen der ungewissen Zukunft die unerschütterlichste Stütze
Allerhöchstihres Throns auffinden werden.» "

Der Antrag wird bei der Untern Tafel angenommen.   Der Antrag und der Adressenvorschlag, der des andern Tags
auch in der allgemeinen Sitzung einmüthig ohne jede Einwendung
angenommen wurde, enthielt ausser der blossen Form der Ministerialregierung nichts Neues, nicht solches in sich, was die strengen Grenzen
der Mässigung und der bestehenden Gesetze überschritten haben
würde.   Die unabhängige Regierung des Reichs, für welche drei Jahrhunderte hindurch soviel Blut geflossen, garantiren zahlreiche Friedens-
verträge und Gesetze, insbesondere die vom Jahre 1790, mit deutlichen Worten.   Seitdem es aber unter den Reformbestrebungen der
Gegenwart unzweifelhaft geworden war, dass bei dem collegialen
Regierungssystem die Unabhängigkeit des Reichs in ihrer vollen Unversehrtheit nicht aufrecht zu halten sei, war die parlamentarische
Regierung, das verantwortliche Ministerium das Hauptziel der Bestrebungen der nationalen Reformpartei.   Diese machte, wie wir
oben gesehen haben, den Cardinalpunkt des Programms der constitutionellen Reformpartei aus.   Dies betrieb in ihrem Adressvorschlag
auch die freisinnige Majorität des Unterhauses zu Anfang dieses
Reichstags als nothwendige Bedingung der nationalen Umgestaltung.
Und mehr als dies verlangten die Stände des Unterhauses auch im
gegenwärtigen Adressvorschlag nicht.

Die während der Zeit aufgetauchten grossen europäischen Ereignisse hatten daher in der ungarischen Nation keine neuen Wünsche
erweckt; sie boten nur neue Beweggründe, um die Verwirklichung
alles dessen zu betreiben, was ihr dem normalen Fortschritt der verfassungsmässigen Reform gemäss seit längerer Zeit als Hauptziel vor
Augen schwebte und was als Gegenstand heisser Wünsche schon
mehrmals erörtert worden war.   Die Stände wünschten bei diesem

ihren ersten Schritt die Mässigung so streng einzuhalten, dass sie nicht einmal jener Petition Raum geben wollten, in welcher die Reichstagsjugend durch ein mit sehr zahlreichen Unterschriften versehenes Bittgesuch die offene Erwähnung der Pressfreiheit in der an den König abzusendenden Adresse betrieb. Die Bittschrift wurde nicht einmal vorgelesen und einfach an den Petitionsausschuss gewiesen.

Unstreitig hatte diese Mässigung und Loyalität der Reformpartei bewirkt, dass die conservative Partei des Unterhauses, welche der parlamentarischen Regierung zufolge ihrer eigenen Richtung und ihrer Verbindung mit der wiener Regierung früher natürlicherweise entgegen war: jetzt unter dem Einfluss der Einwirkung der grossen europäischen Ereignisse ohne jede Einwendung annahm. Die Spannung und Begeisterung, welche die Nachricht von den schon geschehenen grossen Ereignissen und das Vorgefühl des noch zu Geschehenden erweckte, hatte den ganzen Deputirtenkörper der Untern Tafel so sehr durchdrungen, dass hinsichtlich dieser grossen Reformfrage jeder Partei- und Meinungsunterschied zu verschwinden schien und es unmöglich war, dass deren Verwirklichung nicht jedermann gewünscht hätte, der sich als Patriot bekannte und die gesetzliche Unabhängigkeit seines Vaterlandes aus den todten Buchstaben der Reichsverträge und Gesetze zu voller Wirklichkeit belebt sehen wollte. Somich, Babarczy und alle jene, die bisher der Richtung und den Beschlüssen der freisinnigen Majorität in der Regel zu opponiren pflegten, verstummten vor dem Druck der aussergewöhnlichen Umstände und waren der sofortigen Uebersendung des Adressvorschlags an die Magnatentafel mit keinem Wort entgegen.

Bei den Magnaten indessen blieb der Antrag eine geraumere Der Adressvorschlag bei der Magnatentafel. Zeit hindurch stecken, als dies inmitten der allgemein gewordenen Begeisterung erwartet wurde. Die oppositionelle Minorität nahm denselben auch dort begeistert auf; aber die mit der Regierung in Verbindung stehende conservative Majorität war in unaussprechlicher Verwirrung. Dem Antrag einfach widersprechen wäre soviel gewesen, als den Zornausbruch des für die grosse Reform schon in heisser Sehnsucht erglühten Publikums hervorzurufen. Allein auch annehmen konnte man ihn nicht, ehe die Meinung des Hofs und der Regierung zu Wien bestimmt bekannt war. Die Stellung des Palatins, der als Mitglied des regierenden Hauses die Interessen desselben vertrat, und als erster vom Vertrauen der Nation gewählter Beamter des Reichs dessen Wohl und Interessen zu befördern verpflichtet war, bot eben infolge dieser ihrer Zweiseitigkeit grössere und zartere Schwierigkeiten als die welches immer andern. Seine persönliche Neigung, sein Verlangen, seinen Namen immer volksthümlicher zu machen, machten ihn sehr geneigt, den Wünschen der Deputirtentafel seine Unterstützung angedeihen zu lassen; während dagegen die Furcht, wenn er die Interessen

des Hofs verletzte, die Gunst desselben und vielleicht auch seine hohe
Stellung aufs Spiel zu setzen, ein genug mächtiger Antrieb war, ihn
bei allem Leichtsinn vor Uebereilung zu bewahren. Der Abgang
seines klugen, erfahrungsreichen, hochangesehenen weisen Vaters begann jetzt immer schmerzlicher gefühlt zu werden. Er reiste daher,
sobald er die Nachricht erhielt, dass die Adresse von der Deputirtentafel angenommen worden sei, auf den Rath der obersten Beamten
gemäss sofort nach Wien, da er die Verhandlung der Adresse an der
Magnatentafel bis zu seiner Zurückkunft verschoben zu sehen wünschte.
Diese Verzögerung, obgleich sie übrigens jedermann natürlich fand,
wirkte auf das Publikum unangenehm ein; und Ludwig Batthyányi
legte dem Hause einen solchen Antrag vor, dass dieses aus Rücksicht
auf die Bewahrung seiner eigenen Würde fortan den Tag und die
Gegenstände der Sitzungen immer selbst bestimmen möge, welchen
indessen die Majorität aus Schonung für den Erzherzog ablehnte.

Als es bei der Untern Tafel bekannt wurde, dass das Oberhaus
die Verhandlung der Adresse wegen der Abwesenheit des Palatins
verschoben hatte, betrieb sie nach drei Tagen die Vornahme derselben
durch ein Nuntium: dass diese den wichtigen Gegenstand, welchen
ohne Gefahr für längere Zeit zu verzögern die sich mit ungeheuerer
Schnelligkeit entwickelnden grossen europäischen Ereignisse nicht erlauben, unter dem Vorsitz des Landesrichters in Verhandlung nehme.
Als jedoch der Landesrichter Majláth die Antwort ertheilte, dass er
die Weisung des Palatins abzuwarten wünsche, und er auch bald
darauf dem Palatin nach Wien nachreiste, begann die Geduld und
mit ihr auch die Mässigung nicht nur aus dem Gemüth der Massen,
sondern auch aus dem Kossuth's immer mehr zu schwinden, in welchem an die Stelle der besonnenen Erwägung, wie dies bei ihm in
entscheidenden Augenblicken auch später mehrmals geschah, eine
fieberhafte Aufgereiztheit trat. Nur eine solche fieberhafte Aufregung
konnte ihn zu einem so extremen Schritt bewegen, zu welchem er
sich am 8. März, als das Circularpräsidium, welches an den Landesrichter ausgeschickt worden war, um das Abhalten der Sitzung zu
betreiben, mit der Nachricht zurückkehrte, dass sowol der Landesrichter als der Tavernicus nach Wien gereist und auf diese Weise
sämmtliche stellvertretende Präsidenten der Obern Tafel abwesend
seien, hinreissen liess. Kossuth nämlich trat, seine Geduld verlierend,
mit dem Antrag vor das Haus: dass die Adresse mit vollkommenem
Uebergehen der Obern Tafel der Regierung durch eine Abordnung
vorgelegt werden möge. Diese Drohung, welche auf die Vernichtung
der ganzen Magnatentafel gerichtet war und die Schranken der Gesetzmässigkeit überschritt, erweckte gerechten Unwillen in Ludwig
Batthyányi und der ganzen Opposition an der Obern Tafel, welche
bisher mit so unermüdlicher Ausdauer für die Sache der nationalen

Umgestaltung gekämpft hatte. In Batthyányi war die Achtung der 1848. Gesetzlichkeit so lebhaft, dass er von ihr, insbesondere unter diesen kritischen Umständen, kein Haarbreit abweichen wollte. Und seit diesem Antrag Kossuth's begann jene Spannung, jenes Zerwürfniss, welche sich zwischen ihm und Batthyányi schon vor der Zusammenstellung des Ministeriums entwickelt hatten. Den revolutionären Schritt, den Kossuth zu machen wünschte, machte noch nichts nothwendig; denn obwol auch in Wien die Gemüther immer heftiger gärten und die Angelegenheiten sich verwickelten, drohte doch dem Land von nirgendsher Gefahr. Zum Glück hatte die Majorität des Unterhauses ihre Besonnenheit noch nicht verloren, und wiewol ein Theil der Deputirten und die Galerien den Antrag Kossuth's mit lärmendem Beifall aufnahmen: so begnügte sich dennoch das Haus auf Antrag Pázmándy's damit, dass es die Magnatentafel in einem Nuntium über die Umstände unterrichtete.

Während auf diese Weise die Verhandlung der die verantwortliche Regierung betreffenden Adresse wegen der Abwesenheit der Präsidenten der Obern Tafel mehrere Tage verzögert wurde, begann die Deputirtentafel die Verhandlung der auf der Tagesordnung stehenden Fragen fortzusetzen, als ob sie sich zur Bewahrung der Besonnenheit und Ruhe zwingen wollte. Allein die Ereignisse waren stärker als die Menschen. Die Gerüchte, welche von den in Paris und in verschiedenen Staaten Deutschlands und Italiens erfolgten Ereignissen und der in Wien und Prag fortwährend zunehmenden Gärung täglich anlangten, vermehrten auch in Presburg die Aufregung so sehr, dass die Stände selbst beim besten Willen nicht vermochten, jene ruhige Besonnenheit zu bewahren, welche ihre Verhandlungen sonst charakterisirte. Der Revolutionstrieb, der in jedem ausländischen Blatte neue Nahrung erhielt, begann sich der Gemüther gleichsam ansteckend zu bemächtigen. Welche Frage immer während dieser paar Tage auch aufs Tapet kam, an der Verhandlung derselben ist die Einwirkung der aussergewöhnlichen Ereignisse auf die Gemüther wahrzunehmen; jede trägt mehr oder minder den Stempel der allgemeinen europäischen Gärung an sich, obschon die Gesetzlichkeit eigentlich in gar keiner von den Ständen verletzt wurde. Unter dem Einfluss der schnellen Folge der Ereignisse wurde die Ueberzeugung allgemein, dass zur Codification, welche bisher hinsichtlich mehrerer Fragen im Werke war, keine Zeit mehr sei und alles durch schnelle Verhandlung mit einfachen Gesetzvorschlägen am richtigsten zu Ende zu führen wäre. Die Fragen waren übrigens ohnehin schon genügend erörtert: langer Unterhandlungen bedurfte es daher nicht. So wurde unter andern die Frage der Regulirung der Städte beendigt. Früher sahen es die Stände als von höchster Wichtigkeit an, dass die Oberbürgermeister nicht, wie es die conservative Partei

Schnelle Erledigung mancher obschwebenden Fragen.

wünschte, von der Regierung ernannt, sondern von den Bürgern gewählt werden sollten. Ueber diesen Punkt hatten die beiden Tafeln miteinander schon lange und ohne Hoffnung auf ein Uebereinkommen gestritten; jetzt indessen wurde die Frage in Anhoffnung der aufzustellenden verantwortlichen Regierung durch einfache Abstimmung in solcher Weise entschieden, dass der Oberbürgermeister aus den von der städtischen Generalversammlung anempfohlenen Individuen durch die Regierung ernannt werden solle. Auf ähnliche Art wurde auch die wichtige Frage der Urbarial-Erbablösung beendigt, welche schon im Verlauf mehrerer Reichstage als Gegenstand so lebhafter Debatten zwischen den zwei Tafeln gedient hatte. Das Resultat der bisherigen Verhandlungen war, dass, nachdem auch die Magnaten mit dem Princip der Erbablösung einverstanden waren, eine reichstägliche Commission zur speciellen Feststellung der Fälle und Bedingungen der Erbablösung zu erwählen sei. Jetzt indessen sahen es die Stände über einen Antrag Kossuth's im Hinblick auf die aussergewöhnlichen Ereignisse nicht für räthlich an, die für das Volk so wichtige Frage dem langen Weg der reichstäglichen Commission zu überlassen, sondern beschliessend, dass die Urbarialablösung unter der Bedingung vollständiger Entschädigung hinsichtlich des Grundherrn bindend sei, fertigten sie hierauf bezüglich sofort einen Gesetzvorschlag an.

Während die Stände der Untern Tafel, obgleich sie von der gebräuchlichen langwierigen Methode der Verhandlung abwichen, aber in ihren Beschlüssen die Gesetzmässigkeit streng bewahrten und durch ihr Beispiel die erhitzten Gemüther des Publikums und dessen durch die neuesten Nachrichten beinahe bis zum Ausbruch aufgeregten Leidenschaften im Zaum hielten: war in Wien die Revolution schon thatsächlich ausgebrochen.

Die verständigern Klassen Wiens hatten schon seit längerer Zeit gegen die Regierung grosses Mistrauen, grosse Unzufriedenheit gefühlt, ja diesen bei einigen Gelegenheiten und in gewissen Kreisen auch schon Ausdruck gegeben. Besonders seit dem Beginn des ungarischen Reichstags, dessen Verhandlungen sie, obschon der strengen Censur wegen nur mangelhaft, mit grossem Interesse in ihren Blättern lasen, bemächtigte sich infolge des Einflusses derselben der Gemüther immer mehr das dunkle Gefühl von der unabweislichen Nothwendigkeit grosser und tief eingreifender Veränderungen. Im Adels-Casino, im gewerblichen und rechtspolitischen Leseverein, auf der Börse, in den Kaffeehäusern und Amtszimmern, überall wurde der Tadel offen und schonungslos laut. Die böhmischen Landstände waren der Steuerfrage wegen in offenem Conflict mit der Regierung; Aehnliches konnte man von den Landständen Niederösterreichs erwarten. Die Nachricht von der pariser Revolution wirkte infolge dieser Stimmung auf den Brennstoff gleich einem Funken ein. Vereine ebenso wie Einzelne, die bisher auf die öffentliche Meinung einzuwirken be- 1848. strebt waren, verdoppelten ihre Thätigkeit und traten mit den Wünschen immer lauter und entschiedener auf. Eine nicht geringe Wirkung übte in dieser Beziehung auch der ungarische Adressvorschlag aus, in welchem Kossuth eine constitutionelle Regierung auch für die Erbländer zu erbitten beantragt hatte. Die Rede Kossuth's und diese Adresse wurden, ins Deutsche übersetzt, in den Kaffeehäusern und andern öffentlichen Orten mit grosser Begeisterung vorgelesen und angehört.

Das Verlangen und die Wünsche, welche sich der Gemüther bemächtigt hatten, wurden in jener Petition zuerst entschiedener ausgedrückt, die von der Universität und den Mitgliedern des rechtspolitischen Lesevereins angefertigt und zur Unterschrift unter den Bürgern in Umlauf gesetzt wurde. Das Wesen derselben bestand aus folgenden Wünschen: der Finanzzustand sei unverzüglich bekannt zu geben; es möge ein alle Länder der Monarchie und alle Klassen und Interessen der Bevölkerung derselben vertretender ständischer Körper geschaffen werden, der, in bestimmten Zeiträumen sich versammelnd, an der Gesetzgebung, der Steuervotirung und der Finanzcontrole theilnehmen solle; die Censur möge aufgehoben und die Presse durch bestimmte Gesetze geregelt werden; in der Rechtspflege und in der gesammten Verwaltung möge vollständige Oeffentlichkeit gegründet werden; es sei ein zeitgemässes Municipal- und Gemeindesystem zu schaffen, auf dessen Grundlage der Ackerbau, die Gewerbe, der Handel und die Intelligenz, welche bisher in der ständischen Verfassung sehr unvollkommen vertreten waren, verhältnissmässig zur Vertretung gelangen mögen.

Diese Petition ward, mit zahlreichen Unterschriften versehen, den niederösterreichischen Ständen mit der Bitte überreicht, dass sie dieselbe dem Throne alsbaldigst unterbreiten und deren Verwirklichung zu vermitteln bestrebt sein möchten.

Dieser ähnlich war die Bitte der Jugend der Universität und des Polytechnikums, welche die Verleihung der Rede- und Pressfreiheit, der religiösen Gleichheit, Oeffentlichkeit und des mündlichen Verfahrens in der Rechtspflege betrieb und am 12. März durch eine Deputation des Lehrkörpers dem Kaiser überreicht wurde.

Nach diesen Vorausgängen brach die Revolution am 13. März in der Hauptstadt offen und thatsächlich aus. Da der Landtag der niederösterreichischen Stände an diesem Tage eröffnet wurde, ward das Gebäude, in welchem die Berathungen derselben stattfanden, von dichten Menschenmassen umgeben, welche laut verlangten, dass man die unter den Bürgern im Umlauf gewesene Petition dem Kaiser sofort überreichen solle. Der landständische Körper, dessen zahlreiche Mitglieder an der Petition theilgenommen hatten, versäumte auch nicht, dieselbe durch eine aus seiner Mitte ernannte Abordnung dem gerade versammelten Staatsrath vorzutragen. Die Antwort war ausweichend; in derselben wurde gesagt, dass Se. Majestät die Bitte durch eine eigens hierfür ausgesandte Commission untersuchen lassen, und was Allerhöchstdieselben den Umständen der Zeit gemäss für nothwendig halten werden, schnell bestimmen würde. Die vor dem Landhaus versammelte Volksmenge war jedoch mit dieser Antwort nicht zufrieden und strömte nun selbst der kaiserlichen Burg zu, wo sie das Militär, welches mittlerweile aufgestellt wurde und ihr den Weg verstellen wollte, zuerst mit Beleidigungen überhäufte, später aber auch thätlich angriff. Erzherzog Albrecht, der Obercommandant der kriegerischen Macht, befiehlt Feuer, und von der Menge fallen etwa siebzehn, mehrere werden verwundet. Allein der Widerstand vermochte die Wuth des Volks schon nicht mehr zu unterdrücken, ja er vermehrte sie noch. Während der eine Theil nach Waffen eilt, errichtet der andere Barrikaden und greift die Soldaten mit einem Steinregen an. Bald kommen auch die Gesellen und Arbeiter aus den Werkstätten herbei und drängen das Militär auf einen immer kleinern Raum zurück. Inzwischen tritt auch die städtische Bürgermiliz unter die Waffen und macht, sich zwischen den Gegnern aufstellend, dem Kampf ein Ende. Ihre Offiziere eilen als Vermittler in die kaiserliche Burg und fordern Gehör. Dort fand sich bald darauf die Abordnung der Stände, später auch der akademische Senat der Universität ein. Alle fordern dringend vom Erzherzog Ludwig, der sie anstatt des Kaisers empfängt, dass die Wünsche des Volks zur Beschwichtigung der von Augenblick zu Augenblick in furchtbarer Weise wachsenden Verwirrung und Gefahr sofort erfüllt, und da die Vorstädte, wie man behauptete, schon von räuberischen Scharen bedroht werden, zur Aufrechthaltung der Ordnung und Bewaffnung der akademischen Jugend und der Bürgerschaft die kaiserlichen Waffenmagazine geöffnet werden möchten. Einzelne endlich fordern als Garantie der Erfüllung der Volkswünsche, dass Fürst Metternich, Staatskanzler und erster Minister, als der hartnäckigste Feind der Volksfreiheit und seit mehrern Jahrzehnten die Hauptstütze der Willkürherrschaft, von seinem Amt sofort entfernt werde. Da es der entschiedene Wille des Kaisers war, dass auf den Strassen kein Bürgerblut mehr fliesse, und da ohnehin auch jedermann überzeugt war, dass die geringe Anzahl Soldaten zur Unterdrückung der Revolution schon nicht mehr hinreiche, wurde der Wille des Volks in allem erfüllt: die Pressfreiheit wurde proclamirt, die Nothwendigkeit der Reform anerkannt und deren unverzügliche Durchführung zugesagt; die studirende Jugend und die Bürgerschaft Wiens wurde bewaffnet, und endlich legte auch Metternich sein Amt nieder.

Die Revolution wurde auf diese Weise in Wien vollständig pro-

clamirt und trat am 13. März siegreich hervor. Was an den folgenden zwei Tagen geschah, war nur die Beendigung der eben erzählten Anfänge. Das Volk, welches fühlte, dass es bei den erkämpften Resultaten nicht stehen bleiben könne, versammelte sich
am 14. März abermals in dichten Haufen in den Strassen, und sich
vor allem zur vollständigen Durchführung des Freiheitskampfes den
Besitz der Waffen sichern wollend, forderte es die Errichtung der
Nationalgarde. Der Kaiser willigte auch in diesen Wunsch ein, und
wurde der Oberjägermeister Graf Hoyos zum Commandanten der
neuen Nationalgarde ernannt. Die Verkündigung dieses neuen Instituts, welches dem Volke das physische Mittel der Freiheit, ebenso
die Publication der Pressfreiheit, welche wieder deren geistige Mittel
sicherstellte, erweckten lauten Jubel in den Strassen Wiens. Die
Freude des Volks stammte indessen nicht so sehr aus der Zufriedenheit mit den gewonnenen Zugeständnissen, als vielmehr daraus, weil
es jetzt schon mit Bestimmtheit dasjenige zu erlangen hoffte, was
in den Strassen von Hunderten erwähnt, aber dem Kaiser noch nicht
vorgelegt wurde: die Ertheilung der Constitution. Hierauf waren
jetzt alle Bestrebungen gerichtet, dies tönte von allen Lippen, und
alle Regungen des Volks wurden von den Führern desselben so geschickt geleitet, dass auch dieses Verlangen ohne jeden fernern blutigen Zusammenstoss erfüllt wurde. In der Nacht des 14. März
hielten mehrere Mitglieder der Dynastie und der obersten Würdenträger eine grosse Staatsconferenz ab, und das Resultat derselben
war jene Kundmachung, welche des andern Morgens die Bewohner
Wiens zu unbeschreiblichen Freudenbezeigungen hinriss. „In Erwägung der gegenwärtigen politischen Verhältnisse haben Wir beschlossen", hiess es in der Proclamation, „die Stände Unserer deutschen und slawischen Provinzen sowie die Centralcongregationen Unsers lombardisch-venetianischen Königsreichs durch Abgeordnete in
der Absicht um Unsern Thron zu versammeln, Uns in legislativen
und administrativen Fragen deren Beiraths zu versichern. Zu diesem Ende treffen Wir die nöthigen Anordnungen, dass diese Vereinigung, wo nicht früher, am 3. Juli l. J. stattfinden könne." Die
Freude des Volks dieser Verlautbarung wegen war so gross, dass,
als der Kaiser um Mittagszeit durch die Gassen der Stadt fuhr, das
Volk, zum Zeichen seiner Anhänglichkeit, die Pferde ausspannen und
den Wagen mit seinen eigenen Armen ziehen wollte. Die Führer
des Volks und die verständigern Demokraten befriedigte jedoch diese
Kundmachung keineswegs, in welcher nicht des Volks, sondern nur
der Stände Erwähnung geschah, das Wort „Verfassung" aber sorgfältig vermieden wurde. Der Zweifel, der Verdacht, die Unzufriedenheit, welche in ihnen deswegen entstand, verbreitete sich immer
lauter und ging auch auf das Volk so schnell über, dass die Stadt

noch an diesem Tage neuerdings in einer drohenden Stimmung zu erscheinen begann. Der Staatsrath, hiervon Kunde erhaltend, veröffentlichte, um einem neuern Ausbruch von Unruhen zuvorzukommen, noch an demselben Tage ein kaiserliches Patent, in welchem sowol alle bisher errungenen Zugeständnisse umständlicher vorgetragen werden, als auch das Wort „Constitution" deutlich ausgedrückt und endlich in der in kürzester Zeit einzuberufenden Ständeversammlung auch dem Bürgerstande eine starke Vertretung garantirt wird. Dem kaiserlichen Patent folgte nach sechs Tagen die Ernennung des neuen constitutionellen österreichischen Ministeriums, womit die erste Periode der wiener Revolution ihren vollständigen Abschluss erhielt.

Die presburger Ereignisse. Während die Revolution in Wien auf diese Weise siegte, entwickelte sich, jedoch auf friedlichem Wege, auch in Ungarn die wichtige Angelegenheit der Umgestaltung. Wie gross auch in Presburg auf die Kunde der täglich von allen Seiten anlangenden neuen verlockenden Nachrichten die Aufregung der Gemüther sein mochte: die gesetzliche Ordnung und Ruhe wurde im Lande keinen Augenblick gestört. Die Stände und das Reichstagspublikum warteten zwar mit groser Spannung, jedoch ruhig die Rückkehr der Präsidenten der Magnatentafel ab. Der Erzherzog-Palatin und die in Wien gewesenen übrigen Magnaten langten endlich am 13. März an, von den wiener Ereignissen noch nichts wissend, deren Kunde an diesem Tage nach Presburg auch noch nicht gedrungen war. Hier verbreitete sich nach der Ankunft des Palatins das Gerücht, er sei von Wien mit der Weisung zurückgekehrt, dass er die Adresse auf keinen Fall bei der Magnatentafel durchlassen möge. Das Publikum sah heftigen Sitzungen entgegen. Auch konnte man mit Recht befürchten, dass das Unterhaus in diesem Fall, von Kossuth fortgerissen, den Boden der Gesetzlichkeit verlassen und die Adresse mit Umgehung der Magnaten hinaufsenden werde.

Unter solchen Besorgnissen und Aufregungen brach der 14. März an, an welchem die während der Nacht aus Wien angelangten Nachrichten die Lage der Dinge schnell veränderten. Als der Palatin Kunde davon erhielt, berief er alsogleich die conservativen Magnaten zu einer Berathung zu sich. Im Hause der Stände trug Kossuth mit bewegter Stimme den Aufstand des wiener Volks, den Sieg der Revolution und den Sturz Metternich's vor, infolge dessen auch der ungarische Hofkanzler, Graf Apponyi, sein Amt niedergelegt habe. „Uns wurde nun", sagte er sodann, „die grossartige Aufgabe, die Bewegung weise zu lenken, und wir müssen darauf bedacht sein, dass die Zügel in unsern Händen verbleiben, denn so lange können wir auf constitutionellem Wege fortschreiten; wenn diese aber einmal unsern Händen entrissen werden, dann weiss die Folgen davon Gott allein. Es ist demnach wünschenswerth, dass die Adresse früher vor den Thron gelange, als sich das Gerücht von den Ereignis- 1848. sen im Lande verbreitet.   Niemand möge sich über die gehörige Linie hinaus fortreissen lassen; bis zu dieser Linie aber alles!" Er stellt sodann den Antrag, dass der Palatin aufgefordert werde, im Oberhause sofort eine Sitzung abzuhalten. Ferner, da den Wienern die Pressfreiheit verliehen wurde, möge eine Commission auch für das Land sogleich den Vorschlag zu einem Pressgesetze ausarbeiten. Endlich, weil sich unerwartete Umstände entwickeln können, möge, damit die innere Ruhe unter dem Schutze der gutgesinnten Landesbürger ungestört bleibe, eine andere Commission nicht in einigen Tagen, sondern Stunden, hinsichtlich der Vaterlandsvertheidigung einen Vorschlag vorlegen. Die Parteifärbung hörte bei der Kunde von den wiener Ereignissen im Unterhause noch mehr auf: die Anträge wurden einstimmig angenommen. Und als das an den Palatin abgesandte Comité mit der Antwort zurückkehrte, dass der Erzherzog nicht nur noch an demselben Tage eine Sitzung abhalten, sondern auch trachten werde, dass die Adresse angenommen werde, verliessen die Stände beruhigt und mit der sichern Hoffnung auf Erfolg den Saal. Nur Einen Mann gab es in den Reihen der Stände, der sich nicht ohne alle Besorgniss in die Ausbrüche der allgemein gewordenen Freude zu mischen vermochte.   In der voraussehenden, tiefen Seele Stephan Széchenyi's, dem seine flammende Vaterlandsliebe oft beinahe die Divinationsgabe verlieh, die Geheimnisse der Zukunft zu ahnen, entstanden selbst in der allgemeinen Freude die Gefühle unerklärlicher Besorgniss über den Erfolg der grossen Ereignisse. „Viele freuen sich", so äusserte er sich im Verlaufe dieser Sitzung, „viele trauern über diese Ereignisse"; er habe sich noch nicht entscheiden können, ob er sich freuen oder ob er trauern solle. Seiner Auffassung nach sei ebenso viel Möglichkeit dazu vorhanden, dass Ungarn einer schönern Zukunft entgegengehe, als dazu, dass es, in und mit sich selbst kämpfend, seine letzte Stunde erreiche. „Dies zeigt das Beispiel anderer Nationen, die in solchen Augenblicken entweder gross wurden, oder aus den Reihen der Lebenden verschwanden. Das Heilmittel ist indessen in unserer Hand." Es ist einer seiner alten Wünsche, dass sich Ungarn um seine eigene Achse drehe; denn ohne dieses ist ein solcher Fortschritt, nach welchem er sich sehnt, unmöglich. Und die Wahrscheinlichkeit, dass dies jetzt geschehen könne, erfüllt sein Herz mit Freude. Besorgt aber macht ihn, dass die Nachbarschaft in Flammen brenne, und wir Ungarn unter unsern strohartigen Umständen (bei unserm hitzigen Blute und leichtem Aufflammen) diesem Feuer so nahe sind.   Entweder Reform oder Anarchie, zwischen diesen muss man wählen. . . . Die Aufgabe unserer Nation ist, dass die Basis der constitutionellen Entwickelung die Stütze der Dynastie sei. . . . Jetzt ist vor allem

1848. Ordnung nöthig, und es gibt niemand, der nicht durch sein gutes Betragen der Wohlthäter der Nation werden könnte; aber es gibt auch niemand, der so klein wäre, dass er mit dem Entgegengesetzten nicht zu schaden vermöchte. Es gibt in der Welt kein Land, in welchem es so wenig polizeiliche Ordnung gibt; allein es gibt auch keine Nation, auf die das ehrliche, aufrichtige Wort besser einwirkt. . . . . Jede Partei, jede Kaste möge aufhören; er habe auch bisher nur hinsichtlich der Methode opponirt und nicht hinsichtlich des Ziels, dessen Reinheit er stets anerkannt. . . . .

Die gegenwärtige Aeusserung des grossen Patrioten und einsichtsvollen Staatsmannes, der gegen Kossuth bisher eine so scharfe, ja leidenschaftliche Opposition entwickelt hatte, setzt es ausser allen Zweifel, dass Kossuth in dieser Zeit in der öffentlichen Meinung schon allmächtig geworden war. Er erhob sich zum wahren Dictator des Reichstags, der mit aller Bereitwilligkeit ohne jede Gegenbemerkung seine Anträge als Beschlüsse proclamirte. So geschah es noch in dieser Sitzung mit den die Presse, Nationalgarde und Volksvertretung betreffenden Gesetzen, deren Principien er dem Reichstage dictirte. So geschah es am andern Tage mit seinem die städtischen Deputirten betreffenden Antrage, womit er denselben das volle Stimmrecht zu verleihen anrieth; so endlich mit jenem Zusatzbeschlusse, durch welchen die Stände manche Theile der Adresse in der Weise erklärten: „dass sie unter der Nothwendigkeit der Pflege der geistigen Entwickelung die Volkserziehung, die Gegenseitigkeit der Religionsrechte, die Aufstellung von Geschworenengerichten und die Pressfreiheit; ebenso unter der Vereinigung der Nationalkraft die Union mit Siebenbürgen namentlich verstanden zu sehen wünschen". Der Adressentwurf entsprach nämlich nach der vorgeschrittenen Entwickelung der Angelegenheiten schon nicht mehr in allem den Wünschen der öffentlichen Meinung. Mehrere hochwichtige Reformen, das verantwortliche Ministerium selbst werden im Adressvorschlage nur dunkel und in zurückhaltenden Ausdrücken erwähnt. Was aber noch am 3. März mit grosser Begeisterung aufgenommen und für einen sehr kühnen Wunsch gehalten wurde, konnte am 14. März nach den wiener Ereignissen schon nicht mehr entschieden genug scheinen. Es wurde daher jetzt nothwendig, alles dies deutlich auszudrücken, ehe die Adresse der Berathung der Magnatentafel übergeben wurde.

Die Adresse wird von den Magnaten angenommen. Die Sitzung der Magnatentafel, in welcher dies geschehen sollte, wurde am 14. März nachmittags endlich abgehalten. Der Saal war ausserhalb und innerhalb der Schranken und auf den Galerien zum Erdrücken voll. Den Platz vor dem Landhause nahm eine dichte, neugierige Menge aus allen Klassen des Volks ein. Gespannt und mit höher gestimmtem Gemüthe sah jedermann den längsterwarteten Dingen entgegen. Die Zuhörerschaft war aufgeregter als dies 1848. sonst stattzufinden pflegte, und empfing mehrere der ihres standhaften Patriotismus wegen bekannten Mitglieder der Tafel bei ihrem Eintreten mit stürmischem Éljenrufen und allen Zeichen des Beifalls. Als die Adresse endlich vorgelesen wurde, äusserte sich der Erzherzog-Palatin folgendermassen: „Von der bis zum heutigen Tage erfolgten Verzögerung der Aufnahme des eben verlesenen Adressvorschlags wage ich das Resultat zu hoffen, dass die hochgeborenen Stände sich meinen diesfälligen Rath aneignen und die Güte haben würden, diese Adresse ihrem ganzen Umfange nach anzunehmen." Und nachdem diesen Worten lebhafte Zustimmung und langdauerndes Éljenrufen gefolgt, setzte er seine unterbrochene Rede folgendermassen fort: „Indem ich daher hinsichtlich der Adresse den, wie ich hoffe, einstimmigen Beschluss der hohen Stände ausspreche, eröffne ich zugleich, dass es mein fester Wunsch, mein heisses Verlangen ist, dass dieser Reichstag ein an Resultaten reiches Ende nehme. Was ich heute versprechen kann, ist, dass ich in dieser Beziehung meinen persönlichen und amtlichen Einfluss mit selbständiger Festigkeit sicher auch in Anwendung bringen werde. Ich versichere die hohen Stände auch davon, dass ich es auch in der Zukunft für meines Amtes erachten werde, hinsichtlich unserer constitutionellen Entwickelung mit den Reichsständen Hand in Hand zu gehen."

Als dieser Beschluss den Ständen mitgetheilt ward, antworteten diese der Magnatentafel, dass sie die Adresse durch eine Reichsdeputation unter der Führung des Palatins dem Könige zu überreichen wünschten. Demzufolge begaben sich die Mitglieder der Deputation, nachdem sie in beiden Tafeln ernannt worden waren, schon des andern Tags, am 15. März, von mehrern Reichstagsmitgliedern und zahlreichen jungen Leuten begleitet, zu Schiff nach Wien. Es wandte sich so die gespannte Erwartung der Nation abermals Wien zu, wohin sie seit dreihundert Jahren keine wichtigere Adresse geschickt hatte. Hinsichtlich der Verwirklichung der nationalen Wünsche hatten indessen die wiener Ereignisse die Hoffnungen schon zu einer solchen Gewissheit gezeitigt, dass, als die Reichstagsjugend und die Bürgerschaft Kossuth am Abend des 14. März mit einem Fackelzuge beehrte, dieser keinen Anstand nahm, den an seiner Rechten stehenden Grafen Ludwig Batthyányi dem freudig bewegten Publikum als ersten ungarischen Ministerpräsidenten vorzustellen.

Die ungeheuere geistige Bewegung, welche seit Anfang März in Der 15. März Presburg im Reichstagspublikum herrschte, wurde vom ganzen Lande _{in Pesth.} mit lebhafter Aufmerksamkeit verfolgt. Die grossen Reformen, welche im Antrage Kossuth's vom 3. März enthalten waren, wurden überall mit warmer Sympathie aufgenommen. Allein nirgends war die Begeisterung so lebhaft und stürmisch wie in Buda-Pesth, der Haupt-

1848. stadt des Landes, wohin die regelmässig anlangenden Dampfschiffe alle Momente des Reichstags täglich trugen. Man kann sagen, dass auch der Reichstag selbst in der heissen Sympathie der Hauptstadt seine geistige Hauptstütze fand. Im Ellenzéki kör und im Privorszky'schen Kaffeehause, welche die Versammlungsorte der Jugend waren, fanden in diesen Tagen lebhafte politische Debatten statt. Es war natürlich, dass die Wünsche der jugendlichen Gemüther schnell jene Reformplane überflügelten, welche auf dem Reichstage in Presburg angefertigt worden waren. Sie begnügten sich nicht damit, dass die Rechte des Landes sichergestellt, seine Entwickelungsfähigkeit von den durch die wiener Regierung ihm auferlegten Fesseln befreit werden möge; sie wünschten die günstigen Umstände zu einer radicalen Umgestaltung zu benutzen. Das Erreichen des gewünschten Ziels in dieser Beziehung zu erleichtern wünschend, hielten sie es für nöthig, dass die Gesetzgebung auch auf socialem Gebiete unterstützt werde. Diese Idee wurde schnell von jenem Umstande zur Reife gebracht, dass die Magnaten die Verhandlung des Adressvorschlags der Untern Tafel solange verzögerten. Die Führer der Jugend, unter denen vor allem Alexander Petöfi, der allgemein beliebte Dichter, ferner Joseph Irínyi, Moritz Jókai, Paul Vasváry, und Julius Bulyovszky, junge, mit ausgezeichnetem Rednertalent begabte Advocaten, die hervorragendste Rolle spielten, wünschten daher dem Reichstage durch eine sociale Bewegung der Hauptstadt Vorschub zu geben, und beantragten, dem gesetzgebenden Körper eine Petition zu überreichen. Die Punkte sowol dieser Vereinbarung als auch der Petition schlugen sie, deren eindringlicherer Erörterung wegen, im Ellenzéki kör öffentlich an, und dem Beispiele der französischen Hauptstadt folgend, eröffneten sie einen Subscriptionsbogen zu einem Reformbanket.   .

Infolge dessen wurde am 12. März in den Sälen des Ellenzéki kör eine Volksversammlung abgehalten, in welcher von Joseph Irínyi die folgenden zwölf Punkte vorgelesen wurden, um als Petition dem Reichstage vorgelegt zu werden:

„Was wünscht die ungarische Nation?

Es möge Frieden, Freiheit und Eintracht herrschen.

1) Wir wünschen Pressfreiheit und Abschaffung der Censur.

2) Ein verantwortliches Ministerium in Buda-Pesth.

3) Einen jährlich in Pesth abzuhaltenden Reichstag.

4) Gleichheit vor dem Gesetze in bürgerlicher und religiöser Beziehung.

5) Nationalgarde.

6) Gemeinsame Betheiligung an den Lasten.

7) Aufhebung der Urbariallasten.

8) Geschworenengerichte auf Grundlage der Vertretung und 1848.
Gleichheit.

9) Eine Nationalbank.

10) Das Militär soll den Schwur auf die Verfassung leisten; unsere ungarischen Soldaten möge man nicht ins Ausland schicken; die ausländischen schaffe man weg.

11) Die politischen Staatsgefangenen mögen freigelassen werden.

12) Wir wünschen die Union mit Siebenbürgen.

Gleichheit, Freiheit, Brüderlichkeit."

An dieser Versammlung nahmen auch zahlreiche ältere, übrigens der Oppositionspartei angehörende Patrioten theil, die, das heisse Blut der Jugend beschwichtigend, diese Petition noch für vorzeitig und für unsere Umstände nicht passend erklärten, und in einer spätern Volksversammlung, am 14. März, durch die Majorität den Antrag durchsetzten, dass die Petition nicht dem ganzen gesetzgebenden Körper, sondern dem Oppositionscomité zugesendet, und die Unterzeichnung derselben nur auf dem Wege der durch dasselbe zu bewirkenden Agitation begonnen werden möge.

Indessen hatten die am 14. März abends angelangten Nachrichten von den wiener Ereignissen vom 13. die Jugend so sehr elektrisirt, dass diese, am andern Tage früh sich unter dreifarbigen Fahnen versammelnd, von Petöfi und Jókai geführt, in den Gassen einen jubelnden Umgang hielt. Ihnen schlossen sich bald darauf die Studirenden der drei obersten Klassen der Universität und zahlreiche Männer aus allen Altersstufen an. Die Menge nahm ihren Weg in die Hatvanergasse, blieb vor der Landerer'schen Druckerei stehen, und forderte mit grossem Lärm die Drucklegung der mitgetheilten zwölf Punkte und eines neuen Revolutionsgedichts Petöfi's. Da jede Weigerung nutzlos blieb, wurde deren Druck sofort in Angriff genommen. Bis zur Beendigung der Arbeit brach die Begeisterung der jugendlichen Gemüther in zahlreichen Reden hervor. Nachmittags versammelte sich, ungeachtet des dicht strömenden Regens, eine grosse Volksmenge aus allen Klassen der städtischen Bevölkerung auf dem Platze vor dem Stadthause und in den Sälen desselben, wo der Magistrat und die gewählte Bürgerschaft eine öffentliche Generalversammlung abhielt. Die zwölf Punkte wurden der Versammlung vorgelegt und einstimmig angenommen, die an den Reichstag zu richtende Petition aber vom Bürgermeister Franz Szepessy im Namen des Magistrats und der Bürgerschaft sofort unterschrieben. Das Gesuch wurde sodann durch eine Commission an die Stände abgeschickt, zugleich aber auch der König gebeten, dass er die Gnade haben möge, den Reichstag baldmöglichst in die Hauptstadt zu versetzen.

Dass das Toben der stets anwachsenden Volksmenge nicht in

die allgemeine Sicherheit gefährdende Ausschreitungen ausartete, ist hauptsächlich zwei Männern zu verdanken. Der eine derselben ist Gabriel Klauzál, der als Deputirter des csongráder Comitats und einer der Oppositionsführer schon auf mehrern Reichstagen eine ausgezeichnete Rolle gespielt hatte, jetzt indessen, infolge der von der Regierungspartei ausgeübten Bestechungen, bei der Deputirtenwahl für den Reichstag durchgefallen war und sich gegenwärtig eben in der Hauptstadt aufhielt. Der zweite war Paul Nyáry, der sehr energische zweite Vicegespann des pesther Comitats. Diese Männer sahen sehr bald die Wichtigkeit des Augenblicks ein und ergriffen mit Entschiedenheit die Zügel der Bewegung der Jugend, bald auch des Volks. Infolge des von ihnen in der öffentlichen Sitzung auf dem Rathhause gestellten Antrags wurde zur Aufrechthaltung der Ordnung und öffentlichen Sicherheit unter dem Vorsitz des Vicebürgermeisters Leopold Rottenbiller ein aus vierzehn Mitgliedern bestehendes permanentes Comité gewählt, welches theils aus Beamten, theils aus andern städtischen Einwohnern zusammengesetzt, fernerhin die öffentlichen Angelegenheiten der Hauptstadt ausschliesslich leiten sollte. Mitglieder dieses Comité wurden unter andern auch Klauzál und Nyáry.

Auf Wunsch des Volks wurde aus dem Comité sofort unter der Führung Paul Nyáry's eine Deputation nach Ofen an den einstweiligen Präsidenten des Statthaltereiraths abgeschickt, um auszuwirken, dass die Pressfreiheit auch von diesem Dicasterium ausgesprochen, und Michael Stancsics, der eines seiner Werke wegen seit mehrern Monaten in der sogenannten Wasserkaserne gefangen gehalten wurde, freigelassen werde. Die Deputation begleitete eine grosse Volksmenge, diese allgemeinen Wünsche, wenn es nothwendig sein sollte, auch mit Gewalt durchzusetzen, zu welchem Zwecke sie die Höfe und Gänge des Statthaltereirathgebäudes ganz besetzte.

Graf Franz Zichy, der einstweilige Präsident des Statthaltereiraths, hielt, das Verlangen des Volks vernehmend, mit einigen Mitgliedern des Dicasteriums sofort eine Berathung ab. Die Regierungsbehörde, deren Mitglieder von der Nachricht der im Auslande überall so siegreichen Revolution in Schrecken versetzt waren und einen gewaltthätigen Angriff der Volksmassen befürchteten, willigte in alles. Ausser der Aufhebung der Censur und der Freilassung Stancsics' versprach sie auf Wunsch der Deputation auch noch, dass das Militär einzig und allein dann würde zur Anwendung gebracht werden, wenn dies die Behörde der Stadt Pesth verlangen sollte. Die befriedigte, in ihrer Freude jauchzende Volksmenge zog sogleich zu Stancsics' Gefängniss und begleitete ihn, nachdem er auf Befehl des Dicasteriums freigelassen worden war, noch denselben Abend bei dem Lichte zahlreicher Fackeln, unter lärmenden Freudenausbrüchen, nach Pesth hinüber, und gab ihn seiner Familie 1848. zurück.

Infolge dessen, dass der Statthaltereirath versprochen hatte, das Militär werde sich ohne Aufforderung von seiten des Stadtmagistrats in die Aufrechthaltung der Ordnung nicht mischen, wurde als Garantie dafür die Anzahl der pesther Bürgermiliz aus den Einwohnern der Stadt um 1500 Mann vermehrt, und der Name derselben in den einer Nationalgarde verwandelt. Die friedlich, ohne alle Ruhestörung erkämpften Reformen gab das Comité den Bürgern in einer Kundmachung bekannt, welche mit den Worten schliesst: „Mitbürger! Unsere Losungsworte sind: Es lebe der König! Constitutionelle Reform, Freiheit, Gleichheit, Friede und Ordnung!" Dieser Erfolg des allgemeinen Aufflammens elektrisirte alle Klassen der städtischen Bevölkerung, welche sodann ihre heissen Gefühle durch verschiedene äussere Zeichen an den Tag legte. Die Hüte wurden mit Nationalcocarden geschmückt, und die öffentlichen und Privatgebäude mit einer ungeheuern Anzahl von Nationalfahnen versehen; die Stadt wurde abends glänzend beleuchtet, in den Theatern patriotische Gedichte declamirt und Lieder gesungen. Und während alles dieses wurde die Ordnung nirgends nicht einmal auf einen Augenblick gestört.

Indessen müssen wir hier erwähnen, dass an dieser geistigen Bewegung anfangs einige Tage lang keineswegs die ganze Einwohnerschaft der Stadt theilnahm. Der grösste Theil derselben, die gewerbliche Klasse deutschen Ursprungs, besonders die reichern Bürger, spielten, wenn sie sich der Bewegung vielleicht auch freuten, dennoch zumeist nur die Rolle der Zuschauer, obwol es auch unter ihnen nicht an solchen fehlte, die, von Freiheitsliebe durchdrungen, den 15. März als den Anfang einer in jeder Beziehung bessern Zeit begrüssten und sich der Bewegung von Herzen anschlossen. Die engherzigen Einrichtungen, welche die Regierung eifersüchtig zu bewahren bestrebt war, hatten in den Städten bisher die Entwickelung eines lebhaftern politischen Lebens nicht aufkommen lassen, und besonders die Gewerbsklasse ihrer Einwohnerschaft blieb jenen politischen Kämpfen, welche die Nation mit der Regierung schon seit mehrern Jahren, besonders auf den Reichstagen kämpfte, grösstentheils fremd und ohne Interesse. Indessen wurden auch diese von Tag zu Tag immer mehr in das allgemeine Interesse hineingezogen, und der Geist der Freiheit brachte nach und nach auch in ihrem Gemüthe eine solche Veränderung hervor, dass sodann auch aus ihren Reihen sich immer mehrere der Bewegung anschlossen, später aber mit den Ungarn wetteiferten.

Indessen betrachtete das Sicherheitscomité, dessen Mitglieder in den folgenden Tagen auf mehr als funfzig vermehrt wurden, nicht

1848. allein die Aufrechthaltung der Ruhe und öffentlichen Sicherheit als
seine Aufgabe, sondern während es an derselben mit unermüdlichem
Eifer thätig war, wandte es andererseits seine Aufmerksamkeit darauf, der gesammten Bewegung eine Richtung zu geben und dadurch
das Gewicht der reichstäglichen Beschlüsse auch von seiten des Volks
zu vermehren. Unter den zahlreichen auf dieses Ziel gerichteten Ver-
anstaltungen desselben sind vorzüglich jene erwähnenswerth, wodurch
es bei dem Statthaltereirathe durchsetzte, dass anstatt der an den
öffentlichen Gebäuden bisher im Gebrauch gewesenen schwarzgelben
dynastischen Farben und Doppeladler fernerhin die nationale Trico-
lore und das Wappen Ungarns ausgesteckt werde; bei der königlichen Kammer an die Stelle der bisher gebrauchten lateinischen
Sprache, im Sinne der Gesetze, sofort die ungarische zu treten habe;
ferner, dass die von der Regierung als Vorläufer des einzuführen
beabsichtigten Tabacksmonopols aufgestellten Trafiken, welche zu dieser
Zeit dem Volke leicht Anlass zur Gereiztheit hätten geben können,
sogleich geschlossen, und die unter der wiener Verwaltung stehenden, in Bezug auf das Land moralisch und materiell schädlichen
Lotterien und Verlosungen abgeschafft werden möchten. Sein Haupt-
augenmerk wandte indessen das Centralcomité dem Inslebentreten der
Nationalgarde zu, welche sodann sogleich in den ersten Tagen sich
zu einer solchen Zahl erhob, dass der Reichstag im Fall der Noth
in dieser Beziehung auf die Hauptstadt schon als auf eine nicht zu
verachtende Macht hätte zählen können.   Die Wichtigkeit in der
nationalen Bewegung vermehrte jedoch noch der Umstand, dass auf
ihr Beispiel in andern Städten und Comitaten ähnliche Comités entstanden, welche sodann die Macht der municipalen Körper an sich
rissen.   Diese Provinzialcomités erkannten zwar, infolge der Munici-
paleinrichtung des Landes und der überwiegenden Sympathie für dieselbe, die Macht des pesther Comité nicht als über sich stehend an;
dessenungeachtet begrüssten sie die Schritte desselben mit Freude, ja
traten mit ihm in engere Verbindung, eigneten sich die Verfügungen
desselben an und organisirten nach dem Beispiel desselben die Nationalgarde.

Jene Versicherungen, welche das pesther Centralcomité aus den
Städten und Comitaten in der Provinz über das Einverständniss derselben täglich in stets grösserer Anzahl erhielt, verliehen demselben
schon einigermassen den Schein einer sich über das ganze Land ausdehnenden Gewalt.   Und es fehlte auch nicht an unruhigen Gemüthern, die den Schein dieser sich über das ganze Land ausdehnenden
Macht des Centralcomité, welche, sofern sie wirklich bestand, doch
nur eine moralische sein konnte, zur Wirklichkeit umzuändern, und
das Comité unter dem Vorsitze Nyary's zur provisorischen Regierung
zu proclamiren wünschten. Und obwol dies auch nicht geschah, so

ist es dennoch unzweifelhaft, dass ein grosser Theil des Comité und im allgemeinen der Führer der pesther Bewegung von Unzufriedenheit und einem gewissen wetteifernden Verlangen dem Reichstage gegenüber erfüllt war, welchen letztern man mehr revolutionär gewünscht hätte. Hieraus erfolgte, dass sich in Pesth schnell jeder Wunsch zu verbreiten anfing, dass der Reichstag, der nur aus Ständen besteht und demnach die Interessen des gesammten Volks eigentlich nicht einmal vertreten kann, sobald als möglich auseinandergehen, und ein anderer auf Grundlage der Volksvertretung nach Pesth einberufen werden möge. Und da dies nicht geschah, so verrieth ein Theil des Comité, sich für einen treuern Ausdruck der Volksinteressen betrachtend, eine gewisse Lust, dem Reichstage gegenüber eine Rolle im Lande zu spielen. Und man kann sagen, dass dieser Kitzel bei den meisten nur von der Verehrung für Kossuth gemässigt wurde, dessen Namen diese unruhigen Gemüther bis in den Himmel erhoben. Ohne das Ansehen Kossuth's hätte aus dieser Richtung in der Hauptstadt, deren Wichtigkeit unter den aussergewöhnlichen Umständen, wie wir später sehen werden, auch der Reichstag anerkannte, ja vielleicht sogar überschätzte, sich später einige Gefahr, wenigstens Verwirrung entwickeln können.

Die reichstägliche Deputation, welche aus 13 Ober- und 59 Unterhausmitgliedern bestand, und der sich ausser zahlreichen andern Mitgliedern der Gesetzgebung von der Reichstagsjugend etwa 200 angeschlossen hatten, langte in Wien in eben dem Augenblicke an, als den deutschen Erbländern, nach dreitägigem Schwanken, durch den Kaiser die Verleihung einer Constitution versprochen wurde. Hofpublicisten und andere Schriftsteller haben das Erscheinen der ungarischen Deputation am 15. März in Wien so dargestellt, dass diese den Wienern, die im geheimen von Ungarn aus aufgereizt worden wären, zu Hülfe gekommen sei, um die Verfassung durchzusetzen. Zur Widerlegung dieser Behauptung genügt es, darauf aufmerksam zu machen, dass es nicht die freisinnige, sondern eben die Hofpartei war, welche die Absendung der Adresse bisher verzögert hatte, und die Reformpartei zur Heraufsendung derselben die erste Zeit ergriff, welche ihr die Opposition der Hofpartei überliess. Die Wiener schwelgten eben im ersten Freudentaumel über den Besitz der Verfassung, als die Schiffe, welche die Deputation trugen, vor Anker gingen. Das in Seligkeit schwebende Volk begrüsste mit überströmender Freude die in Ziel und Streben verwandten Ungarn, welchen es ohnehin zu der Anerkennung dessen verpflichtet war, dass sie seine constitutionelle Freiheit eher betrieben hatten, als es dieselbe öffentlich auch nur zu erwähnen wagte. Den Wagen des Erzherzog-Palatins, welchem die Pferde ausgespannt wurden, zogen die Bürger in die Burg; die andern Abgeordneten begleiteten ungeheure Volks-

1848.

Das Vorgehen der Reichstagsdeputation in Wien.

massen in ihre Absteigequartiere. Auf dem Wege dahin brach die stürmische Freude von den Lippen des Volks in tausend und tausend Éljenrufen. Und als die Abgesandten in ihren Quartieren ankamen, wollte die Volksmenge Reden hören von den ungarischen Rednern. In der Bürgerschaft war die Achtung und Verehrung insbesondere für die Person Kossuth's unbegrenzt; denn Kossuth war es, der durch seine Rede vom 3. März, in welcher er auch für die Wiener eine Verfassung zu erbitten beantragte, auch ihre Thatkraft erweckt hatte. Diese stürmische Freudenbezeigung und Huldigung der Wiener der ungarischen Abordnung gegenüber kam indessen nicht so sehr den Personen, die sie mit Ausnahme einiger kaum dem Namen nach kannten, als vielmehr jener moralischen Kraft zu, welche sie in den ungarischen Repräsentanten der Freiheit enthalten zu sein erkannten. Dieses Volk, welches das seelenerhebende Gefühl des Besitzes politischer Rechte erst seit einigen Tagen gekostet hatte, fühlte sich gleichsam ermuthigt durch die Ankunft dieser Hand voll Abgeordneter der um Recht und Freiheit schon lange kämpfenden und diese auch in hohem Masse geniessenden ungarischen Nation. In dieser schönen und erhabenen Scene, als in dieser Weise die zwei Nachbarnationen in brüderlicher Liebe und gegenseitigen Siegeswünschen sich vereinigten, lag das deutliche Zeugniss dessen, dass jenes naturwidrige Verhältniss, welches auf der Unterordnung eines Volks dem andern gegenüber begründet war, nicht in den Wünschen und Interessen des wiener Volks selbst, sondern blos in den Wünschen und Interessen jener wurzelte, die die willkürliche Gewalt handhaben. Das wiener Volk fühlte in diesen Augenblicken, dass jenes unglückselige Verhältniss nur das Werk des Despotismus der Bureaukratie sei, und nur zum Besten dieser diene, und dass der von Gott bestimmte Beruf der verschiedenen Völker: Unabhängigkeit nebeneinander, gegenseitige Achtung der Rechte, gegenseitige Hülfe, gegenseitiger Wetteifer in der Entwickelung aller Segnungen des Wohlstandes, der Bildung und Freiheit sei. Dem wiener Volke war jede nach Suprematie strebende Eifersucht so sehr fremd, dass Kossuth, der, während der in Wien verbrachten zwei Tage aufgefordert, mehrmals Ansprachen an das Volk hielt, mit seiner mächtigen Beredsamkeit, wenn er gewollt hätte, einen entscheidenden Einfluss auf die Entwickelung der österreichischen Ereignisse hätte nehmen können. Er bediente sich dieser ihm von den Umständen in die Hand gespielten Macht nicht, denn er glaubte den Versprechungen des Hofes und begnügte sich mit dem Siege, welcher durch dieses Versprechen gesichert ward.

Der 16. März. Die Deputation wurde des andern Tags beim Könige vorgelassen und der Erzherzog-Palatin bat, die Adresse überreichend, denselben in einer ergreifenden Rede um Erfüllung der Nationalwünsche. Die Antwort Ferdinand's war in ungarischer Sprache und kurz; er sagte,

dass er der ungarischen Nation für die Versicherung ihrer Treue 1848.
danke, ihren Wunsch baldigst zu erfüllen wünsche, und wie er stets
Vertrauen in seine ungarische Nation gesetzt habe, so rechne er
auch für die Zukunft auf ihre Treue. Die Deputation nahm zwar
die Antwort des Königs mit Zufriedenheit auf; aber dadurch war
für das Land eigentlich noch gar nichts gewonnen. Daher bestrebten sich mehrere Mitglieder der Abordnung, denen ihres persönlichen
Credits wegen die Thüren bei Hofe offen standen, diesen Vortheil
in energischer Weise dazu zu benutzen, um die zähern Mitglieder
der kaiserlichen Familie und manche einflussreichern Würdenträger
am Hofe von der Rechtmässigkeit der Wünsche, von der Nothwendigkeit des Nachgebens zu überzeugen. In dieser Beziehung leisteten ausser dem Erzherzog Stephan insbesondere Graf Stephan Széchenyi und Fürst Paul Eszterházy der Sache nützliche Dienste. Der
letztere bat um Einlass beim Erzherzog Ludwig und antwortete, als
er zum Warten angewiesen wurde, in scharfer Weise: dass jetzt keine
Zeit sei, sich an die Regeln der Hofetikette zu halten, da vom Behalten oder Verlieren einer Krone die Rede sei.

Die übrigen Mitglieder der Abordnung brachten den Tag, trotz
dieser Privatbestrebungen ihrer Gefährten, in gespannter Erwartung
zu. Die Wünsche der Nation, obgleich ihre Rechtmässigkeit niemand
in Abrede stellen konnte, trafen lange Zeit auf Widerstand bei Hofe.
Bis spät abends kamen immerfort wechselnde Nachrichten vom Hofe,
welche bald Hoffnung, bald wieder Zweifel erweckten. Jetzt erzählte
man sich, dass einer oder der andere Erzherzog gegen die Forderungen der Ungarn agitire; bald verbreitete sich das Gerücht, dass auch
schon die persönliche Sicherheit der Mitglieder der Abordnung in Gefahr schwebe. Unter diesem Wogen zwischen Hoffnung und Besorgniss löste der Erzherzog-Palatin sein den Vertretern der Nation gegebenes Versprechen treulich ein. Der Deputation neuerdings die
Versicherung gebend, dass er, wenn die Wünsche des Landes ver-
weigert werden sollten, sein Amt sogleich niederlegen werde, strengte
er alle Kräfte an, um den Widerstand einiger Mitglieder der Dynastie zu überwinden. Am Morgen des andern Tags endlich krönte
die angestrengten Bemühungen ein befriedigender Erfolg: vom Könige
gelangte folgendes Schreiben an den Palatin:

„Lieber Vetter, durchlauchtigster Herr Erzherzog
und Palatin!

„Aus jener unterthänigen Adresse, welche Ich im Namen der
Stände Meines Königreichs Ungarn durch Ew. Liebden zu Handen
empfing, die Wünsche der treuen ungarischen Nation ersehend, säume
Ich nicht, der reinen Einflüsterung Meines väterlichen Herzens gemäss zu erklären, dass Ich der Erfüllung aller jener Wünsche, von

welchen das Wohl und das constitutionelle Aufblühen Meines geliebten Ungarn jetzt schon bedingt ist, gerne Meine Sorgen zuwenden
werde. Und aus diesem Grunde mache Ich Ew. Liebden zu wissen:
dass, nachdem Ew. Liebden, als der durch den einhelligen Wunsch
der Reichsstände gewählte und durch Mich bestätigte Palatin und
königlicher Statthalter, im Sinne der Gesetze mit voller Macht versehen sind, dieses Reich sammt den damit verbundenen Landestheilen, bei unversehrter Aufrechthaltung der Einheit der Krone und des
Verbandes mit- der Monarchie, während Meiner Abwesenheit vom
Lande nach den Normen des Gesetzes und der Verfassung zu regieren: Ich geneigt bin, den Wunsch der getreuen Landstände hinsichtlich der Bildung eines dem Sinne der vaterländischen Gesetze gemäss verantwortlichen Ministeriums anzunehmen; Ew. Liebden zugleich ermächtigend, Mir zu diesem Zwecke aus den von Ew. Liebden Mir benannten Männern vollkommen taugliche Individuen zu bezeichnen; zugleich mögen aber Ew. Liebden dahin wirken, dass hinsichtlich des Wirkungskreises derselben passende Gesetzvorschläge mit
gehöriger Würdigung jenes auch von den Ständen in richtiger Weise
hochgehaltenen engsten Verbandes, welcher zwischen Meinen durch
die pragmatische Sanction vereinigten und zu Meiner väterlichen Sorgfalt gleichberechtigten Erbländern besteht, — mit den übrigen in der
Reichsadresse berührten Gesetzvorschlägen von den Reichsständen entworfen und Meiner fernern Entschliessung unterbreitet werden mögen.
Geben Ew. Liebden den Inhalt dieser Meiner Zeilen, der aus Meinem vorsorglichen Gefühle hinsichtlich des zu jeder Zeit väterlich gehegten Wohls Meines geliebten Ungarn stammt, als Meine auf die
Mir durch Ew. Liebden unterbreiteten Wünsche ertheilte Allerhöchste
Antwort, den Reichsständen zur Wissenschaft.   Wien, 17. März 1848.
Unterzeichnet Ferdinand m. p.“

Das königliche Rescript entsprach den Wünschen der Nation vollkommen: die unabhängige Regierung des Reichs, unter deren Bedingung die Nation vor 300 Jahren die Familie Habsburg auf den
königlichen Thron berufen hatte, und für welche infolge der willkürherrschaftlichen Bestrebungen der die Verträge verletzenden Könige
so oft und so viel Blut floss, wurde endlich in friedlicher Weise, in
den strengen Schranken gesetzlicher Formen errungen.

Der Palatin ernannte gemäss der infolge des königlichen Rescripts enthaltenen Macht den Grafen Ludwig Batthyányi, das Haupt
der bisherigen Opposition, den er zu diesem Zwecke dem Könige
schon genannt hatte, noch an demselben Tage zum Ministerpräsidenten und betraute ihn mit der Bildung des Ministeriums. Die
Abordnung kehrte gleichfalls noch an demselben Tage unter die in
Freude schwimmenden Bewohner Presburgs zurück.

Da die Gemüther in Presburg dadurch, dass der Erzherzog-Palatin Stephan zum bevollmächtigten Statthalter, Graf Ludwig Batthyányi aber zum Ministerpräsidenten ernannt wurden, vollständig befriedigt worden waren, hielt es der neue Ministerpräsident und auch der Reichstag selbst für das Dringendste, die Hauptstadt, aus welcher während dieser Zeit einigermassen beunruhigende Nachrichten angelangt waren, zu beruhigen. Zu diesem Zweck wurde am 18. März unter der Führung des Tavernikus Grafen Gabriel Keglevich eine Reichstagsabordnung in die Hauptstadt geschickt, von wo gleichfalls an demselben Tage eine Deputation mit den Wünschen der Bürgerschaft und Universität in Presburg ankam. Das Unterhaus machte die Abordnung der Hauptstadt der aussergewöhnlichen Ehrenbezeigung theilhaftig, dass es dieselbe in seiner eigenen Sitzung anzuhören beschloss. Damit jedoch das Sicherheitscomité der Hauptstadt aus dieser Auszeichnung keinen neuen Grund schöpfe und keine Aneiferung zur Fortsetzung jener Rolle erblicke, gemäss welcher dasselbe hinsichtlich der Leitung der nationalen Bewegung dem Reichstag gegenüber gleichsam eine concurrirende Stellung in Anspruch zu nehmen schien: so richtete Kossuth, der der Abordnung im Auftrag des Hauses antwortete, an dieselbe sehr ernste, man kann sagen harte Worte. Nachdem er nämlich die Sympathie der Hauptstadt für jene Reformen, welche sich der Reichstag zur Aufgabe gestellt, hervorgehoben und den an den Tag gelegten Eifer der Hauptstadt in der Aufrechthaltung der zur Befestigung der Freiheit unentbehrlichen Ordnung lobend erwähnt hatte: wollte er zugleich auch jene Meinung widerlegen, als ob der Reichstag zu seinen schon mit Erfolg gekrönten Handlungen den Antrieb durch die pesther Bewegung erhalten hätte; für die Zukunft aber wollte er der Ueberflügelung des reichstäglichen Wirkens durch die Hauptstadt zuvorkommen. Er hoffe — sagte er — dass Pesth seine Erklärung würdigen werde, gemäss welcher er Pesth zwar für das Herz des Reichs halte, als Gesetzgeber aber demselben nicht folgen werde; die ungarische Nation will gemeinsame Freiheit, gemeinsames Recht, und diese Nation ist das Ganze des Reichs und nicht eine Stadt oder eine Kaste. Er hofft, sie theilten auch das Gefühl, dass hier nur die gesammte Nation diejenige sei, welcher es gebührt, über das Schicksal des Reichs zu verfügen, und dass diese Nation stark und mächtig genug ist, um jedermann zu zertreten, jeden Einzelnen, jede Kaste, jedes einzelne Municipium, welches sich beikommen lassen könnte, Widerstand zu leisten. Er erklärte übrigens, dass der Reichstag auch jetzt mit ebenden Gegenständen beschäftigt sei, welche in der pesther Petition enthalten sind. Durch diese harte Erklärung Kossuth's fühlte sich besonders der Präses des pesther Sicherheitscomité, Paul Nyáry, verletzt. Dies war sodann die erste Quelle jenes Hasses und jener Opposition, welche später Nyáry bis

1848. zum Ende bei jeder Gelegenheit Kossuth gegenüber an den Tag legte. Vergrössert wurden dieselben in ihm auch noch vom Instinct der verletzten Eitelkeit und Ambition, welcher zufolge er nach seiner unstreitig nützlichen und energischen Wirksamkeit in der Hauptstadt auf ein Ministerportefeuille gerechnet hatte. Da dieses sein Verlangen nicht erfüllt ward, nahm er auch das Amt eines Staatssecretärs, welches man ihm angeboten hatte, nicht an; und später, als der Reichstag in Pesth eröffnet wurde, schloss er sich der Opposition an und blieb bis zuletzt Führer derselben.

Zweites Kapitel.

Die Beendigung der staats- und privatrechtlichen Reformen.

Nachdem die königliche Resolution, welche in die Errichtung Die Wirksamkeit des Reichstags als Constituante. des verantwortlichen Ministeriums einwilligte und den Palatin in der Abwesenheit des Königs mit der Ausübung der vollziehenden Gewalt bekleidete, der Nation alles verlieh, was sie von Wien erwartete: war es nunmehr die grossartige und schwere Aufgabe des Reichstags geworden, das neue Regierungssystem wenigstens in seinen Hauptzügen durch ein Gesetz zu begründen und Ordnung in die Freiheit zu bringen, ohne dass die letztere der Ordnung zu Liebe einen wie immer kleinen Theil ihrer selbst oder ihre Sicherstellung verlöre. Die Gesetzgebung gestaltete sich daher im Gefühl dieser grossen Aufgabe zu einer constituirenden. Nachdem das Selbstverfügungsrecht der Nation über ihr eigenes Schicksal erkämpft und jene Rechte, welche bisher im Besitz einzelner Klassen waren, als Eigenthum des gesammten Volks auf alle Klassen ausgedehnt worden waren: so flossen aus dem Brennpunkt dieser zwei grossen Principien alle diejenigen Schritte, welche zur Sicherstellung des ins Leben getretenen Staats- und Privatrechts erforderlich wurden. Aber vor allem war es den Reichsständen unmöglich, nicht zu fühlen, dass sie jetzt, da das Vertretungsrecht Eigenthum aller Klassen geworden war, da die demokratischen Principien einen vollständigen Sieg feierten, als Ausflüsse der ·Aristokratie allein ohne Unbescheidenheit in allem über das Schicksal der Nation nicht verfügen dürften. Diesen ständischen Reichstag aufzulösen und auf Grundlage ·der Volksvertretung einen neuen einzuberufen, bis das Ministerium sich gebildet und die Regierung übernommen, wäre jedoch nicht nur gefährlich, sondern auch durchaus unmöglich gewesen, da über die Volksvertretung und deren Organisation noch kein Gesetz bestand. Aus diesen Gründen wurde es zum Beschluss, dass dieser ständische

35 *

1848. Reichstag seine Thätigkeit nur auf dasjenige ausdehnen möge, was hinsichtlich des Inslebentretens des neuen Regierungssystems, der Sicherstellung der nationalen Freiheit und Unabhängigkeit und der neugewonnenen Rechte der bisher rechtlosen Volksklassen unerlasslich dem Gesetz einverleibt werden müsse. Als einiger Ersatz für den Mangel der Volksvertretung wurden einstweilen, solange dieser Reichstag der Schaffung dieser nothwendigen Gesetze wegen zu wirken bemüssigt wäre, die städtischen und geistlichen Vertreter mit ebenso vollem Stimmrecht versehen, wie solches die Abgeordneten der Comitate besassen.

Die Gesetzgebung, in ihrem Wirken von dieser Richtung ausgehend, unterbreitete, während einerseits die grosse, eine eingehendere Erörterung erfordernde Arbeit der Organisirung des Ministeriums und der Volksvertretung im Verlauf war, in der Angelegenheit der ohnehin schon genügend erörterten staats- und privatrechtlichen Reformen zahlreiche Gesetzvorschläge dem König.

Gleiche Betheiligung an den Lasten; Aufhebung des Urbariums und des Zehnts. Und zwar wurden, nachdem das Princip der Aufhebung der Adelsprivilegien und feudalen Verhältnisse ausgesprochen worden war, die Gesetzvorschläge von der gemeinsamen Betheiligung an den Lasten, von der Aufhebung des Urbariums und des geistlichen Zehnts ohne jede lange Debatte und Widerstand gebracht. In Betreff des Urbariums wurden die bisher im Gebrauch gewesenen Unterthanendienste und Leistungen für ewige Zeiten abgeschafft; die Entschädigung der einzelnen Grundherren wurde unter den Schirm der Nationalehre gestellt und als durch den Staat zu leistend beschlossen; die Ausarbeitung der Principien und Einzelheiten der Entschädigung wurde indessen auf den künftigen Reichstag verschoben. Damit nicht jedoch dann, wenn das Besitzrecht für die untern Klassen des Volks gesichert worden, die durch das Aufhören der Urbarialverhältnisse auch ohnehin wenigstens für einige Zeit eine grosse Erschütterung erleidende Adelsklasse in Beziehung ihres Vermögens dem Verfall entgegengehe, wurde das Recht, den Grundherren das Schuldenkapital aufzusagen, bis zur Verfügung eines später zu schaffenden Gesetzes suspendirt; endlich wurde zur Beruhigung des Gemüths der in ihren Vermögensverhältnissen erschütterten Grundbesitzer zur Errichtung des vom künftigen Reichstag zu organisirenden Creditinstituts in vornhinein eine halbe Million Gulden bestimmt.

Hinsichtlich des Zehnts brachte auch die Geistlichkeit um der Ruhe des Vaterlandes willen das von ihr geforderte Opfer: Lonovics, Rudnyánszky und die andern Bischöfe entsagten freiwillig dem Recht der Einsammlung des Zehnts, welches die Kirche besessen hatte. Andererseits wurde jener Wunsch des hohen Klerus, dass der Staat für die niedere Geistlichkeit, von welcher ein Theil durch den Verlust des Zehnts seiner Lebensbedürfnisse beraubt ward, Sorge tragen.

möge, von allen Seiten mit Billigung aufgenommen. Ebenso wurde 1848. auch jenen Privatfamilien, welche entweder durch ewige Pachtung oder durch königliche Donation im Besitz des geistlichen Zehnts waren, Entschädigung zugesagt.

Da die Ruhe des Volks durch diese hochwichtigen privatrecht- *Die Union* lichen Reformen gesichert war, wurden im Verlauf der die Organi- *mit Sieben-* *bürgen.* sation der neuen Regierung betreffenden Arbeiten hinsichtlich mehrerer staatsrechtlicher Reformen Gesetzvorschläge angefertigt. In dieser Beziehung sind besonders erwähnungswerth die die Union mit Siebenbürgen, die Regulirung der Städte, die Nationalgarde und die Presse betreffenden Gesetzvorschläge. Hinsichtlich des ersten sprach die Gesetzgebung zwar die Vereinigung mit Siebenbürgen principiell aus, fand jedoch, die gleichfalls in Ausübung befindlichen constitutionellen Rechte dieser Provinz respectirend, für nothwendig, dass das Gesetz des Mutterlandes auch auf dem Landtag der Provinz freiwillig angenommen werde. Zu diesem Zweck wurde der König durch eine Adresse gebeten, dass er in Siebenbürgen, damit sich dieses über die Union äussern könne, sofort den Landtag verkündigen möge.

Da die Frage der Regulirung der Städte, welche schon auf *Die An-* mehrern Reichstagen Gegenstand so heftiger Debatten war, infolge *gelegenheit* *der Städte.* der Aufstellung der allgemeinen Volksvertretung von allen jenen Schwierigkeiten befreit war, welche bisher die Verbindung derselben mit der Centralregierung und ihre Vertretung in der Legislative verursacht hatte, wurde das allgemeine Wahlrecht den Principien des Municipalrechts gemäss in den neuen Gesetzvorschlag aufgenommen. Der das Wahlrecht betreffende Punkt indessen wurde zur Quelle eines unerwarteten, bedauerlichen Ereignisses. Dieses Recht gründete der Gesetzvorschlag, wiewol bei einigem Census, jedoch auf sehr breiter Grundlage, ohne jede Rücksicht auf den Religionsunterschied, sodass dasselbe auch den Juden verliehen wurde, inwiefern diese die übrigen nothwendigen Qualificationen besassen. Blinder Glaube und engherzige Befangenheit benutzten diesen Gesetzvorschlag sogleich als Vorwand, um ihren Hass auf die Juden auszugiessen, die, die Umgestaltung des Reichs *Verfolgung* *der Juden.* auch in Bezug auf ihren ausser dem Gesetz stehenden unterdrückten Zustand als einen Tag der Erlösung begrüssend, die Bewegung mit eifriger Theilnahme und warmer Sympathie begleiteten. Die vorurtheilsvollen untern Klassen der Gewerbtreibenden Presburgs, die die Zunahme und den materiellen Aufschwung der geschickten Israeliten in der Stadt schon seit lange mit schelen Augen betrachteten, wollten nicht dulden, dass die Juden durch dieses Gesetz mit ihnen mit gleichen Rechten betheiligt würden, und griffen am Abend des 19. und 20. März in wüthenden Haufen die Wohnungen der Juden an, zerstörten das Eigenthum und fügten den Personen derselben die wildesten Beleidigungen zu. Nur die bewaffnete Macht konnte

1848. diesen blutigen Ausbruch des Vorurtheils und des dem schmuzigsten
Interesse entsprungenen Hasses zügeln, bei welcher Gelegenheit die
Reichstagsjugend in der Wiederherstellung der Ordnung schöne Zeichen ihres Muthes, ihrer unbefangenen Menschenliebe gab. Aber
leider, ausser diesen wilden Ausschreitungen brach der Hass- gegen
die Juden auch in anderer Gestalt aus. Ein Theil der Einwohner
Presburgs schämte sich nicht, die Ausübung der für sie selbst er-
weiterten Freiheit zur Verfolgung ihrer Nebenmenschen einer ohnehin
unterdrückten Klasse anzuwenden. Sie hielten eine Versammlung
ab, in welcher sie wünschten, dass man die Juden auf ihr altes
Stadtviertel zurückdrängen, ihnen den Hausirhandel untersagen möge,
und noch andere Beschlüsse ähnlichen Geistes brachten. Diese Scenen
tauchten auf das Beispiel Presburgs auch an mehreru andern Orten
auf. Insbesondere in Stuhlweissenburg, Tyrnau, ja selbst in Pesth
wurden die verachteten Nachkommen Israels Gegenstand verschiedener
Verfolgungen. In der Hauptstadt weigerte sich die Bürgerschaft,
sie in die Reihen der Nationalgarde aufzunehmen. Die aus der Jugend gebildete Nationalgarde-Abtheilung öffnete ihnen zwar ihre
Compagnien, allein die Antipathie der Bürger äusserte sich in solchem
Masse gegen sie, dass man aus Rücksicht auf die Bewahrung der
öffentlichen Ruhe später die Waffen aus ihren Händen nehmen musste.
Diese und ähnliche Scenen erfüllten jeden Menschenfreund mit Schmerz.
Der Reichstag verdammte laut die befangene Engherzigkeit ebenso
wie die sträflichen Ruhestörungen, liess jedoch infolge der an den
Tag getretenen Antipathien um der Aufrechthaltung des öffentlichen
Friedens willen im städtischen Gesetz jene Clausel weg, welche den
Einwohnern das Wahlrecht ohne Unterschied der Religion verlieh,
und beschränkte sich nur auf den alten Ausdruck der gesetzlich
anerkannten Religionen; dem künftigen Reichstag als Aufgabe zurück-
lassend, den Juden gegenüber Gerechtigkeit auszuüben.

Die an mehreru Orten durch die Verfolgung der Juden entstandenen
Wirren erfüllten den gesetzgebenden Körper hinsichtlich des allgemeinen Rechtsfriedens mit tiefer Besorgniss. Denn wenn man in
den Wirrsalen der vaterländischen Zustände Umschau hielt, war es
unmöglich, nicht zu sehen, dass hier die lange Zeit in Knechtschaft
gehaltenen Bauern, dort die verschiedenen Nationalitätseifersüchteleien
und Rivalitäten, welche mehrere Jahre lang künstlich geschürt worden waren, einen Zündstoff in ihrem Schos verbargen, dessen Aufflammen dem Reich Gefahr bringen konnte. Noch herrschte zwar
ausser jenen an einigen Orten ausgebrochenen Judenverfolgungen
überall Friede und Ruhe im Vaterland und dessen verbundenen
Landestheilen. Die Bauern nahmen die grossen Wohlthaten der Umgestaltung mit dem Gefühl des Dankes und der Freude auf. Die
unlängst noch in Streitigkeiten versunkenen Nationalitäten, sich in

den Strahlen der neuen Sonne der allgemeinen Freiheit wärmend, 1848. schienen sich auszusöhnen. Die kroatischen Deputirten waren mit den übrigen Ständen in voller Uebereinstimmung, und die erst unlängst stattgefundene Generalversammlung des agramer Comitats gab offen ihre Sympathie für das Verfahren des Reichstags kund. Von seiten der serbischen Nation nahm der Erzbischof von Karlowitz, Rajasics, mit einer ungarischen dreifarbigen Cocarde geschmückt, mit heiterm, Zufriedenheit strahlenden Antlitz an der in Wien gewesenen Deputation theil. Die allgemeine Ruhe innerhalb der Landesgrenzen störte sowol unter den Bauern als im Schos der verschiedenen Nationalitäten überall höchstens die Begeisterung über die grossen Ereignisse, Freudenlärm über die erlangten bürgerlichen Rechte, aber noch keinerlei böse Leidenschaft. An böswilligen, in der Verwirrung ihre niedrigen, selbstsüchtigen Zwecke verfolgenden Agitatoren fehlte es indessen auch bei uns nicht. In den Dörfern erschienen in mehrern Gegenden solch böswillige Individuen, die die Bauern zum Angriff auf ihre gewesenen Grundherren aufreizten. Nach der thatsächlichen Befreiung der Presse erschienen in Pesth und Presburg gewisse Flugschriften, in welchen die Agitation bis zur Bekämpfung der Idee des Eigenthums ging. Alles dies hatte zwar in der allgemeinen Freude noch keine, sichtbare Wirkung. Das Gemüth der einsichtsvollern Mitglieder des gesetzgebenden Körpers beunruhigten indessen trübe Ahnungen und geheime Besorgnisse, welche auch auf ihre Thätigkeit eine sichtbare Wirkung ausübten. Die Spur dieser Besorgniss ist insbesondere in den die Nationalgarde und Pressfreiheit betreffenden Berathungen und Gesetzvorschlägen wahrzunehmen. Während der Verhandlung des Gesetzes über die Nationalgarde rief jener Abschnitt, welcher über die Qualification der in die Nationalgarde aufzunehmenden Individuen verfügt, eine seit den grossen Ereignissen nicht bemerkte Bitterkeit in den verschiedenen Meinungsschattirungen hervor. Die gewesenen Conservativen, ja auch ein Theil der frühern Opposition suchte im erhöhten Census die Sicherstellung gegen die Misbräuche dieser Institution, die dem Volke Waffen in die Hand gab. Viele stellten unter unsern eigenthümlichen Verhältnissen die Zweckmässigkeit des Instituts der Nationalgarde selbst in Frage. Ob dies schon der leise Windhauch der Reaction oder nur die aufrichtige Folge der patriotischen Besorgnisse war? — ist ungewiss. Diesen Debatten machte nur jene Widerlegung Kossuth's ein Ende, womit er auf die Thatsache hinwies, dass die Nationalgarde nach dem Beispiel der Hauptstadt schon überall im Lande factisch bestehe und es keine leichte Sache sein würde, derselben die Waffen abzunehmen.

Noch deutlicher drückten die Reichsstände ihre Furcht hinsichtlich eines Misbrauchs der Freiheit im neuen Pressgesetz aus. Ueber diesen Gegenstand dachte auch die Mehrzahl der Freisinnigen so,

Die Gesetzvorschläge bezüglich der Nationalgarde und Pressfreiheit.

1848. dass, weil sich auch schon die Agitationen durch Flugschriften vermehren und in der Presse sowol die Zügellosigkeit als auch die maskirte Reaction ihre scharfen Waffen gegen die junge Pflanze der Freiheit erheben könne, wir sehr vorsichtiger Gesetze bedürfen. Dies wurde insbesondere auch noch dadurch erforderlich, dass seit Aufhebung der Censur nicht nur ungarische und deutsche, sondern auch serbische, illyrische und andere slawische Schriftsteller in immer grösserer Anzahl auf dem Gebiet der Tagespresse zu erscheinen begannen, deren Wirken dem ungarischen Publikum wegen Unbewandertheit in ihrer Sprache unbekannt blieb. Man konnte befürchten, dass der ein wenig besänftigte Nationalitätenhader, besonders wenn er etwa auch noch von der Reaction im geheimen geschürt würde, in der sich sehr frei bewegenden, durch harte Repressivgesetze nicht beschränkten Presse, unter den noch ungeordneten Zuständen, hinsichtlich der öffentlichen Ruhe mit doppelter Gefahr auferstehen könne. Aus diesen Gründen wollte die Gesetzgebung lieber blos die Censur aufheben, als die Presse thatsächlich frei machen. Mit dem Entwurf des Gesetzvorschlags wurde Bartholomäus Szemere betraut. Und er entsprach mit seinem Operat vollständig den Besorgnissen der Gesetzgebung. Die Tagespresse, welche am gefährlichsten werden konnte, legte er besonders in Fesseln, indem er von den Herausgebern der Zeitschriften eine so grosse Caution in Geld (20000 Gulden) forderte, dass diese sich demnach nur auf den Kreis der vermögendern Klassen beschränkt haben würden. Auch die den Pressvergehen gegenüber gebrachten Strafen waren übermässig schwer, die Ueberschreitungsfälle jedoch nicht hinreichend bestimmt. Vom König bis herunter zum kleinsten Beamten, vom Reichstag bis zum kleinsten Municipalkörper war in demselben alles durch schwere Strafen gegen die Angriffe der Presse geschützt. Es erleidet keinen Zweifel, dass jene provisorischen Pressvorschriften, welche der Statthaltereirath in den dem 15. März folgenden Tagen in der Hauptstadt veröffentlichte, der Presse eine freiere Bewegung gestatteten als der vom Reichstag angenommene Gesetzvorschlag Szemere's.

Dieser Gesetzvorschlag gelangte am 22. März in die Hauptstadt und erweckte, wie vorauszusehen war, eine grosse Gereiztheit. Das Publikum der Hauptstadt, und besonders das schon aus 63 meistens jungen Mitgliedern bestehende Sicherheitscomité war im allgemeinen schon viel zu revolutionär gesinnt, als dass es mit dem Vorgehen des Reichstags hätte zufrieden sein können. Sie überschätzten die Wichtigkeit der im Wiedergeburtsprocess des Reichs von ihnen ausgegangene pesther Bewegung so sehr, dass selbst der für besonnen scheinende Paul Nyáry in seiner Rede an die in der Hauptstadt erschienene Reichstagsdeputation sagte, dass „die Vertreter der Nation Vieles und Grossartiges gesehen haben mögen; sie sahen aber nicht

das Wichtigste, die pesther Bewegung vom 16. März". Da sie sol- 1848.
cher Meinung waren, so hörten sie — wiewol der Reichstag ihrer in
Presburg gewesenen Abordnung erklärt hatte, dass er, da er nur
noch wenige Tage beisammen bleiben werde, ihrem Wunsche hinsichtlich der Uebersiedelung desselben in die Hauptstadt nicht entsprechen
könne — nicht auf zu fordern, dass die Gesetzgebung auch für diese kurze
Zeit nach Pesth herunterkomme. Sie hegten die Meinung, dass die
neue staatsrechtliche Organisation, ohne die öffentliche Meinung der
Hauptstadt in die Wagschale zu werfen, nicht richtig nach den Anforderungen der neuen Zeit von jenem gesetzgebenden Körper werde
durchgeführt werden können, dessen Mitglieder ausserdem, dass sie
blos die Adelsklasse vertreten, grösstentheils noch aus den Reihen
der erst unlängst jeder Reform widerstrebenden conservativen Partei
stammten. Man wünschte die Uebersiedelung des Reichstags nach
Pesth, weil man glaubte, dass, nachdem der gesetzgebende Körper
der Schaffung der nothwendigen neuen Verwaltungs- und Vertretungs-
organisation wegen noch wochenlang beisammen bleiben müsse, unter
dem Einfluss der für die Freiheit so lebhaft fühlenden öffentlichen
Meinung der Hauptstadt auch jene Theile des gesetzgebenden Körpers eine bessere Richtung bekommen würden, welche nicht die Ausflüsse und Repräsentanten des freisinnigen Elements sind, und welche,
wie Graf Anton Széchen in einer Sitzung der Magnatentafel am
18. März erklärt hatte, „die neuen Verhältnisse, da sie auch vom
König gutgeheissen wurden, zwar achten und ihre persönlichen Ansichten voll Hingebung unterordnen, ihren Ueberzeugungen jedoch
nicht entsagt haben". Und obgleich dem Vorhergesagten nach dieser
Theil des gesetzgebenden Körpers der Umgestaltung schon keine
Dämme mehr entgegenwerfen könnte und sich gänzlich passiv ver-
hielt: so war die öffentliche Meinung in Pesth dennoch, wie der
Bräutigam auf seine mit Mühe gewonnene Verlobte, auf die neue
Freiheit sehr eifersüchtig. Diesem Gefühl entstammte auch das unter
der Redaction Albert Pálffy's stehende neue Tageblatt, welches den
Titel „Marczius tizenötödike" (Der funfzehnte März), und an seiner
Stirn das Motto führte: „Nem kell táblabiró-politika" (Wir brauchen keine Táblabiró-Politik). Und zwar war dieser Geist, diese
Richtung jetzt in der Hauptstadt um so mächtiger, da dort jede
entgegengesetzte Meinung aufhörte zu bestehen oder mindestens sich
zu äussern. Die Umänderung war in den Zeitschriften keine geringere
wie in den öffentlichen Angelegenheiten. Der „Budapesti Hiradó",
das Hauptblatt der Conservativen, legte düstern Sinnes seine alte
Palme nieder und nahm den neuen Zustand als vollendete Thatsache
an. Die „Nemzeti Ujság", die, ihrem Titel keineswegs entsprechend,
bisher die äussersten Flügel der Conservativen und die klerikalen
Interessen repräsentirte, warf sich jetzt zum überschwenglichsten

1848. Kämpfer der siegreichen Principien auf. Am gemässigtsten war noch das „Pesti Hirlap“, das alte Hauptorgan der Opposition. Auch die deutschen Blätter schwangen ohne Ausnahme die Fahne der radicalen Umgestaltung.

In diesem geistigen Zustand der Hauptstadt war es unmöglich, dass der neue Pressgesetzvorschlag nicht lebhafte Gereiztheit hervorgerufen hätte. Selbst die Comitatsversammlung richtete gegen denselben eine energische Adresse an den Ministerpräsidenten. Das Sicherheitscomité aber, welches seit dem 15. März die städtische Municipalgewalt ausschliesslich handhabte, bat nicht nur mittels einer Adresse den Ministerpräsidenten, dahin zu wirken, dass das Pressgesetz den Anforderungen der Zeit gemäss verbessert werde, sondern sandte auch eins ihrer Mitglieder, Franz Pulszky, nach Pressburg, um den Ministerpräsidenten von der in der Hauptstadt über diesen Gegenstand herrschenden öffentlichen Meinung persönlich zu unterrichten. Die Jugend, die ihrerseits den Vorträgen dieser Abordnung grössern Nachdruck zu geben beabsichtigte, überantwortete das Pressgesetz auf dem Stadthausplatz, welcher jetzt in einen „Freiheitsplatz“ umgetauft worden war, unter den zustimmenden Zurufungen des in grossen Massen zusammengeströmten Volks, den Flammen. Die Demonstration that ihre Wirkung. Das Pressgesetz ward, in jeder Beziehung gemildert und in einen freisinnigern Geist gegossen, der königlichen Sanction unterbreitet.

Der Gesetzvorschlag über die Volksvertretung. Je mehr Besorgnisse und Zurückhaltung die Reichsstände wegen des Misbrauchs der Freiheit in den die Nationalgarde und Presse betreffenden Gesetzvorschlägen an den Tag legten, einen umso freiern Geist zeigten sie in dem Gesetz von der Volksvertretung. Das „suffrage universel“, welches einen der Grundsteine der neuen republikanischen Verfassung in Frankreich ausmachte, wurde zwar bei uns nicht angenommen, das Wahlrecht wurde indessen auf so breite Grundlage gestellt, dass, wenn wir gemäss der 15 Millionen starken Einwohnerzahl des Landes und seiner verbündeten Theile die gesammte grossjährige männliche Klasse dieser Bevölkerung auf 3 1/2 Millionen zählen, der festgestellten Qualification nach die mit dem Wahlrecht Versehenen mindestens die Hälfte dieser Zahl betrugen. Die Qualification, wie sie in Bezug auf die folgenden Reichstagswahlen einstweilen festgestellt wurde, war die folgende: Den Genuss politischer Rechte besitzen alle diejenigen: 1) die in den Comitaten und freien Districten auch bisher im Besitz derselben waren. 2) Alle jene im Lande und dessen verbündeten Theilen geborenen oder nationalisirten, mindestens 20 Jahre alten und weder unter väterlicher noch vormundschaftlicher Gewalt, noch in dienendem Verhältniss stehenden männlichen Einwohner ohne Unterschied der gesetzlich anerkannten Religionen: a) die in den Städten ein Haus oder Grundstück im

Werthe von 300 Gulden, in andern Gemeinden eine im Sinn des bisherigen Urbariums genommene Viertelsession, d. h. sechs Joch besitzen; b) die als Handwerker, Kaufleute, Fabrikanten fortwährend mit wenigstens einem Gehülfen arbeiten, eine Werkstätte, Fabrik oder ein Handlungsgewölbe besitzen; c) die, inwiefern sie zu keiner der obigen Klassen gehören, ein jährliches beständiges sicheres Einkommen von 100 Gulden nachzuweisen im Stande sind; d) ohne Rücksicht auf ihre Einkünfte die Doctoren, Aerzte, Advocaten, Ingenieure, akademischen Künstler, Professoren, Mitglieder der Ungarischen Akademie, Apotheker, Seelsorger, Gemeindenotare und Schullehrer. Für wählbar aber wurden alle jene erklärt, die Wähler, mindestens 24 Jahre alt sind und die Sprache der Gesetzgebung, die ungarische, sprechen. Die Zahl der Vertreter wurde ausser Siebenbürgen zusammen auf 377 bestimmt; von dieser fielen auf die drei Comitate Kroatiens 18, auf die kroatische Militärgrenze 8, auf den syrmier Grenzbezirk 3, auf den banater Grenzbezirk gleichfalls 3 Abgeordnete; Siebenbürgen sollte für den Fall, dass es sich anschlösse, zusammen 66 Vertreter schicken; und wurde demnach die Gesammtzahl der Vertreter zusammen mit Siebenbürgen auf 443 bestimmt, demgemäss auf etwa 33000 Seelen und beiläufig 5—6000 Wähler ein Vertreter fiel.

Was die Gesetzgebung betrifft, sind die Hauptpunkte des geschaffenen Gesetzes die folgenden: der Reichstag wird jährlich und zwar in Pesth abgehalten; die Vertreter werden auf drei Jahre gewählt; der König besitzt das Recht, den gesetzgebenden Körper auch vor Ablauf der drei Jahre aufzulösen und eine neue Repräsentantenwahl zu verkünden; dann aber muss die nächste Versammlung nach drei Monaten stattfinden; die Jahressession darf, ehe die Rechnungen vom letzten Jahre und die Voranschläge des Ausgabenbudgets des künftigen Jahres vom Ministerium nicht vorgelegt und hinsichtlich derselben noch kein Beschluss gefasst ist, nicht aufgelöst werden. Den ersten und zweiten Präsidenten in der Magnatentafel (deren Organisation auf die Zukunft verschoben wurde) ernennt der König; die Tafel der Abgeordneten wählt ihre Präsidenten alle Jahre selbst. Die Sitzungen sind öffentlich.

Der bedeutendste jedoch unter allen staatsrechtlichen Gesetzvorschlägen war jener, welcher das wichtigste der Resultate dieser aussergewöhnlichen Tage in sich enthielt, die Verhältnisse zwischen der Nation und dem Monarchen in neue Formen goss, die Regierung des Landes von Grund aus umgestaltete: der vom unabhängigen, verantwortlichen Ministerium handelnde Gesetzvorschlag. Ehe wir uns jedoch in die Darstellung desselben einlassen, glauben wir, dass es nicht überflüssig sein wird, dem Leser alles dasjenige, obgleich nur im kurzen, in Erinnerung zurückzurufen, aus welchem erhellt, dass jenes Nationalrecht, welches dieser Gesetzvorschlag enthält, keine

1848. neue Errungenschaft, wie eine solche z. B. das neue Regierungssystem
der deutschen Erbländer war, sondern unzähligen alten und neuen
Verträgen und Gesetzen gemäss seit Jahrhunderten das nicht zu bezweifelnde Eigenthum der Nation gewesen ist. Der Kürze wegen
machen wir den Leser auf jene Verträge aufmerksam, welche die
Nation 1526 mit Ferdinand I., als sie ihn auf den Königsthron freiwillig berief, 1608 mit dem König Rudolf und Matthias II., 1687
hinsichtlich der Thronfolge mit Leopold I., 1723 in der sogenannten
Pragmatischen Sanction bezüglich der Thronfolge der weiblichen Linie
mit Karl III. abschloss; und führen nur den 10. Gesetzartikel 1790
an, welcher folgendermassen lautet: „Auf unterthänige Vorlage der
Stände geruhten Se. Majestät anzuerkennen, dass, obgleich nach der
durch den 1. und 2. Gesetzartikel 1723 auch in Ungarn festgesetzten
Erbfolge der weiblichen Linie des erlauchten österreichischen Hauses
diese immer demselben Fürsten, der die übrigen Erbländer und Reiche
in und ausser Deutschland nach der festgesetzten Erbfolgeordnung
ungetheilt und ungetrennt besitzt, zukomme: dennoch Ungarn und
die mit demselben verbundenen Theile ein freies Reich und hinsichtlich seiner ganzen gesetzlichen Verwaltung (alle seine Dicasterien mit
einverstanden) unabhängig, d. h. keinem andern Reich oder Volk unterworfen ist, sondern seine eigene Verfassung und Verwaltung besitzt;
demnach durch seinen rechtmässig gekrönten König, also durch Se.
geheiligte Majestät und dessen Erben, nach seinen eigenen Gesetzen
und Gebräuchen, nicht aber nach der Art der übrigen Provinzen zu
regieren sei, wie dies schon der 3. Gesetzartikel 1715 und der 8.
und 11. Gesetzartikel 1741 bestimmt."

Im Besitz dieser Selbständigkeit und unabhängigen Constitutionalität hatte die Nation das unzweifelhafte Recht, ihre dicasteriale
Regierungsform mit Einwilligung des Herrschers und ohne dass der
zwischen ihr und den deutschen Erbländern bestehende Verband verletzt wurde, mit einer verantwortlichen Ministerial-Regierungsform
zu vertauschen. Mit ihrem König trat die Nation infolge dieser Umgestaltung zwar in ein neues Rechtsverhältniss, verblieb jedoch mit
der Dynastie hinsichtlich der Erbfolge, mit den deutschen Erbländern
hinsichtlich der Einheit und Identität des Herrschers nur in dem
durch die alten Verträge und Gesetze bestimmten Rechts- und Ver-
bandsverhältniss. Denn all der Einfluss, welchen sich die deutsche
wiener Regierung bisher in manchen Angelegenheiten des Landes an-
geeignet und welchen jetzt das neue Gesetz aufgehoben hatte, war, wie
dies aus dem angeführten Gesetz vom Jahre 1790 unwiderleglich erhellt, nur eine gesetzwidrige Rechtsusurpation.

Vor dieser Rechtsusurpation, welche in den vergangenen Zeiten
dem klaren Inhalt der Gesetze entgegen in die Regierung des Reichs
hineingeschmuggelt wurde, musste die Nation auch für die Zukunft

sehr auf ihrer Hut sein; denn wiewol auch die deutschen Erbländer eine Verfassung und ein verantwortliches Ministerium erhielten, so konnte man doch nach der Zusammenstellung dieses Ministeriums, in welchem Kolowrat, Colloredo, Fiquelmont und andere alte Werkzeuge der Willkürherrschaft und ewige Feinde der Freiheit die Regierung übernahmen, keinen Augenblick lang bezweifeln, dass in Wien hinsichtlich der Verfassung und des verantwortlichen Ministeriums mit dem in politischer Beziehung noch unentwickelten Volk nur ein Spiel getrieben und die willkürherrschaftliche Reaction nicht säumen werde, ihre ränkevolle Wirksamkeit zu beginnen. Der gesetzgebende Körper fühlte demnach instinctmässig, dass das Pfand der mit der vorhergehenden Einwilligung des Königs bestimmten Umgestaltung oder, wenn wir sie so nennen wollen, friedlichen Revolution in dem vom verantwortlichen Ministerium handelnden Gesetz niedergelegt, und dass, wenn Intrigue oder Gewalt noch einstens den Versuch machen wollten, die selbständige, unabhängige Regierung der Nation zu verletzen, dies insbesondere auf dem Gebiet dieses Gesetzes geschehen würde. Die Gesetzgebung wünschte daher dieses Gesetz so klar und bestimmt zu machen, dass demselben in der Zukunft keine falsche Deutung, kein Zweifel beikommen könne. Es wurde in demselben ausgesprochen, dass in Abwesenheit des Königs der Palatin als dessen Stellvertreter durch verantwortliche Minister die vollziehende Gewalt ausüben werde, jedoch den Verband mit der Monarchie in seiner ganzen Unversehrtheit aufrechthaltend. Ohne dieses Princip wäre auch das verantwortliche Ministerium nicht im Stande gewesen, die Unabhängigkeit des Reichs zu bewahren. Denn sonst wäre das Reich keinen Augenblick dagegen sichergestellt gewesen, dass der Monarch nicht nach dem Einfluss des nicht in seiner Nähe befindlichen nationalen Ministeriums, sondern nach dem fremder Räthe regiere, welchen freie Hand zu allen möglichen Ränken, zur Untergrabung der neuen Institutionen gegeben wäre in all den Gegenständen, in welchen das Ministerium nicht selbst entscheiden darf, und um die königliche Mitwirkung und Einwilligung zu bitten verpflichtet ist. Aus den bittern Erfahrungen dreier Jahrhunderte wusste die Nation, wie sehr nach und nach die Wirksamkeit der nationalen Regierung sich vermindere, wenn der König, von fremden Räthen umgeben, ausser Landes wohnt. Dies war in der Vergangenheit die ergiebigste Quelle der Nationalbeschwerden, und ohne die Uebertragung dieser Gewalt wäre auch in der Zukunft in kurzer Zeit ohne allen Zweifel, selbst bei einem verantwortlichen Ministerium, der Nation entweder das in der Vergangenheit auf ihr lastende Schicksal geworden, oder es hätte sich jener abnorme Zustand entwickelt, dass der König mit seinem Ministerium in ewigem Zwiespalt sei. Indessen wurde direct dem König auch in dessen Abwesenheit aufbehalten: die Ausübung

1848. des Begnadigungsrechts, die Ernennung der Bannerherren des Reichs und der kirchlichen Oberhäupter, die Ertheilung von Titeln und Orden, desgleichen die Ernennung der Oberoffiziere des Heeres und die Anwendung der ungarischen Armee ausser Landes unter Gegenzeichnung des um seine Person befindlichen ungarischen Ministers. Die Gesetzgebung begnügte sich ferner nicht damit, jeden einzelnen Zweig des Ministeriums besonders zu benennen, sondern sie benannte einzeln auch alle jene Verwaltungskörper, deren Wirkungskreis jetzt dem einen oder dem andern Ministerium zufiel. Das wiener Cabinet hatte in der Vergangenheit tausend Ränke angewendet, um die Gesetze zu vereiteln. Damit nicht also dem Ministerium der Wirkungskreis irgendeine der ehemaligen Dicasterien streitig gemacht werden könne, wurde das gesammte Gebiet desselben mit einer kleinlich erscheinenden Sorgfalt festgestellt. Es gibt indessen in diesem Gesetz einen Punkt, der die schwache Seite desselben ausmacht, und dieser ist: die Repräsentation des Reichs in den auswärtigen Angelegenheiten. Der Person des Königs wurde nämlich ein sogenannter Minister des Aeussern mit der Bestimmung beigegeben, dass derselbe, auf alle jene Verhältnisse, welche das Vaterland mit den Erbländern gemeinsam angehen, Einfluss nehmend, in denselben das Reich unter Verantwortlichkeit vertrete. Diese Verfügung stand mit der im allgemeinen ausgesprochenen administrativen Unabhängigkeit des Reichs in einigem Widerspruch. Man muss zwar eingestehen, dass infolge jener Verbindung, in welcher unser Vaterland mit der eigentlichen österreichischen Monarchie stand, es ohne vollständige Losreissung unmöglich war, unsere auswärtigen Angelegenheiten ganz unabhängig zu ordnen und man sich nur darauf beschränken musste, dass unser betreffender Minister im Einverständniss mit dem österreichischen Ministerium die gemeinschaftlichen auswärtigen Angelegenheiten unsers Vaterlandes und der Monarchie leite. Man muss auch eingestehen, dass es die schwierigste der denkbaren Aufgaben war, die äussern Angelegenheiten der zwei mit sonst voneinander unabhängigen Regierungen versehenen Staaten stets einmüthig und in solcher Weise zu leiten, wie dies die besondern Interessen derselben erforderten. Indessen, wenn wir dies auch im allgemeinen für möglich ansehen — was dies nur in dem Fall ist, wenn auch das wiener Ministerium sich zu einer wirklich freisinnigen, constitutionellen Regierung entwickelt —, blieb dies Gesetz dennoch sehr mangelhaft und unbestimmt. Jene Fragen zu regeln, welche sich aus dieser verwickelten Lage unausbleiblich entwickeln mussten, machte unsere Gesetzgebung nicht einmal den Versuch. Es wurde z. B. jener Fälle, in welchen zwischen dem ungarischen und dem österreichischen Minister des Aeussern der Ansicht oder gar der Richtung nach ein Unterschied entstehen sollte, gar keine Erwähnung gethan. Wer in solchen Fällen der Schiedsrichter und im allgemeinen welcher der beiden Minister der Handelnde, welcher der Controlirende sein solle, wie die verschiedenen Zweige der auswärtigen Verhältnisse unter die beiden getheilt werden sollen — und andere derlei Fragen blieben alle ungelöst. Hinsichtlich derselben konnte natürlich keiner der beiden Staaten einseitig verfügen, und hätte man die Normen nur gegenseitigen Unterhandlungen und Verträgen gemäss feststellen können. Und dass dies nicht sogleich geschah, ist jedenfalls als ein beklagenswerther Fehler zu betrachten, welcher nur dadurch einigermassen entschuldigt werden kann, dass auch eine ungeheuere Masse der wichtigsten innern Angelegenheiten der Regelung harrte und man die Ansicht hatte, dass diese gewichtigen Fragen später nach der Befestigung der beiden Regierungen unter dem Einfluss der betreffenden zwei gesetzgebenden Körper leichter zu lösen sein würden. — Die übrigen Verhältnisse des Ministeriums, dessen Pflichten, Wirkungskreis, Verantwortlichkeit u. s. w. wurden nach den in Europa allgemein herrschenden Grundsätzen geregelt. Als eigenthümlich erscheint darin nur das, dass zur Erörterung der öffentlichen Angelegenheiten des Reichs, zur Codification u. s. w. ein unter dem Vorsitz des Palatins oder Ministerpräsidenten wirkender Staatsrath aufgestellt wurde. Diese Idee war die Erfindung der im Lande bestandenen französischen Schule, welche die Aufstellung des Ministeriums für einen Sieg ihrer Principien betrachtete und mit demselben zugleich ihre eigene Lieblingsdoctrin, die Centralisation, zu begründen bestrebt war.

Die Centralisation der Ausübung der vollziehenden Gewalt bedingte in gewissem Masse nothwendigerweise schon die Idee des verantwortlichen Ministeriums selbst. Aus diesem folgte naturgemäss, dass man auch das in den Comitaten bestehende Municipalsystem des Reichs, welches in seiner jetzigen Gestalt jede Centralisirung und Ministerverantwortlichkeit unmöglich gemacht haben würde, abändern musste. Die Centralisten — obwol deren gemässigterer Theil sich im „Pesti Hirlap" so äusserte: „man möge die grossen Dinge centralisiren, die kleinen aber nicht; man möge die freien Aeusserungen der localen Interessen belassen, dieselben aber für das allgemeine Interesse ausnutzen" —, die Centralisten, sage ich, massen dem Comitatssystem, das verantwortliche Ministerium für die stärkste Garantie der Verfassung haltend, für die Zukunft keine Wichtigkeit mehr bei, und waren geneigt, dasselbe ohne jede Erwägung aufzuheben. Es gab indessen viele, die entweder aus pietätvoller Erinnerung an diese Einrichtung, welcher wir unter den Widerwärtigkeiten der vergangenen schweren Zeiten einzig und allein das Fortbestehen unserer Constitutionalität auch nur so, wie sie bisher gewesen, verdanken konnten; oder wegen Mässigung der Centralisation, oder endlich aus sorglicher Vorsicht in dieser Institution gegen die in der Zukunft noch möglicherweise ausbrechenden Stürme Schutz suchend, dieselbe, soweit sie nur neben dem verantwortlichen Ministerium bestehen konnte, auch für die Zukunft aufrecht zu halten wünschten. Auf dem Reichstag fand eine lange und interessante Debatte zwischen den Anhängern der zwei Ansichten über den Ausgleich des Comitats- systems mit dem Ministersystem und die Stellung desselben auf re- präsentative Grundlage statt, worüber sodann der Gesetzvorschlag von Kossuth ausgearbeitet wurde. Das Comitatsmunicipium bildete eigentlich die Gesammtheit des Adels, und die behördliche Macht wurde von den Generalversammlungen desselben ausgeübt. Die Comi- tatsbeamten waren nur die Vollstrecker der Beschlüsse der General- versammlung. Es war daher nunmehr die Frage: ob die Edelleute auch bis dahin, wo die Comitate auf dem künftigen Reichstag neu organisirt werden, alle ihr Stimmrecht behalten oder wie die übrigen Bürger des Reichs auch nur durch nach Gemeinden zu wählende Deputirte in den Generalversammlungen der Comitate repräsentirt werden sollten? Denjenigen, die die Comitate in ihrer alten Gestalt aufrecht zu halten wünschten, wies Kossuth unwiderleglich nach, dass dies unmöglich sei.

„Mögen die Anhänger der entgegengesetzten Meinung", sagte er, „es versuchen, die Gesetze mit rein aus Edelleuten bestehenden Versammlungen durchzuführen. Wir brachten Gesetze, welche dem Volk gegenüber wohlthätig sind, und sie wollen die Durchführung derselben einem solchen Comitat anvertrauen, welches aus Edelleuten besteht. Dies ist eine falsche Berechnung; dadurch wird der Adel vernichtet sein, und hinsichtlich seiner Person und seines Vermögens gefähr- det. . . . Hier ist das Gesetz bezüglich der gemeinschaftlichen Be- theiligung an den Lasten; zu diesem muss das Ministerium einen Schlüssel ausarbeiten, und damit dasselbe dies thun könne, ist es auf das Comitat angewiesen, gewinnt von demselben seine Daten. Und wenn die Grundlage dieses Schlüssels, das Bekenntniss, in der Hand des Adels sein wird, so erleidet es keinen Zweifel, dass eine solche Arbeit entstehen wird, welche vielleicht alles gefährdet, und in diesem Fall schaudere ich zurück vor dem, was des Adels harrt." Er geht auch auf andere Gesetze über und weist bei jedem nach, dass ein Gesetz von demokratischer Richtung von einer aristokrati- schen Körperschaft ohne Gefahr nicht durchgeführt werden könne. Zu diesem Zweck wünschte er, dass auch dem Comitat sofort eine repräsentative Grundlage gegeben werde. Er will indessen nicht mit den Centralisten die alte Institution abschaffen. Er will keine Cen- tralisation; aus einem Staat, in welchem Centralisation herrscht, würde er sich verbannen; er will eine Organisirung, wo die Freiheit, wenn sie in einem Winkel unterdrückt wird, im andern sich neuer- dings erheben kann, wo sich das Individuum, die Familie, die Gemeinde in ihrem Kreise frei bewegen können. Er sei, sagte er, in das mu- 1848. nicipale, freie System so sehr verliebt, dass er, bevor das Comitat aufhöre, eher bereit sei, auf den Sturz des ministeriellen Gesetzes hinzuwirken. Er wolle daher die Verantwortlichkeit und Macht des Ministeriums nicht weiter ausdehnen als eben nur so weit, dass dabei auch das Municipium bestehen könne; dieses aber wünsche er so geregelt zu sehen, dass es jenes in der Verwaltung nicht hindere. „Die europäische Staatswissenschaft zieht es in Zweifel, dass das verantwortliche Ministerium sich mit einem freien Departements- system vertrage"; er aber sei, sagte er, wie vom Bestehen Gottes, ebenso stark überzeugt, dass beides miteinander zu vereinbaren sei, man möge nur jeder dieser zwei Gewalten in ihrem Kreise so viel Wirksamkeit und Selbständigkeit geben, dass sie von der höhern nicht unterdrückt werde, dagegen aber auch die gesetzlichen Ver- fügungen der Obrigkeit nicht hindere. Die Freiheit hat keinen grös- sern Feind als das sogenannte „Zuvielregieren". Wo die Munici- pien nicht mit selbständiger behördlicher Macht versehen sind, tritt, unfehlbar dieses System ein, und sie werden unterdrückt werden. Mit der parlamentarischen Regierung kann und muss man daher nicht nur das Gemeinde-, sondern auch das Departementssystem ver- einbaren; und wenn man den Schlüssel dazu bisher noch nicht fand, so würde er ihn auffinden. Er wurde in seiner Anhänglichkeit an das Comitatssystem von seinem Feuereifer so sehr fortgerissen, dass er unter anderm sagte: er schwöre bei Gott, der die gegenwärti- gen Bewegungen leitet, dass, in welchem Augenblicke dieses Reich keine municipale Freiheit mehr haben wird, er aufhören werde, Bür- ger desselben zu sein.

Wiewol Széchenyi die Comitate und mit denselben den Adel schon nur vom Gesichtspunkte der Nationalität aus aufrecht halten wollte, so wünschte er doch die Regelung derselben auf den näch- sten Reichstag verschoben zu sehen. Der Zwiespalt zwischen den zwei Ministercandidaten wurde so gross, dass der Ministerpräsident Graf Batthyányi sich genöthigt sah, die Erklärung abzugeben, dass, wenn in diesem Gegenstande, welchen auch er für eine Lebensfrage halte, die entgegengesetzte Meinung der beiden Ministercandidaten nicht ausgeglichen werde und keine Uebereinstimmung zu Stande komme, der eine oder der andere aus der Regierung austreten müsse. Die Debatte wurde demnach in eine geschlossene Conferenz hinüber- getragen, wo sodann die Beredsamkeit und Weisheit des herbei- gerufenen Deák die Meinungen in der Weise ausglich, dass der be- treffende Abschnitt des Gesetzes in folgendem Sinne festgestellt wurde: Unmittelbar nach dem Reichstage sollen in den Comitaten General- versammlungen abgehalten werden, in welchen alle diejenigen das Stimmrecht besitzen, die mit diesem Rechte auch bisher versehen waren, und die die Bewohner des Comitats nach Gemeinden als ihre Vertreter abordnen werden. In diesen Generalversammlungen soll, nachdem die Gesetze verkündigt worden, mit Rücksicht auf die Ausdehnung, Bevölkerung des Comitats, und alle Klassen der Bürger desselben, um der Comitatsverwaltung und den neuen Gesetzen Erfolg zu verschaffen, ein aus einer grössern Anzahl von Mitgliedern bestehendes Comité ohne jede Rücksicht auf Geburt gewählt werden. Dieses Comité übt sodann unter Mitwirkung des Beamtenkörpers alle die behördliche Macht aus, welche dem Gesetze und der Verfassung gemäss den Generalversammlungen der Comitate zukommt.

Dieses Uebereinkommen, welchem nach die Municipien auch neben der parlamentarischen Regierung aufrecht gehalten wurden, zeugt deutlich, dass, obgleich in den stattgefundenen Debatten die Theorie der im Staate herrschen sollenden Freiheit nicht präcis entwickelt wurde, das Gefühl derselben dennoch in den Gemüthern tief wurzelte. Man fühlte, dass die durch die erkämpfte verantwortliche Ministerregierung begründeten politischen Freiheiten an sich selbst noch keineswegs zur Freiheit der Bürger des Vaterlandes genügen; ja dass sie nichts anderes seien als leere, trügerische Formen, wenn hinter ihnen nicht jene Freiheiten stehen, welche in jedem gut organisirten Staate von sich selbst bestehen, als da sind: die persönlichen und gesellschaftlichen (die Person-, Besitz- und Familien-), vor allem aber die Municipalfreiheiten, welche die erstern mehr oder minder in sich enthalten. Man fühlte, dass eigentlich diese die Grundlagen und Organe der Freiheit, und die politischen Freiheiten, insbesondere die verantwortliche Ministerregierung, nichts anderes seien als die wirksamsten Garantien dieser individuellen, gesellschaftlichen und municipalen Freiheiten. Und es ist uns unmöglich, der wahren Freiheitsliebe, dem staatsmännischen Takte Kossuth's nicht Gerechtigkeit widerfahren zu lassen, wenn wir sehen, dass er in seiner Eigenschaft als Ministercandidat für die Aufrechthaltung der Municipien neben der verantwortlichen Regierung so begeistert kämpfte.

Während sich der Reichstag mit diesen Arbeiten beschäftigte, wurde die Bestätigung des zur königlichen Sanction unterbreiteten Gesetzes, welches vom Wirkungskreise des Ministeriums handelte, und des von Batthyányi gebildeten Ministeriums in Wien von Tag zu Tag verzögert. Diese Verzögerung begann die Gemüther sowol in Presburg als in der Hauptstadt immer mehr zu beunruhigen. Es kamen verschiedene Gerüchte in Umlauf, besonders über das Personal des Ministeriums, dass, zum Beispiel, das Ministerium nicht ganz aus freisinnigen Elementen bestehen werde; dass Kossuth in dasselbe nicht eintreten wolle; dass unter den Candidaten auch Nikolaus Vay, Gabriel Keglevich und andere wären, deren Patriotismus man zwar nicht in Zweifel zog, deren Freisinnigkeit jedoch nicht für energisch genug gehalten wurde, dass sie einerseits der demokratischen Richtung, andererseits der gegen Wien gerichteten Rechtsverwahrung zur beruhigenden Garantie hätte dienen können.

Die im Umlaufe befindlichen Gerüchte waren auch nicht gänzlich grundlos: sowol hinsichtlich des Ministerpersonals als auch des die Ministerregierung betreffenden Gesetzes hatten sich grosse Schwierigkeiten entwickelt. Den Ministerpräsidenten Ludwig Batthyányi beunruhigte das Vorgefühl, dass, wenn der Verband zwischen dem Reiche und der österreichischen Monarchie sehr geschwächt werden sollte, die Regierung der letztern und der Hof nicht geneigt sein würden, Ungarn im Genusse seiner gesetzlichen Unabhängigkeit ruhig zu belassen; sondern dass man, schon dem Selbsterhaltungstriebe gemäss, im geheimen zu den Ränken der Reaction Zuflucht nehmend, die Rechte des Reichs mit solchen Kniffen zu untergraben bestrebt sein werde, wie solche in den vormärzlichen Zeiten in Anwendung gebracht worden waren. Und er befürchtete, dass, wenn das Reich auch stark genug sein werde, seine Rechte zu bewahren, es dennoch würde beunruhigt werden, und dies zu einer Zeit, da es der Ordnung seiner eigenen innern Zustände wegen der Ruhe bedürfte, und auch die Minister genöthigt sein würden, anstatt in Uebereinstimmung mit dem Hofe und in freundlichem Verhältniss mit den österreichischen Ministern alle ihre Kräfte zur friedlichen Regelung der innern Angelegenheiten und der Verhältnisse mit Oesterreich aufzuwenden, einen ewigen Kampf zu führen. Aus diesen Rücksichten hatte er die Absicht, alles Extreme sorgfältig zu vermeiden und im Verbande mit Oesterreich jenes alte Verhältniss zu belassen, dessen Aenderung die gesetzliche Unabhängigkeit des Reichs nicht unumgänglich nothwendig machte. Ja er war, um den sehr leicht möglichen Verwickelungen auszuweichen, sogar auch dazu bereit, in' manchen nebensächlichen Dingen nachzugeben, damit er die Befestigung und friedliche Entwickelung desjenigen sichere, was in den Rechten des Reichs wesentlich ist. In ähnlicher Weise wollte er auch hinsichtlich der innern Angelegenheiten einen solchen Mittelweg zwischen dem altaristokratischen System und der neuen demokratischen Richtung wählen, welcher zwar die Entwickelung des zweiten nicht verhindere, nichtsdestoweniger aber im Stande sei, jene Klassen, welche der Umgestaltung ihre Jahrhunderte alten Rechte und Vortheile aufzuopfern bemüssigt waren, zu besänftigen und zu versöhnen. Mit Einem Worte, er wollte in jeder Hinsicht seinem Ministerium eine solche Politik als Programm vorzeichnen, welche, während sie einerseits mit der Richtung der Reform übereinstimmte und deren Erstarkung und Entwickelung sicherte, andererseits zugleich auch so gemässigt sein sollte, damit die Versöhnung mit der

Aristokratie, das vertrauensvolle Einverständniss mit dem Hofe und
der österreichischen Regierung ermöglicht werde.

Kossuth ging hinsichtlich der vom Ministerium zu befolgenden
Politik in vieler Beziehung von andern Principien aus. Sein Gemüth
hatten die grossen Ereignisse, welche ganz Europa in Bewegung
setzten und, in immer grössern Dimensionen sich ausbreitend und
entwickelnd, den ganzen Welttheil an die Schwelle einer gründlichen
Umgestaltung führten, viel zu sehr aufgeregt, als dass er es verstanden hätte, nachgiebig und gemässigt zu sein in einer Zeit, da er es für
möglich, ja leicht hielt, alles zu erkämpfen. Andererseits vergötterte
er die Popularität, auf deren höchstmögliche Stufe er sich erhoben
hatte, viel zu sehr, als dass er gewollt hätte, von jener sich in Extremen sich ergehenden radicalen Richtung, zu welcher sich das
Publikum des Reichstags und der Hauptstadt, das Centralsicherheits-
comité und die gesammte Presse bekannte, auch nur ein Haar breit
abzuweichen. Zu verhandeln, zu transigiren war er nicht sehr geneigt. In der Umgestaltung der innern Zustände schrieb er streng
die demokratischen Principien auf seine Fahne. Hinsichtlich der Verhältnisse mit dem Hofe und Oesterreich stellte er nur die Frage:
Was ist das gesetzliche Recht des Reichs? Von diesem wollte er
nichts und in keinem Gegenstande nachgeben und aufopfern. Das
Recht der Unabhängigkeit des Reichs wollte er bis zu jener Grenze
ausdehnen, welche ihr die richtig ausgelegte Pragmatische Sanction
bestimmt, ohne Rücksicht auf jene Rechtsübergriffe, welche unter den
Schicksalen der Zeit der Willkür der wiener Regierung zu machen
gelungen war. Er wollte nicht nur die Ministerien der Justiz, des
Unterrichts, der Communication und anderer innerer Angelegenheiten, sondern auch die der Finanzen, des Kriegs und des Handels in
voller Unabhängigkeit vom wiener Einflusse begründen. Den Verband mit Oesterreich wollte er nur in der Identität des Monarchen
und in der Verpflichtung gegenseitiger Hülfeleistung in Zeiten der
Gefahr aufrecht erhalten, wie dies nach dem strengen und klaren
Sinne der Pragmatischen Sanction und des 10. Gesetzartikels 1790 auf
anderes auch nicht ausgedehnt werden kann. Aus der Geschichte der
Vergangenheit schöpfte er die Lehre, dass die wiener Regierung ihre
Rechtsübergriffe dem Reiche gegenüber stets von jenem Terrain aus
unternommen hatte, welches ihr dasselbe in seiner übertriebenen
Loyalität und seinem in die Heiligkeit des königlichen Wortes gesetzten Vertrauen freiwillig überliess. Und wenn er an die Möglichkeit einer Reaction von seiten des Hofes dachte, meinte er dieselbe
leichter zurückweisen und unschädlich machen zu können, wenn das
Reich von allem Anfang an streng an seinen gesetzlichen Rechten
halte, als dass es durch loyale Nachgiebigkeit und Aufopferung mancher Dinge der Reaction ein Feld gewähre, und deren hinterlistige

Ränke gleichsam aufmuntere. Er sah den Zustand der europäischen 1848. Verhältnisse für so gestaltet an, dass es infolge dessen möglich sei, gegenwärtig alles zn erkämpfen; er war daher entschlossen, alles durchzusetzen, was das Reich seinem gesetzlichen Rechte gemäss fordern darf. Im Besitze alles dessen aber hielt er die Nation in der Zukunft für stark genug, um die möglicherweise entstehenden feindseligen Absichten der Reaction zu vereiteln und die nationale Unabhängigkeit zu bewahren.

Kurz, Ludwig Batthyányi betrat das Gebiet der von Billigkeit, Loyalität und politischer Klugheit geforderten Nachgiebigkeit, auf welchem er zufolge des strengen Gefühls seiner Pflichten gegen das Vaterland und seiner flammenden und obendeshalb eifersüchtigen Vaterlandsliebe auch zur friedlichen Ausgleichung der verwickelten Verhältnisse Bahn zu brechen bestrebt war. Kossuth dagegen schloss sich in die strengen Grenzen der Gesetzlichkeit ein, wenn es nothwendig sein sollte, auch zum Kampfe entschlossen. Dieser Principienunterschied trat schon vor der Zusammenstellung des Ministeriums in ihren geschlossenen Berathungen mehrmals zu Tage; Batthyányi fühlte wohl, dass es ihm schwer werden würde, mit Kossuth ein Ministerium zu bilden. Hieraus entstanden auch jene vagen Gerüchte, welche im Publikum über das Personal des Ministeriums und insbesondere darüber im Umlauf waren, dass Kossuth an demselben nicht theilnehmen werde. Batthyányi fühlte indessen auch, dass es eine allseitig anerkannte Unmöglichkeit sei, Kossuth, der der eigentliche Urheber der Umgestaltung war, auszulassen und ohne ihn ein Ministerium zu bilden. Die Popularität Kossuth's glich in dieser Zeit im ganzen Vaterlande beinahe einem Wunder; mit seinem Namen verknüpfte jedermann die endliche Verwirklichung des Unabhängigkeitsrechts des Reichs; seine Stimme, seine Ansicht wurde in den Berathungen von jedermann für entscheidend angesehen. Alle diejenigen, die ihm früher entgegenstanden, waren gegenwärtig verstummt oder schlossen sich ihm offen an. Selbst Széchenyi, der noch unlängst bei jeder Gelegenheit gewohnt gewesen, ihn so scharf, so bitter, mit so vieler Leidenschaft anzugreifen, beugte sich vor ihm und begann von ihm mit ungewöhnlicher Achtung zu sprechen. „Muthigere", sagte er, darunter zumeist Kossuth verstehend, in einem Zeitungsartikel, welchen er in diesen Tagen geschrieben hatte, „Muthigere und Kühnere, mit denen höhere, unsichtbare Mächte in engerm Bunde zu sein scheinen, haben die Zukunft unsers Vaterlandes auf eine solche Grundlage gestellt, welche — Achtung und Ehre, aber auch Wahrheit! — wir Ameisenarbeiter, mit mir zusammen, vielleicht niemals, oder erst nach Generationen zu gestalten im Stande gewesen wären."

Da es auf diese Weise unmöglich war, Kossuth vom Ministerium auszuschliessen, begann Batthyányi seine Sorgfalt darauf zu wenden, um ihm, soweit es anging, ein Gegengewicht zu geben und seine Richtung zu paralysiren, ihn unschädlich zu machen. Deshalb wusste er den Grafen Stephan Széchenyi zu überreden, dass auch er ein Portefeuille übernehme, was Kossuth schon damals nicht gefiel. Deshalb schickte er von Presburg, noch Mitte März, Béla Wenkheim zu Franz Deák, und bestimmte auch diesen zur Uebernahme eines Portefeuille; deshalb nahm er endlich auch Klauzál und Eötvös in das neue Ministerium auf, um ihm in diesen Männern ein Gegengewicht entgegenzuwerfen, und sich ihm gegenüber eine Majorität zu verschaffen. Er glaubte, dass es ihm durch die Popularität und Beredsamkeit dieser Männer vielleicht auch im Repräsentantenhause gelingen werde, Kossuth die Majorität zu entziehen. Obwol indessen dieser nach dem Gesagten am Ministerium auch theilnahm, so wollte doch Batthyányi durchaus nicht einwilligen, dass er das Portefeuille der innern Angelegenheiten übernehme, welches ihm der Palatin bestimmt hatte, und auch Kossuth selbst am meisten wünschte; sondern er gab ihm das der Finanzen, im Glauben, dass die ungeheuere Aufgabe, welche insbesondere des Inhabers dieses Portefeuille harrt, die Kräfte ihres Mannes brechen würde, was ohne die Schwäche des Repräsentantenhauses vielleicht auch hätte geschehen können.

Die Zusammenstellung des Ministeriums.
Die eine Schwierigkeit, welche sich bei der Zusammenstellung des Personals des Ministeriums entwickelt hatte, war auf diese Weise besiegt. Das Ministerium wurde folgendermassen gebildet: Präsident ohne Portefeuille: Graf Ludwig Batthyányi. Ihn erhob ausserdem, dass er seit Jahren das Haupt der nationalen Opposition war, der Glanz seines Ranges und insbesondere der Umstand, dass in seinem Charakter mit flammender Vaterlandsliebe Mässigung, unbeugsame Energie und eine gewisse heldenmüthige Festigkeit gepaart war, und man die bezeichneten Individuen nur unter ihm als Chef ohne Verletzung der Gefühle in der Regierung vereinigen konnte, gleichsam von selbst auf den ersten Platz.

Minister des Innern: Bartholomäus Szemere, Deputirter des borsoder Comitats. Er stand in einem grossen Rufe als Organisationstalent, und hatte hiervon während seiner Amtsthätigkeit beim Comitat mehrfache Proben abgelegt. Da er mehr ein glänzender als improvisirender Redner war, so erwartete man von ihm mit Recht die richtige Anfertigung und siegreiche Motivirung der dem Repräsentantenhause vorzulegenden Gesetzvorschläge. Seine Candidatur geschah insbesondere auf den Wunsch Kossuth's. Ueber Szentkirályi und Pázmándy sicherte ihm der Umstand den Vorrang, dass er in den in der Administrationsfrage durch sie, wie wir weiter oben gesehen haben, ohne Wissen Batthyányi's und Kossuth's geführten geheimen Conferenzen und Planen keinen Antheil genommen hatte.

Zum Minister des Auswärtigen und der mit Oesterreich gemeinsamen Angelegenheit, der sich fortwährend um die Person des Kö- 1848. nigs befinden sollte, wurde Fürst Paul Eszterházy designirt. Er hatte bisher an den vaterländischen Angelegenheiten sehr geringen, beinahe keinen Antheil genommen, und war mehrere Jahre lang fortwährend Gesandter des wiener Hofs in England gewesen. Sein Eintritt in das Ministerium wurde, obwol dies überraschend war, von der öffentlichen Meinung dennoch günstig aufgenommen. Die ihren Sieg feiernde demokratische Partei wollte zwar mit den aristokratischen Vorrechten und Privilegien durchaus nicht unterhandeln, sah es aber dennoch mit Freude, wenn die Mitglieder der vornehmsten und reichsten Familien an den Kämpfen der Nation theilnahmen. Eszterházy's Name wurde einerseits als Garantie betrachtet, dass in den höhern ungarischen Kreisen der reactionäre Trieb gegen die Umgestaltung nicht erwachen werde; andererseits schien seine Theilnahme an der Regierung auch dem Auslande, besonders England gegenüber nützlich zu sein, weil sie gleichsam zum Beweise dafür diente, dass unsere Umgestaltung in den berechtigten und gesetzlichen Wünschen der Nation wurzele.

Finanzminister: Ludwig Kossuth, bezüglich dessen es genügen möge, hier nur soviel zu sagen, dass, wenn der weise Mann, der kluge, von Mässigung erfüllte Mensch den Staat am besten zu führen vermag, der Enthusiast es ist, der ihn neuzugestalten und zu verjüngen im Stande ist, oder — ihn ruinirt.

Minister der öffentlichen Arbeiten und der Communication: Graf Stephan Széchenyi. Und in wessen Händen hätte dieses Portefeuille mit so vielem Rechte sein können als in den seinigen, der, der Vater unserer nationalen Reform, in unsern langen Kämpfen unser materielles Aufblühen seit Jahren für einen der Haupthebel unserer Umgestaltung betrachtete, einen grossen Theil seiner Bemühungen diesem Fache widmete und, wie wir schon erwähnten, auch dieser Gesetzgebung ein wahrhaft meisterhaftes Werk in der Angelegenheit unserer Landescommunicationen unterbreitete. Seine Candidatur erweckte zwar keine grosse Begeisterung im Publikum, bei welchem er seiner Kossuth gegenüber kundgegebenen Opposition wegen seine Volksthümlichkeit längst verloren hatte; allein es beugte sich auch jetzt noch jeder unbefangene, wohlgesinnte Patriot voll Achtung vor ihm.

Kriegsminister: Lazar Meszáros, Husarenoberst. Auf ihm vereinigte sich unter allen, die zur Sprache gebracht wurden, das meiste Vertrauen, dass er sich den neuen Einrichtungen aufrichtig anschliessen werde. Denn wiewol er schon seit langer Zeit in der mit der constitutionellen Freiheit in directem Gegensatze stehenden, von eigenthümlichem Geiste erfüllten österreichischen Armee diente, so wurde doch sein bekannter Patriotismus dennoch für eine genügende

1548. Garantie gehalten, dass er den Hoffnungen, welche die Nation hinsichtlich dieses wichtigen Portefeuille nährte, nach Möglichkeit entsprechen werde; wie sich denn die Nation in seiner Aufrichtigkeit auch nicht täuschte.

Cultus- und Unterrichtsminister: Baron Joseph Eötvös. Die Wogen der Volksthümlichkeit hatten diese ausgezeichnete Persönlichkeit auf ihrer bisherigen Laufbahn bald hoch erhoben, bald in die Tiefe geschleudert. Seinen Ruhm begründete seine glänzende schriftstellerische Fähigkeit und sein nicht minder eminentes Rednertalent, womit er auf den Reichstagen die Sache der nationalen Opposition in der Magnatentafel unterstützte. Nächst Ludwig Batthyányi hatte auch er sich ein grosses Verdienst um die Bildung der Oppositionspartei in der Magnatentafel erworben. Als Schriftsteller stand er unter seinen Genossen in erster Reihe. Seine genialen Romane dienten als allgemein beliebte Lektüre; besonders brachten „Der Karthäuser" und seine geschichtlichen Tendenzromane: „A falu jegyzöje" (Der Dorfnotar) und „A pórlázadás Magyarországon 1514-ben" (Der Bauernaufstand in Ungarn 1514), in welchen er die feudalen Verhältnisse, die Folgen der Adelsprivilegien und die mangelhaften Seiten der Comitatsverwaltung mit meisterhafter Hand schilderte, eine sehr grosse Wirkung hervor. Mit Kossuth kam er seit der Zeit, als dieser 1843 die Redaction des „Pesti Hirlap" niederlegte, in Zwiespalt. Eötvös machte dieses Blatt mit einigen jungen Freunden zum Organ der Centralisationsideen, welche indessen damals keine Sympathie fanden. Diese Umstände hatten zur Folge, dass in der dem Reichstage unmittelbar vorhergehenden Zeitperiode sich zwischen ihm und der Opposition ein stets gespannteres Verhältniss entwickelte, weshalb er auf dem Reichstage nicht einmal erschien. Er ging erst während der Märzereignisse, welche er in mehrfacher Hinsicht für einen Sieg seiner Principien und Doctrinen halten durfte, auf den Reichstag. Zufolge des Umstandes, dass er schon seit mehrern Jahren der eifrigste Kämpfer für die parlamentarische Regierung gewesen, konnte man ihn jetzt aus der Combination nicht auslassen. Viele wünschten das Portefeuille des öffentlichen Unterrichts in den Händen des Grafen Ladislaus Teleky zu sehen, der wegen seiner heftigen Kämpfe im Oberhause eine weit grössere Popularität besass als Eötvös; Batthyányi jedoch gab jenem den Vorzug, da er hoffte, in demselben eine stärkere Stütze gegen die Richtung Kossuth's zu finden, welcher sich auch Teleky anschloss. Allein ausserdem wurde der katholische, religiös gesinnte Eötvös auch deshalb dem protestantischen Teleky vorgezogen, weil man in seiner Person dem katholischen Klerus, der in seiner freiwilligen Entsagung vom Zehent ein schönes Zeichen seines Patriotismus gegeben hatte, eine gewisse Begünstigung bieten wollte.

Minister für Industrie und Ackerbau: Gabriel Klauzál, einer jener Führer der Oppositionspartei, die mit unermüdlichster Festigkeit gegen die alte Regierungspartei gekämpft hatten. Er fiel schon auf dem Reichstage von 1832 auf; übte auf dem von 1840 nach Deák den meisten Einfluss aus, und stand damals der Kühnheit seiner Reden wegen auf dem Gipfelpunkte seines Ruhms. Auf dem Reichstage von 1844 war er in der Abwesenheit Deák's Führer der Opposition in der Deputirtentafel. Jetzt, da die Regierungspartei im csongrader Comitat, dessen Mitglied er war, zum Sieg gelangte, nahm er an der Gesetzgebung keinen Antheil; aber wir finden ihn seit dem 15. März wieder in der Hauptstadt, wo er die Zügel der revolutionären Bewegung ergriff. Batthyányi war ihm auch mit persönlicher Freundschaft zugethan. Und auch sonst fand sich kaum irgendjemand in den Reihen der Opposition, der im gewerblichen Fache so grosse Kenntnisse besessen hätte wie Klauzál.

Justizminister: Franz Deák, der Aristides des ungarischen öffentlichen Lebens, den die Nation mit Recht als ihren Weisen verehrte. In gefahr- und sturmfreien Zeiten, in welchen nur tiefe Einsicht, staatsmännischer Takt, Seelengrösse, von aller Eitelkeit freie Tugenden im Privat- und öffentlichen Leben die nothwendigen Erfordernisse und Eigenschaften der mit der Handhabung der Macht Betrauten sind, da die Hauptaufgabe nicht in heftigen Kämpfen, sondern im Wachen über das Recht, in der Aufrechthaltung des Vertrauens und Einverständnisses zwischen der Nation und dem Monarchen besteht, in solchen Zeiten hätte man keinen grössern Bürger ans Ruder stellen können als Deák.

Die Verhältnisse mit dem Hofe hinsichtlich des Ministeriums.

Die am 23. März geschehene Verkündigung des auf diese Weise zusammengestellten Ministeriums, welches die schönsten Talente des Landes in einen Kranz fasste, welches mit sich selbst alle namhaften Einflüsse identificirte, wurde überall mit der grössten Begeisterung aufgenommen. Die Mitglieder des Unterhauses hielten sich in den lauten Ausbrüchen ihrer Gefühle nicht für fähig, die Sitzung fortzusetzen, und gingen auseinander. In Pesth war die Freude des Publikums unbeschreiblich. Allein obwol auf diese Weise die Besorgnisse auch aufhörten, welche hinsichtlich der Zusammenstellung des Ministeriums seit einiger Zeit aus den im Umlauf befindlichen Gerüchten entstanden waren, so verbreitete sich doch in kurzem eine neue und noch viel grössere Unruhe allerseits deshalb, weil es verlautete, dass der König weder das vom Wirkungskreise des Ministeriums handelnde Gesetz, welches am 23. März der Palatin selbst nach Wien mitgebracht hatte, noch das in Vorschlag gebrachte Ministerium bekräftigen wolle.

Die Gerüchte waren in diesem Falle wahr. Der Hof, den die wiener Ereignisse früher gleichsam betäubt und in allem nachgiebig gemacht hatten, begann aus seiner Furcht zur Besinnung zu kommen, und hatte, sich in seinem Aufraffen instinctiv dem verlorenen Terrain zuwendend, die Absicht, dasselbe, trotz der mit dem Heiligthume des königlichen Wortes besiegelten Versprechungen, wenigstens theilweise zurückzuerobern. Das wiener Ministerium, in welchem trotz allen revolutionären Lärms mehr nur die Personen als die Principien sich geändert hatten — denn auch die neuen Personen bekannten sich zu den alten Grundsätzen und waren ebenso bereitwillige Werkzeuge der Willkürherrschaft wie die frühern —, operirte mit den Mitgliedern der Dynastie und der um sie entstandenen Hofpartei auf eigene Hand. Die Reaction begann ihre geheimen Ränke und Intriguen.

Nach den von Wien zu uns herüber gelangten Gerüchten bezogen sich die Hauptschwierigkeiten, welche über das die Begründung des Ministeriums betreffende Gesetz in den Berathungen am Hofe entstanden waren, auf die Ministerien der Finanzen und des Kriegs. Diesen Gerüchten gemäss wollte der Hof, welcher durch das königliche Rescript vom 17. März in die Errichtung eines unabhängigen ungarischen Ministeriums im allgemeinen eingewilligt hatte, jetzt nicht zugeben, dass hinsichtlich der Finanzen und des Kriegs ein besonderes ungarisches Ministerium aufgestellt werde.

Wenn man die Frage von jeder Seite und mit unparteiischer Aufrichtigkeit erwägt, ist jene Behauptung, dass das Reich, juridisch genommen, in vollem Rechte war, als es für sich ein unabhängiges Finanz- und Kriegsministerium forderte, unzweifelhaft und unwiderleglich. Und in dieser Beziehung bestrebte sich der Hof und mit ihm später auch das wiener Ministerium vergebens der Pragmatischen Sanction eine solch entstellte Erklärung zu geben, als ob das Reich auf ein unabhängiges Finanz- und Kriegsministerium nicht einmal ein Recht hätte. Der Hof vermochte mit seinen auf entstellte Erklärungen begründeten Deductionen nichts zu beweisen, und sein ganzes Verfahren zog nur die bedauerliche Folge nach sich, dass die Frage auf ein so unpassendes Feld gestellt ward, dass es unmöglich wurde, zur friedlichen Lösung derselben zu gelangen. Aus der Pragmatischen Sanction erhellt mit voller Klarheit und unwiderleglicher Gewissheit, dass die Nation, als sie diesen Vertrag 1723 mit Karl III. abschloss, keinem andern ihrer Rechte entsagt hatte als jenem einzigen, welchem gemäss sie im Sinne früherer Gesetze und Verträge sich beim Aussterben der männlichen Linie des Geschlechts Habsburg seinen König frei wählen konnte; und dass sie keine andere Verpflichtung übernahm als diejenige, dass sie die Thronfolge nach dem Aussterben des Mannsstammes auch auf die weibliche Linie ausdehne und demnach stets die Person als ihren König anerkennen werde, die nach der von Karl III. festgestellten Erbfolge der

Beherrscher der österreichischen Erbländer sein werde. Ausser die- 1848.
sem Sinne ist in der Pragmatischen Sanction, wie immer sie ver-
dreht werden möge, nichts anderes enthalten. Ja, das Reich entsagte durch diesen Vertrag so wenig seiner Unabhängigkeit und seinem Rechte einer selbständigen Regierung, dass es sich dieselbe sogar bei dieser Gelegenheit klar bedingte, und sowol durch den den
Vertrag schliessenden König als dessen Nachfolger bei Gelegenheit
einer jeden neuen Krönung bestätigt zu sehen wünschte. Ausser
allen Zweifel stellt dies unter anderm auch der obenerwähnte 10. Gesetzartikel 1790, in welchem Leopold II., der Grossvater des regierenden Königs Ferdinand, in klaren, jede Verdrehung ausschliessen-
den Worten anerkennt, dass „das Land ein freies und hinsichtlich
seiner ganzen Regierungsform unabhängig, d. h. keinem andern Lande
oder Volke unterworfen ist, sondern seine eigene unabhängige Verfassung besitzt, und darum seinen eigenen Gesetzen gemäss, und
nicht nach Art der übrigen Länder regiert werden soll". Da jedoch
das Reich hinsichtlich seiner ganzen Regierungsform das Recht zur
Unabhängigkeit besitzt, so hat es auch das unbestreitbare Recht zur
unabhängigen Verwaltung der Angelegenheiten der Finanzen und des
Kriegs, welche eben den wichtigsten Theil der gesammten Verwaltung bilden.

Es ist demnach unmöglich, das Recht des Reichs in dieser Beziehung in Zweifel zu ziehen. Der Hof hatte sich ein sehr schlechtes Terrain auserkoren, als er durch falsche Auslegung der Pragmatischen Sanction dieses Recht angriff und ableugnen wollte. Es kann
nicht in Abrede gestellt werden, dass die Lage des Kaisers eine überaus schwierige war, und in der obschwebenden Frage das Behalten
oder Aufgeben jenes Ranges verborgen war, welchen er als Kaiser
von Oesterreich und König von Ungarn in einer Person unter den
europäischen Grossmächten einnahm. Denn wenn Ungarn seinem
Rechte gemäss seine Finanz- nnd Kriegsangelegenheiten durch sein
eigenes Ministerium ganz unabhängig, von dem österreichischen abgesondert und vielleicht im Princip von demselben sogar abweichend
handhabe, konnte leicht der Fall vorkommen, dass das Oberhaupt
der zwei voneinander unabhängigen, einander gegenseitig nicht verpflichteten Staaten, obgleich dieselbe Person, seine Macht nicht
immer zu demselben Ziele zu vereinigen im Stande wäre. Es konnte
eine Verschiedenheit der Interessen zwischen den zwei Staaten entstehen, und in diesem Fall hätten sich leicht solche Umstände entwickeln können, in welchen die unabhängige ungarische Regierung
ihrer Verantwortlichkeit gemäss ihre Einwilligung nicht hätte geben
können, z. B. zu einem Kriege, zu welchem sich das österreichische
Ministerium mit dem Kaiser entschloss. Unter der gegebenen Lage
der Dinge Umschau haltend, hätte sich ein solcher Fall bald darauf

hinsichtlich Italiens entwickeln können, gegen welches mit ungarischem Gelde und ungarischen Soldaten Krieg zu führen in Ungarn eine sehr unvolksthümliche Sache gewesen wäre. In diesen und ähnlichen Fällen konnte es zu einer Lebensfrage der österreichischen Monarchie werden, ob sie in ihrem eigenen Interesse über die Geld- und Waffenmacht des 15 Millionen Einwohner zählenden ungarischen Staats verfügen könne. Dazu kam, dass nicht nur die Lombardei und Venedig bestrebt waren, sich von der Monarchie gänzlich loszureissen, sondern auch in Böhmen Absonderungsgelüste gehegt wurden. Auf das Beispiel Wiens brach auch in Prag die Revolution aus, und das Volk verlangte, seine vor zwei Jahrhunderten verlorenen constitutionellen Rechte wiedererweckend, gleichfalls ein besonderes unabhängiges Ministerium. Die Lage des Hofs wurde von Tag zu Tag schwieriger. Die Bewegung überall zu unterdrücken hatte er nicht die Kraft; gäbe er aber allen Wünschen nach, so würden sich auch noch die deutschen Erbländer voneinander trennen und die Monarchie müsste zerfallen.

Unter diesen Umständen war jene Bewegung des Hofs, dass er die ungarischen Finanz- und Kriegsangelegenheiten von denjenigen der österreichischen Monarchie nicht absondern lassen wolle, und das Zusammenbleiben oder mindestens die enge Verbindung zwischen beiden aufrecht zu halten, als europäische Grossmacht, für sein Hauptinteresse, seine Lebensfrage betrachte, schon im voraus zu vermuthen. Die Lösung dieser Frage hätte er indessen auf einem ganz andern Gebiete versuchen sollen, als dasjenige war, welches er betreten hatte. Der Hof hätte Ungarn gegenüber ebenso viel Achtung für das Recht an den Tag legen sollen, als er Trieb zu seiner Selbsterhaltung in sich fühlte. Und in dem Wirrsal schwerer Umstände Umschau haltend, hätte er aus diesen zwei Beweggründen aufrichtig und vertrauensvoll zur Nation sprechen sollen. Er hätte erklären sollen: dass er das Recht der unabhängigen Verwaltung des Reichs anerkenne und aufrecht zu halten wünsche; er halte es jedoch zur Sicherung der Interessen nicht nur der Gesammtmonarchie, sondern auch Ungarns besonders für nöthig, dass die Formen der künftigen Verhältnisse zwischen den beiden voneinander vollständig unabhängigen Staaten, dem ungarischen und dem österreichischen, nicht das strenge Recht, sondern die von der Lage der Dinge anbefohlene politische Klugheit und gegenseitige Billigkeit feststellen möge; dass diese Billigkeit und Klugheit die Finanz- und Kriegsangelegenheiten der zwei Staaten voneinander vollständig abzusondern und nach besondern, vielleicht entgegengesetzten Grundsätzen zu handhaben, durchaus nicht erlaube; dass zu diesem Zwecke, nachdem die Pragmatische Sanction, welche hinsichtlich Ungarns nur von der Identität des Monarchen spricht, die Identität des Monarchen aber unter den

gegenwärtigen Umständen die Einheit und den Zusammenhang der 1848.
Monarchie aufrecht zu halten schon nicht mehr genügt, es nothwendig sei, einen neuen Vertrag abzuschliessen, der den Verband der unter Einem Monarchen befindlichen zwei Staaten sichere und die gemeinschaftlichen Interessen und Verhältnisse in billiger Weise regele.

Wenn der Hof mit einer solchen Achtung des Rechts, mit so offener Aufrichtigkeit zur Nation gesprochen haben würde, so darf man, die in den schwierigsten Lagen der Dynastie an den Tag gelegte Loyalität derselben in Betracht nehmend, keinen Augenblick bezweifeln, dass die Nation zu einem solchen neuen Vertrage geneigt gewesen wäre. Die Nationen sind in der Regel nur dann anspruchsvoll, starrsinnig und gewaltthätig, wenn ihre Rechte in Abrede gestellt werden; wenn sie sich dagegen überzeugen, dass die Monarchen ihre Rechte achten, geben sie denselben gegenüber Vertrauen und Aufrichtigkeit kund, und sind im Gefühle ihrer Kraft sogar geneigt, selbst von ihren Rechten etwas nachzulassen. Maria Theresia und König Franz I. bewogen während der französischen Kriege durch Zurschaustellung des Vertrauens, der Aufrichtigkeit und Achtung des Rechts die Nation stets zu den schwersten Opfern, und dies zu einer Zeit, da es sich von Oesterreich loszureissen weder an Gelegenheit noch äusserer Anreizung mangelte. Und wenn der Hof jetzt aufrichtig und offen der Nation seine verwickelten Umstände und die Gefahren, von welchen er bedroht ward, entdeckt; wenn er die unzweifelhaften, Jahrhunderte alten Rechte der Nation mit so vieler Achtung anerkannte hätte, mit welcher Leopold, König von Belgien, eben in diesen Tagen sich bereit erklärte, das Land ohne jeden Widerstand zu verlassen; wenn die Nation, nach dem Beispiel der Franzosen, auch Belgien zur Republik ausrufen wolle: so darf man keinen Augenblick zweifeln, dass sich auch die ungarische Nation billig erwiesen hätte. Die Begeisterung für Freiheit und Unabhängigkeit war zwar gross nicht nur im Volke, sondern auch im gesetzgebenden Körper selbst; aber wenn sich der Hof im Verhältniss mit dieser Begeisterung von Achtung für das Recht und aufrichtig vertrauend bezeigt hätte; ja wenn er, worauf er durch die Umstände gewiesen wurde, sich der ungarischen Nation, welche in der Monarchie allein nicht nur ruhig, sondern auch der Dynastie anhänglich blieb, in die Arme geworfen hätte, so würde sich die Begeisterung anstatt mit der strengen Forderung des Rechts und mit revolutionärer Gereiztheit, zweifelsohne mit der Billigkeit verbündet haben, und wäre anstatt lärmender Forderung in eine solche Grossmuth nach Art des „Moriamur pro rege nostro" ausgebrochen, wie solche den Thron der Habsburger schon mehrmals gerettet hatte.

Die Nation hätte zum Abschliessen eines neuen, die gemeinsamen

1648. Angelegenheiten in billiger Weise regelnden Vertrags um so eher
geneigt sein können, da gegenwärtig schon auch Oesterreich selbst
nicht mehr unter willkürherrschaftlicher Macht stand.   Auch ihm
wurde eine constitutionelle parlamentarische Regierung versprochen,
und von dieser hatte die ungarische Nation noch nicht Ursache für
ihre Freiheit zu fürchten wie früher, als es mit einer absolut regierten Monarchie in gemischter Ehe stand.   Unter den neuen Verhältnissen konnte auch ohnehin nicht von Unterordnung, sondern nur
von einem zwischen den beiden Staaten abzuschliessenden billigen
Vertrage die Rede sein, welcher dann jeden gleichmässig und gegenseitig verpflichten würde.   Ein solcher Vertrag wäre zwar, in Anbetracht der Gegenstände desselben und der Verwickeltheit der Verhältnisse, ohne Zweifel eine sehr schwierige Aufgabe gewesen, allein
seine Unmöglichkeit konnte man, wenn man hinsichtlich desselben
besonders von seiten des Hofs die nöthige politische Klugheit und
Aufrichtigkeit entwickelt haben würde, im voraus nicht behaupten.
Unter den Männern, die in diesen Tagen an der Spitze der nationalen Bewegung standen, gab es mehrere, denen man die nöthige
politische Klugheit, Mässigung und Billigkeit nicht absprechen konnte.
Ludwig Batthyányi gab, mit mehrern seiner Gefährten im Ministerium, später unter noch schwerern Umständen unzweifelhafte Beweise
dieser Tugenden.   Mit Vertrauen und aufrichtiger Anerkennung des
nationalen Rechts wäre es gelungen, auch Kossuth zu gewinnen.   Und
da diese Männer, die das volle Vertrauen der Nation besassen, zu
einem ähnlichen billigen Vertrage geneigt waren, so hätte es weder
von seiten des Reichstags, noch der Hauptstadt, noch aber der Comitate einen Grund gegeben, zu zweifeln, dass das Inslebentreten
desselben möglich sei.

Eine Bedingung war jedoch vor allem unentbehrlich nothwendig,
sowol, dass ein solcher Vertrag glücklich abgeschlossen werden
könne, als auch dazu, dass er die zwei Staaten beglückend bestehe.
Diese Bedingung bestand darin, dass der Hof so viel Tugend und
Aufrichtigkeit kundgebe, dass sich die unter seiner Regierung befindlichen Völker überzeugen mögen, er habe der Jahrhunderte hindurch
ausgeübten traditionellen Willkürherrschaft gänzlich entsagt, löse
sein gegebenes Wort sowol Ungarn als Oesterreich gegenüber redlich ein, und schliesse sich den neuen Verfassungen aufrichtig an.

Aber leider fehlte Bürgertugend und Aufrichtigkeit, wie im
Verlauf der frühern Jahrhunderte, auch jetzt in den Hofkreisen.
Das Verlangen nach der gestürzten Willkürherrschaft erwachte, nach-
dem sich die Stürme der ersten Tage gelegt hatten, dort wiederum.
Die Reaction begann ihr geheimes, aber um so gefährlicheres Ränke-
spiel.   Man nahm hinsichtlich Ungarns, anstatt jener Achtung des
Rechts, anstatt jenes Vertrauens, jener offenen Aufrichtigkeit, welche

einzig zu einer befriedigenden Lösung führen konnten, seine Zuflucht 1848. zur Ableugnung des Rechts, zu welchem Zwecke man Gründe suchte in der Entstellung des Sinnes der Pragmatischen Sanction.

Das Gerücht von dieser Absicht versetzte die Nation in eine fieberhafte Gereiztheit. Die Reichsstände in Presburg drängten, bis sie über diese Absicht kein amtliches Schriftstück in Händen hätten, ihre Besorgniss und Gereiztheit, wie es Gesetzgebern zukommt, in sich selbst zurück. Aber im Publikum, besonders in dem der Hauptstadt, kam der Zorn um so offener zum Ausbruch. Am 27. März alarmirte ein Maueranschlag das pesther Publikum, welches infolge der Zusammenstellung des Ministeriums und der Ankunft der zwei Ministercandidaten in Pesth noch in Freude schwamm. In diesem Maueranschlage verkündigte das Sicherheitscomité, dass „die verantwortliche Regierung, diese Krone und Garantie unserer Freiheit und Unabhängigkeit, gefährdet sei; dass die Freunde des alten, länderbedrückenden Systems den König dazu bewegen wollten, dass er die Angelegenheiten des Kriegs und der Finanzen, also das Gut und Blut der Nation, der Nationalregierung aus der Hand nehme, und auf diese Weise sein heiliges königliches Wort durch falsche Auslegungen zunichte mache". „Wir", so spricht die Proclamation ferner, „erheben entschieden Protest gegen diesen Zweck, der eine Eludirung der gerechten Forderungen der Nation, ein offenes Hintergehen derselben wäre. Die Pragmatische Sanction, in welcher die Rechte der Nation und des Herrscherhauses gegenseitig garantirt sind, ist ein zweiseitiger Vertrag. Bisher war nur der Eine Theil im Leben, der das Wohl des Herrscherhauses betrifft: gegenwärtig ist es nöthig, dass mit der Sicherstellung der Unabhängigkeit unserer Regierung auch deren zweiter Theil in Erfüllung gehe, beziehungsweise die Rechte der Nation sichergestellt werden mögen. Die Nation opferte ihr Blut für den einen Theil der Pragmatischen Sanction; sie wird dasselbe thun, wenn es nothwendig sein sollte, auch für deren zweiten Theil." . . .

Die Wichtigkeit dieser Kundmachung des Sicherheitscomité hob noch der Umstand, dass die beiden Ministercandidaten, Klauzál und Szemere, als vom Reichstage zur Aufrechthaltung der Ordnung mit Machtvollkommenheit versehene Commissare, seit einigen Tagen sich in der Hauptstadt aufhielten und man voraussetzen konnte, dass die Proclamation mit ihrem Mitwissen veröffentlicht wurde. In den Massen des Volks, welches auf dem Museumplatze Versammlungen abhielt, oder in den Gassen und auf dem Stadt-, jetzt sogenannten Freiheitsplatze, wogte, war die Stimmung noch weit revolutionärer als im Sicherheitscomité. Die Gereiztheit wandte sich zum Theil auch gegen den Reichstag, welcher sich durch die Pressgesetze das Mistrauen vieler zugezogen hatte. Der beängstigende Stand der

1848. Dinge wurde von diesen der Schwäche und Energielosigkeit des gesetzgebenden Körpers zugeschrieben. Es wurde laut ausgesprochen, dass der Reichstag in seinem gegenwärtigen Zustande kein treuer Ausdruck der Nation sei, dass man demnach sobald als möglich einen Nationalconvent einberufen müsse, welcher, alle Klassen der Nation vertretend, vor dem zur Reaction geneigten Hofe grösseres Gewicht besitzen möge; dass man Ludwig Batthyányi und die Ministercandidaten nach Pesth berufen und dieselben bis dahin, dass sie bestätigt werden, als provisorische Regierung ausrufen möge, — dies und ähnliches wurde in Volkskreisen und den verschiedenen Versammlungen laut.

Das Sicherheitscomité selbst nährte diese Gereiztheit durch sein unpassendes Vorgehen. Seitdem die Umstände ein stürmischeres Wesen angenommen hatten, fühlte sich nicht nur die Hauptstadt, sondern auch dieses Comité, welchem sich unausgesetzt immer mehrere Provinzialstädte und Comitate anschlossen, für einen wichtigern Factor in der Erkämpfung der Reform. Obwol zwei mit Machtvollkommenheit versehene Ministercandidaten in der Hauptstadt anwesend waren, behielt das Comité dennoch die Leitung der Bewegungen auch fernerhin in der Hand. Ja es liess sich, wiewol es durch seine Deputation noch vor wenigen Tagen sein volles Vertrauen dem Reichstage gegenüber erklärt hatte, von einigen heissblütigen Mitgliedern in seiner Mitte fortgerissen, neuerdings in eine Kritik der Handlungen des gesetzgebenden Körpers ein, debattirte über einzelne Gesetzvorschläge, legte sein von der Meinung des Reichstags abweichendes Gutachten dem Ministerpräsidenten vor, und wünschte nach demselben die Abänderung der Gesetzvorschläge vorgenommen zu sehen. So billigte es unter anderm im Gesetze über die Volksvertretung das Belassen des Wahlrechts des Adels nicht, und wünschte, vom Princip der Gleichheit ausgehend, im Gesetze das allgemeine Stimmrecht begründet zu wissen.

Hierzu kam noch, dass die von der mailänder Revolution und den prager Bewegungen angelangten Nachrichten die Gemüther noch mehr erhitzten, die unruhigen Elemente zu Extremen trieben, mit Einem Worte, in der Hauptstadt einen wahrhaft revolutionären Geist erweckten. Die Ruhe und Ordnung wurde indessen nicht gestört; jedermann sprach die Meinung aus, dass man die Antwort des Königs auf den Gesetzvorschlag in Bezug auf das Ministerium vorerst abwarten müsse. Indessen hätte ein Vorfall, ohne das energische Verhalten der mit Machtvollkommenheit versehenen Commissare, leicht zur Quelle unabsehbarer Verwirrungen werden können. Es wurde nämlich entdeckt, dass aus dem ofener Pulverthurm im geheimen etwa 30 Centner Schiesspulver zum Zweck der Befrachtung auf ein Donauschiff gebracht worden waren. Nachdem

die Behörde hiervon Kunde erhalten, wurde das Schiesspulver am
28. März mit Beschlag belegt. Die heimliche Art, auf welche man
das Schiesspulver wegführen wollte, liess keinen Zweifel zu, dass dies
aus irgendeiner feindseligen Absicht geschehe. Noch mehr darin bekräftigt fand sich das Publikum infolge der schwankenden Antwort,
welche General Lederer, der Militärcommandant Ungarns, den Reichs-
commissaren auf ihre diesbezügliche Frage ertheilte. Zuerst behauptete er, dass er von der Sache keine Kenntniss besitze; später aber
sagte er, dass das Schiesspulver nach Essegg geführt werden sollte.
Dieser Vorfall erweckte den nicht grundlosen Verdacht gegen das
Militär, dass es im Dienst des Hofs hinsichtlich der Nation gefährliche Plane hege. Später stellte es sich als gewiss heraus, dass
dieses Schiesspulver für den in den niederungarischen Gegenden schon
damals beabsichtigten raizischen und kroatischen Aufstand bestimmt
war. Diese Entdeckung erweckte im Publikum tausendfältigen Verdacht hinsichtlich der Absichten des Militärs. Es begannen sich
verschiedene Schreckensgerüchte zu verbreiten, dass das Militär aus
der Stadt auszumarschiren und diese im Fall eines Ungehorsams
gegen den Hof zu stürmen beabsichtige. Um diese Gereiztheit einigermassen zu besänftigen, erliessen die Reichstagscommissare Szemere
und Klauzál eine Verordnung, dass neben den Militärschildwachen
überall auch Nationalgarden aufgestellt werden sollten. Diese Massregel, welche damals der Ruhe der Hauptstadt wegen nöthig schien,
untergrub das Vertrauen zwischen dem Bürger- und dem Soldaten-
stand noch mehr und machte das Militär noch mehr geneigt, für
die Zwecke der Reaction mitzuwirken. Andererseits jedoch beschleu-
nigte diese Massregel auch die Errichtung der Nationalgarde und
deren Einübung in den Waffen sowol in der Hauptstadt als auch
anderorts im Lande. Die Einübung wurde von den pensionirten
oder sonst aus der Armee ausgetretenen Offizieren eifrig begonnen.
Die meisten Hindernisse entstanden aus dem Mangel an Waffen.
Zwar hatte jedes Comitat ein kleineres oder grösseres Waffenmagazin,
aber diese wurden schnell geleert. In Ofen, Temeswar, Peterwardein
und Essegg forderten die städtischen Sicherheitscomités die Eröffnung
der Zeughäuser; allein die Militärcommandanten verheimlichten den
grössten Theil des Inhalts derselben. Im Verhältniss zur Bevölkerung
war die Nationalgarde nirgends so zahlreich und so gut mit Waffen
versehen wie in der Hauptstadt, wo die Bürger, trotzdem sie später
mit dem vielen Wachestehen sehr in Anspruch genommen wurden,
sehr gern am Dienst theilnahmen, darunter auch viele solche, die
ihres Alters wegen dazu nicht mehr verpflichtet waren. Dieser sich
in Pesth kundgebende Geist war um so überraschender, als vordem
während der nationalen Reformkämpfe in nicht seltenen Fällen mit
Recht einige Besorgniss entstehen konnte, dass die gemischten, ver-

schiedenen Nationalitäten angehörenden Elemente der Hauptstadt sich mit den Gefühlen der Nation nicht ganz zu vereinigen wissen. Jetzt schwand die Ursache dieser Besorgniss von Tag zu Tag immer mehr: Pesth hatte sich die Anerkennung dessen erkämpft, dass es nicht nur die Hauptstadt, sondern auch das Herz des Vaterlandes sei.

Dieses moralische Gewicht, welches aus dem Verhalten der Hauptstadt entstand, hatte der Reichstag auch in der That nöthig. Am 29. März brachte der Palatin die Antwort des Hofs auf den vom Ministerium handelnden Gesetzvorschlag. Die im Umlauf gewesenen Gerüchte bestätigten sich; der Hof zog sein im königlichen Rescript vom 17. März bezüglich des unabhängigen Ministeriums im allgemeinen verpfändetes Wort zurück. Wenn man bedenkt, dass der Staatsrath, der bisher in allen öffentlichen Angelegenheiten der Monarchie zu verfügen pflegte, auch jetzt noch bestand, und der König seine Entschliessungen fortwährend aus den Einflüsterungen und der Meinungsabgabe dieses Berathungskörpers schöpfte: so darf man sich nicht wundern, dass die königliche Antwort so ausfiel. In jenem Körper sassen Räthe, die weder die Verfassung, welche man den Wienern verliehen hatte, noch die Regierungsform, zu welcher man in Ungarn einwilligte, aufrichtig angenommen hatten; sondern mit beiden nur ein Spiel zu treiben beabsichtigten, bis der Hof genug Kraft sammeln könnte, um auf dem Feld der Reaction offen aufzutreten. Ja, wie man in manchen besser eingeweihten wiener Kreisen erzählte, sollte ein Mitglied dieses geheimen Raths schon damals den Vorschlag gemacht haben, dass, ehe man den Wünschen des ungarischen Reichstags gänzlich nachgebe: dem König eher anzurathen wäre, dass er sich dem Schutz der mit den Ungarn ohnehin in altem Zwiespalt befindlichen Kroaten, Slowaken und des im Lande stationirten Militärs anvertraue, welch letzteres man aus den Grenzdistricten und aus Siebenbürgen leicht vermehren könnte.

Die unter solchen Einflüssen angefertigte königliche Antwort konnte die Nation natürlich nicht befriedigen. Schon ihre äussere Form war anstosserregend, da sie in Form der alten Hofkanzlei-Resolutionen verfasst und vom Hofrath Zsedényi unterfertigt war. Ihr Wesen bestand im Folgenden: die dem Palatin ertheilte Machtvollkommenheit, welche jetzt so ausgelegt wurde, als ob sie nur die Bestätigung seines gewöhnlichen Rechts- und Machtkreises gewesen wäre, wurde thatsächlich zurückgezogen. Die Hofkanzlei wurde auch fernerhin aufrecht erhalten; demnach das neue Ministerium nur auf die Fortsetzung der Rolle des das Reich bisher unmittelbar verwaltenden Statthaltereiraths beschränkt gewesen wäre. Die Ernennung weltlicher und geistlicher Würden, die Verleihung von Besitzthümern und Titeln, die Erhebung in den Adelsstand und das Begnadigungsrecht wurde Wien aufbehalten. Das ganze Verfahren, welches die Hofkanzlei bisher ausgeübt hatte: die Abhülfe wegen 1848. Formfehlern in Privatprocessen, die Appellation der Processe in Fällen der Wiedereinsetzung in den Besitz u. s. w., alles dies wurde auch fortan zu den Verrichtungen der Hofkanzlei gezählt. Hinsichtlich des königlichen Aerars wünschte die Antwort, dass jene Einkünfte, welche bisher aus Ungarn in die Centralkasse der Monarchie flossen, dahin auch fernerhin eingezahlt werden sollten, und nur die Votirung der directen Steuern, wie es bisher gewesen, Gegenstand der Verfügung des Reichstags sein dürfte. Bezüglich des Kriegsministeriums endlich sagt die Antwort, dass die Ernennung der Oberoffiziere, die Verwendung der Truppen und die Bestimmung des von der Armee zu verfolgenden Zweckes Se. Majestät sich selbst (richtiger der wiener Regierung) auch fortan ausschliesslich vorbehalte.

Die königliche Antwort versagte also das Kriegsministerium gänzlich oder wollte dasselbe höchstens in der Stellung zulassen, welche bisher die Generalcommandos in den Provinzen eingenommen hatten; das Finanzministerium verurtheilte sie zu der untergeordneten Rolle, welche bisher die ungarische königliche Hofkammer der kaiserlichen Kammer gegenüber so ungesetzlich und trotz so vieler Klagen von seiten der Nation einnahm; sie beraubte die Ministerien des Innern und der Justiz mehrerer bedeutender Functionen ihres Wirkungskreises und wollte, das Ministerium des Aeussern gänzlich beseitigend, dasselbe mit der bisherigen königlichen Hofkanzlei ersetzen, welche, wie bisher, obgleich klaren Gesetzen entgegen, in jeder wichtigern politischen Frage dem Einfluss des wiener Ministeriums ausgesetzt war und auch für die Zukunft ausgesetzt gewesen wäre. Mit Einem Wort, das Wesen der königlichen Antwort war: dass das ungarische Ministerium zu dem wiener in einem solchen Verhältniss stehen solle, in welchem früher die ungarischen Dicasterien zur gestürzten kaiserlichen Regierung standen. Nach dem Wirkungskreis, welchem auf diese Weise die königliche Antwort dem neuen ungarischen Ministerium bestimmte, wäre dieses dem Reichstag gegenüber verantwortlich gewesen, aber ohne in den wichtigsten Zweigen der Verwaltung vom wiener Ministerium unabhängig zu sein.

Dieses Verhältniss anzunehmen wäre soviel gewesen, als der von so vielen Staatsverträgen und Gesetzen garantirten Unabhängigkeit und selbständigen Regierung des Reichs einfach zu entsagen; sich mit dem österreichischen Kaiserthum zu verschmelzen, das ungarische Staatsleben zu vernichten, das nationale Bestehen zu vertilgen, für dessen Rettung und Aufrechthaltung unsere Ahnen unter dem schweren Schicksal der vergangenen Zeiten keinen Anstand nahmen, ihr Blut zu vergiessen, ihr Leben aufzuopfern; es wäre soviel gewesen, als den verhassten fremden Einfluss gesetzlich zu machen und ausserdem auch noch die Willkürherrschaft für den Fall zum Gesetz zu erheben, wenn der aus seinem Schrecken sich ermannende Hof die den Wienern ertheilte neue Verfassung mittels eines Staatsstreichs aufheben sollte, was um so sicherer hätte geschehen müssen, je schwächer sich Ungarn in der Vertheidigung seiner gesetzlichen Rechte erwiesen haben würde. Auf diesem Gebiet konnte also die ungarische Nation ohne das Brandmal der Feigheit von ihren althergebrachten Rechten kein Haar breit nachlassen.

Die Angelegenheiten hätten eine andere Wendung nehmen können, wenn der Hof nach aufrichtiger und deutlicher Anerkennung und Sicherstellung der Nationalrechte in Bezug der fernern Verhältnisse der zwei voneinander rechtlich gänzlich unabhängigen Theile der Monarchie, und insbesondere hinsichtlich jener gemeinsamen Angelegenheiten, welche aus der Identität des Monarchen nothwendig entstehen müssen, einen neuen Fundamentalvertrag in Vorschlag gebracht haben würde. In diesem Fall hätte politische Klugheit und gesunde Auffassung den beiden Theilen der Monarchie zur Pflicht gemacht, miteinander auf Grundlage der Reciprocität und gegenseitiger Billigkeit schon ihren eigenen Interessen gemäss übereinzukommen und die Form der zukünftigen Verbindung, die Art des Vorgehens in den gemeinschaftlichen Angelegenheiten zu regeln. Und hätte Ungarn einen solchen billigen Vertrag nicht eingehen wollen, dann hätte sich sowol der österreichische Kaiserstaat als auch die Dynastie über dasselbe mit Grund und Recht beschweren können. Aber der Hof spricht in dieser königlichen Antwort nicht von einem solchen mit gegenseitiger Billigkeit und kluger Nachgiebigkeit zu vereinbarenden Vertrag, sondern er leugnet, wie dies aus mehrern Anzeichen deutlich wurde, in Anhoffung des Siegs der schon beabsichtigten Reaction das dem Reich zukommende Recht der unabhängigen Verwaltung hinsichtlich der Angelegenheiten der Finanzen und des Kriegs, welches unsere Könige bisher, wenn sie es auch durch die kaiserliche Regierung thatsächlich zu verletzen erlaubten, dennoch immer ausdrücklich anerkannten, jetzt geradezu ab; die königliche Antwort konnte man demnach nicht annehmen. Wenn man in dieser Sache und hinsichtlich dieser Tage etwas bedauern kann, und gegenwärtig muss dies auch jeder Patriot, so liegt dies darin: dass jene Männer, die das Schicksal damals hier wie dort an die Spitze der öffentlichen Angelegenheiten stellte, keine Mittel fanden und vielleicht auch nicht suchten, damit die Ursachen des Zwiespalts aufgehoben werden möchten und zwischen den beiden voneinander rechtlich unabhängigen Theilen der Monarchie hinsichtlich der aus der Identität des Monarchen entstandenen und von der Pragmatischen Sanction festgestellten gemeinsamen Angelegenheiten nicht gleich damals irgendein billiger, beide Theile befriedigender Vertrag abgeschlossen werde.

Als die königliche Antwort in der gemeinschaftlichen Sitzung 1848. des gesetzgebenden Körpers vorgelesen wurde, äusserte sich der ernannte Ministerpräsident Graf Ludwig Batthyányi kurz folgendermassen: dass die königliche Antwort seiner Ueberzeugung nach weder den gesetzlichen Ansprüchen der Nation, noch den billigen Erwartungen der Reichsstände Genüge leiste. Er bat daher ohne jede weitere Motivirung den Palatin, er möge durch seine wirksame Vermittelung eine solche Umgestaltung derselben bewirken, damit jenes Wort Sr. Majestät, er wolle Ungarn ein unabhängiges, verantwortliches Ministerium geben, eingelöst werde. Denn wenn dies nicht geschehe, so erkläre er sowol in seinem als auch im Namen aller übrigen Ministercandidaten, dass sie das verantwortliche Ministerium zu übernehmen nicht im Stande seien und sich dazu nicht berechtigt fühlen.

Der Erzherzog-Palatin Stephan erwiderte auf die mit allgemeiner Zustimmung aufgenommene Erklärung des Ministerpräsidenten Folgendes: „In dem gegenwärtigen ernsten und grossartigen Moment wird die Zukunft Ungarns entschieden. Und in diesem Augenblick richte ich an Ihren Patriotismus den heissen Wunsch, dass Sie jenem wichtigen Amt, zu welchem Sie von mir und dem Vertrauen der ganzen Nation berufen sind, jetzt nicht entsagen mögen. Denn feierlich gebe ich hier mein Wort, dass ich jene Bemerkungen, welche mir die verantwortlichen Minister in diesem Gegenstand übergeben werden, Sr. Majestät nicht nur unterbreiten, sondern auch selbst vorlegen werde; und davon, wenn es sein muss, selbst unsere Stellung abhängig machen werde." Auf das mit lautem und andauerndem Beifallssturm aufgenommene Versprechen des Palatins erklärte Batthyányi, dass auch er die Stellung des Ministeriums daran knüpfe: ob der Palatin in seinem Amt als Vermittler glücklich oder nicht sein werde.

Der Gereiztheit, welche sich der königlichen Antwort wegen im Publikum verbreitet hatte, gaben sodann Kossuth in der Untern Tafel in einer kühnen Rede Ausdruck, welche eher zu seiner frühern Rolle als Oppositionsmann als zu seiner neuen Stellung als Ministercandidat passte. „Der Reichstag", sagte er: „hat die Erklärung der Minister gehört; er hörte, dass der Palatin an diese Angelegenheit seine eigene Stellung knüpfte. Ich lasse mich in keine Einzelheiten ein, aber ich spreche es aus, dass dieses Rescript empörenden Spott und leichtsinniges Spiel treibt mit dem Thron, mit dem Vaterland. Und wer sind diejenigen, die dieses Spiel treiben? Der das Ganze durchwehende Geist ist kein anderer als der, dass die verhasste Bureaukratie auch fernerhin in Wien verbleibe, und das ungarische unabhängige Ministerium in Ofen nichts anderes sei als ein niederes Postamt, wie es der Statthaltereirath gewesen. Diese Menschen kümmern sich nicht um die Zukunft des österreichischen Kaiserhauses; sie kümmern sich nicht um das Blut der Bürger, welches nach einem solchen Verfahren in Strömen fliessen kann. In demselben Augenblick, da der König es aussprach, « es wird ein verantwortliches ungarisches Ministerium geben», treten sie hervor, um die Heiligkeit des königlichen Wortes zuzustutzen, nicht achtend jenen Nimbus, jene Pietät, welche den königlichen Namen umwehen muss, wenn sie ihn nicht alles Ansehens berauben und die Sache dahin bringen wollen, dass das Volk den Glauben an das königliche Wort verliere. Dies alles sehend, nehme ich aus den Tiefen meiner Seele Anstoss daran, sowie daran, dass auch in diesem Augenblicke, da dem königlichen Worte gemäss Sr. Majestät hinsichtlich der Angelegenheiten Ungarns keinen andern Rathgeber haben kann als den ernannten ersten Minister, Grafen Ludwig Batthyányi, unsere Angelegenheiten noch immer vom Einflusse des Erzherzogs Ludwig, der in den ungarischen Angelegenheiten keinen gesetzlichen Einfluss haben kann, der dazu nicht das geringste Recht besitzt, weil er nicht auf dem Thron sitzt, nicht Thronfolger, nicht Palatin ist, ferner vom Einfluss der Hartige und Windischgrätze und wer weiss noch wessen sonst abhängen. Und ein Gefühl tiefster Verbitterung muss uns alle überkommen, wenn wir sehen, dass die Sachen auch jetzt noch so stehen, dass der gestürzte Hofkanzler, und jener Mensch, den ich nicht nennen will (er meint den Hofrath Wirkner), der hier jahrelang das schmachvolle Werkzeug des Seelenverkaufs war, und Baron Jósika, der siebenbürgische Hofkanzler, der in die ungarischen Angelegenheiten nichts dareinzureden haben kann, Rathschläge ertheilen anstatt des hierzu gesetzlich berufenen ungarischen Ministers. Dies sehend, erkläre ich, dass ich zwar in diese männliche Entschlossenheit des Erzherzog-Palatins, der die Sache zu ordnen versprach, volles Vertrauen setze, und hoffe, dass er sein gegebenes Wort in möglichst kurzer Zeit einlösen werde; wenn dies aber nicht geschieht, dann mögen diejenigen, die diese Dinge verursacht haben, mit sich abrechnen, und ich wünsche, dass man Apponyi, Jósika und Wirkner des Vaterlandsverraths anklage und proscribire."

Ladislaus Madarász, der sich später eine nicht eben beneidenswerthe Berühmtheit in der Geschichte unsers Freiheitskampfs verschaffte, zog mit überströmender Redefülle ohne jede Schonung gegen den Hof los und verlangte, dass Zsedényi, mit dessen Namen die königliche Antwort erlassen wurde, sogleich zur Verantwortung gezogen werde hinsichtlich aller derjenigen, welche diese Rathschläge ertheilt hatten, damit dieselben im Sinn eines alten Gesetzes als ungetreue, schlechte Rathgeber sofort exemplarisch bestraft werden möchten. Zsedényi hielten jedoch die Stände, mit deren grossem Theil er an mehrern Reichstagen theilgenommen und sich zwar in conservativem Geist, aber stets vaterlandsfreundlich ausgezeichnet hatte, 1848. auch jetzt für einen guten Patrioten, und hegten von ihm die Ueberzeugung, dass er zu diesem Verfahren gegen seinen Willen, gegen seine Meinung als Werkzeug gebraucht worden; der Antrag wurde daher nicht angenommen. Aber hinsichtlich des Rescripts sprach es Der Beschluss der die Tafel als Beschluss aus, dass sie jedes Verdrehen und Zustutzen Deputirtendes am 17. März gegebenen königlichen Worts für ein kühnes und königliche strafbares Spiel gegen den Königsthron und die Nation erkläre. Und Rescript. in die Vermittelung des Palatins Vertrauen setzend, mit deren Erfolg dieser auch seine eigene Stellung verknüpfte, erwarte sie: dass diejenigen, die kein Recht besitzen, über das Schicksal des Reichs zu verfügen, den Sieg über den König nicht davontragen werden und die Angelegenheit in möglichst kurzer Zeit nach dem Wunsch der Nation geschlichtet werden würde. Zur Milderung jenes Eindrucks aber, welchen dieses königliche Rescript im Lande verursachen würde, wurde es zum Beschluss, dass auf jenen Bogen, auf welchem dasselbe veröffentlicht, auch diese Beschlüsse des Reichstags abgedruckt werden sollen.

Aber ausserhalb des Reichstagssaals wollte bei alledem auch das von der Jugend geleitete Volk nach seiner Art an der Verdammung der königlichen Antwort und der Aeusserung der allgemeinen Gereiztheit theilnehmen. Am Abend nach dieser Reichstagssitzung versammelte sich auf der Promenade ein grosser Volkshaufen und verbrannte die in seiner Hand befindlichen Exemplare des königlichen Rescripts; und Zsedényi als den Unterfertiger dieses Documents, den man irrthümlich in Presburg zu sein wähnte, ergreifen wollend, unternahm er in mehrern Häusern eine gewaltsame Durchsuchung.

Die Mitglieder des Central-Sicherheitscomité, die zur Beruhigung Die pesther Bewegung. und Verständigung des Volks auf dem Museumplatz vor den wogenden Volksmassen beinahe täglich Reden hielten, in welchen sie, die der nationalen Freiheit drohenden Gefahren getreulich aufdeckend, das Vertrauen des Volks vollständig gewannen, über seine Leidenschaften herrschten, liessen die in der Hauptstadt herrschende Gereiztheit bisher nicht zum Ausbruch ausarten. In der Nacht des 30. März indess gelang es ihnen nur sehr schwer, das gereizte Volk vor einem Ausbruch zu bewahren. Abends um 10 Uhr brachte das Dampfschiff Exemplare des an den Reichstag gerichteten königlichen Rescripts. Die Nachricht von dem die Hoffnungen der Nation vereitelnden Rescript verbreitete sich mit Blitzesschnelle in der Hauptstadt durch jene Gruppen, welche an den Ufern der Donau der Ankunft des Schiffes harrten. Die Gassen wurden sogleich mit dichten Volksmassen gefüllt, welche sich auf den Freiheitsplatz vor das Stadthaus drängten. Je mehr die Volksmasse anwuchs, um so grösser wurde dessen Aufregung. Schon erschollen „Zu den Waffen!" „Nie-

1848. der mit der deutschen Regierung!“ und andere ähnliche Rufe allgemein; ja, mehrere hatten sogar die Absicht, die Sturmglocken
ertönen zu lassen, als die Ministerialbevollmächtigten Szemere, Klauzál,
Nyáry und mehrere andere das öffentliche Vertrauen besitzende
Männer unter dem Volk erschienen. Diese brachten den auf die
königliche Antwort erfolgten energischen Beschluss des Reichstags,
die entschiedene Erklärung des Erzherzog-Palatins Stephan und des
Ministerpräsidenten Ludwig Batthyányi, welcher gemäss beide ihre
Stellung an die Erfüllung des Nationalwunsches knüpften, zur Verlesung und ermahnten das Volk in begeisterter Rede, das Resultat
der Vermittelung des Palatins abzuwarten. Andererseits eiferten sie
dasselbe zur energischen Ausdauer gegen die Ränke der begonnenen
Reaction an. Paul Nyáry stellte unter anderm den Antrag, dass,
wenn der Palatin und das Ministerium zurücktreten sollten, eine provisorische Regierung in Pesth ernannt werden möge, und jeder, der
derselben keinen Gehorsam leisten würde, seine Vergangenheit möge
welche immer sein, als Feind des Vaterlandes betrachtet werden solle.
Die Volksversammlung machte ferner zum Beschluss, dass jeder Bürger verpflichtet sei, in die Nationalgarde einzutreten; das Sicherheitscomité einen begeisternden Aufruf an das Land und alle damit verbundenen Theile richte; und endlich alle jene Behörden der Städte
und Comitate, welche sich bisher dem Centralcomité angeschlossen
hatten, aufgefordert werden mögen, zur Beförderung des Zusammenwirkens und der Uebereinstimmung zwei vom Volk zu wählende
Repräsentanten in die Hauptstadt zu schicken. Das Volk ging, nachdem diese Beschlüsse gefasst wurden, friedlich auseinander.

In Anbetracht dessen, dass die Zahl der sich Pesth anschliessen-
den Behörden sich fortwährend vermehrte, dass kein Tag verging,
an welchem nicht zu diesem Zweck aus einem oder dem andern
Comitat, aus einer oder der andern Stadt Repräsentanten zum Centralcomité gekommen wären: kann man nicht in Abrede stellen, dass
dieses Comité, wenn sich ihm auch noch Kossuth angeschlossen haben
würde, sich zu einer wahren Macht im Reiche hätte entwickeln
können. Die Begeisterung für Vaterland und Freiheit durchzitterte
schon das ganze Land und selbst dessen andern Stämmen angehörige
Einwohner in dem Masse, dass, wenn die Angelegenheiten in Wien
keine bessere Wendung genommen hätten, der grössere Theil desselben bereit gewesen wäre, die rothe Fahne der Revolution auszustecken.

Das neuere
königliche
Rescript be-
züglich des
verantwort-
lichen Mini-
sterlums.

Dies war indessen jetzt nicht nöthig. Der Erzherzog-Palatin
hatte sein Wort redlich eingelöst und war schon des andern Tags,
am 31. März nachmittags, mit einem andern königlichen Rescript
nach Presburg zurückgekehrt. Nachdem er seine Stellung an den
Erfolg gebunden, so überzeugte schon seine Zurückkunft selbst jeder-

mann vom Erfolg. Noch am Abend desselben Tags wurde eine gemischte Sitzung gehalten, damit der durch das frühere Rescript verursachte Eindruck so bald als möglich mit einem günstigern vertauscht werde. Auf dem Platze vor dem Landhause drängte sich
eine unermessliche Menge; der Sitzungssaal und die Vorsäle waren
mit neugierigen, lärmenden Zuhörern gefüllt. Von der Damengalerie
wurde ein schöner Blumenkranz auf den Tisch des den Vorsitz führenden Erzherzogs herabgelassen. Den Erzherzog begrüsste, als er in
den Saal trat, ein nicht enden wollendes stürmisches Éljenrufen. Die
Männerversammlung schüttelte die federgezierten Kalpags über ihren
Häuptern; die Damen auf der Galerie liessen Nationalfahnen und
weisse Taschentücher wehen. Endlich wurde es still und die Verlesung des Rescripts begann. Dieses war jetzt nicht von einem Rath
der Hofkanzlei, sondern vom König selbst unterzeichnet, und als der
das Rescript vorlesende Protonotar die Worte: „Wien am 31. März 1848.
Ferdinand." aussprach, brach die Liebe gegen den König in drei-
maligen begeisterten Éljenrufen aus. Das neue Rescript bekräftigte
das Wesen des hinaufgesandten Gesetzvorschlags seinem ganzen Umfang nach. Hinsichtlich des das Finanzministerium betreffenden
Punktes wurde nur die Bemerkung gemacht, dass bis dahin, wo die
künftige Gesetzgebung hinsichtlich der Proportion der die Gesammtmonarchie betreffenden gemeinschaftlichen Ausgaben mit Zustimmung
des Königs verfügen würde, bezüglich der zur Erhaltung des königlichen Hofs, zur Versehung der gemeinsamen Diplomatie, der gemeinsamen militärischen Körper, des Geniewesens, der Artillerie u. s. w.
nöthigen Ausgaben gegen künftige Einrechnung einstweilige Anstalten
getroffen werden mögen. In Bezug auf das Kriegsministerium sind
die Worte des Rescripts die folgenden: „Wie Ich anerkenne, dass
das Landesvertheidigungssystem und die Verfügung hinsichtlich der
nach der Nothwendigkeit der Umstände zu treffenden Anträge in
militärischen Angelegenheiten zum Kreis der Gesetzgebung, die Dislocirung des regulären Militärs und Verwendung desselben in Friedens-
zeiten zu der im Wege des verantwortlichen ungarischen Ministeriums
auszuübenden Regierung des königlichen Statthalters gehöre; so erwarte
Ich andererseits von der treuen Anhänglichkeit der getreuen Stände
an Mein königliches Haus und den durch die Pragmatische Sanction
bekräftigten Verband mit der Monarchie mit Bestimmtheit: die löblichen Stände würden selbst einsehen, dass die Verwendung ‚der ungarischen Armee ausser den Landesgrenzen, wie nicht minder die
Ernennungen zu Militärämtern der nöthigen Uebereinstimmung wegen
direct nur von Meiner allerhöchsten königlichen Entschliessung abhängen können; mit der Gegenzeichnung in diesen Fällen daher der
sich fortwährend um Meine königliche Person befindende Minister zu
betrauen sein wird."

Das Rescript wurde mit voller Befriedigung und langem Jubel aufgenommen. Allein obschon der Reichstag mit Deák zusammen auch. der Meinung war, „dass die verantwortliche Regierung nur Form sei und derselben erst die Kraft der Nation Leben verleihe“: so muss man es dennoch bedauern, dass der Hof, obwol er den Wunsch der Nation gewährte, auch in diesem neuern Rescript der Nation gegenüber nicht aufrichtig und vertrauensvoll war. Der Mangel an Aufrichtigkeit und Vertrauen lag darin, dass hinsichtlich derjenigen Angelegenheiten, welche das Reich mit den deutschen Erbländern gemeinsam berühren und ohne deren Schlichtung man einerseits zwischen dem Reich, andererseits zwischen dem Hof und der kaiserlichen Monarchie das herzliche Einverständniss, den Frieden schon von vornherein für unmöglich halten musste, in diesem Rescript keine Erwähnung gemacht ward. Nicht das wollen wir sagen, dass man z. B. die auswärtige Vertretung, die Angelegenheit der ausländischen Zölle, die Theilnahme an der Staatsschuld der Monarchie u. s. w. schon in diesem Rescript hätte namentlich erwähnen oder eben darüber verfügen sollen. Hierzu wäre jetzt weder der Ort noch Zeit gewesen, jetzt, da die Gemüther nach der vom frühern Rescript verursachten Gereiztheit noch fortwährend in leidenschaftlichem Wogen begriffen waren. Da es jedoch unmöglich war, die in die Lebensader der Monarchie einschneidenden alten, wiewol einigermassen ungesetzlichen Verhältnisse rein und vollständig zu unterbrechen und dies zuzugeben auch keineswegs in der Absicht des Hofs lag; da ferner einige dieser Verhältnisse, wie z. B. die Staatsschulden, die deutschen Erbländer, deren Frieden und Wohlstand nicht minder berührten wie den Hof selbst: so wäre es im Interesse des zukünftigen Einverständnisses unumgänglich nothwendig gewesen, dass der Hof in diesem königlichen Rescript offen aussprach, es sei durch den Bestand der Monarchie bedingt, dass jene gemeinsamen Verhältnisse von einem im Sinn der Pragmatischen Sanction abzuschliessenden neuen erschöpfenden Vertrag geregelt werden müssten. Und wenn der Hof das Recht der unabhängigen Regierung des Reichs deutlich und voll Achtung anerkannte, so konnte und musste er auch von der Nation voraussetzen, dass sie einen solchen Vertrag gleichfalls für nothwendig halten und denselben principiell auch annehmen werde; besonders wenn sich der Hof in dieser Beziehung mit dem bezeichneten Ministerium schon im voraus berathen haben würde. Ehrlichkeit und aufrichtige Geradheit sind die beste Politik. Es war jedoch unmöglich, der Hof hätte nicht gefühlt, nicht gesehen, dass er nur so im Stande sein werde, sein der Nation wie den österreichischen Erbländern gegebenes Wort redlich einzulösen, wenn die gemeinsamen Verhältnisse mit gegenseitiger Billigung den Verträgen gemäss geschlichtet wurden. Soviel hätte man daher auch schon in diesem Rescript der Nation bekannt geben sollen, dass 1848. der Hof auf den Abschluss dieses Vertrags schon in voraus mit Bestimmtheit zähle, da von demselben die Möglichkeit, das königliche Wort einzulösen, der Bestand der Monarchie abhänge. Dieses Versäumniss, dass der Hof bezüglich dessen mit der bezeichneten Regierung nicht von vornherein übereinkam und dies auch im Rescript nicht erwähnte, wurde zur unheilvollen Quelle aller spätern Verwickelungen und Zwietrachten. Die einfache Ursache dieses Versäumnisses aber war, dass es in den Hofkreisen an Aufrichtigkeit fehlte. Die Reaction war in diesen Tagen bei Hofe schon endgültig beschlossen. Und ebendamals, als er, erschrocken vor dem energischen Auftreten der die deutliche Anerkennung ihrer versagten Rechte fordernden Nation, die Wünsche derselben endlich gewährte, deren Rechte unter den Schutz der Heiligkeit des königlichen Wortes stellte: ebendamals hatte der Hof hinter dem Rücken des Königs die Hauptprincipien der zu befolgenden reactionären Politik beschlossen, den Plan zu den auf Ungarn zu richtenden Angriffen entworfen und in der Person Jellasich's das Hauptwerkzeug gewählt und ernannt, durch welches er jene Principien anzuwenden, diesen Plan durchzuführen beabsichtigte.

Diese gefährlichen Absichten des Hofs ahnte jedoch damals nur mancher tiefer blickende Patriot; davon sprechen konnte man noch nicht aus Mangel an klaren Daten, und hätte auch dem klar und feierlich verpfändeten königlichen Wort gegenüber vielleicht keinen Glauben gefunden. Die Freude, die Befriedigung war eine allgemeine. In diesem Ton äusserte sich auch das Unterhaus, als das königliche Rescript dort neuerdings zur Verlesung kam. Mehrere Redner sprachen in dem Sinne, dass, wenngleich dasselbe allen Wünschen nicht bis auf ein Haar entspreche, hinsichtlich der Hauptpunkte das Verlangen der Nation doch erfüllt sei. Insbesondere äusserte sich in Bezug auf das Kriegsministerium ein Deputirter, Ladislaus Madarász, in der Weise, dass er die Verwendung der ungarischen Armee ausserhalb der Landesgrenzen, welche im Rescript erwähnt wird, nicht so verstehe, dass man jenes Heer zum Angriff auf andere Nationen oder zur Einmischung in die innern Angelegenheiten der mit uns durch die Pragmatische Sanction verbundenen Länder gebrauchen dürfe. Er verstehe — sagte er — die Pragmatische Sanction in der Art, dass es gemäss derselben zwar Pflicht des Ungars sei, zur Erhaltung der territorialen Unversehrtheit der österreichischen Monarchie hülfreiche Hand zu bieten; nie aber dazu, dass die constitutionellen Bewegungen der Erbländer und deren eine Verfassung erflehenden Seufzer unterdrückt werden.

Diese Erklärung erlangte eine gewisse Wichtigkeit dadurch, dass die Untere Tafel dieselbe sich durch Acclamation zu eigen machte.

Die Kundgebungen des Unterhauses hinsichtlich des Rescripts.

1848. Dies war auch der Grund, dass der Ministerpräsident Graf Ludwig Batthyányi der Meinung war, dieselbe nicht ohne Bemerkung lassen zu können. „Hinsichtlich der Erläuterung der Pragmatischen Sanction", sagte er, „erkläre ich im Namen des Ministeriums, dass ich die aus demselben folgende Pflicht auch so verstehe, dass wir verpflichtet sind, die Monarchie zu vertheidigen, wenn deren territorialer Bestand angegriffen wird, wir uns jedoch in die Angelegenheiten anderer nicht einmischen. In Betreff des Angriffskriegs weiche ich indessen vom Vorredner ab, denn es kann sich der Fall ereignen, dass der Angriffsplan am Platze ist und man denselben einigermassen als Vertheidigung ansehen kann, ohne dass das Territorium des Reichs direct angegriffen wird." Diese Erklärung war wichtig hinsichtlich der weiter unten zu berührenden italienischen Verhältnisse.

Nach den später, besonders im Jahre 1849 entwickelten Umständen traten in der Heimat wie im Auslande verschiedene Meinungen zu Tage, ob Kossuth, diese Haupttriebfeder der Reform der nationalen Regierung, sich jenem Zustand, welchen das infolge des königlichen Rescripts geschaffene Gesetz sanctionirt hatte, aufrichtig anschloss, oder schon damals in seinem Geist über die vollständige Losreissung des Reichs von der österreichischen Monarchie und dem Herrscherhaus gebrütet habe. Zwar wird diese Frage der Verlauf unserer Erzählung erschöpfend lösen; es wird indessen nicht uninteressant sein, manche Theile der Rede Kossuth's, welche er an diesem Tage hielt, zu lesen, da sie gleichsam als Antwort auf diese Frage lauten. Ohnehin erlaubt uns diese Rede, welche zu den Glanzpunkten seiner Rednerlaufbahn gehört und ungeheuere Wirkung machte, einigen Einblick in den Charakter dieses ausserordentlichen Mannes zu machen, und insbesondere in seinen hochfliegenden Geist, welchem nach er gewohnt war, den Anschein der Bescheidenheit mit rednerischen Blumen zu überschütten.

„Das Rescript hat", sagte er, „zwei wesentliche Punkte; der eine sind die Finanzen, der andere das Kriegswesen. Beim Ordnen dieser Angelegenheiten darf man Eins niemals vergessen, nämlich dass wir bis zu diesem Augenblick auf der Grundlage der reinsten Treue dem Herrscherhause gegenüber, welches auch auf dem Throne Oesterreichs sitzt, stehen, und dass daraus eine solche Verbindung, ein solches Verhältniss folgt, welchem gemäss gewisse gemeinsame Verfügungen insolange unausweichlich sind, als das Band der Pragmatischen Sanction besteht. Wenn wir diesen Gesichtspunkt, dass wir nämlich nicht auf dem Felde der Losreissung, sondern auf dem der Pragmatischen Sanction stehen, nicht aus den Augen verlieren, werden wir die erforderliche Orientirung finden. Wenn der erwähnte Verband nicht bestände und der König von Ungarn in Ofen wohnte, dann würden natürlich nur wir allein für die Civilliste zu sorgen

haben; da jedoch auch andere Völker unter der Krone desselben
Monarchen stehen, so werden auch diese zur Bedeckung der gemeinsamen Ausgaben beitragen. . . . Hierher gehören noch die Kosten
der gemeinsamen Diplomatie und die Versehung jener Militärkörper,
für welche, wenn einmal das Landesvertheidigungssystem ausgearbeitet
sein wird, die ungarische Gesetzgebung wird besonders sorgen können; aber bis dahin, dass dies nicht geschehen ist, müssen wir an der
gemeinschaftlichen Versehung einen verhältnissmässigen Antheil nehmen. Eben durch die Besorgung dieser Angelegenheit wird die unabhängige Stellung der ungarischen Finanzen constatirt sein." . . .
Er findet in dieser Hinsicht in dem betreffenden Punkt des königlichen Rescripts Beruhigung. . . . „Die nächsten praktischen Folgen
dieser finanziellen Unabhängigkeit sind sehr gross. Die Einkünfte
Ungarns betragen, wie wir wissen, etwa 28 Mill. Gulden Conventions-
münze (70 Mill. Frs.); und was sehen wir hiervon zum geistigen
und materiellen Wohl des Reichs verwendet? Wir vermögen keine
einzige ordentliche Strasse, wir vermögen nichts anderes aufzuweisen,
wenn wir etwa die pesther Realschule ausnehmen. Künftighin wird
dies anders sein. Wir werden jetzt zur königlichen Hofhaltung die
nöthigen Summen geben, und diese 15 Millionen zählende Nation
wird nicht zugeben, dass ihr König in einer Armuth nach Art des
Wladislaus lebe. Aber das übrige Einkommen wird verwendet werden auf das materielle und geistige Wohl des Reichs, auf Volksunterricht und Vermehrung jener geistigen Kraft, gegen welche sodann keine Gewalt siegen kann, weil sie jene Reife verleiht, welche
die Freiheit wünscht und diese von der Zügellosigkeit zu unterscheiden versteht; weil sie jenes Gefühl verleiht, welches, indem es
die Freiheit will, alles will, was Gott Werthvolles geben kann auf
dieser Erde. . . . Jetzt ist das Volk Herr seines Schicksals geworden."
Er war nie ein übertriebener Lobpreiser der Aristokratie und ist
dies auch jetzt nicht, da diese Aristokratie von der bisher eingenom-
menen Stufe der Macht herabsteigt; allein er gestehe, dass keine
Aristokratie schöner herabsteigen könne als diejenige, welche den
Schlüssel des eigenen Schicksals für die Zukunft in die Hand des
Volks gibt. . . . Aus ähnlichem Gesichtspunkt fasse er auch jenen
Theil des Rescripts auf, welcher vom Kriegswesen handelt. „Indem
das Rescript anerkennt", sagte er, „dass die Rekrutenvotirung die
Dislocirung des Militärs im Reich u. s. w. dem Reichstag zukomme,
hat es auch eingestanden, dass man die Macht der Bajonnete niemals
gegen die Freiheit, sondern nur gegen die der Freiheit schädliche
Unordnung benutzen könne. Es kann nicht in Abrede gestellt werden, dass wir infolge der Pragmatischen Sanction Verpflichtungen
haben; aber indem das Rescript sagt, dass hinsichtlich des Kriegs-
wesens und besonders bezüglich der Dirigirung der Armee ausser

1848. Landes sich Se. Majestät selbst unter der Gegenzeichnung des verantwortlichen Ministers die Verfügung vorbehalte, so ist dadurch auch
in militärischer Beziehung die Selbständigkeit unsers Vaterlandes erreicht, soweit dies auf dem Papier möglich ist." Er sei also der
Ansicht, dass, da alles dies sanctionirt ist, die Nation nun Herr ihres
eigenen Schicksals; und indem er dies ausspricht, möge es ihm niemand übelnehmen oder für Grossthuerei ansehen, wenn er in Zusammenhang mit dem Auszusprechenden unter diesen grossen Dingen
auch von seiner eigenen Wenigkeit spricht. „Ich bin ein einfacher
Bürger", sagte er, „ich hatte keine andere Macht, keinen andern Einfluss als den, welche in jener Wahrheit sind, die mir Gott in meine
Seele gelegt hat. Und siehe, so sind die wunderbaren Wege der
Vorsehung: ich einfacher Bürger war einige Stunden in der Lage,
dass diese Hand über das Schicksal des österreichischen Throns entschied, und auch jetzt, wenn ich über dieses Rescript sage: » wir
wollen es nicht» — würde nach diesem meinem Worte Bürgerblut
fliessen. Allein tief fühle ich es, dass, wenn jemand so niederträchtig
sein könnte, die Gelegenheit zu suchen, um in diese Nation die
Brandfackel des Bürgerkriegs zu werfen, derjenige eine so ungeheuere
Verantwortlichkeit auf sich laden würde, welche die strengste Strafe,
alle Qualen der Hölle nicht verdienterweise strafen könnten; denn
es ist kein fluchwürdigeres, schändlicheres Verbrechen denkbar, als
zu spielen mit dem Blut der Bürger, mit der Ruhe einer Nation.
Indem ich so denke, indem ich diese Nation als Herrn ihres eigenen
Schicksals sehe; wenn ich sehe, dass, wenngleich eine oder die andere
unserer Lieblingsideen in diesem Augenblick noch nicht garantirt
ist, es jedoch eine Möglichkeit gibt, dieselben später durchzusetzen:
muss ich vor dem Bürgerblut zurückschrecken und spreche den
glühenden Wunsch aus, dass alle, die hier sind, wie auch alle Ab-
wesenden gleichförmig die heilige Pflicht fühlen mögen, dass unter
solchen Umständen Bürgerblut zu vergiessen, das grösste Verbrechen
wäre, welches eine Nation begehen kann. Es gibt verschiedene Individuen, die noch vor einigen Wochen Anhänger des Absolutismus
waren, jetzt aber über meine Ansichten hinausgehen, und ich, der
ich für die Principien der Freiheit ein Leben hindurch gekämpft und
gelitten habe, bin gemässigter als sie; aber ebendeshalb glaube ich,
dass mein Wort einige Wirkung haben wird, wenn ich bitte, wenn
ich hoffe, dass, wenn die Nation soviel Kraft hat, dasjenige zur
Wirklichkeit heranreifen zu lassen, was sie an diesem Papier besitzt,
sie auch jene edle Mässigung der Kraft einhalten möge, in welcher
der Sieg der Freiheit enthalten ist. . . . Jetzt aber bestreben wir
uns, den Reichstag sobald als möglich zu beendigen, und warten wir
ab, dass das Ministerium seine Pflicht erfülle. Und ich bin überzeugt, dass diese Nation gross und glücklich sein wird. Ich hege

auch den Glauben, dass der österreichische Thron sein Wort auch 1848. den übrigen Völkern gegenüber einlösen werde, und in Erfüllung gehen wird, was ich prophezeit habe, dass er in der Liebe der Völker seine stärkste Stütze finden werde. Er möge nicht glauben, dass er durch die Aenderung seines alten Systems und durch diese Zugeständnisse etwas von seiner Kraft verloren hat, ja die Erfahrungen dieser Tage haben bewiesen, dass dieses System morsch war, so morsch, dass zu dessen Erschütterung auch einzelne Bürger so vieles zu thun im Stande waren; ja er hat an Kraft gewonnen und die Prophezeiung wird in Erfüllung gehen, dass derjenige der zweite Begründer des Hauses Habsburg sein werde, der seinen Völkern eine Verfassung geben wird.".... Endlich wünscht er eine Adresse, dass der Monarch je eher in die Mitte seiner treuen Ungarn kommen und sich überzeugen möge, dass unsere Treue kein blosses Wort ist, sondern der Ungar männlich standhaft und aufrichtig sein kann nicht nur im Erkämpfen seiner Freiheit, sondern auch in der Treue gegen seinen Fürsten.

Drittes Kapitel.

Die Stimmung in der Provinz. Die kroatischen Verhältnisse zur Zeit der Umgestaltung. Das Ende des Reichstags.

Die fieberhafte Gereiztheit, welche nach dem Herablangen des das Ministerium betreffenden ersten königlichen Rescripts sich der hauptstädtischen Einwohnerschaft bemächtigt hatte, dauerte nicht lange. Die vom Centralcomité nach Presburg abgesandten Kuriere brachten schon am Abend des 31. März die Nachricht von dem neuen Rescript. Um Mitternacht langte auch Joseph Eötvös, den der Misterpräsident zur Beruhigung der Gemüther nach Pesth heruntergeschickt hatte, mit dem Rescript an. Das Rescript wurde in der auf dem Freiheitsplatze harrenden Volksversammlung noch in derselben Nacht vorgelesen, in wessen Folge die bittern Gefühle und schweren Besorgnisse sich am Morgen des andern Tags in freudigen Jubel der Einwohner umwandelten. Das Rescript wurde auch in den Sitzungen sowol der städtischen wie der Comitatscommission für beruhigend befunden, und nachmittags vor dem auf dem Museumplatze in ungeheurer Menge versammelten Volke neuerdings vorgelesen.

Da sich hier das Gerücht verbreitete, dass Baron Nikolaus Wesselényi sich in der Hauptstadt befinde, so liess ihn das Volk in seiner aufjubelnden Freude durch eine Abordnung sofort in seine Mitte bitten. Ein wunderbares Gemisch von Freude und Schmerz bemächtigte sich der Menge, als sie dieses Opfer der Verfolgungen der verschwundenen Willkürherrschaft, diesen Mann, der einstens der Führer seiner Nation war, jetzt blind und der Führung anderer bedürftig, das Gerüst betreten sah. Das Antlitz vieler netzte dieser ergreifende Anblick mit Thränen. Endlich begann der hochverehrte Gast zu sprechen. Er ermahnte das Volk, das Gute, welches das königliche Rescript in sich enthält, in kluger Weise zu benutzen. Er schwor dem ersten unabhängigen verantwortlichen Minister Gehorsam, währendess die Menge, von der Macht der Scene hingerissen, den Schwur wiederholte. Er band dem Volke sodann auf die Seele, 1848. die Anarchie zu vermeiden. „Wenn", sagte er, „vom Zerbrechen der Ketten der Tyrannei die Rede ist, dann muss ein der Freiheit würdiges Volk handelnd auftreten; tritt aber wieder der regelmässige Lauf der Dinge ein, dann hat es nur Eine Pflicht: den Gehorsam. Die Anarchie ist eine Brücke, über welche der vertriebene Absolutismus stets zurückkehrt." Schliesslich sprach er von der Union Siebenbürgens mit ähnlicher Wärme: „Wir Ungarn", sagte er, „sind an Zahl gering und haben doch zwei Vaterländer. Dies kann so nicht weiter bleiben. Das Bruderband ist schön; doch wo es ein Band gibt, dort kann auch eine Loslösung desselben stattfinden. Siebenbürgen muss ganz mit Ungarn verschmolzen werden."

Das Gefühl der Beruhigung, welches dieses königliche Rescript erweckte, wurde fernerhin in der Hauptstadt auch nicht mehr getrübt. Allein die alltägliche Ruhe kehrte noch lange Zeit nicht wieder. Das Publikum schwelgte nun im Genusse der Honigwochen der Freiheit, und den frühern dumpfen, drohenden Lärm lösten jetzt Freudenfeste ab, die sich mit den wichtigen Fragen der vaterländischen Zustände befassenden offenen Sitzungen des Centralcomité und die auf dem Museumplatze beinahe täglich stattfindenden Volksversammlungen, in welchen verschiedene begeisternde Reden gehalten, und die wiener Universitätsjugend, ferner die brüderlichen Begrüssungen der Abordnungen der im Lande befindlichen Italiener, Franzosen und Polen empfangen und erwidert wurden. Mit grosser Freude ward auch die Nachricht vernommen, dass die sich in Paris aufhaltenden Ungarn, etwa dreihundert an der Zahl, in feierlichem Aufzuge die Hauptstrassen durchzogen und die Provisorische Regierung begrüsst hatten, in deren Namen sie von Lamartine, dem Minister des Aeussern, mit Ehren empfangen wurden. Die Antwort des berühmten Schriftstellers und Staatsmannes erweckte stolzes Selbstbewusstsein und seelenerhebenden Gefühle nationaler Grösse und Unabhängigkeit in der Brust unserer Mitbürger. Man begrüsste in den Worten des beredsamen Mitgliedes der französischen Regierung den Ton jener Solidarität, welche die Nationen Europas im Besitze der Freiheit zu Geschwistern verband, welche demnach verdienen, dass auch sie unter dem Andenken dieser an grossen Ereignissen so reichen Epoche unsers Vaterlandes erhalten bleiben.

„Wenn die Ungarn", so sprach Lamartine, „ein wenig spät ankommen in diesem Mittelpunkte der Provisorischen Regierung, welche Frankreich schuf, damit die übrigen Nationen Europas ihm nicht Furcht, wohl aber Liebe entgegenbringen mögen, so geschieht dies deshalb, weil die Ungarn aus weiter Ferne kommen. Die Provisorische Regierung freut sich tief dieses nationalen Besuchs, welchen Sie so gefällig waren, der französischen Nation zu machen, in diesem Palaste des Volks, welchen es sich so glorreich zurückerobert hat. Wenn Frankreich nöthig hätte, von alle den Tugenden, jenem Muthe, jenem Geiste der Freiheit und Brüderlichkeit unterrichtet zu werden, welche Ihre Nation begeistern, würde ich mich glücklich fühlen, hiervon Zeugniss ablegen zu dürfen. Ich habe Ihr Vaterland durchreist; ich war Zeuge der hirtenmässigen und zugleich heldenhaften Tugenden eines grossen Volks, welches, obgleich es in eine grosse Bundeseinheit eingetreten war, den unterscheidenden Charakter der Nationalität seiner Ahnen niemals verloren hatte. Wenn Sie uns Wünsche bringen zur neuen Freiheit unsers Vaterlandes, so sprechen wir Ihnen unsere Achtung gegen jene alte Freiheit aus, welche Sie in Ihrem Vaterlande weise und ruhmvoll aufrecht erhalten haben. Diese Brüderlichkeit der beiden Freiheiten, der beiden Völker, wird noch vermehrt durch jene Sympathie, welche Sie an den Tag gelegt haben. Wenn Sie in Ihr schönes Vaterland wiederkehren, sagen Sie demselben, dass es so viele Freunde hat in Frankreich, als es französische Bürger gibt."

Die Stimmung in der Provinz. Jene Stimmung, welche wir in der Hauptstadt geschildert haben, herrschte in kleinerm oder grösserm Masse, mit mehr oder minder sich verändernder Färbung in der zweiten Hälfte des März in allen, wie immer entlegenen, von Völkern welcher Sprache immer bewohnten Gegenden des Reichs. Die Wiederherstellung des unabhängigen Staatslebens, der selbständigen Regierung des Reichs ebenso wie die Aufhebung der Reste der feudalen Verhältnisse, die Ausdehnung der bürgerlichen und politischen Rechte auf alle Volksklassen wurde überall mit jubelnden Ausbrüchen der Freude und Begeisterung aufgenommen. In den im Innern des Landes liegenden Städten mit rein magyarischer Einwohnerschaft nicht minder wie in den nordwestlichen, welche von deutschen und slowakischen, und in den südlichen, welche von serbischen und walachischen Völkern bewohnt sind, äusserte sich gleichförmig die · Sympathie für die Umgestaltung des Reichs. Ueberall legten Glockenläuten, das Ausstecken dreifarbiger Nationalfahnen, die Errichtung von Freiheitsbäumen, feierliche Umzüge der mit Nationalcocarden geschmückten Bürger, Illuminationen, Freudenmahle, kirchliche Dankfeste, Tedeums Zeugniss ab von der Freude und Begeisterung des Volks. Käsmark, Leutschau, Eperies, Temesvar, Zombor, Neusatz boten nur denselben Anblick, legten nur dieselben Gefühle an den Tag wie Szegedin, Debreczin und Komorn. Die in den Städten mit gemischten Nationalitäten lebenden Einwohner verschiedener Zunge, wie in Temesvar, Zombor, Orawitza u. s. w. schmolzen an diesem Morgen der gemeinsamen Freiheit in geschwisterlichem Gefühle in Eins zusammen. Auch der Adel, obgleich er seine Privilegien verloren und grosse materielle Opfer gebracht hatte, mischte sich meistens mit aufrichtigem

Gefühle in das Freudenfest der Freiheit und Gleichheit. Z. B. in 1848.
Temesvar hielt der Adel des Comitats, ferner die ungarische, deutsche, raizische und walachische Bürgerschaft der Stadt zu derselben
Zeit auf dem Hauptplatze ein kirchliches Dankfest nach den Ceremonien der vier Religionen (der katholischen, griechisch-nichtunirten, protestantischen und jüdischen) ab, auf welchem auch noch die
Generalität und die Offiziere des Generalcommandos zugegen waren.
Aus den Comitaten und Städten wurden Dankadressen abgesandt an
den König, den man, nach den Worten Kossuth's, den zweiten Begründer des Herrscherhauses nannte; an den Erzherzog-Palatinus,
der in seiner delicaten Stellung seinen Patriotismus und seine Festigkeit so männlich an den Tag gelegt hatte; an Graf Ludwig Batthyányi, in dem man die unabhängige Nationalregierung schon personi-
ficirt verehrte; an Ludwig Kossuth, den man als den Schöpfer dieser grossartigen Umgestaltung begrüsste; und an den Reichstag,
dessen Stände, wiewol sämmtlich Adeliche, eine so grossartige Uneigennützigkeit in der] Begründung der Rechtsgleichheit bekundet
hatten. Das honter Comitat, dessen Beamtenkörper und Deputirte
erst unlängst, infolge der siegreichen Stimmenwerbung der Hofpartei,
aus der Mitte der Conservativen gewählt worden waren, wünschten
jetzt, gänzlich umgestimmt, dass Kossuth durch den Monarchen mit
einem grössern Grundbesitz belehnt werde. Die kleine Gemeinde
Monok (im zempléner Comitat), Kossuth's Geburtsort, eröffnete einen
Subscriptionsbogen, damit das Andenken seines grossen Sohnes durch
eine Bildsäule in ihrem Schose verewigt werde. Die Comitate Zemplén und Bereg baten in ihren an den Monarchen und den Reichstag gerichteten Adressen, dass die in den Festungen Munkács und
Szegedin schmachtenden polnischen und italienischen politischen Gefangenen freigelassen werden möchten. In zahlreichen Comitaten, in
den Städten aber beinahe überall, wurde nach dem Beispiel Pesths
die Nationalgarde noch vor der Verkündigung des Gesetzes errichtet
und bewaffnet, und wo es an Waffen mangelte, mit hölzernen Säbeln und Flinten in die militärischen Evolutionen einexercirt. Die
Fahnenweihe der Nationalgardeabtheilungen wurde überall als Na-
tionalfest gefeiert.

Insbesondere in den Comitaten schmolzen die Parteien, die ein- In den Co-
ander noch unlängst mit so vielem Feuer, ja Erbitterung bekämpft mitaten.
hatten, in Eins zusammen; ihre Führer reichten einander zum Zeichen der künftigen Eintracht, des künftigen Zusammenwirkens in
den öffentlichen Sitzungen versöhnt die Hand. An vielen Orten, wo
die Regierungspartei früher ihren Sieg über die Majorität der freisinnigen Intelligenz durch Stimmenwerbung künstlich, oder durch
rohe Massen erkämpft hatte, legte der unpopuläre Beamtenkörper
sein Amt freiwillig nieder und wurde durch einen neuen ersetzt;

anderswo wurden anstatt der conservativen Abgeordneten andere nach Presburg gesandt und die frühern Instructionen aufgehoben. Uebrigens bewahrte das Leben auch in dieser Epoche der allgemeinen Freude und Begeisterung im eigenen Kreise seine Unabhängigkeit, zufolge welcher das Vorgehen der Comitate nicht mit derselben Gleichförmigkeit geschah. Nach dem Beispiele Pesths wurden zwar an vielen Orten auch in den Comitaten ausserordentliche Sicherheitscomités aufgestellt; als indessen das erste Rundschreiben des Ministerpräsidenten, in welchem dieser das Oberhaupt der Behörde hinsichtlich der Aufrechthaltung der Ordnung verantwortlich machte, in den Comitaten anlangte, wurden diese Comités an manchen Orten aufgelöst und an deren Stelle der Beamtenkörper dem Vorsitzenden gegenüber verantwortlich gemacht; anderswo wurden sie auch nachher belassen und mussten, besonders ihre Präsidenten, die Verantlichkeit übernehmen.

Das Verhalten der untern Klassen. Dieses Rundschreiben des Ministerpräsidenten hinsichtlich der Aufrechthaltung der Ordnung, und die gleichfalls hierauf bezüglichen mehrfachen Verfügungen der Comitate stammten aus derselben geheimen Furcht, welche wegen der Möglichkeit eines Volksaufstandes das ganze Land wie ein Blitzschlag durchfuhr. Viele befürchteten nämlich, dass das Volk seine Befreiung von den Urbariallasten nicht als Wohlthat aufnehmen werde, sondern als wegen eines ihm lange vorenthaltenen Eigenthums leicht die Lust bekommen könnte, sich zu rächen und den Adel in seinem Besitze anzugreifen. Der Gedanke dieser Furcht vor dem Aufstande zieht sich durch das erste ministerielle Rundschreiben Batthyányi's und die Verfügungen vieler Comitate hindurch. Diese Besorgnisse wurden indessen nirgends im Lande gerechtfertigt. Es kann zwar sein, ja es ist sehr wahrscheinlich, dass das ungetrübte Bestehen der Ruhe und Ordnung den Behörden zu verdanken ist, die ohne Ausnahme, während sie einerseits warme Anhänglichkeit gegen die neue Regierung bezeigten, andererseits auch dem Volke gegenüber mit wahrhaft geschwisterlichem Gefühle und in einer solchen Stimmung auftraten, welche das Volk überzeugen konnte, dass die verkündigte Rechtsgleichheit werde geachtet werden; der Aufhebung der Robot und anderer Urbariallasten aber freuten sich grösstentheils die Grundherren ebenso wie die Unterthanen selbst. Indessen gebührt das Verdienst der Erhaltung der Ruhe und Ordnung zumeist dem Volke selbst, welches in diesen bewegungsvollen Tagen durch sein gemässigtes, besonnenes Verhalten ein glänzendes Zeugniss von seinem gesunden Verstande, von seinem unverdorbenen Gemüth gegeben hatte. Zwar waren an manchen Orten einzelne ruhestörende Scenen in den Verhältnissen der gewesenen Unterthanen und der Grundherren vorgefallen; aber, wie wir auch weiter unten des nähern vortragen werden, diese wurden nicht

von den ungezügelten Wünschen des Volks, nicht so sehr von neuen 1848.
Forderungen, als vielmehr von manchen längst in Untersuchung be-
findlichen und des Urtheils harrenden, oder, nach der Meinung des
Volks, ungerecht entschiedenen Klagegegenständen verursacht. Das
Volk leitete, im allgemeinen genommen, aus den neuen Zuständen
keinerlei neue Ansprüche ab, begnügte sich mit seinen unerwarteten
Errungenschaften und verstand die Interessen des Vaterlandes.

In den Monaten März und April fiel im ganzen Lande kaum Allgemeine
irgendwo eine Ruhestörung aus einer andern Ursache vor, als aus der Juden.
dem Hasse und den Vorurtheilen gegen die Juden. Jene anstössige
That, welche eine Klasse der presburger Bürger am 20. März beging, blieb kein isolirtes Ereigniss; das böse Beispiel fand noch an
vielen andern Orten Nachahmung, und man kann sagen, dass der
Ausbruch der Gereiztheit und des Hasses gegen die Juden im ganzen Lande allgemein war. Wir erwähnten schon, dass auch die
pesther Bürger sie in die Reihen der Nationalgarde nicht aufnehmen
wollten, und nur die Bataillone der nicht befangenen Jugend ihnen
Aufnahme gewährten. Nach einigen Wochen indessen lehnte sich
die Bürgerschaft auch dagegen auf, und nur die energischen Massregeln der Regierung und die Anwendung von Militär waren im
Stande, die Juden vor dem thatsächlichen Ausbruche des Hasses der
zügellosen Ruhestörer zu bewahren. Das Ministerium machte jedoch
die Erfahrung, dass dieser Hass so gross sei, dass es, um der Wiederholung von Ruhestörungen vorzubeugen, für räthlich hielt, die
Judenschaft einstweilen von der Ausübung der Nationalgardenpflicht
zu befreien. Am 5. April forderte ein aus allen Klassen der städtischen Einwohner zusammengerotteter Volkshaufe unter Drohungen
von der Obrigkeit die Vertreibung der Juden, und ruhte auch
nicht eher, bis diese, grössere Gewaltthätigkeiten befürchtend, die
Stadt verliessen, weswegen man sodann einen Regierungscommissar
in die Stadt schicken musste. Indessen war unter allen Gewaltthätigkeiten, welche in verschiedenen Gegenden des Landes in kleinerm oder grösserm Masse gegen die Juden begangen wurden, jene
die wildeste, welche die Presburger am 23. April wiederholten. Damals brach hier ein wahrhaft blutiger Kampf gegen die Juden aus.
Gelegenheit hierzu bot jener neuere Ausbruch des Klassenhasses,
welchem gemäss die Schützengesellschaft jeden Juden aus der Stadt
zu jagen beschloss. Den Angriff begannen Gesellen und Lehrjungen,
denen sich sodann immer mehr Leute aus den untersten Volksklassen anschlossen, sodass der anfangs nur mit geringern Beleidigungen begonnene Angriff bald in einen blutigen Kampf ausartete.
Selbst den freilich in geringer Anzahl erschienenen Soldaten gelang es
nicht, die alles verwüstenden Volkshaufen zu zerstreuen; ja, nachdem das Militär auf das Volk gefeuert und mehrere Opfer gefallen,

1848. gerieth dasselbe in Wuth und kannte keine Grenzen in derselben. Zahlreiche Gewölbe und Wohnungen der Juden wurden erstürmt und ausgeplündert, manche gänzlich zerstört. Die Christen, die in der Nachbarschaft derselben wohnten, konnten sich nur durch das Aushängen von Heiligenbildern und Crucifixen und die Bezeichnung ihrer Thüren mit Kreuzen vor ähnlichen Verwüstungen der Wüthenden retten. Die entsetzliche Zerstörung, das Blutvergiessen hörte erst am Mittag des andern Tags auf, als aus der Umgegend zahlreiche Cavalerie anlangte, und die Juden auf behördliche Verfügung theils in die Vorstadt unter dem Schlossberge, theils in andere Gemeinden übersiedelten. Von der Bürgerschaft nahmen zwar nur sehr wenige an diesen beklagenswerthen Ausschreitungen theil; dass sie sich derselben indessen wenigstens freuten, beweist hinreichend der Umstand, dass die bürgerliche Nationalgarde, selbst vom Militärcommandanten aufgefordert, nicht geneigt war, zum Schutze der verfolgten Juden die Waffen zu ergreifen.

Wenn wir nach der Ursache dieser bedauernswerthen Verhältnisse forschen, so wird es uns nicht schwer werden, dieselbe aufzufinden. In den neuen Gesetzen wurde das Princip aufgestellt, dass hinsichtlich der bürgerlichen Rechte und Pflichten die Religion keinen Unterschied ausmache. Demzufolge sahen auch die Juden ihre langgehegten Wünsche erfüllt und gewannen bürgerliche Rechte. Da die Segnungen der Freiheit sich auf diese Weise auch auf sie ausdehnten, so begannen sie hinsichtlich ihrer neuen bürgerlichen Pflichten den grössten Eifer an den Tag zu legen. Sie, die bisher unterdrückt und blos geduldet waren, und sich vom Platze und der Gelegenheit der Ausübung dieser Rechte und Pflichten fern hielten, mischten sich jetzt in ihrem Eifer unter die Bürger, ja drängten sich hier und da in den Vordergrund. Manche Klassen der Bürgerschaft waren jedoch engherziger als der aufgeklärtere Theil des Adels, und während sie selbst sich mit grosser Freude der Ausübung jener Rechte bemächtigten, welche früher ausschliesslich der Adel genossen hatte, wollten sie dieselben mit den unterdrückten Juden nicht theilen. Andererseits mischten sich auch manche begründet erscheinende Ursachen in diese Verhältnisse und schürten den Klassenhass. Die Unterdrückung hatte, wie anderswo so auch bei uns, zum Erfolg, dass die Juden einander gegenüber streng zusammenhielten; sie hatte unter ihnen einen gewissen Klassengeist entwickelt, infolge dessen sie sich nicht nur in ihren Gebräuchen, ihrer Lebensweise und im allgemeinen in allen ihren gesellschaftlichen Verhältnissen isolirten, sondern sich auch in den materiellen Verhältnissen, in den verschiedenen Handelszweigen für diese bürgerliche Rechtlosigkeit den Christen gegenüber Entschädigung zu verschaffen suchten und auch wussten. Sie wurden gewöhnlich für

Wucherer und Betrüger gehalten, und viele unter ihnen waren es
auch. Sie, die einander gegenüber billig, gerecht, nächstenliebend
waren und einander oft selbst mit Opfern unter die Arme griffen,
verkürzten und betrogen im geschäftlichen Leben gern die Christen,
wo es nur angehen mochte. Sie gebrauchten in der Regel den Christen gegenüber eine andere moralische Wage, als welche sie in ihren
Verhältnissen zueinander in Anwendung brachten; infolge dessen sich
unter den Christen, besonders unter jenen, die mit ihnen denselben
Beschäftigungen nachgingen, die Ueberzeugung verbreitete, dass der
jüdische Glaube selbst, insbesondere die Regeln des Talmud die
Verkürzung der Christen erlaubten, ja sogar anriethen. Es erwachte
daher jetzt in den Bürgern und andern städtischen Bewohnern die
Furcht vor dieser Volksklasse, welche bei alledem, dass sie mit
ihnen dem neuen Gesetze gemäss gleicher Rechte theilhaftig geworden sei, im gesellschaftlichen Leben dennoch hinsichtlich ihrer Erziehung, ihrer Grundsätze, ihres Geistes und ihrer Gebräuche, sich
von ihnen so sehr absondere, dass sie auch künftighin einen geschlossenen Körper, eine isolirte Volksklasse bilden werde, welche der
übrigen Gesellschaft in mehrern Punkten feindlich gegenüber stehe.
Deswegen wurden von seiten unserer ausgezeichnetsten Patrioten
mehrere Stimmen erhoben, welche, während sie den engherzigen
Klassenhass der Bürgerschaft laut verdammten, zugleich auch die Juden ernst ermahnten, dass, wenn sie ihre neugewonnenen bürgerlichen Rechte in Frieden zu geniessen und auszuüben wünschten, es
unerlasslich nothwendig sei, dass sie sich aus ihrer bisherigen, der
Unterdrückung entsprungenen Absonderung erhebend und in mehrfacher
Beziehung reformirend, sich bestreben möchten, mit der Nation, deren
Mitglieder sie geworden, auch hinsichtlich der Gebräuche und des
Geistes sich zu verschmelzen.

Während diese wilden Ausbrüche des Klassenhasses in allen aufgeklärten Patrioten gerechtes Bedauern hervorriefen, freute sich andererseits jedermann, dass das Gefühl der Freiheit in den Landesbewohnern aller Sprachen gleichmässig erwachte, dass die von der
grossen nationalen Umgestaltung hervorgerufene Begeisterung bei
allen innerhalb der Reichsgrenzen wohnenden Völkern in einer gemeinschaftlichen Flamme aufloderte von den Karpaten bis an die
türkische Grenze überall. Hinsichtlich der Slowaken des Oberlandes
war dies nicht überraschend. Denn obgleich, wie wir gesehen haben,
einige panslawistisch gesinnte evangelische Geistliche auch alles zur
Erweckung nationaler Streitigkeiten versuchten, so hatte doch die
Agitation in der Brust des Volks nirgends Wurzel geschlagen.
Daher freuten sich die Slowaken, die sich mit einigem Stolz als
Ungarn bekannten, der neuen Reformen ebenso sehr wie die Magyaren und Deutschen, mit denen sie sich in dieselben Errungen-

Die Bewe-
gung
unter der
serbischen
und wala-
chischen
Bevölke-
rung.

schaften, in dieselben Rechte theilten. Unerwarteter war die Sympathie und der gleichartige Ausbruch der Begeisterung unter den Serben. Denn obschon sich die Segnungen der Volksfreiheit auch auf sie gleichförmig ausdehnten, so äusserten sich doch nach den nationalen Eifersüchteleien und Streitigkeiten, welche, wir wir sahen, künstliche Agitationen unter den Serben seit mehrern Jahren wach erhalten haben, hinsichtlich der jetzigen Gefühle und des künftigen Verhaltens derselben manche Mitglieder der Gesetzgebung mehrmals mit nicht zu unterdrückender Besorgniss.

Diese Besorgniss jedoch ward bald darauf von jenen Nachrichten zerstreut, welche hinsichtlich des Verhaltens der serbischen Bevölkerung aus den einzelnen Gegenden des Landes in immer beruhigenderer Weise verlauteten. Es schien, dass der mächtige Eindruck, welchen die presburger und pesther Ereignisse auf die Serben machten, jedes unfreundschaftliche Gefühl, jede Unzufriedenheit erstickt, jede Spur der ränkevollen Agitationen verwischt hatte. Die Freudenausbrüche in diesen ersten Honigwochen der Volksfreiheit waren auch unter den Serben nicht weniger laut wie unter welcher immer andern Bevölkerung des Reichs. Die Hass und Zwietracht verkündende agram-neusatzer Agitation verstummte, zum Zwerglein zusammenschrumpfend vor der Grösse der Rechte, welche der ungarische Reichstag dem gesammten Volke und ausserdem auch noch den Serben besonders verliehen hatte. Die Befreiung von den Urbariallasten und Banden, vollständige bürgerliche Freiheit und Gleichheit, die Gleichstellung des Klerus und der Religion der griechisch nichtunirten Kirche mit dem Klerus und der Religion der Katholiken, nach welcher sich die glaubenseifrigern Serben schon lange so sehr sehnten, und, was das wichtigste war, freie serbische Presse und freies Vereinigungsrecht, mithin die unbeschränkte Entwickelungsfähigkeit der Nationalität: alles dies waren Erfolge, wie sie früher in den Vertröstungen der das Volk täuschenden Agitatoren niemals, nicht einmal in der Gestalt der „pia desideria" auftauchten. Da nach diesen Errungenschaften von religiöser Unterordnung, nationaler Unterdrückung fernerhin keine Rede sein konnte, so verstummte die noch unlängst heftige Agitation überall, und das unsterbliche Verdienst der Gesetzgebung des Reichs wurde allerorts gefeiert. Von den Serben liessen nun auch solche Männer, die vordem die Nationalitätsstreitigkeiten geschürt hatten, wie Paul Trifunácz, Isidor Nikolics, Georg Stojákovics, Theodor Paulovics, in den öffentlichen Blättern Erklärungen erscheinen, in welchen sie sich „als ungarische Bürger bekennen und erklären, dass sie infolge jenes Bundes, welches sie an den König mit Treue, an das gemeinsame ungarische Vaterland mit kindlicher Liebe, an die ungarische Nation mit unerschütterlicher Anhänglichkeit bindet, für den ungarischen Königsthron und ihr

ungarisches Vaterland alles zu thun, für dieselben zu leben und zu 1848.
sterben bereit sind".

Die Freude über den Besitz der gemeinschaftlichen Freiheit
schien jede Zwischenwand niederzureissen, welche zwischen den Reichs-
bewohnern verschiedener Sprache die schlecht verstandene, zu persönlichen Zwecken ausgebeutete Nationalitätszwietracht errichtet hatte.
In Temesvár hielten die Serben und Walachen ihr Tedeum zugleich
mit den ungarischen und deutschen Katholiken auf dem Hauptplatze
ab. Aus Neusatz, dem Hauptorte der serbischen Agitationen, wie
aus zahlreichen andern Städten mit serbischer Bevölkerung, wurden
Sympathie und Eintracht, Treue und Anhänglichkeit bekundende
Erklärungen an das pesther Centralcomité eingeschickt. Ja selbst
in der Militärgrenze, deren Einwohnerschaft durchgehends aus Serben, Walachen und Deutschen besteht, und wohin nicht nur der
Geist des ungarischen Lebens, sondern auch das ungarische Gesetz
selbst noch nicht gedrungen war, wurde die nationale Umgestaltung mit gleicher Begeisterung begrüsst. Die wiener Willkürherrschaft hatte diese Grenzbezirke, vom Adriatischen Meere bis an die
siebenbürgischen Alpen, schon seit langer Zeit der Wohlthaten des
ungarischen Gesetzes beraubt; sie hatte die Einwohnerschaft derselben gänzlich der Strenge des Militärsystems unterworfen, gemäss welchem dieselbe zu ewigem Kriegsdienste verpflichtet ward, ohne dass
sie das Recht des freien Bürgers selbst nur im geringsten hätte geniessen dürfen. Jetzt indessen sahen die intelligenten Einwohner
auch hier die Tage des März als Tage der Befreiung ihrer selbst
an. Damit, während alle übrigen Bewohner des Reichs mit freien
bürgerlichen Rechten betheiligt wurden, sie ihrer Isolirung wegen
nicht auch fernerhin unter dem drückenden militärischen Joche
bleiben möchten, wünschten sie ihr Geburtsland mit dem übrigen Körper des Reichs wieder vereinigt zu sehen. In Pancsova, Semlin und
andern Grenzorten hielten sie Volksversammlungen ab, in welchen sie
die Fesseln des österreichischen Militärsystems zerbrachen, die Militär-
behörde, durch welche ihre Gemeinde bisher verwaltet wurde, beseitigend, an deren Stelle Bürgercomités ernannten, und an den ungarischen
Reichstag eine Adresse sandten, in welcher sie die Bitte aussprachen,
dass ihre Gemeinden dem Reiche gesetzlich zurückeinverleibt werden
möchten. Jene Freiheitsfeste, welche die serbischen Einwohner in ihren
Gemeinden abhielten, unterschieden sich von ähnlichen Festlichkeiten
in ungarischen Städten kaum durch etwas anderes, als dass man
neben der ungarischen Fahne auch die serbische aussteckte, was man
indessen damals nur noch dahin deutete, dass, wie sie die ungarische Fahne als das Sinnbild des Vaterlandes betrachten, die serbische nur das Symbol ihrer Nationalität sei.

Da von den die in engerm Sinne genommenen ungarischen

1848. Grenzbezirke bewachenden sogenannten Banalregimentern bisher blos die ersten Bataillone in Italien waren, so wurde im April der Befehl auch zum Ausmarsch der zweiten Bataillone erlassen. Diese Verordnung brachte in der Militärgrenze grosse Unzufriedenheit hervor. In Pancsova und Weisskirchen wurde gegen den Befehl offener Protest erhoben. Allein die Macht der eingewurzelten Disciplin siegte; die zweiten Bataillone marschirten, obwol murrend, an den Ort ihrer Bestimmung ab. Nachdem sich in denselben die eigentliche militärische Kraft der Regimenter entfernt hatte, so konnten sich die die Verwaltungsbehörde bildenden Oberoffiziere auf die der Disciplin weniger unterworfenen dritten Bataillone nicht mit Sicherheit stützen, und wagten nicht, gegen die öffentliche Meinung der Hauptorte, Pancsova, Weisskirchen u. s. w., aufzutreten. Und so zeigte sich die Begeisterung für die Freiheit, von welcher auch sie ihre Befreiung mit Bestimmtheit hofften, überall in offenster Weise. Aber leider behielt diese Begeisterung nicht lange ihre ursprüngliche erste, unbefleckte Reinheit bei. In Kroatien und Syrmien erneuerten sich zeitlich die illyrischen Umtriebe, welche jetzt von der allgemeinen Erschütterung nur noch gewaltthätiger gemacht wurden; und das böse Beispiel und die von beiden Seiten in grösserm Masse als je begonnenen Agitationen rissen nun auch die Serben bald darauf vom Pfade der Gesetzlichkeit und patriotischen Pflicht hinweg.

Die Stimmung Kroatiens vor der Märzbewegung. Der Nationalitätsstreit wurde in Kroatien auch während des Reichstags fortgesetzt, und schien infolge des jeweiligen Siegs der beiden einander gegenüberstehenden Parteien, der mit Ungarn sympathisirenden kroatischen und der illyrischen, bald aufzuhören, bald sich mit vermehrter Heftigkeit zu erneuern. Vor der Märzbewegung ereigneten sich in dieser Beziehung zwei bedeutendere einander entgegengesetzte Vorfälle in den kroatischen Comitaten, der eine in Warasdin am 21. Jan., der andere in Agram am 21. Februar.

Wiewol der agramer Bischof und Banus-Stellvertreter, Georg Haulik, in der am 18. Oct. des vorigen Jahres abgehaltenen ersten Sitzung des Landtags mit offenen Worten erklärt hatte, dass die Stände Kroatiens die Aufrechthaltung des Verbandes mit Ungarn aufrichtig wünschten, den hauptsächlichsten Theil ihres Wohls darin enthalten glaubten, und die die Neigung zur Losreissung betreffende Anklage nichts anderes als Erfindung und Verleumdung sei: so traten doch diese Losreissungsgelüste in der Generalversammlung des warasdiner Comitats am 21. Jan. deutlich genug zu Tage. Die Lostrennung vom Mutterlande wurde nicht nur öffentlich in Antrag gestellt, sondern auch von der Mehrzahl der Redner unterstützt; und nur die Ermahnung des Obergespan-Stellvertreters, dass sie dadurch ihrer eigenen Angelegenheit schaden könnten, verhinderte die Erhebung desselben zum Beschluss. Aber wenngleich infolge dessen

der Antrag auch beseitigt wurde, so legen doch die gefassten Beschlüsse genug Zeugniss ab von den feindseligen Gefühlen des warasdiner Stände. Dem Beschlusse gemäss wurden nämlich die übrigen
Comitate in einem in illyrischer Sprache verfassten Rundschreiben
aufgefordert, dass, wenn der Reichstag in Bezug auf die verbundenen
Landestheile auf dem bisher verfolgten Pfade verbleiben sollte, die
kroatischen Deputirten und Magnaten durch den Banus-Stellvertreter
direct beim Könige Hülfe suchen, dort um Erhebung der illyrischen
Sprache zur amtlichen, ferner um einen besondern Statthaltereirath,
eine abgesonderte Abtheilung in der Hofkanzlei und um Erhebung
der Banaltafel zu einem obersten Gerichtshofe bitten möchten. In
demselben Sinne richteten die Stände des Comitats auch an den
König eine Adresse. Diese Beschlüsse des warasdiner Comitats nahm
später auch das kreuzer Comitat an; die Städte Agram, Kreuz, Karlstadt, Pozsega und Kopreinitz aber warteten nicht einmal die königliche Resolution ab, welchem nach die kroatische Sprache zur amtlichen erklärt ward, und liessen den Gebrauch dieser Sprache thatsächlich ins Leben treten.

Ein ganz entgegengesetztes Resultat hatte die einen Monat später
abgehaltene Generalversammlung des agramer Comitats. Zwar erhoben sich auch hier einige Stimmen zur Unterstützung der warasdiner
Beschlüsse; die sehr grosse Majorität der Stände jedoch erhob zum
Beschlusse, dass sie die Wünsche des warasdiner Comitats nicht theilen, ja „den constitutionellen Verband mit dem Mutterlande mit
ihrem Sein für gleich werthvoll halten". In dem Rundschreiben,
womit sie das warasdiner beantworten, sprechen sie „ihr volles Vertrauen zur Weisheit und Billigkeit des Reichstags" aus, und verweisen das warasdiner Comitat „auf das Beispiel ihrer Vorfahren,
die, sich den Ungarn mit geschwisterlicher Liebe anschliessend, in
der Angelegenheit ihrer Beschwerden und Wünsche ihre Zuflucht
stets zur Gesetzgebung genommen haben". Ferner erinnern sie das
warasdiner Comitat, dass sie „zumeist dem Bündniss mit der ungarischen Nation die Wiedereinverleibung des über der Save liegenden
Landestheils und ihre constitutionelle Verfassung verdanken können.
Das Urtheil über ihr Verfahren stellen sie der Geschichte und der Nach-
welt anheim, welche entscheiden wird, welcher Theil zum Wohle seines
Vaterlandes gewirkt hat". Dieser Beschluss erlangt den Comitaten
Warasdin und Kreuz gegenüber nicht geringe Wichtigkeit dadurch,
dass das agramer Comitat hinsichtlich seiner Ausdehnung und Bevölkerung die beiden zusammengenommen wenigstens erreicht, wenn
es sie nicht übertrifft. Auf dem Reichstage, wo diese Beschlüsse des
agramer Comitats auf die Stände sehr beruhigend einwirkten, war
jetzt die Eintracht mit den kroatischen Abgeordneten befriedigend.

1848.

Die Wir-
kung der
Märzereig-
nisse in
Kroatien.
Inmitten solcher Reibungen und Streitigkeiten fand Kroatien die
Nachricht von den grossartigen Ereignissen in Wien, Presburg und
Pesth, welche sodann auch dort die Gemüther mit wunderbarer
Schnelligkeit elektrisirte. Die Freude des Volks über den Aufgang
der Freiheitssonne brach auch da überall laut hervor; sie schien an-
fänglich aufrichtig zu sein und war es auch grossentheils. Die Adresse
des Reichstags hinsichtlich der unabhängigen Regierung, die pesther
zwölf Punkte, wurden mit allgemeiner Begeisterung aufgenommen.
In den meisten Städten, in den Adelsgemeinden des agramer Comitats wurden die Namen Batthyányi's, Kossuth's und anderer nationalen Führer mit lärmenden Éljens begrüsst. Die begeisternden Gefühle gemeinsamer Freiheit schienen auch diejenigen zu ergreifen,
und mit der versöhnenden Wärme der Brüderlichkeit zu durchdringen, die früher feindselige Gesinnungen gegen Ungarn in sich genährt hatten. Der Lärm der Parteien verstummte für einige Zeit,
und der illyrisch Gesinnte begrüsste mit dem ungarnfreundlichen
Kroaten mit gemeinsamem Freudenjubel die neue Zeit der Freiheit.

Die Brüderlichkeit blieb indessen mit der Freiheit nicht lange
verbunden. •Die aus den Hauptstädten anlangenden revolutionären
Nachrichten erweckten auch in den Führern der illyrischen Partei
kühne Gedanken zur Verwirklichung ihrer alten Wünsche und Bestrebungen. Da sich die Umstände diesen Zwecken jetzt sehr günstig zeigten, hielt Ludwig Gaj mit mehrern andern, die bisher in
den illyrischen Wirren die Rolle der Führer gespielt hatten, eine
Berathung ab, in welcher Weise man die Umstände im Interesse
ihrer Plane ausbeuten könne. Am zweckmässigsten schien, nach
dem Beispiel des pesther Centralcomité, auch in Agram ein National-
comité zu schaffen, als dessen Hauptziel die Sicherstellung der kroatischen Nationalität aufgestellt wurde. Unter den Führern war man
übereinstimmend des Sinnes, dass man dieses Ziel nur so vollkommen
erreichen könne, wenn Kroatien und Slawonien in administrativer
Beziehung sich vom Mutterlande vollständig absondere. Die Losreissung von Ungarn und ein unabhängiges Staatsleben, an welchem
mit den Comitaten auch die bisher unter der Militärverwaltung ge-
standenen Militärgrenzbezirke gleichmässig theilnehmen sollten, war
daher das bestimmte, wiewol eine Zeit lang nicht deutlich eingestandene Ziel der Bestrebungen des Comité.

Das Comité verkündigte, um sich diesem Ziele zu nähern, am
25. März eine Nationalversammlung nach Agram, zu welcher aus
den, wie sie sagten, „vereinigten" Ländern Kroatien, Slawonien und
Dalmatien so viel Patrioten wie möglich erscheinen sollten, und arbeiteten vorläufig eine an den König abzusendende Petition aus, welche
den Verhandlungen und Beschlüssen der Versammlung zur Grundlage
dienen sollte. Diese Versammlung wurde am gedachten Tage auch

wirklich abgehalten. Die illyrisch Gesinnten versammelten sich von 1848. allen Seiten in grosser Anzahl; von den ungarnfreundlichen Kroaten aber war niemand erschienen. Anstatt dieser wurden zwei Böhmen in die Versammlung eingeführt, die, nach den in Presburg im Umlauf gewesenen Gerüchten, der Minister Graf Kolowrat mit einigen Instructionen dahin geschickt haben sollte. Wahrscheinlicher jedoch ist es, dass sie die Sendlinge der prager Revolutionspartei waren; denn von seiten Kolowrat's erschien Baron Kulmer, ein Anhänger der illyrischen Partei, in der Versammlung.

Da in der Versammlung demnach nur die eine, die illyrische Partei, vertreten war, so konnte man den feindseligen Geist ihrer Beschlüsse Ungarn gegenüber schon im voraus keinen Augenblick bezweifeln. Die Versammlung proclamirte vor allem auf Grundlage des Commissionsentwurfs den Obersten Baron Joseph Jellasich zum Banus und beschloss, die Bitten der „Nation", in dreissig Punkten enthalten, durch eine zahlreiche Abordnung dem König zu unterbreiten. Die Petition besteht ihrem Wesen nach aus Folgendem: In der Einleitung wird zwar gesagt, dass die kroatische Nation, wie bisher, auch fortan mit der ungarischen Nation unter der ungarischen Krone in enger Verbindung zu bleiben wünsche. Wenn wir jedoch die in den einzelnen Punkten ausgedrückten Ansprüche mit Aufmerksamkeit durchgehen, können wir uns die volle Ueberzeugung verschaffen, dass jene Erklärung nicht aufrichtig gemeint war und die in den Punkten der Petition deutlich ausgedrückten Losreissungsbestrebungen nur sehr ungeschickt verdeckte. Im ersten Punkte wird gebeten, dass der „von der Nation" gewählte Jellasich in seiner Würde als Banus bestätigt und mit all der Macht versehen werde, welche dem Oberhaupte einer Nation zukommt. In den übrigen Punkten wird verlangt, dass für den 1. Mai der Landtag nach Agram verkündigt, Dalmatien und die Militärgrenze hinsichtlich ihrer politischen Verwaltung mit Kroatien einverleibt werden möge, wie auch alle jene Theile zurückeinverleibt werden sollen, welche in den vergangenen Zeiten theils mit den ungarischen Comitaten, theils mit den deutschen Erbländern vereinigt worden sind. Ferner wird verlangt: dass zur Sicherstellung der nationalen Unabhängigkeit ein vom ungarischen abgesondertes Ministerium geschaffen; der Landtag alljährlich und abwechselnd in Agram, Essegg, Fiume und Zara abgehalten; die bisher in Ungarn verwalteten Nationalfundationen der Manipulation ihres eigenen verantwortlichen Finanzministers anheimgegeben; das Militär, welches auch auf die Constitution zu beeiden sei, in nationaler Sprache commandirt; die Aemter und Würden ausschliesslich mit Kindern der zu vereinigenden Länder besetzt, in der Verwaltung und dem öffentlichen Unterricht nur die Nationalsprache angewendet werden möge u. s. w.

1848.
Der Be-
schluss des
Reichsraths
den illyri-
schen Be-
strebungen
gegenüber.
Die Nachricht von diesen Wünschen und Bestrebungen der illyrisch-kroatischen Partei gelangte bald ins Land und erweckte in
Presburg und Pesth gerechte Besorgnisse. Die Losreissungsgelüste
dieser Partei waren zwar keine neue Sache; was aber das Reich zu
anderer Zeit als hirnlose Parteibestrebung, zu welcher es weder genügende Ursachen, noch Kraft zu deren Verwirklichung gab, mit
Verachtung übergehen konnte, das konnte jetzt, da die Reaction in
Wien ihre Thätigkeit schon begonnen hatte, und gerade die Sanctionirung des Gesetzes von der unabhängigen Regierung zu verhindern
bestrebt war, von dieser Reaction ausgebeutet, sehr gefährlich werden. Auch säumte daher der Reichstag nicht, seine Aufmerksamkeit
darauf sogleich auszudehnen. „Wenn die friedlichen, freundschaftlichen Verhältnisse Ungarns mit Kroatien getrübt werden", sagte
Kossuth in seiner Rede am 28. März, als die agramer Ereignisse
aufs Tapet gebracht wurden, „so kann dies nur die Folge zweier
Ursachen sein. Die eine ist, wenn Ungarn der Freiheit eine nicht
gehörige Würdigung angedeihen lässt; die zweite aber ist, wenn einzelne schlechte Menschen das dortige Volk aufwiegeln und dem Reichstage in der Aufklärung des Volks zuvorkommen. Man hat mich
davon verständigt, dass die Schritte des ungarischen Reichstags vom
kroatischen Volke überall mit Dank, Begeisterung und den Kundgebungen treuer Anhänglichkeit aufgenommen wurden. Es gebe
jedoch dort einige Individuen, die, im Trüben zu fischen liebend,
bereit wären, Kroatiens Ruhe, Freiheit und Verfassung ihrer schmuzigen Ehrsucht und andern Nebenzwecken aufzuopfern. Die Freiheit.
das Wohl Kroatiens ist nur im engen Verbande mit Ungarn enthalten, und dies fühlt das dortige Volk gut; denn ich weiss Fälle,
dass, wo zur Losreissung von Ungarn anreizende Versuche gemacht
wurden, das Volk sich denselben massenhaft widersetzte. Allein ich
weiss auch, dass der kroatische Adel die Entschädigung für die verlorenen Urbarialbenefizien nur so hoffen darf, wenn Kroatien im
Verbande mit Ungarn bleibt." Er sagte sodann, er zweifle nicht
daran, dass die gemeinsame Freiheit die nationalen Unterschiede und
Antipathien in kurzem vollständig ausgleichen werde. Auf seinen
Antrag beschloss der Reichstag, einen Aufruf an das kroatische Volk
zu richten, in welchem demselben die Garantie geboten werden sollte,
dass Ungarn die kroatische Nationalität in gehöriger Achtung halten
werde. Es ist beachtenswerth, dass die Gesetzgebung den Kroaten
und im allgemeinen allen Nationalitäten gegenüber von solchem Bil-
ligkeitsgefühl erfüllt war, und denselben so sehr Gerechtigkeit widerfahren lassen wollte, dass sie glaubte, es sei genug, das Volk darüber, was ihm gegenüber beschlossen werden würde, aufzuklären,
und dasselbe werde, allen Aufwiegelungen zum Trotze, ruhig bleiben. Nur diese loyale Denkungsart ist die Ursache davon, dass

keine andern Massregeln angewendet wurden. Man muss indessen ge- 1848. stehen, dass der Reichstag eine grosse Unerfahrenheit im Regieren verrieth, als er die Aufwiegelungen einer aufgereizten, zu allem bereiten Partei nur durch das Wort der Wahrheit, nur durch den Vortrag der Umstände und Aufklärung des Volks ins Gleichgewicht zu bringen beabsichtigte. Wäre nebst dieser Aufklärung in diesen Tagen auch zugleich ein kluger und energischer Regierungscommissar nach Kroatien gesandt worden, der, während die gerechten Wünsche der Kroaten erfüllt wurden, der Aufwiegelung des Volks einen Damm setzte, so kann man kaum bezweifeln, dass das Volk, die Wohlthaten der Freiheit dankbar aufnehmend und geniessend, ruhig geblieben wäre.

Die Gefühle Kroatien gegenüber waren nicht nur auf dem Reichstage, sondern im ganzen Lande in der That voll Billigkeit. Jenes Gerechtigkeitsgefühl, welchem gemäss der Adel zu seinem wenigstens augenblicklichen Schaden freiwillig geneigt war, die Unterthanen frei zu machen, Robot und Zehnt aufzuheben und den Bauern ein mit dem eigenen gleiches Bürgerrecht zu verleihen, — dasselbe Gerechtigkeitsgefühl beseelte die ungarische Nation auch den andern unter der Krone Ungarns stehenden Nationalitäten gegenüber. Gleich theilte sie mit ihnen jedes Recht, jede Last; sie wollte für sich keine andere Superiorität über dieselben behalten als jene, welche die Gemeinschaftlichkeit der Verwaltung unerlässlich nöthig machte, das heisst, dass im öffentlichen Leben die ungarische Sprache Amtssprache sein müsse, ohne dass die Rechte der übrigen Sprachen im behördlichen und Gemeindeleben eine wie immer geartete Beschränkung erleiden sollten. Hinsichtlich der Kroaten ging die ungarische Loyalität auch in dieser Beziehung weiter, denn sie willigte freiwillig ein, dass sie in der Administration ihres Landes sich ihrer eigenen Sprache bedienen dürften, und verlangte nur das Eine, dass sie in ihren amtlichen Berührungen mit dem Mutterlande und in der gemeinschaftlichen Gesetzgebung die ungarische Sprache als Organ annehmen möchten. Weniger als dies konnte die ungarische Nation ohne Auflösung der Staatseinheit als Gegenleistung für jene Wohlthat, dass sie die verschiedenartigen Segnungen ihrer Verfassung und Freiheit ohne jeden Unterschied der Nationalität, Sprache und Religion auf jeden Unterthan der ungarischen Krone gleichförmig ausgedehnt hatte, sicherlich nicht verlangen.

Dieses loyale, geschwisterliche Gefühl kennzeichnet auch jenen Aufruf, welchen das pesther Centralcomité an die Kroaten richtete. Das Document lautet: „Kroaten, geliebte Brüder! Nach dreihundertjähriger Unterdrückung betreten wir endlich die Schwelle der Unabhängigkeit und Freiheit. Was wir erkämpft haben, das erkämpften wir gleichmässig zu unserm wie zu euerm Wohl. Das Losungswort, unter welchem wir kämpften, ist nicht die Nationalität,

Der Aufruf der pesther Deputation und die Comité an die Kroaten.

sondern der heilige Name der jede Nationalität, jedes Interesse in
sich enthaltenden Unabhängigkeit und Freiheit. . . . Der Bruder wird
das Wort des Bruders verstehen. . . . Vergessen wir der Verschiedenheit der Sprache, wir, die wir Eins sind im Interesse der gemeinsamen
Freiheit u. s. w." Den Aufruf, der in ungarischer und kroatischer
Sprache verfasst wurde, brachten Deputirte, die aus der Mitte des
Centralcomité ausgesendet waren, nach Agram. Das Volk, welches
von diesen hörte, dass die Gesetzgebung die Urbariallasten abgeschafft
habe, zeigte grosse Sympathie für die Ungarn. Es war jedoch nicht
nach dem Wunsche der illyrischen Partei, dass im Volke so freund-
schaftliche Gefühle entstanden, und bestrebten sich in Agram mehrere
zügellose illyrische Redner, dasselbe gegen die Abgeordneten aufzu-
wiegeln. Ein aufgereizter, wüthender Haufe richtete auch in der
That einen Angriff auf sie, und nur einigen besonnenern und mit den
Ungarn versöhnt scheinenden Anhängern der illyrischen Partei gelang
es, sie vor thätlichen Beleidigungen zu beschützen.

Die Postulate der illyrischen Partei schienen jenen Wünschen
ähnlich zu sein, mit welchen sich der ungarische Reichstag an den
Monarchen gewendet hatte. Und jene, die die Gegner der unabhängigen Regierung Ungarns waren, behaupteten sowol damals, da
diese Bewegungen stattfanden, als auch später oftmals, dass die
kroatische Bewegung hinsichtlich Ungarns denselben Rechtsgrund besass wie die ungarische Bewegung Oesterreich gegenüber. Hieraus
leiteten sie sodann die Folgerung ab, dass, gleichwie die Ungarn die
Forderungen der agramer Deputirten für nicht berechtigt erkannten:
auch der Monarch die Wünsche des ungarischen Reichstags nicht
erfüllen konnte, ohne die Einheit der Monarchie aufzulösen.

Der Rechts-grund der illyrischen Bestrebun-gen.

Zwischen den scheinbar ähnlichen Verhältnissen ist indessen der
Unterschied in Wirklichkeit sehr gross. Uebergehen wir, dass die
Punkte der agramer Petition nur von einer Partei angefertigt wurden, welche sich zudem keiner wirklichen Majorität im Lande rühmen
konnte, während die ungarischen Postulate von der unvergleichlichen
Mehrheit der Nation herstammten und von einem gesetzlich wirkenden, alle Parteien in sich enthaltenden Reichstag dem Monarchen
vorgelegt wurden. Untersuchen wir nur die rechtliche Grundlage
der beiderseitigen Wünsche mit möglichster Kürze. Ungarn hatte
Oesterreich gegenüber seine eigene Verfassung, seine eigenen Gesetze;
Kroatien bediente sich seit 700 Jahren der Verfassung und der Gesetze Ungarns. Ungarn war eben infolge dieser seiner besondern
Verfassung und Gesetze nie ein Bestand- oder Ergänzungstheil des
österreichischen Kaiserthums gewesen, wie auch Kaiser Franz I.,
als er dasselbe 1804 aufstellte, Ungarn zu dessen Bestand-
theilen nicht gezählt hatte; Kroatien dagegen war der Gemeinsamkeit seiner Verfassung und Gesetze gemäss ein mit Ungarn

verbundener Landestheil. Nach diesen constitutionellen Gesetzen und mehrfachen feierlichen Verträgen besass Ungarn eine selbständige, unabhängige Regierung, welches unabhängige Verwaltungsrecht die österreichischen Kaiser nicht nur anerkannten, sondern, da sie in derselben Person zugleich auch Könige Ungarns waren, auch mit unzähligen feierlichen Schwüren besiegelten; Kroatien hing von der ungarischen Krone, der gemeinschaftlichen ungarischen Gesetzgebung, den obersten Regierungsbehörden und Gerichtshöfen, an welchen jedoch auch Kroaten theilnahmen, gesetzlich ab, zwar nicht als Ungarns unterdrückter Unterthan, Lehnsmann oder Steuerzahler, sondern als gleichberechtigter Gefährte der ungarischen Nation. Ungarn wollte sich demnach von Oesterreich, dessen Bestandtheil es nicht bildete, von dem es gesetzlich nie abhängig gewesen, nicht lostrennen; sondern es wollte nur seine verfassungsmässige Unabhängigkeit gegen die gesetzwidrigen Uebergriffe der österreichischen Willkürherrschaft sicherstellen; Kroatien dagegen wollte jene gesetzliche Verbindung zerreissen, welche sieben Jahrhunderte geheiligt hatten; es wollte sich vom Mutterlande trennen, mit dem es durch die gemeinschaftliche Verfassung verbunden war. Ungarn verschaffte nur den von der Willkürherrschaft verletzten und in den Hintergrund gedrängten, jedoch stets gültigen Gesetzen auf dem 'regel- und gesetzmässigen Wege der Reform Wirklichkeit und Vollzug durch die Abänderung seiner Regierungsweise; Kroatien forderte auf dem Gebiet der Revolution Rechte, die im Gesetz nicht begründet waren, weshalb wir ihre Bewegung, besonders wenn wir in Berücksichtigung ziehen, dass diese nur von einer kaum die Majorität bildenden Partei ohne den Beitritt der zweiten ausging, mit Recht einen Aufstand nennen können.

Keinen geringern Unterschied finden wir zwischen den beiden Die Quelle der illyrischen Bestrebungen. Bewegungen, wenn wir die Ursachen und Quellen derselben untersuchen. Die einzige Ursache der ungarischen Reformen war die Nothwendigkeit der Sicherstellung der constitutionellen Freiheit und gesetzlichen Unabhängigkeit gegen die wiener Willkürherrschaft. Jetzt hatte auch die österreichische Regierung constitutionelle Formen angenommen, in deren Folge, was wir auch immer von der Beständigkeit derselben denken mögen, sich unfehlbar auch die ungarische Regierung in ihren Formen ändern musste. Wenn wir annehmen, dass die constitutionelle wiener Regierung Bestand gewinnt: wie hätte der wiener Minister, der nur dem wiener Reichstag verantwortlich war, in die Angelegenheiten Ungarns Einfluss nehmen können, von welchem im 10. Gesetzartikel 1790 enthalten ist, dass „Se. Majestät anerkannt habe . . . . Ungarn sammt den mit demselben verbundenen Landestheilen sei ein freies Reich und hinsichtlich der ganzen gesetzlichen Form seiner Verwaltung unabhängig, das heisst, keinem andern Land oder Volk unterworfen, sondern besitze seine eigene

1848. Verfassung und Verwaltung, und sei demnach durch seine gesetzlich
gekrönten Könige nach seinen eigenen Gesetzen und gesetzlichen Gebräuchen, nicht aber nach der Art der übrigen Provinzen zu regieren
und zu verwalten". Musste nun demzufolge nicht neben dem wiener
verantwortlichen Ministerium ein gleichfalls verantwortliches, von
jenem unabhängiges ungarisches Ministerium nothwendigerweise geschaffen werden? Wenn wir aber annehmen, dass die Reaction der
am wiener Hof und in der Dynastie seit Jahrhunderten traditionellen
Willkürherrschaft die österreichische constitutionelle Regierung ans
Leitseil nimmt und derselben 'ein Ende macht: musste nicht Ungarn
seine gesetzliche Unabhängigkeit gegen die Ränke der auch ihm
gegenüber möglicherweise entstehenden Reaction schon im voraus
sicherstellen? Hinsichtlich Kroatiens waltete kein gesetzlicher Grund
solcher Art vor, infolge welches es sich eine besondere Regierung
hätte mit Recht wünschen dürfen. Da es ein mit Ungarn verbundener
Landestheil war, nahm es an allem verhältnissmässigen Antheil, wie
früher an der alten Verfassung, so jetzt an den Segnungen der unabhängigen und verantwortlichen Regierung und Volksvertretung.
Kroatien hatte nach dem Zahlenverhältniss seiner Bevölkerung im
Sinne des neuen Gesetzes seine Vertreter auf den Reichstag geschickt;
der verhältnissmässige Theil der kleinern Ministerialämter wurde
direct für die Kroaten aufbehalten; grössere Aemter, Ministerportefeuilles konnte jeder dazu Befähigte, Ungar oder Kroate, gleichförmig
erlangen; ihre Provinzialverwaltung aber blieb, vom Banus angefangen
bis zum letzten Kanzlisten, auch fernerhin ausschliesslich in ihren
Händen, und nie war es einem Ungar eingefallen, in Kroatien ein
Amt zu suchen. Die Unterthanenklasse wurde auch in Kroatien nur
so von den Urbariallasten befreit wie im Mutterlande. Die kroatische Presse wurde von denselben Gesetzen geregelt wie die ungarische. Mit Einem Wort, die Verfassung, die verantwortliche Regierung, alles Recht und Gesetz war gemeinschaftlicher Besitz des Kroaten
mit dem Ungar.

Was war daher die Ursache, die Quelle und das Losungswort
der kroatischen Bewegung? Die illyrisch-kroatische Partei hatte die
Nationalität als Losungswort auf ihre Fahnen geschrieben. In dieser
Bewegung waren jedoch neben diesem Losungswort zweifelsohne auch
andere keineswegs löbliche Triebfedern thätig. Und wenn wir bedenken, dass der Reichstag bereit war, alle jene Gesetze zu schaffen,
welche zur Sicherstellung der kroatischen Nationalität dienen konnten, weshalb auch die Generalversammlung des agramer Comitats
der Gesetzgebung am 21. Febr. volles Vertrauen votirt hatte; wenn
wir bedenken, dass es aus den über die kroatische Nationalität
in neuester Zeit stattgefundenen Verhandlungen deutlich erhellte,
dass der Reichstag bereit sei, einzuwilligen, dass in Kroatien die

Amtssprache der innern Verwaltung die kroatische sei; dass der
Reichstag der kroatischen Sprache gegenüber in allem in der That
die gerechteste Schonung an den Tag legte, und dass, was auf die
Kroaten in dieser Beziehung am beruhigendsten einwirken konnte,
der Premierminister Battbyányi eben der Mann war, der diese Würdigung schon auf den vergangenen Reichstagen mit männlicher Offenheit ausgesprochen, der die Erhebung der kroatischen Sprache zur
Amtssprache der innern Verwaltung schon damals betrieben hatte,
als der Sprachenkampf am hitzigsten gefochten wurde und als ihm
deshalb, wir gestehen es offen, viele übereifrige, aber engherzige Ungarn gram waren; wenn wir dies alles bedenken, werden wir es
kaum glauben können, dass die Nationalitätseifersucht, für welche
kein Grund obwaltete, in Wirklichkeit die Quelle der kroatischen
Bewegung gewesen sei. Wenn Kroatien seine innern Angelegenheiten
in seiner eigenen Nationalsprache verwalten, seine Jugend in kroatischer Sprache erziehen, sich in der Presse innerhalb der Grenzen des
Gesetzes frei bewegen, seine Literatur ungehindert entwickeln durfte;
was es in den neuen Zuständen alles thun konnte: wer wird vernünftigerweise behaupten können, dass es zur Unterdrückung der
kroatischen Sprache und Nationalität gereicht haben würde, wenn es
verpflichtet wurde, in seinen Berührungen mit Ungarn und auf
dem gemeinschaftlichen Reichstage anstatt der lateinischen Sprache,
welche es bisher gebraucht hatte, fernerhin die ungarische zu gebrauchen? Und wenn wir sehen, dass die illyrische Partei alle diese
Segnungen der gemeinsamen Freiheit, der gemeinschaftlichen unabhängigen und verantwortlichen Regierung, alle die ihrer Sprache und
Nationalität verliehenen Zugeständnisse von sich stossend, die gesetzlichen Bande in Freud und Leid, in Ruhm und Unglück miteinander
verlebter sieben Jahrhunderte zerreissen, unsere gemeinsame Geschichte
verleugnen wolle, und für die eine Million kaum übersteigende Nation
eine unabhängige, selbständige Regierung verlangt, welche sie aufrecht zu erhalten keine Kraft besitzt, und welche in kurzem der
Willkürherrschaft zur Beute fallen müsste: so sind wir in der That
veranlasst, zu behaupten, dass die Ursache der Bewegung nicht in
der als Losungswort ausgesteckten Nationalität, sondern in andern,
nebensächlichen Zwecken liege. Wir kennen den Charakter der
Führer dieser illyrischen Bestrebungen nicht hinreichend genug, dass
wir uns mit Bestimmtheit zu behaupten getrauten, was Kossuth in
der Sitzung vom 28. März sagte, die ganze Bewegung sei nur einigen
Individuen zuzuschreiben, „die, im Trüben zu fischen liebend, bereit
seien, die Ruhe, Freiheit und Verfassung Kroatiens ihrer schmuzigen
Eigensucht aufzuopfern". Bedenkt man indessen, dass an der Spitze
dieser Bewegung grösstentheils solche Individuen standen und im
Zustandekommen der Losreissung den grössten Eifer entwickelten

die durch dieselbe, wenn sie gelingen sollte, alles gewinnen, wenn
sie jedoch mislänge, nichts oder nur sehr wenig verlieren konnten;
die sich unter ihren Mitbürgern bei einer unabhängigen Regierung
Ministerportefeuilles, glänzende Würden, einträgliche Aemter verschaffen
konnten, während sie im Verband mit Ungarn der Mittelmässigkeit
ihrer Individualität gemäss nur untergeordnete Stellungen hätten einnehmen können: · so drängt sich uns unwillkürlich die Meinung auf,
dass diese Bewegung keineswegs so sehr aus nationaler Eifersucht,
als „aus andern nebensächlichen, persönlichen Zwecken" entstanden war.

Der auf die
illyrischen
Bestrebun-
gen berün-
dete Plan
der Re-
action.

Was aber auch immerhin die wahre Quelle der agramer Bestrebungen gewesen sein mochte, soviel ist sicher, dass sich die Hofpartei, sobald sie die Kunde derselben erlangte, sofort zur Ausbeutung
derselben entschloss. Wir erwähnten schon, dass am 17. März, als
im Staatsrath, welcher noch aus der alten, absolutistisch gesinnten
Staatsconferenz bestand, die Adresse des ungarischen Reichstags verhandelt wurde, einer der Räthe dafür stimmte, dass der König das
Verlangen der Stände einfach zurückweisen und die Vertheidigung seiner Krone, wenn Ungarn es wagen sollte, seine Zuflucht
zur Revolution zu nehmen, der Armee und den mit den Ungarn
in Zwiespalt befindlichen Kroaten anvertrauen möge. Der Hof und
der grössere Theil der Räthe waren jedoch damals von dem siegreichen wiener Aufstand noch viel zu sehr eingeschüchtert, als dass
sie den Muth gehabt hätten, diesen kühnen Rathschlag zu befolgen.
Uebrigens fehlte es damals auch an Nachrichten aus Kroatien, und
war es vor dem Eintreffen derselben ungewiss, ob der Geist der
Freiheit sich nicht auch dort der Gemüther bemächtigt und die Idee
der gemeinsamen Freiheit die feindseligen Gefühle der illyrischen
Partei gegen Ungarn versöhnt hatte.

Der Hof jedoch und dessen Räthe kamen, wie wir gesehen haben,
von ihrem ersten Schrecken bald zur Besinnung. Nicht lange darauf
trafen auch aus Agram günstigere Nachrichten für sie ein als je
zuvor, von der Sinnesart der illyrischen Partei Ungarn gegenüber.
Die Hofpartei bemächtigte sich daher sogleich dieser günstigen Gelegenheit, und den Beginn der Reaction hinter dem Rücken des Kaisers und Königs beschliessend, wählte und bereitete sie die Plane
und Mittel derselben sofort vor. Nach diesem Plane wurde Kroatien
als Grundlage und als jenes Terrain bestimmt, von wo aus der Angriff gegen Ungarn gerichtet werden sollte. Diese Wahl war eine
sehr natürliche, dort waren alle Umstände den geheimen Zwecken
der Reaction von seiten des Hofs günstig. Die kroatische Militärgrenze konnte die meiste Kriegsmacht bieten, und derselben konnten
sich auch die zu Hause gebliebenen Bataillone der sirmischen und
Banal-Grenzregimenter ohne jede Schwierigkeit anschliessen. Von
dort aus konnte auch die Aufwiegelung der Serben am zweckmässig-

sten gehandhabt werden. Denn wiewol den von den Serben eingetroffenen Nachrichten gemäss diese die presburger und pesther Bewegungen mit grosser Sympathie aufzunehmen schienen, so konnte
man dennoch von diesem Volke, welches schon 1790 Losreissungsgelüste an den Tag gelegt hatte und seither sich stets im geheimen
nach einer unabhängigen Nationalregierung gesehnt hatte, leicht
voraussetzen, dass ein paar einflussreichere Personen, die zu gewinnen
nicht schwer sein würde, dasselbe mit dem Versprechen einer unabhängigen Nationalregierung ganz zum eifrigen Diener der Zwecke
des Hofs machen würden. Diesem nach war die Hoffnung eine sehr
begründete, dass man von Kroatien aus die ganze untere Grenze von
der Adria bis Siebenbürgen zum Angriff auf Ungarn werde vereinigen
können. Während das letztere sodann seine ungeordnete Macht
gegen die aufständischen Kroaten und Serben gewendet hätte, wäre
das Spiel mit der pesther Regierung gewonnen. Für den Erfolg
dieses ränkevollen Plans hing alles davon ab, ob die illyrische Partei
geneigt sein werde, sich der Zwecke des Hofs anzunehmen und dieselben eifrig zu unterstützen. Dies aber konnte man schon von
vornherein mit grosser Wahrscheinlichkeit hoffen. Die illyrischen
Bestrebungen, deren Quelle und Losungswort nicht die Freiheit, sondern die Nationalität war, waren nicht gegen den Einfluss der österreichischen Regierung, sondern gegen die ungarische Suprematie gerichtet. Demnach machten zwei Umstände die Hoffnung beinahe zu
einer gewissen, dass man diese Bestrebungen zu Gunsten der vom
Hofe angestrebten Zwecke werde vollständig ausbeuten können. Der
eine dieser Umstände war, dass die Illyrier der geringen Macht ihrer
Partei wegen einzig und allein mit Unterstützung und Hülfe des
Hofs ihren Zweck erreichen konnten; der zweite noch günstigere
Umstand bestand darin, dass die Führer der illyrischen Partei
grösstentheils von der Gnade des Hofs abhängige und deshalb demselben mit unbedingtem Gehorsam zugethane Regierungsbeamten
waren. Endlich schien die Idee einer unabhängigen Regierung und
Losreissung von Ungarn, welche zur Aufreizung der Massen als pas-
sendes Lockmittel dienen sollte, der Reactionspartei nicht im mindesten
gefährlich zu sein; denn ausserdem, dass die Anhänger der illyrischen
Partei nicht von Wien, sondern von Pesth unabhängig sein wollten,
und die Parteiführer grösstentheils Regierungsbeamte waren, wurde
beschlossen: dass die Oberleitung der Bewegung, die Macht in die
Hände einer solchen Person gelegt werden müsse, von deren Treue
dem Hofe gegenüber man sich für alle Fälle, unter allen Umständen
versichert halten könne.

Nachdem der Plan in solcher Weise vorbereitet war, säumte die
Hofpartei keinen Augenblick, sich mit den Illyriern in Verbindung
zu setzen. Dem allgemeinen Gerücht nach diente Baron Kulmer, ein

1848. Schützling des Ministers Kolowrat, der Hofpartei als Organ. Dieses Gerücht wird dadurch sehr wahrscheinlich gemacht, dass Kulmer später wahrscheinlich zum Lohne für diese und spätere Dienste ähnlicher Art zum kaiserlichen Minister ohne Portefeuille ernannt wurde. Uebrigens war er, da er seiner Geburt nach Kroate, seiner Partei nach jedoch eifriger Illyrier war, eine sehr passende Person für diese Vermittlerrolle. Hinsichtlich der Einzelheiten seiner Wirksamkeit, welche er, von der Hofpartei damit betraut, in Agram in Anwendung brachte, kann sich die Geschichte, da man dieselben nur noch sehr im geheimen vornehmen musste, und weder er selbst noch die Parteiführer davon etwas laut werden liessen, nur auf Vermuthungen beschränken. Wieviel Antheil er an den dreissig Punkten der agramer Petition hatte, ist ungewiss. Ebenso ungewiss ist auch, ob Jellasich direct auf seinen Antrag infolge seiner geheimen Thätigkeit zum Banus ausgerufen wurde.

Indessen kann die Frage: woher der Antrag in der agramer Versammlung bezüglich der Ernennung des Barons Jellasich zum Banus stammte, als ganz gleichgültig betrachtet werden. Ob der Hof diesen Antrag durch seine Anhänger unter der Hand stellen und durch die illyrische Partei annehmen liess, oder ob das Vertrauen dieser Partei ihn aus ihrer Mitte auswählte und der Hof diese Wahl erst nachträglich gutgeheissen hatte, ist vollkommen gleichgültig. Wesentlich ist in der Sache das allein, dass Baron Jellasich zum Banus ausgerufen wurde, und er jene Persönlichkeit war, in deren Hände die Reaction die Oberleitung der illyrischen Bewegung, die Gewalt und alle Fäden des gegen Ungarn beschlossenen Reactionsplans niedergelegt hatte. Die Wahl der Hofpartei war in mehrfacher Beziehung eine glückliche, und wenn man vielleicht vorläufig gegen denselben hätte manche Ausstellungen machen, in demselben manche Mängel entdecken können: so hätte man nichtsdestoweniger jene Eigenschaften, welche zur Uebernahme der vom Plane festgestellten Rolle erfordert wurden, kaum bei irgendjemand in grösserm Masse vereinigt finden können wie in der Person Jellasich's.

Baron Joseph Jellasich. Baron Joseph Jellasich war der Sohn jenes gleichnamigen österreichischen Generals, der unter anderm 1809 mit einem Armeecorps in Tirol operirte und, von den Franzosen geschlagen, das zu ungeheuern Opfern begeisterte Bergvolk, obgleich er es auch nach seiner Niederlage noch hätte unterstützen können, gänzlich im Stich liess. Für seine langen Kriegsdienste wurde er mit dem Maria-Theresia-Orden geschmückt und erlangte mit diesem zugleich auch den Baronstitel, welchen auch seine Nachkommen erbten. Der General hatte nur ein geringes Vermögen besessen; er verschaffte daher seinem Sohne ein Stipendium in der Theresianischen Militärakademie in Wien. Nachdem hier die bürgerliche Erziehung des jungen Joseph

beendigt worden war, wurde er in die ungarische königliche Leib- 1849.
garde aufgenommen, wo er sodann, auch militärisch ausgebildet, den
Kriegsdienst beim regulären Militär als Lieutenant begann. Die
Ereignisse, in welchen ihm von der Hofpartei eine so bedeutende
Rolle vorbehalten wurde, trafen ihn als Commandanten des ersten Banal-
Grenzregiments im Range eines Obersten. Jellasich, damals etwa
vierzig Jahre alt, war von der Natur mit einem angenehmen Aeussern
und mehrfachen, unstreitig ausgezeichneten Fähigkeiten ausgestat-
tet. Seine Phantasie befähigte ihn zum Dichter, und seine Landsleute lasen mit Begeisterung manche seiner kleinern Gedichte. Da
er die Macht der Rede besass, waren seine leichte und lebhafte Con-
versation, sein nicht alltägliches Ueberredungstalent, seine fliessende
Beredsamkeit Eigenschaften, welche bei einem Parteiführer am meisten
erfordert werden. Durch diese Eigenschaften hätte er, wenn er es
auch noch nicht besessen hätte, das Vertrauen seiner Partei, den
Anschluss des seiner Leitung anvertrauten Volks leicht gewinnen
können. Dass er sich dieses Vertrauens, dieses Anschlusses von
seiten der illyrischen Partei auch schon früher rühmen konnte, vermehrte nur die Vortheile seiner Eigenschaften. Er bemächtigte sich
nämlich als Dichter mit Begeisterung der Idee der Nationalität und
wiegte sich gern in den Phantasiegebilden einer unabhängigen Nationalität. An den gegen Ungarn 1836 von Ludwig Gáj begonnenen
illyrischen Agitationen und Umtrieben nahm auch er bedeutenden
Antheil, und wir wissen nicht, ob nicht jene Landkarte eben ihm zu-
zurechnen sei, welche damals in Karlstadt erschien und das von
illyrischen Träumen geschaffene Gross-Illyrien vorstellte, dessen Theile
ausser Kroatien und dem ganzen Nieder-Ungarn gegen Nordwesten
Istrien, Krain, Kärnten und Steiermark, gegen Südosten Bosnien,
Serbien, Bulgarien, Montenegro und die Herzegowina bildeten. In
seiner Begeisterung bereicherte er die illyrische Literatur mit mehrern gegen die ungarische Nation geschriebenen „Davorien" und
mehrern aufwieglerischen, Ungarn gegenüber unbilligen Apostrophen
in der Zeitschrift „Danica". Als Oberst hatte er das unter seinem
Befehl stehende erste Banal-Grenzregiment vollständig illyrisirt, wodurch er sich, ohne es zu ahnen, zu der seiner harrenden grossen
Rolle gleichsam vorbereitet hatte.

Nächst diesen Eigenschaften und Bestrebungen, durch welche er
die Sympathien und den Anschluss der illyrischen Partei vollständig
gewann, war er der Dynastie mit unbedingtem Gehorsam ergeben
und erwartete als Soldat nur von ihr sein ferneres Glück. Wenn
er wirklich an dem Plane der Schaffung eines Gross-Illyrien auch
theilgenommen hatte, was ungewiss ist, so stand seine Treue gegen
die Dynastie auf keinem sehr starken Fundament, da der illyrische
Plan so viele Länder von der Monarchie losreissen wollte. Es gehört

1848. indessen nur nebensächlich hierher, ob seine Anhänglichkeit an die Dynastie aus aufrichtiger Sympathie herrührte oder blos aus Selbstsucht und dem Verlangen nach Erhebung und Reichthum. Soviel ist sicher, dass seine persönlichen Interessen, seine Neigungen und selbst die Schattenseiten seines Charakters solcher Art waren, dass sie ihn trotz aller illyrischen Plane mit mächtigen Banden der Dynastie gegenüber verbindlich machen konnten. Er, dem das luxuriöse und glänzende Leben leidenschaftliches Bedürfniss war, der ausser seinem Sold kein anderes Vermögen besass, hatte sich mit bedeutenden Schulden beladen, und konnte sowol die Deckung derselben und die Bestreitung seiner kostspieligen Lebensweise als auch sein Vorschreiten im Dienstrange nur von der Gnade des Hofs erwarten, welches letztere er, da er keine ausgezeichnetern militärischen Talente besass, seinen Verdiensten nach nie in solchem Masse hätte hoffen können. Ohne Zweifel war dies die Ursache, dass er in seiner neuen Rolle der Dynastie gegenüber soviel Anhänglichkeit an den Tag gelegt hatte, dass er im Interesse derselben nicht nur seine Ueberzeugung und Soldatenehre, deren unerlassliche Bedingung Gerechtigkeit, Geradheit und Wahrhaftigkeit ist, mehrmals aufopferte, sondern zuletzt auch seine eigenen Landsleute hinterging. Die Hofpartei und deren Schleppträger liebten es später, ihn dieser Anhänglichkeit, dieses Eifers wegen den „ritterlichen Banus" zu nennen. Die Mitglieder der Dynastie, die zur Reactionspartei des Hofs gehörten, überhäuften ihn später mit verschwenderischen Gnaden, welche seinen Eifer nicht minder vermehrten als jene dem Gerücht nach ungeheuern Summen, welche er zur Bezahlung seiner Schulden, zur Deckung seiner Genussucht und seines luxuriösen Haushalts erhielt.

Die Hofpartei berieth sich daher, sobald sie von den agramer Ereignissen Kunde erhielt, mit einigen in Wien weilenden Herren von der illyrischen Partei und liess noch vor dem Eintreffen der agramer Deputation an ebendem Tage, an welchem die das ungarische Ministerium betreffende ungünstige erste königliche Antwort erlassen wurde, am 28. März, ohne Wissen und Einverständniss des Ministerpräsidenten, Ludwig Batthyányi, Jellasich zum Banus von Kroatien und Slawonien ernennen. Dass die Hofpartei sich mit dieser Ernennung so sehr beeilte, hatte zwei sehr wichtige Ursachen. Erstens, weil der Banus von Kroatien unter den Reichswürdenträgern Ungarns nach dem Palatin und dem Landesrichter sogleich den ersten Rang einnimmt, und weil demnach die Banuswürde in der Hierarchie des ungarischen Reichs auf einer so hohen Stufe stand, dass sie vor andern hochverdienten und in hohem Generalsrange stehenden Kroaten ein im Lande selbst ziemlich unbekannter, an Verdienst und Ansehen noch sehr geringer Oberst mit Einwilligung des ungarischen Ministeriums nie hätte erreichen können. Die Ernennung musste daher

geschehen, ehe das ganze ungarische Ministerium der Form nach be- 1848.
stätigt wäre. Die zweite Ursache dieser Eile war, dass man die Plane
des Hofes Ungarn gegenüber, und die Rolle, welche Jellasich bestimmt
war, vor der ungarischen Regierung noch in tiefem Geheimniss halten
musste. Damit also diese Ernennung nicht in dem Lichte erscheinen
möge, als ob sie infolge der agramer Petition geschehe, was in
Ungarn Grund zum Verdacht und zu Verwirrungen hätte bieten können, musste sie noch vor dem Eintreffen der agramer Deputation vor
sich gehen.

Die Plane des Hofes konnten natürlich nicht einmal der agramer
Deputation ohne Gefahr entdeckt werden, da es ohnehin vorläufig
genügte, das Nothwendigste einigen Hauptführern der Bewegung, in
deren Interesse das Geheimhalten eben lag, mitzutheilen. Als daher die
aus etwa hundert Mitgliedern, zum grössten Theil jungen Advocaten,
bestehende Abordnung am 29. März in Wien erschien und die dreissig
Punkte enthaltende Petition überreichte, liess die Hofpartei derselben
durch den König eine solche Antwort ertheilen, dass dadurch weder
die geheimen Plane vor der Zeit verrathen, noch die Illyrier gänzlich
entfremdet werden sollten. Es wurde ihr also erklärt, dass ihre
Nationalität, ihre Nationalsprache und ihre municipalen Landesrechte
zwar unversehrt würden erhalten werden, Se. Majestät aber eine jede
solche Richtung, welche auf eine Schwächung des Verbandes mit
Ungarn abzielen würde, als auch seinem königlichen Eide widerstreitend, entschieden missbillige. Sie wurde zugleich angewiesen, dass
sie die auf ihre eingereichte Petition zu ertheilende Antwort in einem
Schreiben an den Bischof von Agram und Stellvertreter des Banus,
Haulik, übernehmen möge.

Die in die Plane der Hofpartei nicht eingeweihten Mitglieder
der Abordnung nahmen die Antwort des Königs, der, wie wir erzählten, sich am 17. März den Ungarn gegenüber viel gnädiger bezeigt
und alle Wünsche derselben erfüllt hatte, mit Unzufriedenheit auf.
Am wenigsten gefiel ihnen, dass sie zur Uebernahme der auf ihre
Petition zu ertheilenden königlichen Antwort an den Bischof und Stellvertreter des Banus gewiesen wurden. Haulik, den man früher wegen
der seinerseits an den Tag gelegten Unterstützung des Illyrismus
vergötterte, wurde seit einiger Zeit von der Masse der kroatischen Re-
pealer im allgemeinen gehasst, weil er sich auf dem Landtage, um
sich von den gegen ihn erhobenen Anklagen zu reinigen, einen
Ungar genannt hatte. Nach einigen Unterhandlungen, und von den
in das Geheimniss eingeweihten Führern dazu bewogen, entschlossen
sie sich dennoch, zwar nicht amtlich in ihrer Eigenschaft als
Deputation, sondern als Privatpersonen zum Banus-Stellvertreter zu
gehen. Einige der leidenschaftlichern Mitglieder ergingen sich dem
Bischof gegenüber in rohen Ausbrüchen und Drohungen und riethen

Der Em-
pfang der
agramer De-
putation in
Wien.

ihm an; wenn er ihrer Sache untreu geworden sei, nach Agram nicht einmal zurückzukehren.

Die Führer der illyrischen Partei indessen, die mit den Ministern Kolowrat und Fiquelmont noch vor dem Empfang beim Könige mehrmals conferirt hatten, waren mit dem Resultat ihrer Sendung vollkommen zufrieden. Sie erhielten hinsichtlich der Verhältnisse mit Ungarn von den Ministern zu ihrer Richtschnur einige Instructionen. Diesen gemäss mussten sie für einige Zeit jenem Theil ihrer Wünsche, womit sie Kroatien, Slawonien und Dalmatien von der ungarischen Regierung unabhängig zu machen baten, scheinbar entsagen und sich vorläufig damit begnügen, dass in ihrem Lande sowol die politische als auch die militärische Gewalt in die Hände des zum Banus und Militär-Obercommandanten ernannten Jellasich gelegt wurde. Die Einzelheiten dieser Conferenzen mit den Ministern deckt zwar bisher das Dunkel des tiefen Geheimnisses, soviel kann man jedoch mit Bestimmtheit behaupten, dass das österreichische Ministerium ihnen seine Hülfe entschieden zugesagt habe. Dies gestanden einige Indiscrete aus ihrer Mitte offen genug in jenen politischen Clubs, welche sie, der Unterstützung ihrer Sache wegen, in Gemeinschaft mit den eben in Wien weilenden prager Deputirten häufig besuchten; Metell Osegovich, einer der Führer der Bewegung, erklärte deutlich, dass jetzt, nachdem ihnen die Unterstützung des Ministeriums zugesagt worden, sich ihre Absicht darin vereinigte, dass für Kroatien, Slawonien und Dalmatien in Agram sofort ein Landtag abgehalten werde; den Beschlüssen desselben werde Jellasich mit der ihm zur Verfügung stehenden Kriegsmacht schon Erfolg und Geltung verschaffen.

Was der illyrischen Partei zur Gewinnung für die Zwecke des Hofs zur Zeit des Aufenthalts der Abordnung in Wien noch abging, dessen Bewirkung wurde Jellasich überlassen, der fortan in alle Ziele und Plane der Reaction des Hofs vollständig eingeweiht, und auch selbst eins der einflussreichsten und eifrigsten Mitglieder derselben wurde.

Es ist unmöglich, dass die Ernennung Jellasich's zum Ban und der Aufenthalt der illyrisch-kroatischen Abordnung in Wien nicht Besorgnisse in den Ständen des Reichstags erweckt hätten, wiewol die Plane des Hofs noch der Schleier des Geheimnisses deckte. In Betreff der Abordnung ergriff Jozipovich, Graf von Turopolya, Deputirter und einer der Führer der ungarisch gesinnten kroatischen Partei, in der Sitzung vom 4. April zuerst das Wort. Er forderte den Deputirten Kroatiens auf, er möge dem gesetzgebenden Körper hinsichtlich der Deputation Aufklärung geben. Bunyik, der Deputirte Kroatiens erklärte demnach, begleitet von der gespannten Aufmerksamkeit des Unterhauses, dass, weil gegenwärtig in Kroatien kein Landtag abgehalten worden sei, auch jene Abordnung nicht der Ausfluss des-

selben, und mithin auch nicht der Vertreter Kroatiens sein könne; 1848.
und dass er, da er von der Sache keine amtliche Kenntniss besitze, auch die Verantwortlichkeit dafür nicht übernehmen könne.
Es war allgemein bekannt, dass auch Bunyik selbst einer der eifrigsten Führer der illyrisch-kroatischen Partei · sei. Weil er daher
die Deputation nur als den Ausfluss der Wirksamkeit von Privatpersonen erklärte und jede Solidarität von sich zu weisen schien,
begnügte sich die geradsinnige, leichtgläubige Untere Tafel damit, dass
die erwähnte Abordnung keinen amtlichen Charakter besass, und auch
bei Hofe selbst keines offenkundigen günstigen Empfanges theilhaftig
ward; und da die besonnene und gemässigte Majorität in Kroatien
ihre Anhänglichkeit an das Mutterland in der jüngstvergangenen
Zeit auf verschiedene Art an den Tag gelegt hatte, so wandten die
Stände dieser Sache, wie sie es hätten thun sollen, ihre Aufmerksamkeit nicht mehr zu. Hinsichtlich der Ernennung Jellasich's war es
zwar auffallend, und gab auf dem Reichstage auch zu verschiedenen
Bemerkungen Anlass, dass jetzt, da die Regierung Ungarns eine gründliche Umgestaltung durchgemacht, der Monarch diese hochwichtige
Reichswürde, welche er früher seit mehrern Jahren unbesetzt zu lassen
und durch den agramer Bischof provisorisch zu administriren für gut
befand, ohne die neue Regierung zu befragen so plötzlich besetzt
hatte. Allein die neuen Minister, wenngleich sie diese Ernennung mit
Argwohn aufnahmen, waren, da sie der Form nach noch nicht bestätigt waren und die Regierungsgewalt erst nach erfolgter Sanction
der Gesetze thatsächlich übernehmen konnten, nicht im Stande, diesen
Schritt des Hofs zu verhindern. Der gesetzgebende Körper aber,
der an dem dieser Ernennung folgenden dritten Tage durch das
zweite königliche Rescript vollständig befriedigt worden war, verlor
in der Grösse seiner Freude darüber, dass die grossartige Umgestaltung der Verfassung und Regierung in so friedlicher Weise, mit so
leichter Mühe und auf gesetzlichem Wege gelungen sei, diese Angelegenheit mitten unter seinen übrigen angehäuften Arbeiten gänzlich
aus den Augen.

Wir müssen aber ausserdem auch noch einen andern Umstand
erklären, damit der Leser vollkommen verstehe, warum die Ernennung
Jellasich's im Lande keinen so grossen Eindruck verursachte, wie
solchen übrigens deren spätere Wichtigkeit zu erfordern schien, und
warum damals von keiner Seite Protest dagegen erhoben wurde, obgleich dieselbe mit dem Geiste der neuen verantwortlichen Regierung
nicht übereinstimmte. Unter den neuen Verhältnissen hatte sich hinsichtlich Kroatiens die Denkungsart und Ueberzeugung sowol des
Ministeriums als der gesammten Intelligenz des Landes bedeutend
verändert. In den vormärzlichen Zeiten war es unmöglich, dass Ungarn den verbundenen Landestheilen gegenüber nicht einige Besorg-

1848. niss und Eifersucht gehegt hätte. Wir sahen weiter oben, wie gross
der Einfluss der österreichischen Regierung auf Kroatien war; auch
sahen wir, wie sich diese Regierung bestrebte, dort die ungarischen
Freiheits- und Reformideen und Bestrebungen zu paralysiren, die Na-
tionalitätsstreitigkeit mit allen in ihrer Macht befindlichen Mitteln zu
schüren und die illyrische Partei zu unterstützen, welche den Hass
gegen die Ungarn, die Losreissung vom Reiche offen auf ihre Fahne
geschrieben, nebstbei mit Wort und That bis zur Empörung auf-
wiegelte, und welche, nachdem sie nicht für Freiheit, sondern nur für
Nationalität kämpfte, auf dem gemeinsamen Reichstage die Entwickelung der constitutionellen Freiheit, den Sieg der allernothwendigsten
Reformen stets verhindert und verzögert hatte. Ungarn war damals
infolge seiner höchsten Interessen genöthigt, den Bestrebungen der
illyrischen Partei mit ganzer Energie entgegenzuwirken. Diese moralische Nothwendigkeit ging unter den Verschlingungen der verschiedenartigsten Umstände nicht selten so weit, dass die Reichsstände in
mehrern Fällen für nothwendig fanden, selbst solchen Wünschen der
Kroaten entgegen zu sein, welche an sich selbst genommen weder
ungerecht, noch unbillig, noch auch für das Mutterland schädlich waren.
Man kann selbst das nicht in Abrede stellen, dass der von der illyrischen Partei den Ungarn gegenüber an den Tag gelegte Hass auch
in einem Theile der Ungarn Leidenschaft und Zorn erweckt hatte,
welcher sodann die Billigkeit gleichfalls verletzte. Dies war z. B. der
Fall hinsichtlich des Gebrauchs der kroatischen Sprache in den
innern Angelegenheiten des Landes, welchem, obwol ihn einige, und
insbesondere Ludwig Batthyáni, schon seit langer Zeit erlauben wollten,
die Mehrzahl der Stände stets opponirt. Indem die Deputirten
Kroatiens der Entwickelung der Sache der Reform und der Freiheit
im Interesse der wiener Regierung stets und heftig entgegen waren,
nahmen die Verhältnisse eine solche Gestalt an, dass der Sieg der
kroatischen Sache damals geradezu der Sieg der wiener Willkürherrschaft gegen die ungarische constitutionelle Freiheit gewesen wäre.
Demnach war auch alles, was auf den zwei oder drei letzten Reichstagen gegen manche Forderungen der Kroaten geschehen war, eigentlich nicht so sehr gegen die Sache der Kroaten, welche an sich selbst
genommen Ungarn nie hätte gefährlich werden können, sondern gegen
die willkürherrschaftlichen Absichten der österreichischen Regierung
gerichtet. Das Wachsthum der Kraft und des Gewichtes von Kroatien
hätte, indem die österreichische Regierung bestrebt war, dasselbe
gegen Ungarn auszubeuten, der gemeinsamen Freiheit zum Nachtheil
gedient. Ungarn hatte daher die Pflicht, die Bestrebungen des Absolutismus, welche mit den in vielen Gegenständen ohnehin vom
Gesichtspunkte einer gesunden Politik aus nicht zu billigenden Bestrebungen der illyrisch-kroatischen Partei im Bunde standen, nach

Möglichkeit erfolglos zu machen.   Bedauernd fühlten viele ihr Vater- 1848.
land, ihre Nationalität heissliebenden Kroaten nicht minder wie alle
von Gerechtigkeitsliebe erfüllten ungarischen Patrioten das Gewicht
dieser Verhältnisse; da es jedoch nicht in ihrer Macht lag, das
Zwingende der Umstände zu verändern, so erwarteten sie von
einer glücklichern Zukunft das Aufhören dieser beklagenswerthen
Verhältnisse, welche der Illyrismus geboren und der Absolutismus
genährt und grossgezogen hatte.

Und diese glücklichere Zukunft schien jetzt mit den Märztagen
gekommen zu sein.   Die Umstände hatten sich gänzlich verändert.
Da die umgestaltete Regierung Ungarns ihre gesetzliche Selbständigkeit wiedergewann, schienen in der unabhängigen Wirksamkeit derselben alle Interessen der constitutionellen Freiheit genug Sicherheit
gegen die alles Einflusses beraubte Willkürherrschaft von seiten des
Hofes gewonnen zu haben.   Da der Banus von Kroatien dem Gesetze
nach für seine Handlungen dem pesther Ministerium verantwortlich
war, und durch dasselbe er wie jeder andere Beamte entfernt werden
konnte, hörte Kroatien auf, der constitutionellen Freiheit gefährlich
zu sein.   Und da der Grund aufhörte, wegen dessen Ungarn bisher
genöthigt war, den Forderungen Kroatiens entgegenzutreten, so veränderten sich auch die Gesinnungen, Ansichten und Principien Kroatien gegenüber.   Nachdem die constitutionelle Freiheit gegen jede
Gefahr für immer gesichert angesehen wurde, machte sich Ungarn in
seiner Siegesfreude das Losungswort, welches die neue französische
Republik auf ihre Fahnen geschrieben hatte: „Freiheit, Gleichheit,
Brüderlichkeit", aufrichtig zu eigen.   Die aus diesem Motto fliessen-
den Principien hatten nicht nur hinsichtlich der alten feudalen Volksklassen, sondern auch der verschiedenen Nationalitäten sowol im
grossen Publikum als auch unter den Mitgliedern der Gesetzgebung
vollständige Geltung gewonnen.   Die Nationalitätseifersucht und Abgeneigtheit löste das Princip der Brüderlichkeit und Gleichheit der
einzelnen Nationalitäten ab.   Pesth rief, wie wir erwähnt haben,
durch seine Abgeordneten die Kroaten zur brüderlichen Theilnahme
an der gemeinsamen Freiheit auf.   Das Ministerium beabsichtigte,
die Forderungen der Kroaten, soweit es nur die Cardinalrechte des
Reichs und die Staatseinheit erlaubte, in allem zu befriedigen.   Die
Gesetzgebung brachte, um anderes zu übergehen, ein Gesetz, dass
Kroatien in seiner innern Verwaltung anstatt der bisher gebrauchten
lateinischen, seine eigene Nationalsprache gebrauchen könne.   Mit
Einem Worte, die Gerechtigkeit und brüderliche Billigkeit konnte in
einer Nation nicht aufrichtiger und lebhafter sein, wie sie in der
ungarischen während der Märztage gegen jede andere Nationalität
war.   Und wenn auch früher, während der hundertjährigen Angriffe,
welche die wiener Willkürherrschaft sowol gegen die Nationalität

wie die Verfassung des Ungars in tausenderlei Gestalten, tausendmal erneuert gerichtet hatte, die iustinctmässige Eifersucht der gefährdeten Nationalität, in ihm vielleicht einige Abgeneigtheit oder auch Unduldsamkeit andern Nationalitäten gegenüber erweckte: so zertheilten doch jetzt die Strahlen der Freiheitssonne in seinem Gemüthe alle diese Wolken.

Und da nun Ungarn solche Gefühle und Meinungen Kroatien gegenüber hegte, gab sich jedermann im Vaterlande der Hoffnung hin, dass unter den veränderten Verhältnissen auch die Kroaten, deren grösserer Theil gegen uns stets mit brüderlichen Gefühlen erfüllt war, die bedauernswerthen Zerwürfnisse der vergangenen Zeiten vergessend, sich mit Ungarn im gemeinsamen Besitze der Freiheit aufrichtig vereinigen würden. Dies war der Grund, dass weder die Ernennung des Banus noch die Forderungen der agramer Deputation, welche jetzt in der allgemeinen Freude als die letzten Herzschläge des Illyrismus betrachtet wurden, keinen grössern Eindruck auf die Ungarn machten.

Und Kroatien, welches alle Wohlthaten der constitutionellen Freiheit und der unabhängigen verantwortlichen Regierung mit dem Mutterlande gleichförmig theilte, hinsichtlich seiner Nationalität aber, nachdem seine Nationalsprache in der innern Verwaltung zur Amtssprache geworden, alle seine Wünsche erfüllt sehen konnte, — hätte sich ohne Zweifel in kurzer Zeit beruhigt, und die ihr alles mit ihm theilende, alle seine natürlichen Rechte in Achtung haltende Zuneigung der ungarischen Brüderlichkeit mit den Gefühlen des Dankes und der Liebe erwidert. Allein Ränke, Aufreizung und Aufwiegelung begannen sogleich nach der Zurückkunft der Abordnung und in noch grösserm Masse als je zuvor ihre Wirksamkeit. Und indem diese Richtung von dem das Land regierenden Banus selbst ausging, sich in ihm wie in einem Mittelpunkte vereinigte und alle Factoren der gesammten Regierungsgewalt als Werkzeug zu dem festgesetzten Zwecke benutzte; besonders aber, da diese Richtung von der mächtigen Hofpartei um jeden Preis und mit den verschiedenartigsten Mitteln unterstützt wurde: war es unmöglich, derselben in dem zur Hauptfestung der Reaction gewordenen Kroatien nicht den Sieg zu gewinnen.

Zwar blieb das Beispiel der agramer Deputation nicht ohne Wirkung auf die Serben; allein sie riss dieselben anfangs dennoch nicht zu ähnlichen ungesetzlichen Schritten hin, solange die Aufreizung von Kroatien aus nicht in heftigerer Weise in Angriff genommen wurde. Diese Wirkung äusserte sich unmittelbar darin, dass die Stadt Neusatz gleichfalls eine Deputation aus ihrem Schose absandte, jedoch nicht nach Wien, sondern nach Presburg, an den

Reichstag. Das Haus der Stände, um auch dadurch seinen brüder- Die neu-
lichen Gefühlen den einzelnen Nationalitäten gegenüber Ausdruck sauser Ab-
ordnung.
zu geben, empfing die Deputation in seiner Circularsitzung vom
8. April. Alexander Kosztics, der Redner der Deputation, überreichte,
nachdem er erklärt hatte, dass, obwol die Stände einen grossen Theil
ihrer Wünsche bereits freiwillig erfüllten, sie auch noch andere hätten,
mehrere Petitionspunkte, seine Rede damit beendigend, dass „die
Serben künftighin bereit seien für Ungarn und die Magyaren zu leben
und zu sterben". Die wichtigern Punkte der Petition sind die folgenden: sie erkennen die diplomatische Würde, den Vorrang der ungarischen Sprache in allen staatsrechtlichen Verhältnissen gern an,
wünschen jedoch dagegen, dass auch ihre Nationalität anerkannt
und der Gebrauch ihrer Sprache in ihren eigenen Angelegenheiten,
in ihrer innern kirchlichen Verwaltung durch das Gesetz bestätigt
werde. Die Unabhängigkeit und Freiheit ihrer Religion, die Leitung
ihrer Kirche, ihrer Schulen und andern Institute und Fundationen
durch die Nationalversammlung möge gleichfalls durch ein Gesetz
sichergestellt werden. Die Mönchsklöster mögen hinsichtlich ihrer
Besitzthümer sichergestellt, die weggenommenen ihnen zurückgegeben
werden. Bei den Consistorien sollen auch weltliche altgläubige Personen in verhältnissmässiger Anzahl angestellt werden. Ihre Kirche
möge man gegen die Union und Propaganda sicherstellen und ihnen
ihre weggenommenen Gotteshäuser zurückgeben. Eine Nationalversammlung zur Ordnung ihrer kirchlichen Angelegenheiten sollen sie
fernerhin alljährlich, auch ohne Einholung höherer Erlaubniss, abhalten
dürfen. Diese Nationalversammlung solle nicht nur den Erzbischof
und die Bischöfe, sondern auch den Oberdirector der Schulen und
den Verwalter der Fundationen wählen dürfen. Ihr hoher Klerus
solle in der Gesetzgebung unter den Mitgliedern des katholischen
Klerus nach der Altersstufe sitzen. Die öffentlichen Aemter seien im
Verhältniss auch mit Individuen, die dem alten Ritus angehören, zu
besetzen. Die kirchlichen und die Schulangelegenheiten der Militärgrenze sollen gleichfalls durch die Nationalversammlung verwaltet
werden. Die Militärgrenze soll in politischer Beziehung den andern
Theilen des Reichs gleichgestellt und von der Militärregierung befreit werden.

Der Deputation antwortete Kossuth. Er trug vor, dass, nachdem Die Antwort
Kossuth's
das Gesetz das Princip der vollständigen Gleichheit und Gegenseitig- auf die Pe-
tition der
keit der Religionen begründet, auch die Serben dieses Gesetz als Abordnung.
die Erfüllung ihrer Wünsche betrachten können. Zur Anwendung
dieses Princips, zur detaillirten Verfügung in den religiösen Verhältnissen sei indessen nicht dieser, sondern der künftige, auf Volksvertretung zu basirende Reichstag berufen. Auf ihre übrigen Wünsche
aber antwortete er folgendermassen: „Was die Vertretung auf dem

1848. Reichstage betrifft, so kann, indem das Gesetz, ohne Unterschied
der Sprache und Religion, direct nur die Anzahl der Bürger als Grundlage annahm, in dieser Beziehung in Ungarn niemand mehr Klage
führen. . . . . So verhält sich die Sache auch mit der Bekleidung von
Aemtern. Hinsichtlich der Aemter wird fernerhin nicht mehr das
entscheiden dürfen, in welcher Sprache jemand in seinem häuslichen
Kreise spricht, oder in welcher Kirche er Gott anbetet; Nepotismus,
Protection, das Interesse der Kasten dürfen nicht mehr von Einfluss
sein; sondern es wird nur die Frage gelten: ob jemand tauglich
sei. . . . . Mit der Verkündigung der Freiheit sind die Schranken
gefallen, welche bisher selbst die grössten Fähigkeiten zum Dunkel
verdammt hatten. Jetzt ist die Bahn für jeden frei. Die Presse ist
jenes Mittel, durch welches sich der Verstand aus den untersten Kreisen hervor das Vertrauen der ganzen Nation erkämpfen kann. . . . .
Wer z. B. für einen Ministerposten tauglich ist, wird, auch wenn er
die serbische Sprache spricht, gewählt werden, wenn sich das Vertrauen der Nation in ihm vereinigt." Bei den geringern Aemtern
sehe er indessen selbst die Verwendung von Angehörigen der verschiedenen Nationalitäten und Religionen für nothwendig an, indem
die Regierung hinsichtlich des Ausgleichs der Interessen der Kenntniss vieler kleinern Details und Verhältnisse bedürfe, um gut regieren
zu können. Hinsichtlich der die Militärgrenze betreffenden Bitte endlich bemerkte er, dass dasselbe auch der Wunsch der gesammten
Nation sei, und erklärte, dass, obgleich die Vollziehung derselben mit
vielen Schwierigkeiten verbunden sei, und daher binnen 24 Stunden
nicht vollzogen werden könne: er nichtsdestoweniger glaube, dass
dies künftighin von keiner Intrigue werde verhindert werden können.

Die Privat-
conferenz
der Deputa-
tion mit
Kossuth.

Die Deputation, welche sich mit Dankesbezeigungen entfernte,
liess sich später mit Kossuth auch in eine Privatconferenz ein. Und
hier, in diesen Gesprächen, verriethen die Serben zum ersten mal,
dass sie mit den Errungenschaften der gemeinsamen Freiheit noch
nicht zufrieden seien; hier gaben sie zuerst die Vorzeichen ihrer Bereitwilligkeit zum Aufstande. Kossuth sprach, als schon bestätigter
Minister, der Abordnung gegenüber die Hoffnung aus, dass, nachdem
die Serben ausser den gemeinschaftlichen Rechten auch die Selbstregierung in ihren die Kirche und Schule betreffenden Angelegenheiten,
und dadurch, da hierzu auch noch die freie Presse und das Vereinsrecht komme, zur freien Entwickelung ihrer Nationalsprache jede in
constitutionellem Sinne mögliche Garantie erhielten, sie sich dem gemeinsamen Vaterlande mit aufrichtiger Treue anschliessen würden.
Die einzelnen Mitglieder der Deputation liessen sich hierauf mit dem
Minister über die Auslegung der Nationalität in ein Gespräch ein.
Manche von ihnen erkannten an, dass die Errungenschaften auch in
Bezug auf ihre Nationalität bedeutend seien und sie eine besondere

Regierung zur weitern Entwickelung der Nationalität nicht für nothwendig hielten. Es gab unter ihnen jedoch auch solche, die das Entgegengesetzte behaupteten, und sagten, dass die besondere Regierung von der Idee der besondern Nationalität unzertrennlich sei. Allein wiewol sie auch anf diese Weise voneinander abwichen, so kamen doch alle darin überein, dass kein einziges Mitglied der Deputation von der Erklärung Kossuth's beruhigt zu sein erklärte. Ja eins der Mitglieder, Georg Stratimirovics, begann von den Erwartungen und Ansprüchen der Südslawen zu sprechen, und erklärte offen, dass, wenn ihre Nationalitätsansprüche hinsichtlich der besondern Regierung in Presburg nicht erfüllt werden sollten, sie in Bezug darauf anderswo Hülfe suchen würden. Diese Worte konnte man nicht misverstehen, denn der Sinn derselben konnte kein anderer sein als der, dass, wenn die Serben kein solches besonderes Territorium, wie sie es schon 1790 in Wien von Leopold II. verlangt hatten, und eine solche Regierung, wie sie von der agramer Deputation in Wien gefordert wurde, in Presburg nicht gewinnen sollten, sie sich bestreben würden, sich dieselben durch Empörung zu verschaffen. Kossuth hatte der Deputation schon früher versichert, dass er zwar alle billigen Wünsche der Serben zu erfüllen wünsche; er erklärte jedoch zugleich deutlich, dass er in die Losreissung welches Theiles des Vaterlandes immer, „damit sie sich dort ein besonderes Reich machen", niemals einwilligen werde. Jetzt indessen musste er die Ueberzeugung gewinnen, dass er es nicht vermocht hatte, die Deputation von seinen die Principien des Patriotismus und der Freiheit erschöpfenden Ansichten zu überzeugen; er schnitt daher jetzt, durch die drohenden Worte Stratimirovics' gereizt, die Unterredung mit den Worten entzwei: „Für diesen Fall" — wenn nämlich die Serben, wie Stratimirovics sagte, ihren Ansprüchen anderswo Erfüllung suchen würden — „entscheide zwischen uns lieber das Schwert." Die Abordnung versäumte nach ihrer Heimkehr nicht, diese Worte des Ministers dem Volke in dem Sinne zu erklären, als ob die ungarische Regierung durch dieselben direct ihre feindseligen Absichten gegen die Serben hätte äussern wollen.

Die Unbilligkeit der Serben, gemäss welcher sie, nachdem sie hinsichtlich der Religion mit den Katholiken, bezüglich der bürgerlichen Rechte mit den Magyaren in allem gleiche Rechte erhalten hatten, auch noch eine besondere, mit der Einheit des Staats nicht zu vereinbarende politische Nationalität forderten, war um so schreiender, als sie selbst ihren walachischen Glaubensgenossen gegenüber nicht einmal gerecht sein wollten. Unter den Glaubensgenossen der griechisch-nichtunirten Kirche, die sämmtlich vom Erzbischof von Karlowitz abhingen, bildeten die der walachischen Nationalität Angehö-

1848. rigen eine grosse Majorität. Die nach der Herrschaft strebenden Serben jedoch hatten sich im Verlaufe vieler Jahre eine solche Suprematie zu verschaffen gewusst, dass sie deren Bischöfe und andere kirchliche Würdenträger, die Mitglieder der Consistorien, die Directoren und Lehrer der Schulen, die Verwalter der Fundationen u. s. w. beinahe ausschliesslich aus der Mitte der Serben wählten, und überdies auch noch als Sprache in der innern Verwaltung der Kirche und Schule den Walachen ihre eigene serbische Sprache aufdrängten. Die Klagen darüber waren auch früher unzähligemal vorgebracht worden; jedoch wussten sich die anspruchsvollen Serben bei der Regierung stets das Uebergewicht zu verschaffen, demzufolge die klageführenden Walachen meistens ohne Genugthuung abgewiesen wurden. Jetzt forderten die Serben in ihrer Petition auch noch das, dass der Gebrauch ihrer Sprache in der Verwaltung der Kirchen und Schulen durch ein Gesetz sanctionirt werde.

Die Einsprache der Walachen gegen die Serben.

Der verständigere Theil der walachischen Nationalität, der die auch für sie selbst heilsame Umgestaltung der vaterländischen Zustände durch seinen aufrichtigen Anschluss begrüsste, wies daher mit grosser Indignation die Solidarität der unbilligen Forderungen der neusatzer Deputation von sich. Es wurden mehrere Erklärungen veröffentlicht, in deren einer sie die Serben in harter Weise tadeln, dass sie jetzt, „da in dem in politischer Beziehung neugeborenen Vaterlande, der Aufrechthaltung seiner wiedergewonnenen Rechte, von allen Seiten und unter allen Einheit herrschen sollte, ihre Bestrebungen auf die Auflösung derselben richten und im Lande ein besonderes Land bilden wollen". In einer andern fordern sie die gesammte walachische Nationalität auf, dass sie „Hand in Hand mit den Magyaren bestrebt sein mögen, das raizische Joch von sich abzuschütteln, und anstatt der raizischen Bischöfe, die das walachische Volk in der Blindheit erhielten und quälten, walachische Oberhirten zu erbitten". Und diese Bestrebungen der Walachen den Serben gegenüber waren ungleich gerechter, als die Forderungen der Serben der ungarischen Nation gegenüber.

Der Schluss des Reichstags.

Der Reichstag hatte weder Musse noch Zeit mehr, diesen Nationalitätsbewegungen mit Aufmerksamkeit zu folgen. Jedermann wünschte sehnsüchtig den Schluss desselben herbei; die Stände nicht minder, die sich ihren adelichen Absendern gegenüber ohnehin schon eine grosse Last von Verantwortung aufgeladen hatten, wie die übrigen Klassen der Nation, welche die Neugestaltung des Reichs durch eine auf Volksvertretung ruhende Gesetzgebung durchgeführt zu sehen wünschten, und auch die Minister selbst, auf welche die ungeheuere Arbeit wartete, den neuen Regierungsmechanismus in Bewegung zu setzen. Der Monarch setzte, diesem allgemeinen Wunsche gemäss,

den Schluss des Reichstags auf den 10. April fest. In diesen letz- 1848.
ten Tagen fanden die Sitzungen, wegen Schaffung der allernothwendigsten Gesetze, in beiden Tafeln beinahe ununterbrochen statt.
Ausser der Umgestaltung der Comitatsorganisation, welche wir schon
weiter oben berührt haben, erweckte nur noch jener durch den Minister für Communicationen, Grafen Stephan Széchenyi, eingebrachte
Gesetzvorschlag eine lebhaftere Debatte, welchem gemäss er das Ministerium bis zum künftigen, nach einem halben Jahre abzuhaltenden
Reichstage zur Eröffnung eines Credits von 10 Millionen Gulden zu
ermächtigen wünschte. Diese Summe sollte auf grösstentheils schon
begonnene und andere nothwendige öffentliche Arbeiten, Eisenbahnen,
Flussregulirungen u. s. w. verwendet werden. Viele von den Ständen
fürchteten sich, ihren Absendern, die durch plötzliche Aufhebung der
Robot und des Zehnts in ihren materiellen Interessen für den Augenblick ohnehin in einige Verwirrung gebracht worden waren, eine
solche Last mitzubringen. Nach langen Debatten wurde jedoch auch
dies votirt. Die Gesetze, der Zahl nach einunddreissig, deren wichtigste von der Zusammenstellung des Ministeriums, von den alljähr-
lichen Sitzungen des Reichstags, von der Volksvertretung, von der
Vereinigung Ungarns und Siebenbürgens, von der allgemeinen Betheiligung an den Lasten, von der Abschaffung der Urbariallasten und
des Zehnts, von der Aufhebung der Aviticität, von der Comitatsverwaltung, von der Presse, von der religiösen Gleichheit, von der
Aufstellung der Nationalgarde u. s. w. handeln, kamen endlich zu
Stande. Die Mitglieder des neuen Ministeriums wurden am 7. April
bestätigt, und drei Tage später kam der König selbst mit der Königin, in Begleitung der präsumtiven Thronfolger, des Erzherzogs
Franz Karl und dessen Sohnes Franz Joseph, in Presburg an.

Der Umstand, dass zur gebräuchlichen Sanction der Gesetze der
König persönlich erschien, und nicht, wie es manchmal geschehen
war, sich durch irgendein Mitglied der Dynastie substituiren liess,
besass nach dem Geschehenen seine besondere grosse Bedeutsamkeit.
Die ungarische Nation betrachtete dies mit Recht als ein Zeichen dafür, dass die Dynastie, wiewol nur von der Macht der Umstände
gezwungen, in die Umgestaltung der Reichsregierung eingewilligt
habe, und diese, nachdem sie geschehen, aufrichtig annehme und in
Achtung halten werde. Der fernere Umstand aber, dass mit dem
Könige zugleich auch die dem Throne am nächsten stehenden zwei
Erzherzoge erschienen waren, vermehrte noch die Wichtigkeit der
Sache und befestigte das Vertrauen der Nation in die Aufrichtigkeit
der Dynastie nur noch mehr; die Theilnahme der beiden präsumtiven Thronfolger schien die neuen Gesetze auch für die Folge zu
sanctioniren. Es ist demnach kein Wunder, dass der König und

40*

1848. seine Begleitung bei seiner Ankunft mit einem so stürmischen Ausbruch der Freude und Begeisterung begrüsst wurden, wie es noch
wenige Fürsten von ihren Völkern erfahren haben.

Der König, die Königin und die Erzherzoge wurden, dem nationalen Gebrauche gemäss, von einer glänzenden Reichsdeputation empfangen und alle besonders begrüsst. . Die Antwort des Königs war
nur kurz, aber gemüthlich: „Ich bin mit Freuden zu euch gekommen", sagte er in ungarischer Sprache, „denn ich sehe, dass Mein
liebes ungarisches Volk auch jetzt so ist, wie Ich es immer gefunden
habe; und deshalb wünsche ich sehnlich, die getreuen Stände um
Mich zu sehen." Die Königin, die unsere Sprache nicht verstand,
antwortete lateinisch. Erzherzog Franz Karl sagte in seinem und
seines Sohnes Namen in seiner gleichfalls ungarischen Antwort unter
anderm Folgendes: „Ich hege die Meinung, dass alles, was man
zum glorreichen Aufblühen dieser edelsinnigen Nation und deren
Nationalität nur wünschen konnte, in jenen Gesetzen, an deren
Sanctionirungsfeste theilzunehmen ich für meinen besondern Gewinn
halte, in reichem Masse aufzufinden ist. Niemand kann den Ruhm
des ungarischen Namens mehr wünschen als ich. . . ."

Am andern Tage, den 11. April, schwamm alles in Freude
und Glanz in Presburg, wo die ihren Vorrechten und Privilegien
entsagende Aristokratie ihre bisher ausschliesslich ausgeübte gesetzgeberische Thätigkeit auf eine so glorreiche Art, wie noch nie der
Adel irgendeines Landes, beendigen sollte. Wir werden nicht lange
verweilen bei der Erzählung von den unzähligen auf und ab dahin-
brausenden glänzenden Equipagen und noch glänzendern National-
Galaanzügen der Aristokratie und des hohen Klerus; auch die übrigens grossartige Scene wollen wir nicht beschreiben, deren Anblick
auf jeden fremden Zuschauer sicher überraschend einwirken mochte,
als die aus mehrern hundert Personen bestehende Schar der Stände
und der Landtagsjugend, zum Theil in von Glanz schimmernden,
zum Theil in einfachen Nationalanzügen, mit ernster Würde vom
Landhause zum Primatialpalast zog, wo dem Gebrauche gemäss die
Eröffnungs- wie die Schlusssitzung abgehalten wurde. Es sei genug
zu bemerken, dass, obwol dies das letzte amtliche und reichsständi-
sche Auftreten des ungarischen Adels war, dennoch überall, sowol
an den ältern Gesetzgebern, die der vaterländische Latinismus ehemals mit dem Titel „patres patriae" zu ehren liebte, wie nicht minder an der Jugend, welche die „Hoffnung des Vaterlandes" repräsentirte, nur freudestrahlende Gesichter über das glückliche, friedliche Gelingen der nationalen Umgestaltung zu sehen waren. .

Die Sanction der Refor- men. Der König, umgeben vom Erzherzog-Palatin und den Mitgliedern der neuen Regierung, trat um 10 Uhr in den Saal, und wurde

von einem stürmischen Ausbruche der Begeisterung begrüsst. Die 1848. Königin erschien in Begleitung der beiden Erzherzoge, Franz Karl und Franz Joseph, auf der Galerie. Hierauf folgte die feierliche Uebergabe der vom König sanctionirten Gesetzartikel, bei welcher Gelegenheit dies wichtige Amt, welches bisher der Hofkanzler zu verrichten pflegte, nun der Ministerpräsident, Graf Ludwig Batthyányi, vollzog. Die Rede des Königs ist die folgende:

„Meiner treuen ungarischen Nation wünsche Ich vom Herzen Glück, denn in dem ihrigen finde Ich auch das Meine. Was sie daher zur Erreichung desselben von Mir forderte, habe Ich nicht nur erfüllt, sondern übergebe es auch, mit Meinem königlichen Worte bekräftigt, hiermit Ihnen, lieber Vetter, und durch Sie der ganzen Nation, als in deren Treue Mein Herz seinen höchsten Trost, sein höchstes Glück findet."

Den Saal füllte abermals der Lärm der hervorbrechenden Begeisterung, welchen sodann die kräftige, tiefe, metallreiche Stimme des Erzherzog-Palatins Stephan für einige Minuten verstummen machte. Seine schöne Rede, welche die Anwesenden in tiefe Bewegung versetzte, und welche stellenweise von lauten Ausrufen unterbrochen wurde, lautete folgendermassen:

„Ew. Majestät hätten Ihre treuen Ungarn nicht mit grösserer Freude erfüllen können, als indem Allerhöchstdieselben die Gnade zu haben geruhten, zur Schliessung dieses ewig denkwürdigen Reichstags in unserer Mitte persönlich zu erscheinen. Ein beglücktes, dankbares Volk umgibt hier den königlichen Thron Ew. Majestät; und das Herz der Nation hat ihrem Monarchen nie mit heisserer Liebe, mit mehr Treue entgegengeschlagen, als es jetzt für Ew. Majestät schlägt, Allerhöchstwelche durch die Sanctionirung der gegenwärtigen Gesetze der Neubegründer unsers Vaterlandes geworden sind. Die Sprache ist zu arm, um Ew. Majestät hierfür gebührenden Dank aussprechen zu können; unsern Dank werden unsere Thaten an den Tag legen. Denn wie die ungarische Verfassung durch diese Gesetze auf eine neue, lebenskräftige Basis gestellt ward: so erhielt durch dieselben auch jenes heilige Bündniss, welches dieses Vaterland an Ew. Majestät und an Allerhöchstihr königliches Haus mit süssen Banden knüpft, eine sichere Grundlage. Der Segen Gottes möge sein mit Ew. Majestät; Ruhm und Glück bekränze das Haupt Ew. Majestät, — dies wünschen wir aus dem Grunde unsers Herzens, und empfehlen uns und unser theueres Vaterland huldigend der königlichen Gnade Ew. Majestät."

Der König kehrte mit den übrigen Mitgliedern seines Hauses noch an demselben Tage nach Wien zurück. Die Reichsstände aber versammelten sich noch zur letzten gemischten Sitzung. Nachdem hier

1848. die sanctionirten Gesetze, dem Gebrauche gemäss, noch einmal vorgelesen worden waren, und der Palatin und königliche Statthalter
sich von den Ständen verabschiedete, im Namen derselben aber der
Personal und Präsident des Unterhauses, Johann Zarka, ihm für
seine mächtige Hülfe in der Durchführung der Reform den tiefsten
Dank ausgesprochen hatte, gingen die Reichsstände auseinander.
Presburg, seit etwa zwei Jahrhunderten der gewöhnliche Sitz der
Reichstage, welches in seinem Schose die ständische Gesetzgebung
des Reichs zum letzten mal sah, und vielleicht zum letzten mal die
Vertretung des freien, selbständigen Ungarns, verstummte und
wurde still. Indessen löste die reichstäglichen Parteidebatten und
den Lärm der nationalen Feste bald darauf der Donner der Kanonen ab.

Die neue Regierung kam am 14. April in dem in festlichem
Glanze schwimmenden Budapesth an. Alle Klassen und beide Ge-
schlechter thaten alles Mögliche, um die Uebersiedelung des Ministeriums in die Hauptstadt zu einem wahrhaften Nationalfeste zu gestalten. Am andern Tage erklärte das Sicherheitscomité der Hauptstadt, sich in letzter Sitzung versammelnd, seinen Beruf für beendigt, und legte die fernere Aufrechthaltung der Ordnung in die
Hände des seine Thätigkeit beginnenden Ministeriums nieder. Dieses Comité konnte auf seine einmonatliche kurze, aber energische
Function mit Beruhigung zurückblicken. Denn obwol es, manchmal
seinen Berufskreis überschreitend, auf die gesammten Angelegenheiten
des Reichs in revolutionärer Weise seine Wirkung ausübte, so ist
doch meistens ihm zu verdanken, dass die Ordnung und die Sicherheit der Person und des Vermögens selbst zur Zeit der heftigsten
Bewegung in der Hauptstadt auf keinen Augenblick gestört wurde.
In das Verdienst dieser Thatsache theilte sich mit demselben unstreitig auch die Einwohnerschaft der Hauptstadt, vor allem die Nationalgarde, welche es glänzend bewiesen hatte, dass zu einer Zeit, da
der Argwohn dem Hasse so nahe steht, und es nur eines Funkens
bedarf, um die Hitze der Leidenschaften in Flammen aufschlagen zu
lassen, die Bürger ihre heimatlichen Herde selbst am besten vertheidi-
digen.

Der   An demselben Tage hielt auch in Wien die ungarische könig-
15. April. liche Hofkanzlei ihre letzte Sitzung ab, in welcher die Verordnung
des Ministeriums vorgelesen wurde, dass, indem der Wirkungskreis
dieses Dicasteriums fernerhin gänzlich aufhöre, dasselbe die bei ihm
eingereichten Schriften und von ihm verhandelten Angelegenheiten
dem Ministerium übergebe. Der Vicekanzler Ladislaus Szögyény
erklärte hierauf diese Hofstelle für aufgelöst.

Die Reformperiode, welche mit dem Reichstage von 1825

begann, erreichte ihr Ende; die politische Umgestaltung, welche die 1848.
Nation zwanzig Jahre hindurch unermüdet entworfen, betrieben und
gefördert hatte, war tausendfältigen Hindernissen zum Trotz glücklich
zu Stande gekommen: Rechtsgleichheit, Volksvertretung und verantwortliche parlamentarische Regierung krönten das Gebäude des freien
Constitutionalismus, und die Nation wurde in ihrer gesicherten, gesetzlichen Unabhängigkeit Herr ihres eigenen Schicksals.